Greb · Müller
Kommentar zum Sektorenvergaberecht

Greb · Müller

Kommentar zum Sektorenvergaberecht

– SektVO, GWB und Richtlinie 2014/25/EU –

Herausgegeben von

Dr. Klaus Greb
Rechtsanwalt, Berlin

und

Hans-Peter Müller
Bundesministerium für Wirtschaft und Energie, Bonn/Berlin

Bearbeitet von:

Dr. Klaus Greb, Rechtsanwalt, Berlin
Hans-Peter Müller, Dipl. Verwaltungswirt, BMWi, Bonn/Berlin
Katrin Dietrich, Rechtsanwältin, MVV Energie AG, Mannheim
Dr. Daniel Fülling, BMWi, Berlin
Björn Honekamp, Rechtsanwalt, Berlin
Dr. Ingrid Reichling, Rechtsanwältin, München
Dr. Isa Alexandra Sadoni, Rechtsanwältin, Hamburg
Nina Kristin Scheumann, Rechtsanwältin, München
Nils-Alexander Weng, Rechtsanwalt, Düsseldorf
Dr. Kevin Weyand, Rechtsanwalt, Berlin

Werner Verlag 2017

Bibliografische Information der Deutschen Nationalbibliothek

Die Deutsche Nationalbibliothek verzeichnet diese Publikation in der Deutschen Nationalbibliografie; detaillierte bibliografische Daten sind im Internet über http://dnb.d-nb.de abrufbar.

ISBN 978-3-8041-1847-8

Die 1. Auflage des Werkes erschien unter dem Titel »Kommentar zur SektVO«

www.wolterskluwer.de
www.werner-verlag.de

Umschlagkonzeption: futurweiss kommunikationen, Wiesbaden
Satz: Satz-Offizin Hümmer GmbH, Waldbüttelbrunn
Druck und Weiterverarbeitung: Williams Lea & tag GmbH, München

Gedruckt auf säurefreiem, alterungsbeständigem und chlorfreiem Papier.

Vorwort

Am 18. April 2014 ist ein vollständig überarbeitetes europäisches Vergaberecht in Kraft getreten. Geregelt wird dieses in der Richtlinie zur »klassischen Auftragsvergabe« (RL 2014/24/EU), der Sektorenvergaberichtlinie (RL 2014/25/EU) und in den erstmaligen Vorgaben zur Konzessionsvergabe (RL 2014/23/EU).

Fristgemäß wurden die neuen Regelungen zum 18. April 2016 in nationales Recht umgesetzt. Der Gesetzgeber hat die Umsetzung genutzt, um den mit dem Erlass der Sektorenverordnung (SektVO) in 2009 begonnenen Systemwechsel auf eine Stärkung der Gesetzes- und Verordnungsebene fortzuführen. Als Auswirkung der erhöhten Regelungsdichte der europäischen Richtlinien gelten für die Auftragsvergabe im Sektorenbereich umfangreichere Vorschriften im Gesetz gegen Wettbewerbsbeschränkungen (GWB), aber auch in der neuen SektVO.

Bereits in der Vorauflage hatten wir alle für den Sektorenbereich relevanten Regelungen aus dem GWB und der SektVO kommentiert, allerdings integriert in jeweils sachlich naheliegende Vorschriften der SektVO (z.B. zum Auftragsbegriff in § 1 SektVO). Angesichts der Neukonstruktion des GWB mit einem eigenen Unterabschnitt für die Sektoren werden die praxisrelevanten GWB-Regelungen nunmehr ausdrücklich im vorliegenden Werk kommentiert. Deshalb haben wir das Autorenteam erheblich verstärkt mit erfahrenen Juristinnen und Juristen, die für Sektorenauftraggeber tätig sind, sowie aus Gesetzgebung und Anwaltspraxis.

Danken möchten wir auch dieses Mal allen denen, insbesondere allen Partnerinnen und Partnern der Autorinnen und Autoren, die unsere gemeinsamen Aktivitäten zur Erstellung dieses Werkes mit Liebe und Geduld getragen haben.

Einen besonderen Dank möchten wir Frau Quardon-Winkler vom Verlag aussprechen, die mit großer Sorgfalt und Kompetenz, aber auch dem notwendigen Nachdruck dafür gesorgt hat, dass unser Werk den Weg zu den Leserinnen und Lesern finden konnte.

Die Herausgeber sind für Anregungen, Hinweise aber auch Fragen dankbar. Wir stehen gerne zur Verfügung unter:

k.greb@avocado.de

hans-peter.mueller@bmwi.bund.de

Berlin und Bonn im Dezember 2016   Die Herausgeber

V

Bearbeiterverzeichnis

Dr. Klaus Greb §§ 2, 6, 40, 60–65 SektVO; §§ 106, 108,132, 138, 139 GWB

Hans-Peter Müller §§ 13–16, 20–25, 28–32, 55, 56, 58, 59 SektVO; §§ 97 Abs. 3, 133, 141– 143 GWB

Katrin Dietrich §§ 1, 3, 5, 7, 19, 57 SektVO; §§ 100, 102, 103, 136, 137, 140 GWB

Dr. Daniel Fülling §§ 4, 8, 33–39 SektVO

Björn Honekamp §§ 9–12, 41–44, 52, 53 SektVO; § 97 Abs. 5 GWB

Björn Honekamp/Dr. Kevin Weyand § 51 SektVO

Dr. Ingrid Reichling/ §§ 97 Abs. 1, 2, 6; 107 GWB
Nina Kristin Scheumann

Nils-Alexander Weng/ §§ 17, 18 SektVO
Dr. Isa Alexandra Sadoni

Dr. Kevin Weyand §§ 26, 27, 45–50, 54 SektVO; § 97 Abs. 4 GWB

Inhaltsverzeichnis

Abkürzungsverzeichnis

a.A.	anderer Ansicht
a.a.O.	am angegebenen Ort
Abs.	Absatz
a.E.	am Ende
AEUV	Vertrag über die Arbeitsweise der Europäischen Union in der Form der Bekanntmachung vom 09.05.2008 im Amtsblatt der Europäischen Union C 115, S. 47
a.F.	alte Fassung
AG	Aktiengesellschaft, Amtsgericht
Alt.	Alternative
a.M.	anderer Meinung
ABl.	Amtsblatt
Anh.	Anhang
AO	Abgabenordnung
Art.	Artikel
Aufl.	Auflage
BauGB	Baugesetzbuch
BauR	Baurecht, Zeitschrift für das gesamte öffentliche und zivile Baurecht
BayObLG	Bayerisches Oberstes Landesgericht
BeckRS	Beck-Rechtsprechung (ungekürzte Originalurteile der Gerichte in beck-online)
BGB	Bürgerliches Gesetzbuch
BGBl.	Bundesgesetzblatt
BGH	Bundesgerichtshof
BHO	Bundeshaushaltsordnung
Bl.	Blatt
BMWi	Bundesministerium für Wirtschaft und Technologie
Brem.	Bremer
BVerfG	Bundesverfassungsgericht
BVergG	Bundesvergabegesetz (Österreich)
BVerwG	Bundesverwaltungsgericht
BT-Drs.	Bundestagsdrucksache
BR-Drs.	Bundesratsdrucksache
bspw.	beispielsweise
Buchst.	Buchstabe
bzw.	beziehungsweise
ders.	derselbe
d.h.	das heißt
DÖV	Die öffentliche Verwaltung (Zeitschrift)
EG	Europäische Gemeinschaft
EG-Fristenberechnungs-verordnung	Fristenberechnungsverordnung EWG

EnWG	Energiewirtschaftsgesetz
etc.	et cetera
EU	Europäische Union
EuGH	Europäischer Gerichtshof
e.V.	eingetragener Verein des privaten Rechts
f.	folgende
ff.	fortfolgende
GBl.	Gesetzblatt
GbR	Gesellschaft bürgerlichen Rechts
GG	Grundgesetz
GmbH	Gesellschaft mit beschränkter Haftung
gem.	gemäß
Gen.	Genossenschaft
ggf.	gegebenenfalls
GPA	Agreement of Government Procurement
GWB	Gesetz gegen Wettbewerbsbeschränkungen
GVBl.	Gesetz- und Verordnungsblatt
HGB	Handelsgesetzbuch
Hmb.	Hamburgisches
HOAI	Verordnung über die Honorare für Leistungen der Architekten und Ingenieure
Hs.	Halbsatz
IBR	Immobilien und Baurecht (Zeitschrift)
i.d.R.	in der Regel
i.d.S.	in diesem Sinne
i.E.	im Ergebnis
insbes.	insbesondere
i.S.	im Sinne
i.S.d.	im Sinne des
i.S.v.	im Sinne von
i.V.m.	in Verbindung mit
KG	Kammergericht Berlin
LSG	Landessozialgericht
lit.	Litera (lat. Buchstabe)
m.a.W.	mit anderen Worten
MDR	Monatsschrift für Deutsches Recht (Zeitschrift)
MittBayNot	Mitteilungen des Bayerischen Notarvereins, der Notarkasse und der Landesnotarkammer Bayern
MMR	Multimedia und Recht (Zeitschrift)
m.w.N.	mit weiteren Nachweisen
Nds.	Niedersächsisches

n.F.	neue Fassung
NJW	Neue Juristische Wochenschrift (Zeitschrift)
NJW-RR	Neue Juristische Wochenschrift – Rechtsprechungsreport
Nr.	Nummer
NRW	Nordrhein-Westfalen
NVwZ	Neue Zeitschrift für Verwaltungsrecht
NVwZ-RR	Neue Zeitschrift für Verwaltungsrecht – Rechtsprechungsreport
NW	Nordrhein-Westfalen
NZBau	Neue Zeitschrift für Baurecht und Vergaberecht
o.ä.	oder ähnliches
o.g.	oben genannter, oben genannte, oben genanntes
OHG	offene Handelsgesellschaft
OLG	Oberlandesgericht
OLGR	OLG-Report, Zivilrechtsprechung der Oberlandesgerichte
OWiG	Gesetz über Ordnungswidrigkeiten
RL	Richtlinie
Richtlinie 2004/17/EG	Richtlinie des Europäischen Parlaments und des Rates vom 31.03.2004 zur Koordinierung der Zuschlagserteilung durch Auftraggeber im Bereich des Wasser-, Energie- und der Verkehrsversorgung sowie der Postdienste
Richtlinie 2004/18/EG	Richtlinie 2004/18/EG des Europäischen Parlaments und des Rates vom 31.03.2004 über die Koordinierung der Verfahren zur Vergabe öffentlicher Bauaufträge, Lieferaufträge und Dienstleistungsaufträge
Richtlinie 2014/25/EU	Richtlinie 2014/25/EU des Europäischen Parlaments und des Rates vom 26.02.2014 über die Vergabe von Aufträgen durch Auftraggeber im Bereich der Wasser-, Energie und Verkehrsversorgung sowie der Postdienste und zur Aufhebung der Richtlinie 2004/17/EG
Rdn./Rn.	Randnummer
S.	Satz, Seite, siehe
SektVO	Sektorenverordnung
SigG	Signaturgesetz
s.o.	siehe oben
s.u.	siehe unten
sog.	so genannter, so genannte, so genanntes
StGB	Strafgesetzbuch
u.a.	unter anderem
u.ä.	und ähnlicher, und ähnliche, und ähnliches
Unterabs.	Unterabsatz
usw.	und so weiter
UWG	Gesetz gegen unlauteren Wettbewerb
VergabeR	Zeitschrift für das gesamte Vergaberecht
vgl.	vergleiche

Abkürzungsverzeichnis

VgV	Vergabeverordnung
VK	Vergabekammer
VOB	Vergabe- und Vertragsordnung für Bauleistungen
VOL	Vergabe- und Vertragsordnung für Leistungen
VwGO	Verwaltungsgerichtsordnung
VÜA	Vergabeüberwachungsausschuss
WuW	Wirtschaft und Wettbewerb (Zeitschrift)
w.v.	wie vor
z.B.	zum Beispiel
Ziff.	Ziffer
ZfBR	Zeitschrift für deutsches und internationales Baurecht
z.T.	zum Teil

Literaturverzeichnis

Badenhausen-Fähnle	Die neue Vergabeart der Innovationspartnerschaft – Fünftes Rad am Wagen?, VergabeR 2015, 743
Baumbach/Hopt	Handelsgesetzbuch, Kommentar, 36. Aufl. 2014
Beck	Onlinekommentar ArbR
Beck	Onlinekommentar BGB
Beck	Onlinekommentar GG
Berstermann/Petersen	Der Konzern im Vergabeverfahren – Die Doppelbeteiligung auf Bewerber-/Bieterseite und aufseiten der Vergabestelle sowie die Möglichkeiten von »Chinese Walls«, VergabeR 2006, 740–756
Bischoff	Die VOL/A 2006, NZBau 2007, 13
Brockhoff	Öffentlich-öffentliche Zusammenarbeit nach den neuen Vergaberichtlinien, VergabeR 2014, 625–633
Burgi	Ökologische und soziale Beschaffung im künftigen Vergaberecht: Kompetenzen, Inhalte, Verhältnismäßigkeit, NZBau 2015, 597
Burgi	Die Bedeutung der allgemeinen Vergabegrundsätze Wettbewerb, Transparenz und Gleichbehandlung, NZBau 2008, 29
Burgi	Die Vergabe von Dienstleistungskonzessionen: Verfahren, Vergabekriterien, Rechtsschutz, NZBau 2005, 610
Burgi/Gölnitz	Die Modernisierung des Vergaberechts als Daueraufgabe – Lessons from the US, DÖV 2009, 829
Byok/Jaeger	Kommentar zum Vergaberecht, 3. Aufl. 2011
Dabringhausen	Die europäische Neuregelung der Inhouse-Geschäfte – Fortschritt oder Flop, VergabeR 2014, 512–523
Dieckmann/Scharf/Wagner-Cardenal	VOL/A, 1. Aufl. 2013
Dicks	Nebenangebote nach der Vergabemodernisierung 2016: Lösung oder Perpetuieren eines Dilemmas?, VergabeR 2016, 309
Dreher	Die Berücksichtigung mittelständischer Interessen bei der Vergabe öffentlicher Aufträge, NZBau 2005, 427
Dreher/Motzke	Beck'scher VOB- und Vergaberechtskommentar, 3. Aufl. 2014
Drömann	Das Konzernprivileg im Licht der neuen Sektorenkoordinierungsrichtlinie, NZBau 2015, 202–209
Ebenroth/Boujong/Joost/Strohn	Handelsgesetzbuch: HGB, Bd. 1, §§ 1–342e, 3. Aufl. 2014
Eckert/Veldboer	Zur Entscheidung für interkommunale Zusammenarbeit durch das EuGH-Urteil »Hamburger Stadtreinigung«, DÖV 2009, 859
Eschenbruch/Opitz	Sektorenverordnung: SektVO, Kommentar, 2012
Faber	Öffentliche Aufträge an kommunalbeherrschte Unternehmen – in-house-Geschäfte oder Vergabe im Wettbewerb?, DVBl 2001, 248–257

Literaturverzeichnis

Fehling	Forschungs- und Innovationsförderung durch wettbewerbliche Verfahren, NZBau 2012, 673
Festschrift für F. Marx	siehe *Prieß/Lau/Kratzenberg*
Fischer	Strafgesetzbuch, 63. Aufl. 2016
Forsthoff	Die Verwaltung als Leistungsträger, 1938
Franke/Kemper/Zanner/ Grünhagen	VOB Kommentar: Bauvergaberecht, Bauvertragsrecht, Bauprozessrecht, 5. Aufl. 2013
Freise	Berücksichtigung von Eignungsmerkmalen bei der Ermittlung des wirtschaftlichsten Angebots, NZBau2009, 225.
Gabriel/Krohn/Neun (Hrsg.)	Handbuch des Vergaberechts, 2014
Goette/Habersack	Münchener Kommentar zum Aktiengesetz, Band 1, §§ 1–75, 4. Aufl. 2016
Greb	Anmerkung zu EuGH, Urteil vom 13.10.2005, C-458/03, Parking Brixen, VergabeR 2005, 745
Greb	Das Konzernprivileg für Sektorenauftraggeber, VergabeR 2009, 140
Greb	Interkommunale Kooperationen – ein konsolidierter Stand der Rechtsentwicklung?, VergabeR 2008, 409
Greb	Das Konzernprivileg für Sektorenauftraggeber, VergabeR 2009, 140–145
Greb	Inhouse-Vergabe nach aktuellem und künftigem Recht, VergabeR 2015, 289–295
Greb/Kaelble	Die beihilfenrechtliche Unwirksamkeit der De facto Vergabe öffentlicher Aufträge über Marktpreis, WuW 2006, 1011
Greb/Müller	Kommentar zur SektVO, Kommentar, 2010
Greb/Rolshoven	Die »Alhorn«-Linie – Grundstücksverkauf, Planungs- und Vergaberecht, NZBau 2008, 163
Gröning	Anwendbarkeit und Ausnahmebestimmungen im künftigen Vergaberecht, NZBau 2015, 690–693
Gruneberg/Jänicke/Kröcher	Erweiterte Möglichkeiten für die interkommunale Zusammenarbeit nach der Entscheidung des EuGH vom 09.06.2009 – eine Zwischenbilanz, ZfBR 2009, 754
Hattig	Lexikon Vergaberecht A–Z: Erläuterungen und weiterführende Hinweise zu den zentralen Begriffen, 2008
Hattig/Maibaum (Hrsg.)	Praxiskommentar Kartellvergaberecht, 2. Aufl. 2014
Heiermann	Der wettbewerbliche Dialog, ZfBR 2005, 766
Heiermann/Zeiss (Hrsg.)	juris PraxisKommentar Vergaberecht, 4. Aufl. 2013
Heiermann/Zeiss/Summa (Hrsg.)	juris PraxisKommentar Vergaberecht, 5. Aufl. 2016
Henssler	Münchener Kommentar zum Bürgerlichen Gesetzbuch: BGB Band 4, § 628, 7. Aufl. 2016
Hofmann	Zivilrechtsfolgen von Vergabefehlern, 2009
Hölzl	Verhandlungsverfahren – Was geht?, NZBau 2013, 558

Hölzl	Workshop neues Vergaberecht, 2015 (http://files.enreg.eu/2015/15_11_2627_Vergaberecht/Hoelzl.pdf)
Immenga/Mestmäcker	Wettbewerbsrecht, Bd. 1 u. 2, 5. Aufl. 2014
Ingenstau/Korbion	VOB – Teile A und B, 19. Aufl. 2015
Jaeger	Die neue Basisvergaberichtlinie der EU vom 26.2.2014 – ein Überblick, NZBau 2014, 259–266
Kallerhoff	Zur Begründetheit von Rechtsschutzbegehren unterhalb der vergaberechtlichen Schwellenwerte, NZBau 2008, 97
Kapellmann/Messerschmidt	VOB Teile A und B, 5. Aufl. 2015
Kleinert/Göres	Welche Tätigkeiten erlaubt die vergaberechtliche Voreingenommenheitsregelung konzernrechtlich verbundenen Unternehmen?, KommJur, 2006, 361–365
Klimisch/Ebrecht	Stellung und Rechte der Dialogteilnehmer im wettbewerblichen Dialog, NZBau 2011, 203
Knauff	Neues zur Inhouse-Vergabe, EuZW 2014, 486–490
Koller/Roth/Morck	Handelsgesetzbuch: HGB, 8. Aufl. 2015
Kramer	Gleichbehandlung im Verhandlungsverfahren nach der VOL/A, NZBau 2005, 138
Kulartz	Vergaberecht und Verkehr – Rechtsrahmen für Ausschreibungspflichten, NZBau 2001, 173–181
Kulartz/Kus/Portz	Kommentar zum GWB Vergaberecht, 3. Aufl. 2014
Kulartz/Kus/Portz/Prieß	Kommentar zum GWB-Vergaberecht, 4. Aufl. 2016
Kulartz/Marx/Portz/Prieß	Kommentar zur VOL/A, 3. Aufl. 2014
Kus	Die richtige Verfahrensart bei PPP-Modellen, insbesondere Verhandlungsverfahren und Wettbewerblicher Dialog, VergabeR 2006, 851
Langefeld-Wirth	Rechtsfragen des internationalen Gemeinschaftsunternehmens – Joint Venture, RiW, 1990, 1–6
Leinemann	Die Vergabe öffentlicher Aufträge, 4. Aufl. 2007
Leinemann/Kirch	VSVgV Vergabeverordnung Verteidigung und Sicherheit, Kommentar, 2013
Loewenheim/Meessen/Riesenkampff	Kartellrecht, 3. Aufl. 2016
Maunz/Dürig	Grundgesetz, Loseblatt-Kommentar, 77. Ergänzungslieferung, 2016
Maurer	Allgemeines Verwaltungsrecht, 18. Aufl. 2011
Motzke/Pietzcker/Prieß	VOB Teil A, 2001
MüKo	siehe *Schmidt,* Münchener Kommentar zum HGB; siehe *Henssler,* Münchener Kommentar zum BGB
Müller	Das dynamische elektronische Verfahren, NZBau 2011, 72
Müller	Nach dem Zuschlag ist vor dem Zuschlag!, VergabeR 2015, 652–663

Literaturverzeichnis

Müller-Wrede	GWB Vergaberecht, 2. Aufl. 2014
Müller-Wrede	Kompendium des Vergaberechts, 2. Aufl. 2013
Müller-Wrede	SektVO Kommentar, 2010
Müller-Wrede	Vergabe- und Vertragsordnung für Leistungen – VOL/A, 4. Aufl. 2014
Neun/Otting	Die EU-Vergaberechtsreform 2014, EuZW 2014, 446
Opitz	Die neue Sektorenverordnung, VergabeR 2009, 689
Opitz	Was bringt die neue Sektorenvergaberichtlinie?, VergabeR 2014, 369
Palandt	BGB, Kommentar, 75. Aufl. 2016
Pielow	Anmerkung zu EuGH, Urteil vom 09.06.2009, Rs. C-480/06, EuZW 2009, 529
Pietzcker	Grundstücksverkäufe, städtebauliche Verträge und Vergaberecht, NZBau 2008, 293
Posser/Wolff	Beck'scher Online-Kommentar VwGO, 35. Edition, 2015
Pott/Dahlhoff/Kniffka/Rath	Honorarordnung für Architekten und Ingenieure – HOAI, 9. Aufl. 2011
Prieß	Handbuch des europäischen Vergaberechts, 3. Aufl. 2005
Prieß/Lau/Kratzenberg	Wettbewerb – Transparenz – Gleichbehandlung. Festschrift f. *Fridhelm Marx* 15 Jahre GWB Vergaberecht, 2013
Prieß/Simonis	Die künftige Relevanz des Primärvergabe- und Beihilferechts, NZBau 2015, 731–736
Pünder/Prieß	Vergaberecht im Umbruch II – Die neuen EU-Vergaberichtlinien und ihre Umsetzung, Schriften der Bucerius Law School, Band 1/14, 2015
Pünder/Schellenberg	Vergaberecht, Kommentar, 2. Aufl. 2015
Regler	Die vergaberechtliche Relevanz von Grundstückskaufverträgen, MittBayNot 2008, 253
Reidt/Stickler/Glahs	Vergaberecht, Kommentar, 3. Aufl. 2011
Rosenkötter/Plantiko	Die Befreiung der Sektorentätigkeiten vom Vergaberechtregime, NZBau 2010, 78
Schenke/Klimpel	Verhandlungsverfahren versus wettbewerblicher Dialog: Neuere Entwicklungen im Vergaberecht Öffentlich Privater Partnerschaften (ÖPP)/Public Private Partnership (PPP), DVBl 2006, 1492
Schmidt	Münchener Kommentar zum Handelsgesetzbuch: HGB, Bd. 4, Drittes Buch, §§ 238–342e, 3.Aufl. 2013
Scholtissek	Die HOAI 2009 – Die wesentlichen Neuerungen, DS 2009, 286
Schönke/Schröder	Strafgesetzbuch, 29. Aufl. 2014
Schotten	Die Vergabepflicht bei Grundstücksverkäufen der öffentlichen Hand – eine europarechtliche Notwendigkeit, NZBau 2008, 741
Schröder	Voraussetzungen, Strukturen und Verfahrensabläufe des Wettbewerblichen Dialogs in der Vergabepraxis, NZBau 2007, 216

Schrotz/Faasch	Erweiterte vergaberechtliche Handlungsspielräume für Sektoren-auftraggeber vor dem Hintergrund des Vergaberechtsmodernisie-rungsgesetzes, Versorgungs Wirtschaft, 2015, 261–267
Sonder	Neue EuGH-Rechtsprechung zum Verhältnis von interkommu-naler Zusammenarbeit und Vergaberecht, LKV, 2014, 207–209
Soudry/Hettich	Das neue Vergaberecht, 2014
Stoye/Kriener	Wettbewerblicher Dialog auch für staatliche Sektorenauftraggeber möglich!, IBR 2009, 189
Struve	Durchbruch für interkommunale Zusammenarbeit, EuZW 2009, 805
Sudbrock	Wasserkonzession, In-House-Geschäfte und interkommunale Kooperation nach den neuen EU-Vergaberichtlinien, KommJur, 2014, 41–47
Tomerius	Zu den Ausschreibungspflichten bei der interkommunalen Kooperation – Neues vom EuGH, LKV 2009, 395
Vetter/Bergmann	Investorenwettbewerbe und Vergaberecht – Eine kritische Aus-einandersetzung mit der Alhorn-Entscheidung des OLG Düssel-dorf, NVwZ 2008, 133
Völlink	Spekulieren erlaubt?, NJW-Spezial 2004, 117
von Donat/Lipinsky	»Stadtreinigung Hamburg« – Ein Sieg für die interkommunale Kooperation, KommJur 2009, 361
von Oelhafen	Möglichkeiten der vergabefreien Beauftragung von städtischen Versorgungsunternehmen unter Berücksichtigung der aktuellen Rechtsprechung des EuGH, Versorgungs Wirtschaft, 2006, 105–108
Weyand	ibr-online Kommentar Vergaberecht, Stand: 14.09.2015
Willenbruch/Wieddekind	Vergaberecht Kompaktkommentar, 3. Aufl. 2014
Ziekow	Auftragsänderung nach der Auftragsvergabe, VergabeR 2016, 278–291
Ziekow	Inhouse-Geschäfte und öffentlich-öffentliche Kooperationen: Neues vom europäischen Vergaberecht?, NZBau 2014, 258–264
Ziekow/Siegel	Public Public Partnerships und Vergaberecht: Vergaberechtliche Sonderbehandlung der In-State-Geschäfte, VerwArch, 2005, 119–137
Ziekow/Völlink	Vergaberecht, Kommentar, 2. Aufl. 2013
Zillmann	Waren und Dienstleistungen aus Drittstaaten im Vergabeverfahren – Die Bekanntmachung des Bundesministeriums für Wirtschaft und Arbeit zur Drittlandsklausel, NZBau 2003, 480

Einführung

I. Historie

1. Rechtssetzung im Vergaberecht (EU/Deutschland)

a) EU-Rechtssetzung

Nachdem erste Liberalisierungsbemühungen der öffentlichen Auftragsvergabe auf europäischer Ebene in den 60er-Jahren des 20. Jahrhunderts scheiterten, wurde in einer späteren ersten Koordinierungsphase zunächst die Richtlinie 71/305 vom 26.07.1971 über die Koordinierung der Verfahren zur Vergabe öffentlicher Bauaufträge[1] erlassen. Fünf Jahre später folgte die Richtlinie 77/62 vom 21.12.1976 über die Koordinierung der Verfahren zur Vergabe öffentlicher Lieferaufträge[2].   1

Die Richtlinien waren durch die Grundsätze der Veröffentlichung, des Verbots diskriminierender Spezifikationen sowie objektiver Teilnahmebedingungen vor allem in Bezug auf den Vorrang bestimmter Vergabeverfahren sowie Eignungs-/Zuschlagskriterien bestimmt. Die Sektoren Wasser-, Energie- und Verkehrsversorgung und die Telekommunikation waren ausdrücklich ausgenommen. Zum damaligen Zeitpunkt schon unterstanden die Einrichtungen, die Sektorentätigkeiten ausübten, zum Teil dem öffentlichen und zum Teil dem privaten Recht. Um diese nicht aufgrund ihrer Rechtsform unterschiedlich behandeln zu müssen, sollten sie, so die Erwägungsgründe, von den o.g. Richtlinien solange ausgenommen sein, bis eine entsprechende Lösung gefunden sei.   2

---

1 ABl. L 185 v. 16.08.1971, S. 5.
2 ABl. L 13 v. 15.01.1977, S. 1.

3 Diese entsprechende Lösung wurde 1990 mit der Richtlinie 90/531/EWG des Rates vom 17.09.1990 betreffend die Auftragsvergabe durch Auftraggeber im Bereich der Wasser-, Energie- und Versorgungsunternehmen sowie im Telekommunikationssektor[3] gefunden. Die Richtlinie wurde schon 1993 novelliert durch die Richtlinie 93/38/EWG des Rates vom 14.06.1993 zur Koordinierung der Auftragsvergabe durch Auftraggeber im Bereich der Wasser-, Energie- und Verkehrsversorgung sowie im Telekommunikationssektor[4] (Sektorenvergaberecht). Notwendig wurde diese schnelle Novellierung durch den Beitritt der EG zum WTO-Beschaffungsübereinkommen.

4 Mit Erlass der Richtlinie 2004/17/EG des Europäischen Parlaments und des Rates vom 31.03.2004 zur Koordinierung der Zuschlagserteilung durch Auftraggeber im Bereich der Wasser-, Energie- und Verkehrsversorgung sowie der Postdienste[5] wurde die Richtlinie 93/38/EWG aufgehoben und die Sektorenauftragsvergabe neu geregelt. Vor allem wurde der Telekommunikationssektor aus der Anwendung herausgenommen und die Postdienste der Anwendung der Richtlinie unterstellt.

5 Das für Vergaberecht federführende Bundesministerium für Wirtschaft und Technologie (BMWi) hatte die Aufgabe der Umsetzung der Richtlinie 2004/17/EG sowie der ebenfalls neu gefassten Richtlinie 2004/18/EG vom 31.03.2004 über die Koordinierung der Verfahren zur Vergabe öffentlicher Bauaufträge, Lieferaufträge und Dienstleistungsaufträge[6] (klassisches EU-Vergaberecht) für die sog. »klassische Auftragsvergabe« in deutsches Recht.

b) Rechtssetzung in Deutschland

6 Die europäischen Vergaberegeln wurden und werden in filigraner Art und Weise in die Verschachtelungen (Kaskaden und Schubladen) des deutschen Vergaberechts aufgenommen. Dies geschieht bzw. geschah in den in Deutschland für die Schaffung der Vergaberegeln zuständigen, historisch gewachsenen Ausschüssen (Deutscher Vergabe- und Vertragsausschuss für Bauleistungen/DVA sowie Deutscher Vergabe- und Vertragsausschuss für Lieferungen und Dienstleistungen/DVAL). In diesen Ausschüssen sind die Interessen der Akteure des deutschen Vergabewesens, der öffentlichen Auftraggeber sowie die betroffenen Bau- und Wirtschaftsverbände vertreten.

7 Zusammensetzung und Arbeitsweise von DVA und DVAL sind auf Interessenausgleich ausgerichtet. Es geht darum, im Wege der Kompromissfindung die Interessen der Akteure in Einklang zu bringen.

8 Die Ausschüsse haben keine unmittelbare Stellung im Rechtssetzungsgefüge der Bundesrepublik. Der Rechtscharakter der von ihnen erstellten Regelwerke, der Vergabe- und Vertragsordnung für Bauleistungen (VOB/A) sowie der Vergabe- und Vertragsordnung für Leistungen (VOL/A) ist nicht eindeutig. Der jeweils erste Abschnitt basiert auf Haushaltsrecht und muss deshalb in den Bundesländern durch einen gesonderten

3 ABl. L 297 v. 29.10.1990, S. 1.
4 ABl. L 199 v. 09.08.1993, S. 84.
5 ABl. L 134 v. 30.04.2004, S. 1.
6 ABl. L 134 v. 30.04.2004, S. 114.

Akt jedes Bundeslandes in Kraft gesetzt werden. Der jeweils zweite Abschnitt (a – §§) regelte das klassische EU-Vergaberecht und hatte aufgrund des Anwendungsbefehls in der VgV a.F. Verordnungscharakter. So fand sich das frühere Sektorenvergaberecht innerhalb dieses Systems in den Abschnitten 3 und 4 der VOB/A und der VOL/A (b- §§ und SKR) wieder. Lediglich zwingend gesetzlich zu regelnde Vorschriften wurden im Gesetz gegen Wettbewerbsbeschränkungen (GWB)[7] sowie der Vergabeverordnung (VgV)[8] festgeschrieben:

9

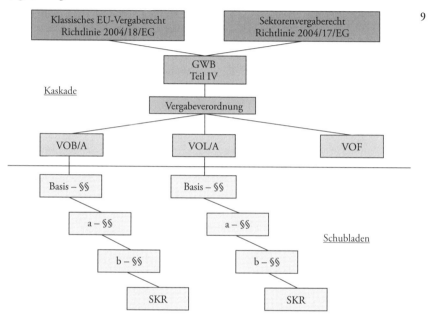

Abb. 1

2. Rechtssetzung zur SektVO

Ende 2002 führte das BMWi eine Fragebogenaktion zum Vergaberecht durch, an der 10 sich öffentliche Auftraggeber, Unternehmen, Verbände, Auftragsberatungsstellen, Experten und andere Betroffene in starkem Maße beteiligten. Es wurden über 1250 Antworten ausgewertet. Mehrheitlich wurde das verschachtelte System von Kaskaden und Schubladen von den Befragten als zu komplex und intransparent angesehen sowie insgesamt als nicht praxisgerecht beschrieben.

---

7 Art. 13 Abs. 21 BilanzrechtsmodernisierungsG v. 25.05.2009 (BGBl. I S. 1102).
8 Art. 2 VO zur Neuregelung der für die Vergabe von Aufträgen im Bereich des Verkehrs, der Trinkwasserversorgung und der Energieversorgung anzuwendenden Regeln v. 23.09.2009 (BGBl. I S. 3110).

11 Eine im BMWi eingesetzte Arbeitsgruppe »Verschlankung des Vergaberechts« legte im Dezember 2003 einen Ergebnisbericht vor, in dessen Folge verschiedene Entwürfe zur Änderung des Vergaberechts im GWB und der VgV diskutiert wurden. Ziel war es, neben der Verschlankung die im Rahmen des Legislativpakets verabschiedeten Richtlinien 2004/18/EG zum klassischen EU-Vergaberecht und 2004/17/EG zum Sektorenvergaberecht in deutsches Recht umzusetzen.

12 Die Entwürfe sahen vor, alle Regelungen zum Vergaberecht im Teil IV des GWB sowie einer neu gefassten Vergabeverordnung umzusetzen und die VOL/A sowie die Vergabeordnung für freiberufliche Dienstleistungen (VOF) abzuschaffen. Die VOB/A sollte auf Regelungen unterhalb der EU-Schwellenwerte begrenzt werden. Ein schwieriges Unterfangen, wie sich sehr bald herausstellte. Infolge der vorgezogenen Neuwahlen zum Deutschen Bundestag 2005 fiel Entwurf des BMWi der Diskontinuität zum Opfer.

13 Die Koalitionsvereinbarung der großen Koalition aus CDU/CSU und SPD sah für die 16. Legislaturperiode die Fortsetzung der Reform vor. Schließlich mussten die europäischen Vergaberegeln ja immer noch umgesetzt werden. Um die Umsetzungsfrist einzuhalten, wurden in einem »Sofortmaßnahmenpaket« im Jahr 2006 die zwingend notwendigen Regeln in die bestehenden VOB/A, VOL/A sowie die VOF aufgenommen. Die Änderungen traten mit der Vergaberechtsreform 2006[9] zum 01.11.2006 in Kraft. Die weitere Umsetzung sollte in einem zweiten Reformschritt erfolgen.

14 Die Koalitionsvereinbarung forderte die Umsetzung »im bestehenden System«. Das verschachtelte Kaskaden-/Schubladensystem sollte erhalten bleiben. Ein gesetz-/verordnungsgeberischer Ansatz außerhalb der Vergabe- und Vertragsausschüsse war damit von vorneherein unmöglich. Hätte dies im bestehenden System doch die Quadratur des Kreises bedeutet. Es blieb dabei, die europäischen Regelungen in der althergebrachten Weise umzusetzen.

15 Gleichwohl sah der Entwurf einer Änderung der VgV vom Mai 2006 u.a. vor, das Sektorenvergaberecht nicht mehr in zwei unterschiedlichen Abschnitten sondern nur noch in einem Abschnitt zu regeln. Dieser sollte im Wesentlichen der Richtlinie 2004/17/EG entsprechen. Damit wäre bspw. die unterschiedliche Behandlung der Auftraggeber aufgrund ihrer Rechtsstellung beseitigt worden. Dieser Entwurf wurde im Sofortmaßnahmenpaket jedoch noch nicht umgesetzt.

16 Innerhalb der Bundesregierung verständigte man sich dann darauf, den abgegrenzten und eigenständigen Bereich des Sektorenvergaberechts in einer Rechtsverordnung der Bundesregierung zu regeln und damit der Zuständigkeit der Vergabe- und Vertragsausschüsse zu entziehen. Im Rahmen der Novellierung des Teil 4 des GWB im Jahr 2009[10] wurde mit § 127 Nr. 2 GWB a.F. eine eigene Ermächtigungsgrundlage hierfür geschaffen.

---

9 3. VO zur Änderung der VgV v. 23.10.2006 (BGBl. I S. 2334).
10 BGBl. I v. 23.04.2009, S. 790.

Die Frage, ob eine eigene Ermächtigungsgrundlage überhaupt erforderlich gewesen   17
wäre, ließ sich berechtigterweise stellen. Stand der Bundesregierung doch mit § 97
Abs. 6 GWB a.F. eine umfassende Verordnungsgebungskompetenz zur Verfügung.

Jedenfalls wurde die Möglichkeit eröffnet, zumindest im Bereich der Sektorenauftrags-   18
vergabe materielle Verfahrensregeln wie in anderen Rechtsbereichen üblich, dem verfas-
sungsmäßigen Gesetz-/Verordnungsgebungsverfahren zu unterstellen. Die sektorenspezifischen Regelungen wurden aus der VOB/A und VOL/A herausgelöst und in einer
eigenständigen Rechtsverordnung, der Verordnung über die Vergabe von Aufträgen
im Bereich des Verkehrs, der Trinkwasserversorgung und der Energieversorgung (Sektorenverordnung – SektVO)[11], geregelt.

Während die Novellierung der VOL/A im DVAL nahezu zwei Jahre brauchte (Frühjahr   19
2008 bis Anfang 2010), dauerte die hierzu parallel erfolgende Umsetzung des Sektorenvergaberechts in der SektVO vom ersten Federstrich bis zur Veröffentlichung im BGBl.
knapp zehn Monate. Die SektVO trat am 29.09.2009 in Kraft und löste die Abschnitte
3 und 4 der VOB/A und der VOL/A ab.

Neue Vergaberechtsstruktur 2009:   20

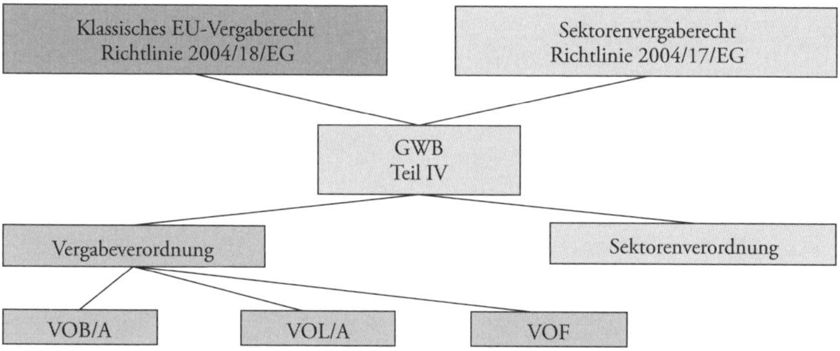

Abb. 2

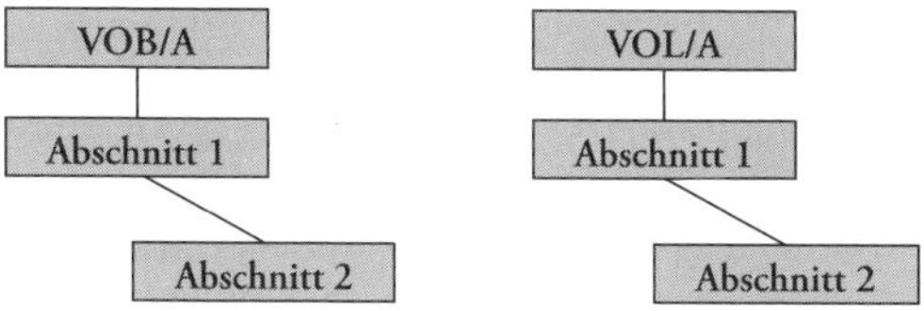

Abb. 3

---

11 BGBl. I v. 28.09.2009, S. 3110.

II. Ziel

21 Die SektVO diente der Umsetzung der Richtlinie 2004/17/EG des Europäischen Parlaments und des Rates vom 31.03.2004 zur Koordinierung der Zuschlagserteilung durch Auftraggeber im Bereich der Wasser-, Energie- und Verkehrsversorgung sowie der Postdienste und der vergaberechtsrelevanten Vorschriften der Richtlinie 2006/32/EG des Europäischen Parlaments und des Rates vom 05.04.2006 über Endenergieeffizienz und Energiedienstleistungen[12] (Energieeffizienzrichtlinie).

22 Die EU sah weiterhin die Notwendigkeit eines eigenen Sektorenvergaberegimes. In den Erwägungsgründen Nummern 2 und 3 Richtlinie 2004/17/EG hatte sie wichtige Gründe für die Einführung von Vergabevorschriften in den Sektoren dargelegt. Zum einen bestehe eine staatliche Nähe durch eine Vielzahl von Einflussmöglichkeiten, das Verhalten der Sektorenauftraggeber zu beeinflussen, u.a. durch Kapitalbeteiligungen oder durch die Besetzung von Führungsorganen. Zum anderen seien die Märkte, in denen die betroffenen Auftraggeber tätig sind, immer noch abgeschottet.

23 Die Richtlinie 2004/17/EG regelte den Mindeststandard für die Vergabe von Aufträgen im Sektorenbereich. Sie wollte in allen Mitgliedstaaten grundsätzlich gleiche Bedingungen schaffen. Darauf aufbauend beschloss die Bundesregierung, die Vorgaben des gesamten EU-Vergaberechts (klassisches EU-Vergaberecht und Sektorenvergaberecht) 1:1 umzusetzen.[13] Darüber hinausgehende Regelungen sollte es nicht mehr geben. Im Übrigen sollten die Vergaberegeln auf das notwendige Maß beschränkt und bürokratische Vorgaben gestrichen werden.

24 In der SektVO wurden dann die bisher mehr als 130 Einzelregelungen in GWB, der VgV, der VOB/A und der VOL/A in 34 Paragrafen zusammenfasst. Dabei lehnte sie sich eng an die Vorgaben der Richtlinie 2004/17/EG an und setzte diese 1: 1 um. Sie wies ein bemerkenswert niedriges Maß an Regelungen auf und gewährleistete dadurch effiziente Vergabeverfahren.

25 Mit der SektVO erhielt das deutsche Vergaberecht eine neue Struktur. Es war weniger verschachtelt und damit übersichtlicher als das bisherige Prinzip von »Kaskade und Schubladen«. Die wenig praktikable Trennung nationaler Vorschriften, die der Umsetzung von EU-Recht dienten sowie sonstiger nationaler Vergaberechtsvorschriften (»b-Paragrafen« sowie »Basisparagrafen« in VOB/A und VOL/A) wurden im Sektorenvergaberecht überwunden.

26 Die Erwägungsgründe 32 und 33 der Richtlinie 90/531/EWG sahen vor, dass die von den beteiligten Auftraggebern anzuwendenden Vorschriften einen Rahmen für eine loyale Geschäftspraxis bildeten und möglichst flexibel gehandhabt werden konnten; im Gegenzug zu der so geschaffenen Flexibilität war im Interesse des gegenseitigen Vertrauens ein Mindestmaß an Transparenz sicherzustellen. Diese Grundsätze galten in der Richtlinie 2004/17/EG fort und fanden Eingang in die SektVO.

---

12 ABl. L 114 v. 05.04.2006, S. 64.
13 Beschl. der Bundesregierung v. 28.06.2006 über Schwerpunkte zur Vereinfachung des Vergaberechts im bestehenden System.

Für den Bereich des Sektorenvergaberechts galt neben dem GWB ausschließlich die 27
SektVO. Damit regelte sie in einfacher, aber klar strukturierter Weise die Auftragsvergabe im Bereich der Sektorentätigkeit und wurde ihrem Auftrag gerecht, ab einem bestimmten Schwellenwert den Sektorenbereich dem Wettbewerb zu öffnen. Die SektVO stellte einen Meilenstein in der Reform des deutschen Vergaberechts dar. Sie war eine Alternative zum bisherigen System, die sich in einfacher aber europarechtskonformer Weise über die Verschachtelungen des Vergaberechts hinwegsetzte.

Die Zusammenfassung der Vergaberegeln für Bau-/Liefer- und Dienstleistungen einschließlich der freiberuflichen Dienstleistungen in einem Regelwerk war ein echter 28
Beitrag zum Bürokratieabbau. Die wesentlich geringere Regelungsdichte führte zu erheblichen Verfahrenserleichterungen und damit effizienteren und ökonomischeren Auftragsvergaben. Die SektVO gewährte den Auftraggebern einerseits die notwendigen Spielräume, um den Wettbewerb bei der Auftragsvergabe individuell zu gestalten. Damit verbunden war andererseits ein erhöhter Grad an Eigenständigkeit und Eigenverantwortung für die Auftraggeber.

III. Überblick über die Verordnung 2009

Aufbau und Struktur der SektVO orientierte sich an der Chronologie des Vergabeverfahrens (Vorbereitung, Bekanntmachung, Anforderungen an Bewerber/Bieter, Prüfung 29
und Wertung, Zuschlag). Ähnlich aufgebaut waren die seinerzeit ebenfalls novellierten Vergabe- und Vertragsordnungen VOB/A 2009, VOL/A 2009 und VOF 2009. Es wurden zudem keine Regeln in die SektVO aufgenommen, die sich aus den ohnehin geltenden Vergabegrundsätzen ergaben.

Die Verfahrensregeln der entfallenen Abschnitte 3 und 4 von VOB/A 2006 und VOL/A 30
2006 wurden in der SektVO in enger Anlehnung an die Richtlinie 2004/17/EG zusammengefasst. Weitere, bis dahin in der VgV vorhandene Regeln wurden im Rahmen der Novellierung 2009 in das GWB 2009 übernommen.

Die §§ 8 und 9 VgV a.F. (Tätigkeit im Sektorenbereich, Ausnahmen im Sektorenbereich) wurden zur Anlage zu § 98 Nr. 4 GWB a.F. (Tätigkeiten auf dem Gebiet der 31
Trinkwasser – oder Energieversorgung oder des Verkehrs) bzw. in § 100 Abs. 2 lit. f GWB (Ausnahmen vom Anwendungsbereich) übernommen.

§ 10 VgV a.F. (Freistellung verbundener Unternehmen) wurde in § 100 Abs. 2 lit. o bis t 32
GWB a.F. (Ausnahmen vom Anwendungsbereich) geregelt.

§ 11 VgV a.F. (Auftraggeber nach dem Bundesberggesetz) wurde zu § 129b GWB a.F. 33
(Regelung für Auftraggeber nach dem Bundesberggesetz).

Die SektVO galt für Auftraggeber nach § 98 Nr. 1 bis 4 GWB a.F. ab einem Schwellen- 34
wert von seinerzeit 387.000 € bei Liefer- und Dienstleistungsaufträgen sowie 4.845.000 € bei Bauaufträgen.[14] Anknüpfungspunkt für die Anwendung der SektVO

---

14 VO (EG) Nr. 1177/2009 der Kommission v. 30.11.2009 zur Änderung der Richtlinien 2004/17/EG, 2004/18 EG und 2009/81/EG des europäischen Parlaments und des Rates

war und ist die Sektorentätigkeit. Die Vergabe von Aufträgen muss der Ausübung von Sektorentätigkeiten dienen.[15]

35 Die SektVO galt nicht für die Vergabe von Bau-/Dienstleistungskonzessionen. Für den öffentlichen Personen- und Schienennahverkehr (ÖPNV, SPNV) galt und gilt nach der Verordnung (EG) Nr. 1370/07 des Europäischen Parlaments und des Rates vom 23.10.2007 über öffentliche Personenverkehrsdienste auf Schiene und Straße und zur Aufhebung der Verordnungen (EWG) Nr. 1191/69 und (EWG) Nr. 1107/70 des Rates[16] eine Sonderregelung.

36 Nach vormaligem Recht war es unklar, ob freiberufliche Leistungen vom Sektorenvergaberecht umfasst waren, oder ob hierfür die seinerzeitige Verdingungsordnung für freiberufliche Leistungen (VOF) anzuwenden war. Diese Regelungslücke ist mit dem Erlass der SektVO geschlossen worden. Die Vergabe freiberuflicher Dienstleistungen wurde vom Anwendungsbereich der SektVO umfasst.

37 Für den Postbereich erfolgte keine Umsetzung in der SektVO. Es konnte davon ausgegangen werden, dass nach Auslaufen des gesetzlichen Briefmonopols kein Unternehmen mehr besteht, das die in der Richtlinie 2004/17/EG vorgegebenen Voraussetzungen eines Auftraggebers im Postbereich erfüllt. Die Kommission der Europäischen Gemeinschaft hat daher die Aufnahme der Deutschen Post AG als Sektorenauftraggeber nicht mehr gefordert.

38 Die neue SektVO unterschied nicht mehr zwischen sog. öffentlichen und privaten Sektorenauftraggebern. Um eine wirkliche Marktöffnung zu erreichen, durften die von der Richtlinie 2004/17/EG erfassten Auftraggeber nicht aufgrund ihrer Rechtsstellung definiert werden. Es sollte sichergestellt werden, dass die Gleichbehandlung von Auftraggebern im öffentlichen Sektor und Auftraggebern im privaten Sektor gewahrt bleibt.[17]

39 Die SektVO setzte auch die vergaberechtsrelevanten Regelungen des Art. 5 Richtlinie 2006/32/EG (Energiedienstleistungsrichtlinie) sowie deren Anh. VI, lit. b und c um. Diese Vorgaben wurden nicht in das geplante Energiedienstleistungsgesetz aufgenommen, um eine weitere Zersplitterung des nationalen Vergaberechts zu vermeiden. Eine entsprechende Aufnahme erfolgte seinerzeit auch in die für das klassische EU-Vergaberecht geltende VgV a.F.

40 Die Einhaltung des Verfahrens nach der SektVO unterlag dem Rechtsschutz nach den damaligen Bestimmungen der §§ 102 ff. GWB a.F.

---

im Hinblick auf die Schwellenwerte für Auftragsvergabeverfahren, ABl. Nr. L 314 v. 01.12.2009, S. 64.
15 EuGH, Urt. v. 16.06.2005 – C-462/03 und C-463/03.
16 ABl. L 315 v. 03.12.2007, S. 1.
17 Vgl. Erwägungsgrund Nr. 10 Richtlinie 2004/17/EG.

Die SektVO reduzierte die Anforderungen an die Leistungsbeschreibung und baute da- 41
mit bürokratische Hemmnisse ab. Ein geregeltes Verbot, dem Auftragnehmer ungewöhnliche Wagnisse aufzubürden, sah die SektVO nicht vor. Auch die VOL/A 2009
regelte dies im Übrigen nicht mehr.[18]

Zu zügigeren Verfahrensabläufen und mehr Wettbewerb sollte die Einführung des dy- 42
namischen elektronischen Verfahrens führen. Es handelte sich um ein ausschließlich
vollelektronisch ablaufendes offenes Vergabeverfahren eigener Art (sui generis).

Bezüglich der Bekanntmachungen und Fristen übernahm die SektVO den Aufbau der 43
Richtlinie 2004/17/EG und setzte deren Art. 41 bis 46 nahezu unverändert um.

Ausführliche und detaillierte Vorschriften zu den Anforderungen an Unternehmen wie 44
sie die sog. klassischen Auftraggeber einzuhalten haben (vgl. Art. 45 bis 48 Richtlinie
2004/18/EG) sah die Richtlinie 2004/17/EG nicht vor. Die SektVO regelte bspw.
keine »formellen Ausschlussgründe«, wie sie in § 19 EG VOL/A 2009 zu finden waren.
Es wurden lediglich Mindeststandards festgelegt.

§ 24 SektVO a.F. ließ die Einrichtung von Prüfsystemen durch Auftraggeber zu und 45
legte die Voraussetzungen hierzu fest.

§ 26 SektVO a.F. macht die notwendige strikte Trennung von Eignungsprüfung, der 46
i.d.R. die formale Prüfung auf Vollständigkeit und Fristgemäßheit vorangeht, und Wertung der Angebote deutlich.

Zentrale Vorschrift am Ende der SektVO war die Dokumentationspflicht des Auftrag- 47
gebers. In dem Maße, wie die Spielräume und Flexibilität bei der Auftragsvergabe nach
der SektVO erweitert wurden, wuchsen die Anforderungen an die Dokumentation der
Verfahren.

IV. Resümee 2009

1. Effizienzsteigerung des Verfahrens

Aufgabenerfüllung gerät schnell an ihre Grenzen, wenn sie durch übermäßige bürokra- 48
tische Hemmnisse beeinträchtigt wird. Soll die öffentliche Auftragsvergabe zu wirtschaftlichen Ergebnissen führen, so wird neben den Grundsätzen des Wettbewerbs,
der Transparenz und der Gleichbehandlung künftig der Grundsatz der Verfahrenseffizienz mehr Beachtung als bisher finden müssen.

Dieser Grundsatz besagt, dass auf dem Weg zu einer wirtschaftlichen Beschaffung die 49
Komplexität der Verfahren zugunsten einer größeren Effizienz reduziert werden
sollte.[19]

Das Sektorenvergaberecht bietet Auftraggebern bereits jetzt die Möglichkeit, z.B. bei 50
der Wahl der Vergabeart stets zu prüfen, ob der erwartete Verfahrensaufwand in einem

---

18 S. § 7 VOL/A 1. Abschnitt; § 8 EG VOL/A.
19 Burgi, DÖV 2009, 831.

angemessenen Verhältnis zu dem erwarteten Beschaffungsergebnis steht und seine Entscheidung daran auszurichten.

2. Vereinfachung der Struktur des Vergaberechts

51 Wie dargestellt, gliedert sich das deutsche Vergaberecht in gesetzliche und untergesetzliche Bereiche. Dies mag in Zeiten, in denen Brüssel als europäischer Gesetzgeber noch keine allzu große Rolle spielte, vernünftig und sinnvoll gewesen sein. Mittlerweile jedoch nimmt der Einfluss der europäischen Gesetzgebung immer mehr zu. Dabei hat die Aufnahme der europäischen Regelungen in das deutsche System zu immer mehr Verschachtelungen und Komplexität geführt.

52 In Zukunft wird es darauf ankommen, die europäischen Regeln in möglichst einfacher und übersichtlicher Weise und weniger filigran in nationales Recht umzusetzen. Dabei ist besonderer Wert auf die Tatsache zu legen, dass keine »Überregulierung« erfolgt, d.h. die europäischen Normen sind möglichst 1:1 umzusetzen.

53 Die Art und Weise der Umsetzung spielt eine ebenso wichtige Rolle. Sollen europäische Regeln weiterhin in ein verschachteltes System aufgenommen werden, wodurch die Gefahr besteht, dass Komplexität und Unübersichtlichkeit erhöht werden, oder geht man den Weg der klaren Konturen und Strukturen, wie dies bei der Umsetzung der Richtlinie 2004/17/EG in beispielhafter Weise vorgemacht wurde.

V. Novellierung des EU-Vergaberechts 2014

1. Allgemeines

54 Auch zehn Jahre nach Inkrafttreten des Legislativpaketes 2004 ist der vergaberechtliche Reformeifer der Kommission ungebremst. Der Startschuss der jüngsten Novellierung des EU-Vergaberechts erfolgte mit einem Grünbuch der Europäischen Kommission im Jahr 2011.[20] Bereits drei Jahre später, im März 2014 veröffentlichte die Europäische Kommission drei neue Richtlinien[21], die künftig das europäische Vergaberecht regeln sollen. Alle drei Richtlinien waren von den Mitgliedstaaten bis zum 18.04.2016 in nationales Recht umzusetzen.

55 Damit setzt die Europäische Kommission ihr Bestreben fort, den öffentlichen Beschaffungsbinnenmarkt durch die Schaffung von Transparenz und Gleichbehandlung dem Wettbewerb zu öffnen und öffentliche Leistungen einem größeren Anbieterkreis zugänglich zu machen.

---

20 Grünbuch über die Modernisierung der europäischen Politik im Bereich des öffentlichen Auftragswesens – Wege zu einem effizienten europäischen Markt für öffentliche Aufträge, COM (2011)15 final v. 27.01.2011.

21 Richtlinie 2014/23/EU des Europäischen Parlaments und des Rates v. 26.02.2014 über die Konzessionsvergabe (ABl. L 94 S. 1); Richtlinie 2014/24/EU des Europäischen Parlaments und des Rates v. 26.02.2014 über die öffentliche Auftragsvergabe (ABl. L 94 S. 65); Richtlinie 2014/25/EU des Europäischen Parlaments und des Rates v. 26.02.2014 über die Vergabe von Aufträgen durch Auftraggeber im Bereich der Wasser-, Energie- und Verkehrsversorgung sowie der Postdienste (ABl. L 94 S. 43).

Müller

Unter der Strategie Europa 2020[22] wurden die bisherigen Richtlinien[23] vollständig überarbeitet und ersetzt. Damit sollten die Verfahren effizienter und schneller durchgeführt werden können. Die Verfolgung strategischer Ziele (soziale, ökologische und innovative Aspekte) wurde gestärkt und es wurde durch die Übernahme von EuGH-Rechtsprechung Rechtssicherheit geschaffen. **56**

Mit dem Erlass einer Konzessionsvergaberichtlinie soll der Markt für Konzessionen für Bewerber aus allen Mitgliedstaaten geöffnet werden sodass Unternehmen einen besseren Zugang zur öffentlichen Konzessionsvergabe erhalten. Öffentliche Konzessionsgeber werden gleichzeitig in die Lage versetzt, ihre finanziellen Ressourcen optimaler einsetzen zu können und von bestmöglichen Preisen zu profitieren. Schließlich soll die neue Richtlinie für wettbewerbliche, transparente und nichtdiskriminierende Verfahren sorgen, die auch überprüfbar sind.[24] **57**

Kehrseite dieser Medaille war allerdings ein starker Aufwuchs von insgesamt 92 Einzelregelungen. So umfasst die klassische Vergaberichtlinie nun 94 und die Sektorenvergaberichtlinie 102 Artikel. Die neue Konzessionsvergaberichtlinie hat nicht weniger als 55 Artikel. **58**

Für den Bereich der Wasser-, Energie- und Verkehrsversorgung sowie der Postdienste blieb es bei einem eigenständigen, weniger streng als das klassische Vergaberecht, geregelten Vergaberegime. **59**

2. Wesentliche Änderungen im Überblick

Zunächst ist festzuhalten, dass nicht nur im klassischen Vergaberecht sondern auch im Sektorenvergaberecht gilt, dass die gesamte Kommunikation und der gesamte Informationsaustausch im Rahmen des Vergabeverfahrens, insbesondere die elektronische Einreichung von Angeboten, unter Anwendung elektronischer Kommunikationsmittel zu erfolgen hat.[25] Die bisherige Wahlfreiheit der Auftraggeber, herkömmliche, elektronische oder einen Mix der Kommunikationsmittel vorzugeben, ist nun auf das Verlangen zur Anwendung elektronischer Kommunikationsmittel beschränkt **60**

Die Berücksichtigung strategischer Aspekte bei der Auftragsvergabe wurde gestärkt. Den Mitgliedstaaten wurde aufgegeben, geeignete Maßnahmen zu treffen, dass Unternehmen bei der Durchführung öffentlicher Aufträge geltende umwelt-, sozial- und arbeitsrechtliche Verpflichtungen einhalten. **61**

---

22 Mitteilung der Kommission v. 3.03.2008 KOM (2010) 2020.
23 Richtlinie 2004/17/EG des Europäischen Parlaments und des Rates v. 31.03.2004 zur Koordinierung der Zuschlagserteilung durch Auftraggeber im Bereich der Wasser-, Energie- und Verkehrsversorgung sowie der Postdienste (ABl. L 134 S. 1); Richtlinie 2004/18/EG Europäischen Parlaments und des Rates v. 31.03.2004 über die Koordinierung der Verfahren zur Vergabe öffentlicher Bauaufträge, Lieferaufträge und Dienstleistungsaufträge (ABl. L 134 S. 114).
24 Vgl. Erwägungsgrund 1 Richtlinie 2014/23/EU.
25 S. Art. 40 Abs. 1 Richtlinie 2014/25/EU; Abs. 22 Abs. 1 Richtlinie 2014/24/EU.

62 Sektorenauftraggeber sind nach dem neuen Recht verpflichtet, bei der Vergabe von Konzessionen die hierzu geltenden Vorschriften des neuen Konzessionsvergaberechts einzuhalten.[26]

63 Wie im klassischen Vergaberecht wurde auch im Sektorenvergaberecht die Unterteilung in »vorrangige« und »nachrangige« Dienstleistungen[27] aufgehoben. Grundsätzlich gelten nun alle Dienstleistungen unabhängig von ihrem regionalen oder überregionalen Charakter als binnenmarktrelevant.[28]

64 Gleichwohl haben bestimmte Dienstleistungskategorien aufgrund ihrer Natur nach wie vor lediglich eine begrenzte grenzüberschreitende Dimension insbesondere im Sozial-, Gesundheit- und Bildungswesen.[29] Deshalb tritt an die Stelle des bisherigen Regimes ein erleichtertes Vergaberegime über »soziale und andere besondere Dienstleistungen«,[30] welches ab einem Schwellenwert von 1 Mio. Euro[31] Anwendung findet.

65 Parallel zur klassischen Auftragsvergabe wurden die Bereiche »Inhouse Vergabe/Interkommunale Kooperation«, Vertragsänderung während der Laufzeit sowie Kündigungsmöglichkeiten geregelt. Auch wurden die einzuhaltenden Mindestfristen im Vergabeverfahren verkürzt, Zur Stärkung kleinerer und mittlerer Unternehmen wurden Vorschriften zur Losvergabe eingeführt.[32]

66 Unter dem Strich ist leider festzustellen, dass nicht nur die Regelungsdichte wie in der klassischen Vergaberichtlinie stark zugenommen hat sondern durch die weitgehend nun parallel geregelten Verfahrensvorschriften Flexibilität eingebüßt wurde.

VI. Umsetzung in nationales Recht

1. Die neue Struktur

67 Das Eckpunktepapier der Bundesregierung[33] bestimmte die Richtung der Richtlinienumsetzung: »Struktur und Inhalt des deutschen Vergaberechts müssen einfach und anwenderfreundlich sein«. Diese Zielsetzung galt insbesondere der verschachtelten Kaskadenstruktur (stufenweiser Aufbau von Gesetz/GWB über eine Rechtsverordnung, die VgV, hin zu untergesetzlichen Verfahrensregeln, den Vergabe- und Vertragsordnungen).

---

26 S. Art. 1 Abs. 2 Richtlinie 2014/23/EU. Bislang galt für Sektorenauftraggeber die Ausnahmeregelung des Art. 18 Richtlinie 2004/17/EG.

27 S. Art. 31 und 32 i.V.m. Anhang XVII Teil A und Anhang XVII Teil B Richtlinie 2004/17/EG.

28 Vgl. Erwägungsgrund 119 Richtlinie 2014/25/EG.

29 Erwägungsgrund 120 Richtlinie 2014/25/EU.

30 S. Art. 91 ff. Richtlinie 2014/25/EU.

31 S. Art. 15 lit. c) Richtlinie 2014/25/EU.

32 S. Müller, in: Soudry/Hettich, Das neue Vergaberecht, Die neue Sektorenrichtlinie, S. 108.

33 Eckpunkte zur Reform des Vergaberechts, Beschl. des Bundeskabinetts v. 07.01.2015.

Die unterste Stufe der Kaskade wurde für die Regelungen zur Vergabe von Liefer- und 68
Dienstleistungen abgeschafft. Die untergesetzlichen Regelwerke VOL/A-EG und VOF
wurden in die VgV integriert. Einem politischen Kompromiss geschuldet blieb die
VOB als eigenständiges Regelwerk zur Vergabe von Bauaufträgen erhalten.

Erstmals wird das Vergabeverfahren in seinen wesentlichen Elementen im GWB vorge- 69
zeichnet und die elementaren Regelungen hierzu angelegt. Ausgestaltet werden die Vorgaben dann in der VgV für den Bereich der Vergabe von Liefer- und Dienstleistungen
bzw. in der VOB/A-EU für die Vergabe von Bauleistungen.

Damit ergeben sich die Verfahrensvorschriften zur Vergabe öffentlicher Aufträge aus 70
der VgV sowie als Besonderheit für den Baubereich aus der VOB/A-EU. Hier behält
die VgV auch weiterhin ihre »Scharnierfunktion«, indem sie mittels eines »Schaltparagra-
fen« der VOB/A-EU Rechtsverbindlichkeit verleiht.

So folgt das klassische Vergaberecht zumindest in Teilen dem Vorbild des Sektorenver- 71
gaberechts, welches diese Strukturänderung bereits mit der vorigen Novellierung im
Jahre 2009 vollzog.

Die neue Struktur 2016:   72

ab der EU-Schwellenwerte:

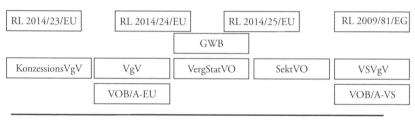

unterhalb der EU-Schwellenwerte:

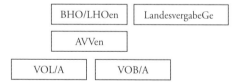

Abb. 4

2. Die neue Sektorenverordnung

Die SektVO regelt die Verfahren zur Vergabe öffentlicher Aufträge, die von Sektorenauf- 73
traggebern im Zusammenhang mit einer Sektorentätigkeit vergeben werden. Entsprechend ihrer bisherigen Systematik umfasst die SektVO alle Leistungsarten, nämlich
Bau-, Liefer- und Dienstleitungen einschließlich sogenannter freiberuflicher Leistungen.

74 Weiterhin wird der Anwendungsbereich bei Liefer- und Dienstleistungen durch einen eigenen höheren Schwellenwert eröffnet.[34]

75 Die für das Sektorenvergaberecht charakteristische Wahlfreiheit der Verfahrensarten bleibt erhalten. Ansonsten werden viele Verfahrensvorschriften nun mit dem klassischen Vergaberecht identisch geregelt. Auch wenn dies den geänderten Richtlinien geschuldet ist, ist diese Entwicklung bedauerlich, da auf diese Weise viel von der bisherigen Flexibilität des Sektorenvergaberechts eingebüßt wird.

76 Die innere Struktur des SektVO orientiert sich eng am chronologischen Ablauf des Vergabeverfahrens. Der Aufbau des Regelwerks erfolgt parallel zur VgV.

77 Insgesamt finden sich 5 Abschnitte in der SektVO:
   – Allgemeine Bestimmungen, Kommunikation
   – Vergabeverfahren
   – Besondere Vorschriften für die Vergabe von energieverbrauchsrelevanten Leistungen und von Straßenfahrzeugen
   – Planungswettbewerbe
   – Übergangs- und Schlussbestimmungen
   Prominent im Allgemeinen Teil sind die Grundsätze der verpflichtenden elektronischen Kommunikation geregelt.

78 Der Abschnitt zum Vergabeverfahren stellt praktisch das Herzstück der SektVO dar. Er enthält 6 Unterabschnitte.
   – Verfahrensarten, Fristen
   Hier finden sich die Verfahrensarten Offenes Verfahren, Nicjtoffenes Verfahren, Verhandlungsverfahren, sowie als neue Verfahrensarten im Sektorenvergaberecht der Wettbewerbliche Dialog und die Innovationspartnerschaft.
   – Besondere Methoden und Instrumente im Vergabeverfahren
   Mit den besonderen Instrumenten sind das Dynamischen Beschaffungssystem, elektronische Kataloge, die elektronische Auktion sowie die Rahmenvereinbarung gemeint.
   – Vorbereitung des Vergabeverfahrens
   Die Vorbereitung des Vergabeverfahrens umfasst Vorschriften von der Markterkundung und Losvergabe insbesondere die Vorgaben zur Leistungsbeschreibung sowie nunmehr eigenständige Regelungen zu Gütezeichen, Nebenangeboten und Unteraufträgen.
   – Veröffentlichung, Transparenz
   Hier finden sich zusammengefasst alle Bekanntmachungsvorschriften.
   – Anforderungen an die Unternehmen
   Die Regelungen zu Anforderungen, die Sektorenauftraggeber an Unternehmen bezüglich der Eignung stellen können, finden sich in diesem Unterabschnitt.
   – Prüfung und Wertung der Angebote
   Schließlich finden sich in Unterabschnitt 6 die Vorgaben zur Prüfung und Wertung

---

34 S. Art. 15 i.V.m. Art. 17 Richtlinie 2014/25/EU.

der Angebote, zu den Zuschlagskriterien, zur Berechnung von Lebenszykluskosten sowie zur Nachforderung von Unterlagen.

Daneben wird der Umgang mit Angeboten aus Drittländern geregelt und es werden Bestimmungen zur Aufhebung des Vergabeverfahrens und zur Unterrichtung der Bewerber und Bieter festgelegt.

Gesetz gegen Wettbewerbsbeschränkungen (GWB)

In der F.d.Bek.v. 26.06.2013 (BGBl. I S. 1750, 3245),
zuletzt geändert durch Gesetz vom 17.02.2016 (BGBl. I.S. 203)

(Auszug)

Kommentar

Teil 4 Vergabe von öffentlichen Aufträgen

Kapitel 1 Vergabeverfahren

Abschnitt 1 Grundsätze, Definitionen und Anwendungsbereich

§ 97 GWB Grundsätze der Vergabe

(1) Öffentliche Aufträge und Konzessionen werden im Wettbewerb und im Wege transparenter Verfahren vergeben. Dabei werden die Grundsätze der Wirtschaftlichkeit und der Verhältnismäßigkeit gewahrt.

(2) Die Teilnehmer an einem Vergabeverfahren sind gleich zu behandeln, es sei denn, eine Ungleichbehandlung ist aufgrund dieses Gesetzes ausdrücklich geboten oder gestattet.

(3) Bei der Vergabe werden Aspekte der Qualität und der Innovation sowie soziale und umweltbezogene Aspekte nach Maßgabe dieses Teils berücksichtigt.

(4) Mittelständische Interessen sind bei der Vergabe öffentlicher Aufträge vornehmlich zu berücksichtigen. Leistungen sind in der Menge aufgeteilt (Teillose) und getrennt nach Art oder Fachgebiet (Fachlose) zu vergeben. Mehrere Teil- oder Fachlose dürfen zusammen vergeben werden, wenn wirtschaftliche oder technische Gründe dies erfordern. Wird ein Unternehmen, das nicht öffentlicher Auftraggeber oder Sektorenauftraggeber ist, mit der Wahrnehmung oder Durchführung einer öffentlichen Aufgabe betraut, verpflichtet der öffentliche Auftraggeber oder Sektorenauftraggeber das Unternehmen, sofern es Unteraufträge vergibt, nach den Sätzen 1 bis 3 zu verfahren.

(5) Für das Senden, Empfangen, Weiterleiten und Speichern von Daten in einem Vergabeverfahren verwenden Auftraggeber und Unternehmen grundsätzlich elektronische Mittel nach Maßgabe der aufgrund des § 113 erlassenen Verordnungen.

(6) Unternehmen haben Anspruch darauf, dass die Bestimmungen über das Vergabeverfahren eingehalten werden.

Amtliche Begründung

»Zu Beginn des Teils 4 führt § 97 wie bisher in die wesentlichen Grundsätze der Vergabe ein. Dabei wurde die Vorschrift zur Umsetzung der Richtlinie 2014/23/EU um Aspekte der Konzessionsvergabe ergänzt. Im Unterschied zu früher sind die bislang in § 97 Absatz 6 und § 127 GWB enthaltenen Verordnungsermächtigungen und die bislang in § 97 Absatz 4 bis 6 GWB enthaltenen Vorgaben zu Eignung, Zuschlag und Ausführungsbedingungen öffentlicher Aufträge nunmehr in § 113 und §§ 122 ff. geregelt.

Zu Absatz 1

§ 97 Absatz 1 entspricht zu Wettbewerb und Transparenz der bisherigen Regelung und wurde zum Zwecke der Klarstellung um den Grundsatz der Wirtschaftlichkeit und Verhältnismäßigkeit ergänzt. Gemäß § 97 Absatz 1 Satz 1 werden öffentliche Aufträge und Konzessionen im Wettbewerb und im Wege transparenter Verfahren vergeben. Nach wie vor gewährleistet die Organisation größtmöglichen Wettbewerbs die breite Beteiligung der Wirtschaft an der Versorgung der öffentlichen Hand und sorgt für einen sparsamen, effizienten und effektiven Einsatz von öffentlichen Mitteln. Die Einhaltung transparenter Verfahren dient zugleich auch der Korruptionsprävention und der Verhinderung anderer unlauterer Verhaltensweisen. In § 97 Absatz 1 Satz 2 wird nunmehr klargestellt, dass bei der Vergabe die Grundsätze der Wirtschaftlichkeit und der Verhältnismäßigkeit gewahrt werden. Damit wird der Grundsatz der Wirtschaftlichkeit, der bislang im Hinblick auf verschiedene Aspekte der Zuschlagserteilung in § 97 Absatz 5 und § 101 Absatz 6 GWB (»wirtschaftlichstes Angebot«) und § 115 Absatz 2 Satz 1, § 118 Absatz 2 Satz 1, § 121 Absatz 1 Satz 2 GWB (»wirtschaftliche Erfüllung der Aufgaben des Auftraggebers«) berücksichtigt war, als allgemeiner Grundsatz des Vergabeverfahrens hervorgehoben. Auch Artikel 41 der Richtlinie 2014/23/EU, Artikel 67 der Richtlinie 2014/24/EU, Artikel 82 der Richtlinie 2014/25/EU stellen im Zusammenhang mit dem Zuschlag auf das wirtschaftlich günstigste Angebot bzw. auf den wirtschaftlichen Gesamtvorteil ab. Dass öffentliche Auftraggeber bei ihren Beschaffungsaktivitäten auch den Grundsatz der Verhältnismäßigkeit wahren müssen, insbesondere bei den Anforderungen an die Leistungsbeschreibung, die Eignung, den Zuschlag und die Ausführungsbedingungen, folgt ausdrücklich aus Artikel 3 Absatz 1 der Richtlinie 2014/23/EU, Artikel 18 Absatz 1 der Richtlinie 2014/24/EU und Artikel 36 der Richtlinie 2014/25/EU. Durch die klarstellende Aufnahme des Verhältnismäßigkeitsgrundsatzes mit Blick auf die Anforderungen an das Vergabeverfahren wird das umfassende Leistungsbestimmungsrecht des öffentlichen Auftraggebers nicht angetastet; dieser bestimmt auch weiterhin selbst, welche konkrete Leistung seinem Beschaffungsbedarf am besten entspricht.

Zu Absatz 2

§ 97 Absatz 2 greift den Regelungsgehalt des bisherigen § 97 Absatz 2 GWB fast wörtlich auf. Danach gehört die Gleichbehandlung der Bieter zu den elementaren Grundsätzen des deutschen Vergaberechts. Nach dem Gleichbehandlungsgrundsatz müssen etwa alle am Verfahren beteiligten Unternehmen denselben Zugang zu Informationen haben; an sie sind dieselben Bewertungsmaßstäbe zu legen. Eine Ungleichbehandlung ist nur dann gestattet, wenn sie aufgrund dieses Gesetzes ausdrücklich geboten oder gestattet ist. Eine Diskriminierung aufgrund der Herkunft eines Bieters ist auszuschließen, wobei nicht zwischen Bietern aus Deutschland, aus EU-Staaten oder aus Nicht-EU-Staaten unterschieden wird.

Zu Absatz 3

Durch die Richtlinien 2014/23/EU, 2014/24/EU und 2014/25/EU wird die Einbeziehung strategischer Ziele bei der Beschaffung umfassend gestärkt. In jeder Phase eines Verfahrens, von der

Definition der Leistung über die Festlegung von Eignungs- und Zuschlagskriterien bis hin zur Vorgabe von Ausführungsbedingungen, können qualitative, soziale, umweltbezogene oder innovative (nachhaltige) Aspekte einbezogen werden. Mit Blick auf die Beschaffung energieverbrauchsrelevanter Waren oder die Berücksichtigung der Belange von Menschen mit Behinderung bei der Definition der Leistung sind vom öffentlichen Auftraggeber sogar zwingende Vorgaben zu machen. Diesem Umstand trägt § 97 Absatz 3 Rechnung, indem bereits bei den Grundsätzen der Auftragsvergabe auf diese Möglichkeit für den Auftraggeber hingewiesen wird. Die konkrete Ausgestaltung der Möglichkeiten zur Einbeziehung strategischer Ziele erfolgt bei den jeweiligen gesetzlichen Einzelvorschriften sowie in den Rechtsverordnungen, die auf der Grundlage dieses Teils erlassen werden.

Zu Absatz 4

§ 97 Absatz 4 entspricht wortgleich dem bisherigen § 97 Absatz 3 GWB. Danach sind die Interessen mittelständischer Unternehmen vornehmlich zu berücksichtigen, indem öffentliche Aufträge in Form von Losen vergeben werden müssen, sofern nicht eine Gesamtvergabe aus wirtschaftlichen oder technischen Gründen erforderlich ist. Damit geht Absatz 4 zwar über die von Artikel 46 der Richtlinie 2014/24/EU geforderte bloße Begründungspflicht zur Losaufteilung hinaus. Artikel 46 Absatz 4 der Richtlinie 2014/24/EU stellt aber klar, dass strengere Anforderungen an die Losaufteilung – wie sie im GWB vorgesehen werden – zulässig sind.

Zu Absatz 5

§ 97 Absatz 5 setzt den Grundsatz der elektronischen Kommunikation im Vergabeverfahren des Artikels 29 Absatz 1 der Richtlinie 2014/23/EU, Artikels 22 Absatz 1 Unterabsatz 1 Satz 1 der Richtlinie 2014/24/EU und Artikels 40 Absatz 1 Unterabsatz 1 Satz 1 der Richtlinie 2014/25/EU um. In jedem Stadium eines Vergabeverfahrens sollen sowohl der Auftraggeber als auch die Unternehmen grundsätzlich elektronische Mittel nutzen. Mit dieser grundsätzlichen Vorgabe zur Nutzung elektronischer Mittel sind Ausnahmen wie zum Beispiel im Anwendungsbereich der Richtlinie 2009/81/EG ebenso erfasst wie die in den Richtlinien 2014/24/EU und 2014/25/EU vorgesehenen Übergangsfristen. Die elektronische Kommunikation betrifft insbesondere die elektronische Erstellung und Bereitstellung der Bekanntmachung und der Vergabeunterlagen, die elektronische Angebotsabgabe sowie die elektronische Vorbereitung des Zuschlags.

Die Umstellung auf die elektronische Kommunikation ist zwingend, und zwar unabhängig vom Liefer- oder Leistungsgegenstand, der der Vergabe zugrunde liegt. Es ist im Zusammenhang mit der Einführung der elektronischen Kommunikation unerheblich, ob im Einzelfall eine Bau- oder Dienstleistung oder eine Lieferung vergeben wird. Mit der Pflicht zur Umstellung auf den Einsatz von IKT im Vergabeverfahren ist nicht die Pflicht zur Verwendung spezifischer Programme oder Hilfsmittel der IKT, wie zum Beispiel Programmen zur Gebäudedatenmodellierung (so genannte BIM-Systeme), verbunden. Die Entscheidung über den Einsatz solcher spezifischen Programme oder Hilfsmittel der IKT treffen allein die Auftraggeber. Die öffentlichen Auftraggeber müssen, von spezifischen Sonderfällen abgesehen, elektronische Kommunikationsmittel nutzen, die nicht diskriminierend, allgemein verfügbar sowie mit den allgemein verbreiteten Erzeugnissen der Informations- und Kommunikationstechnologien kompatibel sind und den Zugang der Wirtschaftsteilnehmer zum Vergabeverfahren nicht einschränken. Dabei ist den besonderen Bedürfnissen von Menschen mit Behinderungen hinreichend Rechnung zu tragen.

Ab dem 18. April 2016 dürfen EU-weite Bekanntmachungen nur noch elektronisch beim Amt für Veröffentlichungen der Europäischen Union eingereicht werden. Die Bekanntmachungen müssen zwingend eine Internetadresse enthalten, unter der sämtliche Vergabeunterlagen unentgeltlich, uneingeschränkt und vollständig direkt mithilfe von IKT abgerufen werden können. Ausnahmen gelten ausschließlich für diejenigen Bestandteile der Vergabeunterlagen, die nicht mithilfe allgemein verfügbarer IKT elektronisch abgebildet werden können oder hinsichtlich derer durch die neuen EU-Vergaberichtlinien eng umrissene Sicherheitsbedenken geltend gemacht werden können.

Im weiteren Verfahren ist bis spätestens 18. April 2017 (zentrale Beschaffungsstellen) bzw. 18. Oktober 2018 (andere als zentrale Beschaffungsstellen) auch das Einreichungsverfahren ausnahmslos IKT-basiert auszugestalten. Andere als elektronische Angebote dürfen nach den vorgenannten Stichtagen, außer in wenigen Ausnahmefällen, nicht mehr entgegengenommen und im Vergabeverfahren berücksichtigt werden. Es wird in diesem Zusammenhang nicht zwischen zentralen und anderen als zentralen Beschaffungsstellen auf den verschiedenen Verwaltungsebenen unterschieden.

§ 97 Absatz 5 beschränkt sich auf den Grundsatz der elektronischen Kommunikation, die Ausgestaltung erfolgt in den Verordnungen, die auf der Grundlage von § 113 Satz 2 Nummer 4 erlassen werden. Die unterschiedlichen Umsetzungsfristen für die Einführung der elektronischen Kommunikation, die die EU-Richtlinien ermöglichen, werden dabei voll ausgeschöpft. Auch die Ausnahmen von der elektronischen Kommunikation werden auf Verordnungsebene geregelt.

Zu Absatz 6

§ 97 Absatz 6 entspricht wortgleich dem bisherigen § 97 Absatz 7 und vermittelt den Verfahrensteilnehmern ein konstitutiv wirkendes subjektives Recht auf Einhaltung der Bestimmungen des Vergabeverfahrens.«

A. Allgemeine Einführung

Der neue § 97 GWB enthält als erster Paragraph in Kapitel 1 des 4. Teils des GWB – **1**
wie der bisherige § 97 GWB a.F. – die wesentlichen und allgemein geltenden **Grundsätze des Vergaberechts**, d.h. insbesondere in Absatz 1 Satz 1 den Wettbewerbsgrundsatz und das Transparenzgebot, in Absatz 1 Satz 2 – neu hinzugekommen – das Wirtschaftlichkeitsprinzip und den Verhältnismäßigkeitsgrundsatz. In Absatz 2 findet sich weiterhin der Gleichbehandlungsgrundsatz. Absatz 3 beinhaltet nun im Gesetz selbst prominent geregelt die Berücksichtigung sogenannter Strategischer Aspekte.[1] Absatz 4 regelt die bekannte Mittelstandförderung (Grundsatz der Losvergabe) und schließlich findet sich in Absatz 5 der Grundsatz der elektronischen Kommunikation im Vergabeverfahren. Zu guter Letzt gewährt Absatz 6 auch künftig den Unternehmen einen Anspruch darauf, dass *durch den Auftraggeber* die Bestimmungen über das Vergabeverfahren eingehalten werden.

Die in § 97 GWB genannten Grundsätze finden ihre Ausprägungen und Konkretisie- **2**
rungen in den nachfolgenden vergaberechtlichen Bestimmungen. Zudem werden die in § 97 GWB benannten wesentlichen Grundsätze und Prinzipien flankiert von zusätzlichen – teils im Vergaberecht nicht ausdrücklich genannten – allgemeinen Grundsätzen, wie etwa dem Vertrauensschutz,[2] dem allgemeinen Rechtsgrundsatz von Treu und Glauben (§ 242 BGB) oder auch der Selbstbindung der Verwaltung.[3] In Umsetzung der Konzessionsrichtlinie 2014/23/EU wurden die zu Beginn des 4. Teils des GWB geregelten vergaberechtlichen Grundsätze und Grundprinzipien im Hinblick auf die Konzessionsvergabe ergänzt.

---

1 Vgl. Vorschlag für »Richtlinie des Europäischen Parlaments und des Rates über die öffentliche Auftragsvergabe«, (KOM)2011 896/2, S. 11.
2 Vgl. etwa § 5 VgV; § 5 SektVO; § 4 KonzVgV.
3 Vgl. Überblick bei Fehling, in: Pünder/Schellenberg, Vergaberecht Kommentar, § 97 GWB (a.F.) Rn. 48 ff. m.w.N.

Für den Sektorenbereich gelten die allgemeinen vergaberechtlichen Grundsätze ebenfalls, sofern nicht mit Blick auf die Besonderheiten bei Sektorenvergaben in der SektVO gesonderte Ausprägungen oder Abmilderungen vorgesehen sind.

3 Durch die gesetzliche Regelung der Grundsätze im GWB wird zum einen die übergeordnete Bedeutung der allgemeinen Grundsätze betont, zum anderen erfolgt auf diese Weise aber auch eine Absicherung gegenüber Eingriffen auf untergesetzlicher Ebene.[4] Die Vergabegrundsätze bilden insoweit den Rahmen für das untergesetzliche Vergaberecht (den Vergabeverordnungen und der Vergabe- und Vertragsordnung für Bauleistungen).[5] Wenn auch die eigenständige Bedeutung der vergaberechtlichen Grundsätze aufgrund der jeweiligen detaillierten Ausprägungen eher als gering anzusehen ist, liegt ihre wesentliche Bedeutung vielmehr in der Funktion als Auslegungsleitlinien für die konkreten Verfahrensregelungen.[6] Unterhalb der EU-Schwellenwerte folgt die Geltung der Vergabegrundsätze auch aus dem EU-Primärrecht.[7]

Da die Grundprinzipien nach der aktuellen Vergaberechtsreform weiterhin fortgelten, kann auch die hierzu ergangene Rechtsprechung wie bisher zur Auslegung herangezogen werden.

B. Europarechtliche Vorgaben

4 Die in § 97 GWB geregelten vergaberechtlichen Grundsätze und Prinzipien dienen der Umsetzung und Einhaltung der im Vertrag über die Arbeitsweise der Europäischen Union (AEUV) niedergelegten Grundsätze, insbesondere dem freien Warenverkehr, der Niederlassungs- und Dienstleistungsfreiheit sowie den daraus abgeleiteten Grundsätzen, wie Gleichbehandlung, Nichtdiskriminierung, gegenseitige Anerkennung, Verhältnismäßigkeit und Transparenz sowie der Öffnung des Wettbewerbs.[8]

5 § 97 Abs. 1 S. 1 GWB benennt in Umsetzung dieser europarechtlichen Vorgaben den Wettbewerbs- und Transparenzgrundsatz. Die Ausprägungen der Grundsätze finden

---

4 Vgl. zutreffend Fehling, in: Pünder/Schellenberg, Vergaberecht Kommentar, § 97 GWB (a.F.) Rn. 44 m.w.N.

5 Vgl. Weiner, in: Gabriel/Krohn/Neun, Handbuch Vergaberecht, § 1 zu § 97 GWB (a.F.) Rn. 5 mit Verweis u.a. auf BGH, Beschl. v. 01.02.2005 – X ZB 27/04, NZBau 2005, 290, 295; Beschl. v. 01.12.2008 – X ZB 31/08, NZBau 2009, 201, 203.

6 Vgl. zutreffend Fehling, in: Pünder/Schellenberg, Vergaberecht Kommentar, § 97 GWB (a.F.) Rn. 45 mit Verweis auf Ziekow, in: ders./Völlink, Vergaberecht Kommentar, § 97 GWB (a.F.) Rn. 5, 9; Dreher, in: Immenga/Mestmäcker, Wettbewerbsrecht, § 97 GWB (a.F.) Rn. 3; Burgi, NZBau 2008, 29,32; NZBau 2009, 609, 610; ebenso Weiner, in: Gabriel/Krohn/Neun, Handbuch Vergaberecht, § 1 zu § 97 GWB (a.F.) Rn. 5 m.w.N.; auch Müller, in: Kulartz/Kus/Portz/Prieß, Kommentar zum GWB-Vergaberecht, § 97 Rn. 22 ff.

7 Vgl. Weiner, in: Gabriel/Krohn/Neun, Handbuch Vergaberecht, § 1 zu § 97 GWB (a.F.) Rn. 6 m.w.N.

8 Vgl. Erwägungsgrund 1 der Richtlinie 2014/24/EU; Erwägungsgrund 2 der Richtlinie 2014/25/EU; Erwägungsgrund 4 der Richtlinie 2014/23/EU sowie Erwägungsgrund 15 der Richtlinie 2009/81/EG sowie ergänzend Fehling, in: Pünder/Schellenberg, Vergaberecht Kommentar, § 97 GWB Rn. 12 ff. m.w.N.

sich in verschiedenen Regelungen aller vier EU-Vergaberichtlinien, wie etwa Art. 18 und 42 der Richtlinie 2014/24/EU,[9] Art. 36 oder 93 der Richtlinie 2014/25/EU,[10] Art. 3, 37 oder 38 der Richtlinie 2014/23/EU[11] oder auch Art. 4 der Richtlinie 2009/81/EG.[12]

In § 97 Abs. 1 S. 2 GWB sind nun ausdrücklich der Wirtschaftlichkeitsgrundsatz und 6
die Verhältnismäßigkeit als allgemeine Grundsätze enthalten. Die EU-Richtlinien benennen den Grundsatz der Wirtschaftlichkeit etwa in Art. 56 Abs. 1 sowie Art. 67 der Richtlinie 2014/24/EU, in Art. 82 der Richtlinie 2014/25/EU, in Art. 41 der Richtlinie 2014/23/EU oder in Art. 47 der Richtlinie 2009/81/EG. Die Wahrung des Verhältnismäßigkeitsgrundsatzes bei der öffentlichen Auftragsvergabe ergibt sich ebenfalls aus verschiedenen Bestimmungen der EU-Vergaberichtlinien und wird ausdrücklich insbesondere in Art. 18 Abs. 1 der Richtlinie 2014/24/EU, Art. 36 Abs. 1 der Richtlinie 2014/25/EU sowie Art. 3 der Richtlinie 2014/23/EU vorgegeben.[13]

§ 97 Abs. 2 GWB enthält in Umsetzung der europarechtlichen Vorgaben den Gleich- 7
behandlungsgrundsatz, der u.a. in Art. 18 der Richtlinie 2014/24/EU, Art. 36 Abs. 1 und Art. 93 Abs. 1 der Richtlinie 2014/25/EU, Art. 3 der Richtlinie 2014/23/EU oder auch in Art. 4 der Richtlinie 2009/81/EG ausdrücklich benannt wird.

Ein direktes Gegenüber zum § 97 Abs. 3 GWB in den europäischen Vergaberichtlinien 8
findet sich nicht. Allerdings wird die Berücksichtigung strategischer Ziele bei der öffentlichen Auftragsvergabe umfassend gestärkt. In jeder Phase eines Verfahrens, von der Definition der Leistung über die Festlegung von Eignungs- und Zuschlagskriterien bis hin zur Vorgabe von Ausführungsbedingungen können strategische Aspekte einbezogen werden.[14] Die Vorschrift steht demnach nicht im Konflikt mit den Vorgaben der europäischen Vergaberichtlinien, sondern konzentriert vielmehr deren Zielsetzung der strategischen Auftragsvergabe. Sie steht im Einklang mit der Zielsetzung sowie den Erwägungsgründen der Richtlinie und ist ohne Zweifel europarechtskonform.[15]

---

9 Richtlinie 2014/24/EU des Europäischen Parlaments und des Rates vom 26. Februar 2014 über die öffentliche Auftragsvergabe und zur Aufhebung der Richtlinie 2004/18/EG, ABl. 2014 L 94/65 (»Vergaberichtlinie« – »VRL«).

10 Richtlinie 2014/25/EU des Europäischen Parlaments und des Rates vom 26. Februar 2014 über die Vergabe von Aufträgen durch Auftraggeber im Bereich der Wasser-, Energie- und Verkehrsversorgung sowie der Postdienste und zur Aufhebung der Richtlinie 2004/17/EG, ABl. 2014 L 94/243 (»Sektorenvergaberichtlinie« – »SKR«).

11 Richtlinie 2014/23/EU des Europäischen Parlaments und des Rates vom 26. Februar 2014 über die Konzessionsvergabe, ABl. 2014 L 94/1 (»Konzessionsvergaberichtlinie« – »KVR«).

12 Richtlinie 2009/81/EG des Europäischen Parlaments und des Rates vom 13. Juli 2009 über die Koordinierung der Verfahren zur Vergabe bestimmter Bau-, Liefer- und Dienstleistungsaufträge in den Bereichen Verteidigung und Sicherheit und zur Änderung der Richtlinien 2004/17/EG und 2004/18/EG, ABl. 2009 L 216/76.

13 Vgl. zur Verhältnismäßigkeit auch Erwägungsgrund 136 der Richtlinie 2014/24/EU; Erwägungsgrund 140 der Richtlinie 2014/25/EU; Erwägungsgrund 87 der Richtlinie 2014/23/EU oder auch Erwägungsgrund 68 der Richtlinie 2009/81/EG.

14 S. BR-Drs. 367/15, Begründung zu § 97 Abs. 3 GWB.

15 Vgl. Burgi, NZBau 2015, 597, 599, Ökologische und soziale Beschaffung im künftigen Vergaberecht: Kompetenzen, Inhalte, Verhältnismäßigkeit.

9 § 97 Abs. 5 GWB dient der Umsetzung der in den Richtlinien 2014/23/EU, 2014/24/EU und 2014/25/EU jeweils enthaltenen Regelungen zur elektronischen Kommunikation zwischen Auftraggebern und Bewerbern/Bietern im Vergabeverfahren. § 97 Abs. 6 GWB dient ebenfalls der Umsetzung europarechtlicher Vorgaben und stellt weiterhin klar, dass die Unternehmen einen Anspruch auf Einhaltung der vergaberechtlichen Bestimmungen haben, den sie im Wege des Rechtsschutzes durch die Einleitung von Nachprüfungsverfahren geltend machen können (vgl. insbesondere Art. 1 der Richtlinie 2007/66/EG).[16]

C. Vergleich zur vorherigen Rechtslage

I. Überblick zu § 97 GWB

10 § 97 GWB enthält – weiterhin als erste Norm im vierten Teil des GWB – die allgemeinen, d.h. bei allen Vergabeverfahren geltenden und in allen EU-Vergaberichtlinien angelegten vergaberechtlichen Grundsätze. Im Vergleich zum bisherigen § 97 GWB wurde der Wortlaut in Umsetzung der Richtlinie 2014/23/EU angepasst und um Aspekte der Konzessionsvergabe ergänzt.[17] Zudem wurden die bislang in § 97 Abs. 6 und § 127 GWB a.F. normierten Verordnungsermächtigungen und die bislang in § 97 Abs. 4 bis Abs. 6 GWB a.F. enthaltenen allgemeinen Vorgaben zu Eignung, Zuschlag und Ausführungsbedingungen öffentlicher Aufträge aufgrund der Neustrukturierung des vierten Teils des GWB nunmehr in § 113 und den §§ 122 ff. GWB neu geregelt.[18]

II. Die neuen Abs. 1 bis 6 des § 97 GWB

11 § 97 Abs. 1 S. 1 GWB entspricht inhaltlich im Wesentlichen dem bisherigen § 97 Abs. 1 GWB a.F. und umfasst weiterhin den Wettbewerbsgrundsatz und das Transparenzgebot. In Umsetzung der Richtlinie 2014/23/EU wurde der Wortlaut entsprechend angepasst und anstatt der bisherigen Formulierung »öffentliche Auftraggeber beschaffen Waren, Bau- und Dienstleistungen« die Formulierung »öffentliche Aufträge und Konzessionen« gewählt. Hiermit wird ausdrücklich klargestellt, dass die allgemeinen Grundsätze sowohl bei Vergaben von öffentlichen Aufträgen als auch bei Konzessionen gelten.

12 Darüber hinaus wurde § 97 Abs. 1 GWB – im Vergleich zur bisherigen Regelung – um einen Satz 2 ergänzt. Dieser stellt ausdrücklich klar, dass bei der Vergabe öffentlicher Aufträge und Konzessionen auch die Grundsätze der Wirtschaftlichkeit und der Verhältnismäßigkeit zu wahren sind.

§ 97 Abs. 2 GWB übernimmt nahezu wortgleich den Regelungsgehalt des bisherigen § 97 Abs. 2 GWB a.F.[19]

---

16 Richtlinie 2007/66/EG des Europäischen Parlaments und des Rates vom 11. Dezember 2007 zur Änderung der Richtlinien 89/665/EWG und 92/13/EWG des Rates im Hinblick auf die Verbesserung der Wirksamkeit der Nachprüfungsverfahren bezüglich der Vergabe öffentlicher Aufträge, ABl. 2007 L 335/31.
17 Vgl. Begründung zu § 97 GWB, Reg.E zum VergRModG, BT-Drs. 18/6281, S. 64.
18 Vgl. Begründung zu § 97 GWB, Reg.E zum VergRModG, BT-Drs. 18/6281, S. 64.
19 Vgl. Begründung zu § 97 GWB, Reg.E zum VergRModG, BT-Drs. 18/6281, S. 65.

Eine vergleichbare Regelung zu § 97 Abs. 3 GWB zur Berücksichtigung strategischer 13
Aspekte bei der öffentlichen Auftragsvergabe gab es bisher nicht. Eine Regelung fand
sich ausschließlich für die Phase der Auftragsausführung.[20] Gleichwohl war auch in
der Vergangenheit die Einbeziehung »vergabefremder Aspekte« bei der öffentlichen
Auftragsvergabe als zulässig angesehen, wenn ein Auftragsbezug vorhanden war und
die Grundprinzipien des EU-Rechts eingehalten wurden.[21]

§ 97 Abs. 5 GWB ist im Zuge der Einführung der elektronischen Kommunikation im
Vergabeverfahren neu eingefügt worden. Eine vergleichbare Regelung gab es im GWB vor-
her nicht. Die Vorschrift des § 97 Abs. 6 GWB entspricht dem bisherigen § 97 Abs. 7
GWB a.F. und überführt dessen Regelungsgehalt wortlautgemäß in das neue GWB.[22]

D. Kommentierung

I. Die Grundsätze des § 97 Abs. 1 GWB

1. Wettbewerbsprinzip (§ 97 Abs. 1 S. 1 GWB)

Gemäß § 97 Abs. 1 S. 1 GWB werden öffentliche Aufträge und Konzessionen im Wett- 14
bewerb und im Wege transparenter Verfahren vergeben.

Die Vorschrift entspricht inhaltlich dem bisherigen § 97 Abs. 1 GWB a.F., stellt durch 15
den angepassten Wortlaut jedoch ausdrücklich klar, dass fortan auch die Vergabe von
Konzessionen unter Einhaltung der Grundsätze zu erfolgen hat. Weiterhin nicht geklärt
bleibt durch die im Wesentlichen inhaltsgleiche Regelung damit die Bedeutung des
Wettbewerbsprinzips. Denn bisher wurde dem **Wettbewerbsgrundsatz** nicht durchge-
hend materielle Bedeutung zugestanden, sondern er wurde vielmehr als das integrie-
rende Ziel des Vergaberechts aufgefasst, das durch die einzelnen Grundsätze und Regelungen verwirklicht wird.[23] Dies sollte auch weiterhin vertretbar sein. Jedoch dürfte die
Frage eher theoretischer Natur sein, ob das Wettbewerbsprinzip als eigenständiger
Grundsatz oder vielmehr als übergeordnetes Ziel zu begreifen ist, indem mit § 97
Abs. 1 S. 1 GWB ausdrücklich das gesetzliche Gebot besteht, öffentliche Auftragsvergabe im Wettbewerb zu vergeben.

Mit der Geltung des Wettbewerbsprinzips soll der Einengung des Wettbewerbs entge- 16
gengewirkt werden, um auf diese Weise zu gewährleisten, dass die Vergabe öffentlicher
Aufträge und Konzessionen unter Sicherstellung des größtmöglichen Wettbewerbs erfolgt. Ziel ist es, durch die Organisation von größtmöglichem Wettbewerb, die Märkte
zu öffnen und durch die breite Beteiligung der Wirtschaft an der Versorgung der öffent-

---

20 S. § 97 Abs. 4 GWB a.F.
21 Im Einzelnen hierzu Glahs, in: Kapellmann/Messerschmidt, VOB-Kommentar, § 6, Rn. 32
   m.w.N.
22 Vgl. Begründung zu § 97 GWB, Reg.E zum VergRModG, BT-Drs. 18/6281, S. 65.
23 So Maibaum, in: Hattig/Maibaum, PK-Kartellvergaberecht, § 97 GWB (a.F.) Rn. 60; Ziekow, in: ders./Völlink, Vergaberecht, § 97 GWB (a.F.) Rn. 5 f.; Weiner, in: Gabriel/Krohn/
   Neun, Handbuch Vergaberecht, § 1 zu § 97 GWB (a.F.) Rn. 18 m.w.N., Müller, in: Ku-
   lartz/Kus/Portz/Prieß, Kommentar GWB, § 97 GWB Rn. 22 ff.

lichen Hand, für einen sparsamen, effizienten und effektiven Einsatz von öffentlichen Mitteln zu sorgen.[24] Der Wettbewerbsgrundsatz dient insofern sowohl dem (nationalen) haushaltsrechtlichen Gebot der Wirtschaftlichkeit und Sparsamkeit als auch der Verwirklichung der europäischen Grundfreiheiten und der Gewährleistung eines freien Marktzugangs für alle interessierten Unternehmen.[25]

17 Der Wettbewerbsgrundsatz durchzieht und prägt das gesamte Vergaberecht.[26] Gemeinsam mit dem Gleichbehandlungsgrundsatz in § 97 Abs. 2 GWB kann der Wettbewerbsgrundsatz daher regelmäßig als das tragende Prinzip des Vergaberechts bezeichnet werden.[27] Denn nur unter Einhaltung dieser Prinzipien ist eine Beschaffung im Wettbewerb, d.h. der Zugang zum Verfahren für alle interessierten Bieter als auch eine Vergleichbarkeit der Angebote sichergestellt. Es obliegt dabei dem Auftraggeber für die Entstehung und den Erhalt eines echten und unverfälschten Wettbewerbs zu sorgen.[28] Unzulässig sind mit Blick auf den Wettbewerbsgrundsatz wettbewerbsbeschränkende, -verfälschende oder gänzlich -verhindernde Verhaltensweisen sowohl aufseiten des Auftraggebers als auch auf Bieterseite.[29] Verstöße gegen den Wettbewerbsgrundsatz können grundsätzlich im Rahmen eines Nachprüfungsverfahrens nach §§ 155 ff. GWB geltend gemacht werden; § 97 Abs. 1 GWB kommt insofern auch weiterhin bieterschützende Wirkung zu.[30]

a) Hierarchie der Vergabearten

18 Eine wichtige **Ausprägung des Wettbewerbsprinzips**[31] enthalten die Regelungen zur Zulässigkeit der einzelnen Verfahrensarten. Die Hierarchie der Verfahrensarten orientiert sich an der Schaffung größtmöglichen Wettbewerbs. Eine leichte Aufweichung hat das Wettbewerbsprinzip nunmehr insoweit erfahren, als der Vorrang des offenen

---

24 Vgl. Begründung zu § 97 GWB, Reg.E zum VergRModG, BT-Drs. 18/6281, S. 64.

25 Vgl. Weiner, in: Gabriel/Krohn/Neun, Handbuch Vergaberecht, § 1 zu § 97 GWB (a.F.) Rn. 9, 11, 14 unter Verweis auf EuGH, Urt. v. 27.11.2001 – C-285/99 und C-286/99, »Lombardini«; vgl. zur Herleitung und Bedeutung des Wettbewerbsgrunds ebenfalls ausführlich Weiner, a.a.O. Rn. 8 ff.; ebenfalls zutreffend Kus, in: Kulartz/Kus/Portz, Kommentar GWB, 3. Aufl., § 97 GWB (a.F.) Rn. 4 m.w.N.;

26 So auch Weiner, in: Gabriel/Krohn/Neun, Handbuch Vergaberecht, § 1 zu § 97 GWB (a.F.) Rn. 6 unter Verweis auf Prieß, NZBau 2004, 87, 92. Vgl. zu den wesentlichen Ausprägungen des Wettbewerbsgrundsatzes nachfolgend unter lit. a. bis f.

27 So auch Fehling, in: Pünder/Schellenberg, Vergaberecht Kommentar, § 97 GWB (a.F.) Rn. 53; Kus, in: Kulartz/Kus/Portz, Kommentar GWB, 3. Aufl., § 97 GWB (a.F.) Rn. 4.

28 Vgl. Weiner, in: Gabriel/Krohn/Neun, Handbuch Vergaberecht, § 1 zu § 97 GWB (a.F.) Rn. 18 m.w.N.

29 Vgl. Weiner, in: Gabriel/Krohn/Neun, Handbuch Vergaberecht, § 1 zu § 97 GWB (a.F.) Rn. 18 m.w.N; Kus, in: Kulartz/Kus/Portz, Kommentar GWB, 3. Aufl., § 97 GWB (a.F.) Rn. 4.

30 Vgl. nur Maibaum, in: Hattig/Maibaum, PK-Kartellvergaberecht, § 97 GWB (a.F.) Rn. 60 unter Verweis auf BGH, Beschl. v. 01.02.2005 – X ZB 27/04.

31 Vgl. ausführlich Kus, in: Kulartz/Kus/Portz, Kommentar GWB, 3. Aufl., § 97 GWB (a.F.) Rn. 6 ff.; Weiner, in: Gabriel/Krohn/Neun, Handbuch Vergaberecht, § 1 zu § 97 GWB (a.F.) Rn. 19 ff.; Maibaum, in: Hattig/Maibaum, PK-Kartellvergaberecht, § 97 GWB (a.F.) Rn. 61 ff.

Verfahrens im Rahmen der aktuellen Vergaberechtsreform aufgegeben wurde und der öffentliche Auftraggeber nunmehr auch im allgemeinen – d.h. auf der Richtlinie 2014/24/EU basierenden – Vergaberecht zwischen dem offenen Verfahren und dem nicht offenen Verfahren frei wählen kann (vgl. nur § 119 Abs. 2 S. 1 GWB). Die übrigen, den Wettbewerb weiter einschränkenden Verfahrensarten stehen dem öffentlichen Auftraggeber bei der Vergabe von öffentlichen Aufträgen auch weiterhin nur in den gesetzlich gestatteten Aufnahmefällen zur Verfügung (vgl. § 119 Abs. 2 S. 2 GWB).

Gerade im Hinblick auf die Verfahrensarten enthalten die weniger »strengen« Vergabe- **19** regime – so auch die SektVO – »mildere« Regelungen. In Abweichung zu § 119 GWB – und in Umsetzung von Art. 44 Abs. 1 bis 3 der Richtlinie 2014/25/EU – steht dem Auftraggeber nach § 141 Abs. 1 GWB (bzw. § 13 Abs. 1 SektVO) neben dem offenen Verfahren und dem nicht offenen Verfahren auch das Verhandlungsverfahren mit Teilnahmewettbewerb sowie der wettbewerbliche Dialog zur Auftragsvergabe nach seiner Wahl als *Regelverfahren* zur Verfügung. Im Vergleich zu den allgemeinen vergaberechtlichen Regelungen führen die Besonderheiten der SektVO insoweit zu einer stärkeren Einengung des Wettbewerbs. Dennoch wird auch nach der SektVO das Wettbewerbsprinzip lediglich eingeschränkt und nicht gänzlich außer Kraft gesetzt, indem auch hier eine Vergabe im Wege des Verhandlungsverfahrens ohne Teilnahmewettbewerb oder im Wege der Innovationspartnerschaft nur in den abschließend geregelten Ausnahmetatbeständen zulässig ist (vgl. § 141 Abs. 2 GWB bzw. § 13 Abs. 2 SektVO). Der allgemeine Wettbewerbsgrundsatz des § 97 Abs. 1 S. 1 GWB gilt demnach – wenn auch aufgrund der sektorenspezifischen Ausprägungen in eingeschränkter Form – ebenfalls für den Sektorenbereich.[32]

b) Chancengleicher Zugang zum Vergabeverfahren

Darüber hinaus zeigen sich Ausprägungen des Wettbewerbsprinzips (auch in Kombina- **20** tion mit den weiteren Grundsätzen) insbesondere in solchen Bestimmungen, welche die Schaffung und den Erhalt eines **chancengleichen Zugangs zum Vergabeverfahren** für alle interessierten Unternehmen sicherstellen sollen, wie etwa entsprechende Fristenregelungen, Regelungen zu Sicherheitsleistungen, zur eindeutigen und umfassenden Leistungsbeschreibung, dem damit einhergehenden Grundsatz der produktneutralen Ausschreibung oder auch über die Festlegung zulässiger Eignungs- und Zuschlagskriterien sowie über die Nachweiserbringung.[33] All diesen Regelungen ist gemein, dass sie insbesondere eine unzulässige Einschränkung des Wettbewerbsprinzips verhindern und die Vergleichbarkeit der Angebote sicherstellen sollen. Die vergaberechtlichen Grundsätze bilden insofern die Grenze, an der der Auftraggeber sein Handeln und die von

---

32 Vgl. auch Erwägungsgrund 2 der Richtlinie 2014/25/EU.
33 Vgl. für weitergehenden Überblick auch Fehling, in: Pünder/Schellenberg, Vergaberecht Kommentar, § 97 GWB (a.F.) Rn. 55 ff.; Kus, in: Kulartz/Kus/Portz, Kommentar GWB, 3. Aufl., § 97 GWB (a.F.) Rn. 7 ff. sowie Ziekow, in: ders./Völlink, Vergaberecht, § 97 GWB (a.F.) Rn. 5 ff., der ausdrücklich auf den fehlenden normativen Gehalt des Wettbewerbsprinzips hinweist.

ihm aufgestellten Anforderungen zu messen hat. Im Ergebnis wirken sie sich insoweit beschränkend auf das Leistungsbestimmungsrecht des Auftraggebers aus.

c) Verbot wettbewerbsbeschränkenden Verhaltens

21 Unvereinbar mit dem Wettbewerbsprinzip und damit vergaberechtlich unzulässig sind zudem **wettbewerbsbeschränkende und unlautere Verhaltensweisen** sowohl von Auftraggebern als auch von Bietern.[34] Nach der Rechtsprechung des OLG Düsseldorf besteht wettbewerbsbeschränkendes Verhalten nicht nur im Falle gesetzeswidrigen Verhaltens, sondern bereits dann, wenn Absprachen oder Verhaltensweisen der Beteiligten zu Kompromissen hinsichtlich der Verfahrensgrundsätze führen.[35] Als unlauter sind Handlungsweisen dann anzusehen, wenn sie gegen die guten Sitten und gegen Vorschriften des Gesetzes gegen den unlauteren Wettbewerb (UWG) oder anderer Gesetze verstoßen sowie Verhaltensweisen, die den ordentlichen Gepflogenheiten in Industrie, Handel und Handwerk zuwiderlaufen,[36] und zudem vorwerfbar sind.[37]

d) Wahrung des Geheimwettbewerbs

22 Der Wettbewerbsgrundsatz gebietet insofern auch die Einhaltung des **Geheimwettbewerbs**.[38] Einen wegen Nichteinhaltung des Geheimwettbewerbs begründeten Verstoß gegen den Wettbewerbsgrundsatz hat die VK Südbayern in einer Entscheidung aus dem Jahr 2014 festgestellt.[39] Danach ist die Gewährleistung des Geheimwettbewerbs zwischen den, an der Ausschreibung teilnehmenden Bietern auch in einem Verhandlungsverfahren »wesentliches und unverzichtbares Merkmal einer Auftragsvergabe im Wettbewerb«, denn »nur dann, wenn jeder Bieter die ausgeschriebenen Leistungen in Unkenntnis der Angebote und Angebotsgrundlagen sowie der Angebotskalkulation seiner Mitbewerber anbietet, ist ein echter Bieterwettbewerb um den Zuschlag möglich.«[40] Unter Verweis auf die Rechtsprechung des OLG Düsseldorf[41] führte die Vergabekammer weiter aus, dass das Recht der Bieter, in einem fairen und uneingeschränkten Leistungswettbewerb um die Zuschlagschance zu konkurrieren, nicht nur dann beeinträchtigt wird, wenn ein in Kenntnis der Inhalte anderer Angebote kalkuliertes Angebot in Ver-

---

34 Vgl. Weiner, in: Gabriel/Krohn/Neun, Handbuch Vergaberecht, § 1 zu § 97 GWB (a.F.) Rn. 18 m.w.N; Kus, in: Kulartz/Kus/Portz, Kommentar GWB, 3. Aufl., § 97 GWB (a.F.) Rn. 4.
35 Vgl. OLG Düsseldorf, Beschl. v. 27.07.2006 – Verg 23/06, VergabeR 2007, 229.
36 Vgl. VK Südbayern, Beschl. v. 11.08.2005 – 35 07/05.
37 Vgl. VK Sachsen, Beschl. v. 19.05.2009 – 1 SVK/008.
38 So zum neuen § 97 GWB auch Müller, in: Kulartz/Kus/Portz/Prieß, Kommentar GWB, 4. Aufl., § 97 GWB Rn. 27; vgl. zudem auch die Darstellung bei Kus, in: Kulartz/Kus/Portz, Kommentar GWB, 3. Aufl., § 97 GWB (a.F.) Rn. 11 ff.; Weiner, in: Gabriel/Krohn/Neun, Handbuch Vergaberecht, § 1 zu § 97 GWB (a.F.) Rn. 26 f.
39 Vgl. VK Südbayern, Beschl. v. 16.04.2014, Z3-3-3194-1-05-02/14.
40 Vgl. VK Südbayern, Beschl. v. 16.04.2014, Z3-3-3194-1-05-02/14; OLG Düsseldorf, Beschl. v. 22.06.2006 – Verg 2/06, BeckRS 2006 12724.
41 Vgl. OLG Düsseldorf, Beschl. v. 11.05.2011 – Verg 8/11.

drängungsabsicht gelegt wird, sondern unabhängig davon bereits durch den, einen echten Leistungswettbewerb ausschließenden Verstoß gegen den Vertraulichkeitsgrundsatz.

Der Wettbewerb ist somit bereits verletzt, wenn ein Bieter ein Angebot in Kenntnis des 23 (teilweisen) Inhalts des Angebots eines anderen Bieters unterbreitet.[42] Im Hinblick auf die Einreichung von **Parallelangeboten**, z.B. durch den Bieter allein als auch als Mitglied einer Bietergemeinschaft, ist dies nach dem EuGH zumindest dann unzulässig, sofern weitere, vom Auftraggeber nachzuweisende Umstände einer Wettbewerbsbeschränkung vorliegen.[43] Sind Umstände ersichtlich, die eine Absprache von Bietern vermuten lassen, müssen die betroffenen Bieter beweisen können, dass ihr Verhalten nicht den Wettbewerb beeinträchtigt hat.[44]

Auch die **Bildung einer Bietergemeinschaft** durch gleichartige Unternehmen ist nur 24 dann als Verstoß gegen den Wettbewerbsgrundsatz unzulässig, wenn damit eine wettbewerbsbeschränkende, die Marktverhältnisse spürbar einschränkende Abrede verbunden ist.[45] Zwar liegt die Darlegungslast der Zulässigkeit in solchen Fällen bei der Bietergemeinschaft, jedoch ist diese nicht verpflichtet, diese Darlegung schon mit der Angebotsabgabe vorzunehmen, sondern die Erläuterung der Gründe für die Bildung der Bietergemeinschaft muss erst auf entsprechende gesonderte Aufforderung durch den Auftraggeber erfolgen.[46] Wettbewerbsunschädlich sind Bietergemeinschaften zwischen auf dem selben Markt tätigen Unternehmen insbesondere dann, wenn erst der Zusammenschluss zu einer Bietergemeinschaft ein erfolgversprechendes Angebot ermöglicht.[47]

e) Die Projektantenproblematik

Ebenfalls problematisch im Hinblick auf das Wettbewerbsprinzip – da gegebenenfalls 25 wettbewerbsverzerrend – kann sich die Teilnahme sog. **Projektanten**, d.h. vorbefasster Unternehmen, am späteren Vergabeverfahren auswirken.[48] Hier muss der Auftraggeber

---

42 Vgl. OLG Düsseldorf, Beschl. v. 13.09.2004 – VI-W (Kart) 24/04, VergabeR 2005, 117.

43 Vgl. EuGH, Urt. v. 23.12.2009 – C-376/08, NJW-Spezial 2010, 45; vgl. auch Fehling, in: Pünder/Schellenberg, Vergaberecht Kommentar, § 97 GWB (a.F.) Rn. 56, der stets eine Unzulässigkeit von Parallelangeboten vertritt.

44 So auch Kus, in: Kulartz/Kus/Portz, Kommentar GWB, 3. Aufl., § 97 GWB (a.F.) Rn. 12; vgl. auch OLG Düsseldorf, Beschl. v. 27.07.2006 – Verg 23/06, VergabeR 2007, 229, dies wurde bejaht bei gleicher Anschrift der Unternehmen, gleicher Ansprechperson, identische äußerer Gestaltung der Angebote hinsichtlich Schriftbild, Zeilenumbruch, Wortlaut sowie dieselben orthographischen Fehler (»Rahmvertrag« statt »Rahmenvertrag«).

45 Vgl. OLG Düsseldorf, Beschl. v. 08.06.2016 – Verg 3/16; Beschl. v. 01.07.2015 – Verg 17/15; Beschl. v. 17.02.2014 – Verg 2/14, VergabeR 2014, 560, 563 mit Verweis auf u.a. OLG Düsseldorf, Beschl. v. 09.11.2011 – Verg 35/11; OLG Celle, Beschl. v. 08.07.2016 13 – Verg 2/16; zutreffend auch Fehling, in: Pünder/Schellenberg, Vergaberecht Kommentar, § 97 GWB (a.F.) Rn. 56 m.w.N.

46 Vgl. OLG Düsseldorf, Beschl. v. 01.07.2015 – Verg 17/15.

47 Vgl. OLG Düsseldorf, Beschl. v. 01.07.2015 – Verg 17/15; zu den wettbewerbsunschädlichen Fallgruppen vgl. OLG Düsseldorf, Beschl. v. 08.06.2016 – Verg 3/16; OLG Celle, Beschl. v. 08.07.2016 13 – Verg 2/16.

48 So auch Kus, in: Kulartz/Kus/Portz, Kommentar GWB, 3. Aufl., § 97 GWB (a.F.) Rn. 10.

geeignete Ausgleichsmaßnahmen ergreifen, um einen etwaigen Wissensvorsprung auch unter Gleichbehandlungsgründen auszugleichen.[49] Geregelt ist dies nun z.b. in § 7 VgV oder § 7 SektVO.

26   Die Projektantenproblematik erfasst alle Fälle, in denen sich ein Auftraggeber im Vorfeld eines bestimmten Vergabeverfahrens von einem Unternehmen auf vertraglicher Basis beraten lässt[50] und dieses Unternehmen später als Bewerber/Bieter an dem betroffenen Verfahren teilnimmt[51]. Nicht erfasst sind vorherige Auftragnehmer. Denn es ist nicht Aufgabe des Vergaberechts geborene Vorteile eines Unternehmens auszugleichen, die dieses sich im Rahmen einer im Zweifel durch eine Ausschreibung erlangten Tätigkeit für den Auftraggeber erworben hat.[52]

f) Begrenzung der Vertragslaufzeit

27   Eine weitere Ausprägung des Wettbewerbsgrundsatzes stellt auch die **Begrenzung der Vertragslaufzeit** dar, die für Rahmenvereinbarungen in Umsetzung des EU-Vergaberechts (vgl. Art. 33 Abs. 1 der Richtlinie 2014/24/EU, Art. 51 Abs. 1 der Richtlinie 2014/25/EU) ausdrücklich geregelt ist.[53] Denn die Begrenzung der Laufzeit dient gerade dazu, den Auftrag nicht auf unbegrenzte Zeit dem Wettbewerb zu entziehen. Die Frage der Zulässigkeit einer Vergabe unbefristeter Verträge im Allgemeinen ist weiterhin umstritten und bislang nicht abschließend entschieden.[54] Der EuGH hat den Abschluss von öffentlichen Dienstleistungsaufträgen auf unbestimmte Dauer in seiner »Pressetext«-Entscheidung nach dem damaligen Stand des Unionsrechts nicht als unzulässig angesehen.[55] Auch § 3 Abs. 11 VgV könnte dafür sprechen, dass Verträge mit unbestimmter Laufzeit möglich sind, indem § 3 Abs. 11 Nr. 2 VgV die Auftragswertschätzung für Aufträge »mit unbestimmter Laufzeit oder einer Laufzeit von mehr als 48 Monaten« regelt. Dagegen hat erstmals die Vergabekammer des Bundes im Jahr 2015 ausdrücklich entschieden, dass der Abschluss unbefristeter Verträge vergaberechtlich schon aufgrund des Wettbewerbsgedankens grundsätzlich nicht zulässig sei.[56] Diese Auffassung wurde jedoch von der Beschwerdeinstanz nicht gehalten. Das OLG Düsseldorf sah in dem konkreten Fall bereits die Ausschreibung eines unbefristeten Vertrags nicht als gegeben an, sodass eine rechtliche Bewertung der Zulässigkeit unbefristeter Verträge vor diesem Hintergrund nicht erfolgen musste.[57] Mit Blick auf den Wettbe-

---

49 Vgl. auch EuGH, Urt. v. 03.03.2005 – C-21/03 und 34/03, VergabeR 2005, 319.
50 Vgl. VK Hessen, Beschl. v. 12.02.2008 – 69d VK 01/2008.
51 Vgl. VK Thüringen, Beschl. v. 12.12.2008 – 250-4004.20-5909/2008-015-SM.
52 Vgl. OLG Koblenz, Beschl. v. 05.09.2002 – 1 Verg 2/02, VergabeR 2002, 617.
53 Vgl. nur § 21 Abs. 6 VgV; § 19 Abs. 3 SektVO.
54 Vgl. Eschenbruch, in: Kulartz/Kus/Portz, Kommentar GWB, 3. Aufl., § 99 GWB (a.F.) Rn. 251; a.A. Maibaum, in: Hattig/Maibaum, PK-Kartellvergaberecht, § 97 GWB (a.F.) Rn. 72, der unter Verweis auf EuGH, Urt. v. 25.03.2010 – C-451/08, »Helmut Müller« den Abschluss unbefristeter Verträge aus wettbewerblichen Gründen für unzulässig hält.
55 Vgl. EuGH, Urt. v. 19.06.2008, C-454/06, »Pressetext«; zutreffend Eschenbruch, in Kulartz/Kus/Portz, Kommentar GWB, § 99 GWB (a.F.) Rn. 251.
56 Vgl. VK Bund, Beschl. v. 08.04.2015, VK 2-21/15, Beschl. v. 16.04.2015, VK 2-27/15.
57 Vgl. OLG Düsseldorf, Beschl. v. 16.12.2015 – Verg 24/15.

werbsgrundsatz dürfte dennoch gelten, dass der Abschluss unbefristeter Verträge – wenn überhaupt – oder auch sehr langfristiger Verträge nur in besonderen Ausnahmefällen zulässig sein dürfte, die vom Auftraggeber darzulegen und transparent zu dokumentieren sind. Andernfalls könnte durch den Abschluss unbefristeter Verträge der Auftrag nach einmaliger Ausschreibung auf Dauer dem Wettbewerb entzogen sein. Dies dürfte dem Wettbewerbsgedanken grundsätzlich widersprechen.

2. Transparenzgebot (§ 97 Abs. 1 S. 1 GWB)

Nach § 97 Abs. 1 S. 1 GWB sind öffentliche Aufträge und Konzessionen zudem im Wege transparenter Verfahren zu vergeben. **28**

Das **Transparenzgebot** folgt aus dem Gleichbehandlungsgrundsatz und dem Nichtdiskriminierungsgebot[58] und fordert eine übersichtliche, klare und objektiv nachvollziehbare Verfahrensführung. Ihren Ursprung hat die Transparenzpflicht dabei sowohl im EU-Primärrecht[59] als auch in den Grundrechten.[60] Wegen dieses Ursprungs gilt der Transparenzgrundsatz unabhängig vom Schwellenwert.[61] **29**

Besondere Ausprägungen erfährt das Transparenzgebot etwa im Hinblick auf die Angaben und Anforderungen in den **Vergabeunterlagen**, in denen sämtliche Anforderungen an die Bieter, an die Leistung, an die Zuschlagskriterien oder auch das Bewertungssystem **eindeutig klar** und für alle Bieter **gleichermaßen verständlich** formuliert sein müssen (z.B. §§ 121, 122, 127 GWB; §§ 29, 31, 41, 44 ff., 58 VgV oder §§ 28 ff., 41, 45 f. und 52 SektVO). Maßgeblich ist der objektive Empfängerhorizont eines fachkundigen Bieters.[62] Danach muss ein Bieter hinreichend klar und eindeutig aus der **Bekanntmachung** und/oder der Leistungsbeschreibung den objektiven Willen des Auftraggebers erkennen können.[63] **30**

Darüber hinaus stellen die Bekanntmachungspflichten (z.B. §§ 37 ff. VgV oder §§ 35 ff. SektVO), die Dokumentationspflichten (z.B. § 8 VgV; § 8 SektVO) und ebenso die Informationspflichten an die Bieter (insbesondere § 134 GWB oder auch § 62 VgV oder § 56 SektVO) wichtige Ausformungen des Transparenzgebots dar.[64] **31**

---

58 Vgl. Ziekow, in: ders./Völlink, Vergaberecht, § 97 GWB (a.F.) Rn. 38 m.w.N.; zur Herleitung und Bedeutung des Transparenzgrundsatzes vgl. ausführlich Weiner, in: Gabriel/Krohn/Neun, Handbuch Vergaberecht, § 1 zu § 97 GWB (a.F.) Rn. 28 ff.

59 Vgl. EuGH, Urt. v. 12.12.2002 – C-470/99, NZBau 2003, 162, 167.

60 Vgl. BVerwG, Urt. v. 02.07.2003 – 3 C-46/02, NJW 2003, 2696, 2697.

61 So auch Weiner, in: Gabriel/Krohn/Neun, Handbuch Vergaberecht, § 1 zu § 97 GWB (a.F.) Rn. 28.

62 So auch Maibaum, in: Hattig/Maibaum, PK-Kartellvergaberecht, § 97 GWB (a.F.) Rn. 82,

63 Vgl. Maibaum, in: Hattig/Maibaum, PK-Kartellvergaberecht, § 97 GWB (a.F.) Rn. 82 unter Verweis auf VK Baden-Württemberg, Beschl. v. 07.02.2013 – 1 VK 01/13.

64 Vgl. im Einzelnen auch die ausführlichere Darstellung bei Maibaum, in: Hattig/Maibaum, PK-Kartellvergaberecht, § 97 GWB (a.F.) Rn. 81 ff. sowie bei Weiner, in: Gabriel/Krohn/Neun, Handbuch Vergaberecht, § 1 zu § 97 GWB (a.F.) Rn. 33 ff.

32 Durch die hinreichende Transparenz erhalten die Bieter gleichermaßen die notwendigen Informationen, um die Entscheidung zur Teilnahme am Vergabeverfahren treffen zu können und ein erfolgversprechendes Angebot zu erstellen und einzureichen. Zudem ermöglicht die Transparenz die Entscheidungen des Auftraggebers nachzuvollziehen und gegebenenfalls überprüfen zu lassen. Das Transparenzgebot dient damit dem **Ausschluss von Willkürentscheidungen**, indem der Auftraggeber seine Entscheidungen transparent und damit objektiv nachvollziehbar zu dokumentieren hat und auf diese Weise die Möglichkeit einer **objektiven Überprüfbarkeit** gegeben ist.

33 Die Einhaltung eines transparenten Verfahrens ist somit wesentliche Voraussetzung für die Sicherstellung der Gleichbehandlung der Bieter und des Wettbewerbsgrundsatzes.[65] Darüber hinaus dient sie auch der Korruptionsprävention und der Verhinderung anderer unlauterer Verhaltensweisen.[66] Da das Transparenzgebot bieterschützend i.S.d. § 97 Abs. 6 GWB ist, kann ein Bieter einen Verstoß hiergegen im Rahmen eines Nachprüfungsverfahrens (vgl. §§ 155 ff. GWB) geltend machen.[67]

34 Das OLG Düsseldorf hat sich in aktuellen Entscheidungen eingehend mit den Transparenzanforderungen auseinandergesetzt.[68] Die Entscheidungen verdeutlichen die Wichtigkeit der Einhaltung des Transparenzgebots im Vergabeverfahren und dürften insbesondere die Anforderungen an die Bewertungssysteme in dieser Hinsicht verschärfen. Der Vergabesenat hat das Erfordernis hinreichender Transparenz in seinen aktuellen Entscheidungen damit immer wieder klar herausgestellt:

a) **Klare und unmissverständliche Vorgaben in Bekanntmachung und Vergabeunterlagen**

35 Die vergaberechtlichen Grundsätze fordern bereits in ihrer Gesamtschau, dass sowohl die Bekanntmachung als auch die Vergabeunterlagen klare und unmissverständliche Vorgaben, gleichermaßen verständlich für alle Beteiligten enthalten, um im Ergebnis vergleichbare Angebote zu erhalten und die Chancengleichheit der Bieter auf den Zuschlag zu gewährleisten. Die Anforderungen an die Bekanntmachung und die Vergabeunterlagen werden in den einschlägigen vergaberechtlichen Vorschriften als auch – insbesondere im Hinblick auf die erforderliche Transparenz – durch die Rechtsprechung näher konkretisiert.

36 Danach müssen die **Vergabeunterlagen** den Bietern zuverlässige und kalkulierbare Informationen darüber vermitteln, wie und vor allem mit welcher Punktzahl die Angebote aufgrund der in den Vergabeunterlagen gestellten Anforderungen bewertet wer-

---

65 Vgl. Weiner, in: Gabriel/Krohn/Neun, Handbuch Vergaberecht, § 1 zu § 97 GWB (a.F.) Rn. 33 mit Verweis auf EuGH, Urt. v. 13.10.2005 – C-485/03 »Parking Brixen«, Diehr, in: Reidt/Stickler/Glahs, Vergaberecht Kommentar, § 97 GWB (a.F.) Rn. 18; Dreher, in: Immenga/Mestmäcker, GWB, § 97 (a.F.) Rn. 11.
66 Vgl. Begründung zu § 97 GWB, Reg.E zum VergRModG, BT-Drs. 18/6281, S. 64.
67 Zutreffend Ziekow, in: ders./Völlink, Vergaberecht, § 97 GWB (a.F.) Rn. 39.
68 Vgl. OLG Düsseldorf, Beschl. v. 21.10.2015 – Verg 28/14; Beschl. v. 16.12.2015 – Verg 25/15; Beschl. v. 15.06.2016 – Verg 49/15.

den sollen und ebenso darüber, worauf es der Vergabestelle im Einzelnen ankommt, damit die Bieter ein qualitativ optimales Angebot einreichen können.[69] So fordert das Transparenzgebot nach der aktuellen Rechtsprechung des OLG Düsseldorf, dass der **Bewertungsmaßstab** für die Angebotswertung vom Auftraggeber eindeutig, klar und transparent bekanntzugeben ist, um zu gewährleisten, dass die Bieter aufgrund der dort festgelegten Kriterien und Bewertungsmaßstäbe im Vorhinein erkennen können, welchen (Mindest-)Erfüllungsgrad die Angebote aufweisen müssen, um mit den jeweils festgelegten Punktwerten bewertet zu werden und ihre Angebote entsprechend daran ausrichten können.[70] Denn andernfalls würden objektiv willkürliche Bewertungen ermöglicht und es bestehe die Gefahr von Manipulationen, vor denen der Wettbewerb als solcher sowie – mit drittschützender Wirkung – Bieterunternehmen vom öffentlichen Auftraggeber durch Festlegen und Bekanntgeben transparenter Bewertungsmaßstäbe zu schützen seien.[71]

In der Praxis verwenden öffentliche Auftraggeber daher regelmäßig eine Bewertungsmatrix, um durch die darin vorgenommene Zuordnung der festgelegten Zuschlagskriterien inklusive etwaiger Unterkriterien zu den entsprechenden Gewichtungspunkten die Bewertung der Angebote und mithin die Zuschlagsentscheidung für die Bieter objektiv nachvollziehbar darzulegen.[72] Dies setzt jedoch voraus, dass die aufgestellte Bewertungsmatrix selbst den aktuell strengen Transparenzanforderungen genügt. In den vorzitierten Entscheidungen war nach Auffassung des OLG Düsseldorf der Transparenzmangel hingegen bereits in dem jeweils verwendeten Bewertungssystem begründet. Das OLG Düsseldorf wies in diesem Zusammenhang u.a. auch bereits in seiner Entscheidung vom 16.12.2015 auf bestehende Zweifel an der Zulässigkeit der in der Praxis häufig verwendeten sog. »Schulnotensysteme« hin und bestätigte diese Auffassung im Hinblick auf die Verwendung eines Schulnotensystems zur Bewertung von Konzepten in einem aktuellen Beschluss vom 15.06.2016.[73] Auch nach der Ansicht des EuGH müssen zwar die Vergabekriterien von Beginn des Verfahrens an klar bestimmt sein und der Auftraggeber darf keine Zuschlagskriterien und Gewichtungsregeln anwenden, die er den Bietern zuvor nicht mitgeteilt hat; der Auftraggeber sei hingegen nicht verpflichtet, die Bewertungsmethoden, die er zur konkreten Bewertung und Einstufung der Angebote verwenden wird, in der Auftragsbekanntmachung oder in den entsprechenden Verdingungsunterlagen zur Kenntnis zu bringen.[74] Diese

---

69 Vgl. OLG Düsseldorf, Beschl. v. 21.10.2015 – Verg 28/14 mit Verweis auf OLG Düsseldorf, Beschl. v. 09.04.2014 – Verg 36/13.

70 Vgl. OLG Düsseldorf, Beschl. v. 21.10.2015 – Verg 28/14; Beschl. v. 16.12.2015 – Verg 25/15; Beschl. v. 15.06.2016 Verg 49/15 (Verwendung »Schulnotensystem« unzulässig); vgl. auch Erwägungsgrund 90 der Richtlinie 2014/24/EU; Erwägungsgrund 95 der Richtlinie 2014/25/EU.

71 Vgl. OLG Düsseldorf, Beschl. v. 16.12.2015 – Verg 25/15; auch OLG Düsseldorf, Beschl. v. 21.10.2015 – Verg 28/14.

72 Vgl. auch Maibaum, in: Hattig/Maibaum, PK-Kartellvergaberecht, § 97 GWB (a.F.) Rn. 87.

73 Vgl. OLG Düsseldorf, Beschl. v. 16.12.2015 – Verg 25/15 und Beschl. v. 15.06.2016 – Verg 49/15.

74 Vgl. EuGH, Urt. v. 14. 07. 2016 C-6/15.

Methode dürfe allerdings keine Veränderung der Zuschlagskriterien oder ihrer Gewichtung bewirken.[75] Inwieweit sich diese Rechtsprechung des EuGH die weitere nationale Rechtsprechung beeinflussen wird, bleibt abzuwarten. Jedenfalls erhalten die Bieter durch die Bekanntmachung der Bewertungsmatrix – sofern diese den Transparenzanforderungen genügt – die erforderlichen Informationen, um ihr Angebot an den Anforderungen ausrichten zu können. Zudem erleichtert die Verwendung einer Bewertungsmatrix eine transparente Dokumentation der Angebotswertung.[76]

37   Ebenso müssen die Vergabeunterlagen den Bieter hinreichend transparent über den **Verfahrensablauf** informieren. So hat das OLG Düsseldorf einen Transparenzverstoß angenommen, indem der Auftraggeber im Rahmen eines Verhandlungsverfahrens beabsichtigte, den Zuschlag ohne die in den Vergabeunterlagen angekündigte (weitere) Verhandlungsrunde zu erteilen.[77] Der Vergabesenat führte aus, dass die Unterlassung der Verhandlungsrunde nicht mit der **gebotenen unmissverständlichen Deutlichkeit** in den Vergabeunterlagen angekündigt worden und auch nicht davon gedeckt sei, sodass die erforderliche Transparenz nicht bestehe.[78] Unerheblich seien in diesem Zusammenhang vom Auftraggeber mündlich erteilte Hinweise, denn aus Gründen der Klarheit und Eindeutigkeit der Vergabeunterlagen sowie desselben Verständnisses durch Bieterunternehmen wegen, müssten Mitteilungen des Auftraggebers, welche die Vergabebedingungen betreffen, in jedem Fall in schriftlicher Form erfolgen.[79]

38   Eine nachträgliche **Änderung der Vergabeunterlagen** ist jedoch unter Einhaltung bestimmter Voraussetzungen nach der Rechtsprechung zulässig.[80] So weist das OLG Düsseldorf in seiner Entscheidung vom 21.10.2015 ausdrücklich darauf hin, dass seit der Entscheidung des Bundesgerichtshofs vom 26.09.2006[81] anerkannt ist, dass der öffentliche Auftraggeber, sei es zur Korrektur von Vergaberechtsverstößen oder aus Gründen der Zweckmäßigkeit, die Vergabeunterlagen im laufenden Vergabeverfahren ändern darf, sofern dies nur in einem **transparenten Verfahren und diskriminierungsfrei** geschieht.[82] Die Änderungsbefugnis des Auftraggebers beziehe sich dabei auf alle Bestandteile der Vergabeunterlagen (die Leistungsbeschreibung, Zuschlagskriterien, Unterkriterien, Gewichtungen etc.), denn andernfalls würde der Auftraggeber dazu angehalten, erkannte Rechtsverstöße sehenden Auges zu perpetuieren und ein Nachprüfungsverfahren zu riskieren, in welchem er verliere und wäre darüber hinaus gezwungen, eine Lieferung, Dienstleistung oder Bauleistung zunächst zu beschaffen, die er – wenn auch infolge späterer Erkenntnis – wissentlich so gar nicht gebrauchen kann oder

---

75 Vgl. EuGH, Urt. v. 14.07.2016 – C-6/15.
76 So auch Maibaum, in: Hattig/Maibaum, PK-Kartellvergaberecht, § 97 GWB (a.F.) Rn. 87.
77 Vgl. OLG Düsseldorf, Beschl. v. 21.10.2015 – Verg 28/14.
78 Vgl. OLG Düsseldorf, Beschl. v. 21.10.2015 – Verg 28/14.
79 Vgl. OLG Düsseldorf, Beschl. v. 21.10.2015 – Verg 28/14 mit Verweis auf OLG Düsseldorf, Beschl. v. 28.01.2015 – Verg 31/14.
80 Nach Maibaum, in: Hattig/Maibaum, PK-Kartellvergaberecht, § 97 GWB (a.F.) Rn. 85 f., dürfte eine nachträgliche Änderung nur im Ausnahmefall unter Einhaltung der durch den EuGH, Urt. v. 24.01.2008 – C-532/06 aufgestellten Regeln zulässig sein.
81 Vgl. BGH, Beschl. v. 26.09.2006 – X ZB 14/06 Rn. 23.
82 Vgl. OLG Düsseldorf, Beschl. v. 21.10.2015 – Verg 28/14.

will, um anschließend in einem weiteren Vergabeverfahren diejenige Leistung auszuschreiben, die dem Beschaffungsbedarf tatsächlich entspricht.[83]

b) Dokumentationspflichten

Im Hinblick auf die **Dokumentationspflichten** – die eine der wesentlichen Ausprägun- 39
gen des Transparenzgebots darstellen – hat das OLG Düsseldorf die Anforderungen aufgrund der bestehenden Heilungsmöglichkeiten in seiner aktuellen Entscheidung vom 21.10.2015 eher abgemildert.[84] Die bestehende Heilungsmöglichkeit von Dokumentationsmängeln im Rahmen eines Nachprüfungsverfahrens hat der BGH bereits im Jahr 2011 bejaht.[85] Der BGH hatte dies damit begründet, dass für die Frage der möglichen Heilung von Dokumentationsmängeln im Vergabevermerk einerseits zu berücksichtigen sei, dass insbesondere die zeitnahe Führung des Vergabevermerks die Transparenz des Vergabeverfahrens schützen und Manipulationsmöglichkeiten entgegenwirken solle,[86] andererseits das Gesetz der Vergabekammer – und entsprechend der Beschwerdeinstanz – vorgebe, bei ihrer gesamten Tätigkeit darauf zu achten, dass der Ablauf des Vergabeverfahrens nicht unangemessen beeinträchtigt werde (§ 110 Abs. 1 S. 4 GWB a.F., jetzt § 163 Abs. 1 S. 4 GWB).[87] Soweit der BGH als Grenze für eine Heilung von Dokumentationsfehlern die wettbewerbskonforme Auftragserteilung genannt habe, sei nach dem OLG Düsseldorf darunter sicherlich eine Auftragsvergabe zu verstehen, die zugleich im Einklang mit den vergaberechtlichen Prinzipien der Transparenz und Gleichbehandlung (Nichtdiskriminierung) stehe.[88]

c) Grenzen des Transparenzgebots

Die dem Auftraggeber obliegende Pflicht zur Transparenz gilt dabei nicht unbe- 40
schränkt, sondern wird insbesondere begrenzt durch die Anforderungen an die Vertraulichkeit (vgl. § 5 VgV, § 5 SektVO, § 4 KonzVgV) oder den Schutz entgegenstehender Interessen (vgl. § 39 Abs. 6 VgV, § 38 Abs. 6 SektVO, § 30 Abs. 3 KonzVgV). Das damit ausgedrückte **Vertraulichkeitsgebot** dient insbesondere dem Schutz von Betriebs- und Geschäftsgeheimnissen der Bewerber/Bieter und damit der Aufrechterhaltung des Geheimwettbewerbs.

---

83 Vgl. OLG Düsseldorf, Beschl. v. 21.10.2015 – Verg 28/14.
84 Vgl. OLG Düsseldorf, Beschl. v. 21.10.2015 – Verg 28/14.
85 Vgl. BGH, Beschl. v. 08.02.2011 – X ZB 4/10, »S-Bahn-Verkehr Rhein/Ruhr«.
86 Vgl. BGH, Beschl. v. 08.02.2011 – X ZB 4/10, »S-Bahn-Verkehr Rhein/Ruhr« Rn. 73 mit Verweis auf OLG Thüringen, VergabeR 2010, 96, 100, zitiert in OLG Düsseldorf, Beschl. v. 21.10.2015 – Verg 28/14.
87 Vgl. BGH, Beschl. v. 08.02.2011 – X ZB 4/10, »S-Bahn-Verkehr Rhein/Ruhr« Rn. 73, zitiert in OLG Düsseldorf, Beschl. v. 21.10.2015 – Verg 28/14.
88 Vgl. OLG Düsseldorf, Beschl. v. 21.10.2015 – Verg 28/14.

3. Grundsatz der Wirtschaftlichkeit (§ 97 Abs. 1 S. 2 GWB)

41   Ergänzt wurde in § 97 Abs. 1 GWB der neue Satz 2. Mit diesem wird ausdrücklich und übergeordnet eingangs des vierten Teils des GWB klargestellt, dass der **Grundsatz der Wirtschaftlichkeit** bei der Auftragsvergabe zu wahren ist.

42   Zwar war das Wirtschaftlichkeitsprinzip auch bislang bereits in den Vergaberechtsvorschriften enthalten (vgl. nur § 97 Abs. 5 GWB a.F.), jedoch wird der Grundsatz der Wirtschaftlichkeit durch die Neuregelung als **allgemeiner Grundsatz des Vergabeverfahrens** hervorgehoben.[89]

43   Im Gegensatz zu dem Günstigkeitsprinzip hat der Wirtschaftlichkeitsgrundsatz zur Folge, dass bei der Zuschlagserteilung nicht allein auf den Preis abgestellt wird, sondern daneben weitere Kriterien Berücksichtigung finden und somit das Preis-Leistungs-Verhältnis ausschlaggebend ist.[90] Der Grundsatz der Wirtschaftlichkeit findet seine Ausprägungen daher weiterhin in erster Linie in den Vorschriften über die Zuschlagserteilung, indem auf der vierten Wertungsstufe das **wirtschaftlichste Angebot**, gemessen an dem **besten Preis-Leistungs-Verhältnis**, anhand der bekannt gemachten Zuschlagskriterien ermittelt wird (vgl. § 127 GWB, § 58 VgV, § 52 SektVO). Die entsprechenden Vorschriften basieren auf den Vorgaben der EU-Richtlinien (vgl. Art. 67 der Richtlinie 2014/24/EU oder Art. 82 der Richtlinie 2014/25/EU).[91] Nach den Erwägungsgründen der Richtlinien wird der Begriff des »wirtschaftlich günstigsten Angebots« als übergeordnetes Konzept verwendet, indem alle Angebote, die den Zuschlag erhalten, letztlich danach ausgewählt werden sollten, was der einzelne öffentliche Auftraggeber für die wirtschaftlich beste Lösung unter den Angeboten hält.[92] Daher sollen Aufträge auf der **Grundlage objektiver Kriterien** vergeben werden, welche die Einhaltung der Grundsätze der Transparenz, der Nichtdiskriminierung und der Gleichbehandlung gewährleisten, um einen **objektiven Vergleich des relativen Werts** der Angebote sicherzustellen, damit unter den Bedingungen eines effektiven Wettbewerbs ermittelt werden kann, welches das wirtschaftlich günstigste Angebot ist.[93]

44   Bereits aus den Erwägungsgründen wird damit das Zusammenwirken und Ineinandergreifen der vergaberechtlichen Grundsätze deutlich. Nur bei Einhaltung der Vergaberechtsmaxime ist die Ermittlung des wirtschaftlich günstigsten Angebots gewährleistet. Denn der Wirtschaftlichkeitsgrundsatz ist nur zu wahren, wenn ein hinreichender

---

89 Vgl. Begründung zu § 97 GWB, Reg.E zum VergRModG, BT-Drs. 18/6281, S. 64; so auch Müller, in: Kulartz/Kus/Portz/Prieß, Kommentar GWB, 4. Aufl., § 97 GWB Rn. 46, der dem allgemeinen Wirtschaftlichkeitsgrundsatz – wohl zutreffend – keinen eigenen Regelungsgehalt, sondern die Bedeutung einer Auslegungsmaxime beimisst.

90 Ziekow, in: ders./Völlink, Vergaberecht, § 97 GWB (a.F.) Rn. 105; Fehling, in: Pünder/Schellenberg, Vergaberecht Kommentar, § 97 GWB (a.F.) Rn. 180 f.m.w.N.

91 Vgl. auch Erwägungsgründe 89 und 90 der Richtlinie 2014/24/EU; Erwägungsgründe 94 und 95 der Richtlinie 2014/25/EU.

92 Vgl. Erwägungsgründe 89 und 90 der Richtlinie 2014/24/EU; Erwägungsgründe 94 und 95 der Richtlinie 2014/25/EU.

93 Vgl. auch Erwägungsgrund 90 der Richtlinie 2014/24/EU; Erwägungsgrund 95 der Richtlinie 2014/25/EU.

Wettbewerb besteht und die beteiligten Bieter in einem transparenten Verfahren vergleichbare Angebote einreichen, aus denen schließlich das wirtschaftlichste Angebot zu ermitteln ist. Wichtige Voraussetzung für die Sicherstellung des Wirtschaftlichkeitsgrundsatzes ist daher insbesondere die transparente Festlegung und Bekanntmachung objektiver und zulässiger Zuschlagskriterien i.S.d. § 127 GWB sowie der diesen konkretisierenden untergesetzlichen Regelungen. Die Bekanntmachung sämtlicher Zuschlagskriterien (mitsamt der Unterkriterien) und deren jeweiliger relativer Gewichtung (vgl. nur § 127 Abs. 5 GWB) gebietet bereits der Gleichbehandlungsgrundsatz und das daraus folgende Transparenzgebot.[94] (Zur hinreichenden Transparenz der Bewertungssysteme und Bewertungsmaßstäbe vgl. vorstehend zum Transparenzgebot, § 97 Abs. 1 S. 1 GWB Rdn. 35 f.). Sie ist jedoch gleichfalls unerlässliche Voraussetzung eines fairen Wettbewerbs und für die Vergleichbarkeit der Angebote im Hinblick auf ihre Wirtschaftlichkeit. Dies findet insbesondere Ausdruck in dem neuen § 127 Abs. 4 GWB, wonach die Zuschlagskriterien vom Auftraggeber so festzulegen und zu bestimmen sind, dass sie einen effektiven Wettbewerb zulassen.[95]

Gemäß § 127 Abs. 1 GWB wird der Zuschlag auf das wirtschaftlichste Angebot erteilt. **45** Weiter heißt es darin: »*Grundlage dafür ist eine Bewertung des öffentlichen Auftraggebers, ob und inwieweit das Angebot die vorgegebenen Zuschlagskriterien erfüllt. Das wirtschaftlichste Angebot bestimmt sich nach dem besten Preis-Leistungs-Verhältnis. Zu dessen Ermittlung können neben dem Preis oder den Kosten auch qualitative, umweltbezogene oder soziale Aspekte berücksichtigt werden.*«

§ 127 Abs. 1 S. 2 stellt klar, dass es sich beim Zuschlag um eine **Wertungsentschei- 46 dung** handelt.[96] Denn im Gegensatz zur Eignung eines Bewerbers oder Bieters, die grundsätzlich absolut festgestellt wird, oder den Ausführungsbedingungen (§ 128 Abs. 2 GWB), die als feste Vorgabe vom späteren Auftragnehmer zwingend beachtet werden müssen, sind die Zuschlagskriterien vom öffentlichen Auftraggeber mit einer Wertungsskala zu versehen und Kriterien für die Beurteilung im Rahmen dieser Wertungsskala festzulegen.[97] Konkretisiert werden die Regelungen in den untergesetzlichen Vorschriften (vgl. z.B. § 58 VgV oder § 52 SektVO).

Mit § 127 Abs. 1 S. 3 GWB wird ausdrücklich klargestellt, dass sich die Wirtschaftlich- **47** keit des Angebots nach dem besten Preis-Leistungs-Verhältnis bestimmt. Dafür müssen der Angebotspreis oder die Kosten ins Verhältnis zur Leistung gesetzt werden, die im Rahmen des öffentlichen Auftrages erbracht werden soll. Dazu können gemäß § 127 Abs. 1 S. 4 GWB ausdrücklich auch zusätzliche Kriterien, wie qualitative, umweltbezogene, innovative oder soziale Aspekte Berücksichtigung finden, wobei die Aufzählung

---

94 Vgl. auch Erwägungsgrund 90 der Richtlinie 2014/24/EU; Erwägungsgrund 95 der Richtlinie 2014/25/EU.
95 Vgl. auch Begründung zu § 127 GWB, Reg.E zum VergRModG, BT-Drs. 18/6281, S. 109.
96 Vgl. auch Begründung zu § 127 GWB, Reg.E zum VergRModG, BT-Drs. 18/6281, S. 108.
97 Vgl. auch Begründung zu § 127 GWB, Reg.E zum VergRModG, BT-Drs. 18/6281, S. 108.

nicht abschließend ist.[98] Trotz dieser Vorgaben ist der Preis als alleiniges Zuschlagskriterium auch weiterhin zulässig.[99]

48   Gemäß § 127 Abs. 3 GWB müssen die festgelegten Zuschlagskriterien mit dem Auftragsgegenstand in Verbindung stehen. Auch hierin spiegelt sich der Wirtschaftlichkeitsgrundsatz wider, indem auf diese Weise ausgeschlossen werden soll, dass ein weniger wirtschaftliches Angebot aus sachfremden Erwägungen den Zuschlag erhält.[100]

Für die weiterführende Kommentierung zu den Zuschlagskriterien und der Angebotswertung wird auf die einschlägige Kommentierung zu § 52 SektVO verwiesen.

4. Grundsatz der Verhältnismäßigkeit (§ 97 Abs. 1 S. 2 GWB)

49   Ebenfalls explizit Einzug gefunden hat in den neuen § 97 Abs. 1 S. 2 GWB der **Grundsatz der Verhältnismäßigkeit**, der nun ebenfalls ausdrücklich als allgemeiner Vergaberechtsgrundsatz bei der Auftragsvergabe zu wahren ist. Dies folgt, insbesondere hinsichtlich der Anforderungen an die Leistungsbeschreibung, an die Eignung, den Zuschlag und die Ausführungsbedingungen ausdrücklich aus Art. 18 Abs. 1 der Richtlinie 2014/24/EU, Art. 36 der Richtlinie 2014/25/EU und Art. 3 Abs. 1 der Richtlinie 2014/23/EU.[101] Die klarstellende Aufnahme der Verhältnismäßigkeit in die allgemeinen Vergaberechtsgrundsätze wirkt sich mit Blick auf die Anforderungen an das Vergabeverfahren nicht auf das umfassende Leistungsbestimmungsrecht des Auftraggebers aus, sondern es obliegt diesem vielmehr weiterhin, die konkret zu beschaffende Leistung selbst zu bestimmen.[102]

Das Verhältnismäßigkeitsprinzip zählt nach der Rechtsprechung des EuGH zu den allgemeinen Grundsätzen des Unionsrechts[103] – und war insofern auch vor der ausdrücklichen Normierung in § 97 Abs. 1 S. 2 GWB bereits zu berücksichtigen.

50   Die Ausprägungen der Verhältnismäßigkeit zeigen sich dabei nicht nur in der Angemessenheit der Maßnahmen (vgl. z.B. § 122 Abs. 4 GWB; § 20 oder § 58 Abs. 3 VgV). Entsprechend des im Unionsrecht genannten allgemeinen Grundsatzes der Verhältnismäßigkeit ist die Erforderlichkeit auch dahingehend zu berücksichtigen und zu überprüfen, ob die jeweilige Maßnahme zur Erreichung des Ziels nicht über das erforderliche Maß hinaus geht.[104]

---

98   Vgl. auch Begründung zu § 127 GWB, Reg.E zum VergRModG, BT-Drs. 18/6281, S. 108 f.

99   Vgl. Begründung zu § 127 GWB, Reg.E zum VergRModG, BT-Drs. 18/6281, S. 109; Erwägungsgrund 90 der Richtlinie 2014/24/EU; Erwägungsgrund 95 der Richtlinie 2014/25/EU.

100 Vgl. auch Begründung zu § 127 GWB, Reg.E zum VergRModG, BT-Drs. 18/6281, S. 109.

101 Vgl. Begründung zu § 97 GWB, Reg.E zum VergRModG, BT-Drs. 18/6281, S. 65.

102 Vgl. Begründung zu § 97 GWB, Reg.E zum VergRModG, BT-Drs. 18/6281, S. 65.

103 Vgl. EuGH, Urt. v. 11.03.1987 – 279/84, Slg. 1987, 1069; EuGH, Urt. v. 09.11.1995 – C-426/93, Slg. 1995, I-3723, 3755 f.; Ziekow, in: ders./Völlink, Vergaberecht, § 97 GWB (a.F.) Rn. 47 mit Verweis auf EuGH, Urt. v. 18.02.1982 – 77/81, Slg. 1982, 681, 695.

104 Vgl. auch Erwägungsgrund 136 der Richtlinie 2014/24/EU; Erwägungsgrund 140 der Richtlinie 2014/25/EU.

II. Gleichbehandlungsgrundsatz gemäß § 97 Abs. 2 GWB

§ 97 Abs. 2 GWB normiert weiterhin den **Gleichbehandlungsgrundsatz** und über- 51
nimmt die bisherige Regelung des § 97 Abs. 2 GWB a.F. nahezu wortgleich.

Der Gleichbehandlungsgrundsatz zählt zu den **elementaren Grundsätzen** des deut- 52
schen Vergaberechts[105] und ist eng verzahnt mit dem Transparenzgebot und dem Wettbewerbsgrundsatz.[106] Wie bereits im Rahmen der Kommentierung zum Wettbewerbsgrundsatz dargestellt (vgl. zu § 97 Abs. 1 S. 1 GWB Rdn. 14 ff.), sollen Aufträge auf
der Grundlage objektiver Kriterien vergeben werden, welche die Einhaltung der Grundsätze der Transparenz, der **Nichtdiskriminierung** und der Gleichbehandlung gewährleisten, um einen objektiven Vergleich des relativen Werts der Angebote sicherzustellen,
damit unter den Bedingungen eines effektiven Wettbewerbs ermittelt werden kann, welches das wirtschaftlich günstigste Angebot ist.[107] Um die Einhaltung des Gleichbehandlungsgrundsatzes bei der Vergabe von Aufträgen sicherzustellen, sind die öffentlichen
Auftraggeber verpflichtet, für die nötige Transparenz zu sorgen, so dass sich jeder Bieter
angemessen über die Kriterien und Regelungen, die der Zuschlagsentscheidung zugrunde gelegt werden, unterrichten kann.[108]

Die elementare Bedeutung des Gleichbehandlungsgebots zeigt sich auch darin, dass 53
der Gleichbehandlungsgrundsatz nicht nur aus den EU-Vergaberichtlinien (vgl. z.B.
Art. 18 der Richtlinie 2014/24/EU, Art. 36 Abs. 1 und Art. 93 Abs. 1 der Richtlinie
2014/25/EU, Art. 3 der Richtlinie 2014/23/EU oder auch Art. 4 der Richtlinie
2009/81/EG), sondern bereits aus dem EU-Primärrecht (vgl. Art. 18 AEUV) oder
den Grundfreiheiten folgt.[109]

---

105 Vgl. Begründung zu § 97 GWB, Reg.E zum VergRModG, BT-Drs. 18/6281, S. 65.
106 So auch Zeise, in Kulartz/Kus/Portz/Prieß, Kommentar GWB, 4. Aufl., § 97 GWB
Rn. 55; vgl. zur bisherigen Rechtslage auch Kus, in: Kulartz/Kus/Portz, Kommentar
GWB, 3. Aufl., § 97 GWB (a.F.) Rn. 28 mit Verweis auf die umfassende Darstellung
zum Verhältnis der Grundsätze bei Dreher, in: Immenga/Mestmäcker, Wettbewerbsrecht
4. Aufl., § 97 GWB (a.F.) Rn. 11 ff.; OLG Saarbrücken, Beschl. v. 29.05.2002 – 5 Verg
1/10; Müller-Wrede, VergabeR 2005, 32; sowie Weiner, in: Gabriel/Krohn/Neun, Handbuch Vergaberecht, § 1 zu § 97 GWB (a.F.) Rn. 40.
107 Vgl. Erwägungsgrund 90 der Richtlinie 2014/24/EU; Erwägungsgrund 95 der Richtlinie
2014/25/EU.
108 Vgl. Erwägungsgrund 90 der Richtlinie 2014/24/EU; Erwägungsgrund 95 der Richtlinie
2014/25/EU.
109 Vgl. weiterführend zur Herleitung und Bedeutung des Gleichbehandlungsgrundsatzes Fehling, in: Pünder/Schellenberg, Vergaberecht Kommentar, § 97 GWB (a.F.) Rn. 72 mit Verweis auf u.a. Hailbronner, in: Byok/Jaeger, Vergaberecht Kommentar, § 97 GWB (a.F.)
Rn. 43 f.; Ziekow, in: ders./Völlink, Vergaberecht, § 97 GWB (a.F.) Rn. 11 ff.; Zeise, in: Ku-
lartz/Kus/Portz/Prieß, Kommentar GWB, 4. Aufl. § 97 GWB Rn. 57 ff.; Weiner, in: Gab-
riel/Krohn/Neun, Handbuch Vergaberecht, § 1 zu § 97 GWB (a.F.) Rn. 40 ff.

1. Ausprägungen des Gleichbehandlungsgrundsatzes

54   Der Begriff der Gleichbehandlung kann als absolute oder relative Gleichheit verstanden werden.[110] Eine absolute Gleichbehandlung im Sinne einer Verfahrensgerechtigkeit hat insbesondere der BGH in verschiedenen Entscheidungen angenommen.[111] Auch der **Angebotsausschluss** und die Regelungen der Ausschlussgründe sind insofern Ausdruck des Gleichbehandlungsgrundsatzes, indem nur solche Angebote bei der Angebotswertung berücksichtigt werden dürfen, die den Anforderungen vollends entsprechen und somit vergleichbar sind.[112] Denn nach dem BGH ist »ein transparentes, auf Gleichbehandlung aller Bieter beruhendes Vergabeverfahren« nur zu erreichen, wenn »in jeder sich aus den Verdingungsunterlagen ergebenden Hinsicht vergleichbare Angebote gewertet werden«.[113]

55   Der Gleichbehandlungsgrundsatz bzw. das Diskriminierungsverbot erfasst das **gesamte Vergabeverfahren**[114] und soll zum einen der Gefahr der Günstlingswirtschaft bzw. willkürlicher Entscheidungen des öffentlichen Auftraggebers begegnen sowie zum anderen auf der Grundlage eines »level-playing-field« einen fairen Wettbewerb mit vergleichbaren Angeboten und einer bestehenden Chancengleichheit der Bieter gewährleisten.[115] So sind alle am Vergabeverfahren beteiligten Unternehmen grundsätzlich gleich zu behandeln, sodass sie insbesondere denselben Zugang zu Informationen erhalten und dieselben Bewertungsmaßstäbe für alle Bewerber oder Bieter gleichermaßen angewandt werden.[116] Vgl. ebenfalls zum Transparenzgebot unter Rdn. 28 ff. Für die Einzelheiten zu den Bekanntmachungs- und Informationspflichten, den Eignungs-

---

110   Zum Begriff der Gleichbehandlung vgl. ausführlich Kus, in: Kulartz/Kus/Portz, Kommentar GWB, 3. Aufl., § 97 GWB (a.F.) Rn. 35 f.

111   Vgl. Kus, in: Kulartz/Kus/Portz, Kommentar GWB, 3. Aufl., § 97 GWB (a.F.) Rn. 35 f. sowie etwa BGH, Beschl. v. 18.02.2003 – X ZB 43/02 mit Verweis auf BGH, Urt. v. 07.01.2003 – X ZR 50/01; Beschl. v. 18.05.2004 – X ZB 7/04, BGHZ 159, 186, 192; Urt. v. 24.05.2005 – X ZR 243/02, BauR 2005, 1620 = NZBau 2005, 594; Urt. v. 18.09.2007 – X ZR 89/04; Urt. v. 10.09.2009 – VII ZR 82/08.

112   Ausführlich hierzu Kus, in: Kulartz/Kus/Portz, Kommentar GWB, 3. Aufl., § 97 GWB (a.F.) Rn. 38 f. sowie Maibaum, in: Hattig/Maibaum, PK-Kartellvergaberecht, 3. Aufl., § 97 GWB (a.F.) Rn. 105 ff.; zutreffend auch Fehling, in: Pünder/Schellenberg, Vergaberecht Kommentar, § 97 GWB (a.F.) Rn. 82.

113   Vgl. nur BGH, Beschl. v. 18.02.2003 – X ZB 43/02 mit Verweis auf BGH, Urt. v. 07.01.2003 – X ZR 50/01; Beschl. v. 18.05.2004 – X ZB 7/04, BGHZ 159, 186, 192; Urt. v. 24.05.2005 – X ZR 243/02, BauR 2005, 1620 = NZBau 2005, 594; Urt. v. 18.09.2007 – X ZR 89/04; Urt. v. 10.09.2009 – VII ZR 82/08.

114   Die hiesige Kommentierung soll lediglich einen Überblick liefern. Zu den einzelnen Ausprägungen vgl. ausführlich Zeise, in: Kulartz/Kus/Portz/Prieß, Kommentar GWB, 4. Aufl., § 97 GWB Rn. 65 ff.; Maibaum, in: Hattig/Maibaum, PK-Kartellvergaberecht, § 97 GWB (a.F.) Rn. 97 ff.; Weiner, in: Gabriel/Krohn/Neun, Handbuch Vergaberecht, § 1 zu § 97 GWB (a.F.) Rn. 52 ff.

115   So auch Zeise, in Kulartz/Kuß/Portz/Prieß, Kommentar GWB, 4. Aufl., § 97 GWB Rn. 60 mit Verweis auf u.a. EuGH, Urt. v. 12.03.2015 C-538/13 sowie EuGH, Urt. v. 19.03.2010 T-50/05 und VK Brandenburg, Beschl. v. 19.12.2003 VK 23/13.

116   Vgl. Begründung zu § 97 GWB, Reg.E zum VergRModG, BT-Drs. 18/6281, S. 65.

---

und Zuschlagskriterien sowie der Angebotswertung wird auf die Kommentierung der jeweiligen Vorschriften im GWB oder in der SektVO verwiesen.

So sind weitere Ausprägungen des Gleichbehandlungsgrundsatzes etwa das Erfordernis der eindeutigen und erschöpfenden **Leistungsbeschreibung**. Gemäß § 121 GWB (bzw. konkretisiert durch § 31 VgV oder § 28 SektVO) ist der Auftragsgegenstand in der Leistungsbeschreibung so eindeutig und erschöpfend wie möglich zu beschreiben, dass die Beschreibung für alle Unternehmen **im gleichen Sinne verständlich** ist und die Angebote miteinander verglichen werden können. § 121 Abs. 1 GWB ist daher ebenfalls Ausdruck von dem vorstehend beschriebenen Zusammenwirken der Vergaberechtsgrundsätze und Umsetzung der den Richtlinien zugrundeliegenden Erwägungsgründen.[117] Ebenfalls ist in diesem Zusammenhang der **Grundsatz der produktneutralen Ausschreibung** zu nennen (vgl. § 31 Abs. 6 VgV bzw. § 28 Abs. 6 SektVO). Für die Einzelheiten wird auch hier auf die Kommentierung der jeweiligen Vorschriften verwiesen. 56

Von der formalen Gleichbehandlung zu trennen sind geborene bzw. natürliche Differenzen, die sich aus der nachgefragten Leistung und der Person des nachfragenden Unternehmens ergeben, z.B. herausragende Qualifikationen eines Bieters dürfen nicht gleich wie durchschnittliche Qualifikationen eines anderen Bieters gewertet werden, wenn dies auf Basis der mitgeteilten Wertungsgrundlagen die Auswahlentscheidung beeinflusst. 57

Zu beachten ist bei der öffentlichen Auftragsvergabe zudem das Verbot der **Diskriminierung aufgrund der Staatsangehörigkeit** als spezielle Ausformung des Gleichheitssatzes.[118] Danach ist eine Diskriminierung aufgrund der Herkunft des Bieters auszuschließen, wobei nicht zwischen Bietern aus Deutschland, aus EU-Staaten oder aus Nicht-EU-Staaten unterschieden wird.[119] Neben der unmittelbaren Diskriminierung aufgrund der Staatsangehörigkeit dürften mittelbare Diskriminierungen hier in der Praxis weitaus relevanter sein.[120] Unzulässig ist insofern eine Bevorzugung lokaler oder regionaler Unternehmen, etwa durch das Kriterium der Ortsansässigkeit oder der Ortsnähe,[121] der Verpflichtung zur ausschließlichen oder überwiegenden Verwendung inländischer Produkte oder zur Beschäftigung inländischer Arbeitskräfte.[122] Auch die Forderung von Zertifikaten, die nur von deutschen Behörden ausgestellt 58

---

117 Vgl. auch Erwägungsgrund 90 der Richtlinie 2014/24/EU; Erwägungsgrund 95 der Richtlinie 2014/25/EU.

118 Vgl. nur Ziekow, in: ders./Völlink, Vergaberecht, § 97 GWB (a.F.) Rn. 12 mit Verweis auf die EuGH-Rechtsprechung; Fehling, in: Pünder/Schellenberg, Vergaberecht Kommentar, § 97 GWB (a.F.) Rn. 79 m.w.N.

119 Vgl. Begründung zu § 97 GWB, Reg.E zum VergRModG, BT-Drs. 18/6281, S. 65.

120 Vgl. hierzu weitergehend Ziekow, in: ders./Völlink, Vergaberecht, § 97 GWB (a.F.) Rn. 12; Fehling, in: Pünder/Schellenberg, Vergaberecht Kommentar, § 97 GWB (a.F.) Rn. 79 jeweils m.w.N.

121 Vgl. BayObLG, Beschl. v. 20.12.1999 – Verg 8/99, NZBau 2000, 259, 261; Zeise, in Kulartz/Kus/Portz/Prieß, Kommentar GWB, 4. Aufl., § 97 GWB Rn. 66; Ziekow, in: ders./Völlink, Vergaberecht, § 97 GWB (a.F.) Rn. 13 m.w.N.; ausführlich auch Kus, in: Kulartz/Kus/Portz, Kommentar GWB, 3. Aufl., § 97 GWB (a.F.) Rn. 40.

122 Vgl. Fehling, in: Pünder/Schellenberg, Vergaberecht Kommentar, § 97 GWB (a.F.) Rn. 79 m.w.N.

werden können[123] oder die Festlegung von Terminen in der Weise, dass sie nur von ortsansässigen Teilnehmern wahrgenommen werden können[124], wurden von der Rechtsprechung als Verstoß gegen den Gleichbehandlungsgrundsatz gewertet. Das Diskriminierungsverbot aufgrund von Staatsangehörigkeit findet sich überdies primärrechtlich in Art. 18 AEUV.

59 Keinen Verstoß gegen den Gleichbehandlungsgrundsatz hat das OLG Düsseldorf in einer aktuellen Entscheidung im Hinblick auf die Forderung sog. »No Spy«-Anforderungen angenommen. In einem obiter dictum hat das OLG Düsseldorf in diesem Zusammenhang entschieden, dass »mit Blick auf eine Diskriminierung von Unternehmen in EU-Mitgliedstaaten vorgebrachte Bedenken« im Ergebnis nicht durchgreifen, »sofern der öffentliche Auftraggeber für die Forderung der Datensicherheit einen anerkennenswerten und durch den Auftragsgegenstand gerechtfertigten sachlichen Grund, wie einen Schutz sensibler, für den Schutz des Staates relevanter Daten, namhaft machen kann und sämtliche auftragsinteressierten Unternehmen – gleichviel, ob sie der Europäischen Union, dem Europäischen Wirtschaftsraum oder einem Drittstaat angehören – diskriminierungsfrei mit derselben Anforderung belegt werden«.[125] Weiter führte das OLG Düsseldorf aus, dass der öffentliche Auftraggeber nicht verpflichtet sei, »Ausschreibungen so zuzuschneiden, dass sie – auch unter den Bedingungen, denen sie nach jeweils nationalem Recht unterliegen – zum Unternehmens- und Geschäftskonzept jedes potentiellen Bieters passen.«[126] Genauso wenig müsse er auf geschäftspolitische Entscheidungen möglicher Bieter Rücksicht nehmen.[127]

60 Der Gleichbehandlungsgrundsatz zeigt sich insofern – als elementarer Grundsatz – in verschiedenen Facetten und prägt das gesamte Vergabeverfahren. Die Chancengleichheit der Bewerber bzw. Bieter auf die Zuschlagserteilung sowie ihre formale Gleichbehandlung im Rahmen des gesamten Vergabeverfahrens stellen damit zwei der wesentlichen Ausprägungen des Gleichbehandlungsgebots dar, die das gesamte Vergabeverfahren durchziehen.

2. Beschränkungen gemäß § 97 Abs. 2 HS 2 GWB

61 Die Geltung des Gleichbehandlungsgrundsatzes wird beschränkt durch die weiterhin in § 97 Abs. 2 HS 2 GWB enthaltene Ausnahme. Danach ist eine Ungleichbehandlung nur dann gestattet, wenn sie aufgrund dieses Gesetzes (GWB) ausdrücklich geboten oder gestattet ist.

62 Vorschriften, die eine Ungleichbehandlung erlauben, sind kaum vorhanden. Im **Sektorenbereich** besteht jedoch weiterhin die Besonderheit der sog. **Drittlandsklausel**, die

---

123 Vgl. OLG Celle, Beschl. v. 12.05.2005 – 13 Verg 5/05, OLGR Celle 2005, 547.
124 Vgl. VK Bund, Beschl. v. 16.11.2004 – VK 2-181/04.
125 Vgl. OLG Düsseldorf, Beschl. v. 21.10.2015 – Verg 28/14.
126 Vgl. OLG Düsseldorf, Beschl. v. 21.10.2015 – Verg 28/14.
127 Vgl. OLG Düsseldorf, Beschl. v. 21.10.2015 – Verg 28/14 mit Verweis auf OLG Düsseldorf, Beschl. v. 27.06.2012 – Verg 7/12, »Einwegspritzen«,

nun in § 55 SektVO (zuvor § 28 SektVO a.F.) geregelt ist. Nach § 55 Abs. 1 SektVO kann der Auftraggeber eines Lieferauftrags Angebote zurückweisen, bei denen der Warenanteil zu mehr als 50 Prozent des Gesamtwertes aus Ländern stammt, die nicht Vertragsparteien des Abkommens über den Europäischen Wirtschaftsraum sind und mit denen auch keine sonstigen Vereinbarungen über gegenseitigen Marktzugang bestehen. Die Drittlandsklausel stellt insofern eine Einschränkung des Gleichbehandlungsgrundsatzes dar. Zu den Einzelheiten wird auf die Kommentierung zu § 55 SektVO verwiesen.

Eine weitere Besonderheit begründet der Grundsatz der **Losaufteilung** i.S.d. § 97 **63** Abs. 4 GWB, der wortgleich dem bisherigen § 97 Abs. 3 GWB a.F. entspricht. Der Grundsatz der losweisen Vergabe dient der vornehmlichen Berücksichtigung der Interessen kleiner und mittelständischer Unternehmen.[128] Die Mittelstandsförderung stellt jedoch nach richtiger Ansicht keine Ausnahme des Gleichbehandlungsgrundsatzes dar, sondern bewirkt vielmehr eine Chancengleichheit für kleine und mittelständische Unternehmen, sich erfolgreich am Wettbewerb beteiligen zu können.[129]

III. Berücksichtigung strategischer Aspekte gemäß § 97 Abs. 3 GWB

1. Grundsätzliches

Der Erlass von Landesvergabegesetzen in nahezu allen Bundesländern[130] macht deut- **64** lich, dass sich die bisher auf den haushaltsrechtlichen Grundsatz der Wirtschaftlichkeit und Sparsamkeit zurückgeführten Ziele des Vergaberechts nach und nach erweitert haben.

Fanden sich die jetzt in Absatz 3 genannten »strategischen Aspekte«[131] bislang im We- **65** sentlichen in den Vergabe- und Vertragsordnungen, so wird deren Berücksichtigung nun im Gesetz selbst prominent geregelt. Öffentliche Auftraggeber berücksichtigen nunmehr – quasi per gesetzlicher Aufforderung – bei der Vergabe öffentlicher Aufträge die Kriterien Qualität und Innovation sowie soziale und umweltbezogene Aspekte.

Der Begriff der »vergabefremden Aspekte« wurde durch die Bezeichnung »strategische **66** Aspekte« abgelöst und gehört damit endgültig der Vergangenheit an. Damit ist die Berücksichtigung politischer Sekundärziele längst keine Randerscheinung mehr.[132] Das Vergaberecht wird mehr und mehr als Werkzeug zur Erreichung von über die Ziele einer wirtschaftlichen Beschaffung hinausgehenden politischen Zielen instrumentalisiert.

---

128 Vgl. auch Begründung zu § 97 GWB, Reg.E zum VergRModG, BT-Drs. 18/6281, S. 65.
129 Zutreffend Fehling, in: Pünder/Schellenberg, Vergaberecht Kommentar, § 97 GWB (a.F.) Rn. 83.
130 Von den 16 Bundesländern hat lediglich Bayern kein Landesvergabegesetz erlassen.
131 Vgl. Vorschlag für »Richtlinie des Europäischen Parlaments und des Rates über die öffentliche Auftragsvergabe«, (KOM)2011 896/2, S. 11.
132 Vgl. Latzel, NZBau 2014, 673, Soziale Aspekte bei der Vergabe öffentlicher Aufträge nach der Richtlinie 2014/24/EU.

67   Die zusätzliche Verfolgung »strategischer Aspekte« ist jedoch geeignet, Zielkonflikte zu provozieren. Geht es im Wesentlichen um einen wirtschaftlichen Einkauf, so muss auch klar sein, dass die Vorgabe strategischer Ziele diesen beeinflusst. Leistungen können auch teurer werden.

68   Die Berücksichtigung ist auch geeignet, neue Diskriminierungen hervorzubringen (vom Hoflieferanten zum Lieferanten heimischer Produkte) und den Wettbewerb insbesondere zu Lasten kleiner und mittlerer Unternehmen, zu beeinträchtigen.[133] Aus diesem Grund wird bei der tatsächlichen Einbeziehung strategischer Aspekte in die konkrete Vergabe der Einhaltung des Verhältnismäßigkeitsgrundsatzes[134] durch den öffentlichen Auftraggeber eine wesentliche Bedeutung zukommen.

69   Aus der Formulierung »nach Maßgabe dieses Teils« ergibt sich unzweifelhaft, dass die vom öffentlichen Auftraggeber festgelegten strategischen Kriterien einen Auftragsbezug[135] haben müssen. Deshalb sind rein pauschale, das Unternehmen als Ganzes betreffende Vorgaben nicht statthaft.

2. Inhalt der Regelung

70   Die Vorschrift erlaubt die Verfolgung strategischer Ziele mit vergaberechtlichen Mitteln über die rein wirtschaftliche Beschaffung hinaus.

71   Adressiert wird der öffentliche Auftraggeber. Dieser ist zwar nicht ausdrücklich in der Vorschrift genannt, er ist aber als »Herr des Vergabeverfahrens« derjenige, der zur Vergabe öffentlicher Aufträge die Vorschriften des Teils 4 des GWB und damit auch des Absatzes 3 einzuhalten hat.

Die Aufzählung der strategischen Aspekte Qualität, Innovation, Soziales und Umweltbezogenheit ist abschließend. Ergänzende Anträge, z.B. zur Aufnahme der Barrierefreiheit, fanden im Gesetzgebungsverfahren keine Mehrheit.[136]

a) Keine Verpflichtung zur Berücksichtigung strategischer Ziele

72   Die Regelung begründet keine Pflicht des Auftraggebers, mit der Auftragsvergabe auch strategische Ziele verfolgen zu müssen.[137] Es heißt, dass bei der Vergabe die genannten Aspekte »berücksichtigt werden«. Die Gesetzesbegründung spricht davon, dass in jeder Verfahrensphase strategische Aspekte einbezogen werden »können«. Beides spricht gegen eine Verpflichtung des Auftraggebers zur Verfolgung strategischer Ziele.

---

133   Burgi, NZBau 2015, 597, 598, Ökologische und soziale Beschaffung im künftigen Vergaberecht: Kompetenzen, Inhalte, Verhältnismäßigkeit.
134   § 97 Abs. 1 GWB.
135   Vgl. §§ 121 Abs. 4, 127 Abs. 3, 128 Abs. 2 GWB.
136   S. Plenarprotokoll des Bundesrats 936 vom 25.09.2015, Abstimmung zu Ziff. 1; Plenarprotokoll des Deutschen Bundestages vom 17.12.2015, 18/146, Abstimmungen zu den Entschließungsanträgen BT-Drs. 18/7090 und 18/7092.
137   Vgl. auch Burgi, NZBau 2015, 597, 599, Ökologische und soziale Beschaffung im künftigen Vergaberecht: Kompetenzen, Inhalte, Verhältnismäßigkeit.

b) Relevante Verfahrensabschnitte

Strategische Aspekte können grundsätzlich auf allen Stufen des Vergabeverfahrens ein- 73 fließen. Sie können beim Bieter oder bei der Leistung ansetzen, sie können als zwingende oder als bewertbare Vorgaben ausgestaltet werden. Sie sind dabei nach den Rahmenbedingungen der Stufe zu beurteilen, auf der sie vom Auftraggeber eingeordnet wurden.[138] Ihre Ausgestaltung erfolgt bei den jeweiligen gesetzlichen Einzelvorschriften bzw. in den Rechtsverordnungen aufgrund des Teils 4 des GWB.[139]

aa) Leistungsbeschreibung

Der Auftraggeber bestimmt die Art der Leistung und ihre Merkmale (Leistungsbestim- 74 mungsrecht). Die Frage nach welchen Kriterien die Beschaffungsentscheidung ausgerichtet wird ist der Einleitung des eigentlichen Vergabeverfahrens vorgelagert.[140] Entscheidend ist, dass die Leistungsbeschreibung selbst den Anforderungen des Vergaberechts genügt. Sie muss die Leistung und ihre Merkmale so eindeutig und so erschöpfend wie möglich beschreiben. Dabei darf der Auftraggeber auf technische Spezifikationen vor allem mit Bezug auf europäische Normen zurückgreifen.[141]

Die Leistungsbeschreibung muss von allen Unternehmen in gleicher Weise verstanden 75 werden können sodass miteinander vergleichbare Angebote zu erwarten sind. Sie hat nach objektiven Kriterien, nichtdiskriminierend und produktneutral zu erfolgen. Letztlich muss sie zur Ermittlung des wirtschaftlichsten Angebots beitragen.

Die Vorschriften zu r Leistungsbeschreibung erwähnen die Möglichkeit zur Berücksich- 76 tigung strategischer Ziele nicht.[142] Gleichwohl finden etwa über die technischen Spezifikationen ökologische, also Umweltaspekte Eingang in das Vergabeverfahren. Dieser Eingang strategischer Aspekte im Rahmen der Leistungsbeschreibung wird auch künftig möglich sein.

Die Vorgaben in der Leistungsbeschreibung sind zugleich Mindestanforderungen, die 77 der Anbieter im Rahmen seines Angebotes erfüllen muss. Umfang und Niveau der Mindestanforderungen legt der Auftraggeber nach den Erfordernissen der zu beschaffenden Leistung im Rahmen seines Leistungsbestimmungsrechts fest. Der Auftraggeber kann folglich auch hohe Anforderungen stellen. Vergaberechtliche Hürden sind ihm nicht auferlegt, solange die Anforderungen den allgemeinen Bestimmungen über die Leistungsbeschreibung nicht zuwiderlaufen.

Die Leistungsbeschreibung muss sich stets auf den konkreten Auftragsgegenstand beziehen, das heißt, die entsprechenden Vorgaben müssen sachbezogen sein. Zulässig

---

138 Vgl. Latzel, NZBau 2015, Latzel, NZBau 2014, 673, 674, Soziale Aspekte bei der Vergabe öffentlicher Aufträge nach der Richtlinie 2014/24/EU m.w.N.
139 S. BR-Drs. 367/15, Begründung zu § 97 Abs. 3 GWB.
140 U.a. OLG Düsseldorf, Beschl. v. 17.02.2010, VII-Verg 42/09.
141 S. § 31 Abs. 2 VgV.
142 S. § 121 GWB, § 31 VgV.

sind deshalb nur Aspekte, die die betreffende Leistung unmittelbar charakterisieren.[143]

78   Bewegt sich der Auftraggeber bei der Gestaltung der strategischen Kriterien im Rahmen der grundsätzlichen Vorgaben zur Leistungsbeschreibung, sind Vorgaben des Auftraggebers zur strategischen Beschaffung statthaft. Fehlt den Kriterien allerdings der Auftragsbezug, sind sie unzulässig.

bb) Eignungskriterien

79   Strategische Aspekte können sich auf das vorhandene Unternehmensprofil beziehen und so im Rahmen der Eignungsprüfung zum Zuge kommen.[144] Beispielsweise darf im Rahmen der technischen und beruflichen Leistungsfähigkeit die Angabe über Umweltmanagementmaßnahmen des Unternehmens gefordert werden.[145]

Auch im Rahmen der Eignungskriterien gilt der Bezug zum Auftragsgegenstand.[146] Deshalb sind hier ebenfalls pauschale Vorgaben nicht zulässig.

80   Die Verfolgung strategischer Aspekte findet sich auch bei den Ausschlussgründen. So ist etwa ein Unternehmen zu jedem Zeitpunkt des Vergabeverfahrens auszuschließen, wenn es nachweislich seiner Verpflichtung zur Zahlung von Steuern, Abgaben oder Beiträgen zur Sozialversicherung nicht nachgekommen ist. Ausgeschlossen werden kann ein Unternehmen, wenn es bei der Ausführung öffentlicher Aufträge nachweislich gegen geltende umwelt-, sozial- oder arbeitsrechtliche Verpflichtungen verstoßen hat.[147]

cc) Zuschlagskriterien

81   Die im GWB erstmals beschriebenen Vorgaben zum Zuschlag und den Zuschlagskriterien führen neben dem Preis ausdrücklich Umwelt- oder soziale Aspekte auf.[148] Wie bereits im Zusammenhang mit der Leistungsbeschreibung und den Eignungskriterien müssen die Vorgaben mit dem Auftragsgegenstand in Verbindung stehen. Die bisher im Zusammenhang mit den Zuschlagskriterien eher strenge Handhabung des Begriffs des Auftragsbezugs findet in den neuen Regelungen keine Fortsetzung. Ein Auftragsbezug ist auch dann anzunehmen, wenn sich das Zuschlagskriterium nicht auf die materiellen Eigenschaften des Auftragsgegenstandes auswirkt.[149]

---

143 Latzel, NZBau 2015, Latzel, NZBau 2014, 673, 675, Soziale Aspekte bei der Vergabe öffentlicher Aufträge nach der Richtlinie 2014/24/EU
144 Vgl. Opitz, in: Dreher/Motzke, Beck'scher Vergaberechtskommentar, § 97 Absatz 4 GWB a.F., Rn. 80.
145 § 46 Abs. 3 Nr. 7 VgV; § 6a EU Nummer 3 lit. f VOB/A.
146 § 122 Abs. 4 GWB.
147 §§ 123 Abs. 4, 124 Abs. 1 Nr. 1 GWB.
148 § 127 Absatz 1 S. 4 GWB.
149 § 127 Absatz 3 S. 2 GWB.

Im Rahmen der Wertung können nur Anforderungen berücksichtigt werden, die auch Raum für eine Wertung geben, sie also noch nicht im Rahmen der Leistungsbeschreibung als Mindestanforderungen und damit als k.o.-Kriterium verbraucht wurden.[150]

Soll die Verfolgung strategischer Ziele nicht zu einer Alibifunktion verkommen, muss die Gewichtung dieser Kriterien so angelegt sein, dass sie in der Lage sind, niedrige Preise zu kompensieren bzw. sogar zu überflügeln. Will der Auftraggeber strategische Ziele nicht nur verfolgen sondern auch erreichen, macht ein Vorgabenmix eher Sinn. Der Auftraggeber gibt in der Leistungsbeschreibung ein Mindestmaß strategischer Kriterien vor und für ein Darüberhinausgehen legt entsprechend bewertbare Zuschlagskriterien fest.   **82**

dd) Auftragsausführung

Auftraggeber können zur strategischen Beschaffung Auftragsausführungsbedingungen festlegen.[151] Es handelt sich um eine »kann-Vorschrift«, die den Auftraggebern keinerlei Verpflichtung auferlegt und umgekehrt auch keine Ansprüche von Bewerbern oder Bietern auf strategische Auftragsausführungsbedingungen erwachsen lässt.   **83**

Die Bedingungen müssen im gleichen Sinne auftragsbezogen sein, wie dies von festgelegten Zuschlagskriterien verlangt wird. Pauschale, nur die allgemeine Unternehmensstrategie betreffende Kriterien sind nicht zulässig.

3. Rechtsschutz

Die Vorschrift überlässt es grundsätzlich dem Auftraggeber ob er mit der Auftragsvergabe (auch) strategische Aspekte verfolgen will oder nicht. Sie begründet für den Bewerber/Bieter keinen Anspruch, dass der Auftraggeber die Vergabe auch tatsächlich an strategischen Aspekten ausrichtet.   **84**

Allerdings wird man differenzieren müssen, wenn der Auftraggeber sich konkret für eine strategische Vergabe entscheidet. In diesem Fall wird man seine Vorgaben, je nachdem, auf welcher Stufe er strategische Vorgaben macht, anhand der der entsprechenden Stufe zuzuordnenden vergaberechtlichen Normen messen müssen. Für diese Fälle kommt der Norm die Rolle einer maßgeblichen Auslegungshilfe zu. Insbesondere wird der Auftraggeber bei der Ausgestaltung seiner Kriterien neben den Grundsätzen der Transparenz und der Gleichbehandlung den Grundsatz der Verhältnismäßigkeit zu beachten haben.   **85**

IV. Berücksichtigung mittelständischer Interessen gemäß § 97 Abs. 4 GWB

Der Auftraggeber hat nach § 97 Abs. 4 Satz 1 GWB mittelständische Interessen bei der Vergabe öffentlicher Aufträge vornehmlich zu berücksichtigen. Diese vornehmliche Berücksichtigung ist gemäß § 97 Abs. 4 Satz 2 GWB in erster Linie über eine Aufteilung des Auftrags in Teil- oder Fachlose zu verwirklichen. Mehrere Teil- oder Fachlose dür-   **86**

---

150 Vgl. Abate, KommJur 2012, 41, 44, Die rechtssichere Umsetzung sozialer und ökologischer Zwecke in der Vergabepraxis.
151 § 128 Abs. 2 S. 1 GWB.

fen nach § 97 Abs. 4 Satz 3 GWB lediglich ausnahmsweise zusammen vergeben werden, wenn wirtschaftliche oder technische Gründe dies erfordern. § 97 Abs. 4 GWB bezweckt damit eine generelle Stärkung des Mittelstandsschutzes im Vergabeverfahren.[152] Dabei ist hervorzuheben, dass es sich bei dieser Vorschrift nicht lediglich »um einen reinen Programmsatz ohne konkreten oder konkretisierbaren Norminhalt«[153] handelt, sondern um eine bieterschützende Bestimmung über das Vergabeverfahren im Sinne des § 97 Abs. 6 GWB.[154] Ergänzend zu § 97 Abs. 4 GWB enthält § 27 SektVO Regelungen zur Verfahrensweise bei der Unterteilung von Aufträgen in Lose. Diese Regeln betreffen die praxisrelevanten Aspekte der Loslimitierung sowie des Vorbehalts der Vergabe von Loskombinationen und der damit verbundenen Möglichkeit der losübergreifenden Berücksichtigung von Preisnachlässen.

1. Mittelständische Interessen

87 Obwohl die Zuordnung zum Mittelstand entscheidend für die Frage ist, ob ein Unternehmen gemäß § 97 Abs. 6 GWB einen Anspruch auf Einhaltung der Vorgaben zum Mittelstandsschutz im Sinne des § 97 Abs. 4 GWB hat, lassen sich weder dem GWB noch den Gesetzesmaterialien Maßgaben dazu entnehmen, was unter mittelständischen Interessen bzw. dem Mittelstand zu verstehen ist.[155]

88 Einen ersten Anhaltspunkt für die Auslegung dieser Begriffe kann die – nach Art. 288 Abs. 5 AEUV rechtlich nicht verbindliche – Empfehlung der Europäischen Kommission vom 6. Mai 2003 betreffend die Definition der Kleinstunternehmen sowie der kleinen und mittleren Unternehmen[156] geben.[157] Nach dieser Empfehlung sind kleine und mittlere Unternehmen (KMU) solche Unternehmen, die weniger als 250 Personen beschäftigen und entweder einen Jahresumsatz von höchstens 50 Mio. Euro erzielen oder eine Jahresbilanzsumme von höchstens 43 Mio. Euro haben.

89 Es herrscht allerdings weitgehende Einigkeit, dass eine für alle Wirtschaftszweige geltende quantitative Definition des Mittelstands nicht zielführend sein kann, da sich der Ressourceneinsatz (notwendiges Kapital, Mitarbeiterzahlen) in den verschiedenen Branchen stark unterscheidet.[158] So weist etwa das OLG Düsseldorf darauf hin, dass Unternehmen, die im Reinigungsgewerbe tätig werden wollen, einen ganz anderen Kapitalstock benötigen als Unternehmen im Verkehrsgewerbe oder gar in der Rüstungsindustrie. Diesen Unterschieden muss bei der Definition des Mittelstandes durch eine

---

152 Siehe hierzu etwa Dreher, in: Immenga/Mestmäcker (Hrsg.), Band 2, Wettbewerbsrecht, 5. Aufl. 2014, § 97 Rn. 121.
153 OLG Düsseldorf, Beschl. v. 19.10.2011 – VII-Verg 54/11.
154 Dreher, in: Immenga/Mestmäcker (Hrsg.), Band 2, Wettbewerbsrecht, 5. Aufl. 2014, § 97 Rn. 123; Antweiler, in: Dreher/Motzke (Hrsg.), Beck'scher Vergaberechtskommentar, 2. Aufl. 2013, § 97 Abs. 3 GWB Rn. 2.
155 Ehricke, in: Montag/Säcker (Hrsg.), Münchener Kommentar zum Europäischen und Deutschen Wettbewerbsrecht (Kartellrecht), Band 3, 2011, § 97 GWB Rn. 73.
156 OLG Düsseldorf, Beschl. v. 21.03.2012 – VII-Verg 92/11.
157 ABl. L 124 vom 20.05.2003, S. 36.
158 Siehe hierzu und zum Folgenden OLG Düsseldorf, Beschl. v. 21.03.2012 – VII-Verg 92/11.

ergänzende Berücksichtigung der konkreten Marktverhältnisse Rechnung getragen werden.[159]

Vor diesem Hintergrund ist es ausreichend, wenn der Auftraggeber seinen Maßnahmen 90 zur Berücksichtigung mittelständischer Interessen eine nachvollziehbare Einschätzung der im Einzelfall zum Mittelstand zählenden Unternehmen und ihrer Interessen zugrunde legt.[160]

2. Vornehmliche Berücksichtigung

Nach § 97 Abs. 4 Satz 1 GWB sind mittelständische Interessen »vornehmlich« zu be- 91 rücksichtigen. In der Praxis wird dieser Mittelstandsschutz in erster Linie durch die Pflicht zur losweisen Vergabe im Sinne von § 97 Abs. 4 Satz 2 GWB gewährleistet. Daneben sind aber auch andere Maßnahmen der Mittelstandsförderung denkbar, wenn beispielsweise wirtschaftliche oder technische Gründe gemäß § 97 Abs. 4 Satz 3 GWB im Einzelfall den Verzicht auf eine losweise Vergabe rechtfertigen. So können mittelständische Interessen etwa auch durch die Möglichkeit zur Bildung von Bietergemeinschaften bzw. durch die Beteiligung von Nachunternehmern berücksichtigt werden.

a) Grundsatz der losweisen Vergabe

Nach dem Grundsatz der losweisen Vergabe im Sinne des § 97 Abs. 4 Satz 2 GWB sind 92 Leistungen in der Menge aufgeteilt (Teillose) und getrennt nach Art oder Fachgebiet (Fachlose) zu vergeben. Auf diese Weise soll das Volumen der zu vergebenden Aufträge reduziert werden, um mittelständischen Unternehmen die Teilnahme am Vergabeverfahren – auch ohne Zusammenschluss in einer Bietergemeinschaft – zu ermöglichen.[161] Das bedeutet jedoch nicht, dass der Auftraggeber über den Grundsatz der losweisen Vergaben verpflichtet wird, jedem am Markt befindlichen Unternehmen eine Beteiligung zu ermöglichen.[162] Auch muss ein Vergabeverfahren nicht auf bestimmte Unternehmen zugeschnitten werden.

Mehrere Teil- oder Fachlose dürfen nach § 97 Abs. 4 Satz 3 GWB nur zusammen ver- 93 geben werden, wenn wirtschaftliche oder technische Gründe dies erfordern. Das verdeutlicht, dass zwischen losweiser Vergabe und Gesamtvergabe ein Regel-Ausnahme-Verhältnis besteht.[163]

---

159 Siehe OLG Düsseldorf, Beschl. v. 21.03.2012 – VII-Verg 92/11; Dreher, in: Immenga/Mestmäcker (Hrsg.), Band 2, Wettbewerbsrecht, 5. Aufl. 2014, § 97 Rn. 133; Fehling, in: Pünder/Schellenberg (Hrsg.), Vergaberecht, 2. Aufl. 2015, § 97 GWB Rn. 96. A.A. Antweiler, in: Dreher/Motzke (Hrsg.), Beck'scher Vergaberechtskommentar, 2. Aufl. 2013, § 97 Abs. 3 GWB Rn. 18 ff.

160 Vgl. auch Ziekow, in: Ziekow/Völlink (Hrsg.), Vergaberecht, 2. Aufl. 2013, § 97 GWB Rn. 52; Fehling, in: Pünder/Schellenberg (Hrsg.), Vergaberecht, 2. Aufl. 2015, § 97 GWB Rn. 96.

161 Fehling, in: Pünder/Schellenberg (Hrsg.), Vergaberecht, 2. Aufl. 2015, § 97 GWB Rn. 98.

162 Siehe hierzu und zum Folgenden OLG Düsseldorf, Beschl. v. 21.03.2012 – VII-Verg 92/11.

163 Kus, in: Kulartz/Kus/Portz (Hrsg.), Kommentar zum GWB-Vergaberecht, 3. Aufl. 2014,

94   Hilfreich für das Verständnis des Grundsatzes der losweisen Vergabe ist die begriffliche Unterscheidung zwischen Auftrag, Los, Teillos und Fachlos. Gleichartige Leistungen, die in einem engen funktionalen, räumlichen und zeitlichen Zusammenhang stehen, bilden einen Auftrag.[164] Unter einem Los versteht man einen bestimmten Teil eines Auftrags. Möchte der Auftraggeber mehrere Aufträge vergeben, steht die Vergabe mehrerer selbstständiger Aufträge und nicht die Vergabe von Losen im Sinne des § 97 Abs. 4 GWB in Rede.

95   Bei Losen unterscheidet man wiederum zwischen Teil- und Fachlosen. Teillose sind nach § 97 Abs. 4 Satz 2 GWB »in der Menge aufgeteilte Leistungen«. Dies bedeutet eine mengenmäßige und/oder räumliche Unterteilung der zu vergebenden Gesamtleistung (beispielsweise mehrere Strecken- oder Bauabschnitte beim Autobahnbau oder die Aufteilung eines mehrere Schulen umfassenden PPP-Schulprojekts in mehrere Projekte).[165] Bei der Unterteilung in Teillose handelt es folglich um eine quantitative Unterteilung einer Leistung.[166]

96   Fachlose sind gemäß § 97 Abs. 4 Satz 2 GWB »nach Art oder Fachgebiet getrennte Leistungen«. Damit sind Leistungen verschiedener Handwerks- oder Gewerbezweige gemeint (im Baubereich beispielsweise Maurer-, Zimmerer-, Dachdecker- und Elektroarbeiten).[167] Bei der Unterteilung in Fachlose geht es somit um die qualitative Unterteilung einer Leistung.[168] Ob ein Teilausschnitt einer Tätigkeit als Fachlos aufzufassen ist, bestimmt sich zunächst nach den gewerberechtlichen Vorschriften und der allgemein oder regional üblichen Abgrenzung.[169] Dabei ist auch von Belang, ob sich für spezielle Arbeiten mittlerweile ein eigener Markt herausgebildet hat. Die Zuordnung zu einem Fachlos ist damit nicht statisch, sondern unterliegt gegebenenfalls den sich wandelnden Marktverhältnissen.

97   § 97 Abs. 4 Satz 2 GWB verlangt indes keine marktunübliche Trennung der Aufträge in Einzelteile. Als Beispiel für eine marktunübliche Trennung wird die Beschaffung von Fenstern unterteilt in die Bereiche Rahmen, Scheiben, Griffe und Beschläge genannt.[170] Die Verpflichtung zur losweisen Vergabe findet mithin dort ihre Grenze, wo Art und Umfang des Loses unwirtschaftliche Angebote erwarten lassen.[171]

---

§ 97 Rn. 86; Ehricke, in: Montag/Säcker (Hrsg.), MüKo zum Europäischen und Deutschen Wettbewerbsrecht (Kartellrecht), Band 3, 2011, § 97 GWB Rn. 93.

164   Siehe hierzu und zum Folgenden Lausen, in: Heiermann/Zeiss (Hrsg.), jurisPK Vergaberecht, 4. Aufl. 2013, § 5 VOB/A Rn. 21.

165   Siehe hierzu auch Kus, in: Kulartz/Kus/Portz (Hrsg.), Kommentar zum GWB-Vergaberecht, 3. Aufl. 2014, § 97 Rn. 85.

166   Ziekow, in: Ziekow/Völlink (Hrsg.), Vergaberecht, 2. Aufl. 2013, § 97 GWB Rn. 56; Kus, in: Kulartz/Kus/Portz (Hrsg.), Kommentar zum GWB-Vergaberecht, 3. Aufl. 2014, § 97 Rn. 85.

167   Fehling, in: Pünder/Schellenberg (Hrsg.), Vergaberecht, 2. Aufl. 2015, § 97 GWB Rn. 98.

168   Ziekow, in: Ziekow/Völlink (Hrsg.), Vergaberecht, 2. Aufl. 2013, § 97 GWB Rn. 56a; Kus, in: Kulartz/Kus/Portz (Hrsg.), Kommentar zum GWB-Vergaberecht, 3. Aufl. 2014, § 97 Rn. 85.

169   Siehe hierzu und zum Folgenden OLG Düsseldorf, Beschl. v. 23.03.2011 – VII Verg 63/10.

170   BT-Drs. 16/11428, S. 49.

171   VK Nordbayern, Beschl. v. 19.05.2009 – 21 VK 3194-13/09.

Der Wortlaut des § 97 Abs. 4 Satz 2 GWB (»und«) zeigt, dass beide Arten der Losauf- 98
teilung auch zusammenfallen können, sodass beispielsweise ein Fachlos wiederum in
Teillose gesplittet werden kann.[172]

Hinsichtlich der Entscheidung über den konkreten Loszuschnitt ist dem Auftraggeber 99
ein Beurteilungsspielraum zuzugestehen.[173] Der Auftraggeber muss das Vergabeverfahren daher insbesondere nicht so gestalten, dass jedem mittelständischen Unternehmen
eine Teilnahme möglich wäre.[174]

b) Ausnahmen vom Grundsatz der losweisen Vergabe

§ 97 Abs. 4 Satz 3 GWB regelt Ausnahmen vom Grundsatz der losweisen Vergabe. 100
Mehrere Teil- oder Fachlose dürfen zusammen vergeben werden, wenn wirtschaftliche
oder technische Gründe dies erfordern. § 97 Abs. 4 Satz 3 GWB beschreibt auf diese
Weise abschließend die Fälle, in denen eine losweise Vergabe unterbleiben darf.[175] Ob
wirtschaftliche oder technische Gründe eine Ausnahme rechtfertigen, richtet sich stets
nach den Besonderheiten des Einzelfalles. Die Begründung für eine solche Ausnahme
ist zeitnah im Vergabevermerk zu dokumentieren.[176]

Dem Auftraggeber kommt bei der Entscheidung für eine Gesamtvergabe wegen der da- 101
bei anzustellenden prognostischen Überlegungen ein von den Vergabenachprüfungsinstanzen nur beschränkt zu kontrollierender Beurteilungsspielraum zu.[177] Die Entscheidung des Auftraggebers ist daher lediglich darauf zu prüfen, ob sie auf einer vollständigen
und zutreffenden Tatsachengrundlage beruht sowie aus vernünftigen Erwägungen heraus und im Ergebnis vertretbar getroffen worden ist.

Eine allgemeingültige, belastbare Definition derjenigen wirtschaftlichen Gründe, die 102
eine Gesamtvergabe rechtfertigen, findet sich weder in der Rechtsprechung noch in
der Literatur.[178] Allerdings lassen sich auf Basis der Rechtsprechung und Literatur bestimmte Indizien herausarbeiten, die eine Gesamtvergabe begründen können. So sollen
wirtschaftliche Gründe eine Ausnahme vom Grundsatz der losweisen Vergabe zulassen,
wenn die Losaufteilung im konkreten Fall unverhältnismäßige Kostennachteile mit
sich brächte.[179] Unverhältnismäßige Kostennachteile können insbesondere in einer un-

---

172 Siehe Fehling, in: Pünder/Schellenberg (Hrsg.), Vergaberecht, 2. Aufl. 2015, § 97 GWB
   Rn. 98; Kus, in: Kulartz/Kus/Portz (Hrsg.), Kommentar zum GWB-Vergaberecht,
   3. Aufl. 2014, § 97 Rn. 85.
173 Antweiler, in: Dreher/Motzke (Hrsg.), Beck'scher Vergaberechtskommentar, 2. Aufl. 2013,
   § 97 Abs. 3 GWB Rn. 33.
174 Müller-Wrede, NZBau 2004, 643, 646.
175 Vgl. BT-Drs.16/10117, S. 15.
176 Siehe hierzu etwa OLG Düsseldorf, Beschl. v. 17.3.2004 – VII-Verg 1/04; Faßbender,
   NZBau 2010, 529, 533; Byok, NVwZ 2009, 351, 352.
177 Siehe hierzu und zum Folgenden OLG Düsseldorf, Beschl. v. 25.04.2012 – Verg 100/11;
   Beschl. v. 11.01.2012 – VII-Verg 52/11; Beschl. v. 25.11.2009 – VII-Verg 27/09.
178 Vgl. hierzu auch Manz/Schönwälder, NZBau 2012, 465, 468.
179 Siehe hierzu OLG Düsseldorf, Beschl. v. 11.07.2007 – VII-Verg 10/07; VK Rheinland-Pfalz,

wirtschaftlichen Zersplitterung der Auftragsvergabe begründet sein.[180] Das Vorliegen einer »unwirtschaftlichen Zersplitterung« bedarf dabei aber mehr als nur gewisser, nach der Erfahrung zu erwartender Kostennachteile.[181] Dass eine Mehrzahl von Auftraggebern auch eine Mehrzahl von Gewährleistungsgegnern bedeutet, entspricht dem Wesen einer losweisen Vergabe und wird vom Gesetz hingenommen. Gleiches gilt für den Umstand, dass eine losweise Vergabe ein kostenaufwändigeres Vergabeverfahren verursachen würde. An sich plausible Gründe, wie etwa die Entlastung des Auftraggebers von der Koordinierung, der Vorzug, nur einen Vertragspartner zu haben und damit eine Gewährleistung aus einer Hand verbunden mit einer einfacheren Durchsetzung von Gewährleistungsansprüchen sind damit nicht geeignet, einen Ausnahmefall zu begründen.[182] Die Regelungen zur losweisen Ausschreibung und Vergabe würden leer laufen, wenn zur Begründung einer Gesamtvergabe die Benennung solcher Schwierigkeiten ausreichte, die typischerweise mit jeder losweisen Ausschreibung verbunden sind. Anders ausgedrückt handelt es sich folglich bei allgemeinen Zweckmäßigkeitsvorteilen, die sich bei einer Gesamtvergabe ergeben können, nicht um wirtschaftliche Gründe im Sinne des § 97 Abs. 4 Satz 3 GWB.[183]

103 Eine unwirtschaftliche Zersplitterung ist indes gegeben, wenn im Einzelfall die Vertragsgemäßheit, insbesondere die Einheitlichkeit der Leistungen, nicht oder nur mit unverhältnismäßigem Aufwand gesichert werden kann oder die Überwachung und Verfolgung von Gewährleistungsansprüchen ungewöhnlich erschwert wird.[184] Im Hinblick auf eine etwaige ungewöhnliche Erschwerung der Verfolgung von Gewährleistungsansprüchen reicht es allerdings – wie bereits oben ausgeführt – nicht aus, wenn lediglich ein weiterer Gewährleistungsansprechpartner hinzutritt.[185] Vielmehr muss nach der Eigenart der ausgeschriebenen Leistung eine Abgrenzung der Verantwortlichkeiten praktisch ausgeschlossen sein.[186]

Beschl. v. 16.08.2013 – VK 1-13/13; 1. VK Sachsen, Beschl. v. 30.04.2008 – 1/SVK/020-08; Ziekow, in: Ziekow/Völlink (Hrsg.), Vergaberecht, 2. Aufl. 2013, § 97 GWB Rn. 67.

180 Siehe etwa OLG Düsseldorf, Beschl. v. 21.03.2012 – VII-Verg 92/11; Beschl. v. 11.01.2012 – VII-Verg 52/11.

181 Siehe hierzu und zum Folgenden etwa OLG Düsseldorf, Beschl. v. 11.07.2007 – VII-Verg 10/07; Beschl. v. 08.09.2004 – VII-Verg 38/04; OLG München, Beschl. v. 09.04.2015 – Verg 1/15.

182 So etwa OLG Düsseldorf, Beschl. v. 11.07.2007 – VII-Verg 10/07; OLG Koblenz, Beschl. v. 04.04.2012 – 1 Verg 2/11; OLG München, Beschl. v. 09.04.2015 – Verg 1/15.

183 Manz/Schönwälder, NZBau 2012, 465, 468.

184 Vgl. hierzu VK Hessen, Beschl. v. 10.09.2007 – 69d VK-37/2007; Beschl. v. 10.09.2007 – 69d VK-29/2007; Beschl. v. 12.09.2001 – 69 d VK – 30/2001; VK Niedersachsen, Beschl. v. 08.08.2014 – VgK-22/2014; VK Sachsen, Beschl. v. 04.02.2013 – 1/SVK/039-12; Beschl. v. 25.09.2009 – 1/SVK/038-09.

185 Siehe hierzu und zum Folgenden VK Sachsen, Beschl. v. 04.02.2013 – 1/SVK/039-12.

186 Die VK Sachsen billigte eine Gesamtvergabe aufgrund derartiger Abgrenzungsprobleme in einem Fall, in dem die Auftraggeberin die Beschaffung elektrischer Triebzüge zum Einsatz im Schienenpersonennahverkehr (SPNV) sowie deren langfristige Instandhaltung plante. Denn durch die Instandhaltung werde in ein bestehendes Produkt eingegriffen, sodass für die Auftraggeberin dann tatsächlich nicht mehr nachvollziehbar sei, woraus ein ggf. auftre-

Im Ergebnis steht dahinter die Überlegung, dass eine Losaufteilung fast immer mit 104 einem gewissen Mehraufwand verbunden ist, der grundsätzlich zugunsten des Vorrangs der losweisen Vergabe hinzunehmen ist, es sei denn, der Mehraufwand überschreitet im Einzelfall die Grenze des Zumutbaren.[187] Mit anderen Worten: Wesensimmanente Nachteile einer Losaufteilung sind vom Auftraggeber hinzunehmen, leistungsimmanente unverhältnismäßige Nachteile können jedoch im Einzelfall eine Ausnahme vom Grundsatz der losweisen Vergabe rechtfertigen.[188]

Überdies können auch Bauzeitverzögerungen, welche zu wirtschaftlichen Nachteilen 105 führen, den Verzicht auf eine losweise Vergabe rechtfertigen.[189] Insofern kann der Auftraggeber mit dem OLG Düsseldorf im Einzelfall durchaus davon ausgehen, dass der Wegfall einer Koordinierungsebene eine effiziente, gegebenenfalls sogar zu Zeitgewinnen führende Bauablaufgestaltung durch die Möglichkeit der flexiblen Reaktion auf die konkreten organisatorischen und zeitlichen Bedingungen des Bauvorhabens fördert und damit zugleich das Risiko einer Bauzeitverzögerung reduziert.[190] Das bedeutet nach Ansicht des OLG München aber nicht, dass beim Wegfall einer Koordinierungsebene stets relevante wirtschaftliche Gründe gegeben sind, weil sonst das gesetzgeberische Gebot – welches den Schutz mittelständischer Unternehmen bezweckt – ausgehöhlt werde.[191] Es müssen vielmehr Gründe vorliegen, welche über solche Schwierigkeiten hinausgehen, die typischerweise mit jeder losweisen Ausschreibung verbunden sind.

Dies verdeutlicht, dass der Auftraggeber nur solche unverhältnismäßigen Kostennachteile als wirtschaftliche Gründe anführen kann, die mit Blick auf das konkrete Beschaffungsvorhaben ermittelt wurden.[192] Allgemeine Erwägungen rechtfertigen demgegenüber kein Abweichen vom Grundsatz der losweisen Vergabe. Der Auftraggeber darf die angeführten Gründe daher nicht pauschal behaupten oder mit einer allgemeinen Erfahrung belegen, sondern muss diese vielmehr konkret, gegebenenfalls rechnerisch, belegen und entsprechend dokumentieren.[193] Wenn eine plausible Prognose über

---

tender Mangel resultiere. Die Abgrenzungsschwierigkeiten bestünden dabei nicht nur in der Person des Leistungserbringers. Vielmehr sei schon nicht mehr nachvollziehbar, ob es sich um einen Herstellungsmangel oder um einen Instandhaltungsmangel handele (VK Sachsen, Beschl. v. 04.02.2013 – 1/SVK/039-12).

187 Vgl. Fehling, in: Pünder/Schellenberg (Hrsg.), Vergaberecht, 2. Aufl. 2015, § 97 GWB Rn. 102.

188 Manz/Schönwälder, NZBau 2012, 465, 468.

189 Siehe OLG Düsseldorf, Beschl. v. 11.07.2007 – Verg 10/07; OLG München, Beschl. v. 09.04.2015 – Verg 1/15; Kus, in: Kularz/Kus/Portz (Hrsg.), Kommentar zum GWB-Vergaberecht, 3. Aufl. 2014, § 97 Rn. 91.

190 OLG Düsseldorf, Beschl. v. 11.07.2007 – Verg 10/07.

191 OLG München, Beschl. v. 09.04.2015 – Verg 1/15.

192 Siehe hierzu Antweiler, in: Dreher/Motzke (Hrsg.), Beck'scher Vergaberechtskommentar, 2. Aufl. 2013, § 97 Abs. 3 GWB Rn. 29; OLG München, Beschl. v. 09.04.2015 – Verg 1/15.

193 So Faßbender, NZBau 2010, 529, 533; vgl. auch Antweiler, in: Dreher/Motzke (Hrsg.), Beck'scher Vergaberechtskommentar, 2. Aufl. 2013, § 97 Abs. 3 GWB Rn. 33.

den durch eine losweise Vergabe entstehenden Mehraufwand nicht möglich ist, muss es beim gesetzlichen Regelfall der losweisen Vergabe bleiben.[194]

107   Unter technischen Gründen versteht man solche Gründe, die eine Zusammenführung aller Einzelleistungen in einer Hand erforderlich machen.[195] Dies ist insbesondere bei komplexen Leistungen der Fall, die zur Beherrschung von Schnittstellenrisiken eine fachübergreifende Kompetenz erfordern. So darf der Auftraggeber etwa einen Auftrag zur Errichtung sicherheitstechnischer Anlagen wegen des legitimen Interesses, Sicherheitsrisiken zu vermeiden, einheitlich ohne weitere Unterteilung in Lose vergeben.[196]

108   Das OLG Brandenburg führ hierzu wie folgt aus:

> *»Der Senat folgt der nachvollziehbaren Einschätzung der Ag., dass bei einer getrennten Vergabe der Sicherheitstechnik nach Teil- und Fachlosen erhebliche technische Schnittstellen bestehen und sich daraus wiederum Sicherheitsrisiken ergeben. Dieser Umstand braucht auch nicht näher dargelegt zu werden, weil er sich bereits daraus ergibt, dass die Sicherheitstechnik im Falle der Vergabe in mehreren Losen notwendigerweise zu einer funktionierenden und kontrollierbaren Einheit zusammengeführt werden muss. Je mehr Leistungserbringer beteiligt sind, die unter Umständen verschiedene (Teil-)Systeme installieren, desto mehr Schnittstellen gibt es. Je mehr Schnittstellen es gibt, desto mehr potenzielle Fehlerquellen und mithin Sicherheitsrisiken gibt es. Es ist ein legitimes Anliegen der Ag., vermeidbare Sicherheitsrisiken bei dem BBI als einem bedeutsamen Verkehrsinfrastrukturprojekt, der als Flughafen Drehscheibe für viele Millionen Passagiere im Jahr sein soll, auch zu vermeiden, weil nur so die Sicherheitstechnik mit den geringst möglichen Sicherheitsrisiken erlangt werden kann.«*

109   Eine Zusammenfassung aller Leistungen kann zudem aus Kompatibilitätsgesichtspunkten gerechtfertigt sein. Dies ist etwa der Fall, wenn bei getrennten Ausschreibungen das – nicht durch die inhaltliche Gestaltung der Vergabeunterlagen vermeidbare – Risiko besteht, dass der Auftraggeber Teilleistungen erhält, die zwar jeweils ausschreibungskonform sind, aber nicht zusammenpassen und deshalb in ihrer Gesamtheit nicht geeignet sind, den Beschaffungsbedarf in der angestrebten Qualität zu befriedigen.[197] So ist es nach Ansicht des OLG Düsseldorf eine Erfahrungstatsache, dass insbesondere bei der Integration unterschiedlicher Hardwarekomponenten und Software im System Kompatibilitätsprobleme, technische Schwierigkeiten und Verzögerungen auftreten können, die zu Mehrkosten beim Gebrauch führen.[198] Diese Probleme soll der Auftraggeber mittels einer Gesamtvergabe von vornherein ausschließen dürfen.

110   Schließlich kann eine Gesamtvergabe aufgrund einer besonderen sachlichen oder örtlichen Verzahnung der in Rede stehenden Leistungsteile erforderlich sein. Eine solche

---

194   OLG Koblenz, Beschl. v. 04.04.2012 – 1 Verg 2/11; Fehling, in: Pünder/Schellenberg (Hrsg.), Vergaberecht, 2. Aufl. 2015, § 97 GWB Rn. 102.
195   Vgl. Ziekow, in: Ziekow/Völlink (Hrsg.), Vergaberecht, 2. Aufl. 2013, § 97 GWB Rn. 68.
196   Siehe hierzu und zum Folgenden OLG Brandenburg, Beschl. v. 27.11.2008 – Verg W 15/08.
197   OLG Koblenz, Beschl. v. 04.04.2012 – 1 Verg 2/11.
198   Siehe hierzu und zum Folgenden OLG Düsseldorf, Beschl. v. 25.04.2012 – VII-Verg 100/11.

sachliche Verzahnung dürfte beispielsweise bei komplexen, miteinander verflochtenen Dienstleistungen – wie etwa Beratungsleistungen – bestehen.[199] Als Beispiel für eine besondere örtliche Verzahnung lassen sich bautechnische Kopplungen benachbarter Baukörper anführen.[200]

3. Pflicht zur losweisen Vergabe von Unteraufträgen

§ 97 Abs. 4 Satz 4 GWB dehnt die Pflicht zur losweisen Vergabe auch auf die Unter- 111 vergabe von Aufträgen durch Unternehmen aus, die keine öffentlichen Auftraggeber oder Sektorenauftraggeber sind, jedoch mit der Wahrnehmung oder Durchführung einer öffentlichen Aufgabe betraut wurden. Als Adressat dieser Vorschrift muss der Hauptauftraggeber die Pflichten aus § 97 Abs. 4 Satz 1 bis 3 GWB folglich vertraglich an den Auftragnehmer »weiterreichen«.[201] Die Pflicht zur losweisen Vergabe trifft den Auftragnehmer erst mit der Betrauung durch den Zuschlag.[202] Vertragsverhältnisse, die vor diesem Zeitpunkt begründet wurden (z.B. Vorverträge, mit den für das jeweilige Projekt vorgesehen Nachunternehmern), werden somit nicht durch § 97 Abs. 4 Satz 4 GWB berührt. § 97 Abs. 4 GWB ist im Übrigen nicht dahingehend zu verstehen, als habe der private Auftragnehmer bei der Umsetzung dieser Pflichten ein förmliches Vergabeverfahren durchzuführen.[203] Da der Gesetzgeber mit § 97 Abs. 4 Satz 4 GWB den Zweck verfolgt, eine mittelstandsfreundliche Vergabe im Rahmen von ÖPP-Projekten zu gewährleisten, ist die Vorschrift trotz ihres weiten Wortlauts, der alle Generalunternehmer-Fälle zu erfassen scheint, im Wege einer teleologischen Reduktion Untervergaben im Rahmen von ÖPP-Projekten zu beschränken.[204] Drittschützende Wirkung entfaltet § 97 Abs. 4 Satz 4 GWB weder für unterlegene Bieter im Vergabeverfahren der ersten Stufe noch für nicht berücksichtigte Unternehmer bei der Untervergabe auf der zweiten Stufe.[205]

---

199 Vgl. Ziekow, in: Ziekow/Völlink (Hrsg.), Vergaberecht, 2. Aufl. 2013, § 97 GWB Rn. 68 mit Verweis auf OLG Jena, Beschl. v. 06.06.2007 – 9 Verg 3/07.
200 VK Bund, Beschl. v. 08.10.2003 – VK 2-78/03.
201 Fehling, in: Pünder/Schellenberg (Hrsg.), Vergaberecht, 2. Aufl. 2015, § 97 GWB Rn. 105.
202 Siehe hierzu und zum Folgenden Ziekow, in: Ziekow/Völlink (Hrsg.), Vergaberecht, 2. Aufl. 2013, § 97 GWB Rn. 76; Kus, in: Kulartz/Kus/Portz (Hrsg.), Kommentar zum GWB-Vergaberecht, 3. Aufl. 2014, § 97 Rn. 97 f.
203 Dreher, in: Immenga/Mestmäcker (Hrsg.), Band 2, Wettbewerbsrecht, 5. Aufl. 2014, § 97 Rn. 140.
204 In diesem Sinne auch Ziekow, in: Ziekow/Völlink (Hrsg.), Vergaberecht, 2. Aufl. 2013, § 97 GWB Rn. 77; Fehling, in: Pünder/Schellenberg (Hrsg.), Vergaberecht, 2. Aufl. 2015, § 97 GWB Rn. 105; Dreher, in: Immenga/Mestmäcker (Hrsg.), Band 2, Wettbewerbsrecht, 5. Aufl. 2014, § 97 Rn. 140. A.A. etwa Antweiler, in: Dreher/Motzke (Hrsg.), Beck'scher Vergaberechtskommentar, 2. Aufl. 2013, § 97 Abs. 4 GWB Rn. 37.
205 So Dreher, in: Immenga/Mestmäcker (Hrsg.), Band 2, Wettbewerbsrecht, 5. Aufl. 2014, § 97 Rn. 142; vgl. auch Fehling, in: Pünder/Schellenberg (Hrsg.), Vergaberecht, 2. Aufl. 2015, § 97 GWB Rn. 105. Siehe ausführlich zu den Rechtsfolgen bei einem Verstoß gegen die Vorgaben § 97 Abs. 4 Satz 4 GWB Ehricke, in: Montag/Säcker (Hrsg.), MüKo zum Europäischen und Deutschen Wettbewerbsrecht (Kartellrecht), Band 3, 2011, § 97 GWB Rn. 126 ff.

V. Grundsatz der elektronischen Kommunikation gemäß § 97 Abs. 5 GWB

112   Mit § 97 Absatz 5 GWB führt der Gesetzgeber den Grundsatz der elektronischen Kommunikation im Vergabeverfahren ein. Die Regelung basiert auf Art. 29 Abs. 1 der Richtlinie 2014/23/EU, Art. 22 Abs. 1 Unterabs. 1 Satz 1 der Richtlinie 2014/24/EU und Artikel 40 Absatz 1 Unterabs. 1 Satz 1 der Richtlinie 2014/25/EU.

113   Auftraggeber sind hiernach verpflichtet, Vergabeverfahren zukünftig nur noch in elektronischer Form durchzuführen und abzuwickeln (»E-Vergabe«).[206] Die Pflicht zur E-Vergabe betrifft das gesamte Vergabeverfahren von der Auftragsbekanntmachung, über die Bereitstellung der Vergabeunterlagen bis hin zur Angebotsabgabe. Betroffen sind damit auch Unternehmen, die sich an Vergabeverfahren der öffentlichen Hand bzw. von Sektorenauftraggebern beteiligen.

114   Nicht umfasst sind interne Prozesse und Arbeitsabläufe von Auftraggebern und Unternehmen. Darüber hinaus besteht auch keine Pflicht, Angebote und Unterlagen elektronisch zu be- oder verarbeiten, insbesondere besteht keine Verpflichtung zur elektronischen Bewertung/Auswertung der Angebote. Da die Pflicht zur Verwendung elektronischer Kommunikationsmittel mit Abschluss des Vergabeverfahrens endet (in der Regel also mit Zuschlagserteilung, aber auch mit Aufhebung oder Einstellung des Verfahrens), kann grundsätzlich auch die Vertragsabwicklung mittels herkömmlicher Kommunikationsmittel erfolgen.[207]

115   Die nähere Ausgestaltung der Regelungen über die E-Vergabe erfolgt in den aufgrund des § 113 erlassenen Verordnungen. Insoweit ist jeweils auch von der in den Richtlinien 2014/24/EU und 2014/25/EU vorgesehenen Möglichkeit der stufenweisen Einführung der E-Vergabe Gebrauch gemacht worden (vgl. z.B. § 64 SektVO). Ab dem 18.04.2016 sind daher zunächst ausschließlich die Auftragsbekanntmachung und die Vergabeunterlagen elektronisch bereitzustellen. Die elektronische Abwicklung des gesamten sonstigen Vergabeverfahrens (z.B. die Einreichung von Angeboten, die sonstige Kommunikation mit den Bietern) ist für zentrale Beschaffungsstellen ab dem 18.04.2017 und im Übrigen ab dem 18.10.2018 verbindlich. In der Übergangszeit bleibt es bei dem derzeitigen Wahlrecht des Auftraggebers hinsichtlich der zulässigen Mittel zur Kommunikation mit den Bewerbern/Bietern.

---

206   Die EU Kommission hat den Begriff der E-Vergabe in ihrer Mitteilung »Eine Strategie für die e-Vergabe« vom 20.04.2012 in Fußnote 1 beschrieben als »Einsatz elektronischer Verfahren für Kommunikation und Vorgangsbearbeitung durch Einrichtungen des öffentlichen Sektors beim Einkauf von Waren und Dienstleistungen oder der Ausschreibung öffentlicher Arbeiten.«. Unklar ist insoweit, ob der Begriff auch die elektronische Vertragsabwicklung umfassen soll. Dies kann letztlich dahinstehen, da sowohl der europäische Richtliniengeber als auch der nationale Gesetzgeber im GWB sowie in VgV und SektVO unter der E-Vergabe die elektronische Kommunikation im Vergabeverfahren verstehen.

207   Zu beachten sind insoweit aber die Richtlinie über die elektronische Rechnungstellung bei öffentlichen Aufträgen (RL 2014/55/EU v. 16.04.2014) und die Vorgaben des E-Government-Gesetzes.

Die verpflichtende Einführung der E-Vergabe stellt einen Paradigmenwechsel im Be- 116
schaffungswesen dar. Zwar haben auch die bisherigen Vergabevorschriften schon
eine elektronische Abwicklung der Vergabeverfahren zugelassen, allerdings war die Papierform bislang noch die weit verbreitete Vergabepraxis.

Wegen der weiteren Einzelheiten zur E-Vergabe wird auf die Kommentierung zu §§ 9
bis 12 SektVO verwiesen.

VI. Anspruch auf Einhaltung des Vergaberechts gemäß § 97 Abs. 6 GWB

Nach § 97 Abs. 6 GWB haben Unternehmen Anspruch darauf, dass die Bestimmun- 117
gen über das Vergabeverfahren eingehalten werden. § 97 Abs. 6 GWB übernimmt
damit wortlautgemäß den bisherigen § 97 Abs. 7 GWB und vermittelt den Verfahrensteilnehmern ein **konstitutiv wirkendes subjektives Recht** auf Einhaltung der Bestimmungen des Vergabeverfahrens.[208]

Der Begriff des **Unternehmens** i.S.d. § 97 Abs. 6 GWB knüpft an den weiten Unter- 118
nehmensbegriff des Kartellrechts und des § 103 GWB (bisher § 99 GWB a.F.)
an,[209] erfasst funktional jedwede Tätigkeit im geschäftlichen Verkehr, unabhängig
von der Rechtsform und einer Gewinnerzielungsabsicht.[210] Damit ist Anspruchsinha-
ber auch ein bloß potentieller Bieter, sofern dieser durch die Verletzung vergaberechtlicher Vorschriften gerade davon abgehalten wurde, sich an dem Vergabeverfahren zu beteiligen und ein Angebot oder einen Teilnahmeantrag einzureichen.[211]

Der Anspruch umfasst die Einhaltung der **Bestimmungen des Vergabeverfahrens**. Der 119
Begriff ist weit zu verstehen und umfasst neben den kartellvergaberechtlichen Vorschriften im vierten Teil des GWB insbesondere auch die untergesetzlichen, nachrangigen
Bestimmungen der Vergabeverordnungen (VgV, SektVO, KonzVgV) und der Vergabe-
und Vertragsordnung für Bauleistungen (VOB/A 2016).[212] Anders als der Wortlaut ver-
muten lässt, besteht jedoch kein Anspruch auf Einhaltung aller Bestimmungen des Ver-
gabeverfahrens, sondern es wird weiterhin das Vorliegen einer bieterschützenden
Vorschrift vorausgesetzt (vgl. auch § 160 Abs. 2 GWB).[213] Wie sich bereits aus dem
Wortlaut des § 160 Abs. 2 GWB (zuvor § 107 Abs. 2 GWB a.F.) ergibt, besteht ein
Zusammenwirken der Anspruchsgrundlage des § 97 Abs. 6 GWB mit der Regelung

---

208 Vgl. Begründung zu § 97 GWB, Reg.E zum VergRModG, BT-Drs. 18/6281, S. 66.
209 Vgl. Fehling, in: Pünder/Schellenberg, Vergaberecht Kommentar, § 97 GWB (a.F.) Rn. 205;
     Ziekow, in: ders./Völlink, Vergaberecht, § 97 GWB (a.F.) Rn. 157; Dicks, in: Kulartz/Kus/
     Portz/Prieß, Kommentar GWB, 4. Aufl., § 97 GWB Rn. 239 mit Verweis auf EuGH, Urt.
     v. 11.01.2005 – C-26/03 – »Stadt Halle«, Rn. 40.
210 Fehling, in: Pünder/Schellenberg, Vergaberecht Kommentar, § 97 GWB (a.F.) Rn. 205.
211 Vgl. nur Fehling, in: Pünder/Schellenberg, Vergaberecht Kommentar, § 97 GWB (a.F.)
     Rn. 207; Ziekow, in: ders./Völlink, Vergaberecht, § 97 GWB (a.F.) Rn. 157.
212 Vgl. ausführlich Fehling, in: Pünder/Schellenberg, Vergaberecht Kommentar, § 97 GWB
     (a.F.) Rn. 209 ff.
213 Vgl. hierzu Ziekow, in: ders./Völlink, Vergaberecht, § 97 GWB (a.F.) Rn. 158 ff., der auch
     eine kurze Übersicht der wichtigsten bieterschützenden Bestimmungen gibt.

zur Antragsbefugnis. Antragsbefugt ist nach § 160 Abs. 2 GWB jedes Unternehmen, das ein Interesse an dem öffentlichen Auftrag oder der Konzession hat und eine **Verletzung in seinen Rechten nach § 97 Abs. 6 GWB** durch Nichtbeachtung von Vergabevorschriften geltend macht. Der Antragsteller hat dabei darzulegen, dass dem Unternehmen durch die behauptete Verletzung der Vergabevorschriften ein Schaden entstanden ist oder zu entstehen droht.

120 § 160 Abs. 2 GWB stellt damit für die Antragsbefugnis ebenfalls auf das Vorliegen einer Verletzung subjektiver Rechte i.S.d. § 97 Abs. 6 GWB ab und fordert darüber hinaus einen Kausalzusammenhang zu dem eingetretenen oder drohenden Schaden. Es ist auch danach nur die Geltendmachung einer Verletzung bieterschützender Bestimmungen möglich. Im Sinne der **Schutznormlehre** hat eine Vergaberechtsbestimmung dann Schutznormcharakter, wenn sie zumindest auch den Zweck hat, den Betroffenen zu begünstigen und es ihm ermöglichen soll, sich auf diese Begünstigung zu berufen, um so einen ihm sonst drohenden Schaden oder Nachteil zu verhindern.[214] Nicht geltend machen kann ein Bieter daher die Verletzung bloßer Ordnungsvorschriften, die keinen Bieterschutz bewirken.[215]

Darüber hinaus kann die Verletzung vergaberechtlicher Vorschriften auch zu Schadensersatzansprüchen führen.[216]

Für die Frage, welche Vorschriften den Schutz der Bieter bezwecken, wird auf die einschlägigen Kommentierungen zu den jeweiligen Vorschriften verwiesen.

§ 100 GWB   Sektorenauftraggeber

(1) Sektorenauftraggeber sind
1. öffentliche Auftraggeber gemäß § 99 Nummer 1 bis 3, die eine Sektorentätigkeit gemäß § 102 ausüben,
2. natürliche oder juristische Personen des privaten Rechts, die eine Sektorentätigkeit gemäß § 102 ausüben, wenn
   a) diese Tätigkeit auf der Grundlage von besonderen oder ausschließlichen Rechten ausgeübt wird, die von einer zuständigen Behörde gewährt wurden, oder
   b) öffentliche Auftraggeber gemäß § 99 Nummer 1 bis 3 auf diese Personen einzeln oder gemeinsam einen beherrschenden Einfluss ausüben können.

---

214 Vgl. Maibaum, in: Hattig/Maibaum, PK-Kartellvergaberecht, § 97 GWB (a.F.) Rn. 196 m.w.N.; so auch Dicks, in: Kulartz/Kus/Portz/Prieß, Kommentar GWB, 4. Aufl., § 97 GWB Rn. 241.

215 Vgl. Ziekow, in: ders./Völlink, Vergaberecht, § 97 GWB (a.F.) Rn. 158; Dicks, in: Kulartz/Kus/Portz/Prieß, Kommentar GWB, 4. Aufl., § 97 GWB (a.F.) Rn. 241 m.w.N.

216 Maibaum, in: Hattig/Maibaum, PK-Kartellvergaberecht, § 97 GWB (a.F.) Rn. 198 mit Verweis auf BGH, Urt. v. 09.06.2011 – X ZR 143/10; Dicks, in: Kulartz/Kus/Portz/Prieß, Kommentar GWB, 4. Aufl., § 97 GWB Rn. 238.

(2) ¹Besondere oder ausschließliche Rechte im Sinne von Absatz 1 Nummer 2 Buchstabe a sind Rechte, die dazu führen, dass die Ausübung dieser Tätigkeit einem oder mehreren Unternehmen vorbehalten wird und dass die Möglichkeit anderer Unternehmen, diese Tätigkeit auszuüben, erheblich beeinträchtigt wird. ²Keine besonderen oder ausschließlichen Rechte in diesem Sinne sind Rechte, die aufgrund eines Verfahrens nach den Vorschriften dieses Teils oder aufgrund eines sonstigen Verfahrens gewährt wurden, das angemessen bekannt gemacht wurde und auf objektiven Kriterien beruht.

(3) Die Ausübung eines beherrschenden Einflusses im Sinne von Absatz 1 Nummer 2 Buchstabe b wird vermutet, wenn ein öffentlicher Auftraggeber gemäß § 99 Nummer 1 bis 3

1. unmittelbar oder mittelbar die Mehrheit des gezeichneten Kapitals des Unternehmens besitzt,
2. über die Mehrheit der mit den Anteilen am Unternehmen verbundenen Stimmrechte verfügt oder
3. mehr als die Hälfte der Mitglieder des Verwaltungs-, Leitungs- oder Aufsichtsorgans des Unternehmens bestellen kann.

Amtliche Begründung

»Der neue § 100 definiert die Auftraggeber für die Vergabe von Aufträgen auf dem Gebiet der Trinkwasser- und Energieversorgung sowie des Verkehrs. Er dient der Umsetzung des Artikel 4 der Richtlinie 2014/25/EU. Entscheidend für die Auftragsvergabe im Sinne dieser Richtlinie ist gemäß Artikel 1 Absatz 2, dass die Liefer-, Bau- oder Dienstleistungen für eine Sektorentätigkeit bestimmt sind.

Zu Absatz 1

Gemäß § 100 Absatz 1 können Sektorenauftraggeber sowohl öffentliche Auftraggeber (Nummer 1) als auch private Auftraggeber (Nummer 2) sein.

Zu Nummer 1

§ 100 Absatz 1 Nummer 1 betrifft öffentliche Auftraggeber gemäß § 99 Nummer 1 bis 3. Vergeben diese Aufträge im Zusammenhang mit Tätigkeiten auf dem Gebiet der Trinkwasser- oder Energieversorgung oder des Verkehrs, finden die Vorschriften über die Sektorenauftragsvergabe Anwendung.

Zu Nummer 2

§ 100 Absatz 1 Nummer 2 richtet sich an Auftraggeber, die bislang unter § 98 Nummer 4 GWB fielen. Der besseren Übersicht halber wird künftig unterschieden zwischen Sektorenauftraggebern kraft Einräumung besonderer oder ausschließlicher Rechte (Buchstabe a) und Sektorenauftraggebern kraft beherrschenden Einflusses (Buchstabe b).

Zu Buchstabe a

§ 100 Absatz 1 Nummer 2 Buchstabe a entspricht der bisherigen Formulierung in § 98 Nummer 4 Satz 1 Halbsatz 1 Alternative 1 GWB. Die Definition zu besonderen und ausschließlichen Rechten findet sich nun in einem neuen § 100 Absatz 2.

Zu Buchstabe b

§ 100 Absatz 1 Nummer 2 Buchstabe b entspricht der bisherigen Formulierung in § 98 Nummer 4 Satz 1 Halbsatz 1 Alternative 2 GWB. Die Auftraggebereigenschaft für den privaten Auftraggeber ergibt sich aus dem beherrschenden Einfluss durch einen öffentlichen Auftraggeber gemäß § 99 Nummer 1 bis 3. Neu geregelt ist die Definition des beherrschenden Einflusses in § 100 Absatz 3.

Zu Absatz 2

§ 100 Absatz 2 definiert die ausschließlichen und besonderen Rechte im Sinne des § 100 Absatz 1 Nummer 2 Buchstabe a. Satz 1 entspricht dabei der bisherigen Definition des § 98 Nummer 4, 2. Halbsatz GWB.

Der Begriff der besonderen oder ausschließlichen Rechte ist insofern von besonderer Bedeutung für die Definition des Anwendungsbereichs der Richtlinie 2014/25/EU, als Auftraggeber, bei denen es sich weder um öffentliche Auftraggeber noch um von öffentlichen Auftraggebern beherrschte Unternehmen handelt, den Bestimmungen der Richtlinie 2014/25/EU nur unterliegen, insoweit sie eine aufgrund besonderer oder ausschließlicher Rechte vorbehaltene Tätigkeit ausüben.

Neu ist die Ausnahme davon in Satz 2, wonach in bestimmten Fällen trotz Vorliegens besonderer oder ausschließlicher Rechte das Vergaberecht nicht zur Anwendung kommen soll. Damit wird Artikel 4 Absatz 3 der Richtlinie 2014/25/EU umgesetzt. Im Kern wird damit klargestellt, dass Rechte, die im Wege eines Verfahrens gewährt wurden, das auf objektiven Kriterien beruht und bei dem eine angemessene Publizität gewährleistet wurde, keine besonderen oder ausschließlichen Rechte im Sinne dieser Richtlinie darstellen. Die Anwendung des Vergaberechts ist in diesen Fällen insofern entbehrlich, da schon bei der Gewährung der ausschließlichen und besonderen Rechte den Anforderungen an ein wettbewerbliches Verfahren genügt wurde.

Dies betrifft insbesondere den Fall, wenn bereits die Gewährung besonderer oder ausschließlicher Rechte in einem wettbewerblichen Verfahren nach dem Viertem Teil des GWB erfolgt ist. In Anhang II der Richtlinie 2014/25/EU werden beispielhaft weitere Genehmigungsverfahren aufgrund bestimmter EU-Rechtsakte aufgeführt, die nicht zu besonderen oder ausschließlichen Rechten im obigen Sinne führen. Darunter fallen:

– Erteilung einer Genehmigung für den Betrieb von Erdgasanlagen nach Artikel 4 Richtlinie 2009/73/EG des Europäischen Parlaments und des Rates vom 13. Juli 2009 über gemeinsame Vorschriften für den Erdgasbinnenmarkt und zur Aufhebung der Richtlinie 2003/55/EG (ABl. Nr. L 211 S. 94).

– Genehmigung oder Aufforderung zur Angebotsabgabe für den Bau neuer Stromerzeugungsanlagen gemäß der Richtlinie 2009/72/EG des Europäischen Parlaments und des Rates vom 13. Juli 2009 über gemeinsame Vorschriften für den Elektrizitätsbinnenmarkt und zur Aufhebung der Richtlinie 2003/54/EG (ABl. Nr. L 211 S. 55).

Beide Richtlinien waren Bestandteil des 3. Energiepaketes der EU und hatten zum Ziel die Trennung des Netzbetriebes von Versorgung und Erzeugung. Sie sind umgesetzt im Energiewirtschaftsgesetz (EnWG).

– Genehmigungen in Bezug auf Postdienste, die nicht reserviert sind oder nicht reserviert werden dürfen nach Artikel 9 der Richtlinie 97/67/EG des Europäischen Parlaments und des Rates vom 15. Dezember 1997 über gemeinsame Vorschriften für die Entwicklung des Binnenmarktes der Postdienste der Gemeinschaft und die Verbesserung der Dienstequalität (ABl. 1998 Nr. L 15 S. 14, berichtigt ABl. 1998 Nr. L 23, S. 39). Die Richtlinie ist umgesetzt im Postgesetz (PostG) sowie der Postuniversaldienstleistungsverordnung (PUDLV).

– Richtlinie 94/22/EG des Europäischen Parlaments und des Rates vom 30. Mai 1994 über die

Erteilung und Nutzung von Genehmigungen zur Prospektion, Exploration und Gewinnung von Kohlenwasserstoffen (ABl. Nr. L 164 S. 3). Die Richtlinie ist im Bundesberggesetz (BBergG) umgesetzt.

– Vergabe öffentlicher Dienstleistungsaufträge auf der Grundlage eines wettbewerblichen Vergabeverfahrens gemäß Artikel 5 Absatz 3 der Verordnung (EG) Nummer 1370/2007 des Europäischen Parlaments und des Rates vom 23. Oktober 2007 über öffentliche Personenverkehrsdienste auf Schiene und Straße (ABl. Nr. L 315 S. 1). Die Verordnung ist in Teilen im Personenbeförderungsgesetz (PBefG) umgesetzt. Ansonsten gilt sie als EU-Verordnung unmittelbar.

Zu Absatz 3

§ 100 Absatz 3 dient der Umsetzung von Artikel 4 Absatz 2 Unterabsatz 2 der Richtlinie 2004/25/EU und enthält eine Vermutungsregel, wann von einem beherrschenden Einfluss im Sinne des § 100 Absatz 1 Nummer 2 Buchstabe b durch einen öffentlichen Auftraggeber auszugehen ist. Die bereits in Artikel 2 Absatz 1 Buchstabe b der Richtlinie 2004/17/EG des Europäischen Parlaments und des Rates vom 31.3.2004 zur Koordinierung der Zuschlagserteilung durch Auftraggeber in den Bereichen der Wasser-, Energie- und Verkehrsversorgung sowie der Postdienste (ABl. Nr. L 134 vom 30.4.2004, S. 1) enthaltene Vermutungsregel wird nunmehr im GWB umgesetzt.«

A. Allgemeine Einführung

Die Definition des Sektorenauftraggebers ist ausschlaggebend für die Einordnung des **1** beabsichtigten Vergabeverfahrens in das Rechtssystem. Je nachdem, ob der Auftraggeber ein öffentlicher Auftraggeber im Sinne von § 99 GWB oder ein Sektorenauftraggeber nach § 100 GWB ist, hat er im Rahmen des GWB und darüber hinaus auf der

Ebene der Verordnungen unterschiedliche Regelungen anzuwenden. Sektorenauftraggeber unterliegen nur den Regelungen der §§ 136 bis 143 GWB, wobei § 142 GWB auf die – zum Teil eingeschränkte – Anwendung einiger Regelungen aus dem Anwendungsbereich für öffentliche Auftraggeber verweist. Darüber hinaus wenden sie für die Durchführung von Vergabeverfahren die SektVO an. Für öffentliche Auftraggeber gilt dagegen neben den Regelungen des GWB die Vergabeverordnung.[1]

2   Die Definition des Sektorenauftraggebers in § 100 GWB ist erfreulich klar. Im bisherigen § 98 Nr. 4 GWB (alt) waren lediglich die Sektorenauftraggeber nach § 100 Abs. 1 Nr. 2 GWB definiert. Die Sektorenauftraggeber nach § 100 Abs. 1 Nr. 1 GWB waren im GWB nicht zu finden. Erst § 1 Abs. 1 SektVO (alt) stellte klar, dass auch Sektorenauftraggeber nach § 98 Nr. 1 bis 3 GWB (alt) bei der Vergabe von Aufträgen im Zusammenhang mit Tätigkeiten auf dem Gebiet der Trinkwasser- oder Energieversorgung oder des Verkehrs die Regelungen der SektVO anzuwenden hatten. Diese Hürde ist nun erfreulicherweise mit dem neuen § 100 GWB genommen.

B.   Vergleich zur vorherigen Rechtslage

3   Die neue Rechtslage zur Definition der Sektorenauftraggeber hat sich dem Grunde nach nicht wesentlich geändert.

4   Die Richtlinie 2004/17/EG vom 31. März 2004 sah drei Adressaten der Richtlinie 2004/17/EG als Auftraggeber vor: (a) die öffentlichen Auftraggeber, (b) die öffentlichen Unternehmen und (c) die Auftraggeber, die weder (a) noch (b) darstellen, aber eine Sektorentätigkeit aufgrund besonderer oder ausschließlicher Rechte ausüben. Die öffentlichen Auftraggeber (a) waren die Gebietskörperschaften, die öffentlichen Einrichtungen und Verbände. Die öffentlichen Unternehmen (b) sind Unternehmen, auf die der öffentliche Auftraggeber unmittelbar oder mittelbar einen beherrschenden Einfluss ausübte. Allen drei Adressaten (a) bis (c) war gemeinsam, dass sie eine Sektorentätigkeit nach Art. 3–7 der Richtlinie 2004/17/EG ausüben mussten. Die klassischen Sektorenauftraggeber waren jedoch nur die unter (b) und (c) beschriebenen Auftraggeber.

5   Basierend auf der Richtlinie 2004/17/EG, aber abweichend von der Systematik, hat der deutsche Gesetzgeber die klassischen Sektorenauftraggeber zusammenfassend in § 98 Nr. 4 GWB definiert. Erst in § 1 Abs. 1 Satz 1 der SektVO 2009 hat er dann klargestellt, dass das in der SektVO geregelte Sektorenvergaberecht auch für öffentliche Auftraggeber nach § 98 Nr. 1–3 GWB galt. Somit folgte die Systematik des GWB (alt) schon nicht der Systematik der Richtlinie 2004/17/EG.

6   Bisher galten damit im deutschen Vergaberecht als Sektorenauftraggeber:
    – Gebietskörperschaften sowie deren Sondervermögen (§ 98 Nr. 1 GWB alt)
    – Öffentliche Einrichtungen (§ 98 Nr. 2 GWB alt)
    – Verbände, deren Mitglieder unter § 98 Nr. 1 oder 2 fallen (§ 98 Nr. 3 GWB alt)

---

1 VergaberechtsmodernisierungsVO v. 12.04.2016, BGBl. I, 624.

– Natürliche und juristische Personen des privaten Rechts, die von Auftraggebern gemäß § 98 Nr. 1–3 GWB (alt) beherrscht wurden oder ihre Tätigkeiten auf der Grundlage von besonderen oder ausschließlichen Rechten ausgeübt wurden (§ 98 Nr. 4 GWB alt),

wenn sie auf dem Gebiet der Trinkwasser- oder Energieversorgung oder des Verkehrs 7 tätig waren. Die besonderen oder ausschließlichen Rechte waren definiert als Rechte, die dazu führen, dass die Ausübung der Sektorentätigkeit einem oder mehreren Unternehmen vorbehalten wird und dass die Möglichkeit anderer Unternehmen, diese Tätigkeit auszuüben, erheblich beeinträchtigt wird (§ 98 Nr. 4, 2. HS GWB alt).

C. Europarechtliche Vorgaben

§ 100 GWB basiert auf Art. 4 der Richtlinie 2014/25/EU vom 26. Februar 2014. 8 Auch der neue § 100 GWB folgt – wie bisher – nicht der europäischen Systematik der Definition der Sektorenauftraggeber. Vielmehr kennt die Richtlinie 2014/25/EU den Begriff des Sektorenauftraggebers überhaupt nicht. Der europäische Gesetzgeber hat die Systematik der Richtlinie 2004/17/EG in der Richtlinie 2014/25/EU übernommen.

Art. 4 Abs. 1 der Richtlinie 2014/25/EU unterscheidet bei den Auftraggeber in drei 9 Adressatengruppen: in öffentliche Auftraggeber und öffentliche Unternehmen, die jeweils Tätigkeiten im Sinne der Art. 8 bis 14 der Richtlinie 2014/25/EU ausüben sowie in Stellen, die weder öffentlicher Auftraggeber noch öffentliche Unternehmen sind, aber eine oder mehrere solche Tätigkeiten auf der Grundlage von besonderen oder ausschließlichen Rechten ausüben, die von einer zuständigen Behörde eines Mitgliedstaates gewährt wurden.

Die öffentlichen Auftraggeber sind in Art. 3 der Richtlinie 2014/25/EU definiert und 10 erfassen Gebietskörperschaften und ihr Sondervermögen, Verbände und Einrichtungen des öffentlichen Rechts. Letztere wurden zu dem besonderen Zweck gegründet, im Allgemeininteresse liegende Aufgaben nicht gewerblicher Art zu erfüllen und überwiegend staatlich gefördert werden.

Art. 4 Abs. 2 der Richtlinie 2014/25/EU definiert die öffentlichen Unternehmen. Ent- 11 scheidend ist, dass öffentliche Auftraggeber nach Art. 3 der Richtlinie 2014/25/EU unmittelbar oder mittelbar einen beherrschenden Einfluss auf sie ausüben können. Für den beherrschenden Einfluss können die Eigentumsverhältnisse zwischen öffentlichem Auftraggeber und öffentlichen Unternehmen, deren finanzielle Beteiligung oder der Gesellschaftsvertrag des öffentlichen Unternehmens maßgeblich sein. Hilfreich hierbei ist die Vermutungsregelung in Art. 4 Abs. 2 Satz 2, wonach die Mehrheit des gezeichneten Kapitals, die Mehrheit der Stimmrechte oder die Möglichkeit der Ernennung der Mehrheit der Mitglieder der Aufsichtsgremien des Unternehmens genügen.

Art. 4 Abs. 3 der Richtlinie 2014/25/EU legt die Definition der besonderen und aus- 12 schließlichen Rechte fest. Dies sind Rechte, die eine zuständige Behörde eines Mitgliedstaats im Wege einer Rechts- oder Verwaltungsvorschrift gewährt hat, um die Ausübung der Sektorentätigkeit auf eine oder mehrere Stellen zu beschränken, wodurch die

Möglichkeit anderer Stellen zur Ausübung dieser Tätigkeit wesentlich eingeschränkt wird. Dabei muss das Recht nicht nur einer juristischen Person zustehen, sondern kann auch einer Personengruppe gewährt werden. Entscheidend ist, dass andere juristische Personen von dem Recht ausgeschlossen werden.

13 Rechte, die in einem angemessen bekanntgegebenen und auf objektiven Kriterien beruhenden Verfahren gewährt werden, sind keine besonderen oder ausschließlichen Rechte. Als angemessen bekanntgegeben gilt ein Verfahren, welches sich an die einschlägigen Rechtsvorschriften hält. Handelt es sich dabei z.b. um eine zulässige Änderung eines öffentlichen Auftrags ohne Durchführung eines neuen Vergabeverfahrens, die gemäß den gesetzlichen Vorschriften erst nach Durchführung der Änderung bekanntgemacht wurde, ist dies angemessen, weil das Gesetz kein »Mehr« an Bekanntgabe fordert.

Ein Verfahren beruht auf objektiven Kriterien, wenn das Verfahren auf der Grundlage von Rechts- und Verwaltungsvorschriften, nicht willkürlich und in rechtmäßiger Ermessensausübung der Verwaltung erfolgt.

14 Als Beispiele für Verfahren, die nicht zu besonderen oder ausschließlichen Rechten führen, sind Vergabeverfahren mit Teilnahmewettbewerb im öffentlichen Auftragswesen, Sektorenvergaberecht, Konzessionsvergaberecht sowie bei der Vergabe von Aufträgen in den Bereichen Verteidigung und Sicherheit aufgeführt.

15 Der Verweis auf Anhang II der Richtlinie 2014/25/EU nimmt dabei eine weitere Negativabgrenzung vor. Gemäß Anhang II gewähren die Erteilung einer Genehmigung für den Betrieb von Erdgasanlagen, die Genehmigung oder Aufforderung zur Angebotsabgabe für den Bau neuer Stromerzeugungsanlagen, die Erteilung von Genehmigungen nicht reservierter Postdienste, die Verfahren zur Genehmigung von Tätigkeiten zur Nutzung von Kohlenwasserstoffen sowie bestimmte öffentliche Dienstleistungsaufträge im Verkehrsbereich keine besonderen oder ausschließlichen Rechte.

Die Europäische Kommission wird in Art. 4 Abs. 4 in Verbindung mit Art. 103 der Richtlinie 2014/25/EU ermächtigt, durch delegierte Rechtsakte das Verzeichnis in Anhang II zu ändern.

D. Kommentierung

I. Sektorenauftraggeber nach § 100 Abs. 1 Nr. 1 GWB

16 Sektorenauftraggeber sind gemäß in § 100 Abs. 1 Nr. 1 GWB solche öffentlichen Auftraggeber nach § 99 Nr. 1 bis 3 GWB, die eine Sektorentätigkeit nach § 102 GWB ausüben. Die öffentlichen Auftraggeber gemäß § 99 Nr. 1 bis 3 GWB umfassen Gebietskörperschaften und deren Sondervermögen, Einrichtungen des öffentlichen Rechts sowie Verbände.

1. Gebietskörperschaften und deren Sondervermögen

17 Zu den Gebietskörperschaften gemäß § 99 Nr. 1 GWB zählen Bund, Länder, Landkreise und Gemeinden bzw. Kommunen. Rechtliche unselbstständige Organisationseinheiten, z.B. Eigenbetriebe, werden den Gebietskörperschaften zugerechnet.

Sondervermögen sind nicht rechtsfähige Einrichtungen von Gebietskörperschaften, 18
die für besondere Aufgaben geschaffen werden und einen eigenen Haushalt (i.d.R.
Wirtschaftsplan) aufweisen. Hierzu zählen u.a. bestimmte Bau- und Liegenschaftsbe-
triebe der Länder.[2]

2. Einrichtungen des öffentlichen Rechts

Mit der in § 99 Nr. 2 GWB definierten »Einrichtung des öffentlichen Rechts« wird 19
neben den institutionellen öffentlichen Auftraggebern eine zweite große Gruppe den
öffentlichen Auftraggebern nach dem EU-Vergaberecht zugeschlagen. Die Einrichtung des öffentlichen Rechts zeichnet die Erfüllung öffentlicher Aufgaben in Staatsnähe aus. Damit sind viele Unternehmen, die im Rahmen der besonders in den
1990er Jahren stattgefundenen Aufgabenprivatisierungen entstanden sind, dem EU-
Vergaberecht unterworfen. Hier zeigt sich die vom EuGH geforderte funktionale Auslegung des Begriffs des öffentlichen Auftraggebers[3] in seiner besonderen Ausprägung.
Die Wahl der Rechtsform soll keine Flucht aus dem Vergaberecht ermöglichen.

§ 99 Nr. 2 GWB übernimmt zwar die inhaltlichen Voraussetzungen und wesentliche 20
Grundstruktur von Art. 3 Nr. 4 der Richtlinie 2014/25/EU, ist jedoch präziser und
weicht teilweise, z.B. was die Konstitution der Einrichtung angeht, von den Richtlinienvorgaben ab. Deshalb ist eine Rückkopplung zu den Gemeinschaftsvorschriften unabdingbar.

Drei Tatbestandsvoraussetzungen müssen kumulativ vorliegen: 21
– juristische Person des öffentlichen oder privaten Rechts
– gegründet zum Zweck der Erfüllung von im Allgemeininteresse liegende Aufgaben
  nicht gewerblicher Art
– besondere Staatsgebundenheit

a) Juristische Personen des öffentlichen und des privaten Rechts

In Art. 3 Nr. 4 der Richtlinie 2014/25/EU wird vorausgesetzt, dass die Einrichtungen 22
des öffentlichen Rechts eine »eigene Rechtspersönlichkeit« besitzen müssen. Der deutsche Gesetzgeber verlangt hierfür teils präziser, teils einschränkender, dass es sich um
eine »juristische Person des öffentlichen oder privaten Rechts« handeln muss. Damit
schließt der deutsche Gesetzgeber natürliche Personen aus. Es ist zwar begrüßenswert,
dass der deutsche Gesetzgeber Fachbegriffe verwendet, die dem Rechtsanwender geläu-
fig und im Vergleich zur bisherigen deutschen Rechtslage unverändert sind. Jedoch
stellen die Erwägungsgründe der Richtlinie 2014/25/EU klar, dass der Begriff »Einrichtungen des öffentlichen Rechts« wiederholt im Rahmen der Rechtsprechung des Europäischen Gerichtshofs überprüft worden sei, der persönliche Geltungsbereich der
Richtlinie im Sinne dieser Rechtsprechung unverändert bleiben solle und die im Rahmen der Rechtsprechung gegebenen Erläuterungen als Schlüssel zum Verständnis der
Begriffsbestimmung aufzunehmen sind.[4] Der Rechtsanwender wird somit auch weiter-

---

2 Vgl. OLG Düsseldorf, Beschl. v. 08.09.2004 – VII Verg 38/04, VergabeR 2005, 107.
3 EuGH, Urt. v. 10.04.2008 – Rs. C 393/06 – NZBau 2008, 394.
4 Erwägungsgrund 12 der Richtlinie 2014/25/EU.

hin die Rechtsprechung zu Rate ziehen müssen, um eine richtlinienkonforme Auslegung der einschlägigen Rechtsbegriffe vorzunehmen.

23   Die bisher in Anhang III zur Richtlinie 2004/18/EG enthaltenen Beispiele von Einrichtungen des öffentlichen Rechts finden sich in der Richtlinie 2014/25/EU nicht mehr. Das ist auch folgerichtig, denn die Auflistung in den Anhängen war nicht abschließend und konnte nur ansatzweise eine Indizwirkung entfalten. Eine Einrichtung, die nicht dort aufgeführt war, konnte dennoch öffentlicher Auftraggeber sein[5]; ebenso gut konnte eine Einrichtung in den Anlagen erscheinen und gleichwohl nicht den Auftraggeberbegriff erfüllen. Wegen der mangelnden konstitutiven Bedeutung der Anhänge musste in jedem Einzelfall die Übereinstimmung mit den Tatbestandsvoraussetzungen geprüft werden. Die Indizwirkung der Anhänge entfällt nun und die Einzelfallprüfung erfolgt ausschließlich anhand der gesetzlichen Voraussetzungen und der einschlägigen Rechtsprechung.

24   Als juristische Personen des öffentlichen Rechts kommen nur Körperschaften, Anstalten und Stiftungen in Betracht. Als juristische Personen des privaten Rechts gelten Aktiengesellschaften (AG), Gesellschaften mit beschränkter Haftung (GmbH), Genossenschaften (Gen.) und eingetragene Vereine des privaten Rechts (e.V.).

25   Zwar sind Handelsgesellschaften, wie die offene Handelsgesellschaft (OHG), Kommanditgesellschaft (KG) und deren Mischformen (z.B. GmbH & Co. KG) keine juristischen Personen des Privatrechts. Gleichwohl werden sie § 99 Nr. 2 GWB zugeordnet, denn angesichts der europarechtlich lediglich geforderten »Rechtspersönlichkeit« ist teilrechtsfähigen Einrichtungen wie Handelsgesellschaften (vgl. §§ 124 Abs. 1, 161 Abs. 2 HGB), die unter ihrer Firma Rechte und Verbindlichkeiten begründen können, Rechtspersönlichkeit zuzuerkennen.[6]

26   Entsprechend der Behandlung von Handelsgesellschaften, die keine juristischen Personen sind und gleichwohl als öffentliche Einrichtung gelten, kann für Gesellschaften bürgerlichen Rechts (GbR), denen ebenfalls Teilrechtsfähigkeit zuerkannt wird[7], nichts anderes gelten, d.h. diese haben ebenfalls Rechtspersönlichkeit i.S.d. Art. 3 Nr. 4 der Richtlinie 2014/25/EU.[8]

b) gegründet zum Zweck der Erfüllung von im Allgemeininteresse liegende Aufgaben nicht gewerblicher Art

27   Die Einrichtung muss nach der Richtlinie 2014/25/EU für einen im Allgemeininteresse liegenden Zweck gegründet worden sein. Der EuGH hat dies korrigiert und festgestellt, dass nicht allein der Gründungsakt, sondern auch die objektiv nachweisbare faktische Übernahme einer im allgemeinen Interesse liegenden Tätigkeit ausreicht.[9] Damit ist jede dokumentierbare Tätigkeit des fraglichen Unternehmens im allgemei-

---

5   Vgl. EuGH, Urt. v. 27.02.2003 – Rs. C 373/00, VergabeR 2003, 296.
6   Vgl. OLG Bremen, Beschl. v. 24.05.2006 – Verg 1/2006, ZfBR 2006, 719.
7   Vgl. BGH, Urt. v. 29.01.2001 – II ZR 331/00, NJW 2001, 1056.
8   Vgl. OLG Celle, Beschl. v. 14.09.2006 – 13 Verg 3/06, VergabeR 2007, 86.
9   Vgl. EuGH, Urt. v. 12.12.2002 – Rs. C-324/00, EuZW 2003, 79.

nen Interesse zum Zeitpunkt der Vergabe zureichend. Anderweitige vorherige Tätigkeiten oder nachherige Änderungen sind laut EuGH unmaßgeblich.[10]

Sogar die nur teilweise oder geringfügige Wahrnehmung einer im Allgemeininteresse 28
liegenden Aufgabe wird als vergaberechtsrelevante Gesamttätigkeit des Unternehmens umgedeutet (sog. Infizierungstheorie).[11] Auf den Anteil dieser Aufgabe an der gesamten Tätigkeit des Unternehmens kommt es nicht an.[12] Will ein Unternehmen sichergehen, nicht als öffentliche Einrichtung zu gelten, muss es die betreffende Aufgabe ggf. in eine selbstständige Tochtergesellschaft ausgliedern.[13]

Beim »Allgemeininteresse« handelt es sich um Aufgaben, die der Staat grundsätzlich 29
selbst erfüllen oder bei denen er einen entscheidenden Einfluss behalten will.[14] Es kommt nicht auf eine unmittelbare Besserstellung der Bürger an; ebenso können Impulse für den Handel und damit mittelbare positive Wirkungen ausreichen.[15] Daran lässt sich ablesen, dass der Begriff des Allgemeininteresses denkbar weit ausgelegt wird.

Als Allgemeininteresse wurden von der Rechtsprechung z.B. Entsorgungsaufgaben[16], öffentlicher Verkehr[17], öffentliche Bäder[18], Stadtentwicklung[19] oder Stromnetzbetriebe[20] aufgefasst.

Der Tatbestand des Allgemeininteresses ist mit den in Deutschland geläufigen Gemeinwohlbelangen gleichzusetzen, ebenso mit Aufgaben, die mit dem Begriff der Daseinsvorsorge (Grundversorgung der Bevölkerung)[21] besetzt sind.

Besonders problematisch ist die nähere Bestimmung des Tatbestandsmerkmals »Aufga- 30
ben nicht gewerblicher Art«. Aus der maßgebenden gemeinschaftsrechtlichen Sicht ist jedenfalls der Gewerbebegriff aus dem deutschen Verwaltungsrecht für die nähere Definition der Nichtgewerblichkeit ohne Belang.

Der EuGH zeigt keine eindeutige Begriffsbestimmung auf. Seine Rechtsprechung gibt 31
im Rahmen einer Gesamtbetrachtung lediglich Indizien wieder, nach denen festzustellen ist, ob eine Einrichtung sich von anderen als rein wirtschaftlichen Überlegungen bei Beschaffungen leiten lässt.[22] Ist eine Einrichtung unter normalen Marktbedingungen tätig, erfüllt sie laut EuGH Aufgaben gewerblicher Art und ist kein öffentlicher Auftrag-

---

10 W.v.
11 Vgl. EuGH, Urt. v. 15.01.1998 – Rs. C-44/96, EuZW 1998, 120.
12 Vgl. EuGH, Urt. v. 10.04.2008 – Rs. C-393/06, EuZW 2008, 342.
13 Vgl. EuGH, Urt. v. 10.11.1998 – Rs. C-360/96, NVwZ 1999, 397.
14 Vgl. EuGH, Urt. v. 10.04.2008 – Rs. C-393/06, EuZW 2008, 342.
15 Vgl. EuGH, Urt. v. 22.05.2003 – Rs. C-18/01, EuZW 2004, 160.
16 Vgl. OLG Düsseldorf, Beschl. v. 21.06.2006 – VII Verg 17/06, NZBau 2006, 662.
17 Vgl. BayObLG, Beschl. v. 05.11.2002 – Verg 22/02, NZBau 2003, 342.
18 Vgl. VK Sachsen, Beschl. v. 09.11.2006 – 1/SVK/095-06 – zitiert nach VERIS.
19 Vgl. EuGH, Urt. v. 22.05.2003 – Rs. C-18/01, NZBau 2003, 396.
20 Vgl. OLG München, Beschl. v. 20.04.2005 – Verg 8/05, OLGR 2005, 673.
21 Vgl. Forsthoff.
22 Vgl. EuGH, Urt. v. 27.02.2003 – Rs. C-373/00, VergabeR 2003, 296.

geber i.S.d. EU-Vergaberichtlinien, denn damit werde die Einrichtung ohnehin kein Vergabeverfahren zu Bedingungen durchführen, die nicht wirtschaftlich sind.[23]

32 Folgende Indizien hat der EuGH entwickelt, die für die Gewerblichkeit und damit gegen die Auftraggebereigenschaft bzw. Nichtgewerblichkeit sprechen:
- Gewinnerzielungsabsicht; dies soll allerdings nicht allein entscheidend sein, gerade wenn Anhaltspunkte vorliegen, wonach die Gewinnerzielungsabsicht nur mittelbarer Zweck ist, um andere Unternehmensziele zu erreichen.[24]
- Die Einrichtung trägt die mit ihrer Tätigkeit verbundenen Verluste selbst; besteht z.b. ein Beherrschungsvertrag o. ä, ist das Unternehmen also einem Insolvenzrisiko nicht ausgesetzt, dann ist von Nichtgewerblichkeit auszugehen.[25]
- Entwickelter Wettbewerb; unbeachtlich wäre die Tatsache, dass die Tätigkeit des Unternehmens sich auf Güter bezieht, die auch von Privaten angeboten werden.[26]
- Finanzierung der Tätigkeit aus privaten Mitteln; dazu zählt die Finanzierung durch Private, etwa durch Pflichtbeiträge und in solidarischer, nicht risikobezogener Art wie bei gesetzlichen Krankenkassen.[27]

Maßgebend ist eine Gesamtbetrachtung der wirtschaftlichen Ausrichtung eines Unternehmens auf Basis der vorbezeichneten Indizien.

33 In den Sektoren wurde z.b. für ein Verkehrsunternehmen entschieden, dass im Verkehrsbereich derzeit kein entwickelter Wettbewerb bestehe und folglich von Nichtgewerblichkeit i.S.d.§ 99 Nr. 2 GWB auszugehen sei; weitere Indizien wurden vom zuständigen Spruchkörper nicht geprüft.[28] In dieser Pauschalität und rein marktbezogen lässt sich die Nichtgewerblichkeit nicht für alle Sektorenbereiche bestimmen. Vielmehr ist auch dort stets eine Einzelfallprüfung unter Zugrundelegung der aufgezeigten Rechtsprechung des EuGH angezeigt.

c) Besondere Staatsgebundenheit

34 Als letztes Tatbestandsmerkmal sieht § 99 Nr. 2 GWB eine besondere Staatsgebundenheit vor. Diese Staatsgebundenheit drückt sich in drei alternativen[29] Beherrschungsmerkmalen durch ein oder mehrere Auftraggeber nach § 99 Nr. 1 oder 3 GWB aus:
- überwiegende Finanzierung, einzeln oder gemeinsam durch Beteiligung oder auf sonstige Weise (lit. a)
- Aufsicht über die Leitung der juristischen Person (lit. b) oder
- Bestimmung von mehr als der Hälfte der Mitglieder der zur Geschäftsführung oder zur Aufsicht berufenen Organe der juristischen Person (lit. c)

---

23 Vgl. EuGH, Urt. v. 22.05.2003 – Rs. C-18/01, NZBau 2003, 396.
24 Vgl. EuGH, Urt. v. 10.04.2008 – Rs. C-393-06, NZBau 2008, 393; OLG Düsseldorf, Beschl. v. 13.08.2007 – VII Verg 16/07, NZBau 2007, 733, 734.
25 Vgl. OLG Hamburg, Beschl. v. 25.01.2007 – 1 Verg 5/05, VergabeR 2007, 358.
26 Vgl. EuGH, Urt. v. 22.05.2003 – Rs. C-18/01, NZBau 2003, 396.
27 Vgl. EuGH, Urt. v. 11.06.2009 – Rs. C-300/07, NZBau 2009, 520.
28 Vgl. VK Düsseldorf, Beschl. v. 02.03.2007 – VK 05/2007-L – zitiert nach VERIS.
29 Vgl. EuGH, Urt. v. 01.02.2001 – Rs. C-237/99, NZBau 2001, 215.

Laut § 99 Nr. 2, letzter Halbsatz GWB können juristische Personen, die selbst juristische Personen nach § 99 Nr. 2, erster Halbsatz GWB sind, andere juristische Personen i.S.v. § 99 Nr. 2 GWB beherrschen (sog. Auftraggeberkette).

Die Regelungen des GWB weichen an dieser Stelle von den Vorgaben der Richtlinie 35 2014/25/EU ab. Das GWB erweitert den Anwendungsbereich. Es erfasst nämlich auch die Beherrschung durch Verbände (Stellen nach § 99 Nr. 3 GWB), was die Richtlinie nicht vorsieht. Die Beherrschung durch Verbände kann entweder durch deren überwiegende Finanzierung oder Beteiligung an der juristischen Person oder durch die Aufsicht der Leitung oder durch Bestimmung von mehr als der Hälfte der Mitglieder der Geschäftsführung oder Aufsichtsorgane durch den Verband erfolgen.

Darüber hinaus stellt das GWB klar, dass die Finanzierung im Sinne von § 99 Nr. 2a) 36 GWB auch in Form einer Mehrheitsbeteiligung erfolgen kann. Es genügt damit die Inhaberschaft der mehrheitlichen Gesellschaftsanteile an der juristischen Person. Wie diese finanziert wurden, spielt dabei keine Rolle. Diese Möglichkeit wird von der Richtlinie nicht vorgesehen.

Die dritte, sehr erhebliche Abweichung liegt darin, dass § 99 Nr. 2c) GWB neben den 37 Aufsichtspersonen auch die alleinige Möglichkeit der mehrheitlichen Stellung der Geschäftsführung vorsieht. Es ist damit z.B. die Konstellation denkbar, dass ein öffentlicher Auftraggeber nach § 99 Nr. 1 GWB keinerlei Aufsichtsfunktion über die juristische Person erfüllt, aber den alleinigen Geschäftsführer der juristischen Person stellt. Der Geschäftsführer führt aber nur die Geschäfte aus, die ihm der Gesellschafter oder anderweitiger Inhaber der juristischen Person vorgeben. Eine echte Beherrschung im gesellschaftsrechtlichen Sinne ist damit nicht erforderlich.

Der vierte Unterschied liegt in der Bezeichnung »mehr als die Hälfte« in § 99 Abs. 2 38 lit. c) GWB. Die Richtlinie 2014/25/EU spricht hierbei von »mehrheitlich«. Die Bedeutung im Sinne des allgemeinen Sprachgebrauchs ist jedoch bei beiden Begriffen identisch. Nimmt man beispielsweise ein Aufsichtsgremium von 3 Personen an, so ist die Voraussetzung dann erfüllt, wenn mindestens 2 Personen von einem öffentlichen Auftraggeber nach § 99 Nr. 1 oder 3 GWB gestellt werden. Bei einem Aufsichtsgremium von 4 Personen müssen mindestens 3 gestellt werden.

aa) Überwiegende Finanzierung

Zur überwiegenden Finanzierung hat der EuGH im Jahr 2000 eine Grundlagenent- 39 scheidung getroffen (»University of Cambridge«)[30] und insbes. in einer weiteren, Deutschland betreffenden Leitentscheidung aus dem Jahr 2007 (»Rundfunkanstalten«) spezifiziert.[31]

Der EuGH hat zunächst klargestellt, dass es nicht um die Finanzmittel für den konkret 40 zu vergebenden Auftrag, sondern alle Mittel geht, über die die jeweilige Einrichtung auf jährlicher Basis verfügt, womit Mittel aus einer gewerblichen Tätigkeit hinzugerechnet

---

30 Vgl. EuGH, Urt. v. 03.10.2000 – Rs. C-380/98, NZBau 2001, 218.
31 Vgl. EuGH, Urt. v. 13.12.2007 – Rs. C-337/06, NZBau 2008, 130.

werden. Ausgenommen sind Zahlungen als Gegenleistung in einem Vertragsverhältnis. Abzustellen ist auf Kapitalbeiträge oder sonstige einseitige finanzielle Zuwendungen (z.B. Subventionen).

41 »Überwiegend« ist quantitativ mit mehr als die Hälfte (also über 50%) zu bestimmen und fordert keine unmittelbare Finanzierung durch den Staat.[32] Vielmehr reicht eine indirekte Finanzierung mittels Zwangsbeiträgen, die funktional einem staatlichen Zweck dienen; dies gilt unabhängig davon, ob der Staat selbst oder die betroffenen Einrichtungen die Beiträge einziehen und die Mittel in einem öffentlichen Haushalt auftauchen.

42 Ein unmittelbarer Einfluss auf das Beschaffungswesen ist nicht notwendig. Entscheidend ist die Gefahr, dass sich die Einrichtung im Rahmen ihrer Beschaffungen ob ihrer Finanzierung von anderen als rein wirtschaftlichen Überlegungen leiten lassen könnte (potentielle Einflussnahme).

Die Finanzierung der Tätigkeit aus privaten Mitteln ist unschädlich, sollten sie durch Pflichtbeiträge von Privaten erzielt werden (mittelbare Staatsfinanzierung).[33]

43 Eine überwiegende Finanzierung liegt jedoch dann nicht vor, wenn eine Zahlung überwiegend eine spezifische Gegenleistung für erbrachte Dienstleistungen ist.[34] Ebenso nicht ausreichend ist die Finanzierung durch Mitgliedsbeiträge, zu deren Festsetzung die juristische Person zwar per Gesetz ermächtigt ist, deren Höhe aber von ihr selbst festgelegt wird, auch dann nicht, wenn die Festsetzung der Mitgliedsbeiträge der Aufsicht einer staatlichen Stelle unterliegen.[35] Als öffentliche Finanzierung sind daher nicht alle Zahlungen eines öffentlichen Auftraggebers gemäß § 99 Nr. 1 oder Nr. 3 GWB einzustufen, sondern nur solche, welche als Finanzmittel ohne spezifische Gegenleistung die Tätigkeit der betreffenden Einrichtung finanzieren oder unterstützen.

Auch eine Minderheitsbeteiligung kann entgegen dem Wortlaut zu einer Beherrschung führen, wenn nämlich der Minderheitsbeteiligte wiederum die mehrheitliche Leitung über eine Gesellschaft ausübt, die ihrerseits die juristische Person kontrolliert.[36]

Eine gemeinsame überwiegende Beteiligung liegt auch vor, wenn mehrere Gebietskörperschaften nur zusammen mehr als 50% der Beteiligung innehaben.[37]

bb) Aufsicht über die Leitung der juristischen Person

44 § 99 Nr. 2 lit. b) GWB sieht die Möglichkeit vor, dass Gebietskörperschaften oder Verbände die Leitung der juristischen Person beaufsichtigen.

---

32 Vgl. EuGH, Urt. v. 03.10.2000 – Rs. C-380/98, NZBau 2001, 218.
33 Vgl. EuGH, Urt. v. 11.06.2009 – Rs. C-300/07, NZBau 2009, 520.
34 So entschieden für Behindertenwerkstätten, OLG Düsseldorf, Beschl. v. 15.07.2015 – VII-Verg 11/15 – JurionRS 2015, 29613.
35 EuGH, Urt. v. 12.09.2013 – Rs. C-526/11 – BauR 2014, 325.
36 OLG Düsseldorf, Urt. v. 19.06.2013 – VII-Verg 55/12 – JurionRS 2013, 40990.
37 VK Sachsen, Beschl. v. 26.11.2003 – 1/SVK/138-03 – zitiert nach VERIS.

Der EuGH hat entschieden, dass die Aufsicht im Rahmen der Bestimmung einer öffent- 45
lichen Einrichtung eine Qualität haben muss wie die überwiegende Finanzierung oder
die Benennung von leitenden Personen.[38] Eine konkrete Einflussnahme auf die Beschaffungsmaßnahme sei nicht nötig.[39] Der EuGH belässt es im Grunde bei der relativ un-
präzisen Vorgabe, wonach die Möglichkeit ausreiche, dass sich die juristische Person
durch die Aufsicht bei Beschaffungen von anderen als wirtschaftlichen Erwägungen leiten lässt, z.b. Defizite in Kauf nimmt wegen der Erfüllung einer öffentlichen Aufgabe.

Die Rechtsprechung des EuGH zugrunde gelegt, müssen im Einzelfall die gesellschafts- 46
rechtlichen Einflussmöglichkeiten untersucht und bewertet werden. Die Alleingesell-
schafterstellung reicht im Zweifel nicht aus.[40] Vielmehr prüft die Rechtsprechung
konkrete Einflussnahmemöglichkeiten insbesondere anhand der Satzungen und Ge-
schäftsordnungen der juristischen Person, z.B. Vorschlagsrechte für die Besetzung
der Geschäftsführung, Einvernehmen über bestimmte Geschäftsvorgänge, Beweislast-
regeln zu Lasten des Unternehmens etc.[41]

Eine Rechts- oder Fachaufsicht über eine Einrichtung hilft isoliert betrachtet nicht wei- 47
ter, denn die Aufsichtsvarianten sind nicht gleich gestaltet, d.h. eine Rechtsaufsicht
kann trotz der im Regelfall repressiven Kontrolle aufgrund fachgesetzlicher Regelung
gleichwohl konkreten Einfluss nehmen i.S.v. § 99 Nr. 2 GWB. Das BayObLG hat in
einer Reihe von Entscheidungen zur Aufsicht über das Rote Kreuz[42], gesetzliche Kran-
kenversicherungen[43] und eine Landesversicherungsanstalt[44] die Einflussnahme überprüft. I.d.S. sind im Falle vorhandener Aufsicht genau die Einflussmöglichkeiten zu werten.

cc) Bestimmung mehr als der Hälfte der Mitglieder zur Geschäftsführung oder zur Aufsicht berufenen Organe des Auftraggebers

Die in § 99 Nr. 2 lit. c) GWB vorgesehene Beherrschungsvariante ist vergleichsweise 48
einfach zu bestimmen. Es kommt auf die Organe einer juristischen Person an und darauf, ob Auftraggeber nach § 99 Nr. 1 oder 3 GWB mehr als die Hälfte der Mitglieder
eines dieser Organe bestimmt hat.

Betroffen sind nur bestimmte Organe (Geschäftsführung oder Aufsichtsgremien, also 49
nicht Beiräte etc.) und es wird nach dem Wortlaut die tatsächliche Besetzung geprüft
und nicht nur in der Satzung enthaltene Entsendungsrechte. Im Grunde ist abzuzählen,
wer wie viele Mitglieder tatsächlich bestimmt hat.

---

38 Vgl. EuGH, Urt. v. 01.02.2001 – Rs. C-237/99, NZBau 2001, 215.
39 Vgl. EuGH, Urt. v. 13.12.2007 – Rs. C-337/06, NZBau 2008, 130.
40 Vgl. EuGH, Urt. v. 01.02.2001 – Rs. C-237/99, NZBau 2001, 215.
41 Vgl. EuGH, Urt. v. 22.05.2003 – Rs. C-18/01, NZBau 2003, 396.
42 Vgl. BayObLG, Beschl. v. 10.09.2002 – Verg 23/02, VergabeR 2003, 94.
43 Vgl. BayObLG, Beschl. v. 24.05.2004 – Verg 6/04, NZBau 2004, 623.
44 Vgl. BayObLG, Beschl. v. 21.10.2004 – Verg 17/04, NZBau 2005, 173.

3. Verbände

50 Gemäß § 99 Nr. 3 GWB sind Verbände, deren Mitglieder unter § 99 Nr. 1 oder 2 GWB fallen, öffentliche Auftraggeber.

51 Unter Verbände sind Kooperationen von öffentlichen Auftraggebern zu verstehen, unabhängig ob privatrechtlich oder öffentlich-rechtlich konstituiert. Die Rechtsprechung hat im Sektorenbereich u.a. Wasser- und Abwasserzweckverbände[45] oder Verkehrsverbünde[46] als Auftraggeber nach § 99 Nr. 3 GWB eingeordnet.

II. Auftraggeber nach § 100 Abs. 1 Nr. 2 GWB

1. Grundregeln

52 Durch § 100 Abs. 1 Nr. 2 GWB werden Private, die in bestimmten Branchen tätig sind, zur Anwendung des Vergaberechts gezwungen. Grund hierfür ist die Staatsnähe der Unternehmen, entweder wegen ihrer Beherrschung durch öffentliche Auftraggeber oder der Inhaberschaft besonderer und ausschließlicher Rechte. Darüber hinaus erfasst § 100 Abs. 1 Nr. 2 GWB – entgegen der Richtlinie 2014/25/EU – auch natürliche Personen des Privatrechts. Deren Bedeutung dürfte jedoch stark untergeordnet sein.

53 Ausschließlich Auftraggeber nach § 100 Abs. 1 Nr. 2 GWB wurden bis zur Einführung der SektVO als Sektorenauftraggeber bezeichnet. Dieser Begriff war damals irreführend, denn im Sektorenbereich wenden ebenso öffentliche Auftraggeber nach § 99 Nr. 1 bis 3 GWB das Sektorenvergaberecht an. Das hat der Gesetzgeber nunmehr klargestellt, indem er die öffentlichen Auftraggeber nach § 99 Nr. 1 bis 3 GWB und die Auftraggeber nach § 100 Abs. 1 Nr. 2 GWB in § 100 GWB gemeinsam als Sektorenauftraggeber bezeichnet.

54 Die Richtlinie 2014/25/EU kennt den Begriff des Sektorenauftraggebers wiederum nicht. Die klassischen Sektorenauftraggeber (nach § 100 Abs. 1 Nr. 2 lit. b) GWB) werden dort als öffentliche Unternehmen bezeichnet. Dem Grunde nach sind die Voraussetzungen für die Einstufung als Sektorenauftraggeber nach § 100 Abs. 1 Nr. 2 lit. b) GWB und als öffentliches Unternehmen gemäß Art. 4 Abs. 2 der Richtlinie 2014/25/EU aber identisch.

2. Natürliche oder juristische Personen des privaten Rechts

55 Die Konstitution der zu betrachtenden Person kann nur privatrechtlich sein, also entweder natürliche Personen (z.B. GbR) oder juristische Personen (z.B. GmbH). Damit entsteht keine Rechtslücke, denn öffentlich-rechtliche Personen, die im Sektorenbereich tätig sind, wenden als öffentliche Auftraggeber über § 99 Nr. 1 bis 3 GWB das Sektorenvergaberecht an.

---

45 Vgl. OLG Jena, Beschl. v. 08.05.2008 – 9 Verg 2/08, VergabeR 2008, 653.
46 Vgl. VK Düsseldorf, Beschl. v. 18.04.2002 – VK-5/2002/L, WuW 2002, 537.

3. Sektorentätigkeit gemäß § 102 GWB

Die Person des privaten Rechts muss eine Sektorentätigkeit im Sinne von § 102 GWB 56
ausüben. Die Richtlinie 2014/25/EU setzt in Art. 4 Abs. 1b) voraus, dass eine oder
mehrere dieser Sektorentätigkeiten ausgeübt werden. Es muss als mindestens eine Sektorentätigkeit ausgeübt werden.

Der zu vergebende Auftrag muss die vom Sektorenauftraggeber ausgeübte Sektorentä- 57
tigkeit betreffen. Denn das Sektorenvergaberecht ist für Sektorenauftraggeber nur anzuwenden, wenn es sich bei dem zu vergebenden Auftrag um solchen aus dem Sektorenbereich handelt.[47] Gemäß § 136 GWB ist das Sektorenvergaberecht nur bei der Vergabe
von öffentlichen Aufträgen durch Sektorenauftraggeber anzuwenden, wenn der betreffende Auftrag dem Zweck der Ausübung einer Sektorentätigkeit dient. Das ist der Fall,
wenn ein innerer Zusammenhang mit der Sektorentätigkeit besteht, indem diese Tätigkeit durch den Auftrag ermöglicht, erleichtert oder gefördert wird.[48]

Sektorenauftraggeber nach § 100 Abs. 1 Nr. 1 GWB, die einen Auftrag zu vergeben 58
haben, der nicht im Sektorenbereich liegt, müssen die Vorschriften der §§ 115 bis
135 GWB anwenden. Auch wenn der Wortlaut des § 100 Abs. 1 Nr. 1 GWB davon
spricht, dass der öffentliche Auftraggeber nach § 99 Nr. 1 bis 3 GWB lediglich eine
Sektorentätigkeit nach § 102 GWB ausüben und nicht auch einen Sektorenauftrag vergeben muss, wird man bei diesen öffentlichen Auftraggebern nach dem Sinn und
Zweck der Regelung nur solche Aufträge dem Sektorenvergaberecht zuordnen, die
von solchen öffentlichen Auftraggebern im Sektorenbereich vergeben werden. Dies
stellt jedenfalls § 136 GWB eindeutig klar.

Sektorenauftraggeber nach § 100 Abs. 1 Nr. 2 GWB, die einen Auftrag zu vergeben 59
haben, der nicht im Sektorenbereich liegt, müssen das Vergaberecht nur insoweit anzuwenden, als Bezug auf Auftraggeber im Sinne von § 98 GWB genommen wird. Das ist
aber weder in den §§ 115 ff. GWB noch in §§ 136 ff. GWB der Fall, so dass diese Sektorenauftraggeber bei der Vergabe von Aufträgen außerhalb des Sektorenbereichs keinen formellen Regelungen des GWB unterliegen. Dies stellt § 137 Abs. 2 Nr. 1
GWB ganz eindeutig klar. Anderen Zwecken als einer Sektorentätigkeit dienen Lieferungen und Leistungen dann, wenn sie die Sektorentätigkeit nicht ermöglichen, erleichtern oder fördern.[49]

Sektorenauftraggeber nach § 100 GWB dürfen somit auch andere Aufgaben durchfüh- 60
ren als Sektorentätigkeiten. § 100 GWB ist nicht so zu lesen, dass Sektorenauftraggeber nur solche sind, die ausschließlich eine Sektorentätigkeit nach § 102 GWB ausüben.

---

47 Der EuGH hat klargestellt, dass öffentliche Auftraggeber das Sektorenvergaberecht nur für
    Aufträge im Sektorenbereich anwenden dürfen, EuGH, Urt. v. 10.04.2008 – C-393/06,
    NZBau 2008, 394, Rn. 26–29.
48 Reidt/Stickler/Glahs, Vergaberecht, Kommentar, 3. Aufl. 2011, § 100 GWB Rn. 72; Im-
    menga/Mestmäcker, Wettbewerbsrecht, Bd. 2, 5. Aufl. 2014, § 100b Rn. 14.
49 Siehe Fn. 47.

61 Unter Sektoren versteht man gemäß § 102 GWB
    – Trinkwasserversorgung
    – Elektrizitätsversorgung
    – Gas- und Wärmeversorgung
    – Verkehrsleistungen
    – Häfen und Flughäfen
    – Öl- und Gasförderung, Exploration und Förderung von Kohle oder anderer fester Brennstoffe

62 Die Sektoren werden in den Anwendungsbereich des Vergaberechts einbezogen, da in Zusammenhang mit der Beherrschung durch die öffentliche Hand bzw. besonderen oder ausschließlichen Rechten in bestimmten Branchen nach Auffassung des Richtliniengebers abgeschottete Märkte bestehen, die durch das Vergaberecht aufgebrochen werden sollen (vgl. Erwägungsgründe Nr. 1 der Richtlinie 2014/25/EU).

4. Besondere oder ausschließliche Rechte

63 Die besonderen und ausschließlichen Rechte sind in § 99 Abs. 2 GWB definiert. Inhaber derartiger Rechte sollen das Sektorenvergaberecht anwenden, da kein freier Wettbewerb bei monopolartigen Marktstellungen vermutet wird.

64 Die Begriffsbestimmung stammt aus Art. 4 Abs. 3 der Richtlinie 2014/25/EU und wurde im Rahmen der GWB-Reform 2009 übernommen, weil es in der Praxis zu Schwierigkeiten bei der Bestimmung des konkreten Inhalts der Rechte kam. Die Definition lautet:

»Besondere oder ausschließliche Rechte im Sinne von Abs. 1 Nr. 2 Buchstabe a) sind Rechte, die dazu führen, dass die Ausübung dieser Tätigkeiten einem oder mehreren Unternehmen vorbehalten wird und dass die Möglichkeit anderer Unternehmen, diese Tätigkeit auszuüben, erheblich beeinträchtigt wird. Keine besonderen oder ausschließlichen Rechte in diesem Sinne sind Rechte, die aufgrund eines Verfahrens nach den Vorschriften dieses Teils oder aufgrund eines sonstigen Verfahrens gewährt wurden, das angemessen bekannt gemacht wurde und auf objektiven Kriterien beruht.«

65 Zusammen mit Nr. 20 der Erwägungsgründe zur Richtlinie 2014/25/EG ist damit klargestellt, dass Vorteile aus einem Enteignungsverfahren (z.B. § 12 EnWG) oder von Nutzungsrechten (vgl. § 13 EnWG) für sich genommen noch kein besonderes oder ausschließliches Recht darstellen. Ist ein Recht auf Basis eines diskriminierungsfreien Wettbewerbs erworben worden, z.B. Konzessionen, dann soll ebenso wenig ein besonderes oder ausschließliches Recht vorliegen.

66 Die entscheidenden Kriterien dafür, dass keine besonderen oder ausschließlichen Rechte vorliegen, sind der Erwerb der Rechte
    – in einem auf Basis objektiver Kriterien beruhendem Verfahren und
    – bei Gewährleistung einer angemessenen Publizität

67 Damit wurde die in Art. 4 Abs. 3 Satz 2 der Richtlinie 2014/25/EU geregelte Negativabgrenzung der Definition für besondere oder ausschließliche Rechte umgesetzt. Im

Kern wird damit klargestellt, dass Rechte, die im Wege eines Verfahrens gewährt wurden, das auf objektiven Kriterien beruht und bei dem eine angemessene Publizität gewährleistet wurde, keine besonderen oder ausschließlichen Rechte im Sinne dieser Richtlinie darstellen. Die Anwendung des Vergaberechts ist in diesen Fällen insofern entbehrlich, da schon bei der Gewährung der ausschließlichen und besonderen Rechte den Anforderungen an ein wettbewerbliches Verfahren genügt wurde.

Dies betrifft insbesondere den Fall, wenn bereits die Gewährung besonderer oder aus- **68** schließlicher Rechte in einem wettbewerblichen Verfahren nach dem Viertem Teil des GWB erfolgt ist. In Anhang II der Richtlinie 2014/25/EU werden beispielhaft weitere Genehmigungsverfahren aufgrund bestimmter EU-Rechtsakte aufgeführt, die nicht zum Erhalt besonderer oder ausschließlicher Rechte führen.

Darunter fallen: **69**
– Erteilung einer Genehmigung für den Betrieb von Erdgasanlagen nach Artikel 4 Richtlinie 2009/73/EG des Europäischen Parlaments und des Rates vom 13. Juli 2009 über gemeinsame Vorschriften für den Erdgasbinnenmarkt und zur Aufhebung der Richtlinie 2003/55/EG (ABl. Nr. L 211 S. 94).
– Genehmigung oder Aufforderung zur Angebotsabgabe für den Bau neuer Stromerzeugungsanlagen
gemäß der Richtlinie 2009/72/EG des Europäischen Parlaments und des Rates vom 13. Juli 2009über gemeinsame Vorschriften für den Elektrizitätsbinnenmarkt und zur Aufhebung der Richtlinie 2003/54/EG (ABl. Nr. L 211 S. 55).

Diese beiden im Energiewirtschaftsgesetz (EnWG) umgesetzten Richtlinien waren Be- **70** standteil des 3. Energiepaketes der EU und hatten zum Ziel die Trennung des Netzbetriebes von Versorgung und Erzeugung.
– Genehmigungen in Bezug auf Postdienste, die nicht reserviert sind oder nicht reserviert werden dürfen nach Art. 9 der Richtlinie 97/67/EG des Europäischen Parlaments und des Rates vom 15. Dezember 1997 über gemeinsame Vorschriften für die Entwicklung des Binnenmarktes der Postdienste der Gemeinschaft und die Verbesserung der Dienstequalität (ABl. 1998 Nr. L 15 S. 14, berichtigt ABl. 1998 Nr. L 23, S. 39). Die Richtlinie ist umgesetzt im Postgesetz (PostG) sowie der Postuniversaldienstleistungsverordnung (PUDLV).
– Richtlinie 94/22/EG des Europäischen Parlaments und des Rates vom 30. Mai 1994 über die Erteilung und Nutzung von Genehmigungen zur Prospektion, Exploration und Gewinnung von Kohlenwasserstoffen (ABl. Nr. L 164 S. 3). Die Richtlinie ist im Bundesberggesetz (BBergG) umgesetzt.
– Vergabe öffentlicher Dienstleistungsaufträge auf der Grundlage eines wettbewerblichen Vergabeverfahrens gemäß Art. 5 Abs. 3 der Verordnung (EG) Nummer 1370/2007 des Europäischen Parlaments und des Rates vom 23. Oktober 2007 über öffentliche Personenverkehrsdienste auf Schiene und Straße (ABl. Nr. L 315 S. 1). Die Verordnung ist in Teilen im Personenbeförderungsgesetz (PBefG) umgesetzt. Ansonsten gilt sie als EU-Verordnung unmittelbar.

Diese Liste in Anhang II der Richtlinie 2014/25/EU ist nicht abschließend.

71 In Betracht kommen nach alledem nur Rechte, die nicht als Bieter in einer Ausschreibung oder anderen angemessen publizierten, auf Basis objektiver Kriterien durchgeführten Verfahren erworben wurden bzw. die nicht allein in Enteignungs- oder Nutzungsrechten bestehen.

72 Im räumlichen Sinne muss die wirtschaftliche Tätigkeit anderer im selben Gebiet zu im Wesentlichen gleichen Bedingungen aufgrund des Rechts wesentlich beeinträchtigt sein.[50] Das kann für regionale Energieversorgungsunternehmen gelten[51] oder für Verkehrskonzessionen, die nicht auf Basis einer Ausschreibung, z.b. per Beleihung oder durch eine (legale) In-house-Vergabe erworben wurden.

5. Besondere Staatsgebundenheit

73 Statt besonderer Rechte lässt sich ein Sektorenauftraggeber als öffentliches Unternehmen mittels besonderer Staatsgebundenheit gemäß § 100 Abs. 1 Nr. 2 lit. b) in Verbindung mit Abs. 3 GWB identifizieren. Die Staatsgebundenheit ergibt sich aus einem beherrschenden Einfluss einer oder mehrerer öffentlichen Auftraggeber nach § 99 Abs. 1 bis 3 GWB auf die juristische Person des privaten Rechts. Die Richtlinie 2014/25/EU wird dazu konkreter, denn sie bestimmt den beherrschenden Einfluss aufgrund der Eigentumsverhältnisse, finanzieller Beteiligung oder der für das Unternehmen geltenden Bestimmungen. Nur auf den ersten Blick besteht eine Parallelität zum Einfluss auf eine öffentliche Einrichtung nach § 99 Nr. 2 GWB. Denn die Beherrschung nach § 100 Abs. 1 Nr. 2 lit. b) GWB ist in § 100 Abs. 3 GWB und Art. 4 Abs. 2, Satz 2 der Richtlinie 2014/25/EU anders definiert und weiter gefasst, indem widerlegbare Vermutungsregeln für einen beherrschenden Einfluss bestehen und eine konkrete Beeinflussung, z.B. mit der Bestimmung der Geschäftsführer, nicht vorhanden sein muss.

74 Das GWB ist hierbei zudem weiter gefasst als die Richtlinie 2014/25/EU, denn das GWB definiert auch natürliche Personen des privaten Rechts als mögliche Sektorenauftraggeber, auf die ein beherrschender Einfluss ausgeübt werden kann. Die Richtlinie beschränkt sich hierbei ausschließlich auf öffentliche Unternehmen.

75 Bei der Vermutungsregelung nach § 100 Abs. 3 GWB wird eine Beherrschung durch einen öffentlichen Auftraggeber nach § 99 Nr. 1 bis 3 GWB angenommen, wenn
   – *»dieser unmittelbar oder mittelbar die Mehrheit des gezeichneten Kapitals des Unternehmens besitzt oder*
   – *über die Mehrheit der mit den Anteilen am Unternehmen verbundenen Stimmrechte verfügt oder*
   – *mehr als die Hälfte der Mitglieder des Verwaltungs-, Leitungs- oder Aufsichtsorgans des Unternehmens bestellen kann.«*

76 Neben der Vermutungsregel können weitere Anhaltspunkte anhand der EU-Konzernrichtlinie ermittelt werden.[52] Die Konzernrichtlinie dient der Harmonisierung der

---

50 Vgl. EuGH, Urt. v. 25.10.2001 – Rs. C-475/99, EuZW 2002, 25.
51 Ohne weitere Begründung bei OLG Düsseldorf, Beschl. v. 21.05.2008 – Verg 19/08, NZBau 2009, 67, 68.
52 Vgl. EU-Richtlinie 90/435/EWG vom 23.07.1990, ABl. EU Nr. L 225 vom 20.08.1990, S. 6,

Besteuerung von Gewinnausschüttungen, die von einer Tochtergesellschaft an ihre Muttergesellschaft vorgenommen werden. Dadurch lassen sich Rückschlüsse auf Beherrschungsverhältnisse ziehen. Die jeweiligen Beherrschungsverhältnisse müssen im Einzelfall untersucht werden.

Sollte die Vermutungsregel erfüllt sein, kann das betroffene Unternehmen die Vermutung einer Beherrschung widerlegen. Das Unternehmen ist dafür darlegungs- und beweispflichtig, indem es z.b. besondere Freiheiten der Geschäftsführung nachweist.

§ 102 GWB Sektorentätigkeiten

(1) Sektorentätigkeiten im Bereich Wasser sind
1. die Bereitstellung oder das Betreiben fester Netze zur Versorgung der Allgemeinheit im Zusammenhang mit der Gewinnung, der Fortleitung und der Abgabe von Trinkwasser,
2. die Einspeisung von Trinkwasser in diese Netze.

Als Sektorentätigkeiten gelten auch Tätigkeiten nach Satz 1, die im Zusammenhang mit Wasserbau-, Bewässerungs- oder Entwässerungsvorhaben stehen, sofern die zur Trinkwasserversorgung bestimmte Wassermenge mehr als 20 Prozent der Gesamtwassermenge ausmacht, die mit den entsprechenden Vorhaben oder Bewässerungs- oder Entwässerungsanlagen zur Verfügung gestellt wird oder die im Zusammenhang mit der Abwasserbeseitigung oder -behandlung steht. Die Einspeisung von Trinkwasser in feste Netze zur Versorgung der Allgemeinheit durch einen Sektorenauftraggeber nach § 100 Absatz 1 Nummer 2 gilt nicht als Sektorentätigkeit, sofern die Erzeugung von Trinkwasser durch den betreffenden Auftraggeber erfolgt, weil dessen Verbrauch für die Ausübung einer Tätigkeit erforderlich ist, die keine Sektorentätigkeit nach den Absätzen 1 bis 4 ist, und die Einspeisung in das öffentliche Netz nur von dem Eigenverbrauch des betreffenden Auftraggebers abhängt und bei Zugrundelegung des Durchschnitts der letzten drei Jahre einschließlich des laufenden Jahres nicht mehr als 30 Prozent der gesamten Trinkwassererzeugung des betreffenden Auftraggebers ausmacht.

(2) Sektorentätigkeiten im Bereich Elektrizität sind
1. die Bereitstellung oder das Betreiben fester Netze zur Versorgung der Allgemeinheit im Zusammenhang mit der Erzeugung, der Fortleitung und der Abgabe von Elektrizität,
2. die Einspeisung von Elektrizität in diese Netze, es sei denn,
  a) die Elektrizität wird durch den Sektorenauftraggeber nach § 100 Absatz 1 Nummer 2 erzeugt, weil ihr Verbrauch für die Ausübung einer Tätigkeit erforderlich ist, die keine Sektorentätigkeit nach den Absätzen 1 bis 4 ist, und
  b) die Einspeisung hängt nur von dem Eigenverbrauch des Sektorenauftraggebers ab und macht bei Zugrundelegung des Durchschnitts der letzten drei Jahre ein-

---

geändert durch EU-Richtlinie 2003/123/EG vom 22.12.2003, ABl. EU Nr. L 7 vom 13.01.2004, S. 41.

schließlich des laufenden Jahres nicht mehr als 30 Prozent der gesamten Energie-erzeugung des Sektorenauftraggebers aus.

(3) Sektorentätigkeiten im Bereich von Gas und Wärme sind

1. die Bereitstellung oder das Betreiben fester Netze zur Versorgung der Allgemein-heit im Zusammenhang mit der Erzeugung, der Fortleitung und der Abgabe von Gas und Wärme,

2. die Einspeisung von Gas und Wärme in diese Netze, es sei denn,

   a) die Erzeugung von Gas oder Wärme durch den Sektorenauftraggeber nach § 100 Absatz 1 Nummer 2 ergibt sich zwangsläufig aus der Ausübung einer Tätigkeit, die keine Sektorentätigkeit nach den Absätzen 1 bis 4 ist, und

   b) die Einspeisung zielt nur darauf ab, diese Erzeugung wirtschaftlich zu nutzen und macht bei Zugrundelegung des Durchschnitts der letzten drei Jahre ein-schließlich des laufenden Jahres nicht mehr als 20 Prozent des Umsatzes des Sektorenauftraggebers aus.

(4) Sektorentätigkeiten im Bereich Verkehrsleistungen sind die Bereitstellung oder das Betreiben von Netzen zur Versorgung der Allgemeinheit mit Verkehrsleistungen per Eisenbahn, automatischen Systemen, Straßenbahn, Trolleybus, Bus oder Seil-bahn; ein Netz gilt als vorhanden, wenn die Verkehrsleistung gemäß den von einer zuständigen Behörde festgelegten Bedingungen erbracht wird; dazu gehören die Fest-legung der Strecken, die Transportkapazitäten und die Fahrpläne.

(5) Sektorentätigkeiten im Bereich Häfen und Flughäfen sind Tätigkeiten im Zu-sammenhang mit der Nutzung eines geografisch abgegrenzten Gebiets mit dem Zweck, für Luft-, See- oder Binnenschifffahrtsverkehrsunternehmen Flughäfen, See- oder Binnenhäfen oder andere Terminaleinrichtungen bereitzustellen.

(6) Sektorentätigkeiten im Bereich fossiler Brennstoffe sind Tätigkeiten zur Nut-zung eines geografisch abgegrenzten Gebiets zum Zweck

1. der Förderung von Öl oder Gas oder

2. der Exploration oder Förderung von Kohle oder anderen festen Brennstoffen.

(7) Für die Zwecke der Absätze 1 bis 3 umfasst der Begriff »Einspeisung« die Erzeu-gung und Produktion sowie den Groß- und Einzelhandel. Die Erzeugung von Gas fällt unter Absatz 6.

Amtliche Begründung

»§ 102 Absatz 1 bis 6 dient der Umsetzung der Artikel 8 bis 14 der Richtlinie 2014/25/EU sowie des Anhangs II der Richtlinie 2014/23/EU und definiert die Sektorentätigkeiten.

Die materiellen Regelungen zu diesen Tätigkeiten werden anstelle in einer Anlage nunmehr in einem gesonderten Paragrafen erfasst. Zur besseren Übersichtlichkeit wurde im Wesentlichen die Struktur der jeweiligen Artikel der Richtlinie 2014/25/EU übernommen. Inhaltlich hat sich zur Vorgängerrichtlinie 2004/17/EG nichts geändert.

Das Sektorenvergaberecht knüpft an die in Artikel 8 bis 14 der Richtlinie 2014/25/EU geregelten Tätigkeiten an, um den Anwendungsbereich des Sektorenvergaberechts zu umschreiben. Im Rahmen der Konzessionsvergabe sind diese Tätigkeiten Voraussetzungen zur Erfüllung der Definition des Auftraggebers nach Artikel 7 der Richtlinie 2014/23/EU.

Der Bereich der Postdienste wurde – wie bereits bei der Umsetzung der Vorgängerrichtlinie – nicht aufgenommen. Zum einen ist der Markt der Postdienstleistungen in Deutschland liberalisiert und zum anderen finden sich in Deutschland keine Auftraggeber, die im Bereich der Postdienste die Voraussetzungen der Definition der verschiedenen Auftraggeber gemäß §§ 98 ff. erfüllen.

Für die Konzessionsvergabe ist zu beachten, dass der Bereich der Trinkwasserversorgung von der Richtlinie 2014/23/EU ausgenommen wurde.

§ 102 Absatz 7 dient der Umsetzung des Artikels 7 der Richtlinie 2014/25/EU. Dieser stellt klar, dass der Begriff »Einspeisung« die Erzeugung bzw. Produktion von Wasser, Gas und Wärme sowie Elektrizität sowie den Groß- und Einzelhandel umfasst, wobei die Erzeugung von Gas allerdings unter Absatz 6 fällt.«

A. Allgemeine Einführung

§ 102 GWB definiert folgende Bereiche als Sektoren: 1
- Trinkwasserversorgung
- Elektrizitätsversorgung
- Gas- und Wärmeversorgung
- Verkehrsleistungen
- Häfen und Flughäfen
- Öl- und Gasförderung, Exploration und Förderung von Kohle oder anderer fester Brennstoffe.

Die Sektoren werden in den Anwendungsbereich des Vergaberechts einbezogen, da in   2
Zusammenhang mit der Beherrschung durch die öffentliche Hand bzw. besonderen oder ausschließlichen Rechten in bestimmten Branchen nach Auffassung des Richtliniengebers abgeschottete Märkte bestehen, die durch das Vergaberecht aufgebrochen werden sollen.

Ist ein Auftrag für die Durchführung mehrerer Tätigkeiten vorgesehen, die einerseits   3
eine Sektorentätigkeit und andererseits eine solche nicht darstellt, so richtet sich die An-

wendung des entsprechenden Regelwerks nach den Vorschriften der Tätigkeit, für die der Auftrag hauptsächlich vorgesehen ist, § 112 GWB.

4   Für die Sektoren Trinkwasser und Energie gilt, dass unter das dort geforderte »Netz« angesichts der näheren Bestimmung mit »fest« stets ein mit dem Erdboden verbundenes Netz zu verstehen ist. Provisorien oder nur einen vorübergehenden Zweck erfüllende Netze fallen nicht hierunter.

5   Die »Allgemeinheit«, die das Netz versorgen soll, ist ein Hinweis auf die öffentlichkeitsbezogene Versorgung, die eine Tätigkeit, welche lediglich die Versorgung eines einzigen, m.a.W. konkret bestimmten Empfängers vorsieht, nicht erfasst. Vielmehr darf die Versorgung nicht von vornherein nur auf bestimmte, schon bei der Netzerrichtung feststehender oder bestimmbarer Letztverbraucher ausgelegt sein, sondern muss grundsätzlich für die Versorgung jedes Letztverbrauchers offen stehen.[1] Auf die Rechtsgrundlage der Bereitstellung und Nutzung kommt es nicht an.[2] Eine Eigentümerstellung muss nicht bestehen, sondern es reicht aus, Pächter und Betreiber eines Netzes zu sein, um den Begriff der Sektorentätigkeit auszufüllen.[3] Das »Bereitstellen«, worunter Bau, Unterhaltung und Instandsetzung des Netzes fällt, kann gleichwohl nicht isoliert die Sektorentätigkeit ausfüllen. Überlässt der Eigentümer eines Netzes einem anderen die Nutzung des Netzes, so stellt nicht er das Netz der Allgemeinheit zur Verfügung, sondern der Nutzungsberechtigte. Damit fiele der Eigentümer nicht unter den Begriff der Sektorentätigkeit. Seine Aufträge unterlägen vorbehaltlich einer anders gearteten Auftraggeberstellung nach dem GWB bzw. dem Haushalts- oder Zuwendungsrecht, nicht dem Vergaberecht.

B. Vergleich zur vorherigen Rechtslage

6   Das GWB (alt) sah die Sektorentätigkeiten bisher in einer Anlage zu § 98 Nr. 4 GWB vor. Nunmehr sind die Definitionen in den Gesetzestext des GWB direkt aufgenommen worden und nicht mehr als Anlagentext.

Das GWB hat – entsprechend der Richtlinie 2014/25/EU – die Definition der Sektoren im Vergleich zum GWB (alt) inhaltlich beibehalten und lediglich neu untergliedert.

Beispielsweise sind die Bereiche Häfen und Flughäfen entgegen der bisherigen Definition des Verkehrsbereiches in Ziff. 4 der Anlage zum GWB (alt) nunmehr in § 102 Abs. 5 GWB gesondert geregelt und nicht mehr vom Sektorenbereich Verkehr erfasst.

7   Der Bereich der Postdienste wurde – wie bereits bei der Umsetzung der Richtlinie 2004/17/EG – nicht aufgenommen. Zum einen ist der Markt der Postdienstleistungen in Deutschland liberalisiert und zum anderen finden sich in Deutschland keine Auftraggeber, die im Bereich der Postdienste die Voraussetzungen der Definition der verschiedenen Auftraggeber gemäß §§ 98 ff. erfüllen. Es besteht damit keine zu Art. 13 der Richtlinie 2014/25/EU bestehende Gesetzeslücke.

---

1 Siehe § 3 Nr. 17 EnWG für »Energieversorgungsnetze der allgemeinen Versorgung.
2 Vgl. Eschenbruch, in: Kulartz/Kus/Portz, GWB-Vergaberecht, § 98 Rn. 278.
3 Vgl. Bischoff, in: Willenbruch/Bischoff, Vergaberecht, § 98 GWB Rn. 75.

C. Europarechtliche Vorgaben

Der deutsche Gesetzgeber setzt mit § 102 GWB die in Art. 7 bis 14 der Richtlinie **8** 2014/25/EU um und hat die dort enthaltene Definition der Sektoren identisch übernommen. Aufgegeben wurde lediglich die Auflistung von öffentlichen Unternehmen im Anhang zur Richtlinie 2004/17/EG, die als Beispiele für in einer Sektorentätigkeit tätige Sektorenauftraggeber galten. Da diese Auflistung jedoch nie abschließend sein konnte, war ihr Nutzen nicht sehr hoch und die Streichung ist sachgerecht. Die Definition der Sektorentätigkeiten ist nunmehr abschließend in Art. 7 bis 14 Richtlinie 2014/25/EU sowie in § 102 GWB geregelt.

Ist ein Auftrag für die Durchführung mehrerer Tätigkeiten vorgesehen, die einerseits **9** eine Sektorentätigkeit und andererseits eine solche nicht darstellt, so regelt Art. 6 Abs. 2 der Richtlinie 2014/25/EU, dass sich die Anwendung des entsprechenden Regelwerks nach den Vorschriften der Tätigkeit richtet, für die der Auftrag hauptsächlich vorgesehen ist. Diese europäischen Vorgaben sind in § 112 GWB umgesetzt worden.

D. Kommentierung

I. Trinkwasserversorgung (§ 102 Abs. 1 GWB)

Die Definition für die Trinkwasserversorgung lautet: **10**
1. die Bereitstellung oder das Betreiben fester Netze zur Versorgung der Allgemeinheit im Zusammenhang mit der Gewinnung, der Fortleitung und der Abgabe von Trinkwasser.
2. die Einspeisung von Trinkwasser in diese Netze.

Darüber hinaus werden besondere Nebentätigkeiten der Trinkwasserversorgung mit er- **11** fasst. Dies gilt für Wasserbau-, Bewässerungs- oder Entwässerungsvorhaben, wenn mehr als 20% der Wassermenge für die damit zusammenhängende Trinkwasserversorgung verwendet werden. Auch eine Trinkwasserversorgung im Zusammenhang mit der Abwasserbeseitigung oder Abwasserbehandlung stellt eine Sektorentätigkeit dar. Nicht als Sektorentätigkeit gilt dagegen die Einspeisung von Trinkwasser in Netze der allgemeinen Versorgung, wenn es sich um Sektorenauftraggeber nach § 100 Abs. 1 Nr. 2 GWB handelt, die Trinkwasser nicht für eine Sektorentätigkeit, sondern im Wesentlichen zum Zwecke des Eigenverbrauchs erzeugen und das neben dem Eigenverbrauch verbliebene Trinkwasser in das Netz der allgemeinen Versorgung leiten, dessen Menge in den letzten drei Jahren einschließlich des laufenden Jahres max. 30% der jeweiligen Trinkwassererzeugung beträgt.

Die wenig übersichtliche Begriffsbestimmung kann in einen Grundtatbestand, einen **12** erweiterten Tatbestand (»Auch-Sektorentätigkeiten«) sowie Ausnahmen von der Sektorentätigkeit unterteilt werden. Hierbei hat der Gesetzgeber durch die Verwendung von »oder« und die Absatzbildung klargestellt, dass es sich um alternative Tätigkeiten handelt, die nicht kumulativ vorliegen müssen.

Grundtatbestand ist das Bereitstellen oder das Betreiben von Netzen zur Trinkwasser- **13** versorgung im Zusammenhang mit der Erzeugung und Lieferung von Trinkwasser an die Bevölkerung. Daneben ist auch lediglich die Einspeisung von Trinkwasser in Netze zur Versorgung der Allgemeinheit eine Sektorentätigkeit. Die Einspeisung erfasst begrifflich ausschließlich die Produktion und Erzeugung sowie den Groß- und Einzelhandel von Trinkwasser, § 102 Abs. 7 GWB. Diese Aufzählung ist alternativ zu verstehen, denn die Ausführung von einer Tätigkeit, z.b. der Produktion von Trinkwasser zum Zweck der Abgabe in ein Netz zur Versorgung der Allgemeinheit, erfüllt bereits den Tatbestand der Sektorentätigkeit.

14 Erfasst werden Wasserversorgungsunternehmen, die Wasserversorgungsanlagen unter behördlicher Überwachung betreiben und das Wasser der Allgemeinheit gegen Vergütung zur Verfügung stellen. Es werden aber auch Wasserversorgungsunternehmen erfasst, die das Trinkwasser nicht selbst erzeugen, sondern lediglich handeln, also selbst beschaffen und an Dritte weiterveräußern. Hierbei fallen unter den Begriff der »Dritten« andere Wasserversorgungsunternehmen oder Letztverbraucher. Entscheidend ist lediglich, dass das Trinkwasser in ein Netz der allgemeinen Versorgung abgegeben wird.

15 Ein Netz zur Versorgung der Allgemeinheit ist dadurch gekennzeichnet, dass es nicht von vornherein der Versorgung bestimmter, schon bei der Netzerrichtung feststehender oder bestimmbarer Letztverbraucher dient, sondern grundsätzlich für die Versorgung jedes Letztverbrauchers offen steht.

16 »Auch-Sektorentätigkeit« ist die mit dem Grundtatbestand in Zusammenhang stehende Abwasserbeseitigung, Abwasserbehandlung oder Wasserbau-/Bewässerungs-/Entwässerungsvorhaben, letztere jedoch nur bei Überschreiten gewisser Wassermengen. Die Verbindung Trinkwasser/Abwasser macht ein Unternehmen vorbehaltlich der weiteren Voraussetzungen zu einem Sektorenauftraggeber nach § 100 GWB. Der Richtliniengeber ist hierzu der Auffassung, dass Auftraggeber in der Lage sein sollten, die in der Richtlinie 2014/25/EU vorgesehenen Vergabeverfahren bei all ihren wasserwirtschaftlichen Tätigkeiten anzuwenden, unabhängig davon, um welchen Teil des »Wasserzyklus« es geht.[4] Würde man jedoch die Abwasserbehandlung in ein anderes, rechtlich selbstständiges Unternehmen überführen, wäre dieses eigenständige Unternehmen nicht mehr in einem Sektorenbereich tätig und kein Sektorenauftraggeber nach § 100 GWB.

17 Unterstellt man einen Sektorenauftraggeber nach § 100 GWB, so fallen gleichwohl einige Tätigkeiten im Trinkwasserbereich ausdrücklich nicht unter das EU-Vergaberecht. Dabei geht es um nicht für die Sektorentätigkeit notwendige Trinkwassergewinnung, nach der die Lieferung an das öffentliche Netz nur vom Eigenverbrauch des Unternehmens abhängt und diese Menge nicht mehr als 30% der gesamten Trinkwassergewinnung des Auftraggebers nach § 100 GWB ausmacht.

18 Der Unionsgesetzgeber verweist auf die fehlende Eignung des Vergaberechts für Lieferaufträge bei der Beschaffung von Wasser, weil es notwendig sei, sich aus in der Nähe des Verwendungsorts gelegenen Quellen zu versorgen[5], sog. wasserrechtliches Örtlichkeits-

---

4 Erwägungsgrund 24 der Richtlinie 2014/25/EU.
5 Erwägungsgrund 24 der Richtlinie 2014/25/EU.

prinzip. Er hat daher für die Beschaffung von Wasser im Rahmen der Trinkwasserversorgung in § 137 Abs. 1 Nr. 7 GWB eine Ausnahme von der Anwendung des Sektorenvergaberechts geschaffen. Dies steht jedoch in einem gewissen Widerspruch zu der Regelung in § 102 Abs. 7 in Verbindung mit Abs. 1 GWB, wonach der Einzelhandel von Trinkwasser zu den Sektorentätigkeiten gehört und Einzelhandel die Lieferung von Trinkwasser darstellt. § 102 GWB regelt jedoch nur Definitionen, § 137 GWB regelt Anwendungen des Vergaberechts und ist damit rechtsausfüllend. § 137 Abs. 1 Nr. 7 GWB hat damit als speziellere Norm Vorrang.

II. Elektrizitätsversorgung (§ 102 Abs. 2 GWB)

Die Definition für die Elektrizitätsversorgung erfasst: 19
1. die Bereitstellung oder das Betreiben fester Netze zur Versorgung der Allgemeinheit im Zusammenhang mit der Erzeugung, der Fortleitung oder der Abgabe von Elektrizität,
2. die Einspeisung von Elektrizität in diese Netze.

Die Begriffsbestimmung zur Elektrizitätsversorgung setzt sich systematisch in einen Grundtatbestand und Ausnahmen zusammen.

Grundtatbestand ist das Betreiben fester Netze zur Versorgung der Allgemeinheit mit Elektrizität. Die Einspeisung erfasst auch die Produktion und Erzeugung sowie den Groß- und Einzelhandel von Elektrizität, § 102 Abs. 7 GWB.

Ein Netz zur Versorgung der Allgemeinheit ist dadurch gekennzeichnet, dass es nicht 20
von vornherein der Versorgung bestimmter, schon bei der Netzerrichtung feststehender oder bestimmbarer Letztverbraucher dient, sondern grundsätzlich für die Versorgung jedes Letztverbrauchers offen steht.

Eine Ausnahme von der Einspeisung von Elektrizität nach § 102 Abs. 2 Nr. 2 GWB 21
besteht jedoch, wenn es um einen Sektorenauftraggeber nach § 100 Abs. 1 Nr. 2 GWB geht, der Elektrizität nicht zum Zwecke einer Sektorentätigkeit nach § 100 Abs. 1 bis 4 GWB erzeugt und die Einspeisung in das Netz zur Versorgung der Allgemeinheit nur vom Eigenverbrauch abhängt und nicht mehr als 30% seiner gesamten Energieerzeugung beträgt. Dabei ist ein Durchschnittswert der letzten drei Jahre einschließlich des laufenden Jahres heranzuziehen.

Fraglich ist, ob bei der Berechnung des Anteils der eingespeisten Elektrizität an der ge- 22
samten erzeugten Energie nur die Erzeugungsmenge für Elektrizität heranzuziehen ist oder auch Gas und Wärme bzw. Kälte. Denn spricht man von Energie, so ist davon nicht nur Elektrizität erfasst. Gemäß § 3 Nr. 14 EnWG ist unter »Energie« Elektrizität und Gas, soweit sie zur leitungsgebundenen Energieversorgung verwendet werden, zu verstehen. Das EnWG regelt jedoch das Medium Wärme und Kälte nicht, weshalb es auch nicht in die Definition von »Energie« im Sinne des EnWG aufgenommen werden konnte. Im allgemeinen Sprachgebrauch innerhalb der Energiebranche werden stets Wärme und Kälte beim Begriff der Energie mitverwendet. Art. 9 Abs. 2 lit. b) der Richtlinie 2014/25/EU spricht ebenso von der gesamten Energieerzeugung des Sekto-

renauftraggebers. Es ist somit neben der Erzeugung von Elektrizität auch die Erzeugung von Gas, Wärme und Kälte heranzuziehen.

III. Gas- und Wärmeversorgung (§ 102 Abs. 3 GWB)

23   Die Definition für die Bereiche Gas und Wärme erfassen:
  1. die Bereitstellung oder das Betreiben fester Netze zur Versorgung der Allgemeinheit im Zusammenhang mit der Erzeugung, der Fortleitung und der Abgabe von Gas und Wärme.
  2. die Einspeisung von Gas und Wärme in diese Netze.

Die Begriffsbestimmung zur Gas- und Wärmeversorgung setzt sich systematisch in einen Grundtatbestand und Ausnahmen zusammen.

24   Grundtatbestand ist das Betreiben fester Netze zur Versorgung der Allgemeinheit mit Gas und Wärme. Die Einspeisung erfasst auch die Produktion und Erzeugung sowie den Groß- und Einzelhandel von Gas und Wärme, § 102 Abs. 7 GWB. Hinsichtlich der Erzeugung von Gas wird allerdings in § 102 Abs. 7 S. 2 GWB korrigierend geregelt, dass diese unter § 102 Abs. 6 GWB fällt. Art. 7 S. 2 der Richtlinie 2014/25/EU stellt klar, dass mit der Erzeugung von Gas in diesem Sinne nur die Form der Förderung von Gas zu verstehen ist. Dieser Verweisungstatbestand erfasst daher nicht auch die Produktion von Gas in anderen Formen als der Förderung. Die Erzeugung von Gas in Form der Förderung von Gas ist von § 102 Abs. 6 GWB erfasst. Alle sonstigen Formen der Erzeugung von Gas fallen weiterhin unter § 102 Abs. 3 GWB.

25   Einziger Unterschied zwischen der Erzeugung von Gas in Form der Förderung zur sonstigen Erzeugung von Gas ist, dass die Erzeugung von Gas im Sinne einer Gasförderung die Nutzung eines geografisch abgegrenzten Gebiets erfordert. Das ist jedoch in der Praxis der Regelfall. Die EU-Erdgasbinnenmarktrichtlinie 2009/73/EG spricht von »Gewinnung« von Erdgas. Auch insoweit dürfte aber kein Unterschied zu Erzeugung oder Förderung von Gas bestehen.

26   Ein Netz zur Versorgung der Allgemeinheit ist dadurch gekennzeichnet, dass es nicht von vornherein der Versorgung bestimmter, schon bei der Netzerrichtung feststehender oder bestimmbarer Letztverbraucher dient, sondern grundsätzlich für die Versorgung jedes Letztverbrauchers offen steht.

27   Eine Ausnahme von der Einspeisung von Gas oder Wärme nach § 102 Abs. 3 Nr. 2 GWB besteht dann, wenn es um einen Sektorenauftraggeber nach § 100 Abs. 1 Nr. 2 GWB geht, die Erzeugung von Gas oder Wärme ergibt sich zwangsläufig aus einer Tätigkeit, die keine Sektorentätigkeit nach § 100 Abs. 1 bis 4 GWB darstellt und die Einspeisung zielt nur darauf ab, die Erzeugung wirtschaftlich zu nutzen. Weitere Voraussetzung ist, dass der Umsatz des Sektorenauftraggebers nicht mehr als 20% ausmacht. Bei der Berechnung des Umsatzes ist ein Durchschnittswert der letzten drei Jahre einschließlich des laufenden Jahres heranzuziehen.

28   Gas oder Wärme darf von dem Sektorenauftraggeber also nur als Nebenprodukt produziert und eingespeist werden. Das ist bei Wärme häufig in der Industrie der Fall, dann

entsteht nämlich sog. Abwärme oder Prozesswärme. Bis in die 80iger und 90iger Jahre hat die Industrie diese wertvollen Energieformen meist ungenutzt gelassen. Nunmehr wird in der Praxis immer mehr der Fokus auf die Wärmerückgewinnung und Nutzung der Abwärme im Sinne einer effizienten Gesamtenergiebilanz gelegt. Somit werden Unternehmen, deren Kerngeschäft außerhalb der Sektorenbereiche liegen, zunehmend zum Energieversorger. Werden die Schwellen von 20% dieser eingespeisten (Ab-)Wärme oder eingespeisten (Überschuss-)Gases nicht überschritten, liegt kein Sektorenbereich im Sinne des GWB vor.

Die Richtlinie 2014/25/EU thematisiert die Frage der Erfassung von Kälte in den Sek- 29
torenbereich Wärme.[6] So seien bestimmte Sektorenauftraggeber neben der Wärme auch im Bereich der Erzeugung, der Übertragung oder der Verteilung von Kälte tätig. Die im Wärmesektor tätigen Sektorenauftraggeber haben die Richtlinie 2014/25/EU anzuwenden. Die im Kältesektor tätigen öffentlichen Auftraggeber gemäß § 99 GWB unterliegen dagegen den Vorschriften der Richtlinie 2014/24/EU, wohingegen im Kältesektor tätige öffentliche Unternehmen und private Unternehmen — ungeachtet dessen, ob letztere auf der Grundlage besonderer oder ausschließlicher Rechte tätig sind — nicht den Vorschriften für die Vergabe öffentlicher Aufträge unterliegen. Der Kältesektor stellt damit ausdrücklich keine Sektorentätigkeit im Sinne des § 102 Abs. 3 GWB dar.

Aufträge, die für die Erbringung von Wärme als auch von Kälte vergeben werden, sind 30
nach den Bestimmungen für Verträge über die Durchführung mehrerer Tätigkeiten zu prüfen, um zu bestimmen, nach welchen Beschaffungsvorschriften sich die Vergabe gegebenenfalls richtet.[7] Hierzu sind die Regelungen der Art. 5 und 6 der Richtlinie 2014/25/EU zu beachten.

IV. Verkehrsleistungen (§ 102 Abs. 4 GWB)

Die Definition für den Bereich Verkehrsleistungen umfasst: 31
– die Bereitstellung oder das Betreiben von Netzen zur Versorgung der Allgemeinheit mit Verkehrsleistungen per Eisenbahn, automatischen Systemen, Straßenbahn, Trolleybus, Bus oder Seilbahn; ein Netz gilt als vorhanden, wenn die Verkehrsleistung gemäß den von einer zuständigen Behörde festgelegten Bedingungen erbracht wird; dazu gehören die Festlegung der Strecken, die Transportkapazitäten und die Fahrpläne.

Die Bereiche Häfen und Flughäfen sind entgegen der bisherigen Definition des Verkehrsbereiches in Ziff. 4 der Anlage zum GWB (alt) nunmehr in § 102 Abs. 5 GWB gesondert geregelt und hier nicht erfasst.

Die bisherige Definition des Sektorenbereichs Verkehr erfasste neben dem Bereitstellen 32
und Betreiben von Infrastruktureinrichtungen (technisches Netz) in der Aufzählung das reine Erbringen von Verkehrsleistungen für die Einstufung als Sektorentätigkeit.

---

6 Erwägungsgrund 21 der Richtlinie 2014/25/EU.
7 Erwägungsgrund 21 der Richtlinie 2014/25/EU.

Nunmehr regelt der Gesetzgeber den Bereich des Erbringens von Verkehrsleistungen über eine Fiktion (»gilt als vorhanden«). Inhaltlich tritt damit keine Veränderung zu Ziff. 4 der Anlage zum GWB (alt) ein. Damit fallen auch Verkehrsleistungen von privaten Verkehrsunternehmen, die in einem von einem Dritten betriebenen (technischen) Netz erbracht werden, in den Bereich der Sektorentätigkeiten.

33 Ein Netz zur Versorgung der Allgemeinheit mit Verkehrsleistungen liegt dann vor, wenn es nicht nur einem bestimmten Nutzerkreis vorbehalten wird, sondern jedermann die Nutzung freisteht. Ein Merkmal ist des Weiteren, dass der Nutzerkreis jederzeit wechseln kann und nicht von vorn herein feststeht.

34 Das Verkehrsnetz gilt als vorhanden, wenn die Verkehrsleistung gemäß den von einer zuständigen Behörde festgelegten Bedingungen erbracht wird, § 102 Abs. 4, 2. Halbsatz GWB. Zu den Bedingungen gehören die Festlegung der Strecken, die Transportkapazitäten und die Fahrpläne. Der Gesetzgeber knüpft aufgrund dieser Fiktion (»gilt als vorhanden«) nicht ausschließlich an ein physisch (bzw. technisch) vorhandenes Netz, sondern stellt ein solches Netz einer Situation gleich, in der Verkehrsleistungen (lediglich) auf der Basis von behördlich festgelegten Strecken, Transportkapazitäten und Fahrplänen, also staatlich auferlegter Strukturen, erbracht werden.[8] Die Definition umfasst damit auch das sog. »rechtliche«, also nichtgegenständliche Netz. Die Aufzählung der Bedingungen dürfte nicht abschließend sein, denn das jeweilige, einschlägige Gesetz über Zulassung der Erbringung von Verkehrsleistungen[9] regelt diverse Bedingungen für die Erbringung von Verkehrsleistungen. Die Aufzählung ist daher beispielhaft zu verstehen. Die Aufzählung ist ebenso nicht kumulativ, sondern alternativ zu verstehen.

35 Fraglich ist, ob der Schienengüterverkehr zu den von der Definition erfassten Verkehrsleistungen gehört. Vom Wortlaut müsste man ihn darunter subsumieren. Denn auch er unterliegt den von einer Behörde festgelegten Bedingungen. Andererseits ist dieser Verkehrsbereich inzwischen erheblichem Wettbewerb ausgesetzt. Für eine Ausnahme aus dem Anwendungsbereich des GWB aufgrund vorhandenen Wettbewerbs wäre aber eine Befreiung vom Vergaberecht nach § 140 GWB und § 3 SektVO zu beantragen. Soweit ersichtlich, liegt diese nicht vor. Demzufolge fallen Schienengüterverkehrsleistungen aufgrund des Wortlauts in die Definition des § 102 Abs. 4 GWB.

36 Die regionalen und überregionalen Aufgabenträger der Versorgung der Allgemeinheit mit Verkehrsleistungen sind selbst keine Sektorenauftraggeber, wenn sie die entsprechenden Verkehrsnetze nicht selbst bereitstellen oder betreiben. Wenn ihnen nur die ho-

---

8 Die Europäische Kommission führte dazu im Gesetzgebungsprozess der Vergaberichtlinien näher aus: »Indes müsste im Verkehrsbereich der Netzbegriff etwas großzügiger definiert werden und auch diejenigen Systeme einschließen, bei denen das »Netz« kein technisches System wie im Eisenbahn- oder Straßenbahnverkehr, sondern – wie im städtischen Omnibusverkehr – ein Straßenverbindungsnetz ist, in dem Fahrzeuge unter behördlich festgelegten Voraussetzungen eingesetzt werden«, Europäische Kommission, Bulletin der Europäischen Gemeinschaften, Beilage 6/88, S. 89.

9 Z.B. PBefG.

heitliche oder gesetzliche zugeschriebene Aufgabe der Versorgung der Bevölkerung mit Verkehrsleistungen obliegt oder sie diese lediglich organisieren, erbringen sie keine Sektorentätigkeit im Sinne des § 102 Abs. 4 GWB.[10] Sie müssen stattdessen die entsprechenden Aufträge nach der Vergabeverordnung bzw. Konzessionsvergabeverordnung vergeben, nicht aber nach der SektVO.

Der öffentliche Personenbeförderungsverkehr durch Straßenbahnen, Oberleitungsbus- 37 sen und Kraftfahrzeugen lässt sich durch das Personenbeförderungsgesetz (PBefG)[11] näher bestimmen. Nach § 4 Abs. 3 PBefG sind Oberleitungsbusse im Sinne dieses Gesetzes elektrisch angetriebene, nicht an Schienen gebundene Straßenfahrzeuge, die ihre Antriebsenergie einer Fahrleitung entnehmen. Sie erfassen damit auch die in Art. 11 der Richtlinie 2014/25/EU genannten Trolleybusse.

V. Häfen und Flughäfen (§ 102 Abs. 5 GWB)

Die Definition für den Bereich Häfen und Flughäfen umfasst Tätigkeiten 38
– im Zusammenhang mit der Nutzung eines geografisch abgegrenzten Gebiets
– mit dem Zweck, für Luft-, See- oder Binnenschifffahrtsverkehrsunternehmen Flughäfen, See- oder Binnenhäfen oder andere Terminaleinrichtungen bereitzustellen.

Zum einen ist Voraussetzung, dass ein geografisch abgegrenztes Gebiet genutzt wird. 39
Die Größe des Gebietes ist dabei irrelevant. Zum anderen ist die Bereitstellung von Flughäfen, See- und Binnenhäfen auf diesem Gebiet für entsprechende Verkehrsunternehmen erforderlich.

Zu der Sektorentätigkeit eines Flughafens zählen auch alle Tätigkeiten lediglich zum 40
Zwecke der Nutzung des Geländes als Flughafen. Zur Nutzung des Flughafens gehören auch Tätigkeiten, die die Sicherheit des Flughafens sowie den ungehinderten Verkehr auf dem Flughafengelände sichern sollen.[12]

Gemäß Ziff. 4 der Anlage zum GWB (alt) war für das Flughafenunternehmen eine 41
Genehmigung nach § 38 Abs. 2 Nr. 1 der Luftverkehrs-Zulassungs-Ordnung in der Fassung der Bekanntmachung vom 10.7.2008 (BGBl. I S. 1229) erforderlich. An diese Voraussetzung knüpft § 102 Abs. 5 GWB nicht mehr an. Dies mag an der sich entwickelten Rechtsprechung liegen, wonach die Übertragung der Aufgaben auf ein Tochterunternehmen, welches der Zulassung nach § 38 Abs. 2 Nr. 1 der Luftver-

---

10 OLG Düsseldorf, Beschl. v. 07.11.2012 – VII Verg 11/12, JurionRS 2012, 26960; OLG Düsseldorf, Beschl. v. 21.07.2010 – VII Verg 19/10 – VergabeR 2010, 955; VK Hessen, Beschl. v. 20.12.1999 – 69 d VK 18/99, zitiert nach VERIS; VK Südbayern, Beschl. 24.07.2014 – Z 3-3-3194-1-22- 05/14, JurionRS 2014, 22157; OLG Koblenz, Beschl. v. 20.12.2001 – 1 Verg 4/01, NZBau, 2002, 346.
11 In der Fassung der Bek. v. 08.08.1990 (BGBl. I S. 1690), zuletzt geändert durch Art. 4 Abs. 21 G zur Reform der Sachaufklärung in der Zwangsvollstreckung v. 29.07.2009 (BGBl. I S. 2258).
12 OLG Düsseldorf, Beschl. v. 24.03.2010 – VII-Verg 58/09, JurionRS 2010, 20881.

kehrs-Zulassungs-Ordnung nicht bedurfte, nicht zum Anwendungsausschluss des Sektorenvergaberechts für dieses Tochterunternehmen führt.[13]

VI. Öl- und Gasförderung, Exploration und Förderung von Kohle oder anderer fester Brennstoffe (§ 102 Abs. 6 GWB)

42   Die Definition für den Bereich Förderung von Öl, Gas und festen Brennstoffen umfasst Tätigkeiten
– im Zusammenhang zur Nutzung eines geografisch abgegrenzten Gebiets
– zum Zweck der Förderung von Öl oder Gas oder
– zum Zweck der Exploration oder Förderung von Kohle oder anderen festen Brennstoffen.

43   Dieser Sektorenbereich war in der Anlage zum GWB (alt) nicht enthalten, obwohl bereits die Richtlinie 2004/17/EG das Aufsuchen und die Förderung von Erdöl, Gas, Kohle und anderen festen Brennstoffen als Sektorenbereich erfasste. Nunmehr hat der Gesetzgeber dies korrigiert, den Sektorenbereich aus Art. 14 der Richtlinie 2014/25/EU wortgetreu übernommen und entsprechend in § 102 Abs. 6 GWB geregelt.

44   Voraussetzung ist, dass ein geografisch abgegrenztes Gebiet genutzt wird. Die Größe des Gebietes ist dabei wiederum irrelevant. Ebenso ist für die Anwendung des Sektorenvergaberechts keine behördliche Zulassung des Sektorenauftraggebers für die Förderung von Öl oder Gas bzw. Exploration von Kohle oder anderen festen Brennstoffen erforderlich.

45   Die gemäß § 102 Abs. 7 GWB von § 102 Abs. 6 GWB erfasste Erzeugung von Öl und Gas erstreckt sich auch auf die »Entwicklung«, d.h. die Errichtung einer angemessenen Infrastruktur für die künftige Erzeugung (Ölplattformen, Rohrleitungen, Terminalanlagen usw.).[14]

46   Vom Sektorenbereich nach § 102 Abs. 6 GWB ausgeschlossen ist die Exploration von Erdöl- und Erdgasvorkommen. Dieser Sektor ist einem so starken Wettbewerbsdruck ausgesetzt, dass die Mechanismen des Vergaberechts nicht erforderlich sind.[15] Hierbei ist unter Exploration die Tätigkeit zur Feststellung des Vorhandenseins von Erdöl- und Erdgasvorkommen in einem bestimmten Gebiet zu verstehen. Die Gewinnung von Erdöl und Erdgas wird dagegen von der Erzeugung bzw. Förderung im Sinne von § 102 Abs. 6 GWB erfasst.

---

13 VK Südbayern, Beschl. v. 25.11.2013 – Z 3 – 3 – 3194 – 1 – 33 – 09/13, JurionRS 2013, 51536. OLG Düsseldorf, Beschl. v. 24.03.2010 – VII-Verg 58/09 – JurionRS 2010, 20881.
14 Erwägungsgrund 25 der Richtlinie 2014/25/EU.
15 Erwägungsgrund 25 der Richtlinie 2014/25/EU.

§ 103 GWB Öffentliche Aufträge, Rahmenvereinbarungen und Wettbewerbe

(1) Öffentliche Aufträge sind entgeltliche Verträge zwischen öffentlichen Auftraggebern oder Sektorenauftraggebern und Unternehmen über die Beschaffung von Leistungen, die die Lieferung von Waren, die Ausführung von Bauleistungen oder die Erbringung von Dienstleistungen zum Gegenstand haben.

(2) Lieferaufträge sind Verträge zur Beschaffung von Waren, die insbesondere Kauf oder Ratenkauf oder Leasing, Mietverhältnisse oder Pachtverhältnisse mit oder ohne Kaufoption betreffen. ²Die Verträge können auch Nebenleistungen umfassen.

(3) Bauaufträge sind Verträge über die Ausführung oder die gleichzeitige Planung und Ausführung
1. von Bauleistungen im Zusammenhang mit einer der Tätigkeiten, die in Anhang II der Richtlinie 2014/24/EU des Europäischen Parlaments und des Rates vom 26. Februar 2014 über die öffentliche Auftragsvergabe und zur Aufhebung der Richtlinie 2004/18/EG (ABl. L 94 vom 28.3.2014, S. 65) und Anhang I der Richtlinie 2014/25/EU des Europäischen Parlaments und des Rates vom 26. Februar 2014 über die Vergabe von Aufträgen durch Auftraggeber im Bereich der Wasser-, Energie- und Verkehrsversorgung sowie der Postdienste und zur Aufhebung der Richtlinie 2004/17/EG (ABl. L 94 vom 28.3.2014, S. 243) genannt sind, oder
2. eines Bauwerkes für den öffentlichen Auftraggeber oder Sektorenauftraggeber, das Ergebnis von Tief- oder Hochbauarbeiten ist und eine wirtschaftliche oder technische Funktion erfüllen soll.

Ein Bauauftrag liegt auch vor, wenn ein Dritter eine Bauleistung gemäß den vom öffentlichen Auftraggeber oder Sektorenauftraggeber genannten Erfordernissen erbringt, die Bauleistung dem Auftraggeber unmittelbar wirtschaftlich zugutekommt und dieser einen entscheidenden Einfluss auf Art und Planung der Bauleistung hat.

(4) Als Dienstleistungsaufträge gelten die Verträge über die Erbringung von Leistungen, die nicht unter die Absätze 2 und 3 fallen.

(5) Rahmenvereinbarungen sind Vereinbarungen zwischen einem oder mehreren öffentlichen Auftraggebern oder Sektorenauftraggebern und einem oder mehreren Unternehmen, die dazu dienen, die Bedingungen für die öffentlichen Aufträge, die während eines bestimmten Zeitraums vergeben werden sollen, festzulegen, insbesondere in Bezug auf den Preis. Für die Vergabe von Rahmenvereinbarungen gelten, soweit nichts anderes bestimmt ist, dieselben Vorschriften wie für die Vergabe entsprechender öffentlicher Aufträge.

(6) Wettbewerbe sind Auslobungsverfahren, die dem Auftraggeber aufgrund vergleichender Beurteilung durch ein Preisgericht mit oder ohne Verteilung von Preisen zu einem Plan oder einer Planung verhelfen sollen.

Amtliche Begründung

»Zu Absatz 1

§ 103 Absatz 1 definiert den Begriff des öffentlichen Auftrags und entspricht insofern inhaltlich dem bisherigen § 99 Absatz 1 GWB. Kern der Definition des öffentlichen Auftrags ist, dass es sich um die Beschaffung von Leistungen durch öffentliche Auftraggeber oder Sektorenauftraggeber handeln muss. Der Unionsgesetzgeber hat in Erwägungsgrund 4 der Richtlinie 2014/24/EU darauf hingewiesen, dass die zunehmende Vielfalt öffentlicher Tätigkeiten es erforderlich mache, den Begriff der Auftragsvergabe selbst klarer zu definieren. Diese Präzisierung als solche sollte jedoch den Anwendungsbereich der neuen EU-Vergaberichtlinie im Verhältnis zu dem der Richtlinie 2004/18/EG nicht erweitern. Nicht alle Formen öffentlicher Ausgaben sollten abgedeckt werden, sondern nur diejenigen, die für den Erwerb von Bauleistungen, Lieferungen oder Dienstleistungen im Wege eines öffentlichen Auftrags getätigt werden. Fälle, in denen alle Wirtschaftsteilnehmer, die bestimmte Voraussetzungen erfüllen, zur Wahrnehmung einer bestimmten Aufgabe – ohne Selektivität – berechtigt sind, sollten nicht als Auftragsvergabe verstanden werden, sondern als einfache Zulassungssysteme (z.B. Zulassungen für Arzneimittel oder ärztliche Dienstleistungen). Daraus lässt sich schließen, dass die Zulassung von Dienstleistungserbringern im sozialhilferechtlichen Dreiecksverhältnis nicht der Richtlinie 2014/24/EU unterfällt. Gleiches gilt für die Zulassung von Pflegeeinrichtungen sowie die Feststellung der fachlichen Eignung im Rahmen der Zulassung besonderer Dienste oder besonderer Einrichtungen. Weiterhin hat der Unionsgesetzgeber in Erwägungsgrund 6 hervorgehoben, dass es den Mitgliedstaaten freistehe, die Erbringung von sozialen oder anderen Dienstleistungen entweder als Dienstleistungen von allgemeinem wirtschaftlichem Interesse oder als nichtwirtschaftliche Dienstleistungen von allgemeinem Interesse oder als eine Mischung davon zu organisieren. Der Unionsgesetzgeber stellt in diesem Zusammenhang klar, dass nichtwirtschaftliche Dienstleistungen von allgemeinem Interesse nicht in den Geltungsbereich der Richtlinie 2014/24/EU fallen.

Da künftig zwischen öffentlichen Auftraggebern nach § 99, Sektorenauftraggebern nach § 100 und Konzessionsgebern nach § 101 unterschieden werden muss, ist die bisherige Definition entsprechend anzupassen. Öffentliche Aufträge sind demgemäß Verträge sowohl von öffentlichen Auftraggebern nach § 99 als auch von Sektorenauftraggebern nach § 100. § 103 Absatz 1 verweist nicht auf § 101, da Auftraggeber nach § 101 keine öffentlichen Aufträge im Sinne des § 103 Absatz 1, sondern Konzessionen im Sinne des § 105 vergeben.

Im Unterschied zur bisherigen Definition fallen zudem Baukonzessionen künftig nicht mehr unter den Begriff des öffentlichen Auftrags. Vielmehr wird künftig zwischen der Vergabe von öffentlichen Aufträgen und der Vergabe von Konzessionen unterschieden. Konzessionen, einschließlich der Baukonzessionen, werden nunmehr abschließend in § 105 definiert.

Im Gegensatz zur Formulierung des bisherigen § 99 Absatz 1 GWB unterfallen Auslobungsverfahren, die zu Dienstleistungsaufträgen führen sollen, nicht mehr dem öffentlichen Auftragsbegriff. Damit wird im Einklang mit den Vergaberichtlinien klargestellt, dass es sich bei »Wettbewerben«, die im Sinne des Bürgerlichen Gesetzbuchs (BGB) Auslobungsverfahren darstellen, um ein eigenes Verfahren handelt, welches dazu dient, dem öffentlichen Auftraggeber einen Plan oder eine Planung zu verschaffen (s. Artikel 2 Absatz 1 Nummer 21 Richtlinie 2014/24/EU). Solche Wettbewerbe sind nunmehr in § 103 Absatz 6 definiert. Formerfordernisse werden auf Verordnungsebene geregelt.

Zu Absatz 2

§ 103 Absatz 2 entspricht dem bisherigen § 99 Absatz 2 GWB.

Zu Absatz 3

§ 103 Absatz 3 definiert den Begriff des Bauauftrags und passt den bisherigen § 99 Absatz 3 GWB an den neuen Richtlinientext an (Artikel 2 Absatz 1 Nummer 6 der Richtlinie 2014/24/EU).

§ 103 Absatz 3 sieht für die Definition des Bauauftrags entsprechend dem Richtlinientext wie bislang drei Alternativen vor. Alternative 1 betrifft Bauleistungen, die in Anlage II der Richtlinie 2014/24/EU abschließend aufgenommen werden. Die dort aufgeführten Bauleistungen sind in der Praxis für die Abgrenzung von Bau- und Lieferaufträgen entscheidend. Schon heute zieht die Rechtsprechung vielfach den bisherigen Anhang I der Richtlinie 2004/18/EG (entspricht dem Anhang II der Richtlinie 2014/24/EU) zur Abgrenzung zwischen Bau- und Lieferaufträgen heran (z.B. OLG Düsseldorf, Beschl. v. 30.04.2014 – VII-Verg 35/13).

In der dritten Alternative (Erbringung der Bauleistung durch Dritte) wird nunmehr entsprechend Artikel 2 Absatz 1 Nummer 6 Buchstabe c der Richtlinie 2014/24/EU klargestellt, dass die Erbringung der Bauleistung gemäß den von einem öffentlichen Auftraggeber oder Sektorenauftraggeber genannten Erfordernissen voraussetzt, dass der betreffende Auftraggeber Maßnahmen getroffen hat, um die Art des Vorhabens festzulegen, oder zumindest einen entscheidenden Einfluss auf dessen Planung haben musste. Ob der Auftragnehmer das Bauvorhaben ganz oder zum Teil mit eigenen Mitteln durchführt oder dessen Durchführung mit anderen Mitteln sicherstellt, ist – wie in Erwägungsgrund 9 der Richtlinie 2014/24/EU klargestellt wird – unerheblich für die Einstufung der entsprechenden Bauleistung als Bauauftrag, solange der Auftragnehmer eine direkte oder indirekte rechtswirksame Verpflichtung zur Gewährleistung der Erbringung der Bauleistungen übernimmt.

Zu Absatz 4

§ 103 Absatz 4 entspricht dem bisherigen § 99 Absatz 4 GWB.

Zu Absatz 5

§ 103 Absatz 5 dient der Umsetzung der Definition der Rahmenvereinbarung gemäß Artikel 33 Absatz 1 Unterabsatz 2 der Richtlinie 2014/24/EU und Artikel 51 Absatz 1 Unterabsatz 2 der Richtlinie 2014/25/EU. Die Rahmenvereinbarung stellt selbst zwar keinen Beschaffungsprozess dar. Die Vergabe einer Rahmenvereinbarung im Wege eines Vergabeverfahrens hat jedoch zur Folge, dass die auf ihrer Grundlage erteilten Einzelaufträge einer vereinfachten Vergabeverfahren unterliegen können. Wie ein öffentlicher Auftrag unterliegt die Rahmenvereinbarung also wettbewerblichen Verfahrensregeln, vergleiche Artikel 33 Absatz 1 Unterabsatz 1 Richtlinie 2014/24/EU: »Die öffentlichen Auftraggeber können Rahmenvereinbarungen abschließen, sofern sie die in dieser Richtlinie genannten Verfahren anwenden« und die Regelung der Einzelheiten eines Verzichts auf den Teilnahmewettbewerb in Artikel 33 Absatz 4 Buchstabe a) bis c). Aus systematischen Gründen empfiehlt es sich daher, die Rahmenvereinbarung im Zusammenhang mit dem Begriff des öffentlichen Auftrags zu regeln.

Zu Absatz 6

§ 103 Absatz 6 entspricht dem bisherigen § 99 Absatz 5 GWB. Im Einklang mit den Vergaberichtlinien findet nun aber der Begriff »Wettbewerbe« Verwendung. Die Einzelheiten für das Verfahren zur Ausrichtung von Wettbewerben gemäß Artikel 78 bis 82 der Richtlinie 2014/24/EU sowie Artikel 95 bis 99 der Richtlinie 2014/25/EU werden durch die aufgrund von § 113 erlassenen Verordnung der Bundesregierung mit Zustimmung des Bundesrates umgesetzt.«

A. Allgemeine Einführung

1   § 103 GWB regelt alle Arten von öffentlichen Aufträgen, die unter das Vergaberecht fallen. Voraussetzung ist, dass es sich um die Beschaffung von Leistungen durch öffentliche Auftraggeber oder Sektorenauftraggeber handeln muss.

2   Nicht alle Formen öffentlicher Ausgaben sollten abgedeckt werden, sondern nur diejenigen, die für den Erwerb von Bauleistungen, Lieferungen oder Dienstleistungen im Wege eines öffentlichen Auftrags getätigt werden. Fälle, in denen alle Wirtschaftsteilnehmer, die bestimmte Voraussetzungen erfüllen, zur Wahrnehmung einer bestimmten Aufgabe – ohne Selektivität – berechtigt sind, sollten nicht als Auftragsvergabe verstanden werden, sondern sind nur einfache Zulassungssysteme (z.B. Zulassungen für Arzneimittel oder ärztliche Dienstleistungen).[1] Konzessionen fallen nicht unter den Begriff des öffentlichen Auftrags, sondern sind in § 105 GWB separat definiert. Im Unterschied zur bisherigen Definition fallen zudem Baukonzessionen künftig nicht mehr unter den Begriff des öffentlichen Auftrags. Vielmehr wird künftig zwischen der Vergabe von öffentlichen Aufträgen und der Vergabe von Konzessionen unterschieden. Die Formerfordernisse für öffentliche Aufträge werden auf Verordnungsebene in der SektVO geregelt.

B. Vergleich zur vorherigen Rechtslage

3   § 103 GWB entspricht inhaltlich dem bisherigen § 99 GWB (alt). Lediglich der Begriff Auslobungsverfahren ist durch den Begriff Wettbewerbe ersetzt worden. Inhaltlich hat sich hierbei nichts verändert. Die bisher in § 99 GWB (alt) enthaltenen besonderen

---

1 Vergaberechtsmodernisierungsgesetz, Gesetzesbegründung zu § 103 Abs. 1 GWB, S. 88.

Auftragsgegenstände, wie z.B. verteidigungs- oder sicherheitsrelevante Aufträge und die Beschaffung von Militärausrüstung sind von bisher in § 99 Abs. 7 und 8 GWB (alt) nunmehr in den § 104 GWB gewandert. Die Regelungen aus § 99 GWB (alt) betreffend der Einordnung eines Auftrags bei verschiedenartigen Leistungen oder Regelungen sind in die §§ 110 bis 112 GWB separiert worden. Damit ist eine höhere Übersichtlichkeit und Transparenz geschaffen worden.

Rahmenvereinbarungen sind zu Recht in die Definition des öffentlichen Auftrags aufgenommen und in § 103 Abs. 5 GWB nochmals explizit definiert worden. Ihre Einordnung war bisher lediglich auf Verordnungsebene in § 9 SektVO (alt) verankert.

C. Europarechtliche Vorgaben

Die nationale Regelung ist nicht identisch mit dem Wortlaut aus Art. 2 Nr. 1 bis 5 4 Richtlinie 2014/25/EU, der durch § 103 GWB umgesetzt werden soll. Diese Abweichungen führen aber i.E. zu keiner anderen Handhabung in Deutschland. Der öffentliche Auftrag wird gemeinschaftsrechtlich im Wesentlichen durch die Rechtsprechung des zuständigen EuGH einheitlich näher bestimmt.[2]

So meint § 103 Abs. 1 GWB ganz im Sinne von Art. 2 Nr. 1 Richtlinie 2014/25/EU, 5 dass auch Aufträge erfasst sind, die zwischen mehreren Auftraggebern und einem Unternehmen oder die zwischen mehreren Unternehmen und einem Auftraggeber geschlossen werden.

Der Unionsgesetzgeber hat in Erwägungsgrund 4 der Richtlinie 2014/24/EU darauf 6 hingewiesen, dass die zunehmende Vielfalt öffentlicher Tätigkeiten es erforderlich mache, den Begriff der Auftragsvergabe selbst klarer zu definieren. Diese Präzisierung als solche sollte jedoch den Anwendungsbereich der neuen EU-Vergaberichtlinie im Verhältnis zu dem der Richtlinie 2004/18/EG nicht erweitern.

Art. 2 Nr. 1 Richtlinie 2014/25/EU fordert die Schriftlichkeit der Verträge. Dies ist 7 mit dem in Deutschland geltenden Grundsatz der Formfreiheit von Rechtsgeschäften als Folge der Privatautonomie nicht vereinbar, weshalb der deutsche Gesetzgeber den Anwendungsbereich auf alle Formen von Verträgen erweitert hat.

D. Kommentierung

I. Öffentlicher Auftrag

§ 103 Abs. 1 GWB definiert öffentliche Aufträge als entgeltliche Verträge zwischen öf- 8 fentlichen Auftraggebern oder Sektorenauftraggebern und Unternehmen über die Beschaffung von Leistungen, die die Lieferung von Waren, die Ausführung von Bauleistungen oder die Erbringung von Dienstleistungen zum Gegenstand haben.

Öffentliche Aufträge sind demgemäß Verträge sowohl von öffentlichen Auftraggebern 9 nach § 99 GWB als auch von Sektorenauftraggebern nach § 100 GWB. § 103 Absatz 1 verweist nicht auf § 101 GWB, da Auftraggeber nach § 101 GWB keine öffent-

---

2 Vgl. EuGH, Urt. v. 29.10.2009 – Rs. C-536/07, NZBau 2009, 792, 795.

lichen Aufträge im Sinne des § 103 Absatz 1 GWB, sondern Konzessionen im Sinne des § 105 vergeben. Im Gegensatz zur bisherigen Definition fallen zudem Konzessionen künftig nicht mehr unter den Begriff des öffentlichen Auftrags. Vielmehr wird künftig zwischen der Vergabe von öffentlichen Aufträgen und der Vergabe von Konzessionen unterschieden. Dienstleistungs- und Baukonzessionen werden nunmehr abschließend in § 105 GWB definiert.

1. Grundregeln

10 Das Vergaberecht beschäftigt sich der Natur der Sache nach wegen der Vergabe von Aufträgen zugleich, sozusagen umgekehrt mit der Beschaffung von Leistungen. Dementsprechend ist in § 103 GWB von »Beschaffung« die Rede. Der öffentliche Auftraggeber nimmt am Markt teil und besorgt sich Leistungen.

11 Demgegenüber gibt es u.a. mit Bezug auf die Richtlinie 2004/17/EG, in der im Rahmen der Auftragsdefinition nach Art. 1 Abs. 2 ausdrücklich nicht von Beschaffung die Rede ist, die Auffassung, dass kein Ziel der Beschaffung und damit keine derartige Tatbestandsvoraussetzung besteht.[3] Diese Auffassung hat maßgeblich durch eine Rechtsprechung des OLG Düsseldorf (sog. »Ahlhorn-Linie«) Vortrieb erhalten.[4] Mit Bezug auf den EuGH[5] stellte das OLG Düsseldorf allein auf den Auftragsbegriff nach Art. 1 Abs. 2 Richtlinie 2004/17/EG ab, der das Wort Beschaffung nicht enthält.[6] Die Beschaffung ist allerdings an mehreren Stellen der Richtlinie 2014/25/EU thematisiert, z.B. in den Erwägungsgründen (vgl. Erwägungsgrund Nummer 14 »Beschaffungsmaßnahme«) oder mit den Begrifflichkeiten »dynamisches Beschaffungssystem« oder »Zentrale Beschaffungsstelle«. Die Richtlinie 2014/25/EU geht mithin – wie auch bereits ihre Vorgängerrichtlinie 2004/17/EG – von der Beschaffung als ungeschriebenes Tatbestandsmerkmal des öffentlichen Auftrags aus. Dies ist sachgerecht, denn der Auftraggeber möchte im Zweifel für seine Zwecke etwas beschaffen, wenn er Aufträge vergibt. Das wäre nicht der Fall bei generellen Festlegungen, z.B. in einem Bebauungsplan, oder bei der Unterstützung von Vorhaben Dritter, z.B. mittels Finanzierungen. Der EuGH hat das OLG Düsseldorf mittlerweile widerlegt und festgestellt, dass eine Beschaffung Voraussetzung für einen öffentlichen Auftrag, aber nicht gegenständlich oder körperlich zu verstehen ist, sondern in einem unmittelbaren wirtschaftlichen »Zugutekommen« des Auftrags für den Auftraggeber.[7] Der deutsche Gesetzgeber hat daher auch bereits durch das Gesetz zur Modernisierung des Vergaberechts vom 20.04.2009 die Klarstellungen bei der Definition von öffentlichen Aufträgen in § 99 GWB (alt) auf-

---

3 U.a. Schotten, NZBau 2008, 741, 742; Regler, MittBayNot 2008, 253, 254.

4 Vgl. OLG Düsseldorf, Beschl. v. 13.06.2007 – Verg 2/07, IBR 2007, 505.

5 Vgl. EuGH, Urt. v. 18.01.2007 – C-220/05, NZBau 2007, 185.

6 Ebenso u.a. OLG Karlsruhe, Beschl. v. 13.06.2008 – 15 Verg 3/08, NZBau 2008, 537, 538; OLG Bremen, Beschl. v. 13.03.2008 – Verg 51/07, NZBau 2008, 336; kritisch u.a. Pietzcker, NZBau 2008, 293; Greb/Rolshoven, NZBau 2008, 163; Vetter/Bergmann, NVwZ 2008, 133, 137.

7 Vgl. EuGH, Urt. v. 25.03.2010 – C 451-08, BeckRS 2010, 90386.

genommen.[8] Nunmehr ist die Klarstellung übernommen worden und in § 103 Abs. 3 Satz 2 GWB geregelt.

Der öffentliche Auftraggeber beschafft sich nicht nur dann Leistungen, wenn ihm diese 12 unmittelbar wirtschaftlich zugutekommen, sondern auch dann, wenn er mit diesen Leistungen die ihm obliegende Pflicht zur Daseinsvorsorge für die Bevölkerung sicherstellt.[9] Jedoch ist hierbei genauestens zu prüfen, ob es sich dabei nicht um eine Konzession handelt, die dem Konzessionsvergaberecht unterliegt.

Das Beschaffungselement spielt z.B. bei der Betrachtung von Veräußerungen von Un- 13 ternehmensanteilen oder anderem Vermögen eine Rolle. Eine schlichte Veräußerung ist nicht vergaberechtsrelevant, weil hierdurch nichts beschafft wird. Anders ist die Konstellation bei der Verbindung einer Veräußerung mit einer Beschaffung. Von einer »eingekapselten« Beschaffung ist die Rede, wenn eine Anteilsveräußerung sachlich und zeitlich mit einem Beschaffungsvorgang, z.B. einer Auftragserteilung an das betroffene Unternehmen, verknüpft.[10] Ebenso kann ein öffentlicher Auftrag bei einem Grundstücksverkauf mit einer dort enthaltenen Bauverpflichtung und konkreter Einflussnahme auf das Bauwerk vorliegen. Ob eine Verknüpfung besteht, muss im Einzelfall betrachtet werden. Liegt die Verknüpfung vor, ist das gesamte Vertragswerk, also nicht nur isoliert der vergabepflichtige Vertrag nach dem Vergaberecht zu vergeben.[11]

Das Vergaberecht ist nicht bei hoheitlichem Handeln anzuwenden. Zentrales Abgren- 14 zungskriterium ist in Zweifelsfällen der Aspekt der einseitigen Übertragung einer Aufgabe auf Basis einer Rechtsnorm.[12] Entsprechend wird die Beleihung, also das Übertragen von hoheitlichen Aufgaben auf Private durch oder aufgrund Gesetz[13], nicht dem Vergaberecht zugeordnet.[14] Dazu zählt z.B. die Auferlegung von Rettungsdienstleistungen per Verwaltungsakt.[15] Die Einzelheiten müssen sich aus Fachgesetzen ergeben und sind der jeweiligen Einzelfallprüfung vorbehalten.

Strittig können insbes. Vergaben im Verkehrsbereich in Zusammenhang mit der Verord- 15 nung (EG) Nr. 1370/2007 sein, in der sog. Direktvergaben/Betrauungen womöglich außerhalb des GWB und der SektVO erfolgen. Hierzu hat die EU-Kommission Auslegungsleitlinien[16] veröffentlicht, wonach öffentliche Dienstleistungsaufträge im Bereich

---

8 Art. 1 Ziff. 4 des Gesetzes zur Modernisierung des Vergaberechts, BGBl. I S. 790.
9 Für die Breitbandkabelversorgung: OLG München, Beschl. v. 25.03.2011, Verg 4/11 – NZBau 2011, 7.
10 Vgl. EuGH, Urt. v. 10.11.2005 – C-29/04, NZBau 2005, 704, 706.
11 Vgl. EuGH, Urt. v. 10.11.2005 – C-29/04, NZBau 2005, 704, 706.
12 Vgl. EuGH, Urt. v. 19.04.2007 – C-295/05, NZBau 2007, 381, 385.
13 Vgl. Maurer, § 23 Rn. 56 ff.
14 Vgl. BGH, Beschl. v. 01.12.2008 – X ZB 31/08, NZBau 2009, 201; BGH, Beschl. v. 12.06.2001 – X ZB 10/01, NZBau 2001, 517, 519; VGH Kassel, Beschl. v. 18.07.2007 – 3 UZ 1112/06, NZBau 2007, 593.
15 Vgl. OVG Sachsen-Anhalt, Beschl. v. 03.12.2009 – 3 M 307/09, JurionRS 2009, 33208.
16 Mitteilung der Europäischen Kommission über die Auslegungsleitlinien zu der Verordnung (EG) Nr. 1370/2007 über öffentliche Personenverkehrsdienste auf Schiene und Straße, Amtsblatt der EU vom 29.03.2014 (2014/C 92/01).

öffentliche Personenverkehrsdienste mit Bus oder Straßenbahn der Richtlinie 2014/25/EU unterfallen, aber solche Dienstleistungsaufträge für Eisenbahn und Untergrundbahn aus dem Anwendungsbereich der Richtlinie 2014/25/EU ausgenommen sind und den Vorschriften der Verordnung (EG) Nr. 1370/2007 unterliegen.

Ohne Relevanz ist die Herkunft der Mittel, mit der die Leistungen beschafft werden. Ob Haushalts- oder Drittmittel verwendet werden, ist nach Auffassung des EuGH kein konstitutives Element des öffentlichen Auftrags.[17]

2. Vertrag

16   § 103 GWB bestimmt in Übereinstimmung mit Art. 2 Nr. 1 Richtlinie 2014/25/EU öffentliche Aufträge als entgeltliche Verträge. Verträge kommen durch übereinstimmende Willenserklärungen zustande. Dabei setzt das Vergaberecht nicht einen abgeschlossenen Vertrag voraus, sondern orientiert sich an dem Zeitpunkt der konkreten Tätigkeit des Auftraggebers. Befindet sich der Auftraggeber in der Phase der Markterkundung, z.B. bei der Durchführung eines Interessenbekundungsverfahrens, oder gibt es erst interne Überlegungen, z.B. über eine Einkaufsgemeinschaft mit anderen Auftraggebern, so liegt darin kein vergaberechtsrelevanter Vorgang. Hat der Auftraggeber demgegenüber bereits in materieller Hinsicht einen Beschaffungsprozess in äußerlich erkennbarer Weise angeschoben, etwa im Ratsbeschluss über die Beschaffung und ersten Schritten, z.B. Einschaltung eines fachlichen Beraters, dann hat das Vergabeverfahren i.S.d. GWB bzw. der SektVO begonnen.[18]

Irrelevant ist die weitere rechtliche Einordnung eines Vertrags. Auch öffentlich-rechtliche Verträge[19] oder Zweckverbandsvereinbarungen[20] sind vergaberechtsrelevant, wenn die Anwendungsvoraussetzungen erfüllt sind.

17   Brisant kann die Dauer des Leistungszeitraums sein. Zwar gibt es weder in der Richtlinie 2014/25/EU noch im GWB oder der SektVO mit Ausnahme der Rahmenvereinbarungen (vgl. Art. 51 Richtlinie 2014/25/EU, § 19 SektVO, wonach für Rahmenvereinbarungen eine maximale Laufzeit von 8 Jahren gilt) dahingehende Vorgaben. Der EuGH hat mit Blick auf das EU-Vergaberecht kein Verbot von Verträgen mit unbestimmter Dauer erkannt.[21] Allerdings hat der EuGH bei einer Konzession über 20 Jahre mit 10jähriger Verlängerungsmöglichkeit eine Beschränkung des freien Dienstleistungsverkehrs nach dem generell geltenden EU-Primärrecht angenommen.[22] Andere argumentieren mit dem Wettbewerbsprinzip gemäß § 97 Abs. 1 GWB gegen die Zulässigkeit der Vergabe unbefristeter Verträge.[23] Diese Rechtsprechung kann aber auf den

---

17 Vgl. EuGH, Urt. v. 18.11.2004 – C-126/03, VergabeR 2005, 57.
18 Vgl. EuGH, Urt. v. 11.01.2005 – C-26/03, EuZW 2005, 87, 89.
19 Vgl. EuGH, Urt. v. 18.01.2007 – C-220/05, NZBau 2007, 185, 188; EuGH, Urt. v. 12.07.2001 – C-399/98, NZBau 2001, 512, 516; OLG Düsseldorf, Beschl. v. 05.05.2004 – VII-Verg 78/03, NZBau 2004, 398, 399.
20 Vgl. OLG Naumburg, Beschl. v. 03.11.2005 – 1 Verg 9/05, NZBau 2006, 58, 60.
21 Vgl. EuGH, Urt. v. 19.06.2008 – C-454/06, NZBau 2008, 518, 520.
22 Vgl. EuGH, Urt. v. 09.03.2006 – C-323/03, NZBau 2006, 386, 388.
23 VK Bund, Beschl. v. 08.04.2015 – VK 2 – 21/15 – zitiert nach VERIS.

Abschluss von Verträgen schon allein wegen des in Deutschland geltenden Grundsatzes der Vertragsfreiheit als Ausdruck der Privatautonomie nicht übertragen werden. Auch für den Abschluss von Verträgen im Wege des Vergaberechts durch öffentlichen Auftraggeber oder Sektorenauftraggeber gilt der Grundsatz der Vertragsfreiheit. So gelten für die vertraglichen Grundsätze zwischen solchen Auftraggebern auch die zivilrechtlichen Regelungen. Der EuGH hat dann in zutreffender Weise klargestellt, dass das Gemeinschaftsrecht nicht den Abschluss von öffentlichen (Dienstleistungs-) Aufträgen auf unbestimmte Dauer verbietet.[24] Nur in Ausnahmefällen und in engen Grenzen kann daher ein Vertrag von unbestimmter Dauer gegen die Dienstleistungsfreiheit verstoßen.

Änderungen eines Auftrags sind gemäß § 132 GWB ausschreibungspflichtig, wenn die   18
Änderungen wesentlich sind. Dies ist der Fall, wenn die Änderungen dazu führen, dass sich der öffentliche Auftrag erheblich von dem ursprünglich vergebenen öffentlichen Auftrag unterscheidet, § 132 Abs. 1 Satz 2 GWB. Die Möglichkeiten der Auftragsänderungen wurden im Verhältnis zur bisherigen gesetzlichen Regelung und der Rechtsprechung umfassende erweitert. So ist unter bestimmten Voraussetzungen sogar die Auswechselung des Vertragspartners zulässig (§ 132 Abs. 2 Nr. 4 GWB). Auch zusätzliche Liefer-, Bau- oder Dienstleistungen und neue Leistungsbestandteile, die zu einer Preiserhöhung führen, können in bestimmten Grenzen vergaberechtsfrei vergeben werden. Ebenso ist die Ausübung von Optionen, die bereits im alten Vertrag angelegt sind, keine ausschreibungspflichtige Auftragsänderung. Grundsätzlich ist aber Voraussetzung, dass sich der Gesamtcharakter des Auftrags nicht verändern darf. Kommen die Auftragsänderungen in Umfang und Wirkung dem Abschluss eines neuen Vertrags gleich, so müssen sie neu ausgeschrieben werden.[25] Das gilt z.B., wenn ein zeitlich befristeter Vertrag in einen unbefristeten Vertrag geändert wird[26], nicht jedoch bei der Verlängerung einer Klausel mit Kündigungsverzicht.[27]

3. Vertragspartner

Grundsätzlich gilt das Vergaberecht unabhängig von der rechtlichen Organisation und   19
Natur des Vertragspartners. Denn der Vertragspartner wird in § 103 Abs. 1 GWB relativ neutral als »Unternehmen« bezeichnet. Unternehmen meint eine andere juristische oder natürliche Person als der öffentliche Auftraggeber oder Sektorenauftraggeber.

Die Vergabe innerhalb der eigenen Organisationseinheit, z.B. an einen Eigenbetrieb,   20
wird nicht vom EU-Vergaberecht erfasst.[28] Allerdings kann auch ein Auftragnehmer in Gestalt eines öffentlichen Auftraggebers oder Sektorenauftraggebers Unternehmen i.S.d. § 103 Abs. 1 GWB sein.[29] Deshalb ist die Leistungsübernahme z.B. der Trinkwas-

---

24 EuGH, Urt. v. 19.06.2008 – C – 454/06, Rn. 73 – zitiert nach VERIS.
25 Vgl. OLG Düsseldorf, Beschl. v. 14.02.2001 – Verg 13/00, NZBau 2002, 54, 55.
26 Vgl. OLG Jena, Beschl. v. 14.10.2003 – 6 Verg 5/03, ZfBR 2004, 193.
27 EuGH, Urt. v. 19.06.2008, Rs. C-454/06 – zitiert nach VERIS.
28 Vgl. EuGH, Urt. v. 19.04.2007 – C-295/05, NZBau 2007, 381, 385.
29 Vgl. EuGH, Urt. v. 18.01.2007 – C-220/05, NZBau 2007, 185, 188.

serversorgung der Gemeinde X durch die Gemeinde Y grundsätzlich vergaberechtsrelevant.

21 Eine vom EuGH in seiner »Teckal«-Entscheidung aus dem Jahr 1999 entwickelte Ausnahme vom ausschreibungsrelevanten Unternehmensbegriff stellt die sog. In-house-Vergabe dar (auch vergaberechtsfreies Eigengeschäft genannt). Darunter versteht man Aufträge, die ein öffentlicher Auftraggeber an ein anderes Unternehmen erteilt, welches er wie eine eigene Dienststelle kontrolliert, soweit das Unternehmen im Wesentlichen für den öffentlichen Auftraggeber tätig ist.[30] Dieses Rechtsinstitut hat der Gesetzgeber in § 108 GWB ausführlich geregelt.

Für das Vorliegen eines öffentlichen Auftrags ist es nicht erheblich, ob die Dienstleistungen gegenüber dem Auftraggeber selbst erbracht werden.[31] Die Leistungen können auch gegenüber Dritten erbracht werden.

4. Entgeltlichkeit

22 Die laut § 103 GWB notwendige Entgeltlichkeit des Auftrags wird weit ausgelegt. Darunter versteht man jedwede Gegenleistung an den Auftragnehmer in Form eines geldwerten Vorteils.[32] Es ist nicht relevant, ob mit dem Entgelt eine Gewinnerzielungsabsicht des Auftragnehmers verbunden ist[33] oder ob ein privater Dritter und nicht der Auftragnehmer den geldwerten Vorteil erhalten soll[34]. Auch ein Verzicht auf Geld kann sich als geldwerter Vorteil darstellen.[35] Erfasst sind nahezu alle Gegenleistungen des Auftraggebers, die wirtschaftlichen Wert besitzen.[36]

23 Für das Vorliegen eines öffentlichen Auftrags ist nicht hinderlich, dass die Höhe des Entgelts nicht durch den Auftragnehmer bestimmt wird, sondern aufgrund entsprechender gesetzlicher Regelungen von vornherein feststeht.[37] Auch dann kann es sich um einen öffentlichen Auftrag handeln.

24 Vom Auftragsbegriff nach § 103 GWB nicht mehr erfasst sind Konzessionen. Diese sind vielmehr gesondert in § 105 GWB geregelt. Konzessionen unterscheiden sich vom Auftragsbegriff darin, dass die Leistung des Auftraggebers statt in einem Entgelt vielmehr in einem Recht zur Nutzung des fraglichen Bauwerks (Baukonzession) oder

---

30 Vgl. EuGH, Urt. v. 18.11.1999 – C-107/98, NZBau 2000, 90, 91.
31 VK Bund, Beschl. v. 03.09.2015 – VK 1-74/15 – zitiert nach VERIS.
32 Vgl. EuGH, Urt. v. 26.04.1994 – C-272/91; EuGH, Urt. v. 18.01.2007 – C-220/05, NZBau 2007, 185, 188 .
33 Vgl. OLG Naumburg, Beschl. v. 03.11.2005 – 1 Verg 9/05, NZBau 2006, 58, 62.
34 Vgl. OLG Düsseldorf, Beschl. v. 22.09.2004 – Verg 44/04, NZBau 2005, 652.
35 Verzicht auf Erschließungsbeiträge, BayObLG, Beschl. v. 27.02.2003 – Verg 1/03, IBRRS 40906.
36 Vgl. BGH, Beschl. v. 11.02.2005 – X ZB 27/04, NZBau 2005, 290,293; OLG Celle, Beschl. v. 01.07.2004 – 13 Verg 8/04, OLGR Celle2004, 593; OLG Naumburg, Beschl. v. 03.11.2005 – 1 Verg 9/05, NZBau 2006, 58, 62: KG, Beschl. v. 11.11.2004 – 2 Verg 16/04, NZBau 2005, 538, 541; BGH, Beschl. v. 03.07.2008 – I ZR 145/05, NZBau 2008, 664, 665.
37 VK Bund, Beschl. v. 03.09.2015 – VK 1 – 74/15 – zitiert nach VERIS.

der fraglichen Dienstleistung (Dienstleistungskonzession), ggf. unter zusätzlicher Zahlung eines Entgelts besteht. Das Betriebsrisiko für die Nutzung des Bauwerks oder für die Verwertung der Dienstleistung liegt im Gegensatz zum öffentlichen Auftrag nicht beim Auftraggeber, sondern beim Konzessionsnehmer.

5. Auftragsarten

Der öffentliche Auftrag wird nach § 103 GWB und Art. 2 Ziff. 1 bis 5 Richtlinie 25
2014/25/EU in Bau-, Liefer- und Dienstleistungsaufträge unterteilt. Für die Abgrenzung zwischen diesen Auftragsarten ist das gemeinschaftsrechtliche Verständnis, geprägt durch die Rechtsprechung des EuGH maßgebend.[38] Deshalb ist es ohne Belang, welche deutsche zivilrechtliche Einordnung ein Vertrag haben mag, z.B. Werk- oder Kaufvertrag. Es geht allein um die Übereinstimmung der nachgefragten Leistung mit einer für Bau-, Liefer- oder Dienstleistungsaufträge vorhandenen Definition.

Die genaue Einordnung des Vertrags ist auch im Rahmen der (im Vergleich z.B. zur 26
VOB/A) alle Vertragsarten erfassenden SektVO von Belang. Es gibt bestimmte Vorschriften, z.B. hinsichtlich der Anwendung des Verhandlungsverfahrens ohne Bekanntmachung (vgl. § 13 Abs. 2 SektVO), die nur für bestimmte Auftragsarten gelten, insbes. aber variieren die EU-Schwellenwerte je nach Auftragsart.

a) Bauauftrag

§ 103 Abs. 3 GWB definiert den Begriff des Bauauftrags gemäß Art. 2 Ziff. 2 und 3 27
der Richtlinie 2014/25/EU. Danach sind Bauaufträge Verträge über die Ausführung oder die gleichzeitige Planung und Ausführung von Bauleistungen nach Anhang I der Richtlinie 2014/25/EU (Alternative 1) oder eines Bauwerks für den Sektorenauftraggeber, die das Ergebnis von Tief- oder Hochbauarbeiten sind und eine wirtschaftliche oder technische Funktion erfüllen soll (Alternative 2), oder einer dem Sektorenauftraggeber unmittelbar wirtschaftlich zugutekommenden Bauleistung durch einen Dritten gemäß den vom Sektorenauftraggeber genannten Erfordernissen, wenn der Sektorenauftraggeber einen entscheidenden Einfluss auf Art und Planung der Bauleistung hat (Alternative 3).

Der für die Alternative 1 maßgebende Anhang I der Richtlinie 2014/25/EU enthält di- 28
verse Bautätigkeiten, die dort abschließend aufgezählt sind.[39] Der Bauauftrag wird funktional bestimmt, d.h. all das, was zur Herstellung eines funktionsfähigen Bauwerks notwendig ist, umfasst der Begriff des Bauauftrags.[40] Schon bisher zieht die Rechtsprechung vielfach den bisherigen Anhang XII der Richtlinie 2004/17/EG (entspricht dem Anhang I der Richtlinie 2014/25/EU) zur Abgrenzung zwischen Bau- und Lieferaufträgen heran (z.B. OLG Düsseldorf, Beschl. v. 30.04.2014, VII-Verg 35/13).

---

38 Vgl. EuGH, Urt. v. 18.01.2007 – C-220/05, NZBau 2007, 185.
39 OLG Düsseldorf, Beschl. v. 30.04.2014 – VII-Verg 35/13, BauR 2014, 1357.
40 Vgl. OLG Dresden, Beschl. v. 02.11.2004 – WVerg 11/04, VergabeR 2005, 258.

29 Ein Auftrag sollte nur in der **Alternative 1** dann als Bauauftrag gelten, wenn er speziell die Ausführung der in Anhang I der Richtlinie 2014/25/EU genannten Tätigkeiten zum Gegenstand hat, selbst wenn der Auftrag sich auf die Erbringung anderer Dienstleistungen oder Lieferungen erstreckt, die für die Ausführung dieser Tätigkeiten erforderlich sind.[41]

30 Wesentlich ist die Unterscheidung von für den Bestand und die Erneuerung eines Gebäudes bedeutsamen Leistungen (= Instandsetzung), die dem Begriff des Bauauftrags unterfallen, und nicht oder nur sehr geringfügig substanzeingreifende Leistungen (= Instandhaltung), die nicht dem Bauauftrag zuzuordnen sind.[42] Der Bauauftrag ist insgesamt davon bestimmt, dass die Substanz des fraglichen Bauwerkes betroffen sein muss. Kann man eine Anlage o.ä. ohne Weiteres (d.h. ohne Montageleistungen) von einem Bauwerk trennen, ohne dass das Gebäude in seiner Funktion beeinträchtigt wird (z.B. Standardbüromöbel als Erstausstattung eines neuen Gebäudes gegenüber fest installierter Laboreinrichtungen in einer Universität)[43], spricht dies gegen die Einordnung der Beschaffung der Anlage als Bauauftrag.

31 Dienstleistungsaufträge, insbesondere im Bereich der Grundstücksverwaltung, können unter bestimmten Umständen Bauleistungen umfassen. Sofern diese Bauleistungen jedoch nur Nebenarbeiten im Verhältnis zum Hauptgegenstand des Auftrags darstellen und eine mögliche Folge oder eine Ergänzung des letzteren sind, rechtfertigt die Tatsache, dass der Auftrag diese Bauleistungen umfasst, nicht eine Einstufung des Dienstleistungsauftrags als Bauauftrag.[44]

32 Die Errichtung eines Bauwerks als **Alternative 2** gemäß den vom Auftraggeber genannten Erfordernissen setzt voraus, dass der betreffende Auftraggeber Maßnahmen zur Definition der Art des Bauwerks getroffen oder zumindest einen entscheidenden Einfluss auf dessen Planung gehabt haben muss. Bauwerke sind mit dem Erdboden verbundene oder auf ihm ruhende, aus Bauprodukten hergestellte Anlagen, die nicht notwendigerweise Gebäude sein müssen.[45] Ob der Auftragnehmer das Bauwerk ganz oder zum Teil aus eigenen Mitteln errichtet oder dessen Errichtung mit anderen Mitteln sicherstellt, sollte nichts an der Einstufung des Auftrags als Bauauftrag ändern, solange der Auftragnehmer eine direkte oder indirekte rechtswirksame Verpflichtung zur Gewährleistung der Erbringung der Bauleistungen übernimmt.[46]

33 In der **Alternative 3** (Erbringung der Bauleistung durch Dritte) wird nunmehr klargestellt, dass die Erbringung der Bauleistung gemäß den von einem Sektorenauftraggeber

---

41 Erwägungsgrund 10 der Richtlinie 2014/25/EU.
42 Vgl. OLG Düsseldorf, Beschl. v. 18.10.2006 – Verg 35/06; Instandsetzungsarbeiten sind z.B. Abdichtungsarbeiten oder Modernisierungsarbeiten, die zu einer nachhaltigen Erhöhung des Gebrauchswertes führen, demgegenüber Instandhaltungsarbeiten, wenn etwa die Wartung oder Reinigung in Frage steht, s. auch umfangreiche Darstellung zu Begriff/Rechtsprechung des Bauauftrags bei *Korbion*, in: Ingenstau/Korbion, VOB, A, § 1.
43 Vgl. OLG Dresden, Beschl. v. 02.11.2004 – WVerg 11/04, VergabeR 2005, 258.
44 Erwägungsgrund 10 der Richtlinie 2014/25/EU.
45 OLG Düsseldorf, Beschl. v. 30.04.2014 – VII-Verg 35/13, BauR 2014, 1357.
46 Erwägungsgrund 11 der Richtlinie 2014/25/EU.

genannten Erfordernissen voraussetzt, dass der betreffende Auftraggeber Maßnahmen getroffen hat, um die Art des Vorhabens festzulegen, oder zumindest einen entscheidenden Einfluss auf dessen Planung haben musste. Ob der Auftragnehmer das Bauvorhaben ganz oder zum Teil mit eigenen Mitteln durchführt oder dessen Durchführung mit anderen Mitteln sicherstellt, ist unerheblich für die Einstufung der entsprechenden Bauleistung als Bauauftrag, solange der Auftragnehmer eine direkte oder indirekte rechtswirksame Verpflichtung zur Gewährleistung der Erbringung der Bauleistungen übernimmt.[47] Rein städtebauliche Interessen stellen keinen unmittelbaren wirtschaftlichen Vorteil dar. Es müssten weitere Faktoren hinzukommen wie z.B. wirtschaftliche Vorteile des Auftraggebers aus der Nutzung des Bauwerks, eine finanzielle Beteiligung des Auftraggebers bzw. ein Grundstücksverkauf unter Marktpreis oder eine Risikoübernahme des Auftraggebers für den Fall eines wirtschaftlichen Fehlschlags.[48]

b) Lieferauftrag

Lieferaufträge beziehen sich nach § 103 Abs. 2 GWB auf die Beschaffung von Waren. **34** Darunter fallen insbesondere Kauf, Ratenkauf, Leasing, Miete und Pacht von Waren mit oder ohne Kaufoption, wobei die schuldrechtliche Einordnung des Vertrags nicht von Belang ist. Des Weiteren ist irrelevant, wenn die Lieferverträge auch Nebenleistungen umfassen.

Waren sind in Abgrenzung zu Bauwerken bewegliche Sachen. Der Aggregatzustand der zu liefernden Ware ist irrelevant. Damit ist die Beschaffung von Strom, Gas, flüssigen oder sonstigen gasförmigen Stoffen eine Lieferung.[49]

c) Dienstleistungsauftrag

Dienstleistungsaufträge sind nach der Definition des § 103 Abs. 4 GWB negativ von **35** den Bau- und Lieferaufträgen abgegrenzt, m.a.W. ist all das Dienstleistung, was nicht Lieferung oder Bauleistung ist. Damit erfüllt der Dienstleistungsauftrag eine Auffangfunktion. Entsprechend wird der Dienstleistungsbegriff weit verstanden.

6. Gemischte Verträge

Bei gemischten Verträgen ist nach den §§ 110 bis 112 GWB zu verfahren. **36**

a) Typengemischte Verträge, § 110 GWB

Handelt es sich um einen Auftrag, der teilweise Liefer-, Bau- und Dienstleistungsele- **37** mente enthält, ist er nach den Vorschriften zu vergeben, denen der Hauptgegenstand des Auftrags zuzuordnen ist, § 110 Abs. 1 Satz 1 GWB (»main-object-Theorie«). Die Regelung setzt Art. 5 Abs. 1 Unterabs. 1 und Abs. 2 Unterabs. 1 der Richtlinie 2014/25/EU um. I.E. tendiert der EuGH dazu, typengemischte Verträge auch bei

---

47 Erwägungsgrund 9 der Richtlinie 2014/24/EU.
48 VK Baden-Württemberg, Beschl. v. 02.02.2015, 1 – VK 65/14 – zitiert nach VERIS.
49 Z.B. zur Stromlieferung: OLG Hamburg, Beschl. v. 04.11.1999 – 1 Verg 1/99 – zitiert nach VERIS.

der Frage des Hauptgegenstands am Ende nach dem überwiegenden Wert (»main value-Theorie«) zu beurteilen.[50]

38   Besteht der Hauptgegenstand teilweise aus Lieferleistungen und teilweise aus Dienstleistungen, so richtet sich die anzuwendende Vorschrift nach dem geschätzten höchsten Wert der jeweiligen Liefer- oder Dienstleistung, § 110 Abs. 2 Nr. 2 GWB (»main-value-Theorie«). Diese Regelung setzt Art. 5 Abs. 2 Unterabs. 2 der Richtlinie 2014/25/EU um.

39   Hat der Dienst- oder Lieferauftrag Elemente eines Bauauftrags, die aber nur Nebenleistungen umfassen, so gilt der Auftrag als Dienst- bzw. Lieferauftrag (Hauptgegenstand – main-object-Theorie). Denn sofern diese Bauleistungen nur Nebenarbeiten im Verhältnis zum Hauptgegenstand des Vertrags darstellen und eine mögliche Folge oder eine Ergänzung des Letzteren sind, rechtfertigt die Tatsache, dass der Vertrag diese Bauleistungen umfasst, nicht eine Einstufung des öffentlichen Dienstleistungsauftrags als öffentlicher Bauauftrag.[51]

40   Endlich Klarheit hat der Unionsgesetzgeber und diesem folgend der deutsche Gesetzgeber bei der Frage geschaffen, ob Planungsleistungen getrennt von der Ausführung der Bauleistungen vergeben werden dürfen. Dies haben beide Gesetzgeber bejaht mit der Begründung, dass die öffentlichen Bauaufträge durch eine Vielfalt der Aufgaben gekennzeichnet sind und die EU-Vergaberichtlinien nicht bezweckten, eine gemeinsame oder getrennte Vergabe vorzuschreiben.[52] Dies wird nun aus § 103 Abs. 3, erster Halbsatz GWB ersichtlich.

b) Unterschiedliche Regelungen der Auftragsteile, § 111 GWB

41   Es steht dem Auftraggeber frei, Auftragsteile, die unter verschiedene rechtliche Regelungen fallen, getrennt oder zusammen zu vergeben. Jedoch darf die Entscheidung, einen Gesamtauftrag oder getrennte Aufträge zu vergeben, nicht zu dem Zweck getroffen werden, die Auftragsvergabe dem Vergaberecht zu entziehen, § 111 Abs. 5 GWB. Bei getrennten Aufträgen erfolgt die Vergabe nach dem für den jeweiligen Auftrag geltendem Recht.

42   Wird ein Gesamtauftrag vergeben, so wird nach verschiedenen Fallkonstellationen unterschieden, § 111 Abs. 3 GWB. Erreicht oder überschreitet beispielsweise der Teil des Auftrags, der dem Sektorenvergaberecht unterliegt, den geltenden Schwellenwert, so ist das Sektorenvergaberecht anzuwenden, § 111 Abs. 3 Nr. 3 GWB. Dabei ist nicht Voraussetzung, dass der dem Sektorenbereich zuzuordnende Auftragsteil gegenüber dem anderen Auftragsteil überwiegt.

Fällt ein Teil des Auftrags in das Vergaberecht und der andere Teil unterliegt dem Vergaberecht nicht, so ist stets Teil 4 des GWB anzuwenden, unabhängig vom Wert des dem Vergaberecht unterliegenden Auftragsteils, § 111 Abs. 3 Nr. 5 GWB.

---

50   W.v.
51   Erwägungsgrund 10 der Richtlinie 2014/25/EU.
52   Erwägungsgrund 10 der Richtlinie 2014/25/EU.

c) Sektorengemischte Aufträge, § 112 GWB

Es steht dem Auftraggeber ebenso frei, getrennte Aufträge oder einen Gesamtauftrag zu vergeben, wenn der Auftrag mehrere Tätigkeiten umfasst, wobei nur eine Tätigkeit eine Sektorentätigkeit nach § 102 GWB darstellt. Jedoch darf die Entscheidung, einen Gesamtauftrag oder getrennte Aufträge zu vergeben, nicht zu dem Zweck getroffen werden, die Auftragsvergabe dem Vergaberecht zu entziehen, § 112 Abs. 4 GWB. Bei getrennten Aufträgen erfolgt die Vergabe nach dem für den jeweiligen Auftrag geltendem Recht. — 43

Wird ein Gesamtauftrag vergeben, so richtet sich das anzuwendende Recht nach dem Hauptzweck des Auftrags (§ 112 Abs. 3 Satz 1 GWB). Ist der Hauptzweck nicht feststellbar, so unterfällt der Auftrag dem Vergaberecht für öffentliche Auftraggeber, wenn eine der Tätigkeiten, für die der Auftrag bestimmt ist, unter diese Vorschrift fällt. Handelt es sich teilweise um Sektorentätigkeit und um Konzessionen, ist das Sektorenvergaberecht anzuwenden. Fällt der Auftrag in eine Sektorentätigkeit und in eine Tätigkeit, die weder den Konzessionen noch dem Vergaberecht für öffentliche Auftraggeber zuzuordnen ist, so ist das Sektorenvergaberecht einschlägig (§ 112 Abs. 5 GWB). — 44

II. Rahmenvereinbarungen

Rahmenvereinbarungen sind entsprechend der Legaldefinition des § 103 Abs. 5 GWB Vereinbarungen zwischen einem oder mehreren Sektorenauftraggebern und einem oder mehreren Unternehmen. Sie müssen den Zweck haben, die zukünftigen Bedingungen für einzelne öffentliche Aufträge festzulegen, insbesondere über den Preis, die während eines bestimmten Zeitraumes vergeben werden sollen, ohne dass bereits Leistungspflichten begründet werden.[53] — 45

Für die Vergabe von Rahmenvereinbarungen gelten dieselben Vorschriften wie für die Vergabe öffentlicher Aufträge, § 103 Abs. 5 Satz 2 GWB. Die Rahmenvereinbarung selbst stellt zwar keinen Beschaffungsprozess dar, sondern regelt nur den Rahmen für den Abruf von Einzelverträgen, die dann die Beschaffung auslösen. Die Vergabe einer Rahmenvereinbarung im Wege eines Vergabeverfahrens hat jedoch zur Folge, dass die auf ihrer Grundlage erteilten Einzelaufträge einem vereinfachten Vergabeverfahren unterliegen können. Wie ein öffentlicher Auftrag unterliegt die Rahmenvereinbarung also wettbewerblichen Verfahrensregeln. — 46

Bisher war die Vergabe von Rahmenvereinbarungen nicht im GWB geregelt. Für Sektorenauftraggeber gab es hierfür bisher die Regelung in § 9 SektVO (alt). Nunmehr gilt hierfür – ergänzend zu § 103 Abs. 5 GWB – der § 19 SektVO, der den Abschluss von Rahmenvereinbarungen konkretisiert. — 47

Die Regelung basiert auf Art. 51 Abs. 1 Unterabs. 2 der Richtlinie 2014/25/EU und ist überwiegend wortgetreu übernommen. Die dort erwähnte Bezugnahme auf die Festlegung der in Aussicht genommenen Menge neben dem Preis wird erst in § 19 SektVO konkretisiert. Darin wird erläutert, dass die Menge nicht abschließend festgelegt wer- — 48

---

53 Vgl. VK Münster, Beschl. v. 28.05.2004 – VK 10/04, JurionRS 2004, 32253.

den muss, sondern lediglich so genau wie möglich zu ermitteln ist. Der EuGH hat ebenso klargestellt, dass nicht unbedingt alle Bedingungen der nachfolgenden Einzelaufträge in der Rahmenvereinbarung festgelegt werden müssen.[54]

49   An Rahmenvereinbarungen können mehr als nur zwei Parteien beteiligt sein. Dies lässt die Bildung von Einkaufsgemeinschaften durch Auftraggeber zu. Aber auch Unternehmen können sich zusammentun, um gemeinsam günstigere Bedingungen anbieten zu können. Die Ausgestaltung im Einzelfall sollte sich an Zweckmäßigkeitsgründen orientieren. Dabei sind die Einzelaufträge nach den Grundsätzen des Wettbewerbs- und Transparenzgebots diskriminierungsfrei zu vergeben.

III. Wettbewerbe

50   Wettbewerbe in Form von Auslobungsverfahren sind in § 103 Abs. 6 GWB definiert. Danach handelt es sich um Verfahren, die dem Auftraggeber aufgrund vergleichender Beurteilung durch ein Preisgericht mit oder ohne Verteilung von Preisen zu einem Plan oder einer Planung verhelfen sollen. Pläne können dabei Pläne der Raumplanung, des Städtebaus und des Bauwesens oder der Datenverarbeitung oder auf anderen Gebieten sein.

51   § 103 Abs. 6 GWB entspricht dem bisherigen § 99 Absatz 5 GWB (alt). Im Einklang mit der Richtlinie 2014/25/EU findet nun aber der Begriff »Wettbewerbe« Verwendung. Auslobungsverfahren führen vergaberechtlich stets zu Dienstleistungsaufträgen. Jedoch sind sie nun als eine eigene Verfahrensart geregelt. Im Gegensatz zur Formulierung des bisherigen § 99 Absatz 1 GWB (alt) unterfallen Auslobungsverfahren nun nicht mehr dem öffentlichen Auftragsbegriff. Damit wird im Einklang mit der Richtlinie 2014/25/EU klargestellt, dass es sich bei »Wettbewerben«, die im Sinne des Bürgerlichen Gesetzbuchs (BGB) Auslobungsverfahren darstellen, um ein eigenes Verfahren handelt, welches dazu dient, dem öffentlichen Auftraggeber einen Plan oder eine Planung zu verschaffen.

52   Die Einzelheiten für das Verfahren zur Ausrichtung von Wettbewerben ist in den §§ 60 bis 63 SektVO (dort: Planungswettbewerbe) geregelt. Die Art. 95 bis 99 der Richtlinie 2014/25/EU sind die Basis für die Definition von Wettbewerben in § 103 Abs. 6 GWB sowie die näheren Ausführungen in der SektVO.

§ 106 GWB Schwellenwerte

(1) **Dieser Teil gilt für die Vergabe von öffentlichen Aufträgen und Konzessionen sowie die Ausrichtung von Wettbewerben, deren geschätzter Auftrags oder Vertragswert ohne Umsatzsteuer die jeweils festgelegten Schwellenwerte erreicht oder überschreitet. § 114 Absatz 2 bleibt unberührt.**

(2) **Der jeweilige Schwellenwert ergibt sich**
1. **für öffentliche Aufträge und Wettbewerbe, die von öffentlichen Auftraggebern vergeben werden, aus Artikel 4 der Richtlinie 2014/24/EU in der jeweils geltenden**

---

54 EuGH, Beschl. v. 28.01.2016, C-50/14, Ziff. 44, zitiert nach VERIS.

Fassung; der sich hieraus für zentrale Regierungsbehörden ergebende Schwellenwert ist von allen obersten Bundesbehörden sowie allen oberen Bundesbehörden und vergleichbaren Bundeseinrichtungen anzuwenden,

2. für öffentliche Aufträge und Wettbewerbe, die von Sektorenauftraggebern zum Zweck der Ausübung einer Sektorentätigkeit vergeben werden, aus Artikel 15 der Richtlinie 2014/25/EU in der jeweils geltenden Fassung,

3. für verteidigungs- oder sicherheitsspezifische öffentliche Aufträge aus Artikel 8 der Richtlinie 2009/81/EG des Europäischen Parlaments und des Rates vom 13. Juli 2009 über die Koordinierung der Verfahren zur Vergabe bestimmter Bau-, Liefer- und Dienstleistungsaufträge in den Bereichen Verteidigung und Sicherheit und zur Änderung der Richtlinien 2004/17/EG und 2004/18/EG (ABl. L 216 vom 20.8.2009, S. 76) in der jeweils geltenden Fassung,

4. für Konzessionen aus Artikel 8 der Richtlinie 2014/23/EU des Europäischen Parlaments und des Rates vom 26. Februar 2014 über die Konzessionsvergabe (ABl. L 94 vom 28.3.2014, S. 1) in der jeweils geltenden Fassung.

(3) Das Bundesministerium für Wirtschaft und Energie gibt die geltenden Schwellenwerte unverzüglich, nachdem sie im Amtsblatt der Europäischen Union veröffentlicht worden sind, im Bundesanzeiger bekannt.

Amtliche Begründung

»§ 106 regelt eine wesentliche Voraussetzung für den sachlichen Anwendungsbereich des Teils 4 des GWB in Form einer dynamischen Verweisung auf die jeweils in den Richtlinien 2014/24/EU, 2014/25/EU, 2009/81/EG und 2014/23/EU geregelten Schwellenwerte, deren Höhe regelmäßig vom Unionsgesetzgeber oder der EU-Kommission im Wege der delegierten Rechtssetzung angepasst wird. Der Regelungsinhalt der bisherigen § 2 Absatz 1 VgV, § 1 Absatz 2 VSVgV und § 1 Absatz 2 SektVO wird als Grundsatzbestimmung in das GWB übernommen. Damit entfällt zukünftig der Bedarf für eine weitere Konkretisierung auf Verordnungsebene.

Zu Absatz 1

§ 106 Absatz 1 übernimmt die bisherige Regelung des § 100 Absatz 1 Satz 1 GWB und bestimmt mit dem Erfordernis, dass der geschätzte Auftrags- oder Vertragswert die jeweils geltenden Schwellenwerte erreicht oder überschreitet, eine wesentliche Voraussetzung für die Anwendung des Teils 4 des GWB auf öffentliche Aufträge, Konzessionen und Wettbewerbe.

Zu Absatz 2

Der konkrete Verweis auf die jeweiligen geltenden Schwellenwerte der unterschiedlichen Vergaberegime folgt in Absatz 2 Nummern 1 bis 4. Diese enthalten eine dynamische Verweisung auf die in den jeweiligen Artikeln der Richtlinien 2014/24/EU, 2014/25/EU, 2009/81/EG und 2014/23/EU geregelten Schwellenwerte (»in der jeweils geltenden Fassung«). Die einheitliche Regelung im GWB ersetzt die bisher in § 2 Absatz 1 Vergabeverordnung (VgV), § 1 Absatz 2 Sektorenverordnung (SektVO) und § 1 Absatz 2 Vergabeverordnung für die Bereiche Verteidigung und Sicherheit (VSVgV) enthaltenen dynamischen Verweisungen auf die jeweiligen Schwellenwertvorschriften.

Die Verweisungen umfassen auch die jeweils besonderen Schwellenwerte für die Regelungen zur Vergabe von Aufträgen über soziale und andere besondere Dienstleistungen.

Die Regelungen aus der VgV, der SektVO und der VSVgV werden ins GWB überführt, da es sich hierbei um die Festlegung des sachlichen Geltungsbereiches der vergaberechtlichen Regelungen handelt, welcher einheitlich auf gesetzlicher Ebene erfolgen sollte. Für den Rechtsanwender erleichtert dies zudem die Anwendung, da sich die Fundstellen für die jeweiligen Schwellenwerte nunmehr unmittelbar aus dem Gesetz ergeben und die zusätzliche Verweisung auf die jeweiligen Verordnungen entfällt.

Zu Nummer 1

§ 106 Absatz 2 Nummer 1 übernimmt die in Artikel 4 der Richtlinie 2014/24/EU vorgesehene Regelung der Höhe des Schwellenwertes für öffentliche Aufträge und Wettbewerbe, die von öffentlichen Auftraggebern vergeben werden. Diese Vorschrift war bislang in § 2 Absatz 1 VgV enthalten. Zudem wird in Nummer 1 im letzten Halbsatz klargestellt, dass die sich für zentrale Regierungsbehörden aus der jeweils maßgeblichen Richtlinie ergebende Verpflichtung zur Anwendung des niedrigeren Schwellenwertes bei der Vergabe von Liefer- und Dienstleistungsaufträgen nicht nur für Bundesministerien, sondern für alle obersten Bundesbehörden einschließlich aller oberen Bundesbehörden sowie vergleichbaren Einrichtungen gilt. Die EU-Schwellenwerte gelten unmittelbar und werden durch das Bundesministerium für Wirtschaft und Energie nach Änderung nur noch im Bundesanzeiger bekannt gegeben.

Zu Nummer 2

§ 106 Absatz 2 Nummer 2 übernimmt die in Artikel 15 der Richtlinie 2014/25/EU vorgesehene Regelung der Höhe des Schwellenwertes für öffentliche Aufträge und Wettbewerbe, die von Sektorenauftraggebern zum Zweck der Ausübung einer Sektorentätigkeit vergeben werden. Diese Vorschrift war bislang in § 1 Absatz 2 SektVO enthalten.

Zu Nummer 3

§ 106 Absatz 2 Nummer 3 übernimmt die in Artikel 8 der Richtlinie 2009/81/EG vorgesehene Regelung der Höhe des Schwellenwertes für verteidigungs- oder sicherheitsspezifische öffentliche Aufträge. Diese Vorschrift war bislang in § 1 Absatz 2 VSVgV enthalten.

Zu Nummer 4

§ 106 Absatz 2 Nummer 4 übernimmt die in Artikel 8 der Richtlinie 2014/23/EU vorgesehene Regelung der Höhe des Schwellenwertes für Konzessionen.

Zu Absatz 3

§ 106 Absatz 3 entspricht der bislang in § 2 Absatz 1 Satz 2 VgV und § 1 Absatz 2 VSVgV vorgesehenen Verpflichtung des Bundesministeriums für Wirtschaft und Energie, die Schwellenwerte unverzüglich nach Veröffentlichung im Amtsblatt der Europäischen Union im Bundesanzeiger bekannt zu geben.«

Inhaltsübersicht

A. Allgemeine Einführung

§ 106 GWB regelt mit der Vorgabe von Schwellenwerten eine wesentliche Vorausset- **1** zung für den sachlichen Anwendungsbereich des vierten Teils des GWB. Die EU-Schwellenwerte wurden eingeführt um die **binnenmarktrelevanten Aufträge** zu bestimmen und zugleich den Aufwand, den eine europaweite Ausschreibung für alle Seiten inklusive des besonderen Rechtsschutzverfahrens hat, auf lohnenswerte Aufträge zu begrenzen. Die Binnenmarktrelevanz richtet sich nach dem Auftragswert, so dass die Beteiligten erst ab Erreichung bzw. Überschreitung der unionsrechtlich vorgegebenen Schwellenwerte in den Geltungsbereich der EU-Vergaberegeln gelangen. Werden die geltenden Schwellenwerte nicht erreicht, dann ist auch die Anwendung des Vergaberechts ausgeschlossen. Außerhalb des EU-Vergaberechts (bzw. **unterhalb der Schwellenwerte**) gelten vergaberechtliche Vorschriften nur für solche Auftraggeber, die dazu aufgrund von Haushaltsrecht angehalten sind (vgl. §§ 55 BHO/LHO) oder sonst dazu verpflichtet werden, z.B. per Zuwendungsbescheid. Auch durch das EU-Primär-bzw. Beihilferecht sind vergaberechtliche Vorgaben denkbar[1], ebenso durch das Kartellrecht[2].

Die Schwellenwerte führen zu einer unterschiedlichen Behandlung der Aufträge ober- **2** halb und unterhalb der EU-Schwellenwerte, insbesondere im Bereich des Primärrechtsschutzes. Das Vergabeverfahren bei Aufträgen oberhalb der EU-Schwellenwerte wird anhand eines Nachprüfungsverfahrens nach § 155 GWB überprüft. Bei Aufträgen unterhalb der Schwellenwerte wird ausschließlich von dem Rechtsschutz vor den Zivilgerichten Gebrauch gemacht.[3] Diese »Zweiteilung« des Vergaberechtsschutzes stellt laut Bundesverfassungsgericht[4] keine Verletzung des Gleichheitssatzes nach Art. 3 Abs. 1 GG dar.

B. Vergleich zur vorherigen Rechtslage

Bislang lief der Weg zu den jeweiligen Schwellenwerten über § 100 Abs. 1 GWB a.F., **3** der seinerseits auf die jeweils einschlägigen Vorschriften in der VgV a.F., SektVO a.F. und VSVgV a.F. verwies. Die Schwellenwerte für Aufträge von öffentlichen Auftraggebern ergaben sich aus § 2 Abs. 1 VgV a.F., der wiederum anhand einer in der Vorschrift enthaltenen dynamischen Verweisung auf die maßgebliche EU-Richtlinie 2004/18/EG

---

1 Vgl. Prieß/Simonis, NZBau 2015, 731.
2 Vgl. BGH, Urt. v. 24.09.2002 – KZR 4/01, GRUR 2003, 167.
3 Vgl. BVerwG, Beschl. v. 02.05.2007 – 6 B 10.07, VergabeR 2007, 337.
4 Vgl. BVerfG, Beschl. v. 13.06.2006 – 1 BvR 1160/03, VergabeR 2006, 871.

verwies. Für Aufträge von Sektorenauftraggebern ergab sich die Regelung aus § 1 Abs. 2 SektVO, ebenso mit einem dynamischen Verweis auf die einschlägige EU-Richtlinie 2004/17/EG, und für verteidigungs- oder sicherheitsrelevante Aufträge dementsprechend aus § 1 Abs. 2 VSVgV mit dynamischer Verweisung auf Richtlinie 2009/81/EG.

4   Im Rahmen der Vergaberechtsreform 2016 wurde ein neuer § 106 GWB nur für die Frage des Schwellenwerts formuliert, dessen Basis § 100 Abs. 1 GWB a.f. bildet und Regelungsinhalte der §§ 2 Abs. 1 VgV a.f., 1 Abs. 2 VSVgV a.f. und 1 Abs. 2 SektVO a.f. integriert. Auf diesem Wege wurde eine anwendungsfreundlichere Gestaltung dieser sachlichen Anwendungsvoraussetzung erreicht, da sich die Fundstellen für die jeweiligen Schwellenwerte jetzt unmittelbar aus dem Gesetz ergeben, ohne dass eine zusätzliche Verweisung nötig ist. Mit der KonzVgV wurden erstmals die Verfahrensregeln zur Vergabe von Konzessionen, Dienstleistungs- und Baukonzessionen in einer Rechtsverordnung zusammengeführt. Entsprechend wurden in § 106 Abs. 2 GWB Vorgaben zu den Schwellenwerten für die Vergabe von Konzessionen integriert.

C. Europarechtliche Vorgaben

5   § 106 GWB stellt eine »1:1-Umsetzung«[5] der Richtlinien 2014/24/EU, 2014/25/EU, 2014/23/EU sowie 2009/81/EG in das deutsche Recht dar. Die bislang geltenden Richtlinien 2004/18/EG bzw. 2004/17/EG wurden dadurch aufgehoben.

6   In § 106 Abs. 2 GWB ist eine **dynamische Verweisung** auf die jeweils geltenden EU-Schwellenwerte enthalten. Die Höhe der Schwellenwerte wird regelmäßig von der EU im Wege einer Verordnung angepasst. Die zurzeit geltenden Schwellenwerte wurden von der EU-Kommission am 24.11.2015 mit Wirkung zum 01.01.2016 festgelegt und beruhen auf den delegierten Verordnungen (EU) 2015/2170, (EU) 2015/2171 sowie (EU) 2015/2172, jeweils zur Änderung der Richtlinien 2014/24/EU, 2014/25/EU und 2014/23/EU. Die Verordnungen gelten in allen Mitgliedstaaten unmittelbar. Die Schwellenwerte für verteidigungs- und sicherheitsspezifische öffentliche Aufträge ergeben sich nach wie vor aus Art. 8 Richtlinie 2009/81/EG.

7   Die gemeinschaftsrechtlich vorgegebenen Schwellenwerte sind ihrerseits an die Vorgaben des Übereinkommens der Welthandelsorganisation über das öffentliche Beschaffungswesen = **General Procurement Agreement (GPA)** angelehnt. Ziel des GPA ist es, einen multilateralen Rahmen ausgewogener Rechte und Pflichten in Bezug auf diskriminierungsfreie, transparente und rechtsstaatliche Vergaben von öffentlichen Aufträgen zu schaffen, um den Welthandel zu liberalisieren und auszuweiten.[6] Die Angabe der Schwellenwerte durch das GPA erfolgt in sog. Sonderziehungsrechten (SZR). Die Richtlinien wandeln die Angaben in Euro um, um ihre Anwendung zu erleichtern. Die in Euro ausgedrückten Schwellenwerte werden im Wege eines rein mathemati-

---

5   Vgl. Eckpunkte zur Reform des Vergaberechts, S. 2, abrufbar unter https://www.bmwi.de/BMWi/Redaktion/PDF/E/eckpunkte-zur-reform-des-vergaberechts,property=pdf,bereich=bmwi2012,sprache=de,rwb=true.pdf.
6   Vgl. Art. 17 Richtlinie 2014/25/EU sowie Erwägungsgrund Nr. 27 Richtlinie 2014/25/EU.

schen Verfahrens regelmäßig an mögliche Kursschwankungen des Euro gegenüber dem Sonderziehungsrecht überprüft und **alle zwei Jahre** zum 1. Januar in Übereinstimmung mit dem GPA der Welthandelsorganisation durch die Kommission **neu festgesetzt.**[7] Durch die letzten Verordnungen wurden die Schwellenwerte stets gesteigert. Die Kommission veröffentlicht regelmäßig Mitteilungen mit Gegenwerten, die für die festgesetzten Schwellenwerte in den europäischen Währungen außerhalb des Euro-Währungsgebiets gelten.[8]

D. Kommentierung

I. Sachlicher Anwendungsbereich des EU- Vergaberechts (§ 106 Abs. 1 GWB)

§ 106 Abs. 1 GWB regelt einen Teil des sachlichen Anwendungsbereichs des Vierten   8
Teils des GWB. Erreicht oder überschreitet der Wert eines Auftrags einen bestimmten Schwellenwert, so ist bei Erfüllung der weiteren Anwendungsvoraussetzungen das EU-Vergaberecht anzuwenden.

Die Schwellenwerte sind in Euro ausgedrückte Werte mit Binnenmarktrelevanz (s.o.).   9
Der Begriff der öffentlichen Aufträge ist in § 103 Abs. 1 GWB legal definiert und meint entgeltliche Verträge zwischen öffentlichen Auftraggebern oder Sektorenauftraggebern und Unternehmen über die Beschaffung von Leistungen, die die Lieferung von Waren, die Ausführung von Bauleistungen oder die Erbringung von Dienstleistungen zum Gegenstand haben. Konzessionen sind in § 105 GWB legal definiert und stellen langfristige und komplexe Vereinbarungen dar, bei denen der Konzessionsnehmer Verantwortlichkeiten und Risiken übernimmt, die üblicherweise vom Konzessionsgeber getragen werden und normalerweise in dessen Zuständigkeit fallen. Wettbewerbe sind Auslobungsverfahren i.S.v. § 103 Abs. 6 GWB, die den Auftraggeber aufgrund vergleichender Beurteilung durch ein Preisgericht mit oder ohne Verteilung von Preisen zu einem Plan oder einer Planung verhelfen sollen.

Damit die vergaberechtlichen Regelungen des GWB Anwendung finden, muss der je-   10
weilige **Schwellenwert wenigstens erreicht** werden. Für dessen Erreichung ist **eine Schätzung durch den Auftraggeber maßgeblich,** die er zu Beginn eines Vergabeverfahrens in eigener Verantwortung und mit der gebotenen Sorgfalt vorzunehmen hat. Die Schätzung des Auftrags- bzw. Vertragswertes der unterschiedlichen Vergaberegime erfolgt jeweils nach § 3 VgV, **§ 2 SektVO,** § 2 KonzVgV und § 3 VSVgV.[9] Eine Aufteilung von Aufträgen, um sich der Anwendung der Vorschriften für europaweite Ausschreibung für Aufträge über die EU-Schwellenwerte zu entziehen, ist verboten. Fehlt es an einer ordnungsgemäßen Schätzung des Auftragswerts durch den Auftraggeber zum maßgebenden Zeitpunkt, hat im Streitfall die Vergabenachprüfungsinstanz den Auftragswert eigenständig zu schätzen.[10]

---

7 Vgl. Erwägungsgrund Nr. 28 Richtlinie 2014/25/EU.
8 ABl. EU Nr. C392 v. 25.11.2015.
9 Vgl. deshalb die Kommentierung zu § 2 SektVO.
10 Vgl. OLG Celle, Beschl. v. 19.08.2009 – 13 Verg 4/09, BeckRS 2009, 24117.

11 § 106 Abs. 1 S. 2 GWB enthält einen Verweis auf § 114 Abs. 2 GWB, der seinerseits eine Datenübermittlungspflicht der öffentlichen Auftraggeber gegenüber dem Bundesministerium für Wirtschaft und Energie festlegt. Dieses Erfordernis dient zur Überwachung der Anwendung der Vorschriften über die öffentliche Auftrags- und Konzessionsvergabe und zur Vorbeugung von Interessenkonflikten und Unregelmäßigkeiten im Vergabeverfahren. Aus der Verweisung folgt, dass eine Datenübermittlungspflicht auch bei Vergabe von Aufträgen oberhalb der Schwellenwerte i.S.v. § 106 Abs. 1 S. 1 GWB besteht.

II. Arten von Schwellenwerten (§ 106 Abs. 2 GWB)

12 § 106 Abs. 2 GWB listet mehrere Arten von Schwellenwerten auf. Es werden unterschieden
   – Aufträge und Wettbewerbe von **öffentlichen Auftraggebern in § 106 Abs. 2 Nr. 1 GWB**,
   – Aufträge und Wettbewerbe von **Sektorenauftraggebern in § 106 Abs. 2 Nr. 2 GWB**,
   – **verteidigungs- und sicherheitsspezifische öffentliche Aufträge in § 106 Abs. 2 Nr. 3 GWB** sowie
   – **Konzessionen in § 106 Abs. 2 Nr. 4 GWB**

und es wird **jeweils Bezug genommen auf die dahinter stehende, aktuelle EU-Richtlinie.** Eine weitere Konkretisierung auf Gesetzes- oder Verordnungsebene ist damit nicht (mehr) notwendig. Vielmehr liegt hierin jeweils eine **dynamische Verweisung** auf die in den Richtlinien 2014/24/EU, 2014/25/EU, 2009/81/EG und 2014/23/EU aktuell festgelegten Schwellenwerte, was nicht zuletzt dazu dient, Anpassungsverzögerungen zu vermeiden, welche es in der Vergangenheit durchaus gab. Die Verweisungen umfassen den eigenen Schwellenwert für die Vergabe von Aufträgen über soziale und andere besondere Dienstleistungen.[11] »Geltend« ist die durch die EU-Kommission durch Verordnung **zuletzt** modifizierte Fassung.[12]

1. Schwellenwerte für Aufträge und Wettbewerbe von öffentlichen Auftraggebern (§ 106 Abs. 2 Nr. 1 GWB)

13 § 106 Abs. 2 Nr. 1 1. Hs. GWB ist für die Bestimmung des Schwellenwertes für öffentliche Aufträge und Wettbewerbe, die von öffentlichen Auftraggebern vergeben werden, maßgeblich. Der Begriff des öffentlichen Auftraggebers folgt aus § 99 GWB. Die Schwellenwerte für die öffentliche Auftragsvergabe ergeben sich **bis zum 31.12.2017** aus der **Verordnung (EU) 2015/2170** zur Änderung der Richtlinie 2014/24/EU und belaufen sich auf
   – **EUR 5.225.000,00** bei Bauaufträgen;

---

11 Vgl. BT-Drs. 18/6281 v. 08.10.2015, 74.
12 Vgl. Referentenentwurf des Bundesministeriums für Wirtschaft und Energie, abrufbar unter https://www.bmwi.de/BMWi/Redaktion/PDF/P-R/referentenentwurf-verordnung-modernisierung-vergaberecht-mantelverordnung,property=pdf,bereich=bmwi2012,sprache=de,rwb=true.pdf.

– EUR 135.000,00 bei Liefer- und Dienstleistungsaufträgen, die von zentralen Regierungsbehörden, obersten Bundesbehörden, oberen Bundesbehörden und vergleichbaren Einrichtungen vergeben werden, und bei von diesen Behörden ausgerichteten Wettbewerben;

– EUR 209.000,00 bei Liefer- und Dienstleistungsaufträgen, die von subzentralen öffentlichen Auftraggebern vergeben werden, und bei von diesen Behörden ausgerichteten Wettbewerben;

– EUR 750.000,00 bei öffentlichen Dienstleistungsaufträgen betreffend soziale und andere besondere Dienstleistungen im Sinne von Anhang XIV Richtlinie 2014/24/EU.

Bei Liefer- und Dienstleistungsaufträgen stellt sich offensichtlich die Frage, was unter zentralen Regierungsbehörden, obersten Bundesbehörden, oberen Bundesbehörden und vergleichbaren Einrichtungen (dann Schwellenwert EUR 135.000,00) sowie subzentralen Auftraggebern (dann Schwellenwert EUR 209.000,00) zu verstehen ist. Bei der Beurteilung, ob es sich um eine oberste oder eine obere Bundesbehörde bzw. vergleichbare Einrichtung handelt, ist allein auf den Auftraggeber abzustellen und nicht darauf, welcher Haushalt die finanziellen Mittel für den Auftrag aufbringt.[13]   14

Zentrale Regierungsbehörden sind diejenigen öffentlichen Auftraggeber, die in Anhang I Richtlinie 2014/24/EU aufgeführt sind, und, soweit auf innerstaatlicher Ebene Berichtigungen oder Änderungen vorgenommen wurden, die Stellen, die ihre Nachfolger sind.[14] Laut Anhang I Richtlinie 2014/24/EU zählen zu den zentralen Regierungsbehörden alle Bundesministerien sowie das Bundeskanzleramt.   15

Oberste Bundesbehörden sind Spitzenbehörden, die keiner höheren Verwaltungsinstanz unterstellt sind, auch keinem Ministerium.[15] Zu den obersten Bundesbehörden gehören u.a. unmittelbar der Regierung unterstehende Behörden wie Presse- und Informationsamt der Bundesregierung, das Bundespräsidialamt, der Bundesrechnungshof und ebenfalls solche Bundeseinrichtungen, welche die Aufsicht über die ihr nachfolgenden oberen Bundesbehörden haben.   16

Obere Bundesbehörden (auch Bundesoberbehörden genannt) sind Behörden, die keinen Verwaltungsunterbau, sondern nur eine Instanz haben, für das gesamte Bundesgebiet zuständig sind und in der Regel der obersten Behörde untergeordnet sind. Im Unterschied zu obersten Bundesbehörden sind Bundesoberbehörden regelmäßig einem Ministerium (oder einer anderen obersten Bundesbehörde) weisungsunterworfen.[16] Obere Bundesbehörden sind u.a. das Bundeskriminalamt, das Bundesamt für Justiz, das Bundesamt für Verfassungsschutz und die Bundesnetzagentur.   17

Der Begriff der **vergleichbaren Bundeseinrichtungen** dient als Auffangtatbestand. Diese müssen mit obersten bzw. mit oberen Bundesbehörden vergleichbar sein und ih-   18

---

13 Vgl. OLG München, Beschl. v. 28.09.2005 – Verg 19/05, VergabeR 2006, 238.
14 Vgl. Art. 2 Abs. 1 Nr. 2 Richtlinie 2014/24/EU.
15 Vgl. Ibler, in: Maunz/Dürig, GG Kommentar, 74. EL, 2015, Art. 87, Rn. 78.
16 Vgl. Ibler, in: Maunz/Dürig, GG Kommentar, 74. EL, 2015, Art. 87, Rn. 78.

nen unterstehen, so dass z.B. Bundesmittel- und Bundesunterbehörden von Anfang an ausscheiden.

19 **Subzentrale öffentliche Auftraggeber** sind alle öffentlichen Auftraggeber, die keine zentralen Regierungsbehörden sind. Hierunter fallen insbesondere regionale und lokale Behörden.

20 **Öffentlichen Dienstleistungsaufträge betreffend soziale und andere besondere Dienstleistungen** sind solche im Sinne des Anhangs XIV Richtlinie 2014/24/EG. Umfasst werden u.a. Dienstleistungen des Gesundheits- und Sozialwesens, kommunale und internationale Dienstleistungen, Postdienste sowie Dienstleistungen im Rahmen der gesetzlichen Sozialversicherung.

2. Schwellenwerte für Aufträge und Wettbewerbe von Sektorenauftraggebern (§ 106 Abs. 2 Nr. 2 GWB)

21 Für die Bestimmung der Höhe der Schwellenwerte für öffentliche Aufträge und Wettbewerbe, die von Sektorenauftraggebern zum Zweck der Ausübung einer Sektorentätigkeit vergeben werden, ist die Verordnung (EU) 2015/2171 vom 24.11.2015 zur Änderung der Richtlinie 2014/25/EU maßgeblich.

22 Der Begriff des **Sektorenauftraggebers** ist in § 100 Abs. 1 GWB, der der **Sektorentätigkeit** in § 102 GWB legal definiert.

23 Die derzeitigen, bis 31.12.2017 geltenden Schwellenwerte belaufen sich auf
  – EUR 5.225.000,00 bei Bauaufträgen;
  – EUR 418.000,00 bei Liefer- und Dienstleistungsaufträgen sowie Wettbewerben;
  – EUR 1.000.000,00 bei Dienstleistungsaufträgen betreffend soziale und andere besondere Dienstleistungen, die in Anhang XVII Richtlinie aufgeführt sind, z.B. administrative Dienstleistungen im Sozial-, Bildungs-, Gesundheits- und kulturellen Bereich, Dienstleistungen von religiösen Vereinigungen, Gaststätten- und Beherbergungsgewerbe, Postdienste.

3. Schwellenwerte für verteidigungs- und sicherheitsspezifische öffentliche Aufträge (§ 106 Abs. 2 Nr. 3 GWB)

24 Die in § 106 Abs. 2 Nr. 3 GWB einschlägigen Schwellenwerte für verteidigungs- oder sicherheitsspezifische öffentliche Aufträge ergeben sich aus Art. 8 der Richtlinie 2009/81/EG und belaufen sich auf
  – EUR 5.150.000,00 bei Bauaufträgen;
  – EUR 412.000,00 bei Liefer- und Dienstleistungsaufträgen.

4. Schwellenwerte für Konzessionen (§ 106 Abs. 2 Nr. 4 GWB)

25 Die Höhe des Schwellenwertes für Konzessionen ergibt sich aus der delegierten Verordnung (EU) 2015/2172 zur Änderung von Art. 8 Abs. 1 Richtlinie 2014/23/EU. Unter »Konzessionen« sind nach Art. 5 Nr. 1 Richtlinie 2014/23/EU sowohl Bau- als auch

Dienstleistungskonzessionen zu verstehen. Somit liegt der Schwellenwert in beiden Fällen bei **EUR 5.225.000,00.**

5. Zusammenfassende Tabelle

Hier die Werte des § 106 Abs. 2 GWB nochmals in einer Tabelle zusammengefasst: 26

Anwendungsbereich	Auftragsart	Schwellenwerte in EUR
Aufträge und Wettbewerbe von öffentlichen Auftraggebern	Bauaufträge	5.225.000,00
	Liefer- und Dienstleistungsaufträge sowie Wettbewerbe von zentralen Regierungsbehörden u.ä.	135.00,00
	Liefer- und Dienstleistungsaufträge sowie Wettbewerbe von subzentralen Auftraggebern	209.000,00
	Besondere öffentliche Dienstleistungsaufträge	750.000,00
Aufträge und Wettbewerbe von Sektorenauftrag-gebern	Bauaufträge	5.225.000,00
	Liefer- und Dienstleistungsaufträge sowie Wettbewerbe	418.000,00
	Besondere Dienstleistungsaufträge	1.000.000,00
Verteidigungs- und sicherheitsspezifische öffentliche Aufträge	Bauaufträge	5.150.000,00
	Liefer- und Dienstleistungsaufträge	412.000,00
Konzessionen		5.225.000,00

III. Bekanntgabe der Schwellenwerte (§ 106 Abs. 3 GWB)

Die sich aus delegierten **Verordnungen der EU** ergebenden Schwellenwerte gelten nach   27
Art. 288 Abs. 2 AEUV bereits zum Zeitpunkt der Veröffentlichung im Amtsblatt der Europäischen Union **unmittelbar** in allen Mitgliedstaaten (**konstitutive Wirkung**). Wegen der dynamischen Verweisung in § 106 Abs. 2 GWB gibt es keinerlei Verzögerung in der Anwendung. Lediglich **deklaratorisch** ist deshalb die Regelung in § 106 Abs. 3 GWB, wonach das zuständige Bundesministerium geänderte Schwellenwerte im Bundesanzeiger bekannt gegeben hat.

§ 107 GWB Allgemeine Ausnahmen

(1) Dieser Teil ist nicht anzuwenden auf die Vergabe von öffentlichen Aufträgen und Konzessionen
1. zu Schiedsgerichts- und Schlichtungsdienstleistungen,
2. für den Erwerb, die Miete oder die Pacht von Grundstücken, vorhandenen Gebäuden oder anderem unbeweglichem Vermögen sowie Rechten daran, ungeachtet ihrer Finanzierung,

3. zu Arbeitsverträgen,
4. zu Dienstleistungen des Katastrophenschutzes, des Zivilschutzes und der Gefahrenabwehr, die von gemeinnützigen Organisationen oder Vereinigungen erbracht
   werden und die unter die Referenznummern des Common Procurement Vocabulary 75250000-3, 75251000-0, 75251100-1, 75251110-4, 75251120-7,
   75252000-7, 75222000-8, 98113100-9 und 85143000-3 mit Ausnahme des Einsatzes von Krankenwagen zur Patientenbeförderung fallen; gemeinnützige Organisationen oder Vereinigungen im Sinne dieser Nummer sind insbesondere die
   Hilfsorganisationen, die nach Bundes- oder Landesrecht als Zivil- und Katastrophenschutzorganisationen anerkannt sind.

(2) Dieser Teil ist ferner nicht auf öffentliche Aufträge und Konzessionen anzuwenden,
1. bei denen die Anwendung dieses Teils den Auftraggeber dazu zwingen würde, im
   Zusammenhang mit dem Vergabeverfahren oder der Auftragsausführung Auskünfte zu erteilen, deren Preisgabe seiner Ansicht nach wesentlichen Sicherheitsinteressen der Bundesrepublik Deutschland im Sinne des Artikels 346 Absatz 1
   Buchstabe a des Vertrags über die Arbeitsweise der Europäischen Union widerspricht, oder
2. die dem Anwendungsbereich des Artikels 346 Absatz 1 Buchstabe b des Vertrags
   über die Arbeitsweise der Europäischen Union unterliegen.

Amtliche Begründung

»Mit § 107 enthält das GWB nunmehr eine eigene Vorschrift für allgemeine Ausnahmen von der
Anwendung des Vergaberechts. Bislang waren die allgemeinen Ausnahmen in § 100 Absatz 2 bis
8 GWB geregelt. Die jetzt in § 107 geregelten Ausnahmen sind somit Ausnahmen, die in allen
vier EU-Vergaberichtlinien vorgesehen sind. Im Einzelnen betrifft dies die Richtlinie 2014/23/
EU, die Richtlinie 2014/24/EU, die Richtlinie 2014/25/EU und die Richtlinie 2009/81/EG (Vergaben in den Bereichen Verteidigung und Sicherheit).

Zu Absatz 1

Zu Nummer 1

§ 107 Absatz 1 Nummer 1 betrifft die Ausnahme für die Vergabe von Schiedsgerichts- und
Schlichtungsleistungen, die bislang inhaltsgleich in § 100 Absatz 4 Nummer 1 GWB geregelt
war. Die Vorschrift dient der Umsetzung von Artikel 10 Absatz 8 Buchstabe c der Richtlinie
2014/23/EU, Artikel 10 Buchstabe c der Richtlinie 2014/24/EU, Artikel 21 Buchstabe b der
Richtlinie 2014/25/EU sowie Artikel 13 Buchstabe g der Richtlinie 2009/81/EG.

Zu Nummer 2

§ 107 Absatz 1 Nummer 2 betrifft die Ausnahmen für den Erwerb, die Miete oder die Pacht von
Grundstücken, vorhandenen Gebäuden oder anderem unbeweglichen Vermögen sowie Rechten
daran, welche bislang in § 100 Absatz 5 GWB geregelt waren. Die Vorschrift dient der Umsetzung von Artikel 10 Buchstabe a der Richtlinie 2014/24/EU, Artikel 10 Absatz 8 Buchstabe a
der Richtlinie 2014/23/EU, Artikel 21 Buchstabe a der Richtlinie 2014/25/EU sowie Artikel 13

Buchstabe e der Richtlinie 2009/81/EG. Inhaltliche Änderungen sind mit der neuen Vorschrift nicht verbunden.

Zu Nummer 3

§ 107 Absatz 1 Nummer 3 betrifft die Ausnahme für Arbeitsverträge, die bislang in § 100 Absatz 3 GWB geregelt war. Sie dient der Umsetzung von Artikel 10 Buchstabe g der Richtlinie 2014/24/EU, Artikel 21 Buchstabe f der Richtlinie 2014/25/EU sowie Artikel 13 Buchstabe i der Richtlinie 2009/81/EG. Die Ausnahme findet für Konzessionen keine praktische Anwendung, da Arbeitsverträge als Konzession nicht denkbar sind.

Zu Nummer 4

§ 107 Absatz 1 Nummer 4 betrifft die Ausnahme für Rettungsdienstleistungen, die in Artikel 10 Absatz 8 Buchstabe g der Richtlinie 2014/23/EU, Artikel 10 Buchstabe h der Richtlinie 2014/24/EU und Artikel 21 Buchstabe h der Richtlinie 2014/25/EU vorgesehen ist. In den drei Richtlinien werden die jeweils gleichlautenden Ausnahmen für »Dienstleistungen des Katastrophenschutzes, des Zivilschutzes und der Gefahrenabwehr«, die von gemeinnützigen Organisationen oder Vereinigungen erbracht werden, durch eine Auflistung der betroffenen CPV-Nummern konkretisiert. Im Ergebnis findet das EU-Sekundärrecht auf die Vergabe von Notfallrettungsdiensten (75250000-3 – »Dienstleistungen der Feuerwehr und von Rettungsdiensten«, 75251000-0 – »Dienstleistungen der Feuerwehr«, 752511100-1 – Brandbekämpfung, 75251110-4 – Brandverhütung, 75251120-7 – Waldbrandbekämpfung, 75252000-7 – »Rettungsdienste«, 75222000-8 – Zivilverteidigung, 98113100-9 – Dienstleistungen im Bereich der nuklearen Sicherheit) und den Einsatz von Krankenwagen bestehend in allgemeinen und fachspezifischen ärztlichen Dienstleistungen in einem Rettungswagen (85143000-3 – »Einsatz von Krankenwagen«) keine Anwendung unter der Voraussetzung, dass diese Dienste von gemeinnützigen Organisationen oder Vereinigungen erbracht werden. Gemeinnützige Organisationen oder Vereinigungen sind insbesondere die Hilfsorganisationen, die nach Bundes- oder Landesrecht als Zivil- und Katastrophenschutzorganisationen etwa im Sinne des § 26 Absatz 1 Satz 2 des Gesetzes über den Zivilschutz und die Katastrophenhilfe des Bundes (ZSKG) anerkannt sind, wie zum Beispiel in Deutschland der Arbeiter-Samariter-Bund, die Deutsche Lebensrettungsgesellschaft, das Deutsche Rote Kreuz, die Johanniter-Unfall-Hilfe und der Malteser-Hilfsdienst. Demgegenüber unterfallen reine Krankentransporte einem vereinfachten Verfahren für die Vergabe von sozialen und anderen besonderen Dienstleistungen der EU-Vergaberichtlinien (siehe beispielsweise Artikel 10 Buchstabe h der Richtlinie 2014/24/EU »mit Ausnahme des Einsatzes von Krankenwagen zur Patientenbeförderung«), umgesetzt im neuen § 130. Die Erwägungsgründe 36 der Richtlinie 2014/23/EU, 28 der Richtlinie 2014/24/EU und 36 der Richtlinie 2014/25/EU stellen darüber hinaus klar, dass gemischte Aufträge für Dienste von Krankenwagen generell unter die Sonderregelung fallen, falls der Wert des Einsatzes von Krankenwagen zur reinen Patientenbeförderung höher wäre als der Wert anderer Rettungsdienste.

Zu Absatz 2

§ 107 Absatz 2 übernimmt die bisher in § 100 Absatz 6 GWB geregelten Ausnahmen. Auch hier müssen Auftraggeber bei der Vergabe öffentlicher Aufträge im Einzelfall prüfen, ob die Voraussetzungen des § 107 Absatz 2 Nummer 1 oder Nummer 2 erfüllt sind. Daher wurde auf eine Konkretisierung bestimmter Bereiche (bislang § 100 Absatz 7 GWB) verzichtet.

Zu Nummer 1

§ 107 Absatz 2 Nummer 1 übernimmt aus Gründen der Klarstellung die Ausnahme des Artikels 346 Absatz 1 Buchstabe a des Vertrags über die Arbeitsweise der Europäischen Union gemäß Artikel 1 Absatz 3 der Richtlinien 2014/23/EU, 2014/24/EU, 2014/25/EU sowie Artikel 2 der Richtlinie 2009/81/EG in das deutsche Vergaberecht. § 107 Absatz 2 Nummer 1 greift den Wortlaut des bisherigen § 100 Absatz 6 Nummer 1 GWB auf.

Zu Nummer 2

§ 107 Absatz 2 Nummer 2 übernimmt aus Gründen der Klarstellung die Ausnahme des Artikels 346 Absatz 1 Buchstabe b des Vertrags über die Arbeitsweise der Europäischen Union gemäß Artikel 1 Absatz 3 der Richtlinien 2014/23/EU, 2014/24/EU, 2014/25/EU sowie Artikel 2 der Richtlinie 2009/81/EG in das deutsche Vergaberecht. § 107 Absatz 2 Nummer 2 greift den Wortlaut des bisherigen § 100 Absatz 6 Nummer 2 GWB auf.«

Literatur:
Aicher, in: Müller-Wrede (Hrsg.), Kompendium des Vergaberechts, 2. Aufl. 2013; Antweiler, in: Ziekow/Völlink, Vergaberecht, 2. Aufl. 2013; Diehr, in: Reidt/Stickler/Glahs, Vergaberecht, Kommentar, 3. Aufl. 2011; Hailbronner, in: Byok/Jaeger (Hrsg.), Kommentar zum Vergaberecht, 3. Aufl. 2011; Homann, in: Leinemann/Kirch, VSVgV Vergabeverordnung Verteidigung und Sicherheit, Kommentar, 2013; Reichling, in: Gabriel/Krohn/Neun (Hrsg.), Handbuch des Vergaberechts, 1. Aufl. 2014; Röwekamp, in: Kulartz/Kus/Portz (Hrsg.), Kommentar zum GWB-Vergaberecht, 3. Aufl. 2014; Schellenberg, in: Pünder/Schellenberg, Vergaberecht, Handkommentar, 2. Aufl. 2015; Summa, in: Heiermann/Zeiss/Blaufuß, juris PraxisKommentar Vergaberecht, 4. Aufl. 2013; Weidenkaff, in: Palandt, Bürgerliches Gesetzbuch, Kommentar, 75. Aufl. 2016; Willenbruch, in: ders./Wieddekind, Vergaberecht, Kompaktkommentar, 3. Aufl. 2014.

A. Allgemeine Einführung

1   Die neue Vorschrift des § 107 GWB beinhaltet wie bislang § 100 Abs. 3 bis 6 und Abs. 8 GWB a.F. allgemeine Ausnahmen vom sachlichen Anwendungsbereich des vierten Teils des GWB (sog. EU-Vergaberecht oder Kartellvergaberecht). Die Vorschrift umfasst gemeinsam mit den weiteren in Kap. 1 Abschnitt 1 geregelten Ausnahmen

der §§ 108 und 109 GWB die **Ausnahmetatbestände**, die grundsätzlich **in allen vier EU-Vergaberichtlinien**, d.h. der allgemeinen Vergaberichtlinie 2014/24/EU, der hier relevanten Sektorenvergaberichtlinie 2014/25/EU, der Konzessionsvergaberichtlinie 2014/23/EU sowie der weiterhin für den Verteidigungs- und Sicherheitsbereich geltenden Richtlinie 2009/81/EG, vorgesehen sind.

Neben den allgemein geltenden Ausnahmen des ersten Abschnitts existieren weiterhin 2 die nur für bestimmte Vergabeverfahren geltenden besonderen Ausnahmetatbestände (zuvor §§ 100a bis 100c GWB a.F.), die sich fortan in den neuen Abschnitten zwei und drei im ersten Kapitel[1] finden.

Nach der neuen Struktur der §§ 97 ff. GWB regelt Abschnitt 1 im ersten Kapitel die 3 Grundsätze, Definitionen und den Anwendungsbereich für Vergabeverfahren im Allgemeinen. Der Abschnitt 2 betrifft die Vergabe von öffentlichen Aufträgen durch öffentliche Auftraggeber und umfasst die hierfür geltenden besonderen Ausnahmevorschriften in den §§ 116 und 117 GWB. Entsprechend enthält Abschnitt 3, der die Vergabe von öffentlichen Aufträgen in besonderen Bereichen und von Konzessionen normiert, in den jeweiligen Unterabschnitten 1 bis 3 die besonderen Ausnahmen für die jeweiligen Bereiche. Für den hier relevanten Sektorenbereich finden sich die besonderen Ausnahmen (zuvor § 100b GWB a.F.) nun in den Regelungen der §§ 137 bis 140 GWB.

Die einzelnen Ausnahmetatbestände (sog. Bereichsausnahmen) sind dem sachlichen 4 Anwendungsbereich und damit den Vergaberechtsvorschriften des vierten Teils des GWB entzogen. Sie sind daher als negative Tatbestandsvoraussetzung für die Eröffnung des sachlichen Anwendungsbereichs heranzuziehen.

B. Europarechtliche Vorgaben

Die im neuen § 107 GWB geregelten allgemeinen Ausnahmetatbestände dienen der 5 Umsetzung der **Ausnahmetatbestände**, die grundsätzlich **in allen vier EU-Vergaberichtlinien vorgesehen** sind.[2] Im Einzelnen werden die Vorgaben aus den jeweiligen EU-Vergaberichtlinien wie folgt in nationales Recht umgesetzt:

§ 107 Abs. 1 Nr. 1 GWB setzt Art. 21 Buchst. b der Richtlinie 2014/25/EU, Art. 10 6 Buchst. c der Richtlinie 2014/24/EU, Art. 10 Abs. 8 Buchst. c der Richtlinie 2015/23/EU sowie Art. 13 Buchst. g der Richtlinie 2009/81/EG in nationales Recht um.

Die Regelung des § 107 Abs. 1 Nr. 2 GWB dient der Umsetzung von Art. 21 7 Buchst. a der Richtlinie 2014/25/EU, Art. 10 Buchst. a der Richtlinie 2014/24/EU, Art. 10 Abs. 8 Buchst. a der Richtlinie 2015/23/EU sowie Art. 13 Buchst. e der Richtlinie 2009/81/EG.

---

1 Vgl. §§ 116, 117, 137-140, 145, 149 und 150 GWB.
2 Vgl. Begründung zu § 107 GWB Reg.E zum VergRModG, BT-Drs. 18/6281, S. 75.

Die europarechtlichen Vorgaben aus Art. 21 Buchst. f der Richtlinie 2014/25/EU, Art. 10 Buchst. g der Richtlinie 2014/24/EU sowie Art. 13 Buchst. i der Richtlinie 2009/81/EG werden durch § 107 Abs. 1 Nr. 3 GWB in nationales Recht umgesetzt.

8   Die Vorgaben aus Art. 21 Buchst. h der Richtlinie 2014/25/EU, Art. 10 Buchst. h der Richtlinie 2014/24/EU sowie Art. 10 Abs. 8 Buchst. g der Richtlinie 2015/23/EU finden ihre nationale Umsetzung in § 107 Abs. 1 Nr. 4 GWB. Die Richtlinie 2009/81/EG enthält noch keinen entsprechenden Ausnahmetatbestand.

9   § 107 Abs. 2 Nr. 1 und 2 GWB umfassen fortan die Ausnahmetatbestände des Art. 346 Abs. 1 Buchst. a und b des Vertrags über die Arbeitsweise der Europäischen Union (AEUV), die gemäß Art. 1 Abs. 3 der jeweiligen Richtlinien 2014/25/EU, der Richtlinie 2014/24/EU und der Richtlinie 2014/23/EU sowie Art. 2 der Richtlinie 2009/81/EG anzuwenden sind.

C. Vergleich zur vorherigen Rechtslage

I. Neue Struktur des GWB

10   Anders als bislang finden sich die Ausnahmetatbestände im GWB fortan nicht mehr einheitlich in einem Abschnitt, wie zuvor in den §§ 100 bis 100c GWB, sondern eingegliedert in die neue Struktur, in den verschiedenen Abschnitten des GWB.

11   Im ersten Abschnitt des Kap. 1 im neuen vierten Teil des GWB sind fortan nur noch die **allgemeinen**, d.h. die für alle Vergabeverfahren geltenden **Ausnahmen** geregelt. Neben § 107 GWB *Allgemeine Ausnahmen* (vgl. bislang § 100 Abs. 3 bis 6 und Abs. 8 GWB a.F.) sind hier nun in § 108 GWB die *Ausnahmen bei öffentlich-öffentlicher Zusammenarbeit* und in § 109 GWB die *Ausnahmen für Vergaben auf der Grundlage internationaler Verfahrensregeln* normiert. Darüber hinaus enthalten die weiteren Abschnitte 2 und 3 des Kap. 1 im Teil 4 GWB fortan die für die jeweiligen Vergaben geltenden **besonderen** Ausnahmen, die neben den allgemeinen Ausnahmen für die spezifischen Vergabeverfahren zur Anwendung kommen:

12   Die §§ 116 und 117 GWB regeln nun die besonderen Ausnahmetatbestände für Vergaben von öffentlichen Aufträgen durch öffentliche Auftraggeber. Die in § 117 GWB normierten *besonderen Ausnahmen für Vergaben, die Verteidigungs- oder Sicherheitsaspekte umfassen* sind dabei abzugrenzen von den in § 145 GWB geregelten *besonderen Ausnahmen für die Vergabe von verteidigungs- oder sicherheitsspezifischen öffentlichen Aufträgen*, der im Wesentlichen den Inhalt des bisherigen § 100c Abs. 2 bis 4 GWB a.F. übernimmt.

Die besonderen Ausnahmen für Vergaben im Sektorenbereich (bislang § 100b GWB a.F.) werden jetzt aktuell in den Vorschriften der §§ 137 bis 140 GWB normiert.

Neu hinzugekommen sind die, bei der Vergabe von Konzessionen zur Anwendung kommenden, besonderen Ausnahmen der §§ 149 und 150 GWB.

II. Der neue § 107 GWB

Die in § 107 GWB geregelten allgemeinen Ausnahmetatbestände fanden sich zuvor   13
überwiegend in § 100 Abs. 2 bis 8 GWB a.f. und wurden teilweise inhaltsgleich übernommen:

§ 107 Abs. 1 Nr. 1 GWB übernimmt inhaltlich den bislang in § 100 Abs. 4 Nr. 1 GWB a.f. geregelten Ausnahmetatbestand für die Vergabe von Schiedsgerichts- und Schlichtungsleistungen.

Die bisher in § 100 Abs. 5 Nr. 1 bis 3 GWB a.f. enthaltenen Ausnahmen für grundstücks- und immobilienbezogene Aufträge sind fortan in § 107 Abs. 1 Nr. 2 GWB zusammengefasst.

§ 107 Abs. 1 Nr. 3 GWB enthält den Ausnahmetatbestand für Arbeitsverträge. Die   14
Ausnahme fand sich bislang in § 100 Abs. 3 GWB a.f. Da Arbeitsverträge nicht als Konzessionen denkbar sind, spielt dieser Ausnahmetatbestand praktisch weiterhin nur für die Vergabe öffentlicher Aufträge eine Rolle.[3]

Neu eingeführt wurde – im Vergleich zu den bisherigen Ausnahmeregelungen der   15
§ 100 Abs. 2 bis 8 GWB a.f. – mit § 107 Abs. 1 Nr. 4 GWB der allgemeine Ausnahmetatbestand für Dienstleistungen des Katastrophenschutzes, des Zivilschutzes und der Gefahrenabwehr, die von gemeinnützigen Organisationen oder Vereinigungen erbracht werden. Die Vorschrift umfasst die Vergabe von Notfalldiensten und konkretisiert die ausgenommenen Dienstleistungen des Katastrophenschutzes, des Zivilschutzes und der Gefahrenabwehr durch eine Auflistung der betroffenen CPV-Nummern.[4] Der Begriff der gemeinnützigen Organisationen oder Vereinigungen wird in § 107 Abs. 1 Nr. 4 GWB im letzten Halbsatz konkretisiert.

Die Vorschrift des § 107 Abs. 2 GWB übernimmt die bislang in § 100 Abs. 6 GWB   16
a.f. enthaltenen Ausnahmen des Art. 346 Abs. 1 Buchst. a und b AEUV. § 107 Abs. 2 Nr. 1 GWB entspricht dabei der bisherigen Regelung des § 100 Abs. 6 Nr. 1 GWB a.f. Der neue § 107 Abs. 2 Nr. 2 GWB entspricht dem Wortlaut des bisherigen § 100 Abs. 6 Nr. 2 GWB a.f.

D. Kommentierung

I. Allgemein

Der Anwendungsbereich des vierten Teils des GWB und folglich auch der SektVO   17
(vgl. § 1 SektVO) ist nicht eröffnet, wenn die allgemeinen oder besonderen Ausnahmevorschriften des GWB greifen. Das Nichtvorliegen der in § 107 GWB genannten allgemeinen – und damit für alle Vergabeverfahren geltenden[5] – Ausnahmetatbestän-

---

3 Vgl. Begründung zu § 107 GWB, Reg.E zum VergRModG, BT-Drs. 18/6281, S. 76.
4 Vgl. Begründung zu § 107 Abs. 1 Nr. 4 GWB, Reg.E zum VergRModG, BT-Drs. 18/6281, S. 76.
5 Vgl. Art. 10 der Vergaberichtlinie 2014/24/EU; Art. 21 der Sektorenvergaberichtlinie 2014/25/EU; Art. 10 der Konzessionsvergaberichtlinie 2014/23/EU; Art. 13 der für den Verteidigungs- und Sicherheitsbereich geltenden Richtlinie 2009/81/EG.

de ist damit auch Voraussetzung für die Bejahung des Anwendungsbereichs der SektVO.[6]

18   Mit der aktuellen Vergaberechtsreform erfolgte eine Neuordnung der Ausnahmetatbestände (vgl. Teil C. Rdn. 10 ff.). Wie bislang bilden die nun in den einzelnen Abschnitten des GWB Teil 4 enthaltenen allgemeinen und besonderen Ausnahmevorschriften weiterhin einen **abschließenden** Katalog[7] von Ausnahmetatbeständen, die allgemein **eng auszulegen**[8] sind. Die Beweislast für das Vorliegen der Voraussetzungen obliegt dabei demjenigen, der sich auf die Ausnahme berufen will.[9] Erkennt der Auftraggeber Gründe, die eine Ausnahme vom Anwendungsbereich des Vergaberechts rechtfertigen, hat er diese stets hinreichend nachvollziehbar zu dokumentieren.

19   Liegt ein Ausnahmetatbestand vor, kommen die §§ 97 ff. GWB in der Folge nicht zur Anwendung. Davon unberührt bleiben jedoch etwaige weitere zu beachtende Vorgaben, etwa nach dem Haushaltsrecht, den Landesvergabegesetzen oder Beihilfenrecht, die den öffentlichen Auftraggeber zur Einhaltung bestimmter Grundsätze und Verfahren verpflichten.[10]

20   Indem die Ausnahmetatbestände die Anwendbarkeit des gesamten vierten Teils des GWB betreffen, sind davon auch die Regelungen über das Nachprüfungsverfahren (§§ 155 ff. GWB) umfasst. Wird ein Ausnahmetatbestand daher bejaht, ist das Vergabeverfahren selbst einer Kontrolle durch die Nachprüfungsinstanzen gemäß den §§ 155 ff. GWB entzogen.[11] Die Kontrolle durch die Nachprüfungsinstanzen ist insofern aber darauf beschränkt, ob der öffentliche Auftraggeber die Voraussetzungen des Ausnahmetatbestandes zutreffend angenommen hat.[12] Das Vorliegen der Voraussetzun-

---

6   Vgl. § 1 SektVO: »*Diese Verordnung trifft nähere Bestimmungen über das einzuhaltende Verfahren bei der dem Teil 4 des Gesetzes gegen Wettbewerbsbeschränkungen unterliegenden Vergabe von Aufträgen und die Ausrichtung von Wettbewerben zum Zwecke von Tätigkeiten auf dem Gebiet der Trinkwasser- oder Energieversorgung oder des Verkehrs (Sektorentätigkeiten) durch Sektorenauftraggeber.*«

7   Vgl. zu den bisherigen Ausnahmetatbeständen: EuGH, Urt. v. 17.11.1993 – C-71/91 »Kommission/Spanien«; Urt. v. 18.11.1999 – C-107/98 »Teckal«; BGH, Beschl. v. 08.02.2011 – X ZB 4/10, »S-Bahn-Verkehr Rhein-Ruhr I«, BGHZ 188, 200, NZBau 2011, 175; OLG Düsseldorf, Beschl. v. 30.03.2005 – Verg 101/04; Beschl. v. 05.05.2004 – Verg 78/03, NZBau 2004, 398.

8   Vgl. st.Rspr. zu Ausnahmetatbeständen: vgl. bisher EuGH, Urt. v. 18.11.1999 – C-107/98 »Teckal«, NZBau 2000, 90; EuGH, Urt. v. 08.04.2008 – C-337/05 m.w.N.; OLG Düsseldorf, Beschl. v. 01.08.2012 – Verg 10/12; Beschl. v. 30.03.2005 – Verg 101/04; VK Schleswig-Holstein, Beschl. v. 28.11.2006 – VK-SH 25/06.

9   Vgl. st.Rspr.: vgl. EuGH, Urt. v. 15.10.2009 – C-275/08, NZBau 2010, 63; EuGH, Urt. v. 02.10.2008 – C-157/06; NZBau 2008, 723 jeweils m.w.N.

10   Vgl. zutreffend Röwekamp, in: Kulartz/Kus/Portz/Prieß, Kommentar GWB, 4. Aufl., § 107 GWB Rn. 7 m.w.N.; Summa, in: Heiermann/Zeiss/Blaufuß, juris-PK-VergR, § 100 GWB (a.F.) Rn. 30.

11   Vgl. OLG Düsseldorf, Beschl. v. 30.03.2005 – Verg 101/04; OLG Dresden, Beschl. v. 18.09.2009 – WVerg 3/09, VergabeR 2010, 90.

12   Vgl. OLG Düsseldorf, Beschl. v. 30.03.2005 – Verg 101/04.

gen ist von den Nachprüfungsinstanzen im Falle eines Nachprüfungsverfahrens von unabhängig davon zu prüfen, ob sich der öffentliche Auftraggeber darauf beruft.[13]

Ebenso wie die bisherigen Ausnahmetatbestände des § 100 GWB a.F.[14] dürften auch die Ausnahmetatbestände des § 107 GWB weiterhin **bieterschützend** sein. Ein Bewerber oder Bieter kann insofern einen Verstoß hiergegen in einem Nachprüfungsverfahren geltend machen. **21**

II. Die einzelnen Ausnahmetatbestände des § 107 Abs. 1 GWB

1. Schieds- und Schlichtungsleistungen (Abs. 1 Nr. 1)

Gemäß § 107 Abs. 1 Nr. 1 GWB ist die Vergabe von **Schieds- und Schlichtungsleistungen** vom Anwendungsbereich der §§ 97 ff. GWB ausgenommen. Der Ausnahmetatbestand war bislang in § 100 Abs. 4 Nr. 1 GWB a.F. geregelt und wurde zur Umsetzung der Vorgaben in Art. 21 Buchst. b der Sektorenvergaberichtlinie 2014/25/EU, Art. 10 Buchst. c der Vergaberichtlinie 2014/24/EU, Art. 10 Abs. 8 Buchst. c der Konzessionsvergaberichtlinie 2014/23/EU sowie Art. 13 Buchst. g der Richtlinie 2009/81/EG inhaltsgleich in den novellierten vierten Teil des GWB übernommen.[15] **22**

Der Ausnahmetatbestand gründet gemäß den Erwägungsgründen zu den EU-Richtlinien auf dem Gedanken, dass Schiedsgerichts- und Schlichtungsdienste und andere vergleichbare Formen alternativer Streitbeilegung normalerweise von Organisationen oder Personen übernommen werden, deren Bestellung oder Auswahl in einer Art und Weise erfolgt, die sich nicht nach Vergabevorschriften für öffentliche Aufträge richten kann.[16] Denn die Erbringung von Schieds- und Schlichtungsleistungen setzt ein Vertrauensverhältnis zwischen den beteiligten Parteien voraus, das sich grundsätzlich nicht auf Grundlage eines auf die Ermittlung des wirtschaftlichsten Angebots ausgerichteten Vergabeverfahrens begründen lässt.[17] **23**

Nicht umfasst von dem allgemeinen Ausnahmetatbestand des § 107 Abs. 1 Nr. 1 GWB sind Rechtsdienstleistungen, welche die anwaltliche Vertretung eines Mandanten in nationalen oder internationalen Schiedsgerichts- oder Schlichtungsverfahren betreffen. Diese bilden jedoch den dritten Fall des besonderen Ausnahmetatbestands des § 116 Abs. 1 Nr. 1 GWB, der unmittelbar nur für die öffentliche Auftragsvergabe durch öffentliche Auftraggeber gilt, über entsprechende Verweise in § 137 Nr. 1 **24**

---

13 Vgl. OLG Düsseldorf, Beschl. v. 01.08.2012 – Verg 10/12, NZBau 2012, 785.
14 Vgl. zu § 100 Abs. 2 GWB a.F.: OLG Düsseldorf, Beschl. v. 30.03.2005 – Verg 101/04.
15 Vgl. auch Begründung zu § 107 Abs. 1 Nr. 1 GWB, Reg.E zum VergRModG, BT-Drs. 18/6281, S. 75.
16 Vgl. Erwägungsgrunde 24 der Richtlinie 2014/24/EU sowie Erwägungsgrund 32 der Richtlinie 2014/25/EU sowie Erwägungsgrund 32 der Richtlinie 2009/81/EG.
17 Vgl. zutreffend Röwekamp, in Kulartz/Kus/Portz/Prieß, Kommentar GWB, 4. Aufl., § 107 GWB Rn. 12 m.w.N.; sowie zu § 100 Abs. 2 GWB a.F.: Reichling, in: Gabriel/Krohn/Neun, Handbuch Vergaberecht, § 2 Rn. 29 m.w.N.; Schellenberg, in: Pünder/Schellenberg, HK-Vergaberecht, § 100 GWB (a.F.) Rn. 23 m.w.N.; Summa, in: Heiermann/Zeiss/Blaufuß, juris-PK-VergR, § 100 GWB (a.F.) Rn. 36.

und § 149 Nr. 1 GWB aber auch für Vergaben durch Sektorenauftraggeber und bei der Konzessionsvergabe Anwendung finden.[18]

2. Grundstücks- und immobilienbezogene Aufträge (Abs. 1 Nr. 2)

25   Weiter ausgenommen vom Anwendungsbereich der §§ 97 ff. GWB sind Aufträge, die **den Erwerb, die Miete oder die Pacht von Grundstücken, vorhandenen Gebäuden oder anderem unbeweglichen Vermögen sowie Rechten daran** betreffen, ungeachtet ihrer Finanzierung. Damit werden die bislang in den einzelnen Fällen des § 100 Abs. 5 GWB a.f. geregelten Ausnahmetatbestände in § 107 Abs. 1 Nr. 2 GWB neu gefasst. Eine inhaltliche Änderung geht damit jedoch nicht einher,[19] sodass auf die hierzu bisher ergangene Rechtsprechung sowie auf die Kommentarliteratur zu § 100 Abs. 5 GWB a.f. weiterhin verwiesen werden kann.

26   Mit der Ausnahmevorschrift wird dem besonderen Charakter der Unbeweglichkeit und damit einhergehenden **Ortsgebundenheit** sowie Individualität von Grundstücken und Immobilien Rechnung getragen[20] und dem Auftraggeber die Standortwahl, unabhängig von der Durchführung eines formalen Vergabeverfahrens ermöglicht.[21] Die Ausnahme dient der Umsetzung der europarechtlichen Vorgaben und gründet auf der Erwägung, dass Dienstleistungsaufträge, die den Erwerb oder die Miete von Immobilien oder Rechten daran betreffen, Merkmale aufweisen, welche die Anwendung von Vorschriften über die öffentliche Auftragsvergabe unangemessen erscheinen lassen.[22] Die in den vorhergehenden EU-Vergaberichtlinien enthaltenen Erwägungsgründe können aufgrund der inhaltsgleichen Übernahme des Ausnahmetatbestandes in die neuen EU-Vergaberichtlinien weiterhin herangezogen werden, obwohl die entsprechenden Erwägungen in den Richtlinien aus dem Jahr 2014 nicht erneut dokumentiert wurden. Gerade aufgrund der für Grundstücke und Immobilien charakteristischen besonderen und in der Regel individuellen Merkmale, wie insbesondere eine bestimmte Lage, besteht bei diesen Aufträgen zwangsläufig kaum oder häufig gar kein Wettbewerb, sodass eine Beschaffung in einem vergaberechtlichen Verfahren nicht zielführend, sondern eher formalistisch erscheint und daher in der Folge entbehrlich ist.[23]

---

18 Vgl. auch Begründung zu § 116 Abs. 1 Nr. 1 GWB, Reg.E zum VergRModG, BT-Drs. 18/6281, S. 90.

19 Vgl. Begründung zu § 107 Abs. 1 Nr. 2 GWB, Reg.E zum VergRModG, BT-Drs. 18/6281, S. 75.

20 Vgl. Reichling, in: Gabriel/Krohn/Neun, Handbuch Vergaberecht, § 2 Rn. 33.

21 So auch Aicher, in: Müller-Wrede, Kompendium Vergaberecht, Kapitel 11 Rn. 29, der zu § 100 Abs. 5 GWB (a.F.) von einem »Recht zur freien Standortwahl« spricht.

22 Vgl. Erwägungsgrund 24 der Richtlinie 2004/18/EG; Erwägungsgrund 33 der Richtlinie 2004/17/EG sowie Erwägungsgrund 31 der Richtlinie 2009/81/EG.

23 Vgl. zu § 100 Abs. 5 GWB a.F.u.a. Reichling, in: Gabriel/Krohn/Neun, Handbuch Vergaberecht, § 2 Rn. 33; Diehr, in: Reidt/Stickler/Glahs, Vergaberecht Kommentar, § 100 GWB (a.F.) Rn. 65; Hailbronner, in: Byok/Jaeger, Vergaberecht Kommentar, § 100 GWB (a.F.) Rn. 49; Aicher, in: Müller-Wrede, Kompendium Vergaberecht, Kapitel 11 Rn. 29.

Nicht umfasst von dem Ausnahmetatbestand ist dagegen die reine **Veräußerung** durch die öffentliche Hand, indem diese schon begrifflich keinen Beschaffungsvorgang darstellt.[24]

Der Ausnahmetatbestand bezieht sich gemäß den Vorgaben der EU-Richtlinien (vgl. 27 Art. 21 Buchst. a der Sektorenvergaberichtlinie 2014/25/EU, Art. 10 Buchst. a der Vergaberichtlinie 2014/24/EU, Art. 10 Abs. 8 Buchst. a der Konzessionsrichtlinie 2014/23/EU sowie Art. 13 Buchst. e der Richtlinie 2009/81/EG) ausdrücklich auf Dienstleistungsaufträge bzw. Dienstleistungskonzessionen. Folglich ist die Vergabe dieser grundstücks- und immobilienbezogenen Aufträge nur vom Kartellvergaberecht ausgenommen, sofern sie nicht als Bauauftrag oder Baukonzession zu qualifizieren oder hiermit verbunden sind. Über den eigentlichen Wortlaut des § 107 Abs. 1 Nr. 2 GWB, der auf **vorhandene** Gebäude abstellt, gilt der Ausnahmetatbestand nach vorzugswürdiger und wohl herrschender Auffassung darüber hinaus auch für Verträge über noch **zu errichtende Gebäude**.[25]

Die **Abgrenzung zum Bauauftrag oder zur Baukonzession** wird insbesondere für Fälle 28 relevant, in denen die gegenständliche Immobilie erst errichtet oder umgebaut wird und der öffentliche Auftraggeber auf die Baumaßnahmen einen prägenden Einfluss hat. Ein solcher Auftrag kann in der vorzunehmenden wertenden Gesamtbetrachtung unter Berücksichtigung der vom EuGH entwickelten Grundsätze dann als »verdeckter« öffentlicher Bauauftrag zu qualifizieren sein.[26] Der EuGH bejahte einen öffentlichen Bauauftrag, indem die betreffenden Spezifikationen in Form einer genauen Beschreibung der zu errichtenden Gebäude, ihrer Beschaffenheit und ihrer Ausstattung weit über die üblichen Vorgaben eines Mieters für eine neue Immobilie einer gewissen Größe hinausgingen.[27]

Rechtsunsicherheit bestand im Hinblick auf Grundstücksgeschäfte der öffentlichen 29 Hand längere Zeit aufgrund der Entwicklungen in der Rechtsprechung: In der aus dem Jahr 2007 stammenden sog. *»Ahlhorn«*-Entscheidung[28] hatte das **OLG Düsseldorf** den Anwendungsbereich des Vergaberechts auch für die Veräußerung von Grundstücken bejaht, wenn die öffentliche Hand mit der Veräußerung lediglich die den Abschluss weiterer städtebaulicher Verträge bezweckt und insoweit mittelbar städtebauliche Interessen verfolgt. Nach der vom OLG Düsseldorf vertretenen Auffassung sei bei

---

24 Vgl. zu § 100 Abs. 5 GWB a.F. zutreffend Reichling, in: Gabriel/Krohn/Neun, Handbuch Vergaberecht, § 2 Rn. 35; Summa, in: Heiermann/Zeiss/Blaufuß, juris-PK-VergR, § 100 GWB (a.F.) Rn. 42.

25 Vgl. nur Röwekamp, in: Kulartz/Kus/Portz/Prieß, Kommentar GWB, 4. Aufl., § 107 GWB Rn. 16 ff. m.w.N.; Aicher, in: Müller-Wrede, Kompendium Vergaberecht, Kapitel 11 Rn. 31 m.w.N. zum Streitstand.

26 Vgl. EuGH, Urt. v. 29.10.2009 – C-536/07 »Messe Köln«, NZBau 2009, 792; Urt. v. 10.07.2014 – C-213/13; darauf abstellend: OLG Düsseldorf, Beschl. v. 07.08.2013 – Verg 14/13, NZBau 2014, 57; OLG Köln, Urt. v. 30.03.2012 – 1 U 77/11; OLG Schleswig, Beschl. v. 01.04.2010 – 1 Verg 5/09.

27 Vgl. EuGH, Urt. v. 29.10.2009 – C-536/07 »Messe Köln«.

28 OLG Düsseldorf, Beschl. v. 13.06.2007 – Verg 2/07, NZBau 2007, 530.

der Prüfung, ob ein vergabepflichtiger Auftrag erteilt werde, eine Zusammenschau der verknüpften Verträge vorzunehmen und nicht formell auf den einzelnen Vertrag abzustellen. Ausreichend sei für die Annahme eines Bauvertrags oder einer Baukonzession insoweit, dass das spätere Bauprojekt entsprechend den Erfordernissen des Auftraggebers umgesetzt und auf diese Weise mittelbar eine Bauleistung beschafft werde. Voraussetzung sei gerade nicht, dass der Auftraggeber damit einen eigenen Bedarf befriedigen wolle.

30   Die Ahlhorn-Entscheidung bewirkte daraufhin eine Rechtsunsicherheit im Hinblick auf Immobilientransaktionen der öffentlichen Hand und führte im Ergebnis zu einer erheblichen Ausuferung der Ausschreibungspflicht.[29] Der Gesetzgeber reagierte, indem mit der Neufassung des § 99 GWB (a.F.) im Rahmen der Vergaberechtsmodernisierung 2009 das Merkmal der dem öffentlichen Auftraggeber **unmittelbar wirtschaftlich zugutekommenden Bauleistung** ergänzt wurde. Der **EuGH** bestätigte schließlich in der **Rechtssache »Helmut Müller«**[30] die Neufassung des § 99 Abs. 3 GWB (a.F.) und begegnete damit der ausufernden »Ahlhorn«-Rechtsprechung. Der EuGH stellte in seinen Entscheidungsgründen klar, dass ein öffentlicher Bauauftrag zwar nicht voraussetzt, dass die gegenständliche Bauleistung *»in einem gegenständlichen oder körperlich zu verstehenden Sinn für den öffentlichen Auftraggeber beschafft wird, wenn sie dem öffentlichen Auftraggeber unmittelbar wirtschaftlich zugutekommt«*; diese Voraussetzung des unmittelbaren wirtschaftlichen Vorteils sei jedoch durch die Ausübung von städtebaulichen Regelungszuständigkeiten durch den öffentlichen Auftraggeber nicht erfüllt. Vor diesem Hintergrund verneinte der EuGH im Ergebnis das Vorliegen eines öffentlichen Bauauftrags bzw. einer Baukonzession und wies ausdrücklich darauf hin, dass die Bestimmungen der Vergaberichtlinie (damals 2004/18/EG)[31] keine Anwendung auf Fälle finden, in denen *»eine öffentliche Stelle ein Grundstück an ein Unternehmen veräußert, während eine andere öffentliche Stelle beabsichtigt, einen öffentlichen Bauauftrag in Bezug auf dieses Grundstück zu vergeben, auch wenn sie noch nicht formell beschlossen hat, den entsprechenden Auftrag zu erteilen.«*[32]

31   Zu den von § 107 Abs. 1 Nr. 2 GWB darüber hinaus umfassten **Rechten an Grundstücken, Gebäuden oder anderem unbeweglichem Vermögen** zählen neben Eigentum und den genannten Nutzungsrechten (Miete oder Pacht), insbesondere auch Erbbaurechte, Erwerbsrechte, Verwertungsrechte und sonstige dingliche Rechte.[33] Die Tatbestandsalternative hat insofern eine Art Auffangfunktion.

---

29 Vgl. zur bisherigen Rechtslage auch Reichling, in: Gabriel/Krohn/Neun, Handbuch Vergaberecht, § 2 Rn. 35 zu § 100 Abs. 5 GWB (a.F.).

30 EuGH, Urt. v. 25.03.2010 – C-451/08, »Helmut Müller«, NZBau 2010, 321.

31 Richtlinie 2004/18/EG des Europäischen Parlaments und des Rates vom 31. März 2004 über die Koordinierung der Verfahren zur Vergabe öffentlicher Bauaufträge, Lieferaufträge und Dienstleistungsaufträge (ABl. L 134/114).

32 Vgl. zu den vorhergehenden Ausführungen EuGH, Urt. v. 25.3.2010 – C-451/08, »Helmut Müller«.

33 So zu § 100 Abs. 5 GWB a.F. auch Reichling, in: Gabriel/Krohn/Neun, Handbuch Vergabe-

3. Arbeitsverträge (Abs. 1 Nr. 3)

Weiterhin ausgenommen vom Anwendungsbereich der §§ 97 ff. GWB ist die Erbrin- 32
gung von Dienstleistungen, auf der Grundlage von Arbeitsverträgen.[34] Damit übernimmt § 107 Abs. 1 Nr. 3 GWB den Ausnahmetatbestand des früheren § 100
Abs. 3 GWB a.F. Zwar zählt der Ausnahmetatbestand zu den allgemeinen Ausnahmetatbeständen des § 107 GWB, die grundsätzlich in allen vier EU-Vergaberichtlinien
vorgesehen sind, da jedoch Arbeitsverträge nicht als Konzessionen denkbar sind und
dieser Ausnahmetatbestand für Konzessionen daher keine praktische Anwendung findet, enthält die Konzessionsvergaberichtlinie 2014/23/EU auch keine entsprechende
Vorgabe.[35]

Ein **Arbeitsvertrag** ist nach dem deutschen Verständnis ein Dienstvertrag, der zwischen 33
Arbeitnehmer und Arbeitgeber abgeschlossen ist und als schuldrechtlich gegenseitiger
Vertrag das Arbeitsverhältnis begründet.[36] Arbeitgeber ist danach, wer (mindestens)
einen anderen in einem Arbeitsverhältnis als Arbeitnehmer beschäftigt, die Dienstleistung kraft des Arbeitsvertrags fordern kann, damit die wirtschaftliche und organisatorische Dispositionsbefugnis über die Arbeitsleistung des Arbeitnehmers und den
Nutzen aus ihr hat und dafür eine Vergütung schuldet.[37] Arbeitnehmer ist dagegen,
wer aufgrund eines Arbeitsverhältnisses weisungsgebunden und in persönlicher Abhängigkeit von einem anderen (dem Arbeitgeber) zur Arbeitsleistung gegen Vergütung verpflichtet ist.[38] Dieses nationale Verständnis des Arbeitsverhältnisses entspricht im Wesentlichen der europarechtlichen Definition.[39] Danach ist der Begriff eines durch einen
Arbeitsvertrag gebundenen Arbeitnehmers dahin zu kennzeichnen, dass der Arbeitnehmer während einer bestimmten Zeit für einen anderen nach dessen Weisungen Leistungen erbringt und als Gegenleistung eine Vergütung erhält.[40]

Die Ausnahme vom Kartellvergaberecht gründet auf dem Gedanken, dass Arbeitsver- 34
träge zwar die Erbringung einer Dienstleistung zum Inhalt haben, diese jedoch nur unter das Vergaberecht fallen sollen, wenn die Dienstleistung im Wege einer Auftragsvergabe beschafft wird und nicht auf einem Arbeitsverhältnis basiert.[41]

---

recht, § 2 Rn. 34; Röwekamp, in: Kulartz/Kus/Portz/Prieß, Kommentar GWB, 4. Aufl.,
§ 107 GWB Rn. 25.

34 Vgl. auch Erwägungsgrund 5 der Richtlinie 2014/24/EU; Erwägungsgrund 7 der Richtlinie
2014/25/EU.

35 Vgl. Begründung zu § 107 GWB, Reg.E zum VergRModG, BT-Drs. 18/6281, S. 75 f.

36 Vgl. Weidenkaff, in: Palandt, Kommentar BGB, Einf v § 611 BGB Rn. 4.

37 Vgl. Weidenkaff, in: Palandt, Kommentar BGB, Einf v § 611 BGB Rn. 6 mit Verweis auf
BAG, NJW 2013, 1692.

38 Vgl. Weidenkaff, in: Palandt, Kommentar BGB, Einf v § 611 BGB Rn. 7 mit Hinweis, dass
dieser Begriff der h.M. entspricht und auch vom BAG vertreten wird: vgl. BAG, NJW 2003,
1847, NJW 2004, 461; NJW 2012, 2903; NJW 2013, 1692; NZA-RR 2007, 424.

39 Vgl. OLG Düsseldorf, Beschl. v. 08.05.2002 – Verg 8-15/01; zutreffend auch Röwekamp, in:
Kulartz/Kus/Portz/Prieß, Kommentar GWB, 4. Aufl., § 107 GWB Rn. 26.

40 Vgl. OLG Düsseldorf, Beschl. v. 08.05.2002 – Verg 8-15/01 mit Verweis auf EuGH, Urt. v.
26.02.1992 – C-357/89, NJW 1992, 1493 (Rn. 10) m.w.N.

41 So auch Reichling, in: Gabriel/Krohn/Neun, Handbuch Vergaberecht, § 2 Rn. 34.

4. Bestimmte von gemeinnützigen Organisationen oder Vereinigungen erbrachte Notfalldienste (Abs. 1 Nr. 4)

35   Neu eingefügt wurde mit der aktuellen Vergaberechtsreform der Ausnahmetatbestand des § 107 Abs. 1 Nr. 4 GWB, der eine Ausnahme für **Dienstleistungen des Katastrophenschutzes, des Zivilschutzes und der Gefahrenabwehr** vorsieht, die von gemeinnützigen Organisationen oder Vereinigungen erbracht werden. Indem der Ausnahmetatbestand erst im Rahmen der aktuellen Reform in die neuen EU-Vergaberichtlinien Einzug fand, ist er in der für die Vergabe von verteidigungs- und sicherheitsrelevanten Aufträgen weiterhin geltenden Richtlinie 2009/81/EG noch nicht enthalten. Ebenso wie in den entsprechenden Bestimmungen der drei 2014er EU-Richtlinien[42] werden die durch § 107 Abs. 1 Nr. 4 GWB vom Anwendungsbereich des Kartellvergaberechts ausgenommenen Notfalldienste durch eine Auflistung der betroffenen CPV-Nummern konkretisiert.[43] Danach sind von dem Ausnahmetatbestand gemäß den aktuell geltenden CPV-Codes[44] die Vergabe folgender Dienstleistungen des Katastrophenschutzes, des Zivilschutzes und der Gefahrenabwehr umfasst:[45]

– CPV-Code 75250000-3: Dienstleistungen der Feuerwehr und von Rettungsdiensten, d.h. Vergabe von Notfallrettungsdiensten,
– CPV-Code 75251000-0: Dienstleistungen der Feuerwehr,
– CPV-Code 75251100-1: Brandbekämpfung,
– CPV-Code 75251110-4: Brandverhütung,
– CPV-Code 75251120-7: Waldbrandbekämpfung,
– CPV-Code 75252000-7: Rettungsdienste,
– CPV-Code 75222000-8: Zivilverteidigung,
– CPV-Code 98113100-9: Dienstleistungen im Bereich der nuklearen Sicherheit und
– CPV-Code 85143000-3: Einsatz von Krankenwagen mit Ausnahme des Einsatzes von Krankenwagen zur Personenbeförderung. Aufgrund der ausdrücklichen Ausnahme der reinen Personenbeförderung, unterfällt der Einsatz von Krankenwagen nur dann dem Ausnahmetatbestand, wenn die Vergabe allgemeine und fachspezifische ärztliche Dienstleistungen in einem Rettungswagen betrifft.[46]

---

42 Vgl. Art. 10 Buchst. h der Richtlinie 2014/24/EU; Art. 21 Buchst. h der Richtlinie 2014/25/EU und Art. 10 Abs. 8 Buchst. g der Richtlinie 2014/23/EU.
43 Vgl. auch Begründung zu § 107 Abs. 1 Nr. 4 GWB, Reg.E zum VergRModG, BT-Drs. 18/6281, S. 76.
44 Vgl. Verordnung (EG) Nr. 213/2008 der Kommission vom 28. November 2007 zur Änderung der Verordnung (EG) Nr. 2195/2002 des Europäischen Parlaments und des Rates über das Gemeinsame Vokabular für öffentliche Aufträge (CPV) und der Vergaberichtlinien des Europäischen Parlaments und des Rates 2004/17/EG und 2004/18/EG im Hinblick auf die Überarbeitung des Vokabulars.
45 Vgl. auch Begründung zu § 107 Abs. 1 Nr. 4 GWB, Reg.E zum VergRModG, BT-Drs. 18/6281, S. 76.
46 Vgl. auch Begründung zu § 107 Abs. 1 Nr. 4 GWB, Reg.E zum VergRModG, BT-Drs. 18/6281, S. 76.

Der Ausnahmetatbestand setzt weiter voraus, dass diese Dienstleistungen **von gemein-** 36
nützigen Organisationen oder Vereinigungen erbracht werden. Unter gemeinnützigen
Organisationen oder Vereinigungen im Sinne des Ausnahmetatbestands sind insbesondere die Hilfsorganisationen zu subsumieren, die nach Bundes- oder Landesrecht als
Zivil- und Katastrophenschutzorganisationen etwa im Sinne des § 26 Abs. 1 S. 2
des Gesetzes über den Zivilschutz und die Katastrophenhilfe des Bundes (ZSKG) anerkannt sind.[47] Darunter fallen z.b. in Deutschland der Arbeiter-Samariter-Bund, die
Deutsche Lebensrettungsgesellschaft, das Deutsche Rote Kreuz, die Johanniter-Unfall-Hilfe und der Malteser-Hilfsdienst.[48]

Dem Ausnahmetatbestand liegt die Erwägung zugrunde, dass der spezielle Charakter 37
dieser gemeinnützigen Organisationen und Vereinigungen nur schwer gewahrt werden
könnte, wenn die Dienstleistungserbringer unter Anwendung des Kartellvergaberechts
in einem Vergabeverfahren ermittelt werden müssten.[49] Der Ausnahmetatbestand ist
ebenfalls **eng auszulegen** und soll nicht über das notwendigste Maß hinaus ausgeweitet
werden.[50] Dementsprechend ist – in Umsetzung der europarechtlichen Vorgaben[51] –
auch der **Einsatz von Krankenwagen zur reinen Personenbeförderung** nach dem Wortlaut des § 107 Abs. 1 Nr. 4 GWB von der Ausnahme ausdrücklich ausgenommen.
Diese sind damit nicht dem Anwendungsbereich der §§ 97 ff. GWB entzogen, unterliegen aber dem neuen vereinfachten Verfahren (Sonderregime) für die Vergabe von sozialen und anderen besonderen Dienstleistungen, das in § 130 GWB[52] umgesetzt ist.[53]
Im Falle **gemischter Aufträge** für den Einsatz von Krankenwagen wird in der Gesetzesbegründung zum Regierungsentwurf des Vergaberechtsmodernisierungsgesetzes als
auch in den Erwägungsgründen zu den Richtlinien klargestellt, dass diese generell unter das Sonderregime des § 130 GWB fallen, falls der Wert des Einsatzes von Krankenwagen zur reinen Patientenbeförderung den Wert anderer Rettungsdienste übersteigt.[54]

---

47 Vgl. § 107 Abs. 1 Nr. 4 letzter Hs. GWB; Begründung zu § 107 Abs. 1 Nr. 4 GWB, Reg.E
zum VergRModG, BT-Drs. 18/6281, S. 76.
48 Vgl. Begründung zu § 107 Abs. 1 Nr. 4 GWB, Reg.E zum VergRModG, BT-Drs. 18/6281,
S. 76.
49 Vgl. Erwägungsgrund 36 der Richtlinie 2014/25/EU; Erwägungsgrund 28 der Richtlinie
2014/24/EU sowie Erwägungsgrund 36 der Richtlinie 2014/23/EU.
50 Vgl. Erwägungsgrund 36 der Richtlinie 2014/25/EU; Erwägungsgrund 28 der Richtlinie
2014/24/EU sowie Erwägungsgrund 36 der Richtlinie 2014/23/EU.
51 Vgl. Art. 10 Buchst. h der Richtlinie 2014/24/EU; Art. 21 Buchst. h der Richtlinie
2014/25/EU und Art. 10 Abs. 8 Buchst. g der Richtlinie 2014/23/EU sowie die Erwägungen in Erwägungsgrund 36 der Richtlinie 2014/25/EU; Erwägungsgrund 28 der Richtlinie
2014/24/EU sowie Erwägungsgrund 36 der Richtlinie 2014/23/EU.
52 Für Konzessionen findet sich die Regelung des Sonderregimes für die Vergabe von Konzessionen über soziale und andere besonderen Dienstleistungen in § 153 GWB.
53 Vgl. Begründung zu § 107 Abs. 1 Nr. 4 GWB, Reg.E zum VergRModG, BT-Drs. 18/6281,
S. 76; sowie Erwägungsgrund 36 der Richtlinie 2014/25/EU; Erwägungsgrund 28 der Richtlinie 2014/24/EU und Erwägungsgrund 36 der Richtlinie 2014/23/EU.
54 Vgl. Begründung zu § 107 Abs. 1 Nr. 4 GWB, Reg.E zum VergRModG, BT-Drs. 18/6281,
S. 76; sowie Erwägungsgrund 36 der Richtlinie 2014/25/EU; Erwägungsgrund 28 der Richtlinie 2014/24/EU und Erwägungsgrund 36 der Richtlinie 2014/23/EU.

III. Die einzelnen Ausnahmetatbestände des § 107 Abs. 2 GWB

38 In § 107 Abs. 2 GWB finden sich die bisher in § 100 Abs. 6 GWB a.f. geregelten Ausnahmetatbestände. Die beiden Ausnahmetatbestände verweisen in Umsetzung der europarechtlichen Vorgaben[55] jeweils auf den Regelungsinhalt des Art. 346 AEUV.

39 Art. 346 AEUV (ex-Art. 296 EGV) lautet

(1) Die Vorschriften der Verträge stehen folgenden Bestimmungen nicht entgegen:
a) Ein Mitgliedstaat ist nicht verpflichtet, Auskünfte zu erteilen, deren Preisgabe seines Erachtens seinen wesentlichen Sicherheitsinteressen widerspricht;
b) jeder Mitgliedstaat kann die Maßnahmen ergreifen, die seines Erachtens für die Wahrung seiner wesentlichen Sicherheitsinteressen erforderlich sind, soweit sie die Erzeugung von Waffen, Munition und Kriegsmaterial oder den Handel damit betreffen; diese Maßnahmen dürfen auf dem Binnenmarkt die Wettbewerbsbedingungen hinsichtlich der nicht eigens für militärische Zwecke bestimmten Waren nicht beeinträchtigen.

(2) Der Rat kann die von ihm am 15. April 1958 festgelegte Liste der Waren, auf die Absatz 1 Buchstabe b Anwendung findet, einstimmig auf Vorschlag der Kommission ändern.

1. Widerspruch zu wesentlichen Sicherheitsinteressen i.S.d. Art. 346 Abs. 1 Buchst. a AEUV (Abs. 2 Nr. 1)

40 Nach § 107 Abs. 2 Nr. 1 GWB (zuvor § 100 Abs. 6 Nr. 1 GWB a.f.) sind solche Vergaben von öffentlichen Aufträgen und Konzessionen dem Anwendungsbereich des vierten Teils des GWB entzogen, bei denen der Auftraggeber unter Anwendung der §§ 97 ff. GWB gezwungen wäre, im Zusammenhang mit dem Vergabeverfahren oder der Auftragsausführung Auskünfte zu erteilen, deren Preisgabe seiner Ansicht nach **wesentlichen Sicherheitsinteressen der Bundesrepublik Deutschland i.S.d. Art. 346 Abs. 1 Buchst. a AEUV** (ex-Art. 296 EGV) widersprechen.

41 Die bisher in § 100 Abs. 7 GWB enthaltene Konkretisierung der wesentlichen Sicherheitsinteressen in Form einer beispielhaften[56] Aufzählung ging bereits über die europarechtlichen Vorgaben der Richtlinien 2004/17/EG, 2004/18/EG und 2009/81/EG hinaus.[57] Mit der aktuellen Vergaberechtsreform wurde auf eine entsprechende Konkretisierung bestimmter Bereiche von vornherein verzichtet.[58] Die Entscheidung des Gesetzgebers wirkt insoweit klarstellend, dass der Auftraggeber hier eine **Einzelfallprü-**

---

55 Vgl. Art. 1 Abs. 3 der Richtlinie 2014/25/EU; Art. 1 Abs. 3 der Richtlinie 2014/24/EU; Art. 1 Abs. 3 der Richtlinie 2014/23/EU:»Die Anwendung dieser Richtlinie unterliegt Artikel 346 AEUV.«. Vgl. ebenso Art. 2 der Richtlinie 2009/81/EG, der noch auf die frühere Regelung des Art. 296 EGV Bezug nimmt.

56 Vgl. Begründung zum Gesetzesentwurf zu § 100 Abs. 7 GWB a.F., BT-Drs. 17/7275.

57 So auch Antweiler, in: Ziekow/Völlink, Vergaberecht Kommentar, § 100 GWB (a.F.) Rn. 43 f.

58 Vgl. Begründung zu § 107 Abs. 2 GWB, Reg.E zum VergRModG, BT-Drs. 18/6281, S. 76;

fung vorzunehmen hat, ob die Voraussetzungen des § 107 Abs. 2 Nr. 1 oder Nr. 2 GWB für die konkrete Vergabe erfüllt sind.[59]

Hinsichtlich der Entscheidung, ob wesentliche Sicherheitsinteressen der Bundesre- 42 publik Deutschland im Sinne des § 107 Abs. 2 GWB betroffen sind, kommt dem Auftraggeber ein – nur begrenzt überprüfbarer – Beurteilungsspielraum zu (vgl. auch Wortlaut »*seiner Ansicht nach*«).[60] Der Auftraggeber muss daher im Einzelfall prüfen, nachvollziehbar darlegen und im Bestreitensfall auch nachweisen, dass die geplante Auftragsvergabe wesentliche Sicherheitsinteressen berührt und darüber hinaus begründen, warum diese im Falle einer Ausschreibung objektiv gefährdet wären und in der Folge das Vergaberecht nicht zur Anwendung kommen darf.[61] Dabei hat er die Interessen der potenziellen Bieter an einem Auftrag gegen die Sicherheitsinteressen des Staates abzuwägen.[62] Darüber hinaus hat der Auftraggeber im Rahmen der gebotenen **Abwägung** unter Beachtung des **Verhältnismäßigkeitsgrundsatzes** auch die Erforderlichkeit der Ausnahme vom Vergaberecht zu prüfen und darzulegen, dass mildere Mittel zur Wahrung der Sicherheitsinteressen nicht zur Verfügung stehen.[63] Denn sofern die wesentlichen Sicherheitsinteressen z.B. auch bei Durchführung eines »milderen« Vergabeverfahrens – unter Anwendung der weniger strengen Regelungen der VSVgV – bereits ausreichend gewahrt würden, ist eine Ausnahme vom Vergaberecht nicht erforderlich und der Ausnahmetatbestand zu verneinen. Es ist daher vom Auftraggeber insbesondere auf eine ausführliche und nachvollziehbare Dokumentation der Entscheidung zu achten.

Nach der früheren Begründung zum Entwurf des Vergaberechtsmodernisierungsgeset- 43 zes aus dem Jahr 2008 sind von dem Ausnahmetatbestand etwa Aufträge erfasst, »*bei deren Vergabe und Durchführung die Unternehmen Einblick in die Organisation oder Arbeitsweise von Sicherheitsbehörden erlangen, sowie Beschaffungen, die im Zusammenhang mit Einsätzen der Bundespolizei stehen, oder die Beschaffung sensibler Materialien oder Anlagen*«.[64] Ein entgegenstehendes wesentliches Sicherheitsinteresse kann nach

---

59 Vgl. Begründung zu § 107 Abs. 2 GWB, Reg.E zum VergRModG, BT-Drs. 18/6281, S. 76.

60 Vgl. zu § 100 GWB a.F. VK Bund, Beschl. v. 14.07.2005 – VK 3-55/05; zutreffend auch Röwekamp, in: Kulartz/Kus/Portz/Prieß, Kommentar GWB, 4. Aufl., § 107 GWB Rn. 43; Willenbruch, in: ders./Wieddekind, Vergaberecht Kommentar, § 100 GWB (a.F.) Rn. 25.

61 Vgl. auch Röwekamp, in: Kulartz/Kus/Portz/Prieß, Kommentar GWB, 4. Aufl., § 107 GWB Rn. 42 m.w.N.; sowie zu § 100 GWB a.F. Antweiler, in: Ziekow/Völlink, Vergaberecht Kommentar, § 100 GWB (a.F.) Rn. 36.

62 So auch Röwekamp, a.a.O.; sowie zu § 100 GWB a.F.: Antweiler, a.a.O.; Willenbruch, in: ders./Wieddekind, Vergaberecht Kommentar, § 100 GWB (a.F.) Rn. 24.

63 Vgl. zu § 100 GWB a.F. OLG Düsseldorf, Beschl. v. 20.12.2004 – Verg 101/04; VK Bund, Beschl. v. 20.12.2012 – VK 1-130/12; Beschl. v. 14.07.2005 – VK 3-55/05; sowie zum neuen § 107 GWB zutreffend Röwekamp, in: Kulartz/Kus/Portz/Prieß, Kommentar GWB, 4. Aufl., § 107 GWB Rn. 43 m.w.N.

64 Vgl. Begründung zu § 100 GWB (a.F.), Reg.E zum VergRModG vom 13.08.2008, BT-Drs. 16/10117, S. 19; vgl. auch Röwekamp, in: Kulartz/Kus/Portz, Kommentar GWB, 3. Aufl., § 100 GWB (a.F.) Rn. 54; Antweiler, in: Ziekow/Völlink, Vergaberecht Kommentar, § 100 GWB (a.F.) Rn. 35.

den Erwägungen zur Richtlinie 2009/81/EG insbesondere dann gegeben sein, wenn Aufträge so sensibel sind, dass sogar deren Existenz geheim gehalten werden muss.[65] Darüber hinaus bietet auch die (mögliche) Einstufung der im Zusammenhang mit dem Vergabeverfahren oder der Auftragsausführung zu erteilenden Auskünfte als Verschlusssache der Stufe *VS-GEHEIM* insofern einen Anhaltspunkt für die Annahme wesentlicher Sicherheitsinteressen der Bundesrepublik Deutschland, indem die Einstufung mit dem Geheimhaltungsgrad *VS-GEHEIM* gemäß § 4 Abs. 1 und Abs. 2 Nr. 2 SÜG voraussetzt, dass die Kenntnisnahme durch Unbefugte die Sicherheit der Bundesrepublik Deutschland oder ihrer Länder gefährden oder ihren Interessen schweren Schaden zufügen kann.[66]

2. Aufträge und Konzessionen, die dem Anwendungsbereich des Art. 346 Abs. 1 Buchst. b AEUV unterliegen (Abs. 2 Nr. 2)

44   § 107 Abs. 2 Nr. 2 GWB (zuvor § 100 Abs. 6 Nr. 2 GWB a.F.) nimmt öffentliche **Aufträge und Konzessionen, die dem Anwendungsbereich des Art. 346 Abs. 1 Buchst. b AEUV unterliegen**, vom Anwendungsbereich der §§ 97 ff. GWB aus. Die Vorschrift übernimmt lediglich aus Gründen der Klarstellung und in Umsetzung der europarechtlichen Vorgaben,[67] die Ausnahme des Art. 346 Abs. 1 Buchst. b AEUV in das nationale Vergaberecht.[68]

45   Nach Art. 346 Abs. 1 Buchst. b AEUV kann jeder Mitgliedstaat die Maßnahmen ergreifen, die seines Erachtens für die Wahrung seiner wesentlichen Sicherheitsinteressen erforderlich sind, soweit sie die Erzeugung von Waffen, Munition und Kriegsmaterial oder den Handel damit betreffen. Die ergriffenen Maßnahmen dürfen dabei jedoch nicht die Wettbewerbsbedingungen auf dem Binnenmarkt hinsichtlich der nicht eigens für militärische Zwecke bestimmten Waren beeinträchtigen. Die Ausnahme ist nach ständiger Rechtsprechung eng auszulegen.[69]

Hinsichtlich des Begriffs der wesentlichen Sicherheitsinteressen und der vom Auftraggeber diesbezüglich vorzunehmenden Einzelfallprüfung wird auf die vorstehenden Ausführungen zu § 107 Abs. 2 Nr. 1 GWB verwiesen (vgl. Rdn. 40 ff.).

46   Im Zusammenhang mit dem Ausnahmetatbestand des § 107 Abs. 2 Nr. 2 GWB spielt auch weiterhin die Problematik der sog. »**Dual-use-Güter**« eine Rolle. Bei diesen Gütern mit einem doppelten, d.h. sowohl einem zivilen als auch einem militärischen Verwendungszweck, ist unter Berücksichtigung der hierzu ergangenen Rechtsprechung eine genaue Abgrenzung erforderlich.

---

65 Vgl. Erwägungsgrund 20 der Richtlinie 2009/81/EG.

66 Vgl. VK Bund, Beschl. v. 14.07.2005 – VK 3-55/05; zutreffend auch Homann, in: Leinemann/Kirch, Kommentar VSVgV, § 100 GWB (a.F.) Rn. 14.

67 Vgl. Art. 1 Abs. 3 der Richtlinie 2014/25/EU; Art. 1 Abs. 3 der Richtlinie 2014/24/EU; Art. 1 Abs. 3 der Richtlinie 2014/23/EU:»Die Anwendung dieser Richtlinie unterliegt Artikel 346 AEUV.«. Vgl. ebenso Art. 2 der Richtlinie 2009/81/EG, der noch auf die frühere Regelung des Art. 296 EGV Bezug nimmt.

68 Vgl. Begründung zu § 107 Abs. 2 GWB, Reg.E zum VergRModG, BT-Drs. 18/6281, S. 76.

69 Vgl. nur EuGH, Urt. v. 07.06.2012 – C-615/10, »Ins Tiimi Oy«.

Der **EuGH** stellte in der **Entscheidung** »*Agusta/Agusta Bell*«[70] bei Gütern mit einem 47
doppelten Verwendungszweck zunächst auf den vom Auftraggeber vorgesehenen **subjektiven Einsatzzweck** des Beschaffungsgegenstands ab und verneinte im Ergebnis das
Vorliegen des Ausnahmetatbestands nach dem damaligen Art. 296 EGV (heute
Art. 346 AEUV). Der EuGH begründete seine Entscheidung[71] dahingehend, dass
sich aus den Ausnahmen des EG-Vertrags kein allgemeiner, dem Vertrag immanenter
Vorbehalt ableiten lasse, der jede Maßnahme, die im Interesse der öffentlichen Sicherheit getroffen werde, vom Anwendungsbereich des Gemeinschaftsrechts ausnehme.
Denn nach der Auffassung des EuGH ergebe sich aus dem Wortlaut des Art. 296
Abs. 1 Buchst. b EGV (heute Art. 346 AEUV), dass die betreffenden Waren eigens
für militärische Zwecke bestimmt sein müssten. Daraus folge, dass beim Erwerb von
Ausrüstungsgegenständen, deren Nutzung für militärische Zwecke ungewiss sei, zwingend die Regeln für die Vergabe öffentlicher Aufträge beachtet werden müssten.

Mit der **Entscheidung** in Sachen der finnischen »*Ins Tiimi Oy*«[72] korrigierte der EuGH 48
seine »Agusta Bell«-Rechtsprechung aus dem Jahr 2008 schließlich dahingehend, dass für
das Vorliegen einer Ausnahme nach Art. 296 Abs. 1 Buchst. b EGV (heute: Art. 346
AUEV) neben dem vorgesehenen Verwendungszweck auch auf die **objektiven Eigenschaften des Produkts** abzustellen und zu prüfen sei, ob diese einen spezifisch militärischen Charakter aufweisen. Das Eingreifen[73] des Ausnahmetatbestandes wurde im
Ergebnis verneint. Zur Begründung führte der EuGH aus,[74] dass ein öffentlicher Auftraggeber sich nicht allein deshalb auf Art. 296 Abs. 1 Buchst. b EGV (heute: Art. 346
AUEV) berufen könne, weil ein Gegenstand unter einer der Kategorien der Liste des Rates vom 15. April 1958 aufgeführt sei, wenn es für diesen Gegenstand **weitgehend gleichartige technische Nutzanwendungen für zivile Zwecke** gebe. In diesem Fall könne dem
Produkt nur dann eine spezifisch militärische Zweckbestimmung i.S.d. Art. 296 EGV
(heute: Art. 346 AUEV) zuerkannt werden, wenn es sich nicht nur um die vom öffentlichen Auftraggeber für das Produkt vorgesehene Verwendung handele, sondern auch
um die Verwendung, die sich aus den Eigenschaften eines speziell zu solchen Zwecken
konzipierten, entwickelten oder substanziell veränderten Ausrüstungsgegenstands ergebe. Auch die in der Liste des Rates vom 15. April 1958 genannten Produkte müssten
einen **spezifisch militärischen Charakter** aufweisen. Unter Verweis auf den Erwägungsgrund 10 der Richtlinie 2009/81/EG wies der EuGH in seiner Entscheidung zudem klarstellend darauf hin, dass der Begriff »*Militärausrüstung*« auch Produkte einschließt, die
zwar ursprünglich für zivile Zwecke konzipiert worden sind, später aber für militärische
Zwecke angepasst wurden, um als Waffen, Munition oder Kriegsmaterial eingesetzt zu
werden. Es müsse sich bei dieser Anpassung für militärische Zwecke aber gerade um

---

70 Vgl. EuGH, Urt. v. 08.04.2008 – C-337/05, »Agusta- und Agusta Bell-Hubschrauber«.
71 Vgl. zu den nachfolgenden Gründen insgesamt EuGH, Urt. v. 08.04.2008 – C-337/05.
72 Vgl. EuGH, Urt. v. 07.06.2012 – C-615/10, »Ins Tiimi Oy«.
73 Liste von Waffen, Munition und Kriegsmaterial, die der Rat in der Entscheidung 255/58
    vom 15.04.1958 zur Festlegung der Produkte (Waffen, Munition und Kriegsmaterial), für
    die Artikel 223 Abs. 1 Buchst. b (heute Art. 346 Abs. 1 Buchst. b AUEV) des Vertrags
    gilt (Dok. 255/58). Protokoll v. 15.04.1958: Dok. 368/58.
74 Vgl. zu den nachfolgenden Gründen insgesamt EuGH, Urt. v. 07.06.2012 – C-615/10.

eine **substanzielle Änderung** hin zu einer auch objektiv betrachteten militärischen Verwendung handeln (z.b. nicht bei bloßem Tarnanstrich auf einem Fahrzeug).

49   Nach der Vergabekammer des Bundes[75] greift unter Verweis auf die Entscheidung des EuGH in Sachen »*Ins Tiimi Oy*« die Ausnahmeregelung des Art. 346 AEUV für sog. Dual-use-Güter gemäß Art. 346 Abs. 1 Buchst. b Hs. 2 AEUV – wonach die vom Auftraggeber ergriffene Maßnahme die Wettbewerbsbedingungen auf dem Binnenmarkt hinsichtlich der nicht eigens für militärische Zwecke bestimmten Waren nicht beeinträchtigen darf – von vornherein nicht ein. Das Vorliegen eines Dual-use-Gutes hat die Vergabekammer in dem damaligen Fall bejaht und folglich den Ausnahmetatbestand verneint, indem die ausgeschriebene Schutzausrüstung sowohl zu nicht-militärischen als auch ohne substanzielle Veränderungen zu militärischen Zwecken eingesetzt werden konnte. Darüber hinaus wies die Vergabekammer in ihrer Entscheidung darauf hin, dass ein pauschales Berufen auf die Ausnahme des Art. 346 AEUV nicht ausreiche, sondern der Mitgliedstaat gerade nachweisen müsse, dass eine Abweichung von den üblichen Vergaberegeln »*erforderlich*« sei, um seine wesentlichen Sicherheitsinteressen zu wahren. Nach der von der Vergabekammer vertretenen Auffassung sind unter Geltung der Richtlinie 2009/81/EG – bzw. der die Richtlinie umsetzenden VSVgV – die Ausnahmen im Interesse eines wettbewerbsoffenen europäischen Marktes für Verteidigungsgüter nur unter noch engeren Voraussetzungen als bisher zulässig.

IV. Besondere Ausnahmen für den Sektorenbereich

50   Die besonderen Ausnahmen für den Sektorenbereich (zuvor § 100 b GWB a.F.) finden sich nun in den §§ 137 bis 140 GWB im Abschnitt 3 Unterabschnitt 1. Für die bei Vergaben im Sektorenbereich neben den allgemeinen Ausnahmen des § 107 GWB geltenden Bereichsausnahmen wird auf die dortige Kommentierung verwiesen.

§ 108 GWB   Ausnahmen bei öffentlich-öffentlicher Zusammenarbeit

(1) **Dieser Teil ist nicht anzuwenden auf die Vergabe von öffentlichen Aufträgen, die von einem öffentlichen Auftraggeber im Sinne des § 99 Nummer 1 bis 3 an eine juristische Person des öffentlichen oder privaten Rechts vergeben werden, wenn**
1. **der öffentliche Auftraggeber über die juristische Person eine ähnliche Kontrolle wie über seine eigenen Dienststellen ausübt,**
2. **mehr als 80 Prozent der Tätigkeiten der juristischen Person der Ausführung von Aufgaben dienen, mit denen sie von dem öffentlichen Auftraggeber oder von einer anderen juristischen Person, die von diesem kontrolliert wird, betraut wurde, und**
3. **an der juristischen Person keine direkte private Kapitalbeteiligung besteht, mit Ausnahme nicht beherrschender Formen der privaten Kapitalbeteiligung und Formen der privaten Kapitalbeteiligung ohne Sperrminorität, die durch gesetzliche Bestimmungen vorgeschrieben sind und die keinen maßgeblichen Einfluss auf die kontrollierte juristische Person vermitteln.**

---

75   Vgl. zu den nachfolgenden Ausführungen insgesamt VK Bund, Beschl. v. 20.12.2012 – VK 1-130/12.

(2) Die Ausübung einer Kontrolle im Sinne von Absatz 1 Nummer 1 wird vermutet, wenn der öffentliche Auftraggeber einen ausschlaggebenden Einfluss auf die strategischen Ziele und die wesentlichen Entscheidungen der juristischen Person ausübt. Die Kontrolle kann auch durch eine andere juristische Person ausgeübt werden, die von dem öffentlichen Auftraggeber auf gleiche Weise kontrolliert wird.

(3) Absatz 1 gilt auch für die Vergabe öffentlicher Aufträge, die von einer kontrollierten juristischen Person, die zugleich öffentlicher Auftraggeber im Sinne des § 99 Nummer 1 bis 3 ist, an den kontrollierenden öffentlichen Auftraggeber oder an eine von diesem öffentlichen Auftraggeber kontrollierte andere juristische Person vergeben werden. Voraussetzung ist, dass keine direkte private Kapitalbeteiligung an der juristischen Person besteht, die den öffentlichen Auftrag erhalten soll. ³Absatz 1 Nummer 3 zweiter Halbsatz gilt entsprechend.

(4) Dieser Teil ist nicht anzuwenden auf die Vergabe von öffentlichen Aufträgen, bei denen der öffentliche Auftraggeber im Sinne des § 99 Nummer 1 bis 3 über eine juristische Person des privaten oder öffentlichen Rechts zwar keine Kontrolle im Sinne des Absatzes 1 Nummer 1 ausübt, aber

1. der öffentliche Auftraggeber gemeinsam mit anderen öffentlichen Auftraggebern über die juristische Person eine ähnliche Kontrolle ausübt wie jeder der öffentlichen Auftraggeber über seine eigenen Dienststellen,
2. mehr als 80 Prozent der Tätigkeiten der juristischen Person der Ausführung von Aufgaben dienen, mit denen sie von den öffentlichen Auftraggebern oder von einer anderen juristischen Person, die von diesen Auftraggebern kontrolliert wird, betraut wurde, und
3. an der juristischen Person keine direkte private Kapitalbeteiligung besteht; Absatz 1 Nummer 3 zweiter Halbsatz gilt entsprechend.

(5) Eine gemeinsame Kontrolle im Sinne von Absatz 4 Nummer 1 besteht, wenn

1. sich die beschlussfassenden Organe der juristischen Person aus Vertretern sämtlicher teilnehmender öffentlicher Auftraggeber zusammensetzen; ein einzelner Vertreter kann mehrere oder alle teilnehmenden öffentlichen Auftraggeber vertreten,
2. die öffentlichen Auftraggeber gemeinsam einen ausschlaggebenden Einfluss auf die strategischen Ziele und die wesentlichen Entscheidungen der juristischen Person ausüben können und
3. die juristische Person keine Interessen verfolgt, die den Interessen der öffentlichen Auftraggeber zuwiderlaufen.

(6) Dieser Teil ist ferner nicht anzuwenden auf Verträge, die zwischen zwei oder mehreren öffentlichen Auftraggebern im Sinne des § 99 Nummer 1 bis 3 geschlossen werden, wenn

1. der Vertrag eine Zusammenarbeit zwischen den beteiligten öffentlichen Auftraggebern begründet oder erfüllt, um sicherzustellen, dass die von ihnen zu erbringenden öffentlichen Dienstleistungen im Hinblick auf die Erreichung gemeinsamer Ziele ausgeführt werden,

2. die Durchführung der Zusammenarbeit nach Nummer 1 ausschließlich durch Überlegungen im Zusammenhang mit dem öffentlichen Interesse bestimmt wird und

3. die öffentlichen Auftraggeber auf dem Markt weniger als 20 Prozent der Tätigkeiten erbringen, die durch die Zusammenarbeit nach Nummer 1 erfasst sind.

(7) Zur Bestimmung des prozentualen Anteils nach Absatz 1 Nummer 2, Absatz 4 Nummer 2 und Absatz 6 Nummer 3 wird der durchschnittliche Gesamtumsatz der letzten drei Jahre vor Vergabe des öffentlichen Auftrags oder ein anderer geeigneter tätigkeitsgestützter Wert herangezogen. Ein geeigneter tätigkeitsgestützter Wert sind zum Beispiel die Kosten, die der juristischen Person oder dem öffentlichen Auftraggeber in dieser Zeit in Bezug auf Liefer-, Bau- und Dienstleistungen entstanden sind. Liegen für die letzten drei Jahre keine Angaben über den Umsatz oder einen geeigneten alternativen tätigkeitsgestützten Wert wie zum Beispiel Kosten vor oder sind sie nicht aussagekräftig, genügt es, wenn der tätigkeitsgestützte Wert insbesondere durch Prognosen über die Geschäftsentwicklung glaubhaft gemacht wird.

(8) Die Absätze 1 bis 7 gelten entsprechend für Sektorenauftraggeber im Sinne des § 100 Absatz 1 Nummer 1 hinsichtlich der Vergabe von öffentlichen Aufträgen sowie für Konzessionsgeber im Sinne des § 101 Absatz 1 Nummer 1 und 2 hinsichtlich der Vergabe von Konzessionen.

Amtliche Begründung

»§ 108 regelt erstmals den Bereich der von der Anwendung des Vergaberechts ausgenommenen öffentlich-öffentlichen Zusammenarbeit. Damit wird nunmehr gesetzlich Klarheit geschaffen, unter welchen Voraussetzungen zwischen öffentlichen Auftraggebern geschlossene Verträge von der Anwendung des Teils 4 des GWB ausgenommen sind. Bislang basierten die Vorgaben hierzu auf den von der Rechtsprechung des EuGH entwickelten Grundsätzen. § 108 dient der Umsetzung von Artikel 17 der Richtlinie 2014/23/EU, Artikel 12 der Richtlinie 2014/24/EU und Artikel 28 der Richtlinie 2014/25/EU.

Grundsätzlich soll das Vergaberecht öffentliche Auftraggeber nicht in ihrer Freiheit beschränken, die ihnen übertragenen öffentlichen Aufgaben gemeinsam mit anderen öffentlichen Auftraggebern oder eigenen Unternehmen zu erfüllen. Allerdings ist der Umstand, dass beide Parteien einer Vereinbarung selbst öffentliche Auftraggeber sind, allein nicht ausreichend, um die Anwendung des Vergaberechts auszuschließen. Hierfür müssen vielmehr weitere Voraussetzungen erfüllt sein. Dadurch sollen insbesondere Wettbewerbsverzerrungen im Verhältnis zu privaten Unternehmen vermieden werden. Über Art und Umfang herrschte bislang allerdings mangels gesetzlicher Regelungen oftmals Ungewissheit. Die neuen EU-Vergaberichtlinien schaffen insofern durch die neuen Vorschriften zur öffentlich-öffentlichen Zusammenarbeit Rechtssicherheit für öffentliche Auftraggeber und Auftragnehmer. Im Wesentlichen wird damit die Rechtsprechung des EuGH kodifiziert. Im Rahmen der Umsetzung ins deutsche Recht sollen die europäischen Vorgaben möglichst eins-zu-eins übernommen werden.

§ 108 unterscheidet entsprechend der Vorgaben der EU-Richtlinien grundsätzlich zwischen der Zusammenarbeit auf vertikaler und horizontaler Ebene. Während die Zusammenarbeit auf vertikaler Ebene die verschiedenen Inhouse-Konstellationen betrifft und in den Absätzen 1 bis 5 geregelt ist, ist die horizontale Zusammenarbeit von öffentlichen Auftraggebern (bei Beteiligung von Kommunen oftmals auch interkommunale Kooperation genannt) in Absatz 6 geregelt.

§ 108 regelt nicht die Fälle, in denen Befugnisse und Zuständigkeiten für die Ausführung öffentlicher Aufgaben zwischen öffentlichen Auftraggebern oder Gruppen von öffentlichen Auftraggebern durch Vereinbarungen, Beschlüsse oder auf anderem Wege übertragen werden, ohne dass insoweit eine Vergütung für vertragliche Leistungen vorgesehen ist. Diese Fälle unterfallen – ungeachtet der in § 108 geregelten Ausnahmen – von vornherein nicht diesem Teil, da es sich, wie auch Artikel 1 Absatz 6 der Richtlinie 2014/24/EU festhält, um Angelegenheiten der internen Organisation handelt.

Zu Absatz 1

§ 108 Absatz 1 dient der Umsetzung von Artikel 12 Absatz 1 der Richtlinie 2014/24/EU und betrifft die klassischen Inhouse-Konstellationen, in denen ein öffentlicher Auftraggeber gemäß § 99 Nummer 1 bis 3 eine von ihm kontrollierte juristische Person des privaten oder öffentlichen Rechts beauftragt. Die Voraussetzungen hierfür finden sich in den Nummern 1 bis 3.

Zu Nummer 1

Gemäß § 108 Absatz 1 Nummer 1 ist zunächst erforderlich, dass der öffentliche Auftraggeber über die juristische Person eine ähnliche Kontrolle wie über seine eigenen Dienststellen ausübt. Damit wird die inzwischen langjährige Rechtsprechung des EuGH zum sogenannten Kontrollkriterium übernommen (erstmals EuGH, Urteil vom 18.11.1999, C-107/98, »Teckal«, Rn. 50). Die Ausübung einer Kontrolle wie über eine eigene Dienststelle wird nach § 108 Absatz 2 vermutet, wenn der öffentliche Auftraggeber einen ausschlaggebenden Einfluss auf die strategischen Ziele und die wesentlichen Entscheidungen der kontrollierten juristischen Person ausübt. Dies entspricht den vom EuGH in seiner Rechtsprechung entwickelten Erfordernissen (ständige Rechtsprechung seit EuGH, Urteil vom 13.10.2005, C-458/03, »Parking Brixen«, Rn. 65; EuGH, Urteil vom 11.5.2006, C-340/04, »Carbotermo«, Rn. 36).

Zu Nummer 2

Gemäß § 108 Absatz 1 Nummer 2 ist weiterhin erforderlich, dass die kontrollierte juristische Person mehr als 80 Prozent ihrer Tätigkeiten in Ausführung der Aufgaben ausführt, mit denen sie von dem kontrollierenden öffentlichen Auftraggeber oder von anderen durch diesen öffentlichen Auftraggeber kontrollierten juristischen Personen betraut worden ist. Damit wird das durch die Rechtsprechung entwickelte Wesentlichkeitskriterium, wonach die beauftragte juristische Person im Wesentlichen für den öffentlichen Auftraggeber tätig sein muss, präzisiert (ständige Rspr. des EuGH seit EuGH, Urteil vom 18.11.1999, C-107/98, »Teckal«, Rn. 50). Bislang bestand im Einzelnen jedoch Unsicherheit über den erforderlichen Umfang der Tätigkeiten, die für den öffentlichen Auftraggeber erbracht werden müssen. Die nun normierte 80-Prozent-Grenze sorgt insofern für Rechtssicherheit. Unerheblich ist in diesem Zusammenhang, ob der Begünstigte der Ausführung des Auftrags der Auftraggeber selbst oder ein davon abweichender Nutzer der Leistungen ist.

Zu Nummer 3

§ 108 Absatz 1 Nummer 3 stellt entsprechend der langjährigen Rechtsprechung des EuGH klar, dass bei einer privaten Beteiligung an der beauftragten juristischen Person eine Inhouse-Vergabe grundsätzlich ausgeschlossen ist (ständige Rechtsprechung seit EuGH, Urteil vom 11.1.2005, C-26/03, »Stadt Halle«, Rn. 49). Grund dafür ist, dass die Vergabe eines öffentlichen Auftrags ohne Wettbewerbsverfahren einem privaten Unternehmen, das am Kapital der kontrollierten juristischen Person beteiligt ist, einen unzulässigen Vorteil gegenüber seinen Wettbewerbern verschaffen würde.

Ungeachtet einer direkten privaten Kapitalbeteiligung findet Teil 4 keine Anwendung auf eine nicht beherrschende Form der privaten Kapitalbeteiligung und eine Form der privaten Kapitalbeteiligung ohne Sperrminorität, wenn diese gesetzlich vorgeschrieben sind und keinen ausschlaggebenden Einfluss auf die kontrollierte juristische Person vermitteln.

Zu beachten ist zudem, dass § 108 Absatz 1 Nummer 3 allein auf die direkte private Beteiligung an der kontrollierten juristischen Person abstellt. Unschädlich für eine Inhouse-Vergabe ist eine private Kapitalbeteiligung am kontrollierenden öffentlichen Auftraggeber. Solche Beteiligungen führen in der Regel nicht zu einer nachteiligen Beeinflussung des Wettbewerbs zwischen privaten Unternehmen.

Zu Absatz 2

§ 108 Absatz 2 ist eine Vermutungsregelung hinsichtlich des Kontrollkriteriums im Sinne von Absatz 1 Nummer 1 (siehe Erläuterungen zu § 108 Absatz 1 Nummer 1) und dient der Umsetzung von Artikel 12 Absatz 1 Unterabsatz 2 der Richtlinie 2014/24/EU. Zur besseren Lesbarkeit wird der Unterabsatz 2 in einem gesonderten Absatz 2 umgesetzt.

Zu Absatz 3

§ 108 Absatz 3 erstreckt die erlaubten Inhouse-Vergaben des Absatz 1 auf weitere Konstellationen. Die erste Alternative betrifft Konstellationen, in denen eine kontrollierte juristische Person einen Auftrag an ihren kontrollierenden öffentlichen Auftraggeber gemäß § 99 Nummer 1 bis 3 erteilt (Auftrag der Tochter an die Mutter). Die zweite Alternative betrifft Formen der horizontalen Inhouse-Vergabe, in denen eine kontrollierte juristische Person einen Auftrag an eine andere juristische Person vergibt, die von demselben öffentlichen Auftraggeber kontrolliert wird (Auftrag im Schwesternverhältnis). Die Voraussetzungen des Absatzes 1 Nummer 1 bis 3 sind in beiden Alternativen entsprechend anzuwenden.

Zu Absatz 4

§ 108 Absatz 4 erstreckt die erlaubten Inhouse-Vergaben auf Konstellationen, in denen die Kontrolle des Auftragnehmers abweichend von Absatz 1 durch mehrere Auftraggeber gemeinsam erfolgt. Durch die Vorschrift werden – aufgrund ihrer systematischen Stellung nach § 108 Absatz 3 – auch solche öffentlichen Aufträge erfasst, die von einer kontrollierten juristische Person, die zugleich öffentlicher Auftraggeber im Sinne des § 99 Nummer 1 bis 3 ist, an einen von mehreren sie kontrollierenden öffentlichen Auftraggeber vergeben werden.

Zu Nummer 1

Nach § 108 Absatz 4 Nummer 1 kann abweichend von Absatz 1 Nummer 1 die Kontrolle des Auftragnehmers auch gemeinsam mit anderen Auftraggebern erfolgen. Die Voraussetzungen für eine gemeinsame Kontrolle ergeben sich aus Absatz 5.

Zu Nummer 2

§ 108 Absatz 4 Nummer 2 überträgt den Wesentlichkeitsgrundsatz des Absatz 1 Nummer 2 auf die Konstellationen einer gemeinsamen Kontrolle. Abweichend von Absatz 1 Nummer 2 bezieht sich das Wesentlichkeitskriterium in diesem Fall auf alle kontrollierenden Auftraggeber. Der Auftragnehmer muss also 80 Prozent seiner Tätigkeiten nicht allein für den Auftraggeber im konkreten Fall, sondern für alle ihn kontrollierenden Auftraggeber oder andere von diesen Auftraggebern kontrollierte juristische Personen erbringen.

Zu Nummer 3

§ 108 Absatz 4 Nummer 3 entspricht der Voraussetzung des Absatz 1 Nummer 3.

Zu Absatz 5

§ 108 Absatz 5 nennt die Voraussetzungen, die kumulativ erfüllt sein müssen, um eine gemeinsame Kontrolle im Sinne des Absatz 4 Nummer 1 zu bejahen.

Zu Absatz 6

§ 108 Absatz 6 betrifft die Zusammenarbeit zwischen zwei oder mehr öffentlichen Auftraggebern auf horizontaler Ebene (oftmals auch interkommunale Kooperation genannt) und dient der Umsetzung des Artikel 12 Absatz 4 der Richtlinie 2014/24/EU. Anders als in den Absätzen 1 bis 5 fehlt es in diesen Fällen an einem Über-/Unterordnungsverhältnis und der damit verbundenen Kontrolle des Auftraggebers über den Auftragnehmer. Stattdessen soll § 108 Absatz 6 öffentlichen Auftraggebern die Möglichkeit einräumen, öffentliche Dienstleistungen unter bestimmten Voraussetzungen gemeinsam im Wege der Zusammenarbeit zu erbringen, ohne dass das Vergaberecht zur Anwendung kommt.

Aufträge für die gemeinsame Erbringung öffentlicher Dienstleistungen sollen nach § 108 Absatz 6 dann von der Anwendung des Vergaberechts ausgenommen sein, wenn die Aufträge ausschließlich zwischen öffentlichen Auftraggebern geschlossen werden, die Durchführung dieser Zusammenarbeit ausschließlich von Erwägungen des öffentlichen Interesses bestimmt wird und kein privater Dienstleister einen Vorteil gegenüber seinen Wettbewerbern erhält (siehe im Einzelnen Erläuterungen zu Nummer 1 bis 3). Im Wesentlichen kodifizieren die EU-Richtlinien damit die Rechtsprechung des EuGH (vgl. EuGH, Urteil vom 13.6.2013, Rs. C-386/11, »Piepenbrock«; EuGH, Urteil vom 19.12.2012, Rs. C-159/11, »Lecce« und EuGH, Urteil vom 9.6.2009, Rs. C-480/06, »Kommission/Deutschland«).

Unerheblich ist nach § 108 Absatz 6, ob an den öffentlichen Auftraggebern nach § 99 Nummer 1 bis 3 eine private Kapitalbeteiligung besteht. Sofern der Auftrag ausschließlich zwischen öffentlichen Auftraggebern nach § 99 Nummer 1 bis 3 geschlossen wird und die übrigen Voraussetzungen des § 108 Absatz 6 Nummer 1 bis 3 erfüllt sind, können somit auch öffentliche Auftraggeber mit einer privaten Kapitalbeteiligung die Ausnahmeregelung für die horizontale Zusammenarbeit in Anspruch nehmen.

Zu Nummer 1

Aus § 108 Absatz 6 Nummer 1 ergibt sich, dass öffentliche Auftraggeber grundsätzlich frei sind, ihre öffentlichen Dienstleistungen gemeinsam im Wege der Zusammenarbeit zu erbringen, ohne zur Einhaltung einer bestimmten Rechtsform verpflichtet zu sein. Die Zusammenarbeit ist dabei nicht auf bestimmte Dienstleistungen beschränkt, sondern kann alle Arten von Tätigkeiten erfassen. Die im Wege der Zusammenarbeit erbrachten Dienstleistungen müssen dabei nicht identisch sein, sondern können sich auch ergänzen.

Im Hinblick auf die Anforderung an die Zusammenarbeit zwischen den öffentlichen Auftraggebern bestimmt die Richtlinie 2014/24/EU (Artikel 12 sowie Erwägungsgrund 33), dass die Zusammenarbeit auf einem kooperativen Konzept beruhen muss. Dies erfordert jedoch nicht, dass alle teilnehmenden Stellen die Ausführung wesentlicher vertraglicher Pflichten übernehmen, solange sie sich verpflichtet haben, einen Beitrag zur gemeinsamen Ausführung der betreffenden öffentlichen Dienstleistung zu leisten.

Zu Nummer 2

Nach § 108 Absatz 6 Nummer 2 darf die Zusammenarbeit zwischen den öffentlichen Auftraggebern ausschließlich durch Überlegungen im Zusammenhang mit dem öffentlichen Interesse bestimmt werden. Dies gilt insbesondere auch für etwaige Finanztransfers zwischen den teilnehmenden öffentlichen Auftraggebern.

Zu Nummer 3

Nach § 108 Absatz 6 Nummer 3 dürfen die öffentlichen Auftraggeber auf dem offenen Markt weniger als 20 Prozent der Tätigkeiten erbringen, die durch die Zusammenarbeit nach Nummer 1 erfasst wird. Ähnlich wie durch das Wesentlichkeitskriterium in Absatz 1 Nummer 2 und Absatz 4 Nummer 2 soll damit sichergestellt werden, dass die öffentlich-öffentliche Zusammenarbeit nicht zu Wettbewerbsverzerrungen gegenüber privaten Unternehmen führt.

Zu Absatz 7

Sowohl bei den Inhouse-Vergaben (Absätze 1 bis 5) als auch bei der horizontalen Zusammenarbeit sollen durch eine prozentuale Begrenzung des Umfangs der Tätigkeiten auf dem Markt Wettbewerbsverzerrungen zulasten privater Unternehmen vermieden werden. § 108 Absatz 7 bestimmt, wie die prozentualen Angaben in Absatz 1 Nummer 2, Absatz 4 Nummer 2 und Absatz 6 Nummer 3 berechnet werden sollen. Maßgeblich sind hierfür der durchschnittliche Gesamtumsatz oder andere tätigkeitsgestützte Werte, wie z.B. die entstandenen Kosten, der vergangenen drei Jahre (entsprechend Artikel 12 Absatz 5 Richtlinie 2014/24/EU. § 108 Absatz 7 Satz 3 regelt den Fall, dass keine entsprechenden Angaben vorliegen oder diese nicht aussagekräftig sind. Dies kommt insbesondere dann in Betracht, wenn die betreffende juristische Person oder der betreffende öffentliche Auftraggeber gerade gegründet wurde oder erst vor Kurzem ihre beziehungsweise seine Tätigkeit aufgenommen hat oder weil sie ihre beziehungsweise er seine Tätigkeiten umstrukturiert hat. In diesem Fall sind die erforderlichen Werte glaubhaft zu machen.

Zu Absatz 8

Die drei neuen EU-Vergaberichtlinien enthalten im Wesentlichen identische Regelungen zur öffentlich-öffentlichen Zusammenarbeit sowohl hinsichtlich der Vergabe von öffentlichen Aufträgen als auch hinsichtlich der Vergabe von Konzessionen. Es ist deshalb angezeigt, eine einheitliche Regelung im GWB vorzusehen. Unterschiede innerhalb der Richtlinien gibt es allerdings beim Adressatenkreis. So sollen sich nach den Richtlinien nur öffentliche Auftraggeber auf die Ausnahme berufen können. § 108 Absatz 1 bis 7 betrifft deshalb in Umsetzung von Artikel 12 der Richtlinie 2014/24/EU zunächst nur öffentliche Auftraggeber nach § 99 Nummer 1 bis 3. § 108 Absatz 8 erstreckt den Anwendungsbereich des § 108 auf die Vergaben von öffentlichen Aufträgen durch Sektorenauftraggeber gemäß § 100 Absatz 1 Nummer 1 sowie auf die Vergabe von Konzessionen durch Konzessionsgeber gemäß § 101 Absatz 1 Nummer 1 und § 101 Absatz 1 Nummer 2. Dadurch wird sichergestellt, dass sich private Auftraggeber nach § 100 Absatz 1 Nummer 2 oder § 101 Absatz 1 Nummer 3 nicht auf die Ausnahmeregelungen der öffentlich-öffentlichen Zusammenarbeit berufen können. Allerdings kommt in diesen Fällen eine Ausnahme vom GWB-Vergaberecht bei verbundenen Unternehmen im Sinne des § 138 in Betracht.«

A. Allgemeine Einführung

Die öffentlich-öffentliche Zusammenarbeit stellt mit deren Einführung im Rahmen   1
der Vergaberechtsreform 2016 auf Basis der EU-Vergaberichtlinien von 2014 eine
neue gesetzliche Ausnahme vom Anwendungsbereich des EU-Vergaberechts dar. Die
in der öffentlich-öffentlichen Zusammenarbeit zusammengefassten Ausnahmeregelungen waren zuvor durch Rechtsprechung des EuGH geprägt. Grundidee ist, solche Aufträge vom Vergaberecht zu befreien, die im Ergebnis Eigen- bzw. Innengeschäfte der
öffentlichen Hand sind. Es gibt zum einen sog. **Inhouse-Geschäfte**, wo Aufträge wegen
besonderer gesellschaftsrechtlicher (Kontrollkriterium) und geschäftlicher (Tätigkeitskriterium) Aspekte zwischen Auftraggeber und Auftragnehmer befreit sind. Zum anderen werden öffentlich-öffentliche Kooperationen zwischen Stellen der öffentlichen
Hand unter bestimmten Voraussetzungen vom Vergaberecht ausgenommen (zuvor
auch **interkommunale Kooperation** genannt).

B. Vergleich zur vorherigen Rechtslage

§ 108 GWB mit seinem jetzigen Inhalt ersetzt den vorherigen § 108 GWB a.F., wel-   2
cher sich mit der Form eines Nachprüfungsantrags befasste, was nun in § 161 GWB
geregelt ist.

Es fand eine nahezu 1:1-Übernahme der Richtlinienbestimmungen statt. § 108 GWB   3
weicht nur an wenigen Stellen von der Vorlage ab, was jedoch inhaltlich nicht zu einer
Änderung führt.

Die Veränderung der bisherigen Rechtslage soll in der Kommentierung wiedergegeben   4
werden. Global formuliert ist der Anwendungsbereich des Inhouse-Geschäfts erweitert
worden, was besonders an der (niedrigeren) 80%-Schwelle für das Tätigkeitskriterium
liegt, aber auch an den zuvor nicht klar vorhandenen Spielarten des Inhouse-Geschäfts
(horizontales, inverses und vermitteltes Inhouse-Geschäft), die nunmehr gesetzlich legi-

timiert sind. Bei öffentlich-öffentlichen Kooperationen ist keine Erweiterung erkennbar, sondern eher eine gesetzliche Festlegung der ohnehin von vielen verkannten, eher restriktiven Öffnung des vergaberechtsfreien Eigengeschäfts für Kooperationen auf der Ebene von öffentlichen Auftraggebern. Wichtig ist, dass private Sektorenauftraggeber (vgl. § 100 Abs. 1 Nr. 2 GWB) von der Möglichkeit der Inanspruchnahme der öffentlich-öffentlichen Kooperation ausdrücklich gemäß § 108 Abs. 8 GWB ausgeschlossen sind.

C. Europarechtliche Vorgaben

5 Durch § 108 GWB werden Art. 17 Richtlinie 2014/23/EU, Art. 12 Richtlinie 2014/24/EU und Art. 28 Richtlinie 2014/25/EU umgesetzt, welche sich inhaltlich nicht unterscheiden. Vorher gab es hierzu keine Richtlinienbestimmung. Vielmehr war die Rechtspraxis auf die Kenntnis der vielfachen Rechtsprechung des EuGH zum Inhouse-Geschäft und zur interkommunalen Kooperation angewiesen.[1]

6 Ausgangspunkt ist die klassische vertikale Inhouse-Konstellation in Art. 12 Abs. 1 Richtlinie 2014/24/EU. Hier geht es um einen Auftrag eines öffentlichen Auftraggebers an eine von ihm beherrschte und für ihn im Wesentlichen tätige Stelle.[2] Bezüglich der Beherrschung übernimmt der europäische Normgeber die Rechtsprechung des EuGH[3] und fordert einen ausschlaggebenden Einfluss auf die strategischen Ziele und die wesentlichen Entscheidungen der kontrollierten juristischen Person (Kontrollkriterium). Präzisiert wurde das Wesentlichkeitskriterium, indem eine mehr als 80%ige Tätigkeit des Auftragnehmers für die auftraggebende Stelle gefordert ist (zuvor war die Schwelle bei mehr als 90 %[4]). Zudem muss der Auftragnehmer – das ist neu – mit der Aufgabe, um die es geht, »betraut« sein. Zugleich wird die Rechtsprechung des EuGH aufgenommen, nach der eine private Beteiligung an der beauftragten juristischen Person grundsätzlich ausgeschlossen ist[5]. In diesem Zusammenhang ist wiederum die schwierig zu verstehende Einschränkung neu, wonach private Beteiligungen dann unschädlich sind, wenn es nicht beherrschende Formen sind und solche ohne Sperrminorität. Nähere Erläuterungen hierzu gibt Erwägung Nr. 32 Richtlinie 2014/24/EU.

7 Neu sind Unterkonstellationen des Inhouse-Geschäfts, die zuvor vom EuGH nicht bzw. nicht in der Klarheit entschieden wurden. Dazu zählen horizontale Inhouse-Geschäfte, inverse Inhouse-Geschäfte, vermittelte Inhouse-Geschäfte und gemeinschaftliche Inhouse-Geschäfte. Sie orientieren sich am vertikalen Inhouse-Geschäft und verlagern die Aspekte der Kontrolle bzw. der Tätigkeit auf andere Personen und geben zum Teil auch eine andere Auftragsrichtung frei.

---

1 Vgl. Übersicht zum Inhouse-Geschäft bei Greb, VergabeR 2015, 289; zur interkommunalen Kooperation bei Sonder, LKV 2014, 207.
2 Grundentscheidung EuGH, Urt. v. 18.11.1999 – C-107/98, NZBau 2000, 90.
3 Vgl. EuGH, Urt. v. 13.10.2005 – C-458/03, VergabeR 2005, 737.
4 Vgl. EuGH, Urt. v. 19.04.2007 – C-295/03, VergabeR 2007, 487.
5 Vgl. EuGH, Urt. v. 11.01.2005 – C-26/03, NZBau 2005, 111.

Ebenfalls geregelt ist nun die öffentlich-öffentliche Kooperation (zuvor oftmals auch 8
interkommunale Kooperation genannt)⁶. Hier besteht keine Kontrolle oder wesentliche Tätigkeit, sondern die gemeinsame Zusammenarbeit an einer allen beteiligten öffentlichen Auftraggebern obliegenden Aufgabe führt zur Vergabefreiheit. Wichtig sind
der Ausschluss Privater an der Aufgabenerledigung und allein öffentliche Interessen,
die verfolgt werden.

D. Kommentierung

I. Inhouse-Geschäft

Inhouse-Geschäfte sind alle Geschäfte, bei denen ein öffentlicher Auftraggeber (bzw. 9
mehrere öffentliche Auftraggeber) einen öffentlichen Auftrag an einen rechtlich zwar
unabhängigen, jedoch unter seiner (mittelbaren) Kontrolle stehenden und für ihn (mittelbar) im Wesentlichen tätigen Dritten vergibt (wobei auch umgekehrt der Dritte an
den Auftraggeber einen Auftrag vergeben kann); an dem Dritten darf kein Privater (direkt) beteiligt sein. Ein solches Eigengeschäft ist vom EU-Vergaberecht ausgenommen.

§ 108 GWB sieht folgende Arten des Inhouse-Geschäfts vor, die in der anschließenden 10
Kommentierung näher vorgestellt werden:

Vertikales Inhouse-Geschäft: Auftraggeber vergibt einen Auftrag an ein von ihm kon- 11
trolliertes und für ihn im Wesentlichen tätiges Unternehmen.

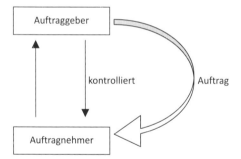

Vermitteltes Inhouse-Geschäft: Auftraggeber vergibt einen Auftrag an ein Unterneh- 12
men, welches nicht von ihm selbst, aber von einem von ihm kontrollierten Unternehmen wiederum kontrolliert wird; das beauftragte Unternehmen ist im Wesentlichen
für den Auftraggeber tätig und daran sind nicht direkt Private beteiligt.

---

6 Leitentscheidung von EuGH, Urt. v. 09.06.2009 – C-480/06, NZBau 2009, 898.

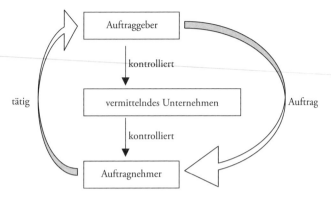

13 **Horizontales Inhouse-Geschäft**: Eine öffentlicher Auftraggeber, der von einem anderen öffentlichen Auftraggeber kontrolliert wird, vergibt einen öffentlichen Auftrag an eine andere, ebenfalls vom kontrollierenden öffentlichen Auftraggeber kontrollierte Person; an Letzterer darf keine direkte private Beteiligung bestehen.

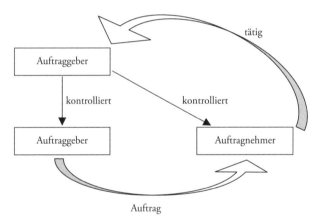

14 **Inverses Inhouse-Geschäft**: Ein öffentlicher Auftraggeber, der von einem anderen öffentlichen Auftraggeber kontrolliert wird, vergibt einen öffentlichen Auftrag an den öffentlichen Auftraggeber, der ihn kontrolliert; die auftraggebende Person ist im Wesentlichen für die auftragerhaltende Person tätig und kein Privater ist an der auftraggebenden Person direkt beteiligt.

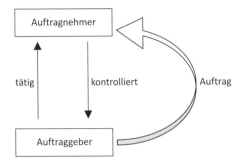

Gemeinschaftliches Inhouse-Geschäft: Mehrere öffentliche Auftraggeber, die gemein- 15
sam eine andere juristische Person kontrollieren, welche zugleich im Wesentlichen für
die öffentlichen Auftraggeber oder für eine von diesen öffentlichen Auftraggebern wiederum kontrollierte Person tätig wird, erhält einen Auftrag von einem der öffentlichen
Auftraggeber; an der auftragnehmenden Person ist kein Privater direkt beteiligt.

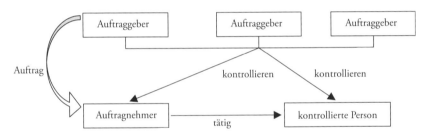

1. Vertikales Inhouse-Geschäft

a) Vertrag mit einem anderen Rechtsträger

Die Vorgabe einer Vergabe an einen selbstständigen Rechtsträger gab es bereits in der 16
EuGH-Rechtsprechung und hat lediglich die Aufgabe, das Inhouse-Geschäft vom Instate-Geschäft zu unterscheiden.[7] Das Instate-Geschäft ist schon insofern vom Vergaberecht ausgeschlossen, weil es die Person des öffentlichen Auftraggebers erst gar nicht
verlässt. Dies ist etwa gegeben, wenn eine Gemeinde einen Auftrag an ihren Eigenbetrieb vergibt. Der Eigenbetrieb ist keine selbstständige juristische Person, was das Inhouse-Geschäft ausschließt – gleichwohl aber das Vergaberecht wegen eines Instate-Geschäfts nicht zur Anwendung bringt.

b) Kontrolle wie über eigene Dienststellen (Kontrollkriterium)

Die Kontrolle über den Auftragnehmer ist das zweite Kriterium des Inhouse-Geschäfts. 17
Dies wird definiert mit dem ausschlaggebenden Einfluss auf die strategischen Ziele

---

7 Vgl. zum Begriff des Instate-Geschäfts bei Ziekow/Siegel, VerwArch 2005, 119.

und die wesentlichen Entscheidungen des Auftragnehmers (vgl. § 108 Abs. 2 S. 1 GWB), was im Ergebnis eine ähnliche Kontrolle wie über eigene Dienststellen darstellen muss (vgl. § 108 Abs. 1 Nr. 1 GWB). Die Kontrolle muss wirksam, strukturell und funktionell sein[8]. Die Gesamtbewertung entscheidet, ob dies im Einzelfall vorliegt. Allerdings genügt schon die Möglichkeit, Kontrolle auszuüben[9].

18   Die Kriterien für die Kontrolle bzw. Beherrschung anderer Personen sind im EU-Vergaberecht definiert als entweder Innehabung von mehr als der Hälfte des Kapitals des Unternehmens oder Verfügung über mehr als die Hälfte der mit den Unternehmensanteilen verbundenen Stimmrechten oder Ernennung von mehr als der Hälfte der Mitglieder des Verwaltungs-, Leitungs- oder Aufsichtsorgans des Unternehmens (vgl. § 100 Abs. 3 GWB). Deshalb kann auf diesen Begriff der Beherrschung auch im Rahmen von § 108 GWB zurückgegriffen werden.[10]

19   Eine derartige Kontrolle ist laut Erwägung Nr. 32 Richtlinie 2014/24/EU ausgeschlossen, wenn es eine private Beteiligung an dem Auftragnehmer gibt; denn private Interessen sind laut EuGH anders als öffentliche Interessen und im Übrigen habe ein privat-öffentliches Unternehmen Wettbewerbsvorteile gegenüber privaten Unternehmen, wenn Aufträge direkt vergeben werden könnten.[11] Diese Gefahr sieht der EuGH selbst dann, wenn der private Anteil zu gering ist, um irgendeinen rechtlich abgesicherten Einfluss hervorzubringen. Denn immerhin bestehe zum Schutz des Minderheitsgesellschafters ein Verbot der nachteiligen Einflussnahme auf die Gesellschaft durch den Mehrheitsgesellschafter. Sogar ein zwar privates, aber ohne Gewinnerzielungsabsicht tätiges Unternehmen, welches eigentlich ähnliche soziale Ziele hat wie die anderen am Auftragnehmer beteiligten öffentlichen Auftraggeber, sei ein Umstand, welches das Kontrollkriterium ausschließe.[12]

20   Der vom EuGH geprägte Ausschluss von privater Beteiligung ist im Gesetz aufgeweicht. Auf Basis des Vorbilds aus der Richtlinie schließt lediglich die »direkte« private Beteiligung eine Kontrolle i.S.d. Inhouse-Geschäfts aus (vgl. § 108 Abs. 1 Nr. 3 Hs. 1 GWB). Nach § 108 Abs. 1 Nr. 3 Hs. 2 GWB sind jedoch private Beteiligungen denkbar in »nicht beherrschenden Formen«. Was nicht beherrschende Formen sein können, beantwortet die Erwägung Nr. 32 Richtlinie 2014/24/EU nicht. Nur der Fall der möglichen privaten Beteiligung am Auftraggeber wird als das Inhouse-Geschäft nicht ausschließende indirekte Beteiligung betrachtet. Teilweise werden darunter auch stille Gesellschaften angeführt[13], andere halten nur die in Erwägung Nr. 32 Richtlinie 2014/24/EU erwähnte Beteiligung am Auftraggeber als indirekte Form für möglich.[14] Gegen die erste und für die zweite Auffassung sprechen Abgrenzungsschwierigkeiten. Z.B. geben atypische stille Beteiligungen dem Teilhaber regelmäßig konkreten unter-

---

8 Vgl. EuGH, Urt. v. 29.11.2012 – C-182/11 und C-183/11, VergabeR 2013, 202.
9 Vgl. EuGH, Urt. v. 13.10.2005 – C-458/03, VergabeR 2005, 737.
10 Vgl. Kommentierung zu § 100 GWB.
11 Vgl. EuGH, Urt. v. 11.01.2005 – C 26/03, VergabeR 2005, 44.
12 Vgl. EuGH, Urt. v. 19.06.2014 – C-574/12, BeckRS 2014, 81020.
13 Vgl. Dabringhausen, VergabeR 2014, 512, 516.
14 Vgl. Knauff, EuZW 2014, 486, 488.

nehmerischen Einfluss. Einen solchen (potentiellen) Einfluss sah der EuGH in der bisherigen Rechtsprechung als ausreichend an, das Kontrollkriterium zu verneinen. Deshalb sollte man im Ergebnis auf der EuGH-Linie bleiben und jedwede private Beteiligungen am Auftragnehmer ausschließen, um zur Inhouse-Fähigkeit zu gelangen.

Ein weitaus konkreterer Ausnahmefall zu der Regel, wonach private Beteiligungen eine 21 Kontrolle i.S.d. Inhouse-Geschäfts ausschließen, ist der Fall gesetzlicher Zwangsbeteiligungen Privater, die ebenfalls in Erwägung Nr. 32 Richtlinie 2014/24/EU erwähnt werden. Hiermit sind Vergaben an öffentlich-rechtliche Verbände mit privater Zwangsmitgliedschaft, wie beispielsweise die Wasserverbände in NRW (z.B. Ruhrverband, Emschergenossenschaft), gemeint. Problematisch ist hier, wie die Formulierung »kein maßgeblicher Einfluss« des Privaten aufzufassen ist. Letztlich wird man auch hier im Einzelfall prüfen müssen, inwieweit der Private Einfluss »auf strategische Ziele wie auf die wesentlichen Entscheidungen« nehmen kann.

Selbst ein vollständig der öffentlichen Hand gehörendes Unternehmen erfüllt nicht 22 ohne Weiteres das Kontrollkriterium. Insbesondere bei Aktiengesellschaften, deren Vorstände nicht weisungsgebunden sind (vgl. § 76 AktG), müssen weitere Umstände hinzutreten.[15]

Aus der Erwägung Nr. 32 Richtlinie 2014/24/EU ist, wie bereits ausgeführt, zu entneh- 23 men, dass eine Beteiligung Privater am Auftraggeber unschädlich für die Vergabefreiheit ist, da dies den Wettbewerb zwischen privaten Wirtschaftsteilnehmern nicht beeinträchtigt. Somit ist es für öffentlich-private Partnerschaften möglich, dass eine Inhouse-Beauftragung auf Auftraggeberebene eingegangen werden kann[16].

Beim Kontrollkriterium muss somit stets unabhängig von der Frage der Kapitalbeteili- 24 gung konkret geprüft werden, welche Beteiligungsrechte des fraglichen Auftraggebers beim potentiellen Auftragnehmer bestehen. Nur wenn Kontrolle auf die strategischen wie die Beschaffungsentscheidungen wirksam[17] ausgeübt werden kann, ist das erste (das Kontroll-) Kriterium des Inhouse-Geschäfts gegeben.

c) Tätigkeit im Wesentlichen für den öffentlichen Auftraggeber (Tätigkeitskriterium)

Der Auftragnehmer muss im Wesentlichen für den Auftraggeber tätig sein. Dies wird 25 anhand des in der Ausführung von Aufgaben des Auftraggebers erwirtschafteten Umsatzes des Auftragnehmers gemessen; der Umsatz muss mehr als 80 % der Tätigkeiten des Auftragnehmers betragen (vgl. § 108 Abs. 1 Nr. 2 GWB).

Angesichts der Formulierung »Ausführung von Aufgaben« ist nicht zwingend nur sol- 26 cher Umsatz erfasst, der unmittelbar mit dem Auftraggeber erzielt wird. In der Ausführung von Aufgaben, z.B. des Betriebs eines Schwimmbads, wird der Umsatz unmittelbar mit den Nutzern des Schwimmbads erzielt. Die Aufgabe des Schwimmbadbetriebs

---

15 Vgl. EuGH, Urt. v. 13.10.2005 – C-458/03, VergabeR 2005, 737.
16 Vgl. Sudbrock, KommJur 2014, 41, 44.
17 Vgl. EuGH, Urt. v. 08.05.2014 – C-15/13, NZBau 2014, 368.

kommt aber vom öffentlichen Auftraggeber. Deshalb ist der Umsatz mit den Schwimmbadnutzern für die Frage der Inhouse-Fähigkeit hinzuzurechnen. Ähnliches gilt für die Betreiber einer Buslinie für den Auftraggeber, wo der Umsatz mit den Nutzern erzielt wird, die Aufgabe aber vom Auftraggeber kommt.

27 Enger ist dagegen die Auffassung, wonach eine Kausalität des Umsatzes aus der Aufgabe gefordert wird, d.h. solche Umsätze blieben außen vor, die ein Auftragnehmer im Wettbewerb mit anderen erzielte.[18] Diese Wettbewerbsvariante ist allerdings weder dem Richtlinientext noch den Erwägungen zu entnehmen und deshalb abzulehnen.

28 Wichtig ist die Betrauung des Auftragnehmers mit Aufgaben des Auftraggebers. Hierzu ist ein formaler Akt nötig, regelmäßig durch Vertrag, in dem die konkrete Aufgabenzuordnung deutlich manifestiert ist.[19] Wenn der Auftragnehmer mehrere Aufgaben des Auftraggebers erfüllt, ist folgerichtig der gesamte Umsatz des Auftragnehmers in Erfüllung der betrauten Aufgaben für das Umsatzelement heranzuziehen. Eine Begrenzung des Umsatzelements nur auf das im Einzelfall jeweils betroffene Aufgabenelement ist dem Gesetz (wo Aufgaben im Plural formuliert sind) sowie dessen Erläuterungen und europarechtlichen Grundlagen nicht zu entnehmen. Eine solche Begrenzung wäre auch nicht sachgerecht, denn maßgebend ist die staatliche Nähe des Auftragnehmers, welche durch die vielfache Aufgabenerledigung offenbar ist.

29 Für die Berechnung ist des Weiteren wichtig, dass die bloße Möglichkeit, wonach die 80%-Grenze in Zukunft unterschritten werden könnte, unschädlich ist; nur die tatsächliche Unterschreitung ist maßgebend[20].

30 Die weitere Berechnung des Tätigkeitselements richtet sich nach § 108 Abs. 7 GWB. Eine Ermittlung tätigkeitsgestützter Werte wird über drei Jahre vollzogen. Beim Nichtvorliegen solcher Werte genügt eine Prognose über die Geschäftsentwicklung, die die Werte glaubhaft macht.

2. Vermitteltes Inhouse-Geschäft (§ 108 Abs. 2 S. 2 GWB)

31 In § 108 Abs. 2 S. 2 GWB wird das vermittelte Inhouse-Geschäft (auch »Enkelkonstellation«) behandelt. Hierbei kann die Kontrolle über den Auftragnehmer auch durch eine andere juristische Person ausgeübt werden, die von dem öffentlichen Auftraggeber auf gleiche Weise kontrolliert wird. Da eine Dreierkette der Kontrolle besteht, muss hier der oberste kontrollierende Auftraggeber in der Lage sein, durch die zwischengestellte Kontrollinstanz den Endbeauftragten (»den Enkel«) zu kontrollieren. Ein Auftraggeber hat somit die Wahl, ob er ein klassisches vertikales Inhouse-Geschäft oder durch die Einschaltung eines dritten Unternehmens, welches für den Auftragnehmer wesentlich tätig ist, einen Auftrag an das Unternehmen vergeben möchte.

---

18 Vgl. Dabringhausen, VergabeR 2014, 512, 520.
19 Vgl. Ziekow, NZBau 2015, 258, 260.
20 Auf konkrete Absicht abstellend: EuGH, Urt. v. 06.04.2006 – C-410/04, NZBau 2006, 326; Dabringhausen, NZBau 2009, 616, 616; a.A.; BGH, Urt. v. 03.07.2008 – I ZR 145/05, NZBau 664, 666.

Das Wesentlichkeitskriterium gilt ebenfalls, denn § 108 Abs. 2 S. 2 GWB stellt nur 32
eine Besonderheit des Kontrollkriteriums dar und schließt die Pflicht zur Beachtung
des Tätigkeitskriteriums nicht aus. Der Umsatz des Auftragnehmers muss somit zu
über 80 % aus Tätigkeiten für Aufgaben stammen, die im Auftrag des Auftraggebers
erbracht werden. Ob der Auftragnehmer mit den Aufgaben unmittelbar vom Auftraggeber betraut wurde oder auch die Aufgabe selbst vom kontrollierten Unternehmen vermittelt wurde, ist in § 108 Abs. 1 Nr. 2 GWB ausdrücklich als Alternativen vorgesehen.

3. Inverses Inhouse-Geschäft (§ 108 Abs. 3 Alt. 1 GWB)

Beim inversen Inhouse-Geschäft aus § 108 Abs. 3 Alt. 1 GWB vergibt die kontrol- 33
lierte juristische Person, die zugleich öffentlicher Auftraggeber nach § 99 GWB ist,
einen Auftrag an den sie kontrollierenden öffentlichen Auftraggeber. Es muss somit zunächst das Kontrollkriterium insofern erfüllt sein, als dass der im einzelnen Auftragsfall
als solcher auftretende Auftraggeber von seinem Auftragnehmer i.S.d. »klassischen« vertikalen Inhouse-Geschäfts kontrolliert wird.

Bezüglich des Tätigkeitskriteriums besteht jedoch Unsicherheit. Im Verweis auf § 108 34
Abs. 1 GWB in § 108 Abs. 3 GWB kann ein Rechtsgrundverweis sowie ein Rechtsfolgenverweis zu sehen sein. Bei einem Rechtsgrundverweis müsste der im einzelnen Auftragsfall als solcher auftretende Auftraggeber das Tätigkeitskriterium in Richtung seines Auftragnehmers (der ihn kontrolliert) erfüllen. Für den Rechtsfolgenverweis
spricht ein Vergleich mit dem Konzernprivileg im Sektorenbereich, wo bei dem inversen Auftrag ebenfalls das Tätigkeitselement nicht (mehr) Voraussetzung ist (vgl.
§ 139 Abs. 1 Nr. 1 GWB). Grund dafür ist das auftraggebende Gemeinschaftsunternehmen, welches zur Durchführung einer konkreten Aufgabe gegründet wurde, von
mehreren Auftraggebern beherrscht und dadurch in hohem Maße an den Staat gebunden wird – ebenso wie der auftragerhaltende Sektorenauftraggeber. Ähnliches könnte
man beim inversen Geschäft nach § 108 Abs. 3 Alt. 1 GWB anführen, denn Auftragnehmer wie Auftraggeber darf nur ein öffentlicher Auftraggeber sein. Die Staatsnähe
wäre somit auf den ersten Blick ausreichend gewahrt. Allerdings würde man damit
eine Sonderform der öffentlich-öffentlichen Kooperation schaffen, die in § 108
Abs. 6 GWB ungleich schärfer und eigenständig formuliert ist. Es ist ebenso wenig davon auszugehen, dass nach der Rechtsprechung des EuGH, der das Tätigkeitskriterium
als ein wesentliches Kriterium des Inhouse-Geschäfts stets aufrecht erhalten hat, der europäische Gesetzgeber dieses nun fallen lassen möchte. Die auftraggebende Person
muss somit auch beim inversen Inhouse-Geschäft im Wesentlichen für die auftragerhaltende Person tätig sein.[21] Es wäre allerdings schön gewesen, wenn der nationale Gesetzgeber die Unsicherheit über Rechtsgrund- oder -folgenverweisung im Rahmen der Reform 2016 gelöst hätte.

---

21 Ebenso im Ergebnis Ziekow, NZBau 2015, 258, 260; a.A. Dabringhausen, VergabeR 2014,
512, 521.

4. Horizontales Inhouse-Geschäft (§ 108 Abs. 3 Alt. 2 GWB)

35 Beim horizontalen Inhouse-Geschäft aus § 108 Abs. 3 Alt. 2 GWB wird der Auftrag zwischen zwei von demselben öffentlichen Auftraggeber kontrollierten juristischen Personen vergeben. Zwischen Auftraggeber und Auftragnehmer liegt kein Kontrollverhältnis. Aber sie werden durch denselben Auftraggeber kontrolliert. Hier ist die Auftragsrichtung verändert. Durch eine »Schwesterkonstellation« ist die Ausrichtung nun horizontal. Auch beim horizontalen Inhouse-Geschäft gilt Abs. 1 im Sinne einer Rechtsgrundverweisung, d.h. das auftragnehmende Unternehmen muss im Wesentlichen für den kontrollierenden Auftraggeber tätig und Private dürfen nicht direkt beteiligt sein.

5. Gemeinschaftliches Inhouse-Geschäft (§ 108 Abs. 4 GWB)

36 Beim gemeinschaftlichen (auch »gemeinsam-vertikalen«) Inhouse-Geschäft wird die notwendige Kontrolle über die beauftragte juristische Person durch mehrere öffentliche Auftraggeber gemeinsam ausgeübt. Die Voraussetzungen dafür sind, dass der einzelne Auftraggeber zwar keine Kontrolle über den Auftragnehmer wie über seine eigene Dienststelle hat. Aber er übt eine ähnliche Kontrolle mit anderen öffentlichen Auftraggebern aus. Mehr als 80 % der Tätigkeit müssen der Ausführung von Aufgaben dienen, mit denen sie von Auftraggebern oder einer juristischen Person, welche von diesen Auftraggebern kontrolliert wird, betraut wurde. Auch hier erhielt das Wesentlichkeitskriterium einen von der gängigen Rechtsprechung abweichenden Charakter. Der Auftragnehmer muss im Wesentlichen Tätigkeiten für die Auftraggeber insgesamt verrichten. Es darf keine direkte private Kapitalbeteiligung bestehen. Zugrunde liegt hier somit ein vertikales Inhouse-Geschäft.

37 § 108 Abs. 5 GWB stellt einen Katalog auf, in welchem Voraussetzungen für die gemeinsame Kontrolle aus § 108 Abs. 4 GWB benannt sind. Es muss sich mindestens ein Vertreter in den beschlussfassenden Organen des kontrollierenden Unternehmens befinden. Es muss Einfluss auf die Ziele und Entscheidungen ausgeübt werden können und die juristische Person darf keine Interessen verfolgen, die denen der öffentlichen Auftraggeber zuwider laufen. Das Konzept der gemeinsamen Kontrolle, welches vom EuGH gefordert wurde, ist durch diese Regelungen gesichert. Da einzelne Vertreter auch mehrere Auftraggeber vertreten können, ist die Arbeitsfähigkeit der Organe gesichert, wobei im Extremfall auch ein Vertreter ein alle Auftraggeber vertretendes Organ bilden kann[22]. Dieselbe Interessenrichtung ist im Falle des Vorliegens aller anderen Voraussetzungen meist anzunehmen. Es soll jedoch ausgeschlossen werden, dass eigene Interessen der juristischen Person verfolgt werden[23].

II. Öffentlich-Öffentliche Kooperation (§ 108 Abs. 6 GWB)

38 Bei öffentlich-öffentlichen Kooperationen (auch interkommunale Kooperation genannt) arbeiten mehrere öffentliche Auftraggeber befreit vom Vergaberecht zusammen.

---

22 Vgl. Brockhoff, VergabeR 2014, 625, 632.
23 Vgl. Jaeger, NZBau 2014, 259, 261.

Es ist insofern vom ebenfalls vergaberechtsfreien Inhouse-Geschäft abzugrenzen, als dass sich die beteiligten öffentlichen Auftraggeber nicht gegenseitig beherrschen bzw. sie nicht im Wesentlichen für die auftraggebende Stelle tätig sind. Hier sind somit vor allem die »klassischen« öffentlichen Auftraggeber wie Städte und Gemeinden bzw. Gemeindeverbände erfasst.

Die Ausschreibungsfreiheit setzt zunächst voraus, dass die vertraglich vereinbarte   39
Zusammenarbeit sicherstellen soll, dass von ihnen zu erbringende öffentliche Dienstleistungen im Hinblick auf die Erreichung gemeinsamer Ziele ausgeführt werden Die erforderliche Zielidentität meint eine Bezugnahme auf die Wahrnehmung einer allen öffentlichen Auftraggebern gleichermaßen obliegenden öffentlichen Aufgabe. Keine Gegenseitigkeit der Leistungserbringung ist somit gefragt, sondern gemäß Erwägungsgrund Nr. 33 Richtlinie 2014/24/EU jedweder Beitrag zur gemeinsamen Ausführung der Dienstleistungen im Sinne eines kooperativen Konzepts. Die Beiträge der verschiedenen öffentlichen Auftraggeber müssen nicht identisch sein, können sich auch ergänzen.

Denkbar sind nach Erwägungsgrund Nr. 33 Richtlinie 2014/24/EU Finanztransfers   40
zwischen den teilnehmenden öffentlichen Auftraggebern. Soweit es sich dabei um eine reine Kostenerstattung handelt, sind Finanzleistungen denkbar, und nur dann, denn ein Entgelt ist nach der vom Vergaberecht befreiten interkommunalen Kooperation laut EuGH wesensfremd.[24] Zudem hat der Normgeber bewusst »Vertrag« und nicht »öffentlicher Auftrag« formuliert; nur Letzterer enthält zwingend ein Entgeltelement.

Nach der Judikatur des EuGH galt Anderes für die Konstellation, wonach zwar zwi-   41
schen juristischen öffentlichen Auftraggebern eine Vereinbarung über die Erfüllung von allen Vertragspartnern gleichermaßen obliegenden Aufgaben geschlossen wird, der die tatsächliche Erfüllung übernehmende Vertragspartner dabei jedoch in Konkurrenz mit privaten Unternehmen am Markt agiert. In diesen Fällen findet der Grundsatz der Ausschreibungsfreiheit der Eigenerledigung auf die Beauftragung mit der Aufgabenerfüllung keine Anwendung, handelt es sich doch bei einer Aufgabe, die auch zum Leistungsportfolio privater Unternehmen gehört, um keine spezifisch öffentliche gemeinsame Aufgabe. Beispiel ist die Übertragung der Aufgabe der Reinigung der Gebäude einer Kommune auf eine andere Kommune.[25]

Nach der letzten Voraussetzung in § 108 Abs. 6 Nr. 3 GWB dürfen die beteiligten öf-   42
fentlichen Auftraggeber auf dem offenen Markt nur weniger als 20 % der durch die Zusammenarbeit erfassten Tätigkeiten erbringen. Die Berechnung erfolgt ausweislich § 108 Abs. 7 GWB als prozentualer Anteil vom Gesamtumsatz der innerhalb der Kooperation erfolgenden Tätigkeiten oder durch einen anderen tätigkeitsgestützten Wert.

Da bei der einer öffentlich-öffentlichen Zusammenarbeit zu Grunde liegenden horizon-   43
talen Kooperation alle Teilnehmer gleichsam als Auftraggeber für die von ihnen zu er-

---

24 Vgl. EuGH, Urt. v. 09.06.2009 – C-480/06, EuZW 2009, 529, 530, Rn. 43.
25 Vgl. EuGH, Urt. v. 13.06.2013 – C-386/11, NZBau 2013, 522.

bringenden öffentlichen Dienstleistungen im Hinblick auf die Erreichung gemeinsamer Ziele fungieren, ist es unschädlich, wenn an kooperationsbeteiligten öffentlichen Auftraggebern eine private Kapitalbeteiligung besteht (vgl. Erwägungsgrund Nr. 32 Richtlinie 2014/24/EU).

III. Konzessions- und Sektorenbereich (§ 108 Abs. 8 GWB)

44   § 108 Abs. 8 GWB beschränkt den Anwendungsbereich der öffentlich-öffentlichen Zusammenarbeit auf solche Sektorenauftraggeber bzw. Konzessionsgeber, die zugleich öffentliche Auftraggeber i.S.d. § 99 Nr. 1 bis 3 GWB sind (vgl. § 100 Abs. 1 Nr. 1 GWB, § 101 Abs. 1 Nr. 1 u. 2 GWB). Dies entspricht den Einschränkungen aus den entsprechenden Richtlinien (vgl. Art. 28 Richtlinie 2014/25/EU, Art. 17 Richtlinie 2014/23/EU). Private Sektorenauftraggeber dürfen somit z.B. von der Möglichkeit des Inhouse-Geschäfts keinen Gebrauch machen. Der Grund liegt nach Ansicht des Gesetzgebers darin, dass der europäische Gesetzgeber den Sektorenauftraggeber bereits mit dem Konzernprivileg eine vergaberechtsfreie Möglichkeit von Eigengeschäften gegeben hat (vgl. §§ 138, 139 GWB und dortige Kommentierung).

§ 132 GWB   Auftragsänderungen während der Vertragslaufzeit

(1) Wesentliche Änderungen eines öffentlichen Auftrags während der Vertragslaufzeit erfordern ein neues Vergabeverfahren. Wesentlich sind Änderungen, die dazu führen, dass sich der öffentliche Auftrag erheblich von dem ursprünglich vergebenen öffentlichen Auftrag unterscheidet. Eine wesentliche Änderung liegt insbesondere vor, wenn

1. mit der Änderung Bedingungen eingeführt werden, die, wenn sie für das ursprüngliche Vergabeverfahren gegolten hätten,
   a) die Zulassung anderer Bewerber oder Bieter ermöglicht hätten,
   b) die Annahme eines anderen Angebots ermöglicht hätten oder
   c) das Interesse weiterer Teilnehmer am Vergabeverfahren geweckt hätten,
2. mit der Änderung das wirtschaftliche Gleichgewicht des öffentlichen Auftrags zugunsten des Auftragnehmers in einer Weise verschoben wird, die im ursprünglichen Auftrag nicht vorgesehen war,
3. mit der Änderung der Umfang des öffentlichen Auftrags erheblich ausgeweitet wird oder
4. ein neuer Auftragnehmer den Auftragnehmer in anderen als den in Absatz 2 Satz 1 Nummer 4 vorgesehenen Fällen ersetzt.

(2) Unbeschadet des Absatzes 1 ist die Änderung eines öffentlichen Auftrags ohne Durchführung eines neuen Vergabeverfahrens zulässig, wenn

1. in den ursprünglichen Vergabeunterlagen klare, genaue und eindeutig formulierte Überprüfungsklauseln oder Optionen vorgesehen sind, die Angaben zu Art, Umfang und Voraussetzungen möglicher Auftragsänderungen enthalten, und sich aufgrund der Änderung der Gesamtcharakter des Auftrags nicht verändert,

2. zusätzliche Liefer-, Bau- oder Dienstleistungen erforderlich geworden sind, die nicht in den ursprünglichen Vergabeunterlagen vorgesehen waren, und ein Wechsel des Auftragnehmers

   a) aus wirtschaftlichen oder technischen Gründen nicht erfolgen kann und

   b) mit erheblichen Schwierigkeiten oder beträchtlichen Zusatzkosten für den öffentlichen Auftraggeber verbunden wäre,

3. die Änderung aufgrund von Umständen erforderlich geworden ist, die der öffentliche Auftraggeber im Rahmen seiner Sorgfaltspflicht nicht vorhersehen konnte, und sich aufgrund der Änderung der Gesamtcharakter des Auftrags nicht verändert oder

4. ein neuer Auftragnehmer den bisherigen Auftragnehmer ersetzt

   a) aufgrund einer Überprüfungsklausel im Sinne von Nummer 1,

   b) aufgrund der Tatsache, dass ein anderes Unternehmen, das die ursprünglich festgelegten Anforderungen an die Eignung erfüllt, im Zuge einer Unternehmensumstrukturierung, wie zum Beispiel durch Übernahme, Zusammenschluss, Erwerb oder Insolvenz, ganz oder teilweise an die Stelle des ursprünglichen Auftragnehmers tritt, sofern dies keine weiteren wesentlichen Änderungen im Sinne des Absatzes 1 zur Folge hat, oder

   c) aufgrund der Tatsache, dass der öffentliche Auftraggeber selbst die Verpflichtungen des Hauptauftragnehmers gegenüber seinen Unterauftragnehmern übernimmt.

In den Fällen des Satzes 1 Nummer 2 und 3 darf der Preis um nicht mehr als 50 Prozent des Wertes des ursprünglichen Auftrags erhöht werden. Bei mehreren aufeinander folgenden Änderungen des Auftrags gilt diese Beschränkung für den Wert jeder einzelnen Änderung, sofern die Änderungen nicht mit dem Ziel vorgenommen werden, die Vorschriften dieses Teils zu umgehen.

(3) Die Änderung eines öffentlichen Auftrags ohne Durchführung eines neuen Vergabeverfahrens ist ferner zulässig, wenn sich der Gesamtcharakter des Auftrags nicht ändert und der Wert der Änderung

1. die jeweiligen Schwellenwerte nach § 106 nicht übersteigt und

2. bei Liefer- und Dienstleistungsaufträgen nicht mehr als 10 Prozent und bei Bauaufträgen nicht mehr als 15 Prozent des ursprünglichen Auftragswertes beträgt.

Bei mehreren aufeinander folgenden Änderungen ist der Gesamtwert der Änderungen maßgeblich.

(4) Enthält der Vertrag eine Indexierungsklausel, wird für die Wertberechnung gemäß Absatz 2 Satz 2 und 3 sowie gemäß Absatz 3 der höhere Preis als Referenzwert herangezogen.

(5) Änderungen nach Absatz 2 Satz 1 Nummer 2 und 3 sind im Amtsblatt der Europäischen Union bekannt zu machen.

Amtliche Begründung

»Der neue § 132 enthält erstmals klare Vorgaben, wann Auftragsänderungen während der Vertragslaufzeit ein neues Vergabeverfahren erfordern. Die Vorschrift dient der Umsetzung von Artikel 72 der Richtlinie 2014/24/EU. Bislang basierten die Vorgaben dazu auf den durch die Rechtsprechung des EuGH entwickelten Grundsätzen zu Auftragsänderungen (insb. EuGH, Urteil vom 19. Juni 2008, C-454/06, »Pressetext«).

Zu Absatz 1

Absatz 1 dient der Umsetzung von Artikel 72 Absatz 5 der Richtlinie 2014/24/EU. Im Grundsatz stellt Absatz 1 klar, dass wesentliche Änderungen eines öffentlichen Auftrags während dessen Vertragslaufzeit ein neues Vergabeverfahren erfordern. Wesentlich sind Änderungen grundsätzlich dann, wenn sich der Auftrag infolge der Änderung während der Vertragslaufzeit erheblich von dem ursprünglich vergebenen Auftrag unterscheidet. Dies betrifft insbesondere Änderungen, die den Umfang und die inhaltliche Ausgestaltung der gegenseitigen Rechte und Pflichten der Parteien einschließlich der Zuweisung der Rechte des geistigen Eigentums betreffen. Derartige Änderungen sind Ausdruck der Absicht der Parteien, wesentliche Bedingungen des betreffenden Auftrags neu zu verhandeln. Die Nummern 1 bis 4 zählen beispielhaft auf, in welchen Fällen eine wesentliche Änderung im Sinne von Absatz 1 vorliegt.

Zu Absatz 2

Absatz 2 dient der Umsetzung von Artikel 72 Absatz 1 der Richtlinie 2014/24/EU und zählt die Fälle auf, in denen eine Änderung des ursprünglichen Vertrags zulässig ist und zwar unabhängig davon, ob es sich um eine wesentliche Änderung im Sinne des Absatz 1 handelt oder nicht.

Zu Nummer 1

Eine Änderung ist nach Absatz 2 Nummer 1 dann zulässig, wenn in den ursprünglichen Vergabeunterlagen klare, präzise und eindeutig formulierte Überprüfungsklauseln enthalten sind, die Angaben zu Art, Umfang und Voraussetzungen für eine Änderung des Vertrags enthalten. Dies betrifft zum Beispiel Preisüberprüfungsklauseln. Entsprechende Klauseln sollen öffentlichen Auftraggebern keinen unbegrenzten Ermessensspielraum einräumen. Dabei gibt es aber – anders als bei den erlaubten Vertragsänderungen der Nummern 2 und 3 – keine pauschale Obergrenze in Höhe von 50 Prozent des ursprünglichen Auftragswertes. Entscheidend ist vielmehr, dass sich durch Änderungen im Sinne der Nummer 1 der Gesamtcharakter des Auftrags nicht ändert.

Zu Nummer 2

Absatz 2 Nummer 2 dient der Umsetzung von Artikel 72 Absatz 1 Buchstabe b der Richtlinie 2014/24/EU und betrifft Situationen, in denen öffentliche Auftraggeber zusätzliche Liefer-, Bau- oder Dienstleistungen benötigen. In diesen Fällen kann eine Änderung des ursprünglichen Auftrags ohne neues Vergabeverfahren gerechtfertigt sein, insbesondere wenn die zusätzlichen Lieferungen entweder als Teilersatz oder zur Erweiterung bestehender Dienstleistungen, Lieferungen oder Einrichtungen bestimmt sind. Voraussetzung dafür ist, dass ein Wechsel des Lieferanten aus wirtschaftlichen oder technischen Gründen nicht erfolgen kann und mit erheblichen Schwierigkeiten oder beträchtlichen Zusatzkosten für den Auftraggeber verbunden wäre. Dies betrifft zum Beispiel den Fall, dass der öffentliche Auftraggeber Material, Bau- oder Dienstleistungen mit unterschiedlichen technischen Merkmalen erwerben müsste und dies eine Unvereinbarkeit oder unverhältnismäßige technische Schwierigkeiten bei Gebrauch und Instandhaltung mit sich bringen würde.

Für erlaubte Änderungen nach Absatz 2 Nummer 2 gilt – wie auch für Änderungen nach Nummer 3 – eine pauschale Obergrenze. Der Wert der Änderung darf hierbei nicht mehr als 50 Prozent des ursprünglichen Auftragswertes betragen.

Zu Nummer 3

Absatz 2 Nummer 3 betrifft Fälle, in denen öffentliche Auftraggeber mit externen Umständen konfrontiert werden, die sie zum Zeitpunkt der Zuschlagserteilung nicht absehen konnten. Dies kann insbesondere dann der Fall sein, wenn sich die Ausführung des Auftrags über einen längeren Zeitraum erstreckt. Absatz 2 Nummer 3 setzt Artikel 72 Absatz 1 Buchstabe c der Richtlinie 2014/24/EU um und ermöglicht dem Auftraggeber ein gewisses Maß an Flexibilität, um den Auftrag an diese Gegebenheiten anzupassen, ohne ein neues Vergabeverfahren einleiten zu müssen. »Unvorhersehbare Umstände« sind Umstände, die auch bei einer nach vernünftigem Ermessen sorgfältigen Vorbereitung der ursprünglichen Zuschlagserteilung durch den öffentlichen Auftraggeber unter Berücksichtigung der zur Verfügung stehenden Mittel, der Art und Merkmale des spezifischen Projekts, der bewährten Praxis und der Notwendigkeit, ein angemessenes Verhältnis zwischen den bei der Vorbereitung der Zuschlagserteilung eingesetzten Ressourcen und dem absehbaren Nutzen zu gewährleisten, nicht hätten vorausgesagt werden können. Voraussetzung ist allerdings, dass sich mit der Änderung nicht der Gesamtcharakter des gesamten Auftrags ändert, indem beispielsweise die zu beschaffenden Liefer-, Bau- oder Dienstleistungen durch andersartige Leistungen ersetzt werden oder indem sich die Art der Beschaffung grundlegend ändert.

Wie bei den Änderungen nach Nummer 2 darf auch in den Fällen von Nummer 3 der Wert der Änderung nicht mehr als 50 Prozent des ursprünglichen Auftragswertes betragen.

Zu Nummer 4

Absatz 2 Nummer 4 dient der Umsetzung von Artikel 72 Absatz 1 Buchstabe d der Richtlinie 2014/24/EU. Damit soll dem erfolgreichen Bieter die Möglichkeit eingeräumt werden, während der Ausführung des Auftrags gewisse interne strukturelle Veränderungen (Wechsel des Auftragnehmers) zu vollziehen, ohne dass deswegen ein neues Vergabeverfahren durchgeführt werden muss. Dies betrifft zum Beispiel rein interne Umstrukturierungen, Übernahmen, Zusammenschlüsse, Unternehmenskäufe oder Insolvenzen.

Zu Absatz 3

Absatz 3 dient der Umsetzung von Artikel 72 Absatz 2 der Richtlinie 2014/24/EU. Absatz 3 führt eine de-minimis-Grenze für Auftragsänderungen während der Vertragslaufzeit ein, wonach geringfügige Änderungen des Auftragswerts bis zu einer bestimmten Höhe grundsätzlich zulässig sind, ohne dass ein neues Vergabeverfahren durchgeführt werden muss. Voraussetzung ist nach Absatz dabei, dass der Wert der Änderung den entsprechenden Schwellenwert nach § 106 nicht übersteigt und zusätzlich bei Liefer- und Dienstleistungsaufträgen nicht mehr als 10 Prozent und bei Bauaufträgen nicht mehr als 15 Prozent des ursprünglichen Auftragswertes beträgt. Sofern die Auftragsänderungen eine dieser Grenzen übersteigt, ist eine Änderung ohne erneutes Vergabeverfahren nur zulässig, wenn die übrigen Voraussetzungen des § 132 erfüllt sind.

Zu Absatz 4

Absatz 4 dient der Umsetzung von Artikel 72 Absatz 3 der Richtlinie 2014/24/EU.

Zu Absatz 5

Absatz 5 dient der Umsetzung von Artikel 72 Absatz 1 Unterabsatz 3 der Richtlinie 2014/24/EU.«

A. Allgemeine Einführung

Der mit der Vergaberechtsreform 2016 neu eingeführte § 132 GWB regelt, wie mit Auf- 1
tragsänderungen während der Vertragslaufzeit eines öffentlichen Auftrages zu verfahren ist. Der Grundsatz lautet, dass bei wesentlichen Änderungen eines öffentlichen Auftrages ein neues Vergabeverfahren erforderlich ist. Durch den § 132 GWB werden aber
einige Ausnahmen eingeführt, wonach in bestimmten Fällen die Änderung eines öffentlichen Auftrages auch ohne Durchführung eines neuen Vergabeverfahrens zulässig ist.

Der § 132 GWB besteht aus 5 Absätzen. Abs. 1 enthält die gesetzliche Normierung der 2
bisherigen Rechtsprechung des EuGH (insb. der »Pressetext-Entscheidung«[1]). Es werden in Abs. 1 Kriterien festgesetzt, nach denen eine Änderung wesentlich ist und ein
neues Vergabeverfahren erforderlich ist. Die Absätze 2 und 3 bestimmen, wann trotz
einer Auftragsänderung unbeschadet von Abs. 1 kein neues Vergabeverfahren notwendig ist. Abs. 4 enthält eine Bestimmung zu Wertsicherungsklauseln und Abs. 5 normiert für bestimmte Fälle eine Transparenzpflicht.

B. Vergleich zur vorherigen Rechtslage

Der vergaberechtliche Umgang mit Auftragsänderungen während der Vertragslaufzeit 3
war bislang nicht gesetzlich geregelt. Der EuGH[2] und in seiner Folge auch deutsche Gerichte[3] stellten in Einzelfällen fest, wann eine wesentliche Auftragsänderung mit der
Folge der Ausschreibungspflicht vorlag. Gründe für eine wesentliche Änderung lagen
darin, dass
– nachträglich neue Bedingungen vereinbart werden, die die Zulassung anderer Bieter
  oder die Annahme eines anderen Angebotes erlaubt hätten oder
– nachträgliche Vereinbarungen über ursprünglich nicht vorgesehene Leistungen in
  großem Umfang getroffen werden oder
– das wirtschaftliche Gleichgewicht des Vertrages nachträglich zu Gunsten des Auftragnehmers verlagert wird.

Durch die gesetzliche Verankerung werden die Interessen des öffentlichen Auftragge- 4
bers (und des beteiligten einzelnen Auftragnehmers) erheblich aufgewertet, da eine Vielzahl von neuen Möglichkeiten gegeben wird, Zusatz- oder Anschlussaufträge ohne
neue förmliche Vergabeverfahren zu vergeben. Die Ausnahmen von der Verpflichtung
ein neues Vergabeverfahren durchzuführen werden im Vergleich zur bisherigen EuGH-
Rechtsprechung. deutlich erweitert. Auch werden Konkretisierungen, wie beispielsweise die gesetzliche Definition der Wesentlichkeit sowie die Einführung teilweiser festen Wertgrenzen mit der Bagatellgrenze vorgenommen.

---

1 Vgl. EuGH, Urt. v. 19.06.2008 – C-454/06, NVwZ 2008, 607.
2 Vgl. EuGH, Urt. v. 19.06.2008 – C-454/06, NVwZ 2008, 607; EuGH, Urt. v. 30.04.2010, C-
  91/08, NZBau 2010, 382, 385; EuGH, Urt. v. 08.05.2014 – C-161/13, NZBau 2014, 448.
3 Bspw. OLG Rostock, Beschl. v. 25.09.2013 – 17 Verg 3/13, JurionRS 2013, 49952; OLG Düsseldorf, Beschl. v. 28.07.2011 – Verg 20/11, ZfBR 2012, 198; VK Brandenburg, Beschl. v.
  12.02.2009 – VK 3/09, BeckRS 2009, 06321.

C. Europarechtliche Vorgaben

I. Allgemeines

5 Die europarechtlichen Vorgaben für § 132 GWB im Bereich der Sektorenvergabe finden sich in Art. 89 Abs. 1 bis 5 Richtlinie 2014/25/EU (Sektorenrichtlinie).[4] Die neue Vergaberichtlinie 2014/25/EU ist am 17.04.2014 in Kraft getreten und löst die Vergabekoordinierungsrichtlinie 2004/17/EG ab. Unionsrechtlich sind die Mitgliedsstaaten verpflichtet, die Richtlinienbestimmungen der Vergaberichtlinie bis zum 18.04.2016 umzusetzen. Teil 4 des GWB (§§ 97–184) wurde durch Gesetz vom 17.02.2016 mit Wirkung zum 18.04.2016 neu gefasst. Bei der Umsetzung der Richtlinie 2014/25/EU in nationales Recht handelt es sich nahezu um eine 1:1 Umsetzung.

6 Der europäische Gesetzgeber hält es für notwendig, die Voraussetzungen, unter denen eine Auftragsänderung während des laufenden Auftrages zu einem erneuten Vergabeverfahren führen, näher zu bestimmen.[5] Bisher wurden die Voraussetzungen maßgeblich durch die Rechtsprechung des EuGH festgelegt.

7 Der Art. 89 der Richtlinie 2014/25/EU wird durch den Art. 90 Buchstabe a derselben Richtlinie ergänzt. Dieser sieht ein Kündigungsrecht des öffentlichen Auftraggebers vor, wenn an einem Auftrag eine wesentliche Änderung vorgenommen wurde, die ein neues Vergabeverfahren gemäß Art. 89 erforderlich gemacht hätte. Diese Vorgabe wird in § 133 GWB umgesetzt (vgl. dortige Kommentierung).

II. Vorwirkung von Richtlinien, zeitlicher und sachlicher Anwendungsbereich von § 132 GWB

8 Vorwirkung von Richtlinien bedeutet, dass eine Richtlinie womöglich bereits vor ihrer Umsetzung in innerstaatliches Recht rechtlich bindende Wirkung entfaltet. Die umstrittene Vorwirkung betrifft dabei den Zeitraum zwischen dem Inkrafttreten der Richtlinie und ihrer Umsetzung; eine Rückwirkung von Richtlinien auf ein Auftragsverfahren, das sich vor dem Inkrafttreten ereignet, wird allgemein abgelehnt.[6]

9 Es ist umstritten, ob und in welchem Umfang EU-Richtlinien eine Vorwirkung entfalten. Einige deutsche Gerichte bejahen eine Vorwirkung der Vergaberichtlinien. Die Vorwirkung der Richtlinie 2014/24/EU wurde insbesondere hinsichtlich der Auftragsänderung während der Vertragslaufzeit angenommen. Deshalb wird in dieser Stelle näher darauf eingegangen.

In einem Beschluss des OLG Schleswig geht um die Frage, ob Art. 72 Abs. 2 S. 3 Richtlinie 2014/24/EU Vorwirkung entfaltet. Art. 72 Abs. 2 S. 3 ist wortgleich zu Art. 89 Abs. 2 S. 3 Richtlinie 2014/25/EU und in § 132 Abs. 3 S. 2 GWB umgesetzt. Art. 72 Abs. 2 S. 3 Richtlinie 2014/24/EU legt fest, dass bei einer zulässigen Auftragsänderung unterhalb der Bagatellgrenze die Werte aufeinanderfolgender Änderungen kumulieren.

---

4 Art. 89 Richtlinie 2014/25/EU ist nahezu wortgleich zu Art. 72 Richtlinie 2014/24/EU, auf welche sich die amtliche Begründung zu § 132 GWB bezieht.
5 Vgl. Erwägungsgrund 113 Richtlinie 2014/25/EU.
6 Vgl. OLG Düsseldorf, Beschl. v. 17.12.2014 – VII-Verg 25/14, IBRRS 2015, 0154.

Das Gericht bejaht hier eine von den Prüfungsinstanzen zu beachtende Vorwirkung mit der Begründung, die Richtlinienbestimmung sei hinreichend bestimmt und enthalte bezüglich ihrer Umsetzung zur vorliegenden Frage keinen Spielraum, so dass der nationalen Gesetzgebung nicht vorgegriffen würde.[7] Die VK Bund geht in ihrem Urteil mit einer wortgleichen Begründung von einer Vorwirkung des Art. 72 Abs. 1 Buchstabe d Richtlinie 2014/24/EU aus.[8] Auch die VK Sachsen Anhalt stellt eine Vorwirkung der Richtlinie 2014/24/EU mit der Begründung fest, dass die in Frage stehende Regelung des Art. 53 Abs. 1 Richtlinie 2014/24/EU keine Alternativen oder Normierungsfreiraum lässt.[9] Die VK Sachsen-Anhalt verweist dabei auf die den »Testpreis-Angebots-Fall« des BGH, wonach vor der Umsetzung der Richtlinie das innerstaatliche Recht nicht in einer Weise ausgelegt werden darf, die das Erreichen des Richtlinienziels nach Ablauf der Umsetzungsfrist gefährden könnte.[10] Die VK Lüneburg bejaht eine Vorwirkung der Richtlinie 2014/25/EU gegenüber Richtlinie 2004/17/EG und bezieht sich hier ebenfalls auf den »Testpreis-Angebots-Fall« des BGH sowie auf die EuGH-Rechtsprechung, wonach der Staat innerhalb der Umsetzungsfrist keine Vorschriften erlassen darf, die geeignet sind, das Ziel der Richtlinie ernsthaft in Frage zu stellen (EuGH, Urt. v.18.12.1997, Inter-Environnement Wallonie Rz. 45[11]).[12] Nach einer Entscheidung der VK Sachsen wiederum ist die Richtlinie 2014/24/EU zwar noch nicht anwendbar, weil die Umsetzungsfrist noch nicht abgelaufen ist, kann aber zumindest hinsichtlich der Auslegung der Spruchpraxis der europäischen und nationalen Gerichte herangezogen werden.[13]

Diese Entscheidungen sind unter Berücksichtigung der Rechtsprechung des BGH und des EuGH nicht überzeugend. So gehen sie zum einen über den zitierten »Testpreis-Angebot-Fall« hinaus. Der BGH argumentierte, dass ein deutsches Gesetz (hier § 1 UWG) bereits vor der Umsetzung einer Richtlinie richtlinienkonform auszulegen sei. Bedenken bzgl. der Umsetzungskompetenz des nationalen Gesetzgebers bestünden nicht, wenn sich die Konformität mittels Auslegung im nationalen Recht herstellen ließe und soweit dem Gesetzgeber kein Umsetzungsspielraum bleibe. Nach der EuGH-Entscheidung zu Inter-Environnement Wallonie müssen die nationalen Gerichte es in der Umsetzungsfrist von Richtlinien unterlassen, nationale Vorschriften zu erlassen, welche die Richtlinie in Frage stellen. Sowohl bei der zitierten Entscheidung des EuGH als auch der des BGH geht es um die Wirkung von Richtlinien in Bezug auf nationales Recht. Bei den Richtlinien der Vergaberechtsreform, sprich bei den Richtlinien 2014/24/EU, 2014/25/EU und 2014/23/EU handelt es sich aber Richtlinien welche bereits bestehende Richtlinien (2004/18/EG und 2004/17/EG) ersetzen. Bei der Frage der Vorwirkung der Richtlinien 2014/24/EU, 2014/25/EU und 2014/23/EU geht also gerade nicht um das Verhältnis

10

---

7 Vgl. OLG Schleswig, Beschl. v. 28.08.2015 – 1 Verg 1/15, NZBau 2015, 718; weiterhin wurde eine Vorwirkung der Richtlinien 2014/24/EU bzw. 2014/25/EU vom OLG Düsseldorf, Beschl. v. 19.11.2014 – VII-Verg 30/14, ZfBR 2015, 287, angenommen.

8 Vgl. VK Bund, Urt. v. 26.02.2016 – VK 2-7/16, IBRRS 2016, 0936.

9 Vgl. VK Sachsen-Anhalt, Beschl. v. 10.09.2015 – 2 VK LSA 06/15, IBRRS 2015, 2776.

10 Vgl. BGH, Urt. v. 05.02.1998 – I ZR 211/95, EuZW 1998, 474.

11 Vgl. EuGH, Urt. v. 18.12.1997 – C-129/96, JurionRS 1997, 11070.

12 Vgl. VK Lüneburg, Beschl. v. 30.09.2015 – VgK-30/2015, JurionRS 2015, 28826.

13 Vgl. VK Sachsen, Beschl. vom 27.04.2015 – 1/SVK/012-15, IBRRS 2015, 2549.

von nationalem zu europäischen Recht, sondern allein um die Auslegung von Richtlinien im Lichte bereits bestehender Richtlinien. Hier hat der EuGH nun eine klare Entscheidung getroffen. Nach einer aktuellen Rechtsprechung des EuGH vom 07.04.2016 entfaltet die Richtlinie 2014/24/EU grundsätzlich im Verhältnis zur Richtlinie 2004/18/EG gerade keine Vorwirkung.[14] Der EuGH hat eine Auslegung des Art. 47 Abs. 2 und 48 Abs. 3 der Richtlinie 2004/18/EG im Lichte der differenzierteren Regelung in Art. 63 Abs. 1 der Richtlinie 2014/24/EU verneint. Wenn ein Sachverhalt bereits durch eine Richtlinie geregelt wurde, ist nach ständiger Rechtsprechung des EuGH grundsätzlich diejenige Richtlinie anwendbar, die zu dem Zeitpunkt gilt, zu dem der öffentliche Auftraggeber die Art des Verfahrens auswählt und endgültig entscheidet, ob die Verpflichtung zu einem vorherigen Aufruf zum Wettbewerb für die Vergabe eines öffentlichen Auftrags besteht. Eine Anwendung der Richtlinie 2014/24/EU vor Ablauf der Frist zu ihrer Umsetzung angewandt würde den Mitgliedstaaten ebenso wie den öffentlichen Auftraggebern und den Wirtschaftsteilnehmern die erforderliche Zeit nehmen, um sich an die mit dieser Richtlinie eingeführten neuen Vorschriften anzupassen.[15]

11   Die Entscheidung des EuGH überzeugt. Ist ein Sachverhalt bereits europarechtlich geregelt, gilt das alte Recht solange, bis das neue Recht umgesetzt wird. Dies gilt dabei auch für Sachverhalte, die durch eine Richtlinie zum ersten Mal überhaupt rechtlich geregelt werden wie bspw. die de-minimis Regelung aus Art. 89 Abs. 2 S. 3 Richtlinie 2014/25/EU. Auch hier entfaltet die Richtlinie keine Vorwirkung, da so nicht etwa nationales Recht in ihrem Lichte ausgelegt werden würde, sondern Recht schon vor Ablauf der Umsetzungsfrist der Richtlinie geschaffen werden würde. Dadurch – so die neue Rechtsprechung des EuGH – würde die erforderliche Zeit zur Anpassung an die mit der Richtlinie eingeführten Vorschriften genommen werden.

12   § 132 GWB gilt jedenfalls ab dem 18.04.2016. Angesichts seines durch den Wortlaut erkennbaren Anwendungsbereichs kommt es nicht auf den Zeitpunkt der Einleitung eines Vergabeverfahrens an. Dann würde § 132 GWB nur für Verträge gelten, die auf Basis von Ausschreibungen geschlossen wurden, die nach dem 18.04.2016 bekannt gemacht wurden. Die neuen Regelungen zur Vertragsänderung beziehen sich aber nicht auf ein Vergabeverfahren, sondern enthalten bestimmte Tatbestände, nach denen laufende, womöglich kurz vor dem Ende stehende Verträge ausschreibungsfrei verändert werden können. Würde man hier nur Verträge einbeziehen, die auf Vergabeverfahren beruhen, die ab dem 18.04.2016 bekannt gemacht wurden, so käme § 132 GWB im Ergebnis erst in einigen Jahren zur Anwendung. Auch die zitierte Rechtsprechung, die sich für eine Vorwirkung ausspricht, geht offenbar nicht davon aus, dass die Verträge, mit denen sich diese Gerichte zu beschäftigen hatten, auf Vergabeverfahren beruhen müssen, die nach dem 18.04.2014 bekannt gemacht wurden, um zur Anwendung der Richtlinie 2014/24/EU bzw. Richtlinie 2014/25/EU zu gelangen. Die bislang vorhandene Literatur zu § 132 GWB problematisiert den zeitlichen Anwendungsbereich ebenfalls nicht.[16] Es gibt des

---

14 Vgl. EuGH, Urt. v. 07.04.2016 – C 324/14, IBRRS, 2016, 0915.
15 Vgl. EuGH, Urt. v. 07.04.2016 – C-324/14, IBRRS 2016, 0915; siehe auch EuGH, Urt. v. 10.07.2014 – C-213/13, ZfBR 2014, 795.
16 Vgl. Ziekow, VergabeR 2016, 278.

Weiteren keinen Anlass, anzunehmen, dass der Richtlinien- bzw. Gesetzgeber eine verzögerte Anwendung wollte. Mangels Anknüpfungspunkt an ein Vergabeverfahren kommt es damit ebenso wenig darauf an, ob der Vertrag, der geändert werden soll, auf einem Vergabeverfahren beruht, welches nach dem 18.04.2014 bekannt gemacht wurde (Tag des Inkrafttretens der Richtlinien). Die aktuelle Regelung gilt folglich mit guten Gründen für jeden vorhandenen Vertrag eines Auftraggebers. Etwas anderes lässt sich weder den Richtlinien noch dem Gesetz entnehmen. Insbesondere gibt es keine konkreten, anders lautenden Übergangsvorschriften. In sachlicher Hinsicht sind nur Aufträge von § 132 GWB erfasst, die selbst ursprünglich oberhalb der EU-Schwelle waren. Dies ergibt sich aus § 106 GWB, wonach der vierte Teil des GWB, wozu § 132 GWB zählt, nur für oberhalb der EU-Schwelle geltende öffentliche Aufträge gilt. Die dynamische Verweisung auf die jeweils geltende Schwelle aus § 106 GWB ist analog auf den jeweiligen Auftrag zu übertragen, d.h. für den fraglichen Auftrag ist der EU-Schwellenwert maßgebend, der zum Zeitpunkt der Einleitung des Verfahrens galt, der zum Auftrag führte.

D. Kommentierung

I. Anwendungsregeln

1. Prüfungsreihenfolge

§ 132 GWB ist unglücklich strukturiert. Es bietet sich an, wie folgt zu prüfen: Zu- 13
nächst die speziellen Ausnahmen von der Pflicht zu Ausschreibung von Vertragsänderungen in § 132 Abs. 2 u. 3 GWB, dann die allgemeineren Tatbestände in § 132 Abs. 1 S. 3 GWB, die nach einer Regelbeispielmethode im Grunde die bisherige Rechtsprechung des EuGH wiedergeben. Schließlich kann die Generalklausel in § 132 Abs. 1 S. 1 GWB als Auffangtatbestand herangezogen werden.

2. Auftrag/Vertrag/Los

In § 132 GWB ist mit Ausnahme der Spezialregelung zur Indexierungsklausel nur vom 14
»Auftrag« die Rede, analog zu Art. 89 Richtlinie 2014/25/EU. Es stellt sich die Frage, wie Auftrag zu verstehen ist. Konkret stellt sich das Problem bei losweiser Vergabe eines »Auftrags«. Ein Los ist nur ein Teil eines Auftrags (vgl. § 97 Abs. 4 GWB). Zugleich sind es auch jeweils eigene Verträge des Auftraggebers mit demjenigen, der ein Los errungen hat. Andererseits soll aber ein Auftrag nach § 103 Abs. 1 GWB genau dieser Vertrag zwischen dem Auftraggeber und dem Unternehmen sein. Diese Umgereimtheiten führen zu dem Problem des Bezugspunkts, z. B bei der Anwendung der Bagatellklausel nach § 132 Abs. 3 GWB. Käme es auf den ursprünglichen (Gesamt-)auftragswert bzw. den Schwellenwert des Gesamtauftrags an, wenn ein Vertrag über ein bestimmtes Los betrachtet würde, dann wären die Möglichkeiten der Vertragsänderungen des Losvertrags vervielfacht. Genau dies spricht wegen des Grundsatzes der engen Auslegung derartiger Ausnahmevorschriften (siehe sogleich unter Ziffer 3) dafür, dass Auftrag stets als Vertrag zu verstehen ist (insofern im Einklang mit § 103 Abs. 1 GWB). Im Beispiel der Bagatellklausel nach § 132 Abs. 3 GWB wäre Bezugspunkt des Auftragswerts der ursprünglich abgegebene Wert des Auftrags für das Los und nicht des Gesamtauftrags.

3. Auslegung

15   Es ist davon auszugehen, dass Auftraggeber von den neuen Möglichkeiten reichlich Gebrauch machen werden. Leider ist dabei auch missbräuchliches Verhalten nicht auszuschließen, denn die lukrative Möglichkeit zu Direktvergabe könnte zu einer sehr weitreichenden Auslegung der Vorgaben führen. Allerdings ist § 132 GWB restriktiv auszulegen, weil es sich um Ausnahmevorschriften handelt.[17] Die Grundregel lautet, dass Vertragsänderungen ausschreibungspflichtig sind.

4. Beweislast

16   Die Beweislast dafür, dass die Ausnahmetatbestände vorliegen trägt derjenige, der sich auf sie beruft. Derjenige der sich auf die Generalklausel beruft trägt die Beweislast dafür, dass es sich um wesentliche Auftragsänderungen handelt.

II. Spezielle Auftragsänderungen (§ 132 Abs. 2 und 3 GWB)

1. Überblick

17   Nach § 132 Abs. 2 und 3 GWB sind folgende – verkürzt dargestellte – Änderungen ohne weitere Wesentlichkeitsprüfung zulässig:
   – die Änderungen erfolgen aufgrund von vereinbarten Überprüfungs- und Optionsklauseln;
   – zusätzliche Leistungen sind erforderlich geworden, die den Preis um nicht mehr als 50 Prozent erhöhen (50%-Grenze nicht im Sektorenbereich!);
   – aufgrund von unvorhersehbaren Umständen, die den Preis um nicht mehr als 50 Prozent erhöhen (50%-Grenze nicht im Sektorenbereich!);
   – ein neuer Auftragnehmer ersetzt den bisherigen Auftragnehmer unter bestimmten Voraussetzungen;
   – bei Änderungen, deren Wert weder den jeweiligen EU-Schwellenwert noch 10 % des Auftragswerts (bei Lieferungen und Dienstleistungen) bzw. 15 % des Auftragswerts (bei Bauaufträgen) übersteigt

18   Wenn der Vertrag eine Indexierungsklausel enthält, wird außerdem für die Wertberechnung der 50-Grenze nach gemäß Abs. 2 S. 2 und 3 sowie der Wertgrenzen gemäß Abs. 3 der höhere Preis als Referenzwert herangezogen (§ 132 Abs. 4 GWB).

2. Auftragsänderungen nach § 132 Abs. 2 GWB

19   Nach Abs. 2 ist die Änderung eines öffentlichen Auftrags unter den abschließend aufgezählten Voraussetzungen möglich. Bei allen folgenden Tatbeständen ist irrelevant, ob der Wert der fraglichen Änderung isoliert betrachtet den EU-Schwellenwert überschreitet.

---

17 Vgl. allgemein zur restriktiven Auslegung von Ausnahmevorschriften bei BGH, Urt. v. 17.02.2000 – III ZR 78/99, JurionRS 2000, 19121; vgl. auch EuGH, v. Urt. 28.10.2010 – C-203/09, JurionRS 2010, 31072.

a) Vertragsänderungsklauseln (§ 132 Abs. 2 S. 1 Nr. 1 GWB)

aa) Einführung

Die Pflicht zur Durchführung eines neuen Vergabeverfahrens entfällt, wenn 20
– in den Vergabeunterlagen Überprüfungsklauseln oder Optionen vorgesehen sind, die Angaben zu Art, Umfang und Voraussetzungen möglicher Auftragsänderungen enthalten und
– sich aufgrund der Änderung der Gesamtcharakter des Auftrages nicht verändert

Diese Regelung dient der Umsetzung von Art. 89 Abs. 1 Buchstabe a Richtlinie 21
2014/25/EU. Sie geht auf Rechtsprechung des EuGH zurück, wonach die Ausschreibungspflicht bei einer Vertragsänderung entfällt, wenn diese bereits klar und deutlich im Vertrag angelegt war.[18] Da derartige Klauseln den öffentlichen Auftraggebern keinen unbegrenzten Ermessensspielraum einräumen sollen,[19] müssen diese Überprüfungsklauseln oder Optionen klar, genau und eindeutig formuliert sein. Wettbewerbsverzerrungen durch weite und zu allgemeine Formulierungen sollen dadurch verhindert werden.

Letztlich handelt es sich bei der Anpassung von Aufträgen aufgrund von Überprüfungs- 22
klauseln oder Optionen nicht um nachträgliche Auftragsänderungen. Die nachträgliche Änderung ist bereits Bestandteil des ursprünglichen Vergabeverfahrens gewesen, da sie in den dortigen Vergabeunterlagen formuliert war.[20] Insofern stellt die Belebung der Klausel keine Änderung dar, sondern ein von Anfang an vorgesehenes Element des Vertragsverhältnisses.

bb) Begrifflichkeiten

Durch Vertragsänderungsklauseln soll dem öffentlichen Auftraggeber die Möglichkeit 23
gegeben werden, spätere Vertragsänderungen bereits im Vertrag vorzusehen.[21] Ihm stehen dabei Überprüfungsklauseln oder vertragliche Optionen zur Verfügung. Überprüfungsklauseln und Optionen schaffen die Möglichkeit einer angemessenen Reaktion auf Veränderungen, die sich während der Vertragslaufzeit ergeben. Dabei sind solche Vertragsänderungsklauseln ausreichend, welche eine Vertragserweiterung noch nicht in allen Details festlegt, aber in den ursprünglichen Vergabeunterlagen bereits hinreichend konkretisiert waren.

(1) Überprüfungsklauseln

Überprüfungsklauseln sind Klauseln, wonach vertraglich Vereinbartes beim Vorliegen 24
bestimmter Umstände einer erneuten Prüfung unterzogen wird. Solche Umstände können sich veränderte Preise, Vergütungen oder technische Entwicklungen sein. Es kann dann vereinbart werden, dass nach einer bestimmten Zeitperiode der vereinbarte Preis,

---

18 Vgl. insb. EuGH, Urt. v. 22.04.2010 – C-423/07, NZBau 2010, 643; vgl. auch OLG Düsseldorf, Beschl. v. 12.02.2014 – VII Verg 32/14, NZBau 2014, 454.
19 Vgl. amtliche Begründung zu § 132 GWB; Erwägungsgrund 117 Richtlinie 2014/25/EU.
20 Vgl. Gröning, NZBau 2015, 690, 691.
21 Vgl. Erwägungsgrund 117 Richtlinie 2014/25/EU.

die vereinbarte Vergütung oder technische Entwicklung mit der tatsächlichen Entwicklung in dem jeweiligen Segment verglichen wird, um den Vertrag unter Umständen anzupassen.

25   Unter Überprüfungsklauseln sind beispielsweise Preisüberprüfungs- und Preisanpassungsklauseln zu subsumieren.[22] Durch solche Klauseln kann vereinbart werden, dass bei der Lieferung von Gütern deren Preis an die reale Preisentwicklung angepasst wird. Eine Vergütung kann dadurch z.B. an den Verbraucherindex angeglichen werden. Auch eine Anpassung der Konditionen des Auftragnehmers bei einer Senkung der durchschnittlichen Marktpreise für die Bereitstellung von Datennetzen ist denkbar.[23] Eine Vereinbarung, dass Kommunikationsgeräte, die während eines bestimmten Zeitraums zu liefern sind, auch im Fall technologischer Änderungen weiter funktionsfähig sind, stellt ebenfalls eine Überprüfungsklausel dar.[24] Auch sollen Klauseln unter die Begrifflichkeit fallen, die auf nachträgliche Probleme technischer Art reagieren können. So können Anpassungen festgelegt werden, die aufgrund technischer Schwierigkeiten, die während des Betriebs oder der Instandhaltung auftreten, notwendig sind. Ebenso können Wartungsmaßnahmen und außerordentliche Instandhaltungsmaßnahmen festgelegt werden.[25] Klauseln, die pauschal eine Preisanpassung aufgrund von geänderten rechtlichen Bestimmungen erhalten, sind i.d.R. nicht eindeutig genug. Wenn z.B. nach der Auftragsvergabe über den Betrieb von Sammelcontainern eine neue, im Auftrag nicht erwähnte, Containerart eingeführt wird, kann aufgrund einer solchen Klausel, der Preis an die erweiterte Leistungserbringung (Betrieb auch der neuen Containerart) nicht erfolgen.[26] Klauseln müssen ausreichende Angaben zu Art, Umfang und Voraussetzungen möglicher Auftragsänderung erhalten. Eine Erweiterungsklausel, nach der dem öffentlichen Auftraggeber die Möglichkeit gegeben wird, eine Aufstockung von Plätzen in einer Aufnahmeeinrichtung für Flüchtlinge zu verlangen, wurde als nicht ausreichend angesehen. Das Gericht – das eine Vorwirkung von Richtlinien bejaht und sich bereits auf die neue Richtlinie 2014/EU/24 bezieht – bemängelte, dass zwar Art und Vergütung der Leistung, allerdings keine Beschränkungen hinsichtlich des Umfangs und der Dauer der Leistung festgelegt wurde.[27] Wenn ein Vertrag über die Bereitstellung von Rettungswagen aufgrund einer steigenden Bevölkerungszahl erweitert wird, kann bspw. eine Anpassungsklausel die Hochrechnung eines bisherigen Preises beinhalten.[28]

---

22 Vgl. amtliche Begründung zu § 132 GWB; Wortlaut Art. 89 Abs. 1a) Richtlinie 2014/25/EU.

23 Vgl. VK Münster, Beschl. v. 13.03.2012 – VK 2/12, IBRRS 2012, 2712.

24 Vgl. Erwägungsgrund 117 Richtlinie 2014/25/EU.

25 Vgl. Erwägungsgrund 117 Richtlinie 2014/25/EU.

26 Vgl. OLG Celle, Beschl. v. 29.10.2009 – 13 Verg 8/09, NZBau 2010, 194.

27 Vgl. VK Sachsen, Beschl. vom 27.04.2015 – 1/SVK/012-15, IBRRS 2015, 2549.

28 Vgl. OLG Brandenburg, Beschl. v. 15.07.2010 – Verg W 4/09, ZfBR 2011, 383 ff.

(2) Optionen

Optionen sind vertraglich festgelegte Möglichkeiten zur Vertragsänderung. Als Op- **26** tionsklauseln können bspw. Klauseln zur Vertragserweiterung in den Vergabeunterlagen festgeschrieben werden. So kann der Vertrag Leistungserweiterungen beinhalten, wonach der öffentliche Auftraggeber sich vorbehält, die vereinbarte Leistung einseitig zu erweitern.[29] Dadurch kann auf einen schon absehbaren höheren Bedarf reagiert werden, ohne vertraglich bereits jegliche Details zu regeln. Wurde bspw. mit einem Rettungsunternehmen eine gewisse Stundenanzahl vereinbart, kann als Optionsklausel die die Möglichkeit des öffentlichen Auftraggebers vereinbart werden, die Aufstockung auf eine Stundenanzahl X zu verlangen. Ob die Option tatsächlich ausgereizt wird oder nur eine teilweise Aufstockung gefordert wird, kann dann von den Bedürfnissen des Einzelfalles abhängig gemacht werden. Optionsklauseln können auch die Möglichkeit von Wartungsmaßnahmen, außerordentlichen Instandhaltungsarbeiten[30] oder den Verzicht auf ein Kündigungsrecht aufgenommen werden.[31] Wichtig ist, dass die Option laut einschlägiger Rechtsprechung sachlich begründet sein muss und wertmäßig nicht über 15 % liegen darf.[32]

cc) Gesamtcharakter als Grenze

Die Änderung eines öffentlichen Auftrages ohne Durchführung eines neuen Vergabe- **27** verfahrens aufgrund von Vertragsänderungsklauseln ist nur zulässig, wenn sich dabei nicht der Gesamtcharakter des Auftrags verändert. Der Begriff ist nicht legal definiert. Der Gesamtcharakter kann als der Wesensgehalt des Auftrages verstanden werden. Er ändert sich, wenn durch die Änderung der Auftrag eine überwiegend andere Prägung erfährt. Dies ist dann gegeben, wenn die zu beschaffene Leistung durch eine andersartige Leistung (aliud) ersetzt wird oder indem sich die Art der Beschaffung grundlegend ändert.[33] Die Änderung des Wesenskernes wäre bspw. die Auswechselung, nicht aber die Modifikation des Leistungsgegenstandes. Verneint wurde der Wesensgehalt somit bei einer Änderung eines Nutzungskonzepts einer zu errichteten Halle (»Innenraumnutzung soll möglich sein.«).[34] Von der Änderung des Gesamtcharakters eines Auftrags kann außerdem nicht bereits bei der Bereitschaft zur Neuverhandlung einzelner wesentlicher Vertragsbestandteile ausgegangen werden. Eine Wesensänderung liegt hingegen vor, wenn ein zuvor einheitlich ausgeschriebener Auftrag in einen festen und einen nur optionsweise ausgestalteten Teil aufgespalten werden soll.[35]

---

29 Vgl. VK Sachsen, Beschl. vom 27.04.2015 – 1/SVK/012-15, IBRRS 2015, 2549.
30 Vgl. Erwägungsgrund 117 Richtlinie 2014/25/EU.
31 Vgl. EuGH, Urt. v. 19.06.2008 – C-454/06, NVwZ 2008, 607.
32 Vgl. VK Bund, Beschl. v. 14.07.2005, VK 1-50/05, zitiert nach ibr-online.
33 Vgl. amtliche Begründung zu § 132 GWB; Erwägungsgrund 115 Richtlinie 2014/25/EU.
34 Vgl. VK Sachsen, Beschl. v. 11.03.2005 – 1/SVK/010-05, IBRRS 2014, 0263 und OLG Dresden, Beschl. v. 21.10.2005 – WVerg 5/05, IBRRS 2005, 3663.
35 Vgl. OLG Dresden, Beschl. v. 03.12.2003 – WVerg 15/03, NZBau 2005, 118.

b) Zusätzliche Leistungen (§ 132 Abs. 2 S. 1 Nr. 2 GWB)

aa) Einführung

28   Nach Abs. 2 S. 1 Nr. 2 ist ein neues Vergabeverfahren nicht nötig, wenn zusätzliche Liefer-, Bau- oder Dienstleistungen erforderlich sind, die nicht in den ursprünglichen Vergabeunterlagen vorgesehen waren und ein Wechsel des Auftragnehmers aus wirtschaftlichen oder technischen Gründen nicht erfolgen kann (§ 132 Abs. 2 S. 2 Nr. 2a) und mit erheblichen Schwierigkeiten oder beträchtlichen Zusatzkosten für den öffentlichen Auftraggeber verbunden wäre (§ 132 Abs. 2 Nr. 1b). Beide Voraussetzungen müssen somit zugleich erfüllt sein. Abs. 2 Nr. 2 dient der Umsetzung von Art. 89 Abs. 1 Buchstabe b der Richtlinie 2014/25/EU.

bb) Begrifflichkeiten

29   Erforderlich ist eine zusätzliche Leistung dann, wenn ohne sie der öffentliche Auftrag nicht mehr oder nicht mehr vertragsgemäß ausgeführt werden kann.

30   Obwohl der Wortlaut »und« bei den Varianten Nr. 1a und b auf ein kumulatives Vorliegen schließen lässt, liegt hier Alternativität vor. Wenn bereits ein Wechsel des Auftragnehmers aus wirtschaftlichen oder technischen Gründen nicht erfolgen kann ist die Frage ob ein solcher Wechsel gleichzeitig mit erheblichen Schwierigkeiten oder beträchtlichen Zusatzkosten verbunden wäre, redundant.[36] Dafür spricht auch Erwägungsgrund 114 der Richtlinie 2014/25/EU der von einem Wechsel des Auftragnehmers ausgeht, der dazu führen würde, dass der öffentliche Auftraggeber Material, Bau- oder Dienstleistungen mit unterschiedlichen technischen Merkmalen erwerben müsste und dies eine Unvereinbarkeit (Nr. a) *oder* unverhältnismäßige technische Schwierigkeiten (Nr. b) bei Gebrauch und Instandhaltung mit sich bringen würde.

31   Beträchtliche Zusatzkosten werden nirgends legal definiert. Die Bestimmung solcher Kosten kann anhand einer Wirtschaftlichkeitsprüfung erfolgen. Auch wird vorgeschlagen, dass die 20%-Grenze aus Regelung zu »offenbaren Missverhältnis« (§ 19 Abs. 6 S. 2 VOL/A EG) als Grenze für beträchtliche Zusatzkosten dienen könnte.[37] Eine solche 20%-Grenze erscheint angesichts der de-minimis-Regelung als zu gering gewählt. Man wird bei 20% schwerlich bereits von beträchtlichen Zusatzkosten sprechen können, wenn in Abs. 3 die Bagatellschwelle bei bis zu 15% liegt. Angesichts der 50% Grenze aus Abs. 2 S. 2 und der Bagatellgrenze von 15% erscheint der Wert von 25% Zusatzkosten im Verhältnis zu den ursprünglichen Kosten als angemessen.

32   Der Preis darf durch die Zusatzleistungen um nicht mehr als 50 Prozent des ursprünglichen Auftragswertes erhöht werden (pauschale Obergrenze, § 132 Abs. 2 S. 2 GWB). Wenn mehrere Änderungen aufeinander folgen, gilt diese Beschränkung für den Wert jeder einzelnen Änderung, außer die Änderungen sind mit dem Ziel vorgenommen worden, diese Vorschrift zu umgehen (§ 132 Abs. 2 S. 3 GWB). Dies kann

---

36   Vgl. Krohn in Pünder/Prieß, 81.
37   Vgl. Hölzl, Workshop neues Vergaberecht 2015, 12, http://files.enreg.eu/2015/15_11_2627_Vergaberecht/Hoelzl.pdf.

insbesondere bei langlaufenden Aufträgen zu regelmäßigen hohen Auftragserweiterungen führen, wodurch der ursprüngliche Auftragswert erheblich ausgeweitet wird.[38] Allerdings ist gem. § 142 Nr. 3 GWB für die Vergabe von öffentlichen Aufträgen durch Sektorenauftraggeber zum Zweck der Ausübung von Sektorentätigkeiten der § 132 Abs. 2 S. 2 und 3 GWB nicht anzuwenden, sodass im Sektorenbereich die 50%-Grenze nicht gilt. Diese Rückausnahme nach § 142 Nr. 3 GWB ergibt sich aus Art. 89 Absatz 1 der Richtlinie 2014/25/EU, da sich anders als in Art. 72 Absatz 1 Richtlinie 2014/24/EU in Richtlinie 2014/25/EU bei der zulässigen Vertragsverlängerung wegen zusätzlicher Dienstleistungen keine Einschränkung auf maximal 50 Prozent des ursprünglichen Preises findet.[39]

§ 132 Abs. 5 GWB legt die Pflicht zur Veröffentlichung der Zusatzleistungen fest. Danach sind Auftragsänderungen in Bezug auf zusätzliche Liefer- Bau- und Dienstleistungen bei einem laufenden öffentlichen Auftrag (Abs. 2 Nr. 2) im Amtsblatt der EU bekannt zu machen. Diese Regelung stellt einen Ausfluss des vergaberechtlichen Transparenzprinzips dar, welches auch bereits dem EuGH als Rechtfertigung des Gebots zur erneuten Ausschreibung diente. Mit Abs. 5 wird Art. 89 Abs. 1 Unterabs. 3 der Richtlinie 2014/25/EU umgesetzt. Die Formvorschriften für die Bekanntgabe finden sich im Anhang XVI zur Richtlinie 2014/25/EU. 33

cc) Praxisbeispiele

Eine zusätzliche Lieferung ist demnach eine Lieferung, die mit der vertraglich vereinbarten Lieferung, etwa als Teilersatz oder Erweiterung, verknüpft ist. Sie kann keine von der ursprünglichen Lieferung gänzlich unabhängige, eigenständige Leistung sein. Eine Leistung fällt bspw. dann unter die Fallgruppe, wenn die zusätzlichen Lieferungen entweder als Teilersatz oder zur Erweiterung bestehender Dienstleistungen, Lieferungen oder Einrichtungen bestimmt sind und ein Wechsel des Lieferanten dazu führen würde, dass der öffentliche Auftraggeber Material, Bau- oder Dienstleistungen mit unterschiedlichen technischen Merkmalen erwerben müsste und dies eine Unvereinbarkeit oder unverhältnismäßige technische Schwierigkeiten bei Gebrauch und Instandhaltung mit sich bringen würde.[40] Die komplette Neubeschaffung von (Anschluss-)Software mit völlig anderen, erweiterten Funktionen fällt nicht darunter, ist also als wesentlich einzustufen.[41] 34

c) Nicht vorhersehbare Umstände (§ 132 Abs. 2 S. 1 Nr. 3 GWB)

aa) Einführung

Nach Abs. 2 S. 1 Nr. 3 ist die Änderung eines öffentlichen Auftrages ohne Durchführung eines neuen Vergabeverfahrens zulässig, wenn 35

– die Änderung aufgrund von Umständen erforderlich geworden ist, die der öffentliche Auftraggeber im Rahmen seiner Sorgfaltspflicht nicht vorhersehen konnte,

---

38 Vgl. Müller, VergR 2015, 652, 659.
39 Vgl. amtliche Begründung zu § 142 GWB.
40 So Erwägungsgrund 114 Richtlinie 2014/25/EU.
41 Vgl. OLG Frankfurt, Beschl. v. 06.08.2007, 11 – Verg 5/07, JurionRS 2007, 49110.

– dabei der Gesamtcharakter des Auftrags nicht verändern wird und
– sich der Preis um nicht mehr als 50 Prozent des ursprünglichen Auftragswertes erhöht (pauschale Obergrenze).

36 Es besteht gem. § 132 Abs. 5 GWB eine Pflicht zur Bekanntmachung der Änderungen aufgrund von nicht vorhersehbaren Umständen im Amtsblatt der EU (vgl. Kommentierung zu Abs. 2 S. 1 Nr. 2). Auch hier ist gem. § 142 Abs. 3 GWB der § 132 Abs. 2 S. 2 und 3 GWB für die Vergabe von öffentlichen Aufträgen durch Sektorenauftraggeber zum Zweck der Ausübung von Sektorentätigkeiten nicht anzuwenden. Die 50%-Grenze gilt hier somit nicht. Abs. 2 S. 1 Nr. 3 setzt Art. 89 Abs. 1 Buchstabe c der Richtlinie 2014/25/EU um.

bb) Begrifflichkeiten

37 Unvorhersehbare Umstände sind Umstände die trotz sorgfältiger Vorbereitung der ursprünglichen Zuschlagserteilung durch den öffentlichen Auftraggeber nicht hätten vorhergesagt werden können. Dabei muss bei der Vorbereitung die zur Verfügung stehenden Mittel, die Art und Merkmale des spezifischen Projekts, die bewährten Praxis und die Notwendigkeit, ein angemessenes Verhältnis zwischen den bei der Vorbereitung der Zuschlagserteilung eingesetzten Ressourcen und dem absehbaren Nutzen zu gewährleisten, berücksichtigt worden sein.[42] Es muss sich also um externe Umstände handeln, die bei Zuschlagserteilung nicht absehbar waren.[43] Eine sorgfältige Vorbereitung umfasst eine sorgfältige Projektplanung des Vergabeverfahrens, wobei auf die objektiven Kriterien eines durchschnittlichen Auftraggebers abzustellen ist. Subjektive Kriterien, wie etwa persönliche Unzulänglichkeiten, mangelnde Expertise oder fehlende Erfahrung sind dabei nicht relevant.[44]

cc) Praxisbeispiele

38 Unvorhersehbare Umstände wurden für den Fall verneint, dass ein Auftrag ursprünglich an zwei verschiedene Auftragnehmer vergeben wurde und einer der Auftragnehmer den Leistungsteil des anderen im Wege eines Nachtrages übernimmt.[45] Es muss hierbei eine erneute Ausschreibung des übernommenen Auftrags erfolgen, da die originär beauftragte Leistung uneingeschränkt ausgeführt wird. Wenn eine Umplanung der ursprünglichen Leistung erfolgt, ist dieses nicht unvorhergesehen, sondern beabsichtigt.[46] Die Festlegung enger Fristen durch die zuständige nationale Umweltbehörde ist ebenfalls nicht als unvorhersehbares Ereignis einzustufen.[47] Eine Insolvenz des Erstauftragnehmers kann hingegen ausreichen.[48] Auch kann eine Mehrvergütung aufgrund einer

---

42 Vgl. amtliche Begründung zu § 132 GWB; so auch wörtlich Erwägungsgrund 115 Richtlinie 2014/25/EU.
43 Vgl. amtliche Begründung zu § 132 GWB.
44 Vgl. auch Krohn in Pünder/Prieß, 82.
45 VK Bund, Beschl. v. 04.03.2014 – VK 2-7/14, ZfBR 2014, 601.
46 VK Bund, Beschl. v. 04.03.2014 – VK 2-7/14, ZfBR 2014, 601.
47 EuGH, Urt. v. 02.06.2005 – C-394/02, IBRRS 2005, 1732.
48 Vgl. VK Bund Beschl. v. 29.06.2005 – VK 3-52/05, IBRRS 2005, 2576.

veränderten Bauzeit darunterfallen, wenn diese veränderte Bauzeit äußeren, nicht vorhersehbaren Kriterien geschuldet ist. Dies wird aber nicht mit einer Verzögerung aufgrund eines Nachprüfungsverfahrens[49] begründen werden können, da es in der Sorgfaltspflicht des Auftraggebers liegt, die Fristen des Nachprüfungsverfahrens abzuwarten.

d) Wechsel des Auftragnehmers (§ 132 Abs. 2 S. 1 Nr. 4 GWB)

Ein Auftragnehmerwechsel ist in drei Varianten ohne Durchführung eines neuen Ver- 39
gabeverfahrens zulässig:
- wenn aufgrund einer Überprüfungsklausel im Sinne von Nr. 1 ein neuer Auftragnehmer den bisherigen ersetzt (Abs. 2 S. 1 Nr. 4a),
- wenn ein anderes Unternehmen im Zuge einer Unternehmensumstrukturierung an die Stelle des ursprünglichen Auftragnehmers tritt, sofern dies keine wesentlichen Änderungen i.S.d Abs. 1 zur Folge hat (Abs. 2 S. 2 Nr. 4b), oder
- wenn der öffentliche Auftraggeber selbst die Verpflichtungen des Hauptauftragnehmers gegenüber seinen Unterauftragnehmern übernimmt (Abs. 2 S. 2 Nr. 4c).

Abs. 2 Nr. 4 setzt Art. 89 Abs. 1 Buchstabe d der Richtlinie 2014/25/EU um. 40

aa) Überprüfungsklausel (§ 132 Abs. 2 Nr. 4a GWB)

Ein neuer Auftragnehmer kann den bisherigen Auftragnehmer aufgrund einer Überprü- 41
fungsklausel ersetzen. Es besteht somit die Möglichkeit, bereits im Auftrag festzulegen, dass der ursprüngliche Auftragnehmer, der den Zuschlag erhält, von einem anderen Auftragnehmer ersetzt wird. Überprüfungsklausel im Sinne von Nummer 1 ist als Oberbegriff für Überprüfungsklauseln und Optionen zu begreifen. Dafür spricht auch die amtliche Begründung zu § 132 Abs. 2 Nr. 1 GWB, die ebenfalls Überprüfungsklauseln als Oberbegriff verwendet. In einer solchen Klausel kann beispielsweise festgelegt werden, dass eine durch den Auftragnehmer neu gegründete Gesellschaft nach erteiltem Zuschlag, den Vertrag des ursprünglichen Auftragnehmers übernimmt.[50]

bb) Unternehmensumstrukturierung (§ 132 Abs. 2 S. 1 Nr. 4b GWB)

(1) Allgemeines

Ein neuer Auftragnehmer kann den bisherigen aufgrund der Tatsache ersetzen, dass ein 42
anderes Unternehmen, das
- die ursprünglich festgelegten Anforderungen an die Eignung erfüllt,
- im Zuge einer Unternehmensumstrukturierung, wie zum Beispiel durch Übernahme, Zusammenschluss, Erwerb oder Insolvenz, ganz oder teilweise an die Stelle des ursprünglichen Auftragnehmers tritt,
- sofern dies keine weiteren wesentlichen Änderungen im Sinne des Abs. 1 zur Folge hat.

---

49 So noch BGH, Urt. v. 22.07.2010 – VII ZR 213/08, JurionRS 2010, 21559.
50 Vgl. OLG München, Beschl. v. 21.05.2008 – Verg 5/08, NZBau 2008, 668.

43   Die Aufzählung der Beispiele zur Unternehmensumstrukturierung ist nicht abschließend. Die Neuregelung der Unternehmensumstrukturierung geht über die EuGH-Pres-
setext-Entscheidung hinaus. Eine Neuorganisation musste nach der EuGH-Pressetext-
Entscheidung intern sein, um nicht wesentlich zu sein. Nach Abs. 2 Nr. 4b sind nun
auch Unternehmensumstrukturierungen erfasst, die nach außen wirken, wie etwa die
Übernahme. Wie der EuGH bereits entschieden hat, zählt z.b. der Wegfall der Inhouse-Fähigkeit zu einer wesentlichen Umstrukturierung und Ausschreibungspflicht.[51]

44   Dem Auftragnehmer soll insbesondere auch dann die Möglichkeit von strukturellen Veränderungen gegeben werden, wenn der Auftrag an mehr als ein Unternehmen vergeben wurde.[52] Der maßgebliche Zeitpunkt der Unternehmensumstrukturierung ist
die Zuschlagserteilung. Zwischen Angebotsabgabe und Zuschlagserteilung würde
ein Bieterwechsel zum Ausschluss führen. Ab dem Zuschlag ist eine erneute Durchführung des Vergabeverfahrens lediglich dann vonnöten, wenn die Voraussetzungen des
Abs. 2 S. 1 Nr. 4 nicht erfüllt sind. Selbst wenn die Umstrukturierung kurz nach der
Erteilung erfolgt, führt dies nicht zu einer Umgehung des Vergaberechts, sondern zu
einer Prüfung anhand der Voraussetzungen des Abs. 2 S. 1 Nr. 4. Die nach der Zuschlagserteilung ergriffenen Maßnahmen sind nicht mehr geeignet, auf den eingeleite-
ten Bieterwettbewerb rückzuwirken.[53] Dies stellt eine signifikante Änderung zu der
bisherigen Rechtsprechung des EuGH dar, der noch in einem Urteil von Mai 2014 entschied[54], dass eine wesentliche Änderung vorliegt, wenn bei der Vergabe an eine ARGE
ein Mitglied nach Zuschlagserteilung, aber vor Vertragsschluss ausscheidet

(2) Begrifflichkeiten

45   Maßgeblich für die ursprünglich festgelegte Anforderung an die Eignung ist nicht der
Zeitpunkt der Angebotsabgabe oder der Zuschlagsentscheidung im Ausgangsverfah-
ren, sondern der Zeitpunkt der Übernahme des Vertragsverhältnisses. Denn »ursprünglich« i.S.d. des Abs. 2 S. 1 Nr. 4b bezieht sich bezieht sich allein auf die festgelegten
Eignungsanforderungen.[55] Hierbei ist auch eine Eignungsleihe anerkannt.[56] Eine solche liegt dann vor, wenn sich zum Nachweis der Eignung auf Referenzen von konzern-
verbundenen Unternehmen berufen wird. Dies ist gem. Art. 79 i.V.m. Art. 37 Abs. 2
Richtlinie 2014/25/EU möglich. Der neue Auftragnehmer der den bisherigen Auftragnehmer ersetzt, muss das vereinbarte Leistungsversprechen gänzlich erfüllen.[57]

46   Der Zusatz »sofern dies keine weiteren wesentlichen Änderungen im Sinne des Abs. 1
zur Folge hat« bedingt eine inzidente Prüfung der Tatbestandvoraussetzung des Abs. 1.

---

51 Vgl. EuGH, Urt. v. 10.09.2009 – C-573/07, NZBau 2009, 797.
52 Vgl. Erwägungsgrund 116 Richtlinie 2014/25/EU; amtliche Begründung zu § 132 GWB.
53 Vgl. VK Bund, Beschl. v. 26.02.2016 – VK 2-7/16, IBRRS 2016, 0936.
54 Vgl. EuGH, Urt. v. 08.05.2014 – C-161/13, NZBau 2014, 448.
55 Vgl. VK Bund, Beschl. v. 26.02.2016 – VK 2-7/16, IBRRS 2016, 0936.
56 Vgl. EuGH, Urt. v. 07.04.2016 – C-324/14.
57 Vgl. VK Bund, Beschl. v. 26.02.2016 – VK 2-7/16, IBRRS 2016, 0936.

D.h. eine Unternehmensstrukturierung ist nur ohne Durchführung eines neuen Vergabeverfahrens zulässig, wenn dies keine wesentliche Änderung i.S.d. Abs. 1 bedeutet.

cc) Selbsteintritt (§ 132 Abs. 2 Nr. 4c GWB)

Die Änderung eines öffentlichen Auftrags ohne Durchführung eines neuen Vergabeverfahrens ist zulässig, wenn ein neuer Auftragnehmer den bisherigen Auftragnehmer aufgrund der Tatsache ersetzt, dass der öffentliche Auftraggeber selbst die Verpflichtung des Hauptauftragnehmers gegenüber seinen Unterauftragnehmer übernimmt. Dabei übernimmt der Auftraggeber den Part des Leistungserbringers. Die Nachunternehmen bleiben die gleichen. Hierbei handelt es sich nur um die Übernahme von Verpflichtungen, sprich bspw. die Übernahme von Zahlungsverpflichtungen an die Nachunternehmer durch den öffentlichen Auftraggeber. Die Übernahme etwa auch von Rechten, wie etwa das Recht die Zahlung an sich zu fordern, ist nicht umfasst.[58]   47

3. Bagatellregel (§ 132 Abs. 3 GWB)

Die Änderung eines öffentlichen Auftrags ist ausschreibungsfrei zulässig, wenn sich der   48
Gesamtcharakter des Auftrags nicht ändert und der Wert der Änderung
– die jeweiligen Schwellenwerte nach § 106 nicht übersteigt und
– bei Liefer- und Dienstleistungsaufträgen nicht mehr als 10 Prozent und
– bei Bauaufträgen nicht mehr als 15 Prozent des ursprünglichen Auftragswertes beträgt.

Bei mehreren aufeinander folgenden Änderungen ist der Gesamtwert der Änderungen   49
maßgeblich. Aufeinander folgend sind Änderungen die in kurzem Abstand getätigt werden. Dabei sind solche Änderungen in jedem Fall aufeinander folgend, die innerhalb eines Haushaltsjahrs getätigt wurden.

Durch Abs. 3 wird eine de-minimis-Grenze eingeführt, wodurch geringfügige Ände   50
rungen des Auftragswertes zulässig sind, wenn sie einen bestimmten Wert nicht übersteigen. Sofern die Auftragsänderungen die festgelegten Wertgrenzen übersteigen, ist eine Änderung ohne erneutes Vergabeverfahren in den anderen Fällen des § 132 GWB denkbar.

§ 132 Abs. 4 GWB regelt, dass für die Wertberechnung gemäß Abs. 2 S. 2 und 3 sowie   51
gem. Abs. 3 der höhere Preis als Referenzwert herangezogen wird, wenn der Vertrag eine Indexierungsklausel enthält. Eine Indexierungsklausel ist eine vertragliche Zusicherung, nach der definierte Nominalgrößen an die Entwicklung eines bestimmten Index gekoppelt werden, um so einen nachträglichen Schutz vor negativen Folgen einer Inflation zu erhalten.[59] Indexierung bedeutet einen Kaufkraftschwund des Geldes.[60] Der Begriff Indexierungsklausel hat dieselbe Bedeutung wie Wertsicherungs- oder Preisanpassungsklauseln. Solche Klauseln sollen das Preis-Leistungsverhältnis, das zu

---

58 Vgl. Krohn in Pünder/Prieß, 83.
59 http://www.wirtschaftslexikon24.com/d/indexklausel/indexklausel.htm; vgl. auch http://www.duden.de/rechtschreibung/Indexklausel.
60 Vgl. OLG Oldenburg, Urt. v. 30.08.2006 – 5 U 154/05, BeckRS 2007, 19604.

Beginn des Vertrages ausgehandelt wurde sowie gegen etwaige Währungsverfall sichern.[61]

52 Mit Abs. 4 wird Art. 89 Abs. 3 der Richtlinie 2014/25/EU umgesetzt. Die Umsetzung weicht allerdings vom Wortlaut des Art. 89 ab, der den angepassten (und nicht den höheren) Preis als Referenzrahmen heranzieht. Die Änderung der Formulierung ist irrelevant, da es sich bei dem angepassten Preis stets um den höheren handelt. Wenn sich der Preis verringert, sind nicht die Ausnahmetatbestände, sondern ist die Generalklausel nach Abs. 1 einschlägig. Allerdings hat der EuGH entschieden, dass bloße Preisanpassungen zu Gunsten des öffentlichen Auftraggebers keine wesentliche Änderung begründet, wenn sie nicht mit Veränderungen des Leistungsumfangs oder einer Verlängerung der Leistungsdauer verbunden werden.[62]

III. Generalklausel (§ 132 Abs. 1 S. 1 und 2 GWB)

53 Nach der Generalklausel erfordern wesentliche Änderungen eines öffentlichen Auftrages während der Vertragslaufzeit grundsätzlich ein neues Vergabeverfahren. Dies bedeutet im Umkehrschluss, dass bei Vertragsänderungen keine Ausschreibungspflicht gegeben ist, wenn unwesentliche Änderungen vorliegen. Abs. 1 ist ein Auffangtatbestand und findet nur dann Anwendung, wenn es sich nicht um zulässige Auftragsänderungen nach Abs. 2 und 3 handelt. Daher sind die Voraussetzungen der zulässigen Auftragsänderung stets vorrangig zu prüfen.

54 Abs. 1 dient der Umsetzung von Art. 89 Abs. 4 und 5 der Richtlinie 2014/25/EU, welcher in großen Teilen der EuGH»Pressetext-Entscheidung« nachempfunden wurde.

55 Wesentlichen Änderungen sind in Abs. 1 S. 2 als Änderungen legaldefiniert, »die dazu führen, dass sich der öffentliche Auftrag erheblich von dem ursprünglich vergebenen öffentlichen Auftrag unterscheidet.« Es erscheint nicht unproblematisch, dass wesentlich mit erheblich definiert wird, da die beiden Begriffe eine unterschiedliche Bedeutung haben. So ist wesentlich zu benutzen, wenn der Kern einer Sache betroffen ist und daher besonders wichtig erscheint.[63] Erheblich bedeutet, dass etwas beträchtlich ins Gewicht fällt.[64] Nach der Definition des Duden müsste demnach jede beträchtlich ins Gewicht fallende Unterscheidung des öffentlichen Auftrages vom ursprünglichen Auftrag den Auftrag im Kern treffen. Dies erscheint aber nicht immer zwangsläufig der Fall zu sein. Es ist auch eine beträchtliche Änderung vorstellbar, die den Kern des öffentlichen Auftrages nicht betrifft.

56 Wesentliche Änderungen umfassen vor allem Änderungen, die den Umfang und die inhaltliche Ausgestaltung der gegenseitigen Rechte und Pflichten der Parteien betreffen[65]

---

61 Vgl. VK Westfalen, Beschl. v. 26.08.2015 – VK 2-23/15, IBRRS 2016, 0337; http://wirtschaftslexikon.gabler.de/Definition/wertsicherungsklausel.html.
62 EuGH, Urt. v. 19.06.2008 – C-454/06, NVwZ, 2008, 607.
63 Vgl. www.duden.de.
64 Vgl. www.duden.de.
65 Vgl. amtliche Begründung zu § 132 GWB.

und die zeigen, dass die Parteien wesentliche Bedingungen des Auftrages neu verhandeln möchten.[66]

IV. Regelbeispiele (§ 132 Abs. 1. S. 3 Nr. 1 bis 4 GWB)

Es folgt eine beispielhafte Aufzählung wesentlicher Änderungen in Form von Regelbei- 57
spielen. Hierbei handelt es sich um eine nicht abschließende enumerative Aufzählung
(»insbesondere«). Es können durch die Rechtsprechung entwickelte Fallgruppen hinzukommen. Die Regelbeispiele kodifizieren die vom EuGH in der »Pressetext-Entscheidung« entwickelten und durch die deutschen Gerichte aufgegriffenen Voraussetzungen
einer wesentlichen Auftragsänderung.[67]

1. Geänderte Bedingungen (§ 132 Abs. 1 S. 3 Nr. 1 GWB)

Eine wesentliche Änderung liegt dann vor, wenn mit der Änderung   58
– Bedingungen eingeführt werden, die – wenn sie für das ursprüngliche Verfahren gegolten hätten – die Zulassung anderer Bewerber oder Bieter (§ 132 Abs. 1 S. 3
  Nr. 1a) oder
– die Annahme eines anderen Angebots ermöglicht hätten (§ 132 Abs. 1 S. 3 Nr. 1b)
  oder
– das Interesse weiterer Teilnehmer am Vergabeverfahren geweckt hätten (§ 132
  Abs. 1 S. 3 Nr. 1c).

a) Bedingungen, die die Zulassung anderer Bewerber ermöglicht hätten

Der Begriff Bedingung ist hier als Voraussetzung zu verstehen. Eine nachträgliche Vo- 59
raussetzung, welche die Zulassung anderer Bewerber ermöglicht hätte liegt dann vor,
wenn es zu einer Änderung der Anforderungen im Vergleich zur ursprünglichen Ausschreibung kommt. Dies kann dann der Fall sein, wenn für einen Zuschlag ein Fuhrpark von 100 Fahrzeugen erforderlich war, und durch eine Änderung lediglich noch
50 Fahrzeuge erforderlich sind. Wenn der andere Bewerber diese 50 Fahrzeuge besitzt,
wäre seine Zulassung zum Vergabeverfahren möglich gewesen. Auch denkbar ist der
Fall, dass im ursprünglichen Vergabeverfahren eine Bürgschaft gefordert wurde, von
der später abgesehen wird. Wenn der nicht zugelassene Bewerber eine solche Bürgschaft
nicht aufweisen konnte und er daher nicht zugelassen wurde, haben sich nachträglich
die Bedingungen so geändert, dass seine Zulassung möglich gewesen wäre.

b) Bedingungen, welche die Annahme eines anderen Angebotes ermöglicht hätten

Die Annahme eines anderen Angebotes wäre anfänglich möglich, wenn sich Vorausset- 60
zungen die zur Annahme eines bestimmten Angebotes geführt haben, nachträglich
ändern. Dies ist bspw. dann der Fall, wenn es zu einem Austausch eines Nachunterneh-

---

66 Vgl Erwägungsgrund 113 Richtlinie 2014/25/EU.
67 Vgl. EuGH, Urt. v. 19.06.2008 – C-454/06, NVwZ, 2008, 607 und beispielhaft OLG Rostock, Beschl. v. 25.09.2013 – 17 Verg 3/13, JurionRS 2013, 49952; OLG Düsseldorf, Beschl.
   v. 28.07.2011 – Verg 20/11, ZfBR 2012, 198; VK Brandenburg, Beschl. v. 12.02.2009 – VK
   3/09, BeckRS 2009, 06321.

mers kommt, wobei die Heranziehung gerade dieses Nachunternehmers ein ausschlag-gebendes Element für den Abschluss des Vertrages war und daher seinerzeit Einfluss auf die Erfolgschancen der beteiligten Bieter gehabt hatte.[68]

c) Bedingungen die das Interesse weiterer Teilnehmer geweckt hätten

61   Eine Prüfung, ob die geänderten Bedingungen das Interesse weiterer Teilnehmer ge-weckt hätten, erscheint als tauglicher Prüfungsmaßstab zunächst unbestimmt. Es kommt allerdings dabei nicht darauf an, ob die geänderten Bedingungen generell ein Interesse von einem nicht bestimmbaren Interessentenkreis geweckt haben könnten, sondern ob die geänderten Bedingungen, hätten sie von Vornherein gegolten, ein Inte-resse weiterer Teilnehmer tatsächlich geweckt hätten. Es muss also eine konkrete Situa-tion vorgelegen haben, in der andere Teilnehmer ebenfalls ein Interesse an der Aus-schreibung gehabt hätten. Dies ist beispielsweise dann gegeben, wenn sich der Umfang eines Auftrages derart absenkt, dass der Auftrag auch für ein Unternehmen mit einer geringeren Leistungskapazität interessant geworden wäre. Denkbar ist der Fall, dass im ursprünglichen Auftrag eine Forderung gestellt wurde, die lediglich mit einem Fuhr-park von 100 LKWs zu erreichen war, die Auftragsänderung nun auch mit 50 LKWs zu bewerkstelligen ist. Der Bewerber mit dem kleineren Fuhrpark hätte sich auch schon zu anfangs bewerben können, konnte aber kein Interesse daran haben, da er die Leistung nicht hätte erbringen können. Die geänderten Bedingungen hätten in einem ursprüng-lichen Verfahren das Interesse geweckt.

2. Verschobenes wirtschaftliches Gleichgewicht (§ 132 Abs. 1 S. 3 Nr. 2 GWB)

62   Eine wesentliche Änderung liegt auch dann vor, wenn mit der Änderung das wirtschaft-liche Gleichgewicht des öffentlichen Auftrags zugunsten des Auftragnehmers in einer Weise verschoben wird, die im ursprünglichen Auftrag nicht vorgesehen war.

63   Das wirtschaftliche Gleichgewicht wird im Gesetzestext oder dessen Erläuterungen nicht näher definiert. Unter wirtschaftlichem Gleichgewicht kann ein wirtschaftlich angemessenes Verhältnis zwischen Leistung und Vergütung verstanden werden. Wenn ein solches wirtschaftliches Gleichgewicht nicht mehr besteht, kann es zu einer gegen die Grundsätze des Vergaberechts verstoßende Wettbewerbsverzerrung kom-men.[69] Die Annahme einer Wettbewerbsverzerrung aufgrund einer Preissenkung oder eines Rabatts des Auftraggebers auf seine Preise[70] ist durch die Gesetzeserneue-rung nun bereits durch den Wortlaut ausgeschlossen, da diese nur eine Änderung des wirtschaftlichen Gleichgewichts zugunsten des Auftragnehmers erfasst. Eine Erhö-hung des Preises, die nicht im ursprünglichen Auftrag vorgesehen war, führt wohl in der Regel zu einer Änderung des wirtschaftlichen Gleichgewichtes, wenn sie ohne erkenn-bare Gegenleistung für den Auftraggeber bleibt.[71] Das wirtschaftliche Gleichgewicht wird nicht bereits verschoben sein, wenn ein Preis geringfügig angepasst wird.

---

68 Vgl. EuGH, Urt. v. 30.04.2010, C-91/08, NZBau 2010, 382, 385.
69 Vgl. OLG Rostock, Beschl. v. 25.09.2013 – 17 Verg 3/13, VergabeR 2014, 209.
70 Vgl. EuGH, Urt. v. 19.06.2008 – C-454/06, NVwZ, 2008, 607.
71 Vgl. EuGH, Urt. v. 19.06.2008 – C-454/06, NVwZ, 2008, 607.

3. Erhebliche Ausweitung des Umfangs (§ 132 Abs. 1 S. 3 Nr. 3 GWB)

Eine wesentliche Änderung liegt auch dann vor, wenn mit der Änderung der Umfang 64
des öffentlichen Auftrags erheblich ausgeweitet wird. Der Umfang kann sowohl quantitativ als auch qualitativ geändert werden. Eine quantitative Änderung liegt beispielsweise darin, wenn bei einem Dienstleistungsauftrag mit einem Rettungsdienst die vereinbarte Stundenanzahl aufgestockt wird. Bei einer großen quantitativen Veränderung wird das bereits Vereinbarte nicht allein näher ausgestaltet, sondern eine Regelung getroffen, die von den früheren Vereinbarungen nicht umfasst war. So wurde eine wesentliche Umfangsänderung bei einer Aufstockung um fast 16 % des ursprünglichen Leistungsumfangs angenommen.[72] Auch hierbei sind bei einer schrittweisen Aufstockung alle erfolgten Erhöhungen zu berücksichtigen, da allein der Gesamtumfang maßgeblich ist. Dennoch hat die Überschreitung der Wertgrenze aus Abs. 3 (max. 15 %) keine Indizwirkung. Es muss schon zu einer deutlichen Übersteigung kommen, um die Wesentlichkeit zu indizieren.[73] Auch hat die Überschreitung des Schwellenwertes keine Indizwirkung.[74]

Eine qualitative Änderung ist gegeben, wenn durch diese Aufstockung eine Leistung 65
ermöglicht wird (hier bestimmte Rettungsdienste) die mit der zuvor vereinbarten Stundenanzahl nicht möglich gewesen wäre. Eine erhebliche Ausweitung kann auch dann vorliegen, wenn der Vertrag der Art nach auf Dienstleistungen erweitert wird, die so nicht vorgesehen waren.[75] Ist beispielsweise der Einbau eines Heizungssystems geschuldet, ist die Ausweitung auf die Heizungswartung eine erhebliche Ausweitung.

Diskutiert wird im Zusammenhang mit der erheblichen Ausweitung des Umfangs, ob 66
Vertragsanpassungen nach VOB/B bzw. VOL/B, z.B. durch Nachträge, ebenfalls ausschreibungspflichtige Umstände darstellen. Teilweise wird vertreten, dass es auch dort auf die Wesentlichkeitsschwelle (damals noch nach der EuGH-Rechtsprechung) ankomme.[76] Richtigerweise muss man solche Fälle allerdings als im Vertrag angelegt ansehen.[77] Derartige Anpassungen, z.B. wegen Störungen des Bauablaufs, stellen vertragliche und damit konkrete sach- und personenbezogene Auseinandersetzungen dar, die ihren Ursprung im abgeschlossenen Vertrag (samt Leistungsbeschreibung) haben und folgerichtig kein für Vertragsänderungen i.S.d. Wesentlichkeitsschwelle erforderliches aliud oder ähnliches darstellen.

---

72 Vgl. OLG Schleswig, Beschl. v. 28.08.2015 – 1 Verg 1/15, NZBau 2015, 718.
73 So OLG Schleswig, Beschl. v. 28.08.2015 – 1 Verg 1/15, NZBau 2015, 718.
74 Vgl. OLG Rostock, Beschl. v. 25.09.2013 – 17 Verg 3/13, VergabeR 2014, 209; EuGH, Urt. v. 19.06.2008 – C-454/06, NVwZ 2008, 607.
75 Vgl. OLG Schleswig, Beschl. v. 28.08.2015 – 1 Verg 1/15, NZBau 2015, 718.
76 Vgl. VK Münster, Beschl. v. 18.03.2010 – VK 1/10, zitiert nach ibr-online.
77 Vgl. VK Thüringen, Beschl. v. 27.05.2011 – 250-4002.20-2079/2011-E-004-J, zitiert nach ibr-online.

4. Neuer Auftragnehmer ersetzt den alten Auftragnehmer (§ 132 Abs. 1 S. 3 Nr. 4 GWB)

67 Eine wesentliche Änderung liegt auch dann vor, wenn ein neuer Auftragnehmer den Auftragnehmer in anderen als den in Abs. 2 Nr. 4 vorgesehenen Fällen ersetzt. In Abs. 2 Nr. 4 sind die Fälle geregelt, in denen ein neuer Auftragnehmer den bisherigen aufgrund von im Auftrag bereits festgeschriebene Überprüfungsklauseln oder Optionen oder aufgrund von Unternehmensumstrukturierungen ersetzt oder der öffentliche Auftraggeber selbst zum Hauptauftragnehmer wird. In diesen Fällen der Auftragsänderung besteht eine Ausnahme von der Verpflichtung zur erneuten Durchführung eines Vergabeverfahrens (vgl. im Einzelnen die Kommentierung zu Abs. 2). Hier wirkt der Abs. 1 als typischer Auffangtatbestand: Wenn beispielsweise eine Überprüfungsklausel einen Auftragnehmerwechsel beinhaltet, diese Klausel aber nicht klar und eindeutig genug formuliert ist, regelt Abs. 1 S. 3 Nr. 4, dass in diesem Fall in der Regel eine wesentliche, ausschreibungspflichtige Änderung vorliegt.

§ 133 GWB Kündigung von öffentlichen Aufträgen in besonderen Fällen

(1) Unbeschadet des § 135 können öffentliche Auftraggeber einen öffentlichen Auftrag während der Vertragslaufzeit kündigen, wenn

1. eine wesentliche Änderung vorgenommen wurde, die nach § 132 ein neues Vergabeverfahren erfordert hätte,
2. zum Zeitpunkt der Zuschlagserteilung ein zwingender Ausschlussgrund nach § 123 Absatz 1 bis 4 vorlag oder
3. der öffentliche Auftrag aufgrund einer schweren Verletzung der Verpflichtungen aus dem Vertrag über die Arbeitsweise der Europäischen Union oder aus den Vorschriften dieses Teils, die der Europäische Gerichtshof in einem Verfahren nach Artikel 258 des Vertrags über die Arbeitsweise der Europäischen Union festgestellt hat, nicht an den Auftragnehmer hätte vergeben werden dürfen.

(2) Wird ein öffentlicher Auftrag gemäß Absatz 1 gekündigt, kann der Auftragnehmer einen seinen bisherigen Leistungen entsprechenden Teil der Vergütung verlangen. Im Fall des Absatzes 1 Nummer 2 steht dem Auftragnehmer ein Anspruch auf Vergütung insoweit nicht zu, als seine bisherigen Leistungen infolge der Kündigung für den öffentlichen Auftraggeber nicht von Interesse sind.

(3) Die Berechtigung, Schadensersatz zu verlangen, wird durch die Kündigung nicht ausgeschlossen.

Amtliche Begründung

»Zu Absatz 1

Absatz 1 dient der Umsetzung von Artikel 73 der Richtlinie 2014/24/EU. Die Vorschrift legt erstmals Bedingungen fest, unter denen öffentliche Auftraggeber vergaberechtlich die Möglichkeit haben, einen öffentlichen Auftrag während der Vertragslaufzeit zu kündigen. Den öffentlichen Auftraggebern muss über den Grundsatz der clausula rebus sic stantibus (Vorbehalt, dass ein

Schuldversprechen oder ein Geschäft seine bindende Wirkung bei Veränderung der Verhältnisse verliert) hinaus ein Lösungsrecht zumindest für die hier genannten besonderen Fälle vorbehalten bleiben, in denen ein Festhalten am Vertrag das öffentlichen Interesse an der Gesetzmäßigkeit der Verwaltung beeinträchtigen würde. Insbesondere aus dem Unionsrecht kann sich die Pflicht ergeben, im Interesse einer effektiven Umsetzung (effet utile) der aus dem Unionsrecht erwachsenen Verpflichtungen eine Kündigung von vertraglichen Vereinbarungen vorzunehmen.

Die Kündigung ist nur möglich, wenn sich aus dem Vertrag fortdauernde Pflichten ergeben. Haben sich dagegen die vertraglichen Beziehungen in einem einmaligen Austausch von Leistung und Gegenleistung erschöpft, so ist der Vertrag erfüllt (§ 362 BGB) und mithin für eine Kündigung kein Raum mehr.

Die in Absatz 1 aufgezählten Kündigungsgründe sind nicht abschließend und erweitern die bereits bislang bestehenden Möglichkeiten zur Beendigung von öffentlichen Aufträgen. Nicht berührt wird durch die Vorschrift das Recht der Beteiligten zur Geltendmachung eines vereinbarten oder in Anwendung der Vorschriften des Bürgerlichen Gesetzbuchs anzuerkennenden gesetzlichen Kündigungsrechts einschließlich des Rechts gemäß § 314 BGB zur Kündigung von Dauerschuldverhältnissen aus wichtigem Grund. So kann es zum Beispiel erforderlich sein, einen laufenden Vertrag zu kündigen, um schwere Nachteile für das Gemeinwohl zu verhüten oder zu beseitigen, insbesondere um ein ansonsten drohendes Vertragsverletzungsverfahren der Europäischen Kommission zu verhindern.

Durch die Vorschrift unberührt bleibt ferner die durch die Rechtsprechung anerkannte Möglichkeit, dass – wenn der öffentliche Auftraggeber in bewusster Missachtung des Vergaberechts handelt oder er sich einer solchen Kenntnis mutwillig verschließt und er kollusiv mit dem Auftragnehmer zusammenwirkt – der zwischen Auftraggeber und Auftragnehmer geschlossene Vertrag mit der Folge nichtig sein kann, dass Vergütungs-, Rückforderungs- und Gewährleistungsansprüche wechselseitig ausgeschlossen sind.

Anders als die Regelung zur Unwirksamkeit in § 135, die nach § 135 Absatz 2 Satz 1 nur innerhalb von sechs Monaten nach Vertragsschluss festgestellt werden kann, bietet § 133 eine Kündigungsmöglichkeit auch über die ersten sechs Monate hinaus. Sofern einer der in Nummer 1 bis 3 genannten Kündigungsgründe vorliegt, können öffentliche Auftraggeber damit öffentliche Aufträge während deren Laufzeit kündigen, ohne an eine Frist gebunden zu sein.

Zu Nummer 1

Nummer 1 dient der Umsetzung von Artikel 73 Buchstabe a der Richtlinie 2014/24/EU und räumt öffentlichen Auftraggebern eine Kündigungsmöglichkeit ein, wenn eine wesentliche Auftragsänderung im Sinne des § 132 vorgenommen wurde, ohne ein erforderliches neues Vergabeverfahren durchzuführen.

Zu Nummer 2

Nach Nummer 2 liegt ein Kündigungsgrund vor, wenn zum Zeitpunkt der Zuschlagserteilung ein zwingender Ausschlussgrund nach § 123 Absatz 1 bis 4 vorlag. Nummer 2 setzt Artikel 73 Buchstabe b der Richtlinie 2014/24/EU um. Für das Vorliegen einer Kündigungsmöglichkeit nach Nummer 2 ist es allerdings nicht erforderlich, dass der öffentliche Auftraggeber zum Zeitpunkt der Zuschlagserteilung Kenntnis vom Vorliegen des zwingenden Ausschlussgrundes erlangt hat. Vielmehr ist die Kündigungsmöglichkeit auch dann gegeben, wenn ein zwingender Ausschlussgrund nach § 123 Absatz 1 bis 4 zum Zeitpunkt der Zuschlagserteilung vorlag, der öffentliche Auftraggeber davon jedoch erst zu einem späteren Zeitpunkt Kenntnis erlangt hat. Dadurch stärkt die Vorschrift die Stellung der zwingenden Ausschlussgründe, indem sie bei Vorliegen eines der in § 123 Absatz 1 bis 4 genannten Fälle auch im Nachhinein noch eine Vertragsbeendigung ermöglicht. Das Recht zur Anfechtung des zivilrechtlichen Vertrags durch den öffentlichen Auftraggeber bleibt unberührt.

Zu Nummer 3

Nummer 3 dient der Umsetzung von Artikel 73 Buchstabe c der Richtlinie 2014/24/EU und betrifft den Fall, dass der Auftrag aufgrund eines schweren Verstoßes gegen die Verpflichtungen, welche sich aus dem Vertrag über die Arbeitsweise der Europäischen Union oder den Richtlinien 2014/23/EU, 2014/24/EU und 2014/25/EU, welche durch die Vorschriften dieses Teils umgesetzt werden, ergeben, nicht an den Auftragnehmer hätte vergeben werden dürfen und der Europäische Gerichtshof diesen Verstoß in einem Verfahren nach Artikel 258 des Vertrags über die Arbeitsweise der Europäischen Union festgestellt hat.

Bereits nach bisheriger Rechtslage ist der öffentliche Auftraggeber nach der Rechtsprechung des EuGH verpflichtet, einen unionsrechtswidrig zu Stande gekommen, noch laufenden Vertrags zu beenden (EuGH, Urteil vom 18. Juli 2007 – C-503/04). Soweit dies erforderlich ist, kann der öffentliche Auftraggeber daher einen laufenden Vertrag kündigen, um ein ansonsten drohendes Vertragsverletzungsverfahren der Europäischen Kommission zu verhindern. Die Vorschrift des § 133 Absatz 1 Nummer 3 normiert dieses Kündigungsrecht für den Fall im GWB, dass der EuGH eine entsprechende Vertragsverletzung festgestellt hat.

Zu Absatz 2

Absatz 2 Satz 1 regelt die Rechtsfolgen einer Kündigung durch den öffentlichen Auftraggeber nach Absatz 1. Danach ist der Auftragnehmer grundsätzlich berechtigt, einen seinen bisherigen Leistungen entsprechenden Teil der Vergütung zu verlangen. Dies entspricht der Wertung des § 628 Absatz 1 Satz 1 BGB. Die Regelung ermöglicht einen angemessenen Interessenausgleich zwischen öffentlichem Auftraggeber und Auftragnehmer. Zwar ist der öffentliche Auftraggeber unmittelbar durch die Vorschriften des Vergaberechts verpflichtet. Er trägt aber das Risiko dafür, dass vergaberechtliche Gesichtspunkte einer weiteren Durchführung des Vertrags entgegenstehen, bei wirtschaftlicher Betrachtung nicht allein. Mit Satz 2 wird der Vergütungsanspruch für den in Absatz 1 Nummer 2 genannten Fall beschränkt, soweit die Leistungen des Auftragnehmers infolge der Kündigung ohne Wert oder Vorteil für den öffentlichen Auftraggeber sind. Vor dem Hintergrund, dass ein zwingender Ausschlussgrund nach § 123 Absatz 1 bis 4 in der Regel die Verurteilung wegen einer schweren Straftat voraussetzt, ist es sachgerecht, den Vergütungsanspruch zu beschränken.

Zu Absatz 3

Mit Absatz 3 wird klargestellt, dass durch die Kündigung etwaige Schadensersatzansprüche unberührt bleiben. Im Rahmen des Schadensersatzrechts können die Verantwortlichkeiten und das (Mit-) Verschulden im Einzelfall gerecht gewertet werden.«

A. Allgemeine Einführung

Dort, wo Menschen handeln, können sie auch fehlerhaft handeln. Da gilt im öffent- 1
lichen Auftragswesen nichts anderes. Wenn man sich nicht gerade im öffentlichen Auftragswesen bewegt, nennt man das mit den Worten Oscar Wildes gerne »Erfahrungen
sammeln«.

Wird beispielsweise gegen das Gebot der produktneutralen Ausschreibung oder das Ge- 2
bot der Auftragsbezogenheit von Eignungs- und Zuschlagskriterien verstoßen, kann
sich hieraus eine Rechtswidrigkeit des geschlossenen Vertrages ergeben. Rechtswidrig
ist auch, wenn ein Vertrag ohne Ausschreibung geschlossen wird oder wenn Fehler bei
der Ausschlussprüfung gemacht werden.

Bisher einziger vergaberechtlicher Anknüpfungspunkt zivilrechtlicher Rechtsfolgen 3
war die Vorschrift zur Unwirksamkeit von Verträgen nach § 135 GWB. Sind jedoch
die hier geforderten Voraussetzungen nicht erfüllt, gilt der vertragsrechtliche Grundsatz »pacta sunt servanda« (einmal geschlossene Verträge sind einzuhalten).

Eine vergaberechtliche Möglichkeit, einen vergaberechtswidrigen Vertrag aufzulösen, 4
sprich: zu kündigen, gab es bislang nicht. Hierzu bedarf es grundsätzlich eines Kündigungsgrundes, jedoch begründet die Vergaberechtswidrigkeit eines Vertrages allein regelmäßig keinen solchen. Nun werden mit der Regelung von Kündigungsmöglichkeiten nach § 133 gesetzliche vergaberechtliche Kündigungsgründe eingeführt. Damit
kommt neben § 135 GWB ein weiterer vergaberechtlicher Anknüpfungspunkt zivilrechtlicher Rechtsfolgen hinzu.

B. Vergleich zur vorigen Rechtslage

Das eingeräumte Recht für Auftraggeber, einen öffentlichen Auftrag kündigen zu kön- 5
nen findet in den Vorgängerrichtlinien keine Entsprechung. Es wird erstmals für Auftraggeber die vergaberechtliche Möglichkeit geschaffen, unter bestimmten Voraussetzungen einen bestehenden öffentlichen Auftrag zu kündigen.

C. Europarechtliche Vorgaben

Auftraggeber können sich Situationen gegenübersehen, die eine Auflösung eines Vertra- 6
ges erfordern um unionsrechtliche Verpflichtungen einzuhalten.[1] Daher stellen die
neuen europäischen Vergaberichtlinien den Auftraggebern für bestimmte Fälle ein vergaberechtliches Kündigungsrecht zur Verfügung.[2]

---

1 S. Erwägungsgrund 112 Richtlinie 2014/24/EU; s. Erwägungsgrund 118 Richtlinie 2014/25/EU.
2 Art. 73 Richtlinie 2014/24/EU, Art. 90 Richtlinie 2014/25/EU.

Die eingeräumten Kündigungsmöglichkeiten sind von den Mitgliedstaaten zwingend umzusetzen.[3]

7 Inhaltlich lassen die folgenden Tatbestände eine Kündigung zu:[4]
– Der Auftrag hat eine wesentliche Änderung erfahren, die ein neues Vergabeverfahren erfordert hätte;
– es lag zum Zeitpunkt des Vertragsschlusses ein zwingender Ausschlussgrund vor;
– der Vertrag kam unter einer schweren Verletzung der Verpflichtungen aus dem AEUV zustande, die vom EuGH in einem Verfahren nach Art. 258 AEUV festgestellt wurde.

D. Kommentierung

I. Einführung

8 Schon der Wortlaut »in besonderen Fällen« der Normüberschrift macht deutlich, dass das vergaberechtliche Kündigungsrecht neben dem allgemein geltenden Kündigungsrecht gilt.[5] Insbesondere wichtige Kündigungsgründe nach § 314 BGB zur Kündigung von Dauerschuldverhältnissen werden nicht ausgeschlossen.[6] Auch die in den vereinbarten Allgemeinen Vertragsbedingungen[7] geregelten Möglichkeiten zur Auflösung eines öffentlichen Auftrages bleiben unberührt.

9 Die erfassten »besonderen Fälle« sind in Absatz 1 Nummern 1 bis 3 explizit geregelt. Danach steht dem Auftraggeber ein Kündigungsrecht immer dann zu, wenn sich herausstellt, dass aufgrund der bestehenden vergaberechtlichen Verhältnisse der Vertrag gar nicht erst hätte zustande kommen dürfen.

10 Insofern ist der in der Gesetzesbegründung ins Feld geführte Grundsatz der »clausula rebus sic stantibus« (Bestimmung der gleichbleibenden Umstände) nicht wirklich passend. Bedeutet er doch, dass die Vertragsparteien auf unveränderte Umstände vertrauen, aber gleichwohl, wenn sich diese ändern, eine Vertragsänderung zulässig sein soll. Doch streng genommen ändern sich in den Fällen des § 133 Abs. 1 nicht die Umstände an sich, sondern nur die Kenntnis darüber. Die vergaberechtswidrigen Verhältnisse zum Zeitpunkt des Vertragsschlusses bleiben dieselben und gerade diese unveränderten vergaberechtswidrigen Verhältnisse machen den Kündigungsgrund aus.

II. Zweck der Regelung

11 Sowohl das Unionsrecht als auch das nationale Recht gehen zunächst von der Rechtmäßigkeit geschlossener Verträge aus. Stellt sich heraus, dass die Verhältnisse bei Vertragsschluss anders waren als ursprünglich angenommen und der Vertrag gar nicht erst hätte

---

3 S. Art. 73 Satz 1 Richtlinie 2014/24/EU, Art. 90 Satz 1 Richtlinie 2014/25/EU.
4 S. Art. 73 lit. a) – c) Richtlinie 2014/24/EU, Art. 90 lit. a) – c) Richtlinie 2014/25/EU.
5 Vgl. Vergaberechtsmodernisierungsgesetz, BT-Drs. 18/6281 vom 08.10.2015, Begründung zu § 133.
6 S. Eschenbruch, in: Kulartz/Kus/Portz/Prieß, GWB Vergaberecht, § 133, Rn. 9.
7 S. §§ 7, 8, 9 VOL/B; s. §§ 8, 9 VOB/B.

geschlossen werden dürfen, hält das Vergaberecht nun ein Instrument zur Beseitigung eines solchen rechtswidrigen Zustandes bereit. Dieses ist auch dann anwendbar, selbst wenn der Vertrag formal wirksam zustande gekommen ist. Insoweit findet der Grundsatz »pacta sunt servanda« hier seine Grenzen. Damit ist die Frage, ob im Falle eines vergaberechtswidrig geschlossenen Vertrages dieser infolge der Verpflichtung des Bundes, Verstöße gegen Unionsrechts abzustellen, beendet werden muss, geklärt.[8]

Öffentliche Aufträge dürfen nunmehr während der Vertragslaufzeit in besonderen   12
Fällen vom Auftraggeber gekündigt werden. Mit der so erfolgenden Beseitigung eines vergaberechtswidrigen Zustandes wird sowohl dem Unionsrecht als auch dem nationalen Recht genüge getan. Während einerseits Unionsrechtskonformität hergestellt wird, erfolgt durch die zulässige Kündigung andererseits die Korrektur nichtgesetzmäßigen Handelns – weil vergaberechtswidrig – durch einen Träger öffentlicher Gewalt.[9]

III. Anwendungsbereich

Adressat der europäischen Vergaberichtlinien wie auch der in nationales Recht umge-   13
setzten entsprechenden Regelungen ist der (öffentliche) Auftraggeber.[10] Entsprechend gesteht die Vorschrift auch nur dem öffentlichen Auftraggeber (persönlicher Anwendungsbereich) ein Kündigungsrecht zu.

Zunächst erfasst die Norm die öffentlichen Auftraggeber i.S.d. § 99 GWB. Sektoren-   14
auftraggeber nach § 100 GWB sowie Konzessionsgeber nach § 101 GWB sind über die Verweisungsnormen der §§ 142 Abs. 1 sowie 154 Nr. 4 GWB ebenfalls vom persönlichen Anwendungsbereich umfasst.

Der sachliche Anwendungsbereich betrifft dem Wortlaut nach öffentliche Aufträge   15
i.S.d. § 103 Abs. 1 GWB. Über die Verweisungsnorm des § 154 Nr. 4 GWB sind unter den Voraussetzungen des § 133 GWB auch Konzessionen kündbar. Auch Rahmenvereinbarungen sind entsprechend kündbar. Für sie gelten, soweit nichts anderes bestimmt ist, nach § 103 Abs. 5 S. 2 GWB dieselben Vorschriften wie für die Vergabe öffentlicher Aufträge.

IV. Inhalt der Regelung

Bei dem Kündigungsrecht nach § 133 GWB handelt es sich um ein rein vergaberecht-   16
liches Kündigungsrecht. Es steht ausschließlich dem öffentlichen Auftraggeber zu. Er kann dieses allerdings nur in Anspruch nehmen, soweit und solange sich aus dem Vertrag (öffentlicher Auftrag) fortlaufende Pflichten im Sinne von Leistung und Gegenleis-

---

8 Vgl. hierzu u.a.: EuGH, Urt. v. 15.10.2009 – C-275/08.
9 Zum Grundsatz, nach dem die Verwaltung für ihr Handeln eine Rechtsgrundlage benötigt und nicht gegen das Gesetz verstoßen darf, s. Art. 20 Abs. 3 GG; vgl. für viele: Huster/ Rux, in: Beck OK GG, Art. 20, Rn. 164 ff.
10 S. Art. 1 Abs. 1 Richtlinie 2014/24/EU; Art. 1 Abs. 1 Richtlinie 2014/25/EU; vgl. Müller, in: Kulartz/Kus/Portz/Prieß, GWB Vergaberecht, § 1 Rn. 12 f.

tung ergeben. Ist der Vertrag hingegen nach § 362 BGB erfüllt, ist für eine Kündigung kein Raum mehr.[11]

17   Eine rechtmäßige Kündigung ist ausschließlich vom Vorliegen einer der Kündigungsvoraussetzungen abhängig. Es kommt nicht darauf an, ob einer der Vertragsparteien ein schuldhaftes Verhalten vorwerfbar ist. Diesbezüglich sind die Parteien durch die Möglichkeit, Schadensersatz nach den zivilrechtlichen Vorschriften fordern zu können, geschützt.

18   Die Vorschrift sieht drei Kündigungsgründe vor:
–   Am laufenden Vertrag wurde eine wesentliche Änderung vorgenommen, die ein neues Vergabeverfahren erfordert hätte. Bei der wesentlichen Änderung muss es sich um eine solche im Sinne des § 132 Abs. 1 handeln (siehe dortige Kommentierung). Liegt ein Ausnahmetatbestand des § 132 Abs. 2 oder 3 GWB vor, so war gleichwohl ein neues Vergabeverfahren nicht erforderlich und ein Kündigungsgrund ist nicht gegeben. Anknüpfungspunkt des Kündigungsrechts ist also ausschließlich § 132 Abs. 1 Nr. 1 GWB.
–   Zum Zeitpunkt der Zuschlagserteilung lag ein zwingender Ausschlussgrund nach § 123 Abs. 1 bis 4 GWB vor.[12] Diese Regelung schützt den öffentlichen Auftraggeber davor, einen Vertrag mit einem Vertragspartner aufrechterhalten zu müssen, mit dem er bei Kenntnis des Ausschlusstatbestandes erst gar keinen Vertrag hätte schließen dürfen. Entsteht ein Ausschlusstatbestand nach der Zuschlagserteilung, so kann dieser nicht zur Vertragsauflösung herangezogen werden. Infrage kommen könnten ggf. wichtige Kündigungsgründe nach §§ 314, 626 BGB. Es ist jedoch stets eine Abwägung der beiderseitigen Interessen im Einzelfall erforderlich.[13] Als Zeitpunkt der Zuschlagserteilung ist die interne Entscheidung des öffentlichen Auftraggebers zu sehen. Zu beachten ist, dass der Zeitpunkt der Zuschlagserteilung und des Vertragsschlusses nicht zusammenfallen. Der Vertrag entsteht erst mit Zugang der Willensentscheidung des öffentlichen Auftraggebers beim Bieter.[14]

19   –   Der öffentliche Auftrag hätte aufgrund eines schweren Vergaberechtsverstoßes nicht vergeben werden dürfen. Der Verstoß muss sich gegen den AEUV oder den Teil 4 des GWB richten und er muss vom EuGH in einem Verfahren nach Art. 258 AEUV (Vertragsverletzungsverfahren) festgestellt worden sein. Demnach tritt die Voraussetzung erst mit der Entscheidung des EuGH ein. Der Wortlaut verlangt, dass die Verletzung des Vergaberechts ursächlich für den Vertragsschluss war.

20   Eine Frist für eine Kündigung sieht die Norm nicht vor. Auch in den Richtlinien wird eine Frist nicht geregelt. Sie verweisen auf Bedingungen, die im nationalen Recht fest-

---

11 S. Vergaberechtsmodernisierungsgesetz, BT-Drs. 18/6281 vom 08.10.2015, Begründung zu § 133.
12 Art. 73 lit a) RL 2014/24/EU verweist nur auf Art. 57 Abs. 1 RL 2014/24/EU. Die Bezugnahme auf § 123 Abs. 4 GWV ist – zulässigerweise – überschießend.
13 Müller, in: Soudry/Hettich, Das neue Vergaberecht, S. 152.
14 S. zum Vertragsschluss im Vergabeverfahren i.E. Hofmann, in: Zivilrechtsfolgen von Vergabefehlern, Schriftenreihe des forum vergabe e.V., S. 7 m.w.N.

gelegt sind.[15] Wird demnach das Vorliegen der Kündigungsvoraussetzungen festgestellt, kann der Auftraggeber jederzeit kündigen.

Es stellt sich jedoch die Frage, ob der öffentliche Auftraggeber sich beliebig Zeit lassen 21 kann, die Kündigung auszusprechen, nachdem der Kündigungsgrund festgestellt wurde. Da die Spezialnorm des § 133 GWB hierzu keine Regelung trifft, dürfte § 314 Abs. 3 BGB herangezogen werden können. Danach muss die Kündigung innerhalb einer angemessenen Frist ausgesprochen werden, nachdem der Kündigungsberechtigte von dem Kündigungsgrund Kenntnis erlangt hat. Dies wird man auch vom öffentlichen Auftraggeber verlangen müssen, nachdem er von einem Kündigungstatbestand Kenntnis erlangt hat.

V. Rechtsfolgen

1. Vergütung

Die Folgen der Kündigung regelt Abs. 2. Allerdings betrifft die Regelung ausschließlich 22 die Frage der Vergütung. Dabei hat sich der Gesetzgeber an die Vorschrift des § 628 Abs. 1 BGB angelehnt und dessen Wertung übernommen.[16] Wird ein öffentlicher Auftrag unter den Voraussetzungen des Abs. 1 gekündigt, kann der Auftragnehmer den Teil der Vergütung verlangen, der seinen bisherigen erbrachten Leistungen entspricht.

Der Gesetzgeber sieht hierin einen angemessenen Interessensausgleich. Angemessen ist 23 der Interessensausgleich jedoch nur dann, wenn auch dem Auftragnehmer das vergaberechtswidrige Zustandekommen des Vertrages zumindest in Teilen vorgeworfen werden kann. Ansonsten wird ihm zugemutet, unverschuldet auf einen Teil seiner Vergütungsansprüche zu verzichten. In diesem Fall wäre er auf die Geltendmachung von Schadensersatzansprüchen verwiesen.

Im Falle der Kündigung wegen des Vorliegens eines gesetzlichen Ausschlussgrundes 24 nach § 123 Abs. 1 bis 4 GWB kommt es zusätzlich darauf an, ob die bisher erbrachte Leistung des Auftragnehmers infolge der Kündigung für den öffentlichen Auftraggeber noch von Interesse ist oder nicht. Ist die Leistung für den öffentlichen Auftraggeber infolge der Kündigung nicht mehr von Interesse, so entfällt der gesamte Vergütungsanspruch.

Das Ziel der Regelung ist es, infolge der Kündigung entstehende zusätzliche Kosten des 25 Auftraggebers zu verhindern. Sie hat insofern Schadensersatzcharakter.[17] Wann das Interesse an der Leistung wegfällt, regelt die Vorschrift nicht. Daher ist auf die von der Rechtsprechung hierzu allgemein entwickelten Grundsätze zu § 628 BGB zurückzugreifen. Das Interesse an der Leistung fällt dann weg, wenn für den Auftraggeber die Leistung nicht mehr verwertbar ist, sie also infolge der Kündigung wirtschaftlich nutzlos wird.[18] Das Interesse entfällt jedoch nicht, auch wenn die Leistung objektiv wertlos

---

15 S. Art. 73 UA 1 Richtlinie 2014/24/EU; Art. 90 UA 1 Richtlinie 2014/25/EU.
16 S. Vergaberechtsmodernisierungsgesetz, BT-Drs. 18/6281 vom 08.10.2015, Begründung zu § 133 Abs. 2.
17 Vgl. BGH, Beschl. v. 30.03.1995 – IX ZR 182/94.
18 S. BGH Urt. v. 07.06.1984 – III ZR 37/83, NJW 1985, 41.

ist, wenn der Auftraggeber sie gleichwohl nutzt. Das Gleiche gilt, wenn er sie nicht nutzt, obwohl er sie wirtschaftlich nutzen könnte.[19] Bei einer Forschungs- und Entwicklungsleistung wird eine Teilleistung ihren Wert verlieren, wenn sich ein neuer Mitarbeiter den bereits erreichten Wissensstand neu erarbeiten muss.[20]

26   Da ein zwingender Ausschlussgrund eine rechtskräftige Verurteilung wegen einer Straftat voraussetzt, erscheint diese Vergütungsregelung sachgerecht.[21] Zu Lasten des Auftragnehmers spricht der Umstand, dass er von dem Vorliegen des gesetzlichen Ausschlussgrundes bei Vertragsschluss mit an Sicherheit grenzender Wahrscheinlichkeit gewusst hat, denn er hat als Bewerber/Bieter das Vorliegen bzw. Nichtvorliegen von Ausschlussgründen im Rahmen des Nachweises der Eignung im Vergabeverfahren wahrheitsgemäß zu erklären. Der Auftragnehmer kann sich nicht auf ein schutzwürdiges Vertrauen berufen, wenn strafbares oder gemeinwohlschädliches Verhalten vorliegt.[22]

2. Schadensersatz

27   Die Berechtigung Schadensersatz zu verlangen wird durch die Kündigung nicht ausgeschlossen. Der Auftragnehmer hat stets die Möglichkeit, über die ihm zustehende Vergütung hinaus Schadensersatz nach den Bestimmungen des Bürgerlichen Gesetzbuches zu fordern. Das gleiche Recht steht auch dem öffentlichen Auftraggeber zu. Es ist nicht ausgeschlossen, dass auch ihm infolge der Kündigung ein Schaden entsteht. Es gelten die allgemeinen Regeln. In Betracht kommen vertragliche sowie deliktische Ansprüche[23] nach §§ 280, 823 BGB.

VI. Ermessen

28   Die Vorschrift zur Kündigung von öffentlichen Aufträgen in besonderen Fällen ist als Ermessensnorm ausgestaltet. Der öffentliche Auftraggeber muss demnach im Rahmen einer Kündigungsentscheidung von seinem Ermessen Gebrauch machen. Unterlässt er dies, ist die Kündigung ermessensfehlerhaft.[24]

29   Der an die Ermessensausübung anzulegende Maßstab gestaltet sich je nach vorliegendem Kündigungsgrund unterschiedlich. Je stärker sich die Verletzung der insbesondere in § 97 Absätze 1 und 2 GWB genannten Grundsätze durch den vergaberechtswidrigen Vertrag darstellt und damit Rechte potenzieller Teilnehmer am Vergabeverfahren

---

19 S. BGH, Urt. v. 29.03.2011 – VI ZR 133/10.
20 MüKoBGB/Henssler BGB § 628, Rn. 32; i.W. hierzu auch: MüKoBGB/Henssler BGB § 628 Rn. 32 ff. m.w.N.; BeckOK ArbR/Stoffels BGB § 628 Rn. 20 f.
21 S. Vergaberechtsmodernisierungsgesetz, BT-Drs. 18/6281 vom 08.10.2015, Begründung zu § 133 Abs. 2.
22 Görlitz/Conrad VergabeR 2016, 567, 577.
23 S. i.E. hierzu: Görlitz/Conrad VergabeR 2016, 567, 577 ff.
24 Vgl. VK Bund, Beschl. v. 15.03.2012 – VK 1-107/12; OLG Naumburg, Beschl. v. 30.08.2012 – Verg 3/12; im Falle des Nachforderns von Unterlagen hatte die VK Bund entschieden, dass ohne eine Ermessensausübung ein Angebotsausschluss unzulässig sei; das OLG Naumburg entschied, dass das eingeräumte Ermessen auszuüben und zu dokumentieren sei.

beeinträchtigt werden, umso mehr wird der öffentliche Auftraggeber eine Entscheidung hin zur Kündigung zu treffen haben.

Besonders deutlich wird dies, wenn es um die Einhaltung unionsrechtlicher Vorgaben 30 geht. Im Falle der Feststellung einer unionsrechtswidrigen Vergabe durch den EuGH drohen hohe Strafzahlungen, die sich unter anderem an der Dauer der Vertragsverletzung orientieren. Dem öffentlichen Auftraggeber wird im Zweifel gar keine andere Wahl bleiben, als den Vertrag schnellstmöglich zu kündigen. Ganz zu schweigen von seiner grundgesetzlichen Bindung an gesetzmäßiges Handeln.

Nach § 123 Abs. 5 GWB kann der öffentliche Auftraggeber trotz Vorliegens eines 31 zwingenden Ausschlussgrundes ausnahmsweise vom Ausschluss absehen. Im Interesse eines angemessenen Ausgleichs zwischen den Parteien im Falle einer Kündigung wird der öffentliche Auftraggeber im Rahmen seiner Ermessensausübung diesen Aspekt mitberücksichtigen müssen. In den Fällen jedenfalls, in denen er zulässigerweise von einem zwingenden Ausschluss abgesehen hätte, weil ein Ausschluss offensichtlich unverhältnismäßig gewesen wäre, wird eine Kündigung einschließlich ihrer Folgen unangemessen sein.

VII. Rechtsschutz

Für den Fall einer ausgesprochenen Kündigung durch den öffentlichen Auftraggeber 32 stellt sich die Frage, ob und inwieweit der Auftragnehmer vergaberechtliche Rechtsschutzmöglichkeiten hat oder ob er in Bezug auf die Kündigung auf den allgemeinen Zivilrechtsweg angewiesen ist.

Nach § 97 Abs. 6 haben Unternehmen einen Anspruch darauf, dass die Bestimmun- 33 gen über das Vergabeverfahren eingehalten werden. Um ein vergaberechtliches Nachprüfungsverfahren nach den Vorschriften der §§ 155 ff. GWB beantragen zu können, müsste die Kündigungsnorm zu den Bestimmungen über das Vergabeverfahren gehören. Nicht zu den Bestimmungen über das Vergabeverfahren rechnen Normen, die zwar die Durchführung öffentlicher Aufträge, nicht aber das Vergabeverfahren betreffen.[25]

Die Zuordnung der Norm zum Vergabeverfahren ist problematisch, geht es doch bei 34 einer Kündigung um einen geschlossenen Vertrag, der beendet werden soll und gerade der seinerzeitige Abschluss dieses Vertrages durch die Zuschlagserteilung das Vergabeverfahren beendet hat.[26] Ist aber das Vergabeverfahren beendet, kann es sich bei der Kündigungsnorm nicht um eine Norm handeln, die das Vergabeverfahren betrifft.

Die Kündigung ist ohne Zweifel ein Vorgang außerhalb des Vergabeverfahrens. Dies 35 wiederum bedeutet, dass der Anspruch des Unternehmens auf Einhaltung der Bestimmungen über das Vergabeverfahren nach § 97 Abs. 6 nicht greift. Da die Normen der

---

25 Dreher, in: Immenga/Mestmäcker, Wettbewerbsrecht, Bd. 2: GWB, § 97 Rn. 400.
26 Ziekow, in: Ziekow/Völlink, Vergaberecht, § 99, Rn. 13; Mutschler-Siebert, in: Heiermann/Zeiss, Vergaberecht, § 17 VOL/A, Rn. 1; Müller, in: Kulartz/Marx/Portz/Prieß, GWB-Vergaberecht, § 97 Rn. 21.

§§ 155 ff. GWB zum Nachprüfungsverfahren an den Anspruch aus § 97 Abs. 6 GWB anknüpfen, ergibt sich kein vergaberechtlicher Rechtsschutz. Insbesondere § 156 Abs. 2 GWB knüpft ausschließlich am Vergabeverfahren an. Danach können jedoch nur Ansprüche aus § 97 Abs. 6 GWB oder sonstige Ansprüche im vergaberechtlichen Nachprüfungsverfahren gegen den öffentlichen Auftraggeber geltend gemacht werden, die auf die Vornahme oder das Unterlassen in einem Vergabeverfahren gerichtet sind.

36   Tangieren die sonstigen Ansprüche weder in zeitlicher noch in sachlicher Hinsicht eine Handlung eines öffentlichen Auftraggebers in einem Vergabeverfahren, fehlt der sachliche Bezug und die Vergabekammer ist nicht zuständig.[27] Zwar sind die Kündigungsgründe vergaberechtlicher Natur und haben ihren Ursprung in einer vergaberechtswidrigen Handlung des öffentlichen Auftraggebers. Die Kündigung selbst ist jedoch hiervon isoliert und ein vom ursprünglichen Vergabeverfahren losgelöster Akt und je nach Zeitpunkt der Kenntniserlangung des Kündigungsgrundes zeitlich dem ursprünglichen Vergabeverfahren mehr oder weniger weit nachgelagert. Es ist daher nicht sachgerecht, gleichwohl einen sachlichen oder zeitlichen Zusammenhang zum ursprünglichen abgeschlossenen Vergabeverfahren zu konstruieren.

37   Auch die Verortung der Kündigungsvorschrift innerhalb des Teils 4 des GWB, welcher zweifelsohne vergaberechtliche Verfahrensvorschriften beinhaltet, steht dem nicht entgegen, finden sich doch auch andere nicht dem Vergabeverfahren zuzurechnende Vorschriften im Teil 4 des GWB.[28]

Auftragnehmer werden den ordentlichen Zivilrechtsweg beschreiten müssen, wollen sie allein gegen eine Vertragskündigung nach § 133 GWB vorgehen.

§ 136 GWB Anwendungsbereich

Dieser Unterabschnitt ist anzuwenden auf die Vergabe von öffentlichen Aufträgen und die Ausrichtung von Wettbewerben durch Sektorenauftraggeber zum Zweck der Ausübung einer Sektorentätigkeit.

Amtliche Begründung

»§ 136 bestimmt den Anwendungsbereich des Unterabschnitts 1 des neuen Abschnitts 3 des Teils 4 des GWB. Unterabschnitt 1 regelt das Sektorenvergaberecht, das heißt die besonderen Vorschriften für die Vergabe von öffentlichen Aufträgen und die Ausrichtung von Wettbewerben im Bereich der Trinkwasser- oder Energieversorgung sowie des Verkehrs durch Sektorenauftraggeber nach § 100 für die Ausführung von Sektorentätigkeiten nach § 102. Damit werden die wesentlichen Bestimmungen der Richtlinie 2014/25/EU im GWB umgesetzt. Ergänzend gelten die Regelungen der Sektorenverordnung. Nach § 142 finden auf die Vergabe von öffentlichen Aufträgen im Bereich der Trinkwasser- oder Energieversorgung sowie des Verkehrs grundsätzlich die

---

27 Vgl. OLG Düsseldorf, Beschl. v. 22.05.2002 – Verg 6/02.
28 So Müller, in: Kulartz/Kus/Portz/Prieß, GWB-Vergaberecht, zu § 97 Abs. 5, elektronischen Kommunikation, Rn. 234; Summa, in: Heiermann/Zeiss, Vergaberecht, § 97 GWB, § Rn. 295 zur Statistikpflicht (jetzt geregelt in § 114 GWB).

allgemeinen Vorschriften des Abschnitts 2 entsprechende Anwendung, sofern in den §§ 137 bis 141 nicht etwas Abweichendes geregelt ist.«

Inhaltsübersicht

A. Allgemeine Einführung

Abschnitt 3 des 4. Teils des GWB regelt die Vergabe von öffentlichen Aufträgen in sog. **1** besonderen Bereichen und von Konzessionen. Die besonderen Bereiche werden einerseits in die Vergabe öffentlicher Aufträge durch Sektorenauftraggeber (1. Unterabschnitt, §§ 136 bis 143 GWB) und andererseits in die Vergabe verteidigungs- oder sicherheitsspezifischer öffentlicher Aufträge durch öffentliche Auftraggeber und Sektorenauftraggeber (2. Unterabschnitt, §§ 144 bis 147 GWB) unterteilt. Die Vergabe von Konzessionen ist im 3. Unterabschnitt (§§ 148 bis 154 GWB) geregelt.

§ 136 GWB legt den Anwendungsbereich für die Vergabe von öffentlichen Aufträgen **2** durch Sektorenauftraggeber fest. Das spezifische Sektorenvergaberecht ist in den §§ 136 bis 143 GWB und der SektVO geregelt. Nach § 142 GWB finden auf die Vergabe von öffentlichen Aufträgen im Bereich der Trinkwasser- oder Energieversorgung sowie des Verkehrs einschließlich Häfen und Flughäfen grundsätzlich die allgemeinen Vorschriften des Abschnitts 2 (Vergabe von öffentlichen Aufträgen durch öffentliche Auftraggeber) entsprechende Anwendung, sofern in den §§ 137 bis 141 GWB nicht etwas Abweichendes geregelt ist.

Neben der Prüfung, ob der Auftraggeber ein Sektorenauftraggeber gemäß § 100 GWB **3** ist, ob ein öffentlicher Auftrag nach § 103 GWB vorliegt und die Schwellenwerte nach § 106 GWB überschritten sind, ist für die Anwendung des Sektorenvergaberechts weiterhin Voraussetzung, dass die Auftragsvergabe zum Zweck der Ausübung einer Sektorentätigkeit erfolgt.

B. Vergleich zur vorherigen Rechtslage

Das GWB hat im Vergleich zur vorherigen Rechtslage eine starke Überarbeitung der **4** Systematik erfahren. Bisher waren die besonderen Regelungen und Ausnahmen für Sektorenauftraggeber in den Regelungen des GWB und der SektVO verteilt. Beispielsweise waren in §§ 100 Abs. 4, 100b GWB (alt) und § 3 SektVO (alt) besondere Ausnahmen von der Anwendung des 4. Teils des GWB geregelt. Nunmehr ist dies übersichtlicher im Unterabschnitt 1 des 3. Abschnitts des 4. Teils (§§ 136 bis 143 GWB) zusammengefasst. In der SektVO finden wir mit Ausnahme der Regelung in § 1

SektVO keine Anwendungsfragen (also zum »ob«) mehr, sondern nur noch Regelungen zu Fragen der Umsetzung (zum »wie«).

C. Europarechtliche Vorgaben

5   § 136 GWB hat keine Entsprechensnorm in der Richtlinie 2014/25/EU. Vielmehr setzt der gesamte Unterabschnitt 1 des Abschnitts 3 des 4. Teils des GWB, beginnend mit § 136 GWB, die einzelnen Regelungen der Richtlinie 2014/25/EU um.

D. Kommentierung

I. Auftragsarten

6   § 136 GWB zählt zum Anwendungsbereich für Sektorenauftraggeber
– die Vergabe öffentlicher Aufträge und
– die Ausrichtung von Wettbewerben.

Die Definition der öffentlichen Aufträge richtet sich nach § 103 Abs. 1 bis 4 GWB. Das Vorliegen einer Ausrichtung eines Wettbewerbs ist § 103 Abs. 6 GWB geregelt.

7   Nicht in § 136 GWB aufgezählt sind die Rahmenvereinbarungen gemäß § 103 Abs. 5 GWB. Dennoch sind Rahmenvereinbarungen, die Sektorenauftraggeber für eine Sektorentätigkeit abschließen wollen, entgegen dem Wortlaut von § 136 GWB von diesem erfasst. Dies ergibt sich aus der Bezugnahme von § 103 Abs. 5 S. 2 GWB, wonach für die Vergabe von Rahmenvereinbarungen dieselben Vorschriften gelten, wie für die Vergabe entsprechender öffentlicher Aufträge, soweit nichts anderes bestimmt ist. Damit eröffnet sich durch diesen gesetzlichen Verweis auch für Rahmenvereinbarungen der Anwendungsbereich des 1. Unterabschnitts des 3. Abschnitts des GWB.

II. Auftragsvergabe zum Zweck der Ausübung einer Sektorentätigkeit

8   Maßgeblich für die Anwendung der Vorschriften für das Sektorenvergaberecht ist, dass die Auftragsvergabe zum Zweck der Ausübung einer Sektorentätigkeit erfolgt. Diese Voraussetzung wiederholt sich in § 137 Abs. 1 GWB, § 142 GWB und § 1 SektVO. § 137 Abs. 2 Nr. 1 GWB enthält dazu das Pendant und die Negativabgrenzung für Auftragsvergaben, die anderen Zwecken dienen als einer Sektorentätigkeit. Diese unterfallen für Sektorenauftraggeber nach § 100 Abs. 1 Nr. 2 GWB gar nicht dem Vergaberecht des GWB.

9   Bisher ergab sich dieser Zusammenhang mit einer Sektorentätigkeit als Voraussetzung für die Anwendung des Sektorenvergaberechts lediglich aus § 1 SektVO und war nicht auf Gesetzesebene gefordert. In der praktischen Anwendung und im Verständnis der GWB-Regelungen wurde diese Voraussetzung jedoch bereits berücksichtigt. Lediglich die Negativabgrenzung war bisher in § 100 b Abs. 4 Nr. 1 GWB (alt) geregelt. Die Formulierung »im Zusammenhang« in § 1 SektVO (alt) war wenig konkret. Die Richtlinie 2004/17/EG forderte, dass der Auftrag »im Bereich« eines bestimmten Sektors erbracht wird.

Die Richtlinie 2014/25/EU regelt das Erfordernis der Auftragsvergabe zum Zweck   10
einer Sektorentätigkeit in Art. 1 Abs. 2 und formuliert, dass sie für Zwecke einer Sektorentätigkeit »bestimmt« sein muss. Diese Formulierung ist mit der deutschen Formulierung in § 136 GWB zwar nicht wortidentisch, aber jedenfalls vom Sprachverständnis her identisch. Die Negativabgrenzung ist in Art. 19 Abs. 1 der Richtlinie 2014/25/
EU geregelt.

Die Regelungen enthalten somit eine funktionale Bestimmung. Diese wurde auch früher bereits vom EuGH vertreten, denn laut EuGH hängt die Anwendung des Sektorenvergaberechts

*»(. . .) von der Tätigkeit, die der betreffende Auftraggeber ausübt, und von den Beziehun-
gen zwischen dieser Tätigkeit und dem Auftrag, den er plant ab (. . .). Wenn der Auftraggeber einer der Tätigkeiten (. . .) ausübt, und, was das vorlegende Gericht zu prüfen hat, in
Ausübung einer solchen Tätigkeit die Vergabe eines (. . .) Auftrags beabsichtigt, sind die Bestimmungen dieser Richtlinie auf diesen Auftrag (. . .) anwendbar.«*[1]

Damit kommt es darauf an, ob der Sektorenauftraggeber im Einzelfall mit dem avisier-   11
ten Auftrag seine Sektorentätigkeit wahrnimmt. Geht es dagegen nicht konkret um die
Ausübung der Sektorentätigkeit, steht der Auftrag nicht »im Zusammenhang« mit einer
Sektorentätigkeit und ist für diesen Zweck nicht »bestimmt« was die Anwendung des
Sektorenvergaberechts ausschließt. Die Anwendung des Sektorenvergaberechts wird
mithin am Ende nicht institutionell bestimmt, indem die Auftraggebereigenschaft vorliegt, oder aufgrund eines öffentlichen Auftrags oberhalb der EU Schwellenwerte, sondern rein funktional nach der im konkreten Einzelfall mit der nachgefragten Leistung
zu erfüllenden Aufgabe.

Dem Zweck der Ausübung einer Sektorentätigkeit dienen Lieferungen und Leistungen   12
dann, wenn sie die Sektorentätigkeit ermöglichen, erleichtern oder fördern.[2] Damit
sind jegliche Unterstützungsleistungen der Sektorentätigkeit erfasst. Es bedarf also
einer konkreten Verbindung des Auftrags mit der Aufgabe des Sektorenauftraggebers
im jeweiligen Sektorenbereich. Dagegen fallen solche Lieferungen und Leistungen
nicht darunter, die der Auftraggeber völlig unabhängig von seiner Sektorentätigkeit beschafft.

III. Infektionstheorie

Sektorenauftraggeber nach § 100 GWB dürfen somit selbstverständlich auch andere   13
Aufgaben durchführen als Sektorentätigkeiten. § 100 GWB ist nicht so zu lesen,
dass Sektorenauftraggeber nur solche sind, die ausschließlich eine Sektorentätigkeit
nach § 102 GWB ausüben. Die Frage ist jedoch, ob die Nichtsektorentätigkeiten durch
die Sektorentätigkeiten infiziert werden und somit ebenso unter das Sektorenvergaberecht fallen.

---

1 EuGH, Urt. v. 16.06.2005 – C-462/03 und 463/03, Rn. 37.
2 Reidt/Stickler/Glahs, Vergaberecht, Kommentar, 3. Aufl. 2011, § 100 GWB Rn. 72; Im-
menga/Mestmäcker, Wettbewerbsrecht, Bd. 2, 5. Aufl. 2014, § 100b Rn. 14.

14 Der EuGH hat 2008 klargestellt, dass Sektorenauftraggeber nach § 100 GWB, also auch solche nach § 99 Nr. 1 bis 3 GWB, das Sektorenvergaberecht nur bei der Vergabe von Aufträgen im Zusammenhang mit einer Sektorentätigkeit anwenden müssen (und dürfen).[3] Öffentliche Auftraggeber haben bei anderen Aufträgen das klassische strenge Vergaberecht anzuwenden. Denn die Richtlinie 2014/24/EU erfasst grundsätzlich alle Aufträge von öffentlichen Auftraggebern, die Richtlinie 2014/25/EU dagegen nur spezifische Bereiche. Demzufolge müssen die Regelungen der Richtlinie 2014/25/EU eng ausgelegt werden und die dort festgelegten Verfahren dürfen nicht über diesen Anwendungsbereich hinaus erstreckt werden.[4] Die vom EuGH in seinem Urteil von 15. Januar 1998[5] entwickelte Infektionstheorie ist hier somit nicht anwendbar. Dies hat der EuGH 2005 in seinen zwei Strabag-Urteilen bestätigt.[6]

IV. Umstrittene Fallkonstellationen

15 Höchst streitig ist beispielsweise die Errichtung eines Verwaltungsgebäudes. Problematisch wird dies insbesondere dann, wenn in dem Gebäude Abteilungen arbeiten, die für den Sektorenbereich tätig sind und solche, die eine andere Tätigkeit ausüben. Das OLG Düsseldorf hat für einen regional tätigen Energieversorger schlicht unterstellt, dass der Bau eines Verwaltungsgebäudes seiner Sektorentätigkeit Energieversorgung diene.[7] Das Gericht hat diesen Aspekt aber an keiner Stelle des Urteils erwähnt, so dass vermutet werden kann, dass es diese Voraussetzung gar nicht geprüft hat. Denn ein Zusammenhang zwischen dem Bau eines Verwaltungsgebäudes und der Sektorentätigkeit Energieversorgung scheitert bereits an der Unmittelbarkeit. Letztere ist allerdings mit dem EuGH zu fordern, da der Auftrag stets »in Ausübung« der Sektorentätigkeit erfolgen soll, ein Verwaltungsgebäude aber nur mittelbar der Sektorentätigkeit dient.

16 Anders stellt sich dies z.B. bei der Anschaffung von Bussen für Auftraggeber im Verkehrsbereich oder Körperscannern für Flughafenbetreiber dar, welche die Sektorentätigkeit unmittelbar fördern. Hier ist der unmittelbare Zusammenhang mit der Sektorentätigkeit erkennbar.

Aber auch mittelbare Verkehrsdienstleistungen, wie Fahrzeug- oder Stadtbahnreinigungsleistungen können dem Verkehrsbetrieb des Sektorenauftraggebers unmittelbar dienen und damit in den Anwendungsbereich des Sektorenvergaberechts fallen.[8]

17 Zu der Sektorentätigkeit eines Flughafens zählen auch alle Tätigkeiten zum Zwecke der Nutzung des Geländes als Flughafen. Zur Nutzung des Flughafens gehören auch Tätig-

---

3 EuGH, Urt. v. 10.04.2008 – C-393/06 – zitiert nach VERIS.
4 Für die damals geltenden Richtlinien: EuGH, Urt. v. 10.04.2008 – C-393/06, Rn. 27, 29 – zitiert nach VERIS.
5 EuGH, Urt. v. 15.01.1998 – C-44/96 – zitiert nach VERIS.
6 EuGH, Urt. v. 16.06.2005 – C-462/03 und 463/03 – zitiert nach VERIS.
7 Vgl. OLG Düsseldorf, Beschl. v. 21.05.2008 – Verg 19/08, ZfBR 2008, 834.
8 VK Lüneburg, Beschl. v. 05.11.2010 – VgK-54/2010 – zitiert nach VERIS.

keiten, die die Sicherheit des Flughafens sowie den ungehinderten Verkehr auf dem Flughafengelände sichern sollen.[9]

Die Beschaffung von Computern zur mobilen Datenerfassung hat das OLG München 18 der Sektorentätigkeit eines Stromnetzbetreibers zugeordnet, weil mit den Computern Daten betreffend die Elektrizitätsversorgung erfasst werden sollten und es sich damit um einen Lieferauftrag für die Sektorentätigkeit handelte.[10]

Die Beschaffung einer internen Kommunikationsanlage eines Energieversorgers unter- 19 fällt zwar dagegen nicht unmittelbar dem Energieversorgungsbereich, die Beschaffung soll aber (noch) der Erreichung von Unternehmensleistungen im Bereich der Erzeugung und des Absatzes von Strom dienen.[11] Das Gericht begründet dies damit, dass auch solche Aufträge der Sektorentätigkeit zugerechnet werden, die äußerlich neutral sind, sie also der Sektorentätigkeit im weitesten Sinne dienen (sog. Hilfsgeschäfte) und die Auslegung teilweise sehr weit vorgenommen würde, so dass auch Hilfstätigkeiten noch unter das Tätigkeitsfeld des Sektorenauftraggebers fielen.[12] Diese Auffassung ist jedoch abzulehnen, da sie die Rechtsprechung des EuGH übersieht. Dieser hat deutlich gemacht, dass die Anwendung der Richtlinie für den Sektorenbereich eng auszulegen ist und die anderen Tätigkeiten den Sektorenbereich gerade nicht infizieren.[13] Eine interne Kommunikationsanlage benötigt jedes Wirtschaftsunternehmen, unabhängig davon welche Tätigkeit es ausübt. Sie dient damit einer Sektorentätigkeit nicht unmittelbar und fördert diese auch nicht. Ähnlich zu sehen ist das beispielsweise bei der Beschaffung von Kopiergeräten, Reinigungsdienstleistungen oder Pförtnerdiensten bei Energieversorgern.

V. Rechtsfolgen

Je nachdem, ob die Voraussetzung »zum Zweck der Ausübung einer Sektorentätigkeit« 20 vorliegt, ergeben sich für Sektorenauftraggebern gemäß § 100 Abs. 1 Nr. 1 GWB andere Rechtsfolgen als bei Sektorenauftraggebern nach § 100 Abs. 1 Nr. 2 GWB. Sektorenauftraggeber nach § 100 Abs. 1 Nr. 1 GWB haben nämlich bei Auftragsvergaben, die nicht dem Zweck der Ausübung einer Sektorentätigkeit dienen, das klassische strenge Vergaberecht nach dem Abschnitt 2 des GWB anzuwenden.

Sektorenauftraggeber nach § 100 Abs. 1 Nr. 2 GWB, die einen Auftrag zu vergeben 21 haben, der nicht einer Sektorentätigkeit dient, müssen das Vergaberecht im GWB nur insoweit anwenden, als Bezug auf den allgemeinen Begriff des Auftraggebers im Sinne von § 98 GWB genommen wird. Das ist aber weder in den §§ 115 ff. GWB noch in §§ 136 ff. GWB der Fall, so dass diese Sektorenauftraggeber bei der Vergabe

9 OLG Düsseldorf, 24.03.2010 – VII-Verg 58/09, JurionRS 2010, 20881.
10 Vgl. OLG München, Beschl. v. 20.04.2005 – Verg 8/05, OLGR München 2005, 673.
11 VK Sachsen, Beschl. v. 09.12.2014 – 1/SVK/032 – 14 – zitiert nach VERIS.
12 VK Sachsen, Beschl. v. 09.12.2014 – 1/SVK/032 – 14 – zitiert nach VERIS.
13 EuGH, Urt. v. 16.06.2005 – C-462/03 und 463/03; EuGH, Urt. v. 10.04.2008 – C-393/06. Rn. 27, 29, zitiert nach VERIS.

von Aufträgen außerhalb des Sektorenbereichs keinen formellen Regelungen des GWB unterliegen. Dies stellt § 137 Abs. 2 Nr. 1 GWB klar.

§ 137 GWB   Besondere Ausnahmen

(1) Dieser Teil ist nicht anzuwenden auf die Vergabe von öffentlichen Aufträgen durch Sektorenauftraggeber zum Zweck der Ausübung einer Sektorentätigkeit, wenn die Aufträge Folgendes zum Gegenstand haben:
1. Rechtsdienstleistungen im Sinne des § 116 Absatz 1 Nummer 1,
2. Forschungs- und Entwicklungsdienstleistungen im Sinne des § 116 Absatz 1 Nummer 2,
3. Ausstrahlungszeit oder Bereitstellung von Sendungen, wenn diese Aufträge an Anbieter von audiovisuellen Mediendiensten oder Hörfunkmediendiensten vergeben werden,
4. finanzielle Dienstleistungen im Sinne des § 116 Absatz 1 Nummer 4,
5. Kredite und Darlehen im Sinne des § 116 Absatz 1 Nummer 5,
6. Dienstleistungen im Sinne des § 116 Absatz 1 Nummer 6, wenn diese Aufträge aufgrund eines ausschließlichen Rechts vergeben werden,
7. die Beschaffung von Wasser im Rahmen der Trinkwasserversorgung,
8. die Beschaffung von Energie oder von Brennstoffen zur Energieerzeugung im Rahmen der Energieversorgung oder
9. die Weiterveräußerung oder Vermietung an Dritte, wenn
   a) dem Sektorenauftraggeber kein besonderes oder ausschließliches Recht zum Verkauf oder zur Vermietung des Auftragsgegenstandes zusteht und
   b) andere Unternehmen die Möglichkeit haben, den Auftragsgegenstand unter den gleichen Bedingungen wie der betreffende Sektorenauftraggeber zu verkaufen oder zu vermieten.

(2) Dieser Teil ist ferner nicht anzuwenden auf die Vergabe von öffentlichen Aufträgen und die Ausrichtung von Wettbewerben, die Folgendes zum Gegenstand haben:
1. Liefer-, Bau- und Dienstleistungen sowie die Ausrichtung von Wettbewerben durch Sektorenauftraggeber nach § 100 Absatz 1 Nummer 2, soweit sie anderen Zwecken dienen als einer Sektorentätigkeit, oder
2. die Durchführung von Sektorentätigkeiten außerhalb des Gebietes der Europäischen Union, wenn der Auftrag in einer Weise vergeben wird, die nicht mit der tatsächlichen Nutzung eines Netzes oder einer Anlage innerhalb dieses Gebietes verbunden ist.

Amtliche Begründung

»Zu Absatz 1

Zu Nummer 1

§ 137 Absatz 1 Nummer 1 dient der Umsetzung von Artikel 21 Buchstabe c der Richtlinie 2014/25/EU. Im Übrigen wird auf die Begründung zu § 116 Absatz 1 Nummer 1 verwiesen.

Zu Nummer 2

§ 137 Absatz 1 Nummer 2 dient der Umsetzung von Artikel 32 der Richtlinie 2014/25/EU. Im Übrigen wird auf die Begründung zu § 116 Absatz 1 Nummer 2 verwiesen.

Zu Nummer 3

§ 137 Absatz 1 Nummer 3 dient der Umsetzung von Artikel 21 Buchstabe i der Richtlinie 2014/25/EU und ist entsprechend dem Wortlaut der Richtlinie enger gefasst als die allgemeine Ausnahmeregelung des § 116 Absatz1 Nummer 3. Anders als § 116 Absatz 1 Nummer 3 und § 149 Nummer 3 umfasst § 137 Nummer 3 keine Aufträge über Erwerb, Entwicklung, Produktion oder Koproduktion von Sendematerial für audiovisuelle Mediendienste oder Hörfunkmediendienste, die von Mediendienstleistern vergeben werden, sondern nur Aufträge über Ausstrahlungszeit oder Bereitstellung von Sendungen, die an Anbieter von audiovisuellen Mediendiensten oder Hörfunkmediendiensten vergeben werden. Im Übrigen wird auf die Begründung zu § 116 Absatz 1 Nummer 3 verwiesen.

Zu Nummer 4

§ 137 Absatz 1 Nummer 4 dient der Umsetzung von Artikel 21 Buchstabe d der Richtlinie 2014/25/EU. Bislang war die Ausnahme im Sektorenbereich für bestimmte finanzielle Dienstleistungen in § 100b Absatz 2 Nummer 1 GWB geregelt. Die Ausnahme für bestimmte finanzielle Dienstleistungen entspricht der Ausnahme des § 116 Absatz 1 Nummer 4. Insofern wird auf die Begründung zu § 116 Absatz 1 Nummer 4 verwiesen.

Zu Nummer 5

§ 137 Absatz 1 Nummer 5 dient der Umsetzung von Artikel 21 Buchstabe e der Richtlinie 2014/25/EU. Die Ausnahme für Kredite und Darlehen entspricht der Ausnahme des § 116 Absatz 1 Nummer 5. Insofern wird auf die Begründung zu § 116 Absatz q Nummer 5 verwiesen.

Zu Nummer 6

§ 137 Absatz 1 Nummer 6 dient der Umsetzung von Artikel 22 der Richtlinie 2014/25/EU. Die Ausnahme für Dienstleistungsaufträge, die aufgrund eines ausschließlichen Rechts vergeben werden, entspricht Artikel 11 der Richtlinie 2014/24/EU. Insofern wird auf die Begründung zu § 116 Absatz 1 Nummer 6 verwiesen.

Zu Nummer 7

§ 137 Absatz 1 Nummer 7 übernimmt unverändert die Ausnahme des bisherigen § 100b Absatz 2 Nummer 2 GWB und setzt damit Artikel 23 Buchstabe a der Richtlinie 2014/25/EU um.

Zu Nummer 8

§ 137 Absatz 1 Nummer 8 übernimmt unverändert die Ausnahme des bisherigen § 100b Absatz 2 Nummer 3 GWB und setzt damit Artikel 23 Buchstabe b der Richtlinie 2014/25/EU um.

Zu Nummer 9

§ 137 Absatz 1 Nr. 9 übernimmt unverändert die bisherige Ausnahme des § 100b Absatz 4 Nummer 3 GWB. Damit wird Artikel 18 der RL 2014/25/EG umgesetzt.

Zu Absatz 2

Zu Nummer 1

§ 137 Absatz 2 Nummer 1 übernimmt inhaltsgleich die Ausnahme des bisherigen § 100b Absatz 4 Nummer 1 GWB. Die entsprechende Richtlinienregelung findet sich in Artikel 19 Absatz 1 Richtlinie 2014/25/EU.

Zu Nummer 2

§ 137 Absatz 2 Nummer 2 übernimmt inhaltsgleich die Ausnahme des bisherigen § 100b Absatz 4 Nummer 2 GWB. Die entsprechende Richtlinienregelung findet sich in Artikel 19 Absatz 1 RL 2014/25/EU.«

A. Allgemeine Einführung

1 § 137 GWB regelt Ausnahmen von der Anwendung des Teils 4 des GWB für Sektorenauftraggeber nach § 100 Abs. 1 Nr. 1 und Nr. 2 GWB, wenn sie – oberhalb des Schwellenwertes nach § 106 GWB liegende – öffentliche Aufträge nach § 103 GWB zum Zweck der Ausübung einer Sektorentätigkeit gemäß § 102 GWB vergeben. In diesen Fällen findet das EU-Vergaberecht und damit auch GWB und SektVO keine Anwendung. Diese Ausnahmevorschriften werden naturgemäß eng ausgelegt. Der Sektorenauftraggeber ist für das Vorliegen eines Ausnahmetatbestands beweispflichtig, d.h. hierüber ist eine Dokumentation zu führen.

Die Ausnahmen für die Sektorenauftraggeber gehen über die Ausnahmen für die öffentlichen Auftraggeber hinaus.

B. Vergleich zur vorherigen Rechtslage

2 Die allgemeinen und besonderen Ausnahmen von der Anwendung des Vergaberechts, wie sie nun in den §§ 107 und 116 GWB überwiegend für alle Auftraggeber gelten, befanden sich zuvor in den §§ 100a, 100b und 100c GWB (alt) sowie in § 4 SektVO (alt) in Verbindung mit Anhang 1. Der Anhang 1 war in Teil A (Liste der vorrangigen Dienstleistungen) und Teil B (Liste der nachrangigen Dienstleistungen) unterteilt. Für

die im Teil A enthaltenen Dienstleistungsaufträge musste die SektVO (alt) in vollem Umfang angewandt werden. Für die im Teil B enthaltenen Dienstleistungsaufträge galt die SektVO (alt) nur eingeschränkt. Diese Unterteilung wurde in der Richtlinie 2014/25/EU komplett aufgegeben. Die Aufträge wurden nunmehr jeweils zum Teil aus dem Teil A und B zu den Ausnahmen der §§ 107 und 116 GWB zugeschlagen. So kann es sein, dass bestimmte Aufträge bisher vollständig den Vergabevorschriften unterlagen, nun aber ausgenommen sind.

Einige Aufträge unterlagen bisher nur eingeschränkt bestimmten Vergabevorschriften, 3 so z.b. die Rechtsdienstleistungen nach § 137 Abs. 1 Nr. 1 GWB. Diese waren bislang sog. B-Dienstleistungen und mussten gemäß Art. 32 der Richtlinie 2004/17/EG nur nach Art. 34 (techn. Spezifikationen) und 43 (Bekanntmachung über vergebene Aufträge) der Richtlinie 2004/17/EG vergeben werden. Alle anderen vergaberechtlichen Vorschriften galten für diese Aufträge nicht. Der deutsche Gesetzgeber hatte dies in § 4 SektVO (alt) in Verbindung mit Anhang 1 umgesetzt. Nunmehr sind die vergaberechtlichen Vorschriften für diese Aufträge gänzlich nicht mehr anzuwenden.

C. Europarechtliche Vorgaben

Die Ausnahmen in §§ 107 und 116 und damit überwiegend auch in § 137 Abs. 1 4 GWB basieren auf Art. 21 der Richtlinie 2014/25/EU.

Die Ausnahme für die Beschaffung von Wasser im Rahmen der Trinkwasserversorgung 5 und von Energie oder von Brennstoffen zur Energieerzeugung im Rahmen der Energieversorgung gemäß § 137 Abs. 1 Nr. 7 und 8 GWB haben ihre Herleitung aus Art. 23 der Richtlinie 2014/25/EU. Hierbei hat der deutsche Gesetzgeber die Chance leider nicht genutzt, die bisher umstrittene Regelung dahingehend klarzustellen, dass die Beschaffung von Energie gerade nicht der Energieerzeugung dienen muss, so wie das für die Brennstoffe gilt. Dies ist Art. 23 der Richtlinie 2014/25/EU klar zu entnehmen. Mit Hilfe des Rückgriffs auf die EU-Norm Art. 23 der Richtlinie 2014/25/EU ist dieser Rechtsstreit aber beendet.

Die besonderen Ausnahmen des § 137 Abs. 2 Nr. 1 und 2 GWB setzen den Art. 19 Abs. 1 der Richtlinie 2014/25/EU um.

D Kommentierung

I. Praxisrelevante allgemeine Ausnahmen

§ 137 Abs. 1 GWB führt in den Ziff. 1, 2, 4 bis 6 Dienstleistungen auf, die jeweils für 6 öffentliche Auftraggeber gemäß § 116 GWB ebenfalls vom Anwendungsbereich des Teils 4 des GWB ausgenommen sind. Diese sind:
- Rechtsdienstleistungen
- Forschungs- und Entwicklungsdienstleistungen
- Finanzielle Dienstleistungen
- Kredite und Darlehen
- Dienstleistungen an einen öffentlichen Auftraggeber nach § 99 Nr. 1 bis 3 GWB aufgrund eines ausschließlichen Rechts.

Zu beachten ist, dass der für Dienstleistungen geltende Schwellenwert für die Vergabe von Aufträgen durch Sektorenauftraggeber erreicht sein muss. Wird er nicht erreicht, fällt der Dienstleistungsauftrag bereits deshalb nicht unter das GWB und die SektVO.

1. Rechtsdienstleistungen

7   Bei den Rechtsdienstleistungen handelt es sich um die Vertretung eines Mandanten durch einen Rechtsanwalt in Gerichts-, Verwaltungs-, Schiedsgerichts- oder Schlichtungsverfahren, Rechtsberatung durch einen Rechtsanwalt, wenn sie der Vorbereitung eines der vorgenannten Verfahren dient, Beglaubigungen und Beurkundungen von Notaren, Tätigkeiten von gerichtlich bestellten Betreuern u.ä. oder Sachverständigen sowie mit hoheitlichen Befugnissen verbundene Tätigkeiten. Für die Vergabe von sonstigen Rechtsdienstleistungen, die nicht unter die Ausnahme des § 116 Abs. 1 Nr. 1 GWB in Verbindung mit § 137 Abs. 1 Nr. 1 GWB fallen, kommt nicht das Sektorenvergaberecht zur Anwendung, sondern das vereinfachte Verfahren im Sinne des § 130 GWB, für das ein höherer Schwellenwert in Höhe von derzeit 1.000.000 €[1] gilt.

2. Forschungs- und Entwicklungsdienstleistungen

8   Bei den Forschungs- und Entwicklungsdienstleistungen bezieht sich der Gesetzgeber in § 137 Abs. 1 Nr. 2 GWB in Verbindung mit § 116 Abs. 1 Nr. 2 GWB auf bestimmte CPV-Codes. Die darin genannten Dienstleistungen unterfallen dem Sektorenvergaberecht, wenn die Ergebnisse ausschließlich Eigentum des Sektorenauftraggebers für seinen Gebrauch bei der Ausübung seiner eigenen Tätigkeit werden und der Sektorenauftraggeber die Dienstleistung vollständig zu vergüten hat. Wird die Forschungs- und Entwicklungsdienstleistung also mit anderen öffentlichen Fördermitteln als der Finanzierung durch den Sektorenauftraggeber unterstützt, so ist sie vom Sektorenvergaberecht ausgenommen. Damit soll insbesondere auch die Kofinanzierung von Forschungs- und Entwicklungsprogrammen durch die Industrie gefördert werden, da in diesen Fällen das Vergaberecht nicht zur Anwendung kommen soll.[2] Alle Forschungs- und Entwicklungsdienstleistungen, die unter andere Referenznummern des Common Procurement Vocabulary (CPV) fallen, sind vom Anwendungsbereich des Vergaberechts ganz ausgenommen.

3. Finanzielle Dienstleistungen

9   Finanzielle Dienstleistungen wie der Handel mit Wertpapieren oder anderen Finanzinstrumenten, Dienstleistungen von Zentralbanken oder mit dem europäischen Stabilitätsmechanismus durchgeführte Transaktionen, aber auch Kredite und Darlehen, auch im Zusammenhang mit dem Wertpapierhandel oder Handel anderer Finanzinstrumente müssen nicht nach dem Sektorenvergaberecht vergeben werden. So fallen beispielsweise die von Energieversorgern benötigten CO_2-Zertifikate nach dem TEHG[3] unter diese Regelung.

---

1 Schwellenwert gemäß Art. 15c der Richtlinie 2014/25/EU.
2 Erwägungsgrund 35 der Richtlinie 2014/24/EU.
3 Treibhausgasemissionshandelsgesetz.

4. Dienstleistungsaufträge aufgrund ausschließlicher Rechte

Eine Befreiung vom Sektorenvergaberecht gilt gemäß § 137 Abs. 1 Nr. 6 GWB in Ver- 10
bindung mit § 116 Abs. 1 Nr. 6 GWB für Dienstleistungsaufträge, die an andere
öffentliche Auftraggeber gemäß § 99 Nr. 1 bis Nr. 3 GWB vergeben werden, welche
aufgrund von Gesetz oder Verordnung (also nicht Vertrag, Satzung, Verwaltungsakt,
Verwaltungsvorschrift o.ä.) ein ausschließliches Recht zur Erbringung der konkret bestimmten Leistung haben. Aufgrund der Vorgabe in Art. 22 der Richtlinie 2014/25/
EU sind von § 137 Abs. 1 Nr. 6 GWB nur Dienstleistungsaufträge und keine Bauaufträge oder Lieferungen erfasst.[4] Hierbei werden andere öffentliche Auftraggeber oder
ein Verbund von öffentlichen Auftraggebern zum einzigen Anbieter und Auftragnehmer einer bestimmten Dienstleistung aufgrund Gesetz oder Verordnung. Diese Auftragsvergabe unterfällt nicht dem Sektorenvergaberecht.

5. Sendungen von Mediendiensten

Gemäß § 137 Abs. 1 Nr. 3 GWB müssen Ausstrahlungszeiten oder die Bereitstellung 11
von Sendungen nicht nach dem Sektorenvergaberecht vergeben werden, wenn diese
Aufträge von Anbietern von audiovisuellen Mediendiensten oder Hörfunkmediendiensten vergeben werden. Darunter fallen beispielsweise Werbesendungen für Sektorenauftraggeber, wenn ihr Auftragswert den Schwellenwert überschreitet.

6. Beschaffung von Trinkwasser, Energie und Brennstoffen

Gemäß § 137 Abs. 1 Nr. 7 und 8 GWB ist die Beschaffung von Energie und von 12
Brennstoffen zur Energieerzeugung im Rahmen der Energieversorgung und der Was-
sereinkauf im Rahmen der Trinkwasserversorgung vom Anwendungsbereich des Sektorenvergaberechts ausgenommen. Lange Zeit war umstritten, ob sich der Begriff »zur
Energieerzeugung« auch auf die Beschaffung von Energie bezieht oder nur auf die Beschaffung von Brennstoffen. Dies ist nun in Art. 23b) der Richtlinie 2014/25/EU klargestellt. Danach muss die Voraussetzung »zur Energieerzeugung« nur für die Beschaffung von Brennstoffen vorliegen. Wird also Strom oder Gas beschafft, ohne dass die
Beschaffung dieser Medien dazu dient, in einem Kraftwerk zu einem anderen Medium
umgewandelt zu werden, sondern lediglich den Zweck der Veräußerung an Kunden im
Wege des Groß- oder Einzelhandels hat, unterfallen diese Beschaffungsvorgänge nicht
dem Vergaberecht.

Die Energie- und Trinkwasserversorger, die damit beide in ihrem Kernbereich handeln,
sollen von der Anwendung des EU-Vergaberechts befreit sein.

7. Beschaffung zum Zweck der Weiterveräußerung oder Vermietung an Dritte

Aufträge im Sektorenbereich, die zum Zweck der Weiterveräußerung oder Vermietung 13
an Dritte erfolgen, unterfallen gemäß 137 Abs. 1 Nr. 9 GWB nicht dem Vergaberecht,
wenn der Sektorenauftraggeber kein besonderes oder ausschließliches Recht zum Ver-

---

4 Vgl. Sterner, in: Müller-Wrede, GWB-Vergaberecht, § 100, Rn. 34.

kauf oder zur Vermietung des Auftragsgegenstands besitzt und andere Unternehmen den Auftragsgegenstand unter gleichen Bedingungen verkaufen oder vermieten können. Sind die Waren allgemein zu verkaufen oder zu vermieten, besteht Wettbewerb. Für die Anwendung des Vergaberechts besteht damit kein Grund.[5] Hiervon erfasst kann zum Beispiel die Beschaffung von Glasfaserkabeln sein, wenn sie nach der Installation (überwiegend) an Dritte vermietet werden sollen.

II. Aufträge, die anderen Zwecken dienen als der Sektorentätigkeit

14   Diese Ausnahme von der Anwendung des Sektorenvergaberechts gilt nur für Sektorenauftraggeber nach § 100 Abs. 1 Nr. 2 GWB, also den klassischen Sektorenauftraggebern. Nicht in Anspruch nehmen können die Ausnahme öffentliche Auftraggeber nach § 99 Nr. 1 bis 3 GWB, die eine Sektorentätigkeit nach § 102 GWB ausüben. Dies ist sachgerecht, weil öffentliche Auftraggeber nach § 99 Nr. 1 bis 3 GWB bei der Vergabe von Aufträgen, die nicht der Sektorentätigkeit dienen, das allgemeine Vergaberecht anzuwenden haben, nämlich Abschnitt 2 des GWB. Dagegen gilt für Sektorenauftraggeber nach § 100 Abs. 1 Nr. 2 GWB bei der Vergabe von Aufträgen außerhalb der Sektorentätigkeit keine Regelung des Vergaberechts.

Von der Ausnahme erfasst sind sämtliche Liefer-, Bau- und Dienstleistungen, die anderen Zwecken dienen als der Sektorentätigkeit. Die Abgrenzung dieser Leistungen ist oft schwierig.

15   Anderen Zwecken als der Ausübung einer Sektorentätigkeit dienen Lieferungen und Leistungen dann, wenn sie die Sektorentätigkeit weder ermöglichen, erleichtern noch fördern.[6] Es darf also keine konkrete Verbindung des Auftrags mit der Aufgabe des Sektorenauftraggebers im jeweiligen Sektorenbereich bestehen. Daher fallen solche Lieferungen und Leistungen nicht darunter, die der Auftraggeber völlig unabhängig von seiner Sektorentätigkeit beschafft.

16   Beispielsweise fallen hierunter Leistungen der Abfallwirtschaft, wenn damit nicht auch der Betrieb eines Müllheizkraftwerkes verbunden ist, welches vorwiegend Wärme (und Strom) in ein öffentliches Netz einspeist. In einem solchen Fall handelt es sich wiederum um eine Sektorentätigkeit.

17   Ebenso anderen Zwecken als der Sektorentätigkeit dienen Leistungen im Bereich der Beschaffung von Kopiergeräten, Reinigungsdienstleistungen oder Pförtnerdiensten bei Energieversorgern, da sie in keinerlei Zusammenhang mit der Sektorentätigkeit stehen.

18   Entgegen dem Wortlaut des § 137 Abs. 2 GWB fallen unter diese Ausnahme nicht nur öffentliche Aufträge nach § 103 Abs. 1 bis 4 GWB sowie Wettbewerbe nach § 103 Abs. 6 GWB, sondern auch Rahmenvereinbarungen nach § 103 Abs. 5 GWB, denn gemäß § 103 Abs. 5 Satz 2 GWB sind für die Vergabe von Rahmenvereinbarungen

---

5 Vgl. Kühnen, in Kapellmann/Messerschmidt, § 9 VgV, Rn. 8.
6 Reidt/Stickler/Glahs, Vergaberecht, Kommentar, 3. Aufl. 2011, § 100 GWB Rn. 72; Immenga/Mestmäcker, Wettbewerbsrecht, Bd. 2, 5. Aufl. 2014, § 100b Rn. 14.

die Vorschriften für die Vergabe öffentlicher Aufträge anzuwenden. Dies gilt auch für die Ausnahmen von der Anwendung der Vergabevorschriften.

Zur weiteren ausführlichen Darstellung verweisen wir auf die Kommentierung zu § 136 GWB.

III. Aufträge für Sektorentätigkeiten außerhalb der EU

Aufträge im Sektorenbereich, die außerhalb des Gebiets der Europäischen Union verge- 19 ben werden, sind vom EU-Vergaberecht ausgenommen, wenn sie nicht mit der tatsächlichen Nutzung eines Netzes oder einer Anlage innerhalb des Gebiets der Europäischen Union verbunden sind. Maßgebend ist der autarke Betrieb des außerhalb der EU liegenden Netzes.

§ 138 GWB Besondere Ausnahme für die Vergabe an verbundene Unternehmen

(1) Dieser Teil ist nicht anzuwenden auf die Vergabe von öffentlichen Aufträgen,
1. die ein Sektorenauftraggeber an ein verbundenes Unternehmen vergibt oder
2. die ein Gemeinschaftsunternehmen, das ausschließlich mehrere Sektorenauftraggeber zur Durchführung einer Sektorentätigkeit gebildet haben, an ein Unternehmen vergibt, das mit einem dieser Sektorenauftraggeber verbunden ist.

(2) Ein verbundenes Unternehmen im Sinne des Absatzes 1 ist
1. ein Unternehmen, dessen Jahresabschluss mit dem Jahresabschluss des Auftraggebers in einem Konzernabschluss eines Mutterunternehmens entsprechend § 271 Absatz 2 des Handelsgesetzbuchs nach den Vorschriften über die Vollkonsolidierung einzubeziehen ist, oder
2. ein Unternehmen, das
   a) mittelbar oder unmittelbar einem beherrschenden Einfluss nach § 100 Absatz 3 des Sektorenauftraggebers unterliegen kann,
   b) einen beherrschenden Einfluss nach § 100 Absatz 3 auf den Sektorenauftraggeber ausüben kann oder
   c) gemeinsam mit dem Auftraggeber aufgrund der Eigentumsverhältnisse, der finanziellen Beteiligung oder der für das Unternehmen geltenden Bestimmungen dem beherrschenden Einfluss nach § 100 Absatz 3 eines anderen Unternehmens unterliegt.

(3) Absatz 1 gilt für Liefer-, Bau- oder Dienstleistungsaufträge, sofern unter Berücksichtigung aller Liefer-, Bau- oder Dienstleistungen, die von dem verbundenen Unternehmen während der letzten drei Jahre in der Europäischen Union erbracht wurden, mindestens 80 Prozent des im jeweiligen Leistungssektor insgesamt erzielten durchschnittlichen Umsatzes dieses Unternehmens aus der Erbringung von Liefer-, Bauoder Dienstleistungen für den Sektorenauftraggeber oder andere mit ihm verbundene Unternehmen stammen.

(4) Werden gleiche oder gleichartige Liefer-, Bau- oder Dienstleistungen von mehr als einem mit dem Sektorenauftraggeber verbundenen und mit ihm wirtschaftlich zu-

sammengeschlossenen Unternehmen erbracht, so werden die Prozentsätze nach Absatz 3 unter Berücksichtigung des Gesamtumsatzes errechnet, den diese verbundenen Unternehmen mit der Erbringung der jeweiligen Liefer-, Dienst- oder Bauleistung erzielen.

(5) Liegen für die letzten drei Jahre keine Umsatzzahlen vor, genügt es, wenn das Unternehmen etwa durch Prognosen über die Tätigkeitsentwicklung glaubhaft macht, dass die Erreichung des nach Absatz 3 geforderten Umsatzziels wahrscheinlich ist.

§ 139 GWB Besondere Ausnahme für die Vergabe durch oder an ein Gemeinschaftsunternehmen

(1) Dieser Teil ist nicht anzuwenden auf die Vergabe von öffentlichen Aufträgen,
1. die ein Gemeinschaftsunternehmen, das mehrere Sektorenauftraggeber ausschließlich zur Durchführung von Sektorentätigkeiten gebildet haben, an einen dieser Auftraggeber vergibt oder
2. die ein Sektorenauftraggeber, der einem Gemeinschaftsunternehmen im Sinne der Nummer 1 angehört, an dieses Gemeinschaftsunternehmen

(2) Voraussetzung ist, dass
1. das Gemeinschaftsunternehmen im Sinne des Absatzes 1 Nummer 1 gebildet wurde, um die betreffende Sektorentätigkeit während eines Zeitraums von mindestens drei Jahren durchzuführen, und
2. in dem Gründungsakt des Gemeinschaftsunternehmens festgelegt wird, dass die das Gemeinschaftsunternehmen bildenden Sektorenauftraggeber dem Gemeinschaftsunternehmen mindestens während desselben Zeitraums angehören werden.

Amtliche Begründung zu § 138

»§ 138 dient der Umsetzung von Artikel 29 der Richtlinie 2014/25/EU und betrifft eine Ausnahme von der Anwendung des Vergaberechts für Vergaben an verbundene Unternehmen. Die bisherige Regelung des § 100b Absatz 6 und 7 GWB wird dabei inhaltlich übernommen und insgesamt übersichtlicher gestaltet. Die Ausnahmeregelung für Vergaben durch Sektorenauftraggeber nach § 100 Absatz 1 Nummer 1 an verbundene Unternehmen ist dabei neben der allgemeinen Ausnahme des § 108 (Ausnahmen bei öffentlich-öffentlicher Zusammenarbeit) anwendbar.

Zu Absatz 1

§ 138 Absatz 1 dient der Umsetzung von Artikel 29 Absatz 3 der Richtlinie 2014/25/EU und entspricht inhaltlich dem bisherigen § 100b Absatz 6 GWB.

Zu Absatz 2

Zu Nummer 1

§ 138 Absatz 2 Nummer 1 dient der Umsetzung von Artikel 29 Absatz 1 der Richtlinie 2014/25/EU. Der Begriff des verbundenen Unternehmens wird nunmehr zunächst anhand der EU-Bilanzrichtlinie 2013/34/EU definiert.

Zu Nummer 2

§ 138 Absatz 2 Nummer 2 dient der Umsetzung von Artikel 29 Absatz 2 der Richtlinie 2014/25/EU und betrifft Situationen, in denen zwar kein verbundenes Unternehmen im Sinne der EU-Bilanzrichtlinie vorliegt, für das Sektorenvergaberecht aber dennoch von einem verbundenen Unternehmen ausgegangen wird. Dabei wird jeweils auf den beherrschenden Einfluss abgestellt, dem das verbundene Unternehmen entweder unterliegt oder welchen es selbst ausüben kann. Die Definition des Begriffs »beherrschender Einfluss« entspricht der des § 100 Absatz 3.

Zu Absatz 3

§ 138 Absatz 3 dient der Umsetzung von Artikel 29 Absatz 4 der Richtlinie 2014/25/EU und übernimmt im Wesentlichen die bisherige Regelung des § 100b Absatz 7 Satz 1 GWB. Mit der Vorschrift wird klargestellt, dass Vergaben an verbundene Unternehmen nur dann von der Anwendung des Vergaberechts ausgenommen sind, wenn die verbundenen Unternehmen mindestens 80 Prozent des Umsatzes für den Sektorenauftraggeber bzw. für andere mit diesem verbundene Unternehmen erbringen. Bislang war in diesem Zusammenhang allerdings unklar, ob sich die Vorgaben des geforderten Mindestumsatzes, den das verbundene Unternehmen für den Auftraggeber erbringen muss, nur auf die jeweilige Tätigkeit selbst (z.B. in der Sparte Energie) oder den Gesamtumsatz des Unternehmens beziehen. Die neue Formulierung stellt nun durch Einfügen des Wortes »insgesamt« klar, dass in diesem Fall der Gesamtumsatz des Unternehmens im jeweiligen Leistungssektor (Liefer-, Bau- oder Dienstleistungen) maßgeblich ist. Eine getrennte Berechnung der 80-Prozent-Vorgabe etwa nach unterschiedlichen Tätigkeiten oder Sparten ist somit nicht mehr möglich.

Zu Absatz 4

§ 138 Absatz 4 entspricht dem bisherigen § 100b Absatz 7 Satz 3 GWB. Damit wird klargestellt, dass bei mehreren verbundenen und wirtschaftlich zusammengeschlossenen Unternehmen der Gesamtumsatz aller dieser Unternehmen zur Bestimmung der 80-Prozent-Grenze des Absatz 3 zugrunde zu legen ist.

Zu Absatz 5

§ 138 Absatz 5 dient der Umsetzung von Artikel 29 Absatz 5 der Richtlinie 2014/25/EU und entspricht dem bisherigen § 100b Absatz 7 Satz 2 GWB. Wurde das Unternehmen neu errichtet oder hat erst kürzlich die Tätigkeit aufgenommen, so reicht danach eine plausible und nachvollziehbare Prognose aus, wonach das Unternehmen die 80-Prozent-Grenze erreichen wird, um den Ausnahmetatbestand des § 138 zu erfüllen.«

Amtliche Begründung zu § 139

»§ 139 setzt Artikel 30 der Richtlinie 2014/25/EU um. Die Regelung entspricht inhaltsgleich dem bisherigen § 100b Absatz 8 und 9 GWB. Demnach finden die Vorschriften des Teils 4 des GWB keine Anwendung auf Auftragsvergaben durch ein Gemeinschaftsunternehmen an einen Sektorenauftraggeber, durch den dieses Gemeinschaftsunternehmen (mit-) errichtet wurde. Dasselbe gilt für Aufträge, die ein (mit-)errichtender Auftraggeber an ein Gemeinschaftsunternehmen vergibt. § 139 ist – wie auch die Ausnahme für Vergaben an verbundene Unternehmen nach § 138 – neben den allgemeinen Ausnahmen nach § 108 (Ausnahmen bei öffentlich-öffentlicher Zusammenarbeit) anwendbar.«

A. Allgemeine Einführung

1   § 138 GWB enthält zusammen mit § 139 GWB eine Ausnahmeregelung von der An-
    wendung des Vergaberechts für Vergaben zwischen verbundenen Unternehmen im Sek-
    torenbereich. Wegen der Vorgabe einer gesellschaftsrechtlichen Verbundenheit zwi-
    schen Auftraggeber und Auftragnehmer wird die Ausnahmeregelung **Konzernprivileg**
    genannt. Die Grundregelung des Konzernprivilegs ist in § 138 GWB enthalten. § 139
    GWB erleichtert das Konzernprivileg für bestimmte Konstellationen mit Gemein-
    schafsunternehmen (Joint Venture), wobei Joint Venture bereits in § 138 GWB aufge-
    führt sind. Wegen der offensichtlichen Überschneidung des Anwendungsbereichs bei-
    der Vorschriften werden § 138 GWB und § 139 GWB zusammen kommentiert.

2   Im Rahmen des Konzernprivilegs kann vergaberechtskonform direkt ein Auftrag erteilt
    werden. Der **Grund für die Ausnahmeregelung** ergibt sich aus Erwägungsgrund
    Nr. 39 Richtlinie 2014/25/EU. Demnach können Auftraggeber und Auftragnehmer
    oft als eine Wirtschaftsgruppe organisiert sein, wobei jedes der in der Wirtschafts-
    gruppe beteiligten Unternehmen eine spezielle Aufgabe erfüllt. Wenn solche Unterneh-
    men Leistungen untereinander erbringen, dann geschieht dies im Regelfall als **unter-
    nehmensinterner Leistungsaustausch.** Ist das leistende Konzernunternehmen überdies
    konzernrechtlich und durch überwiegende Leistungen mit den anderen Unternehmen
    der Wirtschaftsgruppe verbunden, so dass der Auftragnehmer als wirtschaftlich un-
    selbstständig oder zumindest erheblich abhängig zu qualifizieren ist, dann ist ein sol-
    cher rein interner Vorgang nach dem Willen des europäischen Normgebers nicht
    dem Vergaberecht zu unterwerfen. Die internen Vereinbarungen zwischen den Beteilig-

ten entfalten an dieser Stelle keine wettbewerbsbeschränkende Wirkung.[1] Solange die Erbringung der Leistung für den Auftraggeber die Haupttätigkeit des Auftragnehmers darstellt, ist die Ausnahme vom Sinn und Zweck des Wettbewerbsrechts erfasst.

§§ 138, 139 GWB sind **neben** der allgemeinen Ausnahme für die Zusammenarbeit 3 zwischen Auftraggeber und Auftragnehmer nach **§ 108 GWB** (öffentlich-öffentliche Zusammenarbeit) anwendbar.[2] Nur für private Sektorenauftraggeber ist die Anwendung des § 108 GWB ausdrücklich ausgeschlossen (vgl. § 108 Abs. 8 GWB). Bedenken hinsichtlich einer parallelen Anwendung ergeben sich im Übrigen weder aus den einschlägigen nationalen Vorschriften, noch aus den geltenden europäischen Regulungen. Die jeweiligen Ausnahmevorschriften stehen in keinerlei Widerspruch zueinander, denn sie erfassen zwei unterschiedliche Konstellationen der vergaberechtsfreien Vergabe.[3] Zwar werden grundsätzlich sowohl beim Konzernprivileg als auch im Rahmen des in § 108 GWB verankerten Inhouse-Geschäfts solche Auftraggeber bevorzugt, die sich einer internen Leistungserbringung bedienen, ohne sich auf den Markt begeben zu müssen.[4] Dennoch unterscheiden sich die Regelungen bereits nach ihrem Adressatenkreis. Während die vergaberechtsfreie Vergabe in Form eines Inhouse-Geschäfts sowohl den klassischen öffentlichen Auftraggebern als auch den Sektorenauftraggebern zugutekommt, ist das Konzernprivileg ausweislich Erwägungsgrund Nr. 39 Richtlinie 2014/25/EU bewusst ausschließlich auf den Sektorenbereich beschränkt. Ein weiterer Unterschied folgt aus den Voraussetzungen für Inhouse-Geschäfte, die ungleich strenger sind als die Voraussetzungen des Konzernprivilegs. § 108 GWB erfordert eine nahezu absolute Kontrolle des öffentlichen Auftraggebers über das beauftragte, im Wesentlichen für ihn tätige Unternehmen i.S. eines ausschlaggebenden Einflusses nach § 108 Abs. 2 GWB, während § 138 Abs. 2 GWB bereits einen beherrschenden Einfluss nach § 100 Abs. 3 GWB ausreichen lässt. Bezüglich der Inhouse-Geschäfte war die EuGH-Rechtsprechung[5] in der Vergangenheit regelmäßig restriktiv, was dazu führte, dass dessen praktische Bedeutung geringer wurde. Demgegenüber hat sich das Konzernprivileg für Auftraggeber im Sektorenbereich vor allem durch seine im Gesetz ablesbaren Voraussetzungen schon immer als die rechtssicherere Alternative für vergaberechtsfreie Beschaffungen dargestellt.

B. Vergleich zur vorherigen Rechtslage

Der Rechtsgedanke des Konzernprivilegs wurde bereits in frühen Zeiten im Bereich des 4 EU-Kartellrechts diskutiert. Nach ständiger Rechtsprechung des EuGH[6] finden wettbewerbliche Einschränkungen keine Anwendung, wenn »*die Konzernunternehmen eine wirtschaftliche Einheit bilden und die beteiligte Tochtergesellschaft ihr Marktverhalten*

---

1 So auch bereits bei Jänich, GRUR 1998, 438, 444.
2 Vgl. BT-Drs. 18/6281 v. 08.10.2015, 124.
3 Vgl. OLG Frankfurt a.M., Beschl. v. 30.8.2011 – 11 Verg 3/11, VergabeR 2012, 47, 53.
4 Vgl. Drömann, NZBau 2015, 202, 203.
5 Vgl. EuGH, Urt. v. 13.10.2005 – C-458/03, »Parking Brixen«, VergabeR 2005, 737.
6 Vgl. EuGH, Urt. v. 31.10.1974 – 15/74, Slg. 1974, 1147, 1168; EuGH, Urt. v. 04.05.1988 – 30/87, Slg. 1988, 2497, 2515; EuGH, Urt. v. 24.10.1996 – C-13, 95 P, Slg. 1996, I-5457, 5495.

nicht autonom bestimmen kann, sondern die Anweisungen der sie beherrschenden Muttergesellschaft zu befolgen hat.«[7]

5   Erstmals normiert war das Konzernprivileg in § 10 VgV i.d.F.v. 01.02.2001, der den europäischen Rechtsrahmen in Gestalt der Sektorenrichtlinie '93[8] für die Vergabe von Aufträgen an verbundene Unternehmen und Joint Ventures umsetzte. § 10 VgV a.f. erstreckte sich ausschließlich auf Dienstleistungen. Durch die letzte grundlegende Änderung des Vergaberechts in 2009, wo die Vergaberichtlinien 2004 (verspätet) umgesetzt wurden[9], wurde die Regelung in § 100 Abs. 2 lit. o) GWB a.f. integriert und sein Anwendungsbereich wurde nunmehr auf Lieferungen und Bauleistungen erweitert. Die zuletzt geltende Fassung des Konzernprivilegs ergab sich aus dem § 100b Abs. 6 und 7 GWB a.f.[10] Im Unterschied zu der europäischen Vorschrift des Art. 23 Abs. 1 Richtlinie 2004/17/EG enthielten § 100b Abs. 6 und Abs. 7 GWB a.f. keine eigene Begriffsbestimmung für verbundene Unternehmen. Eine solche ergab sich erst anhand der Paragraphenkette § 100b Abs. 7 S. 4 GWB a.f.i.V.m. § 36 Abs. 2, Abs. 3 GWB i.V.m. §§ 17, 18 AktG, ohne auf eine (Voll-)Konsolidierung abzustellen. Aufgrund der Abweichung war nicht ausgeschlossen, dass der nationale Begriff des verbundenen Unternehmens im Einzelfall zu Ergebnissen führt, die die Vorgaben des Art. 23 Abs. 1 Richtlinie 2004/17/EG nicht mehr erfüllen. Der in 2016 in Kraft getretene § 138 GWB ist mit der zugrunde liegenden Richtlinie 2014/25/EU weitgehend übereinstimmend und die Definition für verbundene Unternehmen in § 138 Abs. 2 GWB wurde aus Art. 29 Abs. 1 und Abs. 2 Richtlinie 2014/25/EU übernommen. Insoweit wird mit guten Gründen kein »Spannungsverhältnis« zwischen der europäischen und der nationalen Regelung entstehen.

6   Bezüglich des **Vergleichsmaßstabs für die Erreichung der geforderten 80%-Umsatzschwelle** ließ die Formulierung des § 100b Abs. 7 S. 1 GWB a.f. und seiner Vorgänger viel Raum für Interpretationen. In der Rechtsprechung und Literatur wurden drei Methoden für die Berechnung der 80%-Grenze diskutiert. Eine Berechnungsmethode[11] besagte, dass der Gesamtumsatz anhand aller vom verbundenen Unternehmen erbrachten Leistungen im jeweiligen Sektor zu ermitteln war. Um in den Anwendungsbereich des Konzernprivilegs zu gelangen, müssten 80 % dieses Gesamtumsatzes auf alle für den Auftraggeber erbrachten Leistungen entfallen. Nach einer anderen Methode[12] war der Gesamtumsatz des Unternehmens anhand aller erbrachten Leistungen im jeweiligen Sektor zu ermitteln. Die 80%-Grenze musste mit der Erbringung der in Frage stehenden Dienstleistungen für die verbundenen Unternehmen erreicht werden. Die

---

7 EuGH, Urt. v. 24.10.1996 – C-13, 95 P, Slg. 1996, I-5457, 5495.
8 Vgl. Art. 13 Richtlinie 93/38/EWG, ABl. Nr. L 199 v. 09.08.1993.
9 Vgl. Gesetz zur Modernisierung des Vergaberechts (VergabeRModG) v. 20.04.2009 zur Umsetzung der EU-Vergaberichtlinien 2004/17/EG und 2004/18/EG sowie der Rechtsmittelrichtlinie 2007/66/EG, BGBl. I Nr. 20, 790; berichtigt am 9.07.2009, BGBl. I Nr. 40, 1795.
10 Vgl. Gesetz zur Änderung des Vergaberechts für die Bereiche Verteidigung und Sicherheit v. 07.12.2011 zur Umsetzung der Richtlinie 2009/81/EG und zur Änderung der Richtlinien 2004/17/EG und 2004/18/EG, BGBl. I Nr. 64, 2570.
11 Vgl. OLG Brandenburg, Beschl. v. 01.04.2003 – Verg W 14/02, ZfBR 2003, 620.
12 Vgl. u.a. Faber, DVBl, 2001, 248.

letzte, **bislang als herrschend geltende Methode**[13] differenzierte innerhalb der Lieferungen, Bau- oder Dienstleistungen und berechnete den Gesamtumsatz anhand des konkret nachgefragten Auftragsgegenstandes. Diese Methode konnte sich auf den Erwägungsgrund Nr. 32 Richtlinie 2004/17/EG stützen, der von »bestimmten Leistungen« sprach und wurde vom Wortlaut des § 100b Abs. 7 GWB a.F. bestätigt, in dem von der Erbringung »dieser« Lieferungen oder Leistungen die Rede war. Dieser Ansicht folgte das OLG Frankfurt a.M. in seinem Beschluss vom 30.08.2011.[14] Gerade hinsichtlich dieses Vergleichsmaßstabs wird nun wegen der insofern veränderten Richtlinienbestimmung eine völlig neue Basis geschaffen. Eine Übertragung der alten Problempunkte und Rechtsprechung bezüglich des maßgeblichen Umsatzelements wäre an dieser Stelle somit fehlerhaft.

Neu in § 138 Abs. 3 GWB ist auch die Einbeziehung aller Geschäftsverhältnisse mit   7
dem Mutter- oder aber auch mit den Schwesterunternehmen in den Gesamtumsatz. § 138 Abs. 4 GWB entspricht dem bisherigen § 100b Abs. 7 S. 3 GWB. § 138 Abs. 5 GWB stimmt mit dem bisherigen § 100b Abs. 7 S. 2 GWB überein.

§ 139 GWB entspricht dem bisherigen § 100b Abs. 8 und 9 GWB a.F. Es sind kaum   8
inhaltliche Änderungen anzumerken. Die Bezeichnung »gemeinsames Unternehmen« wird in § 139 GWB durch »Gemeinschaftsunternehmen« ersetzt. Nach § 139 Abs. 1 Nr. 2 GWB soll der Sektorenauftraggeber dem Gemeinschaftsunternehmen »angehören« und nicht mehr »daran beteiligt« sein. Die Formulierung wurde aus Art. 30 Richtlinie 2014/25/EU entnommen. Da die Begründung der Joint Venture-Regelung in Erwägungsgrund Nr. 39 Richtlinie 2014/25/EU mit Erwägungsgrund 32 der alten Richtlinie 2004/17/EG inhaltlich übereinstimmt, scheint diese Formulierung eine lediglich ästhetische Funktion zu erfüllen. Durch die unterschiedliche Bezeichnung erlangt das Konzernprivileg an dieser Stelle keine neue Bedeutung.

C. Europarechtliche Vorgaben

Unionsrechtlich ist das Konzernprivileg in Art. 29 und Art. 30 Richtlinie 2014/25/EU   9
verankert. Der nationale Gesetzgeber folgt den europäischen Vorgaben, indem er die Regelungen der Richtlinie 2014/25/EU nahezu 1:1 in die §§ 138, 139 GWB überträgt.

Gemäß Art. 29 Abs. 1 Richtlinie 2014/25/EU ist ein verbundenes Unternehmen jenes,   10
dessen Jahresabschlüsse mit denen des Auftraggebers nach den Bestimmungen der **EU-Bilanzrichtlinie 2013/34/EU**[15] v. 26.06.2013 konsolidiert werden. Insoweit ist Art. 29 Abs. 1 Richtlinie 2014/25/EU mit der Vorgängerregelung des Art. 23 Abs. 1 S. 1, 1. HS Richtlinie 2004/17/EG, die ihrerseits auf die Bilanzrichtlinie 83/349/EWG verwies, deckungsgleich. Als weitere Alternative normierte Art. 23 Abs. 1 Hs. 2 Richtlinie

---

13 Vgl. Greb, VergabeR 2009, 140, 143; Kulartz, NZBau 2001, 173; von Oelhafen, VWEW 2006, 105.

14 Vgl. OLG Frankfurt a.M., Beschl. v. 30.8.2011 – 11 Verg 3/11, VergabeR 2012, 47, 53.

15 Vgl. ABl. EU Nr. L 182/19-76 v. 26.6.2013, dienend zur Aufhebung der ehemaligen Bilanzrichtlinie 83/349/EWG; umgesetzt in deutsches Recht mit dem Bilanzrichtlinie-Umsetzungsgesetz (BilRUG) v. 23.07.2015, BGBl. I Nr. 30, 1245.

2004/17/EG den Fall, wo ein verbundenes Unternehmen auch dann anzunehmen war, wenn dieses nicht unter den Bestimmungen der Bilanzrichtlinie subsumiert werden konnte und stellte dann für die Annahme eines verbundenen Unternehmens allein auf das Vorliegen eines beherrschenden Einflusses ab. Dieses Erfordernis wird auch in Art. 29 Abs. 2 Richtlinie 2014/25/EU beibehalten. Wie aus Art. 29 Abs. 2 Richtlinie 2014/25/EU zu entnehmen ist, sollen Unternehmen als verbunden gelten, wenn ein unmittelbarer oder mittelbarer beherrschender Einfluss zwischen dem Auftraggeber und dem betreffenden Unternehmen vorliegt oder wenn beide dem beherrschenden Einfluss eines dritten Unternehmens unterliegen. In diesem Zusammenhang sollte eine private Beteiligung als solche nicht ausschlaggebend sein.[16]

11   Die Anwendung der Ausnahmeregelung für verbundene und Gemeinschaftsunternehmen wird nach Art. 29 Abs. 4 Richtlinie 2014/25/EU von der Erreichung einer 80%-Umsatzschwelle durch die Vergabe an verbundene Unternehmen abhängig gemacht. Lediglich sprachlich verändert setzt Art. 29 Abs. 4 Richtlinie 2014/25/EU im Vergleich mit Art. 23 Abs. 3 Richtlinie 2004/17/EG die Erreichung von mindestens **80** % des **Gesamtumsatzes** unter Berücksichtigung **aller im jeweiligen Dienst-, Liefer- und Bauauftragssektor** erbrachten Leistungen für den Auftraggeber oder den mit ihm verbundenen Unternehmen voraus.

12   Ergänzend gelten Art. 29 Abs. 5 und Abs. 6 Richtlinie 2014/25/EU im Falle eines neu gegründeten Unternehmens bzw. im Falle der Erbringung der Leistung durch mehrere Unternehmen. Die Schätzung des Umsatzes im Wege einer Prognose ist bereits aus Art. 23 Abs. 2 letzter Halbsatz Richtlinie 2004/17/EG bekannt. Das Erfordernis der 80%-Umsatzschwelle wurde in § 138 Abs. 3 GWB, die oben genannten ergänzenden Regelungen entsprechend in § 138 Abs. 4 und Abs. 5 GWB integriert.

13   Unionsrechtliche Grundlage für die Regelung in § 139 GWB ist Art. 30 Richtlinie 2014/25/EU, der vom Gesetzgeber nahezu 1:1 übernommen wurde. Nach Maßgabe des Art. 31 Richtlinie 2014/25/EU haben die Auftraggeber sowohl im Falle des § 138 GWB als auch des § 139 GWB gegenüber der EU-Kommission auf deren Verlangen gewisse Berichtpflichten. Die Auskunft enthält den Namen der betreffenden Unternehmen oder Gemeinschaftsunternehmen sowie die Art und den Wert der jeweiligen Aufträge. Nach Bedarf kann die Kommission auch weitere Angaben verlangen, um zu belegen, dass die Beziehungen zwischen dem Auftraggeber und dem Auftragnehmer den Anforderungen des Konzernprivilegs genügen.

D. Kommentierung

I. Arten des Konzernprivilegs (§§ 138 Abs. 1 und 139 Abs. 1 GWB)

14   **Zwei Hauptarten** des Konzernprivilegs sind zu unterscheiden.

15   Einerseits das Grundmodell eines **vertikalen Konzernprivilegs** für die Vergabe durch Sektorenauftraggeber an ein mit diesem verbundenes Unternehmen (§ 138 Abs. 1 Nr. 1 GWB). Die Verbundenheit lässt sich hier entweder anhand einer Vollkonsolidie-

---

16 Vgl. Erwägungsgrund Nr. 41 S. 3 Richtlinie 2014/25/EU.

rung (konzernrechtliche Betrachtung) oder durch die Annahme eines beherrschenden Einflusses (vergaberechtliche Betrachtung) feststellen (§ 138 Abs. 2 GWB). Der Auftragnehmer muss im Wesentlichen für den Sektorenauftraggeber oder die mit ihm verbundenen Unternehmen tätig sein (§ 138 Abs. 3 bis 5 GWB).

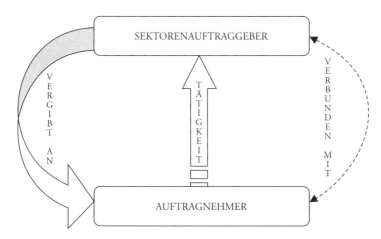

Die zweite Hauptart umfasst die Vergabe durch oder an ein Gemeinschaftsunterneh- 16 men (**Joint Venture – Konzernprivileg**). Hier können wiederum drei Unterarten unterschieden werden: Erstens kann ein Gemeinschaftsunternehmen, das mehrere Sektorenauftraggeber ausschließlich zur Durchführung einer Sektorentätigkeit gebildet haben, an einen dieser Auftraggeber vergeben (§ 139 Abs. 1 Nr. 1 GWB). Als zweite Unterart ist nach § 139 Abs. 1 Nr. 2 GWB die Vergabe durch den Auftraggeber an das Gemeinschaftsunternehmen erfasst. Bei der dritten Unterart vergibt das Gemeinschaftsunternehmen an ein Unternehmen, das mit einem seiner Gründer (Sektorenauftraggeber) verbunden ist (§ 138 Abs. 1 Nr. 2 GWB); nur in dieser dritten Variante gibt es ein zusätzliches Tätigkeitskriterium, d.h. das Gemeinschaftsunternehmen muss im Wesentlichen für den Sektorenauftraggeber oder die mit ihm verbundenen Unternehmen tätig sein; *s. Abbildungen unter III. 3.*

II. Vertikales Konzernprivileg (§ 138 Abs. 1 Nr. 1 GWB)

Das vertikale Konzernprivileg setzt eine Verbundenheit von Auftraggeber und Auftrag- 17 nehmer und eine wesentliche Tätigkeit des Auftragnehmers für den Auftraggeber voraus.

1. Verbundenheit (§ 138 Abs. 2 GWB)

§ 138 Abs. 2 GWB enthält zwei Varianten, wie die Verbundenheit als eine der Voraus- 18 setzungen des vertikalen Konzernprivilegs vorhanden sein kann. Die Varianten stehen zueinander in einem wirklichen Alternativverhältnis (»*... oder ...*«), d.h. die Verbundenheit kann aus einer oder zwei Alternativen heraus gegeben sein.

a) Konzernrechtliche Verbundenheit (§ 138 Abs. 2 Nr. 1 GWB)

19 Nach § 138 Abs. 2 Nr. 1 GWB gilt ein Unternehmen als verbundenes Unternehmen, wenn sein Jahresabschluss mit dem Jahresabschluss des Sektorenauftraggebers in einem Konzernabschluss eines Mutterunternehmens einzubeziehen ist (sog. **Vollkonsolidierung**). Verwiesen wird auf § 271 Abs. 2 HGB, der sich seinerseits auf die Begriffsbestimmung für Mutter- und Tochterunternehmen in § 290 HGB bezieht. Die Einbeziehung in den Konzernabschluss erfolgt nach den Vorschriften über die Vollkonsolidierung, also nach den §§ 300 ff. HGB. Das Ziel ist, den Konzern so darzustellen, als ob die einbezogenen Unternehmen ein einziges Unternehmen wären.[17]

20 Mutterunternehmen nach § 290 Abs. 1 HGB, der im Wesentlichen Art. 22 der aktuellen Bilanzrichtlinie 2013/34/EU entspricht, meint eine Kapitalgesellschaft im Inland, die auf das Tochterunternehmen einen mittelbaren oder unmittelbaren beherrschenden Einfluss i.S.v. § 290 Abs. 2 HGB ausüben kann. Tochterunternehmen ist ein von einem Mutterunternehmen unmittelbar oder mittelbar kontrolliertes oder unter deren einheitlicher Leitung stehendes Unternehmen.[18] Die Mutter- und die Tochterunternehmen sind zwar juristisch selbstständig, jedoch wirtschaftlich durch die Konsolidierung miteinander verbunden. In den genannten Vorschriften spricht das Gesetz ausdrücklich vom Konzern.

21 Eine Definition des Konzerns ergibt sich jedoch weder aus dem HGB, noch aus dem GWB, so dass ein Zugriff auf § 18 AktG nach wie vor notwendig ist. § 18 AktG definiert den Begriff des Konzerns in zwei Fallvarianten, § 18 Abs. 1 AktG (Unterordnungskonzern) und § 18 Abs. 2 AktG (Gleichordnungskonzern),[19] und verlangt für dessen Annahme das Vorliegen einer einheitlichen Leitung. Bei Unternehmen eines Gleichordnungskonzerns ist allerdings nicht von einer Mutter-Tochter-Beziehung auszugehen, so dass diese keine verbundenen Unternehmen darstellen.[20] Einschlägig ist nur § 18 Abs. 1 AktG, der für das Vorliegen eines Konzerns und somit auch für die Anwendung des Konzernprivilegs auf die **einheitliche Leitung** abstellt. Der Begriff der einheitlichen Leitung wird unterschiedlich definiert. Die h.M.[21] orientiert sich bei deren Bestimmung an die in § 18 AktG Abs. 1 S. 3 enthaltene gesetzliche Vermutung. Danach bezieht sich die einheitliche Leitung auf die Geschäftspolitik der Konzerngesellschaften oder auf sonstige grundsätzliche Fragen der Geschäftsführung im Sinne einer planmäßigen Koordination wesentlicher Unternehmensinteressen, z.B. Bestimmung der Unternehmensziele, Abstimmung der Organisation und der Finanzierung aufeinander oder Durchsetzung einer Gesamtpersonalplanung. Auf welcher Grundlage das Konzernverhältnis dagegen beruht, etwa Vertragskonzern, faktischer Konzern etc., ist

---

17 Vgl. Merkt, in: Baumbach/Hopt, Handelsgesetzbuch, 36. Aufl. 2014, § 300 Rn. 1.
18 Vgl. Erwägungsgründe Nr. 30 und Nr. 31 EU-Bilanzrichtlinie 2013/34/EU.
19 Vgl. Begriffe nach Busse von Colbe, in: MüKo HGB, 3. Aufl. 2013, § 290 Rn. 6.
20 Vgl. Reiner, in: MüKo HGB, 3. Aufl. 2013, § 271 Rn. 20.
21 Vgl. Wiedmann, in: Ebenroth/Boujong/Joost/Strohn, HGB, 3. Aufl. 2014, § 290 Rn. 11.

unerheblich.[22] Auf das Vorliegen einer Beteiligung des Mutterunternehmens am Tochterunternehmen nach § 271 Abs. 1 HGB, wie noch nach § 290 Abs. 1 HGB a.F. kommt es seit dem Bilanzrechtsmodernisierungsgesetz[23] nicht mehr an.[24] Die Beteiligung nach § 271 Abs. 1 HGB meint ausschließlich Verhältnisse in gerader, vertikaler Linie, während der Begriff des verbundenen Unternehmens neben Beteiligungsverhältnissen auch horizontale Querverbindungen zwischen Unternehmen desselben Konzerns erfasst, die aneinander weder direkt noch indirekt beteiligt sind.[25] Als Voraussetzung für die Aufstellung eines Konzernabschlusses stellt § 290 Abs. 1 HGB allein auf das Vorliegen eines **handelsrechtlichen beherrschenden Einflusses** i.S.d. § 290 Abs. 2 HGB ab. Dabei ist nicht erforderlich, dass der beherrschende Einfluss tatsächlich ausgeübt wird, sondern es ist bereits ausreichend, wenn die Möglichkeit eines solchen Einflusses besteht (»wenn das Mutterunternehmen ... ausüben kann«). Nicht verbundene Unternehmen sind z.B. Tochtergesellschaften einer Muttergesellschaft, die nicht Kapitalgesellschaft im Inland ist und keine eigenen Tochterunternehmen hat (sog Schwesterunternehmen).[26]

b) Vergaberechtliche Verbundenheit (§ 138 Abs. 2 Nr. 2 GWB)

§ 138 Abs. 2 Nr. 2 GWB umfasst Fälle, in denen zwar (nicht unbedingt) die Konstellation einer Vollkonsolidierung vorliegt, gleichwohl durch »beherrschende Einflüsse« Verbundenheit besteht. Insofern hat § 138 Abs. 2 Nr. 2 GWB **Auffangfunktion**.   22

Eine derartige eigene vergaberechtliche Definition der Verbundenheit gab es unmittelbar zuvor nicht in der bis 2016 geltenden Version nach § 100b Abs. 7 GWB a.F., erstaunlicherweise aber in der ersten Version des Konzernprivilegs in § 10 VgV a.F. aus 2001. Erst § 138 Abs. 2 Nr. 2 GWB rekrutiert wieder auf die Richtlinienbestimmung und folgt aus dem »unmittelbaren oder mittelbaren beherrschenden Einfluss« auf eine für das Konzernprivileg notwendige Verbundenheit. Während vom § 10 VgV a.F. allerdings nur der Fall der (vertikalen) Beherrschung durch den Auftraggeber erfasst wurde, erstreckt sich § 138 Abs. 2 Nr. 2 GWB nunmehr auf insgesamt drei Fälle mit Beherrschungselement, so dass man von **drei Unterarten** von verbundenen Unternehmen ausgehen kann.   23

Gegenstand der **ersten zwei Unterarten**, geregelt unter § 138 Abs. 2 Nr. 2 lit. a) und lit. b) GWB, ist die vertikale Beziehung zwischen Auftraggeber und verbundenem Unternehmen. So kann das verbundene Unternehmen einem beherrschenden Einfluss seitens des Sektorenauftraggebers unterliegen oder – umgekehrt – selbst auf den Sektorenauftraggeber einen solchen Einfluss ausüben. Demgegenüber regelt § 138 Abs. 2 Nr. 2 lit. c) GWB als **dritte Unterart** das horizontale Einflussverhältnis innerhalb der Wirtschaftsgruppe.[27] Dabei unterliegen Sektorenauftraggeber und Auftragnehmer als   24

---

22 Vgl. Bayer, in: MüKo AktG, 4. Aufl. 2016, § 18 Rn. 34.
23 Vgl. BGBl. I Nr. 27, 1102.
24 Vgl. Reiner, in: MüKo HGB, 3. Aufl. 2013, § 271 Rn. 21.
25 Vgl. Reiner, in: MüKo HGB, 3. Aufl. 2013, § 271 Rn. 1.
26 Vgl. Merkt, in: Baumbach/Hopt, Handelsgesetzbuch, 36. Aufl. 2014, § 270 Rn. 10.
27 Vgl. Schrotz/Faasch, Versorgungs-Wirtschaft, 2015, 261, 265.

Schwesterunternehmen aufgrund der Eigentumsverhältnisse, finanzieller Beteiligung oder der geltenden Bestimmungen dem beherrschenden Einfluss eines dritten Unternehmens. In diesem Zusammenhang ist eine private Beteiligung an einem der verbundenen Unternehmen nicht ausschlaggebend.[28] Der Begriff des beherrschenden Einflusses ergibt sich aus § 100 Abs. 3 Nr. 1 bis 3 GWB.[29] Hat man es mit einem verbundenen Unternehmen zu tun, so gelten als verbunden nicht nur Mutter- und Tochterunternehmen zueinander, sondern auch die Tochterunternehmen desselben Konzerns untereinander, so dass auch die Schwester- und Enkelunternehmen einbezogen sind. Dies ergibt sich aus dem ursprünglichen Sinn und Zweck des Konzernprivilegs, nach dem die gesamte Unternehmensgruppe als einheitliche Wirtschaftsgruppe gilt.

2. Tätigkeitskriterium (§ 138 Abs. 3 GWB)

a) Anwendungsbereich

25 Bei der Novellierung des GWB in 2016 hat der nationale Gesetzgeber die Möglichkeit nicht genutzt, die schwer handhabbare Formulierung des Art. 29 Richtlinie 2014/25/EU übersichtlicher zu strukturieren. Dennoch wird durch § 138 Abs. 3 GWB zumindest hinsichtlich des Tätigkeitskriteriums Klarheit geschaffen. Durch die aktuelle Formulierung *»mindestens 80 % des insgesamt erzielten Umsatzes (...) unter Berücksichtigung aller (...) Leistungen«* werden die Zweifel bezüglich der in der Vergangenheit höchst umstrittenen Frage ausgeräumt, auf welche Lieferungen bzw. Leistungen bei der Berechnung der 80%-Umsatzschwelle abzustellen ist.[30]

26 Die Tätigkeitsvoraussetzung besagt, dass nur 20 % des Gesamtumsatzes des beauftragten Unternehmens in dem jeweiligen Leistungssektor aus Drittgeschäften des verbundenen Unternehmens stammen dürfen, während die restlichen 80 % des Gesamtumsatzes auf interne Leistungserbringung entfallen müssen (sog. »80/20-Regelung«). Sinn und Zweck dieses Erfordernisses ist, sicherzustellen, dass tatsächlich ein konzerninterner Leistungsaustausch und keine unzulässige vergaberechtsfreie Leistungserbringung am Markt unter dem Deckmantel des Konzernprivilegs stattfinden.

27 Die 80/20-Regelung gilt ausschließlich für die Vergaben nach § 138 GWB, obschon auch dort eine Joint Venture-Variante enthalten ist; gleichwohl wird in der ausschließlich Joint Venture betreffenden Regelung nach § 139 GWB kein Tätigkeitskriterium gefordert. Das liegt daran, dass in § 139 GWB ausschließlich vertikal von Sektorenauftraggeber an das Joint Venture und umgekehrt vergeben wird und somit die notwendige Nähe vorhanden ist, wogegen die horizontale Vergabe von einem Joint Venture an ein mit einem Sektorenauftraggeber verbundenes Unternehmen nach § 138 Abs. 1 Nr. 2 GWB weitere Nähe erfordert.

---

28 Vgl. hierzu Erwägungsgrund Nr. 41 RL 2014/25/EU.
29 Vgl. hierzu Kommentierung zu § 100 GWB.
30 Vgl. hierzu die Kommentierung unter C.

b) Maßstab für die Erreichung der 80%-Umsatzschwelle

Zunächst ist der insgesamt erzielte durchschnittliche Umsatz (Gesamtumsatz) des Un- 28
ternehmens für Lieferungen, Bau- oder Dienstleistungen während der letzten drei Jahre
innerhalb der EU zu berücksichtigen, und zwar unabhängig von deren Auftraggebern.
Gemeint ist wegen der Trennung mit »oder« der Gesamtumsatz mit Dienstleistungen,
wenn der fragliche Auftrag eine Dienstleistung ist, mit Lieferleistungen, wenn der fragliche Auftrag eine Lieferleistung ist, und mit Bauleistungen, wenn der fragliche Auftrag
eine Bauleistung ist. Somit ist auch nach dem Willen des Gesetzgebers im jeweiligen
»Leistungssektor« der Gesamtumsatz zu ermitteln.[31] Eine weitere getrennte Berechnung nach unterschiedlichen Tätigkeiten, Sparten o.ä. innerhalb des jeweils betroffenen Sektorenbereichs, z.B. in der Sparte Energie, ist nicht angezeigt.[32]

Der Wortlaut lässt offen, ob bei der Betrachtung des einschlägigen Zeitraums »der letz- 29
ten drei Jahre« auf ein abgeschlossenes Kalender- oder auf ein (u.U. davon abweichendes) abgeschlossenes Geschäftsjahr abzustellen ist. Aufgrund der großen Relevanz der
handelsrechtlichen Regelungen für den Anwendungsbereich des Konzernprivilegs ist
von der Heranziehung eines abgeschlossenen Geschäftsjahres i.S.v. §§ 240, 242
HGB auszugehen.

Der ermittelte Gesamtumsatz für einen Leistungssektor ist dann dem »insgesamt erziel- 30
ten durchschnittlichen Umsatz« des gleichen Leistungssektors (Dienst-, Liefer- oder
Bauleistung) für die fraglichen drei (Geschäfts-)Jahre mit Leistungen für den Sektorenauftraggeber oder andere mit ihm verbundene Unternehmen gegenüberzustellen. Die
Verbindung »oder« zwischen Sektorenauftraggeber und verbundenen Unternehmen
könnte darauf schließen lassen, dass (1) der Umsatz entweder mit dem Sektorenauftraggeber oder den verbundenen Unternehmen nach Wahl des Auftraggebers erfolgen kann
oder (2) der Umsatz nur mit dem Sektorenauftraggeber, wenn ein vertikaler Auftrag
zwischen Auftraggeber und Auftragnehmer in Frage steht, und der Umsatz mit verbundenen Unternehmen, wenn eine horizontale Auftragsvergabe in Frage steht, oder (3)
zusammengenommen der Umsatz mit Sektorenauftraggebern und verbundenen Unternehmen. Gegen die erste Variante spricht, dass eine freie Wahl des Auftraggebers zu
Rechtsunsicherheit führt und überdies eine Manipulationsgefahr eröffnet, weil klar
ist, dass der Auftraggeber immer der Variante den Vorzug gibt, welche die Vergaberechtsfreiheit eröffnet. Für die zweite Version spricht der Wortlaut und auch eine gewisse Logik ist nicht abzusprechen. Allerdings könnte man für die zusammenfassende
dritte Variante ins Feld führen, dass nach Sinn und Zweck des Konzernprivilegs der
Konzern als Gruppe befreit sein soll und deshalb auch die Umsätze für die Gruppe insgesamt gelten müssten. Allerdings differenziert das Konzernprivileg durch das Wort
»oder« die Leistungssektoren, den jeweiligen Auftragsfall (Dienst-, Liefer- oder Bauleistung), weshalb es konsequent ist, ebenso korrekt durch das »oder« die für den jeweiligen
Auftragsfall betroffene Leistungsverbindung (Sektorenauftraggeber oder verbundenes
Unternehmen) differenziert für die Ermittlung des zu spiegelnden Umsatzes heranzu-

---

31 Vgl. BT-Drs. 18/6281 v. 08.10.2015, 154.
32 Vgl. BT-Drs. 18/6281 v. 08.10.2015, 154.

ziehen. Dafür ist letztlich auch die Sonderregel in § 138 Abs. 4 GWB ins Feld zu führen, wonach Umsätze mit mehreren verbundenen Unternehmen zusammengefasst werden können (mehr dazu unten). Dort ist allerdings keine Rede von einer Zusammenrechnung der Umsätze, die mit verbundenen Unternehmen erzielt werden, mit Umsätzen, die mit dem Sektorenauftraggeber erreicht werden. Systematisch wird zwischen diesen Umsatzarten verbundene Unternehmen/Sektorenauftraggeber unterschieden. Variante 2 ist somit vorzugswürdig.

c) Sonderregelung bei mehreren zusammengeschlossenen Unternehmen sowie bei neu gegründeten Unternehmen (§ 138 Abs. 4 und Abs. 5 GWB)

31 Nach § 138 Abs. 4 GWB kann bei mehreren verbundenen und – zusätzlich – wirtschaftlich zusammengeschlossenen Unternehmen die 80%-Grenze des § 138 Abs. 3 GWB unter Berücksichtigung des Gesamtumsatzes für **alle** diese Unternehmen bestimmt werden. Diese bereits vor 2016 vorhandene Regelung gilt für die Variante, nach der ein Auftragsverhältnis mit einem verbundenen Unternehmen gesucht wird. Diese Privilegierung setzt aber voraus, dass nicht nur eine Verbundenheit i.S.d. § 138 Abs. 2 GWB, sondern zusätzlich ein »wirtschaftlicher Zusammenschluss« vorhanden ist. Das zielt wohl einzig auf jene Fälle, in denen die Verbundenheit nicht durch die Vollkonsolidierung nach § 138 Abs. 2 Nr. 1 GWB erzielt wird. Denn bei der Vollkonsolidierung werden alle verbundenen Unternehmen als ein Wirtschaftsunternehmen betrachtet. Die zusätzliche Voraussetzung muss damit in den Fällen der vergaberechtlichen Verbundenheit nach § 138 Abs. 2 Nr. 2 GWB geprüft werden.

32 § 138 Abs. 5 GWB befasst sich mit der Vorgabe einer plausiblen und nachvollziehbaren Prognose über die Tätigkeitsentwicklung des Unternehmens für den Fall, dass noch keine Umsatzzahlen vorhanden sind, etwa weil das Unternehmen neu errichtet wurde oder erst kürzlich die Tätigkeit aufgenommen hat. Es ist unter diesen Umständen glaubhaft zu machen, ob das Unternehmen erwartungsgemäß die 80%-Grenze erreichen würde, um die Voraussetzungen des Konzernprivilegs zu erfüllen. Angesichts der weitreichenden Folge der Vergaberechtsfreiheit liegt es auf der Hand, dass hier keine »Notizen« reichen, sondern eine tragfähige und substantiierte Wirtschaftlichkeitsberechnung vorliegen muss.

III. Joint Venture-Konzernprivileg

1. Einführung

33 Die privilegierte Vergabe durch und an Joint Ventures erfolgt in drei Fallkonstellationen. Zwei davon werden von § 139 Abs. 1 GWB erfasst, bei denen ein interner Beschaffungsvorgang vertikal von einem Gemeinschaftsunternehmen an seine Gründer oder umgekehrt erfolgt. Eine dritte Fallkonstellation ist eine horizontale Vergabe vom Gemeinschaftsunternehmen an ein mit einem Sektorenauftraggeber verbundenes Unternehmen gemäß § 138 Abs. 1 Nr. 2 GWB.

2. Begriff des Gemeinschaftsunternehmens

Joint Venture bezeichnet wirtschaftswissenschaftlich die Unternehmenskooperation 34
zwischen zwei oder mehr rechtlich und wirtschaftlich voneinander unabhängigen Partnerunternehmen zur Verwirklichung eines gemeinsamen Vorhabens.[33]

Ein Joint Venture im Sinne des Konzernprivilegs ist nach seiner Legaldefinition in 35
§ 139 Abs. 1 Nr. 1 GWB ein gemeinsames Unternehmen mehrerer Sektorenauftraggeber, welches ausschließlich zur Durchführung von Tätigkeiten im Sektorenbereich gebildet wurde. Anknüpfungspunkt ist ausweislich des Wortlauts allein der formale Gründungsakt und nicht die tatsächliche operative Tätigkeit. Z.B. an die Rechtsform oder den Sitz des Unternehmens werden keine Anforderungen gestellt.

Die gesetzlichen Vorgaben an die Vergaberechtsfreiheit des Joint Venture-Konzernpri- 36
vilegs sollen gewährleisten, dass durch die Ausnahmeregelung keine Wettbewerbsverzerrungen zugunsten von Unternehmen oder Gemeinschaftsunternehmen entstehen, die mit den Auftraggebern verbunden sind.[34]

3. Arten des Joint Venture-Konzernprivilegs

a) Vergabe an Sektorenauftraggeber

Nach der Fallkonstellation i.S.d. § 139 Abs. 1 Nr. 1 GWB findet das EU-Vergaberecht 37
keine Anwendung auf Auftragsvergaben durch ein Gemeinschaftsunternehmen an einen Sektorenauftraggeber, durch den dieses Gemeinschaftsunternehmen ausschließlich zur Durchführung von Sektorentätigkeiten (mit-) errichtet wurde.

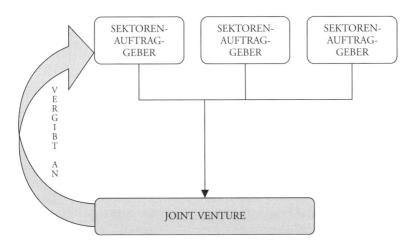

---

33 Langefeld-Wirth, RIW 1990, 1.
34 Vgl. Erwägungsgrund Nr. 39 Richtlinie 2014/25/EU.

b) Vergabe an Joint Venture

38   Befreit sind nach § 139 Abs. Nr. 2 GWB Aufträge, die ein dem Gemeinschaftsunternehmen angehöriger Auftraggeber an dieses Gemeinschaftsunternehmen vergibt.

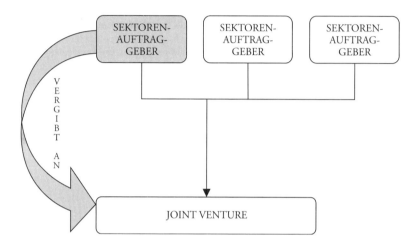

c) Vergabe an Dritten

39   Nach § 138 Abs. 1 Nr. 2 GWB ist vergaberechtsfrei die Auftragsvergabe von einem Gemeinschaftsunternehmen an ein drittes, mit einem der Sektorenauftraggeber, welcher an dem Gemeinschaftsunternehmen beteiligt ist, verbundenes Unternehmen.

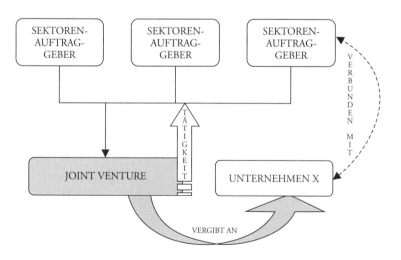

Bei einer Vergabe nach § 138 Abs. 1 Nr. 2 GWB findet allerdings im einzigen Fall des   40
Joint Venture – Konzernprivilegs die »80/20 Regel« Anwendung, d.h. ein zusätzliches
Tätigkeitskriterium muss beachtet werden. Das liegt daran, dass in § 139 GWB ausschließlich vertikal von Sektorenauftraggeber an das Joint Venture und umgekehrt vergeben wird und somit die notwendige Nähe vorhanden ist, wogegen die horizontale Vergabe von einem Joint Venture an ein mit einem Sektorenauftraggeber verbundenes
Unternehmen nach § 138 Abs. 1 Nr. 2 GWB weitere Nähe erfordert. Gerade mit dieser Einschränkung soll gewährleistet werden, dass durch die Ausnahmeregelung keine
Wettbewerbsverzerrungen zugunsten von Unternehmen oder Gemeinschaftsunternehmen entstehen, die mit den Auftraggebern verbunden sind.[35]

§ 140 GWB Besondere Ausnahme für unmittelbar dem Wettbewerb aus-
gesetzte Tätigkeiten

(1) ¹Dieser Teil ist nicht anzuwenden auf öffentliche Aufträge, die zum Zweck der
Ausübung einer Sektorentätigkeit vergeben werden, wenn die Sektorentätigkeit unmittelbar dem Wettbewerb auf Märkten ausgesetzt ist, die keiner Zugangsbeschränkung unterliegen. ²Dasselbe gilt für Wettbewerbe, die im Zusammenhang mit der
Sektorentätigkeit ausgerichtet werden.

(2) ¹Für Gutachten und Stellungnahmen, die aufgrund der nach § 113 Satz 2 Nummer 8 erlassenen Rechtsverordnung vorgenommen werden, erhebt das Bundeskartellamt Kosten (Gebühren und Auslagen) zur Deckung des Verwaltungsaufwands.
²§ 80 Absatz 1 Satz 3 und Absatz 2 Satz 1, Satz 2 Nummer 1, Satz 3 und 4, Absatz 5
Satz 1 sowie Absatz 6 Satz 1 Nummer 2, Satz 2 und 3 gilt entsprechend. ³Hinsichtlich
der Möglichkeit zur Beschwerde über die Kostenentscheidung gilt § 63 Absatz 1 und
4 entsprechend.

Amtliche Begründung

»§ 140 dient der Umsetzung von Artikel 34 Absatz 1 der Richtlinie 2014/25/EU. Die Ausnahme
für unmittelbar dem Wettbewerb ausgesetzte Tätigkeiten war schon in Artikel 30 der Vorgängerrichtlinie 2004/17/EG vorgesehen und bislang sowohl in § 100b Absatz 4 Nummer 4 GWB als
auch § 3 SektVO umgesetzt. Die Neuregelung des § 140 beschränkt sich auf die Regelung des
reinen Ausnahmetatbestands. Die dazugehörigen Verfahrensvorschriften, die in Artikel 34 Absatz 2 und 3 sowie Artikel 35 der Richtlinie 2014/25/EU enthalten sind, werden nunmehr ausschließlich in der Sektorenverordnung geregelt.«

Inhaltsübersicht

---

35 Vgl. Erwägungsgrund Nr. 39 Richtlinie 2014/25/EU.

A. Allgemeine Einführung

1 § 140 GWB befasst sich mit der Herausnahme von Sektorentätigkeiten vom Anwendungsbereich des EU-Vergaberechts. Demnach soll das EU-Vergaberecht nicht mehr zur Anwendung gelangen für öffentliche Aufträge und Wettbewerbe zum Zweck der Ausübung einer Sektorentätigkeit, wenn diese unmittelbar dem Wettbewerb auf Märkten ausgesetzt ist, die keiner Zugangsbeschränkung unterliegen. Das ist der Fall, wenn in einem Sektor ein frei zugänglicher Markt entstanden ist, wo die Tätigkeiten eines Sektorenauftraggebers unmittelbar rechtlich und faktisch dem Wettbewerb ausgesetzt sind. Dann besteht keine Notwendigkeit mehr dafür, dass Sektorenauftraggeber durch die Regelungen des Vergaberechts im Gegensatz zu den einem Wettbewerb ausgesetzten privaten Unternehmen beschränkt werden. Sie werden mit diesen vielmehr gleichgestellt. Umgekehrt bleibt die Bindung an das EU-Vergaberecht bestehen, solange die konkrete Sektorentätigkeit (noch) nicht dem freien Wettbewerb ausgesetzt ist.

2 Das Verfahren ermöglicht, alle Auswirkungen einer aktuellen oder zukünftigen Liberalisierung von Märkten zu berücksichtigen.[1] Das Verfahren soll Rechtssicherheit bieten und angemessene Entscheidungsfindung ermöglichen, weshalb es mit kurzen Fristen verbunden ist.

B. Vergleich zur vorherigen Rechtslage

3 Die Ausnahme für unmittelbar dem Wettbewerb ausgesetzte Tätigkeiten war schon in Art. 30 der Richtlinie 2004/17/EG enthalten und bislang sowohl in § 100b Abs. 4 Nummer 4 GWB (alt) als auch § 3 SektVO (alt) umgesetzt. Dabei ist der Gesetzgeber dem Grundprinzip treu geblieben, im GWB die rechtlichen Voraussetzungen für die Ausnahme von der Anwendung des 4. Teils des GWB und in der SektVO das dazugehörigen Antragsverfahren zu regeln.

---

1 Erwägungsgrund 43 der Richtlinie 2014/25/EU.

Allerdings hat § 100b Abs. 4 Nr. 4 GWB (alt) vorgeschrieben, dass die Ausnahme nur   4
vorliegt, wenn die Europäische Kommission das Vorliegen der Voraussetzungen festgestellt hat. Mit § 140 Abs. 1 GWB ist diese Feststellung der Europäischen Kommission
vom Wortlaut her nicht mehr Voraussetzung, so dass man annehmen könnte, die Ausnahme sei bei Vorliegen der rechtlichen Voraussetzungen direkt anwendbar. Dem ist
jedoch nicht so. Denn Art. 34 Abs. 1 der Richtlinie 2014/25/EU regelt ausdrücklich,
dass eine solche Ausnahme nur greift, wenn ein Mitgliedstaat oder ein Auftraggeber, die
den Antrag nach Art. 35 der Richtlinie 2014/25/EU gestellt haben, nachweisen können, dass die Tätigkeit dem Wettbewerb ausgesetzt ist. Die Antragstellung bei der Europäischen Kommission und Festlegung durch diese ist damit immer noch Voraussetzung für das Vorliegen einer Ausnahme nach § 140 Abs. 1 GWB.

Die Änderungen des Wortlauts der einzelnen materiellen Voraussetzungen sind dem   5
entsprechenden Wortlaut des Art. 34 Abs. 1 der Richtlinie 2014/25/EU geschuldet.
Hieß es bisher in Art. 30 Abs. 1 der Richtlinie 2004/17/EG, dass die Tätigkeit »auf
Märkten mit freiem Zugang unmittelbar dem Wettbewerb ausgesetzt« sein muss, so
gibt der Wortlaut des Art. 34 Abs. 1 der Richtlinie 2014/25/EU nunmehr vor, dass
die Tätigkeit »unmittelbar dem Wettbewerb auf Märkten ausgesetzt sein muss, die keiner Zugangsbeschränkung unterliegen«. Dabei ist der Markt mit freiem Zugang mit
dem Markt ohne Zugangsbeschränkung wohl inhaltlich identisch. Lediglich die Be-
weisrichtung hat sich umgekehrt. Der Nachweis ist nicht mehr hinsichtlich des positiv
vorliegenden freien Zugangs erforderlich, sondern darauf ausgerichtet, welche am
Markt existierenden, möglichen Zugangsbeschränkungen für die betreffende Tätigkeit gerade nicht vorliegt. Dieser Aspekt dürfte jedoch rein dogmatischer Natur sein
und in der Praxis nicht zu wesentlichen Veränderungen führen.

C. Europarechtliche Vorgaben

§ 140 GWB dient der Umsetzung von Art. 34 Abs. 1 der Richtlinie 2014/25/EU.   6
Art. 34 Abs. 2 und 3 und Art. 35 der Richtlinie 2014/25/EU legen fest, wie das Verfahren zur Feststellung der Ausnahme nach Art. 34 abläuft.

Die Europäische Kommission hat in mehreren Entscheidungen Kriterien entwickelt,   7
an denen gemessen werden soll, ob Wettbewerb in einem Sektor gegeben ist.[2] In den
Bereichen Elektrizität und Erdgas enthält zudem ihr »Bericht über die Fortschritte
bei der Schaffung des Erdgas- und Elektrizitätsbinnenmarktes«[3] (sog. Bericht 2005) be-

---

2 Vgl. Entscheidungen 2006/211/EG der Kommission v. 08.03.2006 zur Freistellung der Stromerzeugung in England, Schottland und Wales, ABl. EU Nr. L 76 v. 15.03.2006, S. 6;
   2007/706/EG der Kommission v. 29.10.2007 zur Freistellung der Erzeugung und des Verkaufs
   von Strom in Schweden, ABl. EU Nr. L 287 v. 01.11.2007, S. 18; 2008/585/EG der Kommission v. 07.07.2008 zur Freistellung der Erzeugung von Strom in Österreich, ABl. EU Nr. L 188
   v. 16.07.2008, S. 28; 2009/546/EG der Kommission v. 08.07.2009 zur Freistellung des Aufsu-
   chens von Erdöl und Erdgasvorkommen und deren Förderung in den Niederlanden, ABl. EU
   Nr. L 181 v. 14.07.2009, S. 53.
3 KOM (2005) 568 endgültig v. 15.11.2005, Mitteilung der Kommission an den Rat und das

achtenswerte Maßgaben. Nunmehr sind die Kriterien und Maßstäbe der Festlegung in Art. 34 der Richtlinie 2014/25/EU geregelt.

Weiter hat die Europäische Kommission in ihrer Entscheidung vom 07.01.2005[4] die Antragsvoraussetzungen und Durchführungsmodalitäten für ein Freistellungsverfahren dargelegt, die nun in Art. 34 der Richtlinie 2014/25/EU ausführlich geregelt sind.

D. Kommentierung

I. Aufbau der Regelung

8 Die Neuregelung des § 140 GWB beschränkt sich auf die Regelung des reinen Ausnahmetatbestands. Die dazugehörigen Verfahrensvorschriften, die in Art. 34 Abs. 2 und 3 sowie Art. 35 der Richtlinie 2014/25/EU enthalten sind, werden nunmehr ausschließlich in § 3 SektVO geregelt.

9 Dafür ist die bisher in § 3 Abs. 5a SektVO (alt) geregelte Erhebung von Gebühren und Kosten durch das Bundeskartellamt nunmehr in § 140 Abs. 2 GWB enthalten. Die entsprechenden für das Bundeskartellamt bestehenden Regelungen des § 80 GWB sind überwiegend auch im Fall dieser Ausnahmeregelung anzuwenden. Hinsichtlich der Möglichkeit der Beschwerde über die Kostenentscheidung gilt § 63 Abs. 1 und 4 GWB entsprechend.

II. Bisherige Entscheidungen über die Anwendung der Ausnahme

10 Alle Entscheidungen, die vor Inkrafttreten der Richtlinie 2014/25/EU bezüglich der Anwendbarkeit der entsprechenden Bestimmungen in Art. 30 der Richtlinie 2004/17/EG getroffen wurden, gelten weiterhin.[5]

11 Folgende Entscheidungen wurden von der Europäischen Kommission bisher getroffen:
   – Finnland: Stromerzeugung und Stromverkauf, Beschl. v. 19.06.2006 (2006/422/EG)
   – England, Schottland und Wales: Lieferung von Strom und/oder Erdgas, Beschl. v. 26.02.2007 (2007/141/EG)
   – Schweden: Stromerzeugung oder Stromverkauf, Beschl. v. 29.10.2007 (2007/706/EG)
   – Österreich: Erzeugung von Strom, Beschl. v. 07.07.2008 (2008/585/EG)
   – Niederlande: Aufsuchen von Erdöl und Erdgasvorkommen und deren Förderung, Beschl. v. 08.07.2009 (2009/546/EG)

Europäische Parlament – Bericht über die Fortschritte bei der Schaffung des Erdgas- und Elektrizitätsbinnenmarktes.

4 Entscheidung 2005/0000/EG v. 07.01.2005 der Kommission über die Durchführungsmodalitäten für das Verfahren nach Art. 30 Richtlinie 2004/17/EG des Europäischen Parlaments und des Rates zur Koordinierung der Zuschlagserteilung durch Auftraggeber im Bereich der Wasser-, Energie-, und Verkehrsversorgung sowie der Postdienste, ABl. EU Nr. L 7 v. 11.01.2005, S. 7.

5 Erwägungsgrund 43 der Richtlinie 2014/25/EU.

– Italien: konventionelle Stromerzeugung und Stromgroßhandel, Beschl. v. 14.07.2010 (2010/403/EG) und Beschl. v. 26.09.2013 (2012/539/EU)
– Deutschland: Erzeugung und Erstabsatz von aus konventionellen Quellen erzeugtem Strom, Beschl. v. 24.04.2012 (2012/218/EU)

Darüber hinaus hatte der Verordnungsgeber das Postwesen in Deutschland gar nicht 12 erst in den Anwendungsbereich der SektVO (alt) gestellt, obwohl das Postwesen von der Richtlinie 2004/17/EG grundsätzlich erfasst war. In der Einleitung der amtlichen Begründung zur SektVO (alt) heißt es:

»Für den von der Richtlinie 2004/17/EG auch erfassten Postbereich erfolgt keine Umsetzung. Es kann davon ausgegangen werden, dass in Deutschland mit dem Auslaufen des gesetzlichen Briefmonopols kein Unternehmen mehr besteht, das die in der Richtlinie vorgegebenen Voraussetzungen eines Auftraggebers im Postbereich erfüllt.«

Mit dem Ziel der Förderung des freien Wettbewerbs auf nationaler wie internationaler 13 Ebene wurden neben dem Vergaberecht in anderen Bereichen Richtlinien zur Liberalisierung bestimmter Märkte bzw. Sektoren erlassen.[6] Mit der Ausnahme in § 140 GWB soll den bereits erfolgten Liberalisierungen in einzelnen Sektoren und Teilsektoren Rechnung getragen werden.

III. Das Verfahren

Die Entscheidung, ob eine Ausnahme nach § 140 GWB gestattet wird, hat die Europä- 14 ische Kommission auf Antrag eines Auftraggebers (§ 3 Abs. 1 SektVO) oder eines Verbandes der Auftraggeber (§ 3 Abs. 2 Satz 3 SektVO) oder des BMWi (§ 3 Abs. 5 SektVO) zu treffen. Die Europäische Kommission kann auch auf eigene Veranlassung für eine der Sektorentätigkeiten in Deutschland ein solches Verfahren einleiten, § 3 Abs. 5 Satz 4 SektVO. Die Freistellung gilt als erteilt, wenn die Kommission so befindet oder wenn sie nicht innerhalb der vorgegeben Frist entscheidet und das BMWi die Feststellung oder den Fristablauf im Bundesanzeiger bekannt gemacht hat (§ 3 Abs. 6 SektVO).

IV. Materielle Voraussetzungen

1. Anwendungsbereich

Eine Ausnahme von der Anwendung des Sektorenvergaberechts liegt gemäß § 140 15 Abs. 1 GWB vor, wenn die Sektorentätigkeit unmittelbar dem Wettbewerb auf Märkten ausgesetzt ist, die keiner Zugangsbeschränkung unterliegen. Die betreffende Sekto-

---

6 U.a. Richtlinie 98/30/EG v. 22.06.1998 betreffend gemeinsame Vorschriften für den Erdgasbinnenmarkt – ABl. EU Nr. L 204 v. 21.07.1998, S. 1; Richtlinie 2003/54/EG v. 26.06.2006 betreffend gemeinsame Vorschriften für den Elektrizitätsbinnenmarkt – ABl. EU Nr. L 176 v. 15.07.2003, S. 37; Richtlinie 94/22/EG v. 30.05.1994 über die Erteilung und Nutzung von Genehmigungen zur Prospektion, Exploration und Gewinnung von Kohlenwasserstoffen – ABl. EU Nr. L 164 v. 30.06.1994, S. 3.

rentätigkeit kann Teil eines größeren Sektors sein oder nur in bestimmten Teilen des betreffenden Mitgliedstaats ausgeübt werden, Art. 34 S. 1 der Richtlinie 2014/25/EU.

16 Die Regelung ist anwendbar für öffentliche Aufträge, die zum Zweck der Ausübung einer Sektorentätigkeit vergeben werden, sowie für im Zusammenhang mit der Sektorentätigkeit ausgerichtete Wettbewerbe. Die Regelung ist auch auf Rahmenvereinbarungen anwendbar, da für diese gemäß § 103 Abs. 5 Satz 2 GWB die gleichen Regelungen wie für öffentliche Aufträge gelten.

17 Darüber hinaus regelt § 143 Abs. 2 Satz 2 GWB, dass Sektorenauftraggeber, die Rechte nach dem Bundesberggesetz besitzen, eine Befreiung von der Pflicht zur Anwendung des § 143 GWB erreichen können. Das Verfahren richtet sich nach den gleichen Regelungen wie nach § 140 GWB, § 3 Abs. 7 SektVO.

2. Märkte ohne Zugangsbeschränkung

18 Art. 34 Abs. 3 nebst Anhang III der Richtlinie 2014/25/EU sowie die Europäische Kommission in ihren Entscheidungen erklären den Zugang zum Markt für frei, wenn der Mitgliedstaat des Antragstellers die die in Anhang III[7] aufgeführten Rechtsvorschriften der Union umgesetzt und angewendet hat.

19 Dementsprechend besteht eine hinreichende Vermutung für den freien Zugang zum betreffenden Markt (die erste Voraussetzung für eine Freistellung), wenn solche Richtlinien in dem betreffenden Mitgliedstaat umgesetzt und angewendet werden. Es ist davon auszugehen, dass die Kommission bei einer erfolgten Umsetzung einer Richtlinie in einem Mitgliedstaat auch von der Anwendung derselben ausgeht.[8]

20 Anhang III wird durch die Europäische Kommission regelmäßig aktualisiert. Bei der Aktualisierung des Anhangs hat die Kommission insbesondere dem Umstand Rechnung zu tragen, dass in dem Mitgliedstaat eventuell Maßnahmen verabschiedet wurden, die eine echte Öffnung von Sektoren wie beispielsweise dem nationalen Schienenpersonenverkehr, für die in diesem Anhang noch keine Rechtsvorschriften genannt sind, für den Wettbewerb bewirken. So sind also auch Sektoren oder Sektorteile aufgeführt, für die keine Richtlinie erlassen wurde, die aber gleichwohl als Markt ohne Zugangsbeschränkung angesehen werden.[9]

---

7 S. Anhang III der Richtlinie 2014/25/EU: z.B. Fortleitung oder Abgabe von Gas und Wärme (Richtlinie 2009/73/EG); Erzeugung, Fortleitung oder Abgabe von Elektrizität (Richtlinie 2009/72/EG); Schienengüterverkehr und grenzüberschreitender Schienenpersonenverkehr (Richtlinie 2012/34/EU); Auftraggeber im Bereich Postdienste (Richtlinie 97/67/EG); Gewinnung von Öl oder Gas (Richtlinie 94/22/EG).

8 Z.B. Entscheidung 2008/741/EG v. 11.09.2008 der Kommission über die Nichtanwendung von Art. 30 Abs. 1 Richtlinie 2004/17/EG des Europäischen Parlaments und des Rates zur Koordinierung durch Auftraggeber im Bereich der Wasser-, Energie- und Verkehrsversorgung sowie der Postdienste auf die Stromerzeugung und den Stromgroßhandel in Polen, ABl. EU Nr. L 251 v. 19.09.2008, S. 35.

9 Erwägungsgrund 46 der Richtlinie 2014/25/EU.

Kann jedoch ein freier Marktzugang nicht auf der Grundlage der Umsetzung und An- 21
wendung der in Anhang III aufgeführten Richtlinien als gegeben angesehen werden, ist
nachzuweisen, dass der freie Marktzugang faktisch und rechtlich gegeben ist, Art. 34
Abs. 3, Satz 2 der Richtlinie 2014/25/EU.

Anträge von Mitgliedstaaten, welche die besagten Richtlinien nicht umgesetzt haben, 22
sind gleichwohl nicht automatisch unbegründet. Der Antragsteller muss die Europäische Kommission dann unabhängig von den Richtlinien von einem rechtlich und
tatsächlich freien Marktzugang überzeugen.[10] Diesen Weg musste bislang kein Antragsteller gehen, weshalb die Europäische Kommission hierzu noch keine Stellung hinsichtlich des dafür erforderlichen Vorbringens genommen hat. Ein Antragsteller müsste
wohl darlegen, dass trotz Nichtumsetzung der maßgebenden Richtlinie die Auftraggeber im Sektorenbereich gleichen Praktiken und Gewohnheiten folgen wie in den Ländern, in denen die Richtlinie umgesetzt wurde.

3. Unmittelbar dem Wettbewerb ausgesetzt

Die zweite Voraussetzung, nämlich dass die Tätigkeit unmittelbar dem Wettbewerb aus- 23
gesetzt sein muss, soll nach objektiven Kriterien unter Berücksichtigung der besonderen Merkmale eines jeden Sektors beurteilt werden.[11] Die Voraussetzung wird auf
der Grundlage von Kriterien entschieden, die mit den Wettbewerbsbestimmungen
des AEUV in Einklang stehen. Dazu können die Merkmale der betreffenden Waren
oder Dienstleistungen, das Vorhandensein alternativer Waren oder Dienstleistungen,
die auf der Angebots- oder der Nachfrageseite als austauschbar gelten, die Preise und
die tatsächliche oder potenzielle Präsenz von mehr als einem Anbieter der betreffenden
Waren oder mehr als einem Erbringer der betreffenden Dienstleistungen gehören,
Art. 34 Abs. 2 der Richtlinie 2014/25/EU.

Die Bewertung, ob ein bestimmter Sektor oder Teile davon unmittelbar dem Wettbe- 24
werb ausgesetzt ist, hat hinsichtlich des relevanten geografischen Markts, d.h. des spezifischen Bereichs, in dem die Tätigkeit oder die betreffenden Teile davon von den
jeweiligen Unternehmen durchgeführt werden, zu erfolgen.[12] Art. 34 Abs. 2, Unterabsatz 2 der Richtlinie 2014/25/EU bestimmt, dass der geographisch abgegrenzte Bezugsmarkt, auf dessen Grundlage die Wettbewerbssituation bewertet wird, das Gebiet um-

---

10 Vgl. Erwägungsgrund 46 der Richtlinie 2014/25/EU.
11 Vgl. Erwägungsgrund 44 der Richtlinie 2014/25/EU sowie Entscheidungen, z.B. 2007/706/
    EG der Kommission v. 29.10.2007 zur Freistellung der Erzeugung und des Verkaufs von
    Strom in Schweden von der Anwendung der Richtlinie 2004/17/EG des Europäischen Parla-
    ments und des Rates zur Koordinierung der Zuschlagserteilung durch Auftraggeber im Be-
    reich der Wasser-, Energie- und Verkehrsversorgung sowie der Postdienste, ABl. EU Nr. L
    287 v. 01.11.2007, S. 18; 2008/585/EG der Kommission v. 07.07.2008 zur Freistellung
    der Erzeugung von Strom in Österreich von der Anwendung der Richtlinie 2004/17/EG
    des Europäischen Parlaments und des Rates zur Koordinierung der Zuschlagserteilung durch
    Auftraggeber im Bereich der Wasser-, Energie- und Verkehrsversorgung sowie der Postdienste,
    ABl. EU Nr. L 188 v. 16.07.2008, S. 28.
12 Erwägungsgrund 45 der Richtlinie 2014/25/EU.

fasst, in dem die betreffenden Unternehmen an Angebot und Nachfrage der Waren oder Dienstleistungen beteiligt sind, in dem die Wettbewerbsbedingungen ausreichend homogen sind und das von benachbarten Gebieten unterschieden werden kann, da insbesondere die Wettbewerbsbedingungen in jenen Gebieten deutlich andere sind. Bei der Bewertung wird insbesondere der Art und den Merkmalen der betreffenden Waren oder Dienstleistungen, dem Vorhandensein von Eintrittsbarrieren oder Verbraucherpräferenzen, deutlichen Unterschieden bei den Marktanteilen der Unternehmen zwischen dem betreffenden Gebiet und benachbarten Gebieten sowie substanziellen Preisunterschieden Rechnung getragen.

25 Der relevante geografische Markt muss nicht notwendigerweise mit dem Hoheitsgebiet des betreffenden Mitgliedstaats übereinstimmen. Folglich müssen Entscheidungen über die Anwendbarkeit der Ausnahme auf Teile des Hoheitsgebiets des betreffenden Mitgliedstaats beschränkt werden.[13]

26 Die Europäische Kommission entscheidet demgemäß in einer Gesamtschau aller Umstände des Einzelfalls. Hierbei bestimmt sie zunächst den Marktanteil der Hauptakteure auf einem bestimmten Markt. In ihrem Bericht 2005 zur Stromerzeugung erklärte die Europäische Kommission den Anteil der drei größten Erzeuger und auch ihr Verhältnis untereinander für maßgebend.[14] Um zu wissen, auf welches Gebiet dieses Kriterium anzuwenden ist, ermittelt die Europäische Kommission zunächst, ob es sich um einen nationalen, einen geografisch größeren regionalen oder einen geografisch kleineren Markt handelt.[15] Laut Europäischer Kommission besteht ein regionaler Markt insbes. dort, wo die Leistungen mehrerer Auftraggeber in mehreren Ländern frei verfügbar sind und nicht auf ein Land beschränkt bleiben.[16] Wirkt sich die konkrete Sektorentätigkeit allerdings nur innerhalb eines Landes aus, so ist nur das nationale Gebiet der Beurteilung des freien Marktes zugrunde zu legen.[17]

---

13 Erwägungsgrund 45 der Richtlinie 2014/25/EU.

14 KOM (2005) 568 endgültig v. 15.11.2005, Mitteilung der Kommission an den Rat und das Europäische Parlament – Bericht über die Fortschritte bei der Schaffung des Erdgas- und Elektrizitätsbinnenmarktes, S. 7.

15 Vgl. Entscheidung 2007/706/EG der Kommission v. 29.10.2007 zur Freistellung der Erzeugung und des Verkaufs von Strom in Schweden von der Anwendung der Richtlinie 2004/17/EG des Europäischen Parlaments und des Rates zur Koordinierung der Zuschlagserteilung durch Auftraggeber im Bereich der Wasser-, Energie- und Verkehrsversorgung sowie der Postdienste, ABl. EU Nr. L 287 v. 01.11.2007, S. 18; 2008/585/EG der Kommission v. 07.07.2008 zur Freistellung der Erzeugung von Strom in Österreich von der Anwendung der Richtlinie 2004/17/EG des Europäischen Parlaments und des Rates zur Koordinierung der Zuschlagserteilung durch Auftraggeber im Bereich der Wasser-, Energie- und Verkehrsversorgung sowie der Postdienste, ABl. EU Nr. L 188 v. 16.07.2008, S. 28.

16 Vgl. 2008/585/EG der Kommission v. 07.07.2008 zur Freistellung der Erzeugung von Strom in Österreich von der Anwendung der Richtlinie 2004/17/EG des Europäischen Parlaments und des Rates zur Koordinierung der Zuschlagserteilung durch Auftraggeber im Bereich der Wasser-, Energie- und Verkehrsversorgung sowie der Postdienste, ABl. EU Nr. L 188 v. 16.07.2008, S. 28.

17 Vgl. 2008/741/EG der Kommission v. 11.09.2008 über die Nichtanwendung von Art. 30 Abs. 1 Richtlinie 2004/17/EG des Europäischen Parlaments und des Rates zur Koordinie-

In den Entscheidungen bezüglich Stromerzeugung in Finnland und in Schweden legte   27
die Europäische Kommission einen regionalen Markt zugrunde, weil der Großhandels-
markt beider Länder in den nordischen Energiemarkt integriert sei.[18] Es finde reger
Handel zwischen den Erzeugern und den Lieferanten und Industrieunternehmern
statt, es gebe die freiwillige Energiebörse Nord Pool, und Übertragungsengpässe schnit-
ten die Regionen nur selten von dem Markt ab. Die drei größten schwedischen Erzeuger, die in Schweden selbst im Jahre 2004 86,7% der dortigen Stromerzeugung aus-
machten, wurden deshalb im Verhältnis zum nordischen Gesamtmarkt betrachtet.
Ihr Gesamtmarktanteil betrug 40%, was nach Auffassung der Europäischen Kommission einen hinreichend niedrigen Wert darstellt.[19]

Anders entschied die Europäische Kommission beim Elektrizitätsmarkt in Österreich.   28
Hier ging sie von einem nationalen Markt aus.[20] Die Kommission stellte in Österreich
einen Gesamtmarktanteil der drei Hauptakteure von 52,2% fest. Aufgrund des hohen
Stromimports, wodurch ein Viertel des österreichischen Strombedarfs gedeckt werde,
erlangten die drei führenden Erzeuger dennoch keine Monopolstellung; in Folge dessen
spreche der Erzeugungsanteil der Haupterzeuger laut Europäischer Kommission nicht
als Indiz gegen den unmittelbaren Wettbewerb.[21]

---

rung durch Auftraggeber im Bereich der Wasser-, Energie- und Verkehrsversorgung sowie der
Postdienste auf die Stromerzeugung und den Stromgroßhandel in Polen, ABl. EU Nr. L 251 v.
19.09.2008, S. 35.

18 Vgl. Entscheidungen 2006/422/EG der Kommission v. 19.06.2006 über die Anwendung von
Art. 30 Abs. 1 Richtlinie 2004/17/EG des Europäischen Parlaments und des Rates zur Koor-
dinierung der Zuschlagserteilung durch Auftraggeber im Bereich der Wasser-, Energie- und
Verkehrsversorgung sowie der Postdienste auf die Erzeugung und den Verkauf von Strom in
Finnland mit Ausnahme der Åland-Inseln, ABl. EU Nr. L 168 v. 21.06.2006, S. 33; Entschei-
dung 2007/706/EG der Kommission v. 29.10.2007 zur Freistellung der Erzeugung und des
Verkaufs von Strom in Schweden von der Anwendung der Richtlinie 2004/17/EG des Europäischen Parlaments und des Rates zur Koordinierung der Zuschlagserteilung durch Auftragge-
ber im Bereich der Wasser-, Energie- und Verkehrsversorgung sowie der Postdienste, ABl. EU
Nr. L 287 v. 01.11.2007, S. 18.

19 Vgl. Erwägungsgrund 5 der Entscheidung 2007/706/EG der Kommission v. 29.10.2007 zur
Freistellung der Erzeugung und des Verkaufs von Strom in Schweden von der Anwendung der
Richtlinie 2004/17/EG des Europäischen Parlaments und des Rates zur Koordinierung der
Zuschlagserteilung durch Auftraggeber im Bereich der Wasser-, Energie- und Verkehrsversor-
gung sowie der Postdienste, ABl. EU Nr. L 287 v. 01.11.2007, S. 18.

20 Vgl. Entscheidung 2008/585/EG der Kommission v. 07.07.2008 zur Freistellung der Erzeugung von Strom in Österreich von der Anwendung der Richtlinie 2004/17/EG des Europäischen Parlaments und des Rates zur Koordinierung der Zuschlagserteilung durch Auftraggeber im Bereich der Wasser-, Energie- und Verkehrsversorgung sowie der Postdienste, ABl. EU
Nr. L 188 v. 16.07.2008, S. 28.

21 Vgl. Erwägungsgrund 10 der Entscheidung 2008/585/EG der Kommission v. 07.07.2008 zur
Freistellung der Erzeugung von Strom in Österreich von der Anwendung der Richtlinie
2004/17/EG des Europäischen Parlaments und des Rates zur Koordinierung der Zuschlagserteilung durch Auftraggeber im Bereich der Wasser-, Energie- und Verkehrsversorgung sowie der Postdienste, ABl. EU Nr. L 188 v. 16.07.2008, S. 28.

29 Die drei Hauptakteure auf dem Strommarkt Polens erwirkten gemeinsam im Jahr 2007 55,4% des Gesamtmarktanteils. Dieser Wert ist nach Auffassung der Europäischen Kommission isoliert betrachtet vergleichbar mit dem Österreichs, wobei Polen weniger als 3% seines Stroms importiert.[22] Importe sind laut Europäischer Kommission ein deutliches Indiz für Wettbewerb, gerade wenn man bedenkt, was für Auswirkungen sie auf das Preisverhalten der landeseigenen Akteure haben. Sie müssen bei der Beurteilung des unmittelbaren Wettbewerbs berücksichtigt werden.

30 Konsequent hat die Europäische Kommission einen Freistellungsantrag der Tschechischen Republik abgelehnt, nachdem sie ermittelte, dass der dortige Hauptstromerzeuger für fast 70% der Stromerzeugung verantwortlich ist.[23] Die zweit- und drittgrößten Erzeuger liegen mit 3,5% und 3% weit darunter. Hier können Importe laut Europäischer Kommission keinen Wettbewerbsdruck hervorrufen.

31 Bei der Beurteilung eines Antrags aus Großbritannien ging die Kommission von einem einheitlichen Markt von England, Schottland und Wales aus.[24] Der Marktanteil der drei größten Stromerzeuger beträgt dort 39%. Außerdem wechseln durchschnittlich über 50% der Verbraucher ihren Stromanbieter, was nach Auffassung der Europäischen Kommission ein weiteres Kriterium des freien Wettbewerbs ist.

32 Die Kommission ermittelte für jedes oben aufgeführte Urteil zudem die Quote der Verbraucher, die ihren Stromanbieter wechseln. Die Wechselquote sei ein Anzeichen für ein breites Angebot, aus dem die Verbraucher frei wählen können. In Schweden beträgt die Quote 54%, in Österreich 41,5%, in Polen nur 15,84%. In der Tschechischen Republik wechseln fast 50% der Großkunden ihren Stromanbieter. Obwohl vergleichbar mit Großbritannien, Schweden und Österreich konnte das die Kommission nicht von einem wettbewerbsfähigen Markt überzeugen.

33 Fasst man die bisherigen Entscheidungen der Europäischen Kommission zusammen, so kommt es der Europäischen Kommission wohl auf die Konditionen für Anbieter wie für Verbraucher gleichermaßen an. Alle Händler sollen Zugang zu und gewisse Chancen auf regionalen Märkten haben, die Verbraucher sollen ihr Produkt frei wählen

---

22 Vgl. Erwägungsgrund 10 der Entscheidung 2008/741/EG der Kommission v. 11.09.2008 über die Nichtanwendung von Art. 30 Abs. 1 Richtlinie 2004/17/EG des Europäischen Parlaments und des Rates zur Koordinierung durch Auftraggeber im Bereich der Wasser-, Energie- und Verkehrsversorgung sowie der Postdienste auf die Stromerzeugung und den Stromgroßhandel in Polen, ABl. EU Nr. L 251 v. 19.09.2008, S. 35.

23 Vgl. Entscheidung 2009/47/EG der Kommission v. 22.12.2008 über die Nichtanwendung von Art. 30 Abs. 1 Richtlinie 2004/17/EG des Europäischen Parlaments und des Rates zur Koordinierung der Zuschlagserteilung durch Auftraggeber im Bereich der Wasser-, Energie- und Verkehrsversorgung sowie der Postdienste auf die Stromerzeugung in der Tschechischen Republik, ABl. EU Nr. L 19 v. 23.01.2009, S. 57.

24 Vgl. Entscheidung 2006/211/EG der Kommission v. 08.03.2006 über die Anwendung von Art. 30 Abs. 1 Richtlinie 2004/17/EG des Europäischen Parlaments und des Rates zur Koordinierung der Zuschlagserteilung durch Auftraggeber im Bereich der Wasser-, Energie- und Verkehrsversorgung sowie der Postdienste auf die Stromerzeugung in England, Schottland und Wales, ABl. EU Nr. L 76 v. 15.03.2006, S. 6.

können. Solange das nicht gewährt ist, müssen sich die Sektorenauftraggeber wohl weiter an das Sektorenvergaberecht halten.

Bemerkenswert ist die relativ aufwendige Antragstellung in Deutschland. § 3 Abs. 1 Satz 2 SektVO sieht vor, dass jedem Antrag an die Europäische Kommission eine Stellungnahme des Bundeskartellamts beigefügt sein muss. Insoweit ist sie strenger als ihr europarechtliches Vorbild, welches in Art. 35 Abs. 1 Satz 1 der Richtlinie 2014/25/EU die Möglichkeit der Antragstellung durch einen Auftraggeber auch ohne Stellungnahme einer zuständigen unabhängigen nationalen Behörde vorsieht. 34

Art. 35 Abs. 3 in Verbindung mit Anhang IV der Richtlinie 2014/25/EU legen die Fristen sowie deren Verlängerungsmöglichkeiten fest, innerhalb derer die Europäische Kommission die Feststellung der Ausnahme trifft. Erfolgt die Festsetzung aufgrund der nach Anhang III erlassenen Rechtsakte, die umgesetzt und angewandt werden, beträgt die Bearbeitungsfrist 90 Arbeitstage, ansonsten 130 Arbeitstage. Liegt eine Stellungnahme des Bundeskartellamtes nicht bei, verlängert sich die Frist um 15 Arbeitstage. Die Einreichung der kartellamtlichen Stellungnahme soll das Verfahren vor der Europäischen Kommission somit beschleunigen, indem die Kommission bei ihrer Bewertung der Marktverhältnisse auf die Stellungnahme zurückgreifen kann. Gleichzeitig bedeutet das wohl, dass die Europäische Kommission trotz fehlender Bindungswirkung grundsätzlich der kartellamtlichen Stellungnahme folgt, was tatsächlich ein Nachteil für den Auftraggeber darstellt, fällt die Stellungnahme negativ aus. 35

Die Feststellung der Europäischen Kommission über den Markt ohne Zugangsbeschränkung und den vorhandenen Wettbewerb gilt als getroffen, wenn die Europäische Kommission dies bestätigt hat oder wenn sie innerhalb der vorgenannten Fristen keine Feststellung getroffen hat und das Bundesministerium für Wirtschaft und Energie die Feststellung oder den Fristablauf im Bundesanzeiger bekannt gemacht hat, § 3 Abs. 6 SektVO. 36

4. Kostenregelung nach § 140 Abs. 2 GWB

Die nach § 3 Abs. 1 Satz 2 SektVO zwingend beizufügende Stellungnahme des Bundeskartellamtes zum Befreiungsantrag führt zu Kosten, die der Antragsteller zu tragen hat. Die Kosten umfassen Gebühren und Auslagen zur Deckung des Verwaltungsaufwandes. Daneben darf das Bundeskartellamt als Auslagen auch Kosten von Veröffentlichungen, öffentlichen Bekanntmachungen und von weiteren Ausfertigungen, Kopien und Auszügen sowie die in entsprechender Anwendung des Justizvergütungs- und -entschädigungsgesetzes zu zahlenden Beträge erheben. 37

Die Höhe der Gebühren bestimmt sich dabei nach dem personellen und sachlichen Aufwand der Kartellbehörde unter Berücksichtigung der wirtschaftlichen Bedeutung, die der Gegenstand der gebührenpflichtigen Handlung hat. Die Gebühr darf jedoch einen Betrag von 50.000 € nicht übersteigen. Allerdings darf das Bundeskartellamt die Gebühr bis auf das Doppelte erhöhen, wenn der personelle oder sachliche Aufwand der Behörde unter Berücksichtigung des wirtschaftlichen Werts der Feststellung über die 38

Befreiung außergewöhnlich hoch ist. Umgekehrt darf die Gebühr aus Gründen der Billigkeit bis auf ein Zehntel ermäßigt werden.

Wird ein Antrag zurückgenommen, bevor darüber entschieden ist, so ist nur die Hälfte der Gebühr zu entrichten. Gegen eine Kostenentscheidung kann Beschwerde eingelegt werden, über die das OLG Düsseldorf zu entscheiden hat.

V. Anwendung der europäischen Entscheidungspraxis auf den deutschen Strommarkt

1. Beschluss der Europäischen Kommission vom 24.04.2012[25]

a) Die Entscheidung

39   Mit Durchführungsbeschluss vom 24.04.2012 hat die Europäische Kommission für den deutschen Strommarkt die Erzeugung und den Großhandel von Strom aus konventionellen Quellen von der Anwendung der Richtlinie 2004/17/EG freigestellt. Diese Freistellung gilt nun auch für die Befreiung von der Anwendung der Richtlinie 2014/25/EU.[26]

40   Demzufolge gilt die Richtlinie 2014/25/EU nicht für Aufträge, die von Auftraggebern vergeben werden und die Erzeugung und den Erstabsatz von aus konventionellen Quellen erzeugtem Strom in Deutschland ermöglichen sollen. Der Beschluss stellt klar, dass der Begriff »aus konventionellen Quellen erzeugter Strom« nur Strom meint, der nicht unter das EEG fällt. Strom aus erneuerbarer Energien im Sinne des EEG ist zu den im EEG festgelegten Bedingungen
   – Wasserkraft einschließlich der Wellen-, Gezeiten-, Salzgradienten- und Strömungsenergie,
   – Windenergie,
   – solare Strahlungsenergie,
   – Geothermie,
   – Energie aus Biomasse einschließlich Biogas,
   – Biomethan, Deponiegas und Klärgas sowie
   – aus dem biologisch abbaubaren Anteil von Abfällen aus Haushalten und Industrie.

41   Damit gilt die Befreiung für die Erzeugung von Strom aus Kohle, Gas, Heizöl, Kernkraft sowie für stromgeführte KWK-Anlagen. Sie gilt jedoch nicht für wärmegeführte KWK-Anlage, da der Schwerpunkt einer solchen Produktion in der Wärmeerzeugung liegt und die Wärmeerzeugung von dem Beschluss nicht erfasst ist. Von der Befreiung sind Aufträge hinsichtlich der Planung, Errichtung, des Betriebs und der Stilllegung von konventionellen Stromerzeugungsanlagen erfasst.

Bei gemischten Anlagen richtet sich die Anwendung der einschlägigen vergaberechtlichen Normen danach, welche Tätigkeit Hauptgegenstand des Auftrags ist. Die Regelungen des § 111 GWB sind dabei zu beachten.

---

25 2012/218/EU Abl. EU L114, 21 vom 26.04.2012.
26 Erwägungsgrund 43 der Richtlinie 2014/25/EU.

Strom aus erneuerbaren Energien ist aus dem Befreiungsbeschluss ausgenommen, weil für diesen ein Einspeisevorrang gilt und er mit einer festen gesetzlichen Vergütung bezahlt wird.[27]

b) Freier Marktzugang

Der freie Marktzugang wurde von der Europäischen Kommission damit begründet, dass Deutschland nicht nur die Richtlinie 96/92/EG betreffend gemeinsame Vorschriften für den Elektrizitätsbinnenmarkt, sondern auch die Richtlinien 2003/54/EG über gemeinsame Vorschriften für den Elektrizitätsbinnenmarkt und 2009/72/EG über gemeinsame Vorschriften für den Elektrizitätsbinnenmarkt umgesetzt hat und diese auch anwendet. In Deutschland wurde das Energiewirtschaftsgesetz eingeführt, was der Umsetzung der Richtlinie 2003/54/EG diente. Die Umsetzung der europarechtlichen Vorgaben hinsichtlich des Elektrizitätsbinnenmarktes ist gegeben und es greift die Vermutung, dass der Marktzugang frei ist. 42

So hat die Europäische Kommission festgestellt, dass der Zugang zum Markt im gesamten Hoheitsgebiet von Deutschland als nicht eingeschränkt gilt.

c) Unmittelbarer Wettbewerb

Bei der Beurteilung des unmittelbaren Wettbewerbs hinsichtlich der Stromerzeugung in Deutschland ist der Marktanteil der Hauptakteure auf dem Strommarkt von großer Relevanz. Daneben spielt der Konzentrationsgrad eine Rolle, aber auch das Funktionieren des Ausgleichsmarkts, der Preiswettbewerb sowie das Ausmaß, in dem Kunden den Versorger wechseln.[28] 43

Die drei größten Stromerzeuger Deutschlands waren 2010 für 70% der Stromproduktion verantwortlich[29]. Die beiden marktbeherrschenden Unternehmen E.ON und RWE, die selbst allerdings keine Sektorenauftraggeber sind und damit nicht dem Vergaberecht unterfallen, wiesen einen Gesamtanteil von 58% auf. Das sprach zu dieser Zeit nicht für einen Wettbewerb bei der deutschen Stromerzeugung. Die Situation veränderte sich aber im Jahr 2011 und 2012. Zum einen legte die Anfang 2012 in Kraft getretene EEG-Novelle fest, dass bis 2020 35 %, bis 2030 50 % und bis 2050 80 % der Stromerzeugung durch erneuerbare Energien erfolgen soll. Zum anderen hat Deutschland 2011 beschlossen, 8 Kernkraftwerke stillzulegen, weshalb Deutschland vom Nettoexporteur von Strom zum Nettoimporteur von Strom wurde. Der Leistungsanteil von EEG-Strom betrug 2010 34% der gesamten Stromerzeugerkapazitäten, der Einspeiseanteil von EEG-Strom betrug 2010 18% an der Gesamteinspeisung.[30] 44

---

27 Vgl. auch VK Lüneburg, Beschl. v. 30.09.2015 – VgK-30/2015 – zitiert nach VERIS.
28 Durchführungsbeschluss v. 24.04.2012, Erwägungsgrund 6; Abl. der EU L114, 21 vom 26.04.2012.
29 Durchführungsbeschluss v. 24.04.2012, Erwägungsgrund 29; Abl. der EU L114, 21 vom 26.04.2012.
30 Durchführungsbeschluss v. 24.04.2012, Erwägungsgrund 12; Abl. der EU L114, 21 vom 26.04.2012.

45 Die Europäische Kommission kommt zu dem Schluss, dass die Erzeugung und Vermarktung von EEG-Strom nicht wettbewerblich organisiert ist, sondern unabhängig von Nachfrage- und Preissignalen erfolgt. Hierbei führt die Europäische Kommission[31] folgte Argumente an:

46 Der EEG-Strom genießt Einspeisevorrang. Die Erzeugung von EEG-Strom erfolgt daher völlig losgelöst von der Nachfrage. Die Erzeugung und Einspeisung sind ebenfalls unabhängig von den Preisen, da die Betreiber Anspruch auf eine gesetzlich festgelegte Vergütung haben. Die Übertragungsnetzbetreiber vermarkten den EEG-Strom nach rechtlichen Vorgaben auf dem Spot-Markt, dabei haben sie jedoch keinen Gestaltungsspielraum. Ferner stellte das Bundeskartellamt fest, dass nach dem Gesetz EEG-Strom direkt vermarktet werden kann und ein bestimmter Prozentsatz der Betreiber diese Möglichkeit wahrnehmen.

47 Für die Erzeugung und den Handel von Strom aus konventionellen Quellen sah die Europäische Kommission die Voraussetzungen des Befreiungstatbestandes als erfüllt an. Durch die Veränderung hin zum Nettoimporteur von Strom sind die Stromerzeuger einem höheren Wettbewerbsdruck ausgesetzt.[32] Die Analyse der Lieferantenwechsel stünden der Einschätzung nicht entgegen. 2009 betrug die durchschnittliche Wechselquote in der Großindustrie volumenbezogen 10,7 % und bezogen auf die jeweils in Frage kommende Messstelle 15,6 %.[33] Auch die weiteren Faktoren wie das Funktionieren des Ausgleichsmarkts und dessen Hauptmerkmale wie marktbasierte Preise und Preisdifferenz zwischen positiver und negativer Regelenergie lassen den Schluss zu, dass Auftraggeber, die auf dem deutschen Markt für die konventionelle Erzeugung von Strom tätig sind, einem Wettbewerb ausgesetzt sind.[34]

2. Beschluss der Europäischen Kommission vom 15. September 2016[35]

a) Der Antrag

48 Mit Datum vom 21.03.2016 hat der Bundesverband der deutschen Energie- und Wasserwirtschaft im Auftrag mehrerer Sektorenauftraggeber bei der Europäischen Kommission einen Antrag auf Befreiung vom Sektorenvergaberecht für den Vertrieb von Strom und Gas an Letztverbraucher eingereicht. Von dem Antrag sind beispielsweise folgende Leistungen erfasst: Callcenter, Abrechnungsdienstleistungen, Forderungsmanagement, Social Media Leistungen, Leistungen von Werbeagenturen, Postdienstleistungen, Marketingdienstleistungen, vertriebsbezogene IT-Dienstleistungen.

---

31 Durchführungsbeschluss v. 24.04.2012, Erwägungsgrund 18; Abl. der EU L114, 21 vom 26.04.2012.

32 Durchführungsbeschluss v. 24.04.2012, Erwägungsgrund 35; Abl. der EU L114, 21 vom 26.04.2012.

33 Durchführungsbeschluss v. 24.04.2012, Erwägungsgrund 35; Abl. der EU L114, 21 vom 26.04.2012.

34 Durchführungsbeschluss v. 24.04.2012, Erwägungsgrund 35; Abl. der EU L114, 21 vom 26.04.2012.

35 Beschluss 2016/1674, ABl. L 253 vom 17.09.2016, S. 6; Bek. im BAnz. v. 07.11.2016.

Dem Antrag ging die Einholung einer Stellungnahme des Bundeskartellamtes voraus. 49
Dieses hat grundsätzlich das Vorliegen der Antragsvoraussetzungen bejaht. Es erkennt
an, dass der Vertrieb von Strom und Gas in Deutschland bereits unmittelbar dem Wettbewerb ausgesetzt ist und keiner Zugangsbeschränkung unterliegen. Das Bundeskartellamt verneint diese Voraussetzungen allerdings für die Belieferung der Grundversorgungskunden mit Strom und Gas sowie die Versorgung von Heizstromkunden. Daher
hat der BDEW seinen Antrag um diese Sachverhalte reduziert.

b) Die Entscheidung

Mit Durchführungsbeschluss vom 15. September 2016 hat die Europäische Kommis- 50
sion den Elektrizitäts- und Gaseinzelhandel von der Anwendung der Richtlinie
2014/25/EU freigestellt.

Demzufolge gilt die Richtlinie 2014/25/EU nicht für Aufträge, die von Auftraggebern 51
vergeben werden und die Ausübung folgender Tätigkeiten ermöglichen sollen:
aa) Stromeinzelhandel mit Kunden, deren Verbrauch durch Leistungsmessung erfasst
    wird (registrierende Leistungsmessung – RLM), sowie mit Kunden, deren Ver-
    brauch auf der Grundlage eines Standardlastprofils (SLP) abgerechnet wird, mit
    Ausnahme von SLP-Kunden, die gemäß gesetzlichen Standardlieferbedingungen
    beliefert werden, und dem Heizstrommarkt, im Hoheitsgebiet der Bundesrepublik
    Deutschland;
bb) Erdgaseinzelhandel mit Kunden, deren Verbrauch durch Leistungsmessung er-
    fasst wird (registrierende Leistungsmessung – RLM), und mit Kunden, deren Ver-
    brauch auf der Grundlage eines Standardlastprofils (SLP) abgerechnet wird, mit
    Ausnahme von SLP-Kunden, die gemäß gesetzlichen Standardlieferbedingungen
    beliefert werden, im Hoheitsgebiet der Bundesrepublik Deutschland.

Die ausgenommenen SLP-Kunden, die gemäß gesetzlichen Standardlieferbedingun- 52
gen beliefert werden, sind die Kunden, die nach §§ 36 und 38 EnWG in der Grund-
und Ersatzversorgung beliefert werden. Hier hat das BKartA auf den Abschluss des Vertrages abgestellt und festgestellt, dass dieser nicht verhandelt wird, sondern durch die
Inanspruchnahme von Elektrizität bzw. Gas zustande kommt. Hierbei wird aber verkannt, dass es nicht auf die Verhandlungsmöglichkeit über einen Vertrag ankommt,
sondern auf die Entscheidung des Kunden, vom zuständigen Grundversorger oder
einem Dritten versorgt zu werden. Diese Entscheidung trifft ein Kunde, der nicht
von einem Dritten versorgt werden möchte. Daher besteht auch für diese Fälle durchaus Wettbewerb.

Beim Heizstrommarkt hat das BKartA auf die fehlende Substitution in Spitzenzeiten
abgestellt und hierfür einen hohen Preisunterschied zum Haushaltsstrom festgestellt.
Aufgrund dessen sei beim Heizstrommarkt kein Wettbewerb vorhanden.[36]

---

36 Durchführungsbeschluss vom 15.09.2016, Erwägungsgrund 16.

53 Bei gemischten Aufträgen, die einen Teil der freigestellten Aufträge erfasst und einen Teil der nicht freigestellten, richtet sich die Anwendung einschlägigen Rechtsvorschriften nach dem Hauptgegenstand des Auftrags. Ist der Hauptgegenstand des Auftrags nicht feststellbar, ist der Auftrag nach der Richtlinie 2014/25/EU zu vergeben.

c) Markt ohne Zugangsbeschränkungen

54 Die betroffenen Tätigkeiten beziehen sich auf die in Anhang III der Richtlinie 2014/25/EU aufgeführten Richtlinien über die Fortleitung oder Abgabe von Gas und Wärme (Richtlinie 2009/73/EG), die Erzeugung, Fortleitung oder Abgabe von Elektrizität (Richtlinie 2009/72/EG). Beide Richtlinien hat Deutschland durch Einführung des Energiewirtschaftsgesetzes (EnWG), der Stromgrundversorgungsverordnung (StromGVV) und Gasgrundversorgungsverordnung (GasGVV) umgesetzt und wendet diese an. Somit gilt die Vermutungsregelung des Art. 34 Abs. 3 der Richtlinie 2014/25/EU für einen Markt, der keinen Zugangsbeschränkungen ausgesetzt ist.

d) Unmittelbarer Wettbewerb

55 Hinsichtlich der Begründung eines unmittelbaren Wettbewerbs liegt der Schwerpunkt des Antrags bei den sehr hohen Wechselquoten bei RLM-Kunden und bei SLP-Kunden sowie auf der hohen Anzahl von Marktakteuren.

56 So wurde angeführt, dass sich 2014 lediglich 32,8% der Haushaltskunden in der Stromversorgung und 24% der Haushaltskunden in der Gasversorgung noch in der Belieferung durch den Grundversorger befinden, weshalb 67,2% (Strom) bzw. 76% (Gas) der Haushaltskunden mindestens einmal ihren Versorger gewechselt haben.[37]

Starker Wettbewerbsdruck herrscht wegen ständig neuer Anbieter am Markt. Allein der Stromhandelsmarkt verzeichnete im Jahr 2013 176 und im Jahr 2014 136 Markteintritte von Unternehmen, die Letztverbraucher mit Strom beliefern.[38]

57 Die Sektorenauftraggeber sind demzufolge bei der Beschaffung von Leistungen für den Vertrieb von Strom und Gas an Letztverbraucher einem starken unmittelbaren Wettbewerb ausgesetzt, weshalb dem Antrag auch stattgegeben wurde. Der Befreiungsbeschluss hat sich allerdings nicht nachvollziehbar der Auffassung des Bundeskartellamtes angeschlossen und bestimmte Grundversorgungskunden sowie die Heizstromkunden von der Befreiung ausgenommen, weil für diese kein Wettbewerb herrsche. Wettbewerb liegt aber gerade bei diesen Kunden vor, da sie jederzeit von Konkurrenten abgeworben werden können und werden. Damit fallen sie automatisch aus der Grundversorgung heraus. Es herrscht damit ein Wettbewerb um diese Kunden.

---

37 Monitoringbericht 2015, S. 187. http://www.bundeskartellamt.de/SharedDocs/Publikation/DE/Berichte/Energie-Monitoring-2015.pdf?__blob=publicationFile&v=3
38 Verivox, Energiemarktreport 2014, S. 7.

§ 141 GWB Verfahrensarten

(1) Sektorenauftraggebern stehen das offene Verfahren, das nicht offene Verfahren, das Verhandlungsverfahren mit Teilnahmewettbewerb und der wettbewerbliche Dialog nach ihrer Wahl zur Verfügung.

(2) Das Verhandlungsverfahren ohne Teilnahmewettbewerb und die Innovationspartnerschaft stehen nur zur Verfügung, soweit dies aufgrund dieses Gesetzes gestattet ist.

Amtliche Begründung

»**Zu Abs. 1**

§ 141 Abs. 1 dient der Umsetzung von Art. 44 Absätze 1 bis 3 der Richtlinie 2014/25/EU. Danach können Auftraggeber bei Auftragsvergaben im Zusammenhang mit Sektorentätigkeiten wie bisher schon nach § 101 Abs. 7 Satz 2 GWB frei zwischen den vier Verfahrensarten – offenes Verfahren, nicht offenes Verfahren, Verhandlungsverfahren mit vorherigem Teilnahmewettbewerb und wettbewerblicher Dialog als neue Verfahrensart – wählen.

Zu Abs. 2

§ 141 Abs. 2 dient der weiteren Umsetzung von Art. 44 Abs. 3 der Richtlinie 2014/25/EU, der für Auftragsvergaben im Zusammenhang mit Sektorentätigkeiten im Vergleich zur Richtlinie 2004/17/EG mit der Innovationspartnerschaft eine weitere neue Verfahrensart vorsieht. Abs. 2 stellt zudem klar, dass das Verhandlungsverfahren ohne vorherigen Teilnamewettbewerb ebenfalls nur bei Vorliegen der jeweiligen Voraussetzungen anwendbar ist.«

A. Allgemeine Einführung

Die bisher schon geltende freie Wahl der Verfahrensart zur Vergabe eines Auftrags[1] und damit die bedeutendste Besserstellung der Sektorenauftraggeber im Rahmen der Vergabe öffentlicher Aufträge im Zusammenhang mit einer Sektorentätigkeit, bleibt im Sektorenvergaberecht erhalten. **1**

Die frühere Bezeichnung »Arten der Vergabe«[2] wurde durch »Verfahrensarten« ersetzt. Damit passt der Gesetzgeber den Oberbegriff der unterschiedlichen Arten, einen Auf- **2**

---

1 § 101 Abs. 2 Satz 2 GWB a.F.
2 S. § 101 GWB a.F.

trag vergeben zu können, dem allgemein in der Praxis schon geübten Sprachgebrauch an.

Mit dem Wettbewerblichen Dialog und der Innovationspartnerschaft gibt es zwei zusätzliche Verfahrensarten im Sektorenvergaberecht.

§ 141 dient der Umsetzung des Artikels 44 Absätze 1 bis 3 der Richtlinie 2014/25/EU.

B. Europarechtliche Vorgaben

3   Die Grundsätze des Wettbewerbs, der Transparenz und der Gleichbehandlung gelten auch für das flexible Regime des Sektorenvergaberechts.[3] Daher lässt Art. 44 Abs. 1 Richtlinie 2014/25/EU den Auftraggebern zu, die an diese Richtlinie angepassten Verfahren anzuwenden, sofern grundsätzlich eine Bekanntmachung veröffentlicht wurde.

4   Die Mitgliedstaaten werden verpflichtet vorzuschreiben, dass Auftraggeber die »Standardverfahren« offenes Verfahren, nichtoffenes Verfahren, Verhandlungsverfahren mit Teilnahmewettbewerb nach Maßgabe der Richtlinie anwenden können. Damit stehen diese Verfahrensarten den Auftraggebern ohne Einschränkung für eine Auftragsvergabe zur Verfügung.

5   Der wettbewerbliche Dialog und die Innovationspartnerschaft können im Sinne dieser Richtlinie angewendet werden. Beide Verfahrensarten sind mit der Reform neu in das Sektorenvergaberecht eingeführt worden, wobei der wettbewerbliche Dialog bereits seit 2004 im Rahmen der klassischen Auftragsvergabe Anwendung finden konnte.[4]

C. Vergleich zur vorigen Rechtslage

6   Mit der Einführung des Wettbewerblichen Dialogs und der Innovationspartnerschaft als neue Verfahrensarten steht der gesamte Verfahrenskanon des klassischen Vergaberechts nun auch im Sektorenvergaberecht zur Verfügung.

7   Wettbewerbliche Verfahren nach einer europaweiten Bekanntmachung sind im Sektorenvergaberecht auch künftig der Regelfall. Die Wahl des Verhandlungsverfahrens ohne Teilnahmewettbewerb bleibt weiterhin nur bei Vorliegen der beschriebenen Ausnahmetatbestände zulässig.

Die neu eingeführte Innovationspartnerschaft setzt zu ihrer Anwendung voraus, dass die zu entwickelnde Leistung noch nicht auf dem Markt existent ist, es sich also um eine neu zu entwickelnde, innovative Leistung handeln muss.[5]

---

3 S. Art. 36 Abs. 1 Richtlinie 2014/25/EU.
4 Art. 29 Richtlinie 2004/18/EG.
5 S. § 119 Abs. 7 Satz 1 GWB.

D. Kommentierung

I. Anwendungsbereich

1. Persönlicher Anwendungsbereich

In den Genuss der Wahlfreiheit der Verfahrensart kommen Sektorenauftraggeber. So- **8**
wohl »öffentliche« Sektorenauftraggeber nach § 100 Abs. 1 Nummer 1 GWB als
auch »staatsnahe« Auftraggeber gemäß § 100 Abs. 1 Nummer 2 GWB sind vom persönlichen Anwendungsbereich erfasst.

2. Sachlicher Anwendungsbereich

Der sachliche Anwendungsbereich erfasst die Vergabe öffentlicher Aufträge im Sinne **9**
des § 103 Abs. 1 GWB. Bei den umfassten öffentlichen Aufträgen handelt es sich
um Lieferaufträge nach § 103 Abs. 2 GWB, um Bauaufträge gemäß § 103 Abs. 3 sowie um Dienstleistungsaufträge nach § 103 Abs. 4 GWB.

Die freie Wahl der Verfahrensart gilt auch für den Abschluss von Rahmenvereinbarun- **10**
gen. Dies ergibt sich aus § 103 Abs. 5 Satz 2 GWB. Demnach gelten für den Abschluss
von Rahmenvereinbarungen dieselben Vorschriften wie für die Vergabe entsprechender
öffentlicher Aufträge. Zu diesen Vorschriften gehört auch die Wahlfreiheit der Verfahrensarten nach § 141 Abs. 1 GWB.

Hinzu kommen muss der Zusammenhang der Vergabe mit einer Sektorentätigkeit.[6]

II. Inhalt der Regelung

§ 141 Abs. 1 privilegiert Sektorenauftraggeber bei der Vergabe öffentlicher Aufträge **11**
im Zusammenhang mit einer Sektorentätigkeit.[7] Demnach stehen den Auftraggebern
die Verfahrensarten offenes Verfahren, nichtoffenes Verfahren, Verhandlungsverfahren
mit Teilnahmewettbewerb und wettbewerblicher Dialog nach ihrer Wahl einschrän-
kungslos zur Verfügung.

Zwar sieht Art. 44 Abs. 3 der Richtlinie 2014/25 vor, dass der wettbewerbliche Dialog **12**
»im Sinne« dieser Richtlinie angewendet werden kann, doch unterstellt insbesondere
die klassische Vergaberichtlinie[8] für das Verhandlungsverfahren und den wettbewerblichen Dialog eine gleichgerichtete Anwendungszulässigkeit. Daher hat sich der Gesetzgeber entschlossen, auch den wettbewerblichen Dialog der freien Wahl durch den Sektorenauftraggeber zugänglich zu machen.

Die Innovationspartnerschaft setzt für ihre Wahl das Vorliegen bestimmter Bedingun- **13**
gen voraus. Sie ist nur dann wählbar, wenn eine zu entwickelnde innovative Leistung
beschafft werden soll, die noch nicht auf dem Markt verfügbar ist.[9] Das Verhandlungsverfahren ohne Teilnahmewettbewerb bleibt weiterhin eine nur in festgelegten Ausnah-

---

6 S. § 136 GWB.
7 Vgl. Dreher, in: Immenga/Mestmäcker, Wettbewerbsrecht, § 101 GWB, Rn. 81.
8 Art. 26 Abs. 4 i.V.m. Art. 29 und 30 Richtlinie 2014/24/EU.
9 § 119 Abs. 7 Satz 1 GWB.

mefällen[10] anwendbare Verfahrensart. Deshalb regelt Abs. 2, dass sowohl die Innovationspartnerschaft als auch das Verhandlungsverfahren ohne Teilnahmewettbewerb nur zur Verfügung stehen, soweit dies aufgrund des GWB gestattet ist.[11]

14 Die Durchführung von Dynamischen Beschaffungssystemen nach § 120 Abs. 1 GWB zur Beschaffung marktüblicher Leistungen und die Durchführung von Wettbewerben fällt nicht unter die Wahlfreiheit. Dies ergibt sich aus Art. 44 Abs. 2 und 3. Hier sind ausschließlich die dort aufgeführten Verfahrensarten zur freien Wahl zugelassen. Will der Auftraggeber von diesen Möglichkeiten Gebrauch machen, so müssen die entsprechenden Voraussetzungen vorliegen.[12] Im Weiteren sei auf die Kommentierungen der §§ 13–19 SektVO verwiesen.

III. Rechtsschutz

15 Durch die Entscheidung des Gesetzgebers, die Wahlfreiheit der Verfahrensarten in das nationale Vergaberecht zu übernehmen, ist die Wahl der Verfahrensart als solches dem Rechtsschutz entzogen.[13]

16 Aufgrund seines Ausnahmecharakters überprüfbar ist die Wahl des Verhandlungsverfahrens ohne Teilnahmewettbewerb. Das gleiche gilt für die Wahl der Innovationspartnerschaft, da diese nur dann gewählt werden darf, wenn es um eine innovative noch nicht auf dem Markt verfügbare zu beschaffende Leistung geht.

§ 142 GWB Sonstige anwendbare Vorschriften

Im Übrigen gelten für die Vergabe von öffentlichen Aufträgen durch Sektorenauftraggeber zum Zweck der Ausübung von Sektorentätigkeiten die §§ 118 und 119, soweit in § 141 nicht abweichend geregelt, die §§ 120 bis 129, 130 in Verbindung mit Anhang XVII der Richtlinie 2014/25/EU sowie die §§ 131 bis 135 mit der Maßgabe entsprechend, dass
1. Sektorenauftraggeber abweichend von § 122 Absatz 1 und 2 die Unternehmen anhand objektiver Kriterien auswählen, die allen interessierten Unternehmen zugänglich sind,
2. Sektorenauftraggeber nach § 100 Absatz 1 Nummer 2 ein Unternehmen nach § 123 ausschließen können, aber nicht ausschließen müssen,
3. § 132 Absatz 2 Satz 2 und 3 nicht anzuwenden ist.

---

10 Art. 50 Richtlinie 2014/25/EU.
11 Die entsprechenden Regelungen hierzu finden sich in der aufgrund des § 113 GWB erlassenen Sektorenverordnung. Hier die §§ 13 Abs. 2 und 18 SektVO.
12 S. Müller, in: Greb/Müller, Kommentar zur SektVO, § 6 Rn. 52.
13 Vgl. Müller, in: Greb/Müller, Kommentar zur SektVO, § 6 Rn. 74; anders aber abzulehnen Kaelble, in: Müller/Wrede, Sektorenverordnung, § 6 Rn. 128.

Amtliche Begründung

»§ 142 sind für die Vergabe von Aufträgen im Bereich der Trinkwasser- oder Energieversorgung sowie des Verkehrs im Übrigen die allgemeinen Vorschriften des Abschnitts 2 für die Vergabe von öffentlichen Aufträgen durch öffentliche Auftraggeber entsprechend anzuwenden. Hintergrund der Regelung ist, dass die Richtlinien 2014/24/EU und 2014/25/EU weitestgehend inhaltsgleiche Regelungen enthalten, so dass auf die Vorschriften des Abschnitts 2 verwiesen werden kann. Bestehende Abweichungen von den allgemeinen Regelungen des Abschnitts 2 sind aufgeführt und gehen insofern den allgemeinen Vorschriften des Abschnitts 2 als Spezialregelung vor.

Art. 78 der Richtlinie 2014/25/EU schreibt vor, dass Sektorenauftraggeber objektive Kriterien für die Auswahl von Bewerbern und Bietern festlegen können. Diese Regelung ist gegenüber dem klassischen Vergaberecht (Richtlinie 2014/24/EU) weniger streng und lässt bezüglich der Festlegung der Kriterien Spielräume. Daher sind die in § 122 Abs. 1 und 2 enthaltenen Vorgaben für die klassische Auftragsvergabe für die Sektorenauftragsvergabe nicht anzuwenden. Die weitere Ausgestaltung, die sich an Art. 78 der Richtlinie 2014/25/EU orientiert, erfolgt in der Sektorenverordnung.

Die Regelungen des zwingenden Ausschlusses gemäß § 123 sind für »private« Sektorenauftraggeber nicht obligatorisch, sondern fakultativ ausgestaltet (siehe Art. 80 der Richtlinie 2014/25/EU). Daher ist die Einschränkung in Nummer 1 erforderlich.

Die Rückausnahme nach § 142 Nummer 3 ergibt sich aus Art. 89 Abs. 1 der Richtlinie 2014/25/EU. Anders als in Art. 72 Abs. 1 der Richtlinie 2014/24/EU findet sich in der Richtlinie 2014/25/EU bei der zulässigen Vertragsverlängerung wegen zusätzlicher Dienstleistungen keine Einschränkung auf maximal 50 Prozent des ursprünglichen Preises.

Die Art. 91 ff. der Richtlinie 2014/25/EU zur Vergabe von sozialen und anderen besonderen Dienstleistungen durch Sektorenauftraggeber werden durch Verweisung auf die Vorschrift zur Vergabe von sozialen und anderen besonderen Dienstleistungen durch öffentliche Auftraggeber umgesetzt. Der Unionsgesetzgeber hebt in Erwägungsgrund 120 hervor, dass es den Mitgliedstaaten und Auftraggebern auch künftig frei stehe, diese Dienstleistungen selbst zu erbringen oder soziale Dienstleistungen in einer Weise zu organisieren, die nicht mit der Vergabe öffentlicher Aufträge verbunden ist, beispielsweise durch die bloße Finanzierung solcher Dienstleistungen oder durch Erteilung von Lizenzen oder Genehmigungen – ohne Beschränkung oder Festsetzung von Quoten – für alle Wirtschaftsteilnehmer, die die vom öffentlichen Auftraggeber vorab festgelegten Bedingungen erfüllen; dabei weist der Unionsgesetzgeber auf die Voraussetzung hin, dass ein solches System eine ausreichende Bekanntmachung gewährleistet und den Grundsätzen der Transparenz und Nichtdiskriminierung genügt.

Als besondere Beschaffungsregelung sieht die Richtlinie 2014/25/EU für diese sozialen und anderen besonderen Dienstleistungen ein vereinfachtes Vergabeverfahren vor. Dieses vereinfachte Vergabeverfahren zeichnet sich dadurch aus, dass öffentliche Auftraggeber gemäß Art. 93 Abs. 1 Satz 2 der Richtlinie 2014/25/EU lediglich verpflichtet sind, im Vergabeverfahren die Grundsätze der Transparenz und der Gleichbehandlung der Unternehmen einzuhalten. Darüber hinaus sind gemäß Art. 92 der Richtlinie 2014/25/EU die beabsichtigte Vergabe sowie die Ergebnisse des Vergabeverfahrens EU-weit bekannt zu machen. Gemäß Art. 91 i. V. m. Art. 15 Buchstabe c der Richtlinie 2014/25/EU greift für soziale und andere besondere Dienstleistungen im Sinne des Anhangs XVII der Richtlinie 2014/25/EU ein besonderer Schwellenwert von 1.000.000 €.

Da sich die Vorschriften der Art. 90 ff. der Richtlinie 2014/25/EU – abgesehen von der Höhe des Schwellenwertes – inhaltlich mit den Artikeln 74 ff. der Richtlinie 2014/24/EU decken, setzt

§ 144 die Art. 90 ff. der Richtlinie 2014/25/EU über eine entsprechende Anwendbarkeit des § 130 um. Im Einzelnen sind die sozialen und anderen besonderen Dienstleistungen im Anhang XVII der Richtlinie 2014/25/EU aufgeführt, der Anhang XIV der Richtlinie 2014/24/EU entspricht.«

A. Allgemeine Einführung

1   Mit der Neufassung des Teils 4 des GWB hat der Gesetzgeber erstmals auch die wesentlichen Elemente des Vergabeverfahrens gesetzlich vorgegeben. Diese finden sich insbesondere in Abschnitt 2, der die Vergaben öffentlicher Aufträge durch öffentliche Auftraggeber regelt.

2   Die Regelung des § 142 ist dieser geänderten Aufbausystematik geschuldet. Da etliche Verfahrensregelungen des Sektorenvergaberechts mit dem so genannten klassischen Vergaberecht identisch sind, dient § 142 als »Verweisungs- und Bezugnahmevorschrift«. Um Doppelregelungen in den einzelnen Abschnitten/Unterabschnitten zu vermeiden wendet der Gesetzgeber hier eine »Rückverweisungstechnik« an. Damit wird allerdings die ursprüngliche Absicht, nämlich durch den gewählten Aufbau die einzelnen Berei-

che der Auftragsvergabe jeweils abschließend getrennt zu regeln, mehr Anwenderfreundlichkeit und Übersichtlichkeit der gesetzlichen Regelungen zu gewährleisten, stark abgeschwächt.

Der Auftraggeber, der einen Auftrag in einem der Sonderbereiche zu vergeben hat, ist   3
trotzdem gehalten, über die Vorgaben für den Bereich hinaus, in dem er einen Auftrag zu vergeben hat, auch die Vorgaben des Bereichs der klassischen Auftragsvergabe sozusagen retrospektiv zu beachten. Da einige Regelungen im Sektorenvergabebereich jedoch abweichend oder nur mit Maßgaben gelten, wird dem Anwender ein enorm hohes Maß an Aufmerksamkeit abverlangt.

B. Vergleich zur vorigen Rechtslage

Gegenüber den bisherigen gesetzlichen Regelungen ist der Teil 4 des GWB schubladen-   4
artig (Abschnitte 1 bis 3) aufgebaut. Die einzelnen Schubladen beinhalten in der ersten Schublade die allgemeinen Regeln des Abschnittes 1, die zweite Schublade enthält als die wohl bedeutendste der Schubladen die nun im Gesetz verankerten wesentlichen Verfahrensvorgaben für die Vergabe öffentlicher Aufträge im so genannten »klassischen Bereich«. Die dritte Schublade (Abschnitt 3) schließlich beinhaltet untergliedert nach den einzelnen Sonderbereichen (»Fächer«) die Verfahrensvorgaben für das Sektorenvergaberecht (Fach 1), den Bereich »Verteidigung und Sicherheit« (Fach 2) sowie das Konzessionsvergaberecht (Fach 3).

C. Europarechtliche Vorgaben

Die Verweisungsnorm des § 142 sowie seine Aufbausystematik ergibt sich nicht aus   5
dem europäischen Vergaberecht sondern ist ausschließlich nationaler Natur.

D. Kommentierung

Die Verfahrensvorgaben zur Sektorenauftragsvergabe sind grundsätzlich in Abschnitt 3   6
Unterabschnitt 1 (§§ 136 bis 143 GWB) geregelt. Dies allerdings nicht in sich geschlossen. Für eine ganze Reihe von Vorgaben wird auf das in Abschnitt 2 geregelte klassische Vergabeverfahren verwiesen. Diese Vorgaben gelten – wie der Gesetzgeber es formuliert hat – »im Übrigen«. Jedoch sind nicht alle in Bezug genommen Regeln so identisch, dass sie im Rahmen einer Sektorenauftragsvergabe vollumfänglich und unverändert angewendet werden können. Daher gibt es entweder weitere abweichende Regelungen oder es wird die Geltung einiger Vorschriften des Abschnitts 2 mit »Maßgaben« angeordnet.

I. Unverändert anzuwendende Regeln des Abschnitts 2

Die folgenden in Bezug genommenen Regelungen des Abschnitts 2 gelten für das Sektorenvergaberecht unverändert:

1. Vorbehaltene Aufträge (§ 118 GWB)

7   Die Vorschriften zu so genannten »vorbehaltenen Aufträgen« ermöglichen es Auftraggebern, das Recht zur Teilnahme an Vergabeverfahren Werkstätten für Menschen mit Behinderungen und Unternehmen vorzubehalten, deren Hauptzweck die soziale und berufliche Integration von Menschen mit Behinderungen oder von benachteiligten Personen ist. Auftraggeber können auch bestimmen, dass öffentliche Aufträge im Rahmen von Programmen mit geschützten Beschäftigungsverhältnissen durchzuführen sind.

8   Diese bereits in Art. 28 der Vorgängerrichtlinie 2004/17/EG enthaltene Vorschrift war bislang nicht in nationales Recht umgesetzt. Die stärkere Schwerpunktsetzung des europäischen Richtliniengebers im sozialen Bereich[1] hat den deutschen Gesetzgeber dazu bewogen, nunmehr diese Regelungen umzusetzen.

2. Besondere Methoden und Instrumente im Vergabeverfahren (§ 120 GWB)

9   Die in Bezug genommene Norm des § 120 regelt die Möglichkeit der Beschaffung marktüblicher Leistungen mittels eines Dynamischen Beschaffungssystems (Abs. 1) und definiert die elektronische Auktion als ein Verfahren zur Ermittlung des wirtschaftlichsten Angebotes (Abs. 2) sowie den elektronischen Katalog als ein Verzeichnis der zu beschaffenden Liefer-, Bau- und Dienstleistungen in einem elektronischen Format.

10   In Abs. 4 werden darüber hinaus die Merkmale einer zentralen Beschaffungsstelle festgelegt.

3. Leistungsbeschreibung (§ 121 GWB)

11   In § 121 GWB werden die grundlegenden Inhalte der Leistungsbeschreibung nicht mehr in einer untergesetzlichen Regelung sondern unmittelbar gesetzlich vorgegeben. Sie enthält die Funktions- oder Leistungsanforderungen und ist so eindeutig und erschöpfend zu beschreiben, dass die Beschreibung für alle Unternehmen im gleichen Sinne verständlich ist und die erwarteten Angebote miteinander vergleichbar sind.

4. Eignung (§ 122 Abs. 3 und 4 GWB)

12   Für Sektorenauftraggeber gelten die Absätze 3 und 4 der Vorschrift zur Eignung unverändert. Für die Absätze 1 und 2 regelt § 142 Nummer 1 Abweichendes (s.u.).

13   Der Nachweis der Eignung sowie des Nichtvorliegens von Ausschlussgründen ist mittels Präqualifizierungssystemen zulässig. Zudem müssen Eignungskriterien mit dem Auftragsgegenstand in Verbindung und zu diesem in einem angemessenen Verhältnis stehen.

5. Fakultative Ausschlussgründe (§ 124 GWB)

14   § 124 GWB regelt die fakultativen Ausschlussgründe nach denen Auftraggeber unter Berücksichtigung des Grundsatzes der Verhältnismäßigkeit Unternehmen zu jedem

---

1 Erwägungsgrund 51, 52 RL 2014/25/EU.

Zeitpunkt des Vergabeverfahrens ausschließen können. Die besonderen sozialgesetzlichen Regelungen (§ 21 Arbeitnehmer-Entsendegesetz;[2] § 98c Aufenthaltsgesetz;[3] § 19 Mindestlohngesetz;[4] § 21 Schwarzarbeiterbekämpfungsgesetz[5]), nach denen Unternehmen vom Vergabeverfahren ausgeschlossen werden können, bleiben unberührt.

6. Selbstreinigung (§ 125 GWB)

Die Vorschrift zur Selbstreinigung regelt die Voraussetzungen, die vorliegen müssen, 15
die ein Unternehmen, bei dem ein Ausschlussgrund vorliegt, dem Auftraggeber nachweisen muss, um zum Vergabeverfahren zugelassen zu werden. Dabei haben die Auftraggeber einen Bewertungsspielraum (Abs. 2).

7. Zulässiger Zeitraum für Ausschlüsse (§ 126 GWB)

Die Vorschrift bestimmt, dass ein Unternehmen in den Fällen, in denen es keine oder 16
keine ausreichenden Selbstreinigungsmaßnahmen getroffen hat, bei Vorliegen eines zwingenden Ausschlussgrundes höchstens fünf Jahre ab dem Tag der rechtskräftigen Verurteilung ausgeschlossen werden darf. Bei Vorliegen eines fakultativen Ausschlussgrundes sind dies drei Jahre ab dem betreffenden zum Ausschluss führenden Ereignis.

8. Zuschlag (§ 127 GWB)

Die gesetzlichen Vorgaben zum Zuschlag und den zugrundeliegenden Zuschlagskriterien wurden gegenüber der Vorgängerregelung § 97 Abs. 5 GWB a.F. erheblich ausgeweitet. 17

Der Zuschlag wird nach wie vor auf das wirtschaftlichste Angebot erteilt. Dieses bestimmt sich nach dem besten Preis-Leistungs-Verhältnis und kann zu dessen Ermittlung neben dem Preis oder den Kosten auch qualitative, umweltbezogene oder soziale Aspekte beinhalten. 18

Die Verbindung der Zuschlagskriterien mit dem Auftragsgegenstand ist künftig weit 19
auszulegen. Eine Verbindung wird auch angenommen, wenn sich ein Kriterium auf Prozesse im Zusammenhang mit der Herstellung, Bereitstellung oder Entsorgung der Leistung, auf den Handel mit der Leistung oder auf ein anderes Stadium im Lebenszyklus der Leistung bezieht.

---

2 Arbeitnehmer-Entsendegesetz-AEntG v. 20.04.2009 (BGBl. I S. 799, zuletzt geändert durch Art. 2 Abs. 11 Gesetz v. 17.02.2016 (BGBL. I S. 203).

3 Gesetz über den Aufenthalt, die Erwerbstätigkeit und die Integration von Ausländern im Bundesgebiet (Aufenthaltsgesetz-AufenthG) in der Fassung der Bekanntmachung vom 25.02.2008 (BGBl. I S. 162), zuletzt geändert durch Art. 1 Gesetz v. 11.03.2016 (BGBl. I S. 394).

4 Gesetz zur Regelung eines allgemeinen Mindestlohns (Mindestlohngesetz-MiLoG) vom 11.08.2014 (BGBl. I S. 1348), geändert durch Art. 2 Abs. 10 Gesetz vom 17.02.2016 (BGBl. I S. 203).

5 Gesetz zur Bekämpfung der Schwarzarbeit und illegalen Beschäftigung (Schwarzarbeitsbekämpfungsgesetz-SchwarzArbG) v. 23.072004 (BGBl. I S. 1842), zuletzt geändert durch Art. 2 Gesetz v. 2.12.2014 (BGBl. I S. 1922).

20 Die festgelegten Zuschlagskriterien müssen einen wirksamen Wettbewerb gewährleisten. Sie dürfen nicht dazu führen, dass der Zuschlag willkürlich erteilt werden kann.

21 Im Falle der Zulassung von Nebenangeboten sind die Zuschlagskriterien so zu wählen, dass sie sowohl auf Hauptangebote als auch auf Nebenangebote anwendbar sind.

22 Die Kriterien selbst und deren Gewichtung sind in der Bekanntmachung oder den Vergabeunterlagen aufzuführen.

9. Auftragsausführung (§ 128 GWB)

23 Abs. 1 regelt generell, dass bei der Auftragsausführung alle relevanten gesetzlichen Vorschriften einzuhalten sind. Insbesondere haben die Auftragnehmer die für sie geltenden umwelt-, sozial- und arbeitsrechtlichen Verpflichtungen einzuhalten.

24 Darüber hinaus können Auftraggeber individuell Auftragsausführungsbestimmungen festlegen, die jedoch mit dem Auftragsgegenstand in Verbindung stehen müssen. Sie sind selbstverständlich bekanntzumachen und können wirtschaftliche, innovationsbezogene, umweltbezogene, soziale oder beschäftigungspolitische Aspekte oder den Schutz vertraulicher Informationen umfassen.

10. Zwingend zu berücksichtigende Auftragsausführungsbestimmungen (§ 129 GWB)

25 Soll den Auftraggebern verpflichtend aufgegeben werden, bestimmte Auftragsausführungsbestimmungen, z.B. bezogen auf umwelt- oder beschäftigungspolitische Zwecke, darf dies nur aufgrund eines Bundes- oder Landesgesetzes erfolgen.

11. Vergabe sozialer und anderer besonderer Dienstleistungen (§ 130 GWB)

26 Durch § 142 wird das erleichterte Regime zur Vergabe sozialer und anderer besonderer Dienstleistungen für anwendbar erklärt. Die Vorschrift dient der Umsetzung des Artikels 91 ff. Richtlinie 2014/25/EU.

27 Durch dieses Regime wird das bisherige Regime der sogenannten »vorrangigen« und »nachrangigen« Dienstleistungen abgelöst.[6] Dem erleichterten Regime unterfallen im Bereich der Sektorenauftragsvergabe alle in Anhang XVII Richtlinie 2014/25/EU abschließend aufgeführten Dienstleistungen ab einem Schwellenwert von 1 Mio. Euro.[7] Zwar verweist § 132 nur auf Anhang XIV Richtlinie 2014/24/EU, dies dürfte aber in der Praxis keine Rolle spielen, da beide Richtlinienanhänge identisch sind.

28 Von der Möglichkeit, ein frei gestaltbares Vergabeverfahren zuzulassen, in welchem die Auftraggeber vornehmlich die Grundsätze der Transparenz und der Gleichbehandlung der Unternehmen einhalten,[8] hat der Gesetzgeber keinen Gebrauch gemacht. Vielmehr

---

6 S. Art. 31 ff. Richtlinie 2004/17/EG.
7 S. § 106 Abs. 2 Nummer 2 GWB i.V.m. Art. 15 lit. c) Richtlinie 2014/25/EU.
8 S. Art. 93 Abs. 1 Richtlinie 2014/25/EU.

werden alle Verfahrensarten bis auf das Verhandlungsverfahren ohne Teilnahmewettbewerb zur freien Wahl des Auftraggebers gestellt.

Dies stellt gegenüber der im Sektorenvergaberecht ohnehin schon geltenden freien Verfahrenswahl keinen prozeduralen Vorteil dar. Folgerichtig wurde in § 39 SektVO lediglich die relevante Bekanntmachungsvorschrift[9] umgesetzt. 29

Soziale und andere besondere Dienstleistungen sind ab Erreichen des maßgeblichen Schwellenwertes nach den allgemeinen Regeln des Sektorenvergaberechts zu vergeben. Unterhalb des Schwellenwertes sind die Sektorenauftraggeber an keine Vergaberegelungen gebunden. Dem Haushaltsrecht unterworfene Sektorenauftraggeber haben zu prüfen, ob sie unterhalb des Schwellenwertes möglicherweise Haushaltsvergaberecht anwenden müssen. 30

Die freie Wahl der Innovationspartnerschaft gemäß § 130 Abs. 1 GWB stellt nur scheinbar einen Vorteil dar. Einerseits macht sie ohnehin nur Sinn, wenn eine innovative Leistung beschafft werden soll und andererseits gilt § 119 Abs. 7 Satz 1 GWB weiter, wonach es sich bei der zu beschaffenden Leistung um eine solche handeln muss, die noch nicht auf dem Markt verfügbar ist. Die »freie Wahl« wird demnach durch das Vorliegenmüssen zwingender Gegebenheiten mehr als relativiert. Eine Innovationspartnerschaft ist nur dann wählbar, wenn es um eine noch nicht auf dem Markt verfügbare zu beschaffende Leistung geht. 31

Die Erhöhung der sogenannten »de minimis-Grenze«[10] in Abs. 2 gilt ebenfalls für das Sektorenvergaberecht. Danach sind Auftragsänderungen während der Vertragslaufzeit bis zu maximal 20% des ursprünglichen Auftragswertes vergaberechtsfrei zulässig. Allerdings darf die Änderung insgesamt den maßgeblichen Schwellenwert für (soziale und andere besondere) Dienstleistungen nicht übersteigen. 32

Dieser maßgebliche Schwellenwert ergibt sich gemäß § 132 Abs. 3 GWB aus § 106 Abs. 2 Nummer 2 GWB i.V.m. Art. 15 lit. c) Richtlinie 2014/25/EU und beträgt 1 Mio. Euro. Die maximale vergaberechtsfreie Auftragsänderung beträgt demnach 200 000 Euro. 33

12. Vergabe von Personenverkehrsleistungen im Eisenbahnverkehr (§ 131 GWB)

Die Vorschrift gilt für Vergaben von öffentlichen Aufträgen über Personenverkehrsdienste im Eisenbahnverkehr. Grundvorschrift ist die Verordnung (EG) Nr. 1370/2007 des Europäischen Parlaments und des Rates vom 23. Oktober 2007 über öffentliche Personenverkehrsdienste auf Schiene und Straße und zur Aufhebung der Verordnung (EWG) Nr. 1191/69 und (EWG) Nr. 1107/70 des Rates.[11] 34

---

9 S. Art. 92 Richtlinie 2014/25/EU.
10 S. § 132 Abs. 3 Nr. 2 GWB.
11 ABl. L 315 vom 03.12.2007, S. 1.

35   Für Dienstleistungsaufträge im Zusammenhang mit der Verordnung (EG) Nr. 1370/2007 gilt das Sektorenvergaberecht nicht. Solche Vergaben bleiben dieser Verordnung vorbehalten.[12]

13. Auftragsänderungen während der Vertragslaufzeit (§ 132 GWB)

36   Die von der Rechtsprechung entwickelten Grundsätze zur Ausschreibungsverpflichtung bei Auftragsänderungen während der Vertragslaufzeit[13] wurden in den neuen Vergaberichtlinien normiert und in das GWB übernommen. Damit existieren klare Vorgaben, wann Auftragsänderungen während der Vertragslaufzeit ein neues Vergabeverfahren erfordern und wann nicht.

37   Die Regelung des § 132 Abs. 2 Satz 2 und 3 GWB gilt im Sektorenvergaberecht nicht (s.u.).

14. Kündigung (§ 133 GWB)

38   Die Vorschrift legt erstmalig vergaberechtliche, gesetzliche Kündigungsmöglichkeiten eines öffentlichen Auftrags fest. Das Recht steht ausschließlich den Auftraggebern zu.

39   Die zugrunde gelegten Voraussetzungen machen deutlich, dass es bei diesen Kündigungsmöglichkeiten um die Beseitigung vergaberechtswidriger Zustände geht. Dahinter steht die Verpflichtung der öffentlichen Hand nach Art. 20 Abs. 3 GG zu rechtmäßigem Handeln. Mit diesem Grundsatz nicht vereinbar wäre die Bindung des öffentlichen oder staatsnahen Auftraggebers an rechtswidrige Verträge.

15. Informations- und Wartepflicht (§ 134 GWB)

40   Schon bisher galt die Vorschrift zur Informations- und Wartepflicht auch für Auftragsvergaben nach dem Sektorenvergaberecht.[14] Aufgrund der vom Gesetzgeber gewählten Systematik, die für alle Vergabebereiche geltende Regelung des § 134 GWB allein dem Abschnitt 2 zuzuordnen, ist nun eine Verweisung erforderlich.

41   Die Vorschrift garantiert einen effektiven Rechtsschutz bei Vergabeverfahren ab den maßgeblichen Schwellenwerten. Sie verpflichtet den Auftraggeber zu bestimmten Informationen gegenüber den nichtberücksichtigen Bewerbern/Bietern, bevor der Zuschlag erteilt werden und damit der Vertragsschluss (frühestens 15 Kalendertage nach Absendung der Information an die Nichtberücksichtigtenn, bei elektronischer Übermittlung oder per Fax gelten 10 Kalendertage) erfolgen darf.

16. Unwirksamkeit (§ 135 GWB)

42   Zu Erforderlichkeit der Verweisung gilt das zu Nr. 15 (Informations- und Wartepflicht) bereits Gesagte.

---

12 Müller, in: Soudry/Hettich, Das neue Vergaberecht, »Die neue Sektorenrichtlinie«, S. 128 f. m.w.N.
13 S. EuGH, Urt. v. 19.06.2008 – C-454/06, »Pressetext«.
14 S. Greb, in: Greb/Müller, Kommentar zur SektVO, § 29 Rn. 44 ff.

Die Vorschrift bewirkt, dass auch vergaberechtswidrige Verträge nach Ablauf einer be- 43
stimmten Frist nicht mehr angegriffen werden können. Sie dient damit dem Eintritt
von Rechtssicherheit.

Zunächst ist ein öffentlicher Auftrag von Anfang an nichtig, wenn der Auftraggeber ge- 44
gen seine Informations- und Wartepflicht nach § 134 GWB verstoßen hat oder er einen
öffentlichen Auftrag unzulässigerweise ohne vorherige Bekanntmachung vergeben hat
und dieser Verstoß in einem Nachprüfungsverfahren festgestellt wurde.

Die Unwirksamkeit kann längstens sechs Monate nach Vertragsschluss geltend 45
gemacht werden. Hat der Auftraggeber die Auftragsvergabe im Amtsblatt der Europäischen Union bekanntgemacht, endet die Frist zur Geltendmachung der Unwirksamkeit 30 Tage nach der Veröffentlichung im Amtsblatt. Allerdings tritt eine Unwirksamkeit nicht ein, wenn der Auftraggeber der Auffassung ist, eine Auftragsvergabe ohne
vorherige Bekanntmachung sei zulässig, er im Amtsblatt der Europäischen Union be-
kanntmacht, dass er den Vertrag zu schließen beabsichtigt und diesen Vertrag nicht
vor Ablauf von zehn Kalendertagen ab dem Tag nach der Veröffentlichung der Bekanntmachung schließt.

II. Regelungen des Abschnitts 2, von denen abgewichen wird
Verfahrensarten (§ 119 GWB)

§ 119 Abs. 1 GWB nennt zunächst allgemein die für eine Auftragsvergabe zur Verfü- 46
gung stehenden Verfahrensarten offenes Verfahren, nichtoffenes Verfahren, Verhandlungsverfahren, wettbewerblicher Dialog und die Innovationspartnerschaft.

Das offene Verfahren sowie das nichtoffene Verfahren stehen dem Auftraggeber nach 47
seiner Wahl zur Verfügung. Die anderen Verfahrensarten (Verhandlungsverfahren mit/
ohne Teilnahmewettbewerb, Wettbewerblicher Dialog, Innovationspartnerschaft) dürfen gewählt werden, wenn deren individuellen Voraussetzungen gegeben sind bzw. die
Anwendung aufgrund des GWB gestattet ist (Abs. 2).

Abweichend hiervon regelt § 141 GWB, dass Sektorenauftraggebern das offene Verfah- 48
ren, das nichtoffene Verfahren sowie das Verhandlungsverfahren mit Teilnahmewettbewerb und der wettbewerbliche Dialog nach ihrer Wahl zur Verfügung stehen.

Die individuellen Definitionen der Verfahrensarten[15] hingegen bleiben von der Abwei- 49
chung unberührt und gelten auch für das Sektorenvergaberecht.

III. Nach Maßgaben anzuwendende Vorschriften des Abschnitts 2

1. Eignung (§ 122 GWB)

Die Kriterien der Eignung (Fachkunde und Leistungsfähigkeit) sind im Sektorenverga- 50
berecht nicht verpflichtend. Vielmehr wird dessen besonderer Stellung Rechnung ge-

---

15 S. § 119 Absätze 3 bis 7 GWB.

tragen. Nach § 97 Abs. 4 GWB (a.F.) galten trotz des § 20 Abs. 1 SektVO (a.F.) insbesondere die Kriterien der Fachkunde, Leistungsfähigkeit und Zuverlässigkeit.[16]

51 Nunmehr hat der Gesetzgeber die besondere Stellung des Sektorenvergaberechts berücksichtigt und die flexible Regelung aus der Sektorenvergaberichtlinie[17] im deutschen Recht übernommen. Maßstab der Unternehmensauswahl dürfen künftig objektive Kriterien sein, die allen interessierten Unternehmen zugänglich sind.

2. Ausschlussgründe (§ 123 GWB)

52 So genannte staatsnahe Sektorenauftraggeber nach § 100 Abs. 1 Nummer 2 GWB sind nicht verpflichtet, bei Vorliegen eines zwingenden Ausschlussgrundes gemäß § 123 GWB ein Unternehmen auszuschließen. Sie können es, müssen es aber nicht ausschließen.

53 Anderes gilt für die öffentlichen Auftraggeber nach § 100 Abs. 1 Nummer 1 GWB. Diese haben bei Vorliegen eines zwingenden Ausschlussgrundes nach § 123 GWB das Unternehmen vom Vergabeverfahren auszuschließen.[18]

3. Auftragsänderung während der Vertragslaufzeit (§ 132 Abs. 2 Satz 2 und 3 GWB)

54 Nach § 132 Abs. 2 Nummer 2 GWB sind unter den dort genannten Voraussetzungen zusätzliche Liefer-, Bau- oder Dienstleistungen vergaberechtsfrei an den Auftragnehmer übertragbar. Nach der Nummer 3 auch objektiv unvorhersehbare Änderungen, wenn sich dadurch der Gesamtcharakter des Auftrages nicht ändert.

55 Für beide Ausnahmen gilt je Änderung eine maximale Preiserhöhung von 50% des Wertes des ursprünglichen Auftrags. Die Änderungen dürfen jedoch nicht mit dem Ziel der Umgehung des Vergaberechts vorgenommen werden.

56 Diese Einschränkungen gelten bei der Sektorenauftragsvergabe nicht. Die betroffenen Auftragsänderungen sind demnach weder durch eine maximale Preisänderung noch durch das Umgehungsverbot des Vergaberechts beschränkt. Mit dieser Maßgabe wird Art. 89 Abs. 1 lit. b) und c) Richtlinie 2014/25/EU umgesetzt.

§ 143 GWB   Regelung für Auftraggeber nach dem Bundesberggesetz

(1) Sektorenauftraggeber, die nach dem Bundesberggesetz berechtigt sind, Erdöl, Gas, Kohle oder andere feste Brennstoffe aufzusuchen oder zu gewinnen, müssen bei der Vergabe von Liefer-, Bau- oder Dienstleistungsaufträgen oberhalb der Schwellenwerte nach § 106 Absatz 2 Nummer 2 zur Durchführung der Aufsuchung oder Gewinnung von Erdöl, Gas, Kohle oder anderen festen Brennstoffen die Grundsätze

---

16 S. Greb, in: Greb/Müller, Kommentar zur SektVO, § 20 Rn. 1; S. Opitz, in: Eschenbruch/Opitz, Sektorenverordnung, § 20 Rn. 14; vgl. VK Bund vom 17.03.2005 – VK2-09/05.

17 Art. 78 Abs. 1 und 2 Richtlinie 2014/25/EU.

18 S. Art. 80 Abs. 1 UA 2 Richtlinie 2014/25/EU i.V.m. Art. 57 Absätze 1 und 2 Richtlinie 2014/24/EU.

der Nichtdiskriminierung und der wettbewerbsorientierten Auftragsvergabe beachten. Insbesondere müssen sie Unternehmen, die ein Interesse an einem solchen Auftrag haben können, ausreichend informieren und bei der Auftragsvergabe objektive Kriterien zugrunde legen. Die Sätze 1 und 2 gelten nicht für die Vergabe von Aufträgen, deren Gegenstand die Beschaffung von Energie oder Brennstoffen zur Energieerzeugung ist.

(2) Die Auftraggeber nach Absatz 1 erteilen der Europäischen Kommission über das Bundesministerium für Wirtschaft und Energie Auskunft über die Vergabe der unter diese Vorschrift fallenden Aufträge nach Maßgabe der Entscheidung 93/327/EWG der Kommission vom 13. Mai 1993 zur Festlegung der Voraussetzungen, unter denen die öffentlichen Auftraggeber, die geographisch abgegrenzte Gebiete zum Zwecke der Suche oder Förderung von Erdöl, Gas, Kohle oder anderen Festbrennstoffen nutzen, der Kommission Auskunft über die von ihnen vergebenen Aufträge zu erteilen haben (ABl. L 129 vom 27.5.1993, S. 25). Sie können über das Verfahren gemäß der Rechtsverordnung nach § 113 Satz 2 Nummer 8 unter den dort geregelten Voraussetzungen eine Befreiung von der Pflicht zur Anwendung dieser Bestimmung erreichen.

Amtliche Begründung

»§ 143 entspricht der bisherigen Regelung in § 129b GWB. Im Hinblick auf die Schwellenwerte wird nunmehr auf die Regelung in § 106 GWB verwiesen.«

A. Allgemeine Einführung

Die Nutzung geographisch abgegrenzter Gebiete zum Zweck der Suche oder der Förde- 1 rung von Erdöl, Gas, Kohle oder anderen Festbrennstoffen galt als Sektorentätigkeit nach der Richtlinie 93/38/EWG.[1] Daran hat sich auch nach den Novellierungen im Jahre 2004 und 2014 nichts geändert. Sowohl Art. 7 lit. a Richtlinie 2004/17/EG[2]

---

1 ABl. L 199 v. 09.08.1993, S. 84, geändert durch die Richtlinie 98/4/EG, ABl. L 101 v. 01.04.1998, S. 1.
2 ABl. L 134 S. 1 v. 30.04.2004.

als auch die jüngste Richtlinie zum Sektorenvergaberecht 2014/25/EU[3] sehen diesen Bereich als Sektorentätigkeit vor.

Deutschland hat im Jahre 2003 einen Antrag auf Ausnahme von der Verpflichtung zur Anwendung des Sektorenvergaberechts nach Art. 3 Richtlinie 93/38/EWG gestellt, dem die Kommission stattgegeben hat.

Die Entscheidung wurde unter der Voraussetzung getroffen, dass national geeignete Regelungen bestehen, die die Einhaltung der Grundsätze der Nichtdiskriminierung und der Transparenz vorgeben.

B. Vergleich zur vorigen Rechtslage

2   Die Vorschrift für Auftraggeber nach dem Bundesberggesetz ist unverändert geblieben. Sie wurde nahezu wortgleich in das neue GWB übernommen. Lediglich der Begriff des Auftraggebers wurde im Sinne der im GWB neu beschriebenen Definitionen verändert. Nun heißt es »Sektorenauftraggeber« (s. §§ 98 ff. GWB).

C. Europarechtliche Vorgaben

3   Exploration oder Förderung von Kohle oder anderen festen Brennstoffen zählt gemäß Art. 14 Richtlinie 2014/25/EU zu den Sektorentätigkeiten. Folglich sind für Aufträge, die von Sektorenauftraggebern im Zusammenhang mit dieser Sektorentätigkeit vergeben werden, die Vorschriften des Sektorenvergaberechts zu beachten.

4   Allerdings gilt diese Vorschrift für Deutschland nicht (mehr). Im Jahr 2004[4] hat die Kommission bezüglich eines Antrages der Bundesrepublik Deutschland, das spezielle Regime in Art. 3 der Richtlinie 93/38/EWG anzuwenden entschieden, dass die von der Entscheidung Betroffenen lediglich die Grundsätze der Nichtdiskriminierung und der wettbewerblichen Beschaffung hinsichtlich der Vergabe von Liefer-, Bau- und Dienstleistungsaufträgen beachten müssen.

Diese Entscheidung wurde seinerzeit in Art. 27 Richtlinie 2004/17/EG übernommen und nun in Art. 33 Abs. 1 Richtlinie 2014/25/EU fortgeschrieben.

D. Kommentierung

I. Persönlicher Anwendungsbereich

5   Die Vorschrift erfasst Sektorenauftraggeber, die nach dem Bundesberggesetz berechtigt sind, Erdöl, Gas, Kohle oder andere feste Brennstoffe aufzusuchen oder zu gewinnen (persönlicher Anwendungsbereich).

6   Der amtlichen Begründung[5] ist zu entnehmen, dass die Regelung ohne Veränderung übernommen worden ist. Somit gilt weiterhin, dass der persönliche Anwendungsbe-

---

3 ABl. L 94 S. 94 v. 28.03.2014.
4 Entscheidung 2004/73/EG vom 15.01.2004, ABl. L 16 v. 23.01.2004.
5 BT-Drs. 18/6281 vom 08.10.2015, Gesetzesbegründung.

reich ausschließlich »öffentliche Auftraggeber« i.S.v. § 100 Abs. 1 Nummer 1 GWB umfasst.[6]

Das Bundesberggesetz sieht in §§ 6 ff. ein Konzessionsregime für die Förderung sog. Bergfreier Bodenschätze vor. Diejenigen Konzessionsnehmer, die zugleich öffentliche Auftraggeber sind, unterliegen dem Regime des § 143 GWB.[7]

II. Sachlicher Anwendungsbereich

Die Regelung gilt für Aufträge zur Durchführung der Aufsuchung oder Gewinnung 7
von Erdöl, Gas, Kohle oder andere feste Brennstoffe (sachlicher Anwendungsbereich).
Anknüpfungspunkt ist dabei § 4 Bundesberggesetz.[8] Hier finden sich die Begriffsbestimmungen zu »Aufsuchen« (Abs. 1) und »Gewinnen« (Abs. 2).

Aufsuchen ist die mittelbar oder unmittelbar auf die Entdeckung oder Feststellung der 8
Ausdehnung von Bodenschätzen gerichtete Tätigkeit mit Ausnahme
– der Tätigkeiten im Rahmen der amtlichen geologischen Landesaufnahme,
– der Tätigkeiten, die ausschließlich und unmittelbar Lehr- oder Unterrichtszwecken
  dienen und
– des Sammelns von Mineralien in Form von Handstücken oder kleinen Proben für
  mineralogische oder geologische Sammlungen.

Gewinnen ist das Lösen oder Freisetzen von Bodenschätzen einschließlich der damit 9
zusammenhängenden vorbereitenden, begleitenden und nachfolgenden Tätigkeiten;
ausgenommen ist das Lösen oder Freisetzen von Bodenschätzen
– in einem Grundstück aus Anlass oder im Zusammenhang mit dessen baulicher oder
  sonstiger städtebaulicher Nutzung und
– in oder an einem Gewässer als Voraussetzung für dessen Ausbau oder Unterhaltung.

Dienen die vom Sektorenauftraggeber zu vergebenden Aufträge nicht der Durchfüh- 10
rung der Aufsuchung oder der Gewinnung von Erdöl, Gas, Kohle oder anderen festen
Brennstoffen, ist der sachliche Anwendungsbereich nicht eröffnet. Für solche Aufträge
hat der öffentliche Auftraggeber das allgemeine Regime des GWB Teil 4 zu beachten.

III. Schwellenwert

Voraussetzung zur Anwendung der Vorschrift ist das Erreichen des maßgeblichen 11
Schwellenwerts. Dieser beträgt ab dem 01.01.2016 im Sektorenbereich für Liefer-
und Dienstleistungen 418.000 Euro und für Bauleistungen 5.225.00 Euro.

---

6 BT-Drs. 16/10117 vom 13.08.2008, Gesetzesbegründung; ebenso: Schellenberg, in: Pünder/
   Schellenberg, Vergaberecht, § 129b GWB, Rn. 5; Wagner, in: Heiermann/Zeiss, Vergaberecht,
   § 129b GWB, Rn. 5; a.A.: Franßen, in: Byok/Jäger, Vergaberecht, § 129b GWB, Rn. 6.
7 S. Schellenberg, in: Pünder/Schellenberg, Vergaberecht, § 129b, Rn. 6.
8 BBergG vom 13.08.1980, BGBl. I S. 1310, zuletzt geändert durch Art. 303 VO vom
   31.08.2015 (BGBl. I S. 1474).

Nach dem Wortlaut erfasst sind Aufträge »oberhalb« der Schwellenwerte. Ausreichend ist aber – wie auch sonst üblich und sich aus der Richtlinie 2014/25/EU ergibt –, wenn dieser Schwellenwert erreicht wird.[9]

IV. Inhalt der Regelung

12   Ist der persönliche und sachliche Anwendungsbereich der Vorschrift eröffnet, müssen Sektorenauftraggeber zur Vergabe von entsprechenden Aufträgen lediglich die Grundsätze der Nichtdiskriminierung und der wettbewerblichen Vergabe einhalten. Beispielhaft führt Satz 2 an, dass Auftraggeber insbesondere Unternehmen, die ein Interesse an einem solchen Auftrag haben können, ausreichend informieren und bei der Auftragsvergabe objektive Kriterien zugrunde legen.

13   Damit werden die vergaberechtlichen Grundsätze des § 97 Abs. 1 und 2 GWB für anwendbar erklärt.[10] Aus der Entscheidung der Kommission vom 15.01.2004 ergibt sich, dass die verfahrensmäßigen Richtlinienvorschriften selbst keine Anwendung finden. Dies gilt folglich auch für die entsprechenden Vorschriften des GWB Teil 4. Demnach besteht beispielsweise weder eine Verpflichtung zu Verwendung elektronischer Mittel bei der Auftragsvergabe noch zur Losaufteilung.

Konkrete Verfahrensvorgaben macht § 143 GWB nicht. Da es sich nach §§ 6 ff. BBergG um ein Konzessionsregime handelt, empfiehlt es sich für die Praxis, sich diesbezüglich an die neue Konzessionsvergabeverordnung[11] anzulehnen

V. Ausnahmen

14   Keine Anwendung findet die Vorschrift auf Aufträge, deren Gegenstand die Beschaffung von Energie oder Brennstoffen zur Energieerzeugung ist. Die Ausnahme spiegelt den Ausnahmetatbestand des Art. 23 Buchstabe b) Richtlinie 2014/25/EU, der in § 137 Abs. 1 Nummer 8 GWB umgesetzt ist, wider.

VI. Auskunftspflicht

15   Auftraggeber haben über das Bundesministerium für Wirtschaft und Energie der Kommission Auskunft über die nach dieser Vorschrift vergebenen Aufträge zu erteilen. Art und Weise der Auskunftspflicht sind in der Entscheidung 93/327/EGW der Kommission vom 13.05.1993[12] festgelegt.

16   Zu beachten ist, dass hier andere als die für das Sektorenvergaberecht geltenden Schwellenwerte gelten. Oberhalb von 5 Mio. Euro sind Aufträge innerhalb von 48 Tagen zu melden. Zwischen 418 000 Euro und 5 225 000 Euro sind die Auskünfte vierteljährlich oder auf Abruf zu erteilen.[12]

---

9   Debus, in: Ziekow/Völlink, Vergaberecht, § 129b GWB, Rn. 4 m.w.N.
10   Schellenberg, in: Pünder/Schellenberg, Vergaberecht, § 129b, Rn. 10 m.w.N.
11   BGBl. I, S. 624 vom 12.04.2016.
12   S. Schellenberg, in: Pünder/Schellenberg, Vergaberecht, § 129b, Rn. 16; ausführlich: Debus, in: Ziekow/Völlink, Vergaberecht, § 129b GWB, Rn. 10 m.w.N.

VII. Befreiung

Nach Abs. 2 Satz 2 können Auftraggeber eine Befreiung von der Pflicht zur Anwen- 17
dung dieser Bestimmung erreichen. Die systematische Stellung des Satzes 2 steht im
Widerspruch zu seinem tatsächlichen Regelungsgehalt. Gemeint ist nicht allein eine Befreiung von der Auskunftspflicht des Absatzes 2 Satz 1 sondern eine Befreiung insgesamt von der Anwendung des § 143 GWB.[13] Dem widerspricht auch nicht, dass der
Gesetzgeber die bisheriger Regelung 1:1 übernommen und die Probleme nicht aktualisiert hat. Dies mag sogar dafür sprechen, dass er eine Klarstellung einfach übersehen
hat.[14]

VIII. Rechtsschutz

Die Vorschrift unterliegt dem Primärrechtsschutz. Folglich gilt für den Auftraggeber 18
auch die Vorgabe der Informations- und Wartepflicht nach § 134 GWB.[15]

---

13 BT-Drs. 16/10117 vom 13.08.2008, Gesetzesbegründung; so auch: *Debus*, in: Ziekow/Völ-
   link, Vergaberecht, § 129b GWB, Rn. 11 m.w.N.; wohl a.A.: *Verfürth*, in: Kulartz/Kus/Portz,
   Kommentar zum GWB-Vergaberecht, § 129b, Rn. 20.
14 A.A. auch Opitz in: Kulartz/Kus/Portz/Prieß, Kommentierung zum GWB-Vergaberecht,
   § 143 GWB Rn. 21.
15 Vgl. Schellenberg, in: Pünder/Schellenberg, Vergaberecht, § 129b, Rn. 14 f.m.w.N.

Verordnung über die Vergabe von öffentlichen Aufträgen im Bereich des Verkehrs, der Trinkwasserversorgung und der Energieversorgung (Sektorenverordnung – SektVO)

In der Fassung vom 12.04.2016 (BGBl. I S. 624, 657)

Kommentar

Abschnitt 1 Allgemeine Bestimmungen und Kommunikation

Unterabschnitt 1 Allgemeine Bestimmungen

§ 1 SektVO Anwendungsbereich

(1) Diese Verordnung trifft nähere Bestimmungen über das einzuhaltende Verfahren bei der dem Teil 4 des Gesetzes gegen Wettbewerbsbeschränkungen unterliegenden Vergabe von Aufträgen und die Ausrichtung von Wettbewerben zum Zwecke von Tätigkeiten auf dem Gebiet der Trinkwasser- oder Energieversorgung oder des Verkehrs (Sektorentätigkeiten) durch Sektorenauftraggeber.

(2) Diese Verordnung ist nicht anzuwenden auf die Vergabe von verteidigungs- oder sicherheitsspezifischen öffentlichen Aufträgen.

(3) Für die Beschaffung im Wege von Konzessionen im Sinne des § 105 des Gesetzes gegen Wettbewerbsbeschränkungen gilt die Verordnung über die Vergabe von Konzessionen.

Amtliche Begründung

»Zu Absatz 1

Absatz 1 legt den persönlichen Anwendungsbereich der SektVO fest. Auftraggeber nach § 100 des Gesetzes gegen Wettbewerbsbeschränkungen müssen bei der Vergabe öffentlicher Aufträge zum Zwecke einer Sektorentätigkeit, bzw. die einer Sektorentätigkeit dient, die Vorschriften dieser Verordnung einhalten.

Der sachliche Anwendungsbereich ist betroffen, wenn der maßgebliche Schwellenwert erreicht oder überschritten wird. Anders als bisher finden sich die Vorschriften zu den Schwellenwerten nicht mehr in der Verordnung, sondern im GWB.

Zu Absatz 2

Absatz 2 grenzt den Anwendungsbereich zur Vergabe verteidigungs- oder sicherheitsspezifischer öffentlicher Aufträge ab.

Zu Absatz 3

Absatz 3 ist dem Umstand geschuldet, dass Sektorenauftraggeber im Gegensatz zur bisherigen weitgehenden Regelungsfreiheit in Bezug auf die Vergabe von Bau- und Dienstleistungskonzessionen künftig die Konzessionsvergabeverordnung zu beachten haben.«

A. Allgemeine Einführung

1   § 1 SektVO bestimmt den persönlichen und sachlichen Anwendungsbereich der SektVO. Damit ist § 1 SektVO das Eingangstor zur SektVO.

2   Die Voraussetzungen zur Anwendung der SektVO ergeben sich nahezu ausschließlich aus dem GWB. Dort sind die Begriffe des Sektorenauftraggebers (§ 100 GWB), der Sektorentätigkeiten (§ 102 GWB), des öffentlichen Auftrags (§ 103 GWB) und Ausnahmen zur Anwendung des (Sektoren-) Vergaberechts (§§ 107, 116, 117, 118, 137–140 GWB) sowie die Schwellenwerte (§ 106 GWB) bestimmt. Die Formulierung »zum Zwecke von Sektorentätigkeiten« ist neben den formalen Voraussetzungen entscheidend für die Anwendung der SektVO.

3   Ob ein Auftraggeber, der die Voraussetzungen des § 1 SektVO nicht erfüllt, womöglich andere Vergabevorschriften einzuhalten hat, kann die SektVO naturgemäß nicht beantworten. Zu den anderen Vergaberechtsregimen zählen das klassische EU-Vergaberecht, das Haushaltsvergaberecht unterhalb der EU-Schwellenwerte (z.B. § 55 BHO), das EU-Primärrecht, welches bei Binnenmarktrelevanz des konkreten Auftrags Bedeutung

erlangt, und Vergaberecht, welches ein Zuwendungsempfänger aufgrund von Zuwendungsbedingungen einzuhalten hat.

B. Vergleich zur vorherigen Rechtslage

Die Anwendung des EU-Vergaberechts im Sektorenbereich setzt sich wie bisher auf der   4
Basis einer für den Sektorenbereich geltenden eigenen EU-Richtlinie 2014/25/EU in
Abgrenzung zu der Richtlinie 2014/24/EU fort. Auch das deutsche Vergaberecht hatte
schon bisher das für Sektorenauftraggeber geltende Recht separat in einer Sektorenverordnung[1] in Abgrenzung zur Vergabeverordnung geregelt. Diese Systematik ist aufrechterhalten worden.

Bevor die SektVO 2009 in Kraft trat, bestand eine völlig andere Systematik. Es wurde   5
zwischen strengeren Vergaberegeln für bestimmte Auftraggeber des um nationale Vergaberegeln ergänzten dritten Abschnitts der VOB/A – VOL/A 2006 (sog. b-Paragraphen) und für andere Auftraggeber in einem weniger strengen vierten Abschnitt der
VOB/A – VOL/A 2006 unterschieden (sog. VOB/A-SKR 2006 und VOL/A-SKR
2006). Die Differenzierung hing zum einen davon ab, ob die Sektorentätigkeit von
einem öffentlichen Auftraggeber im Sinne des § 99 Nr. 1 bis 3 GWB oder von einem
Sektorenauftraggeber im Sinne des § 100 GWB wahrgenommen wurde, zum anderen
war die Art der Sektorentätigkeit entscheidend. Zur Vergabe von Aufträgen, die normalerweise der VOF unterlagen, gab es keine konkrete Vorschrift.

Schon 2009 hat der Gesetzgeber klargestellt, dass die SektVO nicht nur von den Sekto-   6
renauftraggebern im Sinne des § 100 Abs. 1 Nr. 2 SektVO, sondern auch von den öffentlichen Auftraggebern im Sinne des § 99 Nr. 1 bis 3 GWB anzuwenden ist, wenn
diese einen Auftrag »im Zusammenhang mit einer Sektorentätigkeit« vergeben. Nunmehr hat der Gesetzgeber die Bezeichnung solcher Auftraggeber vereinheitlicht. Nicht
nur die Auftraggeber nach § 100 Abs. 1 Nr. 2 SektVO werden als »Sektorenauftraggeber« bezeichnet, sondern auch die öffentlichen Auftraggeber nach § 99 Nr. 1 bis 3
GWB, wenn sie im Sektorenbereich Aufträge vergeben. Die Eigenschaft als Sektorenauftraggeber richtet sich somit nach dem Aufgabenbereich, in welchem der Auftrag vergeben wird. So kann es vorkommen, dass ein und dieselbe Gebietskörperschaft oder
juristische Person einmal öffentlicher Auftraggeber und ein anderes Mal Sektorenauftraggeber ist.

Die bisher in § 1 Abs. 2 SektVO (alt) i.V.m. der geltenden EU-Verordnung[2] geregelten
EU-Schwellenwerte finden sich nunmehr in § 106 GWB und haben damit Gesetzesrang erlangt. Auf die Höhe der Schwellenwerte hat die neue Örtlichkeit keinen Einfluss.

---

1 Sektorenverordnung vom 23.09.2009 (BGBl. I S. 3110).
2 Mit der SektVO 2010 wurde die Verweisung in § 1 Abs. 2 SektVO auf die seit 01.01.2010
   geltende Verordnung (EG) Nr. 1177/2009 aktualisiert. Diese Verweisung hat rein deklaratorischen und dynamischen Charakter, d.h. sie nimmt automatisch Veränderungen auf europäischer Ebene auf, zudem sind die Verordnungen über die EU-Schwellenwerte unmittelbar in
   jedem Mitgliedstaat anzuwenden.

7   Die Anwendungs- und Ausnahmevorschriften für die Sektoren waren bisher in §§ 100 b und 100 Abs. 2 GWB (alt) sowie in § 3 SektVO (alt) geregelt. Sie finden sich nunmehr ausschließlich im GWB, also auf Gesetzesrang, nämlich insbesondere in den §§ 137 bis 140 GWB. Lediglich das Antragsverfahren für Tätigkeiten, die unmittelbar dem Wettbewerb ausgesetzt sind, ist neben der Anwendungsregel in § 140 GWB noch in § 3 SektVO erläutert.

C. Europarechtliche Vorgaben

8   In der Richtlinie 2014/25/EU sind die Anwendungsvoraussetzungen des Sektorenvergaberechts in den Art. 1 und 7 bis 35 geregelt. Die SektVO nimmt die dortigen Voraussetzungen zur Anwendung des EU-Vergaberechts auf.

D. Kommentierung

I. Persönlicher Anwendungsbereich

9   § 1 Abs. 1 SektVO legt den persönlichen Anwendungsbereich fest, also wer die SektVO anzuwenden hat.

10   Der persönliche Anwendungsbereich erfasst alle Sektorenauftraggeber, die in § 100 GWB definiert sind. § 1 Abs. 1 SektVO spricht begrifflich von den »Sektorenauftraggebern«. Allerdings wird der Begriff in der SektVO nicht mehr fortgesetzt, sondern nur noch von »Auftraggebern« gesprochen. Dies hat aber keine inhaltliche Änderung zur Folge. Vielmehr meint jede die Auftraggeber betreffende Regelung in der SektVO die Sektorenauftraggeber im Sinne des § 100 GWB. Dies deshalb, weil der Anwendungsbereich klar definiert ist.

11   Sektorenauftraggeber sind die öffentlichen Auftraggeber im Sinne des § 99 Nr. 1 bis 3 GWB, wenn sie einen Auftrag zum Zwecke der von ihnen ausgeübten Sektorentätigkeit vergeben, § 100 Abs. 1 Nr. 1 GWB. Davon erfasst sind
   – Gebietskörperschaften sowie deren Sondervermögen
   – Juristische Personen des öffentlichen und des privaten Rechts, die zu dem besonderen Zweck gegründet wurden, im Allgemeininteresse liegende Aufgaben nicht gewerblicher Art zu erfüllen sowie
   – Verbände, deren Mitglieder eine der vorgenannten Voraussetzung erfüllen.

12   Für den persönlichen Anwendungsbereich des Sektorenvergaberechts müssen für diese Auftraggeber also zwei Voraussetzungen erfüllt sein: Erstens müssen sie selbst eine Sektorentätigkeit gemäß § 102 GWB ausüben und zweitens müssen sie den betreffenden Auftrag zum Zweck der Sektorentätigkeit vergeben. Üben sie eine Sektorentätigkeit aus, vergeben den Auftrag aber auf einem anderen Gebiet, greift das Vergaberecht nach §§ 115 bis 135 GWB und die Vergabeverordnung. Üben sie eine Sektorentätigkeit nicht aus, wollen aber einen Auftrag im Sektorenbereich vergeben, ist ebenso nicht das Sektorenvergaberecht, sondern das klassische Vergaberecht für öffentliche Auftraggeber anzuwenden.

Es sind darüber hinaus die Sektorenauftraggeber nach § 100 Abs. 1 Nr. 2 GWB vom   13
persönlichen Anwendungsbereich der SektVO erfasst. Diese Sektorenauftraggeber sind
natürliche oder juristische Personen des privaten Rechts, die eine Sektorentätigkeit entweder auf der Grundlage von besonderen oder ausschließlichen Rechten ausüben oder
öffentliche Auftraggeber nach § 99 Nr. bis 3 GWB einen beherrschenden Einfluss auf
sie ausüben. Auch für diese Sektorenauftraggeber müssen zwei Voraussetzungen für den
persönlichen Anwendungsbereich vorliegen. Wenn sie zwar eine Sektorentätigkeit ausüben, den Auftrag aber nicht im Sektorenbereich vergeben, ist das Sektorenvergaberecht nicht anwendbar, § 137 Abs. 2 Nr. 1 GWB. Vielmehr vergeben sie solche Aufträge außerhalb des Vergaberechts. Wenn sie keine Sektorentätigkeit ausüben, gelten
sie schon nicht als Sektorenauftraggeber nach § 100 GWB und fallen ebenso nicht unter das Vergaberecht.

Der persönliche Anwendungsbereich der SektVO richtet sich somit also vorrangig danach, dass der Auftraggeber eine Sektorentätigkeit ausübt und den Auftrag im Sektorenbereich vergibt.[3]

Auftraggeber kraft überwiegender Subventionierung nach § 99 Nr. 4 GWB und von
Konzessionen nach §§ 101, 105 GWB fallen nicht in den Anwendungsbereich der
SektVO. Für die Konzessionsgeber ist die Konzessionsvergabeverordnung anzuwenden.

Sind die Voraussetzungen des § 1 SektVO erfüllt, hat der betroffene Auftraggeber die   14
SektVO anzuwenden. Dies folgt mit dem EuGH aus dem Grundsatz der Spezialität des
Sektorenvergaberechts gegenüber dem allgemeinen Vergaberecht. Sollte es Aufträge geben, die den klassischen und den Sektorenbereich betreffen, ist die Konstellation nach
§§ 111 und 112 GWB zu lösen.

II. Sachlicher Anwendungsbereich

1. Grundregeln

Der sachliche Anwendungsbereich legt fest, **bei welcher konkreten Tätigkeit** des Sek-   15
torenauftraggebers die SektVO bindend ist. § 1 SektVO erfasst die nach dem Teil 4 des
GWB unterliegende Vergabe von Aufträgen und Ausrichtung von Wettbewerben zum
Zwecke einer Sektorentätigkeit.

Dem Teil 4 des GWB unterliegen   16
– öffentliche Aufträge gemäß § 103 Abs. 1 bis 4 GWB,
– die Ausrichtung von Wettbewerben gemäß § 103 Abs. 6 GWB,
– die oberhalb der Schwellenwerte gemäß § 106 GWB liegen und
– für die keine Ausnahmen nach dem GWB gelten.

Diese Aufträge oder Wettbewerbe müssen zum Zwecke[4] vergeben bzw. ausgerichtet werden.

---

3 Wann ein Auftrag zum Zwecke einer Sektorentätigkeit vergeben wird bzw. wann er diesen Zwecken dient, siehe ausführlich die Kommentierung zu §§ 136 und 137 Abs. 2 Nr. 1 GWB.
4 Wann ein Auftrag Zwecken dient, ergibt sich aus §§ 136 und 137 GWB.

2. Schwellenwerte

17 Das Erreichen der EU-Schwellenwerte wird gemäß den Schätzungsregeln aus § 2 SektVO, der Höhe nach über § 106 Abs. 2 Nr. 2 GWB und Art. 15 der Richtlinie 2014/25/EU bestimmt. Die Schwellenwerte werden gemäß Art. 17 der Richtlinie 2014/25/EU alle zwei Jahre neu festgesetzt. Seit dem 01.01.2016 liegt die Höhe bei
– 414.000 EUR bei Liefer- und Dienstleistungsaufträgen sowie Wettbewerben,
– 5.186.000 EUR bei Bauaufträgen und
– 1.000.000 EUR bei Dienstleistungsaufträgen betreffend soziale und andere besondere Dienstleistungen gemäß Anhang XVII der Richtlinie 2014/25/EU.

3. Rahmenvereinbarungen und gemischte Aufträge

18 Auch Rahmenvereinbarungen gemäß § 103 Abs. 5 GWB unterliegen dem sachlichen Anwendungsbereich der SektVO, wenn sie dem Zweck der Ausübung einer Sektorentätigkeit dienen, denn für sie gelten dieselben Vorschriften wie für die Vergabe entsprechender öffentlicher Aufträge, § 103 Abs. 5 Satz 2 GWB.

Erfasst ein Auftrag mehrere Tätigkeiten, die nur zum Teil einer Sektorentätigkeit entsprechen, sind die §§ 111 und 112 GWB über gemischte Aufträge anzuwenden.

4. Zuordnung zum Sektorenbereich

19 § 1 Abs. 1 SektVO fordert darüber hinaus, dass der Auftrag bzw. Wettbewerb »zum Zwecke einer Sektorentätigkeit« vergeben wird. Die entsprechende Formulierung für den Anwendungsbereich des Sektorenvergaberechts im GWB lautet »zum Zweck der Ausübung einer Sektorentätigkeit«. Jedoch ist sprachlich ein Auftrag zum Zwecke der Sektortätigkeit dasselbe wie ein Auftrag zum Zweck der Ausübung einer Sektorentätigkeit. Daher ist hierbei keine Unterscheidung zu treffen.

20 Die Richtlinie 2014/25/EU regelt das Erfordernis der Auftragsvergabe zum Zweck einer Sektorentätigkeit in Art. 1 Abs. 2 und formuliert, dass sie für Zwecke einer Sektorentätigkeit »bestimmt« sein muss. Diese Formulierung ist mit der deutschen Formulierung in § 136 GWB zwar nicht wortidentisch, aber jedenfalls vom Sprachverständnis her identisch. Die Negativabgrenzung ist in Art. 19 Abs. 1 der Richtlinie 2014/25/EU geregelt.

21 Die Regelungen zur Zweckbestimmung enthalten somit eine funktionale Bestimmung. Die Sektorenauftraggeber dürfen daher nicht aufgrund ihrer Rechtsstellung definiert werden.[5] Damit soll sichergestellt werden, dass die Gleichbehandlung von Auftraggebern, die im öffentlichen Sektor tätig sind, und Auftraggebern, die im privaten Sektor tätig sind, gewahrt bleibt.[6]

---

5 Erwägungsgründe 19 der Richtlinie 2014/25/EU.
6 Erwägungsgründe 19 der Richtlinie 2014/25/EU.

Dem Zweck der Ausübung einer Sektorentätigkeit dienen Lieferungen und Leistungen 22
dann, wenn sie die Sektorentätigkeit ermöglichen, erleichtern oder fördern.[7] Damit
sind jegliche Unterstützungsleistungen der Sektorentätigkeit erfasst. Es bedarf also
einer konkreten Verbindung des Auftrags mit der Aufgabe des Sektorenauftraggebers
im jeweiligen Sektorenbereich. Dagegen fallen solche Lieferungen und Leistungen
nicht darunter, die der Auftraggeber völlig unabhängig von seiner Sektorentätigkeit beschafft.

5. Keine Ausnahme nach §§ 107, 137 bis 139 GWB

Das Sektorenvergaberecht und die SektVO finden in bestimmten Ausnahmefällen 23
keine Anwendung. Diese sind für das Sektorenvergaberecht zu finden in
- § 107 GWB (Allgemeine Ausnahmen)
- §§ 137 bis 139 GWB (Besondere Ausnahmen für Sektorenauftraggeber).

Diese Ausnahmevorschriften werden naturgemäß eng ausgelegt. Der Sektorenauftrag- 24
geber ist für das Vorliegen eines Ausnahmetatbestands beweispflichtig, d.h. hierüber
ist eine Dokumentation zu führen.

§ 107 GWB betrifft 25
- Schiedsgerichts- und Schlichtungsdienstleistungen,
- Erwerb, Miete oder Pacht von Grundstücken, Gebäuden oder anderem unbeweg-
lichen Vermögen sowie Rechte daran,
- Arbeitsverträge,
- Dienstleistungen des Katastrophenschutzes, des Zivilschutzes und der Gefahrenab-
wehr von gemeinnützigen Organisationen oder Vereinigungen,
- Aufträge, bei denen Auskünfte betreffend wesentliche Sicherheitsinteressen der Bun-
desrepublik Deutschland preisgegeben werden müssen oder
- Aufträge, die dem Art. 346 Abs. 1 lit. b) des AEUV unterliegen (Waffenerzeugung
und -handel).

Die §§ 137 bis 139 GWB enthalten die besonderen Ausnahmen für Sektorenauftragge- 26
ber, insbesondere für Aufträge, die anderen Zwecken dienen als der Sektorentätigkeit,
die Beschaffung von Wasser und Energie bzw. Brennstoffen, aber auch Aufträge an verbundene Unternehmen oder durch bzw. an Gemeinschaftsunternehmen.

6. Ausnahmen nach §§ 108, 116 GWB

Die Ausnahmen nach den §§ 108, 116 GWB gelten für Sektorenauftraggeber nicht, 27
damit können sie auch diese Ausnahmen nicht in Anspruch nehmen.

§ 108 GWB betrifft die Ausnahmen bei öffentlich-öffentlicher Zusammenarbeit. 28
Schon nach der bisherigen Rechtsprechung war eine öffentlich-öffentliche Zusammenarbeit nur in wenigen Ausnahmefällen auch für Sektorenauftraggeber möglich. Nunmehr ist endgültig klargestellt, dass Sektorenauftraggeber sich nicht auf eine solche Zu-

---

7 Reidt/Stickler/Glahs, Vergaberecht, Kommentar, 3. Aufl. 2011, § 100 GWB Rn. 72; Im-
menga/Mestmäcker, Wettbewerbsrecht, Bd. 2, 5. Aufl. 2014, § 100b Rn. 14.

sammenarbeit berufen können, um aus dem Anwendungsbereich des Vergaberechts zu entfallen.

29   Für Sektorenauftraggeber nach § 100 Abs. 1 Nr. 1 GWB spielt dies jedoch keine Rolle, da sie sich auf § 108 GWB als öffentliche Auftraggeber berufen können, und zwar auch dann, wenn die öffentlich-öffentliche Zusammenarbeit eine Sektorentätigkeit betrifft. Denn es wäre vom vergaberechtlichen Grundgedanken nicht gedeckt, wenn öffentliche Auftraggeber nach § 99 Nr. 1 bis 3 GWB bei einer öffentlich-öffentlichen Zusammenarbeit außerhalb der Sektorentätigkeit nicht dem Vergaberecht unterlägen (weil die Ausnahme nach § 108 GWB greift), bei einer solchen im Sektorenbereich aber schon. Der Gesetzgeber wollte das Sektorenvergaberecht gerade freier gestalten als das klassische Vergaberecht. Somit gilt § 108 GWB auch für Sektorenauftraggeber nach § 100 Abs. 1 Nr. 1 GWB.

30   Die Ausnahmen nach § 116 GWB treffen für Sektorenauftraggeber nach § 100 GWB nicht zu, da § 116 GWB nur von öffentlichen Auftraggebern spricht. Allerdings hat der Gesetzgeber in § 137 GWB für Sektorenauftraggeber geltende Ausnahmen geschaffen, die jeweils wiederum auf § 116 GWB verweisen. Er hat hier einen Kunstgriff verwendet und nicht gleich § 116 GWB auch für Sektorenauftraggeber gelten lassen, weil er zum einen geringe Unterschiede bei einigen einzelnen Ausnahmen festlegte, aber zum anderen den Katalog der Ausnahmen in § 137 GWB auch noch wesentlich erweitert hat. Zur besseren Lesbarkeit des Gesetzes sind die besonderen Ausnahmen für die Sektorenauftraggeber damit gebündelt in den §§ 137 bis 139 GWB zu finden.

III. Rechtsfolgen der Pflicht zur Anwendung der SektVO

1. Grundregeln

31   Das Sektorenvergaberecht kennt drei Rechtsnormen bzw. -quellen auf drei Ebenen:
– Richtlinie 2014/25/EU (Gemeinschaftsrecht)
– vierter Teil des GWB (Gesetzesebene)
– SektVO (Verordnungsebene)

32   Die Richtlinie 2014/25/EU überlagert die beiden anderen Rechtsnormen. Die Auslegung von GWB und SektVO erfolgt im Lichte der Richtlinie 2014/25/EU. Angesichts dessen sind grundsätzlich neben der SektVO, in der die Anforderungen an ein Vergabeverfahren konkret beschrieben sind, die Prinzipien und inhaltlichen Vorgaben der Richtlinie 2014/25/EU zu beachten, die sich auch im vierten Teil des GWB wiederfinden, sowie konkrete inhaltliche Vorschriften des GWB, z.B. hinsichtlich der Vergabeverfahren (§ 119, 141 GWB) oder der Informationspflicht (§ 134 GWB). Daneben gibt es insbesondere die vergaberechtlichen Grundprinzipien gemäß § 97 GWB, die für das Sektorenvergaberecht genauso gelten wie für das Vergaberecht öffentlicher Auftraggeber.

33   Nicht relevant ist die bisherige Rechtspraxis, Rechtsprechung und Literatur aus dem klassischen EU-Vergaberecht, soweit die jeweilige konkrete Regelung nicht in Gänze Einzug in die SektVO gehalten hat oder nach dem GWB für die Sektorenauftraggeber für anwendbar erklärt wurde. Der Verordnungsgeber hat bewusst eine 1:1-Umsetzung

der Richtlinie 2014/25/EU angestrebt und von der Übernahme einer großen Anzahl von Regeln des klassischen EU-Vergaberechts abgesehen. Der EuGH hat zudem betont, dass das Sektorenvergaberecht eine spezielle Disziplin ist und vorrangig bzw. unabhängig von dem klassischem EU-Vergaberecht Geltung beansprucht.[8] Dementsprechend hat sich im Sektorenvergaberecht eine eigenständige Rechtspraxis entwickelt, auch wenn sie häufig Bezug auf das klassische EU-Vergaberecht nimmt.

Wenn die Voraussetzungen zur Anwendung der SektVO erfüllt sind, dann darf der be- 34
troffene Auftraggeber keine anderen vergaberechtlichen Vorschriften, z.B. das klassische EU-Vergaberecht anwenden. Aus dem Grundsatz der Spezialität folgt der Vorrang der SektVO gegenüber dem klassischen EU-Vergaberecht.[9] Das klassische EU-Vergaberecht findet folglich auch nicht aus der Behauptung eines Vorrangs des »strengeren« klassischen Regimes gegenüber dem Sektorenvergaberecht Anwendung. Die Kategorie »Strenge« ist keine Zuweisungsregel, weder in den Vergaberechtsvorschriften noch in der EuGH-Rechtsprechung. Vielmehr kommt es allein auf die Spezialität an. Dies hat der Verordnungsgeber in § 1 Abs. 1 SektVO betont, wonach die SektVO gilt, wenn Auftraggeber Aufträge, welche die Voraussetzungen der SektVO erfüllen, vergeben. Die Spezialität muss auch für Fälle gelten, in denen per Zuwendungsbescheid das klassische EU-Vergaberecht vorgeschrieben wird. Derartige vertragliche oder per Verwaltungsakt zugewiesene Rechtsgrundlagen sind aus der maßgebenden gemeinschaftsrechtlichen Sicht unbeachtlich. Vorrang haben die gesetzlichen Pflichten des betroffenen Auftraggebers.

2. Anwendung vergaberechtlicher Grundprinzipien

Wesentliche Grundprinzipien des EU-Vergaberechts sind das Transparenzprinzip, das 35
Wettbewerbsprinzip und der Gleichbehandlungsgrundsatz. Diese Prinzipien sind in § 97 Abs. 1 und 2 GWB enthalten. Die mittelstandsfreundliche Vergabe ist in § 97 Abs. 4 GWB geregelt. Diese Prinzipien gelten selbstverständlich auch in der SektVO, ohne dass sie ausdrücklich dort niedergelegt sind. Für eine konkrete Regel, z.B. § 51 SektVO (Prüfung und Wertung der Angebote), werden die Grundprinzipien jedoch nur in der jeweiligen Ausprägung der formulierten Norm Anwendung finden; sie werden wegen der Spezialität der SektVO nicht mit Hilfe einer parallelen Wertung einer verwandten Vorschrift ausgelegt, z.B. § 127 GWB (Zuschlag) als verwandte Regelung zu § 51 SektVO.

Die Grundprinzipien haben durch die Rechtsprechung Ausprägungen erfahren, die sich nicht in den Normen niedergeschlagen haben und folglich gesondert zu beachten sind.

---

8 Vgl. EuGH, Urt. v. 10.04.2008 – C-393/06, NZBau 2001, 148.
9 W.v.

IV. Vergabe von verteidigungs- oder sicherheitsspezifischen öffentlichen Aufträgen, § 1 Abs. 2 GWB

36   Die SektVO ist nicht anzuwenden auf die Vergabe von verteidigungs- oder sicherheits-spezifischen öffentlichen Aufträgen. Die verteidigungs- oder sicherheitsspezifischen öf-fentlichen Aufträge sind in § 104 GWB definiert. Danach fallen hierunter
– Lieferungen von Militärausrüstungen
– Lieferungen von Ausrüstungen im Rahmen von Verschlusssachen
– Damit zusammenhängende Liefer-, Bau- und Dienstleistungen oder
– Bau- und Dienstleistungen für militärische Zwecke oder im Rahmen von Verschluss-sachen.

Militärausrüstungen sind in § 104 Abs. 2 GWB und Verschlusssachen in § 104 Abs. 3 GWB definiert.

37   Für verteidigungs- oder sicherheitsspezifische öffentliche Aufträge – auch durch Sekto-renauftraggeber – gelten vielmehr die Regelungen in den §§ 144 bis 147 GWB. § 145 GWB definiert zunächst wiederum Ausnahmen von der Anwendung dieser Vorschrif-ten. § 146 GWB regelt die anzuwendenden Verfahrensarten (freie Wahl zwischen dem nicht offenen Verfahren und dem Verhandlungsverfahren mit Teilnahmewettbewerb). § 147 GWB verweist dann auf die übrigen anzuwendenden Vorschriften ähnlich wie § 142 GWB für den Sektorenbereich.

38   Diese Besonderheit für verteidigungs- oder sicherheitsspezifischen öffentliche Aufträge hat der Gesetzgeber in § 117 GWB auch für die öffentlichen Aufträge der öffentlichen Auftraggeber klargestellt. In § 1 Abs. 2 SektVO legt der Verordnungsgeber fest, dass verteidigungs- oder sicherheitsspezifische öffentliche Aufträge von Sektorenauftragge-bern nicht in den Anwendungsbereich der SektVO fallen. Diese Regelung in der SektVO hat lediglich klarstellenden Charakter in Bezug auf den Vorrang der Regelun-gen in §§ 144 bis 147 GWB vor der SektVO.

V. Vergabe von Konzessionen, § 1 Abs. 3 SektVO

39   Für Konzessionen im Sinne des § 105 GWB ist die Konzessionsvergabeverordnung anzuwenden. Diese Regelung stellt klar, dass – im Gegensatz zum bisherigen Vergabe-recht, worunter zum Teil auch Konzessionen danach vergeben werden mussten – nun-mehr Konzessionen ausschließlich nach den einschlägigen Regelungen des GWB (ins-besondere §§ 148 bis 154 GWB) und der Konzessionsvergabeverordnung vergeben werden.

40   Schon vom Auftragsbegriff nach § 103 GWB sind Konzessionen nicht mehr erfasst. Diese sind vielmehr gesondert in § 105 GWB definiert. Konzessionen unterscheiden sich vom Auftragsbegriff darin, dass die Leistung des Auftraggebers statt in einem Ent-gelt vielmehr in einem Recht zur Nutzung des fraglichen Bauwerks (Baukonzession)[10] oder der fraglichen Dienstleistung (Dienstleistungskonzession)[11], ggf. unter zusätz-

---

10   § 105 Abs. 1 Nr. 1 GWB.
11   § 105 Abs. 1 Nr. 2 GWB.

licher Zahlung eines Entgelts besteht. Das Betriebsrisiko für die Nutzung des Bauwerks oder für die Verwertung der Dienstleistung liegt im Gegensatz zum öffentlichen Auftrag nicht beim Auftraggeber, sondern beim Konzessionsnehmer.

Im Unterschied zu öffentlichen Aufträgen und der Ausrichtung von Wettbewerben   41
nach § 103 GWB sind Konzessionen nach § 1 Abs. 3 SektVO ausdrücklich nicht von der SektVO erfasst. Dies entspricht Art. 1 Richtlinie 2014/23/EU, der Konzessionsvergaberichtlinie. Konzessionen im Sektorenbereich oberhalb der Schwellenwerte unterfallen damit der Richtlinie 2014/23/EU und der deutschen Konzessionsvergabeverordnung.

Dies war bisher anders, denn Bau- und/oder Dienstleistungskonzessionen im Sektoren-   42
bereich unterfielen bisher nicht dem EU-Vergaberecht. Damit bestand bei der Vergabe von Konzessionen im Bereich der Sektoren insbes. Auch kein Rechtsschutz nach dem vierten Teil des GWB, sondern ein betroffenes Unternehmen muss im Zweifel den weniger effektiven ordentlichen Rechtsweg beschreiten.[12]

Die Vergabe einer Bau- oder Dienstleistungskonzession musste jedoch auch bisher   43
schon trotz fehlender Anwendung der EU-Vergaberichtlinien laut EuGH aufgrund des EU-Primärrechts transparent und diskriminierungsfrei erfolgen, wenn nicht ausgeschlossen werden kann, dass in anderen EU-Mitgliedstaaten ansässige Unternehmen potentiell Interesse an dem fraglichen Auftrag haben könnten.[13] In solchen Fällen lag daher de facto eine Ausschreibungspflicht vor (sog. Ausschreibung light).[14]

§ 2 SektVO Schätzung des Auftragswerts

(1) Bei der Schätzung des Auftragswerts ist vom voraussichtlichen Gesamtwert der vorgesehenen Leistung ohne Umsatzsteuer auszugehen. Zudem sind etwaige Optionen oder Vertragsverlängerungen zu berücksichtigen. Sieht der Auftraggeber Prämien oder Zahlungen an den Bewerber oder Bieter vor, sind auch diese zu berücksichtigen.

(2) Die Wahl der Methode zur Berechnung des geschätzten Auftragswerts darf nicht in der Absicht erfolgen, die Anwendung der Bestimmungen des Teils 4 des Gesetzes gegen Wettbewerbsbeschränkungen oder dieser Verordnung zu umgehen. Eine Auftragsvergabe darf nicht so unterteilt werden, dass sie nicht in den Anwendungsbereich der Bestimmungen des Teils 4 des Gesetzes gegen Wettbewerbsbeschränkungen oder dieser Verordnung fällt.

es sei denn, es liegen objektive Gründe dafür vor, etwa wenn eine eigenständige Organisationseinheit selbständig für ihre Auftragsvergabe oder bestimmte Kategorien der Auftragsvergabe zuständig ist.

---

12 Vgl. BVerwG, Beschl. v. 02.05.2007 – 6 B 10/07, NZBau 2007, 389; der Verwaltungsrechtsweg konnte allerdings in Sonderfällen einschlägig sein, s. Übersicht bei Kallerhoff, NZBau 2008, 97.
13 Vgl. EuGH, Urt. v. 06.04.2006 – C-410/04, NZBau 2006, 326, 327; EuGH, Urt. v. 13.10.2005 – C-458/03, NZBau 2005, 644, 649.
14 Vgl. Greb, VergabeR 2005, 745, unter Bezugnahme auf Burgi, NZBau 2005, 610.

(3) Maßgeblicher Zeitpunkt für die Schätzung des Auftragswerts ist der Tag, an dem die Auftragsbekanntmachung abgesendet wird oder das Vergabeverfahren auf sonstige Weise eingeleitet wird.

(4) Der Wert einer Rahmenvereinbarung oder eines dynamischen Beschaffungssystems wird auf der Grundlage des geschätzten Gesamtwertes aller Einzelaufträge berechnet, die während der gesamten Laufzeit einer Rahmenvereinbarung oder eines dynamischen Beschaffungssystems geplant sind.

(5) Der zu berücksichtigende Wert im Falle einer Innovationspartnerschaft entspricht dem geschätzten Gesamtwert der Forschungs- und Entwicklungstätigkeiten, die während sämtlicher Phasen der geplanten Partnerschaft stattfinden sollen, sowie der Bau-, Liefer- oder Dienstleistungen, die zu entwickeln und am Ende der geplanten Partnerschaft zu beschaffen sind.

(6) Bei der Schätzung des Auftragswerts von Bauleistungen ist neben dem Auftragswert der Bauaufträge der geschätzte Gesamtwert aller Liefer- und Dienstleistungen zu berücksichtigen, die für die Ausführung der Bauleistungen erforderlich sind und vom Auftraggeber zur Verfügung gestellt werden. Die Möglichkeit des Auftraggebers, Aufträge für die Planung und die Ausführung von Bauleistungen entweder getrennt oder gemeinsam zu vergeben, bleibt unberührt.

(7) Kann das beabsichtigte Bauvorhaben oder die vorgesehene Erbringung einer Dienstleistung zu einem Auftrag führen, der in mehreren Losen vergeben wird, ist der geschätzte Gesamtwert aller Lose zugrunde zu legen. Bei Planungsleistungen gilt dies nur für Lose über gleichartige Leistungen. Erreicht oder überschreitet der geschätzte Gesamtwert den maßgeblichen Schwellenwert, gilt diese Verordnung für die Vergabe jedes Loses.

(8) Kann ein Vorhaben zum Zweck des Erwerbs gleichartiger Lieferungen zu einem Auftrag führen, der in mehreren Losen vergeben wird, ist der geschätzte Gesamtwert aller Lose zugrunde zu legen.

(9) Der Auftraggeber kann bei der Vergabe einzelner Lose von Absatz 7 Satz 3 sowie Absatz 8 abweichen, wenn der geschätzte Nettowert des betreffenden Loses bei Liefer- und Dienstleistungsaufträgen unter 80 000 Euro und bei Bauleistungen unter 1 Million Euro liegt und die Summe der Nettowerte dieser Lose 20 Prozent des Gesamtwertes aller Lose nicht übersteigt.

(10) Bei regelmäßig wiederkehrenden Aufträgen oder Daueraufträgen über Liefer- oder Dienstleistungen sowie bei Liefer- oder Dienstleistungsaufträgen, die innerhalb eines bestimmten Zeitraums verlängert werden sollen, ist der Auftragswert zu schätzen

1. auf der Grundlage des tatsächlichen Gesamtwertes entsprechender aufeinanderfolgender Aufträge aus dem vorangegangenen Haushaltsjahr oder Geschäftsjahr; dabei sind voraussichtliche Änderungen bei Mengen oder Kosten möglichst zu berücksichtigen, die während der zwölf Monate zu erwarten sind, die auf den ursprünglichen Auftrag folgen; oder

2. auf der Grundlage des geschätzten Gesamtwertes aufeinanderfolgender Aufträge, die während der auf die erste Lieferung folgenden zwölf Monate oder während des auf die erste Lieferung folgenden Haushaltsjahres oder Geschäftsjahres, wenn dieses länger als zwölf Monate ist, vergeben werden.

(11) Bei Aufträgen über Liefer- oder Dienstleistungen, für die kein Gesamtpreis angegeben wird, ist Berechnungsgrundlage für den geschätzten Auftragswert
1. bei zeitlich begrenzten Aufträgen mit einer Laufzeit von bis zu 48 Monaten der Gesamtwert für die Laufzeit dieser Aufträge und
2. bei Aufträgen mit unbestimmter Laufzeit oder mit einer Laufzeit von mehr als 48 Monaten der 48-fache Monatswert.

(12) Bei einem Planungswettbewerb nach § 60, der zu einem Dienstleistungsauftrag führen soll, ist der Wert des Dienstleistungsauftrags zu schätzen zuzüglich etwaiger Preisgelder und Zahlungen an Teilnehmer. Bei allen übrigen Planungswettbewerben entspricht der Auftragswert der Summe der Preisgelder und Zahlungen an die Teilnehmer einschließlich des Wertes des Dienstleistungsauftrags, der vergeben werden könnte, soweit der Auftraggeber diese Vergabe in der Wettbewerbsbekanntmachung des Planungswettbewerbs nicht ausschließt.

Amtliche Begründung

»§ 2 normiert die bei der Schätzung des Wertes eines öffentlichen Auftrages zu beachtenden materiellen und formellen Vorgaben. Er dient der Umsetzung von Artikel 16 der Richtlinie 2014/25/EU. Ziel von Artikel 16 der Richtlinie 2014/25/EU und damit auch von § 2 ist die umfassende Berücksichtigung aller Einnahmen, die mit einem Auftrag in Verbindung stehen.

Absatz 1

Absatz 1 entspricht im Wesentlichen dem bisherigen § 2 Absatz 1. Er enthält nunmehr einen expliziten Hinweis darauf, dass die Umsatzsteuer bei der Schätzung des Auftragswerts außer Acht zu lassen ist.

Die Schätzung des Auftragswerts ist unter Rückgriff auf die Rechtsprechung des EuGH (EuGH, Urt. v. 5.Oktober 2000 – C-16/98 – »Kommission./.Frankreich«, EuGH, Urteil v. 15. März 2012 – C-574/10 – »Autalhalle Niedernhausen«)) vorzunehmen. Nach dieser Entscheidung ist eine Aufteilung nicht gerechtfertigt, wenn die Leistung, die aufgeteilt wird, im Hinblick auf ihre technische und wirtschaftliche Funktion einen einheitlichen Charakter aufweist. Im Rahmen dieser funktionellen Betrachtungsweise sind organisatorische, inhaltliche, wirtschaftliche sowie technische Zusammenhänge zu berücksichtigen. Anhand dieser Kriterien ist zu bestimmen, ob Teilaufträge untereinander auf solch eine Weise verbunden sind, dass sie als ein einheitlicher Auftrag anzusehen sind. Die Werte derart miteinander verknüpfter Leistungen sind zusammenzurechnen, obgleich sie möglicherweise konsekutiv erbracht werden.

Die Frage nach dem »wie« der Auftragswertschätzung ist ausschließlich vergaberechtlich unter Zugrundelegung des funktionalen Auftragsbegriffs zu beantworten.

Absatz 2

Absatz 2 dient der Umsetzung von Artikel 16 Absatz 3 der Richtlinie 2014/25/EU. Er entspricht inhaltlich weitgehend dem bisherigen § 3 Absatz 2. Die in Absatz 2 Satz 2 Halbsatz 2 neu eingefügte Ausnahme legt fest, dass die Aufteilung eines Auftrages nicht in der Absicht erfolgen darf, den Auftrag dem Anwendungsbereich der Verordnung zu entziehen, es sei denn, dass objektive Gründe die Aufteilung rechtfertigen.

Objektive Gründe können aus internen Organisationsentscheidungen des Auftraggebers resultieren. So kann der Auftraggeber selbständige Einheiten seiner Einrichtung mit einem eigenen Budget zur Mittelbewirtschaftung ausstatten und ihnen damit auch das Recht zur Beschaffung von Leistungen einräumen. Solche Konstellationen können objektive Gründe darstellen, dass Aufträge über dieselbe Leistung voneinander unabhängig vergeben werden dürfen. Als eigenständige Organisationseinheiten können etwa Schulen oder Kindergärten angesehen werden.

Absatz 3

Absatz 3 stimmt, abgesehen von geringfügigen redaktionellen Änderungen, mit dem bisherigen § 2 Absatz 10 überein und bestimmt den für die Schätzung des Auftragswerts maßgeblichen Zeitpunkt. Damit wird Artikel 16 Absatz 4 der Richtlinie 2014/25/EU umgesetzt.

Absatz 4

Gemäß Absatz 4 wird der Wert von Rahmenvereinbarungen oder dynamischen Beschaffungssystemen auf der Grundlage des geschätzten Wertes der kumulierten Einzelaufträge berechnet. Die Vorschrift setzt Artikel 16 Absatz 5 der Richtlinie 2014/25/EU um und entspricht dem bisherigen § 2 Absatz 6.

Absatz

Absatz 5 wurde neu eingefügt und setzt Artikel 16 Absatz 6 der Richtlinie 2014/25/EU um. Er normiert die Berechnung des Wertes im Rahmen des durch Artikel 49 der Richtlinie 2014/25/EU eingeführten Vergabeverfahrens der Innovationspartnerschaft, welche die verfahrenstechnische Grundlage für die Verknüpfung von Forschungs-/Entwicklungsdienstleistungen und Erwerbselementen bildet. Absatz 5 zielt auf eine umfassende Berücksichtigung der Vergütung aller Forschungs- und Entwicklungsleistungen einschließlich des Wertes der durch den Auftraggeber nach Abschluss der Innovationspartnerschaft zu beschaffenden innovativen Leistung.

Absatz 6

Absatz 6 regelt die Schätzung des Auftragswerts von Bauleistungen. Die Vorschrift setzt Artikel 16 Absatz 7 der Richtlinie 2014/25/EU um.

Die Hinzurechnung von Leistungen bei der Auftragswertschätzung von Bauleistungen wurde in Umsetzung der Richtlinienregelung um Dienstleistungen ergänzt. Dabei geht es um solche Dienstleistungen, die unmittelbar für die Errichtung des Bauwerkes erforderlich sind. Es sind nur in diesem Zusammenhang stehende Dienstleistungen gemeint. Die Vorschrift bezweckt nämlich nicht, eine gemeinsame Vergabe von Bau- und Planungsleistungen vorzuschreiben.

Absatz 7

Absatz 7 enthält Regelungen zur Auftragswertberechnung bei losweiser Vergabe. Satz 1 bestimmt, dass bei einem Auftrag, der in mehreren Losen vergeben wird, bei einer losweisen Vergabe der addierte geschätzte Gesamtwert sämtlicher Lose den Auftragswert bildet. Satz 2 stellt deklaratorisch fest, dass nur die Werte solcher Planungsleistungen zusammenzurechnen sind, die gleichartig sind. Bei der Bewertung, ob Planungsleistungen gleichartig sind, ist die wirtschaftliche oder technische Funktion der Leistung zu berücksichtigen. Mit Satz 3 wird inhaltlich die Regelung gemäß § 3 Abs. 7 Satz 4 VgV a.F. fortgeführt.

Absatz 8

Absatz 8 setzt Artikel 16 Absatz 9 der Richtlinie 2014/25/EU um. Dabei sind unter gleichartigen Lieferungen im Zusammenhang mit der Auftragswertschätzung Lieferleistungen zu verstehen, die für gleichartige Verwendungszwecke vorgesehen sind.

Absatz 9

Absatz 9 enthält die sogenannte »80/20-Regel«. Danach dürfen im Falle der Losvergabe Lose bis zu einer bestimmten Höhe außerhalb der Bestimmungen für den Oberschwellenbereich vergeben werden, soweit sie die Höchstgrenze von 20 Prozent des Gesamtwertes nicht übersteigen. Mit der Regelung wird Artikel 16 Absatz 10 der Richtlinie 2014/25/EU umgesetzt.

Absatz 10

Absatz 10 (bisher § 2 Absatz 3) behandelt die Berechnung des Auftragswerts im Falle von regelmäßig wiederkehrenden Aufträgen oder Daueraufträgen über Liefer- oder Dienstleistungen. Die Vorschrift enthält, in Umsetzung von Artikel 16 Absatz 11 der Richtlinie 2014/25/EU, den Hinweis, dass nur solche regelmäßig wiederkehrenden Aufträge oder Daueraufträge von ihr erfasst werden, die innerhalb eines bestimmten Zeitraums verlängert werden sollen.

Absatz 11

Absatz 11 stimmt mit dem bisherigen § 2 Absatz 4 überein und regelt die Schätzung über Aufträge von Liefer- oder Dienstleistungen, für die kein Gesamtpreis angegeben wird.

Absatz 12

§ 2 Absatz 12 entspricht, abgesehen von einigen redaktionellen Anpassungen, dem bisherigen § 2 Absatz 8. Geregelt wird die Auftragswertschätzung bei Planungswettbewerben, die zu einem Dienstleistungsauftrag führen sollen.

Inhaltsübersicht

A. Allgemeine Einführung

1   § 2 SektVO steht in Zusammenhang mit § 106 GWB. Voraussetzung für die Anwendung der SektVO ist, dass der Auftragswert der nachgefragten Leistung den einschlägigen EU-Schwellenwert, der sich über § 106 GWB aus den entsprechenden EU-Verordnungen ergibt, erreicht bzw. überschreitet. In diesem Zusammenhang regelt § 2 SektVO, wie der Sektorenauftraggeber den Auftragswert zu schätzen hat.

2   Die Vorschrift enthält zunächst die Grundregel bezüglich der Berechnung des Gesamtwerts, dann das allgemein gültige Umgehungsverbot und den maßgeblichen Zeitpunkt für die Auftragswertschätzung. Außerdem enthält § 2 SektVO Sonderregelungen betreffend Rahmenvereinbarungen, Innovationspartnerschaften, Bauleistungen, Lose etc.

3   Die Vorschrift hat bieterschützenden Charakter allein aus der Pflicht zur ordnungsgemäßen Auftragsschätzung.[1] Vom Schutzzweck der Norm werden potentielle Bieter erfasst, die aufgrund unzutreffender Schätzung des Auftragswerts wegen eines daraus folgenden Unterbleibens eines Vergabeverfahrens nach dem EU-Vergaberecht in ihren Bieterrechten verletzt sein könnten.[2] Die Bedeutung der ordnungsgemäßen Schätzung des Auftragswerts für den effektiven Rechtsschutz wird vom EuGH immer wieder hervorgehoben.[3] Denn der Anspruch auf Primärrechtsschutz nach dem vierten Teil des GWB hängt von der Feststellung eines Auftragswerts oberhalb der einschlägigen Schwelle ab[4]. Um eine Rechtsverletzung prüfen zu können, ist es außerdem zwingend erforderlich, dass das Vergabeverfahren eröffnet wurde.[5]

4   Bedeutung hat die Schätzung nicht nur für den Anfang des Verfahrens, indem sie die einschlägigen Regelwerke bestimmt. Zugleich hat sie Einfluss bei der Behandlung unangemessener Preise (vgl. § 54 SektVO) sowie der Aufhebung des Verfahrens (vgl. § 57 SektVO).[6]

B. Vergleich zur vorherigen Rechtslage

5   Der in 2016 aktualisierte § 2 SektVO ist mit § 2 SektVO a.F. weitgehend vergleichbar. Bei der Schätzung des Auftragswerts werden nunmehr ausdrücklich Prämien oder Zahlungen an Bewerber oder Bieter berücksichtigt, was bereits aus Art. 17 Richtlinie 2004/17/EG und der Rechtspraxis anerkannt, jedoch vom nationalen Gesetzgeber bislang noch nicht umgesetzt worden war. Weitere Unterschiede zu der bisherigen Lage folgen aus der nahezu wortwörtlichen Umsetzung der neuen europäischen Sektorenrichtlinie 2014/25/EU, so dass insofern auf die Ausführungen unten unter C verwiesen werden kann.

---

1 Vgl. OLG Düsseldorf, Beschl. v. 11.02.2009 – VII-Verg 69/08, ZfBR 2013, 415.
2 Vgl. OLG München, Beschl. v 11.04.2013 – Verg 3/13, VergabeR 2013, 807.
3 Vgl. EuGH, Urt. v. 08.05.2014 – C-161/13, VergabeR 2014, 655.
4 Vgl. OLG Bremen, Beschl. v. 26.06.2009 – Verg 3/2005, VergabeR 2009, 248, 253; VK Bund, Beschl. v. 27.05.2014 – VK 2-31/14, ZfBR 2014, 823.
5 Vgl. OLG Celle, Beschl. v. 20.10.2014 – 13 Verg 8/14, NZBau 2014, 780; OLG Düsseldorf, Beschl. v. 17.12.2014 – VII-Verg 26/14, BeckRS 2015, 00238.
6 Vgl. jeweils dortige Kommentierung.

C. Europarechtliche Vorgaben

§ 2 SektVO dient der Umsetzung von Art. 16 Richtlinie 2014/25/EU in nationales   6
Recht. Art. 16 Richtlinie 2014/25/EU tritt anstelle des Art. 17 Richtlinie 2004/17/
EG. Der Grundgedanke des alten Verbots aus Art. 17 Abs. 2 Richtlinie 2004/17/
EG, Aufträge nicht in der Absicht zu unterteilen, um sie der Anwendung des EU-Vergaberechts zu entziehen, ist in der Neuregelung beibehalten worden. Allerdings enthält
Art. 16 Abs. 3 Richtlinie 2014/25/EU eine ausdrückliche Ausnahmeregelung vom Geltungsbereich des Aufteilungsverbots beim Vorliegen objektiver Gründe. Neu ist auch
die in Art. 16 Abs. 2 Richtlinie 2014/25/EU normierte Schätzungsmethode beim Vorliegen mehrerer eigenständiger Organisationseinheiten auf Seiten des Auftraggebers.
Demnach ist der geschätzte Gesamtwert für alle einzelnen Organisationen zu berücksichtigen, es sei denn, eine eigenständige Organisationseinheit ist selbstständig für
ihre Auftragsvergabe zuständig. Die Regelung steht in unmittelbarem Zusammenhang
mit dem Unterteilungsverbot in Art. 16 Abs. 3 Richtlinie 2014/25/EU und wird im
nationalen Recht als Teil des Ausnahmetatbestands des § 2 Abs. 2 S. 2, 2. HS SektVO
umgesetzt. Zwangsläufig neu ist die Regelung in Art. 16 Abs. 6 Richtlinie 2014/25/
EU über die Schätzung des Auftragswerts bei den mit Art. 49 Richtlinie 2014/25/
EU eingeführten Innovationspartnerschaften. Die Formulierung »Daueraufträge« in
Art. 17 Abs. 7 Richtlinie 2004/17/EG wurde in Art. 16 Abs. 11 Richtlinie
2014/25/EU durch »(...) Aufträge, die innerhalb eines bestimmten Zeitraums verlängert werden sollen« ersetzt. Nach dem Willen des europäischen Gesetzgebers soll es mithin nicht allein auf die Dauer des Verhältnisses ankommen, sondern darauf, dass die
Möglichkeit einer Fortführung des Auftrags über den Ablauf des ursprünglichen Vertragsverhältnisses hinaus besteht.

D. Kommentierung

I. Grundkonstellation

1. Berechnung des Gesamtwerts (§ 2 Abs. 1 SektVO)

Ausgangspunkt in § 2 Abs. 1 S. 1 SektVO ist die Schätzung des Auftraggebers über die   7
Höhe des Auftragsgesamtwerts. Der Gesamtwert bestimmt sich nach der **Summe aller
Kosten der nachgefragten Leistungen**[7] unter Berücksichtigung jeglicher **Geldströme**.[8] Sämtliche Einnahmen müssen berücksichtigt werden, egal ob sie vom öffentlichen Auftraggeber oder von Dritten stammen.[9] Baunebenkosten, die u.A. Kosten für
Architekten- und Ingenieurleistungen oder Baugenehmigungsgebühren, die Grundstückskosten, die Kosten der öffentlichen Erschließung, die Kosten für Vermessung
und Vermarktung, die Kosten für bewegliche Ausstattungs- und Einrichtungsgegen-

---

7 Vgl. BGH, Urt. v. 20.11.2012 – X ZR 108/10, ZfBR 2013, 154; OLG München, Beschl. v.
  7.03.2013 – Verg 36/12, VergabeR 2013, 928.
8 Vgl. OLG Düsseldorf, Beschl. v. 10.12.2014 – VII-Verg 24/14, BeckRS 2015, 08090.
9 Vgl. Erwägungsgrund Nr. 29 Richtlinie 2014/25/EU.

 stände sowie etwaige Entschädigungen und Schadensersatzleistungen umfassen, gehören nicht zum Gesamtauftragswert.[10]

8   Grundgedanke ist die Berücksichtigung jeder Ausgabe mit wirtschaftlichem Wert und jede Zahlung, die der öffentliche Auftraggeber tätigen wird. Das in § 2 SektVO (und in allen Parallelregelungen in den anderen Verordnungen enthaltene) Prinzip der Aufsummierung aller in Betracht kommender Werte wird teilweise und insofern prägnant »**Maximalschätzungsprinzip**« genannt.

9   Im Sinne des »Maximalschätzungsprinzips« erfolgt die Auftragsberechnung nach § 2 Abs. 1 S. 2 SektVO unter Berücksichtigung von etwaigen Optionen oder Vertragsverlängerungen. **Optionen** sind Angebote des Auftragnehmers an den Auftraggeber, die der Auftraggeber einseitig auslösen kann und die aufgrund der potentiellen Leistungspflicht des Auftragnehmers dem Gesamtwert zuzurechnen sind. Auch potentielle, im vorgesehenen Vertrag angelegte **Vertragsverlängerungen** wirken sich in diesem Sinne auf den Gesamtwert des Auftrags aus, so dass diese wie die Optionen zum Gesamtwert zu addieren sind. **Prämien** sowie **Zahlungen** an Bewerber oder Bieter nach § 2 Abs. 1 S. 3 SektVO sind ebenfalls zu berücksichtigen.

10   Mit anderen Worten ist festzustellen, was der Auftragnehmer vom Auftraggeber für die Ausführung des Auftrags als Entgelt erhalten soll, wobei unter Entgelt nicht nur Geldmittel, sondern **jeder vermögenswerte Vorteil** zu verstehen ist, **den der Auftraggeber dem Auftragnehmer als Gegenleistung für die Ausführung des Auftrags gewährt.**[11] Darunter fallen Überlassungen geldwerter Beträge anstelle der Vergütung oder über die Vergütung hinaus z.B. Erlöse, die der Auftragnehmer durch Verwertung und Verkauf von Altpapier erzielt.[12] Rückzahlungen des Auftragnehmers an den Auftraggeber müssen in der Konsequenz auf der anderen Seite ebenfalls berücksichtigt werden. Erst der sich nach den Abzügen ergebende Wert ist für die Bestimmung des Auftragswerts und für die Erreichung des einschlägigen Schwellenwerts maßgeblich.[13]

11   Von dem ermittelten (Brutto-) Betrag ist nach § 2 Abs. 1 S. 1 SektVO die Umsatzsteuer abzuziehen, so dass nur dem **Nettowert** eine Bedeutung zukommt. Diese Regelung ist darauf zurückzuführen, dass die Mitgliedstaaten unterschiedlich hohe Mehrwert- bzw. Umsatzsteuer haben, so dass im Falle einer EU-Vergabe eine erneute Berechnung zwecks Angleichung erforderlich wäre.

12   Wegen der elementaren Bedeutung ist die Schätzung angemessen zu dokumentieren. Fehlt es an entsprechender **Dokumentation** oder ist diese mangelhaft, dann liegt darin ein Verfahrensverstoß.[14] Dabei muss die Vergabestelle nicht jedes Detail ihrer Erwägungen festhalten, sondern es reicht bereits aus, wenn die wesentlichen Aspekte angegeben

---

10 Vgl. VK Sachsen, Beschl. v. 12.07.2007 – 1 SVK/049-07, BeckRS 2007, 15261; VK Rheinland-Pfalz, Beschl. v. 15.08.2007 – VK 32/07, zit. nach Juris.
11 Vgl. BGH, Beschl. v. 01.02.2005 – X ZB 27/04, VergabeR 2010, 799, 803; Hailbronner: in Byok/Jaeger, Vergaberecht, 3. Aufl. 2011, § 99 GWB, Rn. 47.
12 Vgl. OLG Celle, Beschl. v. 05.02.2004 – 13 Verg 26/03, NZBau 2005, 51, 52.
13 OLG Düsseldorf, Beschl. v. 10.12.2014 – VII-Verg 24/14, BeckRS 2015, 08090.
14 Vgl. VK Lüneburg, Beschl. v. 02.04.2009 – VgK-05/2009; JurionRS 2009, 29905.

werden.[15] Gerade wenn der Schätzwert nur relativ knapp unterhalb des EU-Schwellenwerts liegt, erhöht dies den Begründungsaufwand.[16] Wird vom Auftraggeber keine Schätzung vorgenommen bzw. wird keine solche in den Vergabeakten dokumentiert, dann ist die Vergabekammer bzw. der Vergabesenat in Streitfällen berechtigt und verpflichtet, eine eigenständige Wertermittlung vorzunehmen.[17]

2. Auswahl der Schätzungsmethode und Schätzungskriterien

Die Methode der Schätzung muss so gewählt sein, dass sie wirklichkeitsnahe Ergebnisse erwarten lässt.[18] Die Vergabestelle muss eine **ernsthafte (seriöse) Prognose** über den voraussichtlichen Auftragswert und die Beschaffung der Leistungen unter Wettbewerbsbedingungen treffen.[19] Die Prognose ist eine vorläufige Einschätzung, welche die Grundlage für die Bearbeitung und Durchführung der Ausschreibung bildet.[20]   13

Nach mittlerweile ständiger Rechtsprechung[21] erfolgt die Schätzung   14
– **nach objektiven** (und nicht aus eigener, womöglich unzureichender Recherche resultierender) **Kriterien**; dazu müssen auch die Gegenstände der Schätzung mit der ausgeschriebenen Maßnahme übereinstimmen;[22]
– **fachkundig** (keine laienhafte Wertung als Maßstab, keine oberflächliche Nachforschung); unzureichend ist, wenn der Auftraggeber für die Kostenschätzung pauschale und ungeprüfte auf anderen Kalkulationsgrundlagen beruhende Werte übernimmt[23] oder wenn der Auftraggeber z.B. lediglich telefonisch Angebote der potentiellen Bieter erfragt, um diese als Grundlage für seine Einschätzung zu legen;[24]
– **nach sorgfältiger Prüfung und unter Berücksichtigung der aktuellen und relevanten Marktsituation** (keine sachwidrigen, mit dem Auftrag nicht zusammenhängenden Marktwerte, ohne wichtige Aspekte außer Acht zu lassen). Maßgebend ist dabei der Verkehrs- oder Marktwert, zu dem eine bestimmte Leistung zum maßgebenden Zeitpunkt zu erwerben ist.[25]

---

15 Vgl. OLG München, Beschl. v. 11.04.2013 – Verg 3/13, BeckRS 2013, 07174.
16 Vgl. VK Bund, Beschl. v. 27.05.2014 – VK 2 31/14, ZfBR 2014, 823.
17 Vgl. OLG Celle, Beschl. v. 19.08.2009 – 13 Verg 4/09, BeckRS 2009, 24117; OLG Karlsruhe, Beschl. v. 12.11.2008 – 15 Verg 4/08, VergabeR 2009, 200.
18 Vgl. VK Bund, Beschl. v. 27.05.2014 – VK 2-31/14, ZfBR 2014, 823.
19 Vgl. OLG Brandenburg, Beschl. v. 29.01.2013 – Verg W 8/12, BeckRS 2013, 03142; BGH, Urt. v. 27.11.2007 – X ZR 18/07, VergabeR 2008, 219.
20 Vgl. OLG München, Beschl. v. 31.01.2013 – Verg 31/12, VergabeR 2013, 477.
21 Vgl. OLG Düsseldorf, Beschl. v. 30.07.2003 – Verg 5/03, IBRRS 2003, 2311; OLG Celle, Beschl. v. 12.07.2007 – 13 Verg 6/07, VergabeR 2007, 808; OLG Karlsruhe, Beschl. v. 12.11.2008 – 15 Verg 4/08, VergabeR 2009, 200; OLG Celle, Beschl. v. 19.08.2009 – 13 Verg 4/09, BeckRS 2009, 24117; OLG Brandenburg, Beschl. v. 29.01.2013 – Verg W 8/12, BeckRS 2013, 03142; OLG München, Beschl. v. 11.04.2013 – Verg 3/13, VergabeR 2013, 807.
22 Vgl. BGH, Urt. v. 20.11.2012 – X ZR 108/10, ZfBR 2013, 154.
23 Vgl. VK Hessen, Beschl. v. 14.10.2008 – 69d VK-41/2008, zit. nach Veris.
24 Vgl. OLG Düsseldorf, Beschl. v. 30.07.2003 – Verg 5/03, IBRRS 2003, 2311.
25 Vgl. OLG Celle, Beschl. v. 05.02.2004 – 13 Verg 26/03, BeckRS 2004, 02435.

15 Es ist grundsätzlich eine zulässige Ausgangsüberlegung, bei der Schätzung des Auftrags-
    werts zunächst den bisherigen Auftrag heranzuziehen und diesen als Basis für die Beur-
    teilung, welches Volumen der nunmehr konzipierte Auftrag erreichen könnte, zu
    nutzen. Altverträge dürfen jedoch nicht der einzige Anhaltspunkt dafür sein, ob im ak-
    tuellen Fall der Schwellenwert wieder erreicht bzw. nicht erreicht wird. Vielmehr sind
    vom Auftraggeber alle gewichtige Kostenfaktoren, die bereits bislang angefallen oder
    durch eine Erweiterung des Leistungsspektrums zu erwarten sind, in Betracht zu zie-
    hen.[26]

3. Zeitpunkt der Schätzung (§ 2 Abs. 3 SektVO)

16 Die Schätzung ist **vor Beginn des Vergabeverfahrens** vorzunehmen, denn von dem
    Schätzungswert hängt es ab, ob eine Vergabe oberhalb oder unterhalb der Schwellen-
    werte stattfindet.[27] § 2 Abs. 3 SektVO enthält zwei Alternativen, je nachdem, welche
    Verfahrensart vorliegt bzw. wie die formale Eröffnung des Verfahrens erfolgt. In offenen
    Verfahren bzw. nicht offenen und Verhandlungsverfahren mit vorherigem Teilnahme-
    wettbewerb ist die Bekanntmachung der formale Öffnungsakt. Dann ist für die Schät-
    zung auf den Tag der Absendung der Bekanntmachung abzustellen (1. Alt). Sollte ein
    anderes Verfahren einschlägig sein, z.B. ein Verhandlungsverfahren ohne vorherigen
    Teilnahmewettbewerb, dann ist die Aufforderung zur Angebotsabgabe als Tag der Ein-
    leitung des Vergabeverfahrens und zugleich der Tag, auf den es für die Schätzung an-
    kommt, einzuordnen (2. Alt).

II. Sonderregelungen

1. Rahmenvereinbarungen und dynamische Beschaffungssysteme sowie Innovationspartnerschaften (§ 2 Abs. 4, 5 SektVO)

17 § 2 Abs. 4 SektVO enthält zwei Fallvarianten. Im ersten Fall regelt die Vorschrift die
    Berechnung des Wertes bei einer **Rahmenvereinbarung**, im zweiten Fall die Berech-
    nung bei einem **dynamischen Beschaffungssystem**. Bei einer Rahmenvereinbarung
    handelt es sich nach § 103 Abs. 5 GWB um eine Vereinbarung, die Bedingungen
    für die Aufträge, die im Laufe eines bestimmten Zeitraums vergeben werden sollen, fest-
    legt, insbesondere in Bezug auf den Preis und gegebenenfalls die in Aussicht genomme-
    nen Mengen.[28] Ein dynamisches Beschaffungssystem i.S.v. § 120 GWB ist ein vollelek-
    tronisches Verfahren, worauf Auftraggeber für die Beschaffungen von marktüblichen
    Leistungen zugreifen können und das während seiner Laufzeit jedem Wirtschaftsteil-
    nehmer offensteht, der die Auswahlkriterien erfüllt.[29] In beiden Varianten ist laut
    § 2 Abs. 4 SektVO der geschätzte Gesamtwert aller Einzelaufträge zu berücksichtigen,
    die während der gesamten Laufzeit geplant sind. Dabei müssen die Laufzeiten der ein-
    zelnen auf einer Rahmenvereinbarung beruhenden Aufträge nicht der Laufzeit jener

---

26 Vgl. OLG München, Beschl. v. 11.04.2013 – Verg 3/13, BeckRS 2013, 07174.
27 Vgl. hierzu die Kommentierung zu § 106 GWB.
28 Vgl. hierzu die Kommentierung zu § 103 GWB sowie § 19 SektVO.
29 Vgl. hierzu die Kommentierung zu § 20 SektVO.

Rahmenvereinbarung entsprechen und können kürzer oder sogar länger sein.[30] Der Wert jedes Einzelauftrags muss ermittelt und addiert werden.

§ 2 Abs. 5 SektVO regelt die Schätzung des Auftragswerts im Falle einer **Innovations-** **18** **partnerschaft** (vgl. § 18 SektVO). Der einschlägige Wert ist dort der geschätzte Gesamtwert (a) der Forschungs- und Entwicklungstätigkeiten, die während sämtlicher Phasen der geplanten Partnerschaft stattfinden, sowie (b) der Bau-, Liefer- oder Dienstleistungen, die zu entwickeln und am Ende der Partnerschaft zu beschaffen sind. An dieser Stelle kommt wieder der »Maximalschätzungsgedanke« zur Geltung.

2. Bauleistungen (§ 2 Abs. 6 SektVO)

§ 2 Abs. 6 SektVO regelt die Schätzung des Auftragswerts von Bauleistungen. Dabei **19** ist zu dem Auftragswert der Bauaufträge der geschätzte Gesamtwert solcher Liefer- und Dienstleistungen zu addieren, die (a) vom Auftraggeber zur Verfügung gestellt und (b) für die Ausführung der Bauleistung erforderlich sind. Daraus folgt, dass die **Eigenbeteiligung des Auftraggebers** keine wertmindernde (wie vielfach in der Praxis geglaubt wird), sondern vielmehr eine **werterhöhende Wirkung** hat.

Erforderlich sind ausschließlich Liefer- und Dienstleistungen, die mit den jeweiligen **20** Bauleistungen **in einem funktionalen Zusammenhang** in technischer, wirtschaftlicher und zeitlicher Hinsicht stehen.[31]

Gerade die mit der Vergaberechtsreform 2016 hinzugekommenen Dienstleistungen ha- **21** ben die Frage aufgeworfen, ob die in der Schublade des Auftraggebers liegende Planung des Baus als Dienstleistung ebenfalls hinzurechnen ist. Antwort darauf gibt bereits Art. 16 Abs. 7 Richtlinie 2014/25/EU. Dort wird ausdrücklich auf Dienstleistungen reduziert, die für das »Erbringen der Bauleistung erforderlich« sind. Erforderlich ist laut Verordnungsbegründung eine Dienstleistung im Rahmen der »Errichtung des Bauwerks«, wenn z.B. die Malereinheit einer Stadtwerke-Gesellschaft dort mitwirkt. Deshalb betont § 2 Abs. 6 S. 2 SektVO, das der Sektorenauftraggeber Aufträge für die Planung und die Ausführung von Bauleistungen entweder getrennt oder gemeinsam zu vergeben darf.

3. Lose (§ 2 Abs. 7, 8, 9 SektVO)

Für die Schätzung des Auftragswerts von Leistungen eines Bau- oder Dienstleistungs- **22** auftrags, die als einzelne Lose ausgeschrieben wurden, trifft § 2 Abs. 7 S. 1 SektVO eine besondere Regelung, infolgedessen der **geschätzte Gesamtwert aller Lose** zu berücksichtigen. Ein Bauauftrag, der als Einzelauftrag ausgeschrieben wurde, ist vergaberechtlich allerdings nicht als »Los« einer Gesamtbaumaßnahme anzusehen, wenn der Bauabschnitt, der Gegenstand des Einzelauftrags ist, auch ohne die anderen Bauabschnitte eine sinnvolle Funktion erfüllen kann.[32]

---

30 Vgl. Erwägungsgrund Nr. 72 Richtlinie 2014/25/EU, siehe Anhang.
31 Vgl. OLG Rostock, Beschl. v. 20.09.2006 – 17 Verg 8/06, VergabeR 2007, 394, 396.
32 Vgl. KG Berlin, Beschl. v. 28.09.2012 – Verg 10/12, VergabeR 2013, 483.

23   In § 2 Abs. 7 S. 2 SektVO wird bei **Planungsleistungen, wenn diese neben den Bau-leistungen ausdrücklich ausgeschrieben wurden, eine Sonderregelung** getroffen. Dem-gemäß sind für die Berechnung des Gesamtwertes nur Lose über **gleichartige** Leistun-gen zusammenzurechnen. Die Entscheidung, ob Planungsleistungen gleichartig sind, ist laut Verordnungsbegründung nach der wirtschaftlichen oder technischen Funktion der jeweiligen Leistungen zu treffen. Diese Formulierung ist einer Entscheidung des EuGH geschuldet, der bei innerer Kohärenz und funktionalem Zusammenhang von Planungsleistungen bezüglich eines Baus in wirtschaftlicher und technischer Hinsicht die Zusammenrechnung erkennt.[33] Damit weicht Gerichtshof wie Verordnungsgeber von einer langjährigen Praxis ab, wonach die Leistungsbilder der HOAI als Trennmaß-stab galten und viele Planungsleistungen der Anwendung des EU-Vergaberechts entzo-gen wurden. Auf den ersten Blick scheint diese Praxis mit der neuen Regelung nicht mehr vereinbar zu sein.[34] Allerdings weisen erste Stimmen aus der Literatur mit Blick auf die besagte EuGH-Entscheidung »Autalhalle« darauf hin, dass der EuGH dort gar nicht die beschriebene deutsche Praxis als gemeinschaftsrechtswidrig angegriffen habe, dies aber mutmaßlich in einem künftigen Vertragsverletzungsverfahren (»Elze«) eine Rolle spielen könnte.[35] Insofern ließe sich vertreten, jedenfalls bis zur Entscheidung des EuGH in der Sache »Elze« die alte Praxis beizubehalten. Allerdings bleibt das Ri-siko, dass wegen der generell funktionalen Betrachtung des EuGH bei der Auftragswert-schätzung und des Wortlauts/der Begründung von § 2 Abs. 7 S. 2 SektVO eine Zusam-menrechnung angezeigt ist. § 2 Abs. 7 S. 3 SektVO stellt schließlich fest, dass bei Erreichung oder Überschreitung des einschlägigen Schwellenwertes die SektVO für die Vergabe jedes Loses gilt.

24   § 2 Abs. 8 SektVO regelt die Vergabe eines solchen Auftrags in Losen, der den Erwerb **gleichartiger Lieferungen** zum Gegenstand hat. Gleichartig sind solche Lieferungen bzw. Lieferleistungen, die vergleichbare wirtschaftliche oder technische Funktion auf-weisen oder für gleichartige Verwendungszwecke vorgesehen sind, wie z.B. Lieferungen einer Reihe von Nahrungsmitteln oder von verschiedenen Büromöbeln, die typischer-weise von einem in dem betreffenden Bereich tätigen Teilnehmer als Teil seiner üblichen Palette angeboten werden.[36]

25   Abweichungen von den Regelungen in § 2 Abs. 7 S. 3 SektVO sowie in § 2 Abs. 8 SektVO sind zulässig, wenn der geschätzte Nettowert des jeweiligen Loses unter den in diesem Absatz gesetzten Grenzen liegt (sog. »**Bagatellgrenze**«). Das heißt, für diese (Bagatell-)Lose gilt EU-Vergaberecht nicht, selbst wenn der Gesamtauftragswert den einschlägigen Schwellenwert erreicht oder überschreitet. Bei Liefer- und Dienstleis-tungsaufträgen ist die Wertbegrenzung des betreffenden Loses bei 80.000 €, für Bauleis-tungen 1.000.000 €. Als zusätzliche Voraussetzung für die Anwendung dieser Privilegie-

---

33   Vgl. EuGH, U.v. 15.03.2012 – C-574/10, NZBau 2012, 311.
34   In der Literatur wird dazu teilweise die Formulierung verwandt »Akzessorietät der Architek-tenleistung zur Bauleistung«, d.h. wenn die Bauleistung funktional zusammengefasst wird, dann auch die Architektenleistung, vgl. Huhn/Jennert, EuZW 2012, 349.
35   Vgl. Stolz, VergabeR 2016, 351.
36   Vgl. Erwägungsgrund Nr. 29 Richtlinie 2014/25/EU, siehe Anhang.

rung des Auftraggebers soll die Summe der Nettowerte der unter der Grenze liegenden Lose nicht mehr als 20 % des Gesamtwertes aller Lose betragen (sog. »80/20-Regel«). Im Hintergrund dieser Regelung steckt die Überlegung, dass wegen des niedrigen Auftragswerts der Lose ohnehin keine erhebliche Binnenmarktrelevanz besteht. Ob ein Auftrag unter das 20%-Kontingent fällt, ist zum Zeitpunkt der Einleitung des Vergabeverfahrens, der Schätzung des Auftragswerts und der Bildung der Lose durch den Auftraggeber festzulegen,[37] wobei diese Entscheidung, um eine Umgehung des Vergaberechts zu verhindern, im gesamten späteren Verlauf bindend ist. Bei der Zuordnung von Losen zum sog. 20%-Kontingent ist eine strikte Dokumentation in der Vergabeakte bereits vor dem ersten Schritt an die Öffentlichkeit geboten. Dies folgt aus dem Transparenzprinzip und dient der Vermeidung von Manipulationen.[38] Die nachträgliche Zuordnung von Losen zu dem Kontingent ist unzulässig.[39]

4. Liefer- und Dienstleistungen

a) **Regelmäßig wiederkehrende Aufträge, Daueraufträge und zu verlängernde Aufträge (§ 2 Abs. 10 SektVO)**

Durch § 2 Abs. 10 SektVO wird den Besonderheiten von Dauerschuldverhältnissen Rechnung getragen. Die Regelung gilt ausschließlich für Liefer- und Dienstleistungsaufträge. Bauaufträge sind nicht erfasst. **26**

§ 2 Abs. 10 SektVO trifft eine Sonderregelung über die Schätzung des Auftragswertes bei regelmäßig wiederkehrenden Aufträgen oder Daueraufträgen über Liefer- oder Dienstleistungen. **Regelmäßig wiederkehrende Aufträge** sind Aufträge, die jeweils getrennt vergeben werden, aber sich regelmäßig wiederholen, z.B. wenn eine Leistung von dem Auftraggeber im selben Bereich jedes Jahr neu ausgeschrieben und vergeben wird und angesichts der wirtschaftlichen Betätigung des Auftraggebers ein auch in der Zukunft regelmäßig wiederkehrender Beschaffungsbedarf vermutet werden kann.[40] Daueraufträge über Liefer- oder Dienstleistungen sind z.B. Stromlieferungen oder Abfallentsorgung. In § 2 Abs. 10 SektVO ist in Anlehnung an die einschlägige EU-Vorschrift der Hinweis enthalten, dass nur solche regelmäßig wiederkehrenden oder Daueraufträge unter den Regelungsbereich fallen, die innerhalb eines bestimmten Zeitraums zu verlängern sind.[41] Das wäre z.B. bei einem Auftrag der Fall, für den eine jährliche Laufzeit festgelegt wird und in der eine Option für eine erneute Verlängerung des Vertragsverhältnisses enthalten ist. Nicht von einer Vertragsverlängerung des bis dahin geltenden Vertragsverhältnisses, sondern vielmehr von einer neuen Angebotsabgabe ist aus- **27**

---

37 Vgl. OLG Düsseldorf, Beschl. v. 11.02.2009 – VII- Verg 69/08, BeckRS 2009, 29064.
38 Vgl. OLG Düsseldorf, Beschl. v. 11.02.2009 – VII-Verg 69/08, BeckRS 2009, 29064, VK Südbayern, Beschl. v. 29.10.2013 – Z3-3-3194-1-25-08/13, VPRRS 2013, 1652.
39 Vgl. OLG München, Beschl. v. 06.12.2012 – Verg 25/12, VergabeR 2013, 492.
40 Vgl. OLG Brandenburg, Beschl. v. 29.01.2013 – Verg W 8/12, BeckRS 2013, 03142.
41 Vgl. amtl. Begründung zu § 2 SektVO.

zugehen, wenn die Vertragsbedingungen, z.B. betreffend Abrechnungsmodalitäten oder Bereitschaftszeiten, erheblich geändert werden.[42]

28   Insgesamt ergeben sich zwei Methoden der Schätzung des Auftragswerts, geregelt jeweils unter § 2 Abs. 10 Nr. 1 SektVO und § 2 Abs. 10 Nr. 2 SektVO. Die erste Methode beläuft sich auf die Berechnung der Summe aller Aufträge, die aus dem vergangenen Haushaltsjahr oder Geschäftsjahr aufeinanderfolgen (und dem tatsächlichen Gesamtwert entsprechen). Sind Änderungen bei Mengen oder Kosten des ursprünglichen Antrags innerhalb der nächsten 12 Monate zu erwarten, dann sind diese auch in Erwägung zu ziehen. Gemeint sind z.B. solche Änderungen, die aus höheren oder niedrigeren Liefermengen resultieren. Die zweite Methode umfasst den geschätzten Gesamtwert aufeinanderfolgender Aufträge, die innerhalb eines Kalenderjahres ab der ersten Lieferung vergeben werden oder ggf. innerhalb des auf die erste Lieferung folgenden Haushaltsjahres oder Geschäftsjahres, wenn dieses mehr als 12 Monate beträgt.

b) Berechnung bei fehlendem Gesamtpreis (§ 2 Abs. 11 SektVO)

29   § 2 Abs. 11 SektVO trifft eine Sonderregelung für die Berechnung des geschätzten Auftragswertes von Aufträgen über Liefer- oder Dienstleistungen, für die kein Gesamtpreis angegeben ist, sondern z.B. Monatspreise, Tagespauschalen u.ä. gelten sollen. Auch hier werden Bauleistungen nicht erfasst. Innerhalb von § 2 Abs. 11 SektVO wird eine Unterscheidung nach zeitlich begrenzten Aufträgen mit einer Laufzeit von bis 48 Monaten (§ 2 Abs. 11 Nr. 1 SektVO) und nach Aufträgen mit unbestimmter Laufzeit oder mit einer Laufzeit von mehr als 48 Monaten (§ 2 Abs. 11 Nr. 2 SektVO) getroffen. Berechnungsgrundlage im ersten Fall ist der Gesamtwert für die Laufzeit dieser Aufträge, im zweiten Fall ist es der 48-fache Monatswert.

c) Planungswettbewerb (§ 2 Abs. 12 SektVO)

30   Die Vorschrift behandelt in § 2 Abs. 12 S. 1 SektVO zunächst den Fall eines Planungswettbewerbs nach § 60 SektVO, der zu einem Dienstleistungsauftrag führen soll. Bei der Schätzung des Wertes des Dienstleistungsauftrags sind etwaige Preisgelder und Zahlungen an Teilnehmer zu addieren. Bei allen übrigen Planungswettbewerben ist § 2 Abs. 12 S. 2 SektVO anwendbar. Der Auftragswert entspricht dann der Summe der Preisgelder und Zahlungen einschließlich des Wertes eines Dienstleistungsauftrags, der vergeben werden könnte, aber nur soweit diese Vergabe in der Wettbewerbsbekanntmachung nicht ausgeschlossen wird.

III. Umgehungsverbot (§ 2 Abs. 2 SektVO)

31   Die Wahl der Methode zur Berechnung des geschätzten Auftragswerts darf nicht in der **Absicht** erfolgen, sich der Anwendung des EU-Vergaberechts zu entziehen. Damit wird ein Umgehungsverbot bestimmt. Eine Umgehungsart ist die Unterteilung des Auftrags, um so den Schwellenwert zu unterschreiten. Deshalb wird gerade diese Form konkret

---

42 Vgl. VK Lüneburg, Beschl. v. 05.10.2015 – VgK-37/2015, BeckRS 2015, 19322.

dem Umgehungsverbot unterstellt (vgl. § 2 Abs. 2 S. 2 SektVO). Beispiel ist die aus haushaltärischen Gründen erfolgende Aufteilung eines einheitlichen Beschaffungsvorhabens, das in mehreren Etappen auszuführen ist.[43] Eine unzulässige Umgehung könnte aber auch darin gesehen werden, dass der Auftrag absichtlich niedriger als tatsächlich geschätzt wird.

Exemplarische Beispiele für die Unzulässigkeit der Aufteilung sind die vom EuGH ent- 32 schiedenen Fälle »Kommission/Frankreich«[44] und »Autalhalle Niedernhausen«[45]. Laut EuGH sind alle Leistungen, die bei der Ausführung des Auftrags in einem engen Zusammenhang bzw. sogar in einem **Abhängigkeitsverhältnis** zueinander stehen, bei der Berechnung des Auftragswertes als Einheit zu betrachten. Die Akzessorietät der Leistungen lässt sich anhand einer **funktionellen Betrachtungsweise** unter Berücksichtigung der organisatorischen, inhaltlichen, wirtschaftlichen sowie technischen Zusammenhänge bestimmen. Besteht eine »innere Kohärenz und eine funktionelle Kontinuität«[46], dann bleibt diese mit der Folge der Zusammenrechnung der Auftragswerte erhalten, wenn die Leistungen entsprechend der Ausführung der Arbeiten in verschiedene Abschnitte unterteilt werden; derart verbundenen Teilaufträge sind als ein einheitlicher Auftrag zu sehen.[47] Die vergaberechtliche Auftragswertschätzung erfolgt mithin ausschließlich unter Zugrundelegung des **funktionalen Auftragsbegriffs**. Die derart verbundenen Werte sind selbst dann zu addieren, wenn sie aufeinanderfolgend zu erbringen sind.

1. Umgehungsabsicht

Dem Wortlaut nach ist eine Umgehungsabsicht erforderlich. Neben dem objektiven 33 Verstoß der Umgehung muss auch ein subjektives Element vorhanden sein. Absicht ist die besondere Form des Vorsatzes in Gestalt des zielgerichteten Erfolgswillens.[48] Dem Auftraggeber muss es darauf ankommen, sich dem Anwendungsbereich der SektVO zu entziehen. Daran wäre insbesondere dann zu denken, wenn die Werte offensichtlich zusammengehörender Aufträge nicht addiert werden, damit die Teilaufträge noch unterhalb der Schwellenwerte liegen. Beim Vorliegen objektiver Anhaltspunkte für die Annahme einer Umgehungsabsicht ist im Zweifelsfall der Auftraggeber in der Beweislast, dass er nicht absichtlich gehandelt hat.[49]

Absicht ist insofern schwierig festzustellen, als der Auftraggeber einen **Beurteilungs-** 34 **spielraum** bei der Schätzung besitzt, dessen Grenzen jedoch nicht klar definiert sind.

43 Vgl. EuGH, Urt. v. 05.10.2000 – C-16/98, Slg. 2000, I-8315; EuGH, Urt. v. 15.03.2012 – C-574/10, VergabeR 2012, 593.
44 Vgl. EuGH, Urt. v. 05.10.2000 – C-16/98, Slg. 2000, I-8315.
45 Vgl. EuGH, Urt. v. 15.03.2012 – C-574/10, VergabeR 2012, 593.
46 Vgl. EuGH, Urt. v. 15.03.2012 – C-574/10, VergabeR 2012, 593.
47 Vgl. hierzu die amtl. Begründung zu § 2 SektVO, abrufbar unter http://www.bmwi.de/BMWi/Redaktion/PDF/P-R/referentenentwurf-verordnung-modernisierung-vergaberecht-mantelverordnung,property=pdf,bereich=bmwi2012,sprache=de,rwb=true.pdf.
48 Vgl. BGH, Urt. v. 18.07.1979 – 2 StR 114/79, NJW 1980, 65.
49 Vgl. OLG Celle, Beschl. v. 12.07.2007 – 13 Verg 6/07, VergabeR 2007, 808.

Bei der Ermittlung des Auftragswerts handelt es sich nach überwiegender Auffassung[50] um eine ex ante zu treffende **Prognose**, die nicht dadurch ohne Weiteres sachwidrig wird, dass sich der Prognosewert aufgrund nachfolgend gewonnener Erkenntnisse verschiebt. Eine im Rahmen eines Prognosespielraums getroffene Entscheidung kann vor Gericht nur auf Prognosefehler hin überprüft werden, was bereits aus der Sachgegebenheit einer auf die Zukunft gerichteten Beurteilung folgt.[51] Jedenfalls ist die Prognose auf Basis zutreffender Ausgangskriterien sowie eines angemessenen und konsequent durchgeführten Prognoseverfahrens methodisch fachgerecht zu erstellen.[52]

35   Die Schätzung des Auftragswerts ist dann objektiv falsch, d.h. methodisch nicht sachlich nachvollziehbar, wenn z.b. die Schätzung eines vermeintlich vergleichbaren Bauprojekts eines anderen Auftraggebers herangezogen wird, obwohl die nachgefragte Leistung etwa in Bezug auf Raummaße, Ausstattung o.ä. deutlich abweicht. Der »Beurteilungsspielraum« ist hier i.S. einer **Toleranz** zu verstehen, nach der im Falle einer Abweichung von der unterstellt seriösen Schätzung nicht unmittelbar ein Verstoß folgt, sondern zu prüfen ist, worauf die Abweichung zurückzuführen ist, z.B. weil unerwartete Marktbewegungen wie kriegerische Auseinandersetzungen plötzlich die Rohstoffpreise beeinflusst haben. Der Auftraggeber bleibt trotz des von der Rechtsprechung eingeräumten »Beurteilungsspielraums« nach wie vor verpflichtet, eine ordnungsgemäße Schätzung des Auftragswerts anhand einer seriösen Prognose des voraussichtlichen Gesamtauftragswertes auf der hier unter I.2. beschriebenen Art und Weise vorzunehmen.

2. Ausnahmen

36   Eine Unterteilung des Auftrags aus objektiven Gründen ist, wie der neu eingefügte 2. Halbsatz des § 2 Abs. 2 S. 2 SektVO klar macht, gerechtfertigt. Ein objektiver Grund ist demnach anzunehmen, wenn etwa eine eigenständige Organisationseinheit selbständig für ihre Auftragsvergabe oder bestimmte Kategorien der Auftragsvergabe zuständig ist. Das ist nach Erwägungsgrund Nr. 30 Richtlinie 2014/25/EU dann der Fall, wenn *»die eigenständige Organisationseinheit selbständig Verfahren zur Vergabe öffentlicher Aufträge durchführt und die Kaufentscheidungen trifft, wenn sie über eine getrennte Haushaltslinie für die betreffenden Auftragsvergaben verfügt, die Aufträge unabhängig vergibt und diese der Auftraggeber ihr zur Verfügung stehenden Haushaltsmitteln finanziert. Eine Aufteilung in Unterteilungen ist nicht allein dadurch gerechtfertigt, dass der Auftraggeber eine Auftragsvergabe dezentral durchführt.«* Offensichtlich müssen kumulativ drei Voraussetzungen vorliegen (getrennte Haushaltslinie, unabhängige Auftragsvergabe, Finanzierung durch vom Auftraggeber zur Verfügung stehende Haushaltsmittel) um die Aufteilung rechtfertigen zu können. Dies muss entsprechend dokumentiert sein.

---

50 Vgl. OLG Celle, Beschl. v. 12.07.2007 – 13 Verg 6/07, VergabeR 2007, 808; OLG Dresden, Beschl. v. 24.07.2012 – Verg 2/12, VergabeR 2013, 485; OLG München, Beschl. v. 11.04.2013 – Verg 3/13, VergabeR 2013, 807.

51 Vgl. BVerwG, Urt. v. 29.10.2009 – 3 C 28.08, BeckRS 2009, 42324.

52 Vgl. BVerwG, Urt. v. 06.12.1985 – 4 C 59.82, BVerwGE 72, 282; Decker, in Beck'scher Online-Kommentar VwGO, Posser/Wolff, 35. Aufl. 2015, § 114 Rn. 36 f.

IV. Schätzungsfehler

Ob die Schätzung fehlerhaft vorgenommen worden ist, richtet sich allein danach, ob die 37
Schätzungsregeln objektiv missachtet wurden und richtigerweise ein höherer oder nied-
rigerer Wert zum maßgebenden Zeitpunkt hätte angesetzt werden müssen. Erhebliche
(nachträgliche) Abweichungen zwischen der Höhe des geschätzten Auftragswerts und
des Auftragswerts der tatsächlich eingereichten Angebote haben eine Indizwirkung für
eventuelle Fehler in der Schätzung; sie allein begründen allerdings keinen Fehler. Maßgeblich ist vielmehr die Lage mit Einleitung des Vergabeverfahrens, wo die Schätzung
vorzunehmen ist. Solange dort ordnungsgemäß geschätzt wurde, ist ein abweichendes
Wettbewerbsergebnis regelmäßig nicht vorwerfbar[53].

Es ist daher nicht als Fehler zu bewerten, wenn eine ordnungsgemäße Schätzung zu 38
einer europaweiten Ausschreibung führt, ein Großteil oder sogar sämtliche darauf gerichtete Angebote jedoch **unterhalb** des einschlägigen Schwellenwerts liegen.[54]

Im umgekehrten Fall gilt Folgendes. Zwar ist strenger zu betrachten, wenn trotz Über- 39
schreitung der EU-Schwelle kein Verfahren nach dem EU-Vergaberecht durchgeführt
wird, als wenn fälschlicherweise ein EU-Verfahren trotz Unterschreiten der EU-
Schwelle durchgeführt wird, da die Rechte der Bieter allein wegen der schlechteren
Nachprüfungsmöglichkeiten eingeschränkt sind[55]. Gleichwohl ist eine vor Beginn
des eigentlichen Vergabeverfahrens seriös vom Auftraggeber durchgeführte Schätzung
des Auftragswerts nicht schon dadurch hinfällig oder im Nachhinein falsch, wenn die in
der Folge und zeitlich nach der Schätzung eingereichten Angebote über dem Schätzpreis
im Bereich **oberhalb** der maßgeblichen Schwellenwerte liegen.[56] Bei einer ordnungsgemäßen Schätzung bleibt EU-Vergaberecht selbst dann nicht anwendbar, wenn sich die
tatsächliche Lage nach Einleitung des Vergabeverfahrens aufgrund kurzfristiger oder ra-
santer Änderungen auf dem Markt ändert.[57] In diesem Fall entfällt die Pflicht zu einer
europaweiten Ausschreibung und der Rechtsweg eines Nachprüfungsverfahrens bleibt
nach wie vor gesperrt, weil die Nachprüfungsinstanz an die ordnungsgemäße Schätzung
der Vergabestelle gebunden ist.[58] Dafür spricht zum einen der allgemeine Grundsatz der
Bindung des Auftraggebers an seine eigenen (rechtmäßigen) Entscheidungen, zum anderen das vergaberechtliche Gebot der Transparenz des Vergabeverfahrens.[59] Je knapper
die Schätzung unterhalb der EU-Schwelle liegt, desto höher ist der Begründungsaufwand. Anders ausgedrückt ist der Verzicht auf ein EU-Vergabeverfahren wegen einer

---

53 Vgl. OLG Celle, Beschl. v. 19.08.2009 – 13 Verg 4/09, BeckRS 2009, 24117, OLG Dresden,
   Beschl. v. 24.07.2012 – Verg 2/12, VergabeR 2013, 285.
54 Vgl. OLG Bremen, Beschl. v. 18.5.2006 – Verg 3/2005, VergabeR 2006, 502.
55 Vgl. KG, Beschl. v. 24.10.2013 – Verg 11/13, VergabeR 2014, 179.
56 VK Bund, Beschl. v. 27.05.2014 – VK 2-31/14, ZfBR 2014, 823.
57 Vgl. OLG Schleswig, Beschl. v. 30.03.2004 – 6 Verg 1/03, LSK 2005, 360031; OLG Dresden,
   Beschl. v. 24.07.2012 – Verg 2/12, VergabeR 2013, 285.
58 Vgl. VK Hessen, Beschl. v. 21.3.2013 – 69d VK 1/2013, zit. nach Juris; KG Berlin, Beschl. v.
   24.10.2013 – Verg 11/13, VergabeR 2014, 179.
59 Vgl. KG, Beschl. v. 24.10.2013 – Verg 11/13, VergabeR 2014, 179.

nur unwesentlich unterhalb der EU-Schwelle liegenden Schätzung möglichst detailliert zu dokumentieren.[60]

40 Rechtsfehlerhaft ist es dagegen, wenn die Schätzung nicht fortgeschrieben wird, obwohl sich seit der (ersten) Schätzung die Schätzungsgrundlage ändert, z.B. weil sich der Auftragsgegenstand im Rahmen eines Verhandlungsverfahrens wegen anderer Bedürfnisse geändert hat. Der Auftraggeber hat bei einer Änderung des Auftragsgegenstands die Pflicht zur Fortführung der Schätzung.[61] Wird dies missachtet, führt dies zu angreifbaren Ergebnissen, besonders bei der Prüfung von unangemessenen Preisen oder einer angestrebten Aufhebung eines Verfahrens wegen angeblicher Unwirtschaftlichkeit. Falls etwa der Auftragsgegenstand im Laufe des Verfahrens geändert wurde, aber die ursprüngliche Schätzung trotzdem herangezogen wird, um den zu niedrigen Preis bzw. die angebliche Unwirtschaftlichkeit begründen zu wollen, liegt die Annahme einer bewussten bzw. absichtlichen Ausnutzung der Lage nahe.

41 Fehlende Sachkenntnis des Auftraggebers kann eine Auftragswertschätzung, welche sich nicht an realistischen Verhältnissen orientiert, nicht rechtfertigen. Das gilt insbesondere, wenn das für eine vertretbare Schätzung notwendige Wissen, um eine fehlerhafte Beurteilung zu vermeiden oder möglichst zu minimieren, für den Auftraggeber zugänglich und auf zumutbare Weise zu beschaffen war.[62]

42 Schließlich kann durch unvollständige Angaben oder fehlerhafte Schätzung des Auftragswerts der Zugang zum Nachprüfungsverfahren nicht verwehrt werden – die Vergabekammer bzw. der Vergabesenat können selbst bei einer fehlerhaft zu niedrig erfolgten Schätzung angerufen werden.[63]

§ 3 SektVO Antragsverfahren für Tätigkeiten, die unmittelbar dem Wettbewerb ausgesetzt sind

(1) Auftraggeber können bei der Europäischen Kommission beantragen festzustellen, dass die Vorschriften des Teils 4 des Gesetzes gegen Wettbewerbsbeschränkungen sowie der Sektorenverordnung auf die Auftragsvergabe oder Ausrichtung von Wettbewerben für die Ausübung dieser Tätigkeit keine Anwendung finden. Dem Antrag ist eine Stellungnahme des Bundeskartellamtes beizufügen. Dem Antrag sind alle sachdienlichen Informationen beizufügen, insbesondere Gesetze, Verordnungen, Verwaltungsvorschriften oder Vereinbarungen, die darlegen, dass die betreffende Tätigkeit unmittelbar dem Wettbewerb auf Märkten ausgesetzt ist, die keiner Zugangsbeschränkung unterliegen. Eine Kopie des Antrags ist dem Bundesministerium für Wirtschaft und Energie zu übermitteln.

---

60 Vgl. VK Bund, Beschl. v. 27.05.2014 – VK 2-31/14, ZfBR 2014, 823.
61 Vgl. OLG München, Beschl. v. 31.01.2013 – Verg 31/12, VergabeR 2013, 477.
62 Vgl. OLG Dresden, Beschl. v. 24.07.2012 – Verg 2/12, VergabeR 2013, 285.
63 Vgl. OLG Bremen, EuGH-Vorlage v. 18.05.2006 – Verg 3/05, VergabeR 2006, 502; EuGH, Urt. v. 11.10.2007 – C-241/06, VergabeR 2008, 61.

(2) Der Antrag des Auftraggebers an das Bundeskartellamt auf Stellungnahme muss die in § 39 Absatz 3 Satz 2 Nummer 1 bis 4 des Gesetzes gegen Wettbewerbsbeschränkungen bezeichneten Angaben enthalten. § 39 Absatz 3 Satz 4 und 5 des Gesetzes gegen Wettbewerbsbeschränkungen gilt entsprechend. Der Antrag nach Absatz 1 kann auch von einem Verband der Auftraggeber gestellt werden. In diesem Fall gelten für die Verbände die Regelungen für Auftraggeber.

(3) Das Bundeskartellamt soll die Stellungnahme innerhalb von vier Monaten nach Antragseingang abgeben. Für die Erarbeitung der beantragten Stellungnahme hat das Bundeskartellamt die Ermittlungsbefugnisse nach den §§ 57 bis 59 des Gesetzes gegen Wettbewerbsbeschränkungen. Das Bundeskartellamt holt eine Stellungnahme der Bundesnetzagentur ein. § 50c Absatz 1 des Gesetzes gegen Wettbewerbsbeschränkungen gilt entsprechend.

(4) Die Stellungnahme des Bundeskartellamtes besitzt keine Bindungswirkung für seine Entscheidungen nach den Teilen 1 bis 3 des Gesetzes gegen Wettbewerbsbeschränkungen.

(5) Einen Antrag nach Absatz 1 kann auch das Bundesministerium für Wirtschaft und Energie stellen. In diesem Fall teilt es der Europäischen Kommission sachdienliche Informationen nach Absatz 1 Satz 3 mit. Es holt zur wettbewerblichen Beurteilung eine Stellungnahme des Bundeskartellamtes ein, die ebenfalls der Kommission der Europäischen Union übermittelt wird. Dies gilt auch für den Fall, dass die Europäische Kommission auf eigene Veranlassung für eine der Sektorentätigkeiten in Deutschland ein solches Verfahren einleitet.

(6) Die Feststellung, dass die betreffende Tätigkeit unmittelbar dem Wettbewerb auf Märkten ausgesetzt ist, die keiner Zugangsbeschränkung unterliegen, gilt als getroffen, wenn die Europäische Kommission dies bestätigt hat oder wenn sie innerhalb der Frist nach Artikel 35 in Verbindung mit Anhang IV der Richtlinie 2014/25/EU des Europäischen Parlaments und des Rates vom 26. Februar 2014 über die Vergabe von Aufträgen durch Auftraggeber im Bereich der Wasser-, Energie- und Verkehrsversorgung sowie der Postdienste und zur Aufhebung der Richtlinie 2004/17/EG (ABl. L 94 vom 28.3.2014, S. 243) keine Feststellung getroffen hat und das Bundesministerium für Wirtschaft und Energie die Feststellung oder den Ablauf der Frist im Bundesanzeiger bekanntgemacht hat.

(7) Die Absätze 1 bis 6 gelten für Auftraggeber im Sinne des § 143 des Gesetzes gegen Wettbewerbsbeschränkungen entsprechend.

Amtliche Begründung

»Mit der Vorschrift wird Artikel 35 der Richtlinie 2014/25/EU umgesetzt, mit der das Verfahren zur Beantragung der in Artikel 34 der Richtlinie 2014/25/EU geregelten Ausnahme für Tätigkeiten, die unmittelbar dem Wettbewerb ausgesetzt sind, beschrieben wird. Die Ausnahmeregelung selbst findet sich in § 140 des Gesetzes geben Wettbewerbsbeschränkungen.

Antragsbefugt gegenüber der Europäischen Kommission ist neben den Auftraggebern (einschließlich deren Verbände) auch das Bundesministerium für Wirtschaft und Energie. Der Antrag muss eine Stellungnahme des Bundeskartellamtes enthalten.

Erwägungsgrund 43 der Richtlinie 2014/25/EU stellt im Interesse der Rechtssicherheit klar, dass alle Entscheidungen, die vor Inkrafttreten der der Richtlinie 2014/25/EU bezüglich der Anwendbarkeit der entsprechenden Bestimmungen in Artikel 30 der Richtlinie 2004/17/EG getroffen wurden, weiterhin gelten.«

Inhaltsübersicht

A. Allgemeine Einführung

1   § 3 SektVO befasst sich mit der Herausnahme ganzer Sektoren vom Anwendungsbereich des EU-Vergaberechts. § 140 GWB regelt den Ausnahmetatbestand für diese Sektorenbereiche und § 3 SektVO normiert das Verfahren für die Herausnahme der Sektoren aus dem Anwendungsbereich des Sektorenvergaberechts. Nach § 140 GWB gelangt das Sektorenvergaberecht für öffentliche Aufträge zum Zweck der Ausübung einer Sektorentätigkeit nicht zur Anwendung, wenn die Sektorentätigkeit unmittelbar rechtlich und faktisch dem Wettbewerb auf Märkten ausgesetzt ist, die keiner Zugangsbeschränkung unterliegen. Umgekehrt bleibt die Bindung an das Sektorenvergaberecht bestehen, solange die konkrete Sektorentätigkeit (noch) nicht dem freien Wettbewerb ausgesetzt ist.

2   Das EU-Recht bezweckt insgesamt die Förderung des freien Wettbewerbs auf nationaler wie internationaler Ebene. Für dieses Ziel wurden neben dem Vergaberecht in anderen Bereichen Richtlinien zur Liberalisierung bestimmter Märkte bzw. Sektoren erlassen.[1] Mit der Ausnahme in § 140 GWB soll den bereits erfolgten Liberalisierungen in einzelnen Sektoren und Teilsektoren Rechnung getragen werden.

3   Die Entscheidung, ob eine Ausnahme nach § 140 GWB gestattet wird, hat die Europäische Kommission auf Antrag eines Auftraggebers (§ 3 Abs. 1 SektVO) oder eines Verbandes der Auftraggeber (§ 3 Abs. 2 S. 3 SektVO) oder des BMWi (§ 3 Abs. 5

---

1 U.a. Richtlinie 98/30/EG vom 22.06.1998 betreffend gemeinsame Vorschriften für den Erdgasbinnenmarkt – ABl. EU Nr. L 204 vom 21.07.1998, S. 1; Richtlinie 2003/54/EG vom 26.06.2006 betreffend gemeinsame Vorschriften für den Elektrizitätsbinnenmarkt – ABl. EU Nr. L 176 vom 15.07.2003, S. 37; Richtlinie 94/22/EG vom 30.05.1994 über die Erteilung und Nutzung von Genehmigungen zur Prospektion, Exploration und Gewinnung von Kohlenwasserstoffen – ABl. EU Nr. L 164 vom 30.06.1994, S. 3.

SektVO) zu treffen. Die Europäische Kommission kann auch auf eigene Veranlassung für eine der Sektorentätigkeiten in Deutschland ein solches Verfahren einleiten, § 3 Abs. 5 S. 4 SektVO. Die Freistellung gilt als erteilt, wenn die Kommission so befindet oder wenn sie nicht innerhalb der vorgegeben Frist entscheidet und das BMWi die Feststellung oder den Fristablauf im Bundesanzeiger bekannt gemacht hat (§ 3 Abs. 6 SektVO).

B. Vergleich zur vorherigen Rechtslage

Der Ausnahmetatbestand war bisher vollständig in § 3 SektVO (alt) geregelt und hat   4
Art. 30 der Richtlinie 2004/17/EG umgesetzt. Nunmehr ist der Inhalt dieser Regelung aufgeteilt. Die materiellen Voraussetzungen finden sich abschließend in § 140 GWB. Die Verfahrensregelungen sind in § 3 SektVO enthalten.

C. Europarechtliche Vorgaben

§ 3 SektVO setzt die Verfahrensvorschriften in Art. 34 Abs. 2 und 3 sowie in Art. 35   5
der Richtlinie 2014/25/EU um.

Die Europäische Kommission hat in ihrer Entscheidung vom 07.01.2005[2] die Antrags-   6
voraussetzungen und Durchführungsmodalitäten für ein Freistellungsverfahren dargelegt, auf die sich der bisherige § 3 Abs. 2 SektVO (alt) ausdrücklich bezogen hat. Da die Verfahrensvoraussetzungen abschließend in der Richtlinie 2014/25/EU geregelt sind, ist diese Bezugnahme nicht mehr erforderlich.

Alle Entscheidungen der EU-Kommission, die vor Inkrafttreten der Richtlinie 2014/25/EU zur Befreiung von Sektorenbereichen ergangen sind, gelten weiterhin.[3]

D. Kommentierung

Die Europäische Kommission entscheidet auf Basis eines Antrags, ob eine Ausnahme   7
nach § 3 SektVO gegeben ist.

I. Formelle Voraussetzungen

1. Antragsberechtigung

Antragsberechtigt sind   8
1. Sektorenauftraggeber (§ 3 Abs. 1 S. 1 SektVO in Verbindung mit § 1 SektVO und § 100 GWB)
2. ein Verband von Auftraggebern im Sektorenbereich (§ 3 Abs. 2 S. 3 SektVO)
3. das BMWi (§ 3 Abs. 5 S. 1 SektVO)

---

2 Entscheidung 2005/0000/EG vom 07.01.2005 der Kommission über die Durchführungsmodalitäten für das Verfahren nach Art. 30 Richtlinie 2004/17/EG des Europäischen Parlaments und des Rates zur Koordinierung der Zuschlagserteilung durch Auftraggeber im Bereich der Wasser-, Energie-, und Verkehrsversorgung sowie der Postdienste, ABl. EU Nr. L 7 vom 11.01.2005, S. 7.
3 Erwägungsgrund 43 der Richtlinie 2014/25/EU.

4. Auftraggeber i.S.d. § 143 GWB, also Auftraggeber, die nach dem Bundesberggesetz berechtigt sind, Erdöl, Gas, Kohle oder andere Festbrennstoffe aufzusuchen oder zu gewinnen und/oder deren Verbände (§ 3 Abs. 7 SektVO)

2. Inhalt des Antrags

9   Gemäß § 3 Abs. 1 SektVO sind dem Antrag alle sachdienlichen Informationen beizufügen, insbesondere Gesetze, Verordnungen, Verwaltungsvorschriften oder Vereinbarungen, die darlegen, dass die betreffende Tätigkeit unmittelbar dem Wettbewerb auf Märkten ausgesetzt ist, die keiner Zugangsbeschränkung unterliegen.

Dies betrifft Angaben zum relevanten Markt, zum Markteintritt und zum Wettbewerb sowie die Beschreibung der Tätigkeit, auf die sich der Antrag bezieht.[4]

10   Für die Beurteilung des Wettbewerbs muss jeder Antragsteller eine kostenpflichtige Stellungnahme des Bundeskartellamts einholen und diese zusammen mit dem Antrag der Europäischen Kommission vorlegen, § 3 Abs. 1 S. 2 SektVO. Sollte das BMWi selbst ein Freistellungsverfahren hinsichtlich einer Sektorentätigkeit in Deutschland einleiten, hat es der Europäischen Kommission die sachdienlichen Informationen mitzuteilen und die Stellungnahme des Bundeskartellamtes einzuholen und der Kommission vorzulegen, § 3 Abs. 5 SektVO. Das gleiche gilt auch, wenn die Europäische Kommission selbst auf eigene Veranlassung ein Freistellungsverfahren einleitet, § 3 Abs. 5 S. 4 SektVO.

Stellen Auftraggeber oder Verbände von Auftraggebern den Antrag, haben sie eine Kopie an das BMWi zu übermitteln, § 3 Abs. 1 S. 4 SektVO.

3. Sonderregeln für Auftraggeber und Verbände von Auftraggebern

11   Stellt ein Auftraggeber oder ein Verband von Auftraggebern einen Antrag, so sind über die Vorgaben nach Ziffer 2 hinaus weitere Angaben zu machen (vgl. § 3 Abs. 2 SektVO).

12   Der Antragsteller muss vor Unterrichtung des BMWi den kostenpflichtigen Antrag an das Bundeskartellamt stellen. Darin müssen für jeden Beteiligten die in § 39 Abs. 3 S. 2 Nr. 1 bis 4 GWB bezeichneten Angaben enthalten sein:
1. die Firma oder sonstige Bezeichnung und der Ort der Niederlassung oder der Sitz
2. die Art des Geschäftsbetriebs
3. die Umsatzerlöse in Inland, in der EU und weltweit
4. die Marktanteile einschließlich der Grundlage für ihre Berechnung oder Schätzung

---

[4] Früher waren diese Informationen durch die Europäische Kommission in Anhang I der Entscheidung 2005/0000/EG vom 07.01.2005 der Kommission über die Durchführungsmodalitäten für das Verfahren nach Art. 30 Richtlinie 2004/17/EG des Europäischen Parlaments und des Rates zur Koordinierung der Zuschlagserteilung durch Auftraggeber im Bereich der Wasser-, Energie- und Verkehrsversorgung sowie der Postdienste, ABl. EU Nr. L 7 vom 11.01.2005, S. 7 festgelegt. Sie können als Auslegungshilfe nach wie vor herangezogen werden.

Die Stellungnahme des Kartellamts soll dem Auftraggeber spätestens vier Monate nachdem er sie beantragt hat vorliegen. Das Bundeskartellamt holt eine Stellungnahme der Bundesnetzagentur ein.

Bei der Ausarbeitung seiner Stellungnahme darf das Bundeskartellamt nach den §§ 57 **13** bis 59 GWB vorgehen:
– Untersuchungsgrundsatz, d.h. alle Ermittlungen sind zu führen und alle Beweise sind zu erheben, die erforderlich sind, um die Situation zu beurteilen (§ 57 GWB)
– es dürfen, wenn erforderlich, Gegenstände beschlagnahmt werden (§ 58 GWB)
– es dürfen, wenn erforderlich, von Unternehmen, Wirtschafts- und Berufsvereinen Auskünfte verlangt werden (§ 59 GWB)

Da die § 39 Abs. 3 S. 4 und 5 GWB entsprechend anwendbar sind, gelten die dortigen **14** Regelungen über die Beteiligung verbundener Unternehmen. Entsprechend sind die Angaben um die Informationen über die verbundenen Unternehmen zu ergänzen, wie z.B. die Konzernbeziehungen, Abhängigkeits- und Beteiligungsverhältnisse zwischen den verbundenen Unternehmen. Darüber hinaus darf der Antrag keine unrichtigen oder unvollständigen Angaben enthalten, um die Kartellbehörde zu veranlassen, eine Untersagung nach § 36 Abs. 1 GWB oder eine Mitteilung nach § 40 Abs. 1 GWB zu unterlassen.

Die Stellungnahme des Bundeskartellamts hat keine Bindungswirkung für künftige eigene Entscheidungen des Bundeskartellamts im Rahmen des GWB (§ 3 Abs. 4 SektVO).

Obwohl auch die Europäische Kommission bei ihrer Beurteilung nicht an Stellungnahmen nationaler Kartellbehörden gebunden ist, wird die Stellungnahme des Bundeskartellamts im Regelfall entscheidend für die Erfolgsaussichten des Antrags sein.[5]

II. Verfahren bei der Europäischen Kommission

Nach Eingang des Antrags veröffentlicht die Europäische Kommission eine Bekannt- **15** machung, aus der hervorgeht, wer den Antrag gestellt hat und über was befunden werden soll. Außerdem legt sie den ersten Arbeitstag nach Eingang des Antrags in der Bekanntmachung fest und nennt das Datum, zu dem die dreimonatige Bearbeitungsfrist abläuft.[6]

Art. 35 Abs. 4 Richtlinie 2014/25/EU gestattet eine einmalige Verlängerung der Bear- **16** beitungsfrist um weitere drei Monate, wenn die Angaben im Antrag oder in den beigefügten Unterlagen unvollständig oder unzutreffend sind oder wenn sich die dargestellten Sachverhalte wesentlich ändern. Die Verlängerung ist auf einen Monat begrenzt,

5 Vgl. Opitz, VergabeR 2009, 689, 692.
6 Anhang II zur Entscheidung 2005/0000/EG vom 07.01.2005 der Kommission über die Durchführungsmodalitäten für das Verfahren nach Art. 30 Richtlinie 2004/17/EG des Europäischen Parlaments und des Rates zur Koordinierung der Zuschlagserteilung durch Auftraggeber im Bereich der Wasser-, Energie-, und Verkehrsversorgung sowie der Postdienste, ABl. EU Nr. L 7 vom 11.01.2005, S. 7.

wenn bereits eine für die konkrete Tätigkeit zuständige unabhängige nationale Behörde festgestellt hat, dass die Tätigkeit auf einem frei zugänglichen Markt unmittelbar dem Wettbewerb ausgesetzt ist, also wenn das Bundeskartellamt bei seiner Stellungnahme zu dem Schluss gekommen ist, dass die Voraussetzungen des § 140 GWB gegeben sind. In allen Fällen der Fristverlängerung sieht die Europäische Kommission entsprechende Bekanntmachungen vor.[7]

17   Alle Bekanntmachungen sowie die Veröffentlichung der Entscheidungen der Kommission erfolgen im Amtsblatt der Europäischen Union, Reihe C. Dies geschieht zur Rechtssicherheit.[8] Sie haben rein deklaratorischen Charakter. Die Entscheidung der Kommission ist auch ohne diese Bekanntmachungen wirksam.

18   Die Freistellung gilt als erteilt, wenn die Kommission so befindet oder wenn sie nicht innerhalb der vorgegeben Frist entscheidet und das BMWi die Feststellung oder den Fristablauf im Bundesanzeiger bekannt gemacht hat (§ 3 Abs. 6 SektVO). Diese Bekanntmachung ist konstitutiv und Voraussetzung für die Nichtanwendung der SektVO.

§ 4 SektVO   Gelegentliche gemeinsame Auftragsvergabe

(1) Mehrere Auftraggeber können vereinbaren, bestimmte Aufträge gemeinsam zu vergeben. Dies gilt auch für die Auftragsvergabe gemeinsam mit Auftraggebern aus anderen Mitgliedstaaten der Europäischen Union. Die Möglichkeiten zur Nutzung von zentralen Beschaffungsstellen bleiben unberührt.

(2) Soweit das Vergabeverfahren im Namen und im Auftrag aller Auftraggeber insgesamt gemeinsam durchgeführt wird, sind diese für die Einhaltung der Bestimmungen über das Vergabeverfahren gemeinsam verantwortlich. Das gilt auch, wenn ein Auftraggeber das Verfahren in seinem Namen und im Auftrag der anderen Auftraggeber allein ausführt. Bei nur teilweise gemeinsamer Durchführung sind die Auftraggeber nur für jene Teile gemeinsam verantwortlich, die gemeinsam durchgeführt wurden. Wird ein Auftrag durch Auftraggeber aus verschiedenen Mitgliedstaaten der Europäischen Union gemeinsam vergeben, legen diese die Zuständigkeiten und die anwendbaren Bestimmungen des nationalen Rechts durch Vereinbarung fest und geben das in den Vergabeunterlagen an.

---

7   Art. 2 Abs. 2 der Entscheidung 2005/0000/EG vom 07.01.2005 der Kommission über die Durchführungsmodalitäten für das Verfahren nach Art. 30 Richtlinie 2004/17/EG des Europäischen Parlaments und des Rates zur Koordinierung der Zuschlagserteilung durch Auftraggeber im Bereich der Wasser-, Energie-, und Verkehrsversorgung sowie der Postdienste, ABl. EU Nr. L 7 vom 11.01.2005, S. 7.

8   Vgl. Erwägungsgrund 1 zur Entscheidung 2005/0000/EG vom 07.01.2005 der Kommission über die Durchführungsmodalitäten für das Verfahren nach Art. 30 Richtlinie 2004/17/EG des Europäischen Parlaments und des Rates zur Koordinierung der Zuschlagserteilung durch Auftraggeber im Bereich der Wasser-, Energie-, und Verkehrsversorgung sowie der Postdienste, ABl. EU Nr. L 7 vom 11.01.2005, S. 7.

Amtliche Begründung:

»Zu § 4 Gelegentliche gemeinsame Auftragsvergabe

§ 4 dient der Umsetzung der Artikel 56 und 57 der Richtlinie 2014/25/EU. Die in Artikel 56 der Richtlinie 2014/25/EU enthaltenen Regelungen zu zentralen Beschaffungstätigkeiten und zentralen Beschaffungsstellen sind bereits durch § 120 Absatz 4 GWB umgesetzt. Die Stärkung der zentralen Beschaffungstätigkeit soll nicht die derzeitige Praxis einer gelegentlichen gemeinsamen Beschaffung verhindern.

Zu Absatz 1

Absatz 1 regelt in Umsetzung von Artikel 56 Absatz 1 und Artikel 57 Absatz 4 der Richtlinie 2014/25/EU die ad-hoc-Zusammenarbeit zwischen Auftraggebern. Die Regelung von Absatz 1 Satz 1 ergänzt die Möglichkeit zur Nutzung von (dauerhaft eingerichteten) zentralen Beschaffungsstellen um die gemeinsame Auftragsvergabe in einzelnen Fällen. In Abgrenzung zur zentralen Beschaffungstätigkeit handelt es sich bei der gelegentlichen gemeinsamen Auftragsvergabe um eine punktuelle Zusammenarbeit bei der Vergabe einzelner Aufträge. Erforderlich ist insoweit nur eine diesbezügliche Vereinbarung der Auftraggeber.

Besonders hervorgehoben wird mit Absatz 1 Satz 2 die Möglichkeit der Zusammenarbeit von Auftraggebern aus verschiedenen Mitgliedstaaten der Europäischen Union, wie sie in Artikel 57 Absatz 4 der Richtlinie 2014/25/EU vorgesehen ist.

Mit Absatz 1 Satz 3 wird klargestellt, dass die Möglichkeit zur gelegentlichen gemeinsamen Auftragsvergabe nicht die Nutzung von zentralen Beschaffungsstellen beschränkt. Dies gilt insbesondere für die Inanspruchnahme zentralen Beschaffungstätigkeiten von zentralen Beschaffungsstellen mit Sitz in einem anderen Mitgliedstaat der EU. Die zentrale Beschaffung durch eine zentrale Beschaffungsstelle mit Sitz in einem anderen Mitgliedstaat erfolgt dabei gemäß den nationalen Bestimmungen des Mitgliedstaats, in dem die zentrale Beschaffungsstelle ihren Sitz hat.

Zu Absatz 2

Absatz 2 dient der Umsetzung von Artikel 56 Absatz 2 der Richtlinie 2014/25/EU und regelt die Verantwortlichkeit für die Einhaltung der vergaberechtlichen Anforderungen im Fall einer gelegentlichen gemeinsamen Auftragsvergabe. Datenschutzrechtliche Anforderungen bleiben hierdurch unberührt.

Sofern ein Auftrag durch Auftraggeber aus verschiedenen Mitgliedstaaten der Europäischen Union vergeben wird und die notwendigen Einzelheiten der Zusammenarbeit nicht in einem internationalen Übereinkommen geregelt sind, schließen die teilnehmenden Auftraggeber eine Vereinbarung über die Zuständigkeit der Parteien und die einschlägigen anwendbaren nationalen Bestimmungen sowie die interne Organisation des Vergabeverfahrens, einschließlich der Handhabung des Verfahrens, der Verteilung der zu beschaffenden Leistungen und des Abschlusses der Verträge. Ein teilnehmender Auftraggeber erfüllt dabei seine Verpflichtungen nach dieser Verordnung, wenn er Leistungen von einem Auftraggeber erwirbt, der für das Vergabeverfahren zuständig ist. Bei der Festlegung der Zuständigkeiten und des anwendbaren nationales Rechts können die teilnehmenden Auftraggeber Zuständigkeiten untereinander aufteilen und die anwendbaren Bestimmungen der nationalen Gesetze ihres jeweiligen Mitgliedstaats festlegen. Die Verteilung der Zuständigkeiten und die anwendbaren nationalen Rechtsvorschriften müssen in den Vergabeunterlagen für die gemeinsam vergebenen Aufträge angegeben werden.«

A. Allgemeine Einführung

1 Bei der Beschaffung von Leistungen können Auftraggeber auf verschiedene Weise zusammenarbeiten. Sie können sich entweder einer zentralen Beschaffungsstelle bedienen oder eine Auftragsvergabe gemeinsam durchführen.

2 Mit der durch die Vergaberechtsreform 2016 eingeführten Regelung des § 4 SektVO wird die gelegentliche gemeinsame Auftragsvergabe erstmals geregelt. Die Möglichkeit zur Nutzung einer zentralen Beschaffungsstelle ist in § 120 GWB bereits auf gesetzlicher Ebene vorgesehen.

B. Europarechtliche Vorgaben

3 Die Möglichkeiten zur Zusammenarbeit von Auftraggebern sind in Artikel 55 bis 57 der RL 2014/25/EU geregelt. Artikel 55 eröffnet die Mitgliedsstaaten die Möglichkeiten, die Nutzung zentraler Beschaffungsstellen zu ermöglichen. Hiervon hat der deutsche Gesetzgeber mit § 120 Abs. 4 GWB Gebrauch gemacht. Artikel 57 RL 2014/25/ EU betrifft die gelegentliche gemeinsame Auftragsvergabe und wird durch § 4 SektVO umgesetzt. Mit Artikel 57 RL 2014/25/EU werden sehr ausführliche Vorgaben für die Auftragsvergabe durch Auftraggeber aus verschiedenen Mitgliedstaaten geregelt. Soweit sich Art. 57 RL 2014/25/EU auf die gelegentliche gemeinsame Auftragsvergabe bezieht, erfolgt die Umsetzung gleichfalls durch § 4 SektVO.

C. Vergleich zur vorherigen Rechtslage

4 Bislang waren in der SektVO keine Regelungen zur gemeinsamen Auftragsvergabe vorgesehen. Mit der Neuregelung wird diese Möglichkeiten rechtlich verankert.

D. Kommentierung

5 § 4 Absatz 1 SektVO lässt die gemeinsame Auftragsvergabe durch mehrere Auftraggeber ausdrücklich zu. Auch die gemeinsame Auftragsvergabe mit Auftraggebern aus anderen Mitgliedstaaten der Europäischen Union wird mit der Regelung ermöglicht. Im Unterschied zur zentralen Beschaffungstätigkeit handelt es sich bei der gelegentlichen gemeinsamen Auftragsvergabe um eine einzelfallbezogene, nicht auf Dauer angelegte Zusammenarbeit.

6 Mit § 4 Absatz 2 SektVO wird die Verantwortlichkeit für das Vergabeverfahren im Falle einer gelegentlichen gemeinsamen Auftragsvergabe festgelegt. Danach sind grundsätzlich alle Auftraggeber gemeinsam für die Einhaltung der vergaberechtlichen Regelungen verantwortlich. Führt ein Auftraggeber einen bestimmten Teil des Vergabever-

fahrens allein – daher nicht zumindest auch im Auftrag eines anderen Auftraggebers – durch, ist er auch allein für die Einhaltung der Verfahrensregeln verantwortlich.

Im Falle einer Auftragsvergabe durch Auftraggeber aus mehreren Mitgliedsstaaten 7 muss die Verantwortlichkeit durch Vereinbarung geregelt werden. Die Zuweisung der Zuständigkeiten muss in den Vergabeunterlagen und die anwendbaren nationalen Rechtsvorschriften in der Auftragsbekanntmachung angegeben werden.[1] In der Vereinbarung muss ferner die interne Organisation des Vergabeverfahrens und die Verteilung der zu beschaffenden Leistungen geregelt werden.

Bei der Bündelung der Nachfragemacht des Auftraggebers mittels gelegentlicher ge- 8 meinsamer Auftragsvergabe oder zentraler Beschaffung sind die Grenzen des Kartellrechts zu beachten. Allerdings kann die Verletzung kartellrechtlicher Vorschriften nach Auffassung der 2. Vergabekammer des Bundes nicht im Vergabenachprüfungs- oder Beschwerdeverfahren geltend gemacht werden.[2]

§ 5 SektVO Wahrung der Vertraulichkeit

(1) Sofern in dieser Verordnung oder anderen Rechtsvorschriften nichts anderes bestimmt ist, darf der Auftraggeber keine von den Unternehmen übermittelten und von diesen als vertraulich gekennzeichneten Informationen weitergeben. Dazu gehören insbesondere Betriebs- und Geschäftsgeheimnisse und die vertraulichen Aspekte der Angebote einschließlich ihrer Anlagen.

(2) Bei der gesamten Kommunikation sowie beim Austausch und bei der Speicherung von Informationen muss der Auftraggeber die Integrität der Daten und die Vertraulichkeit der Interessensbekundungen, Interessensbestätigungen, Teilnahmeanträge und Angebote einschließlich ihrer Anlagen gewährleisten. Die Interessensbekundungen, Interessensbestätigungen, Teilnahmeanträge und Angebote einschließlich ihrer Anlagen sowie die Dokumentation über Öffnung und Wertung der Teilnahmeanträge und Angebote sind auch nach Abschluss des Vergabeverfahrens vertraulich zu behandeln.

(3) Der Auftraggeber kann Unternehmen Anforderungen vorschreiben, die auf den Schutz der Vertraulichkeit der Informationen im Rahmen des Vergabeverfahrens abzielen, einschließlich der Informationen, die in Verbindung mit der Verwendung eines Qualifizierungssystems zur Verfügung gestellt werden. Hierzu gehört insbesondere die Abgabe einer Verschwiegenheitserklärung.

Amtliche Begründung

»Zu Absatz 1

Absatz 1 dient der Umsetzung des Artikels 39 Absatz 1 der Richtlinie 2014/25/EU. Er schützt die Unternehmen im Vergabeverfahren, indem er dem Auftraggeber das Verbot auferlegt, die un-

---

1 Art. 57 Abs. 4 UA. 2 RL 2014/25/EU.
2 VK Bund, Beschl. v. 27.07.2016 – VK 2-63/16.

ternehmensseitig übermittelten und als vertraulich gekennzeichneten Informationen unbefugt an Dritte weiterzugeben. Dies betrifft insbesondere Betriebs- oder Geschäftsgeheimnisse, die das Unternehmen im Rahmen seiner Teilnahme am Vergabeverfahren freiwillig offenbart oder nach Vorgaben des Auftraggebers offenbaren muss.

Zu Absatz 2

Absatz 2 stellt klar, dass der Auftraggeber den Grundsatz der Vertraulichkeit auch bei der gesamten Kommunikation sowie beim Austausch und der Speicherung von Informationen gewährleisten muss. Weitergehende datenschutzrechtliche Anforderungen bleiben hierdurch unberührt.

Zu Absatz 3

Absatz 3 setzt Artikel 39 Absatz 2 der Richtlinie 2014/25/EU um und betrifft Pflichten der Unternehmen zum Schutz der Vertraulichkeit, sofern diese vom öffentlichen Auftraggeber vorgegeben werden.«

A. Allgemeine Einführung

1   Die Vertraulichkeit von Informationen auf Seiten der Bewerber/Bieter und auf Seiten des Auftraggebers ist Ausdruck des Prinzips des Geheimwettbewerbs, welches zum Wettbewerbsprinzip gehört. Der Begriff der wettbewerbsbeschränkenden Abrede aus dem Wettbewerbsprinzip umfasst auch die Verletzung des Gebots des Geheimwettbewerbs.[1] Der Vertraulichkeitsgrundsatz gewährleistet den Schutz der Bieter vor Weitergabe von Informationen aus ihrem Geschäftsbereich sowie den Schutz des Auftraggebers vor Weitergabe von Informationen aus seinem Sektorenbereich.

2   § 5 SektVO regelt in seinen Absätzen 1 und 2 die Anforderungen an die Wahrung der Vertraulichkeit, die der Auftraggeber während des Vergabeverfahrens, aber auch danach einhalten muss. § 5 Abs. 3 SektVO regelt die Möglichkeit des Auftraggebers, den Unternehmen Anforderungen zum Schutz der Vertraulichkeit vorzuschreiben, einschließlich der im Rahmen eines Qualifizierungssystem bereitgestellten Informationen.

---

1 OLG Dresden, Beschl. v. 28.03.2006 – WVerg 0004/06; OLG Düsseldorf, Beschl. v. 27.07.2006 – VII-Verg 23/06; OLG München, Beschl. v. 11.08.2008 – Verg 16/08; VK Arnsberg, Beschlus. v. 02.02.2006 – VK 30/05; VK Bund, Beschl. v. 20.04.2006 – VK 1-19/06; VK Brandenburg, Beschl. v. 19.01.2006 – 2 VK 76/05; VK Nordbayern, Beschl. v. 14.10.2009 – 21.VK – 3194 – 45/09; VK Südbayern, Beschl. v. 11.02.2009 – Z3-3-3194-1-01-01/09.

B. Vergleich zur vorherigen Rechtslage

Die Vorgaben an die Vertraulichkeit durch Auftraggeber waren bereits im Unterschwel- **3**
lenbereich geregelt, so z.B. in § 12 Abs. 4 VOL/A, § 8 Abs. 3 VOF oder § 11a Abs. 1
VOB/A. In der SektVO und im GWB gab es bisher dazu keine Regelung. Lediglich im
Nachprüfungsverfahren sind Anforderungen an die Vertraulichkeit geregelt (bisher
§ 110a GWB, nunmehr § 164 GWB). So ist die Vergabekammer als Adressat des
§ 164 GWB zur Vertraulichkeit der von den Parteien übermittelten Unterlagen verpflichtet. Insbesondere dürfen die Entscheidungsgründe die Art und den Inhalt der ge-
heimhaltungsbedürftigen Informationen nicht erkennen lassen, § 164 Abs. 2 GWB.

Völlig neu sind auch die Regelungen zur Vertraulichkeit, die an die Bewerber/Bieter ge- **4**
richtet sind, wie sie nun § 5 Abs. 3 SektVO vorsieht. Dies kann im Zusammenhang
damit stehen, dass die Parteien eines Vergabeverfahrens zukünftig nur noch elektronisch kommunizieren sollen und bei der Verwendung elektronischer Mittel die Vertraulichkeit mehr gefährdet erscheint als bei der Verwendung der Papierform. Hinzu
kommt, dass die Auftraggeber nunmehr gemäß § 41 Abs. 1 SektVO sämtliche Vergabeunterlagen bereits mit der Bekanntmachung unentgeltlich, uneingeschränkt, vollständig und direkt elektronisch verfügbar stellen müssen. Diese für die Öffentlichkeit
komplette Offenlegung aller den Auftrag betreffenden Unterlagen kann sehr schnell
dazu führen, dass ein Auftraggeber auf die Möglichkeiten des § 5 Abs. 3 SektVO zurückgreifen muss. Die neuen Regelungen des § 5 SektVO folgen somit den geänderten
Regelungen in der SektVO.

C. Europarechtliche Vorgaben

§ 5 SektVO dient der Umsetzung von Art. 39 der Richtlinie 2014/25/EU. Weitere eu- **5**
ropäische und deutsche Vorschriften zum Datenschutz und zum Zugang zu Information finden sich z.B. in der Umweltinformationsrichtlinie[2], Informationsfreiheitsgesetz,
Umweltinformationsgesetz, Bundesdatenschutzgesetz, § 17 UWG (Verrat von Ge-
schäfts- und Betriebsgeheimnissen).

Art. 39 der Richtlinie 2014/25/EU ist als Auffangtatbestand formuliert, d.h. anderwei- **6**
tige Rechtsvorschriften in der Richtlinie 2014/25/EU oder im nationalen Recht, insbesondere Regelungen betreffend den Zugang von Informationen, haben Vorrang vor
Art. 39 der Richtlinie 2014/25/EU. Es bleiben auch die Regelungen über die Verpflichtungen zur Bekanntmachung vergebener Aufträge gemäß Art. 70 der Richtlinie
2014/25/EU bzw. § 38 Abs. 1 SektVO sowie die Regelungen über die Unterrichtung
der Bewerber und Bieter gemäß Art. 75 der Richtlinie 2014/25/EU bzw. § 134 GWB
und § 56 SektVO unberührt.

Nach Art. 39 Abs. 1 der Richtlinie 2014/25/EU bezieht sich die Vertraulichkeit je- **7**
doch nur auf Informationen der Bewerber/Bieter, die diese als vertraulich eingestuft
haben. Als Beispiele von solchen vertraulichen Informationen werden technische
und handelsbezogene Geschäftsgeheimnisse sowie vertrauliche Aspekte der Angebote

---

2 Vom 28.01.2003, RL 2003/4/EG.

aufgeführt. Da der Auftraggeber oft nicht einschätzen kann, welche Informationen Geschäftsgeheimnisse darstellen, ist diese Einschränkung folgerichtig. Allerdings ist fraglich, ob die Kennzeichnung »vertraulich« auch auf einem Angebot erforderlich ist, damit es der Vertraulichkeit unterliegt. Hierzu dürften gewisse Zweifel bestehen. Der Auftraggeber sollte daher stets dazu verpflichtet sein, Angebote vollständig vertraulich zu behandeln. Dies resultiert schon aus dem Prinzip des Geheimwettbewerbs.

8   Nach Art. 39 Abs. 2 der Richtlinie 2014/25/EU können Auftraggeber gegenüber den Bewerbern/Bietern Anforderungen zum Schutz der Vertraulichkeit hinsichtlich der Informationen vorschreiben, die der Auftraggeber im Vergabeverfahren zur Verfügung stellt. Hierbei geht es also nicht um die Informationen und Betriebs- und Geschäftsgeheimnisse der Bewerber/Bieter, sondern um solche des Auftraggebers. Diese Regelung findet Niederschlag in § 5 Abs. 3 SektVO, aber auch in § 41 Abs. 4 und § 44 SektVO.

D. Kommentierung

I. § 5 Abs. 1 SektVO

9   § 5 Abs. 1 SektVO regelt den Auffangtatbestand der Vertraulichkeit. Wie in der Richtlinie 2014/25/EU ebenso vorgesehen, haben andere Bestimmungen in der SektVO oder andere Rechtsvorschriften zur Durchbrechung der Vertraulichkeit Vorrang vor dieser Regelung. Dies könnten beispielsweise Vorschriften aus der Vergabestatistikverordnung (VergStatVO) sein, die gleichzeitig mit der SektVO durch die Verordnung zur Modernisierung des Vergaberechts[3] in Kraft trat. Nach § 3 Abs. 3 VergStatVO muss u.a. der Wert des vergebenen Auftrags, das Datum des Vertragsabschlusses und die Angabe, ob es sich bei dem Auftragnehmer um ein kleines oder mittleres Unternehmen im Sinne der Empfehlung 2003/361/EG der Kommission handelt, an das Bundesministerium für Wirtschaft und Energie übermittelt werden. Damit sind Daten aus der Sphäre des Bieters weiterzugeben.

10   Nur wenn die Datenweitergabe explizit nicht geregelt ist, gilt, dass der Auftraggeber die von den Unternehmen übermittelten und von diesen als vertraulich gekennzeichneten Informationen nicht an Dritte weitergeben darf. Auch wenn der Wortlaut der Regelung die Weitergabe »an Dritte« nicht vorsieht, ist dies so interpretieren. Denn die Weitergabe der Daten innerhalb der Organisation des Auftraggebers, beispielsweise im Fall eines Bauauftrags von der Vergabestelle (Einkaufsabteilung) an die technische Abteilung, die überwiegend das Leistungsverzeichnis erstellt hat, ist von § 5 SektVO nicht erfasst. Ebenso wird die Weitergabe der Daten an nicht beim Auftraggeber angestellte Berater zum Zweck der Auftragserfüllung gegenüber dem Auftraggeber (z.B. Bewertung der Angebote) zulässig sein, wenn diese entsprechend zur Vertraulichkeit verpflichtet sind. Die nach § 5 SektVO verbotene Datenweitergabe meint daher nur die Weitergabe außerhalb der Organisation und Beauftragten des Auftraggebers.

---

3 VergaberechtsmodernisierungsVO vom 12.04.2016, BGBl. I, 624.

Voraussetzung der Vertraulichkeitsverpflichtung des Auftraggebers ist, dass das Unter- 11
nehmen diese Information auch als vertraulich gekennzeichnet hat. Vergisst das Unternehmen diese Kennzeichnung, trifft den Auftraggeber nach dem Wortlaut des § 5
Abs. 1 SektVO keine Geheimhaltungspflicht.

Die Verordnung zählt allerdings in einem Beispielkatalog, der nicht abschließend ist, 12
per se vertrauliche Daten auf: Die vertraulich zu behandelnden Daten sind insbesondere Betriebs- und Geschäftsgeheimnisse und die vertraulichen Aspekte der Angebote
einschließlich der Anlagen, § 5 Abs. 1 Satz 2 SektVO. Durch diese Aufzählung stellt
der Verordnungsgeber selbst – ohne dass die Unternehmen diese Daten als vertraulich
kennzeichnen müssen – die Informationen auf die Ebene der vertraulich zu behandelnden Informationen. Von den Unternehmen übermittelte und als vertraulich gekenn-
zeichnete Informationen betreffen daher im Zweifel das gesamte Angebot des Unternehmens einschließlich der für den Nachweis der Eignung vorgelegten Dokumente.
Der Auftraggeber ist daher gut beraten, sämtliche vom Unternehmen übermittelten Informationen nicht an Dritte weiterzugeben. Auch wenn der Wortlaut dies auf den ersten Blick nicht zulässt, betrifft die Vertraulichkeitsverpflichtung jegliche vom Unternehmen übermittelte Informationen, unabhängig davon, ob sie explizit als vertraulich
gekennzeichnet sind.

II. § 5 Abs. 2 SektVO

§ 5 Abs. 2 SektVO konkretisiert den Zeitraum der Vertraulichkeitsverpflichtung des 13
Auftraggebers. Er bezieht sich auf die Zeit während des Ablaufs des Vergabeverfahrens
und der Zeit danach. Der Auftraggeber hat die Daten von Beginn der Entscheidung
über einen Beschaffungswillen bis hin zur Auftragsausführung, die aufgrund § 132
GWB (Auftragsänderungen während der Vertragslaufzeit) auch stärker in den Fokus
des Vergaberechts fällt, aber auch noch nach Abschluss der Auftragsausführung vertraulich zu behandeln.

§ 5 Abs. 2 SektVO bestimmt darüber hinaus die Arten des Datenaustausches, für die 14
die Vertraulichkeit gilt. Sie betrifft die Kommunikation mit den anderen Bewerbern
und Bietern, mit dem Unternehmen selbst, aber auch die Speicherung der Daten innerhalb der Organisation des Auftraggebers. So sind jedenfalls die Erhebung, Verarbeitung
und Nutzung der Daten[4] erfasst, aber auch die Kommunikation mit anderen Teilnehmern des Vergabeverfahrens.

Die Vertraulichkeitsverpflichtung des Auftraggebers bezieht sich auf die Informationen 15
sämtlicher am Vergabeverfahren teilnehmender Unternehmen. So sind die Unternehmen erfasst, die eine Interessensbekundung auf die Veröffentlichung einer regelmäßigen nicht verbindlichen Bekanntmachung nach § 36 Abs. 1 SektVO oder eine Interessensbestätigung nach § 36 Abs. 5 SektVO abgeben, aber auch die Unternehmen, die

---

4 Ähnlich wie § 4 BDSG für personenbezogene Daten, der hier allerdings nicht einschlägig ist,
  weil es sich bei den Unternehmensdaten nicht um personenbezogene Daten im Sinne des § 3
  Abs. 1 BDSG handelt.

einen Teilnahmeantrag auf eine Auftragsbekanntmachung nach § 35 SektVO oder ein entsprechendes Angebot abgeben.

16 Darüber hinaus hat der Auftraggeber die Dokumentation über die Öffnung und Wertung der Teilnahmeanträge und Angebote vertraulich zu behandeln. Auch die sonstige Dokumentation, die Informationen über die Unternehmen enthalten, ist vertraulich zu behandeln. Somit ist der gesamte nach § 8 SektVO zu dokumentierende Verfahrensablauf davon erfasst.

III. § 5 Abs. 3 SektVO

17 § 5 Abs. 3 SektVO ermöglicht dem Auftraggeber die Festlegung von Anforderungen an Unternehmen zum Schutz der Vertraulichkeit, um selbst die Vertraulichkeitsverpflichtungen nach § 5 Abs. 1 und 2 SektVO einzuhalten, aber auch alle Beteiligten des Vergabeverfahrens zur Vertraulichkeit zu verpflichten.

18 Vorliegend geht es ausschließlich um Informationen, die der Auftraggeber im Rahmen des Vergabeverfahrens zur Verfügung stellt. Dies ist zwar dem Wortlaut des § 5 Abs. 3 SektVO nicht eindeutig zu entnehmen. Allerdings setzt § 5 Abs. 3 SektVO den Art. 39 Abs. 2 Richtlinie 2014/25/EU um, der dies ausdrücklich erwähnt. Die Regelung betrifft daher vorrangig die eigenen Informationen des Auftraggebers betreffend den Auftragsgegenstand. Stuft er diese als Betriebs- oder Geschäftsgeheimnis ein oder sind diese Informationen aus anderen Gründen vertraulich, kann er die Bewerber und Bieter eines Vergabeverfahrens, aber auch die Teilnehmer eines Qualifizierungssystems zur Abgabe einer Verschwiegenheitserklärung auffordern. Diese Regelung erlaubt dem Auftraggeber, die Informationen nur denjenigen Unternehmen herauszugeben, die die Verschwiegenheitserklärung unterzeichnet an ihn zurückgegeben haben.

Weitere Maßnahmen zur Wahrung der Vertraulichkeit sind dem Auftraggeber nach § 41 Abs. 4 und § 44 SektVO möglich.

§ 6 SektVO Vermeidung von Interessenkonflikten

(1) Organmitglieder oder Mitarbeiter des öffentlichen Auftraggebers oder eines im Namen des öffentlichen Auftraggebers handelnden Beschaffungsdienstleisters, bei denen ein Interessenkonflikt besteht, dürfen in einem Vergabeverfahren nicht mitwirken.

(2) Ein Interessenkonflikt besteht für Personen, die an der Durchführung des Vergabeverfahrens beteiligt sind oder Einfluss auf den Ausgang eines Vergabeverfahrens nehmen können und die ein direktes oder indirektes finanzielles, wirtschaftliches oder persönliches Interesse haben, das ihre Unparteilichkeit und Unabhängigkeit im Rahmen des Vergabeverfahrens beeinträchtigen könnte.

(3) Es wird vermutet, dass ein Interessenkonflikt besteht, wenn die in Absatz 1 genannten Personen
1. Bewerber oder Bieter sind,

2. einen Bewerber oder Bieter beraten oder sonst unterstützen oder als gesetzliche Vertreter oder nur in dem Vergabeverfahren vertreten,
3. beschäftigt oder tätig sind
   a) bei einem Bewerber oder Bieter gegen Entgelt oder bei ihm als Mitglied des Vorstandes, Aufsichtsrates oder gleichartigen Organs oder
   b) für ein in das Vergabeverfahren eingeschaltetes Unternehmen, wenn dieses Unternehmen zugleich geschäftliche Beziehungen zum öffentlichen Auftraggeber und zum Bewerber oder Bieter hat.

(4) Die Vermutung des Absatzes 3 gilt auch für Personen, deren Angehörige die Voraussetzungen nach Absatz 3 Nummer 1 bis 3 erfüllen. Angehörige sind der Verlobte, der Ehegatte, Lebenspartner, Verwandte und Verschwägerte gerader Linie, Geschwister, Kinder der Geschwister, Ehegatten und Lebenspartner der Geschwister und Geschwister der Ehegatten und Lebenspartner, Geschwister der Eltern sowie Pflegeeltern und Pflegekinder.

Amtliche Begründung

»§ 6 dient zum einen der Umsetzung des Artikels 42 der Richtlinie 2014/25/EU und greift zum anderen die bisherige Regelung des § 16 VgV auf. Im Gegensatz zum bisherigen Recht knüpft das in § 6 normierte Mitwirkungsverbot nicht automatisch an Verwandtschaftsverhältnisse an, sondern an das Vorliegen eines Interessenkonflikts.

Zu Absatz 1

Absatz 1 regelt das Verbot der Mitwirkung natürlicher Personen beim öffentlichen Auftraggeber im Sinne des § 100 Absatz 1 Nummer 1 GWB bei denen ein Interessenkonflikt besteht bei der Durchführung des Vergabeverfahrens zur Vermeidung von Interessenkonflikten. Die Vorschrift dient der Umsetzung des Artikels 42 Unterabsatz 1 der Richtlinie 2014/25/EU. § 124 Absatz 1 Nummer 5 GWB bleibt unberührt.

Zu Absatz 2

Absatz 2 regelt, wann ein Interessenkonflikt nach Absatz 1 gegeben ist. Dieser liegt in Umsetzung des Artikels 42 Unterabsatz 2 der Richtlinie 2014/25/EU insbesondere dann vor, wenn bei einer der in Absatz 1 genannten Personen, die an der Durchführung des Vergabeverfahrens beteiligt ist oder Einfluss auf die Vergabeentscheidung nehmen kann, direkt oder indirekt ein finanzielles, wirtschaftliches oder sonstiges Interesse vorliegt, von dem man annehmen kann, dass es die Unparteilichkeit und Unabhängigkeit dieser Person beeinträchtigt.

Zu Absatz 3

Über die Regelung in Artikel 42 der Richtlinie 2014/25/EU hinaus überführt Absatz 3 den Regelungsgehalt des bisherigen § 16 Absatz 1 Nummer 1 bis 3 VgV zu ausgeschlossenen Personen im Rahmen einer widerlegbaren Vermutung in diese Verordnung.

Zu Absatz 4

Absatz 4 nimmt die Regelungen des bisherigen § 16 Absatz 2 VgV auf und bestimmt, dass Absatz 3 auch für Personen gilt, deren Angehörige die Voraussetzungen nach Absatz 3 Nummer 1 bis 3 erfüllen.«

A. Allgemeine Einführung

1   § 6 SektVO regelt die **Voreingenommenheit von natürlichen Personen**, die auf Auftraggeberseite die Entscheidungen des Vergabeverfahrens beeinflussen können sowie zugleich und konkret dem Bewerber- bzw. Bieterlager zuzurechnen sind. Diese Vorschrift ist eine Normierung und Spezifizierung des aus dem vergaberechtlichen Gleichbehandlungsgebot stammenden **Neutralitätsgebots (Gebot der Unparteilichkeit)**. Sind die Voraussetzungen des § 6 SektVO gegeben, folgt zumindest ein Mitwirkungsverbot der voreingenommenen Person.

2   Bis 2014 gab es kein Vorbild in den EU-Vergaberichtlinien für den von 2001 bis 2016 geltenden § 16 VgV a.F., sozusagen eine Art »Vorgängerregelung« des § 6 SektVO, die allerdings ausdrücklich nicht für den Sektorenbereich galt. Zuvor hatten die europäischen Gerichte die Gefahr von **Wettbewerbsverzerrungen durch Interessenkollisionen** erkannt und entschieden, dass der Auftraggeber bei Interessenkollisionen aufgrund des Gleichbehandlungsgrundsatzes und unter Beachtung des Verhältnismäßigkeitsgrundsatzes geeignete Maßnahmen ergreifen muss[1]. Mit **Art. 42 Richtlinie 2014/25/EU (Interessenkonflikte)** ist nun eine konkrete europäische Norm vorhanden, die durch § 6 SektVO umgesetzt wird. Die Parallelregelung in § 6 VgV ist nahezu wortgleich, weshalb die »Vorgängervorschrift« in § 16 VgV a.F. als Auslegungshilfe der Regelung in der SektVO taugt.[2] Dazu ist mit **§ 124 Abs. 1 Nr. 5 GWB** in 2016 eine mit dem Mitwirkungsverbot aus § 6 SektVO korrespondierende Vorschrift hinzugekommen, nach der ein Ausschluss eines Bewerbers/Bieters erfolgen kann, wenn eine

---

1 Vgl. EuGH, Urt. v. 16.12.2008 – C-213/07, EuZW 2009, 87; EuGH, Urt. v. 17.03.2005 – T-160/03, BeckRS 2005, 70205.
2 Vgl. amtliche Begründung zu § 6 SektVO, wonach § 6 SektVO die alte und für den klassischen Bereich geltende Regelung in § 16 VgV a.F. aufgreifen soll.

Person auf Seiten des Auftraggebers zu Gunsten des fraglichen Unternehmens parteilich ist und keine anderen Maßnahmen die Interessenkollision beseitigen.

Selbst wenn eine der Tatbestandsvoraussetzungen von § 6 SektVO nicht erfüllt ist, so **3** können sich im Einzelfall Handlungspflichten des Auftraggebers aus dem **allgemeinen Gleichbehandlungsprinzip** gemäß § 97 Abs. 2 GWB und der dort integrierten Neutralitätspflicht ergeben.[3] Denn das universelle Gleichbehandlungsgebot ist Basis von § 6 SektVO, weshalb dessen Regelungsgehalt selbstverständlich auch bei Vergabeverfahren außerhalb des EU-Vergaberechts bzw. der SektVO gilt.[4] Dies kann der Fall sein bei Personen, die zwar nicht den konkreten Gruppen nach § 6 SektVO zugeordnet sind, die aber gleichwohl ein Interesse am Ausgang des Verfahrens haben und zugleich beim Auftraggeber tätig sind. Dann sollte ein Auftraggeber unter Beachtung des Verhältnismäßigkeitsgrundsatzes geeignete Maßnahmen treffen. Möglich wäre ein Mitwirkungsverbot aus § 6 SektVO als präventive Variante sowie – analog § 124 Abs. 1 Nr. 5 GWB – als ultima ratio der Ausschluss der betreffenden Person.

§ 6 SektVO ist eine relativ übersichtliche Norm, die nicht nur die konkrete Personen- **4** identität einer Person zugleich z. B. bei der Vergabe von Wegenutzungsverträgen nach § 46 EnWG.[5] Auftraggeber und Bewerber/Bieter, sondern weitere Konstellationen von Interessenkollisionen in einer Art **Sphärenverantwortung** beschreibt. Aus § 6 SektVO folgt **keine allgemeingültige Regel**, aufgrund derer Personen stets dann von der Mitwirkung bei den Entscheidungen in einem Vergabeverfahren ausgeschlossen werden, wenn ihr Verhalten den Schluss auf ihre Voreingenommenheit rechtfertigt (es reicht nicht der »böse Schein«); vielmehr ist das Mitwirkungsverbot an das Vorliegen bestimmter Tatbestandsvoraussetzungen geknüpft.[6]

Ausgangspunkt ist der **persönliche Anwendungsbereich** nach § 6 Abs. 1 SektVO, der **5** Organmitglieder eines öffentlichen Auftraggebers, Mitarbeiter eines öffentlichen Auftraggebers und Mitarbeiter eines im Namen des öffentlichen Auftraggebers handelnden Beschaffungsdienstleisters umfasst (vgl. nachfolgende Kommentierung Rdn. 12 ff.). Der **sachliche Anwendungsbereich (Interessenkollision im engeren Sinne)** gemäß § 6 Abs. 2 SektVO bezieht sich bereits auf die schlichte Beteiligung der fraglichen Person an der Durchführung des Vergabeverfahrens oder – in einer Verstärkung – eine Einflussnahme durch die Person auf den Ausgang eines Vergabeverfahrens *sowie* ein konkretes Interesse, was die Unparteilichkeit/Unabhängigkeit der fraglichen Person beeinträchtigen könnte (vgl. nachfolgende Kommentierung Rdn. 18 ff.).

Die Interessenkollision wird für bestimmte Personen vermutet (§ 6 Abs. 3 u. 4 **6** SektVO). Diese Personen gehören sowohl der Auftraggeberseite nach § 6 Abs. 1 SektVO, als auch einer der vier Gruppen aus § 6 Abs. 3 SektVO an (vgl. Kommentie-

---

3 Vgl. OLG Koblenz, Beschl. v. 18.09.2003 – 1 Verg 4/03, NZBau 2004, 352.
4 Vgl. OLG Celle, Urt. v. 10.03.2016 – 13 U 148/15, BeckRS 2016, 05123; OLG Düsseldorf, Urt. v. 13.01.2010 – 27 U 1/09, VergabeR 2010, 531.
5 Vgl. OLG Brandenburg, Beschl. v. 19.07.2016 – Kart U 1/15, BeckRS 2016, 15145.
6 Vgl. OLG Celle, Beschl. v. 09.04.2009 – 13 Verg 7/08, NZBau 2009, 394.

rung Rn. 20 ff.); dazu kommen die Angehörigen der jeweiligen Person, bei denen die Parteilichkeit ebenfalls vermutet wird (vgl. § 6 Abs. 4 SektVO).

7   Die Gruppen lauten:
  – Bewerber/Bieter (§ 6 Abs. 3 Nr. 1 SektVO);
  – Berater oder Vertreter eines Bieters oder Bewerbers (§ 6 Abs. 3 Nr. 2 SektVO);
  – Organmitglied oder Beschäftigter eines Bieters oder Bewerbers (§ 6 Abs. 3 Nr. 3 lit. a SektVO);
  – Doppelt mandatiertes Unternehmen (§ 6 Abs. Nr. 3 lit. b SektVO).

8   Die **vermutete Interessenkollision lässt sich** nach dem Willen des Verordnungsgebers **widerlegen.**[7] Der »böse Schein« der Unparteilichkeit, der zunächst durch die Vermutungen aus § 6 Abs. 3 u. 4 SektVO genährt wird, reicht somit dann nicht aus, wenn für die Person ein Entlastungsbeweis geführt werden kann. Dieser kann auch – falls der Auftraggeber selbst zu keiner Entlastung kommt – von der betroffenen Person selbst kommen, die vor der Entscheidung des Mitwirkungsverbots angehört werden muss.

9   Die aktuelle Befasstheit nach § 6 SektVO ist von der **Vorbefasstheit** abzugrenzen. Die Vorbefasstheit ist auch unter dem Begriff **Projektantenproblematik** bekannt. Sie betrifft die abgeschlossene Tätigkeit einer natürlichen Person vor einem Vergabeverfahren für den Auftraggeber und die nachherige Teilnahme dieser Person als Bewerber/Bieter bzw. einer dem Bewerber/Bieter zugehörigen Person an diesem Verfahren. Demgegenüber beschäftigt sich § 6 SektVO mit der zeitgleichen Tätigkeit einer natürlichen Person in einem Vergabeverfahren auf Seiten des Auftraggebers und auf Bewerber-/Bieterseite. Ein Fall der Vorbefasstheit ist die Erstellung einer Leistungsbeschreibung durch eine Person, die später in dem Verfahren, in welchem die von ihm (mit)erstellte Leistungsbeschreibung zugrunde gelegt wird, als Bieter auftritt. Der Anwendungsbereich von Vorbefasstheit und aktueller Befasstheit nach § 6 SektVO ist nach alledem zeitlich zu differenzieren.

10   Die Vorbefasstheit ist in § 7 **SektVO** geregelt. Auf die dortige Kommentierung wird verwiesen.

B. Vergleich zur vorherigen Rechtslage

11   Die Interessenkollision war zuvor in § 16 VgV a.F. (zugleich im Bereich der VOB/A-EG, VOL/A-EG sowie VOF) sowie wortgleich in § 42 VSVgV geregelt.

Prägnant ist der Wegfall der unwiderlegbar vermuteten Interessenkollision in zwei Fallgruppen (Bewerber/Bieter und Berater bzw. Vertreter eine Bewerbers/Bieters). Jetzt ist in jeder Fallgruppe eine Widerlegung der vermuteten Interessenkollision möglich. Neu ist ebenfalls die Möglichkeit des Ausschlusses nicht nur der Person, bei der eine Interessenkollision festgestellt wird, sondern auch des zugleich betroffenen Bewerbers/Bieters nach § 124 Abs. 1 Nr. 5 GWB.

---

7 Vgl. amtliche Begründung zu § 6 Abs. 3 SektVO.

C. Europarechtliche Vorgaben

Art. 42 Richtlinie 2014/25/EU (Sektorenrichtlinie) ist die Vorlage für die Regelung in 12
§ 6 SektVO. Letzterer übernimmt im Kern die europarechtlichen Vorschriften.

D. Kommentierung

I. Persönlicher Anwendungsbereich

Der persönliche Anwendungsbereich von § 6 SektVO umfasst **drei Gruppen**: Organ- 13
mitglieder eines Auftraggebers, Mitarbeiter eines Auftraggebers und im Namen des öffentlichen Auftraggebers handelnde Beschaffungsdienstleister (Beauftragte) samt
deren Mitarbeiter. Allen Personen gleich ist die besondere Nähebeziehung zum Auftraggeber.

Die **Organe des Auftraggebers** bestimmen sich nach dessen Rechtsform. Auf die Kom- 14
petenzen des Organs kommt es nicht an. Dazu zählen Vertretungsorgane juristischer
Personen des öffentlichen Rechts (z.B. Parlamente, Räte, Ausschüsse), politische Organe (z.B. Bürgermeister, Landrat, Minister) oder Organe privatrechtlich verfasster öffentlicher Auftraggeber (z.B. Vorstand, Aufsichtsrat, Geschäftsführung, Beirat). Sollte
es ein Organ »Gesellschafterversammlung« oder »Aktionärsversammlung« geben, dann
wären auch deren Mitglieder jedenfalls vom persönlichen Anwendungsbereich erfasst.
Eine sachwidrige Einbeziehung von Personen ist damit nicht verbunden, denn die anderen Tatbestandsvoraussetzungen von § 6 SektVO übernehmen eine sachgerechte Fil-
terfunktion.

Als **Mitarbeiter** wird jede Person verstanden, die in einem Beschäftigungs- bzw. Arbeits- 15
verhältnis zum Auftraggeber steht. Das können Beamte oder Tarifbeschäftigte des Auftraggebers sein. Ohne Belang ist die konkret von der Person wahrgenommene Aufgabe.

Beauftragte des Auftraggebers samt deren Mitarbeiter sind nicht in einem allgemeinen 16
Beschäftigungs- oder Arbeitsverhältnis, sondern in einem konkreten Auftragsverhältnis
an den Auftraggeber gebunden. Hierunter zählen klassischerweise Berater oder Ingenieure. Hinzu sollten **auch die Organe des Beauftragten und deren Mitglieder** zur Vermeidung von Regelungslücken gezählt werden, denn das Näheverhältnis wird durch
den mit dem Beauftragten geschlossenen Vertrag begründet, was es rechtfertigt, die Organe des Beauftragten parallel zu den Organen des Auftraggebers hinzuzuziehen. Immerhin ist diese Nähebeziehung allein auf das konkrete Auftragsverhältnis und das konkrete Vergabeverfahren beschränkt, was eine unsachliche Ausweitung des Tatbestands
verhindert.

Mit der gegenüber § 16 VgV a.F. (dort »Beauftragter«) **seit 2016 in § 6 Abs. 1 SektVO** 17
veränderten Formulierung »im Namen des öffentlichen Auftraggebers handelnden Beschaffungsdienstleisters« ist **keine inhaltliche Änderung** verbunden. Die Beauftragung
ist zwangsläufig in der neuen Formulierung enthalten (»handeln für«). Eine
»Beschaffungsdienstleistung« umfasst jedwede Dienstleistung, die im Zusammenhang
mit dem Vergabeverfahren steht, womit auch insofern kein reduzierter Anwendungsbereich gegenüber der vorherigen Formulierung in § 16 Abs. 1 Hs. 1 VgV a.F. verbunden

ist, zumal der Anwendungsbereich der Interessenkollision insbesondere bei der Frage des Begriffs des Beauftragten wegen des mit § 6 SektVO ebenfalls geschützten Prinzips des Wettbewerbs weit ausgelegt wird.[8]

II. Sachlicher Anwendungsbereich

1. Generalklausel (§ 6 Abs. 2 SektVO)

18   Der sachliche Anwendungsbereich (= Interessenkollision im materiellen Sinne) in § 6 Abs. 2 bis 4 SektVO setzt in der **Generalklausel nach § 6 Abs. 2 SektVO die Beteiligung** der nach § 6 Abs. 1 SektVO identifizierten Person an der Durchführung eines Vergabeverfahrens **oder** einen **Einfluss** auf den Ausgang eines Verfahrens *sowie* ein **persönliches Interesse** voraus, welches als Unparteilichkeit wahrgenommen werden könnte. Diese Interessenkollision wird in Fällen des § 6 Abs. 3 u. 4 SektVO vermutet (vgl. Kommentierung Rdn. 23 ff.).

19   Die aus Art. 42 Richtlinie 2014/25/EU entnommene Generalklausel in § 6 Abs. 2 SektVO erfasst im Ergebnis zumindest den sachlichen Anwendungsbereich, wie er schon in § 16 VgV a.F. formuliert war. Nur auf den ersten Blick begrenzt die Beteiligung an der »Durchführung« des Verfahrens den sachlichen Anwendungsbereich in zeitlicher Hinsicht auf den Zeitraum nach der Bekanntmachung, wo es um die praktische »Durchführung« des Verfahrens geht. Der **Begriff des Vergabeverfahrens** wird **materiell** bestimmt. Das Vergabeverfahren setzt – lediglich – einen internen Beschaffungsbeschluss des Auftraggebers voraus, andererseits aber auch schon eine externe Umsetzung jener Entscheidung, die darin bestehen muss, dass der Auftraggeber in einer Weise, die geeignet ist, nach außen wahrgenommen zu werden, bestimmte Maßnahmen ergreift, um das leistende Unternehmen mit dem Ziel eines Vertragsschlusses zu ermitteln und auszuwählen.[9] In diesem Sinne würde z.B. ein Ratsbeschluss über die Beschaffung einer bestimmten Leistung den Auftakt des Vergabeverfahrens bilden und vom Vergabeverfahren im Sinne von § 6 SektVO bereits erfasst sein. Nicht dazu würden etwaige Markterkundungen, Bedarfsanmeldungen von beteiligten Stellen oder generelle Unternehmenskontakte zählen. Nur das aktuelle Vergabeverfahren im Einzelfall ist erfasst, nicht etwaige vorherige oder nachfolgende Vergabeverfahren.

20   Die regelmäßige **Parallelität der Tätigkeit für den Auftraggeber und die Rolle im Bieter-/ Bewerberlager**, die dann laut § 6 Abs. 3 u. 4 SektVO die Interessenkollision unterstellen, bringen es mit sich, dass der überkommene Streit über den Begriff des Vergabeverfahrens für die Anwendung des § 6 SektVO in der Praxis kaum eine Rolle spielt. Denn in aller Regel wird der sachliche Anwendungsbereich erst mit dem Eingang des Angebots bzw. des Teilnahmeantrags nach öffentlicher Aufforderung, womit die Bewerber-/Bieterstellung formal eingeräumt wird, und der dann zeitgleichen Tätigkeit beim Auftraggeber eröffnet sein.

---

8 Vgl. OLG Brandenburg, Urt. v. 16.12.2015 – 4 U 77/14, zitiert nach ibr-online.
9 Vgl. OLG Düsseldorf, Beschl. v. 29.10.2008 – Verg 35/08, BeckRS 2009, 12538 m.w.N.

Die Beteiligung im Vergabeverfahren (im materiellen Sinne) muss ausweislich des 21
Wortlauts von § 6 Abs. 2 Hs. 1 Alt. 1 SektVO nicht entscheidungsrelevant sein. In
der obergerichtlichen Rechtsprechung zu § 16 VgV a.f. hatte sich die Formel »alle
schriftlichen oder mündlichen Äußerungen und sonstigen aktiven Handlungen, die
zur Meinungsbildung der Vergabestelle über das Vergabeverfahren oder die Sachent-
scheidung beitragen sollen« etabliert.[10] Ob die Person, wie in § 6 Abs. 2 Hs. 1 Alt. 2
SektVO vorausgesetzt, wirklichen Einfluss auf den Ausgang des Verfahrens haben
könnte, ist in der anderen Alternative § 6 Abs. 2 Hs. 1 Alt. 1 SektVO nicht zwingende
Vorgabe. Mit **§ 6 Abs. 2 Hs. 1 Alt. 2 SektVO** wird die Möglichkeit erfasst, dass eine
Person zwar nicht an der konkreten Durchführung des Verfahrens beteiligt ist, aber
in anderer Rolle Einfluss auf das Verfahren hat, z.B. im Rahmen der Gewährung
der fraglichen (Haushalts-)Mittel. Die in jedem Fall geforderte verfahrensbezogene Ak-
tivität schließt eine passive, verfahrensfremde bzw. nicht das Verfahren beeinflussende
Rolle aus. Das gilt laut Rechtsprechung, wenn lediglich Kenntnisse über Entscheidungen auf Auftraggeberseite an die Bewerber-/Bieterseite weitergeleitet werden[11] oder ein
Aufsichtsrat informiert wird.[12]

Interessenkollisionen durch Bezugspunkte auf den Zeitraum vor Eingang von Bewer- 22
bungen/Teilnahmeanträgen bzw. **unabhängig von einer Parallelität der Tätigkeit für**
den Auftraggeber und einer Rolle im Bewerber-/Bieterlager sind auf Basis der Generalklausel in § 6 Abs. 2 SektVO **nicht ausgeschlossen**. Das gilt nicht nur, weil die besagte
Parallelität letztlich erschöpfend in der Vermutungsregel nach § 6 Abs. 3 u. 4 SektVO
erfasst ist und daneben offensichtlich weitere Interessenkollisionen denkbar sein müssen. Vor allem weil laut dem zugrundeliegenden Art. 42 Richtlinie 2014/25/EU finanzielle und wirtschaftliche Interessen, wie sie auch in § 6 Abs. 2 SektVO genannt sind,
nur Beispiele für das maßgebliche (»sonstige«) persönliche Interesse sind, ist das **persön-**
liche Interesse als **Auffangtatbestand** zu verstehen. Ein persönliches Interesse ist – folgerichtig – immer **individuell und weit zu bestimmen**. Es könnte z.B. darin liegen, dass
ein bei der Beschlussfassung über den Auftrag mitentscheidendes Ratsmitglied aufgrund seines allseits bekannten politischen Programms einem bestimmten Bieter, z.B.
weil dieser vor allem lokal ansässige Mitarbeiter beschäftigt und die Förderung der lokalen Wirtschaft »Leib- und Magenthema« des Ratsmitglieds ist, den Vorzug gibt und
womöglich dies auch schon im Rahmen einer protokollierten Sitzung hat anklingen lassen; einen unmittelbaren finanziellen Vorteil hätte das Ratsmitglied somit nicht, wohl
aber ein anderes persönliches Interesse. Für die weite Auslegung lässt sich nicht zuletzt
das durch § 6 SektVO geschützte **Wettbewerbsprinzip** ins Feld führen, was es rechtfertigt, an das tatsächliche und erkennbare Interesse der jeweiligen Person im Einzelfall
anzuknüpfen.[13] Etwaige Interessensbekundungen potentieller Bewerber/Bieter gegenüber Dritten, mithin nicht gegenüber dem Auftraggeber, sind allerdings ebenso unbe-

---

10 Grundlegend BayObLG, Beschl. v. 20.12.1999 – Verg 8/99, NZBau 2000, 259.
11 Dieses offenkundige Fehlverhalten könnte aber nach dem allgemeinen Gleichbehandlungsgrundsatz nach § 97 Abs. 2 GWB behandelt werden, siehe oben Rdn. 3.
12 Vgl. OLG Düsseldorf Beschl. v. 09.04.2003 – Verg 66/02, IBRRS 41698.
13 So schon zu § 16 VgV OLG Brandenburg, Urt. v. 16.12.2015 – 4 U 77/14, zitiert nach ibr-
   online.

achtlich wie unspezifizierte allgemeine, nicht auf den konkreten Auftrag formulierte Hoffnungen auf gute Geschäftsbeziehungen mit dem Auftraggeber. Ebenso muss das persönliche Interesse mit dem Vergabefahren bzw. dessen Ausgang verbunden sein und darf sich nicht in einer abstrakten Neigung ausdrücken.

2. Vermutungsregel (§ 6 Abs. 3 u. 4 SektVO)

a) Bewerber oder Bieter (§ 6 Abs. 3 Nr. 1 SektVO)

23   Natürliche Personen, die sowohl den persönlichen Anwendungsbereich des § 6 SektVO erfüllen, als auch in Person Bewerber oder Bieter sind, befinden sich nachvollziehbar in einem Interessenkonflikt. Deshalb wird bei diesen Personen eine Interessenkollision vermutet mit der Folge des Mitwirkungsverbots.

24   In § 16 Abs. 1 Hs. 2 Nr. 1 VgV a.F. gab es für dieselbe Gruppe wie in § 6 Abs. 3 Nr. 1 SektVO keine Widerlegungsmöglichkeit der Interessenkollision. Das war nachvollziehbar, denn die **Personenidentität** und der damit offenbare innere Konflikt zwischen eigenen Interessen und Interessen des Auftraggebers schließt eine Widerlegungsmöglichkeit (eigentlich) aus. Insofern dürfte die Zuordnung in die Kategorie nach § 6 Abs. 3 Nr. 1 SektVO regelmäßig das Mitwirkungsverbot auslösen.

b) Berater oder Vertreter eines Bewerbers oder Bieters (§ 6 Abs. 3 Nr. 2 SektVO)

25   Bei Beratern oder sonst **den Bewerber/Bieter unterstützenden** natürlichen Personen sowie gesetzlichem Vertreter eines Bewerbers/Bieters, sei es auch nur eine Vertretung in dem Vergabeverfahren, wird eine Interessenkollision vermutet.

26   **Beratung** wird ausweislich der näheren Bestimmung mit »sonstige Unterstützung« grundsätzlich **weit ausgelegt**. Insbesondere fallen hierunter freiberufliche Dienstleistungen, z.B. von Beratungsunternehmen. Gleichwohl ist der Begriff nicht völlig konturen- und grenzenlos. Laut obergerichtlicher Rechtsprechung muss eine unmittelbar fördernde Tätigkeit vorliegen, was z.B. bei einem bloßen Zeitungsinterview der fraglichen Person nicht angenommen werden könne, in dem sie sich positiv über einen Bewerber/Bieter äußert; die Beratung bzw. Unterstützung müsse zwar nicht in einem sachlichen, aber in einem zeitlichen Zusammenhang mit dem Vergabeverfahren erfolgen.[14] Diese Grenzziehung ist unzureichend. Sie kann auch nicht mit der letzten Variante in § 6 Abs. 3 Nr. 2 SektVO begründet werden, denn der Passus »oder nur in dem Vergabeverfahren« bezieht sich ersichtlich nur auf die Vertretungs- und nicht auf die Beratungsvariante in § 6 Abs. 3 Nr. 2 SektVO. Deshalb ist mit Unterstützung bzw. Beratung **eine konkrete unmittelbar fördernde und aktuelle Tätigkeit in dem fraglichen Vergabeverfahren** erforderlich.[15] Wenn der Berater sogar an Entscheidungen beteiligt ist, kommt es auf eine weitergehende kausale Wirkung einer konkreten Einflussnahme sogar auf die Vergabeentscheidung jedenfalls nicht an.[16] Diese Lösung ist interessengerecht, da

---

14 Vgl. OLG Celle, Beschl. v. 09.04.2009 – 13 Verg 7/08, NZBau 2009, 394.
15 Vgl. OLG Celle, Beschl. v. 11.06.2015 – 13 Verg 4/15, zitiert nach VERIS.
16 Vgl. OLG Schleswig, Beschl. v. 28.06.2016 – 54 Verg 2/16, NZBau 2016, 593.

andere Beratungskonstellationen entweder über die Projektantenregelungen oder den allgemeinen Gleichbehandlungsgrundsatz gelöst werden können. Besteht eine Interessensbeziehung (z.b. die Mandatsbeziehung eines Rechtsanwalts) nicht zu dem Bewerber/Bieter, sondern zu dessen Gesellschafter, der in das Vergabeverfahren selbst nicht involviert ist, wird nach obergerichtlicher Rechtsprechung eine solche Konstellation von keiner der Tatbestandsalternativen des § 6 Abs. 3 SektVO erfasst.[17]

In der zweiten Variante von § 6 Abs. 3 Nr. 2 SektVO geht es um die **gesetzliche 27 (Dauer-)Vertretung des Bewerbers/Bieters**, z.b. einen Geschäftsführer einer GmbH oder den Vorstand einer AG. Die doppelte Berücksichtigung eines Vertretungsorgans sowohl in § 6 Abs. 3 Nr. 2 SektVO als auch in § 16 Abs. 3 Nr. 3 lit. a VgV a.F. (dort »Vorstand oder gleichartiges Organ«) ist ein Fehler des Verordnungsgebers, der nach der Teleologie von § 6 SektVO und der maßgeblichen Frage nach der Nähebeziehung zugunsten von § 6 Abs. 3 Nr. 2 SektVO jedenfalls für solche Vertretungsorgane zu lösen ist, die Bewerber/Bieter gesetzlich vertreten. Der gesetzlichen (Dauer-)Vertretung gleichgesetzt sind kraft Rechtsgeschäft bevollmächtigte Personen für das konkrete Vergabeverfahren.

Für die Gruppe in § 6 Abs. 3 Nr. 2 SektVO war in § 16 Abs. 1 Hs. 2 Nr. 1 VgV a.F. 28 eine unwiderlegbare Vermutung einer Interessenkollision gegeben. Das war nachvollziehbar, denn sowohl die gesetzliche (Dauer-)Vertretung wie die konkrete Vertretung in dem fraglichen Vergabeverfahren erzeugen eine Nähebeziehung, die nahezu Personengleichheit erzeugt. Insofern dürfte auch hier die Zuordnung in die Kategorie nach § 6 Abs. 3 Nr. 1 SektVO regelmäßig das Mitwirkungsverbot auslösen.

c) Gegen Entgelt Beschäftigte oder Organmitglieder eines Bewerbers/Bieters (§ 6 Abs. 3 lit. a SektVO)

Einer **widerlegbaren Interessenkollision** unterliegen nach § 6 Abs. 3 Nr. 3 lit. a 29 SektVO bei einem Bewerber/Bieter gegen Entgelt Beschäftige und Mitglieder von Vorständen, Aufsichtsräten und gleichartigen Organen.

Die **Beschäftigten** nach Variante 1 von § 6 Abs. 3 Nr. 3 lit. a SektVO befinden sich in 30 einem allgemeinen Arbeitsverhältnis zum Bewerber/Bieter. Hierfür erhält der Beschäftigte eine Vergütung. Dadurch unterscheidet sich der Beschäftigte nach § 6 Abs. 3 Nr. 3 lit. a SektVO von dem konkreten Unterstützer in dem Vergabeverfahren nach § 6 Abs. 3 Nr. 2 SektVO, was eine erleichterte Widerlegungsmöglichkeit der fehlenden Interessenkollision für den Beschäftigten rechtfertigt.

Unter **Organen** im Sinne der zweiten Variante von § 6 Abs. 3 Nr. 3 lit. a SektVO sind 31 nach den in der Verordnung konkret genannten Organen sowohl Vertretungsorgane (Vorstand) wie Kontrollorgane (Aufsichtsrat) gemeint. Nach richtiger Auffassung gehören jedoch Vertretungsorgane im Sinne einer gesetzlichen Vertretung in den Tatbestand nach § 6 Abs. 3 Nr. 2 SektVO. Andere, nicht gesetzlich vertretende Organe zählen je nach Konstituierung (z.B. Gesellschafterversammlung einer GmbH) dazu, solange sie

---

17 Vgl. OLG Dresden Beschl. v. 23.07.2002 – WVerg 0007/02, IBRRS 39768.

nicht rein beratende Funktion haben; Letztere könnten allerdings konkrete Berater im Vergabeverfahren sein und damit § 6 Abs. 3 Nr. 2 SektVO unterfallen. Eine analoge Anwendung des § 6 Abs. 3 Nr. 3 lit. a SektVO ist nach der Rechtsprechung auch für Aufsichtsratsmitglieder geboten, die nicht dem Aufsichtsrat des Bieters selbst, sondern dem eines Gesellschafters des Bieters angehören; insofern kann nichts anderes gelten als für Mitglieder des Beirats eines Gesellschafters.[18]

d) Doppelte Geschäftsbeziehung (§ 6 Abs. 3 Nr. 3 lit. b SektVO)

32   Einer widerlegbaren Interessenkollision unterliegen in das konkrete Vergabeverfahren eingeschaltete Unternehmen, die zugleich geschäftliche Beziehungen zum Auftraggeber wie zum Bewerber/Bieter haben. **Unternehmen** meint Sach- und Personengesamtheiten, welche zu einem gemeinsamen Ziel zusammengefügt wurden bzw. sich zu einem gemeinsamen Ziel zusammengeschlossen haben. Auf die Konstitution oder Beteiligungsverhältnisse des Unternehmens kommt es nicht an. Auch Konzerne fallen damit grundsätzlich als Ganzes unter den Begriff Unternehmen. Das ist nicht unbillig, denn die mögliche Widerlegung des Interessenkonflikts dürfte z.B. Schwester- oder Enkelunternehmen des direkt involvierten Unternehmens grundsätzlich leicht fallen.

33   Eine **persönliche Nähebeziehung** zwischen den im Verfahren involvierten Personen auf Auftraggeber- und Bewerber-/Bieterseite ist nicht gefordert. Die Vermutung der Voreingenommenheit ist unternehmensbezogen. Die Verbindung erfolgt durch die beidseitigen geschäftlichen Beziehungen des Unternehmens. Die Doppelbeziehung setzt jeweils eine dauerhafte geschäftliche Verbindung voraus, womit ein einzelner Auftrag für die eine oder andere Seite noch nicht den Tatbestand erfüllen kann. Auf gesellschaftsrechtliche Beziehungen kommt es ebenfalls nicht an.[19] Bestehen geschäftliche Verbindungen, werden sie aber aufgrund eines Vergabeverfahrens für diese Zeit in die eine oder andere Richtung »auf Eis gelegt«, dann ändert dies an der Einordnung als Dauerverbindung nichts. Dieser Umstand kann aber womöglich im Rahmen der Widerlegung der Interessenkollision eine Rolle spielen.

e) Angehörige (§ 6 Abs. 4 SektVO)

34   In den Anwendungsbereich der Vermutungsregel von § 6 Abs. 3 SektVO fallen nicht nur Personen, die unmittelbar die Voraussetzungen nach § 6 Abs. 3 SektVO erfüllen und denen im Zusammenhang mit der Erfüllung des persönlichen und sachlichen Anwendungsbereichs die Voreingenommenheit widerlegbar unterstellt wird. Gemäß § 6 Abs. 4 SektVO wird auch Angehörigen von Personen, für welche die Vermutungsregel gilt, eine Interessenkollision unterstellt.

35   Der Begriff des Angehörigen wird in § 6 Abs. 4 SektVO legal definiert. **Angehörige** sind Personen, die zu jenen Personen, welche zumindest einen der Tatbestände von § 6 Abs. 3 SektVO erfüllen, folgende Beziehungen haben:
– Verlöbnis

---

18 Vgl. OLG Celle, Beschl. v. 09.04.2009 – 13 Verg 7/08, NZBau 2009, 394.
19 Vgl. VK Baden-Württemberg, Beschl. v. 29.10.2010 – 1 VK 54/10, zitiert nach Veris.

- Ehe
- Lebenspartnerschaft
- Verwandte und Verschwägerte gerader Linie
- Geschwister
- Kinder der Geschwister
- Ehegatten und Lebenspartner der Geschwister
- Geschwister der Ehegatten und Lebenspartner
- Geschwister der Eltern sowie Pflegeeltern und Pflegekinder

Mit der Angehörigkeitsklausel erfährt der Tatbestand von § 6 Abs. 3 SektVO eine erheb- 36
liche Erweiterung. Diese **Erweiterung ist nicht zuletzt aus europarechtlicher Sicht abzulehnen.** Zum einen, weil der mit § 6 SektVO umgesetzte Art. 42 Richtlinie 2014/25/EU
keine Angehörigen-Klausel enthält. Zum anderen, weil der EuGH bei Interessenkollisionen sowohl bei deren Feststellung wie rechtlichen Behandlung verhältnismäßige Entscheidungen erwartet.[20] Es ist aber nicht verhältnismäßig, wenn z.B. Verschwägerte gerader Linie, zu denen die den Auftraggeber beratende Person womöglich keine Beziehung
hat, mit der Personenidentität des § 6 Abs. 3 Nr. 1 SektVO gleich gesetzt werden. Auch
die Teleologie von § 6 SektVO spricht gegen die Rechtmäßigkeit der unterschiedslosen
Einbeziehung von Angehörigen, denn demnach wird außerhalb der tatsächlichen Personenidentität sämtlich zumindest ein wirkliches persönliches oder wirtschaftliches Näheverhältnis für die Feststellung von Interessenkollisionen vorausgesetzt.

III. Darlegungslast

Grundsätzlich hat derjenige, der eine Interessenkollision behauptet, die entsprechende 37
Darlegungslast. Damit haben die **Darlegungslast im Regelfall der Rügende bzw. Antragsteller** in einem Vergabenachprüfungsverfahren. Bezüglich der Generalklausel
nach § 6 Abs. 2 SektVO wären neben dem persönlichen Anwendungsbereich nach
§ 6 Abs. 1 SektVO demnach die Beteiligung am Verfahren bzw. der Einfluss auf dessen
Ausgang und das persönliche Interesse der fraglichen Person darzulegen.

In den Fällen von § 6 Abs. 3 u. 4 SektVO ist eine Widerlegung der Interessenkollision 38
möglich. Die **Widerlegung obliegt dem Auftraggeber** als Verantwortlichem für das Vergabeverfahren, der darin von den beteiligten Personen, besonders auf Bewerber-/Bieter-
seite, unterstützt werden kann. Inhalt und Umfang der Widerlegung hängen vom Einzelfall ab. Jedenfalls sind laut Begründung des Verordnungsgebers zum alten § 16 VgV
a.F. (die herangezogen werden kann, weil der Rechtsgedanke gleich geblieben ist) organisatorische Maßnahmen sowohl auf Seiten des Auftraggebers als auch auf Bewerber-/
Bieterseite möglich, wenn diese den scheinbaren Interessenkonflikt ausräumen.[21] Dazu
werden die dem Wertpapierhandel bekannten »Chinese Walls« gezählt, wenn die
entsprechenden persönlichen, sachlichen und räumlichen Maßnahmen überzeugend
Vertraulichkeitsbereiche abbilden.[22] Sog. negative Eigenerklärungen der Beteiligten,

20 Vgl. EuGH, Urt. v. 16.12.2008 – C-213/07, EuZW 2009, 87.
21 BR-Drs. 455/00, S. 20.
22 Vgl. Kleinert/Göres, KommJur 2006, 361; Berstermann/Petersen, VergabeR 2006, 740.

in denen versichert wird, nicht gegen § 6 SektVO zu agieren, vermögen den vermuteten Interessenkonflikt nach § 6 Abs. 3 u. 4 SektVO jedenfalls alleine nicht zu entkräften.

39 Ist dann nur die Feststellung möglich, dass durch die Beteiligten eines Vergabeverfahrens Handlungen oder Maßnahmen nicht ersichtlich oder nachgewiesen sind, die als solche den Schluss auf die Voreingenommenheit zulassen könnten, besteht kein Anlass, das Mitwirkungsverbot auszusprechen.[23] Sind andererseits **konkrete Anhaltspunkte** für das Fehlen eines Interessenkonflikts oder eine mangelnde Einflussnahme nicht ersichtlich, ist eine Voreingenommenheit zu unterstellen und von einem Verstoß gegen § 6 SektVO auszugehen.[24]

IV. Rechtsfolge eines Verstoßes gegen § 6 SektVO

40 § 6 SektVO sieht ausdrücklich als Rechtsfolge eines identifizierten Verstoßes ein **Mitwirkungsverbot** der festgestellt voreingenommenen Person vor. Diese Person darf nicht in einem Vergabeverfahren mitwirken. Der Auftraggeber hat gegenüber der Person ein Mitwirkungsverbot auszusprechen. Theoretisch könnte der Auftraggeber einzelfallgerecht über jede einzelne Mitwirkung in einem Vergabeverfahren entscheiden. Es wäre ebenso verhältnismäßig und nicht zuletzt aus Gründen der Rechtssicherheit angemessener, wenn die fragliche Person für das gesamte Vergabeverfahren ausgeschlossen wird.

41 Ein **Ausschluss eines Bewerbers/Bieters vom Verfahren kommt auf Basis von § 6 SektVO nicht in Betracht**, denn Rechtsfolge von § 6 SektVO ist nur ein Mitwirkungsverbot auf Seiten des Auftraggebers.[25] Dafür ist **§ 124 Abs. 1 Nr. 5 GWB** einschlägig, der den Ausschluss ermöglicht.

42 Sollte die Person schon an einer Entscheidung mitgewirkt haben, so stellt sich die Frage, wie der Auftraggeber diesem Fehler begegnet, um Schäden für Dritte zu vermeiden bzw. zu beheben. Dabei hat der Auftraggeber **einzelfallgerecht und unter Beachtung des Verhältnismäßigkeitsgrundsatzes** zu handeln. Falls nur eine Entscheidung betroffen ist, könnte der Auftraggeber diese Entscheidung ohne Mitwirkung der festgestellt voreingenommenen Person treffen und damit wiederholen lassen. Nach Auffassung des OLG Koblenz ist eine derartige **Heilung** – zu Recht – sogar noch im Nachprüfungsverfahren möglich.[26] Dafür spricht schon das Beschleunigungsgebot. Dabei ist jedoch darauf zu achten, welche anderen Entscheidungen betroffen bzw. »infiziert« sind. Womöglich muss eine Serie von Entscheidungen wiederholt werden, wenn alle Entscheidungen nach sorgfältiger Prüfung von der Interessenkollision betroffen sind. Die obergerichtliche Rechtsprechung ist uneinig darüber, ob sogar eine Aufhebung des Verfahrens als Folge des Verstoßes gegen § 6 SektVO durch Nachprüfungsinstanzen entschieden

23 Vgl. VK Thüringen Beschl. v. 29.11.2002 – 216-4004.20-015/02-SON.
24 Vgl. VK Hamburg Beschl. v. 25.07.2002 – VgK FB 1/02, IBRRS 38444.
25 Vgl. VK Baden-Württemberg, Beschl. v. 28.12.2009 – 1 VK 61/09, IBRRS 75392; VK Bund, Beschl. v. 01.08.2008 – VK 2-88/08.
26 Vgl. OLG Koblenz, Beschl. v. 05.09.2002 – 1 Verg 2/02, NZBau 2002, 699.

werden kann.[27] Gegen die Aufhebung spricht die eindeutig formulierte Rechtsfolge in § 6 SektVO, wonach Maßnahmen allein gegen die voreingenommene Person und – konsequent – in Bezug auf die dort ebenfalls ausdrücklich genannten Entscheidungen zu erfolgen haben. Zudem hat der BGH mehrfach bei anderer Gelegenheit das Ermessen des Auftraggebers bei der Aufhebungsentscheidung betont.[28] Von daher sind die Nachprüfungsinstanzen angehalten, bei Verstößen gegen § 6 SektVO einzelfallgerechte Lösungen anzustreben und nicht mit der Aufhebung eine globale Entscheidung zu treffen.

Die **Nichtigkeit** eines unter Verstoß gegen § 6 SektVO geschlossenen Vertrags könnte   43
nach § 138 BGB aus Sittenwidrigkeit folgen. Das setzt regelmäßig ein kollusives Zusammenwirken zwischen Auftraggeber und voreingenommener Person zur Umgehung des Mitwirkungsverbots voraus.[29] Es kann allerdings auch objektiv durch den Gesamtcharakter des Vertrags bzw. der äußeren Umstände die Sittenwidrigkeit wegen Verstoßes gegen § 6 SektVO eintreten.[30]

Eine Nichtigkeit nach § 134 **BGB (gesetzliches Verbot) kommt hingegen nicht in Be-**   44
tracht, denn § 6 SektVO sowie die korrespondierende Vorschrift aus § 124 Abs. 1 Nr. 5 GWB haben nicht die Untersagung eines Rechtsgeschäfts zum Ziel, sondern das Verbot der Mitwirkung voreingenommener Personen.

§ 7 SektVO Mitwirkung an der Vorbereitung des Vergabeverfahrens

(1) Hat ein Unternehmen oder ein mit ihm in Verbindung stehendes Unternehmen den Auftraggeber beraten oder war auf andere Art und Weise an der Vorbereitung des Vergabeverfahrens beteiligt (vorbefasstes Unternehmen), so ergreift der Auftraggeber angemessene Maßnahmen, um sicherzustellen, dass der Wettbewerb durch die Teilnahme dieses Unternehmens nicht verzerrt wird.

(2) Die Maßnahmen nach Absatz 1 umfassen insbesondere die Unterrichtung der anderen am Vergabeverfahren teilnehmenden Unternehmen in Bezug auf die einschlägigen Informationen, die im Zusammenhang mit der Einbeziehung des vorbefassten Unternehmens in der Vorbereitung des Vergabeverfahrens ausgetauscht wurden oder daraus resultieren, und die Festlegung angemessener Fristen für den Eingang der Angebote und Teilnahmeanträge.

(3) Vor einem Ausschluss nach § 124 Absatz 1 Nummer 6 des Gesetzes gegen Wettbewerbsbeschränkungen ist dem vorbefassten Unternehmen die Möglichkeit zu geben, nachzuweisen, dass seine Beteiligung an der Vorbereitung des Vergabeverfahrens den Wettbewerb nicht verzerren kann.

---

27 Pro: OLG Hamburg, Beschl. v. 04.11.2002 – 1 Verg 3/02, ZfBR 2003, 186; Contra: OLG Jena, Beschl. v. 20.06.2005 – 9 Verg 3/05, NZBau 2005, 476.
28 Vgl. BGH, Beschl. v. 26.09.2006 – X ZB 14/06, NZBau 2006, 800.
29 Vgl. OLG Düsseldorf, Beschl. v. 25.01.2005 – Verg 93/04, ZfBR 2005, 404.
30 Vgl. OLG Brandenburg, Urt. v. 16.12.2015 – 4 U 77/14, zitiert nach ibr-online.

Amtliche Begründung

»§ 7 betrifft die sogenannte Projektantenproblematik und überführt den Regelungsgehalt des § 6 EG Absatz 7 VOL/A in die Sektorenverordnung. Erforderlich wurde die Übernahme dieser Regelung aufgrund der erstmaligen Regelung der Problematik in der Richtlinie 2014/25/EU.

Zu Absatz 1

Absatz 1 übernimmt die in Artikel 59 Unterabsatz 1 der Richtlinie 2014/25/EU vorgesehene Regelung zur vorherigen Einbeziehung von Bewerbern oder Bietern.

Zu Absatz 2

Absatz 2 dient der Umsetzung des Artikels 59 Unterabsatz 2 der Richtlinie 2014/25/EU. Er nennt exemplarisch Maßnahmen, mit denen der Auftraggeber sicherstellen kann, dass der Wettbewerb durch vorbefasste Bieter oder Bewerber nicht verzerrt wird. Die Möglichkeit, ein vorbefasstes Unternehmen von der Teilnahme an einem Vergabeverfahren auszuschließen, wenn daraus eine Wettbewerbsverzerrung resultiert, ist in § 124 Absatz 1 Nummer 6 GWB geregelt. Es gilt der Grundsatz der Verhältnismäßigkeit.

Zu Absatz 3

Absatz 3 sieht die in Artikel 59 Unterabsatz 4 der Richtlinie 2014/25/EU geregelte Möglichkeit für den vorbefassten Bieter oder Bewerber vor, nachzuweisen, dass seine Beteiligung an der Vorbereitung des Vergabeverfahrens den Wettbewerb nicht verzerren kann.«

A. Allgemeine Einführung

1   Die unter »Projektantenproblematik« ergangene Rechtsprechung ist Ausdruck des Neutralitätsprinzips als Unterfall des Wettbewerbsprinzips. Dieses erfasst die Fälle, in denen ein Bewerber/Bieter ohne wettbewerbsgerechte Rechtfertigung mehr Wissen als alle anderen Wettbewerber hat. Dann ist der Auftraggeber gefordert, i. S. d. Wettbewerbs für einen Ausgleich unter den Bewerbern/Bietern zu sorgen.

2   Ausformungen des Neutralitätsprinzips sind die Vorbefasstheit (sog. Projektantenproblematik) und die aktuelle Befasstheit (sog. Verbot der Voreingenommenheit). Letztere ist in § 6 SektVO als »Vermeidung von Interessenkonflikten« in die Verordnung neu

aufgenommen worden und war bisher nur in § 16 VgV für den dortigen Anwendungsbereich geregelt.

Die Projektantenproblematik erfasst alle Fälle, in denen sich ein Auftraggeber im Vor- 3
feld eines bestimmten Vergabeverfahrens von einem Unternehmen auf vertraglicher
Basis beraten lässt[1] und dieses Unternehmen später als Bewerber/Bieter an dem betroffenen Verfahren teilnimmt[2]. Dieses Unternehmen nennt man einen Projektanten. Derartige Beratungstätigkeiten sind üblicherweise die Formulierung von Leistungsbeschreibungen oder Machbarkeitsstudien. Sollte ein vorheriger Auftragnehmer des
ausschreibenden Auftraggebers keine konkret auf das Vergabeverfahren bezogenen
Leistungen erbracht haben, dann ist dieses Unternehmen kein Projektant. Denn es
ist nicht Aufgabe des Vergaberechts, geborene Vorteile eines Unternehmens auszugleichen, die es sich im Rahmen einer im Zweifel durch eine Ausschreibung erlangten Tätigkeit für den Auftraggeber erworben hat.[3]

Die Gefahr der Beteiligung von Projektanten liegt in einem potentiellem Informations- 4
und Wettbewerbsvorsprung.[4] Es ist laut EuGH verboten, den Projektanten direkt auszuschließen; vielmehr ist es Aufgabe des Auftraggebers, den möglichen Wettbewerbsvorsprung auszugleichen.[5] Der dazu notwendige Informationsgleichstand[6] wird im Vorfeld des Verfahrens etwa durch die Dokumentation der Tätigkeiten seiner Berater, im
Verfahren z. B. durch die Verlängerung von Bewerbungs- und Angebotsfristen[7] hergestellt sowie mit der Bereitstellung aller Unterlagen, die der Projektant eingesehen hat,
oder auch anhand von Besichtigungen des Leistungsorts.[8] Sollte der Projektant trotz
aller Ausgleichsmaßnahmen ein deutlich besseres Angebot als der Wettbewerb haben,
so sind Aufklärungsmaßnahmen durchzuführen. Dann dreht sich die Beweislast,
d. h. der Projektant muss nachweisen, dass er nicht durch wettbewerbswidrige Vorteile
das beste Angebot abgegeben hat. Wird z. B. angeführt, dass man gerade wegen der Erstellung der Leistungsbeschreibung für den Auftraggeber Bestbieter ist, dann muss der
Projektant ausgeschlossen werden.

B. Vergleich zur vorherigen Rechtslage

§ 7 SektVO regelt die sog. Projektantenproblematik, die bereits ausführlich durch die 5
Rechtsprechung beurteilt wurde, aber erstmals in die Richtlinie 2014/25/EU aufgenommen wurde. Zudem war die Projektantenproblematik bereits in § 6a Abs. 9
VOB/A, § 4 Abs. 5 VOF, § 6 Abs. 6 VOL/A und § 6 EG Abs. 7 VOL/A geregelt. Danach hat der Auftraggeber sicherzustellen, dass der Wettbewerb durch die Teilnahme
eines Bieters bzw. Bewerbers nicht verfälscht wird, wenn dieser den Auftraggeber vor

---

1 Vgl. VK Hessen, Beschl. v. 12.02.2008 – 69d VK 01/2008.
2 Vgl. VK Thüringen, Beschl. v. 12.12.2008 – 250-4004.20-5909/2008-015-SM.
3 Vgl. OLG Koblenz, Beschl. v. 05.09.2002 – 1 Verg 2/02, VergabeR 2002, 617.
4 Vgl. OLG Brandenburg, Beschl. v. 22.05.2007 – Verg W 13/06.
5 Vgl. EuGH, Urt. v. 03.03.2005 – C-21/03 und 34/03, VergabeR 2005, 319.
6 Vgl. VK Nordbayern, Beschl. v. 04.05.2009 – 21.VK – 3194 – 06/09.
7 Vgl. VK Baden-Württemberg, Beschl. v. 30.03.2007 – 1 VK 6/07.
8 Vgl. OLG Koblenz, Beschl. v. 06.11.2008 – 1 Verg 3/08, ZfBR 2009, 93.

Einleitung des Vergabeverfahrens beraten oder sonst unterstützt hat. Es war nicht mit der Rechtsprechung vereinbar, diese Regelung nur für öffentliche Aufträge unterhalb der Schwellenwerte festzulegen, weshalb die Projektantenregelung nunmehr konsequent für alle Arten von Aufträgen auch oberhalb der Schwellenwerte gilt.

C. Europarechtliche Vorgaben

6   § 7 SektVO übernimmt überwiegend den Wortlaut des Art. 59 der Richtlinie 2014/25/EU. Dieser wiederum spiegelt die europäische Rechtsprechung wider.

Die Richtlinie bezeichnet die vorbefassten Unternehmen lediglich als Bieter und Bewerber. Die Begründung zur SektVO stellt aber klar, dass der Begriff »Unternehmen« eben Bieter und Bewerber meint.[9]

7   Art. 59 Abs. 1 der Richtlinie 2014/25/EU verweist darüber hinaus darauf, dass die Beratung durch den Bieter und Bewerber auf Basis einer vorherigen Marktkonsultation gemäß Art. 58 der Richtlinie 2014/25/EU oder in einem anderen Zusammenhang erfolgen konnte. Die Art der Beratung, deren Anlass und Umfang ist damit irrelevant.

8   Art. 59 Abs. 2 der Richtlinie 2014/25/EU zählt – anders als § 7 SektVO – die erforderlichen Maßnahmen abschließend auf. Der deutsche Gesetzgeber hat von seiner Gesetzgebungskompetenz Gebrauch gemacht und den Maßnahmenkatalog durch das Wort »insbesondere« nur beispielhaft gestaltet. Weitere, dort nicht aufgezählte Maßnahmen sind somit möglich. Des Weiteren hat der deutsche Gesetzgeber die Festlegung angemessener Fristen nicht nur für den Eingang der Angebote, sondern auch für den Eingang der Teilnahmeanträge vorgesehen. Das sieht Art. 59 Abs. 2 der Richtlinie 2014/25/EU nicht vor.

9   Für den Ausschluss des betroffenen vorbefassten Unternehmens legt Art. 59 Abs. 2 Satz 2 der Richtlinie 2014/25/EU fest, dass ein Ausschluss nur möglich ist, wenn keine andere Möglichkeiten zur Einhaltung der Pflicht zur Wahrung des Grundsatzes der Gleichbehandlung bestehen. Diese Regelung hat der deutsche Gesetzgeber in § 7 Abs. 3 SektVO durch einen Verweis auf § 124 Abs. 1 Nr. 6 GWB gelöst, der entsprechend die Berücksichtigung des mildesten Mittels für einen solchen Fall vorsieht.

10   Der Vollständigkeit halber sieht Art. 59 Abs. 3 Satz 2 der Richtlinie 2014/25/EU darüber hinaus die Pflicht zur Dokumentation der ergriffenen Maßnahmen in einem nach Art. 100 der Richtlinie 2014/25/EU vorgeschriebenen Einzelbericht vor. Diese Regelung hat der deutsche Gesetzgeber in § 8 SektVO umgesetzt.

D. Kommentierung

I. § 7 Abs. 1 SektVO

11   § 7 Abs. 1 SektVO regelt das Erfordernis zur Ergreifung von angemessenen Maßnahmen durch den Auftraggeber, wenn ein Unternehmen oder ein mit ihm in Verbindung stehendes Unternehmen den Auftraggeber in dem Vergabeverfahren beraten hat oder

---

9 BR-Drs. 87/16 v. 29.02.2016, § 7 zu Abs. 1.

auf andere Art und Weise an der Vorbereitung des Vergabeverfahrens beteiligt war. Damit soll sichergestellt werden, dass der Wettbewerb durch die Teilnahme dieses Unternehmens an dem Vergabeverfahren nicht verzerrt wird.

1. Unternehmen oder ein mit ihm in Verbindung stehendes Unternehmen

Die Beratung des Auftraggebers durch das Unternehmen kann vielfältig sein. Der häufige Fall ist die Beteiligung eines Ingenieurbüros bei der Vorbereitung der Ausschreibung als sog. Projektant, indem es die Ausschreibungsunterlagen anfertigt und den Auftraggeber zum Inhalt der Unterlagen berät oder sonstige Planungsleistungen erbringt. Es ist auch durchaus denkbar, dass der Projektant das Projekt auf die eigene Fachkunde und Leistungsfähigkeit zugeschnitten hat. Bei eigener Teilnahme an dem gleichen Vergabeverfahren hat das vorbefasste Unternehmen einen sog. Wissensvorsprung, der zugunsten der weiteren Bewerber und Bieter auszugleichen ist. **12**

Unternehmen ist jede Unternehmung, die auf dem Markt agiert. Dies kann ein Angehöriger der freien Berufe oder ein eingetragener Kaufmann genauso sein wie eine Aktiengesellschaft. Die Gesellschaftsform bzw. Organisationsform spielt dabei keine Rolle.

Ein mit dem Bieter oder Bewerber in Verbindung stehendes Unternehmen können mit dem Bieter/Bewerber verbundene Unternehmen im Sinne von § 15 AktG oder Minderheitsbeteiligungen sein oder vom Bieter/Bewerber beauftragte Unternehmen[10], die für den Bieter/Bewerber tätig sind. In allen drei Fällen sind die Intensität der Verbindung und das Ausmaß auf den betreffenden Auftrag im Einzelfall zu prüfen. Nicht jede Art von Verbindung kann zur Anwendung des § 7 SektVO führen. **13**

2. Beratung für den Auftraggeber

Die Form der Beratung ist irrelevant. Sie kann in Form eines Auftragsverhältnisses oder anderer Vertragsart erfolgen. Es spielt auch keine Rolle, ob und wie die Beratung vergütet wird. Allerdings muss die Beratung ein gewisses Gewicht haben, so dass überhaupt ein Wissensvorsprung des beratenden Unternehmens gegenüber den anderen Bietern/Bewerbern entstehen kann. **14**

Die Beratung kann auch bereits im Rahmen einer Marktkundung gemäß § 26 SektVO stattgefunden haben. Art. 59 Abs. 1 der Richtlinie 2014/25/EU sieht diese Möglichkeit ausdrücklich vor.

Die Beratung muss aber in einem sachlich-zeitlichen Zusammenhang mit dem zu vergebenden Auftrag erfolgt sein. Dieser Zusammenhang besteht nicht, wenn ein Unternehmen den Auftraggeber bei einer bestimmten Auftragsvergabe berät, dieses Unternehmen sich aber in einem ganz anderen Vergabeverfahren dieses Auftraggebers bewirbt, der in keinerlei Verbindung mit der ursprünglichen Auftragsvergabe steht. Nicht jede vorher einmal erfolgte Unterstützung des Auftraggebers darf zu einem Ausschluss des vorbefassten Unternehmens führen. Im Einzelfall ist jedoch zu beachten, dass bei **15**

---

10 OLG Brandenburg, Urt. v. 16.12.2015 – 4 U 77/14, NZBau 2016, 184.

gleichartigen oder wiederholten Aufträgen desselben Auftraggebers sehr wohl ein solcher Zusammenhang wiederum bestehen kann.

16   Es genügt auch eine mittelbare Beratung für den Auftraggeber, wenn z.B. das vorbefasste Unternehmen Subunternehmen des Bestbieters ist und der Bestbieter aufgrund seines Auftragsverhältnisses zum vorbefassten Unternehmen den Wissensvorsprung innehat.[11]

17   Nach den bisherigen Regelungen zur Projektantenproblematik für Aufträge unterhalb der Schwellenwerte genügt auch jegliche Unterstützung des Auftraggebers durch das beratende Unternehmen. Die »Unterstützung« wird nun durch die Alternative »Beteiligung auf andere Art und Weise« ersetzt und erweitert.

3. Beteiligung auf andere Art und Weise an der Vorbereitung des Vergabeverfahrens

18   Die Beteiligung auf andere Art und Weise lässt ebenfalls bewusst die Form und Intensität der Beteiligung des Unternehmens offen. Jedenfalls wird bei dieser Variante ausdrücklich ein direkter Zusammenhang zwischen der Beteiligung und dem konkreten Vergabeverfahren bestehen.

4. Angemessene Maßnahmen zur Sicherstellung der Vermeidung von verzerrendem Wettbewerb

19   Gemäß § 7 Abs. 1 SektVO ist der Auftraggeber verpflichtet, angemessene Maßnahmen zu ergreifen, um sicherzustellen, dass der Wettbewerb durch die Teilnahme dieses Unternehmens nicht verzerrt wird. Der Auftraggeber muss zunächst erst einmal Kenntnis davon haben, dass das vorbefasste Unternehmen an dem Vergabeverfahren teilnehmen möchte. Streng genommen weiß der Auftraggeber dies aber erst, wenn das Unternehmen einen Teilnahmeantrag oder ein Angebot abgegeben hat. Daher können die Maßnahmen noch nicht bei der Abfertigung der Bekanntmachung ergriffen werden.

20   Hält der Auftraggeber die Teilnahme des vorbefassten Unternehmens für möglich, ist er gut beraten, wenn er spätestens in der Aufforderung zur Abgabe eines Angebotes oder mit Bekanntmachung der Leistungsbeschreibung sämtliche Informationen, die für den Auftrag relevant sind und bei dem vorbefassten Unternehmen vorliegen könnten, an alle Bieter weitergibt. Auch bei der Festlegung der Eignungskriterien hat der Auftraggeber eine neutrale Position einzunehmen und diese nicht auf das vorbefasste Unternehmen »zuzuschneiden«.

21   Eine Verzerrung des Wettbewerbs liegt vor, wenn durch den Wissensvorsprung des vorbefassten Unternehmens nicht die gleichen Wettbewerbsverhältnisse unter allen Bewerbern/Bietern gewährleistet sind. Damit soll das Wettbewerbsprinzip und der Gleichbehandlungsgrundsatz gewahrt werden. Im Falle eines Wissensvorsprungs des vorbefassten Unternehmens oder seines Ausschlusses vom Vergabeverfahren aufgrund eines widerlegbaren Wissensvorsprungs läge eine Ungleichbehandlung vor, im ersten Fall

---

11 OLG Brandenburg, Urt. v. 16.12.2015 – 4 U 77/14, NZBau 2016, 184.

zum Nachteil der anderen Bieter/Bewerber und im zweiten Fall zum Nachteil des vorbefassten Unternehmens.

II. § 7 Abs. 2 SektVO

§ 7 Abs. 2 SektVO zählt in einem nicht abschließenden Beispielkatalog mögliche Maß- 22
nahmen auf. Die unter § 7 Abs. 1 SektVO geforderten Maßnahmen können danach sein:

– Unterrichtung der anderen am Vergabeverfahren teilnehmenden Unternehmen in Bezug auf die einschlägigen Informationen, die im Zusammenhang mit der Einbeziehung des vorbefassten Unternehmens in der Vorbereitung des Vergabeverfahrens ausgetauscht wurden

– Unterrichtung über die aus der Einbeziehung des vorbefassten Unternehmens resultierenden Informationen

– Festlegung angemessener Fristen für den Eingang der Angebote und Teilnahmeanträge.

Zum Ausgleich des Wissensvorsprungs des vorbefassten Unternehmens sind alle Bie- 23
ter/Bewerber auf den gleichen Informationsstand zu bringen. Schwierig ist für den Auftraggeber oftmals abzuschätzen, welche Informationen einschlägig sind, da er sich in die Lage des Bieters bei der Erstellung eines Angebotes versetzen muss. Oftmals weiß der Auftraggeber aber gar nicht, welche Informationen für die Kalkulation des Angebotes von Relevanz sind. Es ist durchaus möglich, dass die Bieter unterschiedliche Kalkulationsansätze haben, von denen der Auftraggeber nur schwer Kenntnis haben kann. Jedenfalls muss die Information aus Sicht des Auftraggebers für die Abgabe des Angebotes relevant sein. Und er darf nicht in den Ausschluss des Bieters/Bewerbers nach § 124 Abs. 1 Nr. 6 GWB »flüchten«, weil diese Möglichkeit nur das letzte Mittel sein darf.

Auch die Informationen, die aus der Vorbefasstheit des Unternehmens resultieren, können einschlägig sein. Das können z.B. Arbeitsergebnisse des vorbefassten Unternehmens aus seiner Beratung für das Vergabeverfahren sein.

Der Auftraggeber darf die Fristen für die Abgabe der Teilnahmeanträge und Angebote 24
nicht so festlegen, dass es nur einem mit dem Auftragsgegenstand bereits bestens vertrauten Bieter/Bewerber möglich ist, fristgerecht ein Angebot oder einen Teilnahmeantrag abzugeben. Jeder Bieter/Bewerber muss ausreichend Zeit erhalten, sich die Bekanntmachung bzw. Vergabeunterlagen einzulesen und diese zu bearbeiten. Es muss die zeitliche Möglichkeit für Rückfragen und entsprechende Beantwortung eingeräumt werden. Die Fristen gemäß § 14 Abs. 2 bis 4 und § 15 Abs. 2 und 3 SektVO sind dafür ein rechtlicher Maßstab. Die Spielräume sind entsprechend den Anforderungen an den Auftrag zu gestalten.

III. § 7 Abs. 3 SektVO

§ 124 Abs. 1 Nr. 6 GWB, der gemäß § 142 GWB auch auf Sektorenauftraggeber an- 25
wendbar ist, regelt die Möglichkeit des Ausschlusses eines Bewerbers/Bieters zu jedem

Zeitpunkt des Vergabeverfahrens, wenn eine Wettbewerbsverzerrung aufgrund der Einbeziehung dieses Bieters/Bewerbers in die Vorbereitung des Vergabeverfahrens vorliegt und die Wettbewerbsverzerrung nicht durch andere, weniger einschneidende Maßnahmen beseitigt werden kann. Es ist der Grundsatz der Verhältnismäßigkeit zu wahren. Daher muss eine Interessenabwägung erfolgen.

26 Der Ausschluss vom Vergabeverfahren soll das letzte mögliche Mittel sein.[12] Der EuGH hat entschieden, dass ein genereller Ausschluss vom Vergabeverfahren europäischem Recht zuwiderläuft. Nach dieser Rechtsprechung ist der Ausschluss des vorbefassten Unternehmens von der Teilnahme am Vergabeverfahren dann unzulässig, wenn diesem Unternehmen nicht die Möglichkeit gegeben wird zu beweisen, dass nach den Umständen des Einzelfalls die von ihr erworbenen Erfahrungen und Kenntnisse den Wettbewerb nicht verfälschen können.[13]

27 Deshalb verpflichtet der deutsche Verordnungsgeber den Auftraggeber in § 7 Abs. 3 SektVO, dem vorbefassten Unternehmen die Möglichkeit zu geben nachzuweisen, dass seine Beteiligung an der Vorbereitung des Vergabeverfahrens den Wettbewerb nicht verzerren kann. Dies wird in der Praxis nicht ohne Schwierigkeiten möglich sein. Denn das vorbefasste Unternehmen muss entweder nachweisen, dass
– es keine diesbezüglichen relevanten Informationen besitzt oder
– die ihm bekannten Informationen für die Abgabe eines Teilnahmeantrages oder Angebotes nicht von Relevanz sind oder
– die ihm bekannten und relevanten Informationen durch bestimmte Maßnahmen des Auftraggebers allen Bietern/Bewerbern gegenüber offengelegt werden können.

Gelingt dem vorbefassten Unternehmen dieser Nachweis, darf es nicht vom Vergabeverfahren ausgeschlossen werden. Bei der Bewertung der Nachweisführung hat der Auftraggeber ein pflichtgemäßes Ermessen auszuüben.

IV. Dokumentation

28 Ein wichtiger Aspekt ist die Dokumentation der Entscheidung des Auftraggebers über
– die Anhörung des vorbefassten Unternehmens und Einräumung der Möglichkeit des Nachweises darüber, dass der Wettbewerb durch seine Beteiligung nicht verzerrt ist
– Erbringung des Nachweises durch das vorbefasste Unternehmen
– das Ergreifen der angemessenen Maßnahmen durch den Auftraggeber und damit erreichtem Ausgleich des Wissensvorsprungs
– Ausschluss der Wettbewerbsverzerrung
– Ausschluss des vorbefassten Unternehmens vom Vergabeverfahren und entsprechende Begründung.

29 Die allgemeinen Dokumentationspflichten sind in § 8 SektVO geregelt. Art. 59 Abs. 3 Satz 2 der Richtlinie 2014/25/EU schreibt die Dokumentation lediglich für

---

12 Dazu bereits zuvor VK Baden-Württemberg, Beschl. v. 29.11.2002 – 1 VK 62/02 – zitiert nach VERIS.
13 EuGH, Urt. v. 03.03.2005 – C-21/03 und C-34/03 – zitiert nach VERIS.

die vom Auftraggeber ergriffenen angemessenen Maßnahmen vor. Die Dokumentation sollte jedoch ein vollständiges Bild über die Entscheidungen des Auftraggebers widergeben, weshalb die umfassende Dokumentation den Vorzug verdient, schon allein zur Schließung eigener Erinnerungslücken.

§ 8 SektVO Dokumentation

(1) Der Auftraggeber ist verpflichtet, den Fortgang des Vergabeverfahrens jeweils zeitnah zu dokumentieren. Hierzu stellt er sicher, dass er über eine ausreichende Dokumentation verfügt, um Entscheidungen in allen Phasen des Vergabeverfahrens, insbesondere zu den Verhandlungs- oder Dialogphasen, der Auswahl der Teilnehmer sowie der Zuschlagsentscheidung, nachvollziehbar zu begründen.

(2) Der Auftraggeber bewahrt die sachdienlichen Unterlagen zu jedem Auftrag auf. Die Unterlagen müssen so ausführlich sein, dass zu einem späteren Zeitpunkt mindestens folgende Entscheidungen nachvollzogen und gerechtfertigt werden können:
1. Qualifizierung und Auswahl der Teilnehmer sowie Zuschlagserteilung,
2. Rückgriff auf Verhandlungsverfahren ohne vorherigen Teilnahmewettbewerb,
3. Nichtanwendung dieser Verordnung aufgrund der Ausnahmen nach Teil 4 des Gesetzes gegen Wettbewerbsbeschränkungen und
4. Gründe, aus denen andere als elektronische Kommunikationsmittel für die elektronische Einreichung von Angeboten verwendet wurden.

(3) Die Dokumentation ist bis zum Ende der Vertragslaufzeit oder Rahmenvereinbarung aufzubewahren, mindestens jedoch für drei Jahre ab dem Tag des Zuschlags. Gleiches gilt für Kopien aller abgeschlossenen Verträge, die mindestens den folgenden Auftragswert haben:
1. 1 Million Euro im Falle von Liefer- oder Dienstleistungsaufträgen,
2. 10 Millionen Euro im Falle von Bauaufträgen.

(4) Die Dokumentation oder deren Hauptelemente ist der Europäischen Kommission sowie den zuständigen Aufsichts- oder Prüfbehörden auf deren Anforderung hin zu übermitteln.

Amtliche Begründung:

»Zu § 8 Dokumentation

§ 8 dient der Umsetzung von Artikel 100 der Richtlinie 2014/25/EU und entspricht im Grundsatz dem bisherigen § 32 SektVO.

Zu Absatz 1

Absatz 1 normiert insbesondere in Umsetzung von Artikel 100 Absatz 1 Satz 1 und Absatz 2 Satz 1 der Richtlinie 2014/25/EU die Pflicht, die maßgeblichen Aspekte eines Vergabeverfahrens von Beginn an fortlaufend zu dokumentieren. Die Dokumentation ist Ausfluss des Transparenzgrundsatzes. Sie dient dazu, die Entscheidungen des Auftraggebers nachvollziehen und rechtlich prüfen zu können.

Zu Absatz 2

Absatz 2 setzt Artikel 100 Absatz 1 Satz 2 der Richtlinie 2014/25/EU um und regelt die Mindestinhalte der Dokumentation.

Zu Absatz 3

Absatz 3 regelt in Umsetzung von Artikel 100 Absatz 2 Satz 3 der Richtlinie 2014/25/EU, dass die Dokumentation für die Dauer der Vertragslaufzeit sowie für mindestens drei Jahre ab dem Tag der Vergabe des Auftrags aufzubewahren ist. Satz 2 setzt die Aufbewahrungspflicht aus Artikel 99 Absatz 6 der Richtlinie 2014/25/EU (Governance) um.

Zu Absatz 4

Absatz 4 setzt Artikel 100 Absatz 3 der Richtlinie 2014/25/EU um. Danach muss der Vergabevermerk der Europäischen Kommission und den zuständigen nationalen Behörden auf deren Anforderung hin übermittelt werden. Zuständige nationale Behörden sind insbesondere die mit der Fach- oder Rechtsaufsicht betrauten Behörden, die Rechnungshöfe des Bundes und der Länder sowie – im Falle von Vertragsverletzungsverfahren oder EU-Pilotverfahren – das zuständige Bundesministerium für Wirtschaft und Energie.«

A. Allgemeine Einführung

1   Der Grundsatz der Transparenz des Vergabeverfahrens ist von zentraler Bedeutung für die Auftragsvergabe. Mit den Bestimmungen über die Dokumentation des Vergabeverfahrens und der Aufbewahrungspflicht von Verträgen wird der vergaberechtliche Grundsatz der Transparenz konkretisiert. Die Dokumentation dient dem Ziel, die Entscheidungen der Vergabestelle transparent und sowohl für die Nachprüfungsinstanzen als auch für die Bieter überprüfbar zu machen.[1]

2   Das Vergabeverfahren ist ein komplexer und vielschichtiger Prozess. Zu jedem Zeitpunkt und zu jedem Stand des Verfahrens muss der gegenwärtige Sachstand erkennbar und nachvollziehbar sein. Daher ist eine zeitnahe Dokumentation unerlässlich. Dies erleichtert die Verfahrensdurchführung und bietet die Gewähr dafür, dass Fehler vermieden werden und am Ende des Prozesses eine optimale Vergabeentscheidung getroffen werden kann.

---

1 OLG Düsseldorf, Urt. v. 17.03.2004 – VII-Verg 1/04.

Zentrale Bedeutung erlangt eine lückenlose Dokumentation des Vergabeverfahrens da- 3
durch, dass die Entscheidungen des Auftraggebers, insbesondere der Zuschlag nach
den §§ 155 ff. GWB nachprüfbar sind. Schließlich hat auch die Europäische Kommission das Recht, Informationen über das Vergabeverfahren zu verlangen. Auch aus diesem Grund muss eine ordnungsgemäße Dokumentation erfolgen.

Die Regelung des § 8 ist vom Wortlaut und systematischer Stellung an § 8 Vergabever- 4
ordnung angelehnt. Anders als in der entsprechenden Vorschrift der Vergabeverordnung ist nicht explizit verlangt, einen »Vergabevermerk« anzufertigen. Der Sache
nach handelt es sich bei der Regelung zur Aufbewahrung sachdienlicher Unterlagen
nach Absatz 2 jedoch um die Pflicht, einen Vergabevermerk zu erstellen. Der Mindest-
umfang der erforderlichen Dokumentation ist geringer als es nach der Vergabeverordnung vorgesehen ist. Damit wird den Besonderheiten des Sektorenvergaberechts Rechnung getragen.

B. Europarechtliche Vorgaben

Art. 100 Abs. 1 Richtlinie 2014/25/EU verpflichtet die Auftraggeber, die einschlägi- 5
gen Unterlagen zu jedem Auftrag oder jeder Rahmenvereinbarung sowie jeder Einrichtung eines dynamischen Beschaffungssystems aufzubewahren, die es ermöglichen, bestimmte Entscheidungen zu begründen. Diese Pflicht gilt für jeden vergebenen Auftrag.

Ebenso müssen die Vergabeverfahren nach Art. 100 Abs. 2 Richtlinie 2014/25/EU do- 6
kumentiert werden. Dies gilt unabhängig davon, ob sie auf elektronischem Wege durchgeführt werden oder nicht. Systematisch ist Art. 100 Abs. 1 Richtlinie 2014/25/EU
ein Unterfall von Art. 100 Abs. 2 Richtlinie 2014/25/EU.

Gemäß Artikel 100 Abs. 2 Satz 3 Richtlinie 2014/25/EU ist die Dokumentation für
mindestens drei Jahre ab dem Tag der Vergabe des Auftrags aufzubewahren. Nach
Art. 99 Abs. 6 gilt eine entsprechende Aufbewahrungspflicht für die Dauer des Auftrags auch Verträge oberhalb bestimmter Auftragswerte.

Die EU-Kommission hat nach Art. 100 Abs. 3 Richtlinie 2014/25/EU ein Auskunfts- 7
recht. Daher verpflichtet Abs. 4 die Auftraggeber, die Dokumentation oder deren
Hauptelemente der Kommission zu übermitteln.

C. Vergleich zur vorherigen Rechtslage

Bisher waren die Vorgaben zur Dokumentations- und Aufbewahrungspflicht in § 32 8
SektVO a.F. geregelt. Systematisch zutreffend werden diese Vorgaben nun an den An-
fang der Sektorenverordnung gesetzt. Dies entspricht besser den Anforderungen der
Dokumentationspflicht, welche von Beginn des Vergabeverfahrens an gilt.

Neu ist die in § 8 Abs. 1 geregelte allgemeine Pflicht zur Dokumentation über den Fort- 9
gang des Vergabeverfahrens. Eine entsprechende Regelung war bereits in der Richtlinie
2004/17/EU enthalten, jedoch nicht in nationales Recht übernommen worden.

Die Vorschrift präzisiert die Vorgaben an die Dokumentation und die Pflicht zur Auf- 10
bewahrung abgeschlossener Verträge. Der Mindestinhalt der Dokumentation wird um

den Fall ergänzt, dass von der Verwendung elektronischer Mittel abgesehen wird. Es wird ferner klargestellt, dass die Dokumentation nicht nur der Europäischen Kommission sondern auch den zuständigen Aufsichts- und Prüfbehörden auf deren Anforderung hin zu übermitteln ist.

D. Kommentierung

I. Grundsatz der Dokumentation (Abs. 1)

11   Die Dokumentation des Vergabeverfahrens in der Vergabeakte ist das elementare Instrument zum Nachweis eines ordnungsgemäß durchgeführten Vergabeverfahrens. Sie dient einerseits der Überprüfbarkeit der Entscheidung durch Nachprüfungsinstanzen und soll andererseits den Bietern ermöglichen, spätestens im Nachprüfungsverfahren die Wertung ihres Angebots und die Entscheidung der Vergabestelle nachzuvollziehen.[2] Andererseits ist die Dokumentation auch erforderlich, um das Verfahren intern prüfen zu können. Für beide Zielrichtungen muss der Auftraggeber über eine ausreichende Dokumentation verfügen, um Entscheidungen in allen Stufen des Verfahrens begründen zu können.

12   Mit § 8 SektVO wird in Umsetzung der europarechtlichen Vorgaben das Transparenzgebot konkretisiert. Die Dokumentationspflicht kann inhaltlich die Kommunikation mit den Bietern und Bewerbern, sämtliche interne Beratungen sowie die Vorbereitung der Vergabeunterlagen betreffen.[3] Der Verordnungstext nennt die Durchführung eines wettbewerblichen Dialogs oder etwaiger Verhandlungen im Rahmen eines Verhandlungsverfahrens, die Auswahl der Bieter und die Zuschlagsentscheidung als Beispiele für zu dokumentierende Verfahrensschritte. Dabei sind jedoch nur die Umstände zu dokumentieren, die zur Begründung von Entscheidungen erforderlich sind.

13   Eine bestimmte Formvorgabe besteht für die Dokumentation nicht. Ausreichend ist daher die Dokumentation in Textform. Möglich ist insbesondere die Nutzung elektronischer Speichermedien.

14   Die Dokumentation ist zeitnah zu erstellen. Zeitnah ist die Dokumentation dann, wenn sie in engem zeitlichen Zusammenhang zum Fortgang des Verfahrens bzw. der jeweiligen Entscheidungen erfolgt. Der Begriff ist dabei jedoch nicht mit »unverzüglich«, daher »ohne schuldhaftes Zögern« gleichzusetzen. Eine zeitnahe Dokumentation ist unerlässlich, um einen ständigen Überblick über den Verfahrensstand zu ermöglichen. Kommt es zu einem Nachprüfungsverfahren, kann nur mit Hilfe einer zeitnah erstellten Dokumentation überprüft werden, ob das Verfahren rechtmäßig abgelaufen ist. Zwar ließe sich die Dokumentation auch zum Schluss des Vergabeverfahrens erstellen, dann bestünde aber keine Möglichkeit mehr, die Zuschlagsentscheidung zu beeinflussen und damit den Primärrechtsschutz durchzusetzen.[4] Deshalb ist die Dokumentation von Anfang an fortlaufend entsprechend des jeweiligen Verfahrensstandes zu erstellen.

---

2 OLG Düsseldorf, Beschl. v. 14.08.2003 – VII-Verg 46/03.
3 Vgl. Art. 100 Abs. 2 RL 2014/25/EU.
4 OLG Brandenburg, Beschl. v. 03.08.1999 – 6 Verg 1/99.

Der Auftraggeber muss sich grundsätzlich an der von ihm erstellten Dokumentation 15 messen lassen. Fehlende Angaben dürfen später nicht ohne weiteres nachgeholt werden. So sind nach Auffassung des OLG Düsseldorf Ergänzungen der Dokumentation nur dann möglich, wenn dadurch die Rechtsstellung des Antragstellers im Vergabeverfahren, insbesondere seine Chance auf einen Zuschlag, nicht ursächlich beeinträchtigt wird.[5] Teilweise wurde die Möglichkeit einer nachträglichen Heilung von Dokumentationsmängeln vollständig verneint.[6] Nach der Rechtsprechung des BGH ist der Auftraggeber jedoch nicht generell und unabhängig von dem Gewicht der Dokumentationsmängel gehindert, im Nachprüfungsverfahren ergänzend vorzutragen.[7] Dokumentationsmängel können daher im Nachprüfungsverfahren geheilt werden, soweit eine wettbewerbskonforme Auftragserteilung gewährleistet ist.[8] Jedoch erwächst dem Auftraggeber im Nachprüfverfahren aus einer fehlenden Dokumentation eine besondere Darlegungslast. Dies kann von geringeren Anforderungen an den Sachvortrag des Antragstellers bis hin zur Beweislast des Antragsgegners für die Widerlegung des »bösen Anscheins«, der sich aus der Nichtvorlage vermutlich vorhandener Unterlagen ergibt, führen.[9] Die Dokumentationspflicht wäre völlig wirkungslos und überflüssig, wenn der Auftraggeber jegliche fehlende Dokumentation jederzeit im Nachprüfungsverfahren nachreichen könnte.[10] Dem Rechtsgedanken des § 114 S. 2 VwGO folgend, dürfte daher die Heilung einer vollständig fehlenden Dokumentation von Entscheidungen im Nachprüfungsverfahren regelmäßig nicht möglich sein. Holt der Auftraggeber die Dokumentation oder die ordnungsgemäße Begründung von Entscheidungen erst im Nachprüfungsverfahren nach, ist dies bei der Kostenentscheidung zu berücksichtigen.

Für die ordnungsgemäße Dokumentation ist allein der Auftraggeber verantwortlich. 16 Die Delegation der Vergabe auf einen Dritten ändert hieran nichts. In diesem Fall hat der Auftraggeber durch geeignete personelle oder organisatorische Maßnahmen die korrekte Erstellung der Dokumentation sicherzustellen. Etwas anderes kann dann gelten, wenn die Beschaffung über eine zentrale Beschaffungsstelle erfolgt. Der Auftraggeber bleibt für die Erfüllung der Dokumentationspflicht allerdings insoweit verantwortlich, als er zumindest Teile des Vergabeverfahrens selbst durchführt.

Die SektVO gewährt den Auftraggebern ein hohes Maß an Flexibilität und Spielraum 17 bei der Auftragsvergabe. In dem Maße, wie dieser Spielraum besteht, besteht auch die Verantwortung der Auftraggeber für die Einhaltung der elementaren vergaberechtlichen Grundsätze der Transparenz, der Nichtdiskriminierung und des fairen Wettbewerbs. Dieser Verantwortung wird der Auftraggeber nur dann gerecht, wenn er die Grundsätze strikt einhält und jeden Verfahrensschritt in einer lückenlosen und nachvollziehbaren Dokumentation festhält.

---

5 OLG Düsseldorf, Beschl. v. 22.10.2009 – VII-Verg 25/09.
6 OLG Celle, Beschl. v. 11.02.2010 – 13-Verg 16/09.
7 BGH, Beschl. v. 8.2.2011 – X ZB 4/10.
8 OLG Düsseldorf, Beschl. v. 21.10.2015 – VII-Verg 28/14, Rn. 205 – juris.
9 OLG Naumburg, Beschl. v. 13.10.2006 – 1 Verg 6/06.
10 VK Lüneburg, Beschl. v. 09.10.2015 – VgK-39/2015, Rn. 121 – juris.

II. Mindestinhalt der Dokumentation (Abs. 2)

18 Mit Absatz 2 wird den Auftraggebern vorgeschrieben, sachdienliche Unterlagen aufzubewahren. Sachdienlich sind die Unterlagen, die die in Absatz 2 benannten Entscheidungen nachvollziehbar begründen können. Auch wenn der Begriff »Vergabevermerk«
nicht explizit genannt ist, sind die erforderlichen Informationen in einem entsprechenden Vermerk niederzulegen, welcher wesentlicher Bestandteil der das Vergabeverfahren
dokumentierenden Vergabeakte ist. Absatz 2 legt insoweit den Mindestinhalt der Dokumentation fest. Es müssen mindestens folgende Entscheidungen gerechtfertigt werden können:

1. Zunächst ist die Entscheidung über die Qualifikation und Auswahl der Teilnehmer
   zu dokumentieren. Teilnehmer meint hier jedes am Vergabeverfahren beteiligte Unternehmen, daher sowohl Bewerber als auch Bieter. Da die Auswahl der Teilnehmer
   neben der Zuschlagsentscheidung genannt ist, geht es um die Auswahlentscheidung
   der Unternehmen in Bezug auf die Eignung und das Vorliegen von Ausschlussgründen gemeint ist. Gemeint ist also die Prüfung anhand der vorgegebenen objektiven
   Kriterien gem. §§ 45 ff., nach denen die Eignung der Unternehmen festgestellt wird.
   Dessen Ergebnis muss in der Sache nachvollziehbar sein. Die Entscheidung über Zulassung zu einem Qualifizierungssystem (§ 48) ist ebenso festzuhalten wie Ausschlüsse nach den §§ 123, 124 des Gesetzes gegen Wettbewerbsbeschränkungen.
   Daneben ist die Entscheidung über die Auftragsvergabe zu begründen. Hier ist
   das Stadium der Wertung gemeint. Alle die Zuschlagsentscheidung betreffenden
   Umstände nach §§ 51 ff. SektVO, insbesondere die Entscheidungen anhand der Zuschlagskriterien gemäß § 52 SektVO sind zu dokumentieren. Hier müssen nicht
   nur die Tatsachenumstände, sondern auch die Überlegungen, die die geplante Zuschlagsentscheidung tragen, vollständig, wahrheitsgemäß und verständlich dokumentiert werden.[11]
2. Die Entscheidung über die Wahl eines Verhandlungsverfahrens ohne vorherigen
   Teilnahmewettbewerb muss begründet werden können. Das Verhandlungsverfahren ohne vorherigen Teilnahmewettbewerb kann als Einschränkung des Transparenzgrundsatzes nur unter bestimmten, eng auszulegenden Voraussetzungen
   angewendet werden. Daraus folgt eine besondere Begründungs- und Dokumentationspflicht. Der Auftraggeber hat das Vorliegen der Voraussetzungen des jeweiligen
   Ausnahmetatbestandes nachzuweisen, wenn er sich auf § 13 Abs. 2 SektVO beruft.
3. Ferner ist die Entscheidung, einen Auftrag nicht nach den Vorschriften der SektVO
   zu dokumentieren. In diesem Fall hat der Auftraggeber nachvollziehbar zu begründen, warum die Vergabe des Auftrags nicht in den Anwendungsbereich des Sektorenvergaberechts fällt. Hierbei können unterschiedliche Fallkonstellationen gegeben
   sein:
   a) Die Auftragsvergabe unterfällt nicht dem Anwendungsbereich der SektVO. Dies
      ist beispielsweise bei den allgemeinen Ausnahmen vom Vergaberecht gemäß
      § 107 GWB oder einer In-house-Vergabe gemäß § 108 GWB der Fall.

---

11 OLG Düsseldorf, Beschl. v. 14.08.2003 – VII-Verg 46/03.

b) Der geschätzte Auftragswert erreicht nicht den geltenden Schwellenwert. Die Dokumentation, dass der Auftrag nach den Bestimmungen des § 2 ordnungsgemäß geschätzt wurde, reicht grundsätzlich aus. Wird bei einem nach Einschätzung des Auftraggebers knapp unterhalb der Schwelle liegenden Auftragswert von der Durchführung eines europaweiten Verfahrens abgesehen, so stellt dies einen besonders begründungsbedürftigen Sachverhalt dar.[12]

c) Die Auftragsvergabe fällt unter eine der Ausnahmebestimmungen der §§ 107, 137, 138, 139 oder 140 GWB. Der Auftraggeber muss das Vorliegen der Voraussetzungen des jeweiligen Ausnahmetatbestandes ggf. nachweisen.

Soweit die Vergabebekanntmachung die nach § 8 Absatz 2 geforderten Informationen enthält, kann der Auftraggeber sich auf diese Bekanntmachung beziehen.

III. Aufbewahrungspflicht (Abs. 3)

Nach Abs. 3 ist die Dokumentation bis zum Ende der Vertragslaufzeit oder der Lauf- 19 zeit der Rahmenvereinbarung aufzubewahren. Die Dauer der Aufbewahrungspflicht beträgt mindestens drei Jahre. Die Frist beginnt mit der Erteilung des Auftrages. Dabei ist auf den Tag der Mitteilung des Zuschlags abzustellen.

Zu den aufzubewahrenden Unterlagen gehören insbesondere die Vergabeunterlagen so- 20 wie interne Protokolle oder Vermerke, aus denen die Begründung zu den einzelnen Entscheidungen nachvollziehbar hervorgeht. Im Zweifel sind besser mehr als weniger Unterlagen aufzubewahren. Mit Absatz 3 Satz 2 wird die Aufbewahrungspflicht auch auf Verträge erstreckt, die einen bestimmten Auftragswert überschreiten. Der Zugang zu den Unterlagen richtet sich nach Absatz 4 bzw. den allgemeinen Vorschriften. Hierzu zählen insbesondere die Informationsfreiheitsgesetze des Bundes und der Länder. Die Vertraulichkeit ist nach Maßgabe des § 5 SektVO zu wahren. Ein allgemeiner vergaberechtlicher Vertraulichkeitsgrundsatz besteht nicht. Der Zugang zu den Unterlagen bzw. Einzelinformationen kann jedoch in dem Umfang und den Bedingungen verwehrt werden, die in § 5 SektVO bzw. den allgemeinen Vorschriften festgelegt sind.

IV. Übermittlungspflicht (Abs. 4)

Die EU-Kommission hat das Recht, Auskünfte über Vergabeverfahren zu verlangen. 21 Eine Begründung seitens der EU-Kommission ist nicht verlangt. Liegt ein Auskunftsverlangen vor, sind die erforderlichen Informationen durch den Auftraggeber zu erteilen und ggf. zu übermitteln. Gleiches gilt für nationale Aufsichts- oder Prüfbehörden im Rahmen ihrer Zuständigkeit. Ausweislich der Verordnungsbegründung sind die zuständige nationale Stellen – soweit der Sektorenauftraggeber einer entsprechenden Aufsicht unterliegt – die mit der Fach- oder Rechtsaufsicht betrauten Behörden, die Rechnungshöfe des Bundes und der Länder sowie – im Falle von Vertragsverletzungsverfahren oder EU-Pilotverfahren – das hierfür zuständige Bundesministerium für Wirtschaft und Energie.

---

12 BKartA, Beschl. v. 27.05.2014 – VK 2 -31/14, Rn. 67 – juris.

V. Rechtsfolgen bei Verstößen

22   Nach § 97 Abs. 6 GWB haben die Unternehmen einen Anspruch darauf, dass der Auftraggeber die Verfahrensbestimmungen einhält. Die Einhaltung dieser Bestimmung, kann ein Unternehmen durch einen Nachprüfungsantrag bei der zuständigen Vergabekammer überprüfen lassen. Dabei muss es gemäß § 160 Abs. 2 GWB darlegen, dass er ein Interesse an dem Auftrag hat und ihm infolge der behaupteten Verletzung der Vergabevorschriften ein Schaden entstanden ist oder zu entstehen droht.

23   Die Dokumentationspflicht nach § 8 ist grundsätzlich bieterschützend im Sinne des § 97 Abs. 6 GWB.[13] Die Verletzung der Dokumentationspflicht stellt zugleich eine Verletzung des bieterschützenden Transparenzgrundsatzes dar. Insoweit ist grundsätzlich die Anrufung der Nachprüfungsinstanz möglich. Ein Bieter kann sich jedoch nur dann auf eine fehlende oder unzureichende Dokumentation stützen, wenn sich die diesbezüglichen Mängel auf seine Rechtsstellung im Vergabeverfahren nachteilig ausgewirkt haben.[14]

24   Der Bieter wird dann Erfolg mit seinem Antrag haben, wenn er eine tatsächliche Verletzung seiner Rechtsposition infolge der fehlenden oder fehlerhaften Dokumentation nachweisen kann. Weist die Dokumentation wesentliche Lücken auf, besteht zudem eine Vermutung zu Lasten des Auftraggebers bezüglich des Nichtvorliegens dokumentationspflichtiger Tatsachen.[15]

Unterabschnitt 2   Kommunikation

§ 9 SektVO   Grundsätze der Kommunikation

(1) Für das Senden, Empfangen, Weiterleiten und Speichern von Daten in einem Vergabeverfahren verwenden Auftraggeber und Unternehmen grundsätzlich Geräte und Programme für die elektronische Datenübermittlung (elektronische Mittel).

(2) Die Kommunikation in einem Vergabeverfahren kann mündlich erfolgen, wenn sie nicht die Vergabeunterlagen, die Teilnahmeanträge, die Interessensbestätigungen oder die Angebote betrifft und wenn sie ausreichend und in geeigneter Weise dokumentiert wird.

(3) Der Auftraggeber kann von jedem Unternehmen die Angabe einer eindeutigen Unternehmensbezeichnung sowie einer elektronischen Adresse verlangen (Registrierung). Für den Zugang zur Auftragsbekanntmachung und zu den Vergabeunterlagen darf der Auftraggeber keine Registrierung verlangen; eine freiwillige Registrierung ist zulässig.

---

13 BayObLG, Beschl. v. 01.10.2001 – Verg 6/01.
14 OLG München, Beschl. v. 02.11.2012 – Verg 26/12.
15 Portz, in: Ingenstau/Korbion, VOB-Kommentar, 16. Aufl. 2006, Rn. 17.

Amtliche Begründung

»**Zu Absatz 1**

Absatz 1 setzt Artikel 40 Absatz 1 Unterabsatz 1 Satz 1 der Richtlinie 2014/25/EU um: In jedem Stadium eines öffentlichen Vergabeverfahrens haben sowohl der Auftraggeber als auch die Unternehmen im Rahmen der Kommunikation grundsätzlich nur elektronische Mittel zu verwenden. Diese müssen den Regelungen der §§ 10 und 11 entsprechen.

Zu Absatz 2

Absatz 2 setzt Artikel 40 Absatz 2 der Richtlinie 2014/25/EU um. Wird der Inhalt mündlicher Kommunikation ausreichend dokumentiert, ist mündliche Kommunikation zwischen dem Auftraggeber und Unternehmen mit Ausnahme der in Absatz 2 genannten Fälle zulässig. Die ausreichende Dokumentation ist notwendig, um dem Gebot der Transparenz angemessen zu entsprechen und überprüfen zu können, ob der Grundsatz der Gleichbehandlung aller Unternehmen gewahrt wurde.

Bei der Dokumentation der mündlichen Kommunikation mit Bietern, die einen Einfluss auf Inhalt und Bewertung von deren Angebot haben könnte, ist in besonderem Maße darauf zu achten, dass in hinreichendem Umfang und in geeigneter Weise dokumentiert wird. Der hinreichende Umfang und die geeignete Weise sind beispielsweise sichergestellt durch Niederschrift der mündlichen Kommunikation oder durch Tonaufzeichnung der mündlichen Kommunikation oder durch schriftliche Zusammenfassung der wichtigsten Inhalte der mündlichen Kommunikation.

Zu Absatz 3

Absatz 3 gibt Auftraggebern die Möglichkeit, von jedem Unternehmen eine aktive elektronische Adresse (Von Unternehmen mit Sitz in Deutschland kann etwa eine DE-Mail-Adresse verlangt werden.) sowie eine eindeutige Unternehmensbezeichnung zu verlangen (Registrierung). Diese Angaben dürfen von den Auftraggebern ausschließlich dazu verwendet werden, Daten mithilfe elektronischer Mittel an die Unternehmen zu übermitteln. Außerdem können die Auftraggeber diese Angaben nutzen, um Unternehmen über Änderungen im Vergabeverfahren zu informieren oder um sie darauf aufmerksam zu machen, dass Fragen von Unternehmen zum Vergabeverfahren beantwortet wurden und auf welchem Wege von den Antworten Kenntnis erlangt werden kann. Dies gilt auch für jene Unternehmen, die bislang keinen Teilnahmeantrag eingereicht oder kein Angebot abgegeben haben.

Die Auftragsbekanntmachung und die Vergabeunterlagen müssen jedem Interessierten ohne Angabe einer Unternehmensbezeichnung und einer elektronischen Adresse zugänglich sein.«

A. Allgemeine Einführung

1   Die §§ 9 bis 12 SektVO enthalten allgemeine Regelungen für die Kommunikation zwischen Auftraggebern und Bewerbern/Bietern im Vergabeverfahren. Die Vorschriften gestalten § 97 Abs. 5 GWB näher aus.

2   Während § 9 SektVO vor allem den Begriff der elektronischen Mittel allgemein definiert und den generellen Vorrang der elektronischen Kommunikation im Vergabeverfahren regelt, benennt § 10 SektVO die Anforderungen an die verwendeten elektronischen Mittel, § 11 SektVO führt die Anforderungen an den Einsatz dieser elektronischen Mittel auf und § 12 SektVO legt schließlich die Anforderungen an den Einsatz alternativer elektronischer Mittel fest.

Andere als elektronische Kommunikationsmittel sind im Vergabeverfahren nur unter den in § 9 Abs. 2, § 41 Abs. 4 S. 1, § 43 Abs. 2 und § 44 Abs. 2 SektVO genannten Voraussetzungen zugelassen.

3   Die in § 13 VgV und § 11 KonzVgV enthaltene Befugnis der Bundesregierung, allgemeine Verwaltungsvorschriften über die zu verwendenden elektronischen Mittel sowie über die einzuhaltenden technischen Standards zu erlassen, ist in der SektVO nicht enthalten.

B. Europarechtliche Vorgaben

4   In der Richtlinie 2014/25/EU ist der überwiegende Teil der Regelungen zur Kommunikation zwischen Auftraggebern und Bewerbern/Bietern im Vergabeverfahren in Art. 40 enthalten. Darüber hinaus enthält insbesondere Art. 73 der Richtlinie 2014/25/EU noch Anforderungen an die elektronische Verfügbarkeit der Vergabeunterlagen.

5   Inhaltlich verfolgt der deutsche Gesetzgeber auch bei den Regelungen zur elektronischen Kommunikation im Vergabeverfahren das Konzept der 1:1 Umsetzung der Richtlinien. Allerdings hat der Verordnungsgeber die Systematik des Art. 40 der Richtlinie 2014/25/EU und die einzelnen dort enthaltenen Regelungsgegenstände nicht wortlautgetreu in die SektVO übernommen. Vielmehr hat er die allgemeinen Regelungen zur elektronischen Kommunikation in den §§ 9 bis 12 SektVO gleichsam »vor die Klammer« gezogen und die übrigen Regelungen jeweils den konkreten Regelungsbereichen zugeordnet. So finden sich beispielsweise die in Art. 40 Abs. 1 Unterabs. 1 und Unterabs. 3 der Richtlinie 2014/25/EU enthaltenen Vorgaben zu Abweichungen von der elektronischen Angebotsabgabe einheitlich in § 44 SektVO.

6   Vor diesem Hintergrund setzen § 9 Abs. 1 SektVO Art. 40 Abs. 1 Unterabs. 1 Satz 1 der Richtlinie 2014/25/EU und § 9 Abs. 2 SektVO Art. 40 Abs. 2 der Richtlinie 2014/25/EU um. § 9 Abs. 3 SektVO hat keine entsprechende Regelung im europäischen Recht.

Anders als Art. 40 der Richtlinie 2014/25/EU bezieht § 9 SektVO klarstellend auch das »Speichern« von Daten in einem Vergabeverfahren in den Anwendungsbereich der elektronischen Kommunikation ein.

Der Begriff der »elektronischen Mittel« ist in Art. 2 Ziffer 15 der Richtlinie 2014/25/EU legal definiert und ergänzt insoweit die in § 9 Abs. 1 SektVO enthaltene nationale Definition.

Die Erwägungsgründe 64 bis 69 der Richtlinie 2014/25/EU enthalten darüber hinaus umfassende weitere Erläuterungen zu den Vorschriften über die elektronische Kommunikation im Vergabeverfahren.

C. Vergleich zur vorherigen Rechtslage

Die Regelungen zur Kommunikation im Vergabeverfahren waren bislang deutlich kompakter und einheitlich in § 5 SektVO a.F. geregelt. 7

Wichtigste Neuerung ist die Verpflichtung der Auftraggeber, vorrangig elektronische Kommunikationsmittel zu verwenden. Die noch in § 5 Abs. 1 SektVO a.F enthaltene Wahlfreiheit der Auftraggeber hinsichtlich der anzuwendenden Kommunikationsmittel ist damit entfallen. 8

Mangels Regelungsbedürfnis entfallen ist zudem die in § 5 Abs. 2 SektVO a.F. noch enthaltene Verpflichtung zur Sicherstellung der Allgemeinverfügbarkeit des vom Auftraggeber für ein etwaiges elektronisches Vergabeverfahren genutzten Übertragungsnetzes. 9

D. Kommentierung

I. Grundlagen

Mit der Vergaberechtsmodernisierung 2016 werden öffentliche Auftraggeber und Sektorenauftraggeber grundsätzlich verpflichtet, ihre Vergabeverfahren zukünftig in elektronischer Form durchzuführen und abzuwickeln (sog. »E-Vergabe«). Die Pflicht zur elektronischen Abwicklung betrifft das gesamte Vergabeverfahren von der Auftragsbekanntmachung, über die Bereitstellung der Vergabeunterlagen bis hin zur Angebotslegung. 10

Die Pflicht zur E-Vergabe stellt einen Paradigmenwechsel im Beschaffungswesen dar. Zwar haben auch die bisherigen Vergabevorschriften schon eine elektronische Abwicklung der Vergabeverfahren zugelassen; dennoch war die Papierform – insbesondere bei kleineren öffentlichen Auftraggebern – noch weit verbreitete Vergabepraxis. Insgesamt wurden bislang wohl weniger als 20 Prozent aller Vergaben vollelektronisch, das heißt unter Einschluss der elektronischen Angebotsabgabe abgewickelt[1]. 11

---

1 Vgl. Schäfer, in: Perspektiven der eVergabe, NZBau 2015, 131, 132.

Der Gesetzgeber verspricht sich von der verbindlichen Einführung der E-Vergabe viel; insbesondere soll sie dazu dienen, die Vergabeverfahren zu vereinfachen, zu verschlanken und insgesamt effizienter zu gestalten.

»Elektronische Informations- und Kommunikationsmittel können die Bekanntmachung von Aufträgen erheblich vereinfachen und Effizienz und Transparenz der Vergabeverfahren steigern. Sie sollten zum Standard für Kommunikation und Informationsaustausch im Rahmen von Vergabeverfahren werden, da sie die Möglichkeiten von Wirtschaftsteilnehmern zur Teilnahme an Vergabeverfahren im gesamten Binnenmarkt stark verbessern...«[2]

Zugleich sollen weder die Auftraggeber, noch die beteiligten Unternehmen hierdurch mit erheblichen Mehrkosten belastet werden.

12   Obwohl die europäischen und nationalen Vorschriften über die elektronische Kommunikation durchaus unterschiedliche Kommunikationswege zulassen würden, geht der Verordnungsgeber bei der Umsetzung der E-Vergabe augenscheinlich davon aus, dass der Auftraggeber zur Abwicklung seiner Vergabeverfahren zukünftig sog. elektronische Vergabeplattformen verwendet. Deutlich wird dies zum Beispiel anhand der Vorgaben in § 11 Abs. 2 SektVO zum Einsatz elektronischer Mittel, die ohne Verwendung einer elektronischen Vergabeplattform kaum einzuhalten sein werden[3].

13   Elektronische Vergabeplattformen ermöglichen die vollständige elektronische Abwicklung von Vergabeverfahren mittels elektronischer Kommunikation zwischen dem Auftraggeber und den Bewerbern/Bietern. Es lassen sich hierbei im Wesentlichen internetbasierte Lösungen und lokal auf dem Computer zu installierende Systeme unterscheiden[4].

Die Verwendung internetbasierter Lösungen setzt auf Auftraggeber und Bewerber-/Bieterseite jeweils einen aktuellen Internetbrowser voraus. Bei lokal installierten Systemen ist darüber hinaus die Installation zusätzlicher Software erforderlich.

14   Elektronische Vergabeplattformen ermöglichen dem Auftraggeber in der Regel die Veröffentlichung von Bekanntmachungen über eine Schnittstelle zum TED (»Tenders Electronic Daily«), die elektronische Bereitstellung der Vergabeunterlagen sowie die Abwicklung der gesamten Kommunikation mit den Bewerbern/Bietern bis hin zur elektronischen Abgabe der Teilnahmeanträge und Angebote durch die Bewerber/Bieter.

Die Regelungen zur elektronischen Kommunikation sind bieterschützend, soweit sie der Gleichbehandlung von Bewerbern/Bietern dienen und der Einhaltung von Transparenz und Geheimwettbewerb gewährleisten sollen.[5]

---

2 Vgl. Erwägungsgrund 63 der RL 2014/25/EU.
3 Vgl. *schon Stalmann*, in: Eschenbruch/Opitz, Kommentar zur SektVO, 1. Aufl. 2012, § 5 Rn. 39.
4 Vgl. Désiré Balthasar, Papier zu den Akten, JUVE Rechtsmarkt, 3/14, Seite 53.
5 Nach Auffassung der VK Bund fehlt es einem Bieter aber an der für einen Nachprüfungsantrag erforderlichen Antragsbefugnis, wenn der Auftraggeber für den Erhalt der Unterlagen zwar eine Registrierung verlangt, die Unterlagen aber auf telefonische Nachfrage des interessierten

II. Anwendungsbereich (Abs. 1)

1. Elektronische Mittel

§ 9 Abs. 1 SektVO wiederholt § 97 Abs. 5 GWB und schreibt vor, dass Auftraggeber 15 und Unternehmen in jedem Stadium eines öffentlichen Vergabeverfahrens »für das Senden, Empfangen, Weiterleiten und Speichern von Daten in einem Vergabeverfahren grundsätzlich Geräte und Programme für die elektronische Datenübermittlung (elektronische Mittel)« verwenden müssen.

Mit Geräten und Programmen für die elektronische Datenübermittlung sind alle tech- 16 nischen Voraussetzungen, einschließlich der Hard- und Software gemeint, die der jeweilige Auftraggeber und die Bewerber/Bieter bei der elektronischen Abwicklung des Vergabeverfahrens verwenden bzw. verwenden müssen. Der Begriff der elektronischen Mittel ist grundsätzlich weit zu verstehen. Anders als Art. 2 Ziffer 15 der Richtlinie 2014/25/EU, der darunter nur »elektronische Vorrichtungen« versteht, sind nach der deutschen Definition insbesondere auch die im Zusammenhang mit der elektronischen Datenübermittlung verwendeten »Programme« umfasst.

Beispiele für verwendete Geräte zur elektronischen Kommunikation sind insbesondere 17 Computer und Router, aber auch Scanner zur Digitalisierung von Papierdokumenten. Elektronische Mittel sind beispielsweise auch Signaturkarten und Karenlesegeräte, die zur Verwendung einer qualifizierten elektronischen Signatur erforderlich sind. Zwar ermöglichen Signaturkarte und Karenlesegerät zunächst nur die Einhaltung besonderer Formvorgaben im elektronischen Rechtsverkehr (vgl. z.B. § 126a BGB), dienen damit aber zugleich – jedenfalls mittelbar – auch der Kommunikation zwischen dem Bieter und der Vergabestelle.

Ob auch Telefaxgeräte elektronische Mittel im Sinne des § 9 Abs. 1 SektVO darstellen, 18 ist fraglich. Dafür spricht jedenfalls, dass auch bei Telefaxgeräten die Datenübertragung grundsätzlich elektronisch erfolgt. Andererseits differenziert z.B. § 134 GWB ausdrücklich zwischen dem Versand des Absageschreibens per Telefax und auf elektronischem Weg. Zudem erhält der Empfänger beim Telefax einen Papierausdruck, was dem gesetzgeberischen Ziel der verpflichtenden Einführung der (voll)elektronischen Vergabe widerspricht. Hinzu kommen die auch bisher schon vorhandenen Schwierigkeiten zur Wahrung der Vertraulichkeit beim Erhalt von Telefaxschreiben. Ein grundsätzlich zulässiges elektronisches Mittel wäre aber jedenfalls ein Computerfax[6].

Ein Telefon ist kein elektronisches Kommunikationsmittel im Sinne des § 9 Abs. 1 19 SektVO. Zwar ist ein Telefon grundsätzlich ein elektronisches Kommunikationsmittel, da das gesprochene Wort mittels Kabel bzw. Funk (bei VoIP-Gesprächen) übertragen wird[7]. Allerdings verlangt § 11 Abs. 2 SektVO, das beim Einsatz sämtlicher elektronischer Kommunikationsmittel die Unversehrtheit, die Vertraulichkeit und die Echtheit

---

Unternehmens diesem auf dem Postweg zukommen lässt (vgl. VK Bund, Beschl. v. 27.07.2016 – VK 1-60/16).

6 *Vgl. Stalmann*, in: Eschenbruch/Opitz, Kommentar zur SektVO, 1. Aufl. 2012, § 5 Rn. 14.

7 Vgl. *Greb*, in: Greb/Müller, Kommentar zur SektVO, 1. Aufl. 2010, § 5 Rn. 8.

der übermittelten Daten gewahrt sein muss, was ein handelsübliches Telefon in der Regel wohl nicht leisten kann.

20 Dessen ungeachtet kann die Verwendung eines Telefons aber im Rahmen der nach § 9 Abs. 2 SektVO ausnahmsweise zulässigen mündlichen Kommunikation im Vergabeverfahren im Einzelfall sinnvoll und dann auch zulässig sein, z.b. bei der Bestätigung eines Treffpunktes für eine mit den Bewerbern/Bietern vereinbarte Ortsbesichtigung.

21 Der Begriff Programme ist ebenfalls weit zu verstehen. Er umfasst sämtliche Software und Dateiformate, die der Auftraggeber für die Abwicklung der elektronischen Kommunikation im Vergabeverfahren verwendet. Umfasst sind insbesondere die für die Datenübermittlung verwendeten Softwarelösungen, wie zum Beispiel ein E-Mail-Client zum Versenden und Empfangen von E-Mails als auch weitergehende elektronische Systeme, über die die Auftraggeber das Vergabeverfahren insgesamt abwickeln (z.B. elektronische Vergabeplattformen, e-procurement Systeme) oder auch eine gegebenenfalls eingesetzte Verschlüsselungssoftware.

2. Reichweite der Verwendungspflicht

22 Die Verpflichtung zur Verwendung elektronischer Mittel betrifft ausschließlich den Datenaustausch zwischen den öffentlichen Auftraggebern und den Unternehmen im Rahmen des Vergabeverfahrens. Den Begriff des Datenaustauschs wird man hierbei weit zu verstehen haben. Umfasst sind damit neben der Übermittlung der Vergabeunterlagen durch den Auftraggeber, insbesondere auch die von Bewerbern/Bietern übermittelten Teilnahmeanträge und Angebote sowie Fragen zu den Vergabeunterlagen.

23 Hingegen bleibt die Ausgestaltung der internen Prozesse und Arbeitsabläufe sowohl den Auftraggebern als auch den Unternehmen selbst überlassen und wird nicht durch die SektVO geregelt. Die amtliche Begründung zur SektVO führt insoweit beispielhaft an, dass Auftraggeber den Vergabevermerk auch weiterhin in Papierform fertigen und Unternehmen ihre interne Kommunikation frei gestalten können.

Darüber hinaus besteht nach der amtlichen Begründung auch keine Pflicht, Angebote und Unterlagen elektronisch zu be- oder zu verarbeiten, insbesondere besteht keine Verpflichtung zur elektronischen Bewertung/Auswertung der Angebote.

24 Die Pflicht zur Verwendung elektronischer Kommunikationsmittel endet mit Abschluss des Verfahrens (in der Regel also mit Zuschlagserteilung, aber auch mit Aufhebung oder Einstellung des Verfahrens). Keine Pflicht zur Verwendung elektronischer Kommunikationsmittel besteht dementsprechend insbesondere im Rahmen der späteren Vertragsabwicklung, die auch zukünftig mittels Telefax oder auf dem Postweg erfolgen könnte. Hiervon unberührt bleiben etwaige elektronisch im EU Amtsblatt bekanntzumachende Vertragsänderungen (vgl. § 132 Abs. 5 GWB).

25 Zu beachten ist in diesem Zusammenhang auch die Richtlinie über die elektronische Rechnungstellung bei öffentlichen Aufträgen (RL 2014/55/EU des Europäischen Parlaments und des Rates vom 16.04.2014), die am 26.05.2014 in Kraft getreten ist. Hier-

nach sind öffentliche Auftraggeber (auch Sektorenauftraggeber) künftig zur Annahme und Verarbeitung elektronischer Rechnungen verpflichtet[8].

Ebenso wenig ist nach der amtlichen Begründung von der Pflicht zur grundsätzlichen   26
Verwendung elektronischer Mittel im Vergabeverfahren die Phase der Archivierung von Daten umfasst. Die öffentlichen Auftraggeber können daher zum Beispiel sämtliche in einem Vergabeverfahren angefallen elektronischen Daten ausdrucken und entsprechend der für sie geltenden Aufbewahrungsvorschriften in Papierform archivieren.

Allerdings wird man konstatieren müssen, dass gerade im Bereich des Sektorenvergabe-   27
rechts tätige Auftraggeber und Unternehmen die Verwendung elektronischer Kommunikationsmittel schon weit verbreitet und üblich ist. Vielmehr ist hier sogar ein Trend zur elektronischen und damit papierlosen Aktenführung festzustellen. Aber auch für die Behörden des Bundes besteht nach Art. 6 S. 1 des Gesetzes zur Förderung der elektronischen Verwaltung (E-Government-Gesetz) spätestens ab dem 01.01.2020 eine Pflicht zur elektronischen Aktenführung. Für die elektronische Aktenführung sprechen neben ökologischen Gründen (sofern denn neben der elektronischen Akte nicht zusätzlich auch noch eine Papierakte geführt wird) insbesondere auch Effizienzgesichtspunkte, da unterschiedliche Projektbeteiligte ortsungebunden gleichzeitig auf alle relevanten Unterlagen und Dokumente zugreifen können.

Unklar ist im Hinblick auf die Reichweite der Verwendungspflicht elektronischer Kom-   28
munikationsmittel, ob die Pflicht zur elektronischen Kommunikation auch für die Übermittlung des Informationsschreibens nach § 134 GWB gilt. Nach § 134 Abs. 2 GWB verkürzt sich die Wartefrist vor der Zuschlagserteilung auf zehn Kalendertage, wenn der Auftraggeber das Informationsschreiben elektronisch oder per Telefax versendet. Die Vorschrift dürfte damit im Widerspruch zu dem in § 97 Abs. 5 GWB geregelten Vorrang der elektronischen Kommunikation stehen. Andererseits beruht § 134 Abs. 2 GWB auf Art. 2a Abs. 2 der Richtlinie 2007/66/EG vom 11.12.2007 zur Änderung der Richtlinien 89/665/EWG und 92/13/EW (Rechtsmittelrichtlinie), die im Zusammenhang mit der Neufassung der Vergaberichtlinien zunächst unverändert geblieben sind. Die EU Kommission führt derzeit eine Evaluierung der Rechtsmittelrichtlinie durch, so dass es insoweit vermutlich zu einer Anpassung an die Vorgaben der Vergaberichtlinien zur elektronischen Vergabe kommt. Solange dies nicht der Fall ist, bleibt der Auftraggeber aber berechtigt, das Informationsschreiben nach § 134 GWB – auch nach Ablauf der Übergangsfrist aus § 64 SektVO – per Telefax zu versenden.

Die Aufnahme des Begriffs »speichern« in § 9 SektVO dient letztlich der Klarstellung,   29
dass elektronisch empfangene Daten in einem Vergabeverfahren auch elektronisch gespeichert werden dürfen. Eine Pflicht zur Führung einer elektronischen Beschaffungsakte resultiert hieraus ausweislich der amtlichen Begründung zur SektVO ausdrücklich nicht.

---

8 Weitere – derzeit noch fehlende – Voraussetzung für die Anwendung ist die Bekanntgabe einer nach Art. 3 der Richtlinie 2014/55/EU noch zu erarbeitenden EU-Norm zur elektronischen Rechnungslegung.

III. Stufenweise Umstellung (vgl. auch § 64 SektVO)

30 Gemäß § 64 SektVO erfolgt die Einführung der elektronischen Kommunikation im Vergabeverfahren stufenweise. § 64 SektVO greift damit die durch Art. 106 Abs. 2 der Richtlinie 2014/25/EU vorgesehene Möglichkeit auf, die umfassende Verpflichtung zur Verwendung elektronischer Mittel zeitlich nach hinten zu schieben. Ab dem 18.04.2016 sind zunächst ausschließlich die Auftragsbekanntmachung und die Vergabeunterlagen elektronisch bereitzustellen.

31 Die elektronische Abwicklung des gesamten sonstigen Vergabeverfahrens (z.b. die Einreichung von Angeboten, die Kommunikation mit den Bietern) ist für zentrale Beschaffungsstellen ab dem 18.04.2017 und im Übrigen ab dem 18.10.2018 verbindlich.

32 In der Übergangszeit bleibt es bei dem derzeitigen Wahlrecht des Auftraggebers hinsichtlich der zulässigen Mittel zur Kommunikation mit den Bewerbern/Bietern. Die Auftraggeber können für die Kommunikation im Sinne des § 9 Absatz 1 SektVO – außerhalb der Übermittlung von Bekanntmachungen und der Bereitstellung der Vergabeunterlagen – ergänzend zu den zulässigen elektronischen Kommunikationsmitteln auch den Postweg, einen anderen geeigneten Weg, Telefax oder die Kombination dieser Mittel vorschreiben (§ 64 S. 2 SektVO):

1. Postweg, d.h. die Übermittlung der Papiere durch ein Unternehmen der Deutschen Post AG oder ein anderes Postunternehmen, z.b. PIN Mail AG, TNT Express GmbH o.ä.
2. Ein anderer geeigneter Weg könnte z.b. ein Bote sein, d.h. die Übermittlung von Papieren durch einen Dritten, der lediglich Überbringer ist und kein Vertreter des Absenders. Selbstverständlich können auch Mitarbeiter des Bewerbers/Bieters die Papiere überbringen.
3. Telefax, d.h. die Übertragung der Dokumente mithilfe des Telefonnetzes an ein anderes Fax-Empfängergerät.

Eine Kombination der Kommunikationsmittel ist ausdrücklich möglich. Der Auftraggeber darf festlegen, wie er kommunizieren möchte, und ist dabei nicht auf ein einziges Mittel beschränkt.

33 Aus Transparenz- und Gleichbehandlungsgründen ist der Auftraggeber lediglich verpflichtet, die zulässigen Kommunikationsmittel mit Beginn des Vergabeverfahrens festzulegen. Hierbei hat der Auftraggeber die in § 5 Abs. 2 SektVO niedergelegten Grundsätze zur Vertraulichkeit des jeweiligen Kommunikationsmittels zu beachten. Die Sicherheit und die Vertraulichkeit der übermittelten Daten muss unter Beachtung des Gleichbehandlungsgrundsatzes gewährleistet sein.

An seine Wahl des Kommunikationsmittels ist der Auftraggeber aufgrund des aus dem Transparenzprinzip entwickelten Grundsatzes der Selbstbindung gebunden. Dies steht einer späteren Änderung der Kommunikationsmittel nicht im Weg, solange die Änderung transparent und unter Berücksichtigung des Gleichbehandlungsgebots erfolgt.

34 Ausweislich der Begründung zu § 64 SektVO dürfen die Auftraggeber auch schon vor Ablauf der Übergangsfristen die ausschließliche Verwendung elektronischer Mittel zur

Kommunikation im Vergabeverfahren vorschreiben. In diesen Fällen wäre die Übermittlung der Unterlagen in Papierform ein Formfehler, der in der Regel zum Ausschuss des Teilnahmeantrags oder Angebots führen würde.

IV. Mündliche Kommunikation (Abs. 2)

§ 9 Abs. 2 SektVO gestattet ausnahmsweise auch die mündliche Kommunikation zwi- 35 schen dem Auftraggeber und dem Bewerber/Bieter, wenn sie nicht die Vergabeunterlagen, die Teilnahmeanträge, die Interessensbestätigungen oder die Angebote betrifft.

Das Verbot mündlicher Kommunikation im Vergabeverfahren ist nicht apodiktisch zu verstehen.

So lautet Erwägungsgrund 69 der Richtlinie 2014/25/EU:

>*»Während wesentliche Bestandteile eines Vergabeverfahrens wie die Auftragsunterlagen, Teilnahmeanträge, Interessensbestätigungen und Angebote stets in Schriftform vorgelegt werden sollten, sollte weiterhin auch die mündliche Kommunikation mit Wirtschaftsteilnehmern möglich sein, vorausgesetzt, dass ihr Inhalt ausreichend dokumentiert wird. Dies ist nötig, um angemessene Transparenz sicherzustellen und so überprüfen zu können, ob der Grundsatz der Gleichbehandlung eingehalten wurde. Wichtig ist vor allem, dass jede mündliche Kommunikation mit Bietern, die einen Einfluss auf den Inhalt und die Bewertung des Angebots haben könnte, in hinreichendem Umfang und in geeigneter Weise dokumentiert wird, z.B. durch Niederschrift oder Tonaufzeichnungen oder Zusammenfassungen der wichtigsten Aspekte der Kommunikation.«*

Ein denkbarer Anwendungsfall der mündlichen Kommunikation kann beispielsweise 36 ein Telefonat sein, in dem nachrangige Aspekte zwischen dem Auftraggeber und dem Bieter besprochen werden, wie die Vergewisserung, ob ein Dokument zugegangen ist[9]. Zulässig bleiben weiterhin aber auch persönliche Verhandlungsrunden und -gespräche im Rahmen eines Verhandlungsverfahrens, der Innovationspartnerschaft oder dem wettbewerblichen Dialog, ebenso wie Aufklärungsgespräche im offenen und nichtoffenen Verfahren. Wollte man in diesen Fällen eine mündliche Kommunikation ausschließen, gäbe es für diese Verfahrensarten praktisch keinen Anwendungsbereich mehr.

Dessen ungeachtet sind auch in diesen Fällen etwaige Angebotsüberarbeitungen nach einer Verhandlungsrunde elektronisch zu übermitteln.

Die mündliche Kommunikation setzt zudem eine genaue Dokumentation voraus. 37 Art. 40 Abs. 2 der Richtlinie 2014/25/EU nennt hier beispielsweise die Niederschrift oder Tonaufzeichnungen oder Zusammenfassungen der wichtigsten Elemente der Verständigung.

---

9 Vgl. Oberndörfer/Lehmann, Die neuen EU-Vergaberichtlinien: Wesentliche Änderungen und Vorwirkungen, BB 2015, 1027.

V. Registrierungspflicht (Abs. 3)

38   Nach § 9 Abs. 3 SektVO dürfen Auftraggeber von Bewerbern/Bietern im Vergabeverfahren eine Registrierung verlangen. Unter einer Registrierung versteht das Gesetz die
Angabe einer eindeutigen Unternehmensbezeichnung und einer elektronischen Adresse.

39   Um die Frage der Möglichkeit einer Registrierung wurde im Gesetzgebungsprozess hef-
tig gerungen. Der Nutzen einer Registrierung liegt auf der Hand, wenn sie insbesondere dafür genutzt wird, interessierte Bewerber/Bieter über Änderungen an den Vergabeunterlagen oder neue Antworten auf etwaige Bieterfragen zu informieren. Ohne
Registrierung und Kenntnis der interessierten Unternehmen sind die Bewerber/Bieter
selbst für die Informationsbeschaffung verantwortlich.

40   § 9 Abs. 3 SektVO stellt nunmehr klar, dass Auftraggeber im gesamten Vergabeverfahren von den Bewerbern/Bietern eine Registrierung verlangen dürfen, mit Ausnahme
der Zurverfügungstellung der Vergabeunterlagen, die grundsätzlich jedem Interessierten ohne eine Registrierung zugänglich sein müssen.[10]

41   Zu einer eindeutigen Unternehmensbezeichnung gehören neben dem Firmennamen,
jedenfalls eine etwaige Registernummer (HR) sowie die Anschrift des Unternehmens.
Zulässig muss darüber hinaus auch die Abfrage einer natürlichen Person als Hauptan-
sprechpartner auf Unternehmensseite sein. Eine elektronische Adresse wäre grundsätzlich auch »nur« die Homepage des Unternehmens, richtigerweise ist hiermit aber eine E-
Mail-Adresse eines Unternehmensvertreters gemeint. Die amtliche Begründung nennt
beispielhaft eine »DE-Mail-Adresse«. »De-Mail« basiert auf dem am 03.05.2011 in
Kraft getretenen De-Mail-Gesetz und bezeichnet letztlich nur eine besondere Form
der E-Mail, die von einem nach § 18 De-Mail-Gesetz zugelassenen und zertifizierten
De-Mail-Anbieter angeboten wird.

42   Offen ist, ob von den Unternehmen über die Angabe einer eindeutigen Unternehmensbezeichnung und einer elektronischen Adresse hinaus, im Registrierungsprozess noch
weitere Informationen verlangt werden dürfen. Jedenfalls sollte es zulässig sein, bereits
im Registrierungsprozess abzufragen, ob es sich bei den registrierten Unternehmen um
ein sog. KMU – also ein kleines und mittelständisches Unternehmen im Sinne der Empfehlung der EU Kommission vom 06.05.2003 (vgl. Amtsblatt der EU Nr. L 124/36 ff.),
handelt. Die einmalige Abfrage im Rahmen des Registrierungsprozesses vereinfacht die
nach § 114 GWB bzw. § 3 Abs. 3 Nr. 18 Vergabestatistikverordnung erforderliche
diesbezügliche Feststellung durch den Auftraggeber im späteren Vergabeverfahren.

43   Die amtliche Begründung erläutert ergänzend, dass die Angaben der Bieter von den
Auftraggebern ausschließlich dazu verwendet werden dürfen, Daten mithilfe elektronischer Mittel an die Unternehmen zu übermitteln. Anwendungsfälle sind zum Beispiel,

---

10 Vgl. aber VK Bund, Beschl. v. 27.07.2016 – VK 1-60/16, wonach es einem Bieter an der für
einen Nachprüfungsantrag erforderlichen Antragsbefugnis fehlt, wenn der Auftraggeber für
den Erhalt der Unterlagen zwar eine Registrierung verlangt, die Unterlagen aber auf telefonische Nachfrage des interessierten Unternehmens diesem auf dem Postweg zukommen lässt.

dass Auftraggeber Unternehmen über Änderungen im Vergabeverfahren informieren oder um sie darauf aufmerksam zu machen, dass Fragen von Unternehmen zum Vergabeverfahren beantwortet wurden und auf welchem Wege von den Antworten Kenntnis erlangt werden kann.

Nach der amtlichen Begründung können die Auftraggeber den Unternehmen auch für den Zugang zu den Vergabeunterlagen eine freiwillige Registrierung anbieten. Eine freiwillige Registrierung ließe sich insbesondere dafür nutzen, registrierte Unternehmen automatisch über Änderungen an den Vergabeunterlagen oder über Antworten auf Fragen zum Vergabeverfahren zu informieren. 44

Korrespondierend mit dem freien Zugang zu den Vergabeunterlagen verlagert sich das »Informationsrisiko« hinsichtlich etwaiger Änderungen an den Vergabeunterlagen auf die interessierten Unternehmen. Die amtliche Begründung führt hierzu aus:

»Unternehmen, die von der Möglichkeit der freiwilligen Registrierung keinen Gebrauch machen, müssen sich selbstständig informieren, ob Vergabeunterlagen zwischenzeitlich geändert wurden oder ob die öffentlichen Auftraggeber Fragen zum Vergabeverfahren beantwortet haben. Unterlassen die Unternehmen dies, liegt das Risiko, einen Teilnahmeantrag, eine Interessensbestätigung oder ein Angebot auf der Grundlage veralteter Vergabeunterlagen erstellt zu haben und daher im weiteren Verlauf vom Verfahren ausgeschlossen zu werden, bei ihnen. Die öffentlichen Auftraggeber können die Unternehmen durch einen Hinweistext auf der von ihnen genutzten Vergabeplattform entsprechend informieren.«[11]

VI. Praktische Umsetzung der elektronischen Vergabe

Schwierigkeiten bei der Umsetzung der elektronischen Vergabe resultieren weniger aus den rechtlichen als aus den tatsächlichen Anforderungen. Insbesondere für größere Vergabestellen mit vielen europaweiten Vergaben dürfte die Einschaltung eines Dienstleisters, der eine elektronische Vergabeplattform zur Verfügung stellt sinnvoll sein. Denkbar sind neben einer dauerhaften IT gestützten Implementierung auch »Mietlösungen« (z.B. »Software as a Service« Lösung). Die meisten Anbieter elektronischer Vergabeplattformen bieten insoweit auch modulare Lösungen an, die sich bis hin zu einem vollständigen Vergabemanagementsystem aufrüsten lassen.[12] 45

Sinnvoll dürfte in diesem Zusammenhang die Verwendung von Benutzungsbedingungen für die jeweilige elektronische Vergabeplattform sein, die mindestens Regelungen zu den folgenden Punkten enthalten sollten:
– Einverständniserklärung des Unternehmens hinsichtlich der Speicherung von Daten
– Pflicht des Unternehmens zur Mitteilung der Änderung von Nutzerdaten (z.B. KMU Status)
– Regelungen zur Erreichbarkeit der E-Vergabe-Plattform

---

11 Vgl. amtliche Begründung zu § 9 Abs. 3 VgV, BT-Drs. 18/7318, S. 168.
12 Eine Übersicht über auf dem Markt befindliche Anbieter bei *Probst/Winters*, eVergabe – ein Blick in die Zukunft des elektronischen Vergabewesens, CR 2015, 557, 561.

– Verpflichtung des Unternehmens zur Aufrechterhaltung ausreichender technischer Kapazitäten, wie z.b. eines High-Speed-Internetanschlusses
– Regelungen zum Umgang mit Störungen der E-Vergabe-Plattform
– Haftungs- und Gewährleistungsausschluss
– Pflicht des Nutzers, Störungen des Systems unverzüglich zu melden
– Verpflichtung zum vertraulichen Umgang mit den Vergabeunterlagen.

Im Zusammenhang mit der Speicherung von personenbezogenen Daten sind zudem datenschutzrechtliche Aspekte zu berücksichtigen. Dies gilt insbesondere auch, wenn der Auftraggeber den Unternehmen eine freiwillige Registrierung anbietet.

§ 10 SektVO Anforderungen an die verwendeten elektronischen Mittel

(1) Der Auftraggeber legt das erforderliche Sicherheitsniveau für die elektronischen Mittel fest. Elektronische Mittel, die vom Auftraggeber für den Empfang von Angeboten, Teilnahmeanträgen und Interessensbestätigungen sowie von Plänen und Entwürfen für Planungswettbewerbe verwendet werden, müssen gewährleisten, dass

1. die Uhrzeit und der Tag des Datenempfanges genau zu bestimmen sind,
2. kein vorfristiger Zugriff auf die empfangenen Daten möglich ist,
3. der Termin für den erstmaligen Zugriff auf die empfangenen Daten nur von den Berechtigten festgelegt oder geändert werden kann,
4. nur die Berechtigten Zugriff auf die empfangenen Daten oder auf einen Teil derselben haben,
5. nur die Berechtigten nach dem festgesetzten Zeitpunkt Dritten Zugriff auf die empfangenen Daten oder auf einen Teil derselben einräumen dürfen,
6. empfangene Daten nicht an Unberechtigte übermittelt werden und
7. Verstöße oder versuchte Verstöße gegen die Anforderungen gemäß den Nummern 1 bis 6 eindeutig festgestellt werden können.

(2) Die elektronischen Mittel, die vom Auftraggeber für den Empfang von Angeboten, Teilnahmeanträgen und Interessensbestätigungen sowie von Plänen und Entwürfen für Planungswettbewerbe genutzt werden, müssen über eine einheitliche Datenaustauschschnittstelle verfügen. Es sind die jeweils geltenden Interoperabilitäts Interoperabilitäts- und Sicherheitsstandards der Informationstechnik gemäß § 3 Absatz 1 des Vertrags über die Errichtung des IT-Planungsrats und über die Grundlagen der Zusammenarbeit beim Einsatz der Informationstechnologie in den Verwaltungen von Bund und Ländern vom 1. April 2010 zu verwenden.

Amtliche Begründung

»Zu Absatz 1

Die Auftraggeber legen das erforderliche Sicherheitsniveau für die elektronischen Mittel, die in den verschiedenen Phasen des Vergabeverfahrens genutzt werden sollen, fest. Zuvor sollen die Auftraggeber die Verhältnismäßigkeit zwischen einerseits den Anforderungen an die Sicherstellung einer sachlich richtigen, zuverlässigen Identifizierung eines Senders von Daten sowie an die Unversehrtheit der Daten und anderseits den Gefahren abwägen, die zum Beispiel von Daten ausgehen, die aus einer nicht sicher identifizierbaren Quelle stammen oder die während der Übermittlung verändert wurden. Absatz 1 setzt Anhang V der Richtlinie 2014/25/EU um und listet auf, welchen Kriterien elektronische Mittel entsprechen müssen.

Wer die Berechtigten sind, definieren die jeweils zuständigen Auftraggeber.

Zu Absatz 2

Absatz 2 schreibt eine einheitliche Datenaustauschschnittstelle und die jeweils geltenden ITInteroperabilitäts- und IT-Sicherheitsstandards verbindlich zur Verwendung vor. Es handelt sich hierbei um Standards gemäß § 3 Absatz 1 des Vertrages über die Errichtung des ITPlanungsrates und über die Grundlagen der Zusammenarbeit beim Einsatz der Informationstechnologie in den Verwaltungen von Bund und Ländern (Vertrag zur Ausführung von Artikel 91c des Grundgesetzes) vom 01.04.2010. Eine solche einheitliche Datenaustauschschnittstelle beschreibt beispielsweise der Standard XVergabe.

Dies ist erforderlich, um die verschiedenen E-Vergabe- und Bedienkonzeptsysteme mit einem Mindestmaß an Kompatibilität und Interoperabilität auszustatten. Dadurch soll insbesondere vermieden werden, dass Unternehmen gezwungen sind, für jede von Auftraggebern verwendete E-Vergabelösung/-plattform eine separate EDV-Lösung in ihrer eigenen Programm- und Geräteumgebung einzurichten. Es soll vielmehr auf Unternehmensseite eine einzige elektronische Anwendung genügen, um mit allen von Auftraggebern für die Durchführung von Vergabeverfahren genutzten elektronischen Mitteln erfolgreich zu kommunizieren.«

A. Allgemeine Einführung

§ 10 Abs. 1 S. 1 SektVO verpflichtet den Auftraggeber, das aus seiner Sicht erforder- 1
liche Sicherheitsniveau im Hinblick auf die im Vergabeverfahren verwendeten elektronischen Mittel festzulegen. Die Vorschrift ist im Zusammenhang mit § 44 SektVO zu sehen, wonach die Auftraggeber an die Übermittlung der Angebote, Teilnahmeanträge, Interessenbekundungen und Interessenbestätigungen erhöhte Sicherheitsanforderungen stellen können; bis zu der Festlegung, dass keine elektronischen Kommunikationsmitteln zu verwenden sind.

§ 10 Abs. 1 Satz 2 SektVO enthält die für den Empfang von Angeboten, Teilnahmeanträgen und Interessensbestätigungen sowie von Plänen und Entwürfen für Planungswettbewerbe geltenden Mindestanforderungen an die elektronischen Mittel.

§ 10 Abs. 2 verpflichtet den Auftraggeber schließlich zur Anwendung geltender Interoperabilitäts- und Sicherheitsstandards.

B. Europarechtliche Vorgaben

2   § 10 Abs. 1 S. 1 setzt Art. 40 Abs. 6 lit. b) der Richtlinie 2014/25/EU um.

3   § 10 Abs. 1 S. 2 SektVO wiederholt Anhang V der Richtlinie 2014/25/EU und listet die Kriterien auf, denen die verwendeten elektronischen Mittel mindestens genügen müssen. Die Regelung entspricht im Wesentlichen bereits dem bisherigen Anhang XXIV der Richtlinie 2004/17/EG. Der bislang in Ziffer 1 lit. a) enthaltene Verweis auf die Richtlinie 1999/93/EG über gemeinschaftliche Rahmenbedingungen für elektronische Signaturen findet sich nunmehr in Art. 40 Abs. 6 lit. c) der Richtlinie 2014/25/EU.

4   Die Verpflichtung zur Anwendung geltender Interoperabilitäts- und Sicherheitsstandards basiert zunächst auf Erwägungsgrund 67 der Richtlinie 2014/25/EU. Art. 40 Abs. 7 der Richtlinie 2014/25/EU enthält zudem eine Ermächtigungsgrundlage für die EU Kommission solche Standards einheitlich festzulegen.

C. Vergleich zur vorherigen Rechtslage

5   Die Regelung stellt inhaltlich keine Neuerung dar. Die Geltung der Anforderungen an die für die elektronische Kommunikation zu verwendenden Geräte war auch bislang im Bereich der SektVO in richtlinienkonformer Auslegung anerkannt[1]. Art. 48 Abs. 5 lit. a) der Richtlinie 2004/17/EG enthielt einen entsprechenden Verweis auf Anhang XXIV der Richtlinie 2004/17/EG, in dem die Anforderungen an die für die elektronische Kommunikation zu verwendenden Geräte ausführlich aufgeführt wurden.

6   Gleiches gilt für die VOL/A, die VOB/A und die VOF, die schon jeweils in Anhang I (VOB/A) bzw. Anhang II (VOL/A und VOF) entsprechende Vorgaben enthielten. Im Bereich der VOB/A ist der frühere Anhang I zukünftig gleichlautend in § 11a VOB/A überführt worden, während § 11a EU VOB/A die Regelung des § 10 VgV übernimmt.

D. Kommentierung

I. Festlegung des Sicherheitsniveaus

7   Nach § 10 Abs. 1 S. 1 SektVO haben die Auftraggeber das erforderliche Sicherheitsniveau für die in den verschiedenen Phasen des Vergabeverfahrens verwendeten Geräte und Programme für die elektronische Datenübermittlung (elektronische Mittel) festzulegen.

8   Aus dem für erforderlich gehaltenen Sicherheitsniveau ergeben sich die jeweiligen technischen Anforderungen an die zu verwendenden elektronischen Mittel. Gemeint ist insbesondere die Festlegung der Art und Weise der Annahme und Verarbeitung von Daten durch den Bieter, wie beispielsweise die Festlegung bestimmter Dateiformate. In Betracht kommen aber auch die Verwendung bzw. die Vorgabe bestimmter Standardsicherheitsmaßnahmen, wie z.B. die Verpflichtung zur Installation und Unterhaltung von Firewalls oder Antivirenprogrammen sowie die Verschlüsselung des Zugangs zu

---

1 *Stalmann*, in: Eschenbruch/Opitz, § 5 Rn. 38.

einer Vergabeplattform mittels Passwort. Denkbar ist schließlich auch der Einsatz von sog. kryptographischen Verfahren bei der Datenübermittlung, wie die sog. »Ende-zu-Ende-Verschlüsselung« oder die sog. »Verbindungsverschlüsselung«[2].

Nicht von § 10 SektVO umfasst ist hingegen die im Einzelfall mögliche Festlegung der   9
konkreten Sicherheitsanforderungen an die **Abgabe** von Angeboten, Teilnahmeanträgen, Interessenbekundungen und Interessenbestätigungen gemäß § 44 Abs. 1 SektVO. Die Festlegung der Sicherheitsanforderungen nach § 44 Abs. 1 SektVO betrifft die Art und Weise der Datenübermittlung an den Auftraggeber und dient vor allem der Sicherstellung der Authentizität der Datenherkunft (z.B. die Vorgabe der Verwendung einer qualifizierten elektronischen Signatur oder auch die Verpflichtung zur Übermittlung der Angebote auf dem Postweg) und beeinflusst damit allenfalls mittelbar die Festlegung der elektronischen Mittel nach § 10 Abs. 1 SektVO.

Dies verkennt die amtliche Begründung zu § 10 Abs. 1 SektVO, wenn es dort heißt,   10
dass im Rahmen der erforderlichen Verhältnismäßigkeitsprüfung abzuwägen sei zwischen einerseits den Anforderungen an die Sicherstellung einer sachlich richtigen, zuverlässigen Identifizierung eines Senders von Daten sowie an die Unversehrtheit der Daten und anderseits die Abwägung von Gefahren, die zum Beispiel von Daten ausgehen, die aus einer nicht sicher identifizierbaren Quelle stammen oder die während der Übermittlung verändert wurden.

Die amtliche Begründung verwechselt insoweit die in § 10 Abs. 1 SektVO geregelte   11
Festlegung des Sicherheitsniveaus der elektronischen Mittel mit der von § 44 Abs. 1 SektVO umfassten Sicherheitsanforderungen an die Art und Weise der Datenübermittlung an den Auftraggeber.

Inhaltlich nimmt die Begründung offenbar Bezug auf den Erwägungsgrund 68 der   12
Richtlinie 2014/25/EU, wonach die Auftraggeber vor Festlegung des erforderlichen Sicherheitsniveaus für die elektronischen Kommunikationsmittel, die in den verschiedenen Phasen des Vergabeverfahrens genutzt werden sollen, die Verhältnismäßigkeit zwischen einerseits den Anforderungen zur Sicherstellung einer sachlich richtigen und zuverlässigen Identifizierung der Absender der betreffenden Mitteilungen sowie der Unversehrtheit von deren Inhalt und andererseits der Gefahr von Problemen beispielsweise bei Mitteilungen, die durch einen anderen als den angegebenen Absender verschickt werden, abwägen sollen. Diese Abwägung ist indessen nicht Teil der nach § 10 Abs. 1 SektVO, sondern der nach § 44 Abs. 1 SektVO erforderlichen Ermessensausübung.

Dessen ungeachtet muss auch die nach § 10 Abs. 1 S. 1 SektVO erfolgende Festlegung   13
des erforderlichen Sicherheitsniveaus der verwendeten elektronischen Mittel verhältnismäßig sein. Der Auftraggeber hat also festzustellen, ob das festgelegte Sicherheitsniveau und die sich daraus ergebenen Anforderungen an die elektronischen Mittel zur Errei-

---

2 Vgl. Entschließung der Konferenz der Datenschutzbeauftragten des Bundes und der Länder vom 01.10.2013 »Sichere elektronische Kommunikation gewährleisten«. Vgl. ferner auch *Stalmann*, in: Eschenbruch/Opitz, § 5 Rn. 46 f. m.w.N.

chung des mit der Festlegung verfolgten Zwecks geeignet, erforderlich und angemessen sind.

14 Im Rahmen der Verhältnismäßigkeitsprüfung lassen sich zum Beispiel Aspekte der Datenintegrität berücksichtigen. Darüber hinaus haben Auftraggeber, die über ein eigenes IT-System verfügen und die mit Dritten elektronisch kommunizieren wollen, verschiedenste weitere Sicherheitsaspekte zu berücksichtigen, wie z.b. die Abwehr von Industriespionage oder von sog. »Cyberangriffen«.

15 Begrenzt wird das Ermessen des Auftraggebers hinsichtlich des festgelegten und für erforderlich gehaltenen Sicherheitsniveaus insbesondere dadurch, dass er keine derart hohen Anforderungen an die zu verwendenden elektronischen Mittel stellen darf, dass es hierdurch zu einer Diskriminierung potentieller Bewerber/Bieter kommt.

16 Zulässig ist, dass der Auftraggeber das Sicherheitsniveau hinsichtlich der zu verwendenden elektronischen Mittel im Vorfeld für sämtliche Vergaben einheitlich festlegt. Gerade bei größeren Auftraggebern besteht hierfür ein dringendes Bedürfnis, da die Vorgaben möglicherweise zentral von einem IT-Sicherheitsmanagement unter Berücksichtigung verschiedenster Sicherheitsaspekte und abhängig von sich verändernden »Bedrohungslagen« festgelegt werden müssen.

17 Der Auftraggeber ist nach den allgemeinen Transparenz- und Gleichbehandlungsgrundsätzen an eine einmal getroffene Entscheidung hinsichtlich des erforderlichen Sicherheitsniveaus gebunden. Allerdings bleibt eine Überprüfung und gegebenenfalls Anpassung seiner Entscheidung unter Einhaltung der allgemeinen Vergabegrundsätze zulässig. Andernfalls könnte der Auftraggeber auf sich verändernde technische Bedrohungslagen, wie neuartige Computerviren, die höhere Sicherheitsanforderungen erfordern, im Laufe eines Vergabeverfahrens nicht reagieren.

II. Anforderungen an die verwendeten elektronischen Mittel

18 § 10 Abs. 1 S. 2 SektVO definiert in den Ziffern 1 bis 7 die Mindestanforderungen an die für den Empfang von Angeboten, Teilnahmeanträgen und Interessensbestätigungen sowie von Plänen und Entwürfen für Planungswettbewerbe verwendeten elektronischen Mittel.

Da es sich um Mindestanforderungen handelt, können die elektronischen Mittel weitergehende Aspekte beinhalten. Zur Wahrung des Transparenz- und Gleichbehandlungsgebots sind Einschränkungen zu Lasten der interessierten Unternehmen unzulässig.

Sicherzustellen ist, dass die Uhrzeit und der Tag des Datenempfanges genau zu bestimmen sind.

19 Ein vorfristiger Zugriff auf die empfangenen Daten ist auszuschließen. Unzulässig wäre daher zum Beispiel die Übermittlung der Unterlagen per E-Mail an das einfache E-Mail-Postfach des Einkäufers beim Auftraggeber, wenn dieser – wie üblich – einen jederzeitigen unbeschränkten Zugriff darauf hat.

Die elektronischen Mittel müssen gewährleisten, dass ein »Eröffnungstermin« stattfin- 20
den kann, zu dem der Auftraggeber unter Wahrung der internen Prozesse und Berech-
tigungen erstmals Zugriff auf die empfangenen Daten erhält. Es ist sicherzustellen, dass
diese Rollenverteilung nur von den Berechtigten festgelegt oder geändert werden darf.

Es ist sicherzustellen, dass nur die Berechtigte Zugriff auf die empfangenen Daten oder
auf einen Teil derselben haben und nach einem festgesetzten Zeitpunkt, Dritten Zugriff auf die empfangenen Daten oder auf einen Teil derselben einräumen dürfen.

Die empfangenen Daten dürfen nicht an Unberechtigte übermittelt werden.

Etwaige Verstöße oder versuchte Verstöße gegen die Anforderungen gemäß der Nummern 1 bis 6 müssen eindeutig feststellbar sein.

Wer die Berechtigten im Sinne der Ziffern 3 bis 5 sind, definiert jeweils der Auftraggeber anhand seiner internen Beschaffungsprozesse und -richtlinien selbst.

Die Anforderungen aus § 10 Abs. 1 S. 2 SektVO werden Auftraggeber bei der elektro- 21
nischen Abwicklung der Vergabeverfahren mit den bei ihnen im normalen Geschäftsbetrieb vorhandenen Mitteln, wie z.B. der eigenen Homepage oder einem E-Mail-Client,
nur rudimentär erfüllen können. So mag zwar die Feststellung der Uhrzeit und der Tag
des Datenempfanges bei einer bloßen Versendung der Unterlagen per E-Mail noch
möglich sein. Hingegen wird dem Auftraggeber schon die Anforderung aus § 10
Abs. 1 S. 2 Ziffer 2 SektVO, dass kein vorfristiger Zugriff auf die empfangenen Daten
möglich ist, Schwierigkeiten bereiten. Dementsprechend ist davon auszugehen, dass
Auftraggeber zur elektronischen Abwicklung ihrer Vergabeverfahren zukünftig vermehrt elektronische Vergabeplattformen einsetzen werden. Nur so werden sich die
auf Auftraggeberseite etablierten Einkaufsprozesse mit den unterschiedlichen Vorgaben und Regularien, wie z.B. dem Vieraugenprinzip, letztlich rechtssicher umsetzen lassen[3].

Nach der amtlichen Begründung darf bei § 10 Abs. 1 S. 2 Ziffer 7 SektVO im Zusam- 22
menhang mit der Verpflichtung zur Feststellung von Verstößen oder versuchten Verstößen gegen die Anforderungen nach den Nummern 1–6 der Stand der Technik nicht
außer Betracht bleiben und vom öffentlichen Auftraggeber nichts Unmögliches verlangt werden.

III. Einheitliche Datenaustauschschnittstelle

§ 10 Abs. 2 SektVO schreibt vor, dass die elektronischen Mittel, die vom Auftraggeber 23
für den Empfang von Angeboten, Teilnahmeanträgen und Interessensbestätigungen sowie von Plänen und Entwürfen für Planungswettbewerbe genutzt werden, über eine einheitliche Datenaustauschschnittstelle verfügen müssen. Außerdem sind die jeweils geltenden Interoperabilitäts- und Sicherheitsstandards der Informationstechnik gemäß
§ 3 Abs. 1 des Vertrags über die Errichtung des IT-Planungsrats und über die Grund-

---

3 Vgl. auch *Stalmann*, in: Eschenbruch/Opitz, § 5 Rn. 39.

lagen der Zusammenarbeit beim Einsatz der Informationstechnologie in den Verwaltungen von Bund und Ländern vom 01.04.2010 zu verwenden.

24 Die Vorschrift zielt auf die sog. »XVergabe« ab. Das Projekt XVergabe wurde Ende 2007 durch das Bundesministerium des Innern (BMI) und das Beschaffungsamt des BMI initiiert. Die Projektverantwortung liegt beim Land Nordrhein-Westfalen und dem Beschaffungsamt des BMI[4].

25 Ziel des Projekts ist es, die Voraussetzungen für die Erstellung eines einheitlichen Bieterzugangs in die unterschiedlichen Vergabeplattformen der öffentlichen Hand zu schaffen. Hierfür soll ein plattformübergreifender Daten- und Austauschprozessstandard definiert werden, der ein Mindestmaß an Kompatibilität und Interoperabilität zwischen den verschiedenen Bieterassistenten und den Vergabeplattformen der Auftraggeber ermöglicht. So soll sichergestellt werden, dass Bewerber/Bieter nicht gezwungen sind, für jede von einem Auftraggeber verwendete elektronische Vergabeplattform eine eigene EDV-Lösung in ihrer Programm- und Geräteumgebung einzurichten (z.B. eigene Passworte bei webbasierten Vergabeplattformen oder ein unterschiedlicher Softwareeinsatz bei lokal zu installierenden Vergabesystemen). Bewerber/Bieter sollen vielmehr im Rahmen der in einem Vergabeverfahren erforderlichen elektronischen Kommunikation auf eine einzige elektronische Anwendung zurückgreifen können.

Erwartet wird, dass dieser plattformübergreifende Daten- und Austauschprozessstandard zu einer höheren Bieterakzeptanz und somit zu einer höheren Beteiligung der Unternehmen an elektronischen Vergabeverfahren führen wird[5].

In der 17. Sitzung des IT-Planungsrats am 17.06.2015 wurde die XVergabe als nationaler Standard festgelegt (Entscheidung 2015/18)[6].

»Unter Bezug auf § 1 Abs. 1 Satz 1 Nr. 2 des Vertrages über die Errichtung des IT-Planungsrats und über die Grundlagen der Zusammenarbeit beim Einsatz der Informationstechnologie in den Verwaltungen von Bund und Ländern (IT-Staatsvertrag) beschließt der IT-Planungsrat auf der Grundlage der technischen Spezifikation »XVergabe Kommunikationsschnittstelle« in der Fassung vom 10.02.2015 die verbindliche Anwendung des Interoperabilitätsstandards XVergabe als nationalen Standard.«

Die Umsetzung des Standards XVergabe sollte innerhalb eines Jahres nach der Beschlussfassung, also bis Juni 2016, erfolgen.[7]

26 Das Ziel der Gewährleistung eines einheitlichen IT-Standards, um die verschiedenen elektronischen Vergabe- und Bedienkonzeptsysteme mit einem Mindestmaß an Kompatibilität und Interoperabilität auszustatten, ist überaus begrüßenswert. Die grundsätz-

---

4 Vgl. https://www.xvergabe.org/confluence/display/xv/Home.

5 Vgl. https://www.xvergabe.org/confluence/display/xv/Home.

6 Vgl. https://www.it-planungsrat.de/SharedDocs/Sitzungen/DE/2015/Sitzung_17.html?nn=6848410&pos=5.

7 Im Oktober 2016 war noch kein verbindlicher Termin für die Umsetzung der XVergabe festgelegt.

liche Akzeptanz der elektronischen Vergabe auf Seiten der Bewerber/Bieter hängt auch maßgeblich davon ab, ob das Projekt XVergabe gelingt.

§ 11 SektVO Anforderungen an den Einsatz elektronischer Mittel im Vergabeverfahren

(1) Elektronische Mittel und deren technische Merkmale müssen allgemein verfügbar, nichtdiskriminierend und mit allgemein verbreiteten Geräten und Programmen der Informations- und Kommunikationstechnologie kompatibel sein. Sie dürfen den Zugang von Unternehmen zum Vergabeverfahren nicht einschränken. Der Auftraggeber gewährleistet die barrierefreie Ausgestaltung der elektronischen Mittel nach den §§ 4 und 11 des Behindertengleichstellungsgesetzes vom 27. April 2002 (BGBl. I S. 1467, 1468) in der jeweils geltenden Fassung.

(2) Der Auftraggeber verwendet für das Senden, Empfangen, Weiterleiten und Speichern von Daten in einem Vergabeverfahren ausschließlich solche elektronischen Mittel, die die Unversehrtheit, die Vertraulichkeit und die Echtheit der Daten gewährleisten.

(3) Der Auftraggeber muss den Unternehmen alle notwendigen Informationen zur Verfügung stellen über
1. die in einem Vergabeverfahren verwendeten elektronischen Mittel,
2. die technischen Parameter zur Einreichung von Teilnahmeanträgen, Angeboten und Interessensbestätigungen mithilfe elektronischer Mittel und
3. verwendete Verschlüsselungs- und Zeiterfassungsverfahren.

Amtliche Begründung

»Zu Absatz 1

Absatz 1 setzt Artikel 40 Absatz 1 Unterabsatz 1 Satz 2 der Richtlinie 2014/25/EU um und definiert, welchen allgemeinen Anforderungen elektronische Mittel, die im Rahmen der Durchführung eines öffentlichen Vergabeverfahrens eingesetzt werden, entsprechen müssen. Nicht diskriminierend sind elektronische Mittel dann, wenn sie für alle Menschen, auch für Menschen mit Behinderungen, ohne besondere Erschwernis und grundsätzlich ohne fremde Hilfe zugänglich und nutzbar sind. Allgemein verfügbar sind elektronische Mittel dann, wenn sie für alle Menschen ohne Einschränkung verfügbar sind und bei Bedarf, gegebenenfalls gegen ein marktübliches Entgelt, erworben werden können. Mit allgemein verbreiteten Geräten und Programmen der Informations- und Kommunikationstechnologie kompatibel sind elektronische Mittel dann, wenn jeder Bürger und jedes Unternehmen die in privaten Haushalten oder in Unternehmen üblicherweise verwendeten Geräte und Programme der Informations- und Kommunikationstechnologie nutzen kann, um sich über öffentliche Vergabeverfahren zu informieren oder an öffentlichen Vergabeverfahren teilzunehmen.

Aus dem Wortlaut ergibt sich, dass die elektronischen Mittel kein Unternehmen hinsichtlich seiner Teilnahme an einem Vergabeverfahren einschränken dürfen. Unternehmen werden diesbezüglich allerdings nicht schon deshalb eingeschränkt, weil ein Auftraggeber die maximale Größe von Dateien festlegt, die im Rahmen eines Vergabeverfahrens an ihn gesendet werden können.

Bei der Ausgestaltung der verwendeten elektronischen Mittel ist der Barrierefreiheit nach § 4 des Behindertengleichstellungsgesetzes in angemessener Form Rechnung zu tragen. Das heißt, dass beispielsweise die besonderen Belange Gehörloser oder Blinder bei der Gestaltung elektronischer Vergabeplattformen zu berücksichtigen sind. Es geht darum, elektronische Umgebungen so einzurichten, dass niemand von der Nutzung ausgeschlossen ist und sie von allen gleichermaßen genutzt werden können. Die verwendeten, barrierefreien Lösungen sollen auf eine möglichst allgemeine, breite Nutzbarkeit abgestimmt werden.

Zu Absatz 2

Absatz 2 setzt Artikel 40 Absatz 3 Satz 1 der Richtlinie 2014/25/EU um. Während des gesamten Vergabeverfahrens obliegt es dem Auftraggeber, die Unversehrtheit, die Vertraulichkeit und die Echtheit aller verfahrensbezogenen Daten sicherzustellen. Echtheit bezeichnet dabei die Authentizität, Zuverlässigkeit und Vertrauenswürdigkeit der Daten. Die Datenquelle beziehungsweise der Sender muss zweifelsfrei nachgewiesen werden können.

Zu Absatz 3

Absatz 3 setzt Artikel 40 Absatz 6 Unterabsatz 1 Buchstabe a der Richtlinie 2014/25/EU um, wonach die Auftraggeber den Unternehmen alle notwendigen Daten über die verwendeten elektronischen Mittel, für die Einreichung von Teilnahmeanträgen und Angeboten mithilfe elektronischer Mittel, einschließlich Verschlüsselung und Zeitstempelung, zugänglich machen müssen.«

A. Allgemeine Einführung

1 § 11 SektVO definiert allgemeine Anforderungen an den Einsatz der im Rahmen eines öffentlichen Vergabeverfahrens eingesetzten elektronischen Mittel.

§ 11 SektVO ist im unmittelbaren Zusammenhang mit § 10 SektVO zu sehen, der Anforderungen an die verwendeten elektronischen Mittel für den Empfang von Daten festlegt. Systematisch hätte es sich daher angeboten, die §§ 10 und 11 in einem Paragraphen zusammenzufassen.

B. Europarechtliche Vorgaben

2 § 11 Abs. 1 setzt Art. 40 Abs. 1 Unterabs. 1 Satz 2, § 11 Abs. 2 setzt Art. 40 Abs. 3 Satz 1 und § 11 Abs. 3 setzt Art. 40 Abs. 6 Unterabs. 1 lit. a) der Richtlinie 2014/25/EU um.

Eine nahezu gleichlautende Regelung war bereits in Artikel 48 Abs. 4 der Richtlinie 2004/17/EG bzw. Artikel 42 Abs. 4 der Richtlinie 2004/18/EG enthalten.

Bei der Umsetzung geht § 11 Abs. 2 SektVO über die Vorgabe in Art. 40 Abs. 3 S. 1 der Richtlinie 2014/25/EU hinaus. Danach sollen die Auftraggeber

> *»bei der gesamten Kommunikation sowie beim Austausch und der Speicherung von Informationen . . . die Integrität der Daten und die Vertraulichkeit der Angebote und der Anträge auf Teilnahme sicherstellen«.*

Die Verpflichtung zur Einhaltung der Vertraulichkeit betrifft nach § 11 Abs. 2 SektVO   3 hingegen alle verfahrensbezogenen Daten und nicht bloß die Abgabe der Angebote und Teilnahmeanträge. Über die europarechtliche Vorgabe hinausgehend ist auch die Anforderung, dass die eingesetzten elektronischen Mittel die »Echtheit« der übermittelten Daten gewährleisten müssen.

C. Vergleich zur vorherigen Rechtslage

§ 11 Abs. 1 SektVO entspricht im Wesentlichen dem bisherigen § 5 Abs. 2 S. 2   4 SektVO a.F., wonach die für die elektronische Übermittlung zu verwendenden Vorrichtungen und ihre technischen Merkmale allgemein zugänglich, mit den gängigen Informations- und Kommunikationstechnologien kompatibel sein müssen und keinen Wettbewerbsteilnehmer diskriminieren dürfen.

Vergleichbare Regelungen waren auch bereits in §§ 13 Abs. 2 und 3 VOL/A EG, § 11 Abs. 1 Nr. 2 und 3 VOB/A EG sowie § 8 Abs. 2 u. Abs. 6 VOF enthalten.

Neu ist die Einbeziehung der barrierefreien Ausgestaltung der verwendeten elektronischen Mittel im Sinne der §§ 4 und 11 des Behindertengleichstellungsgesetzes (BGG).

D. Kommentierung

I. Anforderungen an die eingesetzten elektronischen Mittel

§ 11 SektVO sieht in Umsetzung von Art. 40 Abs. 1 Richtlinie 2014/25/EU vor, dass   5 die allgemeinen Anforderungen an die im Rahmen eines öffentlichen Vergabeverfahrens vom Auftraggeber eingesetzten elektronischen Mittel
– allgemein verfügbar,
– nicht-diskriminierend sowie
– mit allgemein verbreiteten Geräten und Programmen der Informations- und Kommunikationstechnologie kompatibel sein müssen und
– den Zugang von Unternehmen zum Vergabeverfahren nicht einschränken dürfen.

Elektronische Mittel sind nach der amtlichen Begründung **allgemein verfügbar,** wenn sie für alle interessierten Unternehmen ohne Einschränkung verfügbar sind und bei Bedarf von ihnen, gegebenenfalls gegen ein marktübliches Entgelt, erworben werden können.

Ausreichend ist es also, wenn sich das interessierte Unternehmen die elektronischen Mit-   6 tel zu verhältnismäßigen Kosten beschaffen kann. Der Auftraggeber muss hingegen nicht Sorge dafür tragen, dass jeder Interessent die nötigen Voraussetzungen, z. B. ein bestimmtes Gerät oder ein bestimmtes Programm, bereits besitzt. Der Auftraggeber muss nur sichergehen, dass sich die Bewerber/Bieter die erforderlichen Geräte und Programme grundsätzlich beschaffen und diese verwenden können, so dass kein Bewerber/Bieter durch die Verwendung bestimmter – nicht gegen ein marktübliches Entgelt beschaffbarer – Geräte oder Programme benachteiligt wird.

7 Bei der Beurteilung der Marktüblichkeit des Entgelts ist auf die objektive Sicht des von der Vergabe angesprochenen Bieterkreises abzustellen. Zulässig ist es danach beispielsweise auch, wenn die Angebotsabgabe eine besondere Planungs- oder eine bestimmte Bearbeitungssoftware (z.B. von GEAB-Dateien) erfordert. Auch wenn die Kosten hierfür im Einzelfall objektiv hoch sein mögen, kommt es für die Frage der Zulässigkeit des eingesetzten elektronischen Mittels allein darauf an, ob deren Beschaffung für die angesprochenen Bieterkreise zu einem marktüblichen Entgelt möglich ist.

8 **Nicht diskriminierend** sind elektronische Mittel, wenn sie für alle Bewerber/Bieter ohne besondere Erschwernis und grundsätzlich ohne fremde Hilfe zugänglich und nutzbar sind. Die Verordnungsbegründung stellt insoweit klar, dass Bewerber/Bieter bei der Angebotsabgabe nicht schon deshalb eingeschränkt werden, weil ein Auftraggeber die maximale Größe von Dateien festlegt, die im Rahmen eines Vergabeverfahrens an ihn gesendet werden können.

9 Mit allgemein verbreiteten Geräten und Programmen der Informations- und Kommunikationstechnologie **kompatibel** sind elektronische Mittel, wenn jedes Unternehmen die von ihnen üblicherweise verwendeten Geräte und Programme der Informations- und Kommunikationstechnologie nutzen kann, um sich über öffentliche Vergabeverfahren zu informieren oder an öffentlichen Vergabeverfahren teilzunehmen.

10 Unproblematisch wäre es demnach, wenn für die Teilnahme an einem Vergabeverfahren z.B. ein Computer und technisches Zubehör (z.B. Scanner, Drucker), aber auch Signaturkarten und Kartenlesegeräte oder auch ein geeigneter Internetzugang erforderlich wären. Für die Datenübertragung selbst können die Auftraggeber insbesondere die üblichen Dateiformate, wie z.B. PDF oder MS-Office-Formate, wie DOC[X], XLS[X], PPT[X], aber auch HTML, XML, RTF, TXT, JPG oder TIFF verwenden[1]. Darüber hinaus kommen in der betroffenen Branche hinreichend verbreitete Dateiformate in Betracht, wie z.B. DWG, GEAB D83-D86[2].

11 Bei der Ausgestaltung der im Rahmen eines öffentlichen Vergabeverfahrens verwendeten elektronischen Mittel ist die Barrierefreiheit nach § 4 und § 11 des Gesetzes zur Gleichstellung behinderter Menschen vom 27.04.2002 in angemessener Form zu berücksichtigen. Mit der Einbeziehung des Behindertengleichstellungsgesetzes geht der Verordnungsgeber über die Vorgabe der Richtlinie 2014/25/EU hinaus. Dort heißt es in Erwägungsgrund 64 lediglich, dass die Verwendung elektronischer Kommunikationsmittel auch der »Zugänglichkeit für Personen mit Behinderungen hinreichend

---

1 Vgl. Stalmann, in: Eschenbruch/Opitz, § 5 Rn. 26.
2 Vgl. Stalmann, in: Eschenbruch/Opitz, § 5 Rn. 26.

Rechnung tragen« sollte, ohne dass hiermit konkrete Vorgaben an die Ausgestaltung verbunden werden. Die Einbeziehung in die SektVO ist v.a. deshalb bemerkenswert, weil sich das Behindertengleichstellungsgesetzes gemäß § 7 Abs. 1 zunächst vorrangig an die Träger öffentlicher Gewalt richtet, so dass Sektorenauftraggeber hiervon häufig gar nicht unmittelbar betroffen wären.

Systeme der Informationsverarbeitung und Kommunikationseinrichtungen sind nach   12
§ 4 Behindertengleichstellungsgesetzes barrierefrei, wenn sie für behinderte Menschen in der allgemein üblichen Weise, ohne besondere Erschwernis und grundsätzlich ohne fremde Hilfe zugänglich und nutzbar sind. Nach der amtlichen Begründung sollen beispielsweise die besonderen Belange Gehörloser oder Blinder bei der Gestaltung elektronischer Vergabeplattformen zu berücksichtigen seien. Gemeint ist, dass elektronische Umgebungen (zukünftig) so einzurichten sind, dass niemand von der Nutzung ausgeschlossen ist und sie von allen gleichermaßen genutzt werden können. Auch insoweit dürfen an die Auftraggeber aber auch keine allzu hohen Anforderungen gesetzt werden und ist insbesondere die jeweilige technische Realisierbarkeit zu berücksichtigen. So sind Auftraggeber nicht verpflichtet, technische Lösungen, wie Vorlesefunktionen für elektronische Vergabeplattformen, die tatsächlich noch nicht weit verbreitet sind oder nur mit erheblichen Kosten umsetzbar wären, zu realisieren.

II. Unversehrtheit, Vertraulichkeit und Echtheit der Daten

1. Definitionen

§ 11 Abs. 2 SektVO verpflichtet den Auftraggeber während des gesamten Vergabever-   13
fahrens nur solche elektronischen Mittel zu verwenden, die die Unversehrtheit, die Vertraulichkeit und die Echtheit aller verfahrensbezogenen Daten gewährleisten.

Der Begriff der **Unversehrtheit** der Daten ersetzt die bisherige Bezeichnung der   14
»Vollständigkeit«[3] bzw. der »Integrität«[4] der Daten, ohne dass hiermit eine inhaltliche Änderung verbunden wäre. Gemeint ist, dass die eingesetzten elektronischen Mittel gewährleisten müssen, dass sämtliche ausgetauschten Daten während der Dauer des Vergabeverfahrens unverändert erhalten bleiben[5] und insbesondere nicht durch einen Eingriff von außen manipuliert werden können.

Die Verpflichtung zum Schutz der **Vertraulichkeit** der Daten ergibt sich unmittelbar   15
aus dem vergaberechtlichen Geheimhaltungsgebot[6]. Der Auftraggeber hat hiernach insbesondere sicherzustellen, dass kein Unbefugter Zugriff auf die im Vergabeverfahren ausgetauschten Daten erhält[7].

Echtheit bezeichnet nach der amtlichen Begründung schließlich die Authentizität, Zu-   16
verlässigkeit und Vertrauenswürdigkeit der Daten. Die verwendeten elektronischen

---

3 So noch § 5 Abs. 3 SektVO a.F.
4 So noch § 8 Nr. 3 VOL/A-SKR (2006).
5 Vgl. Stalmann, in: Eschenbruch/Opitz, § 5 Rn. 31 m.w.N.
6 Vgl. Stalmann, in: Eschenbruch/Opitz, § 5 Rn. 30 m.w.N.
7 Vgl. Stalmann, in: Eschenbruch/Opitz, § 5 Rn. 30 m.w.N.

Mittel müssen hiernach gewährleisten, dass die Datenquelle bzw. der Sender der Daten zweifelsfrei nachgewiesen werden können. Insoweit geht die Regelung deutlich über die europarechtlich gebotenen Vorgaben hinaus. Art. 40 Abs. 3 S. 1 der Richtlinie 2014/25/EU verlangt lediglich, dass die Auftraggeber die Integrität der Daten und die Vertraulichkeit der Angebote und Teilnahmeanträge sicherstellen.

17   Die Regelung passt systematisch nicht zu den ansonsten in § 11 SektVO geregelten Anforderungen an den Einsatz der elektronischer Mittel. Die Sicherstellung der Echtheit der übermittelten Daten wird nicht von den eingesetzten elektronischen Mitteln gewährleistet, sondern ist eine Frage der Authentizität des Datenabsenders. Eine verbindliche Feststellung und Überprüfung des Absender der Daten ist im elektronischen Rechtsverkehr aber praktisch nur bei Versendung der Daten mittels einer qualifizierten elektronischen Signatur nach dem Signaturgesetz möglich[8]. Da die Verwendung der qualifizierten elektronischen Signatur aber ihrerseits nur unter den in § 44 Abs. 1 SektVO aufgeführten weiteren Voraussetzungen zulässig sein soll, ist eine einschränkende Auslegung von § 11 Abs. 2 SektVO hinsichtlich der Gewährleistung der Echtheit der Daten geboten. Die eigensetzten elektronischen Mittel müssen die Authentizität der Datenquelle bzw. des Senders der Daten daher nur unter den in § 44 Abs. 1 SektVO genannten Voraussetzungen gewährleisten

Hierfür spricht ferner auch Erwägungsgrund 68 der Richtlinie 2014/25/EU, wonach die Feststellung der Absenderidentität nicht durchweg für sämtliche Phasen und während eines Vergabeverfahrens übermittelten Inhalte erforderlich sein soll:

>*Vor Festlegung des erforderlichen Sicherheitsniveaus für die elektronischen Kommunikationsmittel, die in den verschiedenen Phasen des Vergabeverfahrens genutzt werden sollen, sollten die Mitgliedstaaten und die öffentlichen Auftraggeber die Verhältnismäßigkeit zwischen einerseits den Anforderungen zur Sicherstellung einer sachlich richtigen und zuverlässigen Identifizierung der Absender der betreffenden Mitteilungen sowie der Unversehrtheit von deren Inhalt und andererseits der Gefahr von Problemen beispielsweise bei Mitteilungen, die durch einen anderen als den angegebenen Absender verschickt werden, abwägen. Dies würde bei ansonsten gleichen Umständen bedeuten, dass das Sicherheitsniveau, das beispielsweise bei der per E-Mail erfolgten Anforderung einer Bestätigung der genauen Anschrift, an der eine Informationsveranstaltung durchgeführt werden soll, erforderlich ist, nicht so hoch sein muss wie für das eigentliche Angebot, das für den Wirtschaftsteilnehmer ein verbindliches Angebot darstellt. In ähnlicher Weise könnte die Abwägung der Verhältnismäßigkeit dazu führen, dass im Zusammenhang mit der erneuten Einreichung von elektronischen Katalogen oder der Einreichung von Angeboten im Rahmen von Kleinstwettbewerben gemäß einer Rahmenvereinbarung oder dem Zugang zu den Auftragsunterlagen niedrigere Sicherheitsniveaus verlangt werden.*<*

18   Würde man die Anforderung an den Nachweis der Datenauthentizität in dem gesamten Stadium des Vergabeverfahrens gewährleisten wollen, ließe sich die Problematik technisch in der Praxis am ehesten durch den Einsatz von elektronischen Vergabeplattfor-

---

8 Vgl. Stalmann, in: Eschenbruch/Opitz, § 5 Rn. 22 m.w.N.

men lösen. Üblicherweise müssen sich die Benutzer dort zunächst registrieren und können sich anschließend mit einem nur ihnen zugewiesenen Benutzernamen und einem Passwort anmelden. Denkbar wäre es dann z.b., im Rahmen der erstmaligen Registrierung eines Nutzers für die Vergabeplattform einen Identitätsnachweis mittels qualifizierter elektronischer Signatur zu verlangen.

Andere, aber deutlich weniger gut geeignete technische Lösungen zur Ermittlung des 19
»Absenders« von elektronischen Daten über das Internet wären z.b. die Speicherung der IP Adresse des Senders oder das sog. »Markieren« beim Besuch der Homepage des Auftraggebers durch den Einsatz von Tracking-Cookies. In diesen Fällen ergeben sich für Auftraggeber nicht unerhebliche Schwierigkeiten im Zusammenhang mit datenschutzrechtlichen Anforderungen, die jeweils zu beachten und einzuhalten wären.

2. Reichweite

Die Auftraggeber haben zur Erfüllung der Anforderungen aus § 11 Abs. 2 SektVO ge- 20
eignete organisatorische und technische Maßnahmen zu ergreifen, um sicherzustellen, dass von Bewerbern/Bietern übermittelte und bei dem Auftraggeber gespeicherte Daten nicht manipuliert oder gar gelöscht werden.

Die Verantwortlichkeit des Auftraggebers endet hierbei mit den Grenzen seines eigenen 21
(technischen) Einflussbereiches. Erforderlich, aber auch ausreichend ist es daher, wenn der Auftraggeber dem Stand der Technik entsprechende IT-Sicherheitsstandards zur Abwehr von Versuchen des unerlaubten Datenzugriffs auf die an ihn übertragenen bzw. bei ihm gespeicherten Daten unterhält (z.B Firewalls, aber auch Einsatz von sog. »Ende-zu-Ende-Verschlüsselung« oder mittels Passwort geschützter Vergabeplattformen). Das jeweils maßgebliche Sicherheitsniveau hat der Auftraggeber nach § 10 Abs. 1 SektVO abhängig von seinem konkreten Sicherheitsbedürfnis festzulegen.

Für die sichere Übermittlung seiner Daten (z.B. des Angebots) bis zur vollständigen 22
Übertragung an den Auftraggeber bleibt der jeweilige Bewerber/Bieter selbst verantwortlich, da die Unversehrtheit der Daten maßgeblich auch von der vom Bewerber/Bieter verwendeten IT-Infrastruktur oder der Sicherheit des von ihm verwendeten Übertragungsnetzes abhängt auf die der Auftraggeber keinen tatsächlichen Einfluss hat.

III. Mitteilungspflicht hinsichtlich der verwendeten elektronischen Mittel

§ 11 Abs. 3 SektVO schreibt schließlich vor, dass der Auftraggeber den Unternehmen 23
alle technischen Parameter und notwendigen Daten über die verwendeten elektronischen Mittel für die Einreichung von Teilnahmeanträgen und Angeboten mithilfe elektronischer Mittel, einschließlich der Art der Verschlüsselung und Zeitstempelung, zugänglich machen müssen.

Technische Parameter und notwendige Daten können zum Beispiel zu verwendende 24
Webbrowser sein, aber auch der Hinweis, dass so genannte HTTP-Server-Cookies, JavaScript und PopUp-Fenster vom Browser akzeptiert und entsprechende Blocker deaktiviert werden müssen. Werden PDF Dateien verwendet, ist der Hinweis hilfreich und sinnvoll, wo der Adobe Acrobat Reader zum Lesen der Dateien zu erhalten ist.

25 Darüber hinaus empfiehlt es sich, technische Voraussetzungen, wie Systemanforderungen an den verwendeten Computer oder eine bestimmte Bildschirmauflösung zur besseren Lesbarkeit der verwendeten technischen Lösung anzugeben. Sinnvoll ist es auch, die Bewerber/Bieter auf eine ausreichende Bandbreite des Internetanschlusses hinzuweisen, da diese maßgeblich die Übertragungsdauer der übersandten Unterlagen beeinflusst.

Wird eine elektronische Vergabeplattform eingesetzt ist es ratsam, den Bewerbern/Bietern online ein entsprechendes Benutzerhandbuch zur Verfügung zu stellen.

§ 12 SektVO Einsatz alternativer elektronischer Mittel bei der Kommunikation

(1) Der Auftraggeber kann im Vergabeverfahren die Verwendung elektronischer Mittel, die nicht allgemein verfügbar sind (alternative elektronische Mittel), verlangen, wenn er
1. Unternehmen während des gesamten Vergabeverfahrens unter einer Internetadresse einen unentgeltlichen, uneingeschränkten, vollständigen und direkten Zugang zu diesen alternativen elektronischen Mitteln gewährt und
2. diese alternativen elektronischen Mittel selbst verwendet.

(2) Der Auftraggeber kann im Rahmen der Vergabe von Bauleistungen und für Planungswettbewerbe die Nutzung elektronischer Mittel für die Bauwerksdatenmodellierung verlangen. Sofern die verlangten elektronischen Mittel für die Bauwerksdatenmodellierung nicht allgemein verfügbar sind, bietet der Auftraggeber einen alternativen Zugang zu ihnen gemäß Absatz 1 an.

Amtliche Begründung

»§ 12 setzt Artikel 40 Absatz 5 der Richtlinie 2014/25/EU um. In Ausnahmefällen ist es Auftraggebern gestattet, Vergabeverfahren mithilfe alternativer elektronischer Mittel durchzuführen. Alternative elektronische Mittel sind solche, die nicht für alle Menschen ohne Einschränkung verfügbar sind und die nicht bei Bedarf – gegebenenfalls gegen marktübliches Entgelt – von allen Menschen erworben werden können. Hiervon erfasst sind zum einen Vergabeverfahren, bei denen es zum Schutz besonders sensibler Daten erforderlich ist, elektronische Mittel zu verwenden, die nicht allgemein verfügbar sind. Zum anderen sind Vergabeverfahren erfasst, in denen Daten übermittelt werden müssen, deren Übermittlung aus anderen als Sicherheitsgründen nicht mit allgemein verfügbaren elektronischen Mitteln möglich ist. Verwenden Auftraggeber im Vergabeverfahren alternative elektronische Mittel, so müssen sie Unternehmen ab dem Datum der Veröffentlichung der Auftragsbekanntmachung oder ab dem Datum des Versendens der Aufforderung zur Interessensbestätigung unter einer Internetadresse unentgeltlich einen uneingeschränkten, vollständigen und direkten Zugang zu diesen alternativen elektronischen Mitteln gewähren. Diese Internetadresse muss in der Auftragsbekanntmachung oder in der Aufforderung zur Interessensbestätigung angegeben werden.

Können die Auftraggeber keinen uneingeschränkten, vollständigen und direkten Zugang zu den verwendeten alternativen elektronischen Mitteln einräumen und beruht das Fehlen eines solchen Zuganges nicht auf dem Verschulden des betreffenden Unternehmens, so müssen sie zu den verwendeten alternativen elektronischen Mitteln anderweitig Zugang gewähren. Die Auftraggeber

Honekamp

können beispielsweise Zugang zu den verwendeten alternativen elektronischen Mitteln gewähren, indem sie spezielle sichere Kanäle zur Nutzung vorschreiben, zu denen sie individuellen Zugang gewähren.

Zu Absatz 2

Absatz 2 räumt öffentlichen Auftraggebern die Möglichkeit ein, im Rahmen der Vergabe eines Bauauftrages oder im Zusammenhang mit der Ausrichtung eines Planungswettbewerbes von dem Unternehmen, auf dessen Angebot der Zuschlag erteilt wird, zu verlangen, dass für die Auftragsausführung elektronische Mittel für die Bauwerksdatenmodellierung (sogenannte BIMSysteme – building information modeling system) genutzt werden. Dabei handelt es sich um eine Methode zur Erstellung und Nutzung intelligenter digitaler Bauwerksmodelle, die es sämtlichen Projektbeteiligten ermöglichen, bei Planung und Realisierung auf eine gemeinsame Datenbasis zurückzugreifen. Projektbeteiligte können zum Beispiel Architekten, Ingenieure, Bauherren oder Bauausführende sein. Öffentliche Auftraggeber sind aufgrund dieser Vorschrift nicht verpflichtet, die Nutzung von BIM im Rahmen der Vergabe öffentlicher Aufträge vorzuschreiben.«

A. Allgemeine Einführung

§ 12 Abs. 1 SektVO gestattet dem Auftraggeber ein Vergabeverfahren mithilfe elektronischer Mittel durchzuführen, die nicht allgemein verfügbar sind (alternative elektronische Mittel). § 12 Abs. 1 SektVO ermöglicht dem Auftraggeber hingegen nicht, das Vergabeverfahren mit anderen als mit elektronischen Mittel durchzuführen (z.B. in Papierform). Denn Ausnahmen vom Anwendungsbereich der elektronischen Vergabe selbst sind nur unter den in §§ 9 Abs. 2, 41 Abs. 4 S. 1, § 43 Abs. 2 und § 44 Abs. 2 SektVO genannten Voraussetzungen zulässig.   **1**

§ 12 Abs. 2 SektVO stellt ferner klar, dass Auftraggeber im Rahmen der Vergabe von Bauleistungen und für Wettbewerbe die Nutzung elektronischer Mittel für die Bauwerksdatenmodellierung vorschreiben können.

B. Europarechtliche Vorgaben

§ 12 SektVO soll Art. 40 Abs. 5 der Richtlinie 2014/25/EU umsetzen. Hiernach steht es im Ermessen des Auftraggebers für die Kommunikation mit den Bewerbern/Bietern auch die Verwendung nicht allgemein verfügbarer Instrumente vorzuschreiben, wenn sie stattdessen alternative Zugangsmittel anbieten.   **2**

Nach Art. 40 Abs. 5 Unterabs. 2 der Richtlinie 2014/25/EU wird davon ausgegangen, dass Auftraggeber solche alternativen Zugänge anbieten, wenn sie

1. ab der Bekanntmachung oder dem Versand der Aufforderung zur Interessenbestätigung über elektronische Mittel einen unentgeltlichen, uneingeschränkten und vollständigen Zugang zu diesen alternativen Instrumenten anbieten,
2. den Bietern/Bewerbern, die keinen Zugang zu den alternativen Instrumenten haben, diesen über unentgeltliche »provisorische Token« gewähren oder
3. einen »alternativen Kanal« für die elektronische Einreichung von Angeboten unterstützen.

C. Vergleich zur vorherigen Rechtslage

3 Die Regelung ist mit der Vergaberechtsmodernisierung 2016 neu eingefügt worden. Es gab keine vergleichbaren Regelungen im bisherigen Recht.

D. Kommentierung

I. Anwendungsbereich alternativer elektronischer Mittel

4 § 12 Abs. 1 SektVO gestattet dem Auftraggeber ein Vergabeverfahren mithilfe alternativer elektronischer Mittel durchzuführen. Alternative elektronische Mittel sind nach der amtlichen Begründung Geräte und Programme zur elektronischen Kommunikation, die nicht für alle interessierten Unternehmen ohne Einschränkung verfügbar sind und die nicht bei Bedarf – gegebenenfalls gegen marktübliches Entgelt – von allen interessierten Unternehmen erworben werden können.

5 Verwenden Auftraggeber im Vergabeverfahren alternative elektronische Mittel, so müssen sie den Unternehmen ab dem Datum der Veröffentlichung der Auftragsbekanntmachung bzw. nach Veröffentlichung einer regelmäßig nicht verbindlichen Bekanntmachung ab dem Datum des Versendens der Aufforderung zur Interessenbestätigung bzw. der Angebotsaufforderung (bei Bestehen eines Qualifizierungssystems) unter einer Internetadresse unentgeltlich einen uneingeschränkten, vollständigen und direkten Zugang zu diesen alternativen elektronischen Mitteln gewähren. Die Internetadresse muss bereits in der Auftragsbekanntmachung, der Aufforderung zur Interessensbestätigung oder – bei Bestehen eines Qualifizierungssystems – in den Vergabeunterlagen angegeben werden.

6 Können die Auftraggeber keinen uneingeschränkten, vollständigen und direkten Zugang zu den verwendeten alternativen elektronischen Mitteln gewährleisten, so müssen die Auftraggeber dem interessierten Unternehmen anderweitig Zugang zu den verwendeten alternativen elektronischen Mitteln gewähren, sofern das Fehlen eines solchen Zuganges nicht auf dem Verschulden des Unternehmens selbst basiert.

7 Die amtliche Begründung nennt hierfür in Übereinstimmung mit Art. 40 Abs. 5 Unterabs. 2 Ziffer 3 der Richtlinie 2014/25/EU beispielsweise die Einräumung spezieller sicherer Kanäle zur Nutzung, zu denen die Auftraggeber den Bewerbern/Bietern individuellen Zugang einrichten. Ein weiteres Beispiel wäre die Einräumung eines Zugangs zum Intranet des Auftraggebers.

Aus der amtlichen Begründung ergibt sich weiter, dass die Verwendung alternativer 8 elektronischer Mittel zur Durchführung eines Vergabeverfahrens nur ausnahmsweise zulässig sein soll. Vorrangig soll hiernach stets der Einsatz von allgemein verfügbaren elektronischen Kommunikationsmitteln sein.

Aus dem Wortlaut von § 12 SektVO und Art. 40 Abs. 5 der Richtlinie 2014/25/EU 9 folgt diese Schlussfolgerung jedoch nicht zwingend. Nach Art. 40 Abs. 5 der Richtlinie 2014/25/EU kann der Auftraggeber den Einsatz alternativer elektronischer Mittel dann verlangen, wenn dies aus seiner Sicht erforderlich ist und er allen Bewerbern/Bietern einen Zugang zu den alternativen elektronischen Mitteln gewährt. Für ein freies Wahlrecht des Auftraggebers zwischen allgemein verfügbaren oder alternativen elektronischen Mitteln spricht zudem, dass es in diesem Fall nicht zu einer Benachteiligung der Wettbewerbsteilnehmer kommt, da die Auftraggeber einen unentgeltlichen, uneingeschränkten, vollständigen und direkten Zugang zu diesen alternativen Mitteln gewähren müssen.

Als mögliche Anwendungsfälle nennt die amtliche Begründung zum Beispiel ein Verga- 10 beverfahren, bei denen es zum Schutz besonders sensibler Daten erforderlich ist, elektronische Mittel zu verwenden, die nicht allgemein verfügbar sind. Darüber hinaus seien Vergabeverfahren erfasst, in denen Daten übermittelt werden müssen, deren Übermittlung aus anderen als Sicherheitsgründen nicht mit allgemein verfügbaren elektronischen Mitteln möglich ist.

Selbst wenn man davon ausgeht, dass die Anwendung alternativer elektronischer Mittel 11 nur ausnahmsweise zulässig sein soll, wäre hinsichtlich der diesbezüglichen Entscheidung eine Überprüfung durch die Vergabenachprüfungsinstanzen mangels Schutzbedürfnis der Bewerber/Bieter nicht zulässig. Etwas anderes gilt allerdings für die Frage, ob den Bewerbern/Bietern überhaupt ein unentgeltlicher, uneingeschränkter, vollständiger und direkter Zugang zu den alternativen elektronischen Kommunikationsmitteln gewährt worden ist.

Ob sich die Verwendung alternativer elektronischer Mittel im Vergabeverfahren in der 12 Praxis durchsetzen wird, bleibt abzuwarten. Dies dürfte maßgeblich auch vom Digitalisierungsgrad des jeweiligen Auftraggebers abhängen. Bei Vorliegen von Sicherheitsbedenken im Zusammenhang mit der Verwendung herkömmlicher elektronischer Mittel besteht alternativ die Möglichkeit, auf die Ausnahmevorschriften des § 41 Abs. 4 bzw. § 44 Abs. 2 SektVO zurückzugreifen und die relevanten Unterlagen auf dem Postweg zu übermitteln bzw. sich zusenden zu lassen.

II. Nutzung elektronischer Mittel für die Bauwerksdatenmodellierung

§ 12 Abs. 2 SektVO besagt, dass Auftraggeber im Rahmen der Vergabe von Bauleistun- 13 gen und für Wettbewerbe die Nutzung elektronischer Mittel für die Bauwerksdatenmodellierung (sogenannte BIM-Systeme – building information modeling system) vorschreiben können.

Mit dem BIM-System wird eine Planungsmethode im Bauwesen beschrieben, die die 14 Erzeugung und die Verwaltung von digitalen virtuellen Darstellungen der physikalischen und funktionalen Eigenschaften eines Bauwerks beinhaltet. Dabei stellen die Bauwerksmodelle eine Informationsdatenbank rund um das Bauwerk dar.[1]

Die Verwendung eines BIM-Systems und der gemeinsame Dateizugriff erfordern die Verwendung einer einheitlichen Software bei allen Projektbeteiligten bzw. die Zurverfügungstellung einer entsprechenden Schnittstelle.

15 Mit der Hilfe dieses Systems können sämtliche Projektbeteiligte, wie zum Beispiel Architekten, Ingenieure, Bauherren oder Bauausführende, bei Planung und Realisierung des Bauvorhabens auf eine gemeinsame Datenbasis zurückgreifen. Etwaige Änderungen des Architekten oder Planers am Bauentwurf erfolgen unmittelbar an dem Bauwerksmodell und sind so für alle Projektbeteiligten, sowohl als Zeichnung als auch als Datenpaket, direkt verfügbar.

16 Die Zulässigkeit der Verwendung von BIM-Systemen ergibt sich bereits unmittelbar aus § 11 Abs. 1 SektVO. Der expliziten Klarstellung in § 12 Abs. 2 SektVO hätte es nicht bedurft. Vorzugswürdig wäre eine klarstellende Erläuterung in der Begründung zu § 11 SektVO gewesen.

Abschnitt 2 Vergabeverfahren

Unterabschnitt 1 Verfahrensarten, Fristen

§ 13 SektVO Wahl der Verfahrensart

(1) Dem Auftraggeber stehen zur Vergabe von Aufträgen das offene Verfahren, das nicht offene Verfahren und das Verhandlungsverfahren mit Teilnahmewettbewerb sowie der wettbewerbliche Dialog nach seiner Wahl zur Verfügung. Die Innovationspartnerschaft steht nach Maßgabe dieser Verordnung zur Verfügung.

(2) Der Auftraggeber kann Aufträge im Verhandlungsverfahren ohne Teilnahmewettbewerb vergeben,
   1. wenn im Rahmen eines Verhandlungsverfahrens mit Teilnahmewettbewerb keine oder keine geeigneten Angebote oder keine geeigneten Teilnahmeanträge abgegeben worden sind, sofern die ursprünglichen Bedingungen des Auftrags nicht grundlegend geändert werden; ein Angebot gilt als ungeeignet, wenn es ohne Abänderung den in der Auftragsbekanntmachung oder den Vergabeunterlagen genannten Bedürfnissen und Anforderungen des Auftraggebers offensichtlich nicht entsprechen kann; ein Teilnahmeantrag gilt als ungeeignet, wenn das Unternehmen aufgrund des § 142 Nummer 2 des Gesetzes gegen Wettbewerbs-

---

1 Egger, M., Hausknecht, K., Liebich, T., und Przybylo, J., BIM-Leitfaden für Deutschland – Information und Ratgeber, Forschungsinitiative ZukunftBAU, 2014.

beschränkungen auszuschließen ist oder ausgeschlossen werden kann oder wenn es die objektiven Kriterien bezüglich der Eignung nicht erfüllt;

2. wenn ein Auftrag rein den Zwecken von Forschung, Experimenten, Studien oder der Entwicklung dient und nicht den Zwecken einer Gewinnerzielungsabsicht oder Abdeckung von Forschungs- und Entwicklungskosten und sofern der Zuschlag dem Zuschlag für Folgeaufträge nicht abträglich ist, die insbesondere diesen Zwecken dienen;

3. wenn der Auftrag nur von einem bestimmten Unternehmen erbracht oder bereitgestellt werden kann,

   a) weil ein einzigartiges Kunstwerk oder eine einzigartige künstlerische Leistung erschaffen oder erworben werden soll,

   b) weil aus technischen Gründen kein Wettbewerb vorhanden ist oder

   c) wegen des Schutzes von ausschließlichen Rechten, einschließlich der Rechte des geistigen Eigentums;

4. wenn äußerst dringliche, zwingende Gründe im Zusammenhang mit Ereignissen, die der betreffende Auftraggeber nicht voraussehen konnte, es nicht zulassen, die Mindestfristen einzuhalten, die für das offene und das nicht offene Verfahren sowie für das Verhandlungsverfahren mit Teilnahmewettbewerb vorgeschriebenen sind; die Umstände zur Begründung der äußersten Dringlichkeit dürfen dem Auftraggeber nicht zuzurechnen sein;

5. wenn zusätzliche Lieferleistungen des ursprünglichen Auftragnehmers beschafft werden sollen, die entweder zur teilweisen Erneuerung oder Erweiterung bereits erbrachter Leistungen bestimmt sind und ein Wechsel des Unternehmens dazu führen würde, dass der Auftraggeber eine Leistung mit unterschiedlichen technischen Merkmalen kaufen müsste und dies eine technische Unvereinbarkeit oder unverhältnismäßige technische Schwierigkeiten bei Gebrauch und Wartung mit sich bringen würde;

6. wenn eine Bau- oder Dienstleistung beschafft werden soll, die in der Wiederholung gleichartiger Leistungen besteht, die durch denselben Auftraggeber an das Unternehmen vergeben werden, das den ersten Auftrag erhalten hat, sofern sie einem Grundprojekt entsprechen und dieses Projekt Gegenstand des ersten Auftrags war, das im Rahmen eines Vergabeverfahrens mit Ausnahme eines Verhandlungsverfahrens ohne Teilnahmewettbewerb vergeben wurde; die Möglichkeit der Anwendung des Verhandlungsverfahrens muss bereits in der Auftragsbekanntmachung des ersten Vorhabens angegeben werden; darüber hinaus sind im Grundprojekt bereits der Umfang möglicher Bau- oder Dienstleistungen sowie die Bedingungen, unter denen sie vergeben werden, anzugeben; der für die nachfolgenden Bau- oder Dienstleistungen in Aussicht genommene Gesamtauftragswert wird vom Auftraggeber bei der Berechnung des Auftragswerts berücksichtigt;

7. wenn es sich um eine auf einer Warenbörse notierte und gekaufte Lieferleistung handelt;

8. bei Gelegenheitsbeschaffungen, bei denen es möglich ist, Lieferungen zu beschaffen, indem eine besonders vorteilhafte Gelegenheit genutzt wird, die nur kurz-

fristig besteht und bei der ein Preis erheblich unter den üblichen Marktpreisen liegt;

9. wenn Liefer- oder Dienstleistungen zu besonders günstigen Bedingungen bei Lieferanten, die ihre Geschäftstätigkeit endgültig einstellen, oder bei Insolvenzverwaltern im Rahmen eines Insolvenzverfahrens oder eines in den Vorschriften eines anderen Mitgliedstaats der Europäischen Union vorgesehenen gleichartigen Verfahrens erworben werden; oder

10. wenn im Anschluss an einen Planungswettbewerb im Sinne des § 60 ein Dienstleistungsauftrag nach den Bedingungen dieses Wettbewerbs an den Gewinner oder an einen der Preisträger vergeben werden muss; im letzteren Fall müssen alle Preisträger des Wettbewerbs zur Teilnahme an den Verhandlungen aufgefordert werden.

(3) Die in Absatz 2 Nummer 3 Buchstabe a und b genannten Voraussetzungen für die Anwendung des Verhandlungsverfahrens ohne Teilnahmewettbewerb gelten nur dann, wenn es keine vernünftige Alternative oder Ersatzlösung gibt und der mangelnde Wettbewerb nicht das Ergebnis einer künstlichen Einschränkung der Auftragsvergabeparameter ist.

Amtliche Begründung

»Zu Absatz 1

Absatz 1 benennt die zulässigen Verfahrensarten und setzt Art. 44 Absatz 1 bis 3 der Richtlinie 2014/25/EU um.

Das offene Verfahren, das nicht offene Verfahren, das Verhandlungsverfahren mit Teilnahmewettbewerb sowie der wettbewerbliche Dialog stehen zur freien Wahl der Auftraggeber zur Verfügung. Das ist bereits in § 141 Absatz 1 GWB festgelegt. Die Innovationspartnerschaft ist nach Maßgabe des § 18 anwendbar.

Zu Absatz 2

Absatz 2 benennt in Umsetzung des Art. 50 der Richtlinie 2014/25/EU abschließend die Voraussetzungen für die Durchführung von Verhandlungsverfahren, bei denen der Auftraggeber von der vorherigen Durchführung eines Teilnahmewettbewerbs absehen kann.

Zu Nummer 1

Absatz 2 Nummer 1 dient der Umsetzung des Art. 50 Buchstabe a der Richtlinie 2014/25/EU.

Zu Nummer 2

Absatz 2 Nummer 2 setzt Art. 50 Buchstabe b der Richtlinie 2014/25/EU um.

Zu Nummer 3

Absatz 2 Nummer 3 setzt Art. 50 Buchstabe c der Richtlinie 2014/25/EU um. In diesem Zusammenhang ist im Hinblick auf die Buchstaben a und b der Nummer 3 auch Absatz 3 zu beachten.

Zu Nummer 4

In Umsetzung des Art. 50 Buchstabe d der Richtlinie 2014/25/EU kommt nach Absatz 2 Nummer 4 ein Verhandlungsverfahren ohne Teilnahmewettbewerb in Betracht, wenn aufgrund besonderer Dringlichkeit die Fristen nicht eingehalten werden können, die für die anderen Vergabeverfahren vorgeschrieben sind. Nach der ständigen Rechtsprechung des Europäischen Gerichtshofs müssen dabei drei Voraussetzungen kumulativ erfüllt sein:

Es muss

– ein unvorhergesehenes Ereignis,
– dringliche und zwingende Gründe, die die Einhaltung der in anderen Verfahren vorgeschriebenen Fristen nicht zulassen, und
– ein Kausalzusammenhang zwischen dem unvorhergesehen Ereignis und den sich daraus ergebenden zwingenden, dringlichen Gründen gegeben sein.

Diese Kriterien hat das Bundesministerium für Wirtschaft und Energie zuletzt in einem Rundschreiben vom 9. Januar 2015 näher erläutert. Die Beweislast dafür, dass die eine Ausnahme rechtfertigenden außergewöhnlichen Umstände tatsächlich vorliegen, trägt der Auftraggeber, der sich auf die Ausnahme berufen will.

Zu Nummer 5

Absatz 2 Nummer 5 übernimmt die Regelung des Art. 50 Buchstabe e der Richtlinie 2014/25/EU.

Zu Nummer 6

Absatz 2 Nummer 6 dient der Umsetzung des Art. 50 Buchstabe f der Richtlinie 2014/25/EU.

Zu Nummer 7

Absatz 2 Nummer 7 dient der Umsetzung des Art. 50 Buchstabe g der Richtlinie 2014/25/EU.

Zu Nummer 8

Absatz 2 Nummer 8 setzt Art. 50 Buchstabe h der Richtlinie 2014/25/EU um.

Zu Nummer 9

Absatz 4 Nummer 8 setzt Art. 50 Buchstabe i der Richtlinie 2014/25/EU um.

Zu Nummer 10

Absatz 2 Nummer 10 setzt Art. 50 Buchstabe j der Richtlinie 2014/25/EU um.

Zu Absatz 3

Absatz 6 setzt den letzten Satz des Art. 50 Buchstabe c letzter Halbsatz der Richtlinie 2014/25/EU um.«

A. Allgemeine Einführung

1 In § 13 setzt die SektVO die Vorgaben des Art. 44 Absätze 1 bis 3 Richtlinie 2014/25/ EU sowie insbesondere des § 141 GWB um. Danach gibt es im Sektorenvergaberecht ganz allgemein keine Hierarchie der Verfahrensarten.

2 Die Wahl der Verfahrensarten Offenes Verfahren, Nicht offenes Verfahren, Verhandlungsverfahren und Wettbewerblicher Dialog ist im Sektorenvergaberecht in das freie Ermessen der Auftraggeber gestellt. Auf eine Unterscheidung nach der Rechtsstellung der Auftraggeber, öffentlich rechtlich oder privatrechtlich, kommt es bei der Wahlfreiheit nicht an.

3 Die Eigenschaft als Sektorenauftraggeber[1] hängt davon ab, ob eine Sektorentätigkeit[2] wahrgenommen wird. Nur wenn die Auftragsvergabe im Zusammenhang mit einer Sektorentätigkeit steht, ist der Anwendungsbereich des Sektorenvergaberechts gegeben.[3] In diesen Fällen dürfen Auftraggeber die Verfahrensart frei wählen.

4 Abs. 2 setzt Art. 44 Abs. 5 i.V.m. Art. 50 Richtlinie 2014/25/EU um und regelt die Ausnahmen von der grundsätzlichen Verpflichtung zur Durchführung eines Teilnahmewettbewerbs (Veröffentlichung einer vorherigen Bekanntmachung) im Verhandlungsverfahren. Abs. 3 der Vorschrift setzt Art. 50 lit. c) UA 3 Richtlinie 2014/25/EU um. Allerdings hat sich eine Unrichtigkeit eingeschlichen. Die Vorgabe, dass es für ein Verhandlungsverfahren keine sinnvolle Alternative geben darf, bezieht sich auf Art. 50 lit. c) ii) und iii) Richtlinie 2014/25/EU. Diese sind in § 13 Abs. 2 Nr. 3 lit. b) und c) umgesetzt. Deshalb muss es in Abs. 3 richtig heißen »Die in Absatz 2 Nummer 3 Buchstabe b) und c) genannten Voraussetzungen ...«. Die Inbezugnahme von lit. a) ist falsch und entspricht nicht der Richtlinie. Deshalb sollte Abs. 3 in richtlinienkonformer Auslegung auf lit. b) und c) angewendet werden.

---

1 S. § 100 Abs. 1 GWB.
2 S. § 102 GWB.
3 S. § 137 Abs. 2 Nr. 1 GWB.

B. Vergleich zur vorigen Rechtslage

Mit der neugefassten Richtlinie 2014/25/EU hat die Verfahrensart des Wettbewerb- 5
lichen Dialoges, die bislang dem klassischen Vergaberecht vorbehalten war, Eingang
in das Sektorenvergaberecht gefunden.

Die Verfahrensart der Innovationspartnerschaft wurde sowohl für die klassische als 6
auch die Sektorenauftragsvergabe neu geschaffen. Sie vereint die Entwicklung einer
noch nicht auf dem Markt existierenden (innovativen) Leistung mit deren Beschaffung
in einem zusammenhängenden Verfahren.

Die Voraussetzungen eines Verhandlungsverfahrens ohne Teilnamewettbewerb sind an
einigen Stellen abgeändert worden. Wesentliche Änderungen sind damit jedoch nicht
verbunden. Im Einzelnen hierzu s. nachfolgende Erläuterungen.

C. Europarechtliche Vorgaben

Art. 44 Abs. 1 bis 3 Richtlinie 2014/25/EU ordnen an, dass die Mitgliedstaaten im 7
Rahmen der nationalen Umsetzung der Richtlinie vorschreiben, dass Auftraggeber
die Verfahrensarten Offenes Verfahren, Nichtoffenes Verfahren, Wettbewerblicher Dialog sowie die Innovationspartnerschaft anwenden können.

Demgemäß sind alle vier genannten Verfahrensarten den Auftraggebern zur Anwendung zur Verfügung zu stellen.

Europarechtlich nicht zwingend ist die Möglichkeit, ein Verhandlungsverfahren ohne 8
Teilnahmewettbewerb durchzuführen. Art. 44 Abs. 5 Richtlinie 2014/25/EU lässt den
Mitgliedstaaten die Möglichkeit, auf diese Verfahrensart zu verzichten. Hiervon hat
Deutschland keinen Gebrauch gemacht.

Art. 40 Abs. 3 Richtlinie 2004/17/EG ließ es noch zu, dass Auftraggeber in bestimm- 9
ten Fällen sowohl ein nicht offenes Verfahren ohne vorherige Bekanntmachung als auch
ein Verhandlungsverfahren ohne vorherige Bekanntmachung wählen konnten. Diese
Möglichkeit – die in Deutschland seinerzeit nicht umgesetzt wurde – ist in der neuen
Richtlinie entfallen.

Die Wahl des Verhandlungsverfahrens ohne vorherigen Teilnahmewettbewerb ist nur in
den in Art. 50 Richtlinie 2014/25/EU abschließend genannten Ausnahmetatbeständen zulässig.

D. Kommentierung

I. Freie Wahl der Verfahrensart

1. Auswirkungen der freien Wahlmöglichkeit

Schon die seinerzeitige Richtlinie 93/38/EWG[4] sah für Sektorenauftraggeber die Wahl- 10
freiheit zwischen den Verfahrensarten vor. In Deutschland wurde die Wahlfreiheit in

---

4 ABl. Nr. L 199 v. 09.08.1993, S. 84.

letzter Konsequenz allerdings erst mit dem Erlass der Sektorenverordnung (SektVO) im Jahre 2009[5] umgesetzt. Bis dahin hatten »öffentliche« Sektorenauftraggeber den Vorrang des Offenen Verfahrens zu beachten. Lediglich »private« Sektorenauftraggeber konnten von der Wahlfreiheit Gebrauch machen. Diese nicht richtlinienkonforme Ungleichbehandlung wurde mit der Schaffung der SektVO im Jahre 2009 beseitigt.

11 Zur freien Verfügung stehen gemäß § 141 Abs. 1 GWB i.V.m. § 13 Abs. 1 Satz 1 SektVO das Offene Verfahren, das Nichtoffenen Verfahren, das Verhandlungsverfahren mit Teilnahmewettbewerb sowie der Wettbewerbliche Dialog. Um das notwendige Maß an Wettbewerb zu gewährleisten ist bei nicht offenen Verfahren und beim wettbewerblichen Dialog stets sowie beim Verhandlungsverfahren grundsätzliche eine vorherige Bekanntmachung (Teilnahmewettbewerb) erforderlich.

12 Die Innovationspartnerschaft nach § 18 SektVO bedarf der Voraussetzung, dass die vom Auftraggeber gewollte Leistung noch nicht auf dem Markt vorhanden ist. Das Verhandlungsverfahren ohne Teilnahmewettbewerb ist nur in den in Abs. 2 aufgeführten Ausnahmefällen zulässig.

13 Ebenfalls nicht unter die Wahlfreiheit fallen das Dynamische Beschaffungssystem (§§ 20 bis 22 SektVO) sowie die Planungswettbewerbe nach § 103 Abs. 6 GWB. Beide sind weder in Art. 44 Richtlinie 2014/25/EU noch in § 141 Abs. 1 bzw. § 13 SektVO aufgeführt.

14 Für die Deutsche Bahn gilt die freie Wahl der Verfahrensart nur eingeschränkt. In Abstimmung mit dem Bund und den Verbänden der deutschen Bauwirtschaft hat sich die Bahn verpflichtet, bei Investitionen des Bundes in die Schieneninfrastruktur von dem Verhandlungsverfahren nur ausnahmsweise Gebrauch zu machen. Einzelheiten regelt ein sog. »Verbändepapier« vom 12.12.2008, das für Auftragsvergaben oberhalb wie unterhalb der EU-Schwellenwerte gilt.[6]

15 Die Wahlfreiheit der Verfahrensarten bringt erhebliche Erleichterungen für die Auftraggeber mit sich. Sie sind vor allem bei der Wahl der Verfahrensart nicht auf das Vorliegen der jeweiligen Verfahrensvoraussetzungen angewiesen. Damit entfällt im Rahmen der Wahlfreiheit die Pflicht, die Gründe für die Wahl der Verfahrensart zu dokumentieren. Gleichwohl ist es empfehlenswert, in der Dokumentation einen Hinweis zu den Gründen der Wahl aufzunehmen.

16 Auftraggeber haben auch die Möglichkeit, den Grundsatz der Verfahrenseffizienz als Kriterium für die Wahl der Vergabeart anzuwenden. Sie können sich daran orientieren, ob der Verfahrensaufwand in einem angemessenen Verhältnis zum erwarteten Ergebnis steht.

---

5 BGBl. I S. 3110.
6 Vgl. Opitz, VergabeR 2009, 694.

2. Bindung an die gewählte Verfahrensart

Hat der Auftraggeber die Vergabeverfahrensart bekannt gemacht und damit das Verfah- 17
ren eingeleitet, so ist er an seine Entscheidung gebunden. Er muss die für die bekannt
gemacht Vergabeart geltenden jeweiligen Verfahrensschritte konsequent beachten.[7]

Ein Wechseln oder gar Kombinieren der Verfahrensarten nach Einleitung des Vergabe- 18
verfahrens wäre zu viel der Freiheiten. Es darf selbst unter den erweiterten Spielräumen
des Sektorenvergaberechts kein Rosinenpicken geben. Auch im Sektorenvergaberecht
besteht die Verpflichtung des Auftraggebers, sich an die Inhalte und Verfahrensschritte
der bekannt gemachten Verfahrensart zu halten.

3. Beginn und Ende des Vergabeverfahrens

Formell beginnt das Vergabeverfahren mit der Veröffentlichung der Bekanntmachung 19
bzw. deren Absendung an das Amtsblatt der EU.[8] Da der Auftraggeber auch schon vor
der Veröffentlichung der Bekanntmachung Weichenstellungen sowie maßgebliche Entscheidungen für das Vergabeverfahren trifft etwa zum Beschaffungsgegenstand, zu den
Eignungskriterien oder den Zuschlagskriterien, ist der materielle Beginn vom formellen Beginn zu unterscheiden. Materiell beginnt das Vergabeverfahren, wenn sich der
Auftraggeber zur Beschaffung einer bestimmten Ware oder Leistung entschlossen hat
und nach außen Aktivitäten mit dem Ziel eines entsprechenden Vertragsschlusses entfaltet.[9]

Das Vergabeverfahren endet in der Regel mit dem Zuschlag auf das wirtschaftlichste
Angebot. Mit dem Zuschlag kommt der zivilrechtliche Vertrag zustande.[10] Daneben
kann eine Aufhebung oder Einstellung des Vergabeverfahrens in Betracht kommen.[11]

4. Rechtsschutz

Auf Grund der zulässigen Wahlfreiheit ist die Entscheidung des Auftraggebers für eine 20
bestimmte Verfahrensart der Nachprüfung gem. §§ 155 ff. GWB entzogen. Der Auftraggeber hat die uneingeschränkte Freiheit, die Verfahrensart zur Durchführung des
Vergabeverfahrens zu bestimmen.[12]

Lediglich die Entscheidung des Auftraggebers für das Verhandlungsverfahren ohne vor- 21
herige Bekanntmachung unterliegt aufgrund des Ausnahmecharakters und der damit
verbundenen wettbewerblichen Einschränkungen der Nachprüfung durch die Vergabe-
kammern bzw. durch die Oberlandesgerichte. Sind die Gründe für die ausnahmsweise

---

7 EuGH, Urt. v. 25.04.1996 – C-87/94.
8 Vgl. OLG Naumburg, Beschl. v. 08.10.2009 – 1 Verg 9/09.
9 OLG Düsseldorf, Beschl. v. 01.08.2012 – VII-Verg 10/12.
10 Vgl. Rechten, in: Kulartz/Portz/Marx/Prieß, Kommentar zur VOL/A, § 21 EG VOL/A,
   Rn. 17 f.
11 S. § 57 SektVO.
12 Anders, aber abzulehnen: Kaelble, in: Müller-Wrede, Sektorenverordnung-Kommentar, § 6
   SektVO a.F., Rn. 128.

Wahl des Verhandlungsverfahrens ohne vorherigen Teilnahmewettbewerb nicht dokumentiert, so ist dieses vergaberechtswidrig.[13]

II. Verzicht auf eine vorherige Bekanntmachung beim Verhandlungsverfahren

1. Grundsätzliches

22   Die grundsätzliche Verpflichtung der Auftraggeber, Aufträge in einem wettbewerblichen Verfahren zu vergeben gebietet es, dass nur bei Vorliegen der beschriebenen Voraussetzungen vom Verhandlungsverfahren ohne Teilnahmewettbewerb Gebrauch gemacht werden darf.[14] Der Verzicht auf einen Teilnahmewettbewerb soll nur dann ausnahmsweise zulässig sein, wenn von vornherein feststeht, dass eine vorherige Bekanntmachung zu keiner verbesserten Wettbewerbssituation oder zu einem besseren Beschaffungsergebnis führt.[15]

23   Als Ausnahme sind die Voraussetzungen eng auszulegen.[16] Die in den Nummern 1 bis 10 aufgeführten Fälle zur Durchführung eines Verhandlungsverfahrens ohne vorherige Bekanntmachung sind abschließend. Die Darlegungslast dafür, dass die außergewöhnlichen Umstände, die die Ausnahme rechtfertigen, tatsächlich vorliegen, obliegt demjenigen, der sich auf sie berufen will.[17]

Der Ausnahmecharakter dieser Verfahrensart gebietet es, dass das Vorliegen der Voraussetzungen bei der Vorbereitung der Auftragsvergabe durch den Auftraggeber sorgfältig geprüft und gewissenhaft dokumentiert wird.

Da es keinen Zwang zur Anwendung einer Ausnahme gibt, ist es natürlich möglich, trotz Vorliegens der Voraussetzungen nach Nummern 1 bis 10 eine der generell zur Verfügung stehenden wettbewerblichen Verfahrensarten zu wählen.

2. Die Ausnahmen im Einzelnen

24   – Kein Eingang geeigneter Teilnahmeanträge oder Angebote im Rahmen eines Verhandlungsverfahrens mit Teilnahmewettbewerb
Sind in einem Verhandlungsverfahren mit Teilnahmewettbewerb keine oder keine geeigneten Teilnahmeanträge oder Angebote eingegangen, so ist die anschließende Durchführung eines Verhandlungsverfahrens ohne Teilnahmewettbewerb zulässig. Dabei dürfen die ursprünglichen Bedingungen des Auftrages nicht grundlegend geändert werden

25   *Ungeeignetheit*
Anknüpfungspunkt der Ungeeignetheit eines Teilnahmeantrages ist die Geeignetheit des Unternehmens. Geeignet ist das Unternehmen, wenn es die entsprechenden

---

13 Vgl. BGH, Beschl. v. 10.11.2009 – X ZB 8/09.
14 Vgl. Erwägungsgrund 61 Richtlinie 2014/25/EU.
15 Erwägungsgrund 61 UA 1 Richtlinie 2014/25/EU.
16 Vgl. EuGH, Urt. v. 04.06.2009 – C-250/07 (Kommission/Griechenland).
17 Vgl. EuGH, Urt. v. 17.11.1993 – C 71/92 (Kommission/Spanien); Kulartz, in: Kulartz/Portz/Marx/Prieß, Kommentar zur VOL/A, § 3 EG VOL/A, Rn. 61.

Anforderungen an die vom Auftraggeber bestimmten objektiven Kriterien erfüllt[18] und keine festgelegten Ausschlussgründe vorliegen.[19]
Ein Angebot ist dann ungeeignet, wenn es »irrelevant« für den Auftrag ist und nur unter wesentlichen Abänderungen den vorgegebenen Bedürfnissen und Anforderungen des Auftraggebers entsprechen würde. Hierbei handelt es sich regelmäßig um Angebote, die den Vorgaben der Leistungsbeschreibung, also der vom Auftraggeber nachgefragten Leistung, nicht entsprechen.
Ist die Leistungsbeschreibung ihrerseits jedoch zu unbestimmt und damit vergaberechtswidrig,[20] kann die Folge irrelevanter Angebote nicht die Zulässigkeit eines Verhandlungsverfahrens ohne Teilnahmewettbewerb sein, sondern nur die Wiederholung des bisher erfolglosen Vergabeverfahrens.

Stufenregelung   26
In der bisherigen Regelung[21] war Voraussetzung die erfolglose Durchführung eines Verfahrens mit vorheriger Bekanntmachung. In Frage kamen demnach das offene Verfahren, das nichtoffene Verfahren sowie das Verhandlungsverfahren mit Teilnahmewettbewerb. Der Auftraggeber durfte unbeachtlich, welche Verfahrensart erfolglos durchgeführt wurde, unmittelbar das Verhandlungsverfahren ohne Teilnahmewettbewerb wählen.
Mit der veränderten Regelung wird im Sinne des Wettbewerbs für die Fälle von irrelevanten Teilnahmeanträgen oder Angeboten eine Stufenregelung eingeführt. Der Auftraggeber muss nun nach erfolgloser Durchführung eines offenen oder nichtoffenen Verfahrens zunächst die Wahl des Verhandlungsverfahrens mit Teilnahmewettbewerb als gegenüber dem Verfahren ohne Teilnahmewettbewerb wettbewerbsintensiveren Verfahren, prüfen, bevor er auf der letzten Stufe auf den Teilnahmewettbewerb verzichten darf.
Da allerdings das Verhandlungsverfahren mit Teilnahmewettbewerb das Regelverfahren im Sektorenvergaberecht darstellt, dürfte die Stufenregelung nicht allzu praxisrelevant werden.
Die Bindung an die ursprünglich gewählte Verfahrensart (s.o.) verlangt, dass das Vergabeverfahren ordnungsgemäß aufgehoben wurde, bevor ein Verfahren auf der nächstniedrigen Stufe eingeleitet wird.[22]

Unzulässigkeit grundlegender Änderungen   27
Soll das Verhandlungsverfahren ohne Teilnahmeantrag gewählt werden, so dürfen die ursprünglichen Auftragsbedingungen nicht grundlegend geändert werden. Diese Voraussetzung hat den Hintergrund, dass ein Verhandlungsverfahren ohne Teilnahmewettbewerb nur dann gewählt werden darf, wenn andere Verfahrensarten keinen Ausschreibungserfolg versprechen. Verspricht demnach ein wettbewerb-

---

18 S. § 142 Nr. 1 i.V.m. § 122 Abs. 1 und 2 GWB.
19 Soweit vom Auftraggeber Ausschlussgründe im Rahmen der Vorgabe objektiver Kriterien vorgegeben wurden: S. § 142 Nr. 1 und 2 i.V.m. §§ 123, 124 GWB.
20 Vgl. § 142 i.V.m. § 121 GWB; vgl. OLG Düsseldorf, Beschl. v. 14.10.2009 – VII-Verg 9/09.
21 S. § 6 Abs. 2 Nr. 1 SektVO a.F.
22 Vgl. Thüringer OLG, Beschl. v. 20.06.2005 – 9 Verg 3/05.

liches Verfahren infolge einer grundlegenden Änderung der Auftragsbedingungen zum Erfolg zu führen, so ist ein solches dem Verhandlungsverfahren ohne Teilnahmewettbewerb zwingend vorzuziehen.

Zu den Auftragsbedingungen gehören die Leistungsbeschreibung sowie die sonstigen Bedingungen, die Vertragsbestandteil werden sollen und im ursprünglichen Verfahren veröffentlicht wurden, einschließlich der Eignungs- und Zuschlagskriterien.[23] Eine grundlegende Änderung liegt vor, wenn durch die geänderten Bedingungen die Angebote als relevant zu beurteilen wären oder andere Bieter ein Angebot hätten einreichen können.[24] Eine wesentliche Änderung kann auch bei einer erheblichen Erweiterung des Umfangs der zu beschaffenden Leistung gegeben sein.[25] Ob eine grundlegende Änderung vorliegt, ist letztlich in jedem Einzelfall zu prüfen. Im Ergebnis darf jedenfalls nichts anderes (kein »aliud«) als ursprünglich ausgeschrieben eingekauft werden.

28 – Rein den Zwecken von u.a. Forschung und Entwicklung dienende Aufträge
Diese Ausnahme steht im Zusammenhang mit der allgemeinen Ausnahme vom Vergaberecht für Forschungs- und Entwicklungsleistungen nach § 116 Absatz 1 Nummer 2 GWB. Danach ist deren Vergabe grundsätzlich ohne Anwendung des Vergaberechts zulässig. Es sei denn, es handelt sich um die dort unter ihren CPV-Referenznummern[26] aufgeführten Forschungs- und Entwicklungsleistungen und im Falle ihrer Vergabe gehen die Ergebnisse in das ausschließlich Eigentum des Auftraggebers über und der Auftraggeber vergütet die Leistung vollständig.

Die grundsätzliche Ausnahme nach dem GWB sowie die Zulässigkeit der Wahl eines Verhandlungsverfahrens ohne Teilnahmewettbewerb zur Vergabe der weiterhin unter das Vergaberecht fallenden Forschungs- und Entwicklungsleistungen stellt gegenüber der Vergabe sonstiger Dienstleistungen eine vergaberechtliche Privilegierung dar, die sich auf die Art. 179 ff. AEUV gründet.

Zwar wurde die Vorschrift gegenüber der Vorgängerregelung anders formuliert, sie regelt aber materiell dasselbe und entspricht inhaltlich somit der bisherigen Regelung. Demnach ist ein Verzicht auf einen Teilnahmewettbewerb unter folgenden Voraussetzungen zulässig:

• Der Auftrag muss rein den Zwecken von Forschung, Experimenten, Studien oder Entwicklung dienen.
Mangels Begriffsdefinitionen im GWB oder der SektVO können Hinweise nur dem beihilferechtlichen Zusammenhang der EU-Kommission entnommen werden.[27] In ihrer Entscheidungspraxis differenziert die Europäische Kommission

---

23 OLG Brandenburg, Beschl. v. 17.02.2005 – Verg W 11/04.
24 S. EuGH, Urt. v. 04.06.2009 – C-250/07; nun auch: § 132 Abs. 1 GWB.
25 Kulartz, in: Kulartz/Marx/Portz/Prieß, Kommentar zur VOL/A, § 3 EG VOL/A, Rn. 64 m.w.N.
26 S. Verordnung (EG) Nr. 213/2008 v. 28.11.2007 über das gemeinsame Vokabular für öffentliche Aufträge (CPV), ABl. Nr. L 74 S. 1v. 15.03.2008.
27 EU-Kommission, Gemeinschaftsrahmen für staatliche Beihilfen für Forschung, Entwicklung und Innovation (2006/C 323/01), ABl. C 323 S. 1 v. 30.12.2006; vgl. Kaelble, in: Müller/Wrede, Sektorenverordnung, § 6 SektVO a.F., Rn. 46.

zwischen Grundlagenforschung, industrieller Forschung und der sogenannten experimentellen Entwicklung.[28]

Die *Grundlagenforschung* meint experimentelle oder theoretische Arbeiten, die im Wesentlichen dem Erwerb neuen Grundwissens ohne erkennbare direkte praktische Anwendungsmöglichkeiten dienen. *Industrielle Forschung* bezeichnet planmäßiges Forschen oder kritisches Erforschen zur Gewinnung neuer Erkenntnisse und Fertigkeiten mit dem Ziel, neue Produkte, Verfahren oder Dienstleistungen nutzen zu können. Hinter *experimenteller Entwicklung* verbirgt sich der Erwerb, die Kombination, die Formung und die Verwendung vorhandener wissenschaftlicher, technischer, wirtschaftlicher und sonstiger einschlägiger Kenntnisse und Fertigkeiten zur Erarbeitung von Plänen und Vorkehrungen oder Konzepten für neue, veränderte oder verbesserte Produkte, Verfahren oder Dienstleistungen.[29]

- Eine wirtschaftliche Zweckbestimmung ist untersagt. Es darf weder eine Gewinnerzielungsabsicht, noch eine Absicht zur Abdeckung von Forschungs- und Entwicklungskosten, sofern der Zuschlag wirtschaftlichen Folgeaufträgen nicht abträglich ist. Der Zuschlag darf nicht zur Vorwegnahme von Folgeraufträgen führen. Die zu erbringende Leistung muss selbst Gegenstand der beabsichtigten Forschung sein.[30]

– Der Auftrag kann nur von einem bestimmten Unternehmen erbracht werden.   29
Voraussetzung dieser Ausnahme ist eine Ausschließlichkeit der Leistungserbringung. Bei Vorliegen von einer der drei abschließenden Voraussetzungen darf auf diese Ausnahme zurückgegriffen werden:

- Es soll ein Kunstwerk beschafft oder eine einzigartige künstlerische Leistung erworben werden. Die Ausschließlichkeit muss sich daraus ergeben, dass der einzigartige Charakter und Wert des Kunstgegenstands selbst untrennbar an die Identität des Künstlers gebunden ist.[31] Bestimmte Vorlieben des Auftraggebers reichen hierzu allerdings nicht aus.

- Aus technischen Gründen ist kein Wettbewerb vorhanden. Hierzu muss der Auftraggeber nachweisen, dass tatsächlich nur ein Unternehmen aus technischen Gründen in der Lage ist, die geforderte Leistung zu erbringen.
Wettbewerb aus technischen Gründen kann etwa fehlen, wenn nur ein Unternehmen die zur Leistungserbringung besonderen Fähigkeiten oder spezielle Ausstattung besitzt. Der Auftrag muss also mit besonderen Schwierigkeiten verbunden sein, die einer fachlich ungewöhnlichen Lösung bedürfen.[32]

---

28 Kulartz, in: Kulartz/Marx/Portz/Prieß, Kommentar zur VOL/A, § 3 EG VOL/A, Rn. 69 m.w.N.
29 Vgl. EU-Kommission, Gemeinschaftsrahmen für staatliche Beihilfen für Forschung, Entwicklung und Innovation (2006/C 323/01), ABl. C 323 S. 1 v. 30.12.2006, 2.2.; Kulartz, in: Kulartz/Marx/Portz/Prieß, Kommentar zur VOL/A, § 3 EG VOL/A, Rn. 70.
30 OLG Düsseldorf, Beschl. v. 03.03.2010 – VII-Verg 46/09.
31 Erwägungsgrund 61 UA 1 Richtlinie 2014/25/EU.
32 Kaelble, in: Müller/Wrede, Sektorenverordnung, § 6 SektVO a.F., Rn. 61.

Bei der Beurteilung, ob dies der Fall ist, ist der gesamte europäische Binnenmarkt in die Betrachtung einzubeziehen.[33] Hierzu sind ernsthafte Nachforschungen einschließlich des entsprechenden Nachweises – u. U durch eine europaweite Marktforschung[34] – erforderlich.[35]

Die Voraussetzung ist nicht erfüllt, wenn sich ein Wettbewerber die besonderen Fähigkeiten und Kenntnisse bis zum Zuschlagstermin aneignen oder erwerben könnte.[36]

- Schutz von Ausschließlichkeitsrechten einschließlich geistigen Eigentums
Ein ausschließliches Recht führt dazu, dass die betreffende Leistung dem einen Unternehmen vorbehalten wird. Infrage kommende Rechte sind gewerbliche Schutzrechte, Eigentums- oder eigentumsähnliche Rechte, etwa Patente, Urheberrechte oder Schutzrechte nach dem Geschmacksmuster und Gebrauchsmustergesetz.

Computerprogramme können nach § 69a UrhG dem Urheberschutz unterliegen und damit Ausschließlichkeitsrechten i. S. d. Nummer 3 Buchst. c unterfallen. Ist die Beschaffung neuer Software geplant, die Schnittstellen zu vorhandener Software erfordert, so wird davon ausgegangen, dass die Andockung an die bestehenden Programme nur unter Verletzung bestehender Urheberrechte möglich ist.[37] In diesen Fällen wird ein Rückgriff auf den Ausnahmetatbestand zulässig sein und die Beschaffung der Software darf bei dem ursprünglichen Lieferanten der bereits vorhandenen Software erfolgen.

Unter geistigem Eigentum werden Urheberrechte und verwandte Schutzrechte (u.a. Patentrecht, Markenrecht) gefasst.

Das Urheberrecht schützt »geistige« Werke, wie z.B. Musikstücke, Filme, Texte. Voraussetzung für dessen Vorliegen ist das Vorliegen einer persönlichen Kreativität des Werkes erforderlich. Der Urheber entscheidet, wem er die Nutzung seines Werkes (entgeltlich oder unentgeltlich) erlaubt.

Schutzrechte wie das Patent- und das Markenrecht betreffen Güter, Produzenten und Konsumenten. Sie schützen Erfindungen (neue Ideen) und gewähren dem Erfinder ein zeitlich begrenztes Ausschließlichkeitsrecht zur wirtschaftlichen Verwertung.

Weil aus technischen Gründen kein Wettbewerb vorhanden ist oder wegen des Schutzes von Ausschließlichkeitsrechten, darf es keine vernünftige Alternative oder Ersatzlösung geben und der fehlende Wettbewerb darf nicht auf einer künstlichen Einschränkung durch die Vorgaben der Auftragsvergabe beruhen.

Bei Vorliegen der oben genannten Voraussetzungen steht das zu beauftragende Unternehmen regelmäßig bereits im Vorhinein fest. Wegen der dadurch negativen Auswirkungen auf den Wettbewerb hat der Richtliniengeber zusätzliche Schranken für

---

33 Vgl. EuGH, Urt. v. 15.10.2009 – C-275/08; vgl. VK1-Bund, Beschl. v. 03.09.2009 – VK 1-155/09.
34 OLG Düsseldorf, Beschl. v. 28.12.2011 – Verg 73/11.
35 Kirch, in: Leinemann/Kirch, VSVgV-Kommentar, § 12 VSVgV, Rn. 13.
36 OLG Karlsruhe, Beschl. v. 21.07.2010 – 15 Verg 6/10.
37 KG, Beschl. v. 19.04.2000 – Kart Verg 6/2000.

den Auftraggeber eingebaut, die einen Missbrauch der Vorschrift sicherstellen sollen. Dies entspricht der Rechtsprechung des EuGH, die eine enge Auslegung der den Wettbewerb eingrenzenden Vorschriften verlangt.[38]

Das Nichtvorliegen vernünftiger Alternativen oder Ersatzlösungen muss der Auftraggeber dokumentieren. Dabei wird er auch darzulegen haben, warum es beispielsweise keine technischen Alternativen zur bisherigen Lösung gibt.

Die Vorgaben zur Auftragsvergabe müssen den Anforderungen eines transparenten und nichtdiskriminierenden Verfahrens genügen.[39] Der gezielte Zuschnitt auf ein Unternehmen ist vergaberechtswidrig.

– Äußerste Dringlichkeit   30
Der Anwendungsbereich dieser Ausnahme ist eng begrenzt. Der EuGH nennt in ständiger Rechtsprechung drei kumulative Voraussetzungen, die erfüllt sein müssen, um auf die Ausnahme der äußersten Dringlichkeit zurückgreifen zu dürfen:[40]

• Vorliegen eines nicht vorhersehbaren Ereignisses
   An das Vorliegen eines nichtvorhersehbaren Ereignisses werden hohe Anforderungen geknüpft. Erfasst werden nur solche Ereignisse, mit denen der Auftraggeber unter Berücksichtigung seiner allgemeinen Sorgfaltspflicht objektiv nicht rechnen konnte. Schon die Möglichkeit, dass ein Umstand hätte vorhergesehen werden können, steht der Ausnahme entgegen.[41]
   Nicht- oder Schlechtleistung eines Auftragnehmers stellen grundsätzlich kein unvorhersehbares Ereignis dar. Hier hat der Auftraggeber in der Regel die Möglichkeit, durch die rechtzeitige Aufnahme von Gesprächen und Verhandlungen und das Ergreifen von Gegenmaßnahmen, den Eintritt einer Dringlichkeit zu verhindern.
   Allerdings liegt die Ursache für eine Schlechtleistung und einer daraus resultierenden rechtmäßigen fristlosen Kündigung nicht in der Sphäre des Auftraggebers. Hiervon unberührt ist allgemein anerkannt, dass bei Leistungen, die zur Daseinsvorsorge gezählt werden, ausnahmsweise selbst dann eine besondere Dringlichkeit angenommen werden kann, wenn die Gründe hierfür in die Sphäre des Auftraggebers fallen.[42] Ein Auftraggeber darf daher zur Abwendung eines drohenden vertragslosen Zustandes auf das Verhandlungsverfahren ohne Teilnahmewettbewerb zurückgreifen, wenn es im Bereich der Daseinsvorsorge zu einer Funktionsstörung kommt, etwa weil der Auftraggeber durch eine Schlechtleistung zur Kündigung eines bestehenden Vertrages gezwungen war.[43]

• Dringliche und zwingende Gründe lassen die Einhaltung der relevanten Mindestfristen nicht zu.

---

38 Vgl. EuGH, Urt. v. 11.01.2005 – C-26/03 (Stadt Halle).
39 S. § 97 Abs. 1 und 2 GWB.
40 EuGH, Urt. v. 15.10.2009 – C-275/08; EuGH, Urt. v. 02.06.2005 – C-394/02.
41 VK Saarland, Beschl. v. 24.10.2008 – 3 VK 02/2008.
42 S. OLG Dresden, Beschl. v. 25.01.2008 – WVerg 10/07; Kirch, in: Leinemann/Kirch, VSVgV-Kommentar, § 12 VSVgV, Rn. 13.
43 VK Lüneburg, Beschl. v. 03.07.2009 – VgK-30/2009; Kirch, in: Leinemann/Kirch, VSVgV, § 12 VSVgV, Rn. 13.

Dringende und zwingende Gründe sind grundsätzlich nur bei nicht aufschiebbaren Ereignissen anerkennungsfähig. In Betracht kommen Naturkatastrophen, plötzliche Gefahrensituationen oder höhere Gewalt. Hinzu kommen muss das Erfordernis der Verhinderung von schweren, nicht wiedergut zu machenden Schäden für Leib und Leben der Allgemeinheit.[44]

Reichen zur Auftragsvergabe und unmittelbar anschließender Auftragsdurchführung die relevanten Mindestfristen bzw. die vorhandenen Kürzungsmöglichkeiten – etwa eine einvernehmliche Fristfestlegung im nichtoffenen Verfahren oder dem Verhandlungsverfahren mit Teilnahmewettbewerb – aus, so ist ein Rückgriff auf die Ausnahme unzulässig. Geringe Verzögerungen rechtfertigen den Rückgriff ebenso wie rein wirtschaftliche oder finanzielle Überlegungen,[45] nicht.

- Bestehen eines Kausalzusammenhangs (Ursächlichkeit) zwischen dem nicht vorhersehbaren Ereignis und den dringlichen zwingenden Gründen.
  Die äußerste Dringlichkeit muss im Zusammenhang mit den Ereignissen stehen. Das für den Auftraggeber unvorhersehbare Ereignis muss also die äußerste Dringlichkeit verursacht haben.
- Nichtzurechnung zur Sphäre des Auftraggebers
  Die Umstände, die zu dem kurzfristigen, dringenden Bedarf geführt haben, dürfen nicht dem Auftraggeber zuzurechnen sein. Dies setzt nicht zwingend ein Verschulden voraus. Der Sphäre des Auftraggebers sind die Umstände schon zuzurechnen, wenn die Notwendigkeit zur Beschaffung in seinem Bereich zu finden ist.[46]

31 – Zusätzliche Lieferungen
Dieser Ausnahmetatbestand gilt ausschließlich für ursprüngliche Lieferleistungen.[47] Er ist dem Grunde nach ein Sonderfall, dass nur ein Unternehmen für die Leistung, nämlich das ursprüngliche Unternehmen, in Frage kommt. Der Sache nach handelt es sich um eine erlaubte Abweichung vom Gebot der produktneutralen Beschaffung.[48]

Der Rückgriff auf diesen Tatbestand setzt voraus, dass der ursprüngliche Auftrag bereits abgewickelt ist und das Vertragsverhältnis zwischen dem Auftraggeber und dem ursprünglichen Auftragnehmer nicht mehr besteht. Ist dies nicht der Fall, sondern besteht das Vertragsverhältnis noch, handelt es sich um eine Auftragsänderung während der Vertragslaufzeit.[49]

Zur Inanspruchnahme der Ausnahme müssen folgende Voraussetzungen kumulativ vorliegen:

---

44 Vgl. OLG Celle, Beschl. v. 29.10.2009 – 13 Verg 8/09.
45 OLG Celle, Beschl. v. 29.10.2009 – 13 Verg 8/09.
46 Vgl. VK Rheinland-Pfalz, Beschl. v. 22.10.2010 – VK 2-34/10; Horn, in: Heiermann/Zeiss, Vergaberecht, § 3 EG VOB/A, Rn. 266.
47 Der Wortlaut des Art. 50 Buchst. e) Richtlinie 2014/25/EU spricht eindeutig von »im Fall von Lieferaufträgen bei zusätzlichen Lieferungen des ursprünglichen Auftragnehmers«.
48 Vgl. Ortner/Heinrich, in: Heiermann/Zeiss, Vergaberecht, § 3 EG VOL/A, Rn. 71.
49 S. § 132 Abs. 2 Nr. 2 GWB.

- Zusätzliche Lieferungen sollen beim ursprünglichen Auftragnehmer beschafft werden.
  Die Lieferung ist eine zusätzliche, wenn es sich bei ihr um einen vom ursprünglichen Auftrag unabhängigen Auftrag handelt und sie vom Ausgangsauftrag nicht abgedeckt war.
  Die Beschaffung muss beim ursprünglichen Auftragnehmer erfolgen. Der ursprüngliche und der vorgesehene Auftragnehmer müssen grundsätzlich identisch sein. Wechselt ein Hersteller den einzigen Lizenzhändler seiner Produkte, so kann der neue Händler im Verhandlungsverfahren ohne Teilnahmewettbewerb beauftragt werden.[50]
- Die zusätzlichen Lieferungen müssen zu einer teilweisen Erneuerung oder Erweiterung der bereits erbrachten Leistung bestimmt sein.
  Die Lieferung muss in unmittelbarem Zusammenhang mit der Erneuerung oder Erweiterung stehen.[51]
  Erfasst von einer Erneuerung sind etwa Anpassungen an den neuesten Stand der Technik oder teilweiser Austausch aufgrund von Unterhaltungs-/Wartungs- Reparaturarbeiten. Eine Erweiterung dehnt den ursprünglichen Umfang und die Stückzahl aus. Ist eine wesentliche Änderung der ursprünglichen Lieferung notwendig, so ist ein neues Vergabeverfahren erforderlich.[52]
- Ein Wechsel des Auftragnehmers muss zu unverhältnismäßigen technischen Unvereinbarkeiten oder Schwierigkeiten führen.
  Der Verzicht auf einen Teilnahmewettbewerb ist nur zulässig, wenn die Lieferung eines anderen Unternehmens aus technischen Gründen entweder unbrauchbar (inkompatibel) wäre oder zu unverhältnismäßigen Schwierigkeiten führen würde, die den Gebrauchszweck erheblich beeinträchtigen.
  Die Möglichkeit, zusätzliche Bau- und Dienstleistungen, die nicht vom ursprünglichen Auftrag umfasst waren, ohne Teilnahmewettbewerb zu vergeben,[53] ist entfallen. Fallen solche nun innerhalb eines bestehenden Bau- oder Dienstleistungsauftrags an, kann eine vergaberechtsfreie Beauftragung nach § 132 Absatz 2 Nummer 2 oder 3 GWB in Betracht kommen.
  Ist der ursprüngliche Auftrag abgeschlossen, so kommt nur ein neues Vergabeverfahren in Betracht. Der Wegfall dieses Ausnahmetatbestandes ist gerechtfertigt, zumal es sich um Leistungen gehandelt haben muss, die ohnehin nicht Gegenstand des Ausgangsvertrages waren.

– Wiederholung ähnlicher Bau- oder Dienstleistungen   32
  Die bisherige Ausnahme ausschließlich für neue Bauleistungen[54] ist um neue Dienstleistungen erweitert worden. Statt »gleicher« heißt es nun »ähnlicher« Bau- oder Dienstleistungen, anstelle von »Grundentwurf« lautet der Wortlaut »Grundprojekt«. Beide Begriffe lassen dem Auftraggeber einen größeren Beurteilungsspiel-

---

50 Vgl. Kaelble, in: Müller/Wrede, Sektorenverordnung, § 6 SektVO a.F., Rn. 91.
51 VK Bund, Beschl. v. 11.04.2003 – VK 2-10/03.
52 Vgl. OLG Frankfurt, Beschl. v. 10.07.2007 – 11 Verg 5/07.
53 Art. 40 Abs. 3 Buchst. f) Richtlinie 2004/17/EG; § 6 Abs. 2 Nr. 6 SektVO a.F.
54 Art. 40 Abs. 3 Buchst. g) Richtlinie 2004/17/EG; § 6 Abs. 2 Nr. 7 SektVO a.F.

raum zur Dokumentation des Ausnahmetatbestandes. Eine darüber hinausgehende Bedeutungsänderung ist mit dem geänderten Wortlaut nicht verbunden.

Besteht die Vergabe neuer Bau- oder Dienstleistungen in der Wiederholung ähnlicher Bau- oder Dienstleistungen, ist deren Vergabe im Verhandlungsverfahren ohne Teilnahmewettbewerb unter bestimmten Bedingungen zulässig. Grundlage der Ausnahme ist ein Grundprojekt, welches Gegenstand des ursprünglichen Auftrags war und dem die neuen Leistungen entsprechen, ähnlich sein müssen. Eine völlige Identität der Leistungen wird nicht verlangt. Anpassungen an den neusten Stand der Technik oder einen geringfügig geänderten Bedarf etwa sind zulässig.

Der ursprüngliche Auftrag muss in einem wettbewerblichen Verfahren[55] vergeben worden sein. Die Vergabe der neuen Leistung muss von demselben Auftraggeber an den Auftragnehmer des Ursprungsauftrages erfolgen.

Bereits im Grundprojekt muss der Auftraggeber den Umfang möglicher neuer Leistungen angeben und die Bedingungen für deren Vergabe festlegen. Ebenso ist der voraussichtliche Wert bei der Auftragswertschätzung zu berücksichtigen.

Der Ausnahmetatbestand ist in etwa vergleichbar mit einer Option. Er weicht jedoch von einer Option insoweit ab, als sich die möglichen neuen Leistungen als wesentlich unsicherer darstellen. Die mögliche Praxisrelevanz erscheint daher nicht sonderlich hoch.

33 – Kauf einer auf einer Warenbörse notierten Lieferleistung

Nach dem Willen des Richtliniengebers soll für den Einkauf von Lieferleistungen ein Vergabeverfahren entbehrlich sein, wenn diese direkt an einer Warenbörse gekauft werden, einschließlich Handelsplattformen für etwa landwirtschaftliche Güter und Rohstoffe und Energiebörsen. Aufgrund der herrschenden Reglementierungen sind wettbewerbliche Preise garantiert.[56] Ein zusätzliches Vergabeverfahren wäre widersinnig.

Die Richtlinienvorgaben hat der deutsche Verordnungsgeber entsprechend übernommen. Der bisherige Begriff »Börse«[57] wurde durch den Richtlinienbegriff »Warenbörse« ersetzt. Damit sind die bisherigen Begriffsungenauigkeiten beseitigt worden.[58]

34 Weggefallen ist der Ausnahmetatbestand für Rahmenvereinbarungen,[59] die aufgrund eines wettbewerblichen Verfahrens nach der SektVO zustande gekommen sind. Rahmenvereinbarungen sind im Gegensatz zur früheren Regelung[60] vergaberechtlich nur noch zulässig sind, wenn sie im Rahmen eines zulässigen Vergabeverfahrens geschlossen

55 S. Art. 44 Abs. 1 Richtlinie 2014/25/EU; § 13 Abs. 2 Nr. 6 SektVO: offenes Verfahren, nichtoffenes Verfahren, Verhandlungsverfahren mit Teilnahmewettbewerb, wettbewerblicher Dialog oder ggf. als Innovationspartnerschaft.
56 Erwägungsgrund 61 UA 4 Richtlinie 2014/25/EU.
57 S. § 6 Abs. 2 Nr. 8 SektVO a.F.
58 Zur bisherigen »sprachlichen Verwirrung«: Kaelble, in: Müller/Wrede, Sektorenverordnung, § 6 SektVO a.F., Rn. 114 ff.
59 S. Art. 40 Abs. 3 Buchst. i) Richtlinie 2004/17/EG; § 6 Abs. 2 Nr. 9 SektVO a.F.
60 S. Art. 14 Abs. 2 und 3 Richtlinie 2004/17/EG.

werden.[61] Die Einzelauftragsvergabe erfolgt ausschließlich nach den in der Auftragsbekanntmachung zur Rahmenvereinbarung angegebenen Bedingungen und Kriterien.

– Besonders vorteilhafte Gelegenheit; Beschaffung im Rahmen von Ausverkauf oder   35 Insolvenz

Der Ausnahmetatbestand für die besonders vorteilhafte Gelegenheit und die Beschaffung im Rahmen eines Ausverkaufs bzw. einer Insolvenz werden in der Richtlinie getrennt geregelt. Diese Trennung hat der deutsche Verordnungsgeber übernommen. Gleichwohl handelt es sich bei der Beschaffung im Rahmen eins Ausverkaufs oder eines Insolvenzverfahrens um einen Unterfall der besonders günstigen Gelegenheit.

Die Ausnahmevorschrift lässt den Verzicht auf einen Teilnahmewettbewerb in den Fällen kurzfristiger, einmaliger Beschaffungsmöglichkeiten zu. Der zu erzielende Preis muss dabei erheblich unter dem üblichen Marktpreisniveau liegen.[62] Dieses Niveau stellt sich als Durchschnitt der allgemein üblichen Preise auf dem Markt für die zu beschaffende Leistung dar.

Eine Prüfung, ob der Preis ungewöhnlich niedrig ist,[63] ist entbehrlich, denn der Grund für den niedrigen Preis ergibt sich ganz offensichtlich aus der einmaligen kurzfristigen Beschaffungsmöglichkeit.

– Vergabe eines Dienstleistungsauftrages an den Gewinner oder einen Preisträger   36 eines Planungswettbewerbes

Führt der Auftraggeber zur Erlangung eines Plans oder einer Planung einen Planungswettbewerb[64] durch, kann er den anschließend zu vergebenden Dienstleistungsauftrag unmittelbar an den Gewinner oder einen der Preisträger des Planungswettbewerbs vergeben. Voraussetzung ist, dass er dies bereits in der Bekanntmachung des Planungswettbewerbs mitteilt und auch die festgelegten Eignungs- und Zuschlagskriterien angibt.[65]

In diesem Fall bindet sich der Auftraggeber und er ist verpflichtet, wie angegeben zu verfahren. Dieser Selbstbindung trägt die Ausnahme Rechnung. Im Übrigen besteht aufgrund des der Auftragsvergabe vorangegangenen Planungswettbewerbs kein zwingender zusätzlicher Wettbewerbsbedarf mehr, denn der bzw. die besten potenziellen Leistungserbringer wurden ja im Rahmen des Planungswettbewerbs ermittelt.

§ 14 SektVO Offenes Verfahren, Fristen

(1) In einem offenen Verfahren kann jedes interessierte Unternehmen ein Angebot abgeben.

(2) Die Frist für den Eingang der Angebote (Angebotsfrist) beträgt mindestens 35 Tage, gerechnet ab dem Tag nach der Absendung der Auftragsbekanntmachung.

---

61 S. Art. 51 Abs. 1 Satz 1 Richtlinie 2014/25/EU; s. § 103 Abs. 5 Satz 2 GWB.
62 Vgl. OLG Düsseldorf, Beschl. v. 08.05.2002 – Verg 5/02.
63 S. § 54 SektVO.
64 S. § 103 Abs. 6 GWB; § 60 SektVO.
65 S. § 61 Abs. 2 SektVO.

(3) Für den Fall, dass eine hinreichend begründete Dringlichkeit die Einhaltung der Frist gemäß Absatz 2 unmöglich macht, kann der Auftraggeber eine Frist festlegen, die 15 Tage, gerechnet ab dem Tag nach der Absendung der Auftragsbekanntmachung, nicht unterschreiten darf.

(4) Der Auftraggeber kann die Frist gemäß Absatz 2 um fünf Tage verkürzen, wenn er die elektronische Übermittlung der Angebote akzeptiert.

Amtliche Begründung

»Über die Definition in § 119 Absatz 3 GWB hinaus regelt § 14 den Inhalt des offenen Verfahrens insbesondere die einzuhaltenden Fristen.

Anders als in den Richtlinien von 2004 sind die Fristen nicht mehr in einer gesonderten Vorschrift, sondern jeweils unmittelbar beim Verfahren selbst geregelt. Diesem Ansatz folgt die Umsetzung.

Zu Absatz 1

Absatz 1 setzt Artikel 45 Absatz 1 Unterabsatz 1 der Richtlinie 2014/25/EU um.

Zu Absatz 2

Absatz 2 regelt die Mindestangebotsfrist des Artikels 45 Absatz 1 Unterabsatz 2 der Richtlinie 2014/25/EU. Die neue Mindestfrist beträgt 35 Tage, gerechnet ab dem Tag nach der Absendung der Auftragsbekanntmachung.

Zu Absatz 3

Absatz 3 lässt eine Fristverkürzung auf nicht weniger als 15 Tage zu, wenn dem Auftraggeber aus hinreichend begründeter Dringlichkeit eine Einhaltung der Mindestfrist nicht möglich ist. Damit wird Artikel 45 Absatz 3 der Richtlinie 2014/25/EU umgesetzt.

Zu Absatz 4

Absatz 4 sieht in Umsetzung von Artikel 45 Absatz 4 der Richtlinie 2014/25/EU eine Fristverkürzungsmöglichkeit durch den Auftraggeber vor, wenn er die Übermittlung der Angebote durch das Unternehmen in elektronischer Form gemäß Artikel 40 Absatz 1 Unterabsatz 2 sowie Absätze 5 und 6 der Richtlinie 2014/25/EU akzeptiert.«

A. Allgemeine Einführung

1   Nach dem Vorbild der Richtlinie wurden die für die Verfahrensarten relevanten Fristen in die Vorschriften zur jeweiligen Verfahrensart integriert. Eigene Fristvorschriften

kennt die SektVO nicht mehr. Das Offene Verfahren einschließlich dessen relevante Fristen werden in § 14 SektVO geregelt.

B. Vergleich zur vorigen Rechtslage

Artikel 1 Absatz 9 Richtlinie 2004/17/EG beinhaltete die Definitionen der jeweiligen 2 Verfahrensarten. Diese voraussetzend regelte Artikel 40 Richtlinie 2004/17/EG deren Anwendung, bzw. freie Wahl zur Auftragsvergabe.

Regelungen zu den Fristen zur Abgabe von Teilnahmeanträgen und zur Einreichung von Angeboten einschließlich Kürzungsmöglichkeiten fanden sich in dem gesonderten Artikel 45 Richtlinie 2004/17/EG.

Dementsprechend strukturiert war die Umsetzung in das deutsche Vergaberecht. Die 3 Definitionen der einzelnen Verfahrensarten fanden sich im GWB a.F.,[1] die Verfahrensvorschriften zur freien Wahl der Verfahrensarten, Anwendung des Verhandlungsverfahrens ohne Teilnahmewettbewerb sowie Fristen wurden in der SektVO a.F. geregelt.[2]

Neben der Umstrukturierung der Vorschriften wurden die einzuhaltenden Mindestfristen deutlich verkürzt.

C. Europarechtliche Vorgaben

Artikel 44 ff. Richtlinie 2014/25/EU sehen zunächst den Grundsatz der freien Wahl 4 der Verfahrensarten vor um dann im Anschluss alle zulässigen Verfahrensarten in ihren Merkmalen und ihrer inneren Gestaltung zu beschreiben.

Die Bestimmungen zum offenen Verfahren finden sich in Artikel 45. Bestandteil der der Vorschrift sind die für das Verfahren geltenden Mindestfristen zur Einreichung von Angeboten einschließlich bestimmter Verkürzungsmöglichkeiten.

Alle interessierten Wirtschaftsteilnehmer können auf die Bekanntmachung hin ein Angebot abgeben. Die Frist zur Einreichung der Angebote beträgt 35 Tage.

Hat der Auftraggeber eine regelmäßige nichtverbindliche Bekanntmachung veröffentlicht, besteht unter bestimmten Bedingungen eine Fristverkürzungsmöglichkeit auf 15 Tage. Dieselbe Frist kann gelten bei einer hinreichend begründeten Dringlichkeit.

Die Frist von 35 Tagen kann um 5 Tage verkürzt werden, wenn der Auftraggeber die 5 elektronische Übermittlung der Angebote gemäß Artikel 40 Absatz 1 UA 1 (der Bezug der Richtlinie auf Artikel 40 Absatz 4 UA 1 dürfte ein Redaktionsversehen sein. Absatz 4 enthält keine Unterabsätze. Gemeint sein muss Artikel Absatz 1), sowie Artikel 40 Absätze 5 und 6 akzeptiert.

---

1 § 101 GWB.
2 S. § 101 GWB a.F.; § 6 SektVO a.F.; Abschnitt 3-§§ 12 ff. SektVO a.F.

D. Kommentierung

1. Verfahrensgrundsätze

6   Das offene Verfahren gibt von vornherein jedem interessierten Unternehmen die Möglichkeit, auf eine entsprechende Bekanntmachung[3] hin ein Angebot abzugeben. Eine Vorabbegrenzung des Teilnehmerkreises ist nicht vorgesehen.

7   Das offene Verfahren ist ein einstufiges Verfahren. Der bei anderen Verfahrensarten vorgeschaltete Teilnahmewettbewerb zur Eignungsprüfung findet hier nicht statt. Die Eignungsprüfung ist in das offene Verfahren integriert. Folglich wird sogleich ein Angebot abgegeben. Die Prüfung der Eignung der Bewerber sowie der Angebote erfolgt in einem durchgängig einheitlichen Prozess.

8   Aufgrund seiner »Offenheit« bzw. Unbegrenztheit lässt das offene Verfahren eine unbeschränkte Anzahl von Angeboten zu. Es sei das am strengsten formalisierte Verfahren und trage daher den Anforderungen des Wettbewerbs, der Gleichbehandlung und der Transparenz im höchsten Maße Rechnung.[4] Hieraus wird geschlossen, dass dieses Verfahren das »wirtschaftlichste« Verfahren unter den Verfahrensarten sei.

9   Unterbewertet wird nämlich die Tatsache, dass auch ein vorgeschalteter Teilnahmewerb nicht von vornherein eine Begrenzung der Teilnehmer vorsieht, sondern alle Interessierten einen Teilnahmeantrag abgeben können. Die Tatsache, dass nur die geeigneten Bewerber zur Abgabe eines Angebotes aufgefordert werden können, dürfte nicht weniger wettbewerbsfördernd sein. Im Übrigen ist das nichtoffene Verfahren ebenso formalisiert wie das offene Verfahren. Der Unterschied liegt allein im vorgeschalteten Teilnahmewettbewerb.

10   Prägend für das offene Verfahren sind die Veröffentlichung der Auftragsbekanntmachung, die unbeschränkte Teilnahmemöglichkeit, die eindeutige und erschöpfende Leistungsbeschreibung, Bindung an bestimmte Mindestfristen, Geheimhaltung der Angebote sowie das Nachverhandlungsverbot.[5]

2. Fristen im offenen Verfahren

11   Die Mindestfrist für die Einreichung von Angeboten beträgt im offenen Verfahren 35 Tage. Die Berechnung der Frist beginnt am Tag nach Absendung der Auftragsbekanntmachung. Gegenüber der früheren Mindestfrist von 52 Tagen beträgt die Reduzierung 17 Tage.

12   Liegt eine hinreichend begründete Dringlichkeit vor, darf die Frist auf nicht weniger als 15 Tage verkürzt werden. Was unter dieser Dringlichkeit zu verstehen ist, wird nicht

3   S. §§ 35, 36, 40 SektVO.
4   Vgl. VK Lüneburg, Beschl. v. 12.11.2003 – 203-VgK-27/2003; Horn, in: Heiermann/Zeiss, Vergaberecht, § 101 GWB, Rn. 8; Dreher, in: Immenga/Mestmäcker, Wettbewerbsrecht, § 101 GWB, Rn. 21.
5   Vgl. VK Südbayern, Beschl. v. 17.07.2001 – 120.3-3194-1-23-06/01; Horn, in: Heiermann/Zeiss, Vergaberecht, § 101 GWB, Rn. 10.

näher erläutert. Es kann sich jedenfalls nicht um äußerst dringende Gründe, die ein Verhandlungsverfahren ohne Teilnahmewettbewerb rechtfertigen, handeln.

Es muss sich aber um Gründe handeln, die ein Einhalten der Mindestfrist von 35 Tagen   13
unmöglich machten.[6] Eine Fristverkürzung wegen Dringlichkeit auf 15 Tage wird jedenfalls dann in Betracht kommen, wenn Gründe vorliegen, die eine Abwendung vom offenen Verfahren zwar nicht zulassen, es dem Auftraggeber aber gleichzeitig unmöglich machen, die Mindestfrist einzuhalten.[7] Aus dem Begriff »hinreichend« lässt sich ein vorhandener Beurteilungsspielraum für den Auftraggeber erkennen.

Es wird allerdings wie bei der äußersten Dringlichkeit gelten müssen, dass die Gründe nicht vom Auftraggeber selbst verursacht wurden und dass sie objektiv gegeben sind. Sie sind nachvollziehbar darzulegen und zu dokumentieren.

Der Auftraggeber kann die Frist von 35 Tagen um 5 Tage auf 30 Tage verkürzen, wenn er die elektronische Übermittlung der Angebote gemäß Art. 40 Abs. 1 UA 1 sowie Art. 40 Abs. 5 und 6 Richtlinie 2014/25/EU akzeptiert.

3. Rechtsschutz

Die Regelungen zu den Mindestfristen gehören zu den Vorschriften des Vergabeverfah-   14
rens und sind bieterschützend. Deren Einhaltung unterliegt der Überprüfung durch die Nachprüfungsinstanzen.

§ 15 SektVO Nicht offenes Verfahren und Verhandlungsverfahren mit vorherigem Teilnahmewettbewerb, Fristen

(1) In einem nicht offenen Verfahren sowie einem Verhandlungsverfahren mit vorherigem Teilnahmewettbewerb kann jedes interessierte Unternehmen einen Teilnahmeantrag abgeben.

(2) Die Frist für den Eingang der Teilnahmeanträge (Teilnahmefrist) beträgt mindestens 30 Tage, gerechnet ab dem Tag nach der Absendung der Auftragsbekanntmachung oder der Aufforderung zur Interessensbekundung. Sie darf auf keinen Fall weniger als 15 Tage betragen.

(3) Die Angebotsfrist kann im gegenseitigen Einvernehmen zwischen dem Auftraggeber und ausgewählten Bewerbern festgelegt werden. Allen ausgewählten Bewerbern muss dieselbe Angebotsfrist eingeräumt werden. Unterbleibt eine einvernehmliche Fristfestlegung, beträgt die Angebotsfrist mindestens zehn Tage, gerechnet ab dem Tag nach der Versendung der Aufforderung zur Angebotsabgabe.

(4) Der Auftraggeber kann im Verhandlungsverfahren den Auftrag auf der Grundlage der Erstangebote vergeben, ohne in Verhandlungen einzutreten, wenn er sich

---

6 S. Art. 45 Abs. 3 Richtlinie 2014/25/EU.
7 S. *Rechten*, in: Kulartz/Portz/Marx/Prieß, Kommentar zur VOL/A, § 12 EG, Rn. 43.

diese Möglichkeit in der Auftragsbekanntmachung oder in der Aufforderung zur Interessensbestätigung vorbehalten hat.

Amtliche Begründung

»§ 15 setzt Artikel 46 und 47 der Richtlinie 2014/25/EU um.

Zu Absatz 1

Absatz 1 stellt klar, dass in einem Teilnahmewettbewerb jedes interessierte Unternehmen einen Teilnahmeantrag abgeben kann. Eine Beschränkung der Teilnehmerzahl im Vorfeld ist nicht möglich. Es werden hiermit die Artikel 46 Unterabsatz 1 und 47 Unterabsatz 1 der Richtlinie 2014/25/EU umgesetzt.

Zu Absatz 2

Absatz 2 regelt die Mindestfrist für den Eingang der Teilnahmeanträge. Diese beträgt sowohl im nicht offenen wie auch im Verhandlungsverfahren nun 30 Tage statt wie bisher 37 Tage. Auch nach Fristverkürzung muss eine Frist von mindestens 15 Tagen verbleiben.

Zu Absatz 3

Absatz 3 trifft in Umsetzung der Artikel 46 und 47 jeweils Absatz 2 der Richtlinie 2014/25/EU Regelungen zur Angebotsfrist.

Um der Flexibilisierung und individuellen Gestaltung des nicht offenen Verfahrens und des Verhandlungsverfahrens Rechnung zu tragen, kann die Angebotsfrist im Einvernehmen zwischen Auftraggeber und Bewerber festgelegt werden. In diesem Fall muss für alle Bewerber dieselbe Angebotsfrist bestimmt werden.

Erfolgt keine einvernehmliche Festlegung der Angebotsfrist, so muss sie mindestens 10 Tage ab dem Tag nach der Versendung der Aufforderung zur Angebotsabgabe betragen.«

A. Allgemeine Einführung

1 Die für die Verfahrensarten relevanten Fristen wurden mit der Umsetzung der Richtlinie 2014/25/EU in die Vorschriften zur jeweiligen Verfahrensart integriert. Eigene Fristvorschriften kennt die SektVO nicht mehr.

Die europäischen Vorgaben zum nichtoffenen Verfahren und zum Verhandlungsverfahren sind praktisch identisch.[1] Daher werden beide Verfahrensarten einschließlich der relevanten Fristen in § 15 SektVO gemeinsam geregelt.

B. Vergleich zur vorigen Rechtslage

Artikel 1 Absatz 9 Richtlinie 2004/17/EG beinhaltete die Definitionen der jeweiligen **2** Verfahrensarten. Diese voraussetzend regelte Artikel 40 Richtlinie 2004/17/EG deren Anwendung, bzw. freie Wahl zur Auftragsvergabe.

Regelungen zu den Fristen zur Abgabe von Teilnahmeanträgen und zur Einreichung von Angeboten einschließlich Kürzungsmöglichkeiten fanden sich in dem gesonderten Artikel 45 Richtlinie 2004/17/EG.

Dementsprechend strukturiert war die Umsetzung in das deutsche Vergaberecht. Die **3** Definitionen der einzelnen Verfahrensarten fanden sich im GWB a.F.,[2] die Verfahrensvorschriften zur freien Wahl der Verfahrensarten, Anwendung des Verhandlungsverfahrens ohne Teilnahmewettbewerb sowie Fristen wurden in der SektVO a.F. geregelt.[3]

Neben der Umstrukturierung der Vorschriften wurden die einzuhaltenden Mindestfristen der Verfahrensarten deutlich verkürzt.

C. Europarechtliche Vorgaben

Das nichtoffene Verfahren und das Verhandlungsverfahren mit vorherigem Teilnahme- **4** wettbewerb sind in den Art. 46, 47 Richtlinie 2014/25/EU geregelt. Bestandteil der jeweiligen Vorschriften sind die jeweiligen Verfahrensmerkmale sowie die für das Verfahren geltenden Mindestfristen zur Abgabe von Teilnahmeanträgen und der Einreichung von Angeboten einschließlich bestimmter Verkürzungsmöglichkeiten.

Im nichtoffenen Verfahren und im Verhandlungsverfahren mit vorherigem Teilnahme- **5** wettbewerb kann jeder Wirtschaftsteilnehmer einen Teilnahmeantrag übermitteln. Mit dem Teilnahmeantrag sind die vom Auftraggeber geforderten Eignungsnachweise vorzulegen.

Die Mindestfrist für die Teilnahmeanträge beträgt 30 Tage (früher: 37 Tage). Sie darf auf **6** keinen Fall weniger als 15 Tage betragen. Die Frist beginnt ab dem Tag der Absendung der Auftragsbekanntmachung oder der Aufforderung zur Interessensbestätigung.[4]

Für alle gleichermaßen geltende Angebotsfristen können im gegenseitigen Einverneh- **7** men zwischen Auftraggeber und den ausgewählten Bewerbern festgelegt werden. Kommt kein Einvernehmen zustande, darf die Angebotsfrist 10 Tage ab dem Tag der Angebotsaufforderung nicht unterschreiten.

---

1 S. Art. 46, 47 Richtlinie 2014/25/EU.
2 § 101 GWB.
3 S. § 101 GWB a.F.; § 6 SektVO a.F.; Abschnitt 3-§§ 12 ff. SektVO a.F.
4 Für die Berechnung der jeweiligen Fristen gilt gem. § 65 SektVO die Verordnung (EWG) Nr. 1182/71 des Rates v. 03.06.1971 zur Festlegung der Regeln für die Fristen, Daten und Termine (ABl. L 124, S. 1); danach wird der Tag der Absendung bei der Frist nicht mitgerechnet.

8   Die Zahl der geeigneten Bewerber, die zur Angebotsabgabe aufgefordert werden sollen, kann der Auftraggeber begrenzen, wenn er ein angemessenes Gleichgewicht zwischen bestimmten Merkmalen des Vergabeverfahrens und den notwendigen Ressourcen zu dessen Durchführung sicherstellen muss. Hierzu legt der Auftraggeber objektive Kriterien fest.[5]

D. Kommentierung

I. Allgemeines

9   Das nichtoffene Verfahren mit vorherigem Teilnahmewettbewerb sowie das Verhandlungsverfahren mit vorherigem Teilnahmewettbewerb sind als zweistufige Verfahren angelegt. Die erste Stufe stellt jeweils den Teilnahmewettbewerb dar, der der Feststellung der Eignung der Bewerber dient. Hier kann jedes Unternehmen einen Teilnahmeantrag einreichen. Eine Beschränkung der Teilnehmer im Vorfeld des Teilnehmerwettbewerbs findet nicht statt.

Diejenigen Unternehmen, die einen Teilnahmeantrag eingereicht haben, werden als *Bewerber* bezeichnet.[6] Die vom Auftraggeber ausgewählten Bewerber, die ein Angebot eingereicht haben, sind als *Bieter* zu bezeichnen.[7]

10   Angebote auf der zweiten Stufe können nur diejenigen geeigneten Bewerber einreichen, die vom Auftraggeber dazu aufgefordert werden.[8] Wie viele Bewerber der Auftraggeber zur Angebotsabgabe auffordert, entscheidet er auf der Grundlage bekanntgemachter, sachlicher Erwägungen. Die Entscheidung ist nachvollziehbar zu dokumentieren. Unterlässt der Auftraggeber dies, liegt in aller Regel ein Ermessensfehler vor.[9]

Unaufgefordert eingereichte Angebote bleiben unberücksichtigt.[10]

II. Nichtoffenes Verfahren

11   Beim nichtoffenen Verfahren fordert der Auftraggeber stets nach Durchführung eines vorherigen Teilnahmewettbewerbs eine beschränkte Anzahl von Unternehmen zur Abgabe von Angeboten auf. Die Auswahl der Unternehmen (Teilnahmewettbewerb) erfolgt nach objektiven, transparenten und nichtdiskriminierenden Kriterien.[11]

12   Das nichtoffene Verfahren unterliegt in Bezug auf den Geheimwettbewerb sowie das Nachverhandlungsverbot den gleichen strengen Formvorschriften wie das offene Verfahren. Auch die Leistungsbeschreibung muss denselben Anforderungen wie im offenen Verfahren genügen.

---

5 S. hierzu im Einzelnen Artikel 78 Absatz 2 Richtlinie 2014/25/EU.

6 Vgl. *Dreher,* in: Immenga/Mestmäcker, Wettbewerbsrecht, § 101 GWB a.F., § 101 Rn. 23.

7 Vgl. OLG Naumburg, Beschl. v. 03.09.2009 – 1 Verg 4/09.

8 Unter den § 45 Absatz 3 SektVO festgelegten Voraussetzungen darf der Auftraggeber die Zahl der geeigneten Bewerber, die er zur Angebotsabgabe auffordert, anhand bekanntgemachter objektiver Kriterien reduzieren.

9 Vgl. BayObLG, Beschl. v. 20.04.2005 – Verg 26/04.

10 Vgl. OLG Karlsruhe, Beschl. v. 15.10.2008 – 15 Verg 9/08.

11 S. § 119 Absatz 4 GWB.

1. Verhandlungsverfahren mit vorherigem Teilnahmewettbewerb

Im Verhandlungsverfahren wendet sich der Auftraggeber an ausgewählte Unternehmen, um mit einem oder mehreren dieser Unternehmen über die Angebote zu verhandeln.[12]   13

Nur in den beschriebenen Ausnahmefällen darf im Verhandlungsverfahren auf einen vorherigen Teilnahmewettbewerb verzichtet werden.[13]

In einem Verhandlungsverfahren mit vorherigem Teilnahmewettbewerb fordert der Auftraggeber die ausgewählten Bewerber zunächst zur Abgabe eines Erstangebotes auf,[14] welches als Grundlage der Verhandlungen dient. Auftraggeber und Bieter verhandeln über den Auftragsinhalt und dessen Bedingungen bis die Voraussetzungen der konkreten Leistung insbesondere deren Preis feststehen.[15]   14

Der Auftraggeber darf im Verhandlungsverfahren mit vorherigem Teilnahmewettbewerb den Auftrag auf der Basis des Erstangebotes vergeben, also den Zuschlag erteilen, ohne in Verhandlungen einzutreten. Dies muss sich der Auftraggeber jedoch in der Auftragsbekanntmachung oder der Aufforderung zur Interessensbestätigung vorbehalten.   15

2. Dokumentation

In einem feinstrukturierten Verfahren wie dem Verhandlungsverfahren sind an die Dokumentationspflicht hohe Anforderungen zu stellen. Dies ergibt sich schon aus den Spielräumen, die dieses Verfahren bietet.   16

Wegen der geringen formalen Voraussetzungen erlangen die Grundsätze des Wettbewerbs, der Transparenz und der Gleichbehandlung im Verhandlungsverfahren sogar eine besonders große Bedeutung.[16]

Allen Bietern sind stets die gleichen Informationen, zum Beispiel über geänderte Auftragsbedingungen oder eine Abwandlung des Verfahrensablaufs, zeitgleich zu geben. Gesetzte Fristen dürfen nicht von Bieter zu Bieter abweichen.

Jede Phase des Verfahrens mit ihren einzelnen Entscheidungen ist nachvollziehbar in der Dokumentation festzuhalten. Nur so kann in einem möglichen Nachprüfungsverfahren die ordnungsgemäße Durchführung festgestellt werden. Mängel in der Dokumentation gehen in aller Regel zu Lasten des Auftraggebers.[17]   17

3. Verhandeln nur noch mittels elektronischer Mittel in einem »chat-room«?

Der Auftraggeber hat im Vergabeverfahren grundsätzlich die Verwendung elektronischer Mittel vorzuschreiben. Mündliche Kommunikation darf nur in Ausnahmefällen   18

---

12 S. § 119 Absatz 5 GWB.
13 S. § 13 Absatz 2 SektVO sowie die Kommentierung hierzu.
14 Artikel 74 Absatz 1 Richtlinie 2014/25/EU sieht dies im Gegensatz zu Artikel 54 Absatz 1 Richtlinie 2014/24/EU nicht vor. Hier hat der Verordnungsgeber ohne Not eine überschießende Umsetzung vorgenommen (s. § 42 Absatz 1 SektVO sowie § 52 Absatz 1 VgV).
15 S. OLG Düsseldorf, Beschl. v. 05.07.2006 – VII-Verg 21/06.
16 Vgl. OLG Naumburg, Beschl. v. 16.09.2002 – 1 Verg 2/02.
17 S. Neukommentierung zu § 8 Rdn. 24.

stattfinden, wenn diese nicht die Vergabeunterlagen, die Teilnahmeanträge, die Interessensbestätigungen oder die Angebote betrifft.[18]

Dies wirft die Frage auf, ob von dem grundsätzlichen Verbot mündlicher Kommunikation auch das Verhandlungsverfahren (möglicherweise auch der wettbewerbliche Dialog und die Innovationspartnerschaft) betroffen ist.

19   Dem ist nicht so. Der vom Gesetz- und Verordnungsgeber gewählte Wortlaut sowohl des § 97 Absatz 5 GWB als auch des § 9 SektVO regelt, dass sich die elektronische Kommunikation auf das Senden, Empfangen, Weiterleiten und Speichern von Daten bezieht. Der hier zugrunde liegende Prozess betrifft das Vergabeverfahren als solches. Umfasst davon ist die Veröffentlichung der Bekanntmachung, die Bereitstellung der Vergabeunterlagen, der Informationsaustausch im Rahmen von Bewerber-/Bieterfragen, die Prüfung bzw. Auswertung der Teilnahmeanträge und Angebote einschließlich der elektronischen Bekanntgabe des Zuschlages und schließlich die Vergabebekanntmachung.[19]

20   Das Verhandlungsverfahren ist – wie die übrigen Verfahrensarten auch – mit seinen Merkmalen und Inhalten abschließend ausgestaltet.[20] Daraus ergibt sich, dass mündliche Verhandlungen (unter Anwesenden) eine elementare Voraussetzung dieses Verfahrens sind. Ein Verbot der mündlichen Kommunikation wäre geradezu widersinnig.

21   Es finden sich weder in den Erwägungsgründen zur Richtlinie 2014/25/EU noch in der Richtlinie selbst Hinweise des Richtliniengebers, dass das Verhandeln nur noch mit elektronischen Mitteln stattfinden dürfte. Da der Richtliniengeber dort, wo er die elektronische Kommunikation vorgeben wollte, dies auch entsprechend geregelt hat[21], ist davon auszugehen, dass er die »kommunikativen Verfahren« in ihrer Ausgestaltung unverändert lassen und nicht einem »elektronischen Diktat« unterwerfen wollte.

4. Teilnahmefrist

22   Die Mindestteilnahmefrist sowohl beim nichtoffenen Verfahren als auch beim Verhandlungsverfahren mit vorherigem Teilnahmewettbewerb beträgt 30 Tage. Die Verkürzung gegenüber der bisherigen Frist (37 Tage) beträgt demnach 7 Tage.

Der Regelungsinhalt lässt darauf schließen, dass die Frist von 30 Tagen verkürzt werden darf (verkürzte Mindestteilnahmefrist). Die Mindestteilnahmefrist darf jedoch keinesfalls weniger als 15 Tage betragen. Sie stellen die absolute Untergrenze dar.

23   Nach welchen Kriterien eine Verkürzung auf bis zu mindestens 15 Tage vorgenommen werden darf, wird nicht erläutert. Man wird jedoch zumindest Gründe fordern müssen,

---

18 Vgl. § 9 Abs. 1 und 2 SektVO.
19 S. Erwägungsgrund 52 Richtlinie 2014/25/EU; s. auch *Wankmüller*, in: Hettich/Soudry, Das neue Vergaberecht, Die elektronische Auftragsvergabe nach den neuen EU-Vergaberichtlinien; E. Kommunikationsschritte im Vergabeverfahren.
20 S. Art. 47, 74 Abs. 1 und 3 Richtlinie 2014/25/EU; § 119 Abs. 5 GWB, §§ 15, 42 Abs. 1 SektVO.
21 S. Art. 40 RL 2014/25/EU.

die es dem Auftraggeber nicht gestatten, die Mindestteilnahmefrist von 30 Tagen einzuhalten. Die Gründe müssen objektiver Art sein, ihr Ursprung darf nicht im Verhalten des Auftraggebers begründet sein und sie müssen tatsächlich vorliegen.

5. Angebotsfrist

Eine Mindestangebotsfrist wird grundsätzlich nicht vorgegeben. Sowohl beim nichtof- 24 fenen Verfahren als auch beim Verhandlungsverfahren mit vorherigem Teilnahmewettbewerb kann die Angebotsfrist im gegenseitigen Einvernehmen zwischen Auftraggeber und den Bewerbern festgelegt werden. Die einvernehmlich festgelegte Frist muss für alle Bewerber dieselbe sein.

Unterbleibt eine einvernehmliche Festlegung, muss der Auftraggeber eine Angebots- 25 frist von mindestens 10 Tagen gerechnet ab dem Tag der Absendung der Aufforderung zur Angebotsabgabe festlegen. Kürzungsmöglichkeiten auf weniger als 10 Tage enthält die Vorschrift nicht.

6. Rechtsschutz

Die Regelungen zum nichtoffenen Verfahren, zum Verhandlungsverfahren sowie zu 26 den Fristen sind i.S.d. § 97 Absatz 6 GWB Vorschriften des Vergabeverfahrens. Auf deren Einhaltung haben die Unternehmen einen Rechtsanspruch.

Zwar stehen dem Auftraggeber die Verfahrensarten nach seiner freien Wahl zur Verfügung, doch ist er deshalb nicht gleichzeitig von der Einhaltung deren ausgestaltenden Vorschriften befreit. Daher kann ein solcher Vorstoß von den Nachprüfungsinstanzen überprüft werden.

§ 16 SektVO Fristsetzung, Pflicht zur Fristverlängerung

(1) Bei der Festlegung der Fristen für den Eingang der Angebote und der Teilnahmeanträge berücksichtigt der Auftraggeber die Komplexität der Leistung und die Zeit, die für die Ausarbeitung der Angebote erforderlich ist.

(2) Können die Angebote nur nach einer Ortsbesichtigung oder Einsichtnahme in Anlagen zu den Vergabeunterlagen beim Auftraggeber erstellt werden, so ist die Mindestangebotsfrist erforderlichenfalls so zu bemessen, dass die Bewerber im Besitz aller Informationen sind, die sie für die Angebotserstellung benötigen.

(3) Die Angebotsfristen sind zu verlängern,
1. wenn zusätzliche Informationen trotz rechtzeitiger Anforderung durch ein Unternehmen nicht spätestens sechs Tage vor Ablauf der Angebotsfrist zur Verfügung gestellt werden; in Fällen hinreichend begründeter Dringlichkeit nach § 14 Absatz 3 beträgt dieser Zeitraum vier Tage, oder
2. wenn der Auftraggeber wesentliche Änderungen an den Vergabeunterlagen vornimmt.

Die Fristverlängerung muss in einem angemessenen Verhältnis zur Bedeutung der Information oder Änderung stehen und gewährleisten, dass alle Unternehmen Kenntnis von den Informationen oder Änderungen nehmen können. Dies gilt nicht, wenn die Information oder Änderung nicht rechtzeitig angefordert wurde oder ihre Bedeutung für die Erstellung des Angebots unerheblich ist.

Amtliche Begründung

»Alle bei den Verfahrensarten geregelten Fristen sind Mindestfristen und stellen damit die untere Grenze für die vom Auftraggeber festzusetzenden tatsächlichen Fristen dar. § 16 bestimmt in Umsetzung des Artikels 66 der Richtlinie 2014/25/EU, dass der Auftraggeber bei der Festlegung aller Fristen im Vergabeverfahren sein Ermessen angemessen ausüben muss. Die Vorschrift enthält darüber hinaus auch Gebote zur Verlängerung der Frist.

Zu Absatz 1

Absatz 1 regelt den Grundsatz, dass bei der Festlegung der Teilnahme- und Angebotsfristen die Komplexität des Auftrags und die Zeit für die Ausarbeitung der Angebote angemessen zu berücksichtigen sind. Daher werden die Fristen für einen komplexen Dienstleistungsauftrag, der ggf. konzeptionelle Inhalte umfasst, regelmäßig länger sein als die Fristen bei der Beschaffung marktgängiger Waren.

Zu Absatz 2

Absatz 2 enthält das Gebot zur Fristverlängerung, wenn die Angebote nur nach einer Ortbesichtigung und nach Einsichtnahme von Unterlagen beim Auftraggeber erstellt werden können. In diesen Fällen müssen alle interessierten Unternehmen unter gewöhnlichen Umständen Einsicht nehmen können.

Zu Absatz 3

Auch Absatz 3 enthält ein Fristverlängerungsgebot für die Fälle, in denen der Auftraggeber wesentliche Änderungen an den Vergabeunterlagen vornimmt oder zusätzliche Informationen des Auftraggebers von diesem nicht rechtzeitig zur Verfügung stellt werden. Auch hier muss die Verlängerung angemessen sein im Hinblick auf die Bedeutung der Änderungen bzw. zusätzlichen Informationen für das Vergabeverfahren.«

Inhaltsübersicht

A. Allgemeine Einführung

Im Vergabeverfahren sind alle Unternehmen gleich zu behandeln. Alle sollen unter den 1 gleichen Voraussetzungen die Möglichkeit erhalten, sich um den öffentlichen Auftrag zu bewerben und Angebote abzugeben. Die Zeit, die den Unternehmen hierfür zur Verfügung steht, spielt dabei eine wesentliche Rolle. In der Verpflichtung des Auftraggebers, allen Unternehmen dieselben Zeitvorgaben machen zu müssen, spiegelt sich der Gleichbehandlungsgrundsatz in besonderer Weise.

Auch für den Auftraggeber ist der Zeitfaktor ein nicht unbedeutender. Schließlich will er sein Verfahren möglichst zeitsparend, effizient und zügig durchführen können.

Die Regelungen der Richtlinie 2014/25/EU berücksichtigen diese Aspekte. Dem 2 Gleichbehandlungsgrundsatz trägt sie Rechnung indem sie vorschreibt, dass für alle Teilnehmer dieselben Fristen festzulegen sind und bestimmte Untergrenzen nicht unterschritten werden dürfen. Um Verfahren effizient gestalten zu können, eröffnen die Vorschriften für den Auftraggeber Möglichkeiten, Fristen abzukürzen oder einvernehmlich mit den Bewerbern zu vereinbaren.

B. Vergleich zur vorigen Rechtslage

Die bisherige Grundsatzregel zur Festlegung angemessener Fristen fand sich in § 17 3 Abs. 1 SektVO a.F. Regelungen zu möglichen Fristverlängerungen im Falle der Zurverfügungstellung zusätzlicher Unterlagen oder der Notwendigkeit von Ortsbesichtigungen beinhaltete § 17 Abs. 4 SektVO a.F.

Die neue SektVO übernimmt die Struktur der Richtlinie 2014/25/EU und regelt die 4 Fristen in den Vorschriften zu den jeweiligen Verfahrensarten. Daneben verpflichtet die Grundsatzvorschrift des § 16 SektVO den Auftraggeber, angemessene Fristen festzulegen und schreibt unter bestimmten Voraussetzungen eine Fristverlängerung vor.

C. Europarechtliche Vorgaben

Der Richtliniengeber hat seine Ankündigung, für schnellere Verfahren zu sorgen, in die 5 Tat umgesetzt. Gemessen an den bisherigen Fristen wurden die Mindestfristen spürbar reduziert. Dabei ist allerdings zu berücksichtigen, dass mit den neuen Richtlinien die verpflichtende elektronische Kommunikation Einzug gehalten hat.

Verkürzungsmöglichkeiten, die früher aufgrund der Nutzung elektronischer Mittel in Anspruch genommen werden konnten, sind schon in die neuen Mindestvorgaben integriert. Gesonderte Kürzungsmöglichkeiten gibt es nicht mehr.[1]

Die Grundsatzvorschrift zur Fristenfestlegung findet sich in Art. 66 Richtlinie 6 2014/25/EU. Danach müssen Auftraggeber unabhängig von den ohnehin festzulegenden Mindestfristen bei der Festlegung der Teilnahme- und Angebotsfristen stets die Komplexität des Auftrags und die für eine Bearbeitung der Vergabeunterlagen bzw. Aus-

---

1 S. Erwägungsgrund 89 Richtlinie 2014/24/EU.

arbeitung eines Angebotes erforderliche Zeit berücksichtigen. Dies kann bedeuten, dass von vornherein längere als die Mindestfristen festzulegen sind.[2]

Können Angebote nur nach Ortsbesichtigungen oder Einsichtnahme in Unterlagen vor Ort erstellen, so sind die Fristen so festzulegen, dass alle Unternehmen die zusätzlichen Informationen erlangen können.

7   Werden Zusatzinformationen rechtzeitig durch den Bewerber beim Auftraggeber angefordert, sie können aber nicht rechtzeitig durch den Auftraggeber bereitgestellt werden, ist ebenfalls eine Fristverlängerung auszusprechen. Gleiches gilt, wenn die Auftragsunterlagen wesentliche geändert wurden.

Die Fristverlängerung muss in einem angemessenen Verhältnis zu den zusätzlichen Informationen oder der Änderung stehen.

D. Kommentierung

1. Allgemeines

8   Während in den Vorschriften der §§ 14 und 15 zu den Verfahrensarten die jeweiligen Mindestfristen einschließlich möglicher Verkürzungen geregelt sind, beinhaltet § 16 die Grundsätze der Fristen im Vergabeverfahren. Für die Fristberechnung gilt die Verordnung (EWG) Nr. 1182/71 des Rates vom 3. Juni 1971 zur Festlegung der Regeln für die Fristen, Daten und Termine[3].

Die im Einklang mit den Regeln der SektVO zu den Mindestfristen einschließlich deren Kürzungsmöglichkeiten festgelegten Fristen sind stets Ausschlussfristen.[4]

9   Unabhängig von den Mindestfristen verlangt die Vorschrift vom Auftraggeber, bei der Fristenfestlegung die Komplexität der Leistung sowie die erforderliche Ausarbeitungszeit für die Angebote zu berücksichtigen. Dies kann dazu führen, dass die ursprünglichen Mindestfristen zu verlängern sind.[5]

10   Maßstab für die Komplexität ist der Gegenstand der Leistung selbst. Hier ist zu unterscheiden, ob die Leistung eindeutig und erschöpfend beschreibbar war (z.B. marktübliche Leistungen), oder ob es sich um eine nur funktional beschreibbare (Individual-)Leistung handelt. Die Errichtung technischer Systeme ist komplexer einzustufen als die Lieferung und der Austausch von IT-Hardware.

11   Die für die Ausarbeitung und Erstellung der Angebote erforderliche Zeit ist danach zu beurteilen, wie umfangreich und vielschichtig die Vergabeunterlagen gestaltet sind. Je ausführlicher und detaillierter ein Leistungsverzeichnis dargestellt ist, umso mehr Zeit wird der Bewerber benötigen, sich einen vollständigen Überblick über die Gesamtleistung zu verschaffen. Auch die vom Auftraggeber zugrunde gelegten Vertragsbedingun-

---

2 S. Erwägungsgrund 89 Richtlinie 2014/25/EU.
3 ABl. L 124 S. 1 v. 08.06.1971; s. § 65 SektVO.
4 Vgl. *Horn*, in: Müller-Wrede, Sektorenverordnung, Kommentar, § 17 Rn. 12.
5 Vgl. Erwägungsgrund 89 Richtlinie 2014/25/EU.

gen können vielschichtig oder einfach strukturiert sein. Auch hier kommt es letztlich auf den Leistungsgegenstand selbst an.

2. Ortsbesichtigungen und Einsichtnahme in Unterlagen

Bei der Vergabe von Bauleistungen oder auch Reinigungsdienstleistungen beispiels- 12 weise können Angebote häufig nur nach einer Inaugenscheinnahme der Örtlichkeiten oder Einsichtnahme in zusätzliche Unterlagen oder Anlagen zu den Vergabeunterlagen ausgearbeitet werden. Ist dies konkret der Fall, so hat der Auftraggeber die Mindestangebotsfrist derart zu bemessen, dass die Bewerber die notwendigen Informationen erlangen können.

Der Auftraggeber ist nicht verpflichtet, Termine und Fristen so zu gestalten, dass jeder 13 Bewerber letztlich diese auch wahrnehmen kann. Schließlich hat er ein berechtigtes Interesse an einer zügigen und effizienten Abwicklung des Vergabeverfahrens. Er wird jedoch darauf zu achten haben, dass durch die Fristfestlegung niemand ungerechtfertigt benachteiligt wird und grundsätzlich niemand von vornherein von der Wahrnehmung ausgeschlossen wird.

3. Verlängerung der Angebotsfristen

Diese Regelung verpflichtet den Auftraggeber in zwei Fällen eine bereits laufende An- 14 gebotsfrist zu verlängern.

Zum einen ist die Angebotsfrist zu verlängern, wenn trotz rechtzeitiger Anforderung 15 durch den Bieter diesem zusätzliche Informationen vom Auftraggeber nicht spätestens 6 Tage vor Ablauf der Angebotsfrist zur Verfügung gestellt werden. Dabei kommt es nicht auf ein Verschulden, ein Vertretenmüssen oder eine sonstige Verantwortlichkeit an. Allein die Tatsache, dass die zusätzlichen Informationen vom Auftraggeber nicht rechtzeitig bereitgestellt werden können genügt, die Angebotsfrist verlängern zu müssen.

Liegt eine hinreichend begründete Dringlichkeit vor,[6] reicht es aus, wenn der Auftraggeber dem Bieter die zusätzlichen Informationen spätestens 4 Tage vor Ablauf der Angebotsfrist zur Verfügung stellt.

Wurden die Informationen hingegen nicht rechtzeitig angefordert, ist der Auftraggeber 16 von der Pflicht zur Fristverlängerung frei. Nicht rechtzeitig angefordert ist eine Information dann, wenn dem Auftraggeber trotz sofortiger Bearbeitung keine hinreichende Zeit mehr bleibt, die Informationen vor Ablauf der 6- oder 4-Tagesfrist zur Verfügung zu stellen. Dies ist z.B. der Fall, wenn die Informationen erst innerhalb besagter Fristen angefordert werden.

Zum anderen ist eine Verlängerung der Angebotsfrist angesagt, wenn der Auftraggeber 17 wesentliche Änderungen an den Vergabeunterlagen vornimmt. Hierunter sind besonders Änderungen der Leistungsbeschreibung oder der technischen Spezifikationen

---

6 S. u.a. § 14 Abs. 3 SektVO.

zu verstehen, bei denen die Unternehmen zusätzliche Zeit benötigen, sich einen erneuten Überblick zu verschaffen und um entsprechend reagieren zu können.[7]
Es darf sich dabei allerdings nicht um solche wesentlichen Änderungen handeln, die ein neues Vergabeverfahren erfordern.[8] Eine solche Änderung liegt vor, wenn sich die ursprüngliche Leistung substanziell ändert und zu einem »aliud« wird.

4. Angemessenes Verhältnis der Fristverlängerung zur Bedeutung der Information oder Änderung

18   Für die Dauer der Fristverlängerung ist zunächst die Bedeutung der Information bzw. der Änderung ausschlaggebend. Ausgehend von dem Leistungsgegenstand selbst muss der Auftraggeber entscheiden, welche Auswirkungen die Änderung auf die Leistung und damit auf die Angebote hat. Dementsprechend legt er die neue Angebotsfrist und damit den Bietern zur Verfügung stehende Reaktionszeit fest.

19   Ergänzend muss der Auftraggeber sicherstellen, dass alle Unternehmen unter normalen Umständen Kenntnis von den Informationen bzw. der Änderung nehmen können. Die Möglichkeit der Kenntnisnahme wird im Falle der elektronischen Kommunikation mit der Veröffentlichung der Informationen bzw. der Änderungen auf der Vergabeplattform des Auftraggebers gegeben sein.

20   Ist die Bedeutung der Information oder der Änderung für die Angebotserstellung unerheblich, so bedarf es keiner Fristverlängerung. Hierbei hat der Auftraggeber einen Beurteilungsspielraum. Maßstab der Beurteilung ist allerdings die Sicht des Bieters. Deshalb sollte der Auftraggeber in Zweifelsfällen stets von einer Fristverlängerung Gebrauch machen.

5. Rechtsschutz

21   Die Vorschriften zur Festlegung der Fristen gehören zu den Regelungen des Vergabeverfahrens und sind bieterschützend. Bewerber und Bieter müssen jedoch darauf achten, dass eine Beanstandung vermeintlich vergaberechtswidriger Teilnahme- oder Angebotsfristen – die regelmäßig schon in der Bekanntmachung veröffentlicht werden – nur dann erfolgreich sein kann, wenn die Frist zur Rügeobliegenheit eingehalten wird.[9] Nach § 160 Abs. 3 Nr. 2 GWB ist ein Nachprüfungsantrag unzulässig, wenn ein Verstoß gegen eine Vorschrift, der schon in der Bekanntmachung erkennbar ist, nicht binnen der in der Bekanntmachung benannten Frist zur Bewerbung oder zur Angebotsabgabe gegenüber dem Auftraggeber gerügt wird.

---

7 S. Erwägungsgrund 90 Richtlinie 2014/25/EU.
8 S. § 132 GWB.
9 S. OLG Stuttgart, Beschl. v. 11.07.2000 – 2 Verg 5/00.

§ 17 SektVO Wettbewerblicher Dialog

(1) In der Auftragsbekanntmachung oder den Vergabeunterlagen zur Durchführung eines wettbewerblichen Dialogs beschreibt der Auftraggeber seine Bedürfnisse und Anforderungen an die zu beschaffende Leistung. Gleichzeitig nennt und erläutert er die hierbei zugrunde gelegten Zuschlagskriterien und legt einen vorläufigen Zeitrahmen für den Dialog fest.

(2) Der Auftraggeber fordert eine unbeschränkte Anzahl von Unternehmen im Rahmen eines Teilnahmewettbewerbs öffentlich zur Abgabe von Teilnahmeanträgen auf. Jedes interessierte Unternehmen kann einen Teilnahmeantrag abgeben. Mit dem Teilnahmeantrag übermitteln die Unternehmen die vom Auftraggeber geforderten Informationen für die Prüfung ihrer Eignung.

(3) Die Frist für den Eingang der Teilnahmeanträge beträgt mindestens 30 Tage, gerechnet ab dem Tag nach der Absendung der Auftragsbekanntmachung. Sie darf auf keinen Fall weniger als 15 Tage betragen.

(4) Nur diejenigen Unternehmen, die vom Auftraggeber nach Prüfung der übermittelten Informationen dazu aufgefordert werden, können am Dialog teilnehmen. Der Auftraggeber kann die Zahl geeigneter Bewerber, die zur Teilnahme am Dialog aufgefordert werden, gemäß § 45 Absatz 3 begrenzen.

(5) Der Auftraggeber eröffnet mit den ausgewählten Unternehmen einen Dialog, in dem er ermittelt und festlegt, wie seine Bedürfnisse und Anforderungen am besten erfüllt werden können. Dabei kann er mit den ausgewählten Unternehmen alle Aspekte des Auftrags erörtern. Er sorgt dafür, dass alle Unternehmen bei dem Dialog gleichbehandelt werden, gibt Lösungsvorschläge oder vertrauliche Informationen eines Unternehmens nicht ohne dessen Zustimmung an die anderen Unternehmen weiter und verwendet diese nur im Rahmen des jeweiligen Vergabeverfahrens. Eine solche Zustimmung darf nicht allgemein, sondern nur in Bezug auf die beabsichtigte Mitteilung bestimmter Informationen erteilt werden.

(6) Der Auftraggeber kann vorsehen, dass der Dialog in verschiedenen aufeinanderfolgenden Phasen geführt wird, sofern der Auftraggeber darauf in der Auftragsbekanntmachung oder in den Vergabeunterlagen hingewiesen hat. In jeder Dialogphase kann die Zahl der zu erörternden Lösungen anhand der vorgegebenen Zuschlagskriterien verringert werden. Der Auftraggeber hat die Unternehmen zu informieren, wenn deren Lösungen nicht für die folgende Dialogphase vorgesehen sind. In der Schlussphase müssen noch so viele Lösungen vorliegen, dass ein echter Wettbewerb gewährleistet ist, sofern ursprünglich eine ausreichende Anzahl von Lösungen oder geeigneten Bietern vorhanden war.

(7) Der Auftraggeber schließt den Dialog ab, wenn er die Lösungen ermittelt hat, mit denen die Bedürfnisse und Anforderungen an die zu beschaffende Leistung befriedigt werden können. Die im Verfahren verbliebenen Teilnehmer sind hierüber zu informieren.

(8) Nach Abschluss des Dialogs fordert der Auftraggeber die Unternehmen auf, auf der Grundlage der eingereichten und in der Dialogphase näher ausgeführten Lösungen ihr endgültiges Angebot vorzulegen. Die Angebote müssen alle Einzelheiten enthalten, die zur Ausführung des Projekts erforderlich sind. Der Auftraggeber kann Klarstellungen und Ergänzungen zu diesen Angeboten verlangen. Diese Klarstellungen oder Ergänzungen dürfen nicht dazu führen, dass wesentliche Bestandteile des Angebots oder des öffentlichen Auftrags einschließlich der in der Auftragsbekanntmachung oder in den Vergabeunterlagen festgelegten Bedürfnisse und Anforderungen grundlegend geändert werden, wenn dadurch der Wettbewerb verzerrt wird oder andere am Verfahren beteiligte Unternehmen diskriminiert werden.

(9) Der Auftraggeber hat die Angebote anhand der in der Auftragsbekanntmachung oder in den Vergabeunterlagen festgelegten Zuschlagskriterien zu bewerten. Der Auftraggeber kann mit dem Unternehmen, dessen Angebot als das wirtschaftlichste ermittelt wurde, mit dem Ziel Verhandlungen führen, im Angebot enthaltene finanzielle Zusagen oder andere Bedingungen zu bestätigen, die in den Auftragsbedingungen abschließend festgelegt werden. Dies darf nicht dazu führen, dass wesentliche Bestandteile des Angebots oder des öffentlichen Auftrags einschließlich der in der Auftragsbekanntmachung oder den Vergabeunterlagen festgelegten Bedürfnisse und Anforderungen grundlegend geändert werden, der Wettbewerb verzerrt wird oder andere am Verfahren beteiligte Unternehmen diskriminiert werden.

(10) Der Auftraggeber kann Prämien oder Zahlungen an die Teilnehmer am Dialog vorsehen.

Amtliche Begründung:[1]

»§ 17 regelt die Einzelheiten zu der in § 119 Absatz 6 des Gesetzes gegen Wettbewerbs-beschränkungen definierten Verfahrensart des wettbewerblichen Dialogs. Dieses Vergabeverfahren wird mit der neuen Richtlinie 2014/25/EU erstmals in das Sektorenvergaberecht eingeführt.

Die Verfahrensvorschriften des wettbewerblichen Dialogs sind in § 17 dieser Verordnung abschließend geregelt.

Zu Absatz 1

In Umsetzung des Artikels 48 Absatz 2 der Richtlinie 2014/25/EU stellt Absatz 1 die Besonderheit des wettbewerblichen Dialogs heraus, bei dem der Auftraggeber in der Leistungsbeschreibung lediglich seine Bedürfnisse und Anforderungen an die zu beschaffende Leistung beschreiben muss. Die vorherige Festlegung konkreter Merkmale oder gar technischer Anforderungen ist bei dieser Verfahrensart nicht zwingend erforderlich. Weiterhin wird klargestellt, dass der Auftraggeber auch bei dieser Verfahrensart die Zuschlagskriterien selbstverständlich vor Beginn des Verfahrens bekannt zu machen hat.

Zu Absatz 2

Absatz 2 setzt Artikel 48 Absatz 1 Unterabsatz 1 der Richtlinie 2014/25/EU um.

---

1 Vgl. Verordnung zur Modernisierung des Vergaberechts (Vergaberechtsmodernisierungsverordnung – VergRModV), BR-Drs. 87/16 vom 29.02.2016, S. 235 ff.

Zu Absatz 3

Absatz 3 dient der Umsetzung des Artikels 48 Absatz 1 Unterabsatz 2 der Richtlinie 2014/25/EU und regelt die Frist für den Eingang der Teilnahmeanträge (Teilnahmefrist).

Zu Absatz 4

Wie beim nicht offenen Verfahren und beim Verhandlungsverfahren mit Teilnahmewettbewerb kann der Auftraggeber auch beim wettbewerblichen Dialog die Anzahl der Unternehmen begrenzen, die zur Teilnahme am Dialog aufgefordert werden. Absatz 4 setzt Artikel 48 Absatz 1 Unterabsatz 3 der Richtlinie 2014/25/EU um.

Zu Absatz 5

Die zweite Phase des wettbewerblichen Dialogs beginnt mit dem Dialog, in dessen Rahmen der Auftraggeber gemeinsam mit den Unternehmen ermittelt, wie seine Bedürfnisse am besten erfüllt werden können. Mit Absatz 5 wird Artikel 48 Absatz 3 Unterabsatz 1 und 2 der Richtlinie 2014/25/EU umgesetzt. Absatz 5 Satz 3 sichert die Grundsätze der Gleichbehandlung und der Vertraulichkeit der Information im Rahmen des wettbewerblichen Dialogs.

Zu Absatz 6

Absatz 6 Satz 1 bis 3 setzt Artikel 48 Absatz 4 der Richtlinie 2014/25/EU um: Der Dialog kann in mehreren aufeinanderfolgenden Phasen abgewickelt werden. Dabei kann der Auftraggeber den Dialog mit einzelnen Unternehmen beenden, wenn die Gespräche keine für den Auftraggeber sinnvolle Lösungsfindung erwarten lassen. Absatz 6 Satz 4 stellt sicher, dass in der Schlussphase noch ein Wettbewerb gewährleistet ist.

Zu Absatz 7

In Umsetzung des Artikels 48 Absatz 5 und 6 der Richtlinie 2014/25/EU regelt Absatz 7 den Abschluss des Dialogs. Die verbliebenen Unternehmen sind vom Abschluss zu informieren.

Zu Absatz 8

Absatz 8 dient der Umsetzung von Artikel 48 Absatz 6 Unterabsatz 1 und 2 der Richtlinie 2014/25/EU: Nach Abschluss der Dialogphase schließt sich beim wettbewerblichen Dialog die dritte Phase – die Angebotsphase – an. In dieser sind die Unternehmen aufgerufen, auf der Grundlage der in der Dialogphase gefundenen Lösungen konkrete Angebote einzureichen. Klarstellungen und Ergänzungen zu den Angeboten seitens der Bieter sind in engen Grenzen zulässig. Darüber hinaus darf über die Angebote (in Abgrenzung zum Verhandlungsverfahren) nur in den engen Grenzen des Absatzes 9 verhandelt werden.

Zu Absatz 9

Absatz 9 übernimmt die Regelung des Artikels 48 Absatz 7 Unterabsatz 1 und 2 der Richtlinie 2014/25/EU. Er gestattet es, dass der Auftraggeber nach Abschluss der Dialogphase über das Angebot, dass den Zuschlag erhalten soll (und nur über dieses eine Angebot) mit dem Unternehmen verhandelt, um finanzielle Zusagen oder andere Auftragsbedingungen abschließend festzulegen. Eine Abänderung wesentlicher Teile des Angebots darf zur Wahrung der vergaberechtlichen Gebote der Gleichbehandlung und Nichtdiskriminierung nicht erfolgen.

Zu Absatz 10

In Umsetzung des Artikels 48 Absatz 8 der Richtlinie 2014/25/EU sieht Absatz 10 die Möglichkeit von Prämien oder Zahlungen durch den Auftraggeber an die Teilnehmer am Dialog vor. Die

Gewährung einer angemessenen Kostenerstattung soll die für die Teilnehmer bei der Erstellung von Lösungsvorschlägen entstehenden Kosten reduzieren und damit die Teilnahme am wettbewerblichen Dialog attraktiver machen. Der Auftraggeber gewährt eine Aufwandsentschädigung ohne Gewinnanteil und keine Vergütung. Der Grundsatz der Gleichbehandlung aller Teilnehmer ist zu beachten.«

A. Allgemeine Einführung

1 § 17 SektVO regelt die Einzelheiten für Auftraggeber zu der in § 119 Absatz 6 GWB n.F. definierten Verfahrensart des Wettbewerblichen Dialogs. Dieses Vergabeverfahren wird mit Art. 48 der neuen Richtlinie 2014/25/EU erstmals in das Sektorenvergaberecht eingeführt.[2]

2 Der Wettbewerbliche Dialog als weitere Verfahrensart zur Vergabe öffentlicher Aufträge findet seine ursprüngliche Grundlage in Art. 29 der Richtlinie 2004/18/EG und wurde durch das ÖPP-Beschleunigungsgesetz in das nationale Vergaberecht umgesetzt,[3] damals noch unter Auslassung des Sektorenvergaberechts. Es handelt sich bei

---

2 Vgl. BR-Drs. 18/6281, Entwurf eines Gesetzes zur Modernisierung des Vergaberechts, Vergaberechtsmodernisierungsgesetz – VergRModG), zu § 119 Abs. 7, S. 98.

3 Vgl. Stoye/Kriener, IBR 2009, 189.

dem Wettbewerblichen Dialog um eine eigenständige und besonders ausgestaltete Variante des Verhandlungsverfahrens, welche für besonders komplexe Beschaffungen Anwendung finden soll.[4] Im Gegensatz zu den klassischen Verfahrensarten des offenen, des nicht offenen und des Verhandlungsverfahrens, dient der Wettbewerbliche Dialog – wie auch die neue Innovationspartnerschaft – der Generierung von Wissen.[5]

Die Erfahrung mit dieser Verfahrensart aus anderen Bereichen des Vergaberechts hat 3 gezeigt, dass sich der Wettbewerbliche Dialog in Situationen als nützlich erwiesen hat, in denen Auftraggeber nicht in der Lage sind, die Mittel zur Befriedigung ihres Bedarfs zu definieren oder zu beurteilen, was der Markt an technischen, finanziellen oder rechtlichen Lösungen zu bieten hat. Diese Situation kann insbesondere bei innovativen Projekten, bei der Realisierung großer, integrierter Verkehrsinfrastrukturprojekte oder großer Computer-Netzwerke oder bei Projekten mit einer komplexen, strukturierten Finanzierung eintreten.[6] Diese Verfahrensart soll nun allen Auftraggebern offen stehen.

B. Vergleich zur vorherigen Rechtslage

Bisher war der Wettbewerbliche Dialog für Auftraggeber mit Ausnahme der Sektoren- 4 auftraggeber als mögliche Verfahrensart vorgesehen.[7] Daher waren vergleichbare Regelungen in der alten Fassung der SektVO nicht enthalten. Jedoch sahen bereits die Vorgängerfassungen des GWB und der Vergabe- und Vertragsordnungen diese Verfahrensart vor.[8] Die Regelung des Wettbewerblichen Dialogs in der SektVO und der VgV n.F richtet sich an der Definition des § 119 Abs. 6 GWB n.F. aus, die ihrerseits auf Art. 30 Abs. 3 der Richtlinie 2014/24/EU beruht.[9] Danach ist der Wettbewerbliche Dialog ein Verfahren zur Vergabe öffentlicher Aufträge mit dem Ziel der Ermittlung und Festlegung der Mittel, mit denen die Bedürfnisse des öffentlichen Auftraggebers am besten erfüllt werden können. Nach einem Teilnahmewettbewerb eröffnet der öffentliche Auftraggeber mit den ausgewählten Unternehmen einen Dialog zur Erörterung aller Aspekte der Auftragsvergabe.[10]

Eine tatbestandliche Beschränkung auf »besonders komplexe Aufträge«, wie sie noch in 5 § 101 Abs. 4 GWB a.F. enthalten war, ist nach der Vergaberechtsnovelle nicht mehr

---

4 Ebenso Dreher, in: Immenga/Mestmäcker, Wettbewerbsrecht, § 101 GWB Rn. 29; Prieß, Handbuch des europäischen Vergaberechts S. 200; etwas kritischer Kulartz, in: Kulartz/Kus/Portz/Prieß, GWB-Vergaberecht § 119 Rn. 45: Es handele sich um ein neues und eigenständiges Verfahren, was jedoch Ähnlichkeiten zum Verhandlungsverfahren mit Teilnahmewettbewerb aufweise.

5 Dreher, in: Immenga/Mestmäcker, Wettbewerbsrecht, § 101 GWB Rn. 29.

6 Vgl. Erwägungsgrund 60 der Richtlinie 2014/25/EU; BR-Drs. 18/6281; Schneider, in: Kapellmann/Messerschmidt, VOB-Kommentar, Teil A/B, 5. Aufl. 2015, VOB/A § 3 EG Rn. 24.

7 Vgl. § 101 Abs. 4 GWB a.F.

8 Vgl. § 101 Abs. 4 GWB a.F., § 3 Abs. 1 Nr. 4 und Abs. 7 EG VOB/A a.F. und § 3 Abs. 1 und Abs. 7 EG VOL/A a.F.

9 Vgl. Drucksache 18/6281, Entwurf eines Gesetzes zur Modernisierung des Vergaberechts, Vergaberechtsmodernisierungsgesetz – VergRModG), zu § 119 Abs. 7, S. 98.

10 § 119 Abs. 6 GWB n.F.

vorgesehen. Dies ist Folge des nach § 13 Abs. 1 Satz 1 SektVO bestehenden Rechts des Auftraggebers zur Wahl der Verfahrensart.

C. Europarechtliche Vorgaben

6   Mit § 17 SektVO setzt der Verordnungsgeber Art. 48 der Richtlinie 2014/25/EU um.

D. Kommentierung

7   Die Regelung des Wettbewerblichen Dialogs in der SektVO lehnt sich nach Regelungsinhalt und -struktur an die Alt-Regelungen des § 3 EG Abs. 7 VOB/A und des § 3 EG Abs. 7 VOL/A an.

8   Das Verfahren des Wettbewerblichen Dialogs wird mit der Bekanntmachung eingeleitet und gliedert sich grob in die Phasen des Teilnahmewettbewerbs, der Durchführung des Wettbewerblichen Dialogs (Dialogphase) und der Angebotsphase, die mit dem Zuschlag auf das wirtschaftlichste Angebot endet.[11]

I. Teilnahmewettbewerb

1. Bekanntmachung

9   Nach § 17 Abs. 1 S. 1 SektVO können Auftraggeber für die Vergabe eines Auftrags einen Wettbewerblichen Dialog durchführen. Das Verfahren zur Durchführung eines Wettbewerblichen Dialogs beginnt mit der Auftragsbekanntmachung gem. § 35 SektVO oder der Bekanntmachung über das Bestehen eines Qualifizierungssystems gem. § 37 SektVO. Diese muss nach § 17 Abs. 1 Satz 1 SektVO die Bedürfnisse und Anforderungen an die zu beschaffende Leistung enthalten. Gleichzeitig muss der Auftraggeber die zugrunde gelegten Zuschlagskriterien benennen und erläutern sowie einen vorläufigen Zeitrahmen für den Wettbewerblichen Dialog festlegen. Auch die Skizzierung der Grundzüge des Ablaufs des Verfahrens sollte in der Bekanntmachung erfolgen.

10   Da sich das Verfahren des Wettbewerblichen Dialogs grob betrachtet in drei Phasen gliedert, hat auch die Bekanntmachung diesem Umstand Rechnung zu tragen und für die jeweiligen Phasen bestimmte Inhalte vorzusehen. Auf bestimmte Inhalte der Bekanntmachung wird im Folgenden vertieft eingegangen.

11   Auch wenn dies durch den Verordnungsgeber nicht vorgeschrieben ist, sollte die Entscheidung des Auftraggebers zur Durchführung eines Wettbewerblichen Dialogs ausreichend dokumentiert und – auch wenn er nach § 13 Abs. 1 SektVO ein Recht zur Wahl der Verfahrensart hat – begründet werden. Hierbei sollte der Auftraggeber anführen, wieso er die geforderte Leistung noch nicht umfassend beschreiben kann – etwa die Komplexität der Leistung oder vielfältige und unterschiedliche Lösungsansätze in der Praxis – und wieso er der Meinung ist, ein Wettbewerblicher Dialog würde die Erreichung seines Projektziels am ehesten fördern.

---

11 Vgl. Jasper/Soudry, in: Dreher/Motzke, Beck'scher Vergaberechtskommentar, 2. Aufl. 2013, § 101 GWB Rn. 12; Antweiler, in: Ziekow/Völlink, Vergaberecht, 2. Aufl. 2013, § 101 GWB Rn. 24 m.w.N.

a) Beschaffungsgegenstand

Der Auftraggeber hat nach § 17 Abs. 1 Satz 1 SektVO in der Auftragsbekanntma- 12
chung oder in den Vergabeunterlagen seine »Bedürfnisse und Anforderungen« an die
zu beschaffende Leistung zu beschreiben.

Die Bedürfnisse und Anforderungen können bereits in der Bekanntmachung oder erst 13
in den Vergabeunterlagen erläutert werden. Dabei sind an die Darstellung des Beschaffungsgegenstandes in der Bekanntmachung keine überzogenen Anforderungen zu stellen.[12] Die Bedürfnisse und Anforderungen des Auftraggebers sind dort jedoch so präzise zu beschreiben, dass es interessierten Unternehmen möglich ist, eine Entscheidung
über die Teilnahme an dem Verfahren zu treffen.[13] Typischerweise werden in den Vergabeunterlagen im Rahmen der (vorläufigen) Leistungsbeschreibung die Anforderungen an die zu beschaffende Leistung präziser erläutert.

Die Beschreibung des Beschaffungsgegenstandes in den Vergabeunterlagen kann im 14
Wettbewerblichen Dialog jedoch im Vergleich zu den sonst üblichen Vergabeunterlagen weniger detailliert sein, da der Leistungsgegenstand beim Wettbewerblichen Dialog erst im Laufe des Verfahrens genauer spezifiziert wird.[14] Es ist ja gerade ein Kern
des Wettbewerblichen Dialogs, dass der Auftraggeber bei seiner Einleitung noch nicht
exakt weiß, was genau er beschaffen möchte. Dennoch ist der Auftraggeber angehalten,
seine Bedürfnisse und Anforderungen an die zu beschaffende Leistung so genau wie
möglich zu beschreiben.

Dem Auftraggeber ist es nach den vergaberechtlichen Grundsätzen der Transparenz 15
und des Wettbewerbs untersagt, grundlegende Elemente der Bekanntmachung oder
der Vergabeunterlagen im Laufe des Verfahrens zu ändern oder dem ausgewählten Bewerber neue wesentliche Leistungselemente aufzuerlegen.[15] Diese Grundlagen des Verfahrens dürfen also während des Vergabeverfahrens nicht geändert werden.[16]

Dies gilt jedoch nur insoweit, als dies nicht dem Sinn und Zweck des Wettbewerblichen
Dialogs zur Offenheit und zur Präzisierung des Leistungsgegenstandes widerspricht.
Daher ist der Leistungsgegenstand im Wettbewerblichen Dialog so zu formulieren,
dass die Grundzüge der Leistung feststehen, jedoch Änderungen und Anpassung im
Laufe des Verfahrens erfolgen können, so dass die Identität des Beschaffungsgegenstandes dennoch stets gewahrt ist.

---

12 Vgl. Heiermann, ZfBR 2005, 766 (771).
13 Vgl. Schröder, NZBau 2007, 216 (221).
14 Vgl. Pünder, in: Pünder/Schellenberg, Vergaberecht, 2. Aufl. 2015, GWB § 101 Rn. 57;
    Schneider, in: Handbuch des Vergaberechts, 1. Aufl. 2015, § 11 Rn. 25; Dieckmann, in:
    Dieckmann/Scharf/Wagner-Cardenal, VOL/A, 1. Aufl. 2013, § 3 EG VOL/A Rn. 100; Otting/Olgemüller, NVwZ 2001, 1225 (1226).
15 Vgl. Schneider, in: Kapellmann/Messerschmidt, VOB-Kommentar, Teil A/B, 5. Aufl. 2015,
    VOB A § 3 EG Rn. 36.
16 Vgl. Europäische Kommission, Erläuterungen Wettbewerblicher Dialog – Klassische Richtlinie, S. 4.

b) Teilnahmewettbewerb

16 Nach § 17 Abs. 2 SektVO fordert der Auftraggeber eine unbeschränkte Anzahl von Unternehmen im Rahmen eines Teilnahmewettbewerbs öffentlich zur Abgabe von Teilnahmeanträgen auf. Der Teilnahmewettbewerb dient der Auswahl derjenigen Bewerber, mit denen im Rahmen der Dialogphase der Wettbewerbliche Dialog geführt werden soll. Dabei kann jedes interessierte Unternehmen einen Teilnahmeantrag abgeben. Maßgebliches Auswahlkriterium ist die Eignung. Grundsätzlich ergeben sich im Wettbewerblichen Dialog gegenüber den anderen Verfahrensarten keine Besonderheiten.

17 Mit dem Teilnahmeantrag übermitteln die Unternehmen die vom Auftraggeber geforderten Informationen für die Prüfung ihrer Eignung. Die Eignung ist damit Voraussetzung für die Teilnahme am Wettbewerblichen Dialog und mithin Prüfungsgegenstand im Teilnahmewettbewerb.[17] Hieraus ergibt sich, dass der Auftraggeber in der Bekanntmachung die Eignungskriterien und die mit dem Teilnahmeantrag einzureichenden Nachweise benennen muss. Hinsichtlich der Festlegung der Eignungskriterien ist zu berücksichtigen, dass der Auftragsgegenstand regelmäßig erst in der Dialogphase spezifiziert wird, so dass in diesem Stadium des Verfahrens die Eignungskriterien nur zu einer Vorauswahl dienen. Sofern der Auftraggeber Mindestanforderungen, deren Nichteinhalten zum Ausschluss führen würde, festlegen möchte, muss er darauf in der Bekanntmachung hinweisen. Ferner muss in der Bekanntmachung festgelegt werden, auf welcher Grundlage eine Auswahl der Teilnehmer an der Dialogphase getroffen wird. Gemessen an den allgemeinen vergaberechtlichen Grundsätzen der Gleichbehandlung, Transparenz und Nichtdiskriminierung hat dies aufgrund objektiv nachvollziehbarer, sachlicher und auftragsbezogener Kriterien zu erfolgen. Diese Auswahlkriterien müssen ebenfalls bekanntgemacht werden. Sofern mit diesen Kriterien eine Wertung bzw. Gewichtung verbunden ist, sollte auch die Gewichtung in der Bekanntmachung genannt werden.

c) Dialog (in Phasen)

18 Neben Angaben zur Ausgestaltung des Teilnahmewettbewerbs muss die Bekanntmachung auch Informationen über die Ausgestaltung der Dialogphase enthalten. Insbesondere hat der Auftraggeber gem. § 17 Abs. 1 SektVO dort einen vorläufigen Zeitrahmen für den Dialog festzulegen. Die Dialogphase dient zum einen zur Konkretisierung des Auftrages und zum anderen zur Reduzierung der Teilnehmer am weiteren Verfahren.[18] Nach § 17 Abs. 6 SektVO kann der Auftraggeber vorsehen, dass der Dialog in verschiedenen aufeinanderfolgenden Phasen geführt wird, sofern der Auftraggeber darauf in der Auftragsbekanntmachung oder in den Vergabeunterlagen hingewiesen hat. In jeder Dialogphase kann die Zahl der zu erörternden Lösungen anhand der vorgegebenen Zuschlagskriterien verringert werden. Auf die Möglichkeit zur sukzessiven Ver-

---

17 Vgl. Schneider, in: Kapellmann/Messerschmidt, VOB-Kommentar, Teil A/B, 5. Aufl. 2015, VOB A § 3 EG, Rn. 28.

18 Vgl. Antweiler, in: Ziekow/Völlink, Vergaberecht, 2. Aufl. 2013, § 101 GWB Rn. 24; Kulartz, in: Kulartz/Kus/Portz/Prieß, GWB-Vergaberecht, § 119 Rn. 50; Klimesch/Ebrecht, NZBau 2011, 203 (207); Schröder, NZBau 2007, 216 (222).

ringerung des Teilnehmerfeldes (abgestufter Dialog), die entsprechenden Kriterien und die geplante Anzahl der Dialogrunden ist in der Auftragsbekanntmachung oder in den Vergabeunterlagen hinzuweisen.[19]

d) Angebotswertung

Nach § 17 Abs. 9 SektVO hat der Auftraggeber die Angebote anhand der in der Auf- 19
tragsbekanntmachung oder in den Vergabeunterlagen festgelegten Zuschlagskriterien zu bewerten. In der Bekanntmachung ist daher zu definieren, anhand welcher Kriterien der Zuschlag erteilt werden soll. Aus § 17 Abs. 9 Satz 2 SektVO ergibt sich, dass der Zuschlag auf das Angebot zu erteilen ist, das als das wirtschaftlichste ermittelt wurde. Der Auftraggeber kann die **Zuschlagskriterien** in der Bekanntmachung oder erst in den Vergabeunterlagen festlegen. Die Verpflichtung zur Bekanntgabe der Zuschlagskriterien umfasst grundsätzlich auch etwaige **Unterkriterien**.[20] Die in der Bekanntmachung oder in den Vergabeunterlagen festgelegten Zuschlagskriterien dürfen im Laufe des Verfahrens nicht mehr geändert werden.[21] Aufgrund des besonderen Charakters des Wettbewerblichen Dialogs kann sich jedoch das Erfordernis ergeben, die Kriterien im Laufe des Verfahrens anders zu gewichten.[22] Daraus ergibt sich die Frage, wann die Zuschlagskriterien einschließlich ihrer Gewichtung spätestens zu veröffentlichen sind. Zur Lösung dieses Problems soll je nach Strukturierung des Verfahrens unterschieden werden.[23] Werde während der Dialogphase bereits die Zahl der Lösungen verringert, müsse dies anhand der bekannt gegebenen Zuschlagskriterien erfolgen. Änderungen dieser Zuschlagskriterien nach ihrer Bekanntgabe und Durchführung der Wertung seien unzulässig. Werde hingegen während der Dialogphase noch kein Teilnehmer ausgeschlossen, könne auf die anschließende Angebotsphase abgestellt werden.[24] Die vergaberechtlichen Grundsätze der Transparenz und Gleichbehandlung verpflichten den Auftraggeber, die vollständigen Zuschlagskriterien einschließlich ihrer Gewichtung spätestens vor Abgabe der zu wertenden Angebote endgültig zu präzisieren und den Bewerbern mitzuteilen.[25]

---

19 Vgl. Kulartz, in: Kulartz/Kus/Portz/Prieß, GWB-Vergaberecht, § 119 Rn. 47; Weyand, ibr-online Kommentar Vergaberecht, Stand: 14.09.2015, § 10 EG VOL/A Rn. 14 f.; Heiermann, ZfBR 2005, 766 (771).
20 Vgl. EuGH, Urt. v. 24.01.2008 – C-532/06 – Lianakis, VergabeR 2008, 496 (499); OLG Celle, Beschl. v. 16.05.2013 – 13 Verg 13/12, NZBau 2013, 795; VK Münster, Beschl. v. 02.10.2014 – VK 13/14, NZBau 2014, 721 (726 f.).
21 Vgl. Kaelble/Müller-Wrede, in: Müller-Wrede, VOL/A, § 3 EG, Rn. 255; Tomerius/Ritzek-Seidl, in: Pünder/Schellenberg, Vergaberecht, 2. Aufl. 2015, § 10 EG VOL/A Rn. 15 m.w.N.; Weyand, ibr-online Kommentar Vergaberecht, Stand: 14.09.2015, § 10 EG VOL/A Rn. 11 ff.
22 Vgl. Schneider, in: Handbuch des Vergaberechts, 2014, § 11 Rn. 29a.
23 Vgl. Tomerius/Ritzek-Seidl, in: Pünder/Schellenberg, Vergaberecht, 2. Aufl. 2015, § 10 EG VOL/A Rn. 16.
24 Vgl. Tomerius/Ritzek-Seidl, in: Pünder/Schellenberg, Vergaberecht, 2. Aufl. 2015, § 10 EG VOL/A Rn. 16.
25 Vgl. EuGH, Urt. v. 14.07.2016 – C-6/15, TNS Dimarso, Rn. 23 ff.; OLG Celle, Beschl. v. 16.05.2013 – 13 Verg 13/12, NZBau 2013, 795; VK Lüneburg, Beschl. v. 26.11.2012 –

Nach der Rechtsprechung ist eine nachträgliche Präzisierung von Zuschlagskriterien und deren Gewichtung oder die Benennung weiterer Unterkriterien jedoch zulässig,[26] wenn keine Unterkriterien aufgestellt werden, welche die bekanntgemachten Zuschlagskriterien ändern und die nachträglich festgelegten Kriterien nichts enthalten, welches, wenn es bei der Vorbereitung der Angebote bekannt gewesen wäre, diese Vorbereitung hätte beeinflussen können. Auch darf der Auftraggeber keine Kriterien festlegen, welche geeignet sind, Bieter zu diskriminieren.[27] Dies ist nach der Rechtsprechung jedoch nur möglich, wenn sich alle Bieter im weiteren Verfahrensverlauf auf die Veränderung der Zuschlags- und Unterkriterien einstellen können und bei der Vorbereitung ihrer Angebote von den gleichen Vorgaben ausgehen.[28]

20   Würde der Auftraggeber wie bei den herkömmlichen Vergabeverfahren strikt an seine zu Verfahrensbeginn festgelegten Wertungskriterien gebunden, würde dies den Sinn und Zweck eines Wettbewerblichen Dialogs unterlaufen.[29] Die Konkretisierung oder Anpassung der Zuschlagskriterien ist nach den zuvor dargestellten Anforderungen möglich, wenn der Auftraggeber dies diskriminierungsfrei und transparent für jeden Bieter durchführt.[30] Daher sollte der Auftraggeber die Zuschlagskriterien in der Bekanntmachung zunächst mit einer gewissen Offenheit festlegen und diese im Laufe des Verfahrens durch eine Anpassung der Gewichtung bzw. durch die Einführung von Unterkriterien präzisieren. Jedoch sollte im Hinblick auf den vergaberechtlichen Grundsatz der Transparenz die Möglichkeit zur anderen Gewichtung bzw. dem Einführen von Unterkriterien in der Bekanntmachung bzw. den Vergabeunterlagen **ausdrücklich vorbehalten** werden.[31]

2. Ablauf

21   Die Durchführung des Wettbewerblichen Dialogs sieht vor, dass eine unbeschränkte Anzahl von Unternehmen öffentlich zur Abgabe von Teilnahmeanträgen aufgefordert wird. § 17 Abs. 2 SektVO ist dabei wortgleich mit § 18 Abs. 2 SektVO zur Innovationspartnerschaft und deckt sich ferner inhaltlich mit § 15 Abs. 1 SektVO zum Verhandlungsverfahren mit vorherigem Teilnahmewettbewerb. Wesentlicher Rege-

---

VgK-40/2012, BeckRS 2013, 01458; Schneider, in: Kapellmann/Messerschmidt, VOB-Kommentar, Teil A/B, 5. Aufl. 2015, VOB A § 3 EG Rn. 30, m.w.N.

26 Vgl. grundlegend zu den Voraussetzungen EuGH, Urt. v. 24.11.2005 – C-331/04 – ATI La Linea, NZBau 2006, 193 (195 f.) M.w.N.; OLG Düsseldorf, Beschl. v. 19.06.2013 – VII-Verg 8/13, ZfBR 2014, 85.

27 Vgl. dazu auch VK Münster, Beschl. v. 02.10.2014 – VK 13/14, NZBau 2014, 721 (726 f.); OLG Celle, Beschl. v. 16.05.2013 – 13 Verg 13/12, NZBau 2013, 795.

28 Vgl. OLG Celle, Beschl. v. 16.05.2013 – 13 Verg 13/12, NZBau 2013, 795 (796); OLG Düsseldorf, Beschl. v. 19.06.2013 – VII-Verg 8/13, ZfBR 2014, 85; VK Münster, Beschl. v. 02.10.2014 – VK 13/14, NZBau 2014, 721 (726 f.); Schneider, in: Handbuch des Vergaberechts, 2014, § 11 Rn. 29a.

29 Vgl. Heiermann, ZfBR 2005, 766 (771).

30 Vgl. VK Münster, Beschl. v. 02.10.2014 – VK 13/14, NZBau 2014, 721 (726 f.).

31 Vgl. Schneider, in: Kapellmann/Messerschmidt, VOB, TEIL A/B, 5. Aufl. 2015, VOB A § 3 EG Rn. 31.

lungsgehalt ist, dass im Teilnahmewettbewerb **jedes interessierte Unternehmen** einen Teilnahmeantrag abgeben kann. Unterschiede im Ablauf gibt es dabei weder zum nicht offenen Verfahren und Verhandlungsverfahren mit vorherigem Teilnahmewettbewerb noch zur Innovationspartnerschaft. Insofern kann auf die dortige Kommentierung verwiesen werden.

3. Frist

Die Frist für den Eingang der Teilnahmeanträge beträgt, wie auch bei den anderen mehr-   22
stufigen Verfahrensarten, nach § 17 Abs. 3 SektVO mindestens 30 Tage. Auch nach Fristverkürzung – gegebenenfalls wegen Dringlichkeit – darf die Frist keinesfalls weniger als 15 Tage betragen. Für die in der SektVO neue Verfahrensart des Wettbewerblichen Dialogs wird damit ebenfalls die Verkürzung der regulären Teilnahmefrist von 37 auf 30 Tage umgesetzt, wie sie sich auch in § 15 Abs. 2 und § 18 Abs. 2 SektVO findet.

4. Beschränkung der Zahl der Unternehmen

Wie bei anderen mehrstufigen Verfahrensarten kann gem. § 17 Abs. 4 SektVO auch   23
bei dem Wettbewerblichen Dialog gemäß § 45 Abs. 3 SektVO die Zahl der Unternehmen beschränkt werden, welche zur Abgabe von Angeboten aufgefordert werden. Besonders werden beim Wettbewerblichen Dialog wie bei Innovationspartnerschaften jedoch Auswahl- bzw. Eignungskriterien im Vordergrund stehen, welche die Leistungsfähigkeit und Fachkunde der Unternehmen zur Bearbeitung komplexer und anspruchsvoller Projekte betreffen. Im Übrigen kann auf die entsprechenden Kommentierungen zum Teilnahmewettbewerb beim nicht offenen Verfahren und Verhandlungsverfahren mit vorherigem Teilnahmewettbewerb und der §§ 45 ff. SektVO zu den Anforderungen an die Unternehmen (Eignung) verwiesen werden.

5. Auswahlentscheidung

Im Anschluss an die Einreichung der Teilnahmeanträge trifft der Auftraggeber auf   24
Grundlage der bekanntgemachten Kriterien seine Entscheidung, mit welchen Bewerbern er in den Wettbewerblichen Dialog eintreten möchte. Denn nach § 17 Abs. 4 SektVO können nur diejenigen Unternehmen am Dialog teilnehmen, die vom Auftraggeber nach Prüfung der übermittelten Informationen dazu aufgefordert werden. Maßgebliches Kriterium für diese Auswahlentscheidung des Auftraggebers ist die **Eignung der Bewerber.** Nach § 17 Abs. 2 Satz 3 SektVO dienen die von den Bewerbern übersandten Informationen zur Prüfung ihrer Eignung. Die Eignungsprüfung unterliegt allgemeinen vergaberechtlichen Grundsätzen. Daher hat sie transparent und diskriminierungsfrei zu erfolgen. Die Prüfung der Eignung der Bewerber erfolgt an den zuvor in der Auftragsbekanntmachung festgelegten Kriterien.[32]

Nach Auswahl der Bewerber, mit denen der Wettbewerbliche Dialog geführt werden   25
soll, fordert der Auftraggeber diese Bieter zum Dialog auf. Formale und inhaltliche Vor-

---

32 Vgl. oben unter D.I.1.

gaben wie diese Aufforderung auszusehen hat, enthält die Sektorenverordnung nicht. Jedoch wird aus Dokumentationsgründen eine schriftliche Aufforderung und aus Gründen der Transparenz und Gleichbehandlung eine inhaltsgleiche Aufforderung an alle ausgewählten Bewerber geboten sein. Obwohl die Regelung des § 17 SektVO keine inhaltlichen Anforderungen an das Aufforderungsschreiben enthält, sollten bestimmte Angaben enthalten sein:

– Hinweis auf die veröffentlichte Bekanntmachung,
– Informationen zu Beginn und Dauer der Dialogphase sowie Ort der Dialoggespräche,
– Benennung der beizufügenden Unterlagen und Erklärungen,
– Benennung oder Hinweis auf die Zuschlagskriterien bzw. deren Gewichtung, ggfls. etwaige Präzisierungen oder Unterkriterien der bereits bekanntgemachten Zuschlagskriterien.[33]

26 Nicht erfolgreichen Bewerbern sind nach § 56 Abs. 2 Nr. 1 SektVO auf Antrag unverzüglich, spätestens jedoch innerhalb von 15 Tagen die Gründe für die Ablehnung ihres Teilnahmeantrages mitzuteilen. Aus Gründen der Transparenz sollte die Auswahlentscheidung in dieser Phase des Wettbewerblichen Dialogs bereits dokumentiert und begründet werden. Das gleiche gilt für eine etwaige Präzisierung der Zuschlagskriterien.

II. Durchführung des Wettbewerblichen Dialogs – Dialogphase

27 Wie bei den anderen mehrstufigen Verfahrensarten – mit Ausnahme des nicht offenen Verfahrens – schließt sich an den Teilnahmewettbewerb und die Auswahl der Bewerber eine Phase der Verhandlung an. Der Auftraggeber kann entweder mit mehreren Unternehmen verhandeln und dabei mehrere Lösungen erarbeiten. Dies stellt den Grundfall des Wettbewerblichen Dialogs dar. Alternativ kann der Auftraggeber den Dialog in mehreren aufeinander folgenden Phasen abwickeln. Dabei können zum Ende jeder Phase einzelne Lösungen oder Bieter ausscheiden.[34]

Dieses Verfahrensstadium beginnt beim Wettbewerblichen Dialog nach § 17 Abs. 5 SektVO mit der Einleitung der Dialogphase. Die Dialogphase stellt den Schwerpunkt des Verfahrens dar und dient der Findung von Lösungen, die den Bedürfnissen und Anforderungen des Auftraggebers entsprechen.

1. Ziel des Dialogs

28 Nach § 17 Abs. 5 SektVO eröffnet der Auftraggeber mit den ausgewählten Unternehmen einen Dialog, in dem er ermittelt und festlegt, wie seine »Bedürfnisse und Anforderungen« am besten erfüllt werden können. Dabei kann der Auftraggeber mit den ausgewählten Unternehmen alle Aspekte des Auftrags erörtern. So ermitteln Auftraggeber und die ausgewählten Unternehmen im Dialog die Informationen, die zur Erstellung einer finalen Leistungsbeschreibung erforderlich sind. Hierbei ist es gewünscht, dass

---

33 Vgl. Schneider, in: Kapellmann/Messerschmidt, VOB-Kommentar, Teil A/B, 5. Aufl. 2015, VOB A § 3 EG Rn. 40.
34 Vgl. OLG Brandenburg, Beschl. v. 07.05.2009 – Verg W 6/09, NZBau 2009, 734 (735).

die Anregungen der ausgewählten Unternehmen dabei helfen, den Beschaffungsgegenstand zu modifizieren und zu präzisieren. Dabei ist zu beachten, dass der Auftraggeber nur an die grundlegenden Elemente des Leistungsgegenstandes gebunden ist.[35] Dabei dürfen jedoch bekanntgemachte Mindestanforderungen oder Zuschlagskriterien nicht geändert werden.[36]. Eine Präzisierung oder Veränderung der Gewichtung der Zuschlagskriterien ist hingegen unter den bereits dargestellten Voraussetzungen zulässig[37]

Nach § 17 Abs. 5 Satz 2 kann der Auftraggeber mit den ausgewählten Unternehmen alle Aspekte des Auftrags erörtern. Hierunter sind tatsächlich alle Aspekte des Auftrags zu verstehen; dies sind neben der Diskussion von verschiedenen Lösungsansätzen alle denkbaren wirtschaftlichen oder rechtlichen Aspekte.

Am Ende des Dialogs muss der Auftraggeber in der Lage sein, eine endgültige Leistungsbeschreibung und eine Bewertungsmatrix festzulegen.

2. Ablauf des Dialogs

Dem Auftraggeber steht bei der Strukturierung der Dialogphase mangels konkreter gesetzlicher Vorgaben eine weitreichende Gestaltungsfreiheit zu und er ist grundsätzlich befugt, den Dialog nach eigenem Ermessen zu gestalten.[38] Gegenstand des Dialogs können alle Einzelheiten des Auftrags sein.[39]   **29**

Der Auftraggeber hat nach § 17 Abs. 5 Satz 3, 1. Hs. SektVO dafür Sorge zu tragen, dass alle Unternehmen bei dem Dialog gleichbehandelt werden. Hieraus ergibt sich, dass sämtliche Bewerber über den vorgesehenen **Ablauf der Dialogphase** informiert werden.[40] Auch kann der Sektorenauftraggeber daher nicht von den zuvor bekanntgemachten eigenen Vorgaben abweichen. Allen Bietern müssen grundsätzlich die **gleichen Chancen zur Erörterung ihrer Lösungsvorschläge** eingeräumt werden.[41] Jedoch kann es bei der Durchführung des Dialogs dazu kommen, dass mit verschiedenen Bewerbern in unterschiedlicher Intensität Gespräche geführt werden. Diese Ungleichbe-   **30**

---

35 Vgl. Schneider, in: Kapellmann/Messerschmidt, VOB-Kommentar, Teil A/B, 5. Aufl. 2015, VOB A § 3 EG Rn. 42; Dieckmann, in: Dieckmann/Scharf/Wagner-Cardenal, VOL/A, 1. Aufl. 2013, § 3 EG VOL/A Rn. 100.

36 Vgl. Europäische Kommission, Erläuterungen Wettbewerblicher Dialog – Klassische Richtlinie, S. 4.

37 Vgl. oben unter I.1.d.

38 Vgl. Schneider, in: Kapellmann/Messerschmidt, VOB-Kommentar, Teil A/B, 5. Aufl. 2015, VOB A § 3 EG Rn. 46; Dieckmann, in: Dieckmann/Scharf/Wagner-Cardenal, VOL/A, 1. Aufl. 2013, § 3 EG VOL/A Rn. 100; Antweiler, in: Ziekow/Völlink, Vergaberecht, 2. Aufl. 2013, § 101 GWB Rn. 25 m.w.N; Schröder, NZBau 2007, 216 (222); Heiermann, ZfBR 2005, 766 (773).

39 Vgl. Gnittke/Hattig, in: Müller-Wrede, VOL/A, § 10 EG Rn. 21; Schneider, in: Handbuch des Vergaberechts, 2014, § 11 Rn. 33; Heiermann, ZfBR 2005, 766 (773).

40 Vgl. Pünder, in: Pünder/Schellenberg, Vergaberecht, 2. Aufl. 2015, § 101 GWB Rn. 63, Dieckmann, in: Dieckmann/Scharf/Wagner-Cardenal, VOL/A, 2013, § 3 EG VOL/A Rn. 105.

41 Vgl. Schneider, in: Handbuch des Vergaberechts, 2014, § 11 Rn. 38.

handlungen sind nur dann gerechtfertigt, wenn sich dieses unterschiedliche Dialogbedürfnis aus den unterschiedlichen Lösungsansätzen ergibt.[42]

31 Der Auftraggeber darf Lösungsvorschläge oder vertrauliche Informationen eines Unternehmens nach § 17 Abs. 5 Satz 3 SektVO nicht ohne dessen Zustimmung an die anderen Unternehmen weitergeben. Ferner darf er diese Lösungsvorschläge oder vertraulichen Informationen nur im Rahmen dieses jeweiligen Vergabeverfahrens verwenden. Hieraus ergibt sich, dass die Dialoggespräche grundsätzlich jeweils mit nur einem Bewerber allein geführt werden können. Die Bündelung von Dialoggesprächen ist nur möglich, sofern alle Teilnehmer an dem Wettbewerblichen Dialog zustimmen bzw. dies bereits in der Bekanntmachung oder den Vergabeunterlagen vorgesehen war und alle Teilnehmer bei der Durchführung des Gesprächs anwesend sind.[43] Dies ergibt sich zum einen aus dem Zustimmungserfordernis des § 17 Abs. 5 Satz 3 aber auch aus dem Gleichbehandlungsgrundsatz. Hierzu dürften die Unternehmen in der Regel aber nicht bereit sein, da sie sonst wettbewerbsentscheidende Informationen preisgeben würden und so gegebenenfalls der Konkurrenz einen Vorteil verschaffen würden.

32 Zur Einleitung des Dialogs kann es sich anbieten, ein sog.»Kick-Off«-Treffen zu veranstalten, in dem der Auftraggeber das Projekt vorstellen kann und die ersten Fragen beantwortet werden können.[44] Alternativ kann der Auftraggeber auch die ausgewählten Unternehmen zur Abgabe von ersten Lösungsvorschlägen oder indikativen Angeboten auffordern. Auf Grundlage dieser Lösungsvorschläge bzw. indikativen Angeboten kann der Dialog geführt werden, um die Bedürfnisse des Auftraggebers weiter zu identifizieren und die Angebote der Bewerber weiter zu präzisieren.

3. Ablauf des Dialogs in Phasen und Verringerung der Bieterzahl

33 Alternativ zum dem Grundfall des Wettbewerblichen Dialogs kann der Auftraggeber nach seinem Ermessen gemäß § 17 Abs. 6 SektVO vorsehen, dass der Dialog in verschiedenen aufeinanderfolgenden Phasen geführt wird. In jeder Dialogphase kann die Zahl der zu erörternden Lösungen anhand der vorgegebenen Zuschlagskriterien weiter verringert werden. Hierauf hat der Auftraggeber in der Auftragsbekanntmachung oder in den Vergabeunterlagen hinzuweisen.

34 Die Ausschlussentscheidungen des Auftraggebers sind sorgfältig zu dokumentieren und zu begründen. Ferner hat der Auftraggeber die Unternehmen nach § 17 Abs. 6 Satz 3 SektVO zu informieren, wenn ihre Lösungen nicht für die folgende Dialogphase vorgesehen sind.[45] Nach § 17 Abs. 7 schließt der Auftraggeber den Dialog ab, wenn er die Lösungen ermittelt hat, mit denen die Bedürfnisse und Anforderungen an die zu beschaffende Leistung befriedigt werden können. Die im Verfahren verbliebenen Teilnehmer sind über den Abschluss der Dialogphase zu informieren. Sie werden aufgefor-

---

42 Vgl. Pünder, in: Pünder/Schellenberg, Vergaberecht, 2. Aufl. 2015, § 101 GWB Rn. 63.
43 Vgl. dazu auch Schneider, in: Handbuch des Vergaberechts, 2014, § 11 Rn. 60 ff.
44 Vgl. Schneider, in: Handbuch des Vergaberechts, 2014, § 11 Rn. 32; Schröder, NZBau 2007, 216 (222); Heiermann, ZfBR 2005, 766 (774).
45 Vgl. dazu auch Schröder, NZBau 2007, 216 (222).

dert, ein endgültiges Angebot vorzulegen. Dabei bezieht sich die Reduktion auf das jeweilige Angebot und nicht auf den jeweiligen Bieter.[46]

Die Entscheidung über das Ausscheiden eines Angebots hat anhand der bekanntgemachten Zuschlagskriterien zu erfolgen. Ebenso muss der Auftraggeber auf die Möglichkeit, die Zahl der Lösungen, über die verhandelt wird, sukzessive zu reduzieren, in der Bekanntmachung oder spätestens in den Vergabeunterlagen hinweisen. Der Auftraggeber hat die innerhalb der Dialogphase ausscheidenden Bieter auf Antrag nach § 56 Abs. 2 Nr. 2 SektVO über die Gründe ihres Ausscheidens zu unterrichten. Bei der sukzessiven Verringerung der Bieterzahl hat der Auftraggeber jedoch nach § 17 Abs. 6 Satz 4 SektVO darauf zu achten, dass in der Schlussphase des Dialogs noch so viele Lösungen vorliegen, dass ein echter Wettbewerb gewährleistet ist, sofern ursprünglich eine ausreichende Anzahl von Lösungen oder geeigneten Bietern vorhanden war.

4. Besondere Verfahrensgrundsätze

Der § 17 Abs. 5 Satz 3 SektVO sichert die Grundsätze der Gleichbehandlung und der   35
Vertraulichkeit der Information im Rahmen des Wettbewerblichen Dialogs.[47] Er bestimmt, dass der Auftraggeber dafür Sorge zu tragen hat, dass alle Unternehmen im Dialog gleichbehandelt werden und dass Lösungsvorschläge und vertrauliche Informationen eines Unternehmens nicht ohne dessen ausdrückliche Zustimmung weitergegeben werden dürfen.

a) Gleichbehandlung

Welche konkreten Maßnahmen sich aus dem Grundsatz der Gleichbehandlung ergeben, richtet sich nach der jeweiligen Vergabeart und nach den konkreten Umständen des Einzelfalls.[48] Im Wettbewerblichen Dialog sind hiervon neben regelmäßigen Informationen über Fragen im Verfahren auch die Mitteilung von veränderten Bedingungen oder Wertungsmaßstäben sowie die Einräumung von angemessenen Fristen[49] umfasst, die für alle (verbliebenen) Bieter gleich sein müssen.[50]   36

Diese Informationen sind allen Bewerbern zeit- und inhaltsgleich zur Verfügung zu stellen.[51] Der Grundsatz der Gleichbehandlung erfordert auch eine gleich intensive Gesprächsführung mit allen Bietern.[52] Unterschiedlich intensive Gespräche können nur

---

46 Vgl. Dieckmann, in: Dieckmann/Scharf/Wagner-Cardenal, VOL/A, 2013, § 3 EG VOL/A
    Rn. 105.
47 Vgl. Verordnung zur Modernisierung des Vergaberechts (Vergaberechtsmodernisierungsverordnung – VergRModV), BR-Drs. 87/16 vom 29.02.2016, S. 240.
48 Vgl. OLG Brandenburg, Beschl. v. 07.05.2009 – Verg W 6/09, NZBau 2009, 734 (735).
49 Vgl. OLG Brandenburg, Beschl. v. 07.05.2009 – Verg W 6/09, NZBau 2009, 734 (735); Antweiler, in: Ziekow/Völlink, Vergaberecht, 2. Aufl. 2013, § 101 GWB Rn. 25.
50 Vgl. Kaelble/Müller-Wrede, in: Müller-Wrede, VOL/A, § 3 EG, Rn. 266.
51 Vgl. Scheider, in: Kapellmann/Messerschmidt, VOB-Kommentar, Teil A/B, 5. Aufl. 2015,
    VOB/A § 3 EG, Rn. 53.
52 So auch Pünder, in: Pünder/Schellenberg, Vergaberecht, § 101 GWB, Rn. 63; Scheider, in:

gerechtfertigt werden, wenn unterschiedliche Dialogbedürfnisse aufgrund unterschiedlicher Lösungsansätze bestehen. Wegen der allgemeinen Dokumentationspflicht sind solche Ungleichbehandlungen zu dokumentieren und zu begründen.

b) Vertraulichkeit

37 Da es im Rahmen eines Wettbewerblichen Dialogs um die Vorstellung und Weiterentwicklung verschiedener Lösungsansätze geht, betrifft der Wettbewerbliche Dialog vertrauliche Informationen, bei deren Bekanntwerden die Konkurrenz einen Vorteil erlangen könnte. Daher wird über § 17 Abs. 5 S. 3, 2. HS SektVO eine besondere Vertraulichkeit dieser Informationen angeordnet. Hieraus ergibt sich, dass die einzelnen Gespräche in der Dialogphase nur allein zwischen dem Auftraggeber und dem jeweiligen Bieter geführt werden. Gemäß § 17 Abs. 5 S. 3, 2. HS SektVO darf ein Auftraggeber vertrauliche Informationen eines Bieters nur weitergeben, wenn dieser hierzu seine Zustimmung erteilt hat. Diese Zustimmung darf jedoch nur die Weitergabe bestimmter Informationen betreffen. So können die Bieter entscheiden, ob für sie die Weitergabe von Informationen akzeptabel und ggf. sogar zweckdienlich ist. So sind grundsätzlich auch Gesprächsrunden aller Bieter zulässig.[53] Dies gilt nur insoweit alle (verbleibenden) Bieter einem gemeinsamen Gespräch zugestimmt haben[54] und an diesem gemeinsamen Gespräch auch alle verbleibenden Bieter teilnehmen.

III. Angebotsphase

1. Abgabe (endgültiger) Angebote

38 Nach Abschluss des Dialogs fordert der Auftraggeber die Unternehmen auf, auf der Grundlage der eingereichten und in der Dialogphase näher ausgeführten Lösungen ihr endgültiges Angebot vorzulegen. Dabei sind verschiedene Konstellationen denkbar. Sofern ein Bieter in der Dialogphase mehrere Lösungsmöglichkeiten erarbeitet hat, jedoch nur ein Lösungsvorschlag die Bedürfnisse des Auftraggebers erfüllt, hat der Auftraggeber zur Angebotsabgabe auf Grundlage dieses Lösungsvorschlags aufzufordern. Hat ein Bieter mehrere Lösungsvorschläge erarbeitet, die den Bedürfnissen des Auftraggebers entsprechen, so hat der Auftraggeber diese zu benennen und ggfls. zur Abgabe mehrerer Angebote aufzufordern.[55]

39 Für die Abgabe der (endgültigen) Angebote setzt der Auftraggeber eine angemessene Frist.[56] Die vergaberechtlichen Grundsätze verlangen, dass die Angebotsaufforderung schriftlich und allen Bietern gegenüber gleich erfolgt. Dabei kann es hilfreich und zielführend sein, dass der Auftraggeber seine Vergabeunterlagen entsprechend der aus dem

---

Kapellmann/Messerschmidt, VOB-Kommentar, Teil A/B, 5. Aufl. 2015, VOB/A § 3 EG, Rn. 53; Kaelble/Müller-Wrede, in: Müller-Wrede, VOL/A, § 3 EG, Rn. 266.

53 Schneider, in: Handbuch des Vergaberechts, 2014, § 11 Rn. 60 ff.

54 Gnittke/Hattig, in: Müller-Wrede, VOL/A, § 10 EG Rn. 21.

55 Vgl. Schneider, in: Kapellmann/Messerschmidt, VOB-Kommentar, Teil A/B, 5. Aufl. 2015, VOB A § 3 EG Rn. 57, Schröder, NZBau 2007, 216 (223).

56 Vgl. Schröder, NZBau 2007, 216 (223).

Dialog gewonnenen Erkenntnisse fortschreibt und so sicherstellt, dass alle Bieter zur Abgabe des (endgültigen) Angebots auf dem gleichen Kenntnisstand sind. Eine Verpflichtung hierzu besteht hingegen nicht.[57] Alternativ kann der Auftraggeber auch auf den Stand des Dialogs verweisen, solange sichergestellt wird, dass alle Bieter Zugang zu den gleichen grundlegenden und verfahrensmaßgeblichen Informationen haben.

Die Angebote müssen gem. § 17 Abs. 8 S. 2 SektVO alle Einzelheiten enthalten, die zur Ausführung des Projekts erforderlich sind.[58] Damit müssen auch diese Angebote die allgemeinen Anforderungen an Vollständigkeit und Eindeutigkeit gem. § 51 SektVO erfüllen. Auf die dortige Kommentierung kann verwiesen werden.

Auch in der Sektorenverordnung wird die allgemeine Entwicklung durch die Vergaberechtsnovelle deutlich, im Sinne des Erfolgs des Vergabeverfahrens weitergehende Aufklärungen des Angebots betreiben zu dürfen. Dem Auftraggeber ist es nach § 17 Abs. 8 Satz 3 SektVO gestattet, nach Abschluss der Dialogphase über das Angebot, das den Zuschlag erhalten soll (und nur über dieses eine Angebot) mit dem Unternehmen zu verhandeln, um finanzielle Zusagen oder andere Auftragsbedingungen abschließend festzulegen.[59] Hiervon unberührt ist die Möglichkeit des Auftraggebers nach § 51 SektVO fehlende oder unvollständige Unterlagen nachzufordern. Aus dem vergaberechtlichen Grundsatz der Gleichbehandlung ergibt sich ferner, dass, sofern sich der Auftraggeber zur Nachforderung entscheiden sollte, er diese Möglichkeit gleichermaßen für alle Bieter eröffnen muss. 40

Jedoch dürfen diese Klarstellungen oder Ergänzungen nicht zu unzulässigen Nachverhandlungen führen.[60] Ein Verstoß gegen das Nachverhandlungsverbot liegt vor, wenn wesentliche Bestandteile des Angebots oder des öffentlichen Auftrags einschließlich der in der Auftragsbekanntmachung oder in den Vergabeunterlagen festgelegten Bedürfnisse und Anforderungen grundlegend geändert werden. Eine Abänderung wesentlicher Teile des Angebots darf zur Wahrung der vergaberechtlichen Grundsätze der Gleichbehandlung und Nichtdiskriminierung nicht erfolgen.[61] Ferner darf dadurch nicht der Wettbewerb verzerrt werden oder andere am Verfahren beteiligte Unternehmen diskriminiert werden. 41

Eine Vorgabe zur Einhaltung einer bestimmten Angebotsfrist enthält § 17 SektVO nicht. Jedoch bestimmt § 16 Abs. 1 SektVO, dass bei der Bemessung der Angebotsfrist die Komplexität der Leistung und die Zeit, die für die Ausarbeitung der Angebote erforderlich ist, zu berücksichtigen sind. Danach hat der Auftraggeber eine im Verhältnis

---

57 Vgl. Scheider, in: Kapellmann/Messerschmidt, VOB-Kommentar, Teil A/B, 5. Aufl. 2015, VOB/A § 3 EG, Rn. 57; Schröder, NZBau 2007, 216 (223).
58 Vgl. Heiermann, ZfBR 2005, 766 (775).
59 Vgl. Verordnung zur Modernisierung des Vergaberechts (Vergaberechtsmodernisierungsverordnung – VergRModV), BR-Drs. 87/16 vom 29.02.2016, S. 241.
60 Vgl. zur früheren Rechtslage Heiermann, ZfBR 2005, 766 (775).
61 Vgl. Verordnung zur Modernisierung des Vergaberechts (Vergaberechtsmodernisierungsverordnung – VergRModV), BR-Drs. 87/16 vom 29.02.2016, S. 241.

zum Auftrag angemessene Frist zu bestimmen. Der Gleichbehandlungsgrundsatz erfordert, dass eine einheitliche Frist gesetzt wird, die allen Unternehmen gleichermaßen die Möglichkeit eröffnet, ein Angebot abgeben zu können.[62]

2. Wertung der Angebote

42 Der Auftraggeber hat die Angebote anhand der in der Auftragsbekanntmachung oder in den Vergabeunterlagen festgelegten Zuschlagskriterien zu bewerten. Dabei hat der Auftraggeber gemäß § 52 Abs. 1 SektVO i.V.m. § 127 GWB n.F. das wirtschaftlichste Angebot auszuwählen. Es gelten dabei die allgemeinen Grundsätze nach §§ 51 ff. SektVO. Auf die dortige Kommentierung kann verwiesen werden.

43 Der Auftraggeber kann nach § 17 Abs. 9 Satz 2 SektVO mit dem Unternehmen, dessen Angebot als das wirtschaftlichste ermittelt wurde, mit dem Ziel Verhandlungen führen, im Angebot enthaltene finanzielle Zusagen oder andere Bedingungen zu bestätigen, die in den Auftragsbedingungen abschließend festgelegt werden. Dies ist jedoch nur zulässig, wenn wesentliche Bestandteile des Angebots oder des öffentlichen Auftrags einschließlich der in der Auftragsbekanntmachung oder den Vergabeunterlagen festgelegten Bedürfnisse und Anforderungen nicht grundlegend geändert werden, der Wettbewerb verzerrt wird oder andere am Verfahren beteiligte Unternehmen diskriminiert werden. Als wesentliche Bestandteile eines Angebots sind insbesondere die zentralen wirtschaftlichen Parameter eines Angebots zu zählen.[63] Der Rahmen in dem Verhandlungen mit dem Bieter geführt werden dürfen, ist folglich als relativ eng anzusehen. Die Verhandlungen sind nur für die Bestätigung von finanziellen Zusagen und Bedingungen zulässig, die bereits im Angebot enthalten sind. Dies sind typischerweise Bestätigungen von Banken oder Versicherungen. Preisverhandlungen sind auch hier unzulässig.[64]

44 Erscheint ein Angebot ungewöhnlich niedrig, hat der Auftraggeber vom Bieter Aufklärung nach § 54 Abs. 1 SektVO zu verlangen. Ist diese Aufklärung nicht zufriedenstellend, kann der Auftraggeber das Angebot nach § 54 Abs. 3 Satz 1 SektVO ablehnen.

3. Zuschlagserteilung und weitergehende Pflichten

45 Der Wettbewerbliche Dialog wird durch Zuschlag beendet. Der Zuschlag ist nach § 51 Abs. 1 SektVO nach Maßgabe des § 127 GWB n.F. auf das wirtschaftlichste Angebot zu erteilen. Die Ermittlung des wirtschaftlichsten Angebots erfolgt nach § 51 Abs. 2 SektVO auf Grundlage des besten Preis-Leistungs-Verhältnisses. Dabei sind die bekanntgemachten und ggfls. in der Dialogphase präzisierten Zuschlagskriterien zu berücksichtigen.

46 Nach § 56 Abs. 1 SektVO hat der Auftraggeber den Bietern unverzüglich seine Entscheidung mitzuteilen. Dabei hat der Auftraggeber nach § 56 Abs. 2 Nr. 2 SektVO auf Antrag des Bieters unverzüglich, spätestens jedoch innerhalb von 15 Tagen nach

---

62 Vgl. Pünder, in: Pünder/Schellenberg Vergaberecht, 2. Aufl. 2015, § 101 GWB, Rn. 67.
63 Vgl. Pünder, in: Pünder/Schellenberg, Vergaberecht, 2. Aufl. 2015, § 101 GWB, Rn. 69.
64 Vgl. Pünder, in: Pünder/Schellenberg, Vergaberecht, 2. Aufl. 2015, § 101 GWB, Rn. 69; Heiermann, ZfBR 2005, 766 (776); Schenke/Klimpel, DVBl. 2006, 1492 (1495).

Eingang des Antrags in Textform jeden nicht erfolgreichen Bieter über die Ablehnung seines Angebots und nach § 56 Abs. 2 Nr. 3 SektVO jeden Bieter über die Merkmale und Vorteile des erfolgreichen Angebots sowie den Namen des erfolgreichen Bieter zu unterrichten. Auf die dortige Kommentierung wird verwiesen. Die Informations- und Wartepflicht gem. § 134 GWB n.F. bleibt hiervon unberührt.

IV. Kostenerstattung

Nach § 17 Abs. 10 SektVO kann der Auftraggeber nach seinem Ermessen Prämien   47
oder Zahlungen an die Teilnehmer am Dialog vorsehen. Diese Regelung erfolgt in Umsetzung des Artikels 48 Absatz 8 der Richtlinie 2014/25/EU.[65] Die Gewährung einer angemessenen Kostenerstattung soll die für die Teilnehmer bei der Erstellung von Lösungsvorschlägen entstehenden Kosten reduzieren und damit die Teilnahme am Wettbewerblichen Dialog attraktiver machen.[66] Die Angebotserstellung und die Teilnahme an dem wettbewerblichen Dialog sind in der Regel für die Bewerber und Bieter zeit- und kostenintensiv. Daher muss grundsätzlich jeder Bieter für sich entscheiden, ob eine Teilnahme an einem Vergabeverfahren lohnend ist und er das (finanzielle) Risiko des Unterliegens tragen kann.[67] Die Teilnahme an einem Vergabeverfahren steht unter dem Grundsatz der Unentgeltlichkeit.[68] Die Möglichkeit, eine angemessene Kostenerstattung für den Aufwand für die Teilnahme an den Wettbewerblichen Dialog zu gewähren, erhöht die Attraktivität zu Teilnahme und fördert so den Wettbewerb.

Nach dem Willen des Verordnungsgebers ist auch in diesem Verfahrensabschnitt der   48
Grundsatz der Gleichbehandlung zu beachten.[69] Daher ist für alle Bewerber und Bieter eine einheitliche Kostenerstattung vorzusehen. Alle unterlegenen Bewerber und Bieter erhalten danach eine gleiche Kostenerstattung und nicht eine Erstattung ihrer individuellen tatsächlichen Kosten.[70] Auch gewährt der Auftraggeber eine Aufwandsentschädigung ohne Gewinnanteil und keine Vergütung.[71] Der obsiegende Bieter dürfte

---

65 Vgl. amtliche Begründung zu § 17 Abs. 10 SektVO, Verordnung zur Modernisierung des Vergaberechts.(Vergaberechtsmodernisierungsverordnung – VergRModV), BR-Drs. 87/16 vom 29.02.2016, S. 241.
66 Vgl. amtliche Begründung zu § 17 Abs. 10 SektVO, Verordnung zur Modernisierung des Vergaberechts.(Vergaberechtsmodernisierungsverordnung – VergRModV), BR-Drs. 87/16 vom 29.02.2016, S. 241.
67 Vgl. dazu auch OLG Düsseldorf, Urt. v. 30.1.2003 – I-5 U 13/02, NZBau 2003, 459 (460).
68 Vgl. Schröder, NZBau 2007, 216 (224).
69 Vgl. amtliche Begründung zu § 17 Abs. 10 SektVO, Verordnung zur Modernisierung des Vergaberechts.(Vergaberechtsmodernisierungsverordnung – VergRModV), BR-Drs. 87/16 vom 29.02.2016, S. 241.
70 Scheider, in: Kapellmann/Messerschmidt, VOB-Kommentar, Teil A/B, 5. Aufl. 2015, VOB A § 3 EG, Rn. 66; Pünder, in: Pünder/Schellenberg, Vergaberecht, Vergaberecht, 2. Aufl. 2015, § 101 GWB, Rn. 68 m.w.N.
71 Vgl. amtliche Begründung zu § 17 Abs. 10 SektVO, Verordnung zur Modernisierung des Vergaberechts.(Vergaberechtsmodernisierungsverordnung – VergRModV), BR-Drs. 87/16 vom 29.02.2016, S. 241; Dieckmann, in: Dieckmann/Scharf/Wagner-Cardenal, VOL/A, 1. Aufl. 2013, § 3 EG VOL/A Rn. 111.

hingegen keine Kostenerstattung erhalten, da er seine Vergütung aus dem Auftrag erhält.[72]

49 Die Regelung zur Prämienzahlung oder dem Vorsehen von anderen Zahlungen für die Teilnehmer an dem Wettbewerblichen Dialog ist offen gefasst und sieht keine Beschränkung auf bestimmte Vorgänge oder Unterlagen vor.

§ 18 SektVO   Innovationspartnerschaft

(1) Der Auftraggeber kann für die Vergabe eines Auftrags eine Innovationspartnerschaft mit dem Ziel der Entwicklung einer innovativen Leistung und deren anschließenden Erwerb eingehen. Der Beschaffungsbedarf, der der Innovationspartnerschaft zugrunde liegt, darf nicht durch auf dem Markt bereits verfügbare Leistungen befriedigt werden können. Der Auftraggeber beschreibt in der Auftragsbekanntmachung, der Bekanntmachung über das Bestehen eines Qualifizierungssystems oder den Vergabeunterlagen die Nachfrage nach der innovativen Leistung. Dabei ist anzugeben, welche Elemente dieser Beschreibung Mindestanforderungen darstellen. Es sind Eignungskriterien vorzugeben, die die Fähigkeiten der Unternehmen auf dem Gebiet der Forschung und Entwicklung sowie die Ausarbeitung und Umsetzung innovativer Lösungen betreffen. Die bereitgestellten Informationen müssen so genau sein, dass die Unternehmen Art und Umfang der geforderten Lösung erkennen und entscheiden können, ob sie eine Teilnahme an dem Verfahren beantragen.

(2) Der Auftraggeber fordert eine unbeschränkte Anzahl von Unternehmen im Rahmen eines Teilnahmewettbewerbs öffentlich zur Abgabe von Teilnahmeanträgen auf. Jedes interessierte Unternehmen kann einen Teilnahmeantrag abgeben. Mit dem Teilnahmeantrag übermitteln die Unternehmen die vom Auftraggeber geforderten Informationen für die Prüfung ihrer Eignung.

(3) Die Frist für den Eingang der Teilnahmeanträge beträgt mindestens 30 Tage, gerechnet ab dem Tag nach der Absendung der Bekanntmachung nach Absatz 1. Sie darf auf keinen Fall weniger als 15 Tage betragen.

(4) Nur diejenigen Unternehmen, die vom Auftraggeber infolge einer Bewertung der übermittelten Informationen dazu aufgefordert werden, können ein Angebot in Form von Forschungs- und Innovationsprojekten einreichen. Der Auftraggeber kann die Zahl geeigneter Bewerber, die zur Angebotsabgabe aufgefordert werden, gemäß § 45 Absatz 3 begrenzen.

(5) Der Auftraggeber verhandelt mit den Bietern über die von ihnen eingereichten Erstangebote und alle Folgeangebote, mit Ausnahme der endgültigen Angebote, mit dem Ziel, die Angebote inhaltlich zu verbessern. Dabei darf über den gesamten Auftragsinhalt verhandelt werden mit Ausnahme der vom Auftraggeber in den Vergabeunterlagen festgelegten Mindestanforderungen und Zuschlagskriterien. Sofern der

---

72 Vgl. Scheider, in: Kapellmann/Messerschmidt, VOB-Kommentar, Teil A/B, 5. Aufl. 2015, VOB A § 3 EG, Rn. 66.

Auftraggeber in der Auftragsbekanntmachung oder in den Vergabeunterlagen darauf hingewiesen hat, kann er die Verhandlungen in verschiedenen aufeinanderfolgenden Phasen abwickeln, um so die Zahl der Angebote, über die verhandelt wird, anhand der vorgegebenen Zuschlagskriterien zu verringern.

(6) Der Auftraggeber trägt dafür Sorge, dass alle Bieter bei den Verhandlungen gleichbehandelt werden. Insbesondere enthält er sich jeder diskriminierenden Weitergabe von Informationen, durch die bestimmte Bieter gegenüber anderen begünstigt werden könnten. Er unterrichtet alle Bieter, deren Angebote gemäß Absatz 5 nicht ausgeschieden wurden, in Textform nach § 126b des Bürgerlichen Gesetzbuchs über etwaige Änderungen der Anforderungen und sonstigen Informationen in den Vergabeunterlagen, die nicht die Festlegung der Mindestanforderungen betreffen. Im Anschluss an solche Änderungen gewährt der Auftraggeber den Bietern ausreichend Zeit, um ihre Angebote zu ändern und gegebenenfalls überarbeitete Angebote einzureichen. Der Auftraggeber darf vertrauliche Informationen eines an den Verhandlungen teilnehmenden Bieters nicht ohne dessen Zustimmung an die anderen Teilnehmer weitergeben. Eine solche Zustimmung darf nicht allgemein, sondern nur in Bezug auf die beabsichtigte Mitteilung bestimmter Informationen erteilt werden. Der Auftraggeber muss in den Vergabeunterlagen die zum Schutz des geistigen Eigentums geltenden Vorkehrungen festlegen.

(7) Die Innovationspartnerschaft wird durch Zuschlag auf Angebote eines oder mehrerer Bieter eingegangen. Eine Erteilung des Zuschlags allein auf der Grundlage des niedrigsten Preises oder der niedrigsten Kosten ist ausgeschlossen. Der Auftraggeber kann eine Innovationspartnerschaft mit einem Partner oder mit mehreren Partnern, die getrennte Forschungs- und Entwicklungstätigkeiten durchführen, eingehen.

(8) Die Innovationspartnerschaft wird entsprechend dem Forschungs- und Innovationsprozess in zwei aufeinanderfolgenden Phasen strukturiert:
1. einer Forschungs- und Entwicklungsphase, die die Herstellung von Prototypen oder die Entwicklung der Dienstleistung umfasst, und
2. einer Leistungsphase, in der die aus der Partnerschaft hervorgegangene Leistung erbracht wird.

Die Phasen sind durch die Festlegung von Zwischenzielen zu untergliedern, bei deren Erreichen die Zahlung der Vergütung in angemessenen Teilbeträgen vereinbart wird. Der Auftraggeber stellt sicher, dass die Struktur der Partnerschaft und insbesondere die Dauer und der Wert der einzelnen Phasen den Innovationsgrad der vorgeschlagenen Lösung und der Abfolge der Forschungs- und Innovationstätigkeiten widerspiegeln. Der geschätzte Wert der Liefer- oder Dienstleistung darf in Bezug auf die für ihre Entwicklung erforderlichen Investitionen nicht unverhältnismäßig sein.

(9) Auf der Grundlage der Zwischenziele kann der Auftraggeber am Ende jedes Entwicklungsabschnittes entscheiden, ob er die Innovationspartnerschaft beendet oder, im Fall einer Innovationspartnerschaft mit mehreren Partnern, die Zahl der Partner durch die Kündigung einzelner Verträge reduziert, sofern der Auftraggeber in der Bekanntmachung oder in den Vergabeunterlagen darauf hingewiesen hat, dass diese

Möglichkeiten bestehen und unter welchen Umständen davon Gebrauch gemacht werden kann.

(10) Nach Abschluss der Forschungs- und Entwicklungsphase ist der Auftraggeber zum anschließenden Erwerb der innovativen Liefer- oder Dienstleistung nur dann verpflichtet, wenn das bei Eingehung der Innovationspartnerschaft festgelegte Leistungsniveau und die Kostenobergrenze eingehalten werden.

Amtliche Begründung:

»§ 18 regelt das in § 119 Absatz 7 GWB definierte Verfahren der Innovationspartnerschaft. Die Innovationspartnerschaft wird mit Artikel 49 der Richtlinie 2014/25/EU neu eingeführt. Das Verfahren soll es den Auftraggebern ermöglichen, eine langfristige Innovationspartnerschaft für die Entwicklung und den anschließenden Erwerb neuer innovativer Geräte, Ausrüstungen, Waren, Dienst- und Bauleistungen zu begründen. Es wird dem Auftraggeber erstmals ermöglicht, im Rahmen eines einzigen Verfahrens – der Innovationspartnerschaft – sowohl die Entwicklung einer Innovation zu unterstützen und gleichzeitig auch den anschließenden Erwerb zu regeln, ohne erneut ausschreiben zu müssen. Dabei stützt sich die Innovationspartnerschaft im Kern auf die Verfahrensregeln, die für das Verhandlungsverfahren gelten. Unabhängig davon, ob es um sehr große Vorhaben oder kleinere innovative Vorhaben geht, sollte die Innovationspartnerschaft so strukturiert sein, dass sie die erforderliche Marktnachfrage bewirken kann, die die Entwicklung einer innovativen Lösung anstößt. Die Innovationspartnerschaft darf allerdings nicht dazu genutzt werden, um den Wettbewerb zu behindern, einzuschränken oder zu verfälschen. In bestimmten Fällen könnten solche Effekte durch die Gründung von Innovationspartnerschaften mit mehreren Partnern vermieden werden.

Zu Absatz 1

Absatz 1 Satz 1 regelt in Umsetzung des Artikels 49 Absatz 2 Unterabsatz 1 der Richtlinie 2014/25/EU das Ziel, das der Auftraggeber mit der Innovationspartnerschaft verfolgen muss: die Entwicklung einer innovativen Liefer-, Dienst- oder Bauleistung und deren anschließender Erwerb. Absatz 1 Satz 2 setzt Artikel 49 Absatz 1 Unterabsatz 2 der Richtlinie 2014/25/EU und stellt klar, dass die zu erwerbende Leistung am Markt noch nicht verfügbar sein darf; ansonsten wäre sie keine Innovation. Absatz 1 Satz 3 setzt Artikel 49 Absatz 1 Unterabsatz 2 der Richtlinie 2014/25/EU um. Die von allen Angeboten einzuhaltenden Mindestanforderungen sind die vom Auftraggeber festzulegenden (insbesondere physischen, funktionellen und rechtlichen) Bedingungen, die jedes Angebot erfüllen beziehungsweise aufweisen sollte, damit der Auftraggeber den Auftrag im Einklang mit dem gewählten Zuschlagskriterium vergeben kann.

Zu Absatz 2

Absatz 2 setzt Artikel 49 Absatz 1 Unterabsatz 1 der Richtlinie 2014/25/EU um. Auch bei der Innovationspartnerschaft ist zunächst ein Teilnahmewettbewerb durchzuführen.

Zu Absatz 3

Absatz 3 dient der Umsetzung des Artikels 49 Absatz 1 Unterabsatz 4 der Richtlinie 2014/25/EU und regelt die Frist für den Eingang der Teilnahmeanträge (Teilnahmefrist).

Zu Absatz 4

Wie beim nicht offenen Verfahren, beim Verhandlungsverfahren mit Teilnahmewettbewerb und beim wettbewerblichen Dialog kann der Auftraggeber auch bei der Innovationspartnerschaft die Anzahl der Unternehmen begrenzen, die zur Teilnahme am Dialog aufgefordert werden. Absatz 4 setzt Artikel 49 Absatz 5 Satz 2 der Richtlinie 2014/25/EU um.

Zu Absatz 5

Absatz 5 regelt in Umsetzung des Artikels 49 Absatz 3 Unterabsatz 1 und 2 der Richtlinie2014/25/EU die Verhandlungen des Auftraggebers mit den Bietern über die von ihnen eingereichten Angebote zur Eingehung der Partnerschaft. Mindestanforderungen und Zuschlagskriterien sind nicht Gegenstand der Verhandlungen. Die Mindestanforderungen sind die vom Auftraggeber zuvor festgelegten Bedingungen, die jedes Angebot erfüllen beziehungsweise aufweisen sollte.

Zu Absatz 6

Absatz 6 übernimmt die Regelung des Artikels 49 Absatz 4 Unterabsatz 1 der Richtlinie 2014/25/EU. Er regelt Details zum Ablauf der Verhandlungen vor Eingehung der Innovationspartnerschaft. Absatz 6 Satz 5 wiederum setzt Artikel 49 Absatz 6 Unterabsatz 3 der Richtlinie 2014/25/EU um.

Zu Absatz 7

Absatz 7 setzt die Regelung des Artikels 49 Absatz 1 Unterabsatz 4 der Richtlinie 2014/25/EU um und stellt zunächst klar, dass die Innovationspartnerschaft durch Zuschlag auf eines oder mehrerer der eingereichten Angebote zur Eingehung der Innovationspartnerschaft begründet wird. Dabei ist (im Unterschied zu allen anderen Verfahrensarten) die Zuschlagserteilung nach dem niedrigsten Preises oder den niedrigsten Kosten als alleiniges Zuschlagskriterium unzulässig.

Zu Absatz 8

Absatz 8 greift Absatz 1 auf und umschreibt den Inhalt der Forschungs- und Entwicklungsphase und der Leistungsphase näher. Absatz 8 Satz 2 dient der Umsetzung von Artikel 49 Absatz 2 Unterabsatz 2 der Richtlinie 2014/25/EU und regelt die Einteilung der Partnerschaft in Zwischenetappen. Absatz 8 Satz 3 setzt Artikel 49 Absatz 7 der Richtlinie 2014/25/EU um.

Zu Absatz 9

In Umsetzung von Artikel 49 Absatz 2 Unterabsatz 3 der Richtlinie 2014/25/EU stellt Absatz 9 klar, dass die Innovationspartnerschaft am Ende eines (zuvor vereinbarten) Entwicklungsabschnitts beendet werden bzw. die Zahl der Unternehmen reduziert werden kann. Da die Beendigung der Partnerschaft nach Zuschlagserteilung und Vertragsschluss erfolgt, stellt Absatz 9 klar, dass das Ende der Partnerschaft durch eine Kündigung herbeigeführt werden muss.

Zu Absatz 10

Absatz 10 bezieht sich auf die Leistungsphase und stellt klar, dass der Erwerb der entwickelten Liefer- oder Dienstleistung nur dann vom Auftraggeber geschuldet wird, wenn das bei Eingehung der Partnerschaft festgelegte Leistungsniveau und die Kostenobergrenze eingehalten werden. Damit wird Artikel 49 Absatz 2 Unterabsatz 2 der Richtlinie 2014/25/EU umgesetzt.«

A. Allgemeine Einführung

1   § 18 SektVO regelt die Anwendungsvoraussetzungen und die Durchführung der neuen Verfahrensart der Innovationspartnerschaft. Diese ist ein besonderes Vergabeverfahren zur Entwicklung und dem anschließenden Erwerb innovativer Liefer-, Bau- oder Dienstleistungen, wenn der bestehende Bedarf nicht durch bereits auf dem Markt verfügbare Lösungen befriedigt werden kann.[1] Damit wird dem Auftraggeber ermöglicht, im Rahmen eines einzigen Verfahrens sowohl die Entwicklung einer Innovation zu unterstützen und gleichzeitig auch den anschließenden Erwerb zu regeln, ohne erneut ausschreiben zu müssen.[2]

B. Vergleich zur vorherigen Rechtslage

2   Bisher vergleichbare Regelungen sind nicht vorhanden, da es sich bei der Innovationspartnerschaft um eine vollständig neue Art der Durchführung eines Vergabeverfahrens

---

1 Vgl. BR-Drs. 18/6281, Entwurf eines Gesetzes zur Modernisierung des Vergaberechts, Vergaberechtsmodernisierungsgesetz – VergRModG), zu § 119 Abs. 7, S. 98.
2 Vgl. Verordnung zur Modernisierung des Vergaberechts (Vergaberechtsmodernisierungsverordnung – VergRModV), BR-Drs. 87/16 vom 29.02.2016, S. 241.

handelt. Angelehnt ist die Innovationspartnerschaft in ihrer Grundstruktur jedoch an den Verfahrensregeln, die für die Durchführung eines Verhandlungsverfahrens mit vorgeschaltetem Teilnahmewettbewerb gelten.[3]

C. Europarechtliche Vorgaben

Mit § 18 SektVO setzt der Verordnungsgeber Art. 49 der Richtlinie 2014/25/EU vollumfänglich und ohne inhaltliche Änderungen um.   3

D. Kommentierung

I. Zulässigkeitsvoraussetzungen und Einleitung des Verfahrens

1. Zulässigkeitsvoraussetzungen

Nach § 18 Abs. 1 S. 1 SektVO können Auftraggeber für die Vergabe eines Auftrags   4 eine Innovationspartnerschaft mit dem Ziel der Entwicklung einer **innovativen Leistung** und deren anschließenden Erwerb eingehen. Dabei wird nicht zwischen den einzelnen Auftragsarten zur Beschaffung von Bau-, Liefer- oder Dienstleistungen differenziert. Mit dieser ausdrücklichen Einbeziehung auch der Beschaffung »innovativer« Bauleistungen setzt der Verordnungsgeber die Vorgaben des Art. 49 der Richtlinie 2014/25/EU eins-zu-eins um.[4] Der Verordnungsgeber der VgV hat in der dortigen Parallelvorschrift des § 19 VgV den Anwendungsbereich der Innovationspartnerschaft ausdrücklich auf die Entwicklung und Beschaffung innovativer Liefer- oder Dienstleistungen beschränkt[5], ohne dies allerdings besonders zu begründen.[6]

Zwingende Voraussetzung für die Zulässigkeit einer Innovationspartnerschaft ist gem. § 18 Abs. 1 S. 2 SektVO, dass der **Beschaffungsbedarf** des Auftraggebers **nicht** mit bereits **am Markt verfügbaren Leistungen** befriedigt werden kann. Auftraggeber sollten die Gründe für die Anwendung der Innovationspartnerschaft in jedem Falle **ausreichend dokumentieren**, da deren Durchführung sowohl auf Seiten des Auftraggebers wie auch auf Seiten der Bieter einen erheblichen Aufwand verursacht. Erforderlichenfalls sollte eine **europaweite Marktübersicht** erstellt werden, um die Nichtverfügbarkeit der zu beschaffenden Leistung am Markt nachzuweisen. Hierzu kann im Einzelfall

---

3 Vgl. Erwägungsgrund 59 der Richtlinie 2014/25/EU; BR-Drs. 18/6281, Entwurf eines Gesetzes zur Modernisierung des Vergaberechts, Vergaberechtsmodernisierungsgesetz – VergRModG), zu § 119 Abs. 7, S. 98; so auch Kulartz, in Kulartz/Kus/Portz/Prieß, GWB-Vergaberecht, § 119 Rn. 57, der die Notwendigkeit und Eigenständigkeit dieser neuen Vergabeart bezweifelt. So ermögliche bereits das Verhandlungsverfahren die Beschaffung von Innovationen bzw. innovativen Produkten und Dienstleistungen; ebenfalls den Mehrwert dieser neuen Verfahrensart anzweifelnd: Neun/Otting, EuZW 2014, 446 (449).
4 Vgl. Verordnung zur Modernisierung des Vergaberechts (Vergaberechtsmodernisierungsverordnung – VergRModV), BR-Drs. 87/16 vom 29.02.2016, S. 241.
5 Vgl. Verordnung zur Modernisierung des Vergaberechts (Vergaberechtsmodernisierungsverordnung – VergRModV), BR-Drs. 87/16 vom 29.02.2016, S. 20.
6 Vgl. Verordnung zur Modernisierung des Vergaberechts (Vergaberechtsmodernisierungsverordnung – VergRModV), BR-Drs. 87/16 vom 29.02.2016, S. 175.

auch die in § 26 SektVO neu eingeführte **Markterkundung** herangezogen werden. Auf die dortige Kommentierung wird verwiesen.

2. Einleitung des Verfahrens zur Innovationspartnerschaft

5 Das Verfahren zur Eingehung einer Innovationspartnerschaft beginnt mit der **Auftragsbekanntmachung gem.** § 35 SektVO oder der **Bekanntmachung über das Bestehen eines Qualifizierungssystems gem.** § 37 SektVO. Bereits hier oder in den Vergabeunterlagen beschreibt der Auftraggeber die Nachfrage nach der innovativen Leistung. Hierzu muss der Auftraggeber auch angeben, welche Elemente der Leistungsbeschreibung **Mindestanforderungen** darstellen. Daneben hat er **Eignungskriterien** vorzugeben, welche insbesondere die Leistungsfähigkeit und Fachkunde der Unternehmen auf dem Gebiet der Forschung und Entwicklung sowie die Ausarbeitung und Umsetzung innovativer Lösungen betreffen. Die vorgenannten Informationen zu den Mindestanforderungen wie zu den Eignungskriterien müssen so umfassend und genau sein, dass die Unternehmen »Art und Umfang« der geforderten Lösung erkennen und auf dieser Basis eine Entscheidung über eine Teilnahme am Verfahren oder den Verzicht hierauf treffen können.

II. Teilnahmewettbewerb

6 Wie eingangs bereits ausgeführt wurde, ist das Verfahren der Innovationspartnerschaft an den Ablauf eines Verhandlungsverfahrens mit Teilnahmewettbewerb angelehnt. Daher hat zunächst ein europaweiter Teilnahmewettbewerb stattzufinden.[7] § 18 Abs. 2 SektVO ist dabei wortgleich mit § 17 Abs. 2 SektVO zum Wettbewerblichen Dialog und deckt sich inhaltlich mit § 15 Abs. 1 SektVO zum Verhandlungsverfahren mit Teilnahmewettbewerb. Wesentlicher Regelungsgehalt ist, dass im Teilnahmewettbewerb **jedes interessierte Unternehmen** einen Teilnahmeantrag abgeben kann. Unterschiede im Ablauf gibt es dabei weder zum nicht offenen Verfahren und Verhandlungsverfahren mit Teilnahmewettbewerb noch zum Wettbewerblichen Dialog. Insofern kann auf die dortige Kommentierung verwiesen werden.

III. Frist für den Eingang von Teilnahmeanträgen

7 Die Frist für den Eingang der Teilnahmeanträge beträgt, wie auch im Verhandlungsverfahren mit Teilnahmewettbewerb, grundsätzlich mindestens 30 Tage. Auch nach Fristverkürzung – gegebenenfalls wegen Dringlichkeit – darf die Frist keinesfalls weniger als 15 Tage betragen. Für die neue Verfahrensart der Innovationspartnerschaft wird somit ebenfalls die Verkürzung der Regelfrist von 37 auf 30 Tage umgesetzt, wie sie sich auch in § 15 Abs. 2 SektVO findet.

IV. Beschränkung der Zahl der Unternehmen

8 Wie bei den anderen zweistufigen Verfahrensarten kann gem. § 18 Abs. 4 SektVO auch bei der Innovationspartnerschaft die Zahl der Unternehmen, welche zur Abgabe

---

7 Vgl. oben unter B.

von Angeboten aufgefordert werden, beschränkt werden. Deshalb kann hier auf die entsprechende Kommentierung zum Teilnahmewettbewerb beim nicht offenen Verfahren und Verhandlungsverfahren mit vorherigem Teilnahmewettbewerb und der §§ 45 ff. SektVO verwiesen werden. Bei der Innovationspartnerschaft stehen besonders Auswahl- bzw. Eignungskriterien im Vordergrund stehen, welche die Leistungsfähigkeit und Fachkunde der Unternehmen auf dem Gebiet der Forschung und Entwicklung sowie die Ausarbeitung und Umsetzung innovativer Lösungen betreffen.

V. Ablauf des Verfahrens vor Zuschlagserteilung – Verhandlungsphase

1. Verhandlungsgegenstand

Wie beim Verhandlungsverfahren schließt sich auch bei der Innovationspartnerschaft **9** an den Teilnahmewettbewerb und die Auswahl der Bewerber die Verhandlungsphase an. Diese beginnt – anders als beim Wettbewerblichen Dialog[8] – mit den Erstangeboten und den Verhandlungen hierüber. Gegenstand der Verhandlung können der Auftragsinhalt, die Auftragsbedingungen und der Preis sein.[9] § 18 Abs. 5 SektVO nimmt lediglich die vom Auftraggeber in den Vergabeunterlagen festgelegten Mindestanforderungen und Zuschlagskriterien von den Verhandlungen aus. Diese sind im Sinne der Grundsätze des Wettbewerbs, der Transparenz und Gleichbehandlung nicht veränderbar und daher auch nicht Gegenstand der Verhandlungsphase.[10] Verhandelt werden kann dabei nach den Erstangeboten auch über die Folgeangebote. Dadurch soll erreicht werden, die Angebote stetig inhaltlich zu verbessern. Lediglich für die »endgültigen Angebote« gilt dann ein Nachverhandlungsverbot.[11]

2. Abwicklung in Phasen – Verringerung der Bieterzahl

Ebenfalls wie im Verhandlungsverfahren ist es möglich das Verfahren in verschiedenen **10** Phasen abzuwickeln und bei Abschluss einer jeden Phase die Zahl der Angebote und damit den Bieterkreis zu reduzieren. Die Entscheidung über das Ausscheiden eines Angebots hat anhand der bekannt gemachten Zuschlagskriterien zu erfolgen. Ebenso muss der Auftraggeber auf die Möglichkeit die Zahl der Angebote, über die verhandelt wird, sukzessive zu reduzieren in der Bekanntmachung oder spätestens in den Vergabeunterlagen hinweisen.

VI. Gleichbehandlung und Vertraulichkeitsgrundsatz

§ 18 Abs. 6 SektVO enthält besondere Vorgaben für den Auftraggeber in Bezug auf die **11** Gleichbehandlung der Bieter und die Vertraulichkeit der Inhalte der Verhandlungsgespräche. Er stellt also den Rahmen der eigentlichen Verhandlungsphase dar.

---

8 Kus, VergabeR 2006, 851 (862).
9 Badenhausen-Fähnle, VergabeR 2015, 743 (752); Vgl. für das Verhandlungsverfahren Kramer, NZBau 2005, 138 (138).
10 Badenhausen-Fähnle, VergabeR 2015, 743 (749 f.).
11 Badenhausen-Fähnle, VergabeR 2015, 743 (752); Vgl. für das Verhandlungsverfahren Hölzl, NZBau 2013, 558 (559).

1. Gleichbehandlung

12 § 18 Abs. 6 S. 1 SektVO fordert Auftraggeber ausdrücklich dazu auf, alle Bieter bei den Verhandlungen gleich zu behandeln. Nach § 18 Abs. 6 S. 3 SektVO hat der Auftraggeber alle im Wettbewerb verbliebene Bieter in Textform (§ 126b BGB) über etwaige Änderungen der Anforderungen und sonstigen Informationen in den Vergabeunterlagen zu informieren. Die Mindestanforderungen werden dabei explizit ausgenommen, da diese nach Abs. 5 nicht Gegenstand von Verhandlungen sein können. Auch hierdurch wird die Gleichbehandlung der Bieter sichergestellt, da andernfalls bestimmte Bieter durch Herausnahme einzelner Mindestanforderungen bevorzugt werden könnten.[12] Nach Mitteilung solcher Änderungen gem. S. 3 hat der Auftraggeber den Bietern erneut ausreichend Zeit einzuräumen, um Ihre Angebote zu überarbeiten und gegebenenfalls neue Angebote einzureichen.

2. Schriftform bzw. Textform

13 Gem. § 126b BGB ist von Textform jede lesbare, dauerhafte Erklärung umfasst, in der der Ersteller der entsprechenden Urkunde genannt wird und auf einem dauerhaften Datenträger abgegeben wurde. Damit sind also neben klassischen Schriftstücken auch Telefax-Nachrichten (selbst ohne Unterschrift oder ohne verkörpertes Original direkt aus einem Computer durch Computerfax), maschinell erstellte Briefe und E-Mails zulässig.[13] Mit der Textform gem. § 126b BGB wird eine besondere Anforderung an die Dokumentation des gesamten Verfahrens, insbesondere der Kommunikation mit den Bietern gestellt.

3. Vertraulichkeit

14 Da es im Rahmen einer Innovationspartnerschaft um die Entwicklung neuartiger Produkte oder Leistungen geht, wird bei den Verhandlungen sicherlich häufig in erheblichem Umfange das Knowhow der Bieter einfließen. Aus diesem Grund schützt § 18 Abs. 6 SektVO Informationen der Bieter auch besonders. Zum einen wird der Auftraggeber dazu aufgefordert sich der diskriminierenden Weitergabe von Informationen zu enthalten. Damit einher geht auch der logische Schluss, dass – wie auch im Verhandlungsverfahren – mit den Bietern getrennt verhandelt wird.[14] Zum anderen hat der Auftraggeber gem. § 18 Abs. 6 S. 7 SektVO bereits in den Vergabeunterlagen besondere Vorkehrungen zu treffen, das geistige Eigentum der Bieter zu schützen. Gem. § 18 Abs. 6 S. 5 SektVO darf ein Auftraggeber vertrauliche Informationen eines Bieters weitergeben, wenn dieser hierzu seine Zustimmung erteilt hat. Diese Zustimmung darf jedoch nur die Weitergabe bestimmter Informationen betreffen und keine allgemeine Freigabe zur Weitergabe von Informationen darstellen (§ 18 Abs. 6 S. 6 SektVO). Damit ist jedoch auch ausdrücklich eine Regelung getroffen worden, um einen Knowhow-Transfer zu ermöglichen. Zum Nachweis der Einhaltung dieser Vorgaben und des Un-

---

12 Badenhausen-Fähnle, VergabeR 2015, 743 (752).
13 Ellenberger, in: Palandt, BGB, § 126b Rn. 3.
14 Badenhausen-Fähnle, VergabeR 2015, 743 (752).

terbleibens von Wissenstransfer ist dem Auftraggeber zu empfehlen, Aufklärungs- und Verhandlungsgespräche mit den Bietern stets sorgfältig zu protokollieren.[15]

VII. Erteilung des Zuschlags

1. Eingehen der Innovationspartnerschaft

Mit der Erteilung des Zuschlages wird die Innovationspartnerschaft »eingegangen«. 15 Gem. § 18 Abs. 7 S. 1 SektVO kann der Zuschlag dabei auf Angebote eines oder mehrerer Bieter erteilt werden. Es ist dem Auftraggeber also auch gestattet, eine Innovationspartnerschaft parallel mit mehreren Auftragnehmern einzugehen. Aus Transparenzgründen ist in jedem Fall zu empfehlen, die entsprechende Möglichkeit spätestens mit der ersten Aufforderung zur Abgabe von Angeboten mitzuteilen.

2. Zuschlagskriterien

§ 18 Abs. 7 S. 2 SektVO gibt vor, dass die Erteilung des Zuschlags auf Grundlage einer 16 differenzierten Wertungsmatrix zu erfolgen hat. Dies ergibt sich aus der Formulierung, dass eine Vergabe lediglich auf Basis des niedrigsten Preises oder der geringsten Kosten nicht in Betracht kommt. Damit der innovative Charakter der zu entwickelnden und dann gegebenenfalls zu beschaffenden Leistung ausreichend gewertet werden kann, hat der Richtliniengeber in Art. 49 Abs. 1 UAbs. 4 der Richtlinie 2014/25/EU vorgegeben, dass die Zuschlagserteilung allein nach dem Kriterium des besten Preis-Leistungs-Verhältnisses gemäß Artikel 82 Abs. 2 der Richtlinie 2014/25/EU zu erfolgen habe. Neben dem Preis oder den Kosten sind daher auch stets Kriterien unter Einbeziehung qualitativer, umweltbezogener und/oder sozialer Aspekte einzubeziehen, welche mit dem Auftragsgegenstand in Verbindung stehen.

3. Mehrere Partner

Nach § 18 Abs. 7 S. 3 SektVO kann der Auftraggeber die Innovationspartnerschaft 17 auch mit mehreren Partnern eingehen. Voraussetzung hierfür ist, dass die einzelnen Bieter die Forschungs- und Entwicklungstätigkeiten getrennt durchführen. Dies bedeutet, dass nicht mehreren Bietern gemeinsam der Zuschlag erteilt werden kann, damit diese die Forschungs- und Entwicklungstätigkeiten zusammen durchführen. Die Zahl der Partner mit denen einen Innovationspartnerschaft abgeschlossen wird, ist gem. § 18 SektVO nach oben nicht begrenzt. Es sind also nicht nur Innovationspartnerschaften mit einem oder zwei Partnern möglich, sondern theoretisch können auch drei, vier oder noch mehr Partner beteiligt sein. Begrenzende Faktoren werden hier wohl die Bereitschaft der Unternehmen zur Teilnahme sowie die Vergütungspflicht des Auftraggebers im Rahmen des Forschungs- und Innovationsprozesses sein.[16]

---

15 So auch Badenhausen-Fähnle, VergabeR 2015, 743 (752).
16 Vgl. Rdn. 20 zur Vergütung nach Abs. 8.

VIII. Verfahren nach Zuschlagserteilung – Innovations- und Leistungsphasen

1. Aufteilung in Phasen

18   Gem. § 18 Abs. 8 S. 1 SektVO ist eine Innovationspartnerschaft in zwei aufeinander folgende Phasen zu strukturieren:

1. einer Forschungs- und Entwicklungsphase, die die Herstellung von Prototypen oder die Entwicklung der Dienstleistung umfasst, und

2. einer Leistungsphase, in der die aus der Partnerschaft hervorgegangene Leistung erbracht wird.

Während also die erste Phase aus dem eigentlichen Forschungs- und Innovationsprozess (Innovationsphase) besteht, wird in der zweiten Phase die entwickelte Leistung tatsächlich erbracht. Eine Innovationspartnerschaft zum Zwecke der Gründung eines Innovationsnetzwerkes ist damit vom Wortlaut bereits ausgeschlossen.[17] Am Ende einer Innovationspartnerschaft soll – unter den vorgegebenen Voraussetzungen[18] – der Erwerb der entwickelten Leistung stehen. Damit ist bereits in der Struktur der Innovationspartnerschaft angelegt, dass diese auf eine längerfristige Zusammenarbeit von Auftraggeber und Auftragnehmer angelegt ist.[19]

2. Vergütung von Zwischenzielen

19   Nach § 18 Abs. 8 S. 2 SektVO sind die einzelnen Phasen durch die Festlegung von Zwischenzielen zu strukturieren. Für das Erreichen von Zwischenzielen ist dabei die Vergütung in angemessenen Teilbeträgen zu vereinbaren. Damit wird erreicht, dass unabhängig davon, ob die Forschungs- und Entwicklungsphase tatsächlich abgeschlossen wird und die Partner in die Leistungsphase eintreten, eine angemessene Vergütung der bis dahin erbrachten (Entwicklungs-) Leistungen erfolgt. Zusätzlich wird damit sicherlich der Anreiz für Unternehmen erhöht, an einer Innovationspartnerschaft teilzunehmen.[20]

3. Ermessen des Auftraggebers

20   Der Auftraggeber kann die Dauer und den Inhalt der einzelnen Phasen der Innovationspartnerschaft im engeren Sinne,[21] also der Forschungs- und Entwicklungsphase, nach seinem Ermessen untergliedern.[22] Gem. § 18 Abs. 8 S. 3 SektVO muss er dabei den »Innovationsgrad der vorgeschlagenen Lösung« und die »Abfolge der Forschungs- und Entwicklungstätigkeiten« berücksichtigen, die für die gestellte Aufgabe erforderlich sind. Nicht geregelt ist, ob und gegebenenfalls inwieweit der Auftraggeber den Ab-

---

17   Badenhausen-Fähnle, VergabeR 2015, 743 (753); Fehling, NZBau 2012, 673 (676).
18   S. Rdn. 25 zu Abs. 10.
19   Vgl. Opitz, VergabeR 2014, 369 (378).
20   Badenhausen-Fähnle, VergabeR 2015, 743 (756).
21   Badenhausen-Fähnle, VergabeR 2015, 743 (753).
22   Fehling, NZBau 2012, 673 (676).

lauf und den Inhalt der Phasen schon vorab strukturieren muss oder ob es im gestattet ist, je nach Ergebnis der vorhergehenden Phase, die jeweils nächste Phase zu konzipieren. Letzteres entspräche eher den Anforderungen an einen innovativen und ergebnisoffenen Prozess.[23]

§ 18 Abs. 8 S. 4 SektVO bestimmt, dass der Wert der Liefer- oder Dienstleistung in   21
Bezug auf die für ihre Entwicklung erforderlichen Investitionen nicht unverhältnismäßig sein darf. Es ist davon auszugehen, dass die in dieser Formulierung des Verordnungsgebers fehlenden »Bauleistungen« wohl auf ein redaktionelles Versehen zurückzuführen sind, weil bei der Formulierung des Absatzes die VgV ohne Änderungen übernommen wurde. Die mit § 18 Abs. 8 S. 4 SektVO umzusetzende Vorschrift des Art. 49 Abs. 7 der Richtlinie 2014/25/EU enthält in S. 4 den Verweis auf die »beschafften Lieferungen, Dienstleistungen oder Bauleistungen«. Auch § 119 Abs. 7 GWB enthält den Hinweis, dass die Innovationspartnerschaft ein »Verfahren zur Entwicklung innovativer, noch nicht auf dem Markt verfügbarer Liefer-, Bau- oder Dienstleistungen« ist. Ungeachtet der Auflistung des § 18 Abs. 8 S. 4 SektVO gilt der Verhältnismäßigkeitsgrundsatz damit auch für Bauleistungen.

Die Einhaltung des Verhältnismäßigkeitsgrundsatzes stellt hohe Anforderungen an den   22
Auftraggeber und seine Dokumentation des Verfahrens. Es ist zu empfehlen, dass Auftraggeber bereits im Vorfeld eines solchen Verfahrens – gegebenenfalls im Zusammenhang mit der Schätzung des Auftragswertes[24] – versuchen zu prognostizieren, mit welchen Kosten für die Entwicklung und den Erwerb der Leistungen gerechnet wird und hierbei die maßgeblichen Umstände festhalten, weshalb sie als verhältnismäßig beurteilt werden. Die festgestellten Entwicklungskosten und sonstigen Aufwände für die Unternehmen sollten sich in der Höhe der Vergütung für die Erreichung der Zwischenziele[25] widerspiegeln. Diese sollten so gewählt werden, dass sie für die beteiligten Partner einen echten Anreiz zur Forschung und Entwicklung darstellen.

IX. Reduzierung der Partner während des Forschungs- und Innovationsprozesses

Gem. § 18 Abs. 9 S. 1 SektVO kann sich der Auftraggeber die Möglichkeit schaffen   23
auf der Grundlage der Zwischenziele am Ende jedes Entwicklungsabschnittes zu entscheiden, ob er die Innovationspartnerschaft beendet oder, im Falle einer Innovationspartnerschaft mit mehreren Partnern, die Zahl der Partner durch die Kündigung einzelner Verträge reduziert. In diesem Fall wird nach Erteilung des Zuschlages die Innovationspartnerschaft aufgelöst, noch bevor die Entwicklungsarbeit abgeschlossen ist bzw. ein fertiges Produkt oder eine fertige Liefer- oder Bauleistung verfügbar wäre.

Dazu muss der Auftraggeber gem. § 18 Abs. 9 S. 1 2. Halbsatz SektVO bereits in der   24
Bekanntmachung oder spätestens in den Vergabeunterlagen angeben, ob er von diesen

---

23 So auch Fehling, NZBau 2012, 673 (676).
24 S. Kommentierung zu § 2 Abs. 5 SektVO.
25 S. Rdn. 19.

Möglichkeiten Gebrauch macht und, wenn ja, unter welchen Umständen dies erfolgen kann. Der Auftraggeber hat deshalb spätestens in den Vergabeunterlagen mitzuteilen, an welche Bedingungen die Fortsetzung, Beendigung oder Kündigung der Innovationspartnerschaft geknüpft werden. Das Verfahren der Innovationspartnerschaft erfordert vom Auftraggeber somit eine umfassende Zielanalyse, da es am Anfang eines solchen Verfahrens in den meisten Fällen nur sehr schwer möglich ist, konkrete Vorgaben zu den Bedingungen für eine Fortsetzung, Beendigung oder Kündigung der Innovationspartnerschaft aufzustellen. Hauptanwendungsfall dürfte daher zunächst sein, dass der Auftraggeber seinen Bedarf (nunmehr) am Markt decken kann und daher keine Entwicklung mehr benötigt.[26] Das Verfahren bürdet den Bietern damit ein nicht unerhebliches Risiko auf, dass am Ende eines langen und auch kostenintensiven Verfahrens keine Beschaffung steht.[27] Dies stellt umgekehrt hohe Anforderungen an die Definition und Ausstattung der Zwischenziele nach § 18 Abs. 8 S. 2 SektVO.

X. Voraussetzungen zum Eintritt in die Leistungsphase

25   Nach § 18 Abs. 10 SektVO ist der Auftraggeber lediglich dann dazu verpflichtet ist, die entwickelte Liefer- oder Dienstleistung zu erwerben, wenn das zwischen dem Auftraggeber und den Teilnehmern bei Eingehung der Innovationspartnerschaft vereinbarte Leistungsniveau und die Kostenobergrenze eingehalten werden. Das Verfahren der Innovationspartnerschaft ermöglicht es also die Entwicklung einer Leistung mit deren späterer Beschaffung zu koppeln.[28]

26   Auch hier ist davon auszugehen, dass das Fehlen von »Bauleistungen« auf ein redaktionelles Versehen des Verordnungsgebers zurückzuführen ist, weil die Formulierung der VgV ohne Änderungen übernommen wurde. Die mit § 18 Abs. 10 SektVO umzusetzende Vorschrift des Art. 49 Abs. 2 der Richtlinie 2014/25/EU enthält in UAbs. 1 den Verweis auf die »daraus [der Innovationspartnerschaft] hervorgehenden Lieferungen, Dienstleistungen oder Bauleistungen«. Auch § 119 Abs. 7 GWB nennt ausdrücklich die Entwicklung und Beschaffung innovativer, noch nicht am Markt verfügbarer Bauleistungen als Anwendungsbereich der Innovationspartnerschaft. Ungeachtet des Wortlauts des § 18 Abs. 10 SektVO gilt die Pflicht zum Erwerb der Leistungen damit auch für Bauleistungen, sofern das Leistungsniveau und Kostenobergrenze eingehalten werden.

---

26 Badenhausen-Fähnle, VergabeR 2015, 743 (754).
27 Badenhausen-Fähnle, VergabeR 2015, 743 (754).
28 Badenhausen-Fähnle, VergabeR 2015, 743 (754).

Unterabschnitt 2 Besondere Methoden und Instrumente im Vergabeverfahren

§ 19 SektVO Rahmenvereinbarungen

(1) Der Abschluss einer Rahmenvereinbarung erfolgt im Wege einer nach dieser Verordnung geltenden Verfahrensart. Das in Aussicht genommene Auftragsvolumen ist so genau wie möglich zu ermitteln und bekanntzugeben, braucht aber nicht abschließend festgelegt zu werden. Eine Rahmenvereinbarung darf nicht missbräuchlich oder in einer Art angewendet werden, die den Wettbewerb behindert, einschränkt oder verfälscht.

(2) Auf einer Rahmenvereinbarung beruhende Einzelaufträge werden nach vom Auftraggeber festzulegenden objektiven und nichtdiskriminierenden Regeln und Kriterien vergeben. Dazu kann auch die Durchführung eines erneuten Wettbewerbs zwischen denjenigen Unternehmen, die zum Zeitpunkt des Abschlusses Vertragspartei der Rahmenvereinbarung sind, gehören. Die Regeln und Kriterien sind in den Vergabeunterlagen oder der Bekanntmachung für die Rahmenvereinbarung festzulegen.

(3) Mit Ausnahme angemessen begründeter Sonderfälle, in denen dies insbesondere aufgrund des Gegenstands der Rahmenvereinbarung gerechtfertigt werden kann, beträgt die Laufzeit einer Rahmenvereinbarung maximal acht Jahre.

Amtliche Begründung

»§ 19 trifft in Umsetzung von Artikel 51 der Richtlinie 2014/25/EU Regelungen für Rahmenvereinbarungen im Sinne des § 103 Absatz 5 GWB. Diese müssen als wesentliche Vertragsbestandteile den in Aussicht genommenen Preis und das in Aussicht stehende Vertragsvolumen beinhalten. Konkrete Leistungspflichten und damit der öffentliche Auftrag werden erst durch den jeweiligen auf der Rahmenvereinbarung beruhenden Einzelauftrag begründet.

Zu Absatz 1

Nach Satz 1 erfolgt der Abschluss von Rahmenvereinbarungen im Wege der allgemeinen Regeln über die Verfahrensarten nach dieser Verordnung. Satz 2 schreibt vor, dass Auftraggeber das voraussichtliche Auftragsvolumen so genau wie möglich ermitteln und bekanntgeben müssen.

Zu Absatz 2

Absatz 2 setzt Artikel 51 Absatz 2 der Richtlinie 2014/25/EU um und bestimmt die Regeln für die Einzelauftragsvergabe. Eröffnet der Auftraggeber unter den Rahmenvertragspartnern einen erneuten (Mini-)Wettbewerb, so kann er die bekannt gemachten Kriterien konkretisieren.

Zu Absatz 3

Absatz 3 bestimmt die maximale Laufzeit einer Rahmenvereinbarung. Diese ist nicht mehr, wie noch in der Richtlinie von 2004 unbegrenzt, sondern beträgt 8 Jahre. Eine längere Laufzeit ist nur in begründeten Ausnahmefällen möglich.«

A. Allgemeine Einführung

1 Eine Rahmenvereinbarung ist im Allgemeinen eine Vereinbarung zwischen zwei Parteien, die die Grundsätze der künftigen Zusammenarbeit regelt, jedoch Raum für konkrete Einzelvereinbarungen lässt. Insbes. der vertragliche Mindestinhalt, die sog. essentialia negotii sind in der Rahmenvereinbarung noch nicht enthalten. Am ehesten geeignet für Rahmenvereinbarungen sind Standardprodukte und marktübliche Leistungen, die regelmäßig und stetig zu beschaffen sind.

2 Der Bedarf steht lediglich dem Grunde nach fest. Da in einer Rahmenvereinbarung in aller Regel die Mengengerüste nicht feststehen, sondern nur ein »Rahmen« vorgegeben ist, innerhalb dessen man sich bewegt, müssen die Inhalte im Einzelfall konkretisiert werden. Gleiches kann für den Preis gelten, der bspw. als eine Art »Staffelpreis« vereinbart sein kann.

3 Die Konkretisierung bezieht sich regelmäßig zum einen auf die Bedingungen für die Einzelaufträge und zum anderen auf den Zeitraum, innerhalb dessen die Einzelaufträge geschlossen werden sollen. Die Bedingungen werden so vereinbart, dass sich daraus im konkreten Einzelvertrag der jeweils für die abgenommene Menge zu zahlende Preis ergibt.

4 Rahmenvereinbarungen bieten für Auftraggeber den Vorteil, beim Bedarf größerer Mengen günstigere Konditionen aushandeln und Synergieeffekte nutzen zu können, während Auftragnehmer in Bezug auf Produktplanung und Absatz ein bestimmtes Maß an Sicherheit erhalten. Entsprechend stellen sie eine flexible Art öffentlicher Auftragsvergabe dar.

B. Vergleich zur vorherigen Rechtslage

5 Bisher fanden sich die Regelungen für die Rahmenvereinbarung in 9 SektVO (alt). Diese haben Art. 1 Abs. 4 und Art. 14 der Richtlinie 2004/17/EG umgesetzt. Die europarechtlichen Regelungen wurden bereits zuvor nahezu wortgleich in deutsches Recht umgesetzt.

C. Europarechtliche Vorgaben

Definiert ist die Rahmenvereinbarung in Art. 51 Abs. 1 der Richtlinie 2014/25/EU. **6** Danach wird bestimmt, dass Rahmenvereinbarungen Vereinbarung zwischen einem oder mehreren Auftraggebern und einem oder mehreren Wirtschaftsteilnehmern sind, die dazu dienen, die Bedingungen für die Aufträge, die im Laufe eines bestimmten Zeitraums vergeben werden sollen, festzulegen, insbesondere in Bezug auf den Preis und gegebenenfalls die in Aussicht genommenen Mengen. Rahmenverträge sind für Bau-, Dienstleistungs- und Lieferaufträge möglich.

Die Definition der Rahmenvereinbarung wurde in § 103 Abs. 5 GWB übernommen. **7** Das Missbrauchsverbot des Art. 51 Abs. 2, 3. Unterabsatz der Richtlinie 2014/25/EU wurde nicht übertragen, da es sich aus den allgemeinen Vergabegrundsätzen, insbes. dem Wettbewerbsgedanken ableitet.

Die Richtlinie 2014/25/EU erlaubt es, Einzelaufträge auf der Grundlage einer Rahmenvereinbarung ohne erneute Bekanntmachung zu vergeben, wenn der Abschluss der Rahmenvereinbarung vorher in einer Bekanntmachung veröffentlicht wurde.

D. Kommentierung

I. Inhalt

1. Allgemeines

Rahmenvereinbarungen sind entsprechend der Legaldefinition des § 103 Abs. 5 GWB **8** Vereinbarungen zwischen einem oder mehreren Sektorenauftraggebern und einem oder mehreren Unternehmen. Sie müssen den Zweck haben, die zukünftigen Bedingungen für einzelne öffentliche Aufträge festzulegen, insbesondere über den Preis, die während eines bestimmten Zeitraumes vergeben werden sollen, ohne dass bereits Leistungspflichten begründet werden.[1]

Für die Vergabe von Rahmenvereinbarungen gelten dieselben Vorschriften wie für die **9** Vergabe öffentlicher Aufträge, § 103 Abs. 5 S. 2 GWB. Die Rahmenvereinbarung selbst stellt zwar keinen Beschaffungsprozess dar, sondern regelt nur den Rahmen für den Abruf von Einzelverträgen, die dann die Beschaffung auslösen. Die Vergabe einer Rahmenvereinbarung im Wege eines Vergabeverfahrens hat jedoch zur Folge, dass die auf ihrer Grundlage erteilten Einzelaufträge einem vereinfachten Vergabeverfahren unterliegen können. Wie ein öffentlicher Auftrag unterliegt die Rahmenvereinbarung also wettbewerblichen Verfahrensregeln.

§ 19 SektVO legt fest, dass für Rahmenvereinbarung die Verfahrensarten der SektVO **10** gelten. Das in Aussicht genommene Auftragsvolumen ist so genau wie möglich zu ermitteln und bekannt zu geben. Es muss aber nicht abschließend festgelegt sein. Der EuGH hat ebenso klargestellt, dass nicht unbedingt alle Bedingungen der nachfolgenden Einzelaufträge in der Rahmenvereinbarung festgelegt werden müssen.[2]

---

1 Vgl. VK Münster, Beschl. v. 28.05.2004 – VK 10/04 – zitiert nach VERIS.
2 EuGH, Beschl. v. 28.01.2016 – C-50/14, Rn. 44 – zitiert nach VERIS.

11 An Rahmenvereinbarungen können mehr als nur zwei Parteien beteiligt sein. Dies lässt die Bildung von Einkaufsgemeinschaften durch Auftraggeber zu. Die Rahmenvereinbarung kann aber auch mehrere Bieter verpflichten, von denen der Auftraggeber nach Verfügbarkeit der Leistung oder jeweils konkreten Erfüllung der geforderten Voraussetzungen der Leistungen die Einzelabrufe tätigt. Die Ausgestaltung im Einzelfall sollte sich an Zweckmäßigkeitsgründen orientieren. Dabei sind die Einzelaufträge nach den Grundsätzen des Wettbewerbs- und Transparenzgebots diskriminierungsfrei zu vergeben.

12 Der Abschluss einer Rahmenvereinbarung ist auch ohne vorherige Bekanntmachung zulässig. In diesem Fall muss jedoch der Vergabe des Einzelauftrages eine Bekanntmachung vorangehen. Hier weicht die SektVO von den Bestimmungen der klassischen Auftragsvergabe ab.

2. Bedingungen

13 Die festzulegenden Bedingungen für die zu erteilenden Einzelaufträge müssen nicht abschließend festgelegt werden, sondern nur die wesentlichen Bedingungen.[3] Dabei handelt es sich um die in Aussicht genommene Menge, nicht aber den Preis.

14 Der Preis wird sich grundsätzlich im Wettbewerb um die Rahmenvereinbarung ergeben. Die Preise müssen bezüglich der preisbildenden Kriterien, bspw. der Preis pro Menge, pro Stunde oder pro Stück angegeben werden.[4] Eine abschließende Festlegung des Preises für die noch zu vergebenden Einzelaufträge ist häufig wegen des fehlenden Mengengerüstes nicht möglich.

15 Die in Aussicht genommene Menge kann »gegebenenfalls« festgelegt werden. Dies gewährt dem Auftraggeber einen Spielraum bei seiner Entscheidung, ob er die Menge in der Rahmenvereinbarung festlegen will oder nicht. Seine Entscheidung hierüber wird jedoch den Prinzipien einer pflichtgemäßen Ermessensausübung entsprechen müssen. Keinem Bieter ist es zuzumuten, Preise ohne wenigstens Mindestangaben über das Mengengerüst zu kalkulieren. Ganz davon abgesehen tut sich der Auftraggeber damit auch keinen Gefallen, da er damit rechnen muss, keine zuschlagfähigen Angebote zu erhalten.

Eine Verpflichtung, die Menge abschließend und konkret anzugeben, besteht ausdrücklich nicht. Schließlich handelt es sich um eine *Rahmen*vereinbarung. Es genügen i.d.R. ungefähre Angaben über das zu erwartende Mengengerüst.

II. Wettbewerb

1. Vergabe nach den Bestimmungen der SektVO

16 Sinn und Zweck der Richtlinie 2014/25/EU ist die Gewährleistung von diskriminierungsfreiem Wettbewerb bei der Vergabe von Aufträgen im Sektorenbereich. Dieser

---

3 Vgl. VK Bund, Beschl. v. 20.05.2003 – VK 1-35/03 – zitiert nach VERIS.
4 VK Bund, Beschl. v. 20.05.2003 – VK 1-35/03 – zitiert nach VERIS.

Grundsatz setzt sich in der SektVO fort. Möglichst viele potenzielle Anbieter sollen in gleicher Weise die Chance haben, öffentliche Aufträge zu erhalten. Dies ist nur möglich, wenn alle Bedarfe der Auftraggeber dem Markt zur Verfügung stehen. Diese Bedarfsdeckung geschieht durch die Vergabe von Aufträgen.

Es ist den Auftraggebern überlassen, ob sie den Abschluss einer Rahmenvereinbarung 17 den Bedingungen der SektVO unterwerfen wollen oder nicht. Wird jedoch die Rahmenvereinbarung nach den Bestimmungen der SektVO vergeben, so kann der Einzelauftrag gem. § 19 Abs. 2 SektVO ohne vorherige Bekanntmachung vergeben werden. Die Rahmenvereinbarung selbst kann in einem offenen Verfahren, nicht offenen Verfahren oder einem Verhandlungsverfahren nach freier Wahl geschlossen werden.

2. Vergabe außerhalb der Bestimmungen der SektVO

Auftraggeber können eine Rahmenvereinbarung ohne vorherige Bekanntmachung un- 18 mittelbar mit einem oder mehreren Unternehmen abschließen. In diesem Fall muss jedoch dem späteren Einzelauftrag eine Bekanntmachung vorausgehen.

Indem auf diese Weise ein Mindestmaß an Wettbewerb gewährleistet wird, wird sicher- 19 gestellt, dass in jedem Fall auf einer der möglichen Vergabeebenen Wettbewerb herrscht. Sei es auf der Ebene der Rahmenvereinbarung oder auf der Ebene der Einzelvereinbarung.

Die Frage, welchen Sinn eine Bekanntmachung im Vorfeld einer Einzelvereinbarung in 20 Fällen macht, in denen die Rahmenvereinbarung nicht nach den Regeln der Richtlinie geschlossen wurde, darf durchaus gestellt werden. Stehen doch die Vertragsparteien bereits fest. Falls an der Rahmenvereinbarung mehrere Unternehmen beteiligt sind, könnte man annehmen, dass Wettbewerb aufgrund der Bekanntmachung nur unter den Rahmenvereinbarungsparteien stattfindet. Da eine Bekanntmachung aber öffentlich erfolgen muss, darf der Wettbewerb um die Einzelaufträge nicht auf die bereits beteiligten Parteien beschränkt werden. An dem Wettbewerb dürfen auch an der Rahmenvereinbarung nicht beteiligte Unternehmen teilnehmen.

Aus diesen Gründen ist der Abschluss einer Rahmenvereinbarung ohne Beachtung der 21 Vorschriften der SektVO nicht unbedingt empfehlenswert. Es besteht bei der Vergabe der Einzelaufträge dann nämlich immer die Gefahr, dass an der Rahmenvereinbarung nicht beteiligte Unternehmen das wirtschaftlichste Angebot abgeben und damit der Rahmenvereinbarungspartner nicht zum Zuge kommt.

3. Missbrauch

Zwar wurde Art. 51 Abs. 2 Richtlinie 2014/25/EU (Missbrauchsverbot) nicht aus- 22 drücklich in die SektVO übernommen, gleichwohl ergibt sich aus den Grundsätzen des fairen Wettbewerbs, dass Rahmenvereinbarungen nicht missbraucht werden dürfen, um Wettbewerb zu verhindern, zu beschränken oder zu verfälschen.

Eine Verhinderung von Wettbewerb liegt bspw. dort vor, wo mehrere voneinander unabhängige Leistungen in einer Rahmenvereinbarung zusammengefasst werden.[5]

23   § 19 Abs. 3 SektVO sieht eine zeitliche Befristung für die Laufzeit einer Rahmenvereinbarung vor. Diese Befristung ist neu in die SektVO aufgenommen worden und folgt dem Art. 51 Abs. 1 Richtlinie 2014/25/EU. Die Regelung war erforderlich geworden, weil die Vereinbarung einer unbefristeten Rahmenvereinbarung einer Wettbewerbsbeschränkung gleichkommen dürfte. Deshalb sollten Rahmenvereinbarungen nicht über einen angemessenen Zeitraum hinausgehen. Eine Orientierungshilfe dabei war bisher die nach der klassischen Auftragsvergabe geltende Zeitdauer von vier Jahren, die in der Vergabeverordnung 2016 aufrechterhalten wurde (§ 21 Abs. 6 VergVO). Wettbewerb ist Voraussetzung für wirtschaftliche Auftragsvergaben. Auch dies spricht für angemessene Laufzeiten von Rahmenvereinbarungen.

24   Rahmenvereinbarungen dienen häufig der Bedarfsbündelung und der zentralisierten Beschaffung. Es kann nicht nur der eigene Bedarf gedeckt sondern auch der von anderen Bedarfsträgern. Es stellt sich die Frage der »Abrufberechtigung«, also ob Dritte Einzelaufträge aus Rahmenvereinbarungen vergeben können. Grundsätzlich sollen aus einer geschlossenen Rahmenvereinbarung nur die im Vertrag ausdrücklich genannten Parteien abrufberechtigt sein, deren Bedarf in die Schätzung des Auftragsvolumens eingestellt wurde.[6]

25   Dritte, die ihren Bedarf nicht in das Ausschreibungsvolumen der Rahmenvereinbarung eingebracht haben, entziehen dem Markt potenzielle Aufträge. Die Vergabe eines Einzelauftrages aus der Rahmenvereinbarung würde praktisch der Bedarfsdeckung im Wege einer Direkt- oder De facto-Vergabe unter Umgehung der in § 97 Abs. 1 GWB festgelegten Ausschreibungspflicht entsprechen. Eine solche Vergabe ist unzulässig.

26   Sollen dennoch Dritte aus der Rahmenvereinbarung Einzelaufträge vergeben dürfen, so darf das ursprünglich ausgeschriebene Bedarfsvolumen nicht überschritten werden. Auch muss der Kreis der Abrufberechtigten durch eine klar beschriebene Klausel in der Rahmenvereinbarung (»Öffnungsklausel«) bestimmbar sein.[7]

4. Rahmenvereinbarung mit mehreren Unternehmen

27   Beim Abschluss von Rahmenvereinbarungen mit mehreren Unternehmen können Rechtsunsicherheiten entstehen, wenn es um die Vergabe von Einzelaufträgen geht, weil unklar ist, welches Unternehmen den Auftrag nun erhält. Es sind zwei Konstellationen denkbar:

---

5 Vgl. Zeiss, in: juris Praxiskommentar Vergaberecht, GWB/VgV/VOB/A, 2. Aufl. 2008, § 5b VOB/A, Rn. 21. Zeiss, in: Heiermann/Zeiss, juris Praxiskommentar Vergaberecht, 4. Aufl. 2013, § 5b VOB/A, Rn. 21.

6 Vgl. Europäische Kommission der Europäischen Gemeinschaft, Erläuterungen zu Rahmenvereinbarungen, Dok. CC/2005/03, S. 4.

7 Vgl. BayObLG, Beschl. v. 17.02.2005 – Verg 27/04 – zitiert nach VERIS.

1. Ist die Rahmenvereinbarung außerhalb der Vorschriften der SektVO geschlossen worden, so ist die Vergabe des Einzelauftrages nur nach vorheriger Bekanntmachung möglich, mit dem beschriebenen Risiko, dass auch ein nicht an der Rahmenvereinbarung beteiligtes Unternehmen den Auftrag erhält.
2. Wurde die Rahmenvereinbarung nach den Vorschriften der SektVO geschlossen, so erfolgt die Vergabe des Einzelauftrags dadurch, dass bereits in der Rahmenvereinbarung objektive Kriterien zur Einzelauftragsvergabe, die den vergaberechtlichen Grundsätzen der Transparenz und der Nichtdiskriminierung gem. § 97 Abs. 1 und 2 GWB entsprechen müssen, festgelegt werden. Dies kann in der Weise geschehen, dass zunächst der ursprünglich wirtschaftlichste Bieter zur Leistung aufgefordert wird und erst wenn dieser nicht leisten kann oder will, in der Reihenfolge der zweit- oder nächstplatzierte Bieter oder nach konkreten Leistungskriterien oder einer regionalen Zuordnung.[8]

§ 20 SektVO Grundsätze für den Betrieb dynamischer Beschaffungssysteme

(1) Der Auftraggeber kann für die Beschaffung marktüblicher Leistungen ein dynamisches Beschaffungssystem nutzen.

(2) Bei der Auftragsvergabe über ein dynamisches Beschaffungssystem befolgt der Auftraggeber die Vorschriften für das nicht offene Verfahren.

(3) Ein dynamisches Beschaffungssystem wird mithilfe elektronischer Mittel eingerichtet und betrieben. Die §§ 11 und 12 finden Anwendung.

(4) Ein dynamisches Beschaffungssystem steht im gesamten Zeitraum seiner Einrichtung allen Bietern offen, die die im jeweiligen Vergabeverfahren festgelegten Eignungskriterien erfüllen. Die Zahl der zum dynamischen Beschaffungssystem zugelassenen Bewerber darf nicht begrenzt werden.

(5) Der Zugang zu einem dynamischen Beschaffungssystem ist für alle Unternehmen kostenlos.

Amtliche Begründung

»Zu Absatz 1

Absatz 1 setzt Artikel 52 Absatz 1 Satz 1 und Absatz 2 Satz 1 der Richtlinie 2014/25/EU um und bestimmt, dass marktübliche Leistungen unter Nutzung eines dynamischen Beschaffungssystems beschafft werden können. Dabei muss es sich um solche Leistungen handeln, bei denen die allgemein auf dem Markt verfügbaren Merkmale den Anforderungen des Auftraggebers entsprechen.

---

8 Vgl. Europäische Kommission der Europäischen Gemeinschaft, Erläuterungen zu Rahmenvereinbarungen, Dok. CC/2005/03, S. 4.

Zu Absatz 2

Absatz 2 stellt klar, dass zum Betrieb eines dynamischen Beschaffungssystems die Vorschriften des nicht offenen Verfahrens zu befolgen sind.

Zu Absatz 3

Absatz 3 Satz 2 stellt klar, dass auch auf ein dynamisches Beschaffungssystem die Vorschriften über den Einsatz elektronischer, alternativer elektronischer und anderer als elektronischer Mittel Anwendung finden.

Zu Absatz 4

Absatz 4 setzt Artikel 52 Absatz 1 Satz 2 der Richtlinie 2014/25/EU um und stellt klar, dass ein dynamisches Beschaffungssystem jedem Unternehmen, das die jeweiligen Eignungskriterien erfüllt, über die gesamte Zeit seiner Einrichtung hinweg zur Verfügung steht.

Zu Absatz 5

Absatz 5 setzt Artikel 52 Absatz 9 der Richtlinie 2014/25/EU um.«

A. Allgemeine Einführung

1 Eines der Ziele der europäischen Vergaberegeln ist es, auf die ständig wachsenden Möglichkeiten elektronischer Auftragsvergabe zu reagieren und den Auftraggebern Regelungen zur Verfügung zu stellen, die eine elektronische Beschaffung nach den Grundsätzen der Gleichbehandlung, der Transparenz und schließlich des Wettbewerbs ermöglichen. Deshalb stellte schon die Richtlinie 2004/17/EG klar[1], dass Auftraggeber online-Beschaffungstechniken einsetzen können, solange sie bei deren Verwendung die einschlägigen Vorschriften beachten.

2 Ständig werden neue Techniken der online-Beschaffung entwickelt, die es möglich machen, die Effizienz der Vergabeverfahren zu steigern und dadurch Einspareffekte zu nutzen um letztlich den Wettbewerb zu stärken. Effiziente Vergabeverfahren werden vor allem im Bereich der Beschaffung marktüblicher Leistungen erwartet. Gerade hier ist niemandem vermittelbar, warum in einem Bereich, in dem man sich praktisch nur »bedienen« muss, aufwendige Vergabeverfahren durchgeführt werden müssen.

3 Mit dem dynamischen Beschaffungssystem werden Vorschriften zur Verfügung gestellt, die auf diese Entwicklung reagieren und dafür Sorge tragen, dass jedes Unternehmen,

---

1 Vgl. Erwägungsgrund Nr. 21 Richtlinie 2004/17/EG (ABl. L 134 vom 30.04.2004, S. 1).

welches sich an dieser Art Beschaffung beteiligen möchte, gerecht behandelt wird. Das dynamische Beschaffungssystem ist vor allem zur Beschaffung handels-/marktüblicher Leistungen. Den Auftraggebern ermöglicht die Eigenart des Systems über ein breites Spektrum an Angeboten zu verfügen und damit den Wettbewerb i. S. einer wirtschaftlich optimierten Beschaffung auszuweiten.[2]

B. Vergleich zur vorigen Rechtslage

Bislang war es in das Ermessen der Mitgliedstaaten gestellt, die Vorschriften über das   4
dynamische Beschaffungssystem in das nationale Vergaberecht umzusetzen oder nicht.[3] Diese Option für die Mitgliedstaaten besteht nicht mehr. Die Vorschriften sind in nationales Recht umzusetzen.

Das bisherige dynamische elektronische Verfahren war ein zeitlich befristetes aus-   5
schließlich elektronisches offenes Vergabeverfahren[4] eigner Art (sui generis).[5] Zur Teilnahme musste ein Angebot eingereicht werden. Da dieses im Beschaffungsfall konkretisiert werden durfte, handelte es sich um ein zunächst unverbindliches Angebot.

Die Einreichung eines unverbindlichen Angebotes ist mit der Vorgabe an die Auftraggeber, beim Einkauf über ein dynamisches Beschaffungssystem die Vorschriften des nichtoffenen Verfahrens einhalten zu müssen, entfallen.

Ebenso entfallen ist eine Aussage zur maximalen Laufzeit eines dynamischen Beschaf-   6
fungssystems. Konnte ein dynamisches Beschaffungssystem bislang grundsätzlich eine maximale Laufzeit von 4 Jahren haben[6], setzen die neuen Vorschriften zwar eine Gültigkeitsdauer voraus,[7] nennen aber keine maximale Laufzeit.

Am augenfälligsten mag allerdings die nun im deutschen Recht gewählte Bezeichnung   7
»dynamisches Beschaffungssystem« sein. Damit wird der schon in der Vorgängerrichtlinie verwendete Begriff übernommen und die eigene deutsche Bezeichnung »dynamisches elektronisches Verfahren« abgelöst.

C. Europarechtliche Vorgaben

Zur Beschaffung marktüblicher Leistungen, bei denen die allgemein auf dem Markt   8
verfügbaren Merkmale den Anforderungen der Auftraggeber an die zu beschaffende Leistung genügen, stellt Artikel 52 RL 2014/25/EU ein rein elektronisch abzuwickelndes dynamisches Verfahren zur Verfügung.

---

2 Vgl. Erwägungsgrund 73 UA 2 RL 2014/25/EU.
3 Deutschland hatte von der Umsetzungsoption des Artikel 15 Absatz 1 RL2004/17/EG Gebrauch gemacht. Mit dem Gesetz zur Modernisierung des Vergaberechts vom 20.04.2009 (BGBl. I S. 790) wurde das dynamische elektronische Verfahren mittels § 101 Abs. 6 S. 2 GWB a.F. in deutsches Recht umgesetzt.
4 S. § 101 Abs. 6 S. 2 GWB a.F.
5 Im Einzelnen hierzu: *Müller*, in: NZBau 2011, 72 ff.; a.A.: *Dreher*, in: Immenga/Mestmäcker, Wettbewerbsrecht, § 101 GWB a.F., Rn. 70 m.w.N.
6 S. Artikel 15 Absatz 7 UA 1 RL 2004/17/EG.
7 S. Artikel 52 Absatz 1 S. 2 u. Absatz 5 S. 1 RL 2014/25/EU.

9 Geregelt in Artikel 52 RL 2014/25/EU werden der Zugang sowie die Durchführung des Systems. Während seiner gesamten Gültigkeitsdauer muss sich jeder Bewerber zur Teilnahme bewerben können. Jeder Bewerber, der die Anforderungen erfüllt, ist zum System zuzulassen. Eine Reduzierung der Teilnehmerzahl derer, die ein Angebot abgeben dürfen, also die Eignungsanforderungen erfüllen, ist unzulässig.

D. Kommentierung

I. Vorbemerkung

10 Die bisherige Normierung der Regeln zum dynamischen Beschaffungssystem in einer einzigen Norm hat der Verordnungsgeber aufgegeben. Mit dem Ziel, die komplexen Regelungen der Richtlinienvorschrift übersichtlicher zu gestalten, hat er aus einer Richtliniennorm drei Einzelvorschriften zur Beschreibung des dynamischen Beschaffungssystems geschaffen.

Herausgekommen sind Einzelregelungen, die nach ihrer Überschrift die Grundsätze für den Betrieb, den Betrieb selbst und die Fristen für den Betrieb regeln.

II. Definition und Grundsätze

11 Bei einem dynamischen Beschaffungssystem handelt es sich um ein vollelektronisches Verfahren für die Beschaffung von Leistungen, bei denen die allgemein auf dem Markt verfügbaren Merkmale den Anforderungen des Auftraggebers an die Leistung genügen. Dadurch sind die Aufwendungen der Auftraggeber für die Beschreibung der Leistung erheblich reduziert. Über die allgemein verfügbaren Merkmale hinaus ist eine weitere Spezifizierung der marktüblichen zu beschaffenden Leistung nicht erforderlich.

12 Die Einrichtung eines dynamischen Beschaffungssystems ist als Möglichkeit für Auftraggeber gedacht, vor allem marktübliche Leistungen durch elektronische Abwicklung des Verfahrens effizient beschaffen zu können. Die Verfahrenseffizienz ergibt sich dadurch, dass der Auftraggeber im Rahmen des Systems nicht immer neue vollständige Vergabeverfahren durchführen muss (s.u.), sondern einmalig Auswahlkriterien für die Unternehmen festlegt und einmalig die allgemein auf dem Markt verfügbaren Merkmale der marktüblichen Leistung oder entsprechende Kategorien derselben[8] bestimmt und er auf diese Weise nur noch Angebote einholen muss.

13 Die Formulierung des Verordnungsgebers in § 20 Absatz 4 S. 1 »... im *jeweiligen* Vergabeverfahren ...« könnte dazu verleiten anzunehmen, dass für jeden Beschaffungsvorgang ein gesondertes Vergabeverfahren durchzuführen ist, für welchen gesonderte Auswahl-/Eignungskriterien zu erfüllen sind. Dem ist – wie gezeigt – nicht so. Im Bedarfsfall fordert der Auftraggeber lediglich alle zugelassenen Teilnehmer zu einer Angebotsabgabe auf.

---

8 S. Artikel 52 Absatz 2 S. 3 Richtlinie 2014/25/EU.

Nicht geeignet ist das System für geistig-schöpferische Leistungen und Leistungen, die gerade nicht marktüblich sind und deren Merkmale den Auftraggebern folglich nicht genügen können.

Das dynamische Beschaffungssystem kann als elektronische Version einer Art Dauer- 14 ausschreibung bezeichnet werden. Eine solche konnte Anfang des Jahrtausends im unterschwelligen Vergabebereich eine Zeit lang im Wege eines Experimentierprojektes des Bundeswirtschaftsministeriums Anwendung finden. Nach einer Bekanntmachung des Bedarfs dem Grunde nach und der Festlegung der Eignungskriterien wurden die als geeignet ermittelten Bewerber vom Auftraggeber in einer »Bieterdatenbank« gelistet. Im Bedarfsfall wurden die gelisteten Bewerber unter Konkretisierung des Bedarfs und der Zuschlagskriterien zur Angebotsabgabe aufgefordert.

Das System steht während seiner Gültigkeitsdauer allen Unternehmen offen. Jedes in- 15 teressierte Unternehmen kann seine Zulassung beantragen. Erfüllt es die vom Auftraggeber vorgegebenen Auswahlkriterien, ist es zuzulassen. Die Auswahlkriterien sind als objektive Kriterien zur Systemzulassung zu formulieren. Deren Erfüllung führt dann dazu, dass das Unternehmen vom Auftraggeber zum System insgesamt zuzulassen ist.[9]

Jedes zugelassene Unternehmen ist im konkreten Beschaffungsfall zur Angebotsabgabe aufzufordern. Eine diesbezügliche Reduzierung des Bewerberkreises ist unzulässig.

Die Einrichtung eines dynamischen Beschaffungssystems hängt von der Entscheidung des Auftraggebers ab. Er hat keine Verpflichtung zu dessen Einrichtung. Unternehmen haben auch keinen nachprüfbaren Anspruch darauf.

Das System ist ausschließlich elektronisch zu betreiben. Es gelten die Vorschriften über die Anforderungen an den Einsatz elektronischer Mittel sowie die Vorgaben zum Einsatz alternativer elektronischer Mittel bei der Kommunikation (s. dort).[10]

III. Verfahren sui generis

Das Verfahren ist als Verfahren sui generis[11] und nicht lediglich als ein ausschließlich 16 elektronisch abzuwickelndes »nichtoffenes Verfahren« ausgestaltet. Dafür sprechen die umfangreichen vom nichtoffenen Verfahren abweichenden inhaltlichen und verfahrensmäßigen Besonderheiten, die im nichtoffenen Verfahren teils sogar unzulässig sind.

Als erste Abweichung ist zu nennen, dass alle geeigneten Bewerber vom Auftraggeber im Beschaffungsfall zur Angebotsabgabe aufgefordert werden müssen. Dies zu jeder Zeit der Gültigkeit des Systems. Eine Begrenzung ist unzulässig.[12]

---

9 S. Artikel 52 Absatz 2 S. 2 Richtlinie 2014/25/EU.
10 §§ 11, 12 SektVO.
11 Derselben Ansicht: Wankmüller, in: Soudry/Hettich, Das neue Vergaberecht, Die elektronische Auftragsvergabe nach den neuen EU-Vergaberichtlinien, S 256; a.A.: Dreher, in: Immenga/Mestmäcker, Wettbewerbsrecht, Band 2 GWB, § 101 GWB, Rn. 70 m.w.N.
12 S. Artikel 52 Absatz 2 Richtlinie 2014/25/EU, § 20 Absatz 2 S. 2 SektVO.

17 Bezüglich der zu beschaffenden Leistung müssen Auftraggeber nur Mindestangaben zur Art und der geschätzten Qualität machen. Daneben sind Kategorieeinteilungen von Waren, Bauleistungen und Dienstleistungen möglich, deren entsprechende Merkmale zu nennen sind.[13] Da die zu beschaffenden Leistungen marktübliche sind, bei denen die allgemein verfügbaren Merkmale den Auftraggebern genügen, ist im Rahmen der Beschreibung abweichend von dem allgemeinen Grundsatz der eindeutigen und erschöpfenden Leistungsbeschreibung eine reduzierte Darstellung der Leistung zulässig.

Die in der Bekanntmachung zunächst genannten Zuschlagskriterien dürfen in der Aufforderung zur Angebotsabgabe weiter konkretisiert und genauer formuliert werden.[14]

18 Zu guter Letzt spricht auch der Umstand der mittlerweile verpflichtenden elektronischen Kommunikation bei allen anderen Verfahrensarten für ein Verfahren eigener Art. Denn sonst dürfte es zwischen dem dynamischen Beschaffungssystem und dem nichtoffenen Verfahren keinen Unterschied geben. Die Verfahren müssten identisch sein, was sie tatsächlich aber nicht sind.

19 Die geforderte Einhaltung der Vorschriften des nichtoffenen Verfahrens[15] erschöpft sich letzlich in der Pflicht des Auftraggebers, auf einer ersten Verfahrensstufe, wie auch beim nichtoffenen Verfahren, die Eignung der Bewerber – in diesem Fall für das System insgesamt – festzustellen.

IV. Rechtsschutz

20 Die Vorschriften zum Dynamischen Beschaffungssystem (§§ 20 ff. SektVO) sind Verfahrensvorschriften, die der Nachprüfung durch die Nachprüfungsinstanzen unterliegen.

§ 21 SektVO Betrieb eines dynamischen Beschaffungssystems

(1) Der Auftraggeber gibt in der Auftragsbekanntmachung an, dass er ein dynamisches Beschaffungssystem nutzt und für welchen Zeitraum es betrieben wird.

(2) Auftraggeber informieren die Europäische Kommission wie folgt über eine Änderung der Gültigkeitsdauer:
1. Wird die Gültigkeitsdauer ohne Einstellung des dynamischen Beschaffungssystems geändert, ist das in Anhang V der Durchführungsverordnung (EU) 2015/1986 der Kommission vom 11. November 2015 zur Einführung von Standardformularen für die Veröffentlichung von Vergabebekanntmachungen für öffentliche Aufträge und zur Aufhebung der Durchführungsverordnung (EU) Nr. 842/2011 (ABl. L 296 vom 12.11.2015, S. 1) in der jeweils geltenden Fassung enthaltene Muster zu verwenden.
2. Wird das dynamische Beschaffungssystem eingestellt, ist das in Anhang VI der Durchführungsverordnung (EU) 2015/1986 enthaltene Muster zu verwenden.

---

13 S. Artikel 52 Absatz 4 lit b) Richtlinie 2014/25/EU, § 21 Absatz 3 SektVO.
14 S. Artikel 52 Absatz 6 UA 2 Richtlinie 2014/25/EU.
15 S. Artikel 52 Absatz 2 S. 1 Richtlinie 2014/25/EU, § 20 Absatz 2 SektVO.

(3) In den Vergabeunterlagen sind mindestens die Art und die geschätzte Menge der zu beschaffenden Leistung sowie alle erforderlichen Daten des dynamischen Beschaffungssystems anzugeben.

(4) In den Vergabeunterlagen ist anzugeben, ob ein dynamisches Beschaffungssystem in Kategorien von Leistungen untergliedert wurde. Gegebenenfalls sind die objektiven Merkmale

(5) Hat ein Auftraggeber ein dynamisches Beschaffungssystem in Kategorien von Leistungen untergliedert, legt er für jede Kategorie die Eignungskriterien gesondert fest.

(6) Die zugelassenen Bewerber sind für jede einzelne, über ein dynamisches Beschaffungssystem stattfindende Auftragsvergabe gesondert zur Angebotsabgabe aufzufordern. Wurde ein dynamisches Beschaffungssystem in Kategorien von Leistungen untergliedert, werden jeweils alle für die einem konkreten Auftrag entsprechende Kategorie zugelassenen Bewerber aufgefordert, ein Angebot zu unterbreiten.

Amtliche Begründung

»Zu Absatz 1

Absatz 1 setzt Artikel 52 Absatz 4 Buchstabe a und Absatz 8 Satz 1 der Richtlinie 2014/25/EU um.

Zu Absatz 2

Absatz 2 setzt Artikel 52 Absatz 8 Satz 2 Richtlinie 2014/25/EU um.

Zu Absatz 3

Absatz 3 setzt Artikel 52 Absatz 4 Buchstabe b der Richtlinie 2014/25/EU um.

Zu Absatz 4

Absatz 4 setzt Artikel 52 Absatz 4 Buchstabe c der Richtlinie 2014/25/EU um.

Zu Absatz 5

Absatz 5 setzt Artikel 52 Absatz 2 Satz 3 der Richtlinie 2014/25/EU um.

Zu Absatz 6

Absatz 6 setzt Artikel 52 Absatz 6 Unterabsatz 1 der Richtlinie 2014/25/EU um.«

A. Allgemeine Einführung

1   Die Vorschrift des § 21 SektVO soll das Verfahren zum Betrieb eines dynamischen Beschaffungssystems regeln. Sowohl der Richtlinientext als auch die Dreiteilung der Vorschrift, die der Verordnungsgeber vorgenommen hat, lassen die Zusammenhänge leider etwas unklar erscheinen. Beispielsweise wird die Vorgabe, dass eine Teilnehmerauswahl anhand objektiver Kriterien stattzufinden hat in einen engen Zusammenhang mit der Bewertungsfrist gebracht, was den Verordnungsgeber wohl veranlasste, gleiches zu tun indem die Vorgaben zur Teilnehmerauswahl misslicherweise in die Vorschrift zur Frist integriert wurden.[1]

B. Vergleich zur vorigen Rechtslage

2   Hierzu wird auf die Erläuterung zu § 20 SektVO verwiesen.

C. Europarechtliche Vorgaben

3   Hierzu wird auf die Erläuterungen zu § 20 SektVO verwiesen.

D. Kommentierung

4   Im Gegensatz zum § 10 SektVO a.f. beschreibt die Vorschrift keinen chronologischen Verfahrensablauf. Sie regelt lediglich in lockerer Abfolge zu beachtende Vorgaben des Auftraggebers und Anforderungen an die Vergabeunterlagen. Daher wird an dieser Stelle das Verfahren und dessen Ablauf chronologisch dargestellt.

I. Veröffentlichung eines Dynamischen Beschaffungssystems

5   Will ein Auftraggeber zur Vergabe marktüblicher Leistungen ein Dynamisches Beschaffungssystem nutzen, veröffentlicht er eine Bekanntmachung nach dem Muster »Standardformular 5« (Auftragsbekanntmachung-Sektoren),[2] gibt in Abschnitt IV.1.3 an, dass es sich um ein Dynamisches Beschaffungssystem handelt,[3] und legt u.a. in Abschnitt II.1.5 den Wert[4] sowie in Abschnitt II.2.7 die Laufzeit des Dynamischen Beschaffungssystems fest.

In den bereitzustellenden Vergabeunterlagen gibt der Auftraggeber
– mindestens Art und geschätzte Qualität der geplanten Beschaffung sowie
– alle erforderlichen Informationen über das System einschließlich
  • Funktionsweise,

---

1   S. Art. 51 Abs. 5 S. 2 Richtlinie 2014/25/EU; § 23 Abs. 3 S. 1 SektVO.
2   S. Durchführungsverordnung (EU) 2015/1986 vom 11.11.2015 zur Einführung von Standardformularen für die Veröffentlichung von Vergabebekanntmachungen für öffentliche Aufträge; s. simap.ted.eu/documents/10184/99158/DE_F05.pdf.
3   S. Art. 52 Abs. 4 lit. a) Richtlinie 2014/25/EU.
4   Der Auftragswert berechnet sich auf der Grundlage des geschätzten Gesamtwertes aller Einzelaufträge, die während der Gesamtlaufzeit des Systems geplant sind (§ 2 Absatz 4 SektVO).

- verwendete elektronische Ausrüstung und
- technische Vorkehrungen und Spezifikationen der elektronischen Verbindung

an.

Auf den ersten Blick erscheinen die zu machenden Angaben zu Art und Qualität der 6
geplanten Beschaffung etwas spärlich. Sie erklären sich jedoch dadurch, dass es sich
bei den zu beschaffenden Leistungen um marktübliche oder gebrauchsfertige Leistungen handelt, bei denen die allgemein auf dem Markt verfügbaren Merkmale den Anforderungen des Auftraggebers genügen[5] und deshalb eine darüberhinausgehende Beschreibung nicht erforderlich ist. Dies erklärt auch, warum individuelle Bauleistungen
oder planerische und freiberufliche Leistungen für die Beschaffung mittels eines Dynamischen Beschaffungssystems nicht geeignet sind.

Hat der Auftraggeber eine Einteilung in Kategorien vorgenommen, gibt er diese sowie 7
deren jeweils festgelegten Leistungsmerkmale an.[6] Zu jeder Leistungskategorie sind die
entsprechenden Eignungsanforderungen an die Unternehmen entsprechend festzulegen und anzugeben.

Zu den Vergabeunterlagen ist ein uneingeschränkter und vollständiger direkter Zugang 8
während der gesamten Gültigkeit des Systems anzubieten. Zwar hat der Verordnungsgeber im Rahmen der Umsetzung die Anwendbarkeit des Artikel 73 Richtlinie
2014/25/EU[7] nicht erwähnt, im Sinne einer richtlinienkonformen Auslegung sollten
jedoch die Vorgaben des § 41 SektVO (Bereitstellung der Vergabeunterlagen), insbesondere dessen Absatzes 3 für die Fälle, in denen die Vergabeunterlagen nur auf einem
anderen geeigneten als elektronischen Weg bereitgestellt werden können, anwendbar
sein.

II. Eignungsprüfung

Jedes interessierte Unternehmen darf zu jeder Zeit der Gültigkeit des Systems einen Zu- 9
lassungsantrag stellen. Es sind alle als geeignet geprüften Bewerber zum Verfahren zuzulassen. Eine Reduzierung bzw. Begrenzung des Bewerberkreises ist nicht zulässig.[8]

Die Eignungsprüfung findet anhand der vom Auftraggeber bekannt gemachten Eig- 10
nungskriterien innerhalb vorgegebener Fristen statt. Die Vorgaben hierzu finden sich
misslicherweise in der Vorschrift zu den Fristen. Hierzu wird im Einzelnen auf die Erläuterungen dort (s. § 22 SektVO) verwiesen.

III. Auftragsvergabe

Alle zugelassenen Bewerber sind vom Auftraggeber elektronisch zur Angebotsabgabe 11
aufzufordern. Mit der Aufforderung sind die Vergabeunterlagen, insbesondere die An-

---

5 S. § 120 Absatz 1 GWB.
6 S. Art. 52 Abs. 4 lit. b), c) Richtlinie 2014/25/EU.
7 S. Art. 52 Abs. 4 lit. d) Richtlinie 2014/25/EU; die Umsetzung dieser Vorschrift erfolgte im
  Wesentlichen in § 41 SektVO.
8 S. § 20 Abs. 4 SektVO.

gaben über die konkret zu beschaffende Leistung sowie die Zuschlagskriterien elektronisch bereitzustellen, wenn sie nicht schon bereitgestellt wurden.[9] Grundsätzlich sollten die Unterlagen bereits mit der Bekanntmachung des Dynamischen Beschaffungssystems veröffentlicht werden.[10]

12 Die Zuschlagskriterien dürfen in der Aufforderung zur Angebotsabgabe konkretisiert werden.[11] Dies umfasst klarstellende Ergänzungen oder eine moderate Veränderung der Gewichtung der Zuschlagskriterien auf der Basis der ursprünglich bekannt gemachten Kriterien.[12]

13 Wurde eine Einteilung in Kategorien vorgenommen, so sind alle diejenigen Bewerber zur Angebotsabgabe aufzufordern, die für die entsprechende Kategorie zugelassen wurden. Innerhalb der Kategorien ist es zulässig, die Aufträge in Teilmengen oder geographisch abgegrenzten Gebieten zu vergeben. Damit besteht auch im Rahmen eines Dynamischen Beschaffungssystems die Möglichkeit, die Teilnahme kleinerer und mittlerer Unternehmen zu fördern.[13]

Der Auftrag wird auf der Grundlage der bekannt gemachten und ggf. konkretisierten Zuschlagskriterien auf das wirtschaftlichste Angebot erteilt.

IV. Änderungen

14 Änderungen des Systems sind mit vorgeschriebenem Standardformular der Europäischen Kommission zu melden. Für die Änderung der Gültigkeit/Laufzeit ist Standardformular 20 und für die Einstellung des Dynamischen Beschaffungssystems ist Standardformular 6 (s. Abschnitt IV.2.8) zu verwenden.[14]

§ 22 SektVO Fristen beim Betrieb eines dynamischen Beschaffungssystems

(1) Abweichend von § 15 gelten bei der Nutzung eines dynamischen Beschaffungssystems die Bestimmungen der Absätze 2 bis 5.

(2) Die Frist für den Eingang der Teilnahmeanträge beträgt mindestens 30 Tage, gerechnet ab dem Tag nach der Absendung der Auftragsbekanntmachung oder im Falle einer regelmäßigen nicht verbindlichen Bekanntmachung nach § 36 Absatz 4 nach der Absendung der Aufforderung zur Interessensbestätigung. Sobald die Aufforderung zur Angebotsabgabe für die erste einzelne Auftragsvergabe im Rahmen eines dy-

---

9 S. Art. 52 Abs. 6 UA 1 i.V.m. Art. 74 Abs. 2 S. 2 Richtlinie 2014/25/EU.
10 S. Art. 52 Abs. 6 UA 2 Richtlinie 2914/25/EU.
11 S. Art. 52 Abs. 6 UA 2 S. 2 Richtlinie 2014/25/EU.
12 Vgl. Knauff, in: Müller/Wrede, Kommentar zur Sektorenverordnung, § 10, Rn. 54 m.w.N.
13 S. Art. 52 Abs. 1 S. 4 Richtlinie 2014/25/EU; vgl. Wankmüller, in: Soudry/Hettich, Das neue Vergaberecht, Die elektronische Auftragsvergabe nach den neuen EU-Vergaberichtlinien, S. 258.
14 S. Durchführungsverordnung der Kommission (EU) Nr. 2015/1986 vom 11.11.2015 zur Einführung von Standardformularen für die Veröffentlichung von Vergabebekanntmachungen für öffentliche Aufträge.

namischen Beschaffungssystems abgesandt worden ist, gelten keine weiteren Fristen für den Eingang der Teilnahmeanträge.

(3) Der Auftraggeber bewertet den Antrag eines Unternehmens auf Teilnahme an einem dynamischen Beschaffungssystem unter Zugrundelegung objektiver Kriterien innerhalb von zehn Arbeitstagen nach dessen Eingang. In begründeten Einzelfällen, insbesondere wenn Unterlagen geprüft werden müssen oder um auf sonstige Art und Weise zu überprüfen, ob die Eignungskriterien erfüllt sind, kann die Frist auf 15 Arbeitstage verlängert werden. Wurde die Aufforderung zur Angebotsabgabe für die erste einzelne Auftragsvergabe im Rahmen eines dynamischen Beschaffungssystems noch nicht versandt, kann der Auftraggeber die Frist verlängern, sofern während der verlängerten Frist keine Aufforderung zur Angebotsabgabe versandt wird. Die Fristverlängerung ist in den Vergabeunterlagen anzugeben. Jedes Unternehmen wird unverzüglich darüber informiert, ob es zur Teilnahme an einem dynamischen Beschaffungssystem zugelassen wurde oder nicht.

(4) Die Frist für den Eingang der Angebote beträgt mindestens zehn Tage, gerechnet ab dem Tag nach der Absendung der Aufforderung zur Angebotsabgabe. § 15 Absatz 3 findet Anwendung.

Amtliche Begründung

»Zu Absatz 1

Absatz 1 regelt, dass bei der Durchführung eines dynamischen Beschaffungssystems die Bestimmungen der Absätze 2 bis 5 gelten.

Zu Absatz 2

Absatz 2 Setzt Artikel 52 Absatz 2 Unterabsatz 2 Buchstabe a der Richtlinie 2014/25/EU um.

Zu Absatz 3

Absatz 3 setzt Artikel 52 Absatz 5 Unterabsatz 1 Satz 2 und 3, Unterabsatz 2 und 3 der Richtlinie 2014/25/EU um.

Zu Absatz 4

Absatz 4 setzt Artikel 52 Absatz 2 Unterabsatz 2 Buchstabe b Satz 1 und 2 der Richtlinie 2014/24/EU um.«

A. Allgemeine Einführung

1   Der Verordnungsgeber hat die Vorschriften zum dynamischen Beschaffungssystem dreigeteilt. In diesem dritten Teil werden nun die Fristvorgaben des Systems geregelt.

B. Vergleich zur vorigen Rechtslage

2   Die einzuhaltenden Fristvorgaben waren bislang im einheitlichen § 10 SektVO a.f. geregelt. Zu weiteren Einzelheiten sei auf die Erläuterungen zu § 20 verwiesen.

C. Europarechtliche Vorgaben

3   Artikel 52 Richtlinie 2014/25/EU regelt auch die einzuhaltenden Fristen. Anders also als der deutsche Verordnungsgeber bleibt der Richtliniengeber seiner neu gewählten Systematik treu, die Fristvorgaben allesamt unmittelbar in den Normen zu den jeweiligen Verfahrensarten selbst zu regeln.

D. Kommentierung

I. Allgemeines

4   Die Zulassung zu einem dynamischen Beschaffungssystem soll im beiderseitigen Interesse von Auftraggeber und Bewerber so schnell wie möglich erfolgen. Dennoch berücksichtigt die Vorschrift Umstände, die eine längere Prüfungsfrist erforderlich werden lassen und schafft hierzu entsprechende Flexibilität, solange keine Auftragsvergabe eingeleitet wird, bevor alle Anträge geprüft wurden.[1]

Die Vorschrift regelt drei Arten von Fristen (Teilnahmefrist, Frist zur Prüfung der Teilnahmeanträge, Angebotsfrist), die im Folgenden erläutert werden.

II. Frist für den Eingang der Teilnahmeanträge auf Zulassung zum dynamischen Beschaffungssystem

5   Hier ist zu unterscheiden, ob das System gerade neu eingerichtet wurde und noch keine Auftragsvergabe durchgeführt wurde oder ob im Rahmen des Systems bereits Auftragsvergaben durchgeführt worden sind.

6   a) Wurde noch keine Auftragsvergabe im Rahmen des Systems durchgeführt, gilt für die Einreichung der Teilnahmeanträge eine Mindestfrist von 30 Tagen gerechnet ab dem Tag der Absendung der Auftragsbekanntmachung. Hat der Auftraggeber eine regelmäßige nichtverbindliche Bekanntmachung nach § 36 Absatz 4 SektVO zur Einrichtung des dynamischen Beschaffungssystems veröffentlicht, gilt die Frist von 30 Tagen ab dem Tag der Absendung der Aufforderung zur Interessensbestätigung.

7   b) Sobald die Aufforderung für die erste Angebotsabgabe im Rahmen des dynamischen Beschaffungssystems ergangen ist, gelten für die Einreichung von Teilnahmeanträgen

---

1 Vgl. Erwägungsgrund 74 Richtlinie 2014/25/EU.

keine Fristen mehr. Da das System jedem Interessierten ständig offen stehen muss, können demnach jederzeit Teilnahmeanträge von den Interessierten eingereicht werden.

Die Möglichkeit, die Teilnahmefrist auch auf mindestens 15 Tage ab dem Tage der Auf- 8
tragsbekanntmachung/Absendung der Interessensbestätigung festlegen zu können,[2] hat der Verordnungsgeber nicht umgesetzt. Die Teilnahmefrist vor einer erstmaligen Aufforderung zur Abgabe eines Angebots beträgt demnach ausnahmslos 30 Tage.

III. Frist zur Prüfung der Teilnahmeanträge auf Zulassung zum System

Der Auftraggeber prüft und entscheidet über Teilnahmeanträge grundsätzlich binnen 9
10 Arbeitstagen nach deren Eingang. In begründeten Einzelfällen kann die Frist auf 15 Arbeitstage verlängert werden. Dies kann der Fall sein, wenn sich die Eignungsfeststellung als umfangreicher erweist, als üblich und beispielsweise Unterlagen eines Bewerbers aus einem EU-Mitgliedstaat auf Gleichwertigkeit zu prüfen sind.

Unabhängig von diesem Grundsatz kann der Auftraggeber für die Eignungsprüfung 10
auch eine längere Frist als 10 bzw. 15 Arbeitstage vorsehen. In diesem Fall darf jedoch während der verlängerten Frist keine Aufforderung zur Angebotsabgabe erfolgen. Der Auftraggeber muss den Umfang der Fristverlängerung in den Vergabeunterlagen angeben.

Das Ergebnis der Prüfung ist dem Bewerber unverzüglich mitzuteilen. Da es hier nur 11
noch um die Mitteilung bezüglich der getroffenen Entscheidung geht, sollten dem Auftraggeber in aller Regel hierzu 1 bis 2 Arbeitstage nach der Entscheidung über die Zulassung oder Nichtzulassung ausreichen.

IV. Frist für den Eingang der Angebote im Rahmen eines dynamischen Beschaffungssystems

Die Angebotsfrist beträgt grundsätzlich 10 Tage ab dem Tag der Absendung der Ange- 12
botsaufforderung. Von dieser Frist darf insbesondere nach unten abgewichen werden, wenn die Festlegung der Frist einvernehmlich zwischen dem Auftraggeber und den zur Angebotsabgabe ausgewählten Bewerbern erfolgt und jedem Bewerber dieselbe Frist eingeräumt wird. Kommt eine einvernehmliche Fristfestlegung nicht zustande, verbleibt es bei einer Angebotsfrist von 10 Tagen.

Eine Bindefrist ist – wie übrigens bei den anderen Verfahren auch – nicht geregelt. 13
Gleichwohl ist der Auftraggeber aus vertragsrechtlichen Gründen gut beraten, eine solche festzulegen und bekanntzugeben.

V. Rechtsschutz

Die Vorschriften zur Festlegung der Fristen gehören zu den Verfahrensvorschriften und 14
sie sind bieterschützend.[3] Sie können daher auf ihre Einhaltung überprüft werden.

---

2 S. Art. 52 Abs. 2 lit. a) S. 1 RL 2014/25/EU.
3 Vgl. Knauff, in: Müller/Wrede, Sektorenverordnung, Kommentar, § 10 SektVO a.F., Rn. 73.

§ 23 SektVO   Grundsätze für die Durchführung elektronischer Auktionen

(1) Der Auftraggeber kann im Rahmen eines offenen, eines nicht offenen oder eines Verhandlungsverfahrens vor der Zuschlagserteilung eine elektronische Auktion durchführen, sofern der Inhalt der Vergabeunterlagen hinreichend präzise beschrieben und die Leistung mithilfe automatischer Bewertungsmethoden eingestuft werden kann. Geistig-schöpferische Leistungen können nicht Gegenstand elektronischer Auktionen sein. Der elektronischen Auktion hat eine vollständige erste Bewertung aller Angebote anhand der Zuschlagskriterien und der jeweils dafür festgelegten Gewichtung vorauszugehen. Die Sätze 1 und 2 gelten entsprechend bei einem erneuten Vergabeverfahren zwischen den Parteien einer Rahmenvereinbarung nach § 19 und bei einem erneuten Vergabeverfahren während der Laufzeit eines dynamischen Beschaffungssystems nach § 20. Eine elektronische Auktion kann mehrere, aufeinanderfolgende Phasen umfassen.

(2) Im Rahmen der elektronischen Auktion werden die Angebote mittels festgelegter Methoden elektronisch bewertet und automatisch in eine Rangfolge gebracht. Die sich schrittweise wiederholende, elektronische Bewertung der Angebote beruht auf
1. neuen, nach unten korrigierten Preisen, wenn der Zuschlag allein aufgrund des Preises erfolgt, oder
2. neuen, nach unten korrigierten Preisen oder neuen, auf bestimmte Angebotskomponenten abstellenden Werten, wenn das Angebot mit dem besten Preis- Leistungs-Verhältnis oder, bei Verwendung eines Kosten-Wirksamkeits-Ansatzes, mit den niedrigsten Kosten den Zuschlag erhält.

(3) Die Bewertungsmethoden werden mittels einer mathematischen Formel definiert und in der Aufforderung zur Teilnahme an der elektronischen Auktion bekanntgemacht. Wird der Zuschlag nicht allein aufgrund des Preises erteilt, muss aus der mathematischen Formel auch die Gewichtung aller Angebotskomponenten nach Absatz 2 Satz 2 Nummer 2 hervorgehen. Sind Nebenangebote zugelassen, ist für diese ebenfalls eine mathematische Formel bekanntzumachen.

(4) Angebotskomponenten nach Absatz 2 Satz 2 Nummer 2 müssen numerisch oder prozentual beschrieben werden.

Amtliche Begründung

»Zu Absatz 1

Absatz 1 setzt Artikel 53 Absatz 1 Unterabsatz 3, Absatz 2 Unterabsatz 1 und 2, Absatz 5 Unterabsatz 1 und Unterabsatz 5 Satz 2 der Richtlinie 2014/25/EU um.

Satz 1 regelt das Verhältnis zwischen der Auftragsvergabe im offenen Verfahren, im nicht offenen Verfahren oder im Verhandlungsverfahren und der Durchführung einer elektronischen Auktion und stellt klar, dass der jeweiligen Zuschlagserteilung eine elektronische Auktion vorangehen kann. Voraussetzung für die Durchführung einer elektronischen Auktion ist zudem, dass die Vergabeunterlagen hinreichend präzise gefasst werden können. Die zu beschaffende Leistung muss außerdem mithilfe automatischer Bewertungsmethoden eingestuft werden können. Folgerichtig werden durch Satz 2 der Vorschrift geistig-schöpferische Leistungen als Gegenstände einer elektronischen Auktion ausgeschlossen. Eine solche geistig-schöpferische Leistung ist beispielsweise die Planung und Gestaltung eines Bauwerkes. Satz 3 regelt, dass vor dem Beginn einer elektronischen Auktion alle eingegangenen Angebote erstmals und vollständig bewertet werden müssen. Bewertungsgrundlage sind die zuvor definierten und bekanntgemachten Zuschlagskriterien sowie deren jeweilige Gewichtung. Satz 4 regelt das Verhältnis zwischen der Einzelauftragsvergabe innerhalb einer Rahmenvereinbarung nach § 19 beziehungsweise zwischen einem erneuten Vergabeverfahren während der Laufzeit eines dynamischen Beschaffungssystems nach §§ 20 ff. und der Durchführung einer elektronischen Auktion und stellt klar, dass eine elektronische Auktion durchgeführt werden kann. Satz 5 bestimmt, dass eine elektronische Auktion mehr als nur eine Auktionsphase umfassen kann. Umfasst eine elektronische Auktion mehrere Phasen, so folgen diese unmittelbar aufeinander.

Zu Absatz 2

Absatz 2 setzt Artikel 53 Absatz 1 Unterabsatz 2 2. Halbsatz und Absatz 3 der Richtlinie 2014/25/EU um.

Satz 1 ergänzt § 120 Absatz 2 GWB und stellt klar, dass die eingegangenen Angebote nach der vollständigen ersten Bewertung aller Angebote automatisch in eine neue Rangfolge gebracht werden können, sofern dazu zuvor festgelegte Methoden genutzt werden und die fortlaufende Neubewertung mithilfe elektronischer Mittel vorgenommen wird. Satz 2 bestimmt, worauf die sich schrittweise wiederholende, elektronische Neubewertung aller eingegangenen Angebote beruht.

Zu Absatz 3

Absatz 3 setzt Artikel 53 Absatz 6 Unterabsatz 2 und 3 der Richtlinie 2014/25/EU um.

Zu Absatz 4

Absatz 4 setzt Anhang VII Buchstabe a der Richtlinie 2014/25/EU um und stellt klar, dass bei Ermittlung des besten Preis-Leistungs-Verhältnisses oder bei Anwendung eines Kosten-Wirksamkeits-Ansatzes nur solche Angebotskomponenten, deren Inhalt sinnvoll in Zahlen abgebildet werden kann, zur Ermittlung der Neureihung von Angeboten, die an einer elektronischen Auktion teilnehmen, genutzt werden können.«

A. Allgemeine Einführung

Die Auktionswelt kennt verschiedene Auktionstypen. Der am meisten verbreitete Typ   1
ist die so genannte »englische Auktion«. Ausgehend von einem Mindestgebot, das im

Laufe der Auktion um feste Schritte erhöht wird, erhält das höchste Gebot den Zuschlag.

2 Im Gegensatz dazu beschreiben so genannte inverse Auktionen einen dynamischen Bietprozess von Anbietern auf den Bedarf eines Beschaffers. Bei einer inversen Auktion ist es das Ziel des Bieters, den Bedarf des Beschaffers zu ersteigern. Dabei steigt der Preis nicht, sondern er sinkt bei jedem Gebotsschritt. Der Bieter, der den niedrigsten Preis für die Bedarfsdeckung verlangt, erhält den Zuschlag. Diese Art der Auktion ist auch als Beschaffungsauktion bekannt.

B. Vergleich zur vorigen Rechtslage

3 Bereits mit dem Legislativpaket[1] des Jahres 2004 hat die Europäische Kommission die Möglichkeit für die Mitgliedstaaten inverse Auktionen oder Beschaffungsauktionen mit elektronischen Mitteln durchführen zu lassen, eingeräumt. Der bundesdeutsche Gesetzgeber hatte die »elektronische Auktion« nur rudimentär im Rahmen des Vergaberechtsmodernisierungsgesetzes[2] im GWB umgesetzt. Insbesondere die Verfahrensregeln erfuhren keine nationale Umsetzung.

4 Stand die Umsetzung damals noch im Ermessen der Mitgliedstaaten, waren die Vorschriften nun vollständig in nationales Recht umzusetzen. Aus dem Umsetzungsermessen der Mitgliedstaaten wurde ein Anwendungsermessen der Auftraggeber.

5 Die neue Vorschrift wurde zwar redaktionell überarbeitet, die Inhalte blieben jedoch weitestgehend unverändert. Lediglich die alte Missbrauchsklausel[3] findet sich nicht mehr.

C. Europarechtliche Vorgaben

6 Die Richtlinie 2014/25/EU regelt die elektronische Auktion als ein iteratives elektronisches Verfahren (inverse Aktion) in Artikel 53.

D. Kommentierung

I. Allgemeines

7 Eine elektronische Auktion versteht sich als ein sich schrittweise wiederholendes elektronisches Verfahren zur Ermittlung des wirtschaftlichsten Angebots. Es darf erst nach

---

1 Richtlinie 2004/17/EG des Europäischen Parlaments und des Rates v. 31.03.2004 zur Koordinierung der Zuschlagserteilung durch Auftraggeber im Bereich der Wasser-, Energie- und Verkehrsversorgung sowie der Postdienste (ABl. EU v. 30.04.2004, L 134 S. 1); Richtlinie 2004/18/EG des Europäischen Parlaments und des Rates v. 31.03.2004 über die Koordinierung der Verfahren zur Vergabe öffentlicher Bauaufträge, Lieferaufträge und Dienstleistungsaufträge (ABl. EU v. 30.04.2004, L 134 S. 114).
2 Gesetz zur Modernisierung des Vergaberechts (BGBl. I 2009, S. 790).
3 Art. 56 Abs. 9 Richtlinie 2004/17/EG.

einer vollständigen ersten Bewertung der Angebote zur Anwendung kommen, denen anhand automatischer Bewertungsmethoden eine Rangfolge zugewiesen wird.[4]

Während der bundesdeutsche Gesetzgeber die Beschreibung bzw. Definition der elek- 8 tronischen Auktion auf gesetzlicher Ebene[5] vorgenommen hat, integrierte er die Verfahrensvorschriften in die jeweiligen Rechtsverordnungen, somit auch in die SektVO.

Die elektronische Auktion ist keine eigenständige Verfahrensart[6] sondern eine Methode 9 zur elektronischen Ermittlung des wirtschaftlichsten Angebots auf der letzten Wertungsstufe.

II. Anwendungsbereich

Die Vorschrift adressiert den Auftraggeber. Dieser darf von der Möglichkeit einer elek- 10 tronischen Auktion Gebrauch machen.

Einer elektronischen Auktion zugänglich sind nicht alle Verfahrensarten. Sie ist be- 11 grenzt auf das offene Verfahren, das nichtoffene Verfahren sowie auf das Verhandlungsverfahren mit Teilnahmewettbewerb.

Sie kann auch angewendet werden im Rahmen der Ermittlung des konkreten Lieferan- 12 ten beim Abruf aus Rahmenvereinbarungen. Dabei findet für den konkreten Einzelabruf kein erneutes Vergabeverfahren statt. Die Formulierung des § 23 Absatz 1 S. 3 SektVO ist missverständlich. Es geht lediglich um die Auswahl (mittels sog. »Miniwettbewerb« nach bereits den in der Rahmenvereinbarung festgelegten Bedingungen) des konkreten Einzelabrufpartners mittels elektronischer Auktion bei Rahmenverträgen mit mehreren Vertragspartnern. Ein »neues Vergabeverfahren« findet nicht statt.

Zulässig ist die elektronische Auktion auch im Rahmen eines Dynamischen Beschaf- 13 fungssystems. Sie darf angewendet werden, um bei einer konkreten Auftragsvergabe das wirtschaftlichste Angebot zu ermitteln. Es gilt das gleiche wie bei der Rahmenvereinbarung. Die Formulierung »bei einem erneuten Vergabeverfahren« ist missverständlich. Es geht ausschließlich um die konkrete Auftragsvergabe aus dem laufenden Dynamischen Beschaffungssystem heraus.

Da die elektronische Auktion als bloße Vergabetechnik im Rahmen der für sie zulässi- 14 gen herkömmlichen Vergabeverfahren genutzt werden kann, gelten die jeweiligen Verfahrensgrundsätze der gewählten Verfahrensart.[7]

Auch bestimmte Leistungsarten sind von der Anwendung der elektronischen Auktion 15 ausgenommen. Elektronische Auktionen sind typischerweise nicht geeignet für bestimmte Bau- und Dienstleistungsaufträge, die geistige Leistungen wie etwa die Planung von Bauleistungen zum Gegenstand haben, denn nur die Elemente, die sich für die automatische Bewertung auf elektronischem Weg eignen, namentlich quantifi-

---

4 Art. 53 Abs. 1 UA 2 Richtlinie 2014/25/EU.
5 § 120 Abs. 2 GWB.
6 Vgl. VK Lüneburg, Beschl. v. 10.05.2011 – VgK-11/2011.
7 S. Dreher, in: Immenga/Mestmäcker, Wettbewerbsrecht, § 101 GWB, Rn. 69.

zierbare Elemente, die sich in Zahlen oder Prozentsätzen ausdrücken lassen, können Gegenstand elektronischer Auktionen sein.[8]

III. Voraussetzungen

16   Die zu beschaffende Leistung muss hinreichend präzise beschrieben werden können. Daraus ist nicht zu schließen, dass die Beschreibung eindeutig und erschöpfend zu erfolgen hat. Gleichwohl dürfen auch nur funktional beschriebene Leistungen von einer elektronischen Auktion erfasst werden.

17   Die Leistung selbst muss jedoch mithilfe automatischer Bewertungsmethoden eingestuft werden können. Maßgebend ist, dass die Angebotskomponenten in einer Weise quantifizierbar sein müssen, dass sie in Ziffern oder Prozentangaben ausgedrückt werden können. Sie müssen Gegenstand eines Rechenvorgangs werden können, der sich in einer mathematischen Formel ausdrücken lässt.[9]

18   Ist Zuschlagskriterium allein der Preis, beruht die sich schrittweise wiederholende elektronische Bewertung der Angebote allein auf nach unten korrigierten Preisen.

19   Ist hingegen Zuschlagskriterium das beste Preis-Leistungs-Verhältnis oder wird ein Kosten-Wirksamkeitsansatz mit den niedrigsten Kosten zugrunde gelegt, beruht die Bewertung der Angebote entweder auf neuen nach unten korrigierten Preisen oder neuen, auf bestimmte Angebotskomponenten abstellende Werte. Die Angebotskomponenten müssen sich numerisch oder prozentual beschreiben lassen.

20   Die Bewertungsmethode muss sich in einer mathematischen Formel ausdrücken lassen. Wird der Zuschlag nicht allein auf den niedrigsten Preis erteilt, so muss die Formel die Gewichtung aller Angebotskomponenten widerspiegeln.[10]

21   Im Falle der Zulassung von Nebenangeboten sind für diese ebenfalls entsprechende Formeln festzulegen.

22   Die Bewertungsmethoden einschließlich der hinterlegten mathematischen Formeln sind vom Auftraggeber in der Aufforderung zur Teilnahme an der elektronischen Auktion bekannt zu machen.

23   Konkrete Güter und Leistungen, die sich zur Beschaffung über inverse Auktionen besonders eignen, lassen sich nicht nach Güter- oder Leistungsgruppen abgrenzen. Es können aber eine Reihe von Kriterien benannt werden, die für den Erfolg einer inversen Auktion bedeutsam sind.
   – Spezifizierbarkeit der Leistung
   Der Beschaffungsbedarf muss sich genau spezifizieren lassen. Ansonsten können potenzielle Bieter ihre Angebote nicht kalkulieren.

---

8   S. Erwägungsgrund 76 UA 1 Richtlinie 2014/25/EU.
9   Wankmüller, in: Soudry/Hettich, Das neue Vergaberecht, Die elektronische Auftragsvergabe nach den neuen EU-Vergaberichtlinien, S. 261.
10   § 23 Abs. 3 SektVO.

– Beschaffungsvolumen
Das Beschaffungsvolumen sollte so hoch sein, dass die Durchführung einer elektronischen Auktion einen Mehrwert generiert, der ihre Kosten überwiegt.
– Anzahl potenzieller Teilnehmer
Die Anzahl potenzieller Teilnehmer auf Bieterseite (Liquidität des Bietermarktes)
soll möglichst hoch sein, damit ein starker Wettbewerb zwischen den Teilnehmern
gewährleistet ist.
– Verfügbarkeit der Leistungen
Der zu auktionierende Beschaffungsbedarf sollte mit einem Überschuss am Markt
verfügbar sein. Eine Auktion macht keinen Sinn, wenn die Nachfrage nach den zu
beschaffenden Leistungen höher ist als deren Angebot.
– Marktstruktur
Unter den potenziellen Bietern sollte ein möglichst großer Wettbewerb herrschen. In
einem monopolistischen Markt lässt sich ein Bedarf nur schwerlich auktionieren.

IV. Rechtsschutz

Die Vorgaben zu den Grundsätzen zur Durchführung elektronischer Auktionen sind   24
bieterschützend. Die Unternehmen haben einen Anspruch darauf, dass der Auftraggeber die Voraussetzungen zur Durchführung elektronischer Auktionen, insbesondere
zur Bestimmung der Bewertungsmethoden und der entsprechenden mathematischen
Formeln und deren Bekanntmachung einhält.

§ 24 SektVO Durchführung elektronischer Auktionen

(1) Der Auftraggeber kündigt in der Auftragsbekanntmachung oder in der Aufforderung zur Interessensbestätigung an, dass er eine elektronische Auktion durchführt.

(2) Die Vergabeunterlagen müssen mindestens folgende Angaben enthalten: 1. alle
Angebotskomponenten, deren Werte Grundlage der automatischen Neureihung
der Angebote sein werden,
2. gegebenenfalls die Obergrenzen der Werte nach Nummer 1, wie sie sich aus den
technischen Spezifikationen ergeben,
3. eine Auflistung aller Daten, die den Bietern während der elektronischen Auktion
zur Verfügung gestellt werden,
4. den Termin, an dem die Daten nach Nummer 3 den Bietern zur Verfügung gestellt
werden,
5. alle für den Ablauf der elektronischen Auktion relevanten Daten und
6. die Bedingungen, unter denen die Bieter während der elektronischen Auktion Gebote abgeben können, insbesondere die Mindestabstände zwischen den der automatischen Neureihung der Angebote zugrunde liegenden Preisen oder Werten.

(3) Der Auftraggeber fordert alle Bieter, die zulässige Angebote unterbreitet haben,
gleichzeitig zur Teilnahme an der elektronischen Auktion auf. Ab dem genannten
Zeitpunkt ist die Internetverbindung gemäß den in der Aufforderung zur Teilnahme
an der elektronischen Auktion genannten Anweisungen zu nutzen. Der Aufforderung

zur Teilnahme an der elektronischen Auktion ist jeweils das Ergebnis der vollständigen Bewertung des betreffenden Angebots nach § 23 Absatz 1 Satz 3 beizufügen.

(4) Eine elektronische Auktion darf frühestens zwei Arbeitstage nach der Versendung der Aufforderung zur Teilnahme gemäß Absatz 3 beginnen. (5) Der Auftraggeber teilt allen Bietern im Laufe einer jeden Phase der elektronischen Auktion unverzüglich zumindest den jeweiligen Rang ihres Angebotes innerhalb der Reihenfolge aller Angebote mit. Er kann den Bietern weitere Daten nach Absatz 2 Nummer 3 zur Verfügung stellen. Die Identität der Bieter darf in keiner Phase einer elektronischen Auktion offengelegt werden.

(6) Der Zeitpunkt des Beginns und des Abschlusses einer jeden Phase ist in der Aufforderung zur Teilnahme an einer elektronischen Auktion ebenso anzugeben wie gegebenenfalls die Zeit, die jeweils nach Eingang der letzten neuen Preise oder Werte nach § 23 Absatz 2 Satz 2 Nummer 1 und 2 vergangen sein muss, bevor eine Phase einer elektronischen Auktion abgeschlossen wird.

(7) Eine elektronische Auktion wird abgeschlossen, wenn
1. der vorher festgelegte und in der Aufforderung zur Teilnahme an einer elektronischen Auktion bekanntgemachte Zeitpunkt erreicht ist,
2. von den Bietern keine neuen Preise oder Werte nach § 23 Absatz 2 Satz 2 Nummer 1 und 2 mitgeteilt werden, die die Anforderungen an Mindestabstände nach Absatz 2 Nummer 6 erfüllen, und die vor Beginn einer elektronischen Auktion bekanntgemachte Zeit, die zwischen dem Eingang der letzten neuen Preise oder Werte und dem Abschluss der elektronischen Auktion vergangen sein muss, abgelaufen ist oder
3. die letzte Phase einer elektronischen Auktion abgeschlossen ist.
(8) Der Zuschlag wird nach Abschluss einer elektronischen Auktion entsprechend ihrem Ergebnis mitgeteilt.

Amtliche Begründung

»Zu Absatz 1

Absatz 1 setzt Artikel 53 Absatz 4 Satz 1 der Richtlinie 2014/25/EU um.

Zu Absatz 2

Absatz 2 setzt Artikel 53 Absatz 4 Satz 2 und Anhang VII Buchstabe b bis f der Richtlinie 2014/25/EU um.

Die relevanten Angaben nach Nummer 5 beziehen sich insbesondere auf die für die Durchführung einer elektronischen Auktion verwendeten elektronischen Mittel einschließlich der technischen Eigenschaften der verwendeten Internetverbindung.

Zu Absatz 3

Absatz 3 setzt Artikel 53 Absatz 5 Unterabsatz 5 Satz 1 und Absatz 6 Unterabsatz 1 der Richtlinie 2014/25/EU um.

Die Aufforderung an die Bieter, an der elektronischen Auktion teilzunehmen, wird mithilfe elektronischer Mittel versandt.

Zu Absatz 4

Absatz 4 setzt Artikel 53 Absatz 5 Unterabsatz 5 Satz 3 der Richtlinie 2014/25/EU um.

Zu Absatz 5

Absatz 5 setzt Artikel 53 Absatz 7 der Richtlinie 2014/25/EU um.

Zu Absatz 6

Absatz 6 stellt in Übereinstimmung mit Artikel 53 Absatz 8 der Richtlinie 2014/25/EU klar, dass die dort genannten Zeitpunkte beziehungsweise Zeiträume den Bietern zuvor bekanntgemacht werden müssen.

Zu Absatz 7

Absatz 7 setzt Artikel 53 Absatz 8 der Richtlinie 2014/25/EU um.

Zu Absatz 8

Absatz 8 setzt Artikel 53 Absatz 9 der Richtlinie 2014/25/EU um.«

A. Allgemeine Einführung

Fehlten bisher die Verfahrensvorgaben zur Durchführung elektronischer Auktionen, 1 setzt der deutsche Gesetz-/Verordnungsgeber diese nun mit der Vorschrift des § 24 SektVO in nationales Recht um.

B. Vergleich zur vorigen Rechtslage

Die europäischen Vorgaben zur Durchführung elektronischer Auktionen[1] haben sich 2 weitestgehend nicht geändert. Neu im deutschen Vergaberecht ist nun die Umsetzung auch der verfahrensmäßigen Vorschriften zu elektronischen Auktionen.

C. Europarechtliche Vorgaben

Sowohl die Beschreibung/Definition als auch das Verfahren der elektronischen Auk- 3 tion sind in Artikel 53 Richtlinie 2014/25/EU verankert.

---

1 S. Art. 53 Richtlinie 2014/25/EU.

D. Kommentierung

I. Allgemeines

4 Während die Richtlinie 2014/25/EU sowohl Definition als auch Verfahren der elektronischen Auktion in einer Norm regelt, hat der deutsche Verordnungsgeber eine Aufteilung vorgenommen. Zunächst findet sich die Definition in § 120 Absatz 2 GWB. Die Grundsätze der Durchführung regelt § 23 SektVO (s. dort) und die Durchführung selbst ist in § 24 SektVO geregelt.

II. Verfahrensgestaltung

5 Will der Auftraggeber eine elektronische Auktion zur Ermittlung des wirtschaftlichsten Angebotes durchführen, so weist er hierauf in der Auftragsbekanntmachung oder der Aufforderung zur Interessensbestätigung hin. Die Vergabeunterlagen müssen bestimmte Mindestangaben enthalten:[2]
  – Die Angebotskomponenten, deren Werte Gegenstand der elektronischen Auktion und damit der automatischen Neureihung der Angebote sein sollen;
  – gegebenenfalls die Grenzen der Werte, wie sie sich aus den technischen Spezifikationen bzw. der Leistungsbeschreibung ergeben;
  – alle Informationen, die den Bietern während der elektronischen Auktion zur Verfügung gestellt werden sowie den Zeitpunkt der Zurverfügungstellung. Hierzu gehören in jedem Fall die relevanten Informationen über die Feststellung des jeweiligen Rangs des jeweiligen Bieters. Hat der Auftraggeber in den Spezifikationen Informationen zu anderen vorgelegten Preisen oder Werten zu übermitteln angekündigt, sind auch diese Informationen zur Verfügung zu stellen. Darüber hinaus kann jederzeit die Anzahl der teilnehmenden Bieter angegeben werden;[3]
  – die relevanten Daten zum Ablauf der elektronischen Auktion. Insbesondere ist hier anzugeben, ob die elektronische Auktion in Phasen ablaufen soll und wenn ja, die Anzahl der Phasen und deren konkrete Ausgestaltung einschließlich Beginn und Ende;[4]
  – die Bedingungen, unter denen die Bieter Gebote tätigen können und insbesondere die Mindestabstände, die bei diesen Geboten einzuhalten sind;
  – die relevanten Angaben zur verwendeten elektronischen Vorrichtung und zu den technischen Modalitäten und Merkmalen der Anschlussverbindung.[5]

6 Vor der Aufforderung zur Teilnahme an der elektronischen Auktion führt der Auftraggeber eine vollständige Prüfung der Angebote auf allen vier Wertungsstufen (formale Prüfung, Eignungsprüfung, Aufklärung unangemessen niedriger Preise, Wertungsprüfung anhand der bekannt gemachten Zuschlagskriterien und deren Gewichtung) durch.

---

2 § 24 Absatz 2 SektVO; die Mindestangaben ergeben sich aus Anhang VII Richtlinie 2014/25/EU.
3 S. Artikel 53 Absatz 7 Richtlinie 2014/25/EU.
4 S. Artikel 53 Absatz 5 UA 5 S. 2 Richtlinie 2014/25/EU; § 24 Absatz 6 SektVO.
5 S. Anhang VII lit. f) Richtlinie 2014/25/EU.

In die elektronische Auktion einbezogen werden dürfen nur zulässige Angebote.[6] Die Vorschrift definiert den Begriff der zulässigen Angebote allerdings nicht. Hier hilft ein Blick in die Richtlinie:[7]

Das Angebot muss die festgelegten Auswahlkriterien[8] erfüllen und mit den Vorgaben   7 der Leistungsbeschreibung[9] übereinstimmen ohne unregelmäßig, inakzeptabel oder ungeeignet[10] zu sein. Es dürfen keine festgelegten Ausschlussgründe (ggf. nach §§ 123, 124 GWB) vorliegen. Im Ergebnis muss ein zu auktionierendes Angebot über alle Zweifel erhaben sein, da sich während der Auktion Aufklärungen oder Verhandlungen verbieten.[11]

Nicht ordnungsgemäß (unregelmäßig) sind Angebote, die nicht fristgerecht eingegangen sind, die nach Aufklärung vom Auftraggeber als ungewöhnlich niedrig eingestuft werden oder die nachweislich auf kollusiven Absprachen oder Korruption beruhen.[12]

Unannehmbar (inakzeptabel) ist ein Angebot von Bietern, die nicht die geforderten Eig-   8 nungskriterien (Qualifikationen) erfüllen oder deren angebotener Preis das vom Auftraggeber (ggf. im Rahmen der Auftragswertschätzung) festgelegte Budget übersteigen.[13]

Ein Angebot gilt als ungeeignet, wenn es irrelevant für den Auftrag ist und ohne wesentliche Abänderung nicht den in den Vergabeunterlagen beschriebenen Bedürfnissen und Anforderungen entsprechen kann.

Ein Teilnahmeantrag gilt als ungeeignet, wenn das Unternehmen auszuschließen ist oder ausgeschlossen werden kann oder es die objektiven Auswahlkriterien/Eignungsanforderungen nicht erfüllt.[14]

Die Aufforderung zur Teilnahme ergeht gleichzeitig an alle Bieter. Es ist das jeweilige   9 Ergebnis der ersten vollständigen Angebotsprüfung beizufügen. Ebenso beizufügen sind die mathematische Formel, nach der die automatische Reihung der Angebote während der Auktion erfolgt sowie die Gewichtung aller festgelegten Kriterien. Dies gilt auch für ggf. zugelassene Nebenangebote.

Ab dem in der Aufforderung zur Teilnahme an der elektronischen Auktion genannten Tag und Zeitpunkt sind die elektronischen Verbindungen entsprechend den in der Aufforderung gemachten Anweisungen zu nutzen.

---

6 § 24 Absatz 3 S. 1 SektVO.
7 Artikel 53 Absatz 5 UA 2 bis 3 Richtlinie 2014/25/EU.
8 S. § 46 SektVO.
9 S. § 28 SektVO.
10 Artikel 35 Absatz 5 Richtlinie 2014/24/EU verwendet die Begriffe »ordnungsgemäß« und »unannehmbar«.
11 Vgl. Wankmüller, in: Soudry/Hettich, Das neue Vergaberecht, Die elektronische Auftragsvergabe nach den neuen EU-Vergaberichtlinien, S. 261.
12 S. Art. 53 Abs. 5 UA 3 S. 1 Richtlinie 2014/25/EU.
13 S. Art. 53 Abs. 5 UA 3 S. 2 Richtlinie 2014/25/EU.
14 S. Art. 53 Abs. 5 UA 4 Richtlinie 2014/25/EU.

Die elektronische Auktion darf frühestens zwei Arbeitstage nach Versendung der Aufforderung zur Teilnahme beginnen. Sie kann in mehreren Phasen durchgeführt werden.

10   Der Auftraggeber teilt allen Teilnehmern im Verlauf jeder Phase unverzüglich den jeweiligen Rang ihres Angebotes mit. Die Zurverfügungstellung weiterer Informationen nach § 24 Absatz 2 Nummer 3 SektVO steht dem Auftraggeber frei. Keinesfalls jedoch darf er die Bieteridentität preisgeben.

III. Abschluss der elektronischen Auktion und Zuschlagserteilung

11   Der Abschluss der elektronischen Auktion kann auf verschiedene Arten und Weisen erfolgen:
   – zum vorher angegebenen Tag und Zeitpunkt;
   – werden keine neuen Preise oder mehr geboten, die die Anforderungen für die Mindestabstände erfüllen, kann die elektronische Auktion nach Ablauf des vorher genannten Mindestzeitraums seit dem letzten Gebot beendet werden;
   – nach Erreichen der genannten Anzahl von Auktionsphasen.

Der Zuschlag wird auf das nach Ablauf der elektronischen Auktion auf der Grundlage der mathematischen Bewertungsformel elektronisch ermittelte wirtschaftlichste Angebot[15] (Ergebnis der Auktion) erteilt.

§ 25 SektVO   Elektronische Kataloge

(1)   Der Auftraggeber kann festlegen, dass Angebote in Form eines elektronischen Kataloges einzureichen sind oder einen elektronischen Katalog beinhalten müssen. Angeboten, die in Form eines elektronischen Kataloges eingereicht werden, können weitere Unterlagen beigefügt werden.

(2)   Akzeptiert der Auftraggeber Angebote in Form eines elektronischen Kataloges oder schreibt er vor, dass Angebote in Form eines elektronischen Kataloges einzureichen sind, so weist er in der Auftragsbekanntmachung oder, sofern eine regelmäßige nichtverbindliche Bekanntmachung als Auftragsbekanntmachung dient, in der Aufforderung zur Interessensbestätigung darauf hin.

(3)   Schließt der Auftraggeber mit einem oder mehreren Unternehmen eine Rahmenvereinbarung im Anschluss an die Einreichung der Angebote in Form eines elektronischen Kataloges, kann er vorschreiben, dass ein erneutes Vergabeverfahren für Einzelaufträge auf der Grundlage aktualisierter elektronischer Kataloge erfolgt, indem er:
1. die Bieter auffordert, ihre elektronischen Kataloge an die Anforderungen des zu vergebenden Einzelauftrages anzupassen und erneut einzureichen, oder
2. die Bieter informiert, dass sie den bereits eingereichten elektronischen Katalogen zu einem bestimmten Zeitpunkt die Daten entnehmen, die erforderlich sind, um Angebote zu erstellen, die den Anforderungen des zu vergebenden Einzelauftrages entsprechen; dieses Verfahren ist in der Auftragsbekanntmachung oder den Vergabeun-

---

15 S. Art. 82 Richtlinie 2014/25/EU; § 52 SektVO.

terlagen für den Abschluss einer Rahmenvereinbarung anzukündigen; der Bieter kann diese Methode der Datenerhebung ablehnen.

(4) Vor der Erteilung des Zuschlags sind dem jeweiligen Bieter die gesammelten Daten vorzulegen, sodass dieser die Möglichkeit zum Einspruch oder zur Bestätigung, dass das Angebot keine materiellen Fehler enthält, hat.

Amtliche Begründung

»Zu Absatz 1

Absatz 1 setzt Artikel 54 Absatz 1 Unterabsatz 1 und Unterabsatz 3 der Richtlinie 2014/25/EU um.

Zu Absatz 2

Absatz 2 setzt Artikel 54 Absatz 3 Buchstabe a der Richtlinie 2014/25/EU um.

Zu Absatz 3

Absatz 3 setzt Artikel 54 Absatz 4 und Absatz 5 Unterabsatz 1 der Richtlinie 2014/25/EU um.

Zu Absatz 4

Absatz 4 setzt Artikel 54 Absatz 5 Unterabsatz 3 der Richtlinie 2014/25/EU um.«

A. Allgemeine Einführung

Die fortschreitende Entwicklung neuer Techniken der online-Beschaffung ermöglicht 1 den Wettbewerb auszuweiten und die Verfahrenseffizienz im öffentlichen Auftragswesen zu verbessern. Die Anwendung der online-Beschaffung ist im Rahmen der allgemeinen vergaberechtlichen Grundsätze der Gleichbehandlung und Transparenz zulässig.[1] Hierunter fällt auch die Angebotsabgabe in Form eines elektronischen Kataloges. Die Kataloge sollen insbesondere zur Rationalisierung der öffentlichen Beschaffung beitragen.[2]

---

1 S. Erwägungsgrund 20 Richtlinie 2004/17/EG (ABl. L 134 v. 30.4.2004 S. 1).
2 S. Erwägungsgrund 77 UA 1 Richtlinie 2014/25/EU.

B. Vergleich zur vorigen Rechtslage

2 Zwar erachtete die Richtlinie 2004/17/EG nach ihrem Erwägungsgrund 20 die Angebotseinreichung in Form elektronischer Kataloge als zulässig, sofern die vom Auftraggeber verlangten elektronischen Kommunikationsmittel verwendet wurden, eine ausdrückliche Regelung fand sich in der Richtlinie jedoch nicht.

Entsprechend fand sich weder im GWB a.F. noch in der SektVO a.F. eine Regelung zu elektronischen Katalogen. Dies änderte sich erst mit der Neufassung der Vorschriften in der Richtlinie 2014/25/EU.

C. Europarechtliche Vorgaben

3 Die Vorschriften zu den elektronischen Katalogen finden sich in Artikel 54 Richtlinie 2014/25/EU. Sind für die Durchführung des Vergabeverfahrens elektronische Kommunikationsmittel vorgeschrieben, können die Auftraggeber die Übermittlung der Angebote in Form von elektronischen Katalogen oder unter Beifügung eines solchen verlangen.

Die Mitgliedstaaten können die Verwendung elektronischer Kataloge im Zusammenhang mit bestimmten Formen der Auftragsvergabe verbindlich vorschreiben.

Die in den elektronischen Katalogen aufgeführten Leistungen müssen den Vorgaben des Auftraggebers zu den technischen Spezifikationen entsprechen. Dies gilt ebenso für die gestellten Anforderungen an die elektronische Kommunikation.

4 Sollen elektronische Kataloge im Vergabeverfahren Anwendung finden, macht der Auftraggeber dies entsprechend bekannt. In der Bekanntmachung nennt er alle erforderlichen Information bezüglich der elektronischen Kommunikation wie die verwendete elektronische Ausrüstung, die technischen Vorkehrungen der Verbindung und die Spezifikationen für den Katalog.

Wurden Rahmenvereinbarungen auf der Grundlage elektronischer Kataloge geschlossen, können die Einzelabrufe auf der Basis aktualisierter elektronischer Kataloge erfolgen. Die konkrete Einzelabrufmethode ist bereits in der Bekanntmachung zur Rahmenvereinbarung anzugeben.

Vor Zuschlagserteilung muss der Auftraggeber die Informationen dem Bieter vorlegen. Der Bieter soll somit das Recht haben festzustellen, ob der elektronische Katalog möglicherweise materielle Fehler enthält, die es zu korrigieren gilt.

Die Verwendung elektronischer Kataloge im Rahmen des Betriebs dynamischer Beschaffungssystem ist ebenfalls zulässig.

D. Kommentierung

1. Allgemeines

Ein elektronischer Katalog ist ein auf der Grundlage der Leistungsbeschreibung erstell- 5
tes Verzeichnis in einem elektronischen Format. Der Inhalt dieses Verzeichnisses besteht aus der zu beschaffenden Liefer-, Bau- oder Dienstleistung.[3]

Mittels eines elektronischen Kataloges können Informationen in einer Weise gestaltet werden, die allen teilnehmenden Bietern gemeinsam ist, beispielsweise einer Kalkulationstabelle.[4]

2. Grundsatz

Die Einreichung elektronischer Kataloge ist eine Angebotsform, die er Auftraggeber 6
festlegen kann. Der Auftraggeber kann entweder das Angebot selbst in Form eines elektronischen Kataloges verlangen oder das Beifügen eines solchen zu einem Angebot.[5]

Der Auftraggeber darf eine solche Festlegung in allen Vergabeverfahren treffen, in de- 7
nen die Nutzung elektronischer Kommunikationsmittel vorgeschrieben ist.[6] Dies bedeutet nicht, dass der Bewerber seine allgemeinen elektronischen Kataloge einreichen darf. Die Bewerber müssen ihre allgemeinen elektronischen Kataloge auf der Grundlage der Leistungsbeschreibung und der technischen Spezifikationen überarbeiten und konkretisieren, sodass ein den Anforderungen entsprechendes Angebot eingereicht wird, welches eine Vergleichbarkeit mit den übrigen Angeboten gewährleistet.

Ist die elektronische Kommunikation ausnahmsweise nicht vorgeschrieben,[7] darf der Auftraggeber Angebote in Form elektronischer Kataloge nicht fordern.

Bewerber dürfen in ihren allgemeinen Katalogen enthaltene Informationen kopieren, 8
jedoch nicht ihren allgemeinen Katalog als solches einreichen. Voraussetzung ist, dass die enthaltenen Informationen den Anforderungen des Auftraggebers genügen. Deshalb sollen die Anbieter vor dem Hintergrund des konkreten Vergabeverfahrens ihre allgemeinen Kataloge anpassen müssen.[8]

Was unter einem allgemeinen Katalog eines Anbieters/Bewerbers zu verstehen ist, wird nicht definiert. Hierbei dürfte es sich jedoch um Kataloge handeln, in denen der Anbieter seine Leistungen allgemein präsentiert und dazu auffordert, aus diesem Katalog zu bestellen.[9]

---

3 S. § 120 Abs. 3 Satz 1 GWB.
4 S. Erwägungsgrund 77 UA 1 Richtlinie 2014/25/EU.
5 § 25 Abs. 1 Satz 1 VgV.
6 S. Erwägungsgrund 77 UA 1 Richtlinie 2014/25/EU.
7 S. §§ 41 Abs. 3, 43 Abs. 2 SektVO.
8 S. Erwägungsgrund 77 UA 1 Richtlinie 2014/25/EU.
9 Vgl. *Wankmüller*, in: Soudry/Hettich, Das neue Vergaberecht, Die elektronische Auftragsvergabe nach den neuen europäischen Vergaberichtlinien, I. Elektronische Kataloge.

Angeboten in Form elektronischer Kataloge darf der Bieter weitere Unterlagen beifügen. Denkbar sind ergänzende Erläuterungen und Nachweise, die dem Auftraggeber die Feststellung erleichtern, ob die angebotene Leistung seinen gestellten Anforderungen entspricht.

3. Verfahren und Nutzung

9   Will der Auftraggeber elektronische Kataloge zur Anwendung bringen, muss er in der Bekanntmachung oder der Aufforderung zur Interessensbestätigung darauf hinweisen. Ebenso muss er die technischen Anforderungen angeben.[10]

10   Der Auftraggeber kann elektronische Kataloge auch für den Abschluss von Rahmenvereinbarungen nutzbar machen. In diesen Fällen wird es Auftraggebern ermöglicht, Angebote für bestimmte Beschaffungen anhand früher übermittelter elektronischer Kataloge zu generieren. Voraussetzung ist eine ausreichende Garantie hinsichtlich der Rückverfolgbarkeit sowie Vorhersehbarkeit der elektronischen Kataloge und der Gleichbehandlung der Bieter.[11]

11   Die Möglichkeit, dass Auftraggeber Aufträge auf der Basis eines dynamischen Beschaffungssystems[12] vergeben, indem sie vorschreiben, dass Angebote zu einem bestimmten Auftrag in Form eines elektronischen Katalogs übermittelt werden, hat der Verordnungsgeber nicht umgesetzt. Gleichwohl ist in richtlinienkonformer Auslegung dem Auftraggeber diese Form der Angebotsforderung nicht verwehrt.[13] Macht er hiervon Gebrauch, sind die Vorschriften der Absätze 3 und 4 analog anzuwenden. (s.u.).

Wurde eine Rahmenvereinbarung unter Anwendung elektronischer Kataloge geschlossen, kann der Auftraggeber vorschreiben, dass die Einzelauftragsvergabe auf der Grundlage aktualisierter elektronischer Kataloge erfolgt. Hierzu sind zwei Alternativen zugelassen:

a) Der Auftraggeber fordert die Bieter auf, ihre für den Abschluss der zugrunde liegenden Rahmenvereinbarung eingereichten elektronischen Kataloge an die Anforderungen der Einzelaufträge anzupassen und erneut einzureichen;

12   b) der Auftraggeber kann die Angaben für die Einzelauftragsvergabe selbst generieren indem er den für die Rahmenvereinbarung eingereichten elektronischen Katalogen zu einem bestimmten Zeitpunkt die erforderlichen Daten entnimmt und selbst eine Anpassung vornimmt. Dies setzt idealerweise voraus, dass Bieter- und Auftraggebersysteme über gemeinsame Standards einen automatischen Datenaustausch und damit die Generierung ermöglichen.[14]

---

10   S. Art. 40 Abs. 2 Richtlinie 2014/25/EU.
11   S. Erwägungsgrund 77 UA 1 Richtlinie 2014/25/EU.
12   S. §§ 20 ff. SektVO.
13   S. Erwägungsgrund 77 UA 1 Satz 10 Richtlinie 2014/25/EU.
14   *Wankmüller*, in: Soudry/Hettich, Das neue Vergaberecht, Die elektronische Auftragsvergabe nach den neuen europäischen Vergaberichtlinien, I. Elektronische Kataloge.

Will der Auftraggeber die Daten selbst generieren, muss er dies in der Bekanntmachung oder den Vergabeunterlagen ankündigen. Unterlässt er dies, darf er von dieser Möglichkeit keinen Gebrauch machen. Der Bieter darf diese Alternative ablehnen.

Die Generierung eines aktualisierten elektronischen Kataloges ist fehleranfällig. Daher 13 muss der Bieter Gelegenheit erhalten, den durch den Auftraggeber generierten aktualisierten elektronischen Katalog auf Fehler zu überprüfen. Liegt ein Fehler vor, so ist er nicht an den fehlerhaft generierten elektronischen Katalog gebunden, es sei denn, der Fehler wird korrigiert.[15]

Daher regelt Abs. 4 ausschließlich für den Fall des Abs. 3 Nr. 2, dass vor Zuschlagser- 14 teilung dem jeweiligen – also jedem betroffenen – Bieter die gesammelten Daten zur Kontrolle und Bestätigung vorzulegen sind. Mit den gesammelten Daten sind dem Sinn und Zweck der Regelung nach die dem jeweiligen Bieter zuzuordnenden durch den Auftraggeber generierten elektronischen Kataloge gemeint.

Weder dem Richtlinienwortlaut noch dem der Verordnungsregelung lässt sich entneh- 15 men, dass ein vom Bieter festgestellter materieller Fehler zwingend korrigiert werden muss. Vielmehr lässt sich aus der offenen Formulierung »dass dieser die Möglichkeit zum Einspruch oder zur Bestätigung ... hat« der Schluss ziehen, dass es dem Bieter vorbehalten bleibt, die Korrektur eines materiellen Fehlers zu verlangen. Dafür spricht auch das dem Bieter zustehende Recht, die Generierung überhaupt abzulehnen.

Im Falle einer fehlerhaften Generierung eines elektronischen Kataloges durch den Auftraggeber soll es dem Bieter obliegen zu entscheiden, ob er an sein Angebot gebunden bleiben will oder nicht.[16]

Der Wortlaut »ein erneutes Vergabeverfahren für Einzelaufträge« in Abs. 3 ist auch hier 16 missverständlich. Es kann schon kein »erneutes« Verfahren »für Einzelaufträge« stattfinden, da erst einmal die Rahmenvereinbarung geschlossen wurde, aber kein Einzelvertrag. Auch ist kein »Vergabeverfahren« im herkömmlichen Sinne erforderlich, wie man dem Wortlaut entnehmen könnte. Die Einzelauftragsvergabe erfolgt vielmehr auf der Grundlage der in der Bekanntmachung der Rahmenvereinbarung festgelegten objektiven Kriterien.[17]

4. Rechtsschutz

Die Festlegung des Auftraggebers zur Verwendung elektronischer Kataloge ist freiwillig. 17 Insofern hat der Bewerber keinen Anspruch auf eine entsprechende Festlegung. Sinn und Zweck ist die Effizienzsteigerung und Rationalisierung des Vergabeverfahrens. Insoweit ergibt sich kein bieterschützender Charakter der Vorschrift und demzufolge hieraus keine Ermessensreduzierung aus der sich eine Festlegungsverpflichtung ableiten ließe.

---

15 S. Art. 40 Abs. 5 i.V.m. Abs. 4 Buchstabe b) Richtlinie 2014/25/EU.
16 Vgl. Erwägungsgrund 77 UA 3 Richtlinie 2014/25/EU.
17 S. § 19 Abs. 2 SektVO.

Bieterschützend sind jedoch die verfahrensmäßigen Regeln in Bezug auf Form, Inhalte, Übermittlung von Informationen und insbesondere die Gewährung einer Kontrollmöglichkeit für den Bieter.

Die Einhaltung dieser Vorgaben ist von den Nachprüfungsinstanzen überprüfbar.

Unterabschnitt 3   Vorbereitung des Vergabeverfahrens

§ 26 SektVO   Markterkundung

(1) Vor der Einleitung eines Vergabeverfahrens darf der Auftraggeber eine Markterkundung zur Vorbereitung der Auftragsvergabe und zur Unterrichtung der Marktteilnehmer über seine Auftragsvergabepläne und -anforderungen durchführen.

(2) Die Durchführung von Vergabeverfahren lediglich zur Markterkundung und zum Zwecke der Kosten- oder Preisermittlung ist unzulässig.

Amtliche Begründung:

»**Zu Absatz 1**

Nach Absatz 1 können Auftraggeber Markterkundungen vor der Einleitung eines Vergabeverfahrens durchführen. Diese Markterkundungen dürfen allerdings ausschließlich zur Vorbereitung eines Vergabeverfahrens oder zur Unterrichtung der Unternehmen über bestehende Auftragsvergabepläne und -anforderungen des Auftraggebers dienen.

In Umsetzung des Artikels 58 Unterabsatz 1 der Richtlinie 2014/25/EU wird klargestellt, dass eine Markterkundung vor der Einleitung eines Vergabeverfahrens zum Zwecke der Planung und Durchführung eines Vergabeverfahrens zulässig ist. In vielen Fällen erscheint eine vorherige Markterkundung auch sinnvoll, um eine fundierte Leistungsbeschreibung auf einer realistischen Kalkulationsgrundlage erstellen zu können.

Zur Markterkundung kann der Auftraggeber nach Artikel 58 Unterabsatz 2 der Richtlinie 2014/25/EU beispielsweise den Rat von unabhängigen Sachverständigen oder Behörden oder von Marktteilnehmern einholen oder annehmen. Dies darf dabei nicht wettbewerbsverzerrend sein und nicht zu einem Verstoß gegen die Grundsätze der Nichtdiskriminierung und der Transparenz führen.

Zu Absatz 2

Absatz 2 überführt den Regelungsgehalt des bisherigen § 2 EG Absatz 3 VOL/A in die Sektorenverordnung. Die Vorschrift stellt klar, dass die Durchführung eines Vergabeverfahrens zur reinen Markterkundung oder zum Zwecke der Kosten- oder Preisermittlung, d.h. zu vergabefremden Zwecken, wie bisher unzulässig ist.«

A. Allgemeine Einführung

Auftraggeber sind berechtigt und gegebenenfalls sogar vergaberechtlich verpflichtet, vor einem Vergabeverfahren eine Markterkundung durchzuführen, um sich insbesondere einen Überblick über das am Markt vorhandene Produkt- oder Leistungsangebot sowie den Auftragswert zu verschaffen. Die Markterkundung muss somit dem betreffenden Vergabeverfahren vorangehen. Vergaberechtlich unzulässig ist es, ein Vergabeverfahren allein zum Zwecke der Markterkundung durchzuführen und dieses gleichsam ohne Beschaffungsintention als bloßes Vehikel für eine Markterkundung zu missbrauchen.

B. Europarechtliche Vorgaben

Die europarechtlichen Vorschriften im Hinblick auf Markterkundungen können Art. 58 der Richtlinie 2014/25/EU entnommen werden. Art. 58 UAbs. 1 der Richtlinie 2014/25/EU wurde – sprachlich angepasst – in § 26 Abs. 1 SektVO umgesetzt. So heißt es insbesondere in § 26 Abs. 1 SektVO statt »Marktkonsultationen« dem deutschen Sprachgebrauch entsprechend »Markterkundungen«.

Art. 58 UAbs. 2 der Richtlinie 2014/25/EU wurde hingegen nicht in die SektVO überführt. Nach dieser Vorschrift können Auftraggeber beispielsweise eine Empfehlung von unabhängigen Experten oder Behörden beziehungsweise von Marktteilnehmern einholen oder annehmen. Eine solche Empfehlung kann für die Planung und Durchführung des Vergabeverfahrens genutzt werden, sofern sie nicht wettbewerbsverzerrend ist und nicht zu einem Verstoß gegen die Grundsätze der Nichtdiskriminierung und der Transparenz führt.

Für § 26 Abs. 2 SektVO findet sich keine entsprechende Regelung in Art. 58 der Richtlinie 2014/25/EU. Vielmehr wird mit dieser Vorschrift der Regelungsgehalt des § 2 EG Abs. 3 VOL/A a. F. in die SektVO überführt.

C. Vergleich zur vorherigen Rechtslage

Weder die Richtlinie 2014/17/EG noch die SektVO a. F. enthielten Vorgaben für eine Markterkundung. Demgegenüber statuierten sowohl die VOL/A a. F. (§ 2 Abs. 3 VOL/A a. F. und § 2 EG Abs. 3 VOL/A a. F.) als auch die VOB/A a. F. (§ 2 Abs. 4 VOB/A a. F. und § 2 EG Abs. 4 VOB/A a. F.) sowie die VSVgV (§ 10 Abs. 4 VSVgV) ein Verbot der Durchführung von Vergabeverfahren zur Markterkundung. Ergänzend untersagten die genannten Vorschriften in der VOL/A a. F. und der VSVgV Vergabeverfahren zum Zwecke von Ertragsberechnungen.

D. Kommentierung

I. Vorgaben für eine vergaberechtskonforme Markterkundung im Vorfeld eines Vergabeverfahrens

5   Nach § 26 Abs. 1 SektVO können Auftraggeber Markterkundungen vor der Einleitung eines Vergabeverfahrens durchführen. Diese Markterkundungen dürfen allerdings ausschließlich zur Vorbereitung eines Vergabeverfahrens oder zur Unterrichtung der Unternehmen über bestehende Auftragsvergabepläne und -anforderungen des Auftraggebers dienen.

6   § 26 Abs. 1 SektVO stellt damit nunmehr – positiv formuliert – klar, dass eine vorbereitende Markterkundung im Vorfeld eines Vergabeverfahrens grundsätzlich im Einklang mit dem Vergaberecht steht. Eine solche dem Vergabeverfahren vorausgehende Markterkundung dürfte für den Auftraggeber vielfach »Voraussetzung für ein ordentliches Vergabeverfahren«[1] sein, um in Kenntnis der aktuellen Marktentwicklungen eine fundierte Leistungsbeschreibung auf einer realistischen Kalkulationsgrundlage erstellen zu können. In manchen Fällen dürfte das Gebot der eindeutigen und erschöpfenden Leistungsbeschreibung gemäß § 121 Abs. 1 GWB den Auftraggeber sogar gleichsam zur Durchführung einer Markterkundung verpflichten. Markterkundungsmaßnahmen müssen zudem regelmäßig auch dann ergriffen werden, wenn sich der Auftraggeber mit Verweis auf das Alleinstellungsmerkmal eines Lieferanten auf den Ausnahmetatbestands des § 13 Abs. 2 Nr. 3 GWB stützen möchte. Denn ob eine Leistung nur von einem Unternehmen erbracht werden kann, lässt sich grundsätzlich nur mithilfe einer Markterkundung herausfinden.[2]

7   § 26 Abs. 1 SektVO knüpft die vergaberechtliche Zulässigkeit der Markterkundung an ihre Durchführung vor Einleitung eines Vergabeverfahrens. Die Schwelle von der bloßen Markterkundung zum Beginn eines Vergabeverfahrens im materiellen Sinn wird dann überschritten, wenn der öffentliche Auftraggeber seinen internen Beschaffungsbeschluss objektiv erkennbar nach außen durch Maßnahmen umsetzt, welche konkret zu einem Vertragsschluss mit einem auszuwählenden Unternehmen führen sollen.[3] Danach setzen insbesondere konkrete Vertragsverhandlungen mit einem Interessenten ein materielles Vergabeverfahren in Gang.[4]

---

1   VK Arnsberg, Beschl. v. 19.01.2012 – VK 17/11.

2   Vgl. OLG Düsseldorf, Beschl. v. 28.12.2011 – Verg 73/11.

3   Siehe hierzu und zum Folgendem OLG München, Beschl. v. 19.07.2012 – Verg 8/12; vgl. zudem OLG Düsseldorf, Beschl. v. 29.10.2008 – Verg 35/08; Völlink, in: Ziekow/Völlink (Hrsg.), Vergaberecht, 2. Aufl. 2013, § 2 VOB/A Rn. 26; Franzius, in: Pünder/Schellenberg (Hrsg.), Vergaberecht, 2. Aufl. 2015, § 2 VOB/A Rn. 28.

4   Mündet eine Markterkundung in einem nicht bekanntgegebenen Vergabeverfahren, kann die Zuschlagserteilung grundsätzlich durch die Einleitung eines Nachprüfungsverfahrens verhindert werden. Sofern es bereits zu einem Vertragsschluss gekommen ist, stellt dies eine sog. De-facto-Vergabe im Sinne von § 135 GWB dar.

Es liegt in der Natur der Sache, dass dem Auftraggeber verschiedene Wege und Instru- 8
mente für eine Markterkundung zur Verfügung stehen. So kann der Auftraggeber nach
Artikel 58 UAbs. 2 der Richtlinie 2014/25/EU den Rat von unabhängigen Sachverständigen oder Behörden oder von Marktteilnehmern einholen oder annehmen. Überdies lassen sich selbstredend auch frei verfügbare Quellen wie das Internet fruchtbar
machen. In der Praxis wird sich jedoch der Auftraggeber regelmäßig an bestimmte Unternehmen wenden, um diese – im Einklang mit § 26 Abs. 1 SektVO – über bestehende
Auftragsvergabepläne und -anforderungen zu unterrichten und entsprechende Kataloge, Prospekte und Preislisten etc. anzufordern. Je nach Beschaffungsgegenstand
kann es in der Folge auch angezeigt sein, die Unternehmen zu Gesprächen und Produkt-
präsentationen einzuladen. Ferner besteht für den Auftraggeber die grundsätzliche
Möglichkeit, – nach belastbaren sachlichen Kriterien ausgewählte – Unternehmen zu
bitten, für ein bestimmtes Beschaffungsvorhaben ein unverbindliches Angebot (sog.
Budgetangebot) abzugeben.[5]

Die Markterkundung darf dabei jedoch nicht wettbewerbsverzerrend wirken und, ins- 9
besondere also zu keinem Verstoß gegen die Grundsätze der Gleichbehandlung und
Transparenz führen. Bei der Ausgestaltung der Markterkundung ist deshalb insbesondere Folgendes zu beachten:
– Die Auswahl der im Rahmen der Markterkundung kontaktierten Unternehmen hat
  nach sachlichen Kriterien zu erfolgen. Es liegt auf der Hand, dass in der Regel nicht
  alle potenziell am Auftrag interessierten Unternehmen im Rahmen der Markterkundung angesprochen werden können. Dies ist zur Entwicklung einer fundierten Leistungsbeschreibung sowie einer realistischen Kostenschätzung auch grundsätzlich
  nicht erforderlich, solange gewährleistet bleibt, dass das der Markterkundung nach-
  gelagerte Vergabeverfahren allen interessierten Unternehmen diskriminierungsfrei
  offensteht.
– Die kontaktierten Unternehmen müssen darüber informiert werden, dass es sich um
  eine unverbindliche Markterkundung ohne Chance auf den Abschluss eines Vertrages (und nicht um ein Vergabeverfahren) handelt.
– Allen kontaktierten Unternehmen sind im Wesentlichen gleiche Informationen und
  Unterlagen zur Verfügung zu stellen.
– Sofern etwaige Gespräche stattfinden, ist klarzustellen, dass diese nicht auf die Verhandlung konkreter Leistungen gerichtet sind und einem etwaigen nachgelagerten
  Vergabeverfahren nicht vorgreifen.
– Allen Gesprächen sollte ein im Kern gleicher Ablauf zugrunde gelegt werden. Es erscheint mit Blick auf die Gewährleistung eines späteren Geheimwettbewerbs – und
  zur Vermeidung etwaiger wettbewerbsbeschränkender Absprachen – angezeigt, Gespräche grundsätzlich nur mit jeweils einem Unternehmen zu führen.
– Die wesentlichen Inhalte der Gespräche sollten nachvollziehbar dokumentiert bzw.
  protokolliert werden.
– Um den kontaktierten Unternehmen keinen wettbewerbsverzerrenden Wettbewerbsvorsprung im Hinblick auf das gegebenenfalls nachfolgende Vergabeverfahren zu ver-

---

5 Siehe hierzu Franzius, in: Pünder/Schellenberg (Hrsg.), Vergaberecht, 2. Aufl. 2015, § 2 VOB/
  A Rn. 28.

schaffen, sollten keine detaillierten Informationen zum konkreten Vergabevorgang (z.B. eine quasi finale Leistungsbeschreibungen) übermittelt werden. Sollten es im Einzelfall gleichwohl zu einem derartigen Wettbewerbsvorsprung kommen, sind die Grundsätze der sog. Projektantenproblematik im Sinne des § 124 Abs. 1 Nr. 6 GWB zu beachten. Das bedeutet, dass der Auftraggeber zunächst Maßnahmen ergreifen muss, um den jeweiligen Wettbewerbsvorsprung auszugleichen. In der Praxis kann dies insbesondere durch die Zurverfügungstellung von Gesprächsdokumentationen oder -protokollen und/oder angemessenen Angebotsfristen geschehen. Erst wenn sich mit diesen Maßnahmen kein Ausgleich des wettbewerbsverzerrenden Informationsvorsprunges bewirken lässt, sind »vorbefasste« Unternehmen gleichsam als »ultima ratio« im Einklang mit den Vorgaben des § 126 Abs. 1 Nr. 6 GWB vom späteren Vergabeverfahren auszuschließen.

– Sofern umfangreiche Präsentationen stattfinden oder unverbindliche Budgetangebote eingeholt werden, empfiehlt es sich, auch den Aspekt der Kostenerstattung zu regeln.

II. Verbot der Durchführung eines Vergabeverfahrens zum Zwecke der Markterkundung

10   Nach § 26 Abs. 2 SektVO ist die Durchführung eines Vergabeverfahrens zur reinen Markterkundung oder zum Zwecke der Kosten- oder Preisermittlung unzulässig. Während sich der Auftraggeber mit einer Markterkundung die notwendige Übersicht über das in Rede stehende Marktsegment verschafft, soll mit Kosten- oder Preisermittlungen die Wirtschaftlichkeit des Beschaffungsvorhabens eruiert werden.

11   § 26 Abs. 2 SektVO verbietet die Einbindung derartiger Elemente in ein Vergabeverfahren.[6] Auf diese Weise soll verhindert werden, dass ein Vergabeverfahren ohne Beschaffungsabsicht letztlich als bloßes Vehikel für Markterkundungsmaßnahmen – und damit zu vergabefremden Zwecken[7] – missbraucht wird. § 26 Abs. 2 SektVO statuiert folglich ein Verbot sog. Scheinausschreibungen, d.h. ein Verbot von Vergabeverfahren ohne ernsthaften Willen zur Einholung von Angeboten und zur Vergabe.

12   Mit der Einleitung eines Vergabeverfahrens sollen Bieter darauf vertrauen dürfen, dass ihre Aufwendungen für das Vergabeverfahren nicht per se nutzlos sind und das Vergabeverfahren grundsätzlich mit einer Zuschlagserteilung endet.[8] Verletzt der Auftraggeber dieses vorvertragliche Vertrauensverhältnis, kann er sich gegenüber den betroffenen Bietern schadensersatzpflichtig machen (§§ 280 Abs. 1, 311 Abs. 2, 241 BGB – culpa in contrahendo). Ein solcher Schadensersatzanspruch dürfte im Regelfall auf die Angebotserstellungskosten gerichtet sein.

---

6 Vgl. hierzu auch VK Düsseldorf, Beschl. v. 04.08.2000 – VK-14/2000 L.
7 Begrifflich zu trennen von den vergabefremden Zwecken im Sinne des § 97 Abs. 3 GWB.
8 Siehe hierzu etwa Völlink, in: Ziekow/Völlink (Hrsg.), Vergaberecht, 2. Aufl. 2013, § 2 VOB/A Rn. 25; Franzius, in: Pünder/Schellenberg (Hrsg.), Vergaberecht, 2. Aufl. 2015, § 2 VOB/A Rn. 23.

Vor diesem Hintergrund ist es beispielsweise vergaberechtswidrig, wenn die Zuschlags- 13
absicht in einem Vergabeverfahren nicht alle ausgeschriebenen Positionen der Leistungsbeschreibung einschließt. Es verstößt daher mit anderen Worten gegen Vergaberecht, wenn im Rahmen eines Vergabeverfahrens einzelne Leistungspositionen nur
rein informativ – d.h. ohne entsprechende vertragliche Verpflichtung im Falle einer Zuschlagserteilung – angefragt werden.[9]

Anders sind jedoch sog. Bedarfspositionen[10] zu beurteilen. Bedarfspositionen beschrei- 14
ben zusätzliche Leistungen, von denen zum Zeitpunkt der Fertigstellung der Vergabeunterlagen noch nicht sicher ist, ob sie zur Ausführung gelangen.[11] Mit diesen Positionen
können sich Auftraggeber in der Praxis auf einen noch ungewissen Bedarf vorbereiten.
Bedarfspositionen werden daher regelmäßig als einseitiges, vertragliches Optionsrecht
zugunsten des Auftraggebers vereinbart, um die Entscheidung über den Abruf dieser
Position erst nach der Zuschlagserteilung fällen zu müssen. Sie verstoßen nicht gegen
das Verbot von Scheinausschreibungen, wenn sie sachlich gerechtfertigt sind und in
transparenter Weise in den Vergabeunterlagen verankert werden. Bedarfspositionen
dürfen jedoch nicht das Hauptgewicht der ausgeschriebenen Leistung ausmachen,
d.h. ihr Umfang sollte nicht größer als 100 % des Umfangs der Grundleistung
sein.[12] Eine hohe Wahrscheinlichkeit der Ausführung ist hingegen nicht notwendig.[13]
Denn Bedarfspositionen zeichnen sich gerade dadurch aus, dass ihre Ausführung noch
ungewiss ist. Die Ausführungswahrscheinlichkeit dürfte dabei stets vom konkreten Einzelfall abhängen. Etwaige Wettbewerbsverzerrungen können dadurch vermieden werden, dass Bedarfspositionen je nach Ausführungswahrscheinlichkeit nur mit einem
Teilansatz oder überhaupt nicht gewertet werden.[14]

Das Verbot umfasst zudem sog. Doppelausschreibungen, bei denen identische Leistun- 15
gen Gegenstand mehrerer Vergabeverfahren sind.[15] Die Unzulässigkeit resultiert hier
daraus, dass eines der parallelen Vergabeverfahren nicht bezuschlagt werden kann,
weil die ausgeschriebenen Leistungen identisch sind.[16]

---

9 Franzius, in: Pünder/Schellenberg (Hrsg.), Vergaberecht, 2. Aufl. 2015, § 2 VOB/A Rn. 26.
10 Die Terminologie ist nicht einheitlich. Häufig werden diese auch gleichbedeutend als Even-
 tualpositionen oder Optionen bezeichnet.
11 Siehe hierzu und zum Folgenden Opitz, in: Dreher/Motzke (Hrsg.), Beck'scher Vergaberechtskommentar, 2. Aufl. 2013, § 16 VOB/A Rn. 331.
12 Opitz, in: Dreher/Motzke (Hrsg.), Beck'scher Vergaberechtskommentar, 2. Aufl. 2013, § 16
 VOB/A Rn. 333.
13 So aber etwa Völlink, in: Ziekow/Völlink (Hrsg.), Vergaberecht, 2. Aufl. 2013, § 2 VOB/A
 Rn. 27; Horn, in: Heiermann/Zeiss (Hrsg.), jurisPK Vergaberecht, 4. Aufl. 2013, § 2 EG
 VOB/A Rn. 88.
14 Siehe hierzu Opitz, in: Dreher/Motzke (Hrsg.), Beck'scher Vergaberechtskommentar, 2. Aufl.
 2013, § 16 VOB/A Rn. 336.
15 Soudry, in: Dreher/Motzke (Hrsg.), Beck'scher Vergaberechtskommentar, 2. Aufl. 2013, § 2
 VOB/A Rn. 117; vgl. zudem OLG Düsseldorf, Beschl. v. 05.04.2006 – VII-Verg 8/06.
16 Horn, in: Heiermann/Zeiss (Hrsg.), jurisPK Vergaberecht, 4. Aufl. 2013, § 2 EG VOB/A
 Rn. 85.

16 Bei sog. Parallelausschreibungen schreibt der Auftraggeber eine Leistung unter verschiedenen Bedingungen in mehreren parallelen Vergabeverfahren aus. Sie können in der Praxis in vielfältigen Erscheinungsformen auftreten.[17] Parallelausschreibungen dürften in der Regel zumindest dann vergaberechtskonform sein, wenn der Auftraggeber im Einklang mit dem Transparenzgrundsatz bereits in den Bekanntmachungen ausdrücklich auf das jeweils parallel laufende Vergabeverfahren hinweist.[18] Im Übrigen hängt die vergaberechtliche Beurteilung von den Umständen des Einzelfalls ab. So hat beispielsweise das OLG Bremen nicht beanstandet, dass eine Bauleistung in Fachlosen und als »Generalunternehmerpaket« parallel ausgeschrieben wurde.[19]

§ 27 SektVO Aufteilung nach Losen

(1) Unbeschadet des § 97 Absatz 4 des Gesetzes gegen Wettbewerbsbeschränkungen kann der Auftraggeber festlegen, ob die Angebote nur für ein Los, für mehrere oder für alle Lose eingereicht werden dürfen. Er kann, auch wenn Angebote für mehrere oder alle Lose eingereicht werden dürfen, die Zahl der Lose auf eine Höchstzahl beschränken, für die ein einzelner Bieter den Zuschlag erhalten kann.

(2) Der Auftraggeber gibt die Vorgaben nach Absatz 1 in der Auftragsbekanntmachung, der Aufforderung zur Interessensbestätigung oder im Falle einer Bekanntmachung über das Bestehen eines Qualifizierungssystems in der Aufforderung zu Verhandlungen oder zur Angebotsabgabe bekannt. Er gibt die objektiven und nichtdiskriminierenden Kriterien an, die er bei der Vergabe von Losen anzuwenden beabsichtigt, wenn die Anwendung der Zuschlagskriterien dazu führen würde, dass ein einzelner Bieter den Zuschlag für eine größere Zahl von Losen als die Höchstzahl erhält.

(3) In Fällen, in denen ein einziger Bieter den Zuschlag für mehr als ein Los erhalten kann, kann der Auftraggeber Aufträge über mehrere oder alle Lose vergeben, wenn er in der Auftragsbekanntmachung oder in der Aufforderung zur Interessensbestätigung angegeben hat, dass er sich diese Möglichkeit vorbehält und die Lose oder Losgruppen angibt, die kombiniert werden können.

Amtliche Begründung:

»§ 27 regelt in Ergänzung zu § 97 Absatz 4 GWB das in Artikel 65 der Richtlinie 2014/25/EU vorgesehene Verfahren bei der Unterteilung von Aufträgen in Lose.

Die Pflicht zur Losaufteilung geht in Einklang mit Artikel 65 Absatz 4 der Richtlinie 2014/25/EU über die in Artikel 65 Absatz 4 der Richtlinie 2014/25/EU geforderte bloße Begründungspflicht zur Losaufteilung hinaus.

---

17 Siehe hierzu die Zusammenstellung bei Weyand, Vergaberecht, 17. Aktualisierung 2015, § 2 VOB/A Rn. 28 ff.
18 Glahs, in: Kapellmann/Messerschmidt (Hrsg.), VOB-Kommentar, Teil A/B, 5. Aufl. 2015, § 2 VOB/A Rn. 41; Soudry, in: Dreher/Motzke (Hrsg.), Beck'scher Vergaberechtskommentar, 2. Aufl. 2013, § 2 VOB/A Rn. 117.
19 OLG Bremen, Beschl. v. 22.10.2001 – Verg 2/2001.

Ziel der Vorschrift ist es insbesondere, die Beteiligung von kleineren und mittleren Unternehmen (KMU) am Vergabeverfahren zu erleichtern. Die Auftraggeber können dazu auch auf den Leitfaden für bewährte Verfahren zurückgreifen, der im Arbeitsdokument der Kommissionsdienststellen vom 25. Juni 2008 mit dem Titel »Europäischer Leitfaden für bewährte Verfahren zur Erleichterung des Zugangs kleiner und mittlerer Unternehmen zu öffentlichen Aufträgen« wiedergegeben ist (siehe Erwägungsgrund 87 der Richtlinie 2014/25/EU). Bei der Bestimmung der mittelstandsgerechten Losgröße ist nicht alleine die KMU-Definition der Empfehlung 2003/361/EG der Europäischen Kommission vom 6. Mai 2003 betreffend die Definition der Kleinstunternehmen sowie der kleinen und mittleren Unternehmen (ABl. L 124 vom 20.5.2003, S. 36) zugrunde zu legen, wie sie etwa für statistische Zwecke nach der Verordnung zur Statistik über die Vergabe öffentlicher Aufträge und Konzessionen herangezogen wird.

Bei der Bestimmung der Losgröße berücksichtigen die öffentlichen Auftraggeber vielmehr die Besonderheiten der jeweiligen Branche, der die Lieferung oder die zu erbringende Leistung überwiegend zuzurechnen ist. Zu diesem Zweck kann auf den »Leitfaden mittelstandsgerechte Teillosbildung« (http://www.bmwi.de/BMWi/Redaktion/PDF/J-L/leitfadenmittelstandsgerech teteillosbildung,property=pdf,bereich=bmwi2012,sprache=de,rwb=true.pdf) und auf das dazugehörige Excel-Berechnungstool (http://www.bmwi.de/BMWi/Redaktion/Binaer/berechnungs hilfe,property=blob,bereich=bmwi2012,sprache=de,rwb=true.xls) zurückgegriffen werden.

Zu Absatz 1

In Umsetzung von Artikel 65 Absatz 2 Satz 1 der Richtlinie 2014/25/EU kann der Auftraggeber nach Absatz 1 Satz 1 festlegen, für welche Anzahl von Lose die Angebote eingereicht werden dürfen. Nach Absatz 1 Satz 2 kann der Auftraggeber die Zahl der Lose beschränken, für die ein einzelner Bieter den Zuschlag erhalten kann. Voraussetzung ist nach Artikel 65 Absatz 2 Satz 2 der Richtlinie 2014/25/EU eine Angabe in der Auftragsbekanntmachung oder der Aufforderung zur Interessenbetätigung, wie sie in Absatz 2 vorgeschrieben ist.

Zu Absatz 2

In Umsetzung von Artikel 65 Absatz 2 Satz 2 der Richtlinie 2014/25/EU regelt Absatz 2 Satz 1, dass der Auftraggeber die Zahl der Lose nach Absatz 1 Satz 2 nur beschränken kann, sofern die Höchstzahl der Lose pro Bieter in der Auftragsbekanntmachung oder in der Aufforderung zur Interessensbetätigung angegeben wurde. Absatz 2 Satz 2 regelt die Anforderungen an die Angaben des Auftraggebers.

Zu Absatz 3

Mit Absatz 3 wird von der Option in Artikel 65 Absatz 3 der Richtlinie 2014/25/EU Gebrauch gemacht.«

A. Allgemeine Einführung

1 § 27 SektVO trifft ergänzend zu § 97 Abs. 4 GWB Regelungen zur Verfahrensweise bei der Unterteilung von Aufträgen in Lose. Diese Regeln betreffen die praxisrelevanten Aspekte der Loslimitierung sowie des Vorbehalts der Vergabe von Loskombinationen und der damit verbundenen Möglichkeit der losübergreifenden Berücksichtigung von Preisnachlässen.

B. Europarechtliche Vorgaben

2 Die europarechtlichen Vorgaben für die Loslimitierung und den Vorbehalt der Vergabe von Loskombinationen finden sich in Art. 65 der Richtlinie 2014/25/EU. Mit der Regelung der Möglichkeit eines Vorbehalts der Vergabe von Loskombinationen wurde von der Option in Artikel 65 Abs. 3 der Richtlinie 2014/25/EU Gebrauch gemacht. Maßgaben für den praktischen Umgang mit diesen Instrumenten – insbesondere zur vergleichen Bewertung – lassen sich dem Erwägungsgrund 88 der Richtlinie 2014/25/EU entnehmen.

C. Vergleich zur vorherigen Rechtslage

3 Loslimitierung und Vorbehalt der Vergabe von Loskombinationen waren bislang nicht geregelt. Die Rechtsprechung erachtete die Loslimitierung – jedenfalls in bestimmten Fällen – mit Verweis auf die Bestimmungsfreiheit des Auftraggebers für vergaberechtskonform. In der Literatur wurde die vergaberechtliche Zulässigkeit einer Loslimitierung indes nicht einheitlich beurteilt. Die Kritik richtete sich dabei insbesondere auf eine (vermeintlich) unzulässige Bevorzugung des Mittelstands. Zudem wurden Verstöße gegen den Wettbewerbsgrundsatz und das Wirtschaftlichkeitsgebot geltend gemacht, weil nicht über jedes einzelne Los der Wettbewerb entscheide, welches gegebenenfalls zu »unwirtschaftlichen« Ergebnissen führen könne. Dieser Diskussion wird nunmehr durch § 27 Abs. 1 SektVO das Fundament entzogen.

4 Im Hinblick auf die Vergabe von Loskombinationen mangelte es bislang an belastbaren einheitlichen Vorgaben. Denn während ein Teil der Rechtsprechung eine losübergreifende Berücksichtigung von Preisnachlässen für zulässig erachtete, wenn das Angebot für die rabattierte Loskombination wirtschaftlicher war als die Summe der Einzelangebote[1], sprach sich namentlich die VK Bund unter Berufung auf den Schutz mittelständischer Interessen gegen eine Durchbrechung des Grundsatzes der losweisen Angebotswertung aus[2]. Auf Basis dieser Rechtsprechung der VK Bund konnte ein Preisnachlass auf Loskombinationen nur gewertet werden, wenn der jeweilige Bieter unter Berücksichtigung des Nachlasses bei allen die Loskombination betreffenden Losen auf dem ersten Platz lag.

---

1 Vgl. VK Lüneburg, Beschl. v. 06.12.2004 – 203-VgK-50/2004; VK Baden-Württemberg, Beschl. v. 20.09.2006 – 1 VK 55/06.

2 VK Bund, Beschl. v. 07.02.2008 – VK 3-169/07; Beschl. v. 06.02.2008 – VK 3-11/08; Beschl. v. 05.02.2008 VK 3-23/08; Beschl. v. 05.02.2008 – VK 3-08/08; siehe zudem etwa VK Saarland, Beschl. v. 12.01.2009 – 1 VK 07/2008..

D. Kommentierung

I. Ergänzende Regelungen zum Grundsatz der losweisen Vergabe

Durch § 27 Abs. 1 SektVO erfährt der Grundsatz der losweisen Vergabe gemäß § 97 5
Abs. 4 GWB ergänzende Regelungen. Diese Ergänzungen betreffen die Loslimitierung
sowie den Gesamtvergabevorbehalt/Vorbehalt der Vergabe von Loskombinationen. Die
nachfolgende Darstellung konzentriert sich auf diese vergaberechtlichen Instrumente.
Einzelheiten zum Grundsatz der losweisen Vergabe können der Kommentierung zu
§ 97 Abs. 4 GWB entnommen werden.

II. Loslimitierung

Nach § 27 Abs. 1 S. 1 SektVO können Auftraggeber – unbeschadet des § 97 Abs. 4 6
GWB – festlegen, ob Angebote nur für ein Los, für mehrere oder für alle Lose eingereicht werden dürfen. Sie können nach § 27 Abs. 1 S. 2 SektVO zudem, auch wenn
Angebote für mehrere oder alle Lose eingereicht werden dürfen, die Zahl der Lose
auf eine Höchstzahl beschränken, für die ein einzelner Bieter den Zuschlag erhalten
kann. Das praxisrelevante Instrument der Loslimitierung erfährt damit eine ausdrückliche gesetzliche Regelung.

Eine Loslimitierung ist in verschiedenen Formen denkbar. Auf Basis von § 27 Abs. 1
SektVO ist zwischen
– einer Angebotslimitierung, d.h. der Beschränkung auf eine Höchstzahl von Losen,
 für die ein einzelner Bieter[3] Angebote abgeben darf, und
– einer Zuschlagslimitierung, d.h. der Beschränkung auf eine Höchstzahl von Losen,
 für die ein einzelner Bieter den Zuschlag erhalten kann
zu unterscheiden.

§ 27 Abs. 1 SektVO stellt die Loslimitierung in das Ermessen des Auftraggebers. Die 7
Loslimitierung wird durch diese Vorschrift zu einem allgemeinen vergaberechtlichen
Instrument des Auftraggebers, das nicht auf »bestimmte Fallgestaltungen«[4] beschränkt
ist. Der Auftraggeber kann somit kraft seiner Bestimmungsfreiheit im Hinblick auf die
Bedingungen des Vergabeverfahrens eine Loslimitierung vorsehen.[5] Er darf dabei dieje-
nige Form der Loslimitierung wählen, die ihm zweckmäßig erscheint. Dies kann eine
Angebotslimitierung sein, aber auch eine Zuschlagslimitierung mit der Möglichkeit,
Angebote auf Lose nach Wahl des Bieters abzugeben oder eine Loslimitierung, bei
der auf alle Lose geboten werden muss.

Ermessensleitende Gesichtspunkte sind ausweislich von Erwägungsgrund 88 der Richt- 8
linie 2014/25/EU beispielsweise die Wahrung des Wettbewerbs oder die Gewährleis-

---

3 Siehe zu der Frage, ob mehrere Konzernunternehmen, die als »verbundene Unternehmen« anzusehen sind, bei der Auftragsvergabe als mehrere Unternehmen oder einziges an die Loslimitierung
 gebundenes Unternehmen behandelt werden müssen VK Sachsen, Beschl. v. 13.12.2013 –
 1/SVK/039-13; Beschl. v. 13.12.2013 – 1/SVK/038-13; Beschl. v. 06.12.2013 – 1/SVK/037-13.
4 OLG Düsseldorf, Beschl. v. 14.11.2012 – VII-Verg 28/12.
5 Siehe hierzu und zum Folgenden OLG Düsseldorf, Beschl. v. 07.11.2012 – VII-Verg 24/12.

tung der Versorgungssicherheit. Darüber hinaus können in der Praxis weitere Gründe für eine Loslimitierung sprechen. In der Regel dürften dabei folgende Aspekte von Bedeutung sein: Streuung des wirtschaftlichen und technischen Risikos/Verhinderung der Abhängigkeit von einem Bieter, Mittelstandsschutz/Verbesserung der Wettbewerbsmöglichkeiten auch für kleinere Unternehmen, strukturelle Erhaltung des Anbieterwettbewerbs auch für die Zukunft.[6] Hinzukommen kann das Bestreben, auch nach Erteilung des Zuschlags einen gewissen Wettbewerbsdruck durch »Benchmarking« mehrerer Leistungserbringer aufrechtzuerhalten[7] Im Ergebnis dürfte es im Übrigen allein darauf ankommen, dass die Loslimitierung auf einen nachvollziehbaren sachlichen Grund gestützt werden kann.

9   An die Dokumentation der Ermessenserwägungen sind nur geringe Anforderungen zu stellen.[8] Es ist ausreichend, wenn die wesentlichen Aspekte, die für eine Loslimitierung im konkreten Fall ins Feld geführt werden, gemäß § 8 Abs. 1 SektVO nachvollziehbar in der Vergabeakte niedergelegt werden.

10 Von den vergaberechtlichen Nachprüfungsinstanzen können die Erwägungen des Auftraggebers für eine Loslimitierung nur eingeschränkt überprüft werden. So kann die Ermessensentscheidung des Auftraggebers in einem Nachprüfungsverfahren nicht von der jeweiligen Nachprüfungsinstanz durch eine eigene Ermessensbetätigung ersetzt, sondern lediglich auf einen Ermessensmissbrauch oder einen sonstigen Ermessensfehler hin überprüft werden.[9] Das OLG Düsseldorf hat diesen eingeschränkten Kontrollmaßstab im Hinblick auf Loslimitierungen wie folgt formuliert:

> »Seine Entscheidung ist von den Nachprüfungsinstanzen nur darauf zu überprüfen, ob sie auf vollständiger und zutreffender Sachverhaltsermittlung und nicht auf Beurteilungsfehlern, namentlich auf Willkür beruht. Dabei ist zu beachten, dass das Vergaberecht nicht nur Wettbewerb und subjektive Bieterrechte eröffnet, sondern auch eine wirtschaftliche und den vom öffentlichen Auftraggeber gestellten Anforderungen entsprechende Beschaffung gewährleisten soll. Der öffentliche Auftraggeber als Nachfrager hat durch seine Ausschreibung nicht bestimmte Marktteilnehmer zu bedienen. Vielmehr bestimmt allein der Auftraggeber im Rahmen der ihm übertragenen Aufgaben den daran zu messenden Beschaffungsbedarf und die Art und Weise, wie dieser gedeckt werden soll. Am Auftrag interessierte Unternehmen haben sich darauf einzustellen.«[10]

11 Nach § 27 Abs. 2 S. 1 SektVO hat der Auftraggeber die Vorgaben für eine Loslimitierung in der Auftragsbekanntmachung, der Aufforderung zur Interessenbestätigung oder im Falle einer Bekanntmachung über das Bestehen eines Qualifizierungssystems

---

6   OLG Düsseldorf, Beschl. v. 14.11.2012 – VII-Verg 28/12.
7   Opitz, in: Dreher/Motzke (Hrsg.), Beck'scher Vergaberechtskommentar, 2. Aufl. 2013, § 97 Abs. 5 GWB Rn. 14.
8   Siehe hierzu und zum Folgenden auch OLG Düsseldorf, Beschl. v. 07.11.2012 – VII-Verg 24/12.
9   Vgl. OLG Düsseldorf, Beschl. v. 14.01.2009 – Verg 59/08.
10 OLG Düsseldorf, Beschl. v. 17.01.2013 – VII-Verg 35/12; Beschl. v. 14.11.2012 – VII-Verg 28/12; Beschl. v. 07.11.2012 – VII-Verg 24/12.

in der Aufforderung zu Verhandlungen oder zur Angebotsabgabe bekanntzumachen. Im Rahmen des Standardformulars 5 (Auftragsbekanntmachung – Sektoren) hat dies insbesondere durch Ankreuzen der entsprechenden Felder in Ziff. II.1.6) zu erfolgen.

Der Auftraggeber hat zudem gemäß § 27 Abs. 2 S. 2 SektVO die objektiven und nicht 12
diskriminierenden Kriterien anzugeben, die er bei der Vergabe von Losen anzuwenden beabsichtigt, wenn die Anwendung der Zuschlagskriterien bei einer Zuschlagslimitierung dazu führen würde, dass ein einzelner Bieter den Zuschlag für eine größere Zahl von Losen als die Höchstzahl erhält. Er sollte zu diesem Zweck über entsprechende Vorgaben in den Bewerbungsbedingungen und der Bewertungsmatrix ein Wertungsverfahren entwickeln, das bei Überschreiten der Höchstzahl durch einen oder mehrere Bieter über eine Gesamtbetrachtung der Erst- und Zweitplatzierten etc. in den betreffenden Losen gewährleistet, dass am Ende die insgesamt wirtschaftlichste Angebotskombination bezuschlagt wird.

III. Vorbehalt der Vergabe von Loskombinationen

In Fällen, in denen ein einziger Bieter den Zuschlag für mehr als ein Los erhalten kann, 13
kann der Auftraggeber nach § 27 Abs. 3 SektVO Aufträge über mehrere oder alle Lose vergeben, wenn er in der Auftragsbekanntmachung oder in der Aufforderung zur Interessensbestätigung angegeben hat, dass er sich diese Möglichkeit vorbehält und die Lose oder Losgruppen angibt, die kombiniert werden können.

Die Angebotswertung hat grundsätzlich separat für jedes Los zu erfolgen. Der Wettbe- 14
werb findet dabei nur zwischen den Bietern eines Loses statt. Unter Durchbrechung dieses Grundsatzes der losweisen Wertung gestattet es § 27 Abs. 3 SektVO dem Auftraggeber nunmehr, sich die Vergabe von Loskombinationen (»über mehrere oder alle Lose«) vorzubehalten. Auf diese Weise lassen sich losübergreifende Preisnachlässe berücksichtigen, die Bieter dem Auftraggeber gegebenenfalls für den Fall der Zuschlagserteilung auf mehrere oder alle Lose zugestehen. Dabei kann es im Einzelfall dazu kommen, dass durch die losübergreifende Wertung eines Preisnachlasses das Ergebnis der Angebotswertung in einem einzelnen Los beeinflusst wird.

Der Erwägungsgrund 88 der Richtlinie 2014/25/EU begründet die Zulässigkeit der los- 15
übergreifenden Wertung von Preisnachlässen damit, dass der Auftraggeber nicht gezwungen werden soll, den Auftrag auch dann Los für Los zu vergeben, wenn dadurch wesentlich ungünstigere Lösungen im Vergleich zu einer gemeinsamen Vergabe mehrerer oder aller Lose akzeptiert werden müssten.

Möchte sich der Auftraggeber die Vergabe von Loskombinationen vorbehalten, muss er 16
dies gemäß § 27 Abs. 3 SektVO in der Auftragsbekanntmachung oder in der Aufforderung zur Interessensbestätigung angeben. Dabei hat er die Lose oder Losgruppen zu nennen, die kombiniert werden können. Bei einer Bekanntmachung auf Basis des Standardformulars 5 (Auftragsbekanntmachung – Sektoren) hat dies in Ziff. II.1.6 zu geschehen.

17 Bei Zulassung losübergreifender Preisnachlässe ist zudem bei der Konzeption der Vergabeunterlagen darauf zu achten, dass das Preisblatt an entsprechender Stelle die Möglichkeit vorsieht, Rabatte einzutragen.

18 Darüber hinaus hat der Auftraggeber den Maßstab seiner Entscheidungsfindung im Rahmen der Angebotswertung vorab bekannt zu geben. Ausweislich des Erwägungsgrunds 88 der Richtlinie 2014/25/EU ist bei der Wertung eine vergleichende Wertung von Einzellosen und Loskombination erforderlich, um festzustellen, ob die Angebote eines bestimmten Bieters für eine bestimmte Kombination von Losen die Zuschlagskriterien dieser Richtlinie in Bezug auf diese Lose als Ganzes besser erfüllen als die Angebote für die betreffenden einzelnen Lose für sich genommen.

19 Das vergleichende Wertungsverfahren ist nach dem Erwägungsgrund 88 der Richtlinie 2014/25/EU zweistufig auszugestalten. Der Auftraggeber hat im Rahmen seiner vergleichenden Bewertung zunächst zu ermitteln, welche Bieter die festgelegten Zuschlagskriterien für jedes einzelne Los am besten erfüllen, um dann einen Vergleich mit den Angeboten eines einzelnen Bieters für eine bestimmte Kombination von Losen zusammengenommen durchzuführen.

20 Es fragt sich vor diesem Hintergrund allerdings, welcher Maßstab im Rahmen dieser vergleichenden Wertung im Sinne des Erwägungsgrunds 88 der Richtlinie 2014/25/EU herangezogen werden muss. Weder die Richtlinie 2014/25/EU noch die SektVO geben hierauf eine konkrete Antwort. Aufgrund der Formulierung »Zuschlagskriterien [...] besser erfüllen« dürfte jedoch davon auszugehen sein, dass bereits minimale Preisunterschiede den Ausschlag für die Vergabe der Loskombination geben können. Eine solche Sichtweise dürfte auch nicht gegen die Wahrung mittelständischer Interessen im Sinne des § 97 Abs. 4 GWB verstoßen. Denn zum einen spricht der Erwägungsgrund 88 der Richtlinie 2014/25/EU selbst davon, dass eine etwaige Verpflichtung zur losweisen Vergabe auch bei günstigeren Loskombinationen hinderlich für den Zugang der KMU zu öffentlichen Aufträgen sein könnte. Zum anderen kann die Berücksichtigung mittelständischer Interessen nur eine verfahrensbezogene Wirkung vermitteln.[11] Der Schutz des Mittelstands erschöpft sich vor diesem Hintergrund darin, durch die Pflicht zur Losaufteilung eine Chancengleichheit der mittelständischen Unternehmen mit größeren Unternehmen herzustellen. Der Auftraggeber ist nicht verpflichtet, mittelständische Unternehmen bei der Angebotswertung vorrangig zu berücksichtigen. Als Argument für einen Vorrang mittelständischer Interessen dürfte auch nicht das Rangverhältnis zwischen § 97 Abs. 4 GWB und § 27 Abs. 3 SektVO fruchtbar gemacht werden können, da § 27 Abs. 3 SektVO auf Art. 65 Abs. 3 der Richtlinie 2014/25/EU beruht.

21 Gegen eine solche Sichtweise kann schließlich auch im Ergebnis nicht ins Feld geführt werden, dass der Erwägungsgrund 88 der Richtlinie 2014/25/EU an anderer Stelle von »wesentlich ungünstigere(n) Lösungen im Vergleich zu einer gemeinsamen Vergabe« spricht. Zwar ließe sich anknüpfend an diese Formulierung grundsätzlich die Auffas-

---

11 Siehe hierzu und zum Folgenden etwa Antweiler, in: Dreher/Motzke (Hrsg.), Beck'scher Vergaberechtskommentar, 2. Aufl. 2013, § 97 Abs. 3 GWB Rn. 23.

sung vertreten, dass die Wertung losübergreifender Preisnachlässe erst ab einer bestimmten Erheblichkeitsschwelle zulässig ist. Zur Bestimmung einer so verstandenen Erheblichkeitsschwelle wäre es etwa denkbar – wie im Rahmen der Auffangregel des § 132 Abs. 3 Nr. 2 GWB bei der Beurteilung von wesentlichen Auftragsänderungen – von einer allgemeingültigen Prozentzahl auszugehen und einen losübergreifenden Preisnachlass beispielsweise erst dann zu werten, wenn beispielsweise ein Preisvorteil von 10 % gegenüber der Einzelvergabe erreicht würde. Eine solche Sichtweise muss jedoch im Ergebnis bereits daran scheitern, dass § 27 Abs. 3 SektVO gerade keine Erheblichkeitsschwelle vorsieht.

Hinzukommt, dass die Beurteilung der Erheblichkeit in großem Maße von dem konkreten Beschaffungsvorhaben abhängen würde. So dürften beispielsweise bei Standardprodukten im Bereich der IT-Hardware losübergreifende Rabatte (ebenso wie die Preisabstände zwischen den Angeboten) in der Regel eher gering ausfallen. Eine etwa auf 10 % festgelegte Schwelle würde hier das vom Richtliniengeber in Art. 65 Abs. 3 Richtlinie 2014/25/EU vorgesehene Recht der Vergabe von Loskombinationen in der Praxis leerlaufen lassen.

Im Ergebnis könnte es daher für die Angemessenheit einer Erheblichkeitsschwelle – ab deren Erreichen losübergreifende Preisnachlässe gewertet werden dürften – allein auf das konkrete Beschaffungsvorhaben ankommen. Der Auftraggeber müsste die Angemessenheit daher stets anhand des konkreten Beschaffungsgegenstands, des Auftragsvolumens und der jeweiligen Marktverhältnisse nachvollziehbar begründen. Eine derart »flexible« Erheblichkeitsschwelle wäre jedoch in der Praxis kaum zu handhaben und würde der Rechtssicherheit zuwiderlaufen.

§ 28 SektVO Leistungsbeschreibung

(1) Der Auftraggeber fasst die Leistungsbeschreibung (§ 121 des Gesetzes gegen Wettbewerbsbeschränkungen) in einer Weise, dass sie allen Unternehmen den gleichen Zugang zum Vergabeverfahren gewährt und die Öffnung des nationalen Beschaffungsmarktes für den Wettbewerb nicht in ungerechtfertigter Weise behindert.

(2) In der Leistungsbeschreibung sind die Merkmale des Auftragsgegenstandes zu beschreiben:
1. in Form von Leistungs- oder Funktionsanforderungen oder einer Beschreibung der zu lösenden Aufgabe, die so genau wie möglich zu fassen sind, dass sie ein klares Bild vom Auftragsgegenstand vermitteln und hinreichend vergleichbare Angebote erwarten lassen, die dem Auftraggeber die Erteilung des Zuschlags ermöglichen,
2. unter Bezugnahme auf die in Anlage 1 definierten technischen Anforderungen in der Rangfolge:
   a) nationale Normen, mit denen europäische Normen umgesetzt werden,
   b) Europäische Technische Bewertungen,
   c) gemeinsame technische Spezifikationen,

d) internationale Normen und andere technische Bezugssysteme, die von den europäischen Normungsgremien erarbeitet wurden oder,

e) falls solche Normen und Spezifikationen fehlen, nationale Normen, nationale technische Zulassungen oder nationale technische Spezifikationen für die Planung, Berechnung und Ausführung von Bauwerken und den Einsatz von Produkten oder

3. als Kombination der Nummern 1 und 2

a) in Form von Leistungs- oder Funktionsanforderungen unter Bezugnahme auf die technischen Anforderungen gemäß Nummer 2 als Mittel zur Vermutung der Konformität mit diesen Leistungs- und Funktionsanforderungen oder

b) mit Bezugnahme auf die technischen Anforderungen gemäß Nummer 2 hinsichtlich bestimmter Merkmale und mit Bezugnahme auf die Leistungs- und Funktionsanforderungen gemäß Nummer 1 hinsichtlich anderer Merkmale.

Jede Bezugnahme auf eine Anforderung nach Satz 1 Nummer 2 Buchstabe a bis e ist mit dem Zusatz »oder gleichwertig« zu versehen.

(3) Die Merkmale können auch Aspekte der Qualität und der Innovation sowie soziale und umweltbezogene Aspekte betreffen. Sie können sich auch auf den Prozess oder die Methode zur Herstellung oder Erbringung der Leistung oder auf ein anderes Stadium im Lebenszyklus des Auftragsgegenstandes einschließlich der Produktions- und Lieferkette beziehen, auch wenn derartige Faktoren keine materiellen Bestandteile der Leistung sind, sofern diese Merkmale in Verbindung mit dem Auftragsgegenstand stehen und zu dessen Wert und Beschaffungszielen verhältnismäßig sind.

(4) In der Leistungsbeschreibung kann ferner festgelegt werden, ob Rechte des geistigen Eigentums übertragen oder dem Auftraggeber daran Nutzungsrechte eingeräumt werden müssen.

(5) Werden verpflichtende Zugänglichkeitserfordernisse im Sinne des § 121 Absatz 2 des Gesetzes gegen Wettbewerbsbeschränkungen mit einem Rechtsakt der Europäischen Union erlassen, so muss die Leistungsbeschreibung, soweit die Kriterien der Zugänglichkeit für Menschen mit Behinderungen oder der Konzeption für alle Nutzer betroffen sind, darauf Bezug nehmen.

(6) In der Leistungsbeschreibung darf nicht auf eine bestimmte Produktion oder Herkunft oder ein besonderes Verfahren oder auf gewerbliche Schutzrechte, Typen oder einen bestimmten Ursprung verwiesen werden, wenn dadurch bestimmte Unternehmen oder bestimmte Produkte begünstigt oder ausgeschlossen werden, es sei denn, dieser Verweis ist durch den Auftragsgegenstand gerechtfertigt. Solche Verweise sind ausnahmsweise zulässig, wenn der Auftragsgegenstand anderenfalls nicht hinreichend genau und allgemein verständlich beschrieben werden kann; die Verweise sind mit dem Zusatz »oder gleichwertig« zu versehen.

Amtliche Begründung

»Die Leistungsbeschreibung nach § 28, der auf die Basisregelung in § 121 GWB Bezug nimmt, legt den vertraglich geschuldeten Leistungsumfang fest und stellt für Unternehmen die Grundlage für die Erstellung ihres Angebotes dar.

Zu Absatz 1

Absatz 1 setzt Artikel 60 Absatz 2 der Richtlinie 2014/25/EU um. Dem Transparenzgrundsatz und Diskriminierungsverbot entsprechend, haben Auftraggeber danach sicherzustellen, dass die Leistungsbeschreibung allen Bietern und Bewerbern den gleichen Zugang zum Vergabeverfahren gewährt. Mit diesem Grundsatz unvereinbar wäre beispielsweise eine Leistungsbeschreibung, die – ohne sachliche Notwendigkeit – auf ein bestimmtes Produkt eines bestimmten Unternehmens zugeschnitten ist und nur davon erfüllt werden kann. Zudem darf der Auftraggeber die Öffnung des nationalen Beschaffungsmarktes für den Wettbewerb durch Unternehmen aus anderen Mitgliedstaaten der Europäischen Union oder aus anderen Staaten nicht in ungerechtfertigter Weise behindern.

Zu Absatz 2

Absatz 2 entspricht inhaltlich Artikel 60 Absatz 3 Buchstabe a bis d der Richtlinie 2014/25/EU und entspricht dem bisherigen § 7 Absatz 3 SektVO. Nach Satz 1 sind die Merkmale des Auftragsgegenstandes entsprechend der nachfolgenden Aufzählung zu formulieren.

Zu Nummer 1

Nach Nummer 1 sind die Merkmale des Auftragsgegenstandes in Form von Leistungs- oder Funktionsanforderungen oder einer Beschreibung der zu lösenden Aufgabe zu beschreiben, die jeweils so genau zu fassen sind, dass sie ein klares Bild vom Auftragsgegenstand vermitteln und dem Auftraggeber die Erteilung des Zuschlags ermöglichen.

Zu Nummer 2

Nach Nummer 2 sind die Merkmale des Auftragsgegenstandes unter Bezugnahme auf die im Anlage 1 definierten technischen Anforderungen in der Rangfolge nationale Normen, mit denen europäische Normen umgesetzt werden (Buchstabe a), europäische technische Bewertungen (Buchstabe b), gemeinsame technische Spezifikationen (Buchstabe c), internationale Normen und andere technische Bezugssysteme, die von den europäischen Normungsgremien erarbeitet wurden (Buchstabe d) oder, falls solche Normen und Spezifikationen fehlen, nationale Normen, nationale technische Zulassungen oder nationale technische Spezifikationen für die Planung, Berechnung und Ausführung von Bauwerken und den Einsatz von Produkten (Buchstabe e) zu beschreiben. Anlage 1 entspricht dabei Anhang VIII der Richtlinie 2014/25/EU.

Zu Nummer 3

Nach Nummer 3 sind die Merkmale des Auftragsgegenstandes durch eine Kombination der Nummern 1 und 2 zu beschreiben. Nach Buchstabe a entweder in Form von Leistungs- oder Funktionsanforderungen unter Bezugnahme auf die technischen Anforderungen gemäß Nummer 2 als Mittel zur Vermutung der Konformität mit diesen Leistungs- und Funktionsanforderungen oder nach Buchstabe b mit Bezugnahme auf die technischen Anforderungen gemäß Nummer 2 hinsichtlich bestimmter Merkmale und mit Bezugnahme auf die Leistungs- und Funktionsanforderungen gemäß Nummer 1 hinsichtlich anderer Merkmale.

Satz 2 setzt Artikel 60 Absatz 3 Buchstabe b Satz 2 der Richtlinie 2014/25/EU um. Danach muss jede Bezugnahme auf eine Anforderung nach Nummer 2 Buchstabe a bis e durch den Zusatz »oder gleichwertig« ergänzt werden.

Zu Absatz 3

Absatz 3 setzt die Bestimmung in Artikel 60 Absatz 1 Unterabsatz 2 der Richtlinie 2014/25/EU um und stellt klar, dass bei der Leistungsbeschreibung auch zusätzliche Kriterien wie etwa soziale, umweltbezogene und qualitative Aspekte Berücksichtigung finden können. Die vom Auftraggeber vorgegebenen Merkmale des Auftragsgegenstandes können auch auf den Prozess oder die Methode zur Produktion beziehungsweise der darüber hinaus angeforderten Leistung oder auf ein anderes Stadium im Lebenszyklus des Auftragsgegenstandes beziehen. Dabei wird klargestellt, dass ein Auftragsbezug auch dann angenommen werden kann, wenn derartige Faktoren kein materieller Bestandteil der Leistung sind. Damit sind Vorgaben zu bestimmten Umständen der Herstellung von Lieferleistungen – wie etwa die Einhaltung der ILO-Kernarbeitsnormen entlang der Produktionskette – bereits auf Ebene der Leistungsbeschreibung möglich.

Allerdings müssen die genannten Merkmale einen Auftragsbezug aufweisen und dürften nicht außer Verhältnis zum Auftragswert und dem Beschaffungsziel des Auftrags stehen.

Zu Absatz 4

Absatz 4 dient der Umsetzung von Artikel 60 Absatz 1 Unterabsatz 3 der Richtlinie 2014/25/EU und stellt klar, dass der Auftraggeber auch die Übertragung gewerblicher Schutzrechte oder die Einräumung von Nutzungsrechten verlangen kann, wenn dies zur Leistungserbringung erforderlich ist.

Zu Absatz 5

In § 121 Absatz 2 GWB ist bereits geregelt, dass der Auftraggeber Kriterien der Barrierefreiheit außer in ordnungsgemäß begründeten Fällen zwingend berücksichtigen und in der Leistungsbeschreibung vorgeben muss. In Umsetzung von Artikel 60 Absatz 1 Unterabsatz 5 der Richtlinie 2014/25/EU enthält Absatz 5 hierzu ergänzende Pflichten des Auftraggebers.

Zu Absatz 6

Absatz 6 dient der Umsetzung von Artikel 60 Absatz 4 der Richtlinie 2014/25/EU.

Die Verpflichtung des Auftraggebers zur produktneutralen Ausschreibung in Satz 1 ist Ausfluss des Wettbewerbsgrundsatzes. Die Leistungsbeschreibung darf grundsätzlich nicht zu einer ungerechtfertigten Begünstigungen oder dem Ausschluss von bestimmten Unternehmen oder Produkten führen. Deshalb darf in der Leistungsbeschreibung nicht auf eine bestimmte Herstellung, eine bestimmte Herkunft, besondere Verfahren oder Marken, Patente, Typen, einen bestimmten Ursprung oder eine bestimmte Produktion Bezug genommen werden. Allerdings lässt Satz 1 eine Ausnahme vom Grundsatz der Produktneutralität zu, wenn diese durch den Auftragsgegenstand gerechtfertigt ist. Einschränkungen, die aus der Definition des Beschaffungsgegenstandes resultieren, sind grundsätzlich hinzunehmen.

Satz 2 regelt den zweiten Ausnahmetatbestand vom Gebot der Produktneutralität. Danach ist eine Produktangabe ausnahmsweise zulässig, wenn dadurch eine verständlichere Beschreibung des Auftragsgegenstands möglich ist; gleichzeitig dürfen aber auch Alternativprodukte angeboten werden.«

A. Allgemeine Einführung

Die Leistungsbeschreibung stellt sowohl für den Auftraggeber als auch den potenziel- **1** len Auftragnehmer eines der grundlegenden Elemente des Vergabeverfahrens dar. Der öffentliche Auftraggeber legt mit ihrer Hilfe fest, welche Leistung er einkaufen will und wie sie beschaffen sein soll (was und wie). Der Bewerber erstellt anhand der

Leistungsbeschreibung sein auf die geforderte Leistung bezogenes Angebot. Hier realisieren sich insbesondere die Grundsätze Transparenz und Gleichbehandlung.

Die Leistungsbeschreibung wird zum wesentlichen Bestandteil des durch Zuschlag entstandenen Vertrages. Sie legt den vertraglich geschuldeten Leistungsumfang fest und stellt für die Unternehmen die maßgebliche Kalkulationsgrundlage dar.[1]

2   Die Entscheidung über den Beschaffungsgegenstand ist dem Vergabeverfahren vorgelagert.[2] Das Vergaberecht regelt nicht was der Auftraggeber beschafft, sondern nur das wie der Beschaffung.[3] Deshalb entscheidet der Auftraggeber selbständig und in eigener Verantwortung, auf welche Art und Weise er seinen Bedarf deckt. Diese Freiheit berechtigt ihn, seinen Bedarf autonom festzulegen und auch qualitativ bzw. quantitativ einzugrenzen.[4]

3   Die Leistungsbeschreibung hat die Funktion, eine klare und unzweifelhafte Grundlage für die von den Bietern erwarteten Leistungen zu bilden.[5] Zudem trägt sie dazu bei, vergleichbare Angebote zu erhalten. Aus diesem Grund kommt ihrer sorgfältigen Erstellung besondere Bedeutung zu.

B. Vergleich zur vorigen Rechtslage

4   Die grundsätzlichen Vorgaben zur Leistungsbeschreibung bzw. zu den Technischen Spezifikationen der Richtlinie blieben im Wesentlichen unverändert. Die Begriffsbestimmungen der Technischen Spezifikationen sind weiterhin in einem Richtlinienanhang geregelt.[6]

5   Neu aufgenommen wurde die Möglichkeit, dass sich die festzulegenden Merkmale auch auf den spezifischen Prozess oder die spezifische Methode zur Herstellung bzw. Erbringung der geforderten Leistung oder auf einen spezifischen Prozess eines anderen Lebenszyklus-Stadium davon beziehen können, auch wenn diese nicht materielle Bestandteile von ihnen sind. Sie müssen aber mit dem Auftragsgegenstand in Verbindung stehen und zu dessen Wert und Zielen verhältnismäßig sein.[7]

Ebenfalls neu ist die gegenüber der Vorgängerrichtlinie nun verpflichtende Vorgabe zur Berücksichtigung der Zugänglichkeitskriterien für Menschen mit Behinderungen. Ein Verzicht ist nur in begründeten Ausnahmefällen zulässig.[8]

---

1   S. Verordnung zur Modernisierung des Vergaberechts – VergabeRModVO – BR-Drs. 87/16 v. 29.02.2016, Begründung zu § 28 SektVO.
2   OLG Düsseldorf, Beschl. v. 27.06.2012 – Verg 7/12.
3   OLG Düsseldorf, Beschl. v. 01.08.2012 – Verg 10/12.
4   Vgl. BayObLG, Beschl. v. 17.02.2005 – Verg 27/04.
5   Vgl. Dr. Lausen, in: Heiermann/Zeiss, Vergaberecht, § 7 VOB/A, Rn. 8.
6   Anhang VIII Richtlinie 2014/25/EU.
7   S. Art. 60 Absatz 1 UA 2 Richtlinie 2014/25/EU.
8   S. Art. 60 Absatz 1 UA 4 Richtlinie 2014/25/EU.

Waren die Regelungen zu Umweltgütezeichen in der Vorgängerrichtlinie noch Gegenstand der Vorschrift zu den Technischen Spezifikationen, sind die erweiterten Vorgaben
zu den Gütezeichen nun in einer eigenen Vorschrift geregelt.[9]

Die Umsetzung der Richtlinienregelungen zur Leistungsbeschreibung/den Techni- 6
schen Spezifikationen erfolgte national zweigeteilt. Fanden sich früher alle Regelungen
in § 7 SektVO, so sind die Grundsätze der Leistungsbeschreibung nun im GWB zu
finden,[10] während die verfahrensmäßige Ausgestaltung – ebenfalls geteilt – in §§ 28
und 29 der SektVO erfolgt.

C. Europarechtliche Vorgaben

Die europarechtlichen Vorgaben zur Leistungsbeschreibung bzw. den Technischen Spe- 7
zifikationen finden sich in Artikel 60 der Sektorenvergaberichtlinie sowie in deren Anhang VIII.

Zweck der Vorschriften ist es, die öffentliche Auftragsvergabe für den Wettbewerb zu 8
öffnen sowie Nachhaltigkeitsziele zu erreichen. Dementsprechend sind die Leistungsbeschreibung und die technischen Spezifikationen so abzufassen, dass eine künstliche
Einengung des EU-weiten Wettbewerbs verhindert wird.[11]

D. Kommentierung

I. Grundsätzliches

Im Rahmen der Richtlinienumsetzung hat der Gesetz- und Verordnungsgeber Aufbau 9
und Struktur des Vergaberechts grundlegend verändert. In Bezug auf die Leistungsbeschreibung sind die wesentlichen Grundsätze nun im Gesetz, also dem GWB selbst
(s.o.) angelegt. Die verfahrensmäßige Ausgestaltung bleibt der SektVO vorbehalten.

II. Nichtdiskriminierung und Gewährleistung eines ungehinderten Wettbewerbs

In der Leistungsbeschreibung konkretisiert sich der Grundsatz der Nichtdiskriminie- 10
rung und des freien Wettbewerbs der Anbieter um die Leistung. Daher wird in Absatz 1
bestimmt, dass die Leistungsbeschreibung allen Unternehmen den gleichen Zugang
zum Vergabeverfahren gewähren muss.

Die Öffnung des nationalen Beschaffungsmarktes für den Wettbewerb darf durch die 11
Art der Beschreibung der Leistung nicht ungerechtfertigt behindert werden sondern die
Leistungsbeschreibung muss eine Marktöffnung gewährleisten. Deshalb ist die Leistungsbeschreibung so abzufassen, dass eine künstliche Einengung des Wettbewerbs vermieden wird.[12] Die Vorschrift ist bewusst positiv formuliert und stellt eine von der

---

9 Die Vorgaben des Art. 34 Absatz 6 Richtlinie 2004/17/EG finden sich in erweiterter Form in
   dem eigenständigen Artikel 61 Richtlinie 2004/25/EU.
10 S. § 142 i.V.m. § 121 GWB.
11 Vgl. Erwägungsgrund 83 Richtlinie 2014/25/EU.
12 Vgl. Erwägungsgrund 83 Richtlinie 2014/25/EU.

produktneutralen Beschreibungspflicht (s.u.) unabhängige Verpflichtung für den Auftraggeber dar.

III. Prinzipien der Leistungsbeschreibung

1. Begriff

12 Absatz 2 Nr. 1 knüpft an Art. 60 Abs. 3 lit. a) Richtlinie 2014/25/EU an, der eine hinreichend genaue und allgemein verständliche Beschreibung des Auftragsgegenstandes voraussetzt. Mit der Pflicht, die Leistung so eindeutig und erschöpfend wie möglich zu beschreiben, übernimmt der deutsche Gesetzgeber die auch in der klassischen Auftragsvergabe geregelten Vorgaben.

13 Im Rahmen der Erstellung der Leistungsbeschreibung sind die Grundsätze Wettbewerb, Transparenz und Gleichbehandlung von besonderer Bedeutung. Ist die Leistungsbeschreibung zu unbestimmt, liegt nicht nur ein Verstoß gegen das Transparenzgebot sondern auch gegen das Gleichbehandlungsgebot vor.[13]

2. Eindeutige und erschöpfende Beschreibung wie möglich

14 Damit die Leistungsbeschreibung ihren Sinn und Zweck erfüllen kann, hat der Auftraggeber auf ihre Erstellung größte Sorgfalt zu verwenden. Dabei ist er in jedem Falle gehalten, den Sachverhalt umfassend zu klären, bevor er eine Ausschreibung durchführt.[14] Die Verantwortung einer ordnungsgemäßen Erstellung der Leistungsbeschreibung obliegt allein dem Auftraggeber. Soweit er im Rahmen der Erstellung einen Dritten beauftragt, muss er unter Umständen für dessen Fehler nach § 278 BGB einstehen.[15]

15 Die Leistung muss so eindeutig beschrieben sein, dass sie ein hinreichend genaues Bild vom Auftragsgegenstand vermittelt. Dies ist der Fall, wenn für die Bieter klar ist, unter welchen Bedingungen sie welche Leistung in welchem Umfang und welcher Beschaffenheit anbieten sollen. Das Leistungsbild muss so konkret sein, dass alle Bewerber die Beschreibung im gleichen Sinn verstehen müssen.

Die Beschreibung muss so erschöpfend wie möglich sein. Es dürfen keine Restbereiche bleiben, die seitens des Auftraggebers nicht schon klar umrissen sind,[16] sodass für Bewerber oder Bieter keine Auslegungsspielräume verbleiben.

16 Die Leistungsbeschreibung ist dann eindeutig und vollständig, wenn sie Art und Umfang der geforderten Leistung mit allen dafür maßgebenden Bedingungen zur Ermittlung des Leistungsumfangs zweifelsfrei erkennen lässt, keine Widersprüche in sich, zu den Plänen oder zu anderen vertraglichen Regelungen enthält und alle für die Leistung spezifischen Bedingungen und Anforderungen darstellt.[17]

---

13 OLG Düsseldorf, Beschl. v. 05.10.2000 – Verg 14/00.
14 VK Magdeburg, Beschl. v. 22.02.2001 – 33-32571/07 VK 15/00 MD.
15 Vgl. BGH, Urt. v. 08.09.1998 – X ZR 99/96.
16 Vgl. OLG Saarbrücken, Beschl. v. 29.09.2004 – 1 Verg 6/04.
17 Prieß, in: Kulartz/Marx/Portz/Prieß, Kommentar zur VOL/A, § 7 VOL/A, Rn. 22 m.w.N.

3. Unzumutbare Risikoübertragung

Während der Auftraggeber im Bereich der »klassischen« Vergabe von Bauleistungen da- 17
ran gehindert ist, dem Bewerber/Bieter ein ungewöhnliches Wagnis aufzubürden,[18]
fehlt diese Regelung im Bereich der Vergabe von Liefer- und Dienstleistungen nach
der VgV und der VSVgV. Ebenso kennt die SektVO – die für alle Leistungsarten über-
greifen gilt – diese Vorschrift nicht.

Mit der Vergabe- und Vertragsordnung für Leistungen (VOL) 2009[19] hat der seinerzeit 18
zuständige Deutsche Vergabe- und Vertragsausschuss für Leistungen (DVAL) diese Vorschrift entfallen lassen. Der Schutz des Auftragnehmers – wenn denn erforderlich –
werde durch die allgemeinen Vergabegrundsätze ausreichend gewährleistet. Im Übrigen könne sich der Auftragnehmer während der Vertragsausführung auf die allgemeinen Vertragsbedingungen der VOL/B[20] berufen.

Die Vereinbarung ungewöhnlicher Risiken ist nun im Rahmen der Privatautonomie 19
möglich.[21] Als Korrektiv hat die Rechtsprechung anerkannt, dass Vergabeunterlagen
wegen unzumutbarer Bedingungen vergaberechtswidrig sein können. Es kommt darauf
an, ob ein Risiko vertragstypisch ist.[22] Auftragnehmerschutz wird gewährleistet durch
das in allen Bereichen des Vergaberechts geltende Verbot, am Auftrag interessierten Unternehmen im Wege der Festlegung von Vergabebedingungen unzumutbare Risiken aufzuerlegen.[23]

Zu unzumutbaren Risiken kann es kommen, wenn der Auftraggeber ihm bekannte In- 20
formationen zurückhält oder er seine eigene Ungewissheit auf den Bieter übertragen
will. Daher nimmt die Rechtsprechung mittlerweile eine Zumutbarkeitsprüfung[24]
vor. Folgende Fragen sollte sich der Auftraggeber stellen
– kann der Auftragnehmer trotz Risikos die Leistung problemlos erbringen?
– Entstehen infolge des Risikos für den Auftragnehmer unverhältnismäßige Kosten?

Auch muss der Auftraggeber hinreichend genau über den Auftrag informieren.

IV. Arten der Leistungsbeschreibung

1. Grundsätzliches

Das Vergaberecht kennt sowohl die »konventionelle« Leistungsbeschreibung, die durch 21
einen hohen Detaillierungs- und Ausarbeitungsgrad gekennzeichnet ist, als auch die

---

18 S. § 7 EU Abs. 1 Nr. 3 VOB/A.
19 VOL v. 20.11.2009, BAnz. Nr. 196a, ber. 2010, S. 755.
20 Vergabe- und Vertragsordnung-VOL Teil B: Allgemeine Vertragsbedingungen für die Ausführung von Leistungen (VOL/B) i.d.F.d.Bek.v. 5.08.2003, BAnz. Nr. 178a.
21 OLG Düsseldorf, Beschl. v. 7.11.2011, Verg 90/11; OLG München, Beschl. v. 6.8.2012, Verg
   14/12; OLG Koblenz, Beschl. v. 4.2.2014 – Verg 7/13.
22 Schellenberg, in: Pünder/Schellenberg, Vergaberecht, § 8 EG VOL/A, Rn. 30 m.w.N.
23 Vgl. Scharen, in: Festschrift für Fridhelm Marx, 15 Jahre GWB-Vergaberecht, S. 685.
24 Vgl. OLG Düsseldorf, Beschl. v. 7.11.2011 – Verg 90/II; OLG Düsseldorf, Beschl.
   v. 24.11.2011, Verg 62/II.

»funktionale« Leistungsbeschreibung, wenn eine Detaillierung und Ausarbeitung nicht möglich ist. § 121 GWB sowie § 28 SektVO definieren weder die eine noch die andere Art der Leistungsbeschreibung sondern setzen sie als zulässig voraus.

22 Aus der Verpflichtung der eindeutigen und erschöpfenden Beschreibung der Leistung ergibt sich eine Reihenfolge der möglichen Beschreibungsarten. Ist eine Beschreibung der Leistung mittels konkreter und verkehrsüblicher Bezeichnungen, Leistungsverzeichnisse, Pflichtenheft etc. ohne Probleme möglich, so hat der Auftraggeber regelmäßig die Form der konventionellen Beschreibung zu wählen. Ist eine hinreichend genaue und allgemein verständliche Beschreibung nicht möglich, so kann der Auftraggeber auf die funktionale Leistungsbeschreibung zurückgreifen.

Eine sich möglicherweise ergebende Reihenfolge der Beschreibungsarten stellt jedoch keinen Vorrang einer Beschreibungsart dar. Die Beschreibungsarten stehen vielmehr gleichrangig nebeneinander.[25] Dem Auftraggeber steht durchaus ein Wahlrecht zu.

23 Ausschlaggebend für die Wahl der Art der Leistungsbeschreibung sind die allgemeinen Verfahrensgrundsätze Wettbewerb, Transparenz und Gleichbehandlung. In diesem Rahmen hat der Auftraggeber einen Entscheidungsspielraum, den er bspw. dann nutzen kann, wenn er – ohne auf das Instrument der Zulassung von Nebenangeboten zurückgreifen zu wollen – innovative Lösungen angeboten haben möchte.

Die Detailgenauigkeit und der Ausarbeitungsgrad der Leistungsbeschreibung hängen vom Einzelfall ab. Je umfangreicher und komplexer eine Vergabe ist, umso mehr wird gelten: »je detaillierter, desto besser«.[26]

2. Konventionelle Leistungsbeschreibung

24 Soweit wie möglich sollte die Leistung nach ihrer Art, ihrer Beschaffenheit und ihrem Umfang durch verkehrsübliche Bezeichnungen beschrieben werden (Beschreibung der Leistungsmerkmale). Unter »verkehrsüblichen Bezeichnungen« versteht man dabei diejenigen Fachausdrücke, die in den jeweiligen Wirtschaftskreisen, an die sich die Ausschreibung richtet, allgemein gebräuchlich sind und deshalb bei fachkundigen Bietern aufgrund ihrer Ausbildung und Erfahrung als bekannt vorausgesetzt werden können.[27]

25 Die konventionelle Leistungsbeschreibung beschreibt die Leistung nach Art, Beschaffenheit und Umfang hinreichend genau. Sie ist der Regelfall der eindeutigen und erschöpfenden Beschreibung der Leistung. Zu ihrer Erstellung verwendet der Auftraggeber verkehrsübliche Bezeichnungen.

Zum Inhalt gehören üblicherweise detaillierte Beschreibungen, Leistungsverzeichnisse, Pflichtenhefte und dergleichen.

Die konventionelle Leistungsbeschreibung kommt vorwiegend bei der Beschaffung marktüblicher und standardisierter Leistungen und Lieferungen in Betracht.

---

25 S. Schellenberg, in: Pünder/Schellenberg, Vergaberecht, § 7 VOL/A, Rn. 5.
26 Vgl. OLG Koblenz, Beschl. v. 05.09.2002 – 1 Verg 2/02.
27 Prieß, in: Kulartz/Marx/Portz/Prieß, Kommentar zur VOL/A, § 7 VOL/A, Rn. 80.

3. Beschreibung mittels Leistungs-/Funktionsanforderungen

a) Funktionale Leistungsbeschreibung

Ist eine konventionelle Leistungsbeschreibung nicht möglich oder kommt es dem Auf- 26
traggeber auf innovative Lösungen an, kann die Beschreibung der Leistung auch mittels
Leistungs- oder Funktionsanforderungen erfolgen. Dabei gibt der Auftraggeber durch
eine Darstellung der Funktion oder erwarteten Leistung das Beschaffungsziel vor und
überlässt den Weg dorthin der Kreativität des Bieters. D. h., der Auftraggeber legt dar,
was die geforderte Leistung konkret ermöglichen oder können soll.

Sinn und Zweck funktionaler Leistungsbeschreibungen ist es, die konstruktive Lösung
der Aufgabe weitgehend den Bietern zu überlassen. Sie können insoweit nicht erschöpfend sein, als den Bietern ein Gestaltungsspielraum verbleibt.[28]

Durch Umschreibung der Funktion, des Zwecks und weiterer Rahmenanforderungen 27
wird ein Beschaffungsziel vorgegeben; dabei wird der (technische) Weg dorthin weitgehend offen gelassen.[29] Auf diese Weise können innovative Lösungen gefördert werden.
Die Bieter erhalten größeren Spielraum bei der Abfassung ihres Angebots.

Anwendung findet die funktionale Leistungsbeschreibung bei individuellen oder innovativen Leistungen. Das Ziel hat der Auftraggeber vor Augen, er ist aber außer Stande,
die Leistung konventionell zu beschreiben.

b) Konstruktive Leistungsbeschreibung

Eine Variante der funktionalen Leistungsbeschreibung ist die konstruktive Leistungsbe- 28
schreibung. Sie unterscheidet sich dadurch von der funktionalen Leistungsbeschreibung, dass nicht nur das Beschaffungsziel sondern auch der Weg teilweise dorthin vorgegeben ist.[30]

Hat der Auftraggeber klare Vorstellungen des Weges, der zum vorgegebenen Beschaf- 29
fungsziel führen soll, so wird er Vorgaben zu diesem konstruktiven Weg machen. Durch
die genauere Art der Beschreibung werden die Angebote vergleichbarer sein als bei der
funktionalen Leistungsbeschreibung.

c) Kombinationen

Zulässig sind auch Kombinationen der unterschiedlichen Leistungsbeschreibungen. 30
So können Elemente der funktionalen Leistungsbeschreibung in einer konstruktiven
Leistungsbeschreibung enthalten sein und umgekehrt. Dies kann in Frage kommen,
wenn der Auftraggeber z. B. zu beschaffende handelsübliche Geräte an den persönlichen Bedarf anpassen lässt.[31]

---

28 Vgl. Traupel, in: Müller-Wrede, Kommentar zur VOL/A, § 8 EG VOL/A, Rn. 36 m. w. N.
29 Vgl. OLG Düsseldorf, Beschl. v. 06.10.2004 – VII Verg 56/04.
30 Vgl. Noch, in: Müller-Wrede, Kommentar zur VOL/A, 2. Aufl. 2007, § 8 VOL/A, Rn. 163.
31 Vgl. Prieß, in: Kulartz/Marx/Portz/Prieß, Kommentar zur VOL/A, § 7 VOL/A, Rn. 95
    m.w.N.

V. Vergleichbarkeit der Angebote

31 Sinn und Zweck der Pflicht zur eindeutigen und erschöpfenden Beschreibung ist, dass alle Bewerber die Beschreibung im gleichen Sinne verstehen müssen und miteinander vergleichbare Angebote erwarten lassen.[32] Potenzielle Bieter müssen wissen, was von ihnen verlangt wird und sie müssen u.a. anhand der Leistungsbeschreibung entscheiden können, ob sie sich um den Auftrag bewerben wollen oder nicht. Wenn dies gegeben ist, kann von einer ordnungsgemäßen Leistungsbeschreibung gesprochen werden.

32 Die beste Gewähr dafür, vergleichbare Angebote zu bekommen, bietet die konventionelle Leistungsbeschreibung. Aufgrund des hohen Ausarbeitungsgrades, detaillierter Leistungsverzeichnisse etc. ist es den Bietern möglich, ihre Angebote an den eindeutigen und erschöpfenden Vorgaben zu orientieren.

33 Schwieriger, vergleichbare Angebote zu erhalten wird es bei Mischformen und funktionalen Leistungsbeschreibungen. Ein bestimmtes Maß an Ungenauigkeit ist der Funktionalausschreibung »wesenseigen«.[33] Gleichwohl unterliegen auch diese dem Ziel, vergleichbare Angebote zu erhalten. Daher darf der Auftraggeber nicht von jeder eigenen Tätigkeit absehen[34] und die Beschreibung des Weges zum Ziel vollends den Bietern überlassen.

VI. Technische Anforderungen

1. Grundsätzliches

34 Der Auftraggeber kann neben der Beschreibung in Form von Leistungs- und Funktionsanforderungen die Leistung unter Bezugnahme auf technische Anforderungen beschreiben. Zweck der Regelungen zu den technischen Anforderungen ist die grenzüberschreitende Öffnung der Beschaffungsmärkte für den Wettbewerb.[35] Auch ausländische Bieter sollen ihre gesamte Vielfalt an technischen Lösungen anbieten können. Die regelmäßig verwendeten technischen Anforderungen muss der Auftraggeber auf Antrag jedem interessierten Bieter benennen. Unterlässt er dies, verstößt er gegen das Transparenzgebot.

2. Begriff

35 Eine technische Spezifikation bedeutet eine Spezifikation, die in einem Schriftstück enthalten ist, welches Merkmale für ein Produkt oder eine Dienstleistung vorschreibt. Solche Merkmale können u.a. sein:[36]
– Qualitätsstufen,
– Umwelt- und Klimaleistungsstufen,
– Design für alle (einschließlich des Zugangs für Menschen mit Behinderungen,

---

32 S. § 121 Abs. 1 S. 1 GWB; Vgl. BGH, Urt. v. 24.4.2003 – X ZR 50/01.
33 VK Bund, Beschl. v. 26.07.2000 – VK 2-16/00.
34 Vgl. Noch, in: Müller-Wrede, Kommentar zur VOL/A, 2. Aufl. 2007, § 8 VOL/A, Rn. 157.
35 Vgl. Erwägungsgrund 83 Richtlinie 2014/25/EU.
36 S. im Einzelnen: Anlage 1 zu § 28 Absatz 2 SektVO.

– Konformitätsbewertung,
– Leistung,
– Vorgaben für Gebrauchstauglichkeit,
– Sicherheit oder Abmessungen des Produkts,
– Prüfungen und Prüfverfahren,
– Produktionsprozesse und -methoden in jeder Phase des Lebenszyklus der Liefer-
  oder Dienstleistung.

3. Formulierung technischer Anforderungen

Die Regelung will eine Diskriminierung ausländischer Bieter verhindern. Sie gibt daher   36
eine bestimmte Rangfolge wider, in der auf bestimmte Normen zu verweisen ist. Die
Verwendung von technischen Anforderungen, die auf nationale Normen verweisen,
kann dennoch deswegen diskriminierend wirken, weil sie Wirtschaftsteilnehmer, die
Produkte herstellen oder verwenden, die nicht nach Maßgabe der nationalen Norm ge-
fertigt, mit Blick auf die Bedürfnisse des Auftraggebers jedoch gleichwertig sind, von
der Teilnahme an einer Ausschreibung abhalten können.[37] Eine solche Diskriminierung soll durch den zwingenden Zusatz »oder gleichwertig« verhindert werden.

Zunächst hat der Auftraggeber nationale Normen, mit denen europäische Normen um-   37
gesetzt werden, zu verwenden. Sind solche nicht vorhanden, kann er europäische technische Bewertungen verwenden. Fehlen sowohl europäische Normen als auch europäische technische Spezifikationen, kann der Auftraggeber auf gemeinsame technische
Spezifikationen zurückgreifen.

Sind auch solche nicht vorhanden, so kann er schließlich auf internationale Normen   38
oder andere technische Bezugssysteme, die von europäischen Normungsgremien erarbeitet wurden zurückgreifen. Erst am Ende der Rangfolge, wenn die vorgehend beschriebenen Normen und Spezifikationen fehlen, darf auf nationale Normen, nationale
technische Zulassungen oder nationale technische Spezifikationen zur Formulierung
der technischen Anforderungen zurückgegriffen werden.

a) Nationale Normen, mit denen europäische Normen umgesetzt werden

Unter einer Norm nach der Definition in Anlage 1 zur SektVO ist eine technische Spe-   39
zifikation zu verstehen, die von einer anerkannten Normenorganisation zur wiederholten oder ständigen Anwendung angenommen wird, deren Einhaltung grundsätzlich
nicht zwingend ist und die unter eine der folgenden Kategorien fällt:
– Internationale Norm
  Hierunter sind Normen zu verstehen, die von einer internationalen Normungsorganisation angenommen wurden und der Öffentlichkeit zugänglich sind.
– Europäische Norm
  Dies ist eine Norm, die von einer europäischen Normungsorganisation angenommen
  wurde und der Öffentlichkeit zugänglich ist.

---

37 Vgl. EuGH, Urt. v. 22.09.1988 – Rs. C-45/87.

– Nationale Norm
Eine solche Norm wurde von einer nationalen Normungsorganisation angenommen
und ist der Öffentlichkeit zugänglich.

b) Europäische technische Bewertung

40 Sind nationale Normen, mit denen europäische Normen umgesetzt werden nicht vorhanden, so darf der Auftraggeber auf europäische technische Bewertungen zurückgreifen. Es handelt sich um eine dokumentierte Bewertung der Leistung eines Bauprodukts
in Bezug auf seine wesentlichen Merkmale im Einklnag mit dem betreffenden Europäischen Bewertungsdokument gemäß der Begriffsbestimmung in Artikel 2 Nummer 12
der Verordnung (EU) Nr. 305/2011 des Europäischen Parlaments und des Rates vom
9. März 2011 zur Festlegung harmonisierter Bedingungen für die Vermarktung von
Bauprodukten.[38]

c) Gemeinsame technische Spezifikationen

41 Auf gemeinsame technische Spezifikationen zur Formulierung der technischen Anforderungen darf der Auftraggeber erst dann zurückgreifen, wenn weder europäische Normen noch europäische technische Bewertungen vorhanden sind.

Gemeinsame technische Spezifikationen sind technische Spezifikationen, im Bereich
der Informations- und Kommunikationstechnologie, die gemäß bestimmten EU-Vorschriften[39] festgelegt wurden.

d) Internationale Normen und andere technische Bezugssysteme

42 In der Rangfolge an nächster Stelle darf der Auftraggeber auf internationale Normen
und andere technische Bezugssysteme zurückgreifen. Dabei ist eine internationale
Norm eine solche, die von einem internationalen Normungsgremium angenommen
wird und der Öffentlichkeit zugänglich ist.

Eine »Technische Bezugsgröße« ist jeder Bezugsrahmen, der keine europäische Norm
ist und von den europäischen Normungsorganisationen nach an die Bedürfnisse des
Marktes angepassten Verfahren erarbeitet wurde.

e) Nationale Normen

43 Nationale Normen, nationale technische Zulassungen oder nationale technische Spezifikationen für die Planung, Berechnung und Ausführung von Bauwerken und den Einsatz von Produkten dürfen erst dann verwendet werden, wenn keine der vorher genannten Möglichkeiten vorhanden ist.

---

38 Abl. Nr. L 88 v. 4.4.2011, S. 5.
39 S. im Einzelnen hierzu: Anlage 1 zu § 28 Absatz 2 SektVO Nr. 4.

f) Kombination von Leistungs- oder Funktionsanforderungen (funktionale Leistungsbeschreibung) und Bezugnahme auf technische Anforderungen

In Betracht kommen zwei Kombinationsmöglichkeiten: 44
1. Die Leistung wird grundsätzlich in Form von Leistungs- und Funktionsanforderungen beschrieben. Hinzu kommt die Bezugnahme auf die technischen Anforderungen als Mittel zur Vermutung der Konformität mit diesen Leistungs- und Funktionsanforderungen.
Durch die Zuhilfenahme der Bezugnahme auf technische Anforderungen wird die Vergleichbarkeit der Angebote gegenüber der Beschreibung allein nach Leistungs- und Funktionsanforderungen erleichtert.
2. Die Leistung wird grundsätzlich unter Bezugnahme auf technische Anforderungen beschrieben. Die Hinzuziehung von Leistungs- und Funktionsanforderungen erfolgt hinsichtlich anderer Merkmale.
3. Nicht erwähnt, aber zulässig sein dürfte eine Verknüpfung der beiden genannten Kombinationsmöglichkeiten.[40]

VII. Qualität, Innovation und strategische Merkmale

Die Einbeziehung sogenannter strategischer Aspekte ist in jeder Phase des Vergabever- 45
fahrens von der Definition der Leistung über die Festlegung von Eignungs- und Zuschlagskriterien bis hin zur Vorgabe von Ausführungsbedingungen zulässig.[41] Dies wird in Absatz 3 deutlich hervorgehoben.

Danach ist es möglich, zusätzliche Kriterien wie soziale und umweltbezogene Aspekte 46
in die Leistungsbeschreibung einfließen zu lassen. Dies entspricht auch der Strategie »Europa 2020« der Europäischen Kommission[42], die auch für die neuen Vergaberichtlinien Leitlinie war.[43]

Die zusätzlichen Kriterien dürfen sich ausdrücklich auch auf den Prozess oder die Me- 47
thode zur Herstellung oder Erbringung der Leistung oder ein anderes Stadium im Lebenszyklus des Auftragsgegenstandes beziehen. Der notwendige Auftragsbezug ist auch anzunehmen, selbst wenn derartige Faktoren kein materieller Bestandteil der Leistung sind. Damit sind Vorgaben zu bestimmten Umständen der Herstellung von Lieferleistungen – wie etwa die Einhaltung der ILO-Kernarbeitsnormen entlang der Produktionskette – bereits auf der Ebene der Leistungsbeschreibung möglich.[44]

---

40 S. ausführlich hierzu: Prieß, in: Kulartz/Marx/Portz/Prieß, Kommentar zur VOL/A, § 8 EG VOL/A, Rn. 92 f.
41 S. BR-Drs. 367/15, Begründung zu § 97 Abs. 3 GWB. Siehe Kommentierung zu § 97 Abs. 3 GWB, Rdn. 74.
42 Mitteilung der Kommission Europa 2020, Eine Strategie für intelligentes, nachhaltiges und integratives Wachstum, KOM (2010) 2020 endgültig vom 3.3.2010.
43 S. Erwägungsgrund 57 Richtlinie 2014/25/EU.
44 Verordnung zur Modernisierung des Vergaberechts – VergabeRModVO – BR-Drs. 87/16 v. 29.02.2016, Begründung zu § 28 Abs. 3 SektVO.

Neben dem darzulegenden (weiten) Bezug zum Auftragsgegenstand dürfen die zusätzlichen Kriterien nicht außer Verhältnis zum Auftragswert und dem Beschaffungsziel des Auftrags stehen.[45]

VIII. Produktneutralität

1. Grundsatz

48 Durch die Art und Weise der Leistungsbeschreibung darf kein Unternehmen und kein Produkt begünstigt oder ausgeschlossen werden. Obwohl der Auftraggeber in der Festlegung seines Beschaffungsgegenstandes frei ist,[46] muss er die Leistung grundsätzlich produktneutral beschreiben. Hierin spiegeln sich vor allem die Grundsätze des Wettbewerbs und der Nichtdiskriminierung.

49 Wenn man die der Beschaffung vorgelagerte Phase der Bestimmung des Leistungsgegenstandes[47] strikt von der Phase des Vergabeverfahrens trennt[48] – hierzu gehört nämlich der Akt der Leistungsbeschreibung – und die ergangene Rechtsprechung betrachtet, verblasst der zunächst hier scheinbare Widerspruch etwas.

50 Bei der Beschaffungsentscheidung für ein bestimmtes Produkt, eine Herkunft, ein Verfahren oder dergleichen ist der öffentliche Auftraggeber im rechtlichen Ansatz ungebunden. Die Entscheidung wird erfahrungsgemäß von zahlreichen Faktoren beeinflusst, unter anderem von technischen, wirtschaftlichen, gestalterischen oder solchen der sozialen, ökologischen oder ökonomischen Nachhaltigkeit.[49]

51 Allerdings sind einer rein willkürlichen Entscheidung des Auftraggebers im Sinne der durch die Richtlinie 2014/25/EU gewollten Öffnung der Beschaffungsmärkte sowie der effektiven Durchsetzung der Warenverkehrsfreiheit[50] vergaberechtliche Grenzen gesetzt.[51] Diese Grenzen sind eingehalten, sofern
- die Bestimmung durch den Auftragsgegenstand gerechtfertigt ist,
- vom Auftraggeber dafür nachvollziehbare objektive und auftragsbezogene Gründe angegeben worden sind und die Bestimmung folglich nicht willkürfrei getroffen worden ist,
- solche Gründe tatsächlich vorhanden (festzustellen und notfalls erwiesen) sind,
- und die Bestimmung andere Wirtschaftsteilnehmer nicht diskriminiert.[52]

---

45 Verordnung zur Modernisierung des Vergaberechts – VergabeRModVO – BR-Drs. 87/16 v. 29.02.2016, Begründung zu § 28 Abs. 3 SektVO.
46 Vgl. OLG Koblenz, Beschl. v. 5.9.2002 – 1 Verg 2/02.
47 Vgl. OLG Düsseldorf, Beschl. v. 27.6.2012 – Verg 7/12.
48 Die Beschreibung der Leistung ist in den Regeln der VgV zum Vergabeverfahren verankert und gehört daher unstreitig zum Vergabeverfahren.
49 OLG Düsseldorf, Beschl. v. 22.5.2013 – VII-Verg 16/12.
50 Vgl. EuGH, Urt. v. 10.12.2012 – C-368/10.
51 Zur Kollision zwischen Leistungsbestimmungsrecht und Produktneutralität s.i.E.: VK Bund, Beschl. v. 09.05.2014 – VK 2-33/14.
52 OLG Düsseldorf, Beschl. v. 22.5.2013 – VII-Verg 16/12.

2. Unzulässigkeit von Verweisen

Ein Verweis auf eine bestimmte Produktion, oder Herkunft oder ein besonderes Verfah- 52
ren oder auf gewerbliche Schutzrechte, Typen oder einen bestimmten Ursprung[53] ist
unzulässig, soweit dadurch – so der Wortlaut der Vorschrift[54] – bestimmte Unternehmen oder bestimmte Produkte begünstigt oder ausgeschlossen werden.

Aus dem »argumentum e contrario« (Umkehrschluss) ergibt sich, dass die Verweisung 53
auf bestimmte Produkte etc. zulässig ist, solange infolge des Verweises keine Diskriminierung eines Unternehmens oder Produkts in Form einer Begünstigung oder eines Ausschlusses erfolgt. Allerdings wird ein Nachweis der Nichtdiskriminierung in der praktischen Realität nur schwerlich zu führen sein.

Der Grundsatz der produktneutralen Leistungsbeschreibung ist auch dann verletzt, 54
wenn der Auftraggeber durch »versteckte Festlegungen« die Leistung auf ein bestimmtes Unternehmen oder Produkt zuschneidet. Hierdurch wird das Ausweichen auf Alternativen unmöglich gemacht.[55]

3. Ausnahmen vom Verweisungsverbot

Aus dem Wortlaut der Vorschrift ergeben sich zwei Ausnahmen vom Gebot der Produkt- 55
neutralität. Zum einen ist eine produktbezogenen Beschreibung zulässig, wenn sie
durch den Auftragsgegenstand gerechtfertigt ist. Zum anderen sind Verweise ausnahmsweise zulässig, wenn der Auftragsgegenstand ansonsten nicht hinreichend genau und
allgemein verständlich beschrieben werden kann. In diesem Fall sind die Verweise
mit dem Zusatz »oder gleichwertig« zu versehen.

a) Rechtfertigung durch den Auftragsgegenstand

Bei der Frage, ob ein Verweis auf eine bestimmte Produktion etc. durch den Auftrags- 56
gegenstand gerechtfertigt ist, hat der Auftraggeber einen Beurteilungsspielraum. Demzufolge muss er prüfen und positiv feststellen, warum eine durch die technischen Vorgaben des Leistungsverzeichnisses ausgeschlossene Lösungsvariante zur Verwirklichung
des Beschaffungszwecks nicht geeignet erscheint.[56] Denn subjektive Erwägungen des
Bieters sind nicht relevant.[57]

Hat der Auftraggeber einen Beurteilungsspielraum zu entscheiden, ob eine Ausnahme von 57
der Produktneutralität vorliegt, so ist die Entscheidung lediglich auf seine sachliche Vertret-
barkeit hin überprüfbar,[58] solange er objektive, plausible sach- und auftragsbezogene

---

53 Zur Erläuterung dieser Begrifflichkeiten s.i.E.: Dr. Lausen, in: Heiermann/Zeiss, Vergaberecht, § 7 VOB/A, Rn. 120 ff.
54 Der Wortlaut entspricht auch demjenigen des Artikels 60 Absatz 4 Richtlinie 2014/25/EU.
55 Krohn/Schneider, in: Gabriel/Krohn/Neun, Handbuch des Vergaberechts, § 17 Leistungsbeschreibung, Rn. 45.
56 OLG Jena, Beschl. v. 26.06.2006 – 9 Verg 2/06.
57 Dr. Lausen, in: Heiermann/Zeiss, Vergaberecht, § 7 VOB/A, Rn. 130 m.w.N.
58 Vgl. OLG Düsseldorf, Beschl. v. 17.02.2010 – VII Verg 42/09, OLG Düsseldorf, Beschl. v.
22.10.2009 – VII Verg 25/09.

Gründe darlegt und er seine Entscheidung nicht willkürlich getroffen hat. Solche Gründe können sich aus technischen, gestalterischen oder Zweckmäßigkeitsaspekten ergeben.[59]

b) Keine hinreichende und allgemein verständliche Beschreibung möglich

58 Wie alle Ausnahmen, ist auch diese restriktiv auszulegen.[60] Bei der Prüfung, ob eine Leistung ohne Verweise nicht hinreichend genau und allgemein verständlich beschreibbar ist, hat der Auftraggeber einen Beurteilungsspielraum. Bejaht der Auftraggeber die Ausnahme, darf er ausnahmsweise verweisen, allgemeine Bezeichnungen oder sogenannte »Leitfabrikate« verwenden.

59 Leitfabrikate sind solche Produkte, deren Einsatz für sich genommen nicht zwingend ist, die aus Sicht des Auftraggebers jedoch seinen Bedarf decken würden.[61] Zweckmäßigerweise wird der Auftraggeber begründen, warum er ein Leitfabrikat verwendet. Denn er muss unter Umständen beweisen, dass er die entsprechenden Sachüberlegungen im Rahmen seines Beurteilungsspielraumes auch tatsächlich angestellt hat.[62]

60 Wird die Ausnahme bejaht, ist der Verwendung von Verweisen, allgemeinen Bezeichnungen und Leitfabrikaten stets der Zusatz »oder gleichwertig« hinzuzufügen. Gleichwertigkeit liegt vor, wenn die Qualität der verlangten Leistung nach allgemeiner Anerkennung der betreffenden technischen Fachkreise hinsichtlich ihrer Tauglichkeit und Mängelfreiheit den Vorgaben entspricht.[63] Der Nachweis der Gleichwertigkeit obliegt grundsätzlich dem Bieter.[64] Ein unzulässiger Verweis wird nicht durch den Zusatz »oder gleichwertig« geheilt.[65]

4. Rechtsschutz bei Verstoß gegen die Produktneutralität

61 Verstößt der Auftraggeber gegen das Gebot der Produktneutralität, verletzt er sowohl den Grundsatz der Gleichbehandlung als auch den Wettbewerbsgrundsatz. Dies kann unter Umständen zur Aufhebung des Vergabeverfahrens führen.

62 Ein erfolgreiches Rechtsschutzbegehren setzt die Antragsbefugnis des Antragstellers voraus. Der Antragsteller muss diesbezüglich geltend machen, durch die behauptete Vergaberechtsverletzung einen Schaden erlitten zu haben oder dass die Gefahr besteht, einen solchen zu erleiden.[66] Damit ist eine allgemeine Rechtmäßigkeitskontrolle verwehrt.

An der Antragsbefugnis fehlt es, wenn der Antragsteller entweder gar kein gleichwertiges Produkt anbietet oder sich selbst bei produktneutraler Ausschreibung gar nicht hätte am Vergabeverfahren beteiligen können.[67]

---

59 Vgl. OLG Frankfurt, Beschl. v. 28.10.2003 – 11 Verg 9/03.
60 Vgl. BayObLG, Beschl. v. 15.09.2004 – Verg 26/03.
61 Krohn/Schneider, in: Gabriel/Krohn/Neun, Handbuch des Vergaberechts, § 17 Leistungsbeschreibung, Rn. 45.
62 Vgl. Dr. Lausen, in: Heiermann/Zeiss, Vergaberecht, § 7 VOB/A, Rn. 137.
63 Vgl. Kratzenberg, in: Ingenstau/Korbion, VOB, § 7 VOB/A Rn. 85.
64 OLG Düsseldorf, Beschl. v. 09.01.2013 – VII-Verg 33/12.
65 OLG Düsseldorf, Beschl. v. 14.10.2009 – VII-Verg 9/09.
66 § 160 Absatz 2 GWB.
67 OLG Frankfurt, Beschl. v. 16.6.2013 – 11 Verg 3/13.

IX. Sonstige Regelungen

1. Rechte geistigen Eigentums (Absatz 4)

Der Auftraggeber hat das Recht in der Leistungsbeschreibung festzulegen, dass ihm 63
Rechte des geistigen Eigentums oder Nutzungsrechte daran übertragen werden.

Das geistige Eigentum ist zwar Eigentum im Sinne des Artikels 14 GG, eine allgemein- 64
gültige Definition existiert jedoch nicht. Im Rahmen der öffentlichen Auftragsvergabe
dürften jedoch insbesondere Ausschließlichkeitsrechte wie das Urheberrecht, das Pa-
tent- und das Markenrecht für eine Übertragung in Betracht kommen.

Geistiges Eigentum ist nach deutschem Recht nicht immer problemlos übertragbar.
Daher war die Ergänzung um die Nutzungsrechte – die in Artikel 60 Absatz 1 UA 3
Richtlinie 2014/25/EU nicht erwähnt werden – erforderlich.[68]

2. Rechtsakte der Europäischen Union zu Zugänglichkeitskriterien für Menschen mit Behinderungen (Absatz 5)

Erlässt die Europäische Kommission Rechtsakte zu verpflichtenden Zugänglichkeitser- 65
fordernissen für Menschen mit Behinderungen, muss der Auftraggeber in der Leistungsbeschreibung darauf Bezug nehmen.

Für alle öffentlichen Beschaffungen, die für Nutzungen durch Personen bestimmt sind, 66
ist es erforderlich, dass durch die Bezugnahme den Kriterien der Barrierefreiheit für
Menschen mit Behinderungen und des »Design für alle« Rechnung getragen wird.
Nur in begründeten Ausnahmefällen darf hierauf verzichtet werden.[69]

§ 29 SektVO Technische Anforderungen

(1) Verweist der Auftraggeber in der Leistungsbeschreibung auf technische Anforderungen nach § 28 Absatz 2 Satz 1 Nummer 2, so darf er ein Angebot nicht mit der
Begründung ablehnen, dass die angebotenen Liefer- und Dienstleistungen nicht den
von ihm herangezogenen technischen Anforderungen der Leistungsbeschreibung entsprechen, wenn das Unternehmen in seinem Angebot dem Auftraggeber mit geeigneten Mitteln nachweist, dass die vom Unternehmen vorgeschlagenen Lösungen diesen
technischen Anforderungen gleichermaßen entsprechen.

(2) Legt der Auftraggeber die technischen Anforderungen in Form von Leistungs-
oder Funktionsanforderungen fest, so darf der Auftraggeber ein Angebot nicht ablehnen, das Folgendem entspricht:
1. einer nationalen Norm, mit der eine europäische Norm umgesetzt wird,
2. einer Europäischen Technischen Bewertung,
3. einer gemeinsamen technischen Spezifikation,

---

68 Das Urheberrecht kann bspw. nach § 29 Abs. 1 UrhG nur durch Erbschaft übertragen werden, nicht durch Rechtsgeschäft.
69 Erwägungsgrund 84 Richtlinie 2014/25/EU.

4. einer internationalen Norm oder
5. einem technischen Bezugssystem, das von den

europäischen Normungsgremien erarbeitet wurde, wenn diese technischen Anforderungen die von ihm geforderten Leistungs- und Funktionsanforderungen betreffen. Das Unternehmen muss in seinem Angebot belegen, dass die jeweilige der Norm entsprechende Liefer- oder Dienstleistung den Leistungs- oder Funktionsanforderungen des Auftraggebers entspricht. Belege können insbesondere eine technische Beschreibung des Herstellers oder ein Prüfbericht einer anerkannten Stelle sein.

Amtliche Begründung

»Zu Absatz 1

Absatz 1 dient der Umsetzung von Artikel 60 Absatz 5 der Richtlinie 2014/25/EU. Weist der Bieter in seinem Angebot nach, dass die von ihm angebotene Leistung den technischen Anforderungen entspricht, darf der Auftraggeber das Angebot nicht ausschließen. Verwendet der Auftraggeber als technische Anforderungen die Verwendung von Normen nach § 28 Absatz 2 Nummer 2, muss sich der Nachweis des Bieters darauf beziehen, dass die vorgeschlagene Lösung den technischen Anforderungen, auf die Bezug genommen wurde, gleichermaßen entspricht. Der Bieter hat diesen Nachweis in seinem Angebot zu führen.

Zu Absatz 2

Absatz 2 Satz 1 setzt die Bestimmung in Artikel 60 Absatz 6 Unterabsatz 1 der Richtlinie 2014/25/EU um. Verwendet der Auftraggeber in der Leistungsbeschreibung Leistungs- und Funktionsanforderungen nach § 28 Absatz 2 Nummer 1, darf er ein Angebot nicht mit der Begründung ablehnen, dass die angebotene Leistung nicht den in Nummer 1 bis 5 genannten Anforderung entspreche, wenn diese Anforderungen die von ihm geforderten technischen Anforderungen betreffen.

Satz 2 entspricht Artikel 60 Absatz 6 Unterabsatz 2 der Richtlinie 2014/25/EU. Der Bieter muss in seinem Angebot nachweisen, dass die den in Nummer 1 bis 5 genannten Vorschriften entsprechende Leistung den Funktions- und Leistungsanforderungen des Auftraggebers entspricht. Als geeignetes Mittel kann eine technische Beschreibung des Herstellers oder ein Prüfbericht einer anerkannten Stelle gelten.«

A. Allgemeine Einführung

1   Der Auftraggeber kann in der Leistungsbeschreibung die Merkmale des Auftragsgegenstandes u.a. durch eine Bezugnahme auf technische Anforderungen[1] definieren oder

---

1 Die Begriffsbestimmungen zu den technischen Anforderungen sind in Anlage 1 zur SektVO

diese in Form von Leistungs- oder Funktionsanforderungen so genau wie möglich fassen. Nur Angebote, die die gestellten Anforderungen erfüllen, sind zuschlagsfähig.

Der Grundsatz der Nichtdiskriminierung gebietet jedoch, auch Angebote zuzulassen, **2** in denen die Anforderungen an den Auftragsgegenstand durch eine gleichwertige Erbringung erfüllt werden. Daher gewährt die Vorschrift dem Bieter eine Nachweiserleichterung bezüglich der Gleichwertigkeit seines Angebots für die Fälle, in denen er nicht 1:1 entsprechend der Vorgaben des Auftraggebers anbietet.

B. Vergleich zur vorigen Rechtslage

Die Regelungen zur Zulassung von Angeboten bei einer gleichwertigen Erfüllung der **3** Anforderungen an den Auftragsgegenstand fanden sich bisher in Artikel 34 Absätze 4 u. 5 Richtlinie 2004/17EG. Deren Umsetzung war in § 7 Absätze 7 u. 8 SektVO a.F. erfolgt.

C. Europarechtliche Vorgaben

Die Regelungen bezüglich einer gleichwertigen Erfüllung der Anforderungen an den **4** Auftragsgegenstand finden sich in der Vorschrift zu den Technischen Spezifikationen[2] in den Absätzen 5 und 6.

Zum einen wird für die Fälle, in denen der Auftraggeber technische Spezifikationen in **5** Form von Leistungs- oder Funktionsanforderungen festlegt geregelt, dass ein Angebot nicht zurückgewiesen werden darf, wenn es u.a. Normen oder technischen Zulassungen entspricht und diese Normen oder technischen Zulassungen die vom Auftraggeber festgelegten Leistungs- oder Funktionsanforderungen erfüllt.

Zum anderen wird bestimmt, dass ein Angebot nicht zurückgewiesen werden darf, wenn der Bieter mit geeigneten Mitteln nachweist, dass die von ihm angebotenen Lösungen den geforderten technischen Spezifikationen gleichermaßen entsprechen.

D. Kommentierung

Die Überschrift der Norm »Technische Anforderungen« ist irreführend. Die techni- **6** schen Anforderungen selbst sind innerhalb der Vorschrift zur Leistungsbeschreibung[3] mit geregelt. Es geht hier vielmehr inhaltlich um eine Nachweiserleichterung für den Bieter bezüglich der Konformität seines Angebotes.

I. Ablehnungsverbot

Die Vorschrift regelt zwei Fälle einer gleichwertigen Erfüllung von Anforderungen an **7** den Auftragsgegenstand. Damit soll es dem Bieter erleichtert werden, die Gleichwertig-

---

definiert; vgl. auch Anhang VIII, Technische Spezifikationen-Begriffsbestimmungen, Richtlinie 2014/25/EU.
2 S. Art. 60 Richtlinie 2014/25/EU.
3 S. § 28 SektVO.

keit seines Angebotes mit den vom Auftraggeber gestellten Anforderungen nachzuweisen.[4]

8 Angebote müssen nicht zwingend exakt den vom Auftraggeber festgelegten Spezifikationen, die er unter Bezugnahme auf die in Anlage 1 zur SektVO definierten technischen Anforderungen festgelegt hat, entsprechen. Weist der Bieter nach, dass die von ihm angebotene Lösung den vom Auftraggeber festgelegten Anforderungen an den Auftragsgegenstand gleichwertig erfüllt, so darf dieser sein Angebot nicht zurückweisen.

9 Ein Angebot wird nicht ausgeschlossen, wenn sich die angebotene Lösung zwar auf technische Anforderungen nach Anlage 1 zur SektVO bezieht,[5] der Auftraggeber aber lediglich Leistungs- und Funktionsanforderungen festgelegt hat, wenn der Bieter nachweist, dass die von ihm in Bezug genommenen technischen Spezifikationen den festgelegten Leistungs- und Funktionsanforderungen entspricht.

II. Nachweis durch den Bieter

10 Den entsprechenden Nachweis in beiden Fällen muss der Bieter erbringen.[6] Der Nachweis ist mit dem Angebot zu führen, er kann nicht noch nachträglich eingefordert werden.[7] Belege hierzu können insbesondere technische Beschreibungen des Herstellers oder ein Prüfbericht einer anerkannten Stelle sein.

11 Die Vorschrift statuiert zur Erleichterung des Gleichwertigkeitsnachweises eine widerlegliche Vermutung an die Vorlage einer Herstellerbeschreibung oder eines Prüfberichts, aus der die Gleichwertigkeit hervorgeht. Hieran wird die Vermutung geknüpft, dass der Bieter den erforderlichen Nachweis erbracht hat.[8] Bei Zweifeln obliegt es dem Auftraggeber, diese Vermutung zu widerlegen. Insofern tritt eine Beweislastumkehr ein. Der Auftraggeber muss, wenn er das Angebot wegen fehlender Gleichwertigkeit zurückweisen will, die fehlende Gleichwertigkeit darlegen und nachweisen.

Anerkannte Stellen können Prüf- und Eichlaboratorien im Sinne des Eichgesetzes[9] sowie die Inspektions- und Zertifizierungsstellen, die die jeweils anwendbaren europäischen Normen erfüllen, sein.[10]

Wählt der Bieter andere Mittel als Herstellerbeschreibungen oder einen Prüfbericht einer anerkannten Stelle, um die Gleichwertigkeit nachzuweisen, trägt er das Risiko, dass der Auftraggeber diesen Nachweis als ungeeignet zurückweist.

---

4 Vgl. Prieß, in: Kulartz/Marx/Portz/Prieß, Kommentar zur VOL/A, § 8 EG, Rn. 95; vgl. Schellenberg, in: Pünder/Schellenberg, Vergaberecht, § 8 EG VOL/A, Rn. 58.

5 § 29 Abs. 2 Nrn. 1 bis 5 listen die in der Anl. 1 zur SektVO definierten technischen Anforderungen als Begriffe auf.

6 S. § 29 Abs. 2 Satz 2 SektVO.

7 Vgl. VK Münster, Beschl. v. 30.04.2009, VK 4/09.

8 Prieß, in: Kulartz/Marx/Portz/Prieß, Kommentar zur VOL/A, § 8 EG, Rn. 95.

9 Mess- und Eichgesetz v. 25.07.2013 (BGBl. I S. 2722, 2723), das zuletzt durch Art. 1 des G.v. 11.04.2016 (BGBl. I S. 718) geändert worden ist.

10 S. § 7 Abs. 8 SektVO a.F.

III. Rechtsschutz

Die Vorschrift gewährt dem Bieter einen erleichterten Nachweis beim Angebot einer   12
ausschreibungskonformen bzw. gleichwertigen Leistung. Sie ist demnach bieterschützend. Sie wird von dem Anspruch des Bieters nach § 97 Absatz 6 GWB umfasst,
dass der Auftraggeber die Regeln des Vergabeverfahrens einzuhalten hat.

§ 30 SektVO Bekanntmachung technischer Anforderungen

(1) Der Auftraggeber stellt den interessierten Unternehmen auf deren Anfrage die
technischen Anforderungen zur Verfügung, auf die er sich in seinen Aufträgen regelmäßig bezieht oder die er anzuwenden beabsichtigt.

(2) Diese technischen Anforderungen sind elektronisch uneingeschränkt, vollständig, unentgeltlich und unmittelbar zugänglich zu machen.

(3) Können die technischen Anforderungen nicht gemäß Absatz 2 elektronisch zugänglich gemacht werden, so wählt der Auftraggeber einen anderen Weg, um die technischen Anforderungen zugänglich zu machen. Dies gilt auch für den Fall, dass der
Auftraggeber Anforderungen an die Vertraulichkeit von durch ihn den Bewerbern
oder Bietern zur Verfügung gestellten Unterlagen oder Dokumenten nach § 41 Absatz 4 stellt.

Amtliche Begründung

»In Umsetzung des Artikels 63 der Richtlinie 2014/25/EU regelt § 30 die Bekanntmachung und
Zurverfügungstellung der technischen Anforderungen, auf die sich der Auftraggeber bezieht.

Zu Absatz 1

Die Verpflichtung des Auftraggebers, die relevanten technischen Anforderungen zur Verfügung
zu stellen, ergibt sich aus dem Transparenzgrundsatz. Er stellt sie auf Anfrage zur Verfügung.

Zu Absatz 2

Wie auch die Vergabeunterlagen sind die technischen Anforderungen vom Auftraggeber uneingeschränkt, vollständig, unentgeltlich und unmittelbar zugänglich zu machen.

Zu Absatz 3

Absatz 3 regelt die Ausnahme, wenn die technischen Anforderungen nicht elektronisch zugänglich gemacht werden können.

Zu Absatz 4

Absatz 4 setzt Artikel 73 Absatz 2 der Richtlinie 2014/25/EU um und regelt Fristen, innerhalb
derer der Auftraggeber zusätzliche Auskünfte zu erteilen hat.«

A. Allgemeine Einführung

1 Im Sektorenbereich werden häufig Leistungen mit hohem Technisierungsgrad vergeben. Gleichwohl sind die einzukaufenden Leistungen oft gleichförmig, sodass regelmäßig auf bestimmte Normen oder technische Spezifikationen zurückgegriffen und verwiesen werden kann. Auch vergeben Auftraggeber eine Leistung nicht immer unmittelbar durch eine Auftragsbekanntmachung[1] sondern verwenden die Möglichkeit einer regelmäßigen nicht verbindlichen Bekanntmachung.[2]

2 Um in solchen Fällen von Beginn an die notwendige Transparenz bezüglich der technischen Anforderungen herzustellen, soll der Auftraggeber den interessierten Unternehmen die regelmäßig in Bezug genommenen oder die beabsichtigten technischen Spezifikationen mitteilen.

B. Vergleich zur vorigen Rechtslage

3 Die Richtlinie 2004/17/EG regelte die Mitteilungs-/Bekanntmachungspflicht des Auftraggebers im Hinblick auf regelmäßig in Bezug genommene oder beabsichtigte technische Spezifikationen in Artikel 35. Umgesetzt war die Vorschrift in § 7 Abs. 2 SektVO a.F.

C. Europarechtliche Vorgaben

4 Art. 63 Richtlinie 2014/25/EU dient der Transparenz und verpflichtet den Auftraggeber, technische Spezifikationen, auf die er regelmäßig Bezug nimmt oder die er für Aufträge beabsichtigt anzuwenden, die er in einer regelmäßigen nichtverbindlichen Bekanntmachung veröffentlicht hat, den interessierten Unternehmen auf Anfrage mitzuteilen.

5 Der Auftraggeber muss diese Informationen elektronisch uneingeschränkt, vollständig, unentgeltlich und unmittelbar zugänglich machen. Stützen sich die Informationen über die technischen Spezifikationen auf derart zugängliche Dokumente, so reicht der Verweis auf diese Dokumente gegenüber dem nachfragenden Interessenten aus.

6 Ist eine elektronische Zurverfügungstellung z.B. aus Dateiformatgründen nicht möglich,[3] so macht der Auftraggeber die Informationen auf andere Weise zugänglich. Liegen Vertraulichkeitsaspekte vor, die einer Preisgabe der Informationen im Wege stehen,

---

1 S. § 35 SektVO.
2 S. § 36 SektVO.
3 S. Art. 40 Abs. 1 UA 2 Richtlinie 2014/25/EU.

so muss er sich an das Weitergabeverbot des Art. 39 Abs. 1 Richtlinie 2014/25/EU halten.

D. Kommentierung

I. Allgemeines

Die Leistungsbeschreibung sowie die ihr zugrunde liegenden technischen Spezifikationen sind als Teil der Vergabeunterlagen mit der konkreten Ausschreibung bekanntzumachen.[4] In diesen Fällen sollten idealerweise keine Fragen der Interessenten zur Gestaltung der Leistung offen bleiben.[5] 7

Unternehmen, die sich außerhalb konkreter Vergabeverfahren über vom Auftraggeber regelmäßig verwendeter technischer Spezifikationen informieren wollen, gibt die Vorschrift hierzu die Möglichkeit.

II. Pflicht zur Übermittlung der technischen Anforderungen

Die Vorschrift des § 30 SektVO regelt zunächst die Verpflichtung des Auftraggebers, 8
den interessierten Unternehmen auf Antrag die von ihm bei der Vergabe von öffentlichen Aufträgen regelmäßig verwendeten technischen Anforderungen zugänglich zu machen. Die Pflicht ist umfassend und betrifft alle regelmäßig bei der Vergabe öffentlicher Aufträge verwendeter technischer Anforderungen sowie auch alle diejenigen, die er zu verwenden beabsichtigt.

Zwar hat der Verordnungsgeber den Inhalt des Art. 63 Abs. 1 Richtlinie 2014/25/EU 9
in Bezug auf die Regelung zur regelmäßigen nicht verbindlichen Bekanntmachung nicht vollständig umgesetzt, gleichwohl umfasst die Informationspflicht auch die Fälle, in denen der Auftraggeber sich einer regelmäßigen nicht verbindlichen Bekanntmachung[6] für die Veröffentlichung seiner Beschaffungsabsicht bedient und er nur die dort geforderten Mindestangaben u.a. zur Leistung und den technischen Spezifikationen machen muss.[7]

Gleichwohl bleibt seine Verpflichtung, alle erforderlichen Informationen zugänglich zu 10
machen, bestehen. Daher wird er verpflichtet, auf Anforderung jeden interessierten Unternehmens, diesen die vollständigen Informationen zu den technischen Spezifikationen zur Verfügung zu stellen.

III. Elektronische Zugänglichmachung

Die Informationen sind elektronisch uneingeschränkt, vollständig, unentgeltlich und 11
unmittelbar zugänglich zu machen. Der Verordnungsgeber hat hier den Richtlinien-

---

4 S. § 41 Abs. 1 SektVO.
5 Die Leistungsbeschreibung hat gemäß § 121 Abs. 1 GWB eindeutig und erschöpfend zu erfolgen. Sie enthält gemäß § 28 Abs. 2 S. 1 SektVO die (vollständige) Beschreibung der Leistungsmerkmale des Auftragsgegenstandes.
6 S. Art. 63 Abs. 1 Satz 1, letzter HS Richtlinie 2014/25/EU.
7 S. § 36 SektVO.

wortlaut fast unverändert übernommen. Ohne allerdings damit die inhaltliche Bedeutung zu verändern, hat er den Begriff »elektronisch« an den Satzanfang gestellt und ihn nicht, wie im Richtlinientext, am Ende des Satzes platziert.[8] Gleichwohl bezieht sich der Begriff »elektronisch« wie im Richtlinientext auf den Zugang. Das heißt, die Zugänglichkeit ist durch den Auftraggeber elektronisch herzustellen ist. Die auf den Begriff »elektronisch« folgenden Adjektive (in der Richtlinie vorangestellt) beziehen sich auf diesen und stellen klar, dass ein medienbruchfreier uneingeschränkt elektronischer, vollständig elektronischer, unentgeltlich elektronischer und unmittelbar elektronischer Zugang gemeint ist.

12   Dies bedeutet nicht, dass der Auftraggeber die Informationen zu den technischen Spezifikationen zunächst nur unvollständig zugänglich machen dürfte. Aus dem allgemeinen Transparenzgebot ergibt sich Gegenteiliges. Die in Bezug genommen oder beabsichtigten technischen Spezifikationen sind dem Auftraggeber zudem in aller Regel ihrem Umfang nach bekannt, sodass es ihm keine Schwierigkeiten bereiten wird, diese auch vollumfänglich zugänglich zu machen.

IV. Andere als elektronische Zugänglichmachung

13   Der Verordnungstext sieht vor, dass in den Fällen, in denen es dem Auftraggeber nicht möglich ist, die technischen Spezifikationen elektronisch zur Verfügung zu stellen, er hierzu einen anderen Weg wählt. Aus der Vorschrift ergeben sich jedoch keine Kriterien, wann ein Fall der »Unmöglichkeit« vorliegt. Hier hilft ein Blick in Art. 63 Abs. 1 UA 2 Richtlinie 2014/25/EU weiter. Hieraus ergeben sich zwei denkbare Konstellationen für eine andere als elektronische Zugänglichmachung.

14   Die erstere ergibt sich daraus, das sich eine Unmöglichkeit daraus ergibt, dass entweder[9]
   – spezifische Instrumente, Vorrichtungen oder Dateiformate erforderlich sind, die u.a. nicht allgemein verfügbar sind,
   – die Anwendungen, die zur Beschreibung verwendet werden müssen sind bspw. durch Lizenzen geschützt,
   – die Nutzung erfordert spezielle Bürogeräte, die den Auftraggebern nicht generell zur Verfügung stehen, oder
   – es werden physische oder maßstabgetreue Modelle verlangt, die nicht elektronisch übermittelbar sind.

Der zweiten Konstellation liegt der Fall zugrunde, dass der Auftraggeber Vertraulichkeitsanforderungen an die Informationen nach § 41 Abs. 4 SektVO zu stellen gedenkt.[10]

---

8   S. Art. 63 Abs. 1 Satz 2 Richtlinie 2014/25/EU.
9   S. Art. 40 Abs. 1 UA 2 Richtlinie 2014/25/EU; § 41 Abs. 3 SektVO.
10 In § 30 Abs. 3 Satz 2 SektVO ist die Rede von § 45 Abs. 4 SektVO. Dies ist offensichtlich ein redaktioneller Fehler, denn ein § 45 Abs. 4 existiert nicht. Gemeint ist § 41 Abs. 4 SektVO.

Dem Wortlaut nach handelt es sich hier nicht um eine Ausnahme von der verpflichten- 15
den elektronischen Zugänglichmachung. Vielmehr wird der Auftraggeber für den Fall,
dass eine elektronische Zugänglichkeit nicht gewährleisten kann, diese auf einem anderen Weg sicherzustellen.

V. Rechtsschutz

Die Vorschrift setzt insbesondere den Grundsatz der Transparenz um. Sie gehört zu den 16
Regeln des Vergabeverfahrens und ist bieterschützend.

Unternehmen können demnach eine Verletzung der Vorschrift vor den Nachprüfungs- 17
instanzen geltend machen. Zu beachten ist insbesondere die Rügeobliegenheit gemäß
§ 160 Abs. 3 Nrn. 2 u. 3 GWB im Falle der Erkennbarkeit bereits in der Bekanntmachung oder den Vergabeunterlagen.

§ 31 SektVO Nachweisführung durch Bescheinigungen von Konformitäts- bewertungsstellen

(1) Als Beleg dafür, dass eine Leistung bestimmten, in der Leistungsbeschreibung
geforderten Merkmalen entspricht, kann der Auftraggeber die Vorlage von Bescheinigungen, insbesondere Testberichten oder Zertifizierungen, einer Konformitätsbewertungsstelle verlangen. Wird die Vorlage einer Bescheinigung einer bestimmten Konformitätsbewertungsstelle verlangt, hat der Auftraggeber auch Bescheinigungen
gleichwertiger anderer Konformitätsbewertungsstellen zu akzeptieren.

(2) Der Auftraggeber akzeptiert auch andere als die in Absatz 1 genannten geeigneten Unterlagen, insbesondere ein technisches Dossier des Herstellers, wenn das Unternehmen keinen Zugang zu den in Absatz 1 genannten Bescheinigungen oder keine
Möglichkeit hatte, diese innerhalb der einschlägigen Fristen einzuholen, sofern das
Unternehmen den fehlenden Zugang nicht zu vertreten hat. In den Fällen des Satzes
1 hat das Unternehmen durch die vorgelegten Unterlagen zu belegen, dass die von
ihm zu erbringende Leistung die angegebenen Anforderungen erfüllt.

(3) Eine Konformitätsbewertungsstelle ist eine Stelle, die gemäß der Verordnung
(EG) Nr. 765/2008 des Europäischen Parlaments und des Rates vom 9. Juli 2008
über die Vorschriften für die Akkreditierung und Marktüberwachung im Zusammenhang mit der Vermarktung von Produkten und zur Aufhebung der Verordnung
(EWG) Nr. 339/93 des Rates (ABl. L 218 vom 13.8.2008, S. 30) akkreditiert ist
und Konformitätsbewertungstätigkeiten durchführt.

Amtliche Begründung

»§ 31 dient der Umsetzung von Artikel 62 der Richtlinie 2014/25/EU.

Zu Absatz 1

Nach Absatz 1 Satz 1 können Auftraggeber den Wirtschaftsteilnehmern vorschreiben, einen Testbericht einer Konformitätsbewertungsstelle oder eine von dieser ausgegebenen Zertifizierung als

Beleg für die Konformität des Angebotes mit den in der Leistungsbeschreibung geforderten technischen Anforderungen beizubringen.

Nach Satz 2 hat der Auftraggeber auch die Bescheinigungen anderer gleichwertiger Konformitätsbewertungsstellen zu akzeptieren, wenn er die Bescheinigung einer bestimmten Konformitätsbewertungsstelle verlangt.

Zu Absatz 2

Nach Absatz 2 Satz 1 hat der Auftraggeber auch andere als die in Absatz 1 genannten Unterlagen, beispielsweise ein technisches Dossier des Herstellers, zuzulassen. Voraussetzung ist, dass das Unternehmen keinen Zugang zu den in Absatz 1 genannten Belegen hatte oder er es nicht zu vertreten hatte, dass er diesen Beleg nicht innerhalb der vorgegebenen Fristen einholen konnte.

Satz 2 bestimmt, dass das Unternehmen zu belegen hat, dass die von ihm angebotene Leistung die in den technischen Anforderungen festgelegten Kriterien erfüllt.

Zu Absatz 3

Absatz 3 entspricht inhaltlich Artikel 62 Absatz 1 Unterabsatz 3 der Richtlinie 2014/25/EU.«

A. Allgemeine Einführung

1   Unternehmen müssen nachweisen, dass die angebotene Leistung den vom Auftraggeber gestellten Anforderungen entspricht. Die Art und Weise der Nachweisführung wird von den Vergaberegeln vorgegeben. Im Sinne des Grundsatzes der Nichtdiskriminierung darf der Auftraggeber keine Nachweise zurückweisen, die nachweislich die Konformität der angebotenen mit der geforderten Leistung belegen.

B. Vergleich zur vorigen Rechtslage

2   Die neue Sektorenvergaberichtlinie regelt die Nachweisführung im Gegensatz zur Vorgängerrichtlinie getrennt von den Vorgaben zu den technischen Spezifikationen. Konsequenterweise erhält die nun gesonderte Richtlinienvorschrift auch in der SektVO eine eigene Vorschrift. Bislang war die Vorgabe in Artikel 34 Richtlinie 2004/17/EG und national in § 7 Absatz 8 S. 2 SektVO a.F. umgesetzt.

3   War die Formulierung bislang als Verpflichtung für das nachweisende Unternehmen formuliert, ist sie nun als eine zulässige Möglichkeit für den Auftraggeber ausgestaltet. Dieser darf künftig konkret benannte Unterlagen bestimmter Stellen vom Bewerber/Bieter als Konformitätsnachweis der Leistung verlangen.[1]

---

1 S. Erwägungsgrund 83 UA 3 Richtlinie 2014/25/EU.

C. Europarechtliche Vorgaben

Artikel 62 Richtlinie 2014/25/EU erlaubt es Auftraggebern, von den Unternehmen die 4
Vorlage bestimmter Konformitätsnachweise zu verlangen. Der Grundsatz der Nichtdiskriminierung findet dadurch Beachtung, dass auch andere geeignete Nachweise anzuerkennen sind. Die entsprechende Nachweispflicht obliegt dem betreffenden Unternehmen.

D. Kommentierung

Bestätigungen von Konformitätsbewertungsstellen (Absatz 1) 5

Zum Nachweis der Konformität der angebotenen Leistung darf der Auftraggeber die 6
Vorlage von Bescheinigungen verlangen, die von Dritten als korrekt bestätigt wurden.
Entsprechend erlaubt die Vorschrift das Verlangen von Bescheinigungen einer Konformitätsbewertungsstelle.

Verlangt werden dürfen insbesondere Testberichte oder Zertifizierungen dieser Stelle.
Nach dem Wortlaut kann der Auftraggeber auch andere Nachweise zur Konformitätsbestätigung von einer Konformitätsbewertungsstelle verlangen.

Verlangt der Auftraggeber die Vorlage von Bescheinigungen einer ganz bestimmten 7
Konformitätsbewertungsstelle, muss er auch Bescheinigungen einer anderen gleichwertigen Konformitätsbewertungsstelle akzeptieren. Die Beweislast der Gleichwertigkeit
trägt allerdings der Bewerber/Bieter.[2]

Verlangt der Auftraggeber die Bescheinigung einer Konformitätsbewertungsstelle, lässt 8
es die Vorschrift nicht zu, dass der Bewerber/Bieter andere Mittel als Nachweis verwendet. Er muss vielmehr die verlangte Bescheinigung der Konformitätsbescheinigung vorlegen. Es sei denn, es liegt ein Fall des Absatzes 2 vor.

Andere geeignete Unterlagen (Absatz 2)

In bestimmten Fällen muss der Auftraggeber auch andere geeignete Unterlagen akzep 9
tieren. Diese Verpflichtung ergibt sich aus dem Grundsatz der Nichtdiskriminierung.
Voraussetzung hierfür ist, dass der Bewerber/Bieter entweder gar keinen oder keinen
fristgerechten Zugang[3] zu den geforderten Unterlagen hatte und er dieses Unvermögen
nicht selbst zu vertreten hat.

Akzeptieren muss der Auftraggeber natürlich nur Unterlagen, mit denen der Bewerber/
Bieter tatsächlich nachweist, dass die von ihm angebotene Leistung die verlangten Anforderungen erfüllt. Folglich liegt auch hier die Beweislast beim Bewerber/Bieter.

---

2 Zur Gleichwertigkeit von Konformitätsbewertungsstellen: Verordnung (EG) Nr. 765/2008
   des Europäischen Parlaments und des Rates v. 09.07.2008 über die Vorschriften für die Akkreditierung und Marktüberwachung im Zusammenhang mit der Vermarktung von Produkten,
   ABl. Nr. L 218 v. 13.08.2008, S. 30.
3 Die infrage kommenden relevanten Fristen sind die vom Auftraggeber im konkreten Vergabeverfahren festgelegten Teilnahme- und/oder Angebotsfristen.

Als andere geeignete Unterlagen kommt unter anderem ein technisches Herstellerdossier in Betracht. Diese Nennung ist jedoch nicht abschließend.

Konformitätsbewertungsstellen (Absatz 3)

10   Eine Konformitätsbewertungsstelle ist eine Einrichtung, die Konformitätsbewertungstätigkeiten durchführt und nach der Verordnung (EG) Nr. 765/2008 (s. Fn 2) akkreditiert ist. Entsprechende Tätigkeiten sind bspw. Kalibrierung, Versuche, Zertifizierung und Inspektion.[4]

§ 32 SektVO   Nachweisführung durch Gütezeichen

(1) Als Beleg dafür, dass eine Leistung bestimmten, in der Leistungsbeschreibung geforderten Merkmalen entspricht, kann der Auftraggeber die Vorlage von Gütezeichen nach Maßgabe der Absätze 2 bis 5 verlangen.

(2) Das Gütezeichen muss allen folgenden Bedingungen genügen:
1. Alle Anforderungen des Gütezeichens sind für die Bestimmung der Merkmale der Leistung geeignet und stehen mit dem Auftragsgegenstand nach § 28 Absatz 3 in Verbindung.
2. Die Anforderungen des Gütezeichens beruhen auf objektiv nachprüfbaren und nichtdiskriminierenden Kriterien.
3. Das Gütezeichen wurde im Rahmen eines offenen und transparenten Verfahrens entwickelt, an dem alle interessierten Kreise teilnehmen können.
4. Alle betroffenen Unternehmen müssen Zugang zum Gütezeichen haben.
5. Die Anforderungen wurden von einem Dritten festgelegt, auf den das Unternehmen, das das Gütezeichen erwirbt, keinen maßgeblichen Einfluss ausüben konnte.

(3) Für den Fall, dass die Leistung nicht allen Anforderungen des Gütezeichens entsprechen muss, hat der Auftraggeber die betreffenden Anforderungen anzugeben.

(4) Der Auftraggeber muss andere Gütezeichen akzeptieren, die gleichwertige Anforderungen an die Leistung stellen.

(5) Hatte ein Unternehmen aus Gründen, die ihm nicht zugerechnet werden können, nachweislich keine Möglichkeit, das vom Auftraggeber angegebene oder ein gleichwertiges Gütezeichen innerhalb einer einschlägigen Frist zu erlangen, so muss der Auftraggeber andere geeignete Belege akzeptieren, sofern das Unternehmen nachweist, dass die von ihm zu erbringende Leistung die Anforderungen des geforderten Gütezeichens oder die vom Auftraggeber angegebenen spezifischen Anforderungen erfüllt.

Amtliche Begründung

»§ 32 dient der Umsetzung von Artikel 61 der Richtlinie 2014/25/EU. Mit der Richtlinie wird die Möglichkeit der Nachweisführung durch Gütezeichen erstmalig ausdrücklich eingeführt und

---

4   S. Art. 62 Abs. 1 UA 3 Richtlinie 2014/25/EU.

die sog. »Max-Havelaar-Rechtsprechung« des EuGH in Teilen kodifiziert. Da der Auftraggeber den Wettbewerb durch die zwingende Vorgabe bestimmter Gütezeichen erheblich einschränken kann, knüpft Artikel 61 der Richtlinie 2014/25/EU an deren Verwendung strenge Voraussetzungen. Diese Voraussetzungen sind in § 32 nachgebildet.

Zu Absatz 1

Nach Absatz 1 können Auftraggeber ein bestimmtes Gütezeichen als Beleg dafür verlangen, dass die Leistung den in der Leistungsbeschreibung geforderten Merkmalen entspricht, sofern die in den Absätze 2 bis 5 genannten Bedingungen erfüllt sind.

Zu Absatz 2

Absatz 2 nennt die Bedingungen, die ein Gütezeichen erfüllen muss.

Zu Nummer 1

Nach Nummer 1 müssen ausnahmslos alle Anforderungen des Gütezeichens für die Bestimmung der Leistung geeignet sein und mit dem mit dem Auftragsgegenstand in Verbindung stehen.

Zu Nummer 2

Nummer 2 legt fest, dass die Anforderungen an das Gütezeichen auf objektiven nachprüfbaren und nicht diskriminierenden Kriterien beruhen müssen.

Zu Nummer 3

Nach Nummer 3 muss das Gütezeichen im Rahmen eines offenen und transparenten Verfahrens eingeführt worden sein, an dem alle relevanten interessierten Kreise wie staatliche Stellen, Verbraucher, Sozialpartner, Hersteller, Händler und Nichtregierungsorganisationen teilnehmen konnten.

Zu Nummer 4

Nummer 4 sieht vor, dass das Gütezeichen und seine Anforderungen allen Betroffenen zugänglich sind, etwa durch die Veröffentlichung der Anforderungen im Internet.

Zu Nummer 5

Nach Nummer 5 müssen die Anforderungen an die Gütezeichen von einem Dritten festgelegt worden sein, auf den das das Gütezeichen beantragende Unternehmen keinen maßgeblichen Einfluss ausüben kann.

Zu Absatz 3

Absatz 3 entspricht inhaltlich der Regelung in Artikel 61 Absatz 1 Unterabsatz 2 der Richtlinie 2014/25/EU. Verlangt der Auftraggeber nicht, dass alle Anforderungen des Gütezeichens erfüllt werden, muss er angeben, welche Anforderungen gemeint sind und diese konkret benennen.

Zu Absatz 4

Absatz 4 entspricht bis auf redaktionelle Änderungen Artikel 61 Absatz 1 Unterabsatz 3 der Richtlinie 2014/25/EU, wonach Auftraggeber, die ein bestimmtes Gütezeichen fordern, alle andere Gütezeichen akzeptieren müssen, die bestätigen, dass die Lieferung oder Dienstleistung gleichwertige Gütezeichen-Anforderungen erfüllen. Dies gilt insbesondere für Gütezeichen, die in einem anderen Mitgliedstaat der Europäischen Union ausgestellt wurden.

Zu Absatz 5

Absatz 5 setzt Artikel 61 Absatz 1 Unterabsatz 4 der Richtlinie 2014/25/EU um. Danach muss ein Auftraggeber andere Belege als die geforderten Gütezeichen akzeptieren, wenn ein Wirtschaftsteilnehmer aus Gründen, die er nicht zu vertreten hat, nachweislich keine Möglichkeit hatte, das vom Auftraggeber geforderte oder ein gleichwertiges Gütezeichen innerhalb einer angemessenen Fristen zu erlangen. Der Wirtschaftsteilnehmer muss jedoch nachweisen, dass die von ihm zu erbringende Leistung die Anforderungen des geforderten Gütezeichens oder die vom Auftraggeber angegebenen spezifischen Anforderungen erfüllt.«

A. Allgemeine Einführung

1   Die neuen Vergaberichtlinien haben die Ausrichtung der öffentlichen Auftragsvergabe an sogenannten strategischen Aspekten gestärkt. Dem hat der deutsche Gesetzgeber entsprochen, indem er den Auftraggeber dazu anhält, bei der Vergabe u.a. soziale und umweltbezogene Aspekte nach Maßgabe des GWB Teil 4 zu berücksichtigen.[1]

2   Mit der Vorschrift des § 32 SektVO wird die Möglichkeit der Nachweisführung durch Gütezeichen ausdrücklich eingeführt und die »Max-Havelaar-Rechtsprechung«[2] des EuGH in Teilen kodifiziert.[3] In dieser Entscheidung hatte der EuGH Anforderungen an eine nachhaltige Beschaffung präzisiert und Maßstäbe für eine richtlinienkonforme Verwendung von Umweltzeichen vorgegeben.

B. Vergleich zur vorigen Rechtslage

3   Artikel 34 Absatz 6 Richtlinie 2004/17/EG regelte bislang, dass Auftraggeber in der Leistungsbeschreibung unter bestimmten Voraussetzungen Anforderungen oder Teile davon verwenden durften, die in Umweltzeichen definiert waren. Umweltzeichen vermitteln in standardisierter Weise Informationen über die Umweltvorteile eines Produkts oder einer Dienstleistung.[4]

4   Auftraggeber konnten auch angeben, dass bei Waren oder Dienstleistungen, die mit einem Umweltgütezeichen ausgestattet waren, vermutet wurde, dass sie den festgelegten technischen Spezifikationen genügten. Die nationale Umsetzung erfolgte in § 7 Absatz 9 SektVO.

---

1 S. § 97 Abs. 3 GWB.
2 EuGH, Urt. v. 10.05.2012 – C-368/10.
3 Verordnung zur Modernisierung des Vergaberechts – VergabeRModVO – BR-Drs. 87/16 v. 29.02.2016, Begründung zu § 32 SektVO.
4 Ruff, in: Müller-Wrede, Sektorenverordnung, § SektVO a.F., Rn. 111.

C. Europarechtliche Vorgaben

Auftraggeber, die mit der Beschaffung strategische Ziele verfolgen wollen, dürfen auf 5
bestimmte Gütezeichen Bezug nehmen sofern die Anforderungen für den Erwerb
des Gütezeichens mit dem Auftragsgegenstand im Zusammenhang stehen.[5]

Entsprechend regelt Artikel 61 Richtlinie 2014/25/EU, dass Auftraggeber unter festge- 6
legten Voraussetzungen in der Leistungsbeschreibung, den Zuschlagskriterien oder den
Auftragsausführungsbedingungen ein bestimmtes Gütezeichen als Nachweis der Leis-
tungskonformität verlangen können.

D. Kommentierung

Zulässigkeit des Verlangens der Nachweisführung durch Gütezeichen 7

Grundsätzlich ist es dem Auftraggeber erlaubt, die Nachweisführung durch Gütezei- 8
chen zu verlangen. Allerdings ist die Forderung der Nachweisführung durch Gütezeichen geeignet, den Wettbewerb um öffentliche Aufträge signifikant einzuschränken.
Daher ist deren Verwendung an strenge Voraussetzungen geknüpft.[6]

Um die Zulässigkeit der Forderung nicht zu gefährden, müssen Gütezeichen einer
Reihe von Bedingungen genügen.

Erfüllungsvoraussetzungen

Alle Anforderungen des Gütezeichens müssen für die Bestimmung der Leistungsmerk- 9
male geeignet sein und mit dem Auftragsgegenstand in Verbindung stehen. Zwar ist die
Beziehung zum Auftragsgegenstand ein weit auszulegender Begriff, Kriterien und Bedingungen allerdings, die sich auf die allgemeine Unternehmenspolitik beziehen,
sind zu pauschal und daher nicht vom Auftragsbezug umfasst.[7]

Alle Anforderungen des Gütezeichens müssen auf objektiven, nachprüfbaren und nichtdiskriminierenden Kriterien beruhen.

Die Entwicklung des Gütezeichens muss im Rahmen eines offenen und transparenten 10
Verfahrens erfolgt sein. An diesem Verfahren mussten alle interessierten Kreise, wie
staatliche Stellen, Verbraucher, Sozialpartner, Hersteller, Händler und Nichtregierungsorganisationen teilnehmen können.

Das Gütezeichen und dessen Anforderungen müssen allen betroffenen Unternehmen, 11
also denen, die Interesse an dem Auftrag haben, zugänglich und verfügbar sein. Dies ist
bspw. der Fall, wenn eine Veröffentlichung in einem entsprechenden Publikationsme-
dium (u.a. Internet) erfolgte.

---

5 Vgl. Erwägungsgrund 85 Richtlinie 2014/25/EU.
6 Verordnung zur Modernisierung des Vergaberechts – VergabeRModVO – BR-Drs. 87/16 v.
29.02.2016, Begründung zu § 32 SektVO.
7 S. Erwägungsgrund 97 Richtlinie 2014/24/EU.

Das das Gütezeichen erwerbende Unternehmen darf keinen maßgeblichen Einfluss auf die Festlegung des Gütezeichens nehmen können. Die festlegende Stelle muss neutral und unabhängig sein.

In Teilen verlangte Merkmale des Gütezeichens

12 Für den Fall, dass nicht alle Anforderungen des Gütezeichens für die Bestimmung der Leistungsmerkmale geeignet sind oder der Auftraggeber will bewusst nur einzelne Anforderungen des Gütezeichens verlangen, muss er die betreffenden Anforderungen des Gütezeichens konkret angeben.

Akzeptanz gleichwertiger Gütezeichen

13 Auftraggeber, die ein spezifisches Gütezeichen fordern, müssen alle Gütezeichen akzeptieren, die bestätigen, dass die Leistung gleichwertige Gütezeichen-Anforderungen erfüllt.[8] Damit wird sichergestellt, dass insbesondere Gütezeichen aus anderen EU-Mitgliedstaaten entsprechende Berücksichtigung im Vergabeverfahren finden können.[9]

Andere geeignete Nachweise

14 Die Richtlinienregelung verpflichtet den Auftraggeber andere geeignete Nachweise zu akzeptieren, wenn der Bewerber/Bieter nachweislich keinen Zugang oder keine Möglichkeit hatte, das verlangte oder ein gleichwertiges Gütezeichen innerhalb der einschlägigen Fristen[10] zu erlangen und er den fehlenden Zugang nicht zu verantworten hat. Nahezu wortgleich hat der Verordnungsgeber diese Regelung übernommen.

15 Der Bewerber/Bieter ist in der Pflicht zu belegen, dass die von ihm angebotene Leistung die vom Auftraggeber festgelegten Anforderungen erfüllt. Nur wenn ihm dies gelingt, muss der Auftraggeber den anderen geeigneten Nachweis akzeptieren. Eine Eigenerklärung ist hierfür als endgültiger Nachweis allerdings nicht ausreichend.[11]

§ 33 SektVO   Nebenangebote

(1) Der Auftraggeber kann Nebenangebote zulassen oder vorschreiben. Dabei legt er Mindestanforderungen, denen die Nebenangebote genügen müssen, fest.

(2) Die entsprechenden Angaben machen die Auftraggeber in der Bekanntmachung oder den Vergabeunterlagen. Fehlt eine entsprechende Angabe, sind keine Nebenangebote zugelassen. Es ist auch anzugeben, ob ein Nebenangebot unabhängig oder nur in Verbindung mit einem Hauptangebot eingereicht werden darf. Fehlt eine solche Angabe, sind Nebenangebote auch ohne ein Hauptangebot zugelassen.

---

8 S. Art. 61 Abs. 1 UA 4 Richtlinie 2014/25/EU.

9 Verordnung zur Modernisierung des Vergaberechts – VergabeRModVO – BR-Drs. 87/16 v. 29.02.2016, Begründung zu § 32 SektVO.

10 Hierbei handelt es sich um die vom Auftraggeber im Vergabeverfahren festgelegten Fristen wie etwa Teilnahme- oder Angebotsfrist.

11 Verordnung zur Modernisierung des Vergaberechts – VergabeRModVO – BR-Drs. 87/16 v. 29.02.2016, Begründung zu § 34 VgV.

(3) Die Zuschlagskriterien sind gemäß § 127 Absatz 4 des Gesetzes gegen Wettbewerbsbeschränkungen so festzulegen, dass sie sowohl auf Hauptangebote als auch auf Nebenangebote anwendbar sind. Nebenangebote können auch zugelassen oder vorgeschrieben werden, wenn der Preis oder die Kosten das alleinige Zuschlagskriterium sind.

(4) Der Auftraggeber berücksichtigt nur Nebenangebote, die die Mindestanforderungen erfüllen. Bei den Verfahren zur Vergabe von Liefer- oder Dienstleistungsaufträgen dürfen Auftraggeber, die Nebenangebote zugelassen oder vorgeschrieben haben, ein Nebenangebot nicht allein deshalb zurückweisen, weil es, wenn darauf der Zuschlag erteilt werden sollte, entweder zu einem Dienstleistungsauftrag anstatt zu einem Lieferauftrag oder zu einem Lieferauftrag anstatt zu einem Dienstleistungsauftrag führen würde.

Amtliche Begründung:

»§ 33 setzt Artikel 64 der Richtlinie 2014/25/EU um.

Zu Absatz 1

Absatz 1 setzt Artikel 64 Absatz 1 der Richtlinie 2014/25/EU um. Der Auftraggeber kann danach Nebenangebote zulassen oder verlangen. Aufgrund der Bedeutung von Innovationen für die öffentliche Auftragsvergabe, sollten Nebenangebote so oft wie möglich zugelassen werden.

Zu Absatz 2

Absatz 2 regelt in Umsetzung von Artikel 64 Absatz 2 der Richtlinie 2014/25/EU die Anforderungen für den Fall, dass der Auftraggeber Nebenangebote zulässt oder vorschreibt.

Insbesondere muss der Auftraggeber die Mindestanforderungen für Nebenangebote definieren. Die für Nebenangebote vorzugebenden Mindestanforderungen brauchen dabei im Allgemeinen nicht alle Details der Ausführung zu erfassen, sondern dürfen Spielraum für eine hinreichend große Variationsbreite in der Ausarbeitung von Alternativvorschlägen lassen und sich darauf beschränken, den Bietern, abgesehen von technischen Anforderungen, in allgemeinerer Form den Standard und die wesentlichen Merkmale zu vermitteln, die eine Alternativausführung aufweisen muss.

Über die Erfüllung der Mindestanforderungen hinaus müssen Nebenangebote nicht mit dem »Amtsvorschlag« gleichwertig sein. Eine allgemeine Gleichwertigkeitsprüfung, für die es keine benannten Bezugspunkte gibt, genügt nicht den Anforderungen an ein transparentes Verfahren.

Die Vorschrift stellt ferner klar, dass Nebenangebote auch dann zulässig sind und gewertet werden dürfen, wenn der Preis alleiniges Zuschlagskriterium ist. Unabhängig davon liegt jedoch die Festlegung aussagekräftiger, auf den jeweiligen Auftragsgegenstand und den mit ihm zu deckenden Bedarf zugeschnittener Zuschlagskriterien durch den Auftraggeber nahe. Auf diese Weise kann eingeschätzt werden, ob ein preislich günstigeres Nebenangebot mit einem solchen Abstand hinter der Qualität eines dem »Amtsvorschlag« entsprechenden Hauptangebots zurückbleibt, dass es nicht als das wirtschaftlichste Angebot bewertet werden kann.

Der Auftraggeber muss ferner vorgeben, auf welche Art und Weise Nebenangebote einzureichen sind. Dabei kann er insbesondere vorschreiben, dass Nebenangebote nur zugelassen sind, sofern auch ein Hauptangebot eingereicht wird.

Zu Absatz 3

Mit Absatz 3 wird Artikel 64 Absatz 1 Unterabsatz 2 der Richtlinie 2014/25/EU umgesetzt.

Zu Absatz 4

Absatz 4 setzt Artikel 64 Absatz 2 um.«

Inhaltsübersicht

A. Allgemeine Einführung

1   Nebenangebote sind dem Wortsinn nach Angebote, die vom Bieter neben oder statt des eigentlichen Angebotes eingereicht werden. Dem Nebenangebot immanent ist, dass die in der Leistungsbeschreibung geforderte Leistung anders als beschrieben angeboten wird. Nebenangebote umfassen daher jede Abweichung vom geforderten Angebot. Auch Änderungsvorschläge sind als Nebenangebote zu betrachten. Art. 64 Richtlinie 2014/25/EU spricht von »Varianten«. Ein inhaltlicher Unterschied ist mit der verschiedenen Begrifflichkeit nicht verbunden.

2   Die Zulassung von Nebenangeboten soll das unternehmerische Potenzial der für die Deckung des Vergabebedarfs geeigneten Bieter dadurch erschließen, dass der Auftraggeber Alternativlösungen vorgeschlagen bekommt, die er selbst nicht hätte ausarbeiten können.[1] Durch die bewusste Zulassung von Nebenangeboten kann der Auftraggeber zudem Innovationen gezielt fördern. Der Auftraggeber sollte daher Nebenangebote so oft wie möglich zulassen.[2]

B. Europarechtliche Vorgaben

3   Die europarechtlichen Vorgaben sind in Art. 64 Richtlinie 2014/25/EU enthalten. Danach können die Auftraggeber den Bietern die Möglichkeit einräumen oder von ihnen verlangen, Varianten vorzulegen. In der Bestimmung ist nicht mehr die noch in Art. 36 Richtlinie 2014/17/EU geregelte Vorgabe enthalten, dass Varianten nur bei Aufträgen zulässig sind, die nach dem Kriterium des wirtschaftlichsten Angebots vergeben werden. Dies ist überzeugend. Aus Wettbewerbsgründen und zur Förderung von Innovationen sind Nebenangebote jederzeit erwünscht.

---

1 BGH, Beschl. v. 07.01.2014 – X ZB 15/13.
2 Erwägungsgrund 58 Richtlinie 2014/25/EU.

C. Vergleich zur vorherigen Rechtslage

Bisher war die Regelung zu Nebenangeboten in § 8 Abs. 1 SektVO a.f. zusammen mit 4
den Vorgaben zur Vergabe von Unteraufträgen enthalten. Mit der Neufassung werden
die Vorgaben für Nebenangebote und Unteraufträge in getrennten Vorschriften geregelt, was ihrer jeweiligen Bedeutung entspricht. Der Regelungsgehalt des § 8 Abs. 1
SektVO a.f. wird inhaltlich fortgeführt, teilweise jedoch präzisiert. Neu ist, dass der
Auftraggeber vorschreiben kann, ob Nebenangebote nur zusätzlich zu einem Hauptangebot zugelassen sind. Eine entsprechende Regelung fehlte bislang in der SektVO. Eine
weitere wichtige Neuerung ist die Klarstellung, dass Nebenangebote auch dann zulässig
sind, wenn der Preis oder die Kosten das alleinige Zuschlagskriterium sind.

D. Kommentierung

I. Zulassung von Nebenangeboten

Die Zulassung von Nebenangeboten ist die freie Entscheidung des Auftraggebers. Eine 5
Begründung ist nicht erforderlich.

Der Auftraggeber wird Nebenangebote regelmäßig zulassen, wenn er sich davon einen 6
besonderen Nutzen oder eine wirtschaftlichere Auftragsvergabe verspricht. Das kann
der Fall sein, wenn es technische Neuerungen oder bestimmte Verfahrensweisen gibt,
die der Bieter nach der ursprünglichen Leistungsbeschreibung sonst nicht anbieten
würde. Nebenangebote können aber auch dann Sinn machen, wenn marktübliche Leistungen nachgefragt werden. Auf diese Weise können innovative Lösungen zum Zuge
kommen. Nach § 33 Abs. 2 Satz 3 SektVO kann der Auftraggeber nunmehr auch festlegen, ob ein Nebenangebot unabhängig oder nur in Verbindung mit einem Hauptangebot eingereicht werden darf.

Sind Nebenangebote zugelassen, so müssen sie bei der Wertung berücksichtigt werden. 7
Dies gilt nach § 33 Abs. 4 SektVO selbst dann, wenn im Fall der Auftragserteilung aus
einem Lieferauftrag ein Dienstleistungsauftrag oder umgekehrt wird. Einschränkungen ergeben sich nur durch entsprechende Mindestanforderungen des Auftraggebers.

II. Mindestanforderungen

Der Auftraggeber muss für das Nebenangebot bestimmte Mindestbedingungen festle- 8
gen und diese in der vorherigen Bekanntmachung oder den Vergabeunterlagen veröffentlichen.[3] Unterhalb der Schwellenwerte ist dagegen nach der Rechtsprechung des
BGH die Formulierung von Mindestanforderungen nicht erforderlich.[4]

Die für Nebenangebote vorzugebenden Mindestanforderungen brauchen im Allgemei- 9
nen nicht alle Details der Ausführung zu erfassen, sondern sollten Spielraum für eine
hinreichend große Variationsbreite in der Ausarbeitung von Alternativvorschlägen lassen. Sie sollten sich darauf beschränken, den Bietern, abgesehen von technischen Spezi-

---

3 OLG Düsseldorf, Beschl. v. 29.03.2006 – VII Verg 77/05.
4 BGH, Beschl. v. 10.05.2016 – X ZR 66/15, Rn. 20, juris.

fikationen, in allgemeinerer Form den Standard und die wesentlichen Merkmale zu vermitteln, die eine Alternativausführung aufweisen muss.[5]

10 Der Hinweis auf die Zulassung von Nebenangeboten sowie die Festlegung von Mindestbedingungen in der Bekanntmachung oder den Vergabeunterlagen müssen nach Abs. 1 S. 2 und Abs. 2 Satz 1 kumulativ gegeben sein. Unterlässt es der Auftraggeber auf die Zulassung von Nebenangeboten hinzuweisen oder Mindestanforderungen festzulegen, sind keine Nebenangebote zugelassen.

11 Keinen Spielraum hat der Auftraggeber, wenn Nebenangebote die geforderten Mindestanforderungen nicht erfüllen. Sie dürfen nicht berücksichtigt werden. Gibt er jedoch Mindestanforderungen an und unterlässt einen ausdrücklichen Hinweis auf die Zulassung von Nebenangeboten, so ist im Wege der Auslegung zu ermitteln, ob durch die Angabe von Mindestbedingungen die Zulassung von Nebenangeboten umfasst ist.

12 Über die Mindestanforderungen hinaus bestehen keine Anforderungen an die Nebenangebote. Insbesondere ist eine allgemeine Gleichwertigkeitsprüfung mit dem Amtsvorschlag nach einer Entscheidung des BGH aus dem Jahr 2014 unzulässig.[6] Zwar kann eine Gleichwertigkeitsprüfung im Einzelfall geeignet sein, den Wert von Nebenangeboten im Verhältnis zu den abgegebenen Hauptangeboten zu beurteilen.[7] Bei der gebotenen generalisierenden Betrachtung genügt eine Gleichwertigkeitsprüfung jedoch nicht den Anforderungen an die Transparenz, da für die Bieter bei Angebotsabgabe nicht mehr mit angemessenem Sicherheitsgrad voraussehbar ist, welche Varianten die Vergabestelle bei der Wertung noch als gleichwertig anerkennen wird und welche nicht mehr.[8] Diese überzeugende Entscheidung des BGH gilt unverändert auch nach neuer Rechtslage. Ausweislich der Verordnungsbegründung hat der Verordnungsgeber in Kenntnis der BGH-Entscheidung eine allgemeine Gleichwertigkeitsprüfung als mit dem Transparenzgebot unvereinbar eingestuft und bewusst nicht als Voraussetzung für Nebenangebote vorgesehen.[9] Zulässig bleibt ein Vergleich von Haupt- und Nebenangebot.

III. Preis als alleiniges Zuschlagskriterium

13 Nach der Rechtsprechung des BGH waren Nebenangebote unzulässig, wenn der Preis als alleiniges Zuschlagskriterium vorgesehen war.[10] Dies entspricht insoweit der Rechtslage nach § 127 Abs. 1 GWB, wonach sich das wirtschaftlichste Angebot nach dem besten Preis-Leistungs-Verhältnis bestimmt.[11] Auf Grundlage des besten Preis-Leistungs-Verhältnisses kann der Zuschlag allein auf das preislich günstigste Angebot erteilt

---

5 BGH, Beschl. v. 07.01.2014 – X ZB 15/13.
6 BGH, Beschl. v. 07.01.2014 – X ZB 15/13.
7 BGH, Beschl. v. 07.01.2014 – X ZB 15/13.
8 BGH, Beschl. v. 07.01.2014 – X ZB 15/13.
9 BT-Drs. 18/7318, S. 228.
10 BGH, Beschl. v. 7.01.2014 – X ZB 15/13; vgl. auch BGH, Beschl. v. 10.05.2016 – X ZR 66/15.
11 BGH, Beschl. v. 10.05.2016 – X ZR 6615, Rn. 17 f.

werden.[12] Mit der Neuregelung in § 33 Abs. 3 Satz 3 SektVO stellt der Verordnungs-geber – wie auch schon die zu Grunde liegenden Bestimmungen der Art. 45 Abs. 2 i.V.m. Art. 67 Abs. 2 und 5 der RL 2014/24/EU – nunmehr klar, dass Nebenange-bote auch dann zulässig sind und gewertet werden dürfen, wenn der Preis alleiniges Zu-schlagskriterium ist.[13] Damit greift der Verordnungsgeber eine verbreitete Forderung aus der Vergabepraxis auf und ermöglicht im Interesse der Innovationsförderung Ne-benangebote auch bei reiner Preiswertung. Diese Neuregelung birgt für den Auftragge-ber jedoch auch erhebliche Risiken. So muss er gegebenenfalls den Zuschlag auf ein Ne-benangebot erteilen, welches zwar preislich etwas günstiger, qualitativ jedoch erheblich schlechter ist.

Aus der Neuregelung folgt daher zunächst, dass der Auftraggeber bei einer reinen Preis- 14 wertung die Mindestanforderungen besonders sorgfältig festlegen muss. Dabei ist je-doch auch zu beachten, dass je strenger die Mindestanforderungen sind, desto weniger hochwertige oder wirtschaftlichere Alternativlösungen möglich sind. Unabhängig hier-von ist dem Auftraggeber zu raten, aussagekräftige, auf den jeweiligen Auftragsgegen-stand und den mit ihm zu deckenden Bedarf zugeschnittene Zuschlagskriterien festzu-legen. Nur auf diese Weise kann er das Qualitätsniveau von Nebenangeboten über die Mindestanforderungen hinaus nachvollziehbar und überprüfbar werten und das wirt-schaftlichste Angebot ermitteln.

§ 34 SektVO Unteraufträge

(1) Der Auftraggeber kann Unternehmen in der Auftragsbekanntmachung oder den Vergabeunterlagen auffordern, bei Angebotsabgabe die Teile des Auftrags, die sie im Wege der Unterauftragsvergabe an Dritte zu vergeben beabsichtigen, sowie, falls zu-mutbar, die vorgesehenen Unterauftragnehmer zu benennen. Vor Zuschlagserteilung kann der Auftraggeber von den Bietern, deren Angebote in die engere Wahl kommen, verlangen, die Unterauftragnehmer zu benennen und nachzuweisen, dass ihnen die erforderlichen Mittel dieser Unterauftragnehmer zur Verfügung stehen.

(2) Die Haftung des Hauptauftragnehmers gegenüber dem Auftraggeber bleibt von Absatz 1 unberührt.

(3) Bei der Vergabe von Bau- oder Dienstleistungsaufträgen, die in einer Einrichtung des Auftraggebers unter dessen direkter Aufsicht zu erbringen sind, schreibt der Auf-traggeber in den Vertragsbedingungen vor, dass der Auftragnehmer spätestens bei Beginn der Auftragsausführung die Namen, die Kontaktdaten und die gesetzlichen Vertreter seiner Unterauftragnehmer mitteilt und dass jede im Rahmen der Auftrags-ausführung eintretende Änderung auf der Ebene der Unterauftragnehmer mitzutei-len ist. Der Auftraggeber kann die Mitteilungspflichten nach Satz 1 auch als Vertrags-bedingungen bei der Vergabe anderer Dienstleistungsaufträge oder bei der Vergabe

---

12 BT-Drs. 18/6281, S. 111.
13 Vgl. auch: Schneevogel/Sommer, in: jurisPK-Vergaberecht, § 33 SektVO, Rn. 25 ff.; kritisch: Dicks, VergabeR 2016, 309.

von Lieferaufträgen vorsehen. Des Weiteren können die Mitteilungspflichten auch auf Lieferanten, die an Dienstleistungsaufträgen beteiligt sind, sowie auf weitere Stufen in der Kette der Unterauftragnehmer ausgeweitet werden.

(4) Für Unterauftragnehmer aller Stufen gilt § 128 Absatz 1 des Gesetzes gegen Wettbewerbsbeschränkungen .

(5) Der öffentliche Auftraggeber im Sinne des § 100 Absatz 1 Nummer 1 des Gesetzes gegen Wettbewerbsbeschränkungen überprüft vor der Erteilung des Zuschlags, ob Gründe für den Ausschluss des Unterauftragnehmers vorliegen. Bei Vorliegen zwingender Ausschlussgründe verlangt der öffentliche Auftraggeber die Ersetzung des Unterauftragnehmers. Bei Vorliegen fakultativer Ausschlussgründe kann der öffentliche Auftraggeber verlangen, dass dieser ersetzt wird. Der öffentliche Auftraggeber kann dem Bewerber oder Bieter dafür eine Frist setzen.

Amtliche Begründung:

»§ 34 dient der Umsetzung von Artikel 88 der Richtlinie 2014/25/EU. Im Rahmen der Unterauftragsvergabe wird der gesamte oder ein Teil des Auftrags auf eine dritte Person übertragen. Die Unterauftragsvergabe, bei der die Erbringung von Teilen der Leistung durch den Auftragnehmer auf einen Unterauftragnehmer übertragen wird, ist von der Eignungsleihe nach § 47 zu unterscheiden, bei der sich ein Bieter auf die Eignung Dritter berufen kann, ohne dass dieser zwingend zugleich als Nachunternehmer mit einem Teil der Leistungserbringung beauftragt werden muss.

Zu Absatz 1

Absatz 1 setzt Artikel 88 Absatz 2 der Richtlinie 2014/25/EU um. Nach Satz 1 können die Auftraggeber die Unternehmen in der Auftragsbekanntmachung oder den Vergabeunterlagen dazu auffordern, bei Angebotsabgabe den Auftragsteil, den sie an Dritte zu vergeben gedenken, sowie die vorgesehenen Nachunternehmer anzugeben, sofern ihnen dies im Zeitpunkt der Angebotsabgabe bereits zumutbar ist. Satz 2 trägt dem Umstand Rechnung, dass der Auftraggeber die in Absatz 5 geregelte Überprüfung des Nachunternehmers nur dann vornehmen kann, wenn ihm dieser vor Zuschlagserteilung genannt wurde und ihm die entsprechenden Nachweise, wie beispielsweise die Verpflichtungserklärung des Nachunternehmers gegenüber dem Hauptauftragnehmer, vorliegen. Das Verlangen des Auftraggebers ist unter Berücksichtigung der Verhältnismäßigkeit jedoch auf solche Unternehmen beschränkt, die in die engere Auswahlentscheidung kommen.

Zu Absatz 2

Mit Absatz 2 wird die Bestimmung in Artikel 88 Absatz 4 der Richtlinien 2014/25/EU umgesetzt, wonach klargestellt wird, dass die Haftung des Hauptauftragnehmers gegenüber dem Auftraggeber von Absatz 1 unberührt bleibt.

Zu Absatz 3

Absatz 3 entspricht inhaltlich der Regelung in Artikel 88 Absatz 5 Unterabsatz 1 der Richtlinie 2014/25/EU. Danach hat der Auftraggeber in bestimmten Fällen Mitteilungspflichten des Hauptauftragnehmers in seine Vertragsbedingungen aufzunehmen.

In Bezug auf Leistungen, die in einer Einrichtung des Auftraggebers unter dessen direkter Aufsicht zu leisten sind, ist der Auftraggeber nach Satz 1 verpflichtet, in den Auftragsbedingungen vorzuschreiben, dass der Hauptauftragnehmer ihm spätestens zum Beginn der Auftragsdurchführung den Namen, die Kontaktdaten und die gesetzlichen Vertreter seiner Unterauftragnehmer sowie jede weitere Änderung auf der Ebene der Unterauftragnehmer mitteilt. Nach den Sätzen 2 und 3 steht es dem Auftraggeber frei, diese Mitteilungspflichten durch die Vertragsbedingungen auch in den dort genannten Fällen vorzuschreiben.

Zu Absatz 4

Absatz 4 setzt die Regelung in Artikel 88 Absatz 1 und 6 der Richtlinie 2014/25/EU um. Danach haben alle Unterauftragnehmer – gleich auf welcher Stufe der Unterauftragsvergabe sie eingesetzt werden – bei der Ausführung des Auftrags die Vorgaben des § 128 Absatz 1 GWB zu beachten.

Zu Absatz 5

Absatz 5 setzt Artikel 88 Absatz 6 Buchstabe b der Richtlinie 2014/25/EU um und regelt die Pflicht des »öffentlichen« Sektorenauftraggebers im Sinne des § 100 Absatz 1 Nummer 1 GWB, vor der Zuschlagserteilung das Vorliegen von Ausschlussgründen nach den §§ 123 und 124 GWB bei Nachunternehmern des Auftragnehmers zu prüfen. Nach Satz 2 verlangen »öffentliche« Sektorenauftraggeber beim Vorliegen zwingender Ausschlussgründe nach § 123 GWB die Ersetzung des Unterauftragnehmers. Nach Satz 4 können die »öffentlichen« Sektorenauftraggeber beim Vorliegen fakultativer Ausschlussgründe nach § 124 GWB verlangen, dass der betreffende Nachunternehmer ersetzt wird.«

A. Allgemeine Einführung

Unter Unteraufträgen ist die vertragliche Beziehung über Teile der Leistung zwischen 1 dem Auftragnehmer und einem Dritten (Unterauftragnehmer) zu verstehen. Reine Zu- oder Ergänzungslieferungen von Dritten an den Auftragnehmer stellen keinen Unterauftrag dar. Der Unterauftragsvergabe kommt in der Praxis eine erhebliche Bedeutung zu.

Im Unterauftragnehmervertrag verpflichtet sich der Unterauftragnehmer gegenüber 2 dem Auftragnehmer einen bestimmten Teil der Leistung zu erbringen. Zwischen dem Unterauftragnehmer und dem Auftraggeber besteht hinsichtlich der vom Auftragnehmer gegenüber dem Auftraggeber zu erbringenden Leistung kein unmittelbares Vertragsverhältnis. Die Unterauftragsvergabe ist von der Eignungsleihe nach § 47 SektVO abzugrenzen. Bei letzterer beruft sich der Bieter auf die Eignung Dritter, ohne dass der Dritte zwingend Unterauftragnehmer sein muss.

Die Zulassung von Unteraufträgen ist ein Instrument zur Förderung des Mittelstandes. 3 Unteraufträge sind insbesondere in Fällen wichtig, in denen eine Vergabe nach Losen gemäß § 97 Abs. 4 GWB aus wirtschaftlichen oder technischen Gründen nicht möglich ist. Sie ermöglichen auch ergänzend zur Losvergabe die Partizipation kleiner und mittlerer Unternehmen an öffentlichen Aufträgen.

4   Der Verordnungsgeber hat darauf verzichtet, über den Umfang der Richtlinie 2004/17/ EG hinausgehende Regelungen zur Unterauftragsvergabe zu schaffen. Damit wird den Auftraggebern Spielraum belassen, um die Auftragsvergaben individuell nach ihren Erfordernissen auszugestalten.

B. Europarechtliche Vorgaben

5   Ein Ziel der europäischen Vergaberechtsreform ist, die öffentliche Auftragsvergabe an die Bedürfnisse von kleinen und mittleren Unternehmen anzupassen.[1] Neben der Aufteilung von öffentlichen Aufträgen in Lose stellt die Unterauftragsvergabe die in der Praxis wichtigste Möglichkeit dar, mit der kleine und mittlere Unternehmen an öffentlichen Aufträgen beteiligt werden können.[2] Die Vorgaben zu Unteraufträgen sind in Art. 88 Richtlinie 2014/25/EU enthalten. Aus dem Wortlaut der Vorschrift ergibt sich zunächst implizit, dass die Vergabe von Unteraufträgen durch den Auftragnehmer an Dritte grundsätzlich möglich ist.

6   Regelungsziel der europäischen Vorgaben zur Unterauftragsvergabe ist, die Einhaltung der geltenden Anforderungen des Unionsrechts, der nationalen Rechtsvorschriften und von Tarifverträgen auf dem Gebiet des Umwelt-, Sozial- und Arbeitsrechts und der internationalen umwelt-, sozial- und arbeitsrechtlichen Vorschriften durch Unterauftragnehmer sicherzustellen.[3] Zu diesem Zweck sieht Art. 88 Richtlinie 2014/25/EU Möglichkeiten vor, mit denen der Auftraggeber Informationen über die potentiellen Unterauftragnehmer fordern und das Vorliegen von Ausschlussgründen bei den Unterauftragnehmern prüfen kann. Die Richtlinie ermöglicht es den Mitgliedstaaten, dem Hauptauftragnehmer die Pflicht zur Bereitstellung der erforderlichen Informationen direkt vorzuschreiben. Auftraggebern zwingende Informations- und Prüfpflichten vorzugeben. Der Verordnungsgeber macht von dieser Möglichkeiten in § 34 SektVO keinen Gebrauch. Nicht umgesetzt wurde auch die in Art. 88 Abs. 3 und 7 Richtlinie 2014/25/EU vorgesehene Möglichkeiten von Direktzahlungen an den Unterauftragnehmer.

C. Vergleich zur vorherigen Rechtslage

7   Im Vergleich zur bisherigen Rechtslage weisen die Vorgaben zur Unterauftragsvergabe eine deutlich erhöhte Regelungsdichte auf. Dies ist zum einen den komplexeren europäischen Vorschriften geschuldet, zum anderen der hohen Praxisrelevanz der Unterauftragsvergabe. Der Regelungsgehalt des § 8 Abs. 3 SektVO a.F. findet sich nun in § 34 Abs. 1 SektVO wieder. Neu eingefügt wurde eine Klarstellung zur Haftung des Hauptauftragnehmers in § 34 Abs. 2 SektVO, Mitteilungspflichten über Unterauftragnehmer nach § 34 Abs. 3 SektVO, eine Klarstellung zur Reichweite von Ausführungs-

---

1   Erwägungsgrund Nr. 87 Richtlinie 2014/25/EU.
2   Erwägungsgrund Nr. 87 Richtlinie 2014/25/EU.
3   Erwägungsgrund Nr. 110 Richtlinie 2014/25/EU.

bedingungen sowie die Pflicht des Auftraggebers, das Vorliegen von Ausschlussgründen bei den Unterauftragnehmern zu prüfen.

D. Kommentierung

Durch die Vergabe von Teilen der Leistung an Dritte durch den Auftragnehmer (Unter- 8 aufträge) soll kleinen und mittleren Unternehmen vermehrt die Möglichkeit gegeben werden, sich an der Vergabe von öffentlichen Aufträgen zu beteiligen.

Die Zulässigkeit der Unterauftragsvergabe ergibt sich aus dem Wortlaut des Abs. 3. 9 Zwar bedarf nach § 4 Nr. 8 Nr. 1 Satz 2 VOB/B und § 4 Nr. 4 S. 1 VOL/B die Weitergabe von Teilen der Leistung an Unterauftragnehmer grundsätzlich der Zustimmung (vorherige Einwilligung) durch den Auftraggeber. Allerdings schreibt die SektVO anders als § 29 Abs. 2 VgV die Vereinbarung der VOB/B oder VOL/B als Allgemeine Vertragsbedingungen zwischen Auftraggeber und Auftragnehmer nicht grundsätzlich vor. Nur wenn diese ausdrücklich vereinbart werden, besteht bei Unterauftragsvergaben nach der SektVO eine Zustimmungspflicht des Auftraggebers. Der Hauptauftragnehmer kann gemäß § 34 Abs. 2 SektVO seine Haftung gegenüber dem Hauptauftragnehmer nicht durch die Unterauftragsvergabe beschränken.

Im Fall der Unterauftragsvergabe darf der Auftraggeber gemäß § 34 Abs. 1 Satz 1 10 SektVO vorgeben, dass der Auftragnehmer – soweit zumutbar – bereits bei Angebotsabgabe den Teil des Auftrags benennt, den er an Dritte vergeben will und den Namen des Unterauftragnehmers vor Zuschlagserteilung bekannt gibt. Nach § 34 Abs. 1 Satz 2 SektVO kann der Auftraggeber die Benennung der Unterauftragnehmer vor Zuschlagserteilung fordern. Es handelt sich bei beiden Alternativen des § 34 Abs. 1 SektVO um eine Kann-Regelung. Der Auftraggeber ist grundsätzlich nicht verpflichtet, die Angaben zu fordern. Etwas anderes gilt gemäß Absatz 2 bei der Vergabe von Bau- oder Dienstleistungsaufträgen, die in einer Einrichtung des Auftraggebers unter dessen direkter Aufsicht zu erbringen sind. Hier ist der Auftraggeber verpflichtet, in den Vertragsbedingungen Informationen über die Unterauftragnehmer vorzuschreiben. Nach § 34 Abs. 3 Satz 2 SektVO kann der Auftraggeber darüber hinaus in den Vertragsbedingungen stets vorsehen, über die Unterauftragnehmer informiert zu werden. Dies gilt auch für jede eintretende Änderung bei den Unterauftragnehmern.

Der Auftraggeber muss in der Lage sein, im Rahmen der Eignungsprüfung ggf. auch 11 die Eignung des Unterauftragnehmers zu beurteilen. Nur in dieser Gesamtschau wird ihm ein ordnungsgemäßes Ergebnis der Eignungsprüfung möglich sein. Für »öffentliche« Sektorenauftraggeber nach § 100 Abs. 1 Nummer 1 GWB schreibt § 34 Abs. 5 SektVO vor, dass das Vorliegen von Ausschlussgründen bei den Unterauftragnehmern geprüft werden muss. Liegen Ausschlussgründe vor, kann der Auftraggeber die Ersetzung des Unterauftragnehmers binnen einer konkreten Frist verlangen.

Fordert der Auftraggeber ausdrücklich die Benennung dritter Unternehmen sowie de- 12 ren Verfügbarkeitserklärung so muss dies in klarer und deutlicher Form geschehen.[4]

---

4 OLG Düsseldorf, Beschl. v. 20.10.2008 – VII-Verg 41/08.

Deshalb und in Anbetracht der Ausschlusssanktion müssen die Bieter den Unterlagen klar entnehmen können, welche Erklärungen von ihnen im Zusammenhang mit der Angebotsabgabe verlangt werden.[5] Bedürfen die Vergabeunterlagen der Auslegung, ist dafür der objektive Empfängerhorizont der potenziellen Bieter, also eines abstrakt bestimmten Adressatenkreises maßgeblich.[6]

13   Der Auftraggeber sollte eine sogenannte Nachunternehmererklärung verlangen, wenn er sich aufgrund der Eigenart der geforderten Leistung oder deren Umfang ein genaues Bild über die Eignung auch eventueller Unterauftragnehmer machen muss und nur so die Leistung überhaupt vergeben kann.

14   Die Nachunternehmererklärung ist im Interesse des Auftraggebers an der Eignungsprüfung der benannten Nachunternehmen spätestens unmittelbar vor Zuschlagserteilung abzugeben.[7]

15   § 34 Abs. 4 SektVO stellt klar, dass die nach § 128 Abs. 1 GWB bestehenden Pflichten für alle Unterauftragnehmer egal welcher Stufe gelten. Unterauftragnehmer müssen daher bei der Ausführung des Auftrags alle für sie geltenden Verpflichtungen beachten.

Unterabschnitt 4 Veröffentlichung, Transparenz

§ 35 SektVO Auftragsbekanntmachungen, Beschafferprofil

(1) Der Auftraggeber teilt seine Absicht, einen Auftrag zu vergeben oder eine Rahmenvereinbarung abzuschließen, in einer Auftragsbekanntmachung mit. § 13 Absatz 2, § 36 Absatz 4 und § 37 bleiben unberührt.

(2) Die Auftragsbekanntmachung wird nach dem im Anhang V der Durchführungsverordnung (EU) 2015/1986 enthaltenen Muster erstellt.

(3) Der Auftraggeber benennt in der Auftragsbekanntmachung die Vergabekammer, an die sich die Unternehmen zur Nachprüfung geltend gemachter Vergabeverstöße wenden können.

(4) Der Auftraggeber kann im Internet zusätzlich ein Beschafferprofil einrichten. Dieses kann regelmäßige nicht verbindliche Bekanntmachungen, Angaben über laufende oder aufgehobene Vergabeverfahren, über vergebene Aufträge sowie alle sonstigen Informationen von allgemeinem Interesse wie Kontaktstelle, Telefon- und Faxnummer, Anschrift und E-Mail-Adresse des Auftraggebers enthalten

---

5 BGH, Urt. v. 10.06.2008 – X ZR 78/07.
6 BGH, Urt. v. 10.06.2008 – X ZR 78/07.
7 OLG München, Beschl. v. 22.01.2009 – Verg 26/08.

Amtliche Begründung:

»Die Durchführung eines Vergabeverfahrens ist grundsätzlich europaweit bekanntzumachen. Der in der Richtlinie 2014/25/EU verwendete Begriff des »Aufrufs zum Wettbewerb« wird im deutschen Recht nicht übernommen, sodass diese Begriffsebene ersatzlos entfällt. Dem liegt die Tatsache zugrunde, dass Missverständnissen vorgebeugt werden soll, weil die deutsche Sprache anders als die englische nicht mehrere Worte für den Begriff des Wettbewerbs kennt. Im deutschen Vergaberecht wird der Begriff des Wettbewerbs bereits in § 103 Absatz 6 GWB als Planungswettbewerb beziehungsweise Auslobungsverfahren legal definiert. Zudem hat sich der Ausdruck »Teilnahmewettbewerb« für die erste Stufe im nicht offenen Verfahren, dem Verhandlungsverfahren, dem wettbewerblichen Dialog und der Innovationspartnerschaft etabliert.

Zu Absatz 1

Absatz 1 dient der Umsetzung von Artikel 69, Artikel 50, Artikel 67 Absatz 2 sowie Artikel 68 der Richtlinie 2014/25/EU. Danach können Vergabeverfahren unabhängig von der gewählten Verfahrensart grundsätzlich durch eine Auftragsbekanntmachung in Gang gesetzt werden. Dies soll Transparenz, Gleichbehandlung und Wettbewerb gewährleisten. Ausnahmen vom Bekanntmachungsgrundsatz bilden lediglich Verhandlungsverfahren ohne Teilnahmewettbewerb nach § 13 Absatz 2.

Zu Absatz 2

Absatz 2 setzt Artikel 69 und Artikel 71 Absatz 1 der Richtlinie 2014/25/EU um. Die Auftragsbekanntmachung muss die Informationen nach Anhang XI der Richtlinie 2014/25/EU enthalten und nach dem Muster gemäß Anhang V der Durchführungsverordnung (EU) Nr. 2015/1986 erstellt werden.

Zu Absatz 3

Zur Gewährleistung effektiven Rechtsschutzes schreibt Absatz 3 vor, dass die Auftraggeber in der Auftragsbekanntmachung die zuständige Vergabekammer als Nachprüfungsbehörde benennen müssen. Dies folgt aus Anhang XI Abschnitt A Nummer 25 der Richtlinie 2014/25/EU. Unter Umständen können auch mehrere Nachprüfungsbehörden zuständig sein; dann sind alle zuständigen Nachprüfungsbehörden zu nennen. Die zuständige Vergabekammer ergibt sich aus den §§ 156 und 158 GWB.

Zu Absatz 4

Absatz 4 ist an Artikel 67 Absatz 1 Satz 3 der Richtlinie 2014/25/EU angelehnt. Auftraggeber haben danach die Möglichkeit, ein Beschafferprofil im Internet einzurichten, in dem eine regelmäßige nicht verbindliche Bekanntmachung nach § 36 Absatz 1 oder andere für die Auftragsvergabe relevante Informationen, beispielsweise die Kontaktdaten des Auftraggebers, veröffentlicht werden können.«

A. Allgemeine Einführung

1 § 35 Abs. 1 SektVO enthält mit der Pflicht zur europaweiten Bekanntmachung eine wesentliche, den Transparenzgrundsatz konkretisierende Grundregel. Der Auftraggeber muss eine geplante Auftragsvergabe grundsätzlich im Wege einer Auftragsbekanntmachung europaweit veröffentlichen. Alternativ kann er der Auftrag gemäß § 36 Abs. 4 und § 37 SektVO bekannt machen. Nur unter den Voraussetzungen des § 13 Abs. 2 SektVO kann von einer Veröffentlichung ganz abgesehen werden. § 35 Absatz 2 benennt das für die Auftragsbekanntmachung zu verwendende Formular. Mit § 35 Abs. 3 wird festgelegt, dass der Auftraggeber die zuständige Vergabekammer benennen muss. § 35 Abs. 4 SektVO ermöglicht die Einrichtung eines Beschafferprofils und setzt hierfür inhaltliche Vorgaben.

B. Europarechtliche Vorgaben

2 § 35 Abs. 1 SektVO setzt im Wesentlichen Art. 44 Abs. 4 und Art. 69 Richtlinie 2014/25/EU um. § 35 Abs. 2 SektVO basiert auf Art. 69 und verweist auf das anzuwendende Standardformular, welches die in Anhang XI Richtlinie 2014/25/EU benannten Informationen enthält. Die Pflicht zu der in Absatz 3 geforderten Angabe der zuständigen Nachprüfungsbehörde folgt aus Anhang XI der Richtlinie 2014/25/EU. Die Regelung zum Beschafferprofil im vierten Absatz von § 35 SektVO beruht auf Art. 67 Abs. 1 Satz 3 und Anhang IX der Richtlinie 2014/25/EU.

C. Vergleich zur vorherigen Rechtslage

3 Die Vorschriften über die Veröffentlichung und Transparenz wurden insgesamt neu gefasst. Aufbau und Struktur der Regelungen orientiert sich an den entsprechenden Regelungen in der VgV. § 35 SektVO enthält die Regelungen, welche bislang in § 14 Abs. 1 und 12 Abs. 3 SektVO a.F. festgelegt waren. Die ausdrückliche Zulassung der europaweiten Veröffentlichung der nicht dem europäischen Vergaberecht unterliegenden Vergabeverfahren ist jetzt in § 40 Abs. 4 SektVO vorgesehen. § 35 Abs. 3 übernimmt den Regelungsgehalt von § 14 Abs. 1 VgV a.F.

D. Kommentierung

I. Grundsatz der Bekanntmachung

4 § 35 Abs. 1 SektVO erlaubt drei verschiedene Möglichkeiten zur Bekanntmachung. Auftraggeber können die geplante Auftragsvergabe auf folgende Arten veröffentlichen:
– Auftragsbekanntmachung (§ 35 Abs. 1 Satz 1 SektVO)
– regelmäßige nicht verbindlichen Bekanntmachung (§ 36 Abs. 4 SektVO)
– Bekanntmachung über das Bestehen eines Qualifizierungssystems (§ 37 SektVO)

5 Auch wenn die Auftragsbekanntmachung durch die in § 35 Abs. 1 SektVO gewählte Formulierung besonders hervorgehoben wird, besteht keine Rangfolge zwischen den Möglichkeiten zur Bekanntmachung. Der Auftraggeber kann vielmehr frei wählen. Allerdings kann nur mit der Auftragsbekanntmachung das Vergabeverfahren für jede Verfahrensart eingeleitet werden. Mittels regelmäßiger nichtverbindlicher Bekanntma-

chung können Aufträge nur im nicht offenen oder im Verhandlungsverfahren vergeben werden. Bei allen drei Arten sind die grundsätzlichen Regeln für Bekanntmachungen zu beachten, z.B. die Verwendung der vorgegeben Formulare. Für die Auftragsbekanntmachung ist das anzuwendende Formular in Absatz 2 genannt. Vergebene Aufträge und Auftragsänderungen müssen nach § 38 SektVO binnen einer Frist von dreißig Tagen nach Zuschlagserteilung veröffentlicht werden. Bei der Veröffentlichung sind die durch die Anhänge IV bis XII Richtlinie 2014/25/EU und die Durchführungsverordnung (EU) 2015/1986 vorgegebenen Muster zu verwenden.

II. Angaben zur zuständigen Vergabekammer (Abs. 3)

Aus § 35 Abs. 3 SektVO ergibt sich die Verpflichtung des Auftraggebers, die für die 6 Nachprüfung des Vergabeverfahrens zuständige Vergabekammer in der Bekanntmachung anzugeben. Sie lässt sich zudem aus den zwingend zu beachtenden Mustern der Verordnungen (EU) 2015/1986 entnehmen. Aus der Verordnung (EU) ergibt sich auch der Umfang der mitzuteilenden Informationen. Anzugeben sind danach Name und Anschrift der Vergabekammer, Postanschrift, E-Mail, Internetadresse, Telefon sowie Hinweise auf die Fristen für die Einlegung von Rechtsbehelfen. Die zuständige Vergabekammer ergibt sich aus den §§ 156 und 158 GWB. Zweck der Vorschrift ist der effektive Rechtsschutz der Bewerber und Bieter. Die Vorschrift ist daher bieterschützend.

Die Folgen einer unterbliebenen oder fehlerhaften Mitteilung nach § 35 Abs. 3 7 SektVO sind nicht geregelt. Eine falsche Angabe in der Bekanntmachung begründet nicht die Zuständigkeit einer an sich unzuständigen Vergabekammer. Auch eine Verweisung eines bei der unzuständigen Vergabekammer eingereichten Nachprüfungsantrages an die zuständige Vergabekammer kommt nicht in Betracht. Die Voraussetzungen für eine Verweisung gemäß § 17 a Abs. 2 Satz 1 GVG liegen nicht vor, da dieser nur die Verweisung an ein Gericht betrifft.[1] Dagegen würde im Nachprüfungsverfahren nicht an ein Gericht, sondern an eine Vergabekammer, daher eine Verwaltungsbehörde verwiesen. Jedenfalls steht eine Verweisung nicht einer »Einreichung« des Nachprüfungsantrags bei der Vergabekammer durch den Antragsteller selbst gleich.[2] Daher kommt auch keine fristwahrende Zustellung des Nachprüfungsantrages durch die unzuständige Vergabekammer in Betracht.[3]

Zutreffend dürfte die Auffassung sein, wonach bei einer unterbliebenen oder fehlerhaf- 8 ten Angabe der Nachprüfungsbehörde in der Vergabebekanntmachung nach § 38 SektVO die Frist des § 135 Abs. 2 Satz 2 GWB nicht in Lauf gesetzt wird.[4] Nach dieser Vorschrift endet die Frist zur Geltendmachung der Unwirksamkeit eines öffentlichen Auftrags bereits nach 30 Tagen, sofern eine Vergabebekanntmachung im Amtsblatt der Europäischen Union bekannt gemacht wurde. Nach dem anzuwendenden Standardformular gemäß Anhang VI der Verordnung (EU) 2015/1986 ist auch in der Ver-

---

1 OLG Düsseldorf, Beschl. v. 11.03.2002 – Verg 43/01.
2 OLG Düsseldorf, Beschl. v. 11.03.2002 – Verg 43/01.
3 A.A. VK Münster, Beschl. v. 09.08.2011 – VK-19/01.
4 VK Sachsen, Beschl. v. 08.04.2011 – 1/SVK/002-11.

gabebekanntmachung die für das Nachprüfungsverfahren zuständige Stelle zu benennen. Unterlässt der Auftraggeber die Benennung oder gibt er eine unzuständige Stelle an, kann er sich im Interesse eines effektiven Rechtsschutzes nicht mehr auf § 135 Abs. 2 Satz 2 GWB berufen. Dem steht nicht entgegen, dass es sich bei den in § 135 Abs. 2 genannten Fristen um absolute Fristen handelt. Aufgrund des bieterschützenden Charakters der Norm kommen daneben Schadensersatzansprüche des unterlegenen Unternehmens in Betracht.

III. Das Beschafferprofil (Abs. 4)

9   Nach § 35 Abs. 4 SektVO ist es Auftraggebern möglich, im Internet ein sog. Beschafferprofil einzurichten. Die Nutzung eines Beschafferprofils ist nicht verpflichtend. Das Beschafferprofil dient der Außendarstellung des Auftraggebers und enthält allgemeine Informationen wie Kontaktstelle, Telefon- und Faxnummer, Postanschrift und E-Mail-Adresse. Darüber hinaus können in dem Beschafferprofil Angaben über Vergabeverfahren, geplante und vergebene Aufträge oder aufgehobene Verfahren hinterlegt werden. Die Einrichtung eines Beschaffungsprofils schränkt die Pflichten des Auftraggebers zur Bekanntmachung jedoch nicht ein. Insbesondere können zwar regelmäßige nicht-verbindliche Bekanntmachungen nach § 36 Abs. 2 Satz 1 SektVO im Beschafferprofil veröffentlicht werden. Jedoch muss auch in diesem Fall nach § 36 Abs. 2 Satz 2 SektVO eine Veröffentlichung durch das Amt für Veröffentlichungen der Europäischen Union erfolgen. Der Auftraggeber hat die erforderlichen Informationen unter Verwendung des Musters gemäß Anhang VIII der Durchführungsverordnung (EU) 2015/1986 zu übermitteln.

§ 36 SektVO   Regelmäßige nicht verbindliche Bekanntmachung

(1) Der Auftraggeber kann die Absicht einer geplanten Auftragsvergabe mittels Veröffentlichung einer regelmäßigen nicht verbindlichen Bekanntmachung nach dem in Anhang IV der Durchführungsverordnung (EU) 2015/1986 enthaltenen Muster bekanntgeben.

(2) Die regelmäßige nicht verbindliche Bekanntmachung kann durch das Amt für Veröffentlichungen der Europäischen Union oder im Beschafferprofil veröffentlicht werden. Erfolgt die Veröffentlichung im Beschafferprofil, übermittelt der Auftraggeber die Mitteilung dieser Veröffentlichung dem Amt für Veröffentlichungen der Europäischen Union nach dem Muster gemäß Anhang VIII der Durchführungsverordnung (EU) 2015/1986.

(3) Hat der Auftraggeber eine regelmäßige nicht verbindliche Bekanntmachung nach Absatz 1 veröffentlicht, kann die Mindestfrist für den Eingang von Angeboten im offenen Verfahren auf 15 Tage verkürzt werden, sofern
1. die regelmäßige nicht verbindliche Bekanntmachung alle nach Anhang IV der Durchführungsverordnung (EU) 2015/1986 geforderten Informationen enthält, soweit diese zum Zeitpunkt der Veröffentlichung der regelmäßigen nicht verbindlichen Bekanntmachung vorlagen, und

2. die regelmäßige nicht verbindliche Bekanntmachung wenigstens 35 Tage und nicht mehr als zwölf Monate vor dem Tag der Absendung der Auftragsbekanntmachung zur Veröffentlichung an das Amt für Veröffentlichungen der Europäischen Union übermittelt wurde.

(4) Der Auftraggeber kann im nicht offenen Verfahren und im Verhandlungsverfahren auf eine Auftragsbekanntmachung nach § 35 verzichten, sofern die regelmäßige nicht verbindliche Bekanntmachung

1. die Liefer- oder Dienstleistungen benennt, die Gegenstand des zu vergebenden Auftrages sein werden,
2. den Hinweis enthält, dass dieser Auftrag im nicht offenen Verfahren oder Verhandlungsverfahren ohne gesonderte Auftragsbekanntmachung vergeben wird,
3. die interessierten Unternehmen auffordert, ihr Interesse mitzuteilen (Interessensbekundung),
4. alle nach Anhang IV der Durchführungsverordnung (EU) 2015/1986 geforderten Informationen enthält und
5. wenigstens 35 Tage und nicht mehr als zwölf Monate vor dem Zeitpunkt der Absendung der Aufforderung zur Interessensbestätigung veröffentlicht wird.

Ungeachtet der Verpflichtung zur Veröffentlichung der Bekanntmachung können solche regelmäßigen nicht verbindlichen Bekanntmachungen zusätzlich in einem Beschafferprofil veröffentlicht werden.

(5) Der Auftraggeber fordert alle Unternehmen, die auf die Veröffentlichung einer regelmäßigen nicht verbindlichen Bekanntmachung nach Absatz 4 eine Interessensbekundung übermittelt haben, zur Bestätigung ihres Interesses an einer weiteren Teilnahme auf (Aufforderung zur Interessensbestätigung). Mit der Aufforderung zur Interessensbestätigung wird der Teilnahmewettbewerb eingeleitet. Die Frist für den Eingang der Interessensbestätigung beträgt 30 Tage, gerechnet ab dem Tag nach der Absendung der Aufforderung zur Interessensbestätigung.

(6) Der von der regelmäßigen nicht verbindlichen Bekanntmachung abgedeckte Zeitraum beträgt höchstens zwölf Monate ab dem Tag der Übermittlung der regelmäßigen nicht verbindlichen Bekanntmachung an das Amt für Veröffentlichungen der Europäischen Union.

Amtliche Begründung:

»§ 36 entspricht Artikel 67 der Richtlinie 2014/25/EU. Die regelmäßige nicht verbindliche Bekanntmachung dient der frühzeitigen Information des Marktes über eine beabsichtigte Auftragsvergabe. Zudem ermöglicht sie die Verkürzung der Bekanntmachungsfristen im offenen Verfahren. Unter bestimmten Umständen kann sie das Vergabeverfahren auch in Gang setzen.

Zu Absatz 1

Absatz 1 entspricht abgesehen von redaktionellen Änderungen Artikel 67 Absatz 1 Satz 1 der Richtlinie 2014/25/EU. Satz 1 bestimmt, dass Auftraggeber eine beabsichtigte Auftragsvergabe mittels regelmäßiger nicht verbindlicher Bekanntmachung anzeigen können. Die regelmäßige

Fülling 509

nicht verbindliche Bekanntmachung dient der frühzeitigen Information von interessierten Unternehmen. Dabei ist es den Auftraggebern freigestellt, eine regelmäßige nicht verbindliche Bekanntmachung zu veröffentlichen. Die regelmäßige nicht verbindliche Bekanntmachung begründet keine Verpflichtung für die Auftraggeber, die dort genannten Leistungen tatsächlich auszuschreiben. Dabei muss die regelmäßige nicht verbindliche Bekanntmachung unabhängig davon, ob die Veröffentlichung über das Beschafferprofil oder das Amt für Veröffentlichungen der Europäischen Union erfolgt, die Angaben nach Anhang VI Teil A Abschnitt I der Richtlinie 2014/25/EU enthalten.

Zu Absatz 2

Absatz 2 entspricht inhaltlich Artikel 67 Absatz 1 Satz 2 bis 4 der Richtlinie 2014/25/EU und regelt, in welcher Form die Veröffentlichung der regelmäßigen nicht verbindlichen Bekanntmachung zu erfolgen hat.

Nach Satz 1 kann der Auftraggeber die regelmäßige nicht verbindliche Bekanntmachung entweder nach dem Muster gemäß Anhang IV der Durchführungsverordnung (EU) Nr. 2015/1986 an das Amt für Veröffentlichungen der Europäischen Union schicken oder in seinem Beschafferprofil nach § 35 Absatz 4 veröffentlichen.

Veröffentlichen die Auftraggeber die regelmäßige nicht verbindliche Bekanntmachung in ihrem Beschafferprofil, besagt Satz 2, dass die Auftraggeber dem Amt für Veröffentlichungen der Europäischen Union eine Mitteilung nach dem Muster gemäß Anhang VIII der Durchführungsverordnung (EU) Nr. 2015/1986 zukommen lassen müssen.

Zu Absatz 3

Absatz 3 dient der Umsetzung von Artikel 45 Absatz 2 der Richtlinie 2014/25/EU. Wollen die Auftraggeber die regelmäßige Angebotsfrist im offenen Verfahren nach § 14 verkürzen, ist die Veröffentlichung einer regelmäßigen nicht verbindlichen Bekanntmachung über das Amt für Veröffentlichungen der Europäischen Union abweichend von Absatz 1 verpflichtend. Dabei darf es sich nicht um eine regelmäßige nicht verbindliche Bekanntmachung nach Absatz 4 handeln und es müssen die nachfolgenden Kriterien kumulativ erfüllt sein.

Zu Nummer 1

Die regelmäßige nicht verbindliche Bekanntmachung muss alle nach Anhang IV der Durchführungsverordnung (EU) Nr. 2015/1986 geforderten Informationen enthalten, soweit diese zum Zeitpunkt ihrer Veröffentlichung vorlagen.

Zu Nummer 2

Die regelmäßige nicht verbindliche Bekanntmachung wurde zwischen 35 Tagen und 12 Monaten vor dem Tag der Absendung der Auftragsbekanntmachung übermittelt.

Zu Absatz 4

Absatz 4 setzt Artikel 67 Absatz 2 der Richtlinie 2014/25/EU um. Danach kann die regelmäßige nicht verbindliche Bekanntmachung ein Vergabeverfahren in Gang setzten.

Nach Satz 1 kann eine regelmäßige nicht verbindliche Bekanntmachung die Auftragsbekanntmachung abweichend von § 35 Absatz 1 entfallen lassen, wenn es sich um ein nicht offenes Verfahren oder ein Verhandlungsverfahren handelt und die nachfolgenden Voraussetzungen kumulativ vorliegen.

Zu Nummer 1

Die regelmäßige nicht verbindliche Bekanntmachung muss die zu vergebene Liefer- oder Dienstleistung benennen.

Zu Nummer 2

In der regelmäßigen nicht verbindlichen Bekanntmachung muss darauf hingewiesen werden, dass der Auftrag im nicht offenen Verfahren oder im Verhandlungsverfahren ohne Teilnahmewettbewerb ohne gesonderte Veröffentlichung einer Auftragsbekanntmachung vergeben wird.

Zu Nummer 3

Die regelmäßige nicht verbindliche Bekanntmachung muss eine Aufforderung an die interessierten Unternehmen enthalten, ihr Interesse gegenüber dem Auftraggeber zu bekunden (Interessensbekundung).

Zu Nummer 4

Die regelmäßige nicht verbindliche Bekanntmachung muss dabei dem im Anhang IV der Durchführungsverordnung (EU) Nr. 2015/1986 enthaltenen Muster entsprechen.

Zu Nummer 5

Nach Nummer 5 kann die regelmäßige nicht verbindliche Bekanntmachung nur dann ein Vergabeverfahren in Gang setzten, wenn sie mindestens 35 Tage und maximal 12 Monate vor der Aufforderung zur Interessensbestätigung veröffentlicht wird.

Satz 2 setzt Artikel 67 Absatz 2 Unterabsatz 2 der Richtlinie 2014/25/EU um und besagt, dass die regelmäßige nicht verbindliche Bekanntmachungen, die eine Auftragsbekanntmachung entbehrlich macht, über das Amt für Veröffentlichungen der Europäischen Union veröffentlicht werden muss. Die Veröffentlichung auf dem Beschafferprofil darf dagegen nur zusätzlich erfolgen.

Zu Absatz 5

Absatz 5 beschreibt, wie der Auftraggeber weiter zu verfahren hat, wenn er eine regelmäßige nicht verbindliche Bekanntmachung veröffentlicht hat und auf eine zusätzliche Auftragsbekanntmachung verzichten will: Zunächst sind die Unternehmen am Zuge, die ihr Interesse an der Teilnahme am weiteren Verfahren bekunden und eine sog. Interessensbekundung übermitteln müssen. Alle diese Unternehmen werden sodann vom Auftraggeber zur Bestätigung ihres Interesses aufgefordert (Aufforderung zur Interessensbestätigung). Mit dieser Aufforderung seitens des Auftraggebers wird der Teilnahmewettbewerb beim nicht offenen Verfahren und Verhandlungsverfahren eingeleitet. Mit ihrer Interessensbestätigung übermitteln die Unternehmen gleichzeitig auch die (in der regelmäßigen nicht verbindlichen Bekanntmachung bereits veröffentlichten und vom Auftraggeber geforderten) Informationen für die Prüfung ihrer Eignung. Die Frist für den Eingang der Interessensbestätigung beträgt 30 Tage.

Zu Absatz 6

Absatz 6 dient der Umsetzung von Artikel 67 Absatz 2 Unterabsatz 3 der Richtlinie 2014/25/EU. Danach beträgt der von der regelmäßigen nicht verbindlichen Bekanntmachung abgedeckte Zeitraum 12 Monate ab dem Datum der Übermittlung der regelmäßigen nicht verbindlichen Bekanntmachung zur Veröffentlichung an das Amt für Veröffentlichungen der Europäischen Union. Die Benennung eines solchen Zeitraums wurde erforderlich, weil die Veröffentlichung der regelmäßigen nicht verbindlichen Bekanntmachung abweichend zu früheren Regelungen nicht mehr an den Beginn des Haushaltsjahres geknüpft ist.«

A. Allgemeine Einführung

1   § 36 SektVO setzt Art. 67 Richtlinie 2014/25/EU um. Die regelmäßige nichtverbindliche Bekanntmachung dient der frühzeitigen Information interessierter Marktteilnehmer und erhöht so die Transparenz. Veröffentlicht der Auftraggeber eine regelmäßige nicht verbindliche Bekanntmachung kann er
– interessierte Marktteilnehmer lediglich unverbindlich über in der Planung befindliche Aufträge informieren,
– in einem späteren Vergabeverfahren unter bestimmten Voraussetzungen die Frist für den Eingang von Angeboten im offenen Verfahren verkürzen oder
– das Vergabeverfahren unter Verzicht auf eine Auftragsbekanntmachung unmittelbar einleiten indem er alle interessierten Unternehmen auffordert, ihr Interesse an dem Auftrag mitzuteilen.

2   Der nationale Verordnungsgeber hat keine Legaldefinition der regelmäßigen nicht verbindlichen Bekanntmachung getroffen. Die regelmäßige nicht verbindliche Bekanntmachung ist die vom Sektorenauftraggeber in regelmäßigen Abständen vorgenommene Veröffentlichung über die wesentlichen Merkmale der in der Planung befindlichen Aufträge oberhalb der EU-Schwellenwerte. Sie entspricht der Sache nach der Vorinformation nach § 38 VgV. Der erfasste Zeitraum beträgt maximal 12 Monate.

3   Die in wiederkehrenden Zeitabständen zu veröffentlichende Vorinformation ist nicht zwingend ein konkreter Hinweis auf ein unmittelbar bevorstehendes spezifisches Vergabeverfahren. Das folgt schon aus dem Wortpaar »nicht verbindlich«. Das Muster der regelmäßigen nicht verbindlichen Bekanntmachung mit den Angaben ist im Anhang IV der Durchführungsverordnung (EU) 2015/1986 zu finden und verbindlich zu verwenden. In dem Bekanntmachungsformular ist insbesondere anzugeben, welchem Zweck die Veröffentlichung der regelmäßigen nichtverbindlichen Bekanntmachung dient.

4   § 36 bezieht sich auch auf die Fälle, in denen der Abschluss einer Rahmenvereinbarung beabsichtigt ist.

B. Vergleich zur vorherigen Rechtslage

5   Bisher fanden sich vergleichbare Regelungen in §§ 12 Abs. 2, 13, 14 Abs. 2 und 18 Abs. 1 SektVO a.F. Mit der Neuregelung wurden die Vorgaben zur regelmäßigen nichtverbindlichen Bekanntmachung in einer Vorschrift gebündelt, insgesamt übersichtlicher gestaltet und in Beug auf die Struktur vereinfacht.

C. Europarechtliche Vorgaben

§ 36 SektVO setzt mit zum Teil anderen Formulierungen inhaltlich überwiegend 6
Art. 67 und 45 Abs. 2 Richtlinie 2014/25/EU um.

D. Kommentierung

Für den Auftraggeber besteht keine Pflicht zur Veröffentlichung einer regelmäßigen 7
nichtverbindlichen Bekanntmachung. Nutzt er sie, ist er grundsätzlich nicht verpflichtet die in Aussicht gestellten Vergabeverfahren tatsächlich durchzuführen.[1] Ebenso
kann der Auftraggeber mit Ausnahme der in § 36 Abs. 4 und 5 SektVO genannten
Fälle von den gemachten Angaben abweichen. Gleichwohl ergeben sich aus der Veröffentlichung auf diesem Weg Vorteile für den öffentlichen Auftraggeber. So kann er zum
einen unter den Voraussetzungen des § 36 Abs. 3 SektVO im offenen Verfahren kürzere Mindestfristen für den Eingang von Angeboten vorsehen. Daneben kann er unter
den Voraussetzungen des § 36 Abs. 4 SektVO im nicht offenen und im Verhandlungsverfahren auf eine weitere Auftragsbekanntmachung ganz verzichten und die Unternehmen auffordern, ihr Interesse mitzuteilen. Mit diesen beiden Möglichkeiten können
Vergabeverfahren beschleunigt werden.

Nach § 36 Abs. 1 und 2 SektVO wird die regelmäßige nicht verbindliche Bekanntma- 8
chung entweder eigenständig unter Verwendung des Muster IV der Durchführungsverordnung (EU) 2015/1986 oder im Rahmen eines bestehenden Beschafferprofils veröffentlicht. In letzterem Fall muss das Amt für Veröffentlichung der Europäischen Union
gleichwohl zuvor elektronisch über die Bekanntmachung informiert werden. Dabei ist
das Muster gemäß Anhang VIII der Durchführungsverordnung (EU) 2015/1986 zu
nutzen. Die regelmäßige nicht verbindliche Bekanntmachung darf erst dann im Beschafferprofil veröffentlich werden, wenn die Bekanntmachung über ihre Veröffentlichung an das Amt für Veröffentlichungen der Europäischen Union abgesendet
wurde.[2] Neben der Veröffentlichung im Beschafferprofil kann der Auftraggeber
nach Absendung der Information an das Amt für Veröffentlichungen der Europäischen
Union die geplante Auftragsvergabe auch auf anderem Wege, beispielsweise in Tageszeitungen veröffentlichen.

Gemäß Artikel 36 Abs. 6 SektVO beträgt der von der regelmäßigen nichtverbind- 9
lichen Bekanntmachung abgedeckte Zeitraum höchstens 12 Monate ab dem Tag der
Übermittlung an das Amt für Veröffentlichungen der Europäischen Union. Soll von
der Verkürzung der Mindestfristen Gebrauch gemacht werden oder – ohne das eine weitere Auftragsbekanntmachung erfolgt ist – eine Aufforderung zur Interessensbestätigung versendet werden, muss die Übermittlung der regelmäßigen nichtverbindlichen
Bekanntmachung an das Amt für Veröffentlichungen der europäischen Union mindestens 35 Tage zurückliegen.

---

1 Hölzl, in: Münchener Kommentar, Europäisches und Deutsches Wettbewerbsrecht, Band 3,
   2011, § 14 SektVO, Rn. 5.
2 Art. 72 Abs. 3 RL 2014/25/EU.

10 Die inhaltlichen Anforderungen an die regelmäßige nicht verbindliche Bekanntmachung unterscheiden sich nach dem verfolgten Zweck. Soll allein die frühzeitige Information der Unternehmen erreicht werden, genügen gemäß Anhang VI Abschnitt I Richtlinie 2014/25/EU relativ wenige Informationen. Insbesondere muss Art und Umfang der beabsichtigten Leistungen angegeben werden. Soll die regelmäßige nicht verbindliche Bekanntmachung anstatt einer Auftragsbekanntmachung oder mit dem Ziel, die Mindestfristen zu verkürzen verwendet werden, sind die Informationen gemäß Anhang VI Abschnitt II Richtlinie 2014/25/EU zusätzlich im entsprechenden Standardformular gemäß Anhang IV der Durchführungsverordnung (EU) 2015/1986 einzutragen. Soll auf die Auftragsbekanntmachung verzichtet werden, muss in der regelmäßigen nichtverbindlichen Bekanntmachung zudem darauf hingewiesen werden, dass der Auftrag ohne gesonderte Auftragsbekanntmachung vergeben wird (§ 36 Abs. 4 Nr. 2 SektVO). Zudem müssen alle interessierten Unternehmen aufgefordert werden, ihr Interesse mitzuteilen (§ 36 Abs. 4 Nr. 3 SektVO). Das weitere Verfahren ist in § 36 Abs. 5 SektVO geregelt.

§ 37 SektVO Bekanntmachung über das Bestehen eines Qualifizierungssystems

(1) Der Auftraggeber kann die Absicht einer Auftragsvergabe mittels der Bekanntmachung über das Bestehen eines Qualifizierungssystems bekanntmachen.

(2) Die Bekanntmachung über das Bestehen eines Qualifizierungssystems wird nach dem in Anhang VII der Durchführungsverordnung (EU) 2015/1986 enthaltenen Muster erstellt. Der Auftraggeber gibt in der Bekanntmachung den Zweck und die Gültigkeitsdauer des Systems an.

(3) Änderungen der Gültigkeitsdauer, ohne das System zu ändern, werden nach dem in Anhang XI der Durchführungsverordnung (EU) 2015/1986 enthaltenen Muster erstellt. Bei Beendigung des Systems wird das in Anhang VI der Durchführungsverordnung (EU) 2015/1986 enthaltene Muster für Vergabebekanntmachungen nach § 38 verwendet.

Amtliche Begründung:

Sektorenauftraggeber haben die Möglichkeit zu entscheiden, ob sie im Rahmen der Auftragsvergabe auf ein Qualifizierungssystem zurückgreifen wollen. Das Qualifizierungssystem hat zum einen den Zweck einer vorgezogenen Eignungsprüfung und zum anderen dient es der Bekanntmachung von zu vergebenden Aufträgen.

Zu Absatz 1

Absatz 1 dient der Umsetzung von Artikel 68 Absatz 1 und Artikel 44 Absatz 4 Buchstabe b der Richtlinie 2014/25/EU. Danach können Vergabeverfahren mit Ausnahme offener Verfahren grundsätzlich durch eine Bekanntmachung über bestehende Qualifizierungssysteme in Gang gesetzt werden.

Zu Absatz 2

Absatz 2 dient der Umsetzung von Artikel 68 Absatz 2 Satz 1 und 2 der Richtlinie 2014/25/EU und schreibt vor, welche Informationen die Bekanntmachung nach Absatz 1 enthalten muss.

Zu Absatz 3

Absatz 3 dient der Umsetzung von Artikel 68 Absatz 2 Satz 2 Buchstabe a und b der Richtlinie 2014/25/EU. Wird die Gültigkeitsdauer des Systems ohne Änderung des Systems geändert, ist das Standardformular nach Absatz 2 zu verwenden. Wird das System beendet, ist eine Vergabebekanntmachung nach § 38 zu verwenden.«

A. Allgemeine Einführung

Die Veröffentlichung eines Auftrages mittels Bekanntmachung über das Bestehen eines 1 Qualifizierungssystems ist eine Besonderheit des Sektorenvergaberechts. Das Qualifizierungssystem hat ausweislich der Verordnungsbegründung den Zweck, den Auftraggebern eine vorgezogene, verfahrensunabhängige Eignungsprüfung zu ermöglichen. Damit wird den Besonderheiten von Aufträgen im Sektorenbereich Rechnung getragen und die Beschleunigung von Vergabeverfahren ermöglicht. Auftraggeber können sich mit einem Qualifizierungssystem einen Kreis von Unternehmen schaffen, deren Eignung sie auftragsunabhängig geprüft haben. Ob der Auftraggeber ein Qualifizierungssystem nutzt, liegt in seiner freien Entscheidung. Die Bekanntmachung über das Bestehen eines Qualifizierungssystems kann insbesondere auch zur Bekanntmachung einer beabsichtigten Auftragsvergabe genutzt werden. Interessierte Unternehmen müssen beim Auftraggeber einen Antrag auf Anerkennung ihrer Qualifikation gemäß den Anforderungen des Qualifizierungssystems stellen. Der Auftrag wird im Anschluss ohne weitere Auftragsbekanntmachung vergeben.

B. Europarechtliche Vorgaben

Neben der Auftragsbekanntmachung und der regelmäßigen nichtverbindlichen Be- 2 kanntmachung räumt Art. 44 Abs. 4 lit. b RL 2014/25/EU Auftraggebern die Möglichkeit ein, die beabsichtigte Vergabe mittels einer Bekanntmachung in Bezug auf das Bestehen eines Qualifizierungssystems zu veröffentlichen. Die Anforderungen an die Bekanntmachung des Qualifizierungssystem sind in Art. 68 RL 2014/25/EU geregelt. Die Vorgaben für das Qualifizierungssystem selbst finden sich dagegen in Artikel 77 der RL 2014/25/EU. Der Verordnungsgeber übernimmt diese Systematik und regelt die Vorgaben für die Bekanntmachung in § 37 SektVO getrennt von den Vorgaben für das Qualifizierungssystem, welche sich in § 48 SektVO finden.

Im Hinblick auf die Bekanntmachung ist zum Verständnis der Vorschrift Art. 77 3 Abs. 5 RL 2014/25/EU wichtig. Erfolgt die Bekanntmachung über das Bestehen eines

Qualifizierungssystems anstatt einer Auftragsbekanntmachung, werden Aufträge anschließend entweder im Wege nicht offener oder mittels Verhandlungsverfahren bzw.
eine wettbewerblichen Dialogs vergeben, bei denen alle Bieter und Teilnehmer unter
den bereits qualifizierten Bewerbern ausgewählt werden. Es handelt sich insofern um
ein mehrstufiges Verfahren. Die Bekanntmachung über das Bestehen eines Qualifizierungssystems kann nicht genutzt werden, wenn die Auftragsvergabe in einem offenen
Verfahren beabsichtigt ist.

C. Vergleich zur bisherigen Rechtslage

4   Bisher fanden sich die Regelung zur Bekanntmachung über das Bestehen eines Qualifizierungssystems in § 14 Abs. 1 Nr. 3 SektVO a.F., die über das Qualifizierungssystem in § 24 SektVO a.F. Die Regelungssystematik wird im Grundsatz fortgeführt, wobei der Bekanntmachung über das Bestehen eines Qualifizierungssystems nunmehr in
einer eigenen Vorschrift geregelt ist. Lediglich die Bezeichnung wurde von »Prüfungs-
system« in »Qualifizierungssystem« geändert und damit dem Wortlaut von Art. 44
und 68 RL 2014/25/EU angepasst.

D. Kommentierung

5   § 37 Abs. 1 SektVO ermöglicht den Auftraggebern, die Absicht einer Auftragsvergabe
mittels Bekanntmachung über das Bestehen eines Qualifizierungssystems zu veröffentlichen. Die inhaltlichen Anforderungen an die Bekanntmachung ergeben sich aus § 37
Abs. 2 Satz 2 SektVO. Danach muss der Auftraggeber in der Bekanntmachung Angaben zum Zweck und zur Gültigkeitsdauer des Systems treffen. Für die Bekanntmachung ist das Muster gemäß Anhang VII der Durchführungsverordnung (EU)
Nr. 2015/1986 zu verwenden. Das weitere Verfahren richtet sich nach § 48 SektVO,
welcher insbesondere Fristen für die Entscheidung über die Qualifizierung eines Unternehmens vorsieht. Nach § 37 Abs. 3 SektVO müssen auch Änderungen der Gültigkeitsdauer des Systems unter Verwendung des Formulars für Änderungsbekannt-
machungen gemäß Anhangs XI der Durchführungsverordnung (EU) 2015/1986
veröffentlicht werden. Bei Beendigung des Systems ist eine Vergabebekanntmachung
zu veröffentlichen.

**§ 38 SektVO Vergabebekanntmachungen; Bekanntmachung über Auftrags-
änderungen**

(1) Der Auftraggeber übermittelt spätestens 30 Tage nach Zuschlagserteilung oder
nach dem Abschluss einer Rahmenvereinbarung eine Vergabebekanntmachung mit
den Ergebnissen des Vergabeverfahrens an das Amt für Veröffentlichungen der Europäischen Union.

(2) Die Vergabebekanntmachung wird nach dem in Anhang VI der Durchführungsverordnung (EU) 2015/1986 enthaltenen Muster erstellt.

(3) Ist das Vergabeverfahren durch eine regelmäßige nicht verbindliche Bekanntmachung in Gang gesetzt worden und hat der Auftraggeber beschlossen, keine weitere

Auftragsvergabe während des Zeitraums vorzunehmen, der von der regelmäßigen nicht verbindlichen Bekanntmachung abgedeckt ist, muss die Vergabebekanntmachung einen entsprechenden Hinweis enthalten.

(4) Die Vergabebekanntmachung umfasst die abgeschlossenen Rahmenvereinbarungen, aber nicht die auf ihrer Grundlage vergebenen Einzelaufträge. Bei Aufträgen, die im Rahmen eines dynamischen Beschaffungssystems vergeben werden, umfasst die Vergabebekanntmachung eine vierteljährliche Zusammenstellung der Einzelaufträge, die Zusammenstellung muss spätestens 30 Tage nach Quartalsende versendet werden.

(5) Auftragsänderungen gemäß § 132 Absatz 2 Nummer 2 und 3 des Gesetzes gegen Wettbewerbsbeschränkungen sind gemäß § 132 Absatz 5 des Gesetzes gegen Wettbewerbsbeschränkungen unter Verwendung des Musters gemäß Anhang XVII der Durchführungsverordnung (EU) 2015/1986 bekanntzumachen.

(6) Der Auftraggeber ist nicht verpflichtet, einzelne Angaben zu veröffentlichen, wenn deren Veröffentlichung
1. den Gesetzesvollzug behindern,
2. dem öffentlichen Interesse zuwiderlaufen,
3. den berechtigten geschäftlichen Interessen eines Unternehmens schaden oder
4. den lauteren Wettbewerb zwischen Unternehmen beeinträchtigen
würde.

(7) Bei vergebenen Dienstleistungsaufträgen auf dem Gebiet der Forschung und Entwicklung (F&E-Dienstleistungen) können die Angaben zur Art und Menge der Dienstleistung auf Folgendes beschränkt werden:
1. auf die Angabe »F&E-Dienstleistungen«, sofern der Auftrag im Zuge eines Verhandlungsverfahrens ohne vorherigen Teilnahmewettbewerb vergeben wurde,
2. auf Angaben in der Auftragsbekanntmachung, die mindestens ebenso detailliert sind wie in der Auftragsbekanntmachung.

Amtliche Begründung:

»§ 38 dient der Umsetzung von Artikel 70 der Richtlinie 2014/25/EU. Auftraggeber sind danach verpflichtet, mittels Vergabebekanntmachung über vergebene Aufträge und deren Ergebnisse zu informieren. Auch über Änderungen von Aufträgen muss informiert werden. Die Vorschriften dienen der Transparenz und Marktbeobachtung.

Zu Absatz 1

Die Bestimmung des Absatzes 1 entspricht inhaltlich Artikel 50 Absatz 1 Unterabsatz 1 der Richtlinie 2014/25/EU. Danach hat ein Auftraggeber 30 Tage nach Auftragsvergabe beziehungsweise nach dem Abschluss einer Rahmenvereinbarung eine Vergabebekanntmachung mit den Ergebnissen der Vergabe an das Amt für Veröffentlichungen der Europäischen Union zu übermitteln.

Zu Absatz 2

Nach Absatz 2 hat die Übermittlung in der Form des im Anhang VI der Durchführungsverordnung (EU) Nr. 2015/1986 enthaltenen Standardformulars zu erfolgen.

Zu Absatz 3

Die Regelung in Absatz 3 setzt Artikel 70 Absatz 2 Unterabsatz 1 der Richtlinie 2014/25/EU um und schreibt vor, dass die Vergabebekanntmachung in den Fällen, in denen eine regelmäßige nicht verbindliche Bekanntmachung nach § 36 Absatz 4 vorliegt, einen entsprechenden Hinweis enthalten muss, wenn der Auftraggeber während des zwölfmonatigen Zeitraums, der von der regelmäßigen nicht verbindlichen Bekanntmachung abgedeckt ist, keine weitere Vergabe vornehmen wird. Die Regelung ist Ausfluss des Transparenzgrundsatzes und soll die Planungssicherheit bei interessierten Unternehmen erhöhen.

Zu Absatz 4

Absatz 4 dient der Umsetzung von Artikel 70 Absatz 2 Unterabsatz 2 der Richtlinie 2014/25/EU und entspricht inhaltlich dem früheren § 15 Absatz 2 SektVO.

Nach Satz 1 umfasst die Vergabebekanntmachung bei Rahmenvereinbarung den Abschluss der Rahmenvereinbarung, aber nicht die Einzelaufträge, die aufgrund der Rahmenvereinbarung vergeben wurden.

Nach Satz 2 können Auftraggeber bei Aufträgen, die im Rahmen eines dynamischen Beschaffungssystems vergeben wurden, die zu veröffentlichenden Einzelaufträge in einer quartalsweisen Zusammenstellung bündeln. In diesem Fall ist die Zusammenstellung spätestens 30 Tage nach Quartalsende an das Amt für Veröffentlichungen der Europäischen Union zu versenden.

Zu Absatz 5

Absatz 5 setzt inhaltlich die Regelung in Artikel 89 Absatz 1 Unterabsatz 2 der Richtlinie 2014/25/EU um und betrifft die in § 132 GWB geregelte Auftragsänderung während der Vertragslaufzeit. Auftragsänderungen nach § 132 Absatz 5 in Verbindung mit § 132 Absatz 2 Nummer 2 und 3 des Gesetzes gegen Wettbewerbsbeschränkungen müssen die Informationen nach Anhang XVI der Richtlinie 2014/25/EU enthalten und in der Form des im Anhang XI der in § 35 Absatz 2 genannten Verordnung (EU) in der jeweiligen Fassung enthaltenen Musters erstellt werden.

Zu Absatz 6

Absatz 6 entspricht inhaltlich Artikel 70 Absatz 3 der Richtlinie 2014/25/EU. Nach Absatz 6 sind bestimmte Angaben über die Auftragsvergabe von den Bekanntmachungspflichten über die Auftragserteilung ausgenommen.

Zu Nummer 1

Nach Nummer 1 müssen Auftraggeber bestimmte Angaben nicht veröffentlichen, wenn die Weitergabe dieser Angaben den Gesetzesvollzug vereiteln würde.

Zu Nummer 2

Nummer 2 sieht eine Ausnahme von der Bekanntmachungspflicht vor, wenn die Weitergabe bestimmter Angaben dem öffentlichen Interesse zuwiderlaufen würde.

Zu Nummer 3

Nach Nummer 3 kann von der Weitergabe bestimmter Angaben im Rahmen der Vergabebekanntmachung abgesehen werden, wenn diese den berechtigten geschäftlichen Interessen eines Unternehmens schaden würde.

Zu Nummer 4

Nummer 4 räumt eine Ausnahme von der Bekanntmachungspflicht ein, soweit bestimmte Angaben den lauteren Wettbewerb zwischen den Unternehmen beeinträchtigen würden.

Zu Absatz 7

Bei der Vergabe von Forschungs- und Entwicklungsdienstleistungen können die Angaben zu Art und Menge begrenzt werden.«

A. Allgemeine Einführung

Der Grundsatz der Transparenz erfordert nicht nur, dass die Absicht einer geplanten **1** Auftragsvergabe veröffentlicht wird. Es soll den Marktteilnehmern und der Europäischen Kommission auch ermöglicht werden, sich über den Abschluss des Vergabeverfahrens und den erfolgreichen Bieter zu informieren. § 38 SektVO regelt den Umfang und die Ausnahmen der Mitteilungspflicht über vergebene Aufträge. Die Art und Weise der Veröffentlichung ist in § 40 SektVO geregelt. Für soziale und andere besondere Dienstleistungen findet sich eine entsprechende Regelung zur Veröffentlichung einer Vergabebekanntmachung in § 39 Abs. 3 SektVO.

B. Europarechtliche Vorgaben

Mit § 38 SektVO setzt der Verordnungsgeber Art. 70 und 89 Abs. 1 UA 2 RL **2** 2014/25/EU um. Es handelt sich im Grundsatz um zwingende Vorgaben des europäischen Rechts, bei denen dem nationalen Verordnungsgeber kein Umsetzungsspielraum zusteht.

C. Vergleich zur vorherigen Rechtslage

Regelungen zur Bekanntmachung vergebener Aufträge fanden sich bislang in § 15 **3** SektVO a.F. Die Begrifflichkeit wurde in »Vergabebekanntmachung« geändert und damit sprachlich an die VgV angepasst. Im Übrigen wurde der Regelungsgehalt weitgehend fortgeführt. Neu ist die explizite Vorgabe zur Bekanntmachung bestimmter Auftragsänderungen. Die Frist zur Veröffentlichung der Vergabebekanntmachung wurde deutlich von zwei Monaten auf 30 Tage abgesenkt.

D. Kommentierung

I. Pflicht zur Bekanntmachung vergebener Aufträge

4   Nach § 38 Abs. 1 SektVO müssen Auftraggeber dem Amt für Veröffentlichungen der europäischen Union innerhalb von dreißig Tagen nach der Zuschlagserteilung die Vergabebekanntmachung übermitteln.[1] Mit dieser »Ex-Post-Transparenz« schließt die Kontrolle der EU-Kommission ab.

5   Die inhaltlichen Vorgaben für die Bekanntmachung ergeben sich aus Anhang XII Richtlinie 2014/25/EU und sind in dem in Absatz 2 bezeichneten Bekanntmachungsformular abgebildet. Für Vergabeverfahren, die durch regelmäßige nichtverbindliche Bekanntmachungen in Gang gesetzt wurden, für Rahmenvereinbarung und für mittels eines dynamischen elektronischen Verfahrens vergebene Aufträge sind die in § 38 Abs. 3 und 4 SektVO geregelten Vorgaben zu beachten.

II. Besondere Vorgaben für Vergabebekanntmachungen

6   § 15 Abs. 3 SektVO sieht vor, dass die Vergabebekanntmachung einen Hinweis enthalten muss, wenn der Auftraggeber keine weiterer Auftragsvergabe während des Zeitraums der regelmäßigen nichtverbindlichen Bekanntmachung beabsichtigt. Die Angabe ist im entsprechenden Formular der Durchführungsverordnung (EU) 2015/1986 einzutragen. Die Vorgabe dient der Information der Marktteilnehmer. Insbesondere können in diesem Fall keine weiteren Auftragsvergaben nach § 36 Abs. 4 SektVO ohne Auftragsbekanntmachung durchgeführt werden.

7   In Bezug auf Rahmenvereinbarungen sieht § 38 Abs. 3 SektVO vor, dass nur die Rahmenvereinbarungen als solche, nicht hingegen die vergebenen Einzelaufträge in der Vergabebekanntmachung anzugeben sind. Damit macht der Verordnungsgeber von einer in Art. 70 Abs. 2 UA 2 RL 2014/25/EU vorgesehenen Möglichkeit Gebrauch und reduziert den Verwaltungsaufwand. Im Interesse größerer Transparenz wäre hier auch eine andere Lösung denkbar gewesen.

8   Auch für dynamische Beschaffungssysteme im Sinne von § 21 SektVO enthält § 38 Abs. 3 SektVO eine Erleichterung. Danach können Auftraggeber die Bekanntmachungen über die im Rahmen eines dynamischen Beschaffungssystems vergebenen Aufträge quartalsweise bündeln. Abweichend von § 38 Abs. 1 SektVO genügt in diesem Fall eine Versendung der Vergabebekanntmachung bis zu 30 Tage nach Quartalsende.

III. Bekanntmachung über Auftragsänderungen

9   § 38 Absatz 5 enthält eine Sonderregelung für Auftragsänderungen. Die Voraussetzungen einer zulässigen Auftragsänderung sind nach der Vergaberechtsreform 2016 erstmals ausdrücklich gesetzlich in § 132 GWB geregelt. In § 132 Abs. 5 GWB ist zudem vorgesehen, dass Auftragsänderungen unter bestimmten Voraussetzungen bekannt zu machen sind. Konkret sind die Fälle betroffen, in denen

---

1 Zur Berechnungsmethode wird auf die Kommentierung zu § 65 SektVO verwiesen.

– der Auftraggeber zusätzliche Liefer-, Bau- oder Dienstleistungen mit der Begründung beauftragt, ein Wechsel des Auftragnehmer sei nicht möglich oder
– die Auftragsänderung aufgrund von Umständen erforderlich geworden ist, die der öffentlichen Auftraggeber im Rahmen seiner Sorgfaltspflicht nicht vorhersehen konnte.

IV. Ausnahmen von der Pflicht zur Veröffentlichung

Nach § 38 Abs. 6 SektVO besteht keine Möglichkeit von einer Vergabebekanntma- 10 chung insgesamt abzusehen. Ein allgemeiner vergaberechtlicher Vertraulichkeitsgrundsatz, der zum vollständigen Zurückhalten von Informationen berechtigt, besteht nicht. Die Vorschrift statuiert jedoch die Möglichkeit des Auftraggebers, unter bestimmten Voraussetzungen einzelne Informationen zurückzuhalten. Folgende Gründe kommen hierfür in Betracht:
– die Veröffentlichung würde den Gesetzesvollzug behindern,
– die Veröffentlichung würde den öffentlichen Interessen zuwiderlaufen,
– im Falle einer Veröffentlichung würden die berechtigten geschäftlichen Interessen eines Unternehmens geschädigt,
– der lautere Wettbewerb würde beeinträchtigt.

Die Ausnahmetatbestände sind wegen der Einschränkung des Transparenzgrundsatzes 11 grundsätzlich eng auszulegen. Dabei ist jedoch auch zu berücksichtigen, dass die Vorschrift dazu dient, den künftigen Wettbewerb zwischen den Unternehmen zu gewährleisten. Sie ist als abschließende Regelung zu verstehen.

Der in der ersten Alternative genannte Gesetzesvollzug, ist ein Unterfall des öffent- 12 lichen Interesses. Durch die Veröffentlichung spezieller Informationen können insbesondere die Vorschriften des GWB beeinträchtigt werden, die die Akkumulation und den Missbrauch von Marktmacht sowie die Koordination und das Wettbewerbsverhaltens der Marktteilnehmer begrenzen. Weiterhin kann das gewerblichen Rechtsschutz bietende UWG verletzt sein, wenn durch die Informationen der geschäftliche Verkehr künstlich verändert oder beeinträchtigt wird. Daneben kommen die gemeinschaftsrechtlichen Kontroll- und Schutzregeln in Betracht, wenn der Geschäftsverkehr zwischen den Mitgliedstaaten berührt ist (z.B. das Kartellverbot).

Soweit die zweite Alternative das »öffentliche Interesse« benennt, fehlt es an einer entsprechenden Definition in der SektVO. Der Begriff ist grundsätzlich europarechtsautonom auszulegen sein. Zur Auslegung des Begriffs kann jedoch auf allgemeine Bestimmungen, insbesondere auf § 3 IFG zurückgegriffen werden, welcher den Anspruch auf Informationszugang zum Schutz von besonderen öffentlichen Belangen beschränkt.

In der dritten Variante müssen berechtigte geschäftliche Interessen durch die Veröffent- 13 lichung gefährdet sein. Mit geschäftlichen Interessen sind die Geschäftsgeheimnisse und alle anderen betriebsbezogenen Interessen des Unternehmers gemeint. Darunter fallen Tatsachen, die nach dem erkennbaren Willen des Trägers geheim gehalten werden sollen, die ferner nur einem begrenzten Personenkreis bekannt und damit nicht offenkundig sind sowie hinsichtlich derer der Geheimnisträger deshalb ein sachlich berechtigtes Geheimhaltungsinteresse hat, weil eine Aufdeckung der Tatsachen geeignet wäre, ihm wirtschaftlichen Schaden zuzufügen.[2] Dazu zählt z.b. die Kommunikation eines Unternehmers mit seinem Rechtsanwalt[3] oder intern gebliebene Entwürfe über städtebauliche Verträge[4]. Eine Verletzung geschäftlicher Interessen läge z.b. vor, wenn ein Auftraggeber im Rahmen der Information nach § 134 GWB bzw. 56 SektVO einen Vergleich zwischen den Angeboten zieht und Inhalte der Angebote, etwa die kreative Alternativlösung zur Leistungsbeschreibung in dem bevorzugten Nebenangebot wiedergibt. Damit wären Geheimnisse des Unternehmens betroffen und § 38 Abs. 6 SektVO fände Anwendung.

14 Informationen können nach der vierten Alternative dann zurückgehalten werden, wenn eine Beeinträchtigung des Wettbewerbs anzunehmen ist. Dies ist etwa dann der Fall, wenn die Teilnehmer nicht unter gleichen Voraussetzungen ihre Angebote erstellen können. Da § 38 SektVO die jeweiligen Informationspflichten bei Abschluss des Verfahrens regelt, müssten die dabei gemachten Angaben zu einer zumindest potentiellen Beeinträchtigung des Wettbewerbs im relevanten Markt oder in künftigen Vergabeverfahren führen. Denn der Wettbewerb für das Verfahren, welches die Benachrichtigung betrifft, ist bereits beendet. Eine Beeinträchtigung des Wettbewerbs in künftigen Vergabeverfahren ist insbesondere dann denkbar, wenn sich die Kenntnis spezieller Daten aus konkurrierenden Angeboten, in künftigen Verfahren als nützlich erweisen können, etwa weil sich die Auftragsgegenstände ähneln.

15 Die Vorschrift des § 38 Abs. 6 SektVO ist vor dem Hintergrund der allgemeinen Regel des § 5 SektVO auszulegen. Demnach darf der Auftraggeber insbesondere keine von den Unternehmen als vertraulich gekennzeichneten Informationen weitergeben. Für die Bewerber und Bieter bedeutet diese Formulierung, dass sie bereits im Rahmen der Erstellung von Teilnahmeanträgen und Angeboten prüfen müssen, welche Informationen sie als vertraulich einstufen. Liegt ein Verstoß gegen die Vorschrift des § 5 Abs. 1 SektVO vor wird zugleich der darüber stehende Wettbewerbsgrundsatz verletzt.

V. Angaben bei Forschungs- und Entwicklungsleistungen

16 Entsprechend Art. 70 Abs. 3 UA 2 Richtlinie 2014/25/EU können bei Dienstleistungsaufträgen über Forschungs- und Entwicklungsleistungen die Angaben zu Art und Menge der Dienstleistungen beschränkt werden. Sofern der Auftrag im Rahmen von Verfahren ohne Teilnahmewettbewerb vergeben wurde reicht die Angabe »Forschungs- und Entwicklungsleistungen« aus. Bei allen anderen Verfahrensarten können die Angaben auf diejenigen in der Auftragsbekanntmachung beschränkt werden. Die Vorschrift trägt den Besonderheiten von Forschungs- und Entwicklungsdienstleistungen Rechnung und schützt die Betriebs- und Geschäftsgeheimnisse der forschenden Unternehmen in besonderem Maße.

---

2 BGH, Urt. v. 10.05.1995 – 1 StR 764/94.
3 OLG Düsseldorf, Beschl. v. 04.03.2009 – VII-Verg 67/08.
4 OLG Düsseldorf, Beschl. v. 12.01.2009 – VII-Verg 67/08.

§ 39 SektVO Bekanntmachungen über die Vergabe sozialer und anderer besonderer Dienstleistungen

(1) Der Auftraggeber teilt seine Absicht, einen Auftrag zur Erbringung sozialer oder anderer besonderer Dienstleistungen im Sinne von § 130 Absatz 1 des Gesetzes gegen Wettbewerbsbeschränkungen zu vergeben, mittels

1. einer Auftragsbekanntmachung gemäß § 35,
2. einer regelmäßigen nicht verbindlichen Bekanntmachung gemäß § 36 Absatz 4 oder
3. einer Bekanntmachung über das Bestehen eines Qualifizierungssystems gemäß § 37

mit.

Dies gilt nicht, wenn ein Verhandlungsverfahren ohne vorherigen Teilnahmewettbewerb nach § 13 Absatz 2 zulässig wäre; § 13 Absatz 2 bleibt unberührt.

(2) Die Bekanntmachungen nach Absatz 1 werden nach dem Muster gemäß Anhang XIX der Durchführungsverordnung (EU) 2015/1986 erstellt.

(3) Der Auftraggeber, der einen Auftrag zur Erbringung von sozialen und anderen besonderen Dienstleistungen vergeben hat, teilt die Ergebnisse des Vergabeverfahrens unter Verwendung des in Anhang XIX der Durchführungsverordnung (EU) 2015/1986 enthaltenen Musters mit. Er kann die Vergabebekanntmachungen quartalsweise bündeln. In diesem Fall versendet er die Zusammenstellung spätestens 30 Tage nach Quartalsende.

Amtliche Begründung:

»39 dient der Umsetzung von Artikel 92 der Richtlinie 2014/25/EU (Sonderregime). Welche Dienstleistungen von dem Sonderregime erfasst sind, ergibt sich aus Anhang XVII der Richtlinie 2014/25/EU.

Zu Absatz 1

Oberhalb des Schwellenwertes sind Auftraggeber dazu verpflichtet, die beabsichtigte Vergabe europaweit entweder in einer Auftragsbekanntmachung, einer regelmäßigen nicht verbindlichen Bekanntmachung oder einer Bekanntmachung über bestehende Qualifizierungssysteme zu veröffentlichen. Eine Ausnahme davon ist nach Artikel 92 Absatz 1 Unterabsatz 2 der Richtlinie 2014/25/EU nur unter den engen Voraussetzungen des Artikels 50 der Richtlinie 2014/25/EU möglich.

Zu Absatz 2

Absatz 2 dient der Umsetzung von Artikel 92 Absatz 3 der Richtlinie 2014/25/EU.

Zu Absatz 3

Absatz 3 dient der Umsetzung von Artikel 92 Absatz 2 der Richtlinie 2014/25/EU.«

A. Allgemeine Einführung

1 Der europäische Gesetzgeber geht davon aus, dass bestimmte Dienstleistungskategorien aufgrund ihrer Natur nach wie vor lediglich eine begrenzte grenzüberschreitende Dimension haben.[1] Insbesondere personenbezogenen Dienstleistungen im Sozial-, im Gesundheits- und im Bildungsbereich werden in einem spezifischen Kontext erbracht, der sich in den einzelnen Mitgliedstaaten höchst unterschiedlich darstellt.[2] Aus diesem Grund sehen die neuen EU-Vergaberichtlinien ein erleichtertes Regime für die Vergabe von sozialen und anderen besonderen Dienstleistungen vor und räumen dem nationalen Gesetzgeber einen erheblichen Spielraum ein. Nach § 106 Abs. 2 Nr. 2 GWB i.V.m. Art. 15 lit. c RL 2014/25/EU gilt für Dienstleistungsaufträge über soziale und andere besondere Dienstleistungen ein Schwellenwert in Höhe von einer Million Euro. Was unter sozialen und anderen besonderen Dienstleistungen zu verstehen ist, ist in Anhang XVII der RL 2014/25/EU definiert. Hierunter fallen unter anderen Dienstleistungen im Gesundheits- und Sozialwesen, das Gaststätten- und Beherbergungsgewerbe, Dienstleistungen im juristischen Bereich, Dienstleistungen von Sicherheitsdiensten sowie Postdienste, soweit diese unter die im Anhang genannten CPV-Nummern fallen.

2 Der deutsche Gesetzgeber hat von dem durch die Richtlinie ermöglichten Umsetzungsspielraum Gebrauch gemacht und sieht in § 130 GWB eine vereinfachte Wahl der Verfahrensart sowie eine erleichterte Auftragsänderung vor. In der Vergabeverordnung sind in den §§ 64 ff. VgV zudem weitere Verfahrensvereinfachungen vorgesehen. Für den Sektorenbereich ging der Verordnungsgeber davon aus, dass die Vergabe von sozialen und anderen besonderen Dienstleistungen keine oder nur eine geringe Relevanz aufweist. Zudem sieht die Sektorenverordnung ohnehin erleichterte Verfahrensregeln vor, wie etwa die frei Wahl der Verfahrensarten oder die im Vergleich zur VgV längere Laufzeit von Rahmenvereinbarungen von bis zu 8 Jahren gemäß § 19 Abs. 3 SektVO. Die Sektorenverordnung sieht demzufolge mit § 39 SektVO lediglich eine besondere Vorschrift für die Bekanntmachungen betreffend soziale und andere besondere Dienstleistungen vor.

B. Europarechtliche Vorgaben

3 Die Richtlinie 2014/25/EU sieht in den Art. 91 ff. Sonderregeln für die Vergabe von Aufträgen für soziale und andere besondere Dienstleistungen vor. Für diese Dienstleistungen gelten nach Art. 15 lit. c RL 2014/25/EU insbesondere ein deutlich erhöhter Schwellenwert von 1 Mio. Euro. Den Mitgliedstaaten steht es gemäß Art. 93 Richtli-

---

1 Erwägungsgrund 120 RL 2014/25/EU.
2 Erwägungsgrund 120 RL 2014/25/EU.

nie 2014/25/EU grundsätzlich frei, die anwendbaren Bestimmungen festzulegen. Dabei sind jedoch stets die Grundsätze der Transparenz und Gleichbehandlung zu wahren. Zwingend sind die Vorgaben zur Bekanntmachung. Insbesondere ist es nach Art. 93 Abs. 1 UA 2 Richtlinie 2014/25/EU nicht möglich, weitere Möglichkeiten für ein Verhandlungsverfahren ohne Teilnahmewettbewerb zu regeln.

C. Vergleich zur vorherigen Rechtslage

Bislang wurde gemäß § 4 SektVO a.F. zwischen Dienstleistungen im Sinne des An- 4
hangs 1 Teil A (vorrangige Dienstleistungen) und Teil B (nachrangige Dienstleistungen) unterschieden. Auf letztere waren nur die Bestimmungen über technischen Anforderungen und über die Bekanntmachung vergebener Aufträge anzuwenden. Die Unterscheidung zwischen diesen Dienstleistungskategorien fällt mit der Neuregelung weg und wird durch das Sonderregime für soziale und andere besondere Dienstleistungen ersetzt. Dies hat insbesondere zur Folge, dass nunmehr für alle Dienstleistungsaufträge grundsätzlich eine Auftragsbekanntmachung zu erstellen ist. Mit § 39 Abs. 2 SektVO wird das anzuwendende Muster benannt.

D. Kommentierung

§ 39 Abs. 1 SektVO bestimmt, dass auch beabsichtigte Aufträge über soziale und an- 5
dere besondere Dienstleistungen gemäß der §§ 35, 36 Abs. 4 oder 37 SektVO bekannt zu machen sind. Eine vorherige Bekanntmachung ist nicht erforderlich, wenn gemäß § 13 Abs. 2 SektVO ein Verhandlungsverfahren ohne Teilnahmewettbewerb zulässig wäre. Der in § 39 Abs. 1 Satz 2 SektVO enthaltene Verweis auf § 13 Abs. 2 bezieht sich auf alle drei Alternativen der Bekanntmachung.

Mit 39 Abs. 3 SektVO wird eine Sonderregelung zur Vergabebekanntmachung von 6
Dienstleistungsaufträgen über soziale und andere besondere Dienstleistungen getroffen. Der Auftraggeber kann danach die Vergabebekanntmachungen quartalsweise bündeln und bis zu 30 Tage nach Quartalsende versenden. Damit wurde eine in Art. 93 Abs. 2 Richtlinie 2014/25/EU eingeräumte Verfahrenserleichterung in nationales Recht überführt.

§ 40 SektVO Veröffentlichung von Bekanntmachungen

(1) **Auftragsbekanntmachungen, regelmäßige nicht verbindliche Bekanntmachungen nach § 36 Absatz 4, Bekanntmachungen über das Bestehen von Qualifikationssystemen und Vergabebekanntmachungen (Bekanntmachungen) sind dem Amt für Veröffentlichungen der Europäischen Union mit elektronischen Mitteln zu übermitteln. Der Auftraggeber muss den Tag der Absendung nachweisen können.**

(2) **Bekanntmachungen werden durch das Amt für Veröffentlichungen der Europäischen Union veröffentlicht. Als Nachweis der Veröffentlichung dient die Bestätigung der Veröffentlichung der übermittelten Informationen, die der Auftraggeber vom Amt für Veröffentlichungen der Europäischen Union erhält.**

(3) Bekanntmachungen auf nationaler Ebene dürfen nach der Veröffentlichung durch das Amt für Veröffentlichungen der Europäischen Union oder 48 Stunden nach der Bestätigung über den Eingang der Bekanntmachung durch das Amt für Veröffentlichungen der Europäischen Union veröffentlicht werden. Die Veröffentlichung darf nur Angaben enthalten, die in den an das Amt für Veröffentlichung der Europäischen Union übermittelten Bekanntmachungen enthalten sind oder in einem Beschafferprofil veröffentlicht wurden. In der nationalen Bekanntmachung ist der Tag der Übermittlung an das Amt für Veröffentlichung der Europäischen Union oder der Tag der Veröffentlichung im Beschafferprofil anzugeben.

(4) Der Auftraggeber kann auch Bekanntmachungen über Bau-, Liefer- oder Dienstleistungsaufträge, die nicht der Bekanntmachungspflicht unterliegen, an das Amt für Veröffentlichungen der Europäischen Union übermitteln.

Amtliche Begründung:

»§ 40 dient der Umsetzung der Artikel 71 und 72 der Richtlinie 2014/25/EU, der die Modalitäten der Veröffentlichung der Bekanntmachungen regelt.

Zu Absatz 1

Absatz 1 setzt Artikel 71 Absatz 1, 2 und 5 Unterabsatz 1 der Richtlinie 2014/25/EU um. Auftraggeber müssen für die Bekanntmachung öffentlicher Aufträge an das Amt für Veröffentlichungen der Europäischen Union elektronische Mittel verwenden. Für die Bekanntmachung sind die Standardformulare der Durchführungsverordnung (EU) Nr. 2015/1986 zur Einführung von Standardformularen für die Veröffentlichung von Vergabebekanntmachungen auf dem Gebiet der öffentlichen Aufträge in der jeweils geltenden Fassung zu verwenden. Die verwendeten elektronischen Mittel müssen über eine Funktion verfügen, die es Auftraggebern erlaubt, das Datum der Übersendung eines Bekanntmachungsformulars an das Amt für Veröffentlichungen der Europäischen Union zu ermitteln und zu speichern, sodass es gegebenenfalls im späteren Verlauf eines öffentlichen Vergabeverfahrens, beispielsweise wenn die Rechtmäßigkeit eines öffentlichen Vergabeverfahren angegriffen wird, nachgewiesen werden kann.

Zu Absatz 2

Absatz 2 entspricht abgesehen von redaktionellen Änderungen Artikel 71 Absatz 3 der Richtlinie 2014/25/EU.

Nach Satz 1 werden Bekanntmachungen durch das Amt für Veröffentlichungen der Europäischen Union veröffentlicht. Dies geschieht in der Originalsprache, deren Wortlaut verbindlich ist.

Satz 2 setzt Artikel 71 Absatz 5 Unterabsatz 2 der Richtlinie 2014/25/EU um. Danach dient die Bestätigung des Amtes für Veröffentlichungen der Europäischen Union über die Veröffentlichung der übermittelten Inhalte gegenüber dem Auftraggeber als Nachweis der Veröffentlichung. In der Bestätigung hat das Amt den Tag der Veröffentlichung anzugeben.

Zu Absatz 3

Die Regelung in Absatz 3 Satz 1 basiert auf Artikel 72 Absatz 1 der Richtlinie 2014/25/EU. Veröffentlichungen auf nationaler Ebene dürfen grundsätzlich nicht vor der Veröffentlichung durch das Amt für Veröffentlichungen der Europäischen Union erfolgen, es sei denn, zwischen der Bestätigung über den Erhalt der Bekanntmachung und der Bestätigung über die Veröffentlichung durch diese Behörde liegen mehr als 48 Stunden.

Nach Satz 2 dürfen die Veröffentlichungen auf nationaler Ebene nur die Angaben enthalten, die in den an das Amt für Veröffentlichungen der Europäischen Union übermittelten Bekanntmachungen enthalten sind oder im Falle einer regelmäßigen nicht verbindlichen Bekanntmachung in einem Beschafferprofil veröffentlicht wurden.

Satz 3 bestimmt darüber hinaus, dass in der nationalen Bekanntmachung der Tag der Übermittlung an das Amt für Veröffentlichungen der Europäischen Union oder der Tag der Veröffentlichung im Beschafferprofil zu nennen sind.

Zu Absatz 4

Absatz 4 basiert auf der Bestimmung in Artikel 71 Absatz 6 der Richtlinie 2014/25/EU, wonach der Auftraggeber eine europaweite Bekanntmachung auch dann wählen kann, wenn die Auftragsvergabe nicht der Richtlinie 2014/25/EU unterfällt.

Literatur: OLG Naumburg, Beschl. v. 15.04.2016 – 7 Verg 1/16, BeckRS 2016, 07813.

A. Allgemeine Einführung

§ 40 SektVO enthält Vorgaben für die Veröffentlichung von Bekanntmachungen und **1** der Übermittlung der Bekanntmachungen an das Amt für Veröffentlichungen der Europäischen Union. Dieses Amt hat als interinstitutionelle Einrichtung zur primären Aufgabe, die Veröffentlichungen der Organe der Europäischen Union herauszugeben. Die Bekanntmachungspflicht resultiert aus dem Transparenzprinzip als Grundprinzip des Vergaberechts.

B. Vergleich zur vorherigen Rechtslage

Zuvor war die Veröffentlichung der Bekanntmachung im 3. Abschnitt der SektVO a.F. **2** über Bekanntmachungen und Fristen, konkret in den §§ 12 bis 15 SektVO a.F. geregelt.

C. Europarechtliche Vorgaben

Mit § 40 SektVO setzt der Verordnungsgeber Art. 71 und 72 Richtlinie 2014/25/EU **3** um.

D. Kommentierung

I. Übermittlungspflicht (§ 40 Abs. 1 SektVO)

4   § 40 Abs. 1 S. 1 SektVO enthält die Pflicht des Auftraggebers, Bekanntmachungen dem Amt für Veröffentlichungen der Europäischen Union zu übermitteln. Die Übermittlung hat dabei elektronisch zu erfolgen. Für die Bekanntmachung sind die Standardformulare der Durchführungsverordnung (EU) Nr. 2015/1986 zur Einführung von Standardformularen für die Veröffentlichung von Vergabebekanntmachungen auf dem Gebiet der öffentlichen Aufträge in der jeweils geltenden Fassung zu verwenden.[1] Die elektronische Übermittlung soll zu mehr Transparenz und Zeitersparnis führen.[2] Die für die elektronische Übermittlung der Bekanntmachungen benötigten Muster und Modalitäten werden von der Europäischen Kommission festgelegt.[3] Sie sind unter der Internetadresse *http://simap.europa.eu* abrufbar.

5   § 40 Abs. 1 S. 1 Hs. 1 SektVO enthält eine Legaldefinition des Begriffes **Bekanntmachungen**. Bekanntmachungen sind danach Auftragsbekanntmachungen (§ 35 SektVO), regelmäßig nicht verbindliche Bekanntmachungen nach § 36 Abs. 4 SektVO, Bekanntmachungen über das Bestehen von Qualifikationssystemen (§ 37 SektVO) und Vergabebekanntmachungen (§ 38 SektVO).[4]

6   In einer **Auftragsbekanntmachung** teilt der Auftraggeber seine Absicht mit, einen Auftrag zu vergeben oder eine Rahmenvereinbarung abzuschließen (§ 35 Abs. 1 S. 1 SektVO). Die **Vergabebekanntmachung** enthält das Ergebnis eines Vergabeverfahrens (§ 38 Abs. 1 SektVO). Durch regelmäßig **nicht verbindliche Bekanntmachung** kann der Auftraggebers beabsichtigte Auftragsvergaben anzeigen (§ 36 Abs. 1 SektVO). Nicht verbindliche Bekanntmachungen dienen der frühzeitigen Information des Marktes.[5] Vergabeverfahren können auch durch die Bekanntmachung eines **Qualifizierungssystems** in Gang gesetzt werden.[6]

7   Gemäß § 40 Abs. 1 S. 2 SektVO muss der Auftraggeber den Tag der Absendung nachweisen können. Daher müssen die verwendeten elektronischen Mittel über eine Funktion verfügen, die es dem Auftraggeber erlaubt, das Datum der Übersendung eines Bekanntmachungsformulars an das Amt für Veröffentlichungen der Europäischen Union zu ermitteln und zu speichern. Dadurch kann der Nachweis des Datums im weiteren Verlauf sichergestellt werden.[7] Das Amt für Veröffentlichungen der Europäischen Union ist verpflichtet, dem Auftraggeber eine Bestätigung über den Erhalt der Bekanntmachung und die Veröffentlichung der übermittelten Informationen, in denen das Da-

---

1 Vgl. amtliche Begründung zu § 40 Abs. 1 SektVO.

2 Vgl. Erwägungsgrund 89 Richtlinie 2014/25/EU.

3 Vgl. Art. 71 Abs. 1 Unterabs. 2 Richtlinie 2014/25/EU.

4 Siehe jeweiligen Kommentierungen zu den Bekanntmachungsarten unter §§ 35, 36 Abs. 4, 37 und 38 SektVO.

5 Vgl. amtliche Begründung zu § 36 SektVO.

6 Vgl. amtliche Begründung zu § 37 SektVO.

7 Vgl. amtliche Begründung zu § 40 Abs. 1 SektVO.

tum dieser Veröffentlichung angegeben ist, auszustellen. Diese Bestätigung dient als Nachweis der Veröffentlichung.[8]

Der genaue Nachweis ist bedeutsam. Mit Bekanntmachungen werden Fristen in Gang 8 gesetzt. Beim offenen Verfahren beträgt die Frist für den Eingang der Angebote (Angebotsfrist) gem. § 14 Abs. 2 SektVO z.b. mindestens 35 Tage, gerechnet ab dem Tag nach der Absendung der Auftragsbekanntmachung. Die Länge der Fristen sind vom Auftraggeber zu bestimmen, denn er kann z.b. Kürzungsmöglichkeiten nutzen, was allen Beteiligten kenntlich zu machen ist. Auch sind Bekanntmachungen für Fristen im Nachprüfungsverfahren bedeutsam. So ist ein Nachprüfungsantrag gemäß § 160 Abs. 3 Nr. 2 GWB unzulässig, wenn Verstöße gegen Vergabevorschriften, die aufgrund der Bekanntmachung erkennbar sind, nicht spätestens bis zum Ablauf der in der Bekanntmachung benannten Frist zur Bewerbung oder zur Angebotsabgabe gegenüber dem Auftraggeber gerügt werden. Für den Fristbeginn ist der Zeitpunkt der Bekanntmachung ausschlaggebend.

II. Veröffentlichung der Bekanntmachung (§ 40 Abs. 2 SektVO)

Die Bekanntmachungen werden gemäß § 40 Abs. 2 S. 1 SektVO durch das Amt für 9 Veröffentlichungen der Europäischen Union veröffentlicht. Dies geschieht in der Originalsprache der jeweiligen Bekanntmachung, deren Wortlaut verbindlich ist. Dabei wird zusätzlich eine Zusammenfassung der wichtigsten Bestandteile einer jeden Bekanntmachung in den anderen Amtssprachen der Organe der Union veröffentlicht.[9] Die Veröffentlichung der Bekanntmachungen erfolgt spätestens fünf Tage nach ihrer Übermittlung.[10]

Die Bekanntmachungen werden auf dem Internetportal TED veröffentlicht (abrufbar 10 unter *http://www.ted.europa.eu*). TED (Tenders Electronic Daily) ist die Online-Version des Supplements zum Amtsblatt der Europäischen Union für das europäische öffentliche Auftragswesen. Die Benutzung von TED ist kostenfrei.[11] Ausschließlich das in elektronischer Form veröffentlichte Amtsblatt entfaltet Rechtswirkung. Die gedruckte Ausgabe des Amtsblatts entfaltet Rechtswirkung ausnahmsweise in Fällen, in denen die elektronische Ausgabe des Amtsblatts aufgrund unvorhersehbarer außergewöhnlicher Störungen des Informationssystems nicht veröffentlicht werden kann.[12] Für interessierte Unternehmen bedeutet dies, stets auf TED zurückzugreifen, um den Text der Bekanntmachung festzustellen. Denn alle anderen Versionen, z.B. von Ausschreibungsdiensten, bergen die Gefahr, dass wichtige Informationen verloren gehen. Wenn solche Informationsmängel bzw. -lücken z.B. in einem Nachprüfungsverfahren auftreten und aufgrund dessen ein solches Verfahren verloren geht, mag man sich (vermutlich vergeblich) wegen Ersatzansprüchen an den Dienstleister halten. Der Auf-

---

8 Vgl. Art. 70 Abs. 3 Richtlinie 2014/25/EU.
9 Vgl. amtliche Begründung zu § 40 Abs. 2 SektVO; Art. 72 Abs. 3 Richtlinie 2014/25/EU.
10 Vgl. Art. 71 Abs. 2 S. 2 Richtlinie 2014/25/EU.
11 Vgl. Art. 71 Abs. 2 S. 3 Richtlinie 2014/25/EU.
12 Vgl. Art. 1 und 3 EU-Verordnung 216/2030.

traggeber kann allerdings auf seine Bekanntmachung verweisen, der Auftrag ist verloren.

11   Nach § 40 Abs. 2 S. 2 SektVO dient als Nachweis der Veröffentlichung die Bestätigung des Amtes für Veröffentlichungen der Europäischen Union über die Veröffentlichung der übermittelten Informationen. In der Bestätigung hat das Amt den Tag der Veröffentlichung anzugeben.[13]

III. Veröffentlichung von Bekanntmachungen auf nationaler Ebene (§ 40 Abs. 3 SektVO)

12   Bekanntmachungen dürfen gemäß § 40 Abs. 3 S. 1 SektVO auf nationaler Ebene entweder nach der Veröffentlichung durch das Amt für Veröffentlichungen der Europäischen Union oder 48 Stunden nach der Bestätigung über den Eingang der Bekanntmachung durch das Amt für Veröffentlichungen der Europäischen Union veröffentlicht werden.

13   Die neue Regelung geht über die alte Vorschrift in § 16 Abs. 3 SektVO a.F. hinaus. Vorher durften Bekanntmachungen unmittelbar nach ihrer Absendung an die – nach altem Recht zuständige – Europäische Kommission auch auf nationaler Ebene veröffentlicht werden. Nach der neuen Regelung darf erst nach der Veröffentlichung durch das Amt für Veröffentlichungen der Europäischen Union bzw. nach 48 Stunden seit Eingangsbestätigung der Bekanntmachung diese Bekanntmachung auch auf nationaler Ebene veröffentlicht werden. Dadurch soll ein ausgeglichenerer Wettbewerb zwischen nationalen und europäischen Bietern gewährleistet werden.

14   Dabei darf die Veröffentlichung gemäß § 40 Abs. 3 S. 2 SektVO nur Angaben enthalten, die in den an das Amt für Veröffentlichungen der Europäischen Union übermittelten Bekanntmachungen enthalten sind oder in einem Beschafferprofil veröffentlicht wurden.

15   Die regelmäßigen nicht verbindlichen Bekanntmachungen dürfen nicht in einem Beschafferprofil veröffentlicht werden, bevor die Bekanntmachung ihrer Veröffentlichung an das Amt für Veröffentlichungen der Europäischen Union abgesendet wurde.[14] In der nationalen Bekanntmachung ist der Tag der Übermittlung an das Amt für Veröffentlichungen der Europäischen Union oder der Tag der Veröffentlichung im Beschafferprofil anzugeben. Wiederum soll hierdurch eine Bevorzugung der nationalen Bieter verhindern.

16   Die Anforderungen an das Beschafferprofil sind in Teil B Richtlinie 2014/25/EU geregelt. Zu dem Profil gehören u.a. Name, Anschrift, Telefon- und Fax-Nummer, E-Mail- und Internet-Adresse des Auftraggebers und, falls abweichend, der Dienststelle, bei der weitere Informationen erhältlich sind, die ausgeübte Haupttätigkeit, CPV-Codes sowie die URL des Beschafferprofils. Mit dem Beschafferprofil wird der zunehmenden Bedeu-

---

13 Vgl. amtliche Begründung zu § 40 Abs. 2 SektVO.
14 Vgl. Art. 72 Abs. 3 Richtlinie 2014/25/EU.

tung des Internets Rechnung getragen und zugleich eine Kostenreduzierung ermöglicht.

IV. Zusätzliche Übermittlung von Bekanntmachungen (§ 40 Abs. 4 SektVO)

Der Auftraggeber kann gemäß § 40 Abs. 4 SektVO Bekanntmachungen über Bau-, Liefer- oder Dienstleistungen, die nicht der Bekanntmachungspflicht unterliegen, an das Amt für Veröffentlichungen der Europäischen Union übermitteln.   17

§ 40 Abs. 4 SektVO basiert auf Art. 71 Abs. 6 Richtlinie 2014/25/EU, wonach der Auftraggeber eine europaweite Bekanntmachung auch dann wählen kann, wenn die Auftragsvergabe nicht der Richtlinie 2014/25/EU unterfällt.[15] Das betrifft öffentliche Aufträge, die entweder ausdrücklich vom Vergaberecht befreit sind (z.B. die in § 107 GWB bezeichneten Ausnahmetatbestände) oder die Vergabe von Aufträgen unterhalb des einschlägigen EU-Schwellenwerts.   18

Wenn Auftraggeber freiwillig bekannt machen, folgt daraus nicht die Zuständigkeit der Nachprüfungsinstanzen nach dem vierten Teil des GWB. Dafür müssen die Voraussetzungen zur Anwendung des EU-Vergaberechts im materiellen Sinne erfüllt sein.[16] Gleichwohl sollten die Auftraggeber die Freiwilligkeit in der Bekanntmachung betonen und den Umfang einer eventuellen Bindung an die SektVO konkret bestimmen, z.B. beschränkt auf die Eignungsprüfung. Denn falls die Formulierung »nach der SektVO« ohne weitere Einschränkung in der Bekanntmachung verwendet würde, fände die SektVO nach dem Grundsatz der Selbstbindung auch in Gänze mit aller Konsequenz Anwendung.   19

§ 41 SektVO Bereitstellung der Vergabeunterlagen

(1) Der Auftraggeber gibt in der Auftragsbekanntmachung oder der Aufforderung zur Interessensbestätigung eine elektronische Adresse an, unter der die Vergabeunterlagen unentgeltlich, uneingeschränkt, vollständig und direkt abgerufen werden können.

(2) Im Falle einer Bekanntmachung über das Bestehen eines Qualifizierungssystems nach § 37 ist dieser Zugang unverzüglich, spätestens zum Zeitpunkt der Absendung der Aufforderung zur Angebotsabgabe oder zu Verhandlungen anzubieten. Der Text der Bekanntmachung oder dieser Aufforderung muss die Internetadresse, über die diese Vergabeunterlagen abrufbar sind, enthalten.

(3) Der Auftraggeber kann die Vergabeunterlagen auf einem anderen geeigneten Weg zur Verfügung stellen oder übermitteln, wenn die erforderlichen elektronischen Mittel zum Abruf der Unterlagen

---

15 Vgl. amtliche Begründung zu § 40 Abs. 4 SektVO.
16 Vgl. statt vieler OLG Naumburg, Beschl. v. 15.04.2016 – 7 Verg 1/16, BeckRS 2016, 07813.

1. aufgrund der besonderen Art der Auftragsvergabe nicht mit allgemein verfügbaren oder verbreiteten Geräten und Programmen der Informations- und Kommunikationstechnologie kompatibel sind,

2. Dateiformate zur Beschreibung der Angebote verwenden, die nicht mit allgemein verfügbaren oder verbreiteten Programmen verarbeitet werden können oder die durch andere als kostenlose und allgemein verfügbare Lizenzen geschützt sind, oder

3. die Verwendung von Bürogeräten voraussetzen, die Auftraggebern nicht allgemein zur Verfügung stehen. Die Angebotsfrist wird in diesen Fällen um fünf Tage verlängert, sofern nicht ein Fall hinreichend begründeter Dringlichkeit gemäß § 14 Absatz 3 vorliegt oder die Frist gemäß § 15 Absatz 3 im gegenseitigen Einvernehmen festgelegt wurde.

(4) Der Auftraggeber gibt in der Auftragsbekanntmachung oder der Aufforderung zur Interessensbestätigung oder, sofern eine Bekanntmachung über das Bestehen eines Qualifizierungssystems erfolgt, in den Vergabeunterlagen an, welche Maßnahmen er zum Schutz der Vertraulichkeit von Informationen anwendet und wie auf die Vergabeunterlagen zugegriffen werden kann. Die Angebotsfrist wird in diesen Fällen um fünf Tage verlängert, es sei denn, die Maßnahme zum Schutz der Vertraulichkeit besteht ausschließlich in der Abgabe einer Verschwiegenheitserklärung, es liegt ein Fall hinreichend begründeter Dringlichkeit gemäß § 14 Absatz 3 vor oder die Frist wurde gemäß § 15 Absatz 3 im gegenseitigen Einvernehmen festgelegt.

Amtliche Begründung

»§ 41 dient der Umsetzung von Artikel 73 der Richtlinie 2014/25/EU und regelt die Bereitstellung, insb. die elektronische Verfügbarkeit der Vergabeunterlagen.

Zu Absatz 1

Absatz 1 setzt Artikel 73 Absatz 1 Unterabsatz 1 der Richtlinie 2014/25/EU um. Die Vergabeunterlagen müssen unentgeltlich, uneingeschränkt, vollständig und direkt vom Tag der Veröffentlichung einer Bekanntmachung an von jedem Interessenten mithilfe elektronischer Mittel unter einer Internetadresse abgerufen werden können.

Zu den Vergabeunterlagen gehören sämtliche Unterlagen, die von Auftraggebern erstellt werden oder auf die sie sich beziehen, um Teile des Vergabeverfahrens zu definieren. Sie umfassen alle Angaben, die erforderlich sind, um interessierten Unternehmen eine Entscheidung zur Teilnahme am Vergabeverfahren zu ermöglichen.

Unentgeltlich abrufbar sind die Vergabeunterlagen dann, wenn kein an den Vergabeunterlagen Interessierter für das Auffinden, den Empfang und das Anzeigen von Vergabeunterlagen einem Auftraggeber oder einem Unternehmen ein Entgelt entrichten muss. Von dem Merkmal der Unentgeltlichkeit sind sämtliche Funktionen elektronischer Mittel, die nach dem jeweils aktuellen Stand der Technik erforderlich sind, um auf Vergabeunterlagen zuzugreifen, umfasst.

Der Unentgeltlichkeit steht nicht entgegen, wenn Auftraggeber oder Unternehmen über das Auffinden, den Empfang und das Anzeigen von Vergabeunterlagen sowie die dafür erforderlichen Funktionen elektronischer Mittel hinaus weitere, entgeltpflichtige Dienste anbieten, die zum Beispiel das Auffinden von Bekanntmachungen im Internet erleichtern. Allerdings darf nicht ausgeschlossen werden, dass solche entgeltpflichtigen Dienste auch unentgeltlich angeboten werden.

Uneingeschränkt und direkt abrufbar sind die Vergabeunterlagen dann, wenn die Bekanntmachung mit der anzugebenden Internetadresse einen eindeutig und vollständig beschriebenen medienbruchfreien elektronischen Weg zu den Vergabeunterlagen enthält. In der Bekanntmachung sind alle Informationen anzugeben, die es einem Bürger oder einem Unternehmen ohne wesentliche Zwischenschritte und ohne wesentlichen Zeitverlust ermöglichen, mit elektronischen Mitteln an die Vergabeunterlagen zu gelangen. Die angegebene Internetadresse muss potenziell erreichbar sein und die Vergabeunterlagen enthalten.

Mit den Vorschriften zum Einsatz elektronischer Mittel bei der Kommunikation und bei der Datenübermittlung vollzieht die Richtlinie 2014/25/EU einen Paradigmenwechsel. Leitgedanke ist der vollständige Übergang von einer papierbasierten und -gebundenen Auftragsvergabe zu einer durchgängig auf der Verwendung elektronischer Mittel basierenden, medienbruchfreien Auftragsvergabe. Dieser Paradigmenwechsel bedingt eine Neuorganisation der Abläufe im Rahmen einer öffentlichen Auftragsvergabe – bei den Auftraggebern ebenso wie bei den Unternehmen. Weiterhin ist mit diesem Paradigmenwechsel eine erhöhte Verantwortung der Auftraggeber und der Unternehmen verbunden, die Möglichkeiten der auf dem Einsatz elektronischer Medien basierenden öffentlichen Auftragsvergabe bewusst zu nutzen.

Uneingeschränkt und direkt abrufbar sind Vergabeunterlagen im Rahmen der auf elektronische Mittel gestützten Auftragsvergabe ausschließlich dann, wenn weder interessierte Bürger noch interessierte Unternehmen sich auf einer elektronischen Vergabeplattform mit ihrem Namen, mit einer Benutzerkennung oder mit ihrer E-Mail-Adresse registrieren müssen, bevor sie sich über bekanntgemachte öffentliche Auftragsvergaben informieren oder Vergabeunterlagen abrufen können. Beides muss interessierten Bürgern oder interessierten Unternehmen ohne vorherige Registrierung möglich sein. Aus dieser Freiheit resultiert allerdings auch die Pflicht zur selbständigen, eigenverantwortlichen Information interessierter Bürger und Unternehmen über etwaige Änderung der Vergabeunterlagen oder die Bereitstellung zusätzlicher Informationen, z.B. durch Antworten des Auftraggebers auf Bieterfragen. Die Auftraggeber müssen solche Änderungen allen Interessierten direkt und eingeschränkt verfügbar machen. Sie müssen jedoch nicht dafür sorgen, dass sie tatsächlich zur Kenntnis genommen werden.

Vollständig abrufbar sind die Vergabeunterlagen dann, wenn über die Internetadresse in der Bekanntmachung sämtliche Vergabeunterlagen und nicht nur Teile derselben abgerufen werden können.

Zu Absatz 2

Absatz 2 regelt Pflichten des Auftraggebers im Falle der Bekanntmachung eines Qualifizierungssystems. Damit wird Artikel 73 Absatz 1 Unterabsatz 2 umgesetzt.

Zu Absatz 3

Absatz 3 setzt Artikel 73 Absatz 1 Unterabsatz 3 in Verbindung mit Artikel 40 Absatz 1 Unterabsatz 2 der Richtlinie 2014/25/EU um. Es wird klargestellt, dass die Pflicht, die Vergabeunterlagen grundsätzlich mithilfe elektronischer Mittel zur Verfügung zu stellen, nicht angemessen wäre, wenn dies in besonderem Maße aufwändig wäre. Dies gilt insbesondere dann, wenn kein unentgeltlicher, uneingeschränkter, vollständiger und direkter Zugang zu den Vergabeunterlagen angeboten werden kann. Die Angebotsfrist verlängert sich in diesen Fällen nach Satz 2 allerdings zwingend um fünf Tage. Andere als elektronische Mittel sollen ausschließlich in Bezug auf jene

Bestandteile der Vergabeunterlagen verwendet werden, die ausdrücklich zu den in den Nummern 1, 2 und 3 geregelten Fällen zu zählen sind.

Zu Nummer 1

Nummer 1 regelt Fälle, in denen der Auftraggeber spezielle elektronische Mittel verwendet, die nicht allgemein verfügbar sind.

Zu Nummer 2

Nummer 2 regelt Fälle, in denen der Auftraggeber spezielle Dateiformate vorgibt, die entweder nicht allgemein verfügbar sind oder lizenzrechtlich geschützt sind.

Zu Nummer 3

Nummer 3 regelt Fälle, in denen die Verwendung elektronischer Mittel spezielle Bürogeräte voraussetzt, die Auftraggebern nicht allgemein zur Verfügung stehen. Hiervon erfasst sind beispielsweise Bürogeräte wie Großformatdrucker oder Plotter.

Zu Absatz 4

Absatz 4 setzt Artikel 73 Absatz 1 Unterabsatz 3 der Richtlinie 2014/25/EU um. Es wird klargestellt, dass in Fällen, in denen zwar bei Verwendung allgemein verfügbarer elektronischer Mittel das erforderliche Datenschutzniveau nicht sichergestellt werden, in denen jedoch die kombinierte Verwendung elektronischer, alternativer elektronischer und/oder anderer als elektronischer Mittel dieses sichern kann, es den Auftraggebern gestattet ist, so zu verfahren. Die Verwendung anderer als elektronischer Mittel ist Auftraggebern nur hinsichtlich des Schutzes besonders sensibler Daten gestattet. Genügt der Rückgriff auf alternative elektronische Mittel, um das nötige Schutzniveau zu sichern, müssen alternative elektronische Mittel genutzt werden. Das ist beispielsweise der Fall, wenn die Auftraggeber die Verwendung spezieller, sicherer elektronischer Kommunikationskanäle vorschreiben, zu denen sie den Zugang gewähren.

Die Angebotsfrist verlängert sich grundsätzlich um fünf Tage, sofern nicht ein Fall hinreichend begründeter Dringlichkeit vorliegt. Dies gilt auch in Fällen, in denen die Maßnahme zum Schutz der Vertraulichkeit (lediglich) in der Vorgabe für die Bewerber/Bieter besteht, eine Verschwiegenheitserklärung zu unterzeichnen. Hier erscheint ein zwingendes Gebot zur Fristverlängerung überzogen, weil die Abgabe einer solchen Erklärung für den Bewerber/Bieter nur mit sehr geringem Mehraufwand verbunden ist.«

A. Allgemeine Einführung

§ 41 SektVO regelt die Bereitstellung, insbesondere die elektronische Verfügbarkeit der 1
Vergabeunterlagen.

B. Europarechtliche Vorgaben

§ 41 SektVO setzt Art. 73 der Richtlinie 2014/25/EU um. Bei der Umsetzung hat der 2
deutsche Gesetzgeber die Systematik der europarechtlichen Vorschrift beibehalten.
§ 41 Abs. 1 SektVO setzt dementsprechend Art. 73 Abs. 1 Unterabs. 1, § 41
Abs. 2 setzt Art. 73 Abs. 1 Unterabs. 2, § 41 Abs. 3 SektVO setzt Art. 73 Abs. 1 Unterabs. 3 in Verbindung mit Art. 40 Abs. 1 Unterabs. 2 und § 41 Abs. 4 setzt Art. 73
Abs. 1 Unterabs. 3 der Richtlinie 2014/25/EU um.

Anders als im deutschen Recht heißen die »Vergabeunterlagen« im europäischen Recht 3
gemäß Art. 2 Ziffer 9 der Richtlinie 2014/25/EU »Auftragsunterlagen«. Konsequenterweise nimmt dementsprechend auch Art. 73 der Richtlinie 2014/25/EU Bezug auf die
Auftragsunterlagen.

C. Vergleich zur vorherigen Rechtslage

Die Verpflichtung zur elektronischen Bereitstellung der Vergabeunterlagen hat es im 4
bisherigen Recht nicht gegeben.

Nach § 25 Abs. 2 SektVO war es aber auch bislang zulässig, die Vergabeunterlagen den
interessierten Unternehmen elektronisch zur Verfügung zu stellen.

D. Kommentierung

I. Grundlagen

§ 41 SektVO verpflichtet den Auftraggeber, die Vergabeunterlagen mit der Veröffent- 5
lichung der Auftragsbekanntmachung, allen interessierten Unternehmen unentgeltlich, uneingeschränkt, vollständig und direkt zur Verfügung zu stellen.

Hierfür hat der Auftraggeber bereits in der Auftragsbekanntmachung oder der Aufforderung zur Interessensbestätigung eine elektronische Adresse anzugeben, unter der die
interessierten Unternehmen die Vergabeunterlagen abrufen können.

Die Regelung gilt nach der Übergangsbestimmung in § 64 SektVO unmittelbar ab
dem 18.04.2016.

Die Vorschrift ist bieterschützend, soweit sie der Gleichbehandlung von Bewerbern/ Bietern dient und die Einhaltung von Transparenz und Geheimwettbewerb gewährleisten soll.

1. Unentgeltlichkeit

6   Die Vergabeunterlagen sind unentgeltlich zur Verfügung zu stellen. Dies ist der Fall, wenn alle interessierten Unternehmen ohne Zahlung eines gesonderten Entgelts auf die Vergabeunterlagen zugreifen können. Der Begriff ist weit zu verstehen. So muss es insbesondere möglich sein, die Vergabeunterlagen ohne Zahlung eines Entgelts zu finden und sich anzeigen zu lassen.

7   Die Unentgeltlichkeit umfasst auch die Zurverfügungstellung der Vergabeunterlagen in elektronischer Form. Ein technischer Vorbehalt, dass die Vergabeunterlagen etwa nur angezeigt und erst gegen Zahlung eines Entgelts auch gespeichert oder ausgedruckt werden können, wäre daher unzulässig.

8   Die Verpflichtung zur unentgeltlichen Bereitstellung der Vergabeunterlagen bedeutet nach der amtlichen Begründung hingegen nicht, dass Auftraggeber oder von diesen eingesetzte Unternehmen über das Auffinden und den Abruf der Vergabeunterlagen hinaus nicht auch weitere, entgeltpflichtige Dienste anbieten dürfen. Als Beispiel nennt die amtliche Begründung die entgeltpflichtige Bereitstellung von Suchmaschinen, die das Auffinden von laufenden Vergabeverfahren im Internet erleichtern. Der Auftraggeber darf allerdings nicht ausschließen, dass solche zusätzlichen Dienste grundsätzlich auch unentgeltlich angeboten werden können.

2. Uneingeschränkt und direkt

9   Der Auftraggeber hat in der Bekanntmachung oder der Aufforderung zur Interessensbestätigung eine elektronische Adresse anzugeben, unter der die Vergabeunterlagen uneingeschränkt und direkt abrufbar sind. **Uneingeschränkt** bedeutet, dass die Auftraggeber den Zugang zu den Vergabeunterlagen für interessierte Unternehmen nicht künstlich begrenzen dürfen. Unzulässig ist es beispielsweise, von den interessierten Unternehmen für den Zugang zu den Vergabeunterlagen eine vorherige Registrierung oder Anmeldung zu verlangen (vgl. bereits § 9 Abs. 3 SektVO).[1]

10 Der uneingeschränkte Zugang zu den Vergabeunterlagen erfordert aber nicht etwa, dass der Auftraggeber die Vergabeunterlagen »rund um die Uhr« zur Verfügung stellen muss. Auch wenn mit der Einführung der elektronischen Vergabe ein »Paradigmenwechsel« im Hinblick auf die Art und Weise der Verfahrensdurchführung verbunden ist, bleibt ein wesentliches gesetzgeberisches Ziel jedenfalls auch die verfahrenseffiziente und wirtschaftliche Beschaffung für den Auftraggeber. Selbstverständlich ver-

---

1   Nach Auffassung der VK Bund fehlt es einem Bieter aber an der für einen Nachprüfungsantrag erforderlichen Antragsbefugnis, wenn der Auftraggeber für den Erhalt der Unterlagen zwar eine Registrierung verlangt, die Unterlagen aber auf telefonische Nachfrage des interessierten Unternehmens diesem auf dem Postweg zukommen lässt (vgl. VK Bund, Beschl. v. 27.07.2016 – VK 1-60/16).

spricht sich der Gesetzgeber durch die elektronische Vergabe eine deutliche Beschleunigung bei der Verfahrensabwicklung. Diese Beschleunigung wird aber nicht allein dadurch erreicht, dass potentielle Bieter die Vergabeunterlagen 24 Stunden am Tag vom Auftraggeber abrufen und ihre Angebote abgeben können. Dem Auftraggeber muss es – abhängig vom jeweiligen Stand der Technik – vielmehr möglich sein, die zeitliche Erreichbarkeit seiner Internetseite und damit der Vergabeunterlagen im Rahmen seiner technischen Erfordernisse einzuschränken. In der Regel wird eine ständige elektronische Verfügbarkeit der Vergabeunterlagen – vermehrt gilt dies noch für die Verfügbarkeit zur elektronischen Abgabe der Angebote nach § 43 SektVO – eine Ausweitung der Serverleistungen und Kapazitäten erfordern, was zugleich erhebliche Mehrkosten auf Seiten des Auftraggebers mit sich brächte. Der Auftraggeber müsste entsprechendes Personal vorhalten oder zusätzliche Leistungen einkaufen, um die Sicherstellung der Servererreichbarkeit gewährleisten zu können. Auch die amtliche Begründung geht daher davon aus, dass eine so weitreichende Verfügbarkeit nicht zwingend erforderlich ist, wenn es dort heißt, dass die angegebene Internetseite nur »potenziell erreichbar« sein muss.

Der Zugang zu den Vergabeunterlagen muss **direkt** möglich sein. Dies ist der Fall, wenn 11
die interessierten Unternehmen ohne wesentliche Zwischenschritte und medienbruchfrei mit elektronischen Mitteln an die Vergabeunterlagen gelangen können.

Bei einem Medienbruch muss der Anwender das verwendete Medium wechseln, um 12
sein angestrebtes Ziel zu erreichen. Ein Medienbruch liegt zum Beispiel vor, wenn der Anwender in einer bestimmten Form empfangene Daten in einer anderen Form verarbeiten oder weiterleiten muss. Bei der Bereitstellung der Vergabeunterlagen wäre es daher unzulässig, wenn der Anwender bei dem Auftraggeber zunächst Zugangsdaten abfragen müsste, um diese dann an anderer Stelle manuell einzugeben, um von dort die Vergabeunterlagen herunterladen zu können.

Um einen medienbruchfreien Zugang zu gewährleisten ist es hingegen nicht erforder- 13
lich, schon in der Auftragsbekanntmachung die exakte Internetseite anzugeben, auf der die Vergabeunterlagen unmittelbar zum Download bereitstehen. Vielmehr genügt es, wenn der in der Auftragsbekanntmachung zu veröffentlichende Link auf das allgemeine Vergabeportal des Auftraggebers verweist und das interessierte Unternehmen dort unter Angabe des in der Auftragsbekanntmachung enthaltenen Aktenzeichens des Vergabeverfahrens unmittelbar zu den Vergabeunterlagen gelangen kann. Eine unmittelbare Verlinkung auf die Vergabeunterlagen verlangt das Gesetz ausdrücklich nicht. Dies wäre für Auftraggeber mit einer Vielzahl von Beschaffungsvorhaben, die für die Durchführung der Vergabeverfahren elektronische Vergabeplattformen verwenden, auch technisch nicht möglich. Denn die konkrete Internetseite unter der die Vergabeunterlagen erreichbar sind, wird üblicherweise erst nach dem elektronische Versand der Auftragsbekanntmachung generiert und kann daher in dem Bekanntmachungsformular selbst noch nicht angegeben werden.

Bei der vom Auftraggeber anzugebenden **elektronischen Adresse** wird es sich in aller 14
Regel um eine Internetseite wie zum Beispiel die Internetseite eines Bieterportals handeln.

Unklar ist, ob auch die Angabe einer Emailadresse ausreichend wäre, über die die interessierten Unternehmen die Vergabeunterlagen sodann per E-Mail abrufen müssen. Dafür spricht, dass unter dem Begriff »elektronische Adresse« sowohl eine E-Mailadresse als auch eine Internetadresse verstanden wird. So führt selbst die amtliche Begründung als Beispiel für die im Rahmen einer Registrierung nach § 9 Abs. 3 SektVO von den Unternehmen zu verlangende »elektronische Adresse« eine sog. »DE-Mail-Adresse an. Für diese Auslegung spricht auch Ziffer 10 des Anhangs XI der Richtlinie 2014/25/EU. Danach ist in der Auftragsbekanntmachung die »E-Mail- oder Internetadresse anzugeben, über die die Vergabeunterlagen abgerufen werden können.

15   In dem amtlichen Auftragsbekanntmachungsformular (Standardformular Nr. 5 »Auftragsbekanntmachung Versorgungssektoren«) ist dieses Wahlrecht hingegen nicht vorgesehen; vielmehr ist dort unter Ziffer I.3) eine »URL« und damit eine Internetseite anzugeben. Auch die amtliche Begründung zur SektVO schreibt ausdrücklich vor, dass die Vergabeunterlagen unter einer Internetadresse abrufbar sein müssen. Schließlich spricht auch Art. 73 Abs. 1 der Richtlinie 2014/25/EU dafür, dass die Auftraggeber bereits in der Bekanntmachung eine Internetseite angeben müssen, denn hiernach haben die Auftraggeber einen uneingeschränkten und vollständigen elektronischen »Zugang« zu den Vergabeunterlagen sicherzustellen. Ein solcher »Zugang« ist aber gerade nicht gegeben, wenn die Unternehmen zunächst einen solchen Zugang per E-Mail anfordern müssen.

Und § 41 Abs. 2 SektVO sieht für den Fall des Bestehens eines Qualifizierungssystems nach § 37 SektVO sogar ausdrücklich vor, dass eine »Internetadresse« anzugeben ist. Die Verwendung einer unterschiedlichen Begrifflichkeit wäre aber nur sinnvoll, wenn hiermit auch ein anderer Regelungsgehalt verbunden sein sollte, wofür indessen keine Anhaltspunkte ersichtlich sind.

Neu ist ferner, dass die Unterlagen elektronisch zur Verfügung zu stellen sind. Dies ist aber nur die logische Folge der Einführung der elektronischen Vergabe.

II. Bereitzustellende Unterlagen

1. Grundsatz

16   Grundsätzlich sind alle Vergabeunterlagen im Zeitpunkt der Veröffentlichung der Auftragsbekanntmachung bzw. der Aufforderung zur Interessenbestätigung **vollständig** zur Verfügung zu stellen.

17   Eine ausdrückliche Regelung zu den Vergabeunterlagen wie in § 29 VgV findet sich in der SektVO weiterhin nicht. Aber auch ohne ausdrückliche Regelung gehören zu den Vergabeunterlagen sämtliche Unterlagen, die von Auftraggebern erstellt werden oder auf die Auftraggeber sich beziehen und die das Vergabeverfahren betreffen. Die Vergabeunterlagen umfassen insbesondere alle Angaben, die erforderlich sind, um interessierten Unternehmen eine Entscheidung über die Teilnahme an dem Vergabeverfahren zu ermöglichen.

Nach § 29 VgV sind hiervon umfasst das Anschreiben in der Form der Aufforderung 18
zur Abgabe von Teilnahmeanträgen oder Angeboten oder eines Begleitschreibens für
die Abgabe der angeforderten Unterlagen, die Bewerbungsbedingungen, einschließlich
der Angabe der Eignungs- und Zuschlagskriterien, sofern diese nicht bereits in der Auftragsbekanntmachung genannt sind sowie die Vertragsunterlagen, die aus der Leistungsbeschreibung und den Vertragsbedingungen bestehen.

Die Richtlinie 2014/25/EU verwendet durchgängig den Begriff »Auftragsunterlagen« 19
(vgl. z.B. Art. 73 zur elektronischen Verfügbarkeit der Auftragsunterlagen). Nach
Art. 2 Ziffer 9 der Richtlinie 2014/25/EU gehören zu den Auftragsunterlagen zusätzlich insbesondere auch noch die Auftragsbekanntmachung selbst.

Auch wenn im Bereich des Sektorenvergaberechts grundsätzlich eine größere Flexibili- 20
tät für den Auftraggeber besteht, sollten die in § 29 VgV aufgeführten Unterlagen auch
dort regelmäßig Bestandteil der Vergabeunterlagen sein. Entgegen Art. 2 Ziffer 9 der
Richtlinie 2014/25/EU ist eine Verpflichtung zur nochmaligen Aufnahme der Auftragsbekanntmachungen in die Vergabeunterlagen als reine Förmelei ohne einen erkennbaren Mehrwert für die interessierten Unternehmen abzulehnen.

Unklar ist mangels eindeutiger Regelung, ob auch die Zuschlagskriterien stets zu den 21
Vergabeunterlagen gehören und als solche schon frühzeitig bekannt zu machen sind.
Hierfür spricht jedenfalls die Regelung in § 52 Abs. 3 SektVO, wonach der Auftraggeber in der Auftragsbekanntmachung oder den Vergabeunterlagen anzugeben hat, wie er
die einzelnen Zuschlagskriterien gewichtet, um das wirtschaftlichste Angebot zu ermitteln. Eine vergleichbare Regelung findet sich auch in § 17 Abs. 9 SektVO für den wettbewerblichen Dialog, wonach die Angebote anhand der in der Auftragsbekanntmachung oder in den Vergabeunterlagen festgelegten Zuschlagskriterien zu bewerten
sind. Auch nach den Ziffern A.19, B.16 und C.15 des Anhangs XI zur Richtlinie
2014/25/EU sind die Zuschlagskriterien in der Auftragsbekanntmachung bzw. den
»Spezifikationen« aufzuführen, wobei mit den Spezifikationen wiederum in der alten
Diktion die Auftragsunterlagen gemeint sind.

Allerdings gestattet § 42 Abs. 2 Nr. 5 SektVO jedenfalls für das zweistufige Verfahren 22
ausdrücklich, die Gewichtung der Zuschlagskriterien oder gegebenenfalls auch deren
Rangfolge erst in der Aufforderung zur Interessensbestätigung, zur Angebotsabgabe,
zur Verhandlung oder zur Teilnahme am Dialog zu veröffentlichen.

Insgesamt sind damit die Zuschlagskriterien – wie auch bereits bislang – spätestens in 23
den Vergabeunterlagen festzulegen und zu veröffentlichen. Der frühere Veröffentlich-
ungszeitpunkt der Vergabeunterlagen, der nunmehr mit der Bekanntmachung einher-
geht, erfordert allerdings für das zweistufige Vergabeverfahren – also in allen Verfahren
mit einem vorgeschalteten Teilnahmewettbewerb – Umstellungen in der Praxis.

2. Besonderheiten in zweistufigen Vergabeverfahren

Die Verpflichtung zur unmittelbaren Bereitstellung der Vergabeunterlagen erfordert in 24
zweistufigen Vergabeverfahren eine grundlegende Umstellung der Einkaufsprozesse.

25   Bislang war es zulässig, die Vergabeunterlagen erst nach Abschluss des Teilnahmewettbewerbs mit der Übersendung der Aufforderung zur Teilnahme am weiteren Verfahren an die Bewerber zu verteilen (vgl. § 25 Abs. 2 SektVO a.F.). In der Praxis wurde dieser Zeitraum regelmäßig auch dafür genutzt, die Vergabeunterlagen, insbesondere die Leistungsbeschreibungen und -verzeichnisse sowie die Vertragsunterlagen, aber auch die Wertungsmatrizes zu finalisieren.

26   Dieses Vorgehen dürfte zukünftig in der Regel nicht mehr zulässig sein. Vielmehr sind die Vergabeunterlagen wohl auch im zweistufigen Vergabeverfahren, also vor allem auch im Verhandlungsverfahren mit vorgeschaltetem Teilnahmewettbewerb, bereits mit der Veröffentlichung der Auftragsbekanntmachung allen interessierten Unternehmen zur Verfügung zu stellen. Der Wortlaut des § 41 Abs. 1 SektVO ist insoweit allerdings missverständlich, da die Vorschrift keinen eindeutigen Zeitpunkt für die Zurverfügungstellung der Vergabeunterlagen definiert. Hiernach ließe sich grundsätzlich auch vertreten, dass in der Auftragsbekanntmachung oder der Aufforderung zur Interessenbestätigung zunächst nur die elektronische Adresse anzugeben ist unter der die Vergabeunterlagen dann gegebenenfalls zu einem späteren Zeitpunkt zum Abruf zur Verfügung stehen.

27   Allerdings rechtfertigt der Gesetzgeber auch mit der frühzeitigen Zurverfügungstellung der Vergabeunterlagen die teils erheblichen Fristverkürzungen im Vergabeverfahren[2]. Ferner sollen interessierte Unternehmen schon frühzeitig erkennen können, ob sie sich an einer Vergabe beteiligen möchten. Auch Art. 73 der Richtlinie 2014/25/EU differenziert nicht zwischen dem ein- und dem zweistufigen Verfahren und schreibt vor, dass Auftraggeber mit der Auftragsbekanntmachung oder der Aufforderung zur Interessenbestätigung einen Zugang zu den Vergabeunterlagen anzubieten haben. Allerdings liegt die Vermutung nahe, dass der Gesetzgeber bei der Ausgestaltung der Regelung das zweistufige Vergabeverfahren schlicht übersehen hat. Denn praktische Erwägungen sprechen gegen eine Anwendung der Vorschrift in diesem Fall. So ist es in vielen Fällen praxisfern anzunehmen, dass sich Unternehmen bereits im Teilnahmewettbewerb mit den teils umfangreichen Vergabeunterlagen ausführlich beschäftigen. Vielmehr warten die Unternehmen regelmäßig zunächst den Ausgang des Teilnahmewettbewerbs und damit die Entscheidung über ihre weitere Teilnahme am Vergabeverfahren ab, bevor sie sich auch inhaltlich mit den Vergabeunterlagen befassen. Werden die Vergabeunterlagen nun aber frühzeitig bekannt gemacht, besteht umgekehrt grundsätzlich auch die Pflicht der Unternehmen, sich mit den Vergabeunterlagen zu befassen und – wollen sie sich die Möglichkeit eines Nachprüfungsverfahrens erhalten – etwaige Mängel gegebenenfalls zu rügen.

28   Die Pflicht zur frühzeitigen Bereitstellung der Vergabeunterlagen gilt gleichwohl nur insoweit, als die Vergabeunterlagen zu diesem Zeitpunkt überhaupt schon in einer fina-

---

2   Vgl. z.B. Erwägungsgrund 89 der Richtlinie 2014/25/EU (»*Die Nutzung elektronischer Informations- und Kommunikationsmittel, insbesondere die vollständige elektronische Bereitstellung von Auftragsunterlagen an Wirtschaftsteilnehmer, Bieter und Bewerber und die elektronische Übermittlung von Bekanntmachungen führen jedoch andererseits zu mehr Transparenz und Zeitersparnis.*«).

len Form vorliegen (können). So liegt beispielsweise im wettbewerblichen Dialog zum Zeitpunkt der Auftragsbekanntmachung noch keine abschließende Leistungsbeschreibung vor, da diese erst im Laufe des Verfahrens erstellt wird. Gleiches kann auch in Verhandlungsverfahren oder bei der Innovationspartnerschaft der Fall sein, wenn zum Beispiel einzelne Aspekte der Leistungsbeschreibung oder des Vertrages ausdrücklich zur Disposition gestellt werden sollen.[3]

In allen anderen Fällen ist unklar, wie zukünftig mit (erforderlichen) Änderungen an   29
den Vergabeunterlagen nach der Veröffentlichung der Auftragsbekanntmachung umzugehen ist. Keinesfalls ist in diesen Fällen stets eine automatische Zurückversetzung des Vergabeverfahrens in den Stand vor dem Versand der Auftragsbekanntmachung erforderlich, da dies einer automatischen Aufhebung des Vergabeverfahrens gleichkäme.

So kommt es vor, dass sich die Auswertung eines Teilnahmewettbewerbs mitunter einige   30
Zeit hinzieht. In diesem Zeitraum kann es zu kleineren oder auch größeren Änderungen im Bedarf oder auch aufgrund technischer Erfordernisse, zum Beispiel wegen der Änderung von Normen, kommen. Hier wäre es nicht nachvollziehbar, wenn jede noch so kleine Änderung der Vergabeunterlagen aufgrund der Verpflichtung zu deren frühzeitiger Bekanntgabe sogleich zu einer Wiederholung des Vergabeverfahrens führen würde.

Dementsprechend ist für die Beurteilung, wie hier zu verfahren ist, sowohl hinsichtlich   31
des Zeitpunkts in dem das Erfordernis einer Änderung erkannt wird, als auch des Umfangs der erforderlichen Änderung zu differenzieren. Bei der Beurteilung ist ferner zu berücksichtigen, dass auch der Verordnungsgeber davon ausgeht, dass sich korrespondierend mit dem freien Zugang zu den Vergabeunterlagen das »Informationsrisiko« hinsichtlich etwaiger Änderungen an den Vergabeunterlagen auf die interessierten Unternehmen verlagert.[4]

Wird eine Änderung der Vergabeunterlagen im Anschluss an die Auftragsbekanntmachung, aber noch vor Ablauf der Angebotsfrist erforderlich, gelten die von der Rechtsprechung hierzu entwickelten Grundsätze.[5] Wie bislang auch schon, dürfen die Änderungen hiernach nicht ein solches Maß annehmen, dass letztlich eine andere Leistung beschafft wird, als vom Auftraggeber ursprünglich angekündigt. Vielmehr muss die Identität des Beschaffungsvorhabens gewahrt bleiben,[6] wobei die Rechtsprechung hier richtigerweise einen teils sehr großzügigen Maßstab ansetzt[7]. Grundlage für die Beurteilung, ob die Identität des Beschaffungsgegenstands gewahrt ist, sind zukünftig –   32

---

3 Vgl. BGH, Urt. v. 10.09.2009 – VII ZR 255/08; OLG Düsseldorf, Beschl. v. 03.08.2011 – VII-Verg 16/11.
4 Vgl. amtliche Begründung zu § 9 Abs. 3 VgV, BT-Drs. 18/7318, S. 168.
5 Vgl. hierzu allgemein: Gerlach/Manzke, Das Gebot der eindeutigen Leistungsbeschreibung zwischen Vergaberecht und Allgemeiner Rechtsgeschäftslehre, VergabeR 2016, 443, 448; Goldbrunner, Korrektur der Vergabeunterlagen nach Eingang der Angebote, VergabeR 2015, 342, 350.
6 Vgl. OLG Dresden, Beschl. v. 03.12.2003 – WVerg 15/03; OLG München, Beschl. v. 28.04.2006 – Verg 6/06.
7 Vgl. Weyand, in: Weyand, Vergaberecht, 17. Aktualisierung 2015, Stand 14.09.2015, § 101 GWB Rn. 121 ff. m.w.N.

wie im Ergebnis bislang auch schon – die bekannt gemachten Vergabeunterlagen, einschließlich des Bekanntmachungstextes.[8]

3. Verwendung einer regelmäßigen nichtverbindlichen Bekanntmachung

33   § 41 Abs. 1 SektVO enthält für den Fall der Veröffentlichung einer regelmäßigen nichtverbindlichen Bekanntmachung sowohl eine inhaltliche als auch eine zeitliche Einschränkung bezüglich der Bereitstellung der Vergabeunterlagen.

34   So müssen die Vergabeunterlagen nur denjenigen Unternehmen zur Verfügung gestellt werden, die dem Auftraggeber zuvor ihr Interesse an der Teilnahme an dem Vergabeverfahren angezeigt haben. Dies ergibt sich aus § 41 Abs. 1 in Verbindung mit § 36 Abs. 5 SektVO. Hiernach ist es ausreichend, wenn der Auftraggeber die elektronische Adresse unter der die Vergabeunterlagen abgerufen werden können erst in der Aufforderung zur Interessenbestätigung angibt. Dass der Auftraggeber nur alle diejenigen Unternehmen zur Interessenbestätigung aufzufordern hat, die dem Auftraggeber zuvor eine Interessensbekundung übermittelt haben, ergibt sich wiederum aus § 36 Abs. 5 SektVO.

35   Die Vergabeunterlagen sind danach auch erst mit der Aufforderung zur Interessensbestätigung zu veröffentlichen. Die Aufforderung zur Interessensbestätigung hat die Internetadresse zu enthalten, über die die Vergabeunterlagen unentgeltlich, uneingeschränkt und vollständig direkt verfügbar sind (vgl. § 42 Abs. 3 Nr. 4 SektVO). Dies ist konsequent, da es nach der Veröffentlichung einer regelmäßigen nichtverbindlichen Bekanntmachung keine weitere Auftragsbekanntmachung gibt. Dies gilt allerdings nur, wenn im Standardformular der regelmäßigen nichtverbindlichen Bekanntmachung angekreuzt wird, dass die Bekanntmachung zugleich ein Aufruf zum Wettbewerb darstellt[9].

36   Mit der Aufforderung zur Interessensbestätigung leitet der Auftraggeber den Teilnahmewettbewerb ein. Mit ihrer Interessensbestätigung übermitteln die Unternehmen gleichzeitig auch die (in der regelmäßigen nicht verbindlichen Bekanntmachung bereits veröffentlichten und vom Auftraggeber geforderten) Informationen für die Prüfung ihrer Eignung. Die Frist für den Eingang der Interessensbestätigung beträgt 30 Tage.

37   Durch die Veröffentlichung einer regelmäßigen nichtverbindlichen Bekanntmachung lässt sich damit sowohl der Empfängerkreis der Vergabeunterlagen beschränken und auch der Zeitpunkt der Zurverfügungstellung der Vergabeunterlagen auf einen späteren Zeitpunkt verschieben.

---

8 Daneben ist ggfls. auch eine Berichtigung des Bekanntmachungstextes erforderlich.

9 Vgl. Standardformular Nr. 4 »Regelmäßige nichtverbindliche Bekanntmachung – Versorgungssektoren« zu finden unter http://simap.ted.europa.eu/web/simap/standard-forms-for-public-procurement.

III. Qualifizierungssysteme (Abs. 2)

Im Falle einer Bekanntmachung über das Bestehen eines Qualifizierungssystems nach 38 § 37 SektVO sind die Vergabeunterlagen den interessierten Unternehmen unverzüglich, spätestens aber zum Zeitpunkt der Absendung der Aufforderung zur Angebotsabgabe oder zu Verhandlungen zur Verfügung zu stellen.

Da sich bei der Verwendung von Qualifizierungssystemen der konkrete Bedarf aber in 39 der Regel erst nach der Bekanntmachung über das Bestehen des Qualifizierungssystems ergibt, können auch die konkreten Vergabeunterlagen erst zu einem späteren Zeitpunkt bereitstehen.

Die Verwendung von Qualifizierungssystemen ist damit ebenfalls ein geeignetes Instrument, um den Zeitpunkt der Zurverfügungstellung der Vergabeunterlagen nach hinten zu schieben.

IV. Zeitpunkte der Bereitstellung der Vergabeunterlagen

Insgesamt ergeben sich hiernach grundsätzlich die folgenden Zeitpunkte für die elekt- 40 ronische Bereitstellung der Vergabeunterlagen:

Offenes Verfahren	Unmittelbar mit der Auftragsbekanntmachung (soweit möglich bzw. vorhanden)
Zweistufiges Verfahren (z.B. Verhandlungsverfahren mit TW)	
Nach Veröffentlichung einer regelmäßigen nicht verbindlichen Bekanntmachung mit Aufruf zum Wettbewerb	Mit der Aufforderung zur Interessensbestätigung (Einleitung des Teilnahmewettbewerbs unter den Unternehmen, die ihr Interesse bekundet haben)
Bei Bekanntmachung eines Qualifizierungssystems mit Aufruf zum Wettbewerb	Unverzüglich, spätestens mit der Absendung der Aufforderung zur Angebotsabgabe oder zu Verhandlungen.

V. Ausnahmen von der elektronischen Bereitstellung der Vergabeunterlagen

1. Unverhältnismäßiger Aufwand (§ 41 Abs. 3 SektVO)

Die Regelung stellt klar, dass keine Pflicht zur Bereitstellung der Vergabeunterlagen auf 41 elektronischem Weg besteht, wenn dies in besonderem Maße aufwändig wäre. Unerheblich muss es insoweit sein, ob der Mehraufwand durch die elektronische Bereitstellung der Vergabeunterlagen für den Auftraggeber oder den Auftragnehmer besteht. Die Formulierung »zum Abruf der Unterlagen« suggeriert hingegen, dass es nur auf die Sichtweise des Auftragnehmers ankomme. Andererseits stellt Nr. 3 für die vorausgesetzte Verwendung von Bürogeräten ausdrücklich auf den Auftraggeber ab. Da der Auftraggeber die Vergabeunterlagen selber verantwortet, wird er von sich aus dafür Sorge tragen, den Aufwand möglichst gering zu halten. Lässt sich dies im Einzelfall aufgrund des konkreten Beschaffungsvorhabens aber nicht vermeiden, ist eine elektronische Bereitstellung der Vergabeunterlagen nicht erforderlich. Denkbar ist dies z.b. bei einem größeren Bauauftrag oder der Beschaffung komplexer Anlagen und Fahrzeuge mit sehr umfangreichen Vergabeunterlagen oder großformatigen Plänen. In diesem Fall wäre es weder dem Auftraggeber, noch dem Auftragnehmer zumutbar, gegebenenfalls hunderte Dateien manuell von der Vergabeplattform bzw. der vom Auftraggeber angegebenen Internetseite herunterzuladen und hiermit mehrere Stunden zu verbringen. Angesichts des erklärten gesetzgeberischen Ziels einer effizienteren Beschaffung wäre es sinnlos, den Auftraggeber in diesem Fall dennoch zu verpflichten, die Vergabeunterlagen auf einer Internetseite zum Download bereitzustellen.

Wann andere als elektronische Mittel vor diesem Hintergrund zulässig sind, ist in § 41 Abs. 3 SektVO abschließend aufgeführt.

42 Die elektronischen Mittel sind z.B. nicht mit allgemein verfügbaren oder verbreiteten Geräten und Programmen kompatibel, wenn ausnahmsweise VPN-Router[10] oder Kryptogeräte zur Übermittlung der Vergabeunterlagen erforderlich sind. Hierunter ist auch der Fall zu subsumieren, dass aufgrund der großen Datenmengen eine elektronische Bereitstellung der Unterlagen zum Download selbst bei einer schnellen Internetverbindung einen erheblichen Mehraufwand auf Seiten der Unternehmen oder des Auftraggebers verursachen würde.

43 Ein Beispiel für Dateiformate zur Beschreibung der Angebote, die nicht mit allgemein verfügbaren oder verbreiteten Programmen verarbeitet werden können oder die durch andere als kostenlose und allgemein verfügbare Lizenzen geschützt sind, ist z.b. die Verwendung bestimmter CAD/DTP-Programme[11].

Die amtliche Begründung nennt schließlich Großformatdrucker als Beispiel für solche Bürogeräte, die Auftraggebern nicht allgemein zur Verfügung stehen und bei deren Erfordernis daher eine elektronische Bereitstellung der Vergabeunterlagen entbehrlich ist.

Die Ausnahmevorschrift betrifft ausschließlich jene Bestandteile der Vergabeunterlagen, die ausdrücklich zu den in § 41 Abs. 3 Nrn. 1, 2 und 3 geregelten Fällen zu zählen sind.

2. Besondere Vertraulichkeit (§ 41 Abs. 4 SektVO)

44 Die Regelung gestattet dem Auftraggeber ausnahmsweise auch dann von einer elektronischen Bereitstellung der Vergabeunterlagen abzusehen, wenn

(1) er Maßnahmen zum Schutz der Vertraulichkeit von Informationen für erforderlich hält und

(2) er die Maßnahmen und die Art und Weise der alternativen Zugriffsmöglichkeiten entweder bereits in der Bekanntmachung oder nach einer regelmäßigen nichtverbind-

---

10 Vgl. Zeiss, in: Die Pflicht zur Einführung der eVergabe – Neustart für die Vergabestellen, Service-Guide e-Vergabe 2014, Bundesanzeiger Verlag, S. 13, 16.
11 Vgl. Zeiss, in: Die Pflicht zur Einführung der eVergabe – Neustart für die Vergabestellen, Service-Guide e-Vergabe 2014, Bundesanzeiger Verlag, S. 13, 16.

lichen Bekanntmachung in der Aufforderung zur Interessensbestätigung oder bei Bestehen eines Qualifizierungssystems in den Vergabeunterlagen angibt.

Nach der amtlichen Begründung soll § 41 Abs. 4 SektVO Art. 73 Abs. 1 Unterabs. 3   45
der Richtlinie 2014/25/EU umsetzen. Unzureichend stellt die amtliche Begründung dann aber im Wesentlichen auf Ausnahmen von der elektronischen Bereitstellung der Vergabeunterlagen ab, weil aus Sicht des Auftraggebers das erforderliche Datenschutzniveau in diesem Fall nicht sichergestellt werden kann. Art. 73 Abs. 1 Unterabs. 3 der Richtlinie 2014/25/EU verweist hingegen auf Art. 39 Abs. 2 der Richtlinie 2014/25/EU und stellt generell auf eine besondere Vertraulichkeit der Unterlagen ab. In diesem Fall soll der Auftraggeber berechtigt sein, festzulegen, wie auf die Vergabeunterlagen zugegriffen werden kann.

Ein Beispiel ist die Vergabe von Werttransportleistungen, bei denen die Vergabeunter-   46
lagen konkrete Vorgaben an die von den Geldtransporten anzufahrenden Standorte und die entsprechenden Abholzeiten enthalten. Offensichtlich wird ein Auftraggeber solche sensiblen Daten nur ungern öffentlich bekannt machen. Eine besondere Vertraulichkeit kann auch hinsichtlich einzelner Vergabeunterlagen, wie zum Beispiel bei Konstruktions- oder Bauplänen, insbesondere bei der Annahme einer abstrakten Terrorgefahr, aber auch bei vertraglichen Regelungen bestehen. Der Schutz geistigen Eigentums oder die Wahrung von Geschäfts- und Betriebsgeheimnissen kann eine besondere Vertraulichkeit der Vergabeunterlagen begründen. Unter einem Betriebs- und Geschäftsgeheimnis versteht das BVerfG alle auf ein Unternehmen bezogenen Tatsachen, Umstände und Vorgänge, die nicht offenkundig, sondern nur einem begrenzten Personenkreis zugänglich sind und an deren Nichtverbreitung das Unternehmen ein berechtigtes Interesse hat. Bei Betriebsgeheimnissen handelt es sich im Wesentlichen um technisches Wissen, während Geschäftsgeheimnisse vornehmlich kaufmännisches Wissen betreffen. Beispiele sind etwa Umsätze, Marktstrategien, Kalkulationsunterlagen, Patentanmeldungen und sonstige Entwicklungs- und Forschungsprojekte, durch die die wirtschaftlichen Verhältnisse eines Betriebs maßgeblich bestimmt werden können[12].

Stuft der Auftraggeber alle oder einzelne Vergabeunterlagen hiernach als vertraulich ein,   47
obliegt es damit dem Auftraggeber die Zugriffsmöglichkeit festzulegen, mit der sein Schutzbedürfnis erreicht wird. Denkbar ist zum Beispiel, dass die Vergabeunterlagen nur denjenigen interessierten Unternehmen zur Verfügung gestellt werden, die sich im Rahmen eines Teilnahmewettbewerbs als für die Auftragsdurchführung als grundsätzlich geeignet erwiesen haben.

Denkbar ist ausweislich § 41 Abs. 4 S. 2 SektVO auch, dass dem Schutzbedürfnis des Auftraggebers bereits durch die Abgabe einer gesonderten Verschwiegenheitserklärung der interessierten Unternehmen genügt wird.

---

12 Vgl. BVerfG, Beschl. v. 14.03.2006 – 1 BvR 2087/03, 1 BvR 2111/03 –, BVerfGE 115, 205–259, Rn. 87.

Dem Auftraggeber kommt bei der Beurteilung, ob und welche Maßnahmen er zum Schutz der Vertraulichkeit von Informationen für erforderlich hält, ein gerichtlich nur eingeschränkt überprüfbarer Beurteilungsspielraum zu.

3. Alternative Übermittlungsmethoden

48   Kommt eine elektronische Bereitstellung der Vergabeunterlagen nach Abs. 3 oder Abs. 4 nicht in Betracht, kann der Auftraggeber die Vergabeunterlagen den interessierten Unternehmen auf einem anderen geeigneten Weg zur Verfügung stellen oder übermitteln.

Vorzugsweise sind hierbei elektronische und/oder alternative elektronische nach § 12 SektVO und andere als elektronische Mittel (z.B. Postversand) kombiniert zu verwenden.

49   In der Regel dürfte die Übermittlung der Vergabeunterlagen in diesem Fall per E-Mail erfolgen. Dies birgt aber stets ein Übermittlungsrisiko. Erforderlich sind daher Maßnahmen, um den Zugang der Vergabeunterlagen bei dem interessierten Unternehmen sicherzustellen. Denkbar ist beispielsweise die Anforderung einer Lesebestätigung. Vorzugswürdig wäre allerdings eine konkrete Bestätigung des interessierten Unternehmens über den Eingang der Vergabeunterlagen, da sich die Lesebestätigung in der Regel ausschalten lässt. Die Beweislast für den Eingang der Vergabeunterlagen trägt der Auftraggeber[13].

50   Genügt der Rückgriff auf alternative elektronische Mittel nach § 12 SektVO, um das nach Beurteilung des Auftraggebers erforderliche Schutzniveau zu sichern, müssen alternative elektronische Mittel genutzt werden. Als Beispiel nennt die amtliche Begründung die Verwendung spezieller, sicherer elektronischer Kommunikationskanäle (vgl. § 12 SektVO).

51   Ist eine Übermittlung mit elektronischen oder alternativen elektronischen Mitteln nicht möglich, oder ist das Schutzbedürfnis des Auftraggebers im Einzelfall besonders hoch, kommt aber auch eine ausschließliche Bereitstellung oder Übermittlung der Unterlagen durch andere als elektronische Mittel (z.B. Postversand) in Betracht. Bei besonders großen Datenmengen kommt zum Beispiel auch der Versand einer CD/DVD oder eines USB-Sticks in Betracht. Auch wenn die Daten dort elektronisch gespeichert sind, erfolgt die Übermittlung in diesem Fall dennoch mit anderen als elektronischen Mitteln.

4. Verlängerung der Angebotsfrist

52   Wenn der Auftraggeber die Vergabeunterlagen auf einem anderen geeigneten Weg bereitstellt bzw. übermittelt, ist nach § 41 Abs. 4 S. 2 SektVO die Angebotsfrist um fünf Tage zu verlängern, sofern nicht ein Fall hinreichend begründeter Dringlichkeit vorliegt.

---

13 Vgl. VK Bund, Beschl. v. 03.02.2014 – VK 2-1/14, ZfBR 2014, 399.

Eine Fristverlängerung ist auch nicht erforderlich, wenn dem Schutzbedürfnis des   53
Auftraggebers durch die Abgabe einer Verschwiegenheitserklärung der interessierten
Unternehmen genügt wird. Nach der amtlichen Begründung wäre eine Pflicht zur Fristverlängerung in diesem Fall überzogen, da die Abgabe einer solchen Erklärung für die
interessierten Unternehmen nur mit sehr geringem Mehraufwand verbunden ist.

5. Dokumentation

In den EU-Standardformularen ist unter Ziffer I.3) jeweils anzugeben, ob die Verga-   54
beunterlagen für einen uneingeschränkten und vollständigen direkten Zugang zur Verfügung stehen oder ob der Zugang beschränkt ist.

Beabsichtigt der Auftraggeber die Vergabeunterlagen nicht oder nicht vollständig un-   55
mittelbar zum Download zur Verfügung zu stellen, ist nach § 41 Abs. 4 SektVO in
der Auftragsbekanntmachung oder der Aufforderung zur Interessensbestätigung
oder, sofern eine Bekanntmachung über das Bestehen eines Qualifizierungssystems erfolgt, in den Vergabeunterlagen anzugeben, welche Maßnahmen der Auftraggeber zum
Schutz der Vertraulichkeit von Informationen anwendet und wie auf die Vergabeunterlagen zugegriffen werden kann.

Anzugeben ist, welche Schutzmaßnahmen der Auftraggeber anwendet und wie die in-   56
teressierten Unternehmen auf die nicht bekanntgemachten Vergabeunterlagen zugreifen können. Empfehlenswert ist es, einen entsprechenden Hinweis hierzu auch in
den Vergabeunterlagen anzugeben, die bereits unmittelbar mit der Bekanntmachung
zur Verfügung gestellt werden, wie zum Beispiel in den Bewerbungsbedingungen
oder einem allgemeinen Verfahrensbrief.

In der Bekanntmachung sollte ein entsprechender Hinweis unter Ziffer VI. 3) aufgenommen werden.

Eine Formulierung könnte beispielsweise lauten wie folgt: 57

> *»Die Vergabeunterlagen [. . .] enthalten besonders vertrauliche Informationen. Der*
> *Auftraggeber stellt diese Unterlagen daher nicht unter der in I.3. genannten Internet-*
> *adresse unmittelbar zum Download zur Verfügung. Die Unterlagen werden nach Ab-*
> *schluss des Teilnahmewettbewerbs nur den ausgewählten Unternehmen zur Verfügung*
> *gestellt. Erforderlich ist zudem, dass die Unternehmen dem Auftraggeber die vertrau-*
> *liche Behandlung der Unterlagen mittels einer vom Unternehmen unterschriebenen*
> *Vertraulichkeitserklärung zugesichert haben.*
>
> *Die Vertraulichkeitserklärung ist Teil der zur Verfügung gestellten Vergabeunterlagen*
> *und mit dem Teilnahmeantrag einzureichen.«*

Aus Transparenzgründen empfiehlt es sich, die Gründe, warum der Auftraggeber die
Vergabeunterlagen als vertraulich einstuft, in der Vergabeakte zu dokumentieren.

§ 42 SektVO Aufforderung zur Interessensbestätigung, zur Angebotsabgabe, zur Verhandlung oder zur Teilnahme am Dialog

(1) Ist ein Teilnahmewettbewerb durchgeführt worden, wählt der Auftraggeber Bewerber aus, die er auffordert, in einem nicht offenen Verfahren ein Angebot oder in einem Verhandlungsverfahren ein Erstangebot einzureichen und darüber zu verhandeln, am wettbewerblichen Dialog teilzunehmen oder an Verhandlungen im Rahmen einer Innovationspartnerschaft teilzunehmen.

(2) Die Aufforderung nach Absatz 1 enthält mindestens:

1. einen Hinweis auf die veröffentlichte Auftragsbekanntmachung,
2. den Tag, bis zu dem ein Angebot eingehen muss, die Anschrift der Stelle, bei der es einzureichen ist, die Art der Einreichung sowie die Sprache, in der es abzufassen ist,
3. beim wettbewerblichen Dialog den Termin und den Ort des Beginns der Dialogphase sowie die verwendete Sprache,
4. die Bezeichnung der gegebenenfalls beizufügenden Unterlagen, sofern nicht bereits in der Auftragsbekanntmachung enthalten,
5. die Gewichtung der Zuschlagskriterien oder gegebenenfalls

die Kriterien in der absteigenden Rangfolge ihrer Bedeutung, sofern nicht bereits in der Auftragsbekanntmachung oder der Aufforderung zur Interessensbestätigung enthalten. Bei öffentlichen Aufträgen, die in einem wettbewerblichen Dialog oder im Rahmen einer Innovationspartnerschaft vergeben werden, sind die in Satz 1 Nummer 2 genannten Angaben nicht in der Aufforderung zur Teilnahme am Dialog oder an den Verhandlungen aufzuführen, sondern zu einem späteren Zeitpunkt in der Aufforderung zur Angebotsabgabe.

(3) Im Falle einer regelmäßigen nicht verbindlichen Bekanntmachung nach § 36 Absatz 4 fordert der Auftraggeber gleichzeitig alle Unternehmen, die eine Interessensbekundung übermittelt haben, nach § 36 Absatz 5 auf, ihr Interesse zu bestätigen. Diese Aufforderung umfasst zumindest folgende Angaben:

1. Umfang des Auftrags, einschließlich aller Optionen auf zusätzliche Aufträge, und, sofern möglich, eine Einschätzung der Frist für die Ausübung dieser Optionen; bei wiederkehrenden Aufträgen Art und Umfang und, sofern möglich, das voraussichtliche Datum der Veröffentlichung zukünftiger Auftragsbekanntmachungen für die Liefer- oder Dienstleistungen, die Gegenstand des Auftrags sein sollen,
2. Art des Verfahrens,
3. gegebenenfalls Zeitpunkt, an dem die Lieferleistung beginnen oder

erbracht oder die Dienstleistung beginnen oder abgeschlossen sein soll,

4. Internetadresse, über die die Vergabeunterlagen unentgeltlich, uneingeschränkt und vollständig direkt verfügbar sind,
5. falls kein elektronischer Zugang zu den Vergabeunterlagen bereitgestellt werden kann, Anschrift und Schlusstermin für die Anforderung der Vergabeunterlagen sowie die Sprache, in der diese abgefasst sind,
6. Anschrift des öffentlichen Auftraggebers, der den Zuschlag erteilt,

7. alle wirtschaftlichen und technischen Anforderungen, finanziellen Sicherheiten und Angaben, die von den Unternehmen verlangt werden,

8. Art des Auftrags, der Gegenstand des Vergabeverfahrens

ist, und

9. die Zuschlagskriterien sowie deren Gewichtung oder gegebenenfalls die Kriterien in der Rangfolge ihrer Bedeutung, wenn diese Angaben nicht in der regelmäßigen nicht verbindlichen Bekanntmachung oder den Vergabeunterlagen enthalten sind.

Amtliche Begründung

»§ 42 dient der Umsetzung des Artikels 74 der Richtlinie 2014/25/EU.

Zu Absatz 1

Nach Absatz 1 fordern die Auftraggeber bei nicht offenen Verfahren, beim wettbewerblichen Dialog, bei Innovationspartnerschaften und bei Verhandlungsverfahren die im Rahmen des Teilnahmewettbewerbs ausgewählten Bewerber auf, ein Angebot einzureichen, am wettbewerblichen Dialog oder an Verhandlungen im Rahmen der Innovationspartnerschaft teilzunehmen. Dabei können sie die Zahl der Bewerber nach § 51 begrenzen.

Will der Auftraggeber nicht gemäß § 15 Absatz 4 bereits auf das Erstangebot im Verhandlungsverfahren den Zuschlag erteilen, verhandelt er mit den Bietern über deren Erstangebote.

Zu Absatz 2

Absatz 2 regelt die sich aus Anhang XIII der Richtlinie 2014/25/EU ergebenden Inhalte der Aufforderung.

Zu Nummer 1

Nach Nummer 1 muss die Aufforderung nach Absatz 1 einen Hinweis auf die veröffentlichte Auftragsbekanntmachung enthalten.

Zu Nummer 2

Nummer 2 sieht vor, dass die Aufforderung nach Absatz 1 den Tag, an dem die Angebotsfrist endet, die Anschrift der Stelle, bei der das Angebot einzureichen ist, die Art der Einreichung sowie die Sprache in der das Angebot abgefasst werden muss, enthält.

Zu Nummer 3

Nach Nummer 3 muss die Aufforderung nach Absatz 1 beim wettbewerblichen Dialog den Termin und den Ort des Beginns der Dialogphase sowie die verwendete Sprache nennen.

Zu Nummer 4

Nummer 4 sieht vor, dass die Aufforderung nach Absatz 1 die Bezeichnung der gegebenenfalls beizufügenden Unterlagen enthalten muss, sofern sie nicht bereits in der Auftragsbekanntmachung enthalten sind.

Zu Nummer 5

Nach Nummer 5 muss die Aufforderung nach Absatz 1 die Gewichtung der Zuschlagskriterien oder gegebenenfalls die Kriterien in der absteigenden Reihenfolge ihrer Bedeutung beinhalten, sofern sie nicht bereits in der Auftragsbekanntmachung oder der Aufforderung zur Interessensbestätigung enthalten sind.

Satz 2 entspricht Anhang XIII Nummer 1 Buchstabe a der Richtlinie 2014/25/EU. Bei öffentlichen Aufträgen, die in einem wettbewerblichen Dialog oder im Rahmen einer Innovationspartnerschaft vergeben werden, sind die in Nummer 2 genannten Angaben erst in der Aufforderung zur Angebotsabgabe und nicht schon in der Aufforderung zur Teilnahme am Dialog zu nennen.

Zu Absatz 3

Absatz 3 dient der Umsetzung von Artikel 74 Absatz 1 Unterabsatz 2 der Richtlinie 2014/25/EU.

Satz 1 betrifft die Aufforderung zur Interessensbestätigung. Im Falle einer regelmäßigen nicht verbindlichen Bekanntmachung nach § 38 Absatz 4, die eine Auftragsbekanntmachung entfallen lässt, fordern Auftraggeber alle Unternehmen auf, ihr nach der Veröffentlichung der regelmäßigen nicht verbindlichen Bekanntmachung bekundetes Interesse zu bestätigen.

Satz 2 regelt in Anlehnung an Anhang XIII Nummer 2 der Richtlinie 2014/25/EU, welche Angaben die Aufforderung der Interessensbestätigung enthalten muss.

Zu Nummer 1

Nach Nummer 1 muss die Aufforderung zur Interessensbestätigung den Umfang des Auftrags einschließlich aller Optionen auf zusätzliche Aufträge und, sofern möglich, eine Einschätzung der Frist für die Ausübung der Optionen enthalten. Bei wiederkehrenden Aufträgen sind Art und Umfang des Auftrags zu nennen und, sofern möglich, das voraussichtliche Datum zukünftiger Auftragsbekanntmachungen für die Liefer- und Dienstleistungen, die Gegenstand des Auftrags sein sollen.

Zu Nummer 2

Nach Nummer 2 ist anzugeben, ob es sich um ein nicht offenes Verfahren oder um ein Verhandlungsverfahren handelt. Bei anderen Verfahrensarten findet die Vorschrift des § 36 Absatz 4 keine Anwendung.

Zu Nummer 3

Nummer 3 sieht vor, dass gegebenenfalls der Zeitpunkt, zu dem die Lieferung erbracht beziehungsweise die Dienstleistung beginnt oder abgeschlossen wird, in der Aufforderung zur Interessensbestätigung zu nennen sind.

Zu Nummer 4

Nummer 4 schreibt vor, dass die Aufforderung zur Interessensbestätigung die Internetadresse, über die die Vergabeunterlagen unentgeltlich, uneingeschränkt und vollständig direkt verfügbar sind, enthält.

Zu Nummer 5

Für den Fall, dass kein elektronischer Zugang zu den Vergabeunterlagen bereitgestellt werden kann, sieht Nummer 5 vor, dass die Anschrift und der Schlusstermin für die Anforderung der Vergabeunterlagen sowie die Sprache, in der diese abzufassen ist, in der Aufforderung zur Interessensbestätigung mitzuteilen ist. Ist das Anfordern der Vergabeunterlagen in mehreren Sprachen möglich, ist dies ebenfalls mitzuteilen.

Zu Nummer 6

Nach Nummer 6 ist die Anschrift des öffentlichen Auftraggebers mitzuteilen.

Zu Nummer 7

Nummer 7 schreibt vor, dass die Aufforderung zur Interessensbestätigung alle wirtschaftlichen und technischen Anforderungen, finanziellen Sicherheiten und Angaben, die von den Wirtschaftsteilnehmern verlangt werden, aufzählt.

Zu Nummer 8

Nach Nummer 8 muss zudem die Art des Auftrags, der Gegenstand der Vergabe ist, bezeichnet werden.

Zu Nummer 9

Nach Nummer 9 sind in der Aufforderung zur Interessensbestätigung die Zuschlagskriterien sowie deren Gewichtung oder gegebenenfalls die Kriterien in der Reihenfolge ihrer Bedeutung, wenn diese Angaben nicht in der regelmäßigen nicht verbindlichen Bekanntmachung oder der Leistungsbeschreibung enthalten sind, mitzuteilen.«

A. Allgemeine Einführung

Die Vorschrift bestimmt die Mindestinhalte der Aufforderung zur Interessensbestätigung nach einer regelmäßigen nichtverbindlichen Bekanntmachung, der Aufforderung zur Angebotsabgabe und zu Verhandlungen bzw. zur Teilnahme am Dialog. **1**

Die Vorschrift betrifft nur das Vergabeverfahren und enthält keine materiellrechtlichen inhaltlichen Vorgaben für die übrigen Vergabeunterlagen.

B. Europarechtliche Vorgaben

Die Richtlinie 2014/25/EU regelt die Aufforderung zur Angebotsabgabe oder zur Verhandlung in Art. 74. Die Umsetzung in deutsches Recht erfolgte weitestgehend inhaltsgleich. Die in Anhang XIII der Richtlinie 2014/25/EU enthaltenen Angaben zum Inhalt der Aufforderung zur Interessensbestätigung, zur Angebotsabgabe, zu Verhandlungen oder zur Teilnahme am Dialog sind in den Absätzen 2 und 3 umgesetzt. **2**

C. Vergleich zur vorherigen Rechtslage

3   Bislang fand sich die Vorschrift in § 25 SektVO.

Nicht mehr enthalten ist Pflicht zur Benennung des Zeitpunkts bis zu dem zusätzliche Auskünfte angefordert werden können.

D. Kommentierung

I. Grundlagen

4   Die Aufforderungen an die Unternehmen zur Interessensbestätigung, zur Angebotsabgabe bzw. zur Verhandlung oder Teilnahme am Dialog müssen aus Transparenz- und Gleichbehandlungsgründen gleichen Anforderungen genügen. Insbesondere muss die Aufforderung daher gleichzeitig an alle Unternehmen übermittelt werden.

5   Die Mindestinhalte der Aufforderung bestimmt § 42 SektVO. Die Absätze 1 und 2 gelten für das nicht offene Verfahren, das Verhandlungsverfahren sowie neuerdings für den wettbewerblichen Dialog und die Innovationspartnerschaft. Abs. 3 enthält darüber hinaus inhaltliche Vorgaben an die Aufforderung zur Interessensbestätigung nach einer regelmäßigen nichtverbindlichen Bekanntmachung.

6   Die in § 42 Abs. 2 und 3 SektVO aufgeführten Angaben sind Pflichtangaben. Selbstverständlich sind über diese Pflichtangaben hinaus weitere sachdienliche und auftragsbezogene Angaben zulässig, ja sogar unter Umständen zweckmäßig. So vermeidet der Auftraggeber unnötige Missverständnisse und möglicherweise Ausschlüsse, die letztendlich den Wettbewerb ungewollt verengen.

7   Da die Bewerber ihre Entscheidung, an dem Vergabeverfahren teilzunehmen, auf der Grundlage der Auftragsbekanntmachung und der im Regelfall bereits bekanntgemachten sonstigen Vergabeunterlagen treffen, darf der Inhalt des Aufforderungsschreibens dem Inhalt der Auftragsbekanntmachung und der übrigen Vergabeunterlagen nicht widersprechen. Werden in dem Aufforderungsschreiben bspw. abweichende Bedingungen gefordert, aufgrund derer ein Bewerber seine Teilnahme am weiteren Vergabeverfahren nicht mehr aufrechterhalten kann, liegt eine Ungleichbehandlung vor.

II. Aufforderung zur Abgabe eines Angebots und zur Verhandlung

8   Im nichtoffenen Verfahren, im Verhandlungsverfahren sowie im wettbewerblichen Dialog und der Innovationspartnerschaft folgt die Aufforderung zur Angebotsabgabe bzw. zu Verhandlungen oder zur Teilnahme am Dialog im Anschluss an den Teilnahmewettbewerb.

9   Der Auftraggeber fordert daher nur diejenigen Unternehmen zur weiteren Teilnahme am Vergabeverfahren auf, die er im Teilnahmewettbewerb anhand der bekanntgemachten Eignungskriterien ausgewählt hat. Eine Begrenzung der Zahl der Teilnehmer am weiteren Vergabeverfahren ist unter den in § 45 Abs. 3 SektVO genannten Voraussetzungen zulässig.

Für das Verhandlungsverfahren stellt § 15 Abs. 4 SektVO nunmehr ausdrücklich klar, **10** dass der Zuschlag auch auf das Erstangebot erteilt werden kann, ohne mit den Bietern in Verhandlungen treten zu müssen. Der Auftraggeber muss sich diese Möglichkeit in der Auftragsbekanntmachung oder der Aufforderung zur Interessensbestätigung vorbehalten[1].

Häufig wird der Auftraggeber aber zunächst mit den Bietern über die Auftragsbedin- **11** gungen verhandeln wollen, bevor er sie zur Abgabe eines konkreten Angebotes auffordert. Aus dem Wortlaut des Abs. 1 ergibt sich insoweit allerdings, dass die Auftraggeber die Bieter stets zunächst zur Abgabe eines »Erstangebots« auffordern müssen. Möchte sich der Auftraggeber hierbei vorbehalten, gemäß § 15 Abs. 4 SektVO auch schon auf dieses Angebot den Zuschlag zu erteilen, ist von den Bietern zwingend ein verbindliches Erstangebot zu verlangen. Im Übrigen ist auch die Anforderung eines sog. indikativen – also eines unverbindlichen – Erstangebots zulässig.

Die Regelung ist praxisgerecht, da es deutlich effizienter ist, über bereits (wenn auch **12** unverbindlich) formulierte Auftragsbedingungen zu verhandeln. Spätestens nach Abschluss der Verhandlungen ist von allen bis dahin noch beteiligten Bietern die Abgabe eines (letzt)verbindlichen Angebots zu verlangen.

Bei der Innovationspartnerschaft fordert der Auftraggeber nach § 18 Abs. 4 SektVO **13** die ausgewählten Bewerber zur Abgabe eines Erstangebots für die in der Forschungs- und Entwicklungsphase zu erbringenden Leistungen auf. Für die Innovationspartnerschaft fehlt eine vergleichbare Regelung wie in § 15 Abs. 4 SektVO. Dennoch kann auch hier der Zuschlag unmittelbar auf das oder die Erstangebote erteilt werden. Zwar wird der Auftraggeber auch bei der Innovationspartnerschaft regelmäßig zunächst mit den Bietern über die Auftragsbedingungen verhandeln wollen. Eine Verpflichtung zu Verhandlungen lässt sich aber weder dem Verordnungstext entnehmen, noch folgt sie zwingend aus der Natur der Verfahrensart.

Im wettbewerblichen Dialog fordert der Auftraggeber nach § 17 Abs. 4 SektVO die im **14** Teilnahmewettbewerb ausgewählten Unternehmen mit dem Aufforderungsschreiben hingegen zunächst nur zur Teilnahme an der Dialogphase auf.

III. Mindestinhalt der Aufforderung zur Angebotsabgabe, zu Verhandlungen oder zur Teilnahme am Dialog

Die Festlegung eines Mindestinhalts an die Aufforderung zur Angebotsabgabe, zu Ver- **15** handlungen oder zur Teilnahme am Dialog stellt sicher, dass alle Unternehmen in gleicher Weise und damit nichtdiskriminierend über den weiteren Verfahrensablauf informiert werden. Der Mindestinhalt ist auch dann einzuhalten, wenn die Angaben oder Teile davon bereits in der veröffentlichten Auftragsbekanntmachung oder den sonstigen Vergabeunterlagen – wie beispielsweise gesonderten Bewerbungsbedingungen – enthalten waren.

---

1 Vgl. auch bereits zum alten Recht OLG Düsseldorf, Beschl. v. 10.05.2015 – VII Verg 39/14; offen hingegen OLG Düsseldorf, Beschl. v. 21.10.2015 – VII-Verg 28/14, Rn. 54 f.

Da § 42 SektVO nur den Mindestinhalt des Aufforderungsschreibens vorgibt, können auch weitergehende Angaben enthalten sein[2].

Der Hinweis auf die veröffentlichte Bekanntmachung gewährleistet, dass die Unternehmen sich noch einmal mit allen relevanten Informationen über das Vergabeverfahren, insbesondere im Hinblick auf die Angebotsphase, vertraut machen können.

16   Die Angebotsfrist ist ausreichend zu bemessen. Nach Abs. 2 Ziffer 2 ist nur der Tag bis zu dem ein Angebot beim Auftraggeber eingehen muss anzugeben. Zulässig bleibt es auch weiterhin, für die Abgabezeit eine genaue Uhrzeit vorzusehen. Dies ist insbesondere außerhalb der elektronischen Angebotsabgabe sinnvoll, um sicherzustellen, dass etwaige Angebote in Papierform auch zugestellt werden können, da nicht alle Auftraggeber über einen Fristenbriefkasten verfügen dürften. Inhalt des Transparenzgebotes ist es ferner, dass der Bieter weiß, an wen er sich konkret zu wenden hat, daher ist die für die Einreichung der Angebote Anschrift der zuständigen Stelle anzugeben. Neu und sinnvoll ist die Verpflichtung, die Art der Einreichung anzugeben. Die Art der Einreichung meint die Form der Angebote und deren Übermittlungsweg. Für ausländische Bieter ist schließlich die Sprache, in der das Angebot abgefasst werden soll von Bedeutung. Es ist zulässig, die Abfassung auf eine Sprache zu beschränken. Dies wird regelmäßig die Amtssprache des Auftraggebers sein. Beim wettbewerblichen Dialog sind diese Angaben nach Abs. 2 Satz 2 zu einem späteren Zeitpunkt nach Abschluss der Dialogphase zu machen. Dies gilt auch für die Innovationspartnerschaft, wenn dort nicht bereits verbindliche Erstangebote verlangt werden.

Der Auftraggeber hat klar und unmissverständlich darzulegen, welche Unterlagen er von den Bietern verlangt, sofern die Angaben nicht bereits in der Auftragsbekanntmachung enthalten sind. Die Unterlagen sind eindeutig zu bezeichnen.

17   Schließlich ist spätestens mit der Übermittlung der Aufforderung zur Angebotsabgabe bzw. zu Verhandlungen oder zur Teilnahme am Dialog auch die Gewichtung der Zuschlagskriterien bzw. deren Bedeutung in absteigender Reihenfolge anzugeben. Dies ist eine wesentliche Voraussetzung zur Einhaltung des Transparenzgebotes sowie der Gleichbehandlung der Unternehmen.

18   Die bislang enthaltene Pflicht, eine Frist zur Abforderung zusätzlicher Unterlagen sowie etwaiger Bedingungen zu benennen, ist entfallen. Dessen ungeachtet ist wie bereits bislang[3], auch zukünftig eine entsprechende Fristsetzung zulässig und sinnvoll. Gemäß § 16 Abs. 3 SektVO ist die Angebotsfrist zu verlängern, wenn der Auftraggeber die rechtzeitig angeforderten zusätzliche Auskünfte seinerseits nicht fristgemäß zur Verfügung stellen kann.

Beim wettbewerblichen Dialog ist der Termin und der Ort des Beginns der Dialogphase sowie die verwendete Sprache zu benennen.

---

2 Vgl. Hänsel, in: Ziekow/Völlink, Vergaberecht, 2. Aufl 2013, § 25 Rn. 7.
3 Vgl. Völlink, in: Ziekow/Völlink, Vergaberecht, 2. Aufl. 2013, § 19 Rn. 6.

IV. Mindestinhalt der Aufforderung zur Interessensbestätigung nach einer regelmäßigen nichtverbindlichen Bekanntmachung

Diente die regelmäßige nicht verbindliche Bekanntmachung dem Aufruf zum Wettbewerb, so muss der Auftraggeber anschließend noch alle Unternehmen auffordern, ihr aufgrund der Bekanntmachung geäußertes generelles Interesse auch für den konkret in Bezug genommenen Einzelauftrag zu bestätigen. Die Übersendung der Aufforderung zur Interessensbestätigung leitet hierfür den Teilnahmewettbewerb ein (vgl. § 36 Abs. 5 SektVO).   19

Da die Aufforderung zur Interessenbestätigung die konkrete Auftragsbekanntmachung ersetzt, müssen die darin enthaltenen Angaben so genau sein, dass die Unternehmen entscheiden können, ob sie sich konkret um den Auftrag bewerben wollen oder nicht. Die erforderlichen Mindestangaben sind in Absatz 3 aufgeführt.   20

Anhand der Art und des Umfang des konkreten Auftrages entscheiden die Unternehmen, ob sich für sie eine Beteiligung am Wettbewerb um diesen Auftrag lohnt oder nicht. Zudem würden ihnen die Angaben gegebenenfalls später auch zur Kalkulation eines Angebots dienen.   21

Der gewählten Verfahrensart entnehmen die Unternehmen, welche Art von Wettbewerb sie letztlich zu erwarten haben. Zulässig sind nach § 36 Abs. 4 SektVO das nicht offene Verfahren und das Verhandlungsverfahren.

Neben der Art und dem Umfang des Auftrages ist der Liefer- und Leistungszeitpunkt weitere Entscheidungsgrundlage für die Unternehmen. Nicht jedes grundsätzlich leistungsfähige Unternehmen kann möglicherweise gerade zu dem gewünschten Zeitpunkt liefern oder leisten.   22

Werden die weiteren Vergabeunterlagen elektronisch zur Verfügung gestellt, ist eine Internetadresse anzugeben, über die die Vergabeunterlagen unentgeltlich, uneingeschränkt und vollständig direkt verfügbar sind.

Wird ausnahmsweise kein elektronischer Zugang zu den Vergabeunterlagen gewährt, ist die Anschrift und der Schlusstermin für die Anforderung der Vergabeunterlagen unter Angabe der Sprache, in der sie verfasst sind, anzugeben.

Da die Unternehmen anhand der Angaben in der Aufforderung zur Interessensbestätigung abschätzen können sollen, wie ihre Chancen im Wettbewerb stehen, sind zwingend alle wirtschaftlichen und technischen Anforderungen, finanziellen Sicherheiten und Angaben, anzugeben, die von den Unternehmen verlangt werden.   23

Zwingend anzugeben sind die ferner die Zuschlagskriterien bzw. deren Gewichtung oder Reihenfolge.

Schließlich ist die Anschrift des Auftraggebers anzugeben, der den Zuschlag erteilt. Auch wenn eine entsprechende Regelung wie in Abs. 2 Nr. 2 fehlt, ist selbstverständlich auch anzugeben, wo, bis wann und auf welche Art und Weise die interessierten Unternehmen ihre Interessensbestätigung einreichen müssen.   24

Es empfiehlt sich, den Unternehmen eine angemessene Frist zum Eingang der Bestätigung des Interesses zu setzen und anzukündigen, dass andernfalls von einem Wegfall des Interesses ausgegangen wird[4]. Zwingend ist eine solche Vorgabe allerdings nicht.

§ 43 SektVO Form und Übermittlung der Angebote, Teilnahmeanträge, Interessensbekundungen und Interessensbestätigungen

(1) Die Unternehmen übermitteln ihre Angebote, Teilnahmeanträge, Interessensbekundungen und Interessensbestätigungen in Textform nach § 126b des Bürgerlichen Gesetzbuchs mithilfe elektronischer Mittel.

(2) Der Auftraggeber ist nicht verpflichtet, die Einreichung von Angeboten, Teilnahmeanträgen, Interessensbekundungen und Interessensbestätigungen mithilfe elektronischer Mittel zu verlangen, wenn auf die zur Einreichung erforderlichen elektronischen Mittel einer der in § 41 Absatz 3 genannten Gründe zutrifft oder wenn zugleich physische oder maßstabsgetreue Modelle einzureichen sind, die nicht elektronisch übermittelt werden können. In diesen Fällen erfolgt die Kommunikation auf dem Postweg oder auf einem anderen geeigneten Weg oder in Kombination von postalischem oder einem anderen geeigneten Weg und unter Verwendung elektronischer Mittel.

(3) Der Auftraggeber gibt im Vergabevermerk die Gründe an, warum die Angebote mithilfe anderer als elektronischer Mittel eingereicht werden können.

Amtliche Begründung

»Zu Absatz 1

Absatz 1 setzt Artikel 40 Absatz 1 Unterabsatz 2 der Richtlinie 2014/25/EU um. Nach Absatz 1 haben die Unternehmen ihre Angebote, Teilnahmeanträge, Interessensbekundungen und Interessensbestätigungen mittels elektronischer Mittel in Textform nach § 126b BGB einzureichen.

Außer für den Fall, dass die Verwendung elektronischer Mittel bereits ab Inkrafttreten der Vergabeverordnung verbindlich vorgeschrieben ist (wie z.B. bei der Beschaffung im Rahmen dynamischer Beschaffungssysteme, bei elektronischen Auktionen und bei Angeboten in Form eines elektronischen Katalogs) findet diese Vorschrift aufgrund der nach Artikel 106 Absatz 2 der Richtlinie 2014/25/EU eingeräumten Übergangsfristen für zentrale Beschaffungsstellen erst ab dem 18.04.2017 und im Übrigen ab dem 18.10.2018 Anwendung.

Nach Artikel 106 Absatz 2 Unterabsatz 3 der Richtlinie 2014/25/EU können Auftraggeber bis zu diesem Zeitpunkt für den gesamten Informationsaustausch wählen, ob sie den Unternehmen die Übermittlung auf dem Postweg, einem anderen geeigneten Weg oder einer Kombination von postalischem oder einem anderen geeigneten Weg und Verwendung elektronischer Mittel vorgeben.

Diese Regelungen finden sich in § 64 bei den Übergangsbestimmungen.

---

4 Vgl. Hänsel in: Ziekow/Völlink, Vergaberecht, 2. Aufl. 2013, § 25 Rn. 9.

Zu Absatz 2

Absatz 2 setzt Artikel 40 Absatz 1 Unterabsatz 2 der Richtlinie 2014/25/EU um. Auftraggeber sind in bestimmten Fällen nicht verpflichtet, die Verwendung elektronischer Mittel zur Einreichung von Angeboten und Teilnahmeanträgen durch Unternehmen zu verlangen. Hierzu gehören Fälle, in denen spezielle Bürogeräte verwendet werden müssten, die Auftraggebern nicht generell zur Verfügung stehen. Davon sind beispielsweise Großformatdrucker oder so genannte Plotter umfasst. Ebenso gehören hier Fälle, in denen in den Vergabeunterlagen die Einreichung eines physischen oder maßstabsgetreuen Modells verlangt wird, das den Auftraggebern nicht auf elektronischem Weg übermittelt werden kann. Das physische oder maßstabsgetreue Modell kann dem Auftraggeber auf dem Post- oder auf einem anderen geeigneten Weg übermittelt werden.

Die Verwendung anderer als elektronischer Mittel ist auf die Bestandteile beschränkt, für die die Verwendung elektronischer Mittel nicht verlangt wird. In diesen Fällen werden diese dem Auftraggeber per Post oder auf einem anderen geeigneten Weg oder in Kombination des postalischen mit einem anderen geeigneten Weg und mit elektronischen Mitteln übermittelt.

Zu Absatz 3

Absatz 3 setzt Artikel 40 Absatz 1 Unterabsatz 3 der Richtlinie 29014/25/EU um und regelt die Dokumentationspflicht im Falle der Inanspruchnahme der Ausnahme nach Absatz 2.«

Inhaltsübersicht

A. Allgemeine Einführung

Die Vorschrift bestimmt die Form sowie die Art und Weise der Übermittlung der Angebote, Teilnahmeanträge, Interessensbekundungen und Interessensbestätigungen an den Auftraggeber. Grundsätzlich sind die Angebote, Teilnahmeanträge, Interessensbekundungen und Interessensbestätigungen elektronisch in Textform einzureichen. **1**

B. Europarechtliche Vorgaben

Die Regelung setzt Art. 40 Abs. 1 Unterabs. 2 und 3 der Richtlinie 2014/25/EU um. **2**

C. Vergleich zur vorherigen Rechtslage

§ 5 Abs. 1 S. 2 SektVO a.F. erlaubte dem Auftraggeber noch die verwendeten Kommunikationsmittel sowie die Form von Teilnahmeanträgen und Angeboten nach seinem **3** freien Ermessen festzulegen. Im Fall der elektronischen Übermittlung von Teilnahmeanträgen und Angeboten war zwingend eine elektronische Signatur zu verwenden.

D. Kommentierung

I. Grundlagen

4   Grundsätzlich sind Teilnahmeanträge, Interessensbekundungen und -bestätigungen sowie Angebote in Textform und mithilfe elektronischer Mittel einzureichen. Die Regelung korrespondiert mit der Einführung der elektronischen Vergabe. Die Einreichung von Unterlagen in Papierform ist nur noch in Ausnahmefällen zulässig.

Anders als bislang kann der Auftraggeber damit die Form der Einreichung von Unterlagen nur noch sehr eingeschränkt festlegen.

Eine strengere Form als die Textform kann der Auftraggeber nur noch unter den weiteren Voraussetzungen des § 44 SektVO vorschreiben.

5   Die Regelung gilt nach der Übergangsvorschrift in § 64 für zentrale Beschaffungsstellen ab dem 18.04.2017 und für alle sonstigen Auftraggeber ab dem 18.10.2018. In der Übergangzeit können die Auftraggeber nach § 64 die Übermittlung auf dem Postweg, anderem geeigneten Weg, per Telefax oder durch eine Kombination dieser Mittel vorschreiben.

II. Form von Teilnahmeanträgen, Interessensbekundungen und -bestätigungen sowie Angeboten

6   Abs. 1 schreibt für die Übermittlung von Teilnahmeanträgen, Interessensbekundungen und -bestätigungen sowie Angeboten die Textform nach § 126b BGB vor. Die Textform wird dadurch eingeschränkt, dass die Unterlagen grundsätzlich mithilfe elektronischer Mittel zu übertragen sind. Nur unter den weiteren Voraussetzungen des Abs. 2 kommt ausnahmsweise auch die Übertragung mithilfe anderer als elektronischer Mittel in Betracht.

7   Textform bedeutet, dass eine lesbare Erklärung, in der die Person des Erklärenden genannt ist, auf einem dauerhaften Datenträger abgegeben werden muss. Ein dauerhafter Datenträger ist jedes Medium, das es dem Empfänger ermöglicht, eine auf dem Datenträger befindliche, an ihn persönlich gerichtete Erklärung so aufzubewahren oder zu speichern, dass sie ihm während eines für ihren Zweck angemessenen Zeitraums zugänglich ist, und geeignet ist, die Erklärung unverändert wiederzugeben (§ 126b BGB). Den Anforderungen der Textform nach § 126b BGB genügen grundsätzlich Verkörperungen auf Papier, CD-ROM, aber auch der Versand per E-Mail oder Computerfax.[1]

8   Da der Auftraggeber im Regelfall für die Übermittlung der Unterlagen den Einsatz elektronischer Mittel vorzuschreiben hat, wird die Auswahlmöglichkeit weiter eingeschränkt. Elektronische Mittel sind in § 9 Abs. 1 SektVO legal definiert als Geräte

---

1 Vgl. LG Kleve, Urt. v. 22.11.2002 – 5 S 90/02, NJW-RR 2003, 196.

und Programme für die elektronische Datenübermittlung. Bei der Wahl der zulässigen Übertragungswege sind aber auch die weiteren Anforderungen an die elektronischen Mittel gemäß §§ 9 bis 12 SektVO, insbesondere die Vorgaben zur Wahrung der Unversehrtheit, Vertraulichkeit und – hier auch – Echtheit der Daten gemäß § 11 Abs. 2 SektVO zu berücksichtigen.

Der Auftraggeber wird für die Übermittlung der Unterlagen daher im Regelfall die Verwendung eines eVergabe-Portals verpflichtend vorschreiben. Er könnte aber grundsätzlich auch – wenn er in diesem Fall die Vorgaben aus § 11 Abs. 2 SektVO einhalten kann – Angebote per E-Mail oder Computerfax zulassen. Schriftliche Angebote in Papierform, die Übersendung einer CD-ROM oder eines USB Sticks sind hingegen grundsätzlich nicht mehr zulässig. Auch das bislang in der Praxis häufig noch anzutreffende Mantelbogenverfahren – bei dem die Vergabeunterlagen zunächst mithilfe elektronischer Mittel an den Auftraggeber übermittelt werden und nur der mit einem generierten Zahlencode versehene sog. »Mantelbogen« mit einer Originalunterschrift auf dem Postweg versendet wird – ist damit nach Ablauf der Übergangsfrist gemäß § 64 SektVO nicht mehr zulässig.   **9**

Eine rechtliche Unklarheit besteht in denjenigen Fällen, in denen das nationale Recht besondere Formerfordernisse für bestimmte Erklärungen vorschreibt (z.B. die Schriftform für die Honorarvereinbarung mit Architekten nach § 7 Abs. 1 HOAI oder die Beurkundungspflicht im Zusammenhang mit Grundstücksgeschäften oder Gesellschaftsangelegenheiten)[2]. Hier geht das gesetzliche Schriftformerfordernis der Vorgabe in der SektVO vor, so dass entsprechende Unterlagen auch in einem Vergabeverfahren in der gesetzlich vorgesehenen Form einzureichen wären.   **10**

Soll es in diesen Fällen bei der elektronischen Angebotsabgabe bleiben, wäre zwingend eine qualifizierte elektronische Signatur gemäß § 126a BGB zu verlangen, die im elektronischen Rechtsverkehr allein die gesetzlich vorgeschriebene Schriftform ersetzen kann (vgl. hierzu auch § 44 SektVO).   **11**

Unsicherheiten könnten sich auch im Hinblick auf die zivilprozessuale Folgen ergeben, wenn Teilnahmeanträge, Interessensbekundungen und -bestätigungen sowie vor allem Angebote dem Auftraggeber zukünftig nicht mehr in Papier– und damit in Schriftform vorliegen. Nach § 371a ZPO kommt einem privaten elektronischen Dokument nur dann der gleiche Beweiswert wie einer Privaturkunde (§ 416 ZPO) zu, wenn das jeweilige Dokument entweder mit einer qualifizierten elektronische Signatur versehen ist oder von einem sog. De-Mail-Konto des Absenders versandt wurde[3]. »De-Mail« basiert auf dem am 03.05.2011 in Kraft getretenen De-Mail-Gesetz und bezeichnet letztlich nur eine besondere Form der E-Mail, die von einem nach § 18 De-Mail-Gesetz zugelassenen und zertifizierten De-Mail-Anbieter angeboten wird. Eine weitergehende Sonderregelung enthält § 371b ZPO nur für von einer öffentlichen Stelle eingescannte öffentliche Urkunden, wie zum Beispiel einen amtlichen Registerauszug. Der Beweiswert   **12**

---

2 Vgl. Oberndörfer/Lehmann »Die neuen EU-Vergaberichtlinien: Wesentliche Änderungen und Vorwirkungen«, BB 2015, 1027.
3 Vgl. Bach, in: BeckOK, ZPO, § 371a.

sonstiger elektronischer Dokumente, wie zum Beispiel einer gewöhnlichen E-Mail, ist hingegen nach den allgemeinen Grundsätzen frei zu würdigen.[4]

13   Allerdings dürften die zivilprozessualen Folgen dieses geringeren Beweiswerts im Regelfall überschaubar sein. Privaturkunden begründen nach § 416 ZPO in einem Zivilprozess lediglich Beweis dafür, dass die in ihnen enthaltenen Erklärungen von dem Aussteller abgegeben worden sind. Diese Regelung wird unter den Voraussetzungen von § 371a ZPO auf elektronische Privatdokumente übertragen. Keinen Beweis erbringt eine Privaturkunde hingegen für die in ihr enthaltenen inhaltlichen Erklärungen (z.b. ob eine bestellte Sache geliefert worden ist)[5]. In der Praxis streiten die Parteien aber ganz überwiegend um inhaltliche Fragen und weniger, ob eine bestimmte Unterlage überhaupt von einer Partei abgegeben worden ist. Jedenfalls bei Verwendung einer elektronischen Vergabeplattform dürfte den Auftraggebern in einem etwaigen Streitfall aber ein entsprechender Beweis auch mit anderen Mitteln gelingen (z.b. mittels der systemisch erzeugten sog. »Log-Datei«, bei der alle verfahrensbezogenen Schritte im Rahmen der Kommunikation zwischen Vergabestelle und Bieter während des Vergabeverfahrens gespeichert werden).

III.   Ausnahmsweise keine Verwendung elektronischer Mittel (§ 43 Abs. 2)

14   Korrespondierend zu § 41 Abs. 3 SektVO kann der Auftraggeber für die Einreichung von Teilnahmeanträgen, Interessensbekundungen und -bestätigungen sowie Angeboten ausnahmsweise andere als elektronische Mittel vorschreiben, wenn

(1) einer der in § 41 Abs. 3 SektVO genannten Gründe gegeben ist oder

(2) wenn mit dem Angebot zugleich physische oder maßstabsgetreue Modelle einzureichen sind.

Die Einreichung von physischen oder maßstabsgetreuen Modellen wird in erster Linie bei Planungswettbewerben eine Rolle spielen.

15   Darüber hinaus gestattet § 44 Abs. 2 SektVO eine Angebotseinreichung mit anderen als elektronischen Mitteln, wenn die Angebote besonders schutzwürdige Daten enthalten, die bei Verwendung allgemein verfügbarer oder alternativer elektronischer Mittel nicht angemessen geschützt werden können, oder wenn die Sicherheit der elektronischen Mittel nicht gewährleistet werden kann.

16   In diesen Fällen erfolgt die Einreichung der Teilnahmeanträge, Interessensbekundungen und -bestätigungen sowie Angebote auf dem Postweg oder einem anderen geeigneten Weg oder in einer Kombination von postalischem und anderen geeigneten Weg und Verwendung elektronischer Mittel.

---

4 Vgl. Bach, in: BeckOK, ZPO, § 371a, Rn. 3 m.w.N.
5 Vgl. Krafka, in: BeckOK, ZPO, § 416, Rn. 15.

IV. Dokumentation

§ 43 Abs. 3 schreibt vor, dass der Auftraggeber die Gründe für die Zulassung anderer   17
als elektronischer Mittel bei der Einreichung von Angeboten im Vergabevermerk zu dokumentieren hat. Eine entsprechende Regelung findet sich zudem in § 8 Abs. 2 Nr. 4
SektVO. Auch wenn sowohl § 43 Abs. 3 als auch § 8 Abs. 2 Nr. 4 SektVO nur auf die
elektronische Angebotseinreichung abstellen, ist eine entsprechende Dokumentation
auch hinsichtlich der Einreichung von Teilnahmeanträgen, Interessensbekundungen
und -bestätigungen empfehlenswert.

V. Zeitliche Begrenzung der elektronischen Erreichbarkeit des Auftraggebers

Nicht geregelt ist, ob der Auftraggeber mit der Einführung der elektronischen Vergabe   18
zukünftig »rund um die Uhr« elektronisch erreichbar sein muss. Auch wenn mit der Einführung der elektronischen Vergabe ein »Paradigmenwechsel« im Hinblick auf die Art
und Weise der Verfahrensdurchführung verbunden ist, bleibt ein wesentliches gesetzgeberisches Ziel jedenfalls auch die verfahrenseffiziente und wirtschaftliche Beschaffung
für den Auftraggeber. Selbstverständlich verspricht sich der Gesetzgeber durch die elektronische Vergabe eine deutliche Beschleunigung bei der Verfahrensabwicklung. Diese
Beschleunigung wird aber nicht allein dadurch erreicht, dass potentielle Bieter 24 Stunden am Tag Angebote beim Auftraggeber elektronisch einreichen können sollen.

Dem Auftraggeber muss es – abhängig vom jeweiligen Stand der Technik – vielmehr   19
möglich sein, die zeitliche Erreichbarkeit seiner Internetseite im Rahmen seiner technischen Erfordernisse einzuschränken. In der Regel wird eine ständige elektronische Erreichbarkeit eine Ausweitung der Serverleistungen und -kapazitäten erfordern, was
zugleich erhebliche Mehrkosten auf Seiten des Auftraggebers mit sich brächte. Der Auftraggeber müsste entsprechendes Personal vorhalten oder zusätzliche Leistungen einkaufen, um die Sicherstellung der Servererreichbarkeit gewährleisten zu können.

Hinzu kommt, dass Angebote, die an einem Sonntag oder mitten in der Nacht mithilfe   20
von elektronischen Mitteln an den Auftraggeber übertragen werden, in aller Regel ohnehin erst am nächsten Werktag verarbeitet werden. Dementsprechend würde es jedenfalls an einem schutzwürdigen Interesse fehlen, eine entsprechende »rund um die
Uhr-Erreichbarkeit« der Vergabestelle zu verlangen. Eine entsprechende zeitliche Einschränkung könnte daher von den Unternehmen auch nicht angegriffen werden.

Etwas anderes gilt selbstverständlich, wenn der Auftraggeber die Frist für die Angebotsabgabe selbst auf einen Sonntag oder einen Zeitpunkt in der Nacht setzt.

VI. Kommunikationsprobleme und Übertragungsfehler

Weder die Vergaberichtlinien noch die nationalen Vorschriften enthalten Regelungen   21
zum Umgang mit etwaigen Kommunikationsproblemen und Übertragungsfehlern
im Rahmen der elektronischen Kommunikation[6].

---

6 Anders z.B. § 3a Abs. 3 VwVfG.

22 Solche Fragestellungen könnten sich zum Beispiel im Hinblick auf die schlechte bzw. nicht gegebene Erreichbarkeit der elektronischen Vergabeplattform bzw. des Servers des Auftraggebers stellen, so dass die Bieter ihre Unterlagen nicht oder nicht fristgemäß übertragen können.

23 Denkbar ist aber auch, dass vom Bieter elektronisch übermittelte Dateien durch den Auftraggeber nicht lesbar sind, zum Beispiel wegen der Wahl eines falschen Dateiformats oder auch weil die Datei beschädigt oder mit einer Schadsoftware »verseucht« ist.

24 Für die Beurteilung dieser Fragestellungen müssen dieselben Grundsätze, wie bei der bisherigen Übertragung mittels Papierform gelten. Der Bewerber/Bieter trägt hiernach grundsätzlich das Übermittlungsrisiko des rechtzeitigen und vollständigen Eingangs seiner Unterlagen[7].

25 Im Übrigen richtet sich die Risikoverteilung nach dem jeweiligen Verantwortungsbereich. Der Auftraggeber hat dementsprechend die technischen Voraussetzungen zu schaffen und vorzuhalten, die die Übertragung der Unterlagen mit elektronischen Mitteln gestatten. Der Auftraggeber kann hierbei Vorgaben machen und Einschränkungen vornehmen, z.B. hinsichtlich der Erreichbarkeit, aber auch der zulässigen Dateiformate etc.

26 Ist die vom Auftraggeber angegebene Erreichbarkeit der elektronischen Vergabeplattform bzw. des Servers ausnahmsweise tatsächlich nicht gegeben, ist eine etwaige Frist zur Übermittlung der Unterlagen schon nach dem Gleichbehandlungsgrundsatz entsprechend zu verlängern. In der Regel wird hier eine kurze Fristverlängerung genügen. Scheitert die rechtzeitige Übertragung der Unterlagen daran, dass der Bieter mit deren Übertragung erst kurz vor Ablauf der Frist beginnt oder ist die Übertragung aufgrund von technischen Schwierigkeiten seines Servers oder Internetproviders nicht möglich, sind die Unterlagen, wie bislang auch, nicht zu berücksichtigen bzw. werden schon nicht mehr hochgeladen werden können.

Andererseits hat der Bieter sicherzustellen, dass die von ihm übertragenen Dateien keine Schadsoftware enthalten.

§ 44 SektVO Erhöhte Sicherheitsanforderungen bei der Übermittlung der Angebote, Teilnahmeanträge, Interessensbekundungen und Interessensbestätigungen

(1) Der Auftraggeber prüft im Einzelfall, ob zu übermittelnde Daten erhöhte Anforderungen an die Sicherheit stellen. Soweit es erforderlich ist, kann er verlangen, dass Angebote, Teilnahmeanträge, Interessensbekundungen und Interessensbestätigungen mit einer fortgeschrittenen elektronischen Signatur gemäß § 2 Nummer 2 des Signaturgesetzes vom 16. Mai 2001 (BGBl. I S. 876), das zuletzt durch Artikel 4 Absatz 111 des Gesetzes vom 7. August 2013 (BGBl. I S. 3154) geändert worden ist, oder mit einer qualifizierten elektronischen Signatur gemäß § 2 Nummer 3 des Sig-

---

7 Vgl. Vavra, in: Ziekow/Völlink, Vergaberecht, 2. Aufl. 2013, § 16 VOB/A, Rn. 4 m.w.N.

naturgesetzes vom 16. Mai 2001 (BGBl. I S. 876), das zuletzt durch Artikel 4 Absatz 111 des Gesetzes vom 7. August 2013 (BGBl. I S. 3154) geändert worden ist, zu versehen sind.

(2) Der Auftraggeber kann festlegen, dass Angebote mithilfe anderer als elektronischer Mittel einzureichen sind, wenn sie besonders schutzwürdige Daten enthalten, die bei Verwendung allgemein verfügbarer oder alternativer elektronischer Mittel nicht angemessen geschützt werden können, oder wenn die Sicherheit der elektronischen Mittel nicht gewährleistet werden kann. Der Auftraggeber dokumentiert die Gründe, warum er die Einreichung der Angebote mithilfe anderer als elektronischer Mittel für erforderlich hält.

Amtliche Begründung

Zu Absatz 1

Absatz 1 setzt Artikel 40 Absatz 6 der Richtlinie 2014/25/EU um und regelt die Verwendung elektronischer Signaturen sowie elektronischer Siegel bei der Einreichung von Angeboten, Teilnahmeanträgen, Interessensbekundungen und Interessensbestätigungen. Dabei ist ab dem 1. Juli 2016 die Verordnung (EU) Nr. 910/2014 des europäischen Parlaments und des Rates vom 23. Juli 2014 (eIDAS-Verordnung) zu beachten. Aufgrund der nach Artikel 106 Absatz 2 der Richtlinie 2014/25/EU eingeräumten Übergangsfristen für zentrale Beschaffungsstellen findet die Regelung für zentrale Beschaffungsstellen erst ab dem 18.04.2017 und im Übrigen ab dem 18.10.2018 Anwendung, wobei diese Option schon vorher besteht.

Voraussetzung für die Anwendung der Vorschrift ist eine vorherige Festlegung des Sicherheitsniveaus, dem Daten, die in direktem Zusammenhang mit der Angebotseinreichung gesendet, empfangen, weitergeleitet oder gespeichert werden, genügen müssen, durch die Auftraggeber. Die Festlegung dieses Sicherheitsniveaus muss das Ergebnis einer Verhältnismäßigkeitsprüfung zwischen den zur Sicherung einer richtigen und zuverlässigen Authentifizierung der Datenquelle und der Unversehrtheit der Daten erforderlichen Maßnahmen einerseits und den von nicht berechtigten Datenquellen stammenden und/oder von fehlerhaften Daten ausgehenden Gefahren andererseits im Einzelfall sein.

Unter ansonsten gleichen Bedingungen wird beispielsweise das Sicherheitsniveau, dem eine E-Mail genügen muss, die ein Unternehmen an einen Auftraggeber sendet, um sich nach der Postanschrift des Auftraggebers zu erkundigen, deutlich niedriger einzuschätzen sein als das Sicherheitsniveau, dem das von einem Unternehmen eingereichte Angebot genügen muss. In gleicher Weise kann Ergebnis einer Einzelfallabwägung sein, dass bei der erneuten Einreichung elektronischer Kataloge oder bei der Einreichung von Angeboten im Rahmen von Kleinstwettbewerben bei einer Rahmenvereinbarung oder beim Abruf von Vergabeunterlagen nur ein niedriges Sicherheitsniveau zu gewährleisten ist.

Ist das zu gewährleistende Sicherheitsniveau so hoch, dass zur Authentifizierung der Datenquelle im Einzelfall elektronische Signaturen eingesetzt werden müssen, so können sowohl fortgeschrittene als auch qualifizierte elektronische Signaturen gemäß den Artikeln 25 und 26 der Verordnung (EU) Nr. 910/2014 des europäischen Parlamentes und des Rates vom 23. Juli 2014 (eIDAS-Verordnung) verwendet werden.

Den Auftraggebern steht es frei, ihre Zuschlagserklärungen mit fortgeschrittenen elektronischen Signaturen oder mit fortgeschrittenen elektronischen Signaturen, die auf einem qualifizierten Zertifikat beruhen, zu versehen, soweit dies die Kenntnisnahme des Erklärungsinhaltes durch die Bieter nicht beeinträchtigt.

Schreiben die Auftraggeber vor, dass elektronisch zu signieren ist, so müssen sie die technischen Rahmenbedingungen so gestalten, dass gültige fortgeschrittene elektronische Signaturen und gültige qualifizierte Zertifikate, die von Unternehmen aus anderen Mitgliedstaaten der Europäischen Union ausgestellt wurden, akzeptiert werden. Eine Diskriminierung von Unternehmen aus anderen Mitgliedstaaten der Europäischen Union aufgrund der Verwendung anderer als deutscher elektronischer Signaturen und qualifizierter Zertifikate ist nicht zulässig.

Zu Absatz 2

Absatz 2 dient der Umsetzung des Artikels 40 Absatz 1 Unterabsatz 4 der Richtlinie 2014/25/EU und regelt die Möglichkeit des Auftraggebers, im Falle besonders schutzwürdiger Daten andere als elektronische Mittel zur Angebotseinreichung zu verlangen.«

Inhaltsübersicht

A. Allgemeine Einführung

1   § 44 bestimmt die Voraussetzungen unter denen der Auftraggeber bei der Einreichung von Angeboten, Teilnahmeanträgen, Interessensbekundungen und Interessensbestätigungen die Verwendung elektronischer Signaturen oder bei der Einreichung von Angeboten andere als elektronische Mittel vorschreiben kann.

B. Europarechtliche Vorgaben

2   § 44 Abs. 1 setzt Art. 40 Abs. 6 der Richtlinie 2014/25/EU um.

§ 44 Abs. 2 dient der Umsetzung von Art. 40 Abs. 1 Unterabs. 4 der Richtlinie 2014/25/EU.

Auch Art. 40 Abs. 6 der Richtlinie 2014/25/EU gewährt dem Auftraggeber ein Wahlrecht, welche elektronische Signatur er vorschreibt, solange sie den einzelstaatlichen Vorschriften und der Richtlinie 1999/93/EG[1] entsprechen.

---

1 Richtlinie 1993/93/EG des Europäischen Rates über gemeinschaftliche Rahmenbedingungen für elektronische Signaturen, ABl. EU Nr. L 13 v. 19.01.2000, S. 12. Das SigG entspricht diesen Vorgaben.

Ab dem 01.07.2016 ist die Verordnung (EU) Nr. 910/2014 des europäischen Parlamentes und des Rates vom 23. Juli 2014 (eIDAS-Verordnung) zu beachten.

C. Vergleich zur vorherigen Rechtslage

§ 5 Abs. 1 S. 2 SektVO a.f. erlaubte dem Auftraggeber die Form von Teilnahmeanträ- 3
gen und Angeboten nach seinem freien Ermessen festzulegen. Im Fall der elektronischen Übermittlung von Teilnahmeanträgen und Angeboten war zwingend eine elektronische Signatur zu verwenden.

D. Kommentierung

I. Grundlagen

§ 44 Abs. 1 SektVO gestattet dem Auftraggeber für die Einreichung von Teilnahmean- 4
trägen, Interessensbekundungen und Interessensbestätigungen sowie Angeboten ausnahmsweise die Verwendung einer fortgeschrittenen oder qualifizierten elektronischen Signatur vorzuschreiben.

Die Verwendung einer fortgeschrittenen oder qualifizierten elektronischen Signatur 5
setzt ein erhöhtes Sicherheitsbedürfnis des Auftraggebers im Hinblick auf die zu übermittelnden Daten und die Authentifizierung des Absenders voraus. Die Regelung ist im engen Zusammenhang mit § 10 Abs. 1 S. 1 SektVO zu sehen. Während § 10 Abs. 1 S. 1 SektVO die allgemeine Festlegung des Sicherheitsniveaus der elektronischen Mittel betrifft, sind von § 44 SektVO die im Einzelfall festzulegenden Sicherheitsanforderungen an die Art und Weise der Datenübermittlung an den Auftraggeber umfasst.

Unter den Voraussetzungen des Abs. 2 kann der Auftraggeber für die Einreichung der Angebote darüber hinausgehend ausnahmsweise auch andere als elektronische Mittel, zum Beispiel den Postversand, vorschreiben.

Nach der Übergangsfrist in § 64 SektVO ist die Regelung von zentralen Beschaffungsstellen zwingend ab dem 18.04.2017 und im Übrigen ab dem 18.10.2018 anzuwenden.

II. Erhöhte Sicherheitsanforderungen

Die Festlegung der Sicherheitsanforderungen nach § 44 SektVO betrifft die Art und 6
Weise der Datenübermittlung an den Auftraggeber und dient vor allem der Sicherstellung der Authenzität der Datenherkunft (z.B. durch die Vorgabe der Verwendung einer qualifizierten elektronischen Signatur oder auch die Verpflichtung zur Übermittlung der Angebote auf dem Postweg).

Die Feststellungen, die erhöhte Sicherheitsanforderungen an die Einreichung der Teil- 7
nahmeanträge, Interessensbekundungen und Interessensbestätigungen sowie Angebote erfordern sind jeweils im Einzelfall zu treffen. Erforderlich ist eine Verhältnismäßigkeitsprüfung, bei der nach der amtlichen Begründung zwischen den Anforderungen an die Sicherstellung einer sachlich richtigen, zuverlässigen Identifizierung eines Senders von Daten sowie an die Unversehrtheit der Daten und anderseits möglichen Gefah-

ren, die zum Beispiel von Daten ausgehen, die aus einer nicht sicher identifizierbaren Quelle stammen oder die während der Übermittlung verändert wurden, abzuwägen ist.

8   Inhaltlich nimmt die amtliche Begründung Bezug auf den Erwägungsgrund 68 der Richtlinie 2014/25/EU, wonach die Auftraggeber vor Festlegung des erforderlichen Sicherheitsniveaus für die elektronischen Kommunikationsmittel, die in den verschiedenen Phasen des Vergabeverfahrens genutzt werden sollen, die Verhältnismäßigkeit zwischen einerseits den Anforderungen zur Sicherstellung einer sachlich richtigen und zuverlässigen Identifizierung der Absender der betreffenden Mitteilungen sowie der Unversehrtheit von deren Inhalt und andererseits der Gefahr von Problemen beispielsweise bei Mitteilungen, die durch einen anderen als den angegebenen Absender verschickt werden, abwägen sollen.

9   Beispielhaft führt die amtliche Begründung aus, dass das Sicherheitsniveau, dem die E-Mail eines Unternehmens genügen muss, mit der es sich nach der Anschrift des Auftraggebers erkundigt, in der Regel deutlich niedriger einzuschätzen sein wird, als das Sicherheitsniveau, dem das von dem Unternehmen eingereichte Angebot genügen muss.

Unklar ist, in welchen Fällen die erforderlichen Sicherheitsanforderungen in der Praxis so hoch sein werden, dass der Auftraggeber die Verwendung einer fortgeschrittenen oder gar qualifizierten elektronischen Signatur verlangen darf.

10 Hier wird eine restriktive Auslegung angezeigt sein. Denn der Richtliniengeber hat die Verwendung einer elektronischen Signatur im Sinne der Signaturrichtlinie bewusst nur als Ausnahme vorgesehen, da die verpflichtende Vorgabe einer elektronischen Signatur in der Praxis andernfalls zu erheblichen Akzeptanzproblemen auf Seiten der Bieter geführt hätte. Die Ausgestaltung als Ausnahmevorschrift stärkt damit zugleich das Konzept der elektronischen Vergabe und gewährleistet, dass Wirtschaftsteilnehmer nicht von der Teilnahme an Vergabeverfahren durch zu hohe technische Hürden abgehalten werden.[2]

11 Nicht ausreichend wird daher in der Regel eine bloße interne Vorgabe sein, dass Verträge aus Revisionsgründen »schriftlich« abzuschließen seien. Eben so wenig werden in der Regel etwaige rechtliche Unsicherheiten im Hinblick auf den geringeren Beweiswert privater elektronischer Dokumente im Vergleich zu eigenhändig unterzeichneten Privaturkunden (§ 416 ZPO) die Verwendung fortgeschrittener oder qualifizierter elektronischer Signaturen rechtfertigen. Denn der Beweiswert der Privaturkunde ist darauf begrenzt, dass die in ihnen enthaltenen Erklärungen von dem Aussteller abgegeben worden sind (Ausstellerauthenzität). Keinen Beweis erbringt eine Privaturkunde hingegen für die in ihr enthaltenen inhaltlichen Erklärungen (z.B. ob eine bestellte Sache geliefert worden ist)[3]. Der Beweis über die Ausstellerauthenzität sollte dem Auftraggeber in einem etwaigen Streitfall in der Regel aber auch mit anderen Mitteln gelingen (z.B. mittels der systemisch erzeugten sog. »Log-Datei«, bei der alle verfahrensbezogenen

---

2   Vgl. Oberndörfer/Lehmann »Die neuen EU-Vergaberichtlinien: Wesentliche Änderungen und Vorwirkungen«, BB 2015, 1027.
3   Vgl. Krafka, in: BeckOK, ZPO, § 416, Rn. 15.

Schritte im Rahmen der Kommunikation zwischen Vergabestelle und Bieter während des Vergabeverfahrens gespeichert werden).

III. Abweichende gesetzliche Regelungen

Verlangt das Gesetz ausnahmsweise eine Erklärung in schriftlicher Form – z.B. für be- 12
stimmte Vergütungsvereinbarungen nach der Honorarordnung für Architekten und Ingenieure (HOAI) –, ersetzen nur Dokumente mit einer qualifizierten elektronischen
Signatur die gesetzliche Schriftform. Wird die gesetzliche Schriftform nicht eingehalten, ist das Rechtsgeschäft grundsätzlich nichtig. In diesen Fällen muss es dem Auftraggeber möglich sein, wahlweise ein Papierangebot oder auch die Abgabe eines elektronischen Angebots mit einer qualifiziert elektronischen Signatur zu verlangen, auch wenn
keine »erhöhten Sicherheitsanforderungen« im Sinne des § 44 Abs. 1 SektVO bestehen
sollten.

IV. Technische Umsetzung der erhöhten Sicherheitsanforderungen

Technisch lassen sich erhöhte Sicherheitsanforderungen der Auftraggeber auf ganz un- 13
terschiedliche Arten und mit einem unterschiedlichen Sicherheitsniveau umsetzen.

In der Regel dürfte die Verwendung einer elektronischen Vergabeplattform, bei der sich 14
das Unternehmen vor der Abgabe von Teilnahmeanträgen, Interessensbekundungen
und Interessensbestätigungen sowie Angeboten stets mit einem eigenen Benutzernamen und Passwort anmelden muss, dem Sicherheitsbedürfnis des Auftraggebers
genügen. Sollte im Einzelfall das Sicherheitsbedürfnis höher sein, kommt (bei der elektronischen Vergabeplattform auch ergänzend) die Verwendung einer elektronischen Signatur in Betracht.

Unter einer elektronischen Signatur versteht man »Daten in elektronischer Form, die 15
mit anderen elektronischen Daten verbunden werden und die der Unterzeichner
zum Unterzeichnen verwendet« (Art. 3 Nr. 10 Verordnung (EU) Nr. 910/2014 – eI-
DAS-VO)[4]. Praktisch erfüllt die Signatur den gleichen Zweck wie eine eigenhändige
Unterschrift auf Papierdokumenten. Die eIDAS-VO unterscheidet zwischen elektronischen Signaturen, fortgeschrittenen elektronischen Signaturen und qualifizierten elektronischen Signaturen.

Die einfache elektronische Signatur fügt elektronischen Daten andere elektronische Da- 16
ten bei oder verknüpft diese logisch miteinander. Sie erfüllt keine besonderen Sicherheitsanforderungen, so dass bereits Kontaktinformationen am Ende einer E-Mail
bzw. eine eingescannte Unterschrift unter diese Definition fallen. Die einfache elektronische Signatur bietet gegenüber der E-Mail damit keine erhöhte Datensicherheit.

Die fortgeschrittene elektronische Signatur setzt ein sogenanntes kryptografisches 17
Übermittlungsverfahren unter Verwendung eines Signaturschlüsselpaares (i.d.R. gehei-

---

4 Vgl. Verordnung (EU) Nr. 910/2014 des europäischen Parlaments und des Rates vom 23. Juli
   2014 über elektronische Identifizierung und Vertrauensdienste für elektronische Transaktionen im Binnenmarkt und zur Aufhebung der Richtlinie 1999/93/EG.

mer persönlicher Schlüssel zur Verschlüsselung – öffentlicher Schlüssel zur Entschlüsselung) voraus (z.B. PGP-Software). Ein Beispiel für einen solchen Schlüssel ist die sog. eID-Funktion des neuen Personalausweises. Die eID-Funktion soll dem sicheren Identitätsnachweis per Internet dienen. Auftraggeber bzw. Dienstleister können die eID-Funktion in internetbasierte Dienste – wie zum Beispiel eine elektronische Vergabeplattform – integrieren. Ebenfalls möglich ist die Verknüpfung der eID-Funktion mit einem qualifizierten Signaturzertifikat.

18   Die qualifizierte elektronische Signatur verhält sich grundsätzlich wie die fortgeschrittene elektronische Signatur, allerdings muss sie mit einer sogenannten sicheren Signaturerstellungseinheit (in Deutschland mit dem Chip einer Signaturchipkarte) erstellt werden und mit einem qualifizierten Zertifikat eines Zertifizierungsdiensteanbieters (»Trust Center«) versehen sein. Mit dieser Methode wird gewährleistet, dass kein Dritter auf den persönlichen Schlüssel zugreifen kann. Anbieter solcher Zertifikate sind zum Beispiel die Trust GmbH der Bundesdruckerei GmbH, TeleSec der Deutschen Telekom AG oder die DATEV eG[5].

19   § 44 Abs. 1 S. 2 SektVO gestattet dem Auftraggeber zwischen der fortgeschrittenen elektronischen Signatur und der qualifizierten elektronischen Signatur frei zu wählen.

V. Ausnahme von der elektronischen Angebotsabgabe (§ 44 Abs. 2)

20   Ergänzend zu der Ausnahmevorschrift in § 43 Abs. 2 SektVO kann der Auftraggeber für die Einreichung von Angeboten ausnahmsweise auch dann andere als elektronische Mittel vorschreiben, wenn die Angebote besonders schutzwürdige Daten enthalten, die bei Verwendung allgemein verfügbarer oder alternativer elektronischer Mittel nicht angemessen geschützt werden können, oder wenn die Sicherheit der elektronischen Mittel nicht gewährleistet werden kann.

21   Die Vorschrift dürfte in der Regel nur einen geringen praktischen Anwendungsbereich haben. Denkbar ist eine hinreichend große Gefährdungslage allenfalls in besonders sensiblen technischen Bereichen, bei denen aufgrund des hohen Innovationsgrades ein besonderes Risiko der Industriespionage oder andere Sicherheitsbedenken bestehen. Gleiches kann unter Umständen bei sehr hohen Auftragswerten gelten.

Die Verwendung anderer als elektronischer Mittel ist in diesem Fall auf die Angebotsbestandteile beschränkt, für die die Verwendung elektronischer Mittel nicht verlangt wird.

22   Die Einreichung der Angebote erfolgt in diesem Fall wahlweise auf dem Postweg oder einem anderen geeigneten Weg oder in einer Kombination von postalischem und anderen geeigneten Weg und Verwendung elektronischer Mittel.

---

5 Die Bundesnetzagentur veröffentlicht eine aktuelle Liste aller akkreditierter Anbieter für das Ausstellen von qualifizierten Zertifikaten oder von qualifizierten Zeitstempeln unter https://www.nrca-ds.de.

Der Auftraggeber hat die Gründe, warum er die Einreichung der Angebote mithilfe anderer als elektronischer Mittel für erforderlich hält, im Vergabevermerk zu dokumentieren.

Unterabschnitt 5 Anforderungen an die Unternehmen

§ 45 SektVO Grundsätze

(1) Bei der Auswahl der Teilnehmer an Vergabeverfahren beachtet der Auftraggeber die in den Absätzen 2 und 3 genannten Grundsätze.

(2) Bei einem nicht offenen Verfahren, Verhandlungsverfahren, wettbewerblichen Dialog oder einer Innovationspartnerschaft darf der Auftraggeber bezüglich seiner Auswahlentscheidung Unternehmen keine administrativen, technischen oder finanziellen Anforderungen stellen, die er anderen Unternehmen nicht stellt, sowie bei der Aktualisierung von Kriterien keine Nachweise fordern, die sich mit bereits vorhandenen Nachweisen decken.

(3) In Fällen, in denen der Auftraggeber ein angemessenes Gleichgewicht zwischen bestimmten Merkmalen des Vergabeverfahrens und den notwendigen Ressourcen für dessen Durchführung sicherstellen muss, kann er bei nicht offenen Verfahren, Verhandlungsverfahren, wettbewerblichen Dialogen oder Innovationspartnerschaften objektive Kriterien festlegen, die es ermöglichen, die Zahl der Bewerber, die zur Angebotsabgabe oder zur Aufnahme von Verhandlungen aufgefordert werden, zu begrenzen. Die Zahl der ausgewählten Bewerber muss jedoch der Notwendigkeit Rechnung tragen, dass ein angemessener Wettbewerb gewährleistet sein muss.

Amtliche Begründung:

»Unterabschnitt 5 (Anforderungen an Unternehmen)

Die Vorschriften der §§ 45 bis 51 beinhalten die Regeln zu Anforderungen an Unternehmen. Gemäß § 142 Nummer 1 GWB und damit abweichend von § 122 Absatz 1 und Absatz 2 GWB wählen Auftraggeber die Unternehmen anhand objektiver Kriterien aus, die sie allen Interessierten zugänglich machen. Damit werden die Artikel 76 bis 81 der Richtlinie 2014/25/EU umgesetzt.

§ 45 (Grundsätze)

Zu Absatz 1

§ 45 legt bestimmte Grundsätze für die Auswahl von Unternehmen fest, die Auftraggeber zu beachten haben. Damit werden die Vorgaben aus den Artikeln 76, 78 und 39 der Richtlinie 2014/25/EU umgesetzt.

Zu Absatz 2

Absatz 2 macht grundsätzliche Vorgaben zu bestimmten Anforderungen, die nicht gestellt werden dürfen, wenn sie bereits beim Auftraggeber vorhanden sind. Die Anforderungen sind zudem allen Unternehmen gegenüber zu stellen und nicht nur einzelnen.

Zu Absatz 3

Absatz 3 regelt in Umsetzung des Artikel 78 Absatz 2 der Richtlinie 2014/25/EU die Möglichkeit des Auftraggebers in Verfahren mit vorherigem Teilnahmewettbewerb zur Reduzierung des geeigneten Bewerberkreises, der zur Angebotsabgabe aufgefordert werden soll.«

A. Allgemeine Einführung

1 § 45 SektVO legt Grundsätze für die Auswahl der Teilnehmer an Vergabeverfahren fest. Nach § 45 Abs. 2 Alt. 1 SektVO sind Unternehmen bei der Festlegung von Eignungsanforderungen gleich zu behandeln. Mit § 45 Abs. 2 Alt. 2 SektVO soll der unnötigen »doppelten« Forderung von Eignungsnachweisen entgegengewirkt werden. § 45 Abs. 3 SektVO regelt die Möglichkeit des Auftraggebers, in Vergabeverfahren mit vorgeschaltetem Teilnahmewettbewerb die Zahl der geeigneten Bewerber zu begrenzen, die zum weiteren Wettbewerb zugelassen werden sollen.

B. Europarechtliche Vorgaben

2 Ausweislich der Gesetzesbegründung werden mit § 45 SektVO die Vorgaben aus den Art. 76, 78 und 39 der Richtlinie 2014/25/EU umgesetzt.[1] § 45 Abs. 2 SektVO entspricht dabei im Wesentlichen Art. 76 Abs. 3 der Richtlinie 2014/25/EU. Im Gegensatz zu Art. 76 Abs. 3 der Richtlinie 2014/25/EU bezieht jedoch § 45 Abs. 2 SektVO die »Auswahlentscheidung« und die »Aktualisierung« nicht auf beide Alternativen der Vorschrift.

3 Im Unterschied zu Art. 76 Abs. 3 lit. a) der Richtlinie 2014/25/EU enthält § 45 Abs. 2 SektVO ferner keine ausdrückliche Bezugnahme auf »Tests«. Die betreffenden Konstellationen dürften aber auch über den Terminus »Nachweise« erfasst werden. Auch wenn diesem Aspekt wohl keine besondere rechtliche Bedeutung zukommt, stellt sich überdies in sprachlicher Hinsicht die Frage, weshalb im Rahmen von § 45 Abs. 2 SektVO statt von »Kriterien und Vorschriften« (Art. 78 Abs. 3 der Richtlinie 2014/25/

---

1 BT-Drs. 87/16 vom 29.02.2016, S. 265.

EU) zusammenfassend von »Kriterien« die Rede ist, während beispielsweise § 48 Abs. 4 Satz 1 SektVO weiterhin von »Kriterien und Vorschriften« spricht.

§ 45 Abs. 3 SektVO setzt Art. 78 Abs. 2 der Richtlinie 2014/25/EU – einschließlich   4 des etwas »holprigen« letzten Satzes (»muss« (. . .) »muss«) – eins zu eins um. Interessant ist, dass die »strengere« und im Übrigen deutlich ausführlichere Parallelvorschrift in Art. 65 der Richtlinie 2014/24/EU keine Vorgaben enthält, in welchen Fällen die Verringerung der Zahl geeigneter Bewerber, die zum weiteren Wettbewerb aufgefordert werden sollen, gerechtfertigt ist (»angemessenes Gleichgewicht zwischen bestimmten Merkmalen des Vergabeverfahrens und den notwendigen Ressourcen für dessen Durchführung«).

Bei der Bezugnahme auf Art. 39 der Richtlinie 2014/25/EU dürfte es sich schließlich um ein redaktionelles Versehen handeln, da die in dieser Vorschrift geregelten Aspekte des Vertraulichkeitsschutzes nicht durch § 45 SektVO umgesetzt werden.

C. Vergleich zur vorherigen Rechtslage

Eine § 45 Abs. 2 SektVO entsprechende Regelung enthielt die SektVO a.F. nur im   5 Hinblick auf Prüfungssysteme (§ 24 Abs. 11 SektVO a.F.). § 45 Abs. 3 SektVO stimmt im Wesentlichen mit § 20 Abs. 2 SektVO a.F. überein, ergänzt die Regelung jedoch um die neu hinzugekommenen Verfahrensarten.

D. Kommentierung

I. Allgemeine Vorgaben für die Bewerberauswahl (§ 45 Abs. 2 SektVO)

§ 45 Abs. 2 SektVO statuiert allgemeine Vorgaben für die Bewerberauswahl bei einem   6 nicht offenen Verfahren, Verhandlungsverfahren, wettbewerblichem Dialog oder einer Innovationspartnerschaft.

1. Gleichbehandlung bei der Festlegung von Eignungsanforderungen

§ 45 Abs. 2 Alt. 1 SektVO betrifft die Gleichbehandlung bei der Festlegung von Eig-   7 nungsanforderungen. Bei einem nicht offenen Verfahren, Verhandlungsverfahren, wettbewerblichem Dialog oder einer Innovationspartnerschaft darf der Auftraggeber bezüglich seiner Auswahlentscheidung Unternehmen keine administrativen, technischen oder finanziellen Anforderungen stellen, die er anderen Unternehmen nicht stellt. Die festgelegten Eignungsanforderungen sind folglich allen Unternehmen gegenüber zu stellen und nicht nur auf einzelne Unternehmen zu beziehen. Mit Blick auf Art. 76 Abs. 3 der Richtlinie 2014/25/EU gilt diese Pflicht zur Gleichbehandlung bei der Festlegung von Eignungsanforderungen in richtlinienkonformer Auslegung nicht nur bei der ursprünglichen Festlegung von Eignungsanforderungen, sondern auch bei der Aktualisierung (beziehungsweise Überarbeitung[2]) von Eignungsanforderungen. Einer speziellen Regelung hätte es insofern jedoch nicht bedurft, da sich diese Pflicht bereits aus dem allgemeinen Gleichbehandlungsgrundsatz gemäß § 97 Abs. 2

---

2 So noch die deutsche Fassung des Art. 52 Abs. 1 der Richtlinie 2004/18/EG.

GWB ergibt. Vor diesem Hintergrund ist es Auftraggebern beispielsweise verwehrt, nur von bestimmten Unternehmen die Angabe von Umsatzzahlen zur Prüfung der wirtschaftlichen Leistungsfähigkeit zu verlangen.

8 Es dürfte jedoch grundsätzlich zulässig sein, den Unternehmen im Sinne einer »Entweder-oder-Nachweismöglichkeit« mehrere Wege offen zu halten, um bestimmte Eignungsanforderungen zu erfüllen. Werden beispielsweise im Bereich der Reinigungsdienstleistungen Referenzen im Hinblick auf den Umgang mit einschlägigen Reinigungsrichtlinien verlangt, so kann der Auftraggeber im Lichte des Wettbewerbsgrundsatzes des § 97 Abs. 1 GWB festlegen, dass Newcomer die »Vertrautheit« mit den in Rede stehenden Reinigungsrichtlinien auch durch die erfolgreiche Durchführung einer entsprechenden Probereinigung nachweisen können.

9 Es spricht zudem viel dafür, dass § 45 Abs. 2 Alt. 1 SektVO abgestuften Eignungsanforderungen im Zusammenhang mit Loslimitierungen nicht entgegensteht. Der Auftraggeber dürfte daher berechtigt sein, nach dem Grad der Fachkunde und Leistungsfähigkeit ausgestaltete »Eignungsstufen« festzulegen. Diese Eignungsstufen ließen sich dann etwa im Falle einer Zuschlagslimitierung mit einer bestimmten Höchstzahl von Zuschlägen verknüpfen. Auf diese Weise wird gewährleistet, dass leistungsfähigere Unternehmen die Möglichkeit haben, den Zuschlag auf eine größere Anzahl von Losen zu erhalten als weniger leistungsfähige. Gleichzeitig werden (noch) weniger leistungsfähige Unternehmen (insbesondere »Newcomer«) in die Lage versetzt, überhaupt am Wettbewerb teilzunehmen.

10 Dass vom Auftraggeber festgelegte Eignungsanforderungen faktisch lediglich von einer geringen Anzahl von Unternehmen erfüllt werden, verstößt für sich genommen nicht gegen den Gleichbehandlungsgrundsatz im Sinne des § 45 Abs. 2 Alt. 1 SektVO.[3] Der Auftraggeber darf folglich durchaus hohe Anforderungen an die Eignung der Bieter stellen, sofern diese durch die Komplexität des jeweiligen Auftrags gerechtfertigt sind und nicht auf sachfremden Erwägungen beruhen.[4] Sind diese einschränkenden Voraussetzungen erfüllt, so sind die hierdurch vor allem für Newcomer erschwerten Marktzutrittschancen vergaberechtlich hinzunehmen.

2. Verhältnismäßigkeit bei der Forderung von Eignungsnachweisen

11 Nach § 45 Abs. 2 Alt. 2 SektVO darf der Auftraggeber bei der Aktualisierung von Kriterien keine Nachweise fordern, die sich mit bereits vorhandenen Nachweisen decken. Ausweislich des Wortlauts dieser Vorschrift ist es dem Auftraggeber also verwehrt, bestimmte Eignungsnachweise zu fordern, wenn diese schon bei ihm vorhanden sind.[5] § 45 Abs. 2 Alt. 2 SektVO setzt damit den Verhältnismäßigkeitsgrundsatz des § 97 Abs. 1 Satz 2 GWB dahingehend um, dass Eignungsnachweise vom Auftraggeber nicht unnötigerweise »doppelt« abgefordert werden sollen. Diese Maßgabe dürfte im

---

3 Opitz, in: Eschenbruch/Opitz (Hrsg.), SektVO, 2012, § 24 Rn. 34.
4 Siehe hierzu und zum Folgenden Dreher/Hoffmann, NZBau 2008, 545, 551.
5 Die Begründung in BT-Drs. 87/16 vom 29.02.2016, S. 265, ist insofern etwas missverständlich, da es nicht darum geht, dass »Anforderungen« beim Auftraggeber vorhanden sind.

Lichte des Art. 76 Abs. 3 Richtlinie 2014/25/EU sowohl für die ursprüngliche Forderung von Eignungsnachweisen als auch für etwaige Aktualisierungen gelten.

Auf die Verhältnismäßigkeit bei der Forderung von Eignungsnachweisen ist beispielsweise bei qualifizierten Unternehmen zu achten, wenn sich der Auftraggeber für ein Vergabeverfahren mit allgemeinem Wettbewerbsaufruf entschließt.[6] In diesen Fällen spricht viel dafür, dass der Auftraggeber von den qualifizierten Unternehmen keine Eignungsnachweise verlangen kann, die bereits Gegenstand des Qualifizierungssystems sind. Zusätzliche Eignungsnachweise darf er hingegen fordern. 12

Im Übrigen wird § 45 Abs. 2 Alt. 2 SektVO einschränkend zu interpretieren sein. Denn der Verweis auf bereits beim Auftraggeber vorhandene Nachweise setzt zum einen zwingend voraus, dass es sich um aktuelle, noch gültige Nachweise handelt.[7] Auch bei gleichsam »bekannten und bewährten« Unternehmen wird der Auftraggeber deshalb in der Regel – auch im Hinblick auf den Gleichbehandlungsgrundsatz – nicht auf die Vorlage von aktuellen Eignungsnachweise verzichten können. Etwas anderes kann allenfalls dann gelten, wenn sich das in Rede stehende Unternehmen erst vor kurzem an einem vergleichbaren Vergabeverfahren beteiligt hat. 13

Zum anderen kann es für das »Vorhandensein« im Sinne des § 45 Abs. 2 Alt. 2 SektVO – wie bei § 50 Abs. 3 VgV – allein auf die jeweilige zuschlagserteilende Stelle ankommen. Insbesondere »größere« Auftraggeber mit einer Vielzahl von zuschlagserteilenden Stellen sind deshalb aufgrund von § 45 Abs. 2 Alt. 2 SektVO nicht verpflichtet, ein Register einzurichten, in dem Eignungsnachweise von Unternehmen zentral gespeichert werden. 14

II. Begrenzung der Bewerberzahl bei Vergabeverfahren mit vorgeschaltetem Teilnahmewettbewerb (§ 45 Abs. 3 SektVO)

Nach § 45 Abs. 3 Satz 1 SektVO kann der Auftraggeber in Fällen, in denen er ein angemessenes Gleichgewicht zwischen bestimmten Merkmalen des Vergabeverfahrens und den notwendigen Ressourcen für dessen Durchführung sicherstellen muss, bei nicht offenen Verfahren, Verhandlungsverfahren, wettbewerblichen Dialogen oder Innovationspartnerschaften objektive Kriterien festlegen, die es ermöglichen, die Zahl der Bewerber, die zur Angebotsabgabe oder zur Aufnahme von Verhandlungen aufgefordert werden, zu begrenzen. Mit dieser Vorschrift wird damit für Vergabeverfahren mit vorgeschaltetem Teilnahmewettbewerb die Möglichkeit eines Zwischenverfahrens geregelt, das gleichsam zwischen der Eignungsprüfung im Rahmen des Teilnahmewettbewerbs und der Angebots- bzw. Verhandlungsphase angesiedelt ist.[8] Die im Rahmen die- 15

---

6 Vgl. hierzu und zum Folgenden Summa, in: Heiermann/Zeiss (Hrsg.), jurisPK Vergaberecht, 4. Aufl. 2013, § 20 SektVO Rn. 35; Opitz, in: Eschenbruch/Opitz (Hrsg.), SektVO, 2012, § 24 Rn. 35.
7 Vgl. in diesem Zusammenhang BT-Drs. 87/16 vom 29.02.2016, S. 203, zu § 50 Abs. 3 Nr. 2 VgV.
8 Vgl. hierzu und zum Folgenden Summa, in: Heiermann/Zeiss (Hrsg.), jurisPK Vergaberecht, 4. Aufl. 2013, § 6 EG VOB/A Rn. 28.

ses Zwischenverfahrens mögliche Reduzierung der Bewerber, die zur Angebotsabgabe oder zur Aufnahme von Verhandlungen aufgefordert werden, ist zu unterscheiden von der in der SektVO nicht ausdrücklich geregelten sukzessiven Möglichkeit zur Verringerung der Angebote in Verfahren mit mehreren Angebotsphasen.

16   Das »Zwischenverfahren« führt – positiv gewendet – dazu, dass aus einem Kreis von geeigneten Unternehmen nur die gleichsam »am besten« geeigneten zur Angebotsabgabe aufgefordert werden, und – negativ gewendet – dazu, dass Unternehmen nicht zur Abgabe von Angeboten aufgefordert werden, obwohl sie die Eignungsprüfung »passiert« haben. § 45 Abs. 3 Satz 1 SektVO stellt damit klar, dass Unternehmen selbst bei nachgewiesener Eignung keinen Anspruch auf Teilnahme am nachfolgenden Vergabeverfahren geltend machen können, wenn der Auftraggeber von der Begrenzungsmöglichkeit im Hinblick auf die Zahl der Bewerber Gebrauch macht. Es besteht insofern keine zwingende Verpflichtung des Auftraggebers, alle geeigneten Unternehmen zum weiteren Wettbewerb zuzulassen.

17   Die Möglichkeit zur Begrenzung der Bewerberzahl unterliegt jedoch gewissen Schranken. Sie ist nach § 45 Abs. 3 Satz 1 SektVO auf Fälle begrenzt, in denen der Auftraggeber ein angemessenes Gleichgewicht zwischen bestimmten Merkmalen des Vergabeverfahrens und den notwendigen Ressourcen für dessen Durchführung sicherstellen muss. Die »bestimmten Merkmale des Vergabeverfahrens« ergeben sich aus den konkreten Umständen und Eigenheiten des in Rede stehenden Beschaffungsvorgangs. Dabei ist insbesondere in die Erwägungen einzustellen, ob es sich um einen komplexen Auftragsgegenstand oder eine Standardleistung handelt.[9] Von Bedeutung ist zudem, ob im konkreten Fall mit einer sehr hohen Zahl von Bewerbern gerechnet werden muss. Überdies wird beispielsweise zu berücksichtigen sein, ob das Verfahren Teststellungen, Probereinigungen, Präsentationen im weitesten Sinne oder vergleichbare Verfahrenselemente vorsieht. Die »notwendigen Ressourcen« beziehen sich auf den für das betreffende Vergabeverfahren erforderlichen Personal-, Zeit- und Materialaufwand.[10]

18   Steht der vom Auftraggeber ermittelte Aufwand in einem Missverhältnis zu den Vorteilen, die aus einem größeren Bieterkreis resultieren können, oder dem Wert der betreffenden Leistung, ist die Begrenzung der Bewerberzahl gerechtfertigt, um ein angemessenes Gleichgewicht im Sinne des § 45 Abs. 3 Satz 1 SektVO herzustellen. Im Hinblick auf die Frage, wann im Einzelfall ein Missverhältnis angenommen werden kann, ist dem Auftraggeber ein von den vergaberechtlichen Nachprüfungsinstanzen nur begrenzt überprüfbarer Beurteilungsspielraum zuzugestehen. Vom Auftraggeber kann insofern lediglich verlangt werden, dass er die Gründe für das Missverhältnis sachlich belegt und seine diesbezüglichen wesentlichen Erwägungen im Einklang mit § 8 SektVO in der Vergabeakte dokumentiert. Dass keine übersteigerten Anforderungen an diese sachliche Begründung gestellt werden können, dürfte sich auch aus dem Umstand ergeben, dass die entsprechenden Vorschriften aus dem im Vergleich zum Sektorenvergа-

---

9   Vgl. hierzu Müller-Wrede, in: Müller-Wrede (Hrsg.), SektVO, 2010, § 20 Rn. 30; Opitz, in: Eschenbruch/Opitz (Hrsg.), SektVO, 2012, § 20 Rn. 37.
10 Siehe Müller-Wrede, in: Müller-Wrede (Hrsg.), SektVO, 2010, § 20 Rn. 30.

berecht grundsätzlich strengeren klassischen Vergaberecht (Art. 65 RL 2014/24/EU und § 51 VgV) keine einschränkenden Vorgaben für eine »Angemessenheitsprüfung« enthalten.

Liegen entsprechende sachliche Gründe vor und möchte der Auftraggeber die Zahl der 19 Bewerber, die zur Angebotsabgabe oder zur Aufnahme von Verhandlungen aufgefordert werden, begrenzen, so hat er hierfür nach § 45 Abs. 3 Satz 1 SektVO objektive Kriterien festzulegen. Der Auftraggeber muss somit Auswahlkriterien bestimmen, die eindeutig und nicht diskriminierend sind sowie mit dem Auftragsgegenstand in Verbindung stehen (vgl. § 122 Abs. 4 Satz 1 GWB). Für die Auswahl der Bewerber im Zwischenverfahren kann der Auftraggeber ein »Mehr an Eignung« berücksichtigen.[11] Ihm ist es folglich gestattet, bekannt gegebene Eignungskriterien mit einer Punktwertung sowie ggf. einer Gewichtung zu versehen und festzulegen, dass nur Bewerber zur Angebotsabgabe oder zur Aufnahme von Verhandlungen aufgefordert werden, die eine bestimmte Mindestpunktzahl oder Mindestplatzierung erreichen.[12] Es empfiehlt sich, nicht alle, sondern nur einzelne Aspekte der Eignung als Auswahlkriterien zu nutzen. In aller Regel wird dabei an die wirtschaftliche und finanzielle Leistungsfähigkeit (z.B. Höhe des Umsatzes) und besondere Fachkunde (z.B. Zahl der vergleichbaren Referenzobjekte) anzuknüpfen sein, da die Zuverlässigkeit keine abstufende Wertung zulässt. Bestimmten Eignungskriterien kann bei einem solchen Vorgehen als Ausschluss- und Auswahlkriterium eine »Doppelfunktion« zukommen. Die Auswahlkriterien samt einer etwaigen Bewertungsmatrix hat der Auftraggeber den Bewerbern aus Gründen der Transparenz und Gleichbehandlung bekannt zu geben.[13]

Der Auftraggeber ist ferner gehalten, die vorgesehene Mindestzahl und gegebenenfalls 20 auch die Höchstzahl der einzuladenden Bewerber anzugeben. Die Zahl der ausgewählten Bewerber muss nach § 45 Abs. 3 Satz 2 SektVO der Notwendigkeit Rechnung tragen, dass ein angemessener Wettbewerb gewährleistet bleibt. In Übereinstimmung mit Art. 78 Abs. 2 der Richtlinie 2014/25/EU – aber im Unterschied zu Art. 65 Abs. 2 UAbs. 2 der Richtlinie 2014/24/EU und § 51 Abs. 2 Satz 1 VgV – sieht § 45 Abs. 3 SektVO keine Mindestanzahl von Bewerbern vor. Um einen angemessenen Wettbewerb zu gewährleisten, wird es aber im Regelfall erforderlich sein, mehr als zwei Bewerber zur Angebotsabgabe oder zur Aufnahme von Verhandlungen aufzufordern.[14] Als Orientierung können insofern die Vorgaben in § 51 Abs. 2 Satz 1 VgV dienen. Nach dieser Vorschrift darf die vom öffentlichen Auftraggeber vorgesehene Mindestzahl der einzuladenden Bewerber nicht niedriger als drei sein, beim nicht offenen Verfahren nicht niedriger als fünf.

Auch für den weiteren Umgang mit der Mindestzahl kann § 51 Abs. 3 VgV als Richt- 21 schnur dienen. Sofern geeignete Bewerber in ausreichender Zahl zur Verfügung stehen, lädt der Auftraggeber eine Anzahl von geeigneten Bewerbern ein, die nicht niedriger als

---

11 Vgl. BT-Drs. 87/16 vom 29.02.2016, S. 204 zur Parallelvorschrift des § 51 VgV.
12 Vgl. hierzu und zum Folgenden Summa, in: Heiermann/Zeiss (Hrsg.), jurisPK Vergaberecht, 4. Aufl. 2013, § 6 EG VOB/A Rn. 33.
13 Vgl. hierzu etwa VK Münster, Beschl. v. 18.03.2015 – VK 1-6/15.
14 Opitz, in: Eschenbruch/Opitz (Hrsg.), SektVO, 2012, § 20 Rn. 40.

die festgelegte Mindestzahl an Bewerbern ist. Es versteht sich insofern von selbst, dass der Auftraggeber die angegebene Mindestzahl auch überschreiten kann. Sofern die Zahl geeigneter Bewerber unter der Mindestzahl liegt, kann der Auftraggeber das Vergabeverfahren fortführen, indem er den oder die Bewerber einlädt, die über die geforderte Eignung verfügen. Andere Unternehmen, die sich nicht um die Teilnahme beworben haben, oder Bewerber, die nicht über die geforderte Eignung verfügen, dürfen nicht zu demselben Verfahren zugelassen werden.

22 Legt der Auftraggeber in der Bekanntmachung fest, wie viele Bewerber er (höchstens) zur Angebotsabgabe oder zur Aufnahme von Verhandlungen auffordern wird, so ist er grundsätzlich an diesen Vorgabe gebunden[15], es sei denn, er behält sich beispielsweise vor, mehr Bewerber zuzulassen, wenn mehrere Unternehmen punktgleich sind oder sehr dicht beieinander liegen.

§ 46 SektVO Objektive und nichtdiskriminierende Kriterien

(1) Der Auftraggeber wählt die Unternehmen anhand objektiver Kriterien aus, die allen interessierten Unternehmen zugänglich sein müssen.

(2) Die objektiven und nichtdiskriminierenden Kriterien für die Auswahl der Unternehmen, die eine Qualifizierung im Rahmen eines Qualifizierungssystems beantragen sowie für die Auswahl der Bewerber und Bieter im offenen Verfahren, nicht offenen Verfahren, Verhandlungsverfahren, wettbewerblichen Dialog oder einer Innovationspartnerschaft können nach § 142 Nummer 2 des Gesetzes gegen Wettbewerbsbeschränkungen die Anwendung des § 123 des Gesetzes gegen Wettbewerbsbeschränkungen beinhalten. Handelt es sich um einen Auftraggeber nach § 100 Absatz 1 Nummer 1 des Gesetzes gegen Wettbewerbsbeschränkungen, beinhalten diese Kriterien nach § 142 Nummer 2 des Gesetzes gegen Wettbewerbsbeschränkungen die Anwendung des § 123 des Gesetzes gegen Wettbewerbsbeschränkungen.

Amtliche Begründung

»§ 46 (Objektive und nichtdiskriminierende Kriterien)

§ 46 setzt Artikel 78 Absatz 1 und Artikel 80 Absatz 1 Unterabsatz 1 und Unterabsatz 2 der Richtlinie 2014/25/EU um.

Zu Absatz 1

Im Gegensatz zur klassischen Auftragsvergabe haben die Auftraggeber im Sektorenbereich größere Spielräume bei der Festlegung von Auswahlkriterien für Unternehmen an einem Vergabeverfahren.

Absatz 1 legt den Grundsatz fest, dass die Kriterien objektiv, also nichtdiskriminierend und allen zugänglich, also einerseits transparent andererseits hindernisfrei abrufbar sein müssen.

---

15 Opitz, in: Eschenbruch/Opitz (Hrsg.), SektVO, 2012, § 20 Rn. 39.

Zu Absatz 2

Absatz 2 setzt Artikel 80 Absatz 1 Unterabsatz 1 und 2 der Richtlinie 2014/25/EU um. Er regelt die Möglichkeit für Auftraggeber, gegebenenfalls Ausschlussgründe nach § 123 GWB festzulegen.

Handelt es sich um einen öffentlichen Auftraggeber nach § 100 Absatz 1 Nummer 1 GWB, kann sich eine Verpflichtung zur Anwendung der Ausschlussgründe ergeben.«

A. Allgemeine Einführung

§ 46 SektVO statuiert grundlegende Vorgaben für die Eignungsprüfung und die An- 1 wendung von Ausschlussgründen im Sektorenbereich. Die Vorgaben gelten für alle im Sektorenbereich zur Verfügung stehenden Verfahrensarten und betreffen insbesondere die Auswahl von Unternehmen im Rahmen eines Teilnahmewettbewerbs beim nicht offenen Verfahren, beim Verhandlungsverfahren, beim wettbewerblichen Dialogs und bei der Innovationspartnerschaft.

Wesentlich für das Verständnis des § 46 SektVO ist, dass diese Vorschrift dem Auftrag- 2 geber im Vergleich zum klassischen Vergaberecht grundsätzlich einen größeren Spielraum gewährt.[1] So bestimmt § 46 Abs. 1 SektVO, dass der Auftraggeber im Anwendungsbereich der SektVO Unternehmen – abweichend von den deutlich strengeren Vorgaben des § 122 Abs. 1 und 2 GWB[2] – anhand objektiver Kriterien auszuwählen hat, die allen interessierten Unternehmen zugänglich sein müssen. Der aus der Richtlinie 2014/25/EU entlehnte Begriff der »objektiven Kriterien« bedeutet in erster Linie, dass die gewählten Kriterien nichtdiskriminierend sein müssen.[3] »Allen zugänglich« heißt ausweislich der Gesetzesbegründung, dass die Kriterien einerseits transparent andererseits hindernisfrei abrufbar zu sein haben.[4]

§ 46 Abs. 2 SektVO betrifft den Umgang mit zwingenden Ausschlussgründen gemäß 3 § 123 GWB. Die Vorschrift legt im Ergebnis fest, dass öffentliche Sektorenauftraggeber im Sinne von § 100 Abs. 1 Nr. 1 GWB zur Anwendung dieser Ausschlussgründe

---

1 Vgl. hierzu Reg.E zum VergRModG, BT-Drs. 18/6281, S. 125 sowie BT-Drs. 87/16 vom 29.02.2016, S. 265.
2 Siehe § 142 Nr. 1 GWB.
3 BT-Drs. 87/16 vom 29.02.2016, S. 265; vgl. hierzu bereits Opitz, VergabeR 2009, 689, 696.
4 BT-Drs. 87/16 vom 29.02.2016, S. 265.

verpflichtet sind, während private Sektorenauftraggeber gemäß § 100 Abs. 1 Nr. 2 GWB diesbezüglich über einen Entscheidungsspielraum verfügen, das heißt die Ausschlusskriterien nach § 123 GWB anwenden können, aber nicht müssen.

B. Europarechtliche Vorgaben

4   § 46 Abs. 1 SektVO setzt Art. 78 Abs. 1 der Richtlinie 2014/25/EU im Wesentlichen inhaltsgleich um. Mit § 46 Abs. 2 SektVO werden die Vorgaben des Art. 80 Abs. 1 Abs. 1 und 2 der Richtlinie 2014/25/EU in das deutsche Sektorenvergaberecht überführt.

C. Vergleich zur vorherigen Rechtslage

5   § 46 Abs. 1 SektVO entspricht nahezu wortgleich § 20 Abs. 1 SektVO a.F. Für § 46 Abs. 2 SektVO findet sich keine entsprechende Regelung in der SektVO a.F. Allerdings ist die Regelung in § 21 Abs. 1 SektVO a.F. insofern mit § 46 Abs. 2 SektVO vergleichbar, als Sektorenauftraggeber im Sinne von § 98 Nr. 4 GWB a.F. nach alter Rechtslage entscheiden konnten, ob sie Ausschlusskriterien nach § 21 Abs. 1 SektVO a.F. vorsehen oder nicht.[5]

D. Kommentierung

I. Auswahl anhand objektiver und nichtdiskriminierender Kriterien

6   Nach § 46 Abs. 1 SektVO hat der Auftraggeber die Unternehmen anhand objektiver Kriterien auszuwählen, die allen interessierten Unternehmen zugänglich sein müssen.

1. Objektive und nichtdiskriminierende Kriterien

7   Die Vorschrift knüpft dabei an die Vorgaben des § 142 Nr. 1 GWB an. § 142 Nr. 1 GWB legt fest, dass Sektorenauftraggeber abweichend von § 122 Abs. 1 und 2 GWB die Unternehmen anhand objektiver Kriterien auswählen, die allen interessierten Unternehmen zugänglich sind. Der Verweis auf § 122 Abs. 1 und 2 GWB fehlt indes bei § 46 Abs. 1 SektVO. Dort heißt es lediglich, dass der Auftraggeber die Unternehmen anhand objektiver Kriterien auszuwählen hat, die allen interessierten Unternehmen zugänglich sein müssen. Dies ändert jedoch nichts daran, dass die in § 122 Abs. 1 und 2 GWB enthaltenen Vorgaben für die klassische Auftragsvergabe bei der Sektorenauftragsvergabe keine verpflichtende Anwendung finden.

8   Gleichwohl dürfte es sich auch im Sektorenbereich in der Praxis regelmäßig anbieten, auf die Eignungskriterien im Sinne des § 122 GWB Bezug zu nehmen. Nach § 122 Abs. 2 Nr. 2 GWB dürfen die Eignungskriterien ausschließlich Folgendes betreffen:
– Befähigung und Erlaubnis zur Berufsausübung,

---

5 Siehe hierzu Opitz, in: Eschenbruch/Opitz (Hrsg.), SektVO, 2012, § 21 Rn. 8.

– wirtschaftliche und finanzielle Leistungsfähigkeit,
– technische und berufliche Leistungsfähigkeit.

Mit Blick auf die Befähigung und Erlaubnis zur Berufsausübung darf der Auftraggeber   9
etwa den Nachweis über die Eintragung in ein Berufs- oder Handelsregister verlangen
(vgl. § 44 Abs. 1 Satz 1 VgV). Zum Nachweis der wirtschaftlichen und finanziellen
Leistungsfähigkeit kann der Auftraggeber beispielsweise einen bestimmten Mindestjah-
resumsatz, Informationen über die Bilanz oder eine Berufs- oder Betriebshaftpflichtver-
sicherung in bestimmter geeigneter Höhe fordern (vgl. § 45 Abs. 1 VgV). »Klassischer«
Beleg für die technische oder berufliche Leistungsfähigkeit ist Vorlage einer Referenz-
liste (vgl. § 46 Abs. 3 Nr. 1 VgV).

Darüber hinaus kann der Auftraggeber im Sektorenbereich aber auch weitere objektive   10
Kriterien für die Auswahl von Unternehmen festlegen. Einem solchen Vorgehen trägt
auch das sog. Standardformular 5 Rechnung. So betreffen die Ziff. III.1.1) bis
III.1.3) die Eignungskriterien gemäß § 122 Abs. 2 Satz 2 GWB, während Ziff.
III.1.4) die Möglichkeit vorsieht, weitere »objektive Teilnahmeregeln und -kriterien«
festzulegen. Derartige »objektive Kriterien« können sich beispielsweise auf die von
den Unternehmen angebotenen Produkte und Verfahren und damit insbesondere auf
Güteprüfungen beziehen.[6]

Nach § 46 Abs. 1 SektVO müssen die festgelegten Kriterien »objektiv«, das heißt ins-   11
besondere nichtdiskriminierend sein.[7] Vor diesem Hintergrund darf der Auftraggeber
insbesondere keine Kriterien verwenden, die unmittelbar oder mittelbar bekannte oder
einheimische Unternehmen bevorzugen.[8] Letztlich soll durch die Forderung nach diskriminierungsfreien Kriterien die Gleichbehandlung aller Unternehmen gemäß § 97
Abs. 2 GWB gewährleistet werden.[9]

»Objektiv« bedeutet ferner, dass die gewählten Kriterien sachlich sein müssen.[10] Sie ha-   12
ben daher auch den Anforderungen des § 122 Abs. 4 Satz 1 GWB genügen. Nach dieser Vorschrift müssen Eignungskriterien mit dem Auftragsgegenstand in Verbindung
stehen und zu diesem in einem angemessenen Verhältnis stehen. § 122 Abs. 4 Satz 1
GWB soll nach der Gesetzesbegründung sicherstellen, dass Auftraggeber bei Vergabeverfahren nur angemessene Anforderungen an die Eignung stellen.[11] Es sind daher nur
solche Eignungsanforderungen zulässig, die zur Sicherstellung einer einwandfreien Ausführung des zu vergebenden Auftrags geeignet und erforderlich sind.[12] Ob dies der Fall
ist, hängt maßgeblich von der Art des Auftrags, vom Auftragsgegenstand und von den

---

6 Vgl. hierzu Opitz, in: Eschenbruch/Opitz (Hrsg.), SektVO, 2012, § 24 Rn. 12.
7 BT-Drs. 87/16 vom 29.02.2016, S. 265; vgl. hierzu bereits Opitz, VergabeR 2009, 689, 696.
8 Siehe hierzu Müller-Wrede, in: Müller-Wrede (Hrsg.), SektVO, 2010, § 20 Rn. 11; Opitz,
    in: Eschenbruch/Opitz (Hrsg.), SektVO, 2012, § 20 Rn. 13.
9 Opitz, in: Eschenbruch/Opitz (Hrsg.), SektVO, 2012, § 20 Rn. 13.
10 Opitz, in: Eschenbruch/Opitz (Hrsg.), SektVO, 2012, § 20 Rn. 13; Müller-Wrede, in: Mül-
    ler-Wrede (Hrsg.), SektVO, 2010, § 20 Rn. 11.
11 Siehe den Reg.E zum VergRModG, BT-Drs. 18/6281, S. 101.
12 Opitz, in: Eschenbruch/Opitz (Hrsg.), SektVO, 2012, § 20 Rn. 22.

Bedingungen der Auftragsausführung ab.[13] So werden in der Regel die Eignungsvorgaben an den Lieferanten bei der Beschaffung marktüblicher Waren deutlich geringer ausfallen können als die Eignungsvorgaben an einen Bauunternehmer, der mit der Realisierung eines komplexen Bauvorhabens betraut werden soll. Anforderungen, die in keiner Verbindung zum Auftragsgegenstand stehen, sind unzulässig.

13   Im Übrigen verfügt der Auftraggeber im Sektorenbereich bei der Festlegung – und gegebenenfalls Gewichtung – der Kriterien zur Auswahl von Unternehmen über einen Spielraum, der von den vergaberechtlichen Nachprüfungsinstanzen nur eingeschränkt überprüft werden kann.[14]

2. Zugänglichkeit der Kriterien

14   Nach § 46 Abs. 1 SektVO müssen die objektiven Kriterien allen interessierten Unternehmen zugänglich sein. »Allen zugänglich« bedeutet ausweislich der Gesetzesbegründung, dass die Kriterien einerseits transparent andererseits hindernisfrei abrufbar sein müssen.[15] Der Aspekt der »Zugänglichkeit« scheint somit nach dem Willen des Gesetzgebers eine inhaltliche und eine verfahrensbezogene »technische« Komponente zu haben.

15   Um dem Transparenzgebot gemäß § 97 Abs. 1 Satz 1 GWB zu genügen, müssen Eignungskriterien so hinreichend klar und deutlich formuliert sein, dass es einem verständigen Unternehmen ohne eigene Interpretation eindeutig erkennbar wird, was der Auftraggeber fordert.[16] Die Eignungsanforderungen müssen im Einzelnen aufgeführt werden, damit sich die Bieter darauf einstellen und sich rechtzeitig die entsprechenden Nachweise beschaffen können. Unklarheiten und Widersprüche gehen zulasten des Auftraggebers.

16   Das Erfordernis der »hindernisfreien Abrufbarkeit« dürfte erfüllt sein, wenn die Eignungskriterien im Sinne von § 122 Abs. 4 Satz 2 GWB rechtzeitig in der Auftragsbekanntmachung, der Vorinformation oder der Aufforderung zur Interessensbestätigung bekannt gemacht werden und die interessierten Unternehmen ohne Weiteres von diesen Kenntnis nehmen können.

II. Anwendung der zwingenden Ausschlussgründe gemäß § 123 GWB

17   § 46 Abs. 2 SektVO betrifft die Anwendung der zwingenden Ausschlussgründe gemäß § 123 GWB. Die Vorschrift knüpft dabei an die Vorgaben des § 142 Nr. 2 GWB an. Denn § 142 Nr. 2 GWB sieht vor, dass private Sektorenauftraggeber gemäß § 100 Abs. 1 Nr. 2 GWB Unternehmen nach § 123 GWB ausschließen können, aber nicht

---

13 Siehe hierzu und zum Folgenden den Reg.E zum VergRModG, BT-Drs. 18/6281, S. 101.
14 Siehe etwa Müller-Wrede, in: Müller-Wrede (Hrsg.), SektVO, 2010, § 20 Rn. 15.
15 Vgl. BT-Drs. 87/16 vom 29.02.2016, S. 265.
16 Siehe hierzu und zum Folgenden etwa OLG Düsseldorf, Beschl. v. 26.03.2012 – VII-Verg 4/12; Beschl. v. 15.08.2011 – VII-Verg 71/11; Beschl. v. 12.03.2008 – VII-Verg 56/07; OLG Frankfurt, Beschl. v. 15.07.2008 – 11 Verg 4/08; Beschl. v. 10.06.2008 – 11 Verg 3/08.

ausschließen müssen. Die Regelungen zu den zwingenden Ausschlussgründen gemäß § 123 GWB sind folglich mit anderen Worten für private Sektorenauftraggeber nicht obligatorisch, sondern fakultativ ausgestaltet.[17]

§ 46 Abs. 2 SektVO setzt diese Vorgaben systematisch wie folgt um: § 46 Abs. 2 Satz 1   **18**
SektVO bestimmt zunächst, dass die objektiven und nichtdiskriminierenden Kriterien die Ausschlussgründe gemäß § 123 GWB beinhalten können. Dieser Entscheidungsspielraum (»können«) kommt jedoch – im Einklang mit § 142 Nr. 2 GWB – lediglich privaten Sektorenauftraggebern zugute. Denn § 46 Abs. 2 Satz 2 GWB stellt klar, dass öffentliche Sektorenauftraggeber gemäß § 100 Abs. 1 Nr. 1 GWB zur Anwendung der Ausschlussgründe gemäß § 123 GWB verpflichtet sind.

Auch im Lichte dieses Spielraums werden jedoch auch private Sektorenauftraggeber in   **19**
der Regel gut daran tun, in ihren Vergabeverfahren die zwingenden Ausschlussgründe gemäß § 123 SektVO anzuwenden. Dies gilt vor allem deshalb, weil mit diesen zwingenden Ausschlussgründen die Vergabe von Aufträgen an Unternehmen verhindert werden soll, deren verantwortlich handelnde Personen bestimmte schwerwiegende Straftaten begangen haben.

§ 47 SektVO Eignungsleihe

(1) Ein Bewerber oder Bieter kann für einen bestimmten Auftrag im Hinblick auf die erforderliche wirtschaftliche und finanzielle sowie die technische und berufliche Leistungsfähigkeit die Kapazitäten anderer Unternehmen in Anspruch nehmen, wenn er nachweist, dass ihm die für den Auftrag erforderlichen Mittel tatsächlich zur Verfügung stehen werden, indem er beispielsweise eine entsprechende Verpflichtungserklärung dieser Unternehmen vorlegt. Diese Möglichkeit besteht unabhängig von der Rechtsnatur der zwischen dem Bewerber oder Bieter und den anderen Unternehmen bestehenden Verbindungen. Ein Bewerber oder Bieter kann jedoch im Hinblick auf Nachweise für die erforderliche berufliche Leistungsfähigkeit wie Ausbildungs- und Befähigungsnachweise oder die einschlägige berufliche Erfahrung die Kapazitäten anderer Unternehmen nur dann in Anspruch nehmen, wenn diese die Leistung erbringen, für die diese Kapazitäten benötigt werden.

(2) Der Auftraggeber überprüft im Rahmen der Eignungsprüfung, ob die Unternehmen, deren Kapazitäten der Bewerber oder Bieter für die Erfüllung bestimmter Eignungskriterien in Anspruch nehmen will, die entsprechenden Kriterien erfüllen, und ob Ausschlussgründe vorliegen, sofern er solche festgelegt hat. Hat der Auftraggeber auf zwingende Ausschlussgründe nach § 123 des Gesetzes gegen Wettbewerbsbeschränkungen Bezug genommen, schreibt er vor, dass der Bewerber oder Bieter ein Unternehmen, das das entsprechende Eignungskriterium nicht erfüllt oder bei dem zwingende Ausschlussgründe nach § 123 des Gesetzes gegen Wettbewerbsbeschränkungen vorliegen, ersetzen muss. Hat der Auftraggeber auf fakultative Ausschlussgründe nach § 124 des Gesetzes gegen Wettbewerbsbeschränkungen Bezug genom-

---

17 Siehe hierzu den Reg.E zum VergRModG, BT-Drs. 18/6281, S. 125.

men, kann er vorschreiben, dass der Bewerber oder Bieter auch ein Unternehmen, bei dem fakultative Ausschlussgründe nach § 124 des Gesetzes gegen Wettbewerbsbeschränkungen vorliegen, ersetzen muss. Der Auftraggeber kann dem Bewerber oder Bieter dafür eine Frist setzen.

(3) Nimmt ein Bewerber oder Bieter die Kapazitäten eines anderen Unternehmens im Hinblick auf die erforderliche wirtschaftliche und finanzielle Leistungsfähigkeit in Anspruch, so kann der Auftraggeber eine gemeinsame Haftung des Bewerbers oder Bieters und des anderen Unternehmens für die Auftragsausführung entsprechend dem Umfang der Eignungsleihe verlangen.

(4) Die Absätze 1 bis 3 gelten auch für Bewerber oder Bietergemeinschaften.

(5) Der Auftraggeber kann vorschreiben, dass bestimmte kritische Aufgaben bei Bauaufträgen, Dienstleistungsaufträgen oder kritische Verlege- oder Installationsarbeiten im Zusammenhang mit einem Lieferauftrag direkt vom Bieter selbst oder im Fall einer Bietergemeinschaft von einem Teilnehmer der Bietergemeinschaft ausgeführt werden müssen.

Amtliche Begründung:

»§ 47 regelt, wann der Bewerber oder Bieter zulässigerweise für den Nachweis seiner Eignung gegenüber dem Auftraggeber die Kapazitäten anderer Unternehmen in Anspruch nehmen darf. Die Möglichkeit der Eignungsleihe besteht für den Bewerber oder Bieter nur hinsichtlich der erforderlichen wirtschaftlichen und finanziellen Leistungsfähigkeit sowie der technischen und beruflichen Leistungsfähigkeit.

Die Vorschrift dient der Umsetzung von Artikel 79 der Richtlinie 2014/25/EU.

Die Eignungsleihe ist von der Unterauftragsvergabe nach § 34 zu unterscheiden. Während im Rahmen der Vergabe von Unteraufträgen ein Teil des Auftrags durch den Bewerber oder Bieter auf eine dritte Person übertragen wird, die dann diesen Teil ausführt, beruft sich bei der Eignungsleihe der Bewerber oder Bieter für die Eignungsprüfung auf die Kapazitäten eines anderen Unternehmens, ohne dass er zwingend zugleich diesen mit der Ausführung eines Teils des Auftrags beauftragen muss. Der Auftraggeber überprüft im Fall einer Eignungsleihe im Rahmen der Prüfung der Eignung des Bewerbers oder Bieters, ob die Kapazitäten von dritten Unternehmen, die der Bewerber oder Bieter für die Erfüllung bestimmter Eignungskriterien wie beispielsweise der finanziellen Leistungsfähigkeit in Anspruch nehmen will, dem Bewerber oder Bieter wirklich zur Verfügung stehen werden sowie ob die dritten Unternehmen selbst die entsprechenden Eignungskriterien erfüllen und ob bei ihnen Ausschlussgründe vorliegen.

Zu Absatz 1

Absatz 1 setzt Artikel 79 Absatz 1 Unterabsatz 1 der Richtlinie 2014/24/EU um. Im Hinblick auf den Nachweis der beruflichen Befähigung ist die Eignungsleihe nur zulässig, wenn das andere Unternehmen die Leistung auch ausführt, für die die Kapazitäten benötigt werden.

Zu Absatz 2

Absatz 2 setzt die Vorschrift des Artikels 79 Absatz 1 Unterabsatz 2 der Richtlinie 2014/25/EU um, die die Prüfung der Eignung des in Anspruch genommenen anderen Unternehmens und des

Nichtvorliegens von Ausschlussgründen im Rahmen der Eignungsprüfung des Bewerbers oder Bieters vor der Zuschlagserteilung betrifft.

Der Auftraggeber legt fest, bis wann er den Nachweis der Eignung der Bewerber oder Bieterverlangt. Wenn das andere Unternehmen, dessen Kapazitäten der Bewerber oder Bieter zum Nachweis seiner eigenen Eignung in Anspruch nehmen will, das entsprechende Eignungskriterium nicht erfüllt (beispielsweise selbst nicht ausreichend finanziell leistungsfähig ist) oder bei dem anderen Unternehmen ein zwingender Ausschlussgrund vorliegt, muss der Auftraggeber fordern, dass der Bewerber oder Bieter das andere Unternehmen ersetzt und kann ihm dafür eine Frist setzen. Der Auftraggeber kann auch in dem Fall, dass bei dem anderen Unternehmen, dessen Kapazitäten der Bewerber oder Bieter zum Nachweis seiner eigenen Eignung in Anspruch nehmen will, ein fakultativer Ausschlussgrund vorliegt, den Bewerber oder Bieter zum Ersetzen des anderen Unternehmens verpflichten und dafür eine Frist setzen. Wenn der Bewerber oder Bieter der Aufforderung nicht oder nicht fristgemäß nachkommt, hat er seine Eignung nicht nachgewiesen. Weder durch die Eignungsleihe noch durch das unter Umständen erforderliche Ersetzen eines in Anspruch genommenen anderen Unternehmens durch den Bieter oder Bewerber darf das Angebot an sich verändert werden, da die Eignungsleihe nur die Frage der Eignung des Bewerbers oder Bieters betrifft. Der Auftraggeber ist nicht verpflichtet, nach dem Ersetzen eines anderen Unternehmens auch das Ersetzen des neu in Anspruch genommenen anderen Unternehmens zu verlangen, wenn auch bei diesem ein Grund dafür vorliegt.

Zu Absatz 3

Absatz 3 regelt in Umsetzung von Artikel 79 Absatz 1 Unterabsatz 3 der Richtlinie 2014/25/EU die Möglichkeit des Auftraggebers, eine gemeinsame Haftung zu verlangen. Welche Form und welchen Umfang der gemeinsamen Haftung der Auftraggeber verlangt, obliegt der Festlegung durch diesen im Einzelfall.«

Inhaltsübersicht

A. Allgemeine Einführung

§ 47 SektVO erlaubt es Unternehmen, vorhandene »Eignungslücken« durch einen Zu- 1
griff auf Kapazitäten anderer Unternehmen auszugleichen und auf diese Weise ihre Eignung im Sinne des § 122 GWB nachzuweisen.

B. Europarechtliche Vorgaben

§ 47 SektVO setzt die eigentlich auf Qualifizierungssysteme gemünzten Vorgaben des 2
Art. 79 der Richtlinie 2014/25/EU für die Eignungsleihe allgemein um.

C. Vergleich zur vorherigen Rechtslage

3   § 20 Abs. 3 SektVO a. F. enthielt lediglich knappe Vorgaben zur Eignungsleihe. Im Vergleich zur vorherigen Rechtslage ist vor allem bemerkenswert, dass nach § 47 Abs. 1 Satz 3 SektVO eine eine Inanspruchnahme der beruflichen Leistungsfähigkeit eines anderen Unternehmens nur zulässig ist, wenn der Bewerber oder Bieter dieses als Nachunternehmer einsetzt. Darüber hinaus muss als wesentlicher Unterschied die in § 47 Abs. 5 SektVO geregelte Möglichkeit einer Verpflichtung zur Selbstausführung bei bestimmten kritischen Aufgaben genannt werden.

D. Kommentierung

I. Eignungsleihe (§ 47 Abs. 1 SektVO)

4   Bei den Vorgaben für eine Eignungsleihe im Sinne des § 47 SektVO ist zwischen der Eignungsleihe im Hinblick auf die wirtschaftliche und finanzielle sowie die technische und berufliche Leistungsfähigkeit und der Eignungsleihe im Hinblick auf die berufliche Leistungsfähigkeit wie Ausbildungs- und Befähigungsnachweise oder die einschlägige berufliche Erfahrung zu unterscheiden.

5   Nach § 47 Abs. 1 Satz 1 SektVO kann ein Bewerber oder Bieter für einen bestimmten Auftrag im Hinblick auf die erforderliche wirtschaftliche und finanzielle sowie die technische und berufliche Leistungsfähigkeit die Kapazitäten anderer Unternehmen in Anspruch nehmen, wenn er nachweist, dass ihm die für den Auftrag erforderlichen Mittel tatsächlich zur Verfügung stehen werden, indem er beispielsweise eine entsprechende Verpflichtungserklärung dieser Unternehmen vorlegt. Die Möglichkeit der Eignungsleihe besteht gemäß § 47 Abs. 1 Satz 2 SektVO unabhängig von der Rechtsnatur der zwischen dem Bewerber oder Bieter und den anderen Unternehmen bestehenden Verbindungen. Der Bewerber oder Bieter kann folglich mit anderen Worten den rechtlichen Charakter der Verbindung, die er zum dritten »eignungsvermittelnden« Unternehmen herzustellen beabsichtigt, frei wählen. In der Praxis dürfte die Eignungsleihe durch Beauftragung eines Nachunternehmers die häufigste Konstellation sein. Aber auch wenn die Eignungsleihe bei Drittunternehmen gemäß § 47 SektVO und der Nachunternehmereinsatz im Sinne von § 34 SektVO oftmals in einem engen Zusammenhang stehen, müssen diese beiden vergaberechtlichen Instrumente voneinander unterschieden werden.[1] Denn während im Rahmen der Vergabe von Unteraufträgen an Nachunternehmer ein Teil des Auftrags durch den Bewerber oder Bieter auf eine dritte Person übertragen wird, die dann diesen Teil ausführt, beruft sich bei der Eignungsleihe der Bewerber oder Bieter für die Eignungsprüfung auf die Kapazitäten eines Dritten, ohne dass er diesen zwingend zugleich mit der Ausführung eines Teils des Auftrags beauftragen muss. Neben dem Nachunternehmereinsatz sind aber auch viele andere Formen der Kooperation denkbar, die der Kompensation von Eignungsdefiziten dienen

---

1 Siehe zu dieser Unterscheidung BT-Drs. 87/16 v. 29.02.2016, S. 200 sowie ausführlich Conrad, VergabeR 2012, 15 ff.; Rosenkötter/Bary, NZBau 2012, 486 ff.; Probst/von Holleben/Winters, CR 2013, 200 ff.

sollen.[2] So kann sich ein Unternehmen beispielsweise auch auf die Kapazitäten von Konzernunternehmen stützen.[3]

Der Ausgleich vorhandener »Eignungslücken« durch eine Eignungsleihe ist jedoch nur   6 möglich, wenn das andere Unternehmen geeignet ist und der Bewerber oder Bieter die »tatsächliche« Verfügbarkeit der in Rede stehenden Mittel nachweisen kann.[4] Nach § 47 Abs. 1 Satz 1 SektVO kann er hierzu beispielsweise eine entsprechende Verpflichtungserklärung des Unternehmens vorlegen. Ausweislich des Wortlauts dieser Vorschrift ist die Verpflichtungserklärung damit lediglich ein Beispiel für einen Nachweis, dass das Unternehmen tatsächlich über die in Rede stehenden Mittel verfügen kann. Vor diesem Hintergrund ist auf Basis des § 47 Abs. 1 Satz 1 SektVO im Einklang mit der einschlägigen Rechtsprechung des EuGH davon auszugehen, dass der Bewerber oder Bieter nicht nur den rechtlichen Charakter der Verbindung zum »eignungsvermittelnden« Unternehmen, sondern auch die Art und Weise des Verfügbarkeitsnachweises frei wählen kann.[5] § 47 Abs. 1 Satz 1 SektVO schließt es somit nicht aus, dass der Bewerber oder Bieter die Verfügbarkeit auf andere Weise als durch eine Verpflichtungserklärung nachweist (z.B. durch eine Erläuterung der Zugriffsmöglichkeiten auf ein Konzernunternehmen). Der Auftraggeber kann deshalb auch bestimmte Nachweise nicht von vornherein ausschließen. Er ist aber berechtigt und verpflichtet, sich im Einzelfall Klarheit darüber zu verschaffen, ob dem Bieter die für die Auftragsausführung erforderlichen Mittel tatsächlich zur Verfügung stehen.[6] Dem Auftraggeber wird daher auch das Recht zugestanden werden müssen, im Zuge der Aufklärung oder bei Zweifeln weitere Verfügbarkeitsnachweise zu fordern.

Darüber hinaus ist darauf hinzuweisen, dass der Auftraggeber gemäß § 47 Abs. 3   7 SektVO eine gemeinsame Haftung des Bewerbers oder Bieters und des anderen Unternehmens für die Auftragsausführung entsprechend dem Umfang der Eignungsleihe verlangen kann, wenn ein Bewerber oder Bieter die Kapazitäten eines anderen Unternehmens im Hinblick auf die erforderliche wirtschaftliche und finanzielle Leistungsfähigkeit in Anspruch in nimmt. Welche Form und welchen Umfang der gemeinsamen Haftung der Auftraggeber verlangt, obliegt seiner Festlegung im Einzelfall.[7]

Eine bedeutsame Einschränkung der »Ausgestaltungsfreiheit« bei der Eignungsleihe   8 gilt jedoch nach § 47 Abs. 1 Satz 3 SektVO im Hinblick auf Nachweise für die erforderliche berufliche Leistungsfähigkeit wie Ausbildungs- und Befähigungsnachweise oder die einschlägige berufliche Erfahrung. Diesbezüglich kann ein Bewerber oder Bieter die Kapazitäten anderer Unternehmen nur in Anspruch nehmen, wenn diese die Leistung erbringen, für die diese Kapazitäten benötigt werden. Eignungsleihe führt also in diesen Fällen zwingend zum Nachunternehmereinsatz.

---

2 Siehe Summa, in: Heiermann/Zeiss (Hrsg.), jurisPK Vergaberecht, 4. Aufl. 2013, § 97 GWB Rn. 129.
3 Vgl. OLG Düsseldorf, Beschl. v. 30.06.2010 – VII-Verg 13/10.
4 EuGH, Urt. v. 02.12.1999 – C-176/98; Urt. v. 14.01.2016 – C-234/14.
5 Siehe hierzu und zum Folgenden EuGH, Urt. v. 14.01.2016 – C-234/14.
6 Siehe hierzu und zum Folgenden Eydner, IBR 2016, 301.
7 BT-Drs. 87/16 v. 29.02.2016, S. 200.

9   Nach der hier vertretenen Auffassung spricht schließlich viel dafür, dass neben diesen kodifizierten Einschränkungen des Rechts zur Eignungsleihe die zum alten Richtlinienrecht ergangenen Entscheidungen des EuGH weiterhin Bestand haben. So kann es nach der Rechtsprechung des EuGH Arbeiten geben, die aufgrund ihrer Besonderheiten eine bestimmte Kapazität erfordern, die sich durch die Zusammenfassung kleinerer Kapazitäten mehrerer Wirtschaftsteilnehmer möglicherweise nicht erlangen lässt.[8] In einem solchen Fall kann ein Auftraggeber berechtigt sein, zu verlangen, dass ein einziger Wirtschaftsteilnehmer die Mindestanforderung hinsichtlich der betreffenden Kapazität erfüllt.

II. Prüfung der Eignung des in Anspruch genommenen Unternehmens (§ 47 Abs. 2 SektVO)

10   Nach § 47 Abs. 2 Satz 1 SektVO hat der Auftraggeber im Fall einer Eignungsleihe im Rahmen der Prüfung der Eignung des Bewerbers oder Bieters zu überprüfen, ob die Kapazitäten von dritten Unternehmen, die der Bewerber oder Bieter für die Erfüllung bestimmter Eignungskriterien wie beispielsweise der finanziellen Leistungsfähigkeit in Anspruch nehmen will, dem Bewerber oder Bieter wirklich zur Verfügung stehen werden sowie ob die dritten Unternehmen selbst die festgelegten Eignungskriterien erfüllen und ob bei ihnen etwaige Ausschlussgründe vorliegen.

11   Wenn das andere Unternehmen, dessen Kapazitäten der Bewerber oder Bieter zum Nachweis seiner eigenen Eignung in Anspruch nehmen will, das entsprechende Eignungskriterium nicht erfüllt (beispielsweise selbst nicht ausreichend finanziell leistungsfähig ist) oder bei dem anderen Unternehmen ein zwingender Ausschlussgrund vorliegt, muss der Auftraggeber fordern, dass der Bewerber oder Bieter das andere Unternehmen ersetzt. Nach § 47 Abs. 2 Satz 4 SektVO kann der Auftraggeber dem Bewerber oder Bieter hierfür eine Frist setzen. Das Unternehmen erhält in diesen Fällen folglich das Recht, das ursprünglich in Anspruch genommene Unternehmen im laufenden Vergabeverfahren auszuwechseln.

12   Der Auftraggeber kann auch in dem Fall, dass bei dem anderen Unternehmen, dessen Kapazitäten der Bewerber oder Bieter zum Nachweis seiner eigenen Eignung in Anspruch nehmen will, ein fakultativer Ausschlussgrund vorliegt, den Bewerber oder Bieter zum Ersetzen des anderen Unternehmens verpflichten und dafür eine Frist setzen. Wenn der Bewerber oder Bieter der Aufforderung nicht oder nicht fristgemäß nachkommt, hat er seine Eignung nicht nachgewiesen. Weder durch die Eignungsleihe noch durch das unter Umständen erforderliche Ersetzen eines in Anspruch genommenen anderen Unternehmens durch den Bieter oder Bewerber darf das Angebot an sich verändert werden, da die Eignungsleihe nur die Frage der Eignung des Bewerbers oder Bieters betrifft.

---

8 EuGH, Urteil v. 10.10.2013 – C-94/12.

Der Auftraggeber ist nicht verpflichtet, nach dem Ersetzen eines anderen Unterneh- 13
mens auch das Ersetzen des neu in Anspruch genommenen anderen Unternehmens
zu verlangen, wenn auch bei diesem ein Grund dafür vorliegt.[9]

III. Verpflichtung zur Selbstausführung bei bestimmten kritischen Aufgaben (§ 47 Abs. 5 SektVO)

Der Auftraggeber kann nach § 47 Abs. 5 SektVO vorschreiben, dass bestimmte kriti- 14
sche Aufgaben bei Bauaufträgen, Dienstleistungsaufträgen oder kritische Verlege- oder
Installationsarbeiten im Zusammenhang mit einem Lieferauftrag direkt vom Bieter
selbst oder im Fall einer Bietergemeinschaft von einem Teilnehmer der Bietergemeinschaft ausgeführt werden müssen. Die Vorschrift statuiert damit für bestimmte kritische Aufgaben eine Ausnahme vom grundsätzlichen Verbot einer Verpflichtung zur
Selbstausführung. Der hat Auftraggeber folglich – positiv gewendet – die Möglichkeit,
Auftragnehmer bei bestimmten kritischen Aufgaben zur Selbstausführung zu verpflichten.

Diese Möglichkeit gilt für Bau- und Dienstleistungsaufträge uneingeschränkt, im Be- 15
reich der Lieferaufträge jedoch nur für kritische Verlege- oder Installationsarbeiten
im Zusammenhang mit einem Lieferauftrag. § 47 Abs. 5 SektVO knüpft auf diese
Weise an Art. 2 Nr. 4 Satz 2 der Richtlinie 2014/25/EU an, nach der ein Lieferauftrag
als Nebenarbeiten Verlege- und Installationsarbeiten umfassen kann.[10]

Maßgebliche Voraussetzung für eine Verpflichtung zur Selbstausführung ist das Vorlie- 16
gen einer »kritischen Aufgabe«. Allerdings lassen sich weder den europäischen Vergaberichtlinien noch den deutschen Umsetzungsvorschriften Maßgaben dazu entnehmen,
was unter einer kritischen Aufgabe zu verstehen ist. Mit Blick auf den Sinn und Zweck
von § 47 Abs. 5 SektVO dürfte es sich bei diesen kritischen Aufgaben jedoch um solche Aufgaben handeln, bei denen es dem Auftraggeber aufgrund der drohenden Schäden und Nachteile bei Nichtleistung, Schlechtleistung oder Verzug im Einzelfall nicht
zugemutet werden kann, die mit einem Nachunternehmereinsatz verbundenen
(Schnittstellen-)Risiken in Kauf zu nehmen.[11] Es ist ausreichend, wenn der Auftraggeber vor diesem Hintergrund ein berechtigtes Interesse an der Selbstausführung darlegen kann. Bei der Einschätzung, ob im Einzelfall eine kritische Aufgabe vorliegt, ist
dem Auftraggeber ein Beurteilungsspielraum zuzugestehen, der von den vergaberechtlichen Nachprüfungsinstanzen nur eingeschränkt überprüft werden kann.

Als Beispiel für eine bestimmte kritische Aufgabe werden in der Literatur sensible 17
TGA[12]-Leistungen zur Errichtung einer Forschungsanlage genannt, da eine solche Anlage ohne einwandfrei funktionierende TGA schlicht nutzlos sei.[13] Des Weiteren lassen

---

9 BT-Drs. 87/16 v. 29.02.2016, S. 201.
10 § 103 Abs. 2 Satz 2 GWB spricht im Gegensatz zu Art. 2 Nr. 4 Satz 2 RL 2014/25/EU lediglich von »Nebenleistungen«.
11 Vgl. hierzu und zum Folgenden auch Stoye/Brugger, VergabeR 2015, 647, 652.
12 Technische Gebäudeausrüstung.
13 Siehe hierzu ausführlich Stoye/Brugger, VergabeR 2015, 647 ff.

sich etwa sicherheitskritische Arbeiten bei der Installation einer komplexen Brandschutzanlage nennen.[14]

18   Die Formulierung »bestimmte kritische Aufgaben bei« in § 47 Abs. 5 SektVO deutet darauf hin, dass sich das Verbot der Eignungsleihe im Regelfall nur auf bestimmte Leistungsteile einer Gesamtleistung bezieht. Im Einzelfall kann aber wohl auch beispielsweise ein gesamter Dienstleistungsauftrag vom Auftraggeber als derart kritisch eingestuft werden, dass eine Eignungsleihe ausscheidet.

19   Die Gründe für eine Verpflichtung zur Selbstausführung aufgrund einer bestimmten kritischen Aufgabe hat der Auftraggeber nachvollziehbar in der Vergabeakte zu dokumentieren.

§ 48 SektVO   Qualifizierungssysteme

(1) Der Auftraggeber kann zur Eignungsfeststellung ein Qualifizierungssystem für Unternehmen einrichten und betreiben. Unternehmen müssen jederzeit die Zulassung zum Qualifizierungssystem beantragen können. Das Qualifizierungssystem kann verschiedene Qualifizierungsstufen umfassen.

(2) Der Auftraggeber legt für den Ausschluss und die Eignung von Unternehmen objektive Kriterien fest. Enthalten diese Kriterien technische Anforderungen, so gelten die §§ 28 und 29.

(3) Für die Funktionsweise des Qualifizierungssystems, wie etwa die Aufnahme in das System, die Aktualisierung der Kriterien und dessen Dauer, legt der Auftraggeber objektive Vorschriften fest.

(4) Die nach den Absätzen 2 und 3 festgelegten Kriterien und Vorschriften werden den Unternehmen auf Antrag zur Verfügung gestellt. Aktualisierungen sind diesen Unternehmen mitzuteilen. Entspricht nach Ansicht des Auftraggebers das Qualifizierungssystem bestimmter anderer Auftraggeber, Stellen oder Einrichtungen seinen Anforderungen, so teilt er den Unternehmen deren Namen und Adressen mit.

(5) Enthalten die Kriterien gemäß Absatz 2 Anforderungen an die wirtschaftliche und finanzielle Leistungsfähigkeit oder die fachliche und berufliche Befähigung des Unternehmens, kann das Unternehmen auch die Kapazitäten eines anderen Unternehmens in Anspruch nehmen, unabhängig von dem Rechtsverhältnis, in dem es zu ihm steht.

(6) Bezüglich der Kriterien Ausbildungsnachweise und Bescheinigungen über die berufliche Befähigung des Unternehmens einschließlich der einschlägigen beruflichen Erfahrung können Unternehmen nur die Kapazitäten anderer Unternehmen in Anspruch nehmen, wenn diese auch die Leistung erbringen, für die die Kapazitäten benötigt werden.

---

14 Theißen/Stollhoff, SektVO, 1. Aufl. 2016, S. 157.

(7) Beabsichtigt ein Unternehmen die Kapazitäten eines anderen Unternehmens in Anspruch zu nehmen, weist es dem Auftraggeber beispielsweise durch eine entsprechende Verpflichtungserklärung des anderen Unternehmens nach, dass es während der gesamten Gültigkeitsdauer des Qualifizierungssystems auf dessen Kapazitäten zurückgreifen kann.

(8) Der Auftraggeber führt ein Verzeichnis der geprüften Unternehmen. Dieses kann nach Auftragsarten, für die die Prüfung Gültigkeit hat, aufgegliedert werden.

(9) Ist eine Bekanntmachung über das Bestehen eines Qualifizierungssystems gemäß § 37 erfolgt, werden die Aufträge im Wege eines nicht offenen Verfahrens oder eines Verhandlungsverfahrens unter den gemäß diesem System qualifizierten und im Verzeichnis nach Absatz 8 geführten Bewerber vergeben.

(10) Der Auftraggeber kann im Zusammenhang mit Anträgen auf Qualifizierung, der Aktualisierung oder der Aufrechterhaltung einer bereits bestehenden Qualifizierung für das System Gebühren erheben. Die Gebühr muss im Verhältnis zu den angefallenen Kosten stehen.

(11) Der Auftraggeber teilt seine Entscheidung hinsichtlich der Qualifizierung den Unternehmen innerhalb von sechs Monaten nach Eingang der Beantragung zur Aufnahme in das Qualifizierungssystem mit. Kann eine Entscheidung nicht innerhalb von vier Monaten getroffen werden, so teilt der Auftraggeber innerhalb von zwei Monaten nach Eingang des Antrags dies sowie den voraussichtlichen Entscheidungszeitpunkt dem Unternehmen mit.

(12) Eine Ablehnung ist dem Unternehmen innerhalb von 15 Tagen nach der Entscheidung unter Angabe der Gründe mitzuteilen. Dabei darf sich eine Ablehnung nur auf die gemäß Absatz 2 festgelegten objektiven Kriterien beziehen. Dasselbe gilt für die Beendigung einer Qualifizierung. Die beabsichtigte Beendigung ist dem Unternehmen 15 Tage vor dem vorgesehenen Ausschluss unter Angabe der Gründe mitzuteilen.

Amtliche Begründung:

»Sektorenauftraggeber haben die Möglichkeit zu entscheiden, ob sie im Rahmen der Auftragsvergabe auf ein Qualifizierungssystem zurückgreifen wollen. Das Qualifizierungssystem hat zum einen den Zweck einer vorgezogenen Eignungsprüfung und zum anderen dient es der Bekanntmachung von zu vergebenden Aufträgen. Mit § 48 werden die Artikel 75, 77 und 79 der Richtlinie 2014/25/EU umgesetzt.

Zu Absatz 1

Absatz 1 dient der Umsetzung von Artikel 77 Absatz 1 der Richtlinie 2014/25/EU und legt fest, dass ein Qualifizierungssystem jederzeit zur Zulassung für Unternehmen offen sein muss. Ein Qualifizierungssystem darf verschiedene Stufen, die beispielsweise gesteigerte Anforderungen an die Unternehmen stellen, umfassen.

Zu Absatz 2

Absatz 2 setzt Artikel 77 Absatz 2 der Richtlinie 2014/25/EU um. Hat der Auftraggeber im Rahmen der objektiven Kriterien technische Anforderungen festgelegt, so gelten die §§ 28 (Leistungsbeschreibung) und 29 (Technische Anforderungen).

Zu Absatz 3

Der Auftraggeber muss für die Dauer des Qualifizierungssystems zu dessen Funktion (zum Beispiel Aufnahmeverfahren, Aktualisierung der Kriterien, Kommunikationsprozess, Ausschluss) objektive Vorschriften festlegen.

Zu Absatz 4

Absatz 4 setzt Artikel 77 Absatz 3 der Richtlinie 2014/25/EU um. Der Auftraggeber darf sich auch auf ein Qualifizierungssystem anderer Stellen berufen, wenn es seinen Anforderungen entspricht. In diesem Fall teilt er die entsprechenden Kontaktdaten und Kriterien den Interessierten mit.

Zu Absatz 5 und Absatz 6

Absatz 5 setzt Artikel 79 Absatz 1 Satz 1 der Richtlinie 2014/25/EU um und erlaubt dem Auftragnehmer die Berufung auf Kapazitäten eines anderen Unternehmens in Bezug auf die wirtschaftliche oder finanzielle Leistungsfähigkeit oder die fachliche oder berufliche Befähigung. Wie nach § 47 Absatz 1 gilt auch hier: Im Hinblick auf den Nachweis der beruflichen Befähigung ist die Eignungsleihe nur zulässig, wenn das andere Unternehmen die Leistung auch ausführt, für die die Kapazitäten benötigt werden.

Zu Absatz 7

Der Nachweis, dass die Kapazitäten eines Dritten auch tatsächlich während der Leistungserbringung zur Verfügung stehen, kann durch die Vorlage einer Verpflichtungserklärung erfolgen.

Zu Absatz 8

Absatz 8 setzt Artikel 77 Absatz 5 der Richtlinie 2014/25/EU um. Dort wird geregelt, dass die geprüften Unternehmen vom Auftraggeber in einem Verzeichnis zu führen sind.

Zu Absatz 9

Absatz 9 setzt Artikel 77 Absatz 5 um. Erfolgte die Bekanntmachung des Qualifizierungssystems gemäß § 37, so erfolgt die Auftragsvergabe in einem nicht offenen Verfahren oder einem Verhandlungsverfahren und nicht in einem offenen Verfahren.

Zu Absatz 10

In Umsetzung des Artikel 77 Absatz 6 der Richtlinie 2014/25/EU erlaubt Absatz 10 dem Auftraggeber die Erhebung von Gebühren. Zwar handelt es sich nicht um eine Gebühr im gebührenrechtlichen Sinn, gleichwohl kann das dem öffentlichen Gebührenrecht zugrunde liegende Äquivalenzprinzip als Maßstab für die geforderte Festlegung einer verhältnismäßigen Gebühr dienen.

Zu Absatz 11

Absatz 11 setzt Artikel 75 Absatz 4 und Absatz 5 der Richtlinie 2014/25/EU um. Er regelt die Mitteilungspflichten des Auftraggebers gegenüber den Unternehmen, die eine Aufnahme in das Qualifizierungssystem beantragt haben.

Zu Absatz 12

Absatz 12 setzt Artikel 75 Absatz 6 der Richtlinie 2014/25/EU um. Geregelt werden Fristen bezüglich einer Ablehnungsentscheidung sowie der Beendigung des Systems. Eine Ablehnung darf sich nur auf die gemäß Absatz 2 festgelegten objektiven Kriterien beziehen.«

A. Allgemeine Einführung

Auftraggeber haben im Sektorenbereich nach § 48 SektVO die Möglichkeit, ein sog. 1 Qualifizierungssystem einzurichten. Ein bestehendes Qualifizierungssystem ermöglicht es dem Auftraggeber, unabhängig von einem konkreten Vergabevorgang bereits im Vorfeld die Eignung von Unternehmen gleichsam für eine Vielzahl von Aufträgen festzustellen. Bei der Vergabe der weiteren Aufträge auf Basis des Qualifizierungssystems ist dann in der Folge keine Eignungsprüfung mehr erforderlich. Das Qualifizierungssystem sorgt auf diese Weise im konkreten Vergabefall sowohl für den Auftraggeber als auch für den Auftragnehmer für einen reduzierten Verfahrens- und Zeitaufwand. Hinzu kommt, dass durch eine Bekanntmachung über ein bestehendes Qualifizierungssystem grundsätzlich alle Vergabeverfahren – mit Ausnahme des offenen Verfahrens – in Gang gesetzt werden können.[1]

B. Europarechtliche Vorgaben

Mit § 48 SektVO werden Art. 77 und die für Qualifizierungssysteme relevanten Vor- 2 gaben der Art. 75 und 79 der Richtlinie 2014/25/EU im Wesentlichen inhaltsgleich umgesetzt. Die genannten Richtlinienvorschriften weisen im Vergleich zu Art. 53 der Richtlinie 2004/17/EG keine grundlegenden Änderungen auf. Hervorzuheben ist jedoch, dass der Aspekt der Gebühren nunmehr in Art. 77 Abs. 6 der Richtlinie 2014/25/EU geregelt wird. Darüber hinaus ist die Pflicht zur jährlichen Erneuerung

---

1 BT-Drs. 87/16 v. 29.02.2016, S. 256.

der Bekanntmachung bei Qualifizierungssystemen mit einer Laufzeit von über drei Jahren weggefallen.

C. Vergleich zur vorherigen Rechtslage

3   Vor diesem Hintergrund leuchtet ein, dass sich § 48 SektVO inhaltlich nicht wesentlich von § 24 SektVO a.F. unterscheidet. Terminologisch setzt § 48 SektVO aber nunmehr mit der Bezeichnung als »Qualifizierungssystem« die Vorgabe in Art. 77 der Richtlinie 2014/25/EU um. In § 24 SektVO a.F. war noch von »Prüfungssystemen« die Rede. Ein inhaltlicher Unterschied ist mit dieser anderen Begrifflichkeit jedoch nicht verbunden. Im Hinblick auf etwaige Ausschlussgründe ist darauf hinzuweisen, dass die missglückte Vorschrift des § 24 Abs. 4 SektVO a.F. nicht in § 48 SektVO übernommen wurde.[2] Bezüglich etwaiger Ausschlussgründe gelten vielmehr die allgemeinen Vorgaben gemäß §§ 123, 124, 142 Nr. 2 GWB.

D. Kommentierung

I. Zweck eines Qualifizierungssystems

4   Der Zweck eines Qualifizierungssystems besteht zum einem darin, unabhängig von einem konkreten Vergabeverfahren – gleichsam »vor die Klammer gezogen« – aufgrund standardisierter Kriterien die generelle Eignung eines Unternehmens für eine bestimmte Kategorie von Aufträgen zu prüfen.[3] Wird dem Antrag eines Unternehmens auf Aufnahme in ein Qualifizierungssystem entsprochen, weil es alle Kriterien erfüllt, so kann eine individuelle Eignungsprüfung im Rahmen der nachfolgenden Vergabeverfahren entfallen. Dies schont sowohl auf Seiten des Auftraggebers als auch auf Seiten der Unternehmen Ressourcen und dient der Beschleunigung des Vergabeverfahrens. Zum anderen dient das Qualifizierungssystem der Bekanntmachung von zu vergebenden Aufträgen. Dies spart ebenfalls Zeit, weil weitere Bekanntmachungen entbehrlich werden.

5   Da es insbesondere im Verhandlungsverfahren nicht mehr möglich ist, die Dauer des Teilnahmewettbewerbs für die Finalisierung der Vergabeunterlagen zu verwenden, kann das vergaberechtliche Instrument des Qualifizierungssystems in der Praxis zudem dabei helfen, die Zusammenstellung der Vergabeunterlagen für die einzelnen Vergabeverfahren im Einklang mit § 41 Abs. 2 SektVO bis zum Zeitpunkt der Absendung der Aufforderung zur Angebotsabgabe oder zu Verhandlungen nach hinten zu verlagern.

6   Auch im Lichte dieser Vorteile sollten Auftraggeber immer auf Basis einer Kosten-Nutzen-Abwägung entscheiden, ob die Einrichtung eines Qualifizierungssystems mit Blick auf den konkreten Beschaffungsvorgang sinnvoll ist.[4] Insbesondere »kleinere Auftragge-

---

2   Vgl. hierzu Opitz, in: Eschenbruch/Opitz (Hrsg.), SektVO, 2012, § 24 Rn. 11.
3   Siehe hierzu und zum Folgenden Opitz, in: Eschenbruch/Opitz (Hrsg.), SektVO, 2012, § 24 Rn. 1; Summa, in: Heiermann/Zeiss (Hrsg.), jurisPK-VergR, 4. Aufl. 2013, § 24 SektVO Rn. 8 ff.; VK Bund, Beschl. v. 27.01.2015 – VK 2-123/14.
4   Siehe hierzu und zum Folgenden auch Summa, in: Heiermann/Zeiss (Hrsg.), jurisPK-VergR, 4. Aufl. 2013, § 24 SektVO Rn. 13.

ber« werden den Aufwand für das Betreiben eines Qualifizierungssystems in die Erwägungen einzustellen haben. Auftraggeber müssen sich überdies aufgrund – der auf § 48 Abs. 7 SektVO beruhenden – weitreichenden Forderung nach einem Nachweis, dass für die Auftragserfüllung gegebenenfalls erforderliche fremde Kapazitäten auch tatsächlich »während der gesamten Gültigkeitsdauer des Qualifizierungssystems« zur Verfügung stehen, stets die Frage stellen, ob die Implementierung eines Qualifizierungssystems in Bereichen zweckmäßig ist, in denen typischerweise auf Nachunternehmer zurückgegriffen wird.

II. Jederzeitiger Zugang

Nach § 48 Abs. 1 Satz 2 SektVO müssen Unternehmen jederzeit die Zulassung zum 7
Qualifizierungssystem beantragen können. Dies bedeutet zum einen in rechtlicher Hinsicht, dass die Zulassung insbesondere nicht an Ausschlussfristen gebunden werden darf. Anderseits erfordert diese Vorgabe zum anderen in praktischer Hinsicht, dass der Auftraggeber die Mechanismen und Ressourcen für eine jederzeitige Antragsprüfung schaffen und vorhalten muss.[5]

Nach Sinn und Zweck des § 48 Abs. 1 Satz 2 SektVO dürfte jedoch eine Einschrän- 8
kung der jederzeitigen Zulassung erlaubt sein, wenn nachvollziehbar dargelegt werden kann, dass bereits in zeitlicher Hinsicht überhaupt keine Aussicht mehr auf eine Zuschlagserteilung besteht.[6] Hat das Qualifizierungssystem beispielsweise lediglich eine Geltungsdauer von einem Jahr und dauert die Antragsprüfung aus objektiven Gründen einen Monat, so werden Anträge, die erst nach elf Monaten Geltungsdauer des Qualifizierungssystems eingehen, abgelehnt werden können.

Eine weitere Einschränkung betrifft die Wiederholungsprüfung von abgelehnten Anträ- 9
gen.[7] Denn mit Blick auf die Funktionsfähigkeit des Qualifizierungssystems dürfte es regelmäßig angezeigt sein, angemessene Sperrfristen für Wiederholungsanträge zu bestimmen, um zu gewährleisten, dass ein Qualifizierungssystem nicht durch Wiederholungsanträge lahmgelegt werden kann. In der Praxis hat sich eine Sperrfrist von sechs Monaten als angemessen erwiesen.

III. Qualifizierungskriterien und -vorschriften

Der Auftraggeber muss für das Qualifizierungssystem Qualifizierungskriterien und 10
-vorschriften festlegen. Diese Qualifizierungskriterien und -vorschriften betreffen das Verfahren der Qualifizierung sowie die inhaltlichen Maßgaben für die Qualifizierung. Nach § 48 Abs. 2 Satz 1 SektVO hat der Auftraggeber für den Ausschluss und die Eignung von Unternehmen objektive Kriterien festzulegen. Sofern diese Kriterien technische Anforderungen enthalten, gelten gemäß § 48 Abs. 2 Satz 2 SektVO die

---

5 Opitz, in: Eschenbruch/Opitz (Hrsg.), SektVO, 2012, § 24 Rn. 8.
6 Siehe hierzu und zum Folgenden Hüttinger, in: Dreher/Motzke (Hrsg.), Beck'scher Vergaberechtskommentar, 2. Aufl. 2013, § 24 SektVO Rn. 23.
7 Vgl. zum Ganzen von Wietersheim, in: Müller-Wrede (Hrsg.), SektVO, 2010, § 24 Rn. 33 ff.; Opitz, in: Eschenbruch/Opitz (Hrsg.), SektVO, 2012, § 24 Rn. 9.

§§ 28 (Leistungsbeschreibung) und 29 (Technische Anforderungen) SektVO. Darüber hinaus muss der Auftraggeber gemäß § 48 Abs. 3 SektVO auch für die Funktionsweise des Qualifizierungssystems, wie etwa die Aufnahme in das System, die Aktualisierung und dessen Dauer, objektive Vorschriften festlegen.

11   Durch die Bezugnahme auf »objektive« Kriterien und Vorschriften wird zum Ausdruck gebracht, dass die Qualifizierungskriterien und -regeln sachlich bzw. diskriminierungsfrei sein müssen.[8] Es findet somit der gleiche Maßstab wie bei der Eignungsprüfung außerhalb eines Qualifizierungssystems (vgl. § 46 Abs. 1 SektVO) Anwendung.

12   Der Verweis auf »technische Anforderungen« in § 48 Abs. 2 Satz 2 GWB macht deutlich, dass auch sog. Güteprüfungen in das Qualifizierungssystem integriert werden können.[9] Zwar ist Sinn und Zweck eines Qualifizierungssystems die vorgezogene Feststellung der Eignung. Es spricht jedoch viel dafür, dass die Qualifizierungskriterien nicht streng unternehmensbezogen sein müssen, sondern sich auch auf Verfahren und Produkte beziehen können. Der Auftraggeber kann deshalb im Rahmen eines Qualifizierungssystems insbesondere folgende Aspekte einer allgemeinen Güteprüfung unterziehen:
   – Qualität der Lieferungen und Leistungen
   – Qualität der verwendeten Werkstoffe
   – Qualität der Fertigungsprozesse und -anlagen
   – Qualitätssicherungsmaßnahmen

Die Grenze der Zulässigkeit wird jedoch dann überschritten, wenn im Qualifizierungssystem eine auf den konkreten Auftragsgegenstand bezogene fachlich-technische Angebotswertung durchgeführt wird. Diese ist Sache der nachfolgenden Einzelvergaben und darf durch die Prüfung im Rahmen des Qualifizierungssystems nicht vorweggenommen werden.

13   Das Qualifizierungssystem kann nach § 48 Abs. 1 Satz 3 SektVO verschiedene Qualifizierungsstufen umfassen. Der Auftraggeber hat somit die Möglichkeit, ein gleichsam »modulares« System einzurichten, das innerhalb einer Auftragskategorie eine mit Blick auf Komplexität und Größenordnung abgestufte Qualifizierung nach »Unterkategorien« erlaubt.[10] Mit anderen Worten kann er also ausgehend von einer »Basiseignung« weitere Anforderungen für bestimmte »Unterkategorien« festlegen.

14   Eine »abstufende« Vorgehensweise ist auch im Verhältnis von Qualifizierung und konkreter Auftragsvergabe gestattet. Der Auftraggeber kann sich im Rahmen des Qualifizierungssystems auf die Prüfung von Mindestanforderungen beschränken und für die konkrete Auftragsvergabe zusätzliche besondere Eignungsanforderungen aufstel-

---

8   Opitz, in: Eschenbruch/Opitz (Hrsg.), SektVO, 2012, § 24 Rn. 10; ders., VergabeR 2009, 689, 696.
9   Siehe hierzu und zum Folgenden ausführlich Opitz, in: Eschenbruch/Opitz (Hrsg.), SektVO, 2012, § 24 Rn. 12.
10   Siehe hierzu und zum Folgenden auch Summa, in: Heiermann/Zeiss (Hrsg.), jurisPK-VergR, 4. Aufl. 2013, § 24 SektVO Rn. 27 ff.; Opitz, in: Eschenbruch/Opitz (Hrsg.), SektVO, 2012, § 24 Rn. 14.

len.[11] Bei einem solchen Vorgehen ist jedoch darauf zu achten, dass Gegenstand der Eignungsprüfung bei der konkreten Auftragsvergabe keine Aspekte sind, die bereits im Rahmen der Qualifizierung geprüft wurden.[12]

Nach § 48 Abs. 4 Satz 3 SektVO kann der Auftraggeber auch auf andere Qualifizie- 15 rungssysteme zurückgreifen. Entspricht nach Ansicht des Auftraggebers das Qualifizierungssystem bestimmter anderer Auftraggeber, Stellen oder Einrichtungen seinen Anforderungen, so teilt er den Unternehmen deren Namen und Adressen mit. § 48 Abs. 4 Satz 3 SektVO macht deutlich, dass das Qualifizierungssystem nicht von einem Auftraggeber im Sinne der §§ 98 ff. GWB betrieben werden muss. Betreiber kann daher insbesondere auch ein privates Unternehmen sein.[13] Im Hinblick auf die konkrete Ausgestaltung ist zum einen denkbar, dass das fremde Qualifizierungssystem anstelle eines eigenen Qualifizierungssystems zum Einsatz kommt. Zum anderen könnte das fremde Qualifizierungssystem auch ergänzend neben dem eigenen Qualifizierungssystem genutzt werden.[14]

Nach § 48 Abs. 4 Satz 1 SektVO ist der Auftraggeber lediglich verpflichtet, den Unter- 16 nehmen die Qualifizierungskriterien und -vorschriften auf Antrag zur Verfügung zu stellen. Ob eine Beschränkung auf ein solches Vorgehen zweckmäßig ist oder ob es nicht sinnvoller sein kann, die Qualifizierungskriterien und -regeln beispielsweise parallel über einen Link zum Download bereit zu stellen, wird der Auftraggeber mit Blick auf das jeweilige Qualifizierungssystem zu entscheiden haben.

IV. Aktualisierung der Qualifizierungskriterien und -vorschriften

§ 48 Abs. 3 SektVO setzt die Möglichkeit der Aktualisierung der Qualifizierungskrite- 17 rien und -vorschriften voraus.[15] Diese Aktualisierungsbefugnis trägt dem Umstand Rechnung, dass Qualifizierungssysteme regelmäßig auf mehrere Jahre angelegt sind und – insbesondere aus technischen und rechtlichen Gründen – innerhalb des jeweiligen Zeitraums Anpassungen der Qualifizierungskriterien und -vorschriften notwendig werden.[16]

Eine Aktualisierung ist zum einen »nach oben« im Sinne einer Verschärfung der Anfor- 18 derungen denkbar.[17] Bei einer solchen Verschärfung hat der Auftraggeber alle bereits qualifizierten Unternehmen am Maßstab der neuen Anforderungen zu messen. Zwar

---

11 VK Bund, Beschl. v. 30.11.2009 – VK 2-195/09; Opitz, in: Eschenbruch/Opitz (Hrsg.), SektVO, 2012, § 24 Rn. 15; Tugendreich, NZBau 2011, 467, 471.
12 Hierfür lässt sich auch der Rechtsgedanke des § 45 Abs. 2 a.E. SektVO anführen.
13 Siehe hierzu etwa Summa, in: Heiermann/Zeiss (Hrsg.), jurisPK-VergR, 4. Aufl. 2013, § 24 SektVO Rn. 47.
14 Vgl. Summa, in: Heiermann/Zeiss (Hrsg.), jurisPK-VergR, 4. Aufl. 2013, § 24 SektVO Rn. 48 ff.
15 Opitz, in: Eschenbruch/Opitz (Hrsg.), SektVO, 2012, § 24 Rn. 20.
16 Siehe Summa, in: Heiermann/Zeiss (Hrsg.), jurisPK-VergR, 4. Aufl. 2013, § 24 SektVO Rn. 52; Opitz, in: Eschenbruch/Opitz (Hrsg.), SektVO, 2012, § 24 Rn. 20.
17 Siehe hierzu und zum Folgenden Summa, in: Heiermann/Zeiss (Hrsg.), jurisPK-VergR, 4. Aufl. 2013, § 24 SektVO Rn. 55 f.

ist in diesen Fällen keine neue Bekanntmachung des Qualifizierungssystems erforderlich. Allerdings wird der Auftraggeber im Lichte des Transparenzgebotes und des Gleichbehandlungsgrundsatzes verpflichtet sein, die qualifizierten Unternehmen vor einer erneuten Prüfung über die Aktualisierungen in Kenntnis zu setzen und ihnen die Gelegenheit zu geben, ihre Unterlagen innerhalb einer angemessenen Frist am Maßstab der verschärften Anforderungen auszurichten.

19 Zum anderen ist eine Aktualisierung »nach unten« im Sinne einer Absenkung der Anforderungen möglich.[18] Da es in diesem Fall sein kann, dass bereits abgelehnte Unternehmen nunmehr die Anforderungen an das Qualifizierungssystem erfüllen beziehungsweise Unternehmen überhaupt Interesse an einer Aufnahme in das Qualifizierungssystem entwickeln, ist eine Änderungsbekanntmachung erforderlich.

V. Eignungsleihe

20 Bezüglich wirtschaftlicher, technischer und beruflicher Leistungsfähigkeit ist eine Eignungsleihe möglich. In einem solchen Fall muss es dem Auftraggeber allerdings gemäß § 48 Abs. 7 SektVO beispielsweise durch eine entsprechende Verpflichtungserklärung des anderen Unternehmens nachweisen, dass es während der gesamten Gültigkeitsdauer des Qualifizierungssystems auf dessen Kapazitäten zurückgreifen kann.

21 Diese Vorgabe wird als sehr weitreichend erachtet, weil sie voraussetzt, dass sich ein Unternehmen bereits bei Beantragung der Qualifizierung, also folglich zu einem Zeitpunkt in dem über Anzahl, Art und Umfang der zu vergebenden Aufträge unter Umständen noch überhaupt nichts bekannt ist, auf bestimmte Partner für die Auftragsausführung festlegt.[19] Hiervon wird man auch nicht einfach contra legem abweichen können, um das Qualifizierungssystem nicht »zu einer Farce« bzw. »Märchenstunde« verkommen zu lassen.[20] Auftraggeber werden sich vor diesem Hintergrund stets die Frage stellen müssen, ob die Implementierung eines Qualifizierungssystems in Bereichen Sinn ergibt, in denen typischerweise auf Nachunternehmer bzw. Kooperationspartner zurückgegriffen wird.

22 Wechselt der Antragsteller während des Laufs des Qualifizierungssystems einen Partner, auf dessen Leistungsfähigkeit er sich berufen hat, aus, ist die Qualifizierung des Antragstellers einer erneuten Prüfung zu unterziehen.[21] Denn alleine aus der Qualifizierung des Bieters kann nicht ohne Weiteres auf die Eignung des vorgesehenen Nachunternehmers geschlossen werden.[22] Für den Fall einer solchen erneuten Prüfung kann der Auftraggeber in seinen Qualifizierungsvorschriften eine Kostenregelung vorsehen.

---

18 Siehe hierzu und zum Folgenden Summa, in: Heiermann/Zeiss (Hrsg.), jurisPK-VergR, 4. Aufl. 2013, § 24 SektVO Rn. 57.
19 So Opitz, in: Eschenbruch/Opitz (Hrsg.), SektVO, 2012, § 24 Rn. 16.
20 So aber Summa, in: Heiermann/Zeiss (Hrsg.), jurisPK-VergR, 4. Aufl. 2013, § 24 SektVO Rn. 44.
21 Opitz, in: Eschenbruch/Opitz (Hrsg.), SektVO, 2012, § 24 Rn. 16.
22 OLG Naumburg, Beschl. v. 30.09.2010 – 1 U 50/10.

VI. Bekanntmachung

Die Einrichtung eines Qualifizierungssystems ist entsprechend § 37 SektVO EU-weit **23** zu veröffentlichen. Hierfür ist das Standardformular 7 zu nutzen. Ist eine Bekanntmachung über das Bestehen eines Qualifizierungssystems gemäß § 37 SektVO erfolgt, werden die Aufträge im Wege
– eines nicht offenen Verfahrens oder
– eines Verhandlungsverfahrens
unter den gemäß diesem System qualifizierten und im Verzeichnis der geprüften Unternehmen geführten Bewerber vergeben (§ 48 Abs. 9 SektVO).

VII. Prüfung und Ergebnismitteilung

Der Auftraggeber teilt seine Entscheidung hinsichtlich der Qualifizierung den Unter- **24** nehmen innerhalb von sechs Monaten nach Eingang der Beantragung zur Aufnahme in das Qualifizierungssystem mit. Kann eine Entscheidung nicht innerhalb von vier Monaten getroffen werden, so teilt der Auftraggeber innerhalb von zwei Monaten dies sowie den voraussichtlichen Entscheidungszeitpunkt dem Unternehmen mit. Aus diesen Regelungen folgt, dass der Auftraggeber sich bereits mit Antragseingang mit der Frage zu befassen hat, welchen Zeitraum er für die Bearbeitung benötigt.[23] Gelangt er bei seinen Erwägungen zu dem Ergebnis, dass eine Entscheidung nicht innerhalb von vier Monaten ab Eingang des Antrags erfolgen kann, muss der Auftraggeber dies dem Unternehmen einschließlich des voraussichtlichen Entscheidungszeitpunkts mitteilen. Einer besonderen Begründung, weshalb eine Entscheidung nicht innerhalb von vier Monaten erfolgen kann, bedarf es nicht.[24]

Erhält das Unternehmen innerhalb von zwei Monaten keine entsprechende Mitteilung des Auftraggebers, kann es davon ausgehen, dass eine Entscheidung innerhalb von maximal zwei weiteren Monaten erfolgen wird. Vor diesem Hintergrund wird deutlich, dass die Maximalfrist von sechs Monaten nur im Ausnahmefall fruchtbar gemacht werden kann.

Die Fristen im Sinne des § 48 Abs. 11 SektVO werden dabei erst mit Vorliegen eines **25** vollständigen und somit prüffähigen Antrags in Gang gesetzt.[25]

---

23 Siehe hierzu und zum Folgenden Summa, in: Heiermann/Zeiss (Hrsg.), jurisPK-VergR, 4. Aufl. 2013, § 24 SektVO Rn. 74 ff.; Hüttinger, in: Dreher/Motzke (Hrsg.), Beck'-scher Vergaberechtskommentar, 2. Aufl. 2013, § 24 SektVO 40f.

24 So aber Summa, in: Heiermann/Zeiss (Hrsg.), jurisPK-VergR, 4. Aufl. 2013, § 24 SektVO Rn. 74; Hüttinger, in: Dreher/Motzke (Hrsg.), Beck'scher Vergaberechtskommentar, 2. Aufl. 2013, § 24 SektVO 41.

25 Von Wietersheim, in: Müller-Wrede (Hrsg.), SektVO, 2010, § 24 Rn. 96; Opitz, in: Eschenbruch/Opitz (Hrsg.), SektVO, 2012, § 24 Rn. 29.

26   Bei der Bearbeitung der Anträge muss der Auftraggeber den Gleichbehandlungsgrundsatz im Sinne des § 97 Abs. 2 GWB beachten.[26] Daraus folgt insbesondere, dass keine Ungleichbehandlung durch unterschiedliche Bearbeitungszeiten erfolgen darf.

27   Eine Ablehnung ist dem Unternehmen nach § 48 Abs. 12 Satz 1 SektVO innerhalb von 15 Tagen nach der Entscheidung unter Angabe der Gründe mitzuteilen. Dabei darf sich eine Ablehnung gemäß § 48 Abs. 12 Satz 2 SektVO nur auf die gemäß § 48 Abs. 2 SektVO festgelegten objektiven Kriterien beziehen. Der Auftraggeber wird damit zu einer konkret-individuellen Begründung der Ablehnung auf Basis der festgelegten »Spielregeln« verpflichtet. Zwar sieht die SektVO keine besondere Form für die Mitteilung der Ablehnung vor. Mit Blick auf die spätere Nachvollziehbarkeit der Entscheidung ist jedoch in der Praxis eine Mitteilung in Textform (§ 126b BGB) angezeigt. Im Unterschied zur Beendigung einer Qualifizierung verlangt § 48 Abs. 12 Satz 1 SektVO keine Vorabinformation.

VIII. Beendigung der Qualifizierung

28   Die Beendigung der Qualifizierung ist gemäß § 48 Abs. 12 Satz 2 und 3 SektVO nur aus Gründen möglich, die auf den ursprünglich festgelegten bzw. später aktualisierten Qualifizierungskriterien beruhen. Die beabsichtigte Beendigung der Qualifizierung ist dem Unternehmen gemäß § 48 Abs. 12 Satz 4 SektVO 15 Tage vor dem vorgesehenen Ausschluss unter Angabe der Gründe mitzuteilen. Anlass für eine Beendigung der Qualifizierung besteht zum einen, wenn sich die ursprünglichen Angaben eines Unternehmens im Nachhinein als unzutreffend erweisen und deshalb die Eignungsanforderungen des Auftraggebers von Anfang an nicht erfüllt wurden.[27] Zum anderen ist die Qualifizierung zu beenden, wenn aufgrund neuer Tatsachen feststeht, dass die festgelegten Eignungsanforderungen nicht mehr erfüllt werden. Aus Gründen des Vertrauensschutzes ist es dem Auftraggeber indes verwehrt, eine ursprünglich erteilte Qualifizierung zu beenden, wenn sich weder die zugrundeliegenden Tatsachen noch die Qualifizierungskriterien geändert haben. Durch die Vorabinformation im Sinne des § 48 Abs. 12 Satz 4 SektVO soll dem in Rede stehenden Unternehmen noch einmal die Möglichkeit gegeben werden, die vom Auftraggeber mitgeteilten Gründe für eine Beendigung der Qualifizierung zu widerlegen.[28]

IX. Verzeichnis der qualifizierten Unternehmen

29   Der Auftraggeber ist nach § 48 Abs. 8 SektVO lediglich verpflichtet, überhaupt ein Verzeichnis über die qualifizierten Unternehmen zu führen. Dieses Verzeichnis hat le-

---

26   Siehe hierzu und zum Folgenden Summa, in: Heiermann/Zeiss (Hrsg.), jurisPK-VergR, 4. Aufl. 2013, § 24 SektVO Rn. 77.

27   Siehe hierzu und zum Folgenden Summa, in: Heiermann/Zeiss (Hrsg.), jurisPK-VergR, 4. Aufl. 2013, § 24 SektVO Rn. 92 ff.; Opitz, in: Eschenbruch/Opitz (Hrsg.), SektVO, 2012, § 24 Rn. 32 f.

28   Summa, in: Heiermann/Zeiss (Hrsg.), jurisPK-VergR, 4. Aufl. 2013, § 24 SektVO Rn. 100; Opitz, in: Eschenbruch/Opitz (Hrsg.), SektVO, 2012, § 24 Rn. 33.

diglich einen deklaratorischen Charakter.[29] Im Hinblick auf die Form und den Inhalt des Verzeichnisses ist der Auftraggeber frei.[30] Eine Pflicht zur Aufgliederung nach Auftragsarten enthält § 48 Abs. 8 Satz 2 SektVO nicht. Andere Untergliederungen wie etwa eine Unterteilung nach Produktgruppen oder nach Unternehmensgröße können zweckmäßig sein.

Die einzelnen Unternehmer haben keinen Anspruch auf Einsichtnahme in das Verzeich- **30** nis.[31] Von ausschlaggebender Bedeutung für die Unternehmen ist allein, dass für die Auftragsvergaben auf Basis des Qualifizierungssystems das Verzeichnis genutzt wird.

X. Rechtsschutz

Die Vergabekammer des Bundes hat in ihrer Entscheidung vom 27.01.2015 im Hin- **31** blick auf den Rechtsschutz bei Qualifizierungssystemen wie folgt ausgeführt:

> »Die Präqualifikation selbst ist zwar kein Vergabeverfahren, sondern eine vorweggenommene Eignungsprüfung (Opitz, in: Eschenbruch/Opitz, a.a.O., § 24 Rn. 2). Dies ändert aber nichts daran, dass insbesondere die Ablehnung eines Antrags auf Aufnahme in ein Präqualifikationssystem zum Gegenstand eines Nachprüfungsverfahrens gemacht werden kann (Opitz, in: Eschenbruch/Opitz, a.a.O., § 24 Rn. 31; Greb/Müller, Kommentar zur SektVO, 2010, § 24 Rn. 38; Hänsel, in: Ziekow/Völlink, Vergaberecht, 2. Aufl. (2013), § 24 SektVO, Rn. 22).
>
> Hiervon geht auch der Gemeinschaftsgesetzgeber aus, indem er im 2. Erwägungsgrund der Richtlinie 2007/66 EG ausführt:
>
> »Die Richtlinien 89/665/EWG und 92/13/EWG gelten daher nur für Aufträge, die in den Anwendungsbereich der Richtlinien 2004/18/EG und 2004/17/EG gemäß der Auslegung des Gerichtshofs der Europäischen Gemeinschaften fallen, und zwar unabhängig von dem gewählten Vergabeverfahren ..... einschließlich der Wettbewerbe, Prüfungssysteme oder...« (Hänsel, in: Ziekow/Völlink, Vergaberecht, a.a.O, § 24, Fußnote 10).«[32]

Die Auffassung, nach der Rechtsschutz gegen Entscheidungen des Auftraggebers in einem Qualifizierungssystem nicht gegeben sei, ist damit überholt.[33]

---

29 Summa, in: Heiermann/Zeiss (Hrsg.), jurisPK-VergR, 4. Aufl. 2013, § 24 SektVO Rn. 89; Opitz, in: Eschenbruch/Opitz (Hrsg.), SektVO, 2012, § 24 Rn. 24.
30 Siehe hierzu und zum Folgenden Hüttinger, in: Dreher/Motzke (Hrsg.), Beck'scher Vergaberechtskommentar, 2. Auflage 2013, § 24 SektVO Rn. 45.
31 Siehe hierzu und zum Folgenden Hüttinger, in: Dreher/Motzke (Hrsg.), Beck'scher Vergaberechtskommentar, 2. Aufl. 2013, § 24 SektVO Rn. 45.
32 VK Bund, Beschl. v. 27.01.2015 – VK 2-123/14.
33 Für eine Verneinung des Rechtsschutzes noch von Wietersheim, in: Müller-Wrede (Hrsg.), SektVO, 2010, § 24 Rn. 4ff.

32   Mit einem Nachprüfungsantrag sind insbesondere anfechtbar:
- die Weigerung, einen Qualifizierungsantrag entgegenzunehmen
- die Ablehnung eines Qualifizierungsantrags
- die Beendigung einer Qualifizierung
- gegebenenfalls andere Entscheidungen im Vorfeld (z.b. unzumutbare Anforderungen an die Eignung).[34]

Im Hinblick auf den maßgeblichen Schwellenwert hat die Vergabekammer des Bundes in ihrer Entscheidung vom 27.01.2015 überdies Folgendes festgestellt:

»Wie vorstehend bereits erläutert, stellt die Präqualifikation selbst kein Vergabeverfahren dar. Einen Auftragswert im Sinne des § 100 Abs. 1 GWB bzw. § 2 SektVO gibt es nicht. Es kann auch nicht ersatzweise auf den Wert des von einem antragstellenden Unternehmen benannten Referenzprojektes abgestellt werden, zumal es sich bei diesen typischerweise um bereits abgeschlossene Arbeiten handelt. Zur Gewährleistung eines effektiven Rechtschutzes ist es daher geboten, bei der Ablehnung eines Antrags auf Aufnahme in ein Präqualifikationssystem die Anwendbarkeit des vierten Teils des GWB auch dann zu bejahen, wenn nicht festgestellt werden kann, ob der maßgebliche Schwellenwert erreicht ist.«[35]

XI. Kosten

33   Nach § 48 Abs. 10 Satz 1 SektVO kann der Auftraggeber im Zusammenhang mit Anträgen auf Qualifizierung, der Aktualisierung oder der Aufrechterhaltung einer bereits bestehenden Qualifizierung für das System Gebühren erheben. Die Gebühr muss im Verhältnis zu den angefallenen Kosten stehen. Auch wenn es sich nicht um eine Gebühr im gebührenrechtlichen Sinn handelt, kann gleichwohl das dem öffentlichen Gebührenrecht zugrunde liegende Äquivalenzprinzip als Maßstab für die geforderte Festlegung einer verhältnismäßigen Gebühr dienen.[36]

§ 49 SektVO   Beleg der Einhaltung von Normen der Qualitätssicherung und des Umweltmanagements

(1) Verlangt der Auftraggeber als Beleg dafür, dass Bewerber oder Bieter bestimmte Normen der Qualitätssicherung erfüllen, die Vorlage von Bescheinigungen unabhängiger Stellen, so bezieht er sich auf Qualitätssicherungssysteme, die
1. den einschlägigen europäischen Normen genügen und
2. von akkreditierten Stellen zertifiziert sind. Der Auftraggeber erkennt auch gleichwertige Bescheinigungen von akkreditierten Stellen aus anderen Staaten an. Konnte ein Bewerber oder Bieter aus Gründen, die er nicht zu vertreten hat, die betreffenden Bescheinigungen nicht innerhalb einer angemessenen Frist einholen, so muss der Auftraggeber auch andere Unterlagen über gleichwertige Qualitätssi-

---

34 Summa, in: Heiermann/Zeiss (Hrsg.), jurisPK-VergR, 4. Aufl. 2013, § 24 SektVO Rn. 129.
35 VK Bund, Beschl. v. 27.01.2015 – VK 2-123/14.
36 BT-Drs. 87/16 v. 29.02.2016, S. 267.

cherungssysteme anerkennen, sofern der Bewerber oder Bieter nachweist, dass die vorgeschlagenen Qualitätssicherungsmaßnahmen den geforderten Qualitätssicherungsnormen entsprechen.

(2) Verlangt der Auftraggeber als Beleg dafür, dass Bewerber oder Bieter bestimmte Systeme oder Normen des Umweltmanagements erfüllen, die Vorlage von Bescheinigungen unabhängiger Stellen, so bezieht er sich
1. entweder auf das Gemeinschaftssystem für das Umweltmanagement und die Umweltbetriebsprüfung EMAS der Europäischen Union oder
2. auf andere nach Artikel 45 der Verordnung (EG) Nr. 1221/2009 des Europäischen Parlaments und des Rates vom 25. November 2009 über die freiwillige Teilnahme von Organisationen an einem Gemeinschaftssystem für Umweltmanagement und Umweltbetriebsprüfung und zur Aufhebung der Verordnung (EG) Nr. 761/2001, sowie der Beschlüsse der Kommission 2001/681/EG und 2006/193/EG (ABl. L 342 vom 22.12.2009, S. 1) anerkannte Umweltmanagementsysteme oder
3. auf andere Normen für das Umweltmanagement, die auf den einschlägigen europäischen oder internationalen Normen beruhen und von akkreditierten Stellen zertifiziert sind. Der Auftraggeber erkennt auch gleichwertige Bescheinigungen von Stellen in anderen Staaten an. Hatte ein Bewerber oder Bieter aus Gründen, die ihm nicht zugerechnet werden können, nachweislich keinen Zugang zu den betreffenden Bescheinigungen oder aus Gründen, die es nicht zu vertreten hat, keine Möglichkeit, diese innerhalb der einschlägigen Fristen zu erlangen, so muss der Auftraggeber auch andere Unterlagen über gleichwertige Umweltmanagementmaßnahmen anerkennen, sofern der Bewerber oder Bieter nachweist, dass diese Maßnahmen mit denen, die nach dem geltenden System oder den geltenden Normen für das Umweltmanagement erforderlich sind, gleichwertig sind.

Amtliche Begründung:

»§ 49 dient der Umsetzung von Artikel 81 der Richtlinie 2014/25/EU.

Auftraggeber können Anforderungen stellen, die die Einhaltung von Qualitätssicherungs- und Umweltmanagementnormen vorsehen. Dabei nehmen sie auf Systeme Bezug, die den einschlägigen europäischen Normreihen genügen und von akkreditierten Stellen zertifiziert sind.«

A. Allgemeine Einführung

1   § 49 SektVO enthält Vorgaben für den Auftraggeber, wenn dieser Bescheinigungen über die Einhaltung bestimmter Qualitätssicherungsnormen (§ 49 Abs. 1 SektVO) bzw. bestimmter Umweltmanagementsysteme oder -normen (§ 49 Abs. 2 SektVO) von Bewerbern oder Bietern verlangt. Die Vorschrift behandelt hingegen nicht die vergaberechtliche Zulässigkeit von Anforderungen im Hinblick auf die Qualitätssicherung und das Umweltmanagement.[1] Derartige Eignungsanforderungen betreffen die technische Leistungsfähigkeit im Sinne von § 122 Abs. 2 Nr. 3 GWB[2] und sind nach den allgemeinen Vorgaben zulässig, wenn sie der Auftragsgegenstand rechtfertigt.[3] § 49 SektVO schreibt insofern lediglich vor, dass sich der Auftraggeber, wenn er als Beleg bzw. Nachweis für die Erfüllung von Qualitätssicherungsnormen respektive Umweltmanagementsystemen oder -normen Bescheinigungen unabhängiger Stellen verlangt, auf Systeme beziehen muss, die den maßgeblichen europäischen Normen entsprechen und durch akkreditierte Stellen zertifiziert worden sind. Diese Vorgabe soll im Interesse des Binnenmarktes in der Regel abschottend wirkende, rein nationale – und gegebenenfalls branchenbezogene – Zertifizierungssysteme zurückdrängen.[4] Flankiert wird dieses Bestreben durch die Verpflichtung zur Anerkennung gleichwertiger Bescheinigungen aus anderen Mitgliedstaaten in § 49 Abs. 1 Satz 2, Abs. 2 Satz 2 SektVO.[5]

B. Europarechtliche Vorgaben

2   § 49 setzt Art. 81 der Richtlinie 2014/25/EU bis auf kleinere sprachliche Änderungen eins zu eins um. Ergänzende Erläuterungen können dem Erwägungsgrund 93 der Richtlinie 2014/25/EU entnommen werden.

C. Vergleich zur vorherigen Rechtslage

3   § 49 SektVO entspricht im Wesentlichen der Vorgängerregelung in § 23 SektVO a.F. Ein Unterschied besteht jedoch im Hinblick auf die in § 49 Abs. 1 Satz 3, Abs. 2 Satz 3 SektVO enthaltenen neuen Regelungen, dass der Auftraggeber Nachweise über gleichwertige Qualitätssicherungs- oder Umweltmanagementsysteme nur akzeptieren muss, wenn der Bewerber oder Bieter aus Gründen, die er nicht zu vertreten ha-

---

1   Summa, in: Heiermann/Zeiss (Hrsg.), jurisPK Vergaberecht, 4. Aufl. 2013, § 23 SektVO Rn. 1.

2   Vgl. Erwägungsgrund 93 der Richtlinie 2014/25/EU; Opitz, in: Eschenbruch/Opitz (Hrsg.), SektVO, 2012, § 23 Rn. 2.

3   Siehe hierzu BR-Drs. 522/09 vom 29.05.2009, S. 52; VK Sachsen, Beschl. v. 22.07.2010 – 1/SVK/022-10; Opitz, in: Eschenbruch/Opitz (Hrsg.), SektVO, 2012, § 23 Rn. 1; vgl. auch Hölzl, in: Montag/Säcker (Hrsg.), MüKo zum Europäischen und Deutschen Wettbewerbsrecht (Kartellrecht), Band 3, 2011, § 23 SektVO Rn. 2.

4   Siehe hierzu Opitz, in: Eschenbruch/Opitz (Hrsg.), SektVO, 2012, § 23 Rn. 1.

5   Vgl. hierzu auch Opitz, in: Eschenbruch/Opitz (Hrsg.), SektVO, 2012, § 23 Rn. 13; Hölzl, in: Montag/Säcker (Hrsg.), MüKo zum Europäischen und Deutschen Wettbewerbsrecht (Kartellrecht), Band 3, 2011, § 23 SektVO Rn. 5.

ben, die geforderten Bescheinigungen nicht innerhalb einer angemessenen Frist einholen konnte bzw. nachweislich keinen Zugang zu den betreffenden Bescheinigungen hatte.

D. Kommentierung

I. Qualitätssicherungsnormen (§ 49 Abs. 1 SektVO)

Verlangt der Auftraggeber als Beleg dafür, dass Bewerber oder Bieter bestimmte Normen der Qualitätssicherung erfüllen, die Vorlage von Bescheinigungen unabhängiger Stellen, so muss er sich nach § 49 Abs. 1 Satz 1 SektVO auf Qualitätssicherungssysteme beziehen, die den einschlägigen europäischen Normen genügen und von akkreditierten Stellen zertifiziert sind. Die Vorschrift findet auf Liefer-, Bau- und Dienstleistungsaufträge in gleicher Weise Anwendung. Ausweislich des Wortlauts von § 49 Abs. 1 Satz 1 SektVO (»verlangt«) steht die Forderung nach Qualitätsmanagementzertifikaten im Ermessen des Auftraggebers.[6] Der Auftraggeber kann somit die Vorlage von Bescheinigungen Dritter im Sinne des § 49 Abs. 1 Satz 1 SektVO fordern, ist aber nicht dazu verpflichtet, sodass auch eine Beschränkung auf Eigenerklärungen möglich erscheint. Legt er sich jedoch auf die Vorlage von Bescheinigungen unabhängiger Stellen fest, ist er an diese Vorgabe gebunden[7]; Eigenerklärungen reichen dann nicht mehr aus.

Auch wenn die Forderung nach Qualitätsmanagementzertifikaten somit grundsätzlich vergaberechtlich zulässig ist und bei komplexen Beschaffungsvorhaben auch oftmals zweckmäßig sein dürfte, sollte der Auftraggeber darauf achten, dass durch die Forderung nach einem Qualitätsmanagementzertifikat keine Wettbewerbsbeschränkung eintritt, weil ein wesentlicher Teil von Unternehmen ausgeschlossen wird.[8] Er sollte sich deshalb vor einem Vergabeverfahren im Rahmen einer Markterkundung vergewissern, ob die Unternehmen, die für die Leistungserbringung in Betracht kommen, an Qualitätsmanagementsystemen teilnehmen. Anderenfalls kann durch die Forderung eines Zertifikates der Wettbewerb erheblich eingeschränkt werden.

Mit europäischen Normen im Sinne des § 49 Abs. 1 Satz 1 Nr. 1 SektVO sind Normen gemeint, die von einer europäischen Normungsorganisationen angenommen und der Öffentlichkeit zugänglich gemacht worden sind.[9] Dabei ist zu berücksichtigen, dass sich die Normung im Wesentlichen auf drei Ebenen organisiert: der internationalen, der regionalen und der nationalen.[10] Die europäischen Normungsgremien reihen sich hier als regionale Organisationen zwischen die nationalen und internationalen Nor-

---

6 Vgl. VK Sachsen, Beschl. v. 22.07.2010 – 1/SVK/022-10; Gnittke/Hattig, in: Müller-Wrede (Hrsg.), SektVO, 2010, § 23 Rn. 8.

7 Vgl. hierzu auch Opitz, in: Eschenbruch/Opitz (Hrsg.), SektVO, 2012, § 23 Rn. 6.

8 Siehe hierzu und zum Folgenden VK Sachsen, Beschl. v. 22.07.2010 – 1/SVK/022-10.

9 Vgl. hierzu Art. 1 Nr. 4 der mittlerweile außer Kraft getretenen Richtlinie 98/34/EG (nunmehr maßgeblich ist Richtlinie 2015/1535/EU).

10 Vgl. hierzu etwa Langner/Klindt, in: Dauses (Hrsg.), Handbuch des EU-Wirtschaftsrechts, Band 1, Stand: September 2015 (38. Ergänzungslieferung), C.VI. Technische Sicherheitsvorschriften und Normen, Rn. 26 ff.

mungsorganisationen ein. Bei den internationalen Normungsorganisationen handelt es sich um die Internationale Organisation für Normung (ISO) und die Internationale Elektrotechnische Kommission (IEC). Die europäischen Normungsorganisationen sind das Europäische Komitee für Normung (CEN), das Europäische Komitee für elektrotechnische Normung (CENELEC) und das Europäische Institut für Normung im Bereich der Telekommunikation (ETSI). Die Mitglieder dieser privatrechtlichen Organisationen stellen die nationalen Normungsinstitute. In Deutschland ist dies das Deutsche Institut für Normung (DIN).

7   Mit der Bezeichnung »DIN EN« wird die deutsche Übernahme einer Europäischen Norm (EN) zum Ausdruck gebracht.[11] »DIN EN ISO« respektive »DIN EN ISO/ IEC« weist Normen aus, die federführend von den betreffenden internationalen und europäischen Normungsorganisationen entwickelt und anerkannt wurden. Die praxisrelevanten Normen für Qualitätssicherungssysteme enthält die europäische Normreihe DIN EN ISO 9000 ff. Die darauf basierenden Zertifizierungen sind als Eignungsnachweise anerkannt.[12] Durch eine Zertifizierung nach DIN EN ISO 9000 ff. wird nachgewiesen, dass ein Unternehmen ein sog. Qualitätsmanagement- oder Qualitätssicherungssystem eingeführt hat.[13] Dabei geben die maßgeblichen europäischen Normen jedoch keinen Qualitätsstandard vor, sondern stellen nur einen groben Rahmen dar, der Eckpunkte des durch den Unternehmer selbst zu definierenden Qualitätsziels setzt. Da die Zertifizierungsstelle nicht die Qualität des Unternehmens prüft, sondern lediglich die Vollständigkeit des Qualitätssicherungssystems entsprechend der einschlägigen Normen und die Einhaltung der durch das Unternehmen selbst vorgegebenen Standards und Verfahren zum Zeitpunkt des Audits, sollte bei der Konzeption der Vergabeunterlagen stets die Aussagekraft dieser Zertifikate in die Erwägungen eingestellt werden.[14]

8   § 49 Abs. 1 Satz 1 Nr. 2 SektVO setzt ferner voraus, dass die Qualitätssicherungssysteme durch akkreditierte Stellen zertifiziert sind. Nach Art. 4 Abs. 1 der VO 765/2008/EG haben alle Mitgliedstaaten eine einzige nationale Akkreditierungsstelle zu benennen. In Deutschland ist dies die Deutsche Akkreditierungsstelle (DAkkS). Bei ihr haben sich Stellen, die Managementsysteme zertifizieren lassen wollen, zu akkreditieren. Der rechtliche Status der DAkkS wird durch das Akkreditierungsstellengesetz (AkkStelleG) und die auf Grundlage dieses Gesetzes erlassene Beleihungsverordnung (AkkStelleGBV) geregelt. Danach handelt es sich bei der DAkkS um eine staatlich be-

---

11 Siehe hierzu und zum Folgenden Opitz, in: Eschenbruch/Opitz (Hrsg.), SektVO, 2012, § 23 Rn. 7.

12 Vgl. etwa VK Baden-Württemberg, Beschl. v. 06.11.2008 – 1 VK 44/08; Beschl. v. 05.11.2008 – 1 VK 42/08.

13 Siehe hierzu und zum Folgenden OLG Thüringen, Beschl. v. 05.12.2001 – 6 Verg 3/01 mit Verweis auf Anker/Sinz, BauR 1995, 629 ff.

14 Vgl. Summa, in: Heiermann/Zeiss (Hrsg.), jurisPK Vergaberecht, 4. Aufl. 2013, § 23 SektVO Rn. 11.

liehene, aber privatrechtlich organisierte Stelle.[15] Maßstab für die Akkreditierung der Zertifizierungsstellen ist die DIN EN ISO/IEC 17021.

Nach § 49 Abs. 1 Satz 2 SektVO hat der Auftraggeber auch gleichwertige Bescheini- 9 gungen von akkreditierten Stellen aus anderen Mitgliedstaaten anzuerkennen. Der Auftraggeber darf sich folglich – im Sinne der Gleichbehandlung von Unternehmen aus anderen Mitgliedstaaten – nicht auf die Vorlage von Bescheinigungen von Stellen beschränken, die von der DAkkS akkreditiert wurden. Dies trägt dem Umstand Rechnung, dass die Anforderungen an Zertifizierungsstellen insbesondere durch die genannte DIN EN ISO/IEC 17021 weitgehend vereinheitlicht wurden. Ob eine bestimmte Bescheinigung gleichwertig ist, muss der Auftraggeber prüfen. Die Darlegungs- und Beweislast trägt der Bewerber oder Bieter.[16] Allerdings dürfte sich die Gleichwertigkeit in der Regel durch die Bezugnahme auf die in Rede stehende europäische Normreihe aus der vorgelegten ausländischen Bescheinigung ergeben.

Konnte ein Bewerber oder Bieter aus Gründen, die er nicht zu vertreten hat, die betreff- 10 enden Bescheinigungen nicht innerhalb einer angemessenen Frist – Bewerbungs- oder Angebotsfrist – einholen, so muss der Auftraggeber nach § 49 Abs. 1 Satz 3 SektVO auch andere Unterlagen über gleichwertige Qualitätssicherungssysteme anerkennen, sofern der Bewerber oder Bieter nachweist, dass die vorgeschlagenen Qualitätssicherungsmaßnahmen den geforderten Qualitätssicherungsnormen entsprechen. War es dem Bewerber oder Bieter also schlechterdings nicht möglich, innerhalb der für das Vergabeverfahren vorgesehenen Fristen das in Rede stehende Qualitätsmanagementzertifikat zu erwirken, so kann er das vom Auftraggeber geforderte Zertifikat durch Unterlagen über gleichwertige Qualitätssicherungssysteme gleichsam ersetzen. Im Hinblick auf die Gleichwertigkeit des in Rede stehenden Systems trifft die Darlegungs- und Beweislast den Bewerber oder Bieter. Zweifel an der Gleichwertigkeit gehen folglich zu seinen Lasten. Konnte der Bewerber oder Bieter das Qualitätsmanagementzertifikat hingegen ohne Weiteres in der vorgesehenen Frist erlangen, so steht ihm diese »Ersetzungsmöglichkeit« nicht zu, wenn er die betreffende Bescheinigung gleichwohl nicht erhalten hat, weil er beispielsweise die notwendigen Verfahren respektive Prozesse zu spät eingeleitet hatte.

Die »angemessene« – bzw. »einschlägige«[17] – Frist ist dabei lediglich Maßstab für die 11 Beantwortung der Frage, ob eine Beschaffung der Bescheinigung innerhalb dieses zeitlichen Rahmens möglich war. Ob eine Frist angemessen ist, richtet sich nach den allgemeinen Vorgaben im Sinne des § 16 SektVO. Danach hat der Auftraggeber bei der Festlegung der Fristen für den Eingang der Angebote und der Teilnahmeanträge insbesondere die Komplexität der Leistung und die für die Angebotserstellung benötigte Zeit zu berücksichtigen (§ 16 Abs. 1 SektVO). § 49 Abs. 1 Satz 3 SektVO zwingt den Auftraggeber nicht dazu, die Frist so zu gestalten, dass gleichsam alle Bewerber oder

---

15 Siehe hierzu ausführlich Kapoor, in: Klindt (Hrsg.), Produktsicherheitsgesetz, 2. Aufl. 2015, Einleitung zu §§ 9–19 ProdSG Rn. 19 f.
16 Vgl. Gnittke/Hattig, in: Müller-Wrede (Hrsg.), SektVO, 2010, § 23 Rn. 11.
17 Art. 81 Abs. 1 Satz 3 der Richtlinie 2014/25/EU sowie § 49 Abs. 2 Satz 3 SektVO in Bezug auf Umweltmanagementsysteme.

Bieter die Möglichkeit haben, den Prozess zur Erlangung der geforderten Qualitätsmanagementzertifikate von Beginn an zu durchlaufen. Es besteht – auch im Lichte des Gleichbehandlungsgrundsatzes – keine Pflicht des Auftraggebers, den Ausgleich von bestehenden Wettbewerbsvorteilen bzw. -nachteilen – hier in der Form von vorhandenen Qualitätsmanagementzertifikaten – durch eine entsprechende Bemessung von Fristen voranzutreiben.[18] Davon zu unterscheiden ist selbstredend die – bereits oben angesprochene – Frage, ob es im Einzelfall zu Friktionen mit dem Wettbewerbsgrundsatz führt, wenn durch die Forderung nach Qualitätsmanagementzertifikaten eine Wettbewerbsbeschränkung eintritt, weil ein wesentlicher Teil von Unternehmen faktisch von dem betreffenden Vergabeverfahren ausgeschlossen wird.

12   Die entsprechenden Zertifikate müssen zusammen mit den sonstigen Eignungsnachweisen vorgelegt werden. Im Hinblick auf den Vorlagezeitpunkt gilt folglich nichts anderes als für die sonstigen Eignungsnachweise.[19] Hat der Auftraggeber die Vorlage von Qualitätsmanagementzertifikaten gefordert, ist es nicht ausreichend, wenn der Bewerber oder Bieter angibt, er plane die Durchführung einer Zertifizierung.[20] Denn wann und ob diese tatsächlich erfolgreich abgeschlossen wird, lässt sich daraus nicht prognostizieren. Ein Nachweis ist damit noch nicht erbracht.

II. Umweltmanagementsysteme und -normen (§ 49 Abs. 2 SektVO)

13   § 49 Abs. 2 SektVO betrifft Belege über die Einhaltung von Umweltmanagementsystemen und -normen. Die Vorschrift weist eine im Wesentlichen gleiche Struktur auf wie § 49 Abs. 1 SektVO, sodass auch auf die obige Kommentierung zu § 49 Abs. 1 SektVO verwiesen werden kann. Verlangt der Auftraggeber als Beleg dafür, dass Bewerber oder Bieter bestimmte Systeme oder Normen des Umweltmanagements erfüllen, die Vorlage von Bescheinigungen unabhängiger Stellen, so kann er sich nach § 49 Abs. 2 Nr. 1 SektVO auf das Gemeinschaftssystem für das Umweltmanagement und die Umweltbetriebsprüfung EMAS der Europäischen Union beziehen. EMAS ist ein freiwilliges umweltpolitisches Instrument für Unternehmen und Organisationen, mit dem das Ziel verfolgt wird, Umweltauswirkungen zu reduzieren.[21] Es beruht auf der VO (EG) Nr. 1221/2009 (sog. EMAS-III-Verordnung).

Eine Zertifizierung[22] läuft danach wie folgt schematisch wie folgt ab:
– Durchführung einer Umweltprüfung, in der die Umweltauswirkungen der Tätigkeiten, Produkte und Dienstleistungen des Unternehmens sowie dessen Umweltleistung und weitere Umweltaspekte erstmalig zu ermitteln sind.

---

18 Vgl. auch Kus, in: Kulartz/Kus/Portz (Hrsg.), Kommentar zum GWB-Vergaberecht, 3. Aufl. 2014, § 98 Rn. 36.
19 Siehe hierzu VK Bund, Beschl. v. 05.11.2003 – VK-2-106/03; Gnittke/Hattig, in: Müller-Wrede (Hrsg.), SektVO, 2010, § 23 Rn. 15; Opitz, in: Eschenbruch/Opitz (Hrsg.), SektVO, 2012, § 23 Rn. 10.
20 Siehe hierzu und zum Folgenden VK Sachsen, Beschl. v. 31.07.2015 – 1/SVK/025-15.
21 Opitz, in: Eschenbruch/Opitz (Hrsg.), SektVO, 2012, § 23 Rn. 18.
22 Siehe hierzu und zum Folgenden Oexle/Lammer, in: Hauschka/Moosmayer/Lösler, Corporate Compliance 3. Aufl. 2016, § 53 Rn. 66.

– Einrichtung eines Umweltmanagementsystems.
– Überprüfung des Umweltmanagementsystems im Rahmen einer internen Umweltbetriebsprüfung und einer Managementbewertung
– Abgabe einer Umwelterklärung zur Information der Öffentlichkeit und anderer interessierter Kreis, in der die Umweltpolitik des Unternehmens, das Umweltmanagementsystem sowie Umweltauswirkungen und Umweltleistungen zu beschreiben sind.
– Überprüfung durch einen unabhängigen – förmlich zugelassenen – Umweltgutach-
ter. Dieser überprüft, ob die Anforderungen der EMAS-III-Verordnung eingehalten
worden sind. Bei einer erfolgreichen Überprüfung wird das zertifizierte Unternehmen in das EMAS-Verzeichnis eingetragen.

Darüber hinaus kann der Auftraggeber nach § 49 Abs. 2 Nr. 2 SektVO auch auf andere nach Art. 45 VO (EG) Nr. 1221/2009) anerkannte Umweltmanagementsysteme
Bezug nehmen.

Die Möglichkeit der Bezugnahme auf andere Normen für das Umweltmanagement, die   14
auf den einschlägigen europäischen oder internationalen Normen beruhen und von akkreditierten Stellen zertifiziert sind, ist bewusst offen gehalten.[23] In der Praxis sind damit die Zertifizierungen nach DIN EN ISO 14001 und DIN EN ISO 16001 ge-
meint.[24]

Wie bei den Qualitätsmanagementsystemen hat der Auftraggeber gemäß § 49 Abs. 2   15
Satz 2 SektVO auch gleichwertige Bescheinigungen von Stellen in anderen Staaten anzuerkennen. Die Gleichwertigkeit hat der Bewerber oder Bieter darzulegen und zu beweisen.

Im Hinblick auf die »Ersetzungsmöglichkeit« im Sinne des § 49 Abs. 2 Satz 3 SektVO   16
ist im Unterschied zu § 49 Abs. 1 Satz 3 SektVO hervorzuheben, dass der Auftraggeber andere Unterlagen über gleichwertige Umweltmanagementmaßnahmen auch anerkennen muss, wenn der Bewerber oder Bieter nachweislich keinen Zugang zu den betreffenden Bescheinigungen hat.

§ 50 SektVO Rechtsform von Unternehmen und Bietergemeinschaften

(1) Bewerber oder Bieter, die gemäß den Rechtsvorschriften des Staates, in dem sie
niedergelassen sind, zur Erbringung der betreffenden Leistung berechtigt sind, dürfen nicht allein deshalb zurückgewiesen werden, weil sie gemäß den deutschen
Rechtsvorschriften eine natürliche oder juristische Person sein müssten. Juristische
Personen können jedoch bei Dienstleistungsaufträgen sowie bei Lieferaufträgen,
die zusätzlich Dienstleistungen umfassen, verpflichtet werden, in ihrem Antrag auf
Teilnahme oder in ihrem Angebot die Namen und die berufliche Befähigung der Personen anzugeben, die für die Erbringung der Leistung als verantwortlich vorgesehen
sind.

---

23 Vgl. Gnittke/Hattig, in: Müller-Wrede (Hrsg.), SektVO, 2010, § 23 Rn. 18.
24 Siehe hierzu Gnittke/Hattig, in: Müller-Wrede (Hrsg.), SektVO, 2010, § 23 Rn. 18.

(2) Bewerber- und Bietergemeinschaften sind wie Einzelbewerber und -bieter zu behandeln. Der Auftraggeber darf nicht verlangen, dass Gruppen von Unternehmen eine bestimmte Rechtsform haben müssen, um einen Antrag auf Teilnahme zu stellen oder ein Angebot abzugeben. Sofern erforderlich kann der Auftraggeber in den Vergabeunterlagen Bedingungen festlegen, wie Gruppen von Unternehmen die Eignungskriterien zu erfüllen und den Auftrag auszuführen haben; solche Bedingungen müssen durch sachliche Gründe gerechtfertigt und angemessen sein.

(3) Unbeschadet des Absatzes 2 kann der Auftraggeber verlangen, dass eine Bietergemeinschaft nach Zuschlagserteilung eine bestimmte Rechtsform annimmt, soweit dies für die ordnungsgemäße Durchführung des Auftrags erforderlich ist.

Amtliche Begründung:

»§ 50 (Rechtsform von Unternehmen, Bietergemeinschaften)

§ 50 setzt Artikel 37 der Richtlinie 2014/25/EU um und regelt Anforderungen an die Rechtsform von Unternehmen und von Bietergemeinschaften.«

Inhaltsübersicht   Rdn.

A. Allgemeine Einführung

1   § 50 SektVO regelt ausweislich der Gesetzesbegründung Anforderungen an die Rechtsform von Unternehmen und von Bietergemeinschaften.[1] Die Vorschrift konkretisiert auf diese Weise insbesondere den Gleichbehandlungsgrundsatz im Sinne des § 97 Abs. 2 GWB. Dieser wird zunächst mit Blick auf ausländische Gesellschaftsformen akzentuiert. Nach § 50 Abs. 1 Satz 1 SektVO dürfen Bewerber oder Bieter, die gemäß den Rechtsvorschriften des Staates, in dem sie niedergelassen sind, zur Erbringung der betreffenden Leistung berechtigt sind, nicht allein deshalb zurückgewiesen werden, weil sie gemäß den deutschen Rechtsvorschriften eine natürliche oder juristische Person sein müssten. Aus dieser Vorschrift lässt sich zudem die allgemeine Maßgabe ableiten, dass die Rechtsform eines Unternehmens kein Kriterium für die Zulassung eines

---

1 BT-Drs. 87/16 vom 29.02.2016, S. 268.

Unternehmens zum Vergabeverfahren sein darf.[2] Die Gleichbehandlung gilt nach § 50 Abs. 2 Satz 1 SektVO überdies für Bewerber- und Bietergemeinschaften: Sie sind wie Einzelbewerber und -bieter zu behandeln.

B. Europarechtliche Vorgaben

§ 50 SektVO setzt Art. 37 der Richtlinie 2014/25/EU im Wesentlichen inhaltsgleich   2 um. Im Unterschied zu § 37 Abs. 1 UAbs. 2 der Richtlinie 2014/25/EU enthält § 50 Abs. 1 Satz 2 SektVO jedoch keinen Hinweis auf »Bauaufträge«. Eine solche Beschränkung des Tatbestands ergibt bei der entsprechenden Regelung in § 43 Abs. 1 Satz 2 VgV Sinn. Im Anwendungsbereich der SektVO besteht jedoch kein Grund, Bauaufträge – entgegen der Vorgabe des § 37 Abs. 1 UAbs. 2 der Richtlinie 2014/25/EU – auszuklammern. Es spricht deshalb viel dafür, dass das Fehlen der »Bauaufträge« in § 50 Abs. 1 Satz 2 SektVO auf einem Redaktionsversehen beruht. Der Tatbestand des § 50 Abs. 1 Satz 2 SektVO ist vor diesem Hintergrund in richtlinienkonformer Auslegungen um »Bauaufträge« zu ergänzen.

Darüber hinaus fällt auf, dass § 50 Abs. 1 Satz 2 SektVO im Unterschied zu § 37   3 Abs. 1 UAbs. 2 der Richtlinie 2014/25/EU keinen Hinweis auf »Arbeiten wie Verlegen und Anbringen« enthält. Diese Arbeiten dürften jedoch ohne Weiteres unter den Begriff der zusätzlichen Dienstleistungen subsumiert werden können.

Für ein Verständnis der Regelungen zu den Bietergemeinschaften ist zudem der Erwä-   4 gungsgrund 18 der Richtlinie 2014/25/EU von Bedeutung.

C. Vergleich zur vorherigen Rechtslage

§ 50 SektVO enthält im Vergleich zur vorherigen Rechtslage keine wesentlichen Ände-   5 rungen. Für § 50 Abs. 1 Satz 1 SektVO findet sich zwar keine entsprechende Vorschrift in der SektVO a.F. Eine nahezu identische Vorgabe fand sich jedoch in Art. 11 Abs. 1 UAbs. 1 der Richtlinie 2004/17/EG.

§ 50 Abs. 2 und 3 SektVO enthält im Vergleich zu § 22 SektVO a.F. nunmehr ausführ-   6 lichere Regelungen zu Bietergemeinschaften. Essentielle Neuerungen sind damit jedoch nicht verbunden. Denn nach alter Rechtslage ergaben sich vergleichbare Regelungen aus der Richtlinie 2014/17/EG respektive der Rechtsprechung des EuGH. So war beispielsweise – auch ohne ausdrückliche Regelung in § 22 SektVO a.F. – anerkannt, dass die Vorgabe einer bestimmten Rechtsform nur für den Fall der Zuschlagserteilung zulässig war.[3]

Das Recht des Auftraggebers, von juristischen Personen die Angabe des Namens und   7 der beruflichen Qualifikation der für die Durchführung des Auftrags verantwortlichen Personen zu verlangen, war in § 20 Abs. 4 SektVO a.F. verankert.

---

2 Siehe hierzu Lux, in: Müller-Wrede (Hrsg.), SektVO, 2010, § 22 Rn. 20; Opitz, in: Eschenbruch/Opitz (Hrsg.), SektVO, 2012, § 22 Rn. 21 jeweils mit Verweis auf OLG Naumburg, Beschl. v. 21.12.2000 – 1 Verg 10/00.
3 Siehe etwa Opitz, in: Eschenbruch/Opitz (Hrsg.), SektVO, 2012, § 22 Rn. 5 und 19.

D. Kommentierung

I. Rechtsform von Unternehmen

8   Nach § 50 Abs. 1 Satz 1 SektVO dürfen Bewerber oder Bieter, die gemäß den Rechtsvorschriften des Staates, in dem sie niedergelassen sind, zur Erbringung der betreffenden Leistung berechtigt sind, nicht allein deshalb zurückgewiesen werden, weil sie gemäß den deutschen Rechtsvorschriften eine natürliche oder juristische Person sein müssten. Daraus folgt, dass der Wettbewerb nicht auf Unternehmen beschränkt werden darf, die nach Rechtsformen des deutschen Gesellschaftsrechts organisiert sind.[4] Es ist damit etwa grundsätzlich nicht gestattet, einer englischen »Limited« die Teilnahme an einem Vergabeverfahren in Deutschland zu versagen. Allgemein lässt sich daraus die Maßgabe ableiten, dass die Rechtsform eines Unternehmens kein Kriterium für die Zulassung eines Unternehmens zum Vergabeverfahren sein darf.[5] Es ist dem Auftraggeber jedoch beispielsweise unbenommen, Mindestanforderungen an die wirtschaftliche und finanzielle Leistungsfähigkeit im Sinne von § 122 Abs. 2 Satz 2 Nr. 2 GWB festzulegen.[6]

9   § 50 Abs. 1 Satz 1 SektVO ist dabei auch in Zusammenhang mit dem weiten (funktionalen) Begriff des Wirtschaftsteilnehmers (Art. 2 Nr. 6 der Richtlinie 2014/25/EU) beziehungsweise – nach deutscher Terminologie – des Unternehmens (§ 103 Abs. 1 GWB) zu sehen.[7] Die europäischen Vergaberichtlinien beschränken den Begriff »Wirtschaftsteilnehmer« im Sinne des Wettbewerbs nicht auf unternehmerisch strukturierte Wirtschaftsteilnehmer oder legen besondere Bedingungen fest, die geeignet sind, den Zugang zu Ausschreibungen von vornherein auf der Grundlage der Rechtsform und der internen Organisation der Wirtschaftsteilnehmer zu beschränken.[8] Vielmehr stellen der Erwägungsgrund 17 und Art. 2 Nr. 6 der Richtlinie 2014/25/EU klar, dass der Begriff des »Wirtschaftsteilnehmers« im weiten Sinne zu verstehen ist. Er schließt alle Personen und/oder Einrichtungen ein, die am Markt das Erbringen von Bauleistungen, die Lieferung von Waren bzw. die Erbringung von Dienstleistungen anbieten. Somit fallen auch Unternehmen, Zweigniederlassungen, Tochterunternehmen, Personengesellschaften, Genossenschaften, haftungsbeschränkte Gesellschaften, Universitäten, ob öffentlich oder privat, sowie andere Einrichtungen, bei denen es sich nicht um natürliche Personen handelt, unter den Begriff »Wirtschaftsteilnehmer«, unabhängig davon, ob sie unter allen Umständen als »juristische Personen« gelten oder nicht. Dieses weite Verständnis deckt sich mit der Ansicht des EuGH, nach der der Begriff des Unternehmens im Sinne des EU-Wettbewerbsrechts jede eine wirtschaftliche Tätigkeit aus-

---

4   Siehe hierzu und zum Folgenden Opitz, in: Eschenbruch/Opitz (Hrsg.), SektVO, 2012, § 22 Rn. 21.
5   Siehe hierzu Lux, in: Müller-Wrede (Hrsg.), SektVO, 2010, § 22 Rn. 20; Opitz, in: Eschenbruch/Opitz (Hrsg.), SektVO, 2012, § 22 Rn. 21 jeweils mit Verweis auf OLG Naumburg, Beschl. V. 21.12.2000 – 1 Verg 10/00.
6   Opitz, in: Eschenbruch/Opitz (Hrsg.), SektVO, 2012, § 22 Rn. 22.
7   Vgl. zum funktionalen Unternehmensbegriff auch Eschenbruch, in: Kulartz/Kus/Portz/Prieß (Hrsg.), Kommentar zum GWB-Vergaberecht, 4. Aufl. 2016, § 103 Rn. 298 ff.
8   Vgl. VK Münster, Beschl. v. 01.06.2015 – VK 2-7/15.

übende Einrichtung umfasst, unabhängig von ihrer Rechtsform und der Art ihrer Finanzierung.[9]

Vor diesem Hintergrund wird auch eine weitere Stoßrichtung des § 50 Abs. 1 Satz 1 SektVO – beziehungsweise des Art. 37 Abs. 1 der Richtlinie 2014/25/EU – deutlich: Die Mitgliedstaaten sind zwar befugt, bestimmten Kategorien von Wirtschaftsteilnehmern die Erbringung bestimmter Leistungen zu gestatten oder zu verwehren.[10] Wenn und soweit Wirtschaftsteilnehmer jedoch berechtigt sind, bestimmte Leistungen auf dem Markt gegen Entgelt dauernd oder zeitweise anzubieten, können ihnen die Mitgliedstaaten nicht – beispielsweise unter Verweis darauf, dass sie nicht einer bestimmten Kategorie von juristischen Personen entsprechen[11] – untersagen, an Verfahren zur Vergabe öffentlicher Aufträge teilzunehmen, die die Erbringung eben dieser Leistungen betreffen. Sofern ihnen also nicht ausnahmsweise der Marktzutritt untersagt wurde, dürfen beispielsweise Forschungsinstitute oder Universitäten an Vergabeverfahren teilnehmen und dabei grundsätzlich auch ihre auf staatlicher Förderung beruhenden Wettbewerbsvorteile nutzen. Allerdings kann der Auftraggeber unter Umständen verpflichtet sein, ein ungewöhnlich niedriges Angebot im Sinne von § 54 SektVO auszuschließen, wenn etwa eine Beihilfe nicht rechtmäßig gewährt wurde.

Unter den weiten (funktionalen) Unternehmensbegriff können damit insbesondere auch Rechtsträger fallen, die ihrerseits die Auftraggebereigenschaften nach §§ 98 ff. GWB erfüllen, sich jedoch im konkreten Fall gewerbsmäßig mit der Erstellung der betreffenden Leitung befassen.[12] Dies gilt etwa für privatrechtlich organisierte Wissenschaftseinrichtungen wie die Institute der Helmholtz-Gemeinschaft, der Fraunhofer-Gesellschaft oder der Max-Planck-Gesellschaft, die insbesondere aufgrund ihrer Finanzierung unter das Vergaberecht fallen.[13] Auch Vereine können vor diesem Hintergrund grundsätzlich an Vergabeverfahren teilnehmen, auch wenn der Status der Gemeinnützigkeit dem Umfang gewisse Grenzen setzt.[14] In der Praxis beteiligen sich insbesondere große – oftmals als Verein organisierte – Wohlfahrtsverbände im Wettbewerb mit privaten Unternehmen an Vergabeverfahren im Bereich des Sozialwesens.

10

11

---

9 EuGH, Urt. v. 04.03.2003 – T-319/99.
10 Siehe hierzu und zum Folgenden EuGH, Urt. v. 18.12.2014 – C-568/13. Der Entscheidung des EuGH lag Art. 26 Abs. 2 der Richtlinie 92/50 zugrunde. Da Art. 37 Abs. 1 der Richtlinie 2014/25/EU im Wesentlichen der genannten Vorgängerregelung entspricht, können die Wertungen des EuGH auch auf die Richtlinie 2014/25/EU übertragen werden.
11 Vgl. hierzu auch EuGH, Urt. v. 18.12.2007 – C-357/06.
12 OLG Düsseldorf, Beschl. v. 05.05.2004 – VII-Verg 78/03.
13 Schabel, IBR 2015, 213.
14 Siehe hierzu und zum Folgenden VK Arnsberg, Beschl. v. 18.07.2012 – VK 09/12; vgl. in diesem Zusammenhang auch VK Münster, Beschl. v. 01.06.2015 – VK 2-7/15.

II. Angabe des Namens und der beruflichen Befähigung von verantwortlichen Personen

12 Das Ergebnis der Eignungsprüfung wird in der Praxis oftmals maßgeblich durch die berufliche Leistungsfähigkeit (§ 122 Abs. 2 Satz 2 Nr. 2 GWB) der für Leistungserbringung verantwortlichen Personen bestimmt. Der Auftraggeber kann daher im Einzelfall ein berechtigtes Interesse daran haben, mehr Informationen über diese Personen einzuholen. § 50 Abs. 1 Satz 2 SektVO trägt diesem Interesse Rechnung und sieht vor, dass juristische Personen bei Dienstleistungsaufträgen sowie bei Lieferaufträgen, die zusätzlich Dienstleistungen umfassen, verpflichtet werden können, in ihrem Antrag auf Teilnahme oder in ihrem Angebot die Namen und die berufliche Befähigung der Personen anzugeben, die für die Erbringung der Leistung als verantwortlich vorgesehen sind.

13 Bereits aus der Stellung des § 50 Abs. 1 Satz 2 SektVO im Unterabschnitt 5 des Abschnitts 2 der SektVO (»Anforderungen an die Unternehmen«) ergibt sich, dass diese Vorschrift allein die Eignungsprüfung betrifft. Möchte der Auftraggeber die Organisation, Qualifikation und Erfahrung des mit der Ausführung des Auftrags betrauten Personals als Zuschlagskriterium ausgestalten, muss er die Vorgaben des § 52 Abs. 2 Satz 2 Nr. 2 SektVO beachten.

14 Dass § 50 Abs. 1 Satz 2 SektVO im Unterschied zu § 37 Abs. 1 UAbs. 2 der Richtlinie 2014/25/EU keinen Verweis auf Bauaufträge enthält, dürfte – wie bereits ausgeführt – auf einem Redaktionsversehen beruhen. In richtlinienkonformer Auslegung muss der Tatbestand des § 50 Abs. 1 Satz 2 SektVO deshalb um »Bauaufträge« ergänzt werden.

15 Es kann überdies davon ausgegangen werden, dass die Forderung zur Angabe der Namen und die berufliche Befähigung der Personen auf Basis des § 50 Abs. 1 Satz 2 SektVO gleichsam von Gesetzes wegen angemessen ist, keiner weiteren Rechtfertigung durch sachliche Gründe bedarf.[15] Dafür spricht auch, dass § 50 Abs. 1 Satz 2 SektVO keine entsprechenden Vorgaben enthält, wie sie etwa § 50 Abs. 2 Satz 3 SektVO vorsieht.

16 Bei der Forderung nach Nachweisen in Bezug auf die berufliche Befähigung der verantwortlich handelnden Personen muss der Auftraggeber das Diskriminierungsverbot beachten und gegebenenfalls auch Nachweise anerkennen, die von einer zuständigen Stelle eines anderen Mitgliedstaats der EU ausgestellt wurden.[16]

17 Verlangt der Auftraggeber die Angabe des Namens und der beruflichen Befähigung der verantwortlichen Personen, sollte er auch eine Erklärung dazu einholen, dass die betreffenden Personen tatsächlich für die Leistungserbringung zur Verfügung stehen und lediglich ausgetauscht werden dürfen, wenn die jeweilige Ersatzperson mindestens über das gleiche Eignungsniveau verfügt.

---

15 In diesem Sinne bereits Opitz, in: Eschenbruch/Opitz (Hrsg.), SektVO, 2012, § 22 Rn. 47.
16 Siehe hierzu Summa, in: Heiermann/Zeiss (Hrsg.), jurisPK Vergaberecht, 4. Aufl. 2013, § 20 SektVO Rn. 116; Opitz, in: Eschenbruch/Opitz (Hrsg.), SektVO, 2012, § 20 Rn. 50; Müller-Wrede, in: Müller-Wrede (Hrsg.), SektVO, 2010, § 20 Rn. 40.

III. Bietergemeinschaften

Das Vergaberecht unterstützt die Bildung von Bietergemeinschaften vor allem aus   18
Gründen der Mittelstandsförderung im Sinne des § 97 Abs. 4 GWB.[17] Insbesondere
kleine und mittlere Unternehmen sollen die Möglichkeit haben, sich zusammen mit andern Unternehmen um Aufträge zu bewerben, die ihre Leistungsfähigkeit im Einzelfall
überschreiten würden.[18]

1. Begriff der Bewerber-, Bieter- und Arbeitsgemeinschaft

Trotz der Bedeutung von Bietergemeinschaften in der Praxis kennen weder die europä-   19
ischen Vergaberichtlinien noch die SektVO eine Legaldefinition der Bietergemeinschaft. Nach allgemeiner Auffassung lassen sich Bietergemeinschaften jedoch etwa
wie folgt definieren: Bietergemeinschaften sind Zusammenschlüsse mehrerer Unternehmen zur gemeinschaftlichen Abgabe eines Angebots mit dem Ziel, den durch die
Verdingungsunterlagen beschriebenen Auftrag gemeinschaftlich zu erhalten und auszuführen.[19] Bei Bietergemeinschaften handelt es sich regelmäßig um Gesellschaften des
bürgerlichen Rechts im Sinne der §§ 705 ff. BGB.[20]

Es lassen sich zwei Arten von Bietergemeinschaften unterscheiden.[21] Zum einen gibt es   20
die »horizontale« Bietergemeinschaft, bei der sich mehrere Unternehmen der gleichen
Branche zusammenschließen, um ihre Angebotskapazitäten zu erhöhen. Die »vertikale« Bietergemeinschaft ist ein Zusammenschluss mehrerer Unternehmen unterschiedlicher Branchen, um beispielsweise Liefer- oder Serviceleistungen aus einer
Hand anbieten zu können.

In der Phase des vorgeschalteten Teilnahmewettbewerbs kann der hier in Rede ste-   21
hende Zusammenschluss von Unternehmen auch als Bewerbergemeinschaft bezeichnet werden.[22] Nach Erteilung des Zuschlags wird aus der Bietergemeinschaft eine Arbeitsgemeinschaft. Damit wird deutlich, dass die Bietergemeinschaft gleichsam als
Vorstufe der Arbeitsgemeinschaft aufgefasst werden kann. Die Arbeitsgemeinschaft
zeichnet sich dadurch aus, dass sie sowohl sachlich als auch zeitlich begrenzte Leistungen übernimmt.[23] Bei der Arbeitsgemeinschaft handelt es sich um einen Fall der Gele-
genheitsgesellschaft, da ihr Zweck in der Verwirklichung einer einzelnen, konkreten
Aufgabe besteht.

---

17 Opitz, in: Eschenbruch/Opitz (Hrsg.), SektVO, 2012, § 22 Rn. 4.
18 Vgl. etwa OLG Düsseldorf, Beschl. v. 09.01.2008 – VII-Verg 33/07.
19 Vgl. VK Bund, Beschl. v. 04.10.2004 – VK 3-152/04; VK Arnsberg, Beschl. v. 02.02.2006 –
    VK 30/05.
20 Siehe etwa Opitz, in: Eschenbruch/Opitz (Hrsg.), SektVO, 2012, § 22 Rn. 3.
21 Siehe hierzu und zum Folgenden auch Opitz, in: Eschenbruch/Opitz (Hrsg.), SektVO, 2012,
    § 22 Rn. 3; Summa, in: Heiermann/Zeiss (Hrsg.), jurisPK Vergaberecht, 4. Aufl. 2013, § 27
    SektVO Rn. 5.
22 Opitz, in: Eschenbruch/Opitz (Hrsg.), SektVO, 2012, § 22 Rn. 3; Summa, in: Heiermann/
    Zeiss (Hrsg.), jurisPK Vergaberecht, 4. Aufl. 2013, § 27 SektVO Rn. 3.
23 Siehe hierzu und zum Folgenden Zimmer, in: Immenga/Mestmäcker (Hrsg.), Wettbewerbs-
    recht, 5. Aufl. 2014, § 1 GWB Rn. 253.

22 Es ist darauf zu achten, dass Teilnahmeantrag respektive Angebot die Identität als Bietergemeinschaft erkennen lassen.[24] Bei Unklarheiten hat der Auftraggeber im Rahmen einer Aufklärung und durch Auslegung aus der maßgeblichen Sicht eines objektiven Erklärungsempfängers zu ermitteln, wer das Angebot abgegeben hat. Kommt beispielsweise in einem Angebot der Zusammenschluss als Bietergemeinschaft nicht hinreichend zum Ausdruck (Fall einer sog. »verdeckten« Bietergemeinschaft), geht dies grundsätzlich zu Lasten der Bietergemeinschaft. So kann die nachträgliche »Aufdeckung« der Bietergemeinschaft wegen der damit verbundenen unzulässigen Identitätsänderung (ursprünglich musste der Auftraggeber von einem Einzelbieter ausgehen) zu einem Ausschluss des betreffenden Angebots führen.

2. Gleichbehandlung

23 Nach § 50 Abs. 2 Satz 1 SektVO sind Bietergemeinschaften wie Einzelbieter zu behandeln. Durch diese Vorschrift wird der Gleichbehandlungsgrundsatz gemäß § 97 Abs. 2 GWB im Hinblick auf die Beteiligung von Bietergemeinschaften am Vergabeverfahren konkretisiert.[25]

24 Die Gleichbehandlung der Bietergemeinschaften führt im Rahmen der Prüfung von Eignung und Ausschlussgründen dazu, dass Bietergemeinschaften als Einheit zu beurteilen sind.[26] Dies erschließt sich bereits deshalb, weil es sich bei der Bietergemeinschaft um ein eigenständiges Unternehmen handelt, das – wie bereits oben erwähnt – regelmäßig in der Form einer Gesellschaft des bürgerlichen Rechts organisiert ist. Allerdings wird die Bietergemeinschaft oftmals nicht selbst über entsprechende Eignungsnachweise verfügen, da es sich bei ihr regelmäßig um einen zeitlich begrenzten Zusammenschluss von Unternehmen handelt. Wie der § 47 Abs. 4 SektVO zeigt, darf eine Bietergemeinschaft jedoch ebenso wie einzelne Unternehmen die Kapazitäten anderer Unternehmen in Anspruch nehmen. Die Bietergemeinschaft wird sich vor diesem Hintergrund regelmäßig auf die Kapazitäten ihrer Mitgliedsunternehmen stützen.

25 Bei der Prüfung von Eignung und Ausschlussgründen im Sinne der §§ 122 ff. GWB[27] wird es deshalb bei Bietergemeinschaften in der Regel auf die jeweiligen Mitglieder der Bietergemeinschaft ankommen. Der Nachweis der Fachkunde und Leistungsfähigkeit ist positiv zu erbringen.[28] Dabei ist es ausreichend, wenn die erforderlichen Nachweise lediglich von einem oder mehreren Mitgliedern der Bietergemeinschaft erbracht werden und insgesamt die Eignungskriterien erfüllen.[29] Bezüglich der Ausschlussgründe gemäß §§ 123f. GWB ist ein Negativnachweis zu führen. Dieser Negativnachweis

---

24 Vgl. hierzu und zum Folgenden HansOLG, Beschl. v. 29. April 2014 – 1 Verg 4/13.
25 Lux, in: Müller-Wrede (Hrsg.), SektVO, 2010, § 22 Rn. 14.
26 Siehe hierzu und zum Folgenden Lux, in: Müller-Wrede (Hrsg.), SektVO, 2010, § 22 Rn. 15.
27 Sektorenauftraggeber haben nach den §§ 142 Nr. 1 GWB, 46 SektVO einen größeren Spielraum bei der Ausgestaltung von Auswahlkriterien. Sie werden sich jedoch in der Praxis regelmäßig an den §§ 122 ff. GWB orientieren.
28 Lux, in: Müller-Wrede (Hrsg.), SektVO, 2010, § 22 Rn. 15.
29 Vgl. hierzu OLG Düsseldorf, Beschl. v. 15.12.2004 – VII-Verg 48/04; Lux, in: Müller-Wrede (Hrsg.), SektVO, 2010, § 22 Rn. 15.

muss von allen Mitgliedsunternehmen erbracht werden. Scheitert ein Mitglied der Bietergemeinschaft an dieser Hürde, droht der Ausschluss der Bietergemeinschaft vom Vergabeverfahren.

Ausnahmen vom Grundsatz der Gleichbehandlung mit Einzelbietern ermöglicht § 50 **26** Abs. 2 Satz 2 SektVO. Nach dieser Vorschrift kann der Auftraggeber – sofern erforderlich – in den Vergabeunterlagen Bedingungen festlegen, wie Gruppen von Unternehmen die Eignungskriterien zu erfüllen und den Auftrag auszuführen haben. Derartige Bedingungen müssen jedoch durch sachliche Gründe gerechtfertigt und angemessen sein. Auf dieser Grundlage wird der Auftraggeber beispielsweise grundsätzlich in Bezug auf bestimmte Eignungskriterien fordern können, dass entsprechende Nachweise durch alle Mitglieder der Bietergemeinschaft zu erbringen sind. Als Beispiel für Bedingungen, wie Bietergemeinschaften den Auftrag auszuführen haben, nennt der Erwägungsgrund 18 der Richtlinie 2014/25/EU die Ernennung eines gemeinsamen Vertreters oder eines federführenden Partners für die Zwecke des Vergabeverfahrens oder die Vorlage von Informationen über die Zusammensetzung der Bietergemeinschaft. Besondere Bedingungen für Bietergemeinschaften müssen nach § 50 Abs. 2 Satz 2 SektVO in jedem Fall auf einen sachlichen Grund zurückzuführen sein und dem Grundsatz der Verhältnismäßigkeit genügen.

3. Rechtsform von Bietergemeinschaften

Der Auftraggeber darf nach § 50 Abs. 2 Satz 2 SektVO nicht verlangen, dass Gruppen **27** von Unternehmen eine bestimmte Rechtsform haben müssen, um einen Antrag auf Teilnahme zu stellen oder ein Angebot abzugeben. Diese Regelung betrifft den Zeitraum bis zur Zuschlagserteilung. Hinter ihr steht der Gedanke, dass die Vorgabe einer bestimmten Rechtsform als Bedingung für die Teilnahme an einem Vergabeverfahren respektive die Abgabe eines Angebots aufgrund des damit verbundenen Aufwands eine erhebliche finanzielle Belastung – beispielsweise im Hinblick auf Stammkapital und etwaige notarielle Beurkundungen bei Gründung einer GmbH – bedeuten kann, die Unternehmen von der Beteiligung an einem Vergabeverfahren abhält, weil sich die entsprechenden Kosten erst bei einer Auftragserteilung amortisierten.[30] Dies steht im Einklang mit der – bereits angeführten – Erwägung, dass die Rechtsform eines Unternehmens kein Kriterium für die Zulassung eines Unternehmens zum Vergabeverfahren sein darf.[31]

§ 50 Abs. 3 SektVO stellt jedoch klar, dass der Auftraggeber unbeschadet von § 50 **28** Abs. 2 SektVO verlangen kann, dass eine Bietergemeinschaft nach Zuschlagserteilung eine bestimmte Rechtsform annimmt, soweit dies für die ordnungsgemäße Durchführung des Auftrags erforderlich ist. Im Anwendungsbereich dieser Vorschrift dürfte in der Praxis regelmäßig die Gründung einer juristischen Person in Rede stehen, weil diese (insbesondere GmbH, AG, KGaA) anders als Gesamthandsgemeinschaften (insbeson-

---

30 Lux, in: Müller-Wrede (Hrsg.), SektVO, 2010, § 22 Rn. 19; Opitz, in: Eschenbruch/Opitz (Hrsg.), SektVO, 2012, § 22 Rn. 19.
31 Siehe hierzu Lux, in: Müller-Wrede (Hrsg.), SektVO, 2010, § 22 Rn. 20; Opitz, in: Eschenbruch/Opitz (Hrsg.), SektVO, 2012, § 22 Rn. 21 jeweils mit Verweis auf OLG Naumburg, Beschl. v. 21.12.2000 – 1 Verg 10/00.

dere GbR, OHG, KG) über eine eigene Rechtspersönlichkeit verfügen und unabhängig vom Bestand ihrer Mitglieder sind. Eine entsprechende Vorgabe ist jedoch nur dann gestattet, soweit dies für die ordnungsgemäße Durchführung des Auftrags erforderlich ist. In Konstellationen, in denen die Vorgabe einer bestimmten Rechtsform gesetzlich gefordert wird, ist diese Voraussetzung ohne Weiteres erfüllt.[32] Beruht die Vorgabe der Rechtsform dagegen auf Zweckmäßigkeitserwägungen des Auftraggebers (etwa Schaffung der Möglichkeit einer späteren Beteiligung am Auftragnehmer oder Haftungsgesichtspunkte)[33], muss der Auftraggeber sein Vorgehen nachvollziehbar begründen und dokumentieren. Kann der Auftraggeber mit guten Gründen von einer Erforderlichkeit ausgehen, spricht mit Blick auf den Gleichbehandlungsgrundsatz gemäß § 97 Abs. 2 GWB viel dafür, dass er die Vorgabe einer bestimmten Rechtsform auf alle Teilnehmer am Vergabeverfahren zu erstrecken hat.[34]

29 Auch wenn § 50 Abs. 3 SektVO die Vorgabe einer bestimmten Rechtsform lediglich für die Zeit »nach Zuschlagserteilung« vorsieht, dürfte es dem Auftraggeber gestattet sein, bereits die Zuschlagserteilung unter die Bedingung einer bestimmten Rechtsformwahl zu stellen.[35] Denn ansonsten müsste der Zuschlag in einem ersten Schritt an die Bietergemeinschaft erteilt werden, nur um den Vertrag dann in einem zweiten Schritt auf die neue Gesellschaft zu übertragen. Dies würde dem Ziel einer wirtschaftlichen Auftragsvergabe zuwiderlaufen.

4. Wettbewerbsbeschränkung

30 § 50 Abs. 2 SektVO sieht Bietergemeinschaften als Bieter grundsätzlich vor. Die Bildung einer Bietergemeinschaft und die Abgabe eines gemeinsamen Angebots kann jedoch gegen § 1 GWB verstoßen, wenn sie eine Verhinderung, Einschränkung oder Verfälschung des Wettbewerbs bezweckt oder bewirkt.[36]

31 Das KG und das OLG Düsseldorf hatten diesbezüglich zunächst eine strenge Linie verfolgt.[37] Nach dem Beschluss des Kammergerichts vom 24.10.2013 erfüllt das Eingehen einer Bietergemeinschaft ohne Weiteres den Tatbestand einer Abrede bzw. Vereinbarung im Sinne von § 1 GWB.[38] Allenfalls dann, wenn die Mitglieder der Bietergemeinschaft zusammen einen nur unerheblichen Marktanteil haben oder wenn sie erst durch das Eingehen der Gemeinschaft in die Lage versetzt werden, ein Angebot abzugeben

---

32 Vgl. beispielsweise KG, Beschl. v. 04.07.2002 – KartVerg 8/02 zu § 44 Abs. 3 Satz 1 LHO Berlin.
33 Vgl. Opitz, in: Eschenbruch/Opitz (Hrsg.), SektVO, 2012, § 22 Rn. 18.
34 Lux, in: Müller-Wrede (Hrsg.), SektVO, 2010, § 22 Rn. 21; Opitz, in: Eschenbruch/Opitz (Hrsg.), SektVO, 2012, § 22 Rn. 20.
35 Siehe hierzu und zum Folgenden Opitz, in: Eschenbruch/Opitz (Hrsg.), SektVO, 2012, § 22 Rn. 19.
36 Siehe OLG Düsseldorf, Beschl. v. 28.01.2015 – VII-Verg 31/14; Beschl. v. 17.12.2014 – VII-Verg 22/14.
37 KG, Beschl. v. 24.10.2013 – Verg 11/13; OLG Düsseldorf, Beschl. v. 17.02.2014 – VII-Verg 2/14.
38 Siehe hierzu und zum Folgenden KG, Beschl. v. 24.10.2013 – Verg 11/13.

und somit am Wettbewerb teilzunehmen, sei eine Rechtfertigung möglich. Das OLG
Düsseldorf stellte etwa in seinem Beschluss vom 17.02.2014 fest, dass Unternehmen,
die eine Bietergemeinschaft eingehen, eine Vereinbarung treffen, die eine Verhinderung, Einschränkung oder Verfälschung des Wettbewerbs bezwecken oder bewirken
können, und die deswegen verboten sind.[39]

Diese Rechtsprechung ist insbesondere in der Literatur auf starke Kritik gestoßen.[40]   32
Aber auch vergaberechtliche Nachprüfungsinstanzen haben sich bisweilen kritisch geäußert. So hat beispielsweise die VK Baden-Württemberg ihre Kritik mit den folgenden
Worten prägnant zusammengefasst: »Bietergemeinschaften sind in der Regel zulässig
und nur ausnahmsweise unzulässig, nicht umgekehrt.«[41]

Namentlich das OLG Düsseldorf hat seine strenge Linie nunmehr auch wieder verlas-   33
sen. Nach Ansicht des Gerichts muss die als Bieter auftretende Bietergemeinschaft zwar
darlegen, dass ihre Bildung und Angebotsabgabe nicht gegen § 1 GWB verstößt.[42]
Diese Darlegung muss jedoch nicht schon mit der Abgabe des Angebots erfolgen,
weil gemäß § 1 GWB nicht vermutet wird, dass eine Bietergemeinschaft eine Verhinderung, Einschränkung oder Verfälschung des Wettbewerbs bezweckt oder bewirkt. Sie
hat vielmehr erst auf eine entsprechende gesonderte Aufforderung des Auftraggebers
zur Erläuterung der Gründe für die Bildung der Bietergemeinschaft zu geschehen. Eine
solche Aufforderung durch den Auftraggeber muss erfolgen, wenn es zureichende Anhaltspunkte dafür gibt, dass es sich bei dem Bieter um eine unzulässige Bietergemeinschaft handelt. Derartige Anhaltspunkte sieht das OLG Düsseldorf beispielsweise in
Konstellationen, in denen die beteiligten Unternehmen gleichartige, in derselben Branche tätige Wettbewerber sind und weiter nichts dafür spricht, dass sie mangels Leis-
tungsfähigkeitsobjekt objektiv nicht in der Lage gewesen wären, unabhängig voneinander ein Angebot zu machen, sodass die Entscheidung zur Zusammenarbeit auf einer
wirtschaftlich zweckmäßig und kaufmännisch vernünftigen Unternehmensentschei-
dung beruht.

Dieses Anknüpfen an »zureichende Anhaltspunkte« dürfte auch in Einklang mit dem   34
fakultativen Ausschlussgrund des § 124 Abs. 1 Nr. 4 GWB stehen. Denn nach dieser
Vorschrift kann der Auftraggeber unter Berücksichtigung des Grundsatzes der Verhältnismäßigkeit ein Unternehmen zu jedem Zeitpunkt des Vergabeverfahrens von
der Teilnahme an einem Vergabeverfahren ausschließen, wenn er über hinreichende Anhaltspunkte dafür verfügt, dass das Unternehmen Vereinbarungen mit anderen Unternehmen getroffen hat, die eine Verhinderung, Einschränkung oder Verfälschung des
Wettbewerbs bezwecken oder bewirken. Es spricht viel dafür, dass kein inhaltlicher Unterschied zwischen »zureichenden« und »hinreichenden« Gründen besteht.[43]

---

39 OLG Düsseldorf, Beschl. v. 17.02.2014 – VII-Verg 2/14.
40 Siehe etwa Overbuschmann, VergabeR 2014, 634; Greb, VergabeR 2014, 564; Mager/Lotz,
    NZBau 2014, 328.
41 VK Baden-Württemberg, Beschl. v. 04.06.2014 – 1 VK 15/14.
42 Siehe hierzu und zum Folgenden OLG Düsseldorf, Beschl. v. 28.01.2015 – VII-Verg 31/14;
    Beschl. v. 17.12.2014 – VII-Verg 22/14.
43 Hausmann/Queisner, NZBau 2015, 402, 405.

35 Auf Basis der dargestellten Rechtsprechung ist in den folgenden Konstellationen[44] davon auszugehen, dass keine wettbewerbsbeschränkende Abrede im Sinne des § 1 GWB vorliegt:
- Bei Zusammenschlüssen von Unternehmen aus unterschiedlichen Wirtschaftszweigen, die hinsichtlich der ausgeschriebenen Leistungen nicht miteinander in Wettbewerb stehen (komplementäre Unternehmen).
- Fälle, in denen die Mitglieder einer Bietergemeinschaft aus gleichartigen Unternehmen nicht über die erforderlichen Kapazitäten zur Ausführung des Auftrags verfügen.
- Fälle, in denen die Mitglieder einer Bietergemeinschaft aus gleichartigen Unternehmen die Leistung zwar selbstständig ausführen könnten, aber erst die Bildung einer Bietergemeinschaft es ermöglicht, die wirtschaftlichen Risiken des Projekts zu tragen bzw. ein Angebot abzugeben, das hinsichtlich des Preises auch aussichtsreich ist. Die Grenze des Zulässigen sei jedoch dann überschritten, wenn es den Mitgliedern der Bietergemeinschaft lediglich darum geht, Synergiepotenziale oder -effekte zu realisieren.

5. Parallele Beteiligung als Einzelbieter und Mitglied einer Bietergemeinschaft

36 Die parallele Beteiligung an einem Vergabeverfahren als Einzelbieter und Mitglieder einer Bietergemeinschaft begründet die Gefahr eines Verstoßes gegen den vergaberechtlichen Grundsatz des Geheimwettbewerbs. Nach der Rechtsprechung des EuGH ist jedoch eine mitgliedsstaatliche Regelung, die den automatischen Ausschluss eines Unternehmens, das sowohl als Einzelbieter als auch als Mitglied einer Bietergemeinschaft Angebote im Rahmen eines Vergabeverfahrens abgibt, gemeinschaftsrechtswidrig.[45] Den betreffenden Unternehmen muss deshalb stets die Möglichkeit eingeräumt werden, nachzuweisen, dass in der konkreten Situation Vorkehrungen dafür getroffen worden sind, dass der Geheimwettbewerb gewahrt worden ist.[46] Wie wahrscheinlich ein solcher Entlastungsbeweis in der Praxis ist, dürfte maßgeblich davon abhängen, ob zwischen den jeweiligen Angeboten der Bietergemeinschaft und des Einzelbieters »Deckungsgleichheit« besteht oder nicht.[47]

6. Bildung bzw. Änderung der Zusammensetzung einer Bietergemeinschaft

37 In der Praxis kommt es bisweilen vor, dass sich im Laufe eines Vergabeverfahrens die Zusammensetzung einer Bietergemeinschaft ändert bzw. sich eine neue Bietergemeinschaft bildet. Die vergaberechtliche Zulässigkeit einer solchen Neubildung respektive Änderung der Zusammensetzung ist mit Blick auf die Verfahrensart und die jeweilige Phase des Vergabeverfahrens zu beurteilen:[48]

---

44 Siehe hierzu und zum Folgenden Hausmann/Queisner, NZBau 2015, 402, 404.
45 EuGH, Urt. v. 23.12.2009 – C-376/09.
46 Siehe etwa VK Bund, Beschl. v. 02.04.2014 – VK 1-14/14.
47 Vgl. hierzu auch Dicks, VergabeR 2013, 1, 9.
48 Siehe hierzu und zum Folgenden Opitz, in: Eschenbruch/Opitz (Hrsg.), SektVO, 2012, § 22 Rn. 12 ff. m.w.N.; vgl. auch Dreher, NZBau 2005, 427, 432.

- Bei einem offenen Verfahren ist vor Ablauf der Angebotsfrist die Bildung einer Bietergemeinschaft bzw. die Änderung der Zusammensetzung einer Bietergemeinschaft vergaberechtlich grundsätzlich nicht zu beanstanden. Von der vergaberechtlichen Zulässigkeit einer solchen Neubildung bzw. Änderung ist auch bei (zweistufigen) Vergabeverfahren mit vorgeschaltetem Teilnahmewettbewerb vor Ablauf der Teilnahmefrist auszugehen.
- Etwas anderes gilt jedoch bei zweistufigen Vergabeverfahren im Zeitraum zwischen Ablauf der Teilnahmefrist und Ablauf der Angebotsfrist. Findet die Bildung bzw. Änderung der Zusammensetzung einer Bietergemeinschaft in diesem Zeitraum statt, ist wegen der Umgehung der bereits erfolgten Eignungsprüfung grundsätzlich von der vergaberechtlichen Unzulässigkeit auszugehen. Eine Ausnahme von diesem Grundsatz ist jedoch gegebenenfalls möglich, wenn eine neue Bietergemeinschaft aus Unternehmen gebildet wird, deren Eignung im Teilnahmewettbewerb bereits geprüft und bejaht wurde.
- Nach Ablauf der Angebotsfrist wird die Neubildung bzw. die Änderung der Zusammensetzung einer Bietergemeinschaft grundsätzlich als unzulässig erachtet. Die betreffenden Angebote sind daher in der Regel auszuschließen.

Eine besondere Betrachtung verdient der Sonderfall der Insolvenz des Mitglieds einer Bietergemeinschaft nach Angebotsabgabe. Die nationale Rechtsprechung verhält sich hierzu nicht einheitlich. Während auf Basis einer Entscheidung des OLG Düsseldorf ein entsprechendes Angebot auszuschließen ist,[49] soll nach einer Entscheidung des OLG Celle das Angebot einer Bietergemeinschaft nicht allein deshalb zwingend auszuschließen sein, weil ein Gesellschafter einer Bietergemeinschaft (in der Rechtsform einer GbR) nach Angebotsabgabe wegen Insolvenz ausscheidet.[50] Dies soll jedenfalls dann gelten, wenn die Identität der Gesellschaft gewahrt bleibt und nach einer erneuten Eignungsprüfung die Eignung festgestellt werden kann. Mit der Identität einer GbR verhält es sich dabei wie folgt: Als GbR wird die Bietergemeinschaft gemäß § 728 Abs. 2 Satz 1 BGB »durch die Eröffnung des Insolvenzverfahrens über das Vermögen eines Gesellschafters aufgelöst«. Dieser Auflösungstatbestand ist jedoch dispositiv, das heißt die Mitglieder einer Bietergemeinschaft können nach § 736 Abs. 1 BGB im Gesellschaftsvertrag bestimmen, dass die Gesellschaft bei Insolvenz eines Gesellschafters unter den übrigen Gesellschaftern fortbestehen soll (Fortsetzungsklausel). **38**

Auch der EuGH scheint in einer jüngeren Entscheidung zu einem »Insolvenzfall« nicht von einem zwingenden Angebotsausschluss auszugehen, wenn er ausführt, dass ein Auftraggeber nicht gegen den Gleichbehandlungsgrundsatz verstößt, **39**

> *wenn er es einem der beiden Wirtschaftsteilnehmer einer Bietergemeinschaft, die als solche von ihm zur Vorlage eines Angebots aufgefordert wurde, gestattet, nach der Auflösung dieser Bietergemeinschaft an deren Stelle zu treten und im eigenen Namen an dem Verhandlungsverfahren zur Vergabe eines öffentlichen Auftrags teilzunehmen, so-*

---

49 OLG Düsseldorf, Beschl. v. 24.05.2005 – VII-Verg 28/05; vgl. auch HansOLG, Beschl. v. 31.03.2014 – 1 Verg 4/13.
50 OLG Celle, Beschl. v. 05.09.2007 – 13 Verg 9/07.

fern erwiesen ist, dass dieser Wirtschaftsteilnehmer die von dem Auftraggeber festgelegten Anforderungen allein erfüllt und dass seine weitere Teilnahme an diesem Verfahren nicht zu einer Beeinträchtigung der Wettbewerbssituation der übrigen Bieter führt.«[51]

40 Es bleibt abzuwarten, welche Auswirkungen diese Entscheidung auf das deutsche Vergaberecht haben wird.

Unterabschnitt 6 Prüfung und Wertung der Angebote

§ 51 SektVO Prüfung und Wertung der Angebote; Nachforderung von Unterlagen

(1) Die Angebote werden geprüft und gewertet, bevor der Zuschlag erteilt wird.

(2) Der Auftraggeber kann den Bewerber oder Bieter unter Einhaltung der Grundsätze der Transparenz und der Gleichbehandlung auffordern, fehlende, unvollständige oder fehlerhafte unternehmensbezogene Unterlagen, insbesondere Eigenerklärungen, Angaben, Bescheinigungen oder sonstige Nachweise, nachzureichen, zu vervollständigen oder zu korrigieren, oder fehlende oder unvollständige leistungsbezogene Unterlagen nachzureichen oder zu vervollständigen. Der Auftraggeber ist berechtigt, in der Auftragsbekanntmachung oder den Vergabeunterlagen festzulegen, dass er keine Unterlagen nachfordern wird.

(3) Die Nachforderung von leistungsbezogenen Unterlagen, die die Wirtschaftlichkeitsbewertung der Angebote anhand der Zuschlagskriterien betreffen, ist ausgeschlossen. Dies gilt nicht für Preisangaben, wenn es sich um unwesentliche Einzelpositionen handelt, deren Einzelpreise den Gesamtpreis nicht verändern oder die Wertungsreihenfolge und den Wettbewerb beeinträchtigen.

(4) Die Unterlagen sind vom Bewerber oder Bieter nach Aufforderung durch den Auftraggeber innerhalb einer von diesem festzulegenden angemessenen, nach dem Kalender bestimmten Frist vorzulegen.

(5) Die Entscheidung zur und das Ergebnis der Nachforderung sind zu dokumentieren.

Amtliche Begründung

»Zu Absatz 1

Absatz 1 stellt klar, dass die Angebote zunächst durch den Auftraggeber formell zu prüfen sind und dann entsprechend den Zuschlagskriterien gewertet werden.

---

51 EuGH, Urt. v. 24.05.2016 – C-396/14.

Die Prüfung dient der Vorbereitung der Wertung und ist notwendige Voraussetzung für eine mögliche Nachforderung von Unterlagen durch den Auftraggeber.

Zu Absatz 2

Absatz 2 dient der Umsetzung von Artikel 76 Absatz 4 der Richtlinie 2014/25/EU. Die Vorschrift regelt die grundsätzliche Möglichkeit des Auftraggebers, bestimmte Unterlagen unter Berücksichtigung des Transparenz- und des Gleichbehandlungsgrundsatzes nachzufordern. Der frühere Begriff der Erklärungen und Nachweise wird durch den Begriff Unterlagen ersetzt.

Grundsätzlich kann der Auftraggeber nur Unterlagen nachfordern, die wirksam gefordert wurden. Das erstmalige Anfordern von Unterlagen, deren spätere Anforderung sich der Auftraggeber in der Auftragsbekanntmachung oder den Vergabeunterlagen zunächst vorbehalten hat, stellt keine Nachforderung im Sinne dieser Vorschrift dar.

Die Nachforderungsmöglichkeit scheidet aus, wenn das Angebot wegen im Rahmen der Festlegung objektiver Kriterien nach § 46 bestimmter Ausschlussgründe zwingend auszuschließen ist.

Hinsichtlich der Nachforderung ist zunächst zwischen in Absatz 3 behandelten leistungsbezogenen Unterlagen, die die Wertung der Angebote anhand der Zuschlagskriterien betreffen, und den in Absatz 2 geregelten Erklärungen zu anderen Punkten zu unterscheiden. Nach Absatz 2 Satz 1 ist bei den Erklärungen zu anderen Punkten wiederum zwischen unternehmensbezogenen und leistungsbezogenen Unterlagen zu unterscheiden. Unternehmensbezogene Unterlagen betreffen die Eignungsprüfung. Die Vorschrift nennt dazu beispielhaft Eigenerklärungen, Angaben, Bescheinigungen oder sonstige Nachweise. Es wird klargestellt, dass fehlende oder unvollständige unternehmensbezogene Unterlagen nachzureichen oder zu vervollständigen sein können. Darüber hinaus besteht die in Artikel 76 Absatz 4 der Richtlinie 2014/25/EU ausdrücklich vorgesehene Möglichkeit, fehlerhafte unternehmensbezogene Unterlagen korrigieren zu lassen. Bei leistungsbezogenen Unterlagen besteht diese Möglichkeit nicht. Leistungsbezogene Unterlagen, die beispielsweise für die Erfüllung der Kriterien der Leistungsbeschreibung vorzulegen sind, können lediglich nachgereicht oder zu vervollständigen sein. Dies gilt jedoch ausdrücklich nicht für solche leistungsbezogenen Unterlagen, die in die Wirtschaftlichkeitsbewertung nach den Zuschlagskriterien eingehen und damit die Wertungsreihenfolge beeinflussen können.

Die Möglichkeit der Nachforderung von Unterlagen steht im Ermessen des Auftraggebers. Er kann die Nachforderung auf diejenigen Bieter oder Bewerber beschränken, deren Teilnahmeanträge oder Angebote in die engere Wahl kommen. Er ist nicht verpflichtet, von allen Bietern oder Bewerbern gleichermaßen Unterlagen nachzufordern.

Wenn Auftraggeber grundsätzlich keinen Gebrauch von der Nachforderungsmöglichkeit machen wollen, dürfen sie dies nach Absatz 2 Satz bereits in der Auftragsbekanntmachung mitteilen.

Zu Absatz 3

Unterlagen, die die Zuschlagskriterien betreffen, dürften grundsätzlich nicht nachgefordert werden; dies gilt insbesondere für Preisangaben, es sei denn, es handelt sich um unwesentliche Einzelpositionen, bei denen die Nachholung der Einzelpreise den Gesamtpreis nicht verändert oder die Wertungsreihenfolge und den Wettbewerb nicht beeinträchtigt wird.

Zu Absatz 4

Nach Absatz 4 bestimmt der Auftraggeber für das Nachreichen von Unterlagen eine angemessene Frist nach dem Kalender. Die Länge der Frist ist dabei dem Ermessen des Auftraggebers überlassen, weil der Zeitaufwand je nach nachzureichender Unterlage verschieden ausfallen kann.

Zu Absatz 5

Nach Absatz 5 sind die Entscheidung zur Nachforderung und das Ergebnis der Nachforderung zu dokumentieren.

A.   Allgemeine Einführung

1   § 51 Abs. 1 SektVO enthält eine allgemeine Pflicht, Angebote zu prüfen und zu werten, bevor der Zuschlag erteilt bzw. der Vertrag geschlossen wird. § 51 Abs. 2 bis 5 SektVO regeln die Möglichkeit des Auftraggebers, bestimmte Unterlagen unter Berücksichtigung des Transparenz- und des Gleichbehandlungsgrundsatzes nachzufordern. Die Vorschrift dient der Sicherstellung einer transparenten und willkürfreien Auftragsvergabe und damit allen Beteiligten des Verfahrens.

B.   Vergleich zur vorherigen Rechtslage

2   § 51 Abs. 1 SektVO entspricht der bisherigen Regelung des § 26 SektVO a. F. § 51 Abs. 2 bis 5 SektVO weichen demgegenüber deutlich von der knappen Vorgängervorschrift in § 19 Abs. 3 SektVO a. F. ab.

C.   Europarechtliche Vorgaben

3   Eine klare inhaltliche Vorgabe zur Prüfung der Angebote enthält die Richtlinie 2014/25/EU nicht. Art. 76 Abs. 5 der Richtlinie 2014/25/EU ist zu entnehmen, dass die Angebote der Bieter nach den für sie geltenden Vorschriften und Anforderungen zu prüfen und auf Basis der festgelegten Kriterien zu werten sind. Ähnliches gilt für

die Eignungsprüfung (vgl. Art. 76 Abs. 1 der Richtlinie 2014/25/EU). Diesen wenig klaren Regeln entspricht § 51 Abs. 1 SektVO.

§ 51 Abs. 2 bis 5 SektVO dienen der Umsetzung von Art. 76 Abs. 4 der Richtlinie   4 2014/25/EU, gehen aber im Einzelnen deutlich über die Vorgaben dieser Vorschrift hinaus. So sieht beispielsweise § 51 Abs. 2 Satz 2 SektVO im Unterschied zu Art. 76 Abs. 4 der Richtlinie 2014/25/EU die Möglichkeit des Auftraggebers vor, bereits vorab in der Auftragsbekanntmachung oder den Vergabeunterlagen auf die Nachforderung von Unterlagen zu verzichten.

D. Kommentierung

I. Prüfung und Wertung der Angebote

1. Grundregeln

Der offenen Formulierung von § 51 SektVO entsprechend gibt es in der SektVO auf   5 den ersten Blick gerade im Vergleich zum klassischen EU-Vergaberecht keine starren Prüf- und Wertungsregeln für die Angebote, z. B. zwingende gesetzliche Ausschlussgründe wie in § 57 Abs. 1 VgV oder § 16 EU VOB/A 2016. Dementsprechend ist der Sektorenauftraggeber in der Strukturierung des Verfahrens samt Formulierung der Angebotsbedingungen grundsätzlich frei.

Mit Blick auf die Vorgaben von Art. 76 Abs. 5 der Richtlinie 2014/25/EU und den all-   6 gemeinen vergaberechtlichen Prinzipien von Transparenz, Gleichbehandlung und Wettbewerb ist aber letztlich auch im Sektorenauftragsrecht die allgemeine Teilung der Angebotsprüfung angezeigt (Wertungsstufen). Zunächst sind die Angebote der Bieter in formaler Hinsicht zu prüfen (insbes. Ausschlussgründe). Dann ist die Eignung der Bieter zu prüfen, wobei die Trennung folgerichtig ist, denn die formale Prüfung verfolgt andere Gesichtspunkte als die unternehmensbezogene Eignungsprüfung. Nach der Prüfung der Angemessenheit der Preise erfolgt die Angebotsprüfung auf Basis der mitgeteilten Zuschlagskriterien.

Die Angebotswertung erfolgt damit in vier Wertungsstufen: 7

1. Stufe: Ermittlung der Angebote, die wegen inhaltlicher oder formeller Mängel auszuschließen sind

2. Stufe: Prüfung der Eignung der Bieter

3. Stufe: Prüfung der Angemessenheit der Preise (ungewöhnlich niedrige Angebote)

4. Stufe: Auswahl des wirtschaftlichsten Angebots anhand der Zuschlagskriterien

Die strikte Einhaltung einer Reihenfolge ist jedoch nicht zwingend vorgegeben. Der   8 Grundsatz der Trennung der Wertungsstufen ist also nicht zeitlich dergestalt zu verstehen, dass jede einzelne Stufe gleichermaßen »bestandskräftig« abgeschlossen sein muss, bevor die nächste angegangen wird.

Vielmehr ist das Gebot der Trennung der Wertungsstufen in erster Linie inhaltlicher Natur (keine Vermischung der Wertungsstufen).

2. Formale Prüfung der Angebote

9   Die formale Prüfung ist durch die SektVO wenig determiniert. Es finden sich weder inhaltliche Regeln (z. B. Vollständigkeit, fachliche und rechnerische Richtigkeit wie in § 56 Abs. 1 VgV oder auch in technischer und wirtschaftlicher Hinsicht wie in § 16c EU VOB/A 2016) noch Hinweise zum Umgang mit formalwidrigen Angeboten (z. B. zwingender Ausschluss bei einer Veränderung der Vertragsunterlagen wie in § 16 EU Nr. 2 i.V.m. § 13 EU Nr. 5 VOB/A oder § 57 Abs. 1 Nr. 3 VgV).

Eine Sonderregelung enthält § 54 SektVO zum Umgang mit »ungewöhnlich niedrigen Angeboten«. Darüber hinaus gibt es bei Lieferaufträgen eine formale Sonderregel für Angebote aus Drittstaaten (vgl. § 55 SektVO).

10   Neu ist auch die Aufzählung zwingender und fakultativer Ausschlussgründe in §§ 123 und 124 GWB. Gemäß § 142 Nr. 2 GWB besteht für nicht öffentliche Sektorenauftraggeber im Sinne des § 100 Abs. 1 Nr. 2 GWB ein Wahlrecht, ob sie die in § 123 GWB aufgeführten Ausschlussgründe anwenden (vgl. auch § 46 Abs. 2 S. 2 SektVO).

11   Darüber hinaus wird sich die formale Prüfung der Angebote in der Regel an den Vorgaben der VgV orientieren und insbesondere die Vollständigkeit des Angebots, die form- und fristgemäße Einreichung sowie die Feststellung der Übereinstimmung mit den sonstigen Angebotsbedingungen umfassen.

An die in der Bekanntmachung oder den Vergabeunterlagen vorgegebenen Angebotsbedingungen ist der Auftraggeber grundsätzlich gebunden. Eine nachträgliche Änderung ist nur bei Vorliegen sachlicher Gründe unter Beachtung der allgemeinen Vergabegrundsätze zulässig.

3. Prüfung der Eignung des Bieters

12   Die Eignungsprüfung betrifft die Person des Bieters und befasst sich mit dessen Fachkunde und Leistungsfähigkeit auf Basis der vom Auftraggeber angeforderten Angaben und Erklärungen (vgl. § 122 Abs. 1 GWB). Die Prüfung der Zuverlässigkeit erfolgt nun systematisch im Rahmen des Nichtvorliegens von Ausschlussgründen (vgl. §§ 123, 124 GWB).

13   Eine Eignungsprüfung im Rahmen der Prüfung und Wertung des Angebots kommt nicht in Betracht, wenn der Angebotsaufforderung ein Teilnahmewettbewerb vorangegangen ist (Nichtoffenes- und Verhandlungsverfahren sowie wettbewerblicher Dialog und Innovationspartnerschaft mit Auftragsbekanntmachung). In diesen Fällen wurde die Eignung der Bewerber bereits im Rahmen des Teilnahmewettbewerbs festgestellt und nur diejenigen Bewerber zur Angebotsabgabe aufgefordert, die geeignet sind. Lediglich in offenen Verfahren und Verhandlungsverfahren ohne Teilnahmewettbewerb findet die Eignungsprüfung bei der Prüfung und Wertung des Angebots statt.

Die Eignungsprüfung ist in den §§ 45 ff. SektVO thematisiert. Inhaltlich findet bei der Angebotswertung nach § 51 Abs. 1 SektVO nichts anderes statt, weshalb auf diese Vorschriften und die dortige Kommentierung verwiesen wird.

4. Angemessenheit der Preise (§ 54 SektVO)

Der Auftraggeber hat sorgfältig zu prüfen, ob ein ungewöhnlich niedriges Angebot be- **14** rücksichtigt und ggf. bezuschlagt werden kann oder nicht.

Hierzu ist zunächst festzustellen, ob ein überprüfungspflichtiges ungewöhnlich niedri- **15** ges Angebot vorliegt. Als Faustregel gilt hierbei eine Abweichung von 15 % – 20 % von einem aussagekräftigen Vergleichsmaßstab (z.B. vorherige Ausschreibungen, Angebote anderer Bieter).

Im Weiteren hat der Auftraggeber das Angebot auf seine Angemessenheit zu überprüfen, **16** wobei der Bieter anzuhören ist. Die Beweislast für die Angemessenheit der Preise trägt der Bieter. Die Verweigerung der Mitarbeit kann zum Ausschluss vom Vergabeverfahren führen.

Schließlich ist unter Berücksichtigung der Stellungnahme und der Erläuterungen des **17** Bieters zu werten, ob trotz des ungewöhnlich niedrigen Angebots eine ordnungs- und vertragsgemäße Leistungserbringung zu erwarten ist oder nicht. Auf die Kommentierung zu § 54 SektVO wird verwiesen.

5. Inhaltliche Wertung der Angebote

Bei der inhaltlichen Wertung der Angebote steht die konkret vom Bieter offerierte Leis- **18** tung im Fokus, also weder die formalen Aspekte des Angebots noch die Person des Bieters. Beide Punkte wurden im Rahmen vorangegangener Wertungsstufen schon geprüft und sind damit für die Wertung des Angebots »verbraucht«.

Die Entscheidung über den Bestbieter hängt sodann von den Vorgaben des Auftragge- **19** bers und der gewählten Verfahrensart ab. Die Freiheiten für den Auftraggeber sind in einem Verhandlungsverfahren größer als gegenüber einem Nichtoffenen und Offenen Verfahren. Abgesehen von der Verfahrensart bindet sich der Auftraggeber durch die Festlegungen in der Bekanntmachung bzw. der Aufforderung zur Angebotsabgabe (vgl. § 42 SektVO), insbesondere mit der Mitteilung der Zuschlagskriterien nach § 52 SektVO (Zuschlag und Zuschlagskriterien).

Unabhängig von der Verfahrensart können die Anforderungen an die »Prüfung und **20** Wertung der Angebote« nach § 51 SektVO wie folgt zusammengefasst werden: Der Auftraggeber muss auf Basis der nachgefragten Leistung, der mitgeteilten Zuschlagskriterien und Verfahrensregeln eine sachgerechte Entscheidung unter Berücksichtigung von Gleichbehandlung, Transparenz und Wettbewerb treffen. Die Erwägungen für und gegen die Angebote auf Basis der nachgefragten Leistung und der Zuschlagskriterien müssen nachvollziehbar sein und in der Dokumentation dargestellt werden. Nur auf dieser Grundlage darf der Auftraggeber die Vergabeentscheidung treffen.

II. Nachforderung von Unterlagen

21 § 51 Abs. 2 bis 5 SektVO regelt die Möglichkeit des Auftraggebers, Unterlagen unter Berücksichtigung des Transparenz- und Gleichbehandlungsgrundsatzes nachzufordern. Die Vorschrift dient damit in erster Linie dem Interesse des Auftraggebers, wirtschaftliche Angebote nicht allein deshalb ausschließen zu müssen, weil sie formale Fehler aufweisen. § 51 Abs. 2 bis 5 SektVO trägt auf diese Weise zur Wirtschaftlichkeit des Vergabeverfahrens im Sinne des § 97 Abs. 1 Satz 2 GWB bei.

1. Allgemeines

22 § 51 SektVO ersetzt den in § 19 Abs. 3 SektVO a. F. verwendeten Terminus »Erklärungen und Nachweise« durch den Begriff der »Unterlagen«. Ein wesentlicher Unterschied dürfte mit dieser terminologischen Änderung jedoch nicht verbunden sein. Auch der Begriff der »Unterlagen« ist weit zu verstehen und erfasst letztlich alle Bestandteile eines Angebots bzw. Teilnahmeantrags. Insofern wäre es allerdings naheliegender gewesen, wie Art. 76 Abs. 4 der Richtlinie 2014/25/EU von »Informationen oder Unterlagen« zu sprechen.

Durch die Bezugnahme auf »Bewerber und Bieter« in § 51 Abs. 2 Satz 1 SektVO wird klargestellt, dass die Nachforderungsmöglichkeit insbesondere auch für den Teilnahmewettbewerb gilt.

23 Das erstmalige Anfordern von Unterlagen, deren spätere Anforderung sich der Auftraggeber in der Auftragsbekanntmachung oder den Vergabeunterlagen zunächst vorbehalten hat, stellt ausweislich der Gesetzesbegründung keine »Nach«-Forderung im Sinne dieser Vorschrift dar.[1] Der Auftraggeber kann ferner grundsätzlich nur Unterlagen nachfordern, die ursprünglich wirksam gefordert wurden.[2] Unwirksam geforderte Unterlagen können in der Regel nicht nachgefordert werden. § 51 Abs. 2 SektVO stellt zudem keine Rechtsgrundlage für die nachträgliche Forderung von weiteren zweckmäßigen Unterlagen dar, mit denen der Katalog der ursprünglich geforderten Unterlagen erweitert werden soll.[3]

24 Für das Verständnis der Reichweite der Nachforderungsmöglichkeit des Auftraggebers ist die Unterscheidung zwischen unternehmensbezogenen und leistungsbezogenen Unterlagen von grundlegender Bedeutung. Während für die unternehmensbezogenen Unterlagen einheitliche Vorgaben gelten, ist die Nachforderungsmöglichkeit bei den leistungsbezogenen Unterlagen nach dem Prinzip »Grundsatz – Ausnahme – Rückausnahme« geregelt.

2. Nachforderung von unternehmensbezogenen Unterlagen

25 Nach § 51 Abs. 2 Satz 1 SektVO kann der Auftraggeber den Bewerber oder Bieter unter Einhaltung der Grundsätze der Transparenz und der Gleichbehandlung auffordern,

---

1 BT-Drs. 87/16 v. 29.02.2016, S. 268.
2 BT-Drs. 87/16 v. 29.02.2016, S. 268.
3 Siehe auch Finke, in: Eschenbruch/Opitz (Hrsg.), SektVO, 2010, § 19 Rn. 25.

fehlende, unvollständige oder fehlerhafte unternehmensbezogene Unterlagen, insbesondere Eigenerklärungen, Angaben, Bescheinigungen oder sonstige Nachweise, nachzureichen, zu vervollständigen oder zu korrigieren. Unternehmensbezogene Unterlagen betreffen die Eignungsprüfung.[4] Auf diese Weise werden letztlich alle Eignungsnachweise erfasst, mit denen der Auftraggeber das Vorliegen der inhaltlichen Eignungsanforderungen zu überprüfen gedenkt. § 51 Abs. 2 Satz 1 SektVO nennt in diesem Zusammenhang beispielhaft Eigenerklärungen, Angaben, Bescheinigungen oder sonstige Nachweise. Praxisrelevante unternehmensbezogene Unterlagen sind etwa Referenzen, Bankauskünfte, Bilanzen, Aufstellungen über Umsätze, Nachweise im Hinblick auf die Erfüllung der Verpflichtung zur Zahlung von Steuern und Sozialabgaben sowie Handels- und Gewerbezentralregister.

Nach § 51 Abs. 2 Satz 1 SektVO können fehlende oder unvollständige unternehmens- **26** bezogene Unterlagen nachgereicht oder vervollständigt werden. Fehlen also beispielsweise die vom Auftraggeber geforderten einschlägigen Referenzen in einem Teilnahmeantrag bzw. Angebot, erlaubt § 51 Abs. 2 Satz 1 SektVO deren Nachforderung.

Darüber hinaus besteht nach § 51 Abs. 2 Satz 1 SektVO die in Art. 76 Abs. 4 der **27** Richtlinie 2014/25/EU ausdrücklich vorgesehene Möglichkeit, fehlerhafte unternehmensbezogene Unterlagen korrigieren zu lassen. Im Rahmen der Nachforderung können daher auch inhaltlich unzureichende Eignungsnachweise berichtigt werden. Auf diese Weise lassen sich etwa vom Bewerber oder Bieter vorgelegte Umsatzzahlen, deren Berechnung den Vorgaben des Auftraggebers zuwiderläuft, nach Abgabe des Angebots bzw. Teilnahmeantrags noch berichtigen.

3. Nachforderung von leistungsbezogenen Unterlagen

Unter leistungsbezogenen Unterlagen versteht man Unterlagen, die sich in technischer, **28** rechtlicher oder sonstiger Weise auf die Leistung beziehen und in der Regel in wettbewerbsrelevanter Weise ihre Werthaltigkeit beeinflussen.[5] Diese Unterlagen können vom Bieter selbst, aber auch – wie im Falle von Qualitäts- und Sicherheitszertifikate – von Dritten stammen. Zu den leistungsbezogenen Unterlagen zählen beispielsweise Preisblätter, auszufüllende technische Kriterienkataloge, Produktlisten, Konzepte, Garantieerklärungen, Qualitäts- und Sicherheitszertifikate etc.

a) Grundsatz

Nach § 51 Abs. 2 Satz 1 SektVO können fehlende oder unvollständige leistungsbezo- **29** gene Unterlagen nachgereicht oder vervollständigt werden. Die Möglichkeit der Korrektur fehlerhafter leistungsbezogener Unterlagen besteht nicht. Deshalb können beispielsweise etwaige technische Beschreibungen des Bieters nach Angebotsabgabe nicht mehr korrigiert werden. Der Grund für die unterschiedliche Reichweite der Nachforderungsmöglichkeit bei unternehmens- und leistungsbezogenen Unterlagen dürfte da-

---

4 BT-Drs. 87/16 v. 29.02.2016, S. 268.
5 Vgl. hierzu und zum Folgenden Summa, in: Heiermann/Zeiss (Hrsg.), jurisPK Vergaberecht, 4. Aufl. 2013, § 16 VOB/A Rn. 178.

rin zu sehen sein, dass bei leistungsbezogenen Unterlagen die mit einer solchen nachträglichen Korrekturmöglichkeit verbundene Manipulationsgefahr im Hinblick auf die Zuschlagsentscheidung deutlich höher einzustufen ist als bei unternehmensbezogenen Unterlagen.

b) Ausnahme: Leistungsbezogene Unterlagen, die die Wirtschaftlichkeitsbewertung der Angebote anhand der Zuschlagskriterien betreffen

30   Die Möglichkeit der Nachforderung fehlender oder unvollständiger leistungsbezogener Unterlagen gilt jedoch nach § 51 Abs. 3 Satz 1 SektVO nicht für solche leistungsbezogenen Unterlagen, die in die Wirtschaftlichkeitsbewertung nach den Zuschlagskriterien eingehen und damit die Wertungsreihenfolge beeinflussen können. Das bedeutet beispielsweise, dass ein fehlendes Umsetzungskonzept, dessen Wertung in die Zuschlagsentscheidung einfließt, nicht nachgefordert werden kann. Gleiches gilt etwa für Angaben des Bieters in einem auf dem Leistungsverzeichnis basierenden Kriterienkatalog, mit dem die Qualität der Leistung bewertet werden soll.

c) Rückausnahme: Unwesentliche Preisangaben

31   Eine Rückausnahme besteht jedoch für unwesentliche Preisangaben. Gemäß § 51 Abs. 3 Satz 1 SektVO dürfen leistungsbezogene Unterlagen, die die Zuschlagskriterien betreffen, grundsätzlich nicht nachgefordert werden. Dies gilt insbesondere auch für Preisangaben. Eine Nachforderung ist jedoch nach § 51 Abs. 3 Satz 2 SektVO ausnahmsweise gestattet, wenn es sich um unwesentliche Einzelpositionen handelt, bei denen die Nachholung der Einzelpreise den Gesamtpreis nicht verändert oder die Wertungsreihenfolge und den Wettbewerb nicht[6] beeinträchtigt wird.

32   Diese Regelung trägt dem Umstand Rechnung, dass Preisangaben regelmäßig wertungsrelevant sind und die Gefahr der nachträglichen Manipulation des Wertungsergebnisses bestünde, wenn Angebotspreise nachgereicht werden dürften. Die Nachforderung von Preisangaben ist daher auf »Bagatellfälle« beschränkt.

33   Eine Preisangabe ist unwesentlich und kann nachgefordert werden, wenn die Nachholung des Einzelpreises den Gesamtpreis nicht verändert. Diese Ausnahme erfasst insbesondere diejenigen Konstellationen, in denen klar ersichtlich ist, dass die Einzelpreise zwar rechnerisch in den Gesamtpreis eingeflossen sind, die Angabe der betreffenden Einzelpreise jedoch »schlicht vergessen« wurde.[7]

34   Darüber hinaus gilt eine Preisangabe als unwesentlich, wenn ihre Nachforderung die Wertungsreihenfolge und den Wettbewerb nicht beeinträchtigt. Ob diese Voraussetzungen erfüllt sind, lässt sich ermitteln, indem die fehlende Preisangabe durch den für diese Position höchsten eingegangenen Wettbewerbspreis ersetzt wird. Ändert sich die Wer-

---

6   In der ursprünglichen Fassung der SektVO fehlt das Wort »nicht«. Hierbei handelt es sich augenscheinlich um ein redaktionelles Versehen.

7   Vgl. Wagner, in: Heiermann/Zeiss (Hrsg.), jurisPK Vergaberecht, 4. Aufl. 2013, § 16 VOL/A Rn. 50.

tungsreihenfolge dadurch nicht, ist davon auszugehen, dass die Nachforderung keine Auswirkungen auf den Wettbewerb haben wird.[8]

4. Ermessen

Die Möglichkeit der Nachforderung von Unterlagen steht nach § 51 Abs. 2 Satz 1 **35** SektVO im Ermessen des Auftraggebers. Er kann daher grundsätzlich Teilnahmeanträge respektive Angebote aufgrund fehlender, unvollständiger oder fehlerhafter Unterlagen ausschließen, ohne von der Nachforderungsmöglichkeit Gebrauch zu machen. Aus Gründen der Gleichbehandlung darf der Auftraggeber allerdings selbstredend nicht teilweise nachfordern und teilweise darauf verzichten. Umgekehrt hat ein Bieter aber grundsätzlich auch keinen Anspruch darauf, dass ihm der Auftraggeber die Möglichkeit einräumt, fehlende, unvollständige oder fehlerhafte Unterlagen nachzureichen.

Ausweislich der Gesetzesmaterialien kann der Auftraggeber die Nachforderung auf die- **36** jenigen Bieter oder Bewerber beschränken, deren Teilnahmeanträge oder Angebote in die engere Wahl kommen.[9] Er ist nicht verpflichtet, von allen Bietern oder Bewerbern gleichermaßen Unterlagen nachzufordern. In die Entscheidung über die Nachforderung kann folglich auch die Wirtschaftlichkeit des Angebotes einfließen. Steht für den Auftraggeber fest, dass ein unvollständiges Angebot keine Chance auf eine Zuschlagserteilung hat, bedarf es auch keiner Vervollständigung des Angebots. Von daher ist der Auftraggeber auch nicht verpflichtet, die Entscheidung über die Nachforderung von Erklärungen oder Nachweisen zeitlich an den Anfang der Prüfung und Wertung der Angebote zu setzen.[10] Auch im Übrigen unterliegt die Entscheidung über die Nachforderung keinen zeitlichen Restriktionen, so dass diese bis zum Ablauf der Zuschlagsfrist bzw. dem Abschluss des Vergabeverfahrens möglich bleibt.

Der Auftraggeber kann nach § 51 Abs. 2 Satz 2 SektVO ferner bereits in der Auftrags- **37** bekanntmachung oder den Vergabeunterlagen sein Ermessen ausüben und die Interessenten darauf hinweisen, dass alle oder bestimmte Unterlagen nicht nachgefordert werden. Diese Regelung ist gewissermaßen als Reaktion auf den folgenden Beschluss des OLG Düsseldorf vom 07.08.2013 zu verstehen:

> *»Ob er sein Ermessen vorab in der Weise ausüben kann, dass er die Möglichkeit einer Nachforderung bereits in den Vergabeunterlagen ausschließt, erscheint zweifelhaft, da der Auftraggeber verpflichtet ist, das ihm rechtlich eingeräumte Ermessen in Kenntnis des vollständigen Sachverhalts und aller Umstände pflichtgemäß auszuüben auf der Grundlage der eingereichten Angebote (...)«.*[11]

Die Vergabekammer des Bundes hatte daraufhin in ihrer Entscheidung am 05.03.2015 **38** eine »Vorab-Ermessensausübung« für unzulässig erachtet:

---

8 Vgl. Wagner, in: Heiermann/Zeiss (Hrsg.), jurisPK Vergaberecht, 4. Aufl. 2013, § 16 VOL/A Rn. 52.
9 BT-Drs. 87/16 v. 29.02.2016, S. 269.
10 Siehe hierzu und zum Folgenden Diehr/Reidt, in: Dreher/Motzke (Hrsg.), Beck'scher Vergaberechtskommentar, 2. Aufl. 2013, § 19 SektVO Rn. 40.
11 OLG Düsseldorf, Beschl. v. 07.08.2013 – VII-Verg 15/13.

»Die Ag beruft sich in Bezug auf ihr Nachforderungsermessen auf die Festlegung bereits in der Bekanntmachung sowie in den Vergabeunterlagen, wonach sie eine Nachforderung ganz generell und vorab ausschließt. Ein solcher genereller Ausschluss bereits in den Vergabeunterlagen ist aber mit der Problematik behaftet, dass dann der Einzelfall mit seinen besonderen Umständen nicht berücksichtigt werden kann; dem konkreten Sachverhalt kann bei einer schematischen Handhabung im Sinne einer Vorabfestlegung nicht Rechnung getragen werden. Exakt um dem Einzelfall gerecht werden zu können, wird aber Ermessen eingeräumt. Eine pauschale Vorwegnahme des Ermessens zu einem Zeitpunkt, zu dem noch gar nicht absehbar ist, welche formellen Fehler sich möglicherweise ereignen werden, ist vor diesem Hintergrund unzulässig (...).«[12]

39 Den beiden zitierten Entscheidungen dürfte im Lichte des § 51 Abs. 2 Satz 2 SektVO nunmehr keine Bedeutung mehr zukommen.[13] Allerdings wird der Auftraggeber mit Blick auf den jeweiligen Beschaffungsbereich gut abzuwägen haben, in welchen Vergabeverfahren er sich seiner Nachforderungsmöglichkeit vorab begeben möchte.

5. Angemessene Frist für die Nachreichung von Unterlagen

40 Nach § 51 Abs. 4 SektVO bestimmt der Auftraggeber für das Nachreichen von Unterlagen eine angemessene Frist nach dem Kalender. Die Länge der Frist steht somit im Ermessen des Auftraggebers. Dadurch wird dem Umstand Rechnung getragen, dass der Zeitaufwand je nach nachzureichender Unterlage unterschiedlich ausfallen kann. Deshalb ist bei der Festsetzung der Frist insbesondere die Art der fehlenden Unterlage zu berücksichtigen. So dürften für die Vorlage etwa einer fehlenden Eigenerklärung in der Regel wenige Tage ausreichen. Demgegenüber wird die Vorlage einer erst bei einem Dritten zu beschaffenden Unterlage – etwa einer steuerlichen Unbedenklichkeitsbescheinigung – eine größere Zeitspanne erfordern.[14]

6. Dokumentationspflichten

41 § 51 Abs. 5 SektVO stellt klar, dass die Entscheidung zur Nachforderung und das Ergebnis der Nachforderung zu dokumentieren ist. So wird der Auftraggeber beispielsweise nachvollziehbar begründen müssen, wenn er im Einzelfall auf eine Nachforderung von Unterlagen verzichtet, weil ein unvollständiges Angebot keine Chance auf eine Zuschlagserteilung hat.

---

12 VK Bund, Beschl. v. 05.03.2015 – VK 2-13/15.
13 Auch der nachfolgende Hinweis in der UfAB VI, Version 1.0, S. 190, dürfte vor diesem Hintergrund keinen Bestand mehr haben:»Anders als in der Vorauflage empfiehlt die UfAB nicht mehr, von der Nachforderungsmöglichkeit gar keinen Gebrauch zu machen und dies bereits in den Vergabeunterlagen verbindlich mitzuteilen. Ein solcher vollständiger Verzicht auf die Nachforderungsmöglichkeit im Voraus ist in der VOL/A nicht vorgesehen.«.
14 Diehr/Reidt, in: Dreher/Motzke (Hrsg.), Beck'scher Vergaberechtskommentar, 2. Aufl. 2013, § 19 SektVO Rn. 42.

§ 52 SektVO Zuschlag und Zuschlagskriterien

(1) Der Zuschlag wird nach Maßgabe des § 127 des Gesetzes gegen Wettbewerbsbeschränkungen auf das wirtschaftlichste Angebot erteilt.

(2) Die Ermittlung des wirtschaftlichsten Angebots erfolgt auf der Grundlage des besten Preis-Leistungs- Verhältnisses. Neben dem Preis oder den Kosten können auch qualitative, umweltbezogene oder soziale Zuschlagskriterien berücksichtigt werden, insbesondere:
1. die Qualität, einschließlich des technischen Werts, Ästhetik, Zweckmäßigkeit, Zugänglichkeit der Leistung insbesondere für Menschen mit Behinderungen, ihrer Übereinstimmung mit Anforderungen des »Designs für Alle«, soziale, umweltbezogene und innovative Eigenschaften sowie Vertriebs- und Handelsbedingungen,
2. die Organisation, Qualifikation und Erfahrung des mit der Ausführung des Auftrags betrauten Personals, wenn die Qualität des eingesetzten Personals erheblichen Einfluss auf das Niveau der Auftragsausführung haben kann, oder
3. die Verfügbarkeit von Kundendienst und technischer Hilfe sowie Lieferbedingungen wie Liefertermin, Lieferverfahren sowie Liefer- oder Ausführungsfristen.

Der Auftraggeber kann auch Festpreise oder Festkosten vorgeben, sodass das wirtschaftlichste Angebot ausschließlich nach qualitativen, umweltbezogenen oder sozialen Zuschlagskriterien nach Satz 1 bestimmt wird.

(3) Der Auftraggeber gibt in der Auftragsbekanntmachung oder den Vergabeunterlagen an, wie er die einzelnen Zuschlagskriterien gewichtet, um das wirtschaftlichste Angebot zu ermitteln. Diese Gewichtung kann auch mittels einer Spanne angegeben werden, deren Bandbreite angemessen sein muss. Ist die Gewichtung aus objektiven Gründen nicht möglich, so gibt der Auftraggeber die Zuschlagskriterien in absteigender Rangfolge an.

(4) Für den Beleg, ob und inwieweit die angebotene Leistung den geforderten Zuschlagskriterien entspricht, gelten die §§ 31 und 32 entsprechend.

(5) Für den Beleg, dass die angebotene Leistung den geforderten Ausführungsbedingungen gemäß § 128 Absatz 2 des Gesetzes gegen Wettbewerbsbeschränkungen entspricht, gelten die §§ 31 und 32 entsprechend.

§ 127 GWB Zuschlag

(1) Der Zuschlag wird auf das wirtschaftlichste Angebot erteilt. Grundlage dafür ist eine Bewertung des öffentlichen Auftraggebers, ob und inwieweit das Angebot die vorgegebenen Zuschlagskriterien erfüllt.

Das wirtschaftlichste Angebot bestimmt sich nach dem besten Preis-Leistungs-Verhältnis. Zu dessen Ermittlung können neben dem Preis oder den Kosten auch qualitative, umweltbezogene oder soziale Aspekte berücksichtigt werden.

(2) Verbindliche Vorschriften zur Preisgestaltung sind bei der Ermittlung des wirtschaftlichsten Angebots zu beachten.

(3) Die Zuschlagskriterien müssen mit dem Auftragsgegenstand in Verbindung stehen. Diese Verbindung ist auch dann anzunehmen, wenn sich ein Zuschlagskriterium auf Prozesse im Zusammenhang mit der Herstellung, Bereitstellung oder Entsorgung der Leistung, auf den Handel mit der Leistung oder auf ein anderes Stadium im Lebenszyklus der Leistung bezieht, auch wenn sich diese Faktoren nicht auf die materiellen Eigenschaften des Auftragsgegenstandes auswirken.

(4) Die Zuschlagskriterien müssen so festgelegt und bestimmt sein, dass die Möglichkeit eines wirksamen Wettbewerbs gewährleistet wird, der Zuschlag nicht willkürlich erteilt werden kann und eine wirksame Überprüfung möglich ist, ob und inwieweit die Angebote die Zuschlagskriterien erfüllen. Lassen öffentliche Auftraggeber Nebenangebote zu, legen sie die Zuschlagskriterien so fest, dass sie sowohl auf Hauptangebote als auch auf Nebenangebote anwendbar sind.

(5) Die Zuschlagskriterien und deren Gewichtung müssen in der Auftragsbekanntmachung oder den Vergabeunterlagen aufgeführt werden.

Amtliche Begründung

Die Vorschrift regelt Einzelheiten zum Verfahren bei der Zuschlagserteilung und konkretisiert die Kriterien, nach welchen der Auftraggeber die Zuschlagsentscheidung trifft. Damit gestaltet die Norm den § 127 GWB näher aus. Durch die Erteilung des Zuschlages bestimmt der Auftraggeber, welches Unternehmen letztlich den Auftrag erhält. Die Zuschlagsentscheidung stellt daher eines der zentralen Elemente des Vergabeverfahrens dar. § 52 dient der Umsetzung des Artikels 82 der Richtlinie 2014/25/EU.

Zu Absatz 1

Durch Absatz 1 wird unter Verweisung auf die Regelungen des § 127 GWB klargestellt, dass der Zuschlag auch weiterhin (vgl. § 97 Absatz 5 des GWB a.F.) auf das wirtschaftlichste Angebot zu erteilen ist. Damit entspricht die Norm dem Grundgedanken des Artikels 82 Absatz 1 der Richtlinie 2014/25/EU.

Zu Absatz 2

Das wirtschaftlichste Angebot ist auf Grundlage des besten Preis-Leistungs-Verhältnisses zu ermitteln. Ebenso wie § 127 Absatz 1 Satz 4 GWB stellt § 82 Absatz 2 Halbsatz 1 klar, dass bei dieser Ermittlung stets eine Preis- oder Kostenkomponente berücksichtigt werden muss. Auch weiterhin kann der Zuschlag daher allein auf das preislich günstigste Angebot erteilt werden.

Daneben kann der Auftraggeber auch nach Maßgabe des § 127 GWB qualitative, umweltbezogene und soziale Faktoren eines Angebots berücksichtigen, soweit die entsprechenden Kriterien einen Bezug zum Auftragsgegenstand aufweisen (§ 127 Absatz 3 GWB), den Wettbewerb nicht behindern (§ 127 Absatz 4 GWB) und vom Auftraggeber ordnungsgemäß festgelegt und bekanntgemacht worden sind (§ 127 Absatz 5 GWB).

Absatz 2 Halbsatz 2 setzt Artikel 82 Absatz 2 Satz 2 Buchstabe a bis c der Richtlinie 2014/25/EU um, indem er eine exemplarische Auflistung zulässiger Zuschlagskriterien vorgibt.

Die aufgeführten Beispiele füllen die unbestimmten Rechtsbegriffe der »qualitativen«, »umweltbezogenen«, und »sozialen« Zuschlagskriterien aus, ohne diese abschließend zu determinieren.

Zu Nummer 1

Nummer 1 entspricht Artikel 82 Absatz 2 Satz 2 Buchstabe a der Richtlinie 2014/25/EU. Als erstes mögliches Kriterium nennt Nummer 1 die Qualität. Dieser Aspekt kann auch die Prozessqualität umfassen. So kann etwa bei Großprojekten der Bauherr als qualitatives Kriterium neben dem planerischen und technischen Wert oder den Betriebs- und Folgekosten auch die Qualität der Auftragsdurchführung, z.b. des Risikomanagements im Rahmen des Zuschlags berücksichtigen.

Im Hinblick auf die von der Richtlinie verwendeten Begriffe der »Zugänglichkeit« sowie des »Design für Alle« erfolgt eine begriffliche Klarstellung. So wird klargestellt, dass die Zugänglichkeit der Leistung für Menschen mit Behinderungen berücksichtigt werden kann. Damit wird die Terminologie des Artikel 9 Absatz 1 der UN-Behindertenrechtskonvention aufgegriffen, welche in Deutschland aufgrund des Zustimmungsgesetzes vom 21. Dezember 2008 (BGBl 2008 II, 1419) unmittelbare Wirkung entfaltet und auch für die Auftraggeber aufgrund des Beschlusses des Rates vom 26. November 2009 über den Abschluss des Übereinkommens der Vereinten Nationen über die Rechte von Menschen mit Behinderungen durch die Europäische Gemeinschaft (ABl. L 23 vom 27.1.2010, S. 35) maßgeblich ist.

Die Anforderungen des »Designs für Alle« erfassen über den Begriff der »Zugänglichkeit für Menschen mit Behinderungen« hinaus auch die Nutzbarkeit und Erlebbarkeit für möglichst alle Menschen – also die Gestaltung von Bauten, Produkten und Dienstleitungen auf eine Art und Weise, dass sie die Bandbreite menschlicher Fähigkeiten, Fertigkeiten, Bedürfnisse und Vorlieben berücksichtigen, ohne Nutzer durch Speziallösungen zu stigmatisieren. Das Kriterium des »Designs für Alle« schließt also die »Zugänglichkeit für Menschen mit Behinderungen« ein, sodass auch bei diesem Zuschlagskriterium die Vorgaben zur Sicherstellung der Barrierefreiheit zu beachten sind.

Nummer 1 nennt auch umweltbezogene oder soziale Zuschlagskriterien. Voraussetzung ist auch hier, dass der notwendige Bezug zum Auftragsgegenstand besteht. Allerdings stellt bereits § 127 Absatz 3 GWB in Umsetzung des Artikels 67 Absatz 3 der Richtlinie 2014/24/EU klar, dass ein Auftragsbezug künftig auch dann angenommen werden kann, wenn sich das Kriterium auf ein beliebiges Stadium im Lebenszyklus der Leistung bezieht. Dies kann insbesondere Prozesse der Herstellung (auch der Rohstoffgewinnung), Bereitstellung oder Entsorgung der Leistung betreffen, aber (insbesondere bei Warenlieferungen) z.b. auch den Handel mit ihr. Dabei müssen sich solche Kriterien nicht zwingend auf die materiellen Eigenschaften des Auftragsgegenstandes auswirken. Künftig kann somit ein zu beschaffendes Produkt, das aus fairem Handel (z.b. durch die Beachtung internationaler Standards, wie etwa die ILO Kernarbeitsnormen entlang der Produktions- und Lieferkette) stammt, im Rahmen der Zuschlagswertung mit einer höheren Punktezahl versehen werden als ein konventionell gehandeltes Produkt. Damit steigen dessen Chancen, auch bei einem höheren Angebotspreis den Zuschlag zu erhalten. Gleiches gilt nach dem Erwägungsgrund 102 der Richtlinie 2014/25/EU z.b. für Kriterien, wonach zur Herstellung der zu beschaffenden Waren keine giftigen Chemikalien verwendet werden dürfen, oder dass die auszuführenden Dienstleistungen unter Einsatz energieeffizienter Maschinen erbracht werden.

Mögliches Zuschlagskriterium sind auch innovative Aspekte. Über die Möglichkeiten hinaus, die sich etwa aus dem neuen Verfahren der Innovationspartnerschaft ergeben, kommt damit der Innovation auch auf Zuschlagsebene eine wichtige Rolle zu. Das gilt um so mehr, als öffentliche Aufträge, wie es der Erwägungsgrund 100 der Richtlinie 2014/25/EG festhält, insbesondere als Motor für Innovationen eine entscheidende Rolle spielen.

Die Bedingung des Bezugs zum Auftragsgegenstand schließt allerdings Kriterien und Bedingungen bezüglich der allgemeinen Unternehmenspolitik aus, da es sich dabei nicht um einen Faktor handelt, der den konkreten Prozess der Herstellung oder Bereitstellung der beauftragten Bauleistungen, Lieferungen oder Dienstleistungen charakterisiert. Daher sollte es öffentlichen Auftraggebern nicht gestattet sein, losgelöst vom Beschaffungsgegenstand von Bietern eine bestimmte Politik der sozialen oder ökologischen Verantwortung zu verlangen.

Selbstverständlich sind unter der Nummer 1 noch viele weitere Zuschlagskriterien möglich, da die Auflistung nicht abschließend ist (wie im Übrigen auch die Nummern 2 und 3). In Frage kommen dabei insbesondere auch die Erfüllung von Sicherheitsaspekten und sicherheitstechnischen Aspekten.

Zu Nummer 2

Nummer 2 setzt Artikel 82 Absatz 2 Satz 2 Buchstabe b der Richtlinie 2014/25/EU um. Auftraggeber sollen ausweislich des Erwägungsgrundes 99 zur Richtlinie 2014/25/EU, insbesondere bei der Vergabe von Aufträgen für geistig-schöpferische Dienstleistungen wie Beratungstätigkeiten oder Architektenleistungen, die Qualität des mit der Ausführung des konkreten Auftrages betrauten Personals der Zuschlagsentscheidung zugrunde legen können. Dies gilt nach dem zweiten Halbsatz jedoch nur, soweit die bezeichneten Eigenschaften des Personals einen Einfluss auf das Niveau der Auftragsausführung – mithin auf den wirtschaftlichen Wert der Leistung – haben kann.

Zu Nummer 3

Nummer 3 setzt Artikel 82 Absatz 2 Satz 2 Buchstabe c der Richtlinie 2014/25/EU um. Die Liste der Nummern 1 bis 3 des Absatzes 2 ist nicht abschließend. Über die hier exemplarisch genannten Zuschlagskriterien wie z.B. der Liefertermin oder die Wartung der Leistung durch einen qualitativ hochwertigen Kundendienst ist die Vorgabe einer Vielzahl weiterer Kriterien denkbar, wie z.B. die Prozessqualität bei der Auftragsdurchführung.

Zu Absatz 3

Durch Absatz 3 wird – in Umsetzung von Artikel 82 Absatz 5 der Richtlinie 2014/25/EU – § 127 Absatz 5 GWB ausgestaltet. Die Pflicht zur Angabe der Wertungskriterien und deren Gewichtung bereits in der Auftragsbekanntmachung bzw. in den Vergabeunterlagen trägt zur Wahrung der Grundsätze der Transparenz und Nichtdiskriminierung im Vergabeverfahren bei.

Zu Absatz 4

Mit Absatz 4 wird klargestellt, dass ein Auftraggeber von den Unternehmen auch für den Nachweis, dass eine angebotene Leistung den Zuschlagskriterien entspricht, Bescheinigungen von Konformitätsbewertungsstellen (nach Maßgabe des § 31) oder die Vorlage von Gütezeichen (gemäß § 32) verlangen kann.

Zu Absatz 5

Mit Absatz 5 wird klargestellt, dass ein Auftraggeber von den Unternehmen auch für den Nachweis, dass eine angebotene Leistung den Ausführungsbedingungen im Sinne des § 128 Absatz 2 GWB entspricht, Bescheinigungen von Konformitätsbewertungsstellen (nach Maßgabe des § 31) oder die Vorlage von Gütezeichen (gemäß § 32) verlangen kann.«

A. Allgemeine

Einführung

Die Vorschrift regelt Einzelheiten zum Verfahren bei der Zuschlagserteilung und kon- 1
kretisiert die Kriterien, nach welchen der Auftraggeber die Zuschlagsentscheidung
trifft. Damit gestaltet die Norm § 127 GWB näher aus. Durch die Erteilung des Zuschlages bestimmt der Auftraggeber, welches Unternehmen letztlich den Auftrag erhält.
Die Zuschlagsentscheidung stellt daher eines der zentralen Elemente des Vergabeverfahrens dar.[1]

§ 52 SektVO enthält nähere Vorgaben an die Auswahl und Bekanntgabe der Zuschlagskriterien. Die Vorschrift dient damit der Transparenz und Gleichbehandlung der Bieter
im Verfahren.

---

1 Vgl. BT-Drs. 18/7318, S. 215.

B. Europarechtliche Vorgaben

2   § 52 setzt Art. 82 der Richtlinie 2014/25/EU um.

C. Vergleich zur vorherigen Rechtslage

3   Zuschlag und Zuschlagskriterien waren bislang in § 29 SektVO a.f. geregelt. Ergänzend bestimmte § 97 Abs. 5 GWB a.f. den auch bislang schon geltenden allgemeinen Grundsatz, dass der Zuschlag auf das wirtschaftlichste Angebot zu erteilen ist.

Die Neuregelung des § 127 GWB ist hingegen deutlich ausführlicher als die bisherige Vorschrift des § 97 Abs. 5 GWB a.f.

D. Kommentierung

I. Grundregeln

4   Das Vergabeverfahren soll gemäß § 52 Abs. 1 SektVO mit dem Zuschlag auf das wirtschaftlichste Angebot enden. Die Ermittlung des wirtschaftlichsten Angebots erfolgt auf der Grundlage des besten Preis-Leistungs-Verhältnisses. Der Verordnungsgeber stellt klar, dass neben dem Preis oder den Kosten auch qualitative, umweltbezogene oder soziale Zuschlagskriterien berücksichtigt werden können.

5   Der Auftraggeber hat einen weiten Beurteilungsspielraum bei der Festlegung der Wertungsgrundlagen,[2] sofern Sonderregelungen keine zwingenden Vorgaben enthalten (z.B. § 18 Abs. 7 SektVO zur Innovationspartnerschaft oder § 59 Abs. 2 SektVO zur Beschaffung von Straßenfahrzeugen). Das ist konsequent, denn schließlich bestimmt der Auftraggeber auch den Gegenstand der Leistung und muss mit den Folgen der Auswahl des künftigen Auftragnehmers leben. Justitiabel ist lediglich, ob ein Zusammenhang mit dem Auftragsgegenstand gegeben ist und kein offensichtlicher Beurteilungsfehler des Auftraggebers vorliegt.[3]

6   Der Verordnungsgeber nennt in § 52 Abs. 2 Nr. 1 bis 3 SektVO Beispiele für mögliche Zuschlagskriterien. Selbstverständlich können andere als die dort genannten Kriterien Verwendung finden. Auch steht es dem Auftraggeber frei, nur ein Kriterium zu verwenden, wenn er sachgerecht ein Kriterium für ausreichend hält.[4] Weder inhaltlich noch quantitativ ist der Auftraggeber also bei der Wahl der Wertungsrundlagen gebunden.

---

2 Vgl. EuGH, Urt. v. 24.11.2005 – C-331/04, NZBau 2006, 193; OLG Düsseldorf, Beschl. v. 03.03.2010 – Verg 48/09; ZfBR 2013, 287; Hermann, in: Inhalt, Ausgestaltung und Anwendung von Wertungskriterien, VergabeR 2015, 296 ff.; Otting, Eignungs- und Zuschlagskriterien im neuen Vergaberecht, VergabeR 2016, 316 ff.

3 Vgl. OLG Düsseldorf, Beschl. v. 03.03.2010 – Verg 48/09, ZfBR 2013, 287; Beschl. v. 22.01.2014 – Verg 26/13; OLG Frankfurt, Beschl. v. 28.02.2006 – 11 Verg 15/05, ZfBR 2006, 383.

4 Dies soll bei bloßen Alibikriterien nicht der Fall sein; vgl. OLG Düsseldorf, Beschl. v. 27.11.2013 VII-Verg 20/13, NZBau 2014, 121.

II. Auswahl der Kriterien

1. Auftragsbezogenheit (§ 127 Abs. 3 GWB)

Der Auftraggeber ist in der Wahl der Bewertungskriterien grundsätzlich frei. Zu beach- 7
ten ist aber insbesondere § 127 Abs. 3 Satz 1 GWB, wonach die Zuschlagskriterien mit
dem Auftragsgegenstand »in Verbindung stehen« müssen (sog. Auftragsbezug).[5] Außerdem sind die allgemeinen vergaberechtlichen Prinzipien, d. h. Transparenz, Gleichbehandlung und Wettbewerb zu beachten.[6]

Die Zuschlagskriterien müssen sich nicht unmittelbar aus dem ausgeschriebenen Leis- 8
tungsgegenstand ergeben, sich aber zumindest auf ihn beziehen bzw. die Umstände betreffen, die mit der Bezuschlagung des Angebots den Auftragsinhalt bestimmen. Solche
Umstände können nach § 127 Abs. 3 Satz 2 GWB neuerdings den gesamten Lebenszyklus des Leistungsgegenstands umfassen, ohne dass ein Zusammenhang mit den
materiellen Eigenschaften des Auftragsgegenstandes erforderlich wäre. Die Gesetzesbegründung zu § 127 Abs. 3 GWB nennt hierfür beispielhaft die Beschaffung eines
Produkts, das aus »fairem Handel« stammt und z.B. unter Beachtung internationaler
sozialer Standards, wie etwa der ILO-Kernarbeitsnormen entlang der Produktions-
und Lieferkette, hergestellt worden ist. Ein solches Produkt könne im Rahmen der Zuschlagswertung dann mit einer höheren Punktzahl versehen werden als ein konventionell gehandeltes Produkt.

Die Auftraggeber haben bei der Festlegung der Zuschlagskriterien aber zu berücksich- 9
tigen, dass sie die Einhaltung der zu bewertenden Umstände durch die bietenden Unternehmen auch sicherstellen können. Dies dürfte bei den ILO – Kernarbeitsnormen in
der Regel – jedenfalls im Hinblick auf den gesamten Herstellungsprozess eines Produkts – derzeit noch nicht der Fall sein.[7]

Aus demselben Grund müssen die Auftraggeber dann, wenn beispielsweise das (näher 10
ausgestaltete) Kriterium »Qualität des Umsetzungskonzepts« in die Angebotswertung
eingehen soll, gewährleisten, dass die entsprechenden Angaben mit der Zuschlagserteilung auch Vertragsbestandteil werden.

Zuschlagskriterien sind schließlich auch dann unzulässig, wenn sie sich auf Umstände
beziehen, die für die Leistungserbringung zwingend vorgesehen sind (»Musskrite-
rien«).[8]

Der Grundsatz des Auftragsbezugs wird durchbrochen durch die sog. vergabefremden 11
Kriterien. Vergabefremde Kriterien stehen nicht im Zusammenhang mit der nachgef-

---

5 Vgl. OLG Düsseldorf, Beschl. v. 19.11.2014 – VII-Verg 30/14.
6 Vgl. neuerdings § 127 Abs. 4 Satz 1 GWB; EuGH, Urt. v. 17.09.2002 – C-513/99, NZBau
  2002, 618.
7 Vgl. BVerwG, Urt. v. 16.10.2013 – 8 CN 1/12 (VGH München); VGH Bad.-Württ., Urt. v.
  21.05.2015 – 1 S 383/14; kritisch auch Summa, Vergaberecht und ILO-Kernarbeitsnormen,
  VergabeR 2016, 147 ff.; vgl. aber auch OLG Düsseldorf, Beschl. v. 29.01.2014 – VII-
  Verg 28/13, NZBau 2014, 314.
8 Vgl. Ziekow, in: Ziekow/Völlink, Vergaberecht, 2. Aufl. 2013, § 97 Rn. 140 f.

ragten Leistung und sind daher als Zuschlagskriterien grundsätzlich nicht zugelassen. Nach der Gesetzesbegründung sind insbesondere solche Kriterien unzulässig, die die Auswahlentscheidung losgelöst vom Beschaffungsgegenstand von einer bestimmten Politik der sozialen oder ökologischen Verantwortung der bietenden Unternehmen abhängig machen.[9]

2. Ausführungsbedingungen (§§ 128, 129 GWB)

12 Von den vergabefremden Kriterien zu unterscheiden sind die sog. »Ausführungsbedingungen«, die in § 128 Abs. 2 und § 129 GWB geregelt sind. Die Regelung in § 128 Abs. 2 GWB entspricht im Wesentlichen dem alten § 97 Abs. 4 S. 2 GWB.

13 Die Auftraggeber dürfen besondere Bedingungen für die Ausführung eines Auftrags (Ausführungsbedingungen) festlegen, sofern diese mit dem Auftragsgegenstand in Verbindung stehen. Die Ausführungsbedingungen müssen sich aus der Auftragsbekanntmachung oder den Vergabeunterlagen ergeben. Sie können insbesondere wirtschaftliche, innovationsbezogene, umweltbezogene, soziale oder beschäftigungspolitische Belange oder den Schutz der Vertraulichkeit von Informationen umfassen.

14 Der frühere Streit über die dogmatische Einordnung der in § 97 Abs. 4 S. 2 GWB vorgesehenen Ausführungsbedingungen – ob es sich um Zuschlagskriterien, um einen Teil der Leistungsbeschreibung oder gar um Eignungskriterien handelt – hat sich durch die gesetzliche Neufassung erledigt. Wie auch bislang, betrifft § 128 Abs. 2 GWB den im Vergabeverfahren abzuschließenden Vertrag und befasst sich weder mit Eignungs- noch mit Zuschlagskriterien.[10]

15 Mögliche Anwendungsbeispiele sind die Verpflichtung zur Beschäftigung von Auszubildenden oder Langzeitarbeitslosen, die Verpflichtung des Auftragnehmers zur Sicherstellung einer bestimmten Qualifikation des von ihm eingesetzten Personals oder auch zur Einhaltung bestimmter internationaler Sozialstandards.[11]

16 § 129 GWB betrifft darüber hinaus sonstige durch Bundes- oder Landesgesetz festgelegte Ausführungsbedingungen, die der öffentliche Auftraggeber dem Auftragnehmer zwingend für die Ausführung der Leistung vorzugeben hat. Ein Beispiel ist die durch Bundesgesetz und die Landesvergabegesetze vorgegebene Verpflichtung zur Zahlung eines Mindestlohns.[12]

3. Kein Mehr an Eignung

17 Die Kriterien für die Angebotswertung nach § 52 SektVO sind von den Kriterien zur Prüfung der Eignung nach § 46 SektVO zu unterscheiden. Die Eignung betrifft die

---

9 Vgl. auch EuGH, Urt. v. 04.12.2003 – C-448/01 (Wienstrom), NZBau 2004, 105; EuGH, Urt. v. 10.05.2012 – C-368/10 (Max Havelaar), NZBau 2012, 445.
10 Vgl. BT-Drs. 18/6281, S. 114.
11 Vgl. auch BT-Drs. 18/6281, S. 114; auch OLG Düsseldorf, Beschl. v. 29.01.2014 – VII-Verg 28/13, NZBau 2014, 314.
12 Vgl. EuGH, Urt. v. 17.11.2015 – C-115/14; EuGH, Urt. v. 18.09.2014 – C-549/13.

Fachkunde und die Leistungsfähigkeit der Bewerber bzw. Bieter. Sie ist eine unternehmensbezogene Bewertung, die von der auftragsbezogenen Bewertung bei der Angebotswertung zu trennen ist. Diese klare Trennung ist seit langem als sog. »Kein Mehr an Eignung« bekannt.[13]

In die letzte Wertungsstufe der Angebotsprüfung kommen nur Angebote solcher Unternehmen, bei denen der Auftraggeber das Vorliegen der Fachkunde und Leistungsfähigkeit bejaht hat.[14] Die ggf. bessere Eignung eines in die engere Wahl zu ziehenden Unternehmens darf hiernach beim Kriterium der Wirtschaftlichkeit grundsätzlich nicht nochmals berücksichtigt werden, denn die Prüfung der Eignung und die Vergabeentscheidung unterliegen verschiedenen Regeln und sind als unterschiedliche Vorgänge klar voneinander zu trennen.[15]   18

Dem Bedürfnis der Auftraggeber, nur solche Unternehmen bei der Entscheidung über den Zuschlag zu berücksichtigen, die eine einwandfreie Ausführung erwarten lassen, kann und muss daher grundsätzlich bereits im Rahmen der Eignungsprüfung Rechnung getragen werden. Dies geschieht, in dem Eignungsanforderungen formuliert werden, die einen spezifischen Bezug zur Auftragsausführung aufweisen und eine ordnungsgemäße Erfüllung der gestellten Anforderungen erwarten lassen. In den Verfahren mit einem vorgeschalteten Teilnahmewettbewerb haben die Auftraggeber unter den Voraussetzungen des § 45 Abs. 3 SektVO zudem die Möglichkeit, aus allen Bewerbern einen besonders geeigneten Anbieterkreis zu ermitteln.   19

Allerdings haben die Gerichte Ausnahmen von dem vorgenannten Trennungsgebot für solche Fälle entwickelt, in denen sich die besondere Erfahrung eines Bieters leistungsbezogen auswirkt und Gewähr für eine bessere Ausführung bietet; dort sollen personenbezogene Erwägungen im Rahmen der Zuschlagsentscheidung herangezogen werden dürfen.[16]   20

Der europäische Gesetzgeber hat in Art. 82 Abs. 2 lit. b) RL 2014/25/EU nunmehr festgelegt, dass bei der Vergabe von Aufträgen bei denen die Qualität des eingesetzten Personals erheblichen Einfluss auf das Niveau der Auftragsausführung haben kann, die Organisation, Qualifikation und Erfahrung des mit der Ausführung des Auftrags betrauten Personals als Zuschlagskriterium berücksichtigt werden darf. Der Verordnungsgeber hat diese Vorgabe in § 52 Abs. 1 Nummer 2 SektVO umgesetzt.   21

4. Bedeutung des Preises

Der Preis soll nach dem Willen des Verordnungsgebers bei der Vergabe von öffentlichen Aufträgen auch zukünftig eine bedeutende Rolle spielen. Die Ermittlung des wirtschaft-   22

---

13 Vgl. BGH, Urt. v. 08.09.1998 – X ZR 109/96, NJW 1998, 3644; EuGH, Urt. v. 24.01.2008 – C 532/06 (Lianakis); OLG Düsseldorf, Beschl. v. 29.04.2015 – VII-Verg 35/14.
14 Vgl. BGH, Urt. v. 15.04.2008 – X ZR 129/06, NZBau 2008, 505.
15 Vgl. OLG Düsseldorf, Beschl. v. 10.09.2009 – VII-Verg 12/09, VergabeR 2010, 83; OLG Düsseldorf, Beschl. v. 29.04.2015 – VII-Verg 35/14.
16 Vgl. EuGH, Urt. v. 26.03.2015 – C-601/13 (Ambisig); OLG Düsseldorf, Beschl. v. 29.4.2015 – VII-Verg 35/14.

lichsten Angebots erfolgt auf der Grundlage des besten Preis-Leistungs-Verhältnisses, so dass der Auftraggeber bei der Vergabeentscheidung stets eine Preis- oder Kostenkomponente berücksichtigen muss.

23 Wegen der grundsätzlichen Freiheit des Auftraggebers in der Wahl der Kriterien ist es auch zukünftig möglich, den Preis als alleiniges Zuschlagskriterium vorzusehen.[17] Bei der Vergabe einer Innovationspartnerschaft ist allerdings die Sonderregelung des § 18 Abs. 7 S. 2 SektVO zu beachten, wonach die Erteilung des Zuschlags allein auf der Grundlage des niedrigsten Preises oder der niedrigsten Kosten ausgeschlossen ist.

24 Darüber hinaus ist der Preis als einziges Zuschlagskriterium – unabhängig davon, ob es sich um die Beschaffung von standardisierten oder nicht standardisierten Leistungen handelt – v.a. immer dann sinnvoll und zulässig, wenn die Leistungsbeschreibung detailliert ist und den Eingang homogener Angebote erwarten lässt.[18]

Eine Verpflichtung zur Anwendung weiterer Zuschlagskriterien kann aber dann in Betracht kommen, wenn der Preis mit Bezug auf die nachgefragte Leistung als einziges Zuschlagskriterium nicht sachgerecht wäre.[19]

25 Es ist umstritten, ob der Preis ein Mindestgewicht haben soll. Laut OLG Dresden[20] sollten es mindestens 30% sein. Nach dem OLG Düsseldorf[21] gibt es keine konkrete Grenze, vielmehr dürfe der Preis nicht bloße Makulatur, sondern angemessen bemessen sein. Jedenfalls muss der Preis grundsätzlich Berücksichtigung finden, da ohne ihn eine Wirtschaftlichkeitsentscheidung nicht denkbar ist.

Der Preis ist jedenfalls ausschlaggebend, wenn die Angebote in allen anderen vorgegebenen Kriterien gleichwertig sind[22] oder wenn gar keine Kriterien angegeben wurden.[23]

26 Zulässig ist nach § 52 Abs. 2 S. 3 SektVO neuerdings auch die Vorgabe von Festpreisen oder Festkosten. Die Ermittlung des wirtschaftlichsten Angebots erfolgt dann ausschließlich nach anderen Zuschlagskriterien. Sinnvoll ist die Vorgabe von Festpreisen oder Festkosten insbesondere dann, wenn dem Auftraggeber für die nachgefragte Leistung nur ein bestimmtes Budget zur Verfügung steht.[24] Die Vorgabe muss sich nicht

---

17 Vgl. BT-Drs. 18/6281, S. 111; Otting, Eignungs- und Zuschlagskriterien im neuen Vergaberecht, VergabeR 2016, S. 316, 324; Stoye/Plantiko, Der reine Preiswettbewerb – wann ist er sinnvoll, wann verboten, VergabeR 2015, S. 309, 310.

18 Vgl. OLG Düsseldorf, Beschl. v. 10.06.2015 – VII-Verg 39/14; OLG Düsseldorf, Beschl. v. 09.02.2009 – VII-Verg 66/08, VergabeR 2009, 956; OLG Naumburg, Beschl. v. 05.12.2008 – 1 Verg 9/08, VergabeR 2009, 486.

19 Vgl. VK Bund, Beschl. v. 10.11.2014 – VK 2-89/14.

20 Vgl. OLG Dresden, Beschl. v. 05.01.2001 – WVerg 11/00 und 12/00, NZBau 2001, 459.

21 Vgl. OLG Düsseldorf, Beschl. v. 21.05.2012 – VII-Verg 3/12; Beschl. v. 25.05.2005 – Verg 8/05.

22 Vgl. BGH, Urt. v. 26.10.1999 – X ZR 30/98, NJW 2000, 661; anders aber OLG Düsseldorf, Beschl. v. 28.01.2015 – VII-Verg 31/14.

23 Vgl. BGH, Urt. v. 15.01.2013 – X ZR 155/10, NZBau 2013, 319.

24 Vgl. Otting, Eignungs- und Zuschlagskriterien im neuen Vergaberecht, VergabeR 2016, 316, 326.

zwingend auf den Gesamtpreis oder die Gesamtkosten beziehen, sondern kann vom Auftraggeber auch auf einzelne Preispositionen beschränkt werden.

Anstelle des »Preises« können auch ausschließlich die Lebenszykluskosten der zu be- 27 schaffenden Lieferung oder Leistung berücksichtigt werden. In diesem Fall kommt eine Gewichtung des Anschaffungspreises nicht in Betracht, da bei der Auswahlentscheidung allein aufgrund der Lebenszykluskosten ein einzelnes Kostenelement keine größere Bedeutung erhalten kann als ein anderes. Vielmehr sind alle über den Lebenszyklus des Produkts anfallenden Kosten nebeneinanderzustellen und zu vergleichen.[25]

Wird in der Vergabebekanntmachung oder in den Vergabeunterlagen hingegen als Zu- 28 schlagskriterium das wirtschaftlich günstigste Angebot bezüglich Preis und Lebenszykluskosten genannt, darf die Vergabeentscheidung nicht allein auf den Preis gestützt werden.

5. Bedeutung von Honorar- und Gebührenordnungen

Nach § 127 Abs. 2 GWB sollen verbindliche Vorgaben zur Preisgestaltung bei der Er- 29 mittlung des wirtschaftlichsten Angebots unberührt bleiben. Gemeint sind hiermit nach der Gesetzesbegründung gesetzliche Gebühren- oder Honorarordnungen, wie z.B. die Honorarordnung für Architekten und Ingenieure (HOAI).[26]

Lässt die jeweilige Gebühren- oder Honorarordnung für die zu vergebene Leistung 30 keine Schwankungsbreite zu, ist vom öffentlichen Auftraggeber das hiernach festgelegte Honorar als feste Position zu berücksichtigen. Die Bestimmung des wirtschaftlichsten Angebots erfolgt dann nur aufgrund der Bewertung anderer Zuschlagskriterien als des Zuschlagskriteriums »Preis«.[27]

Anders als in der SektVO findet sich in § 77 Abs. 3 VgV hierzu noch eine ergänzende 31 Klarstellung. Ziel der Regelung ist es sicherzustellen, dass die bestehenden Gebühren- oder Honorarordnungen beachtet werden und fortgelten.

Klassisches Anwendungsfeld von § 127 Abs. 2 GWB ist die Honorarordnung für Archi- 32 tekten und Ingenieure (HOAI). Die Vergütungsregelungen in der Verordnung sind zwingend. Allerdings sind schon mit der umfangreichen Reform im Jahr 2009 eine Vielzahl nicht verbindlicher Honorarregelungen geschaffen worden, die bis dahin nicht gekannte Verhandlungsspielräume eröffneten (z. B. Bonus-Malus-System). Damit ist im Rahmen der HOAI mittlerweile ein weitaus größerer Preiswettbewerb möglich.

---

25 Vgl. aber zu weiterhin zulässigen Mischformen Rn. 37.
26 Vgl. hierzu insgesamt auch Stolz, Die Vergabe von Architekten- und Ingenieurleistungen nach der Vergaberechtsreform 2016, VergabeR 2016, S. 351 ff.
27 Vgl. BT-Drs. 18/6281, S. 112.

33   Der aktuelle § 1 HOAI unterwirft nur inländische Architekten und Ingenieure der HOAI. Ob das in Bezug auf die Dienstleistungsfreiheit grundsätzlich unschädlich ist, weil es sich nur um eine Inländerdiskriminierung (konkret: deutsche Architekten und Ingenieure) handelt, ist umstritten. In jedem Fall hat die EU Kommission am 25.02.2016 in diesem Zusammenhang die zweite Stufe eines Vertragsverletzungsverfahrens gegen die Bundesrepublik Deutschland eingeleitet. Die EU Kommission argumentiert in dem Verfahren, dass feste Honorarsätze, wie sie die HOAI durch Mindest- und Höchstsätze kennt, die optimale Nutzung des Binnenmarktes für freiberufliche Dienstleistungen verhindern.

34   Insgesamt hat die Regelung des § 127 Abs. 2 GWB zur Folge, dass Auftraggeber die durchaus komplexe HOAI in ihrem Anwendungsbereich bei der Bewertung des Preises beherrschen müssen, z. B. hinsichtlich der richtigen Festlegung der anrechenbaren Kosten.[28] Die Bieter haben im Vergabeverfahren einen Anspruch auf die korrekte Handhabung der HOAI, etwa in Bezug auf den Ausschluss des Angebots bzw. Anhebung des Preises wegen Unterschreiten von Mindestsätzen und der Aufklärung derartiger Fehler gegenüber dem betroffenen Bieter.[29] Nach einer Entscheidung des BGH besteht dieser Schutz indessen nach rügeloser Einlassung der Bieter und Zuschlagserteilung nicht mehr.[30]

6. Lebenszykluskosten

35   Auftraggeber können die Auswahl des wirtschaftlichsten Angebots auch ausschließlich auf die Lebenszykluskostenrechnung stützen. In diesem Fall beruht die Vergabeentscheidung allein auf einem Vergleich der Lebenszykluskosten der zu beschaffenden Lieferung oder Leistung. Eine solche Entscheidungsfindung birgt naturgemäß die Gefahr einer Ungleichbehandlung der Bieter, da die Lebenszykluskostenrechnung stets auf einer Vielzahl von Prognosen und Annahmen beruht. So hat auch die VK Bund noch zum alten Recht zwar das Zuschlagskriterium »Lebenswegkosten (life cycle costs)« im Grundsatz nicht beanstandet, sich aber zurückhaltend über die Wertungsmöglichkeit geäußert. Problematisch sei insbesondere, dass sich im Zeitpunkt der Wertung nicht verbindlich sagen ließe, welche Lebenszykluskosten letztlich tatsächlich anfallen werden.[31] Nach der grundsätzlichen Entscheidung des europäischen Richtliniengebers für die Lebenszykluskostenrechnung als Zuschlagskriterium wird man dem Auftraggeber im Hinblick auf die Festlegung der LCC-Parameter und deren Wertung aber einen gewissen Prognose- und Entscheidungsspielraum zugestehen müssen, wenn man den Anwendungsbereich der Lebenszykluskostenrechnung nicht von Anfang an auf sehr einfach gelagerte Fälle reduzieren möchte.

---

28 Vgl. OLG Düsseldorf, Beschl. v. 21.05.2008 – Verg 19/08, ZfBR 2008, 834.
29 Vgl. OLG Brandenburg, Beschl. v. 08.01.2008 – Verg W 16/07, NZBau 2008, 451; OLG Frankfurt, Beschl. v. 09.08.2007 – 11 Verg 6/07, ZfBR 2009, 83.
30 Vgl. BGH, Urt. v. 19.4.2016 – X ZR 77/14, NZBau 2016, 368.
31 Vgl. 2. VK Bund, Beschl. v. 15.02.2005 – VK 2-06/05.

Zu beachten ist auch, dass bei der alleinigen Lebenszykluskostenrechnung – anders als   36
z.B. bei der Ermittlung des besten »Kosten-Leistungs-Verhältnisses« – im Rahmen der
Wertung keine Qualitätsunterschiede berücksichtigt werden können. Die Vergabeentscheidung allein anhand der Lebenszykluskosten zu treffen, dürfte daher nur für solche
Produkte in Betracht kommen, die auch bislang schon auf der Basis eines reinen Preis-
wettbewerbs beschafft werden und bei denen die Lebenszykluskostenrechnung gleichzeitig aufgrund der Art oder Beschaffenheit der Lieferung oder Leistung eine wirtschaftlichere Beschaffung verspricht (z.B. abschließend beschreibbare und dabei besonders
langlebige Güter).

Wird in der Vergabebekanntmachung oder den Vergabeunterlagen nur der Preis als Zuschlagskriterium genannt, dürfen keine Lebenszykluskosten in die Wirtschaftlichkeitsbetrachtung einbezogen werden.

Sinnvoll und in der Praxis weiter verbreitet sind Mischformen, bei denen einzelne Kos-   37
tenelemente aus dem Lebenszyklus der Lieferung oder Leistung neben dem Anschaffungspreis und gegebenenfalls weiteren qualitativen Zuschlagskriterien verwendet werden. Dieses Vorgehen ist auch zukünftig weiterhin zulässig. Auch wenn Art. 82 Abs. 2
der Richtlinie 2014/25/EU und § 52 Abs. 2 SektVO für die Zuschlagsentscheidung
die Verwendung »des Preises oder der Kosten« vorschreiben und damit eine zwingende
alternative Verwendung entweder des Preises oder der Lebenszykluskosten suggerieren,
ist insoweit eine praxistaugliche Auslegung angezeigt. Hierfür spricht insbesondere,
dass auch bei Berücksichtigung von Lebenszykluskosten im Einzelfall eine Höherge-
wichtung des Anschaffungspreises möglich sein muss, weil der Anschaffungspreis
eine feste Größe darstellt, während die sonstigen Kostenelemente im Lebenszyklus
des Produktes regelmäßig von vielen, überwiegend nur auf Annahmen beruhenden anderen Faktoren, wie z.B. der Preisentwicklung, der konkreten Nutzungsart oder auch
bloßen Eintrittswahrscheinlichkeiten abhängen.

III. Wertungsgrundlagen und -methodik

1. Begriff der Wertungsgrundlagen

Unter Wertungsgrundlagen sind alle Umstände zu verstehen, die ein Auftraggeber sei-   38
ner Wertung der Angebote zugrunde legt und die für die Entscheidung über den Bestbieter maßgebend sind.

Zu den Wertungsgrundlagen zählen die Zuschlagskriterien und deren Gewichtung (vgl.   39
§ 52 Abs. 3 Satz 1 SektVO). Die Gewichtung kann mit der Angabe einer angemessenen Spanne erfolgen (vgl. § 52 Abs. 3 Satz 2 SektVO). Darunter wird im Allgemeinen
eine prozentuale Angabe verstanden.[32]

---

32 Vgl. Röwekamp, in: Opitz/Eschenbruch, § 29 Rn. 65.

40   Ist die Gewichtung aus objektiven Gründen nicht möglich, so kann es der Auftraggeber bei einer Auflistung der Kriterien in der Reihenfolge ihrer Bedeutung belassen (vgl. § 52 Abs. 3 S. 3 SektVO) und diese entweder in der Bekanntmachung oder in den Vergabeunterlagen bekanntgeben. Dabei muss es sich um nachvollziehbare, vernünftige und objektiv mit dem Auftragsgegenstand zusammenhängende Gründe handeln. Das kann insbes. bei einem besonders komplexen Auftrag der Fall sein, bei dem die Gewichtung nicht im Vorhinein vorgenommen werden kann (z. B. PPP-Projekte). In der Sphäre des Auftraggebers liegende Umstände, wie Zeitnot, genügen für die Annahme einer Befreiung von der Bekanntmachungspflicht der Gewichtung nicht.[33] Da die absteigende Reihenfolge im Verhältnis zur Angabe der Gewichtung eine Ausnahme darstellt, muss die Begründung für die Ausnahme dokumentiert und die Reihenfolge allen Bietern mitgeteilt werden.

41   Neben den Kriterien samt Gewichtung mag es im Einzelfall Unterkriterien mit Gewichtung geben. Diese sind den Wertungsgrundlagen zuzurechnen und i.d.R. mit zu veröffentlichen. Oftmals gibt es eine Wertungsmatrix, in der alle Kriterien samt Gewichtung enthalten sind. Es empfiehlt sich aus Gründen der Transparenz neben der Matrix eine textliche Erläuterung festzuhalten, aus der sich ergibt, warum die Matrix in dieser Form aufgestellt wurde. Darauf kann nicht zuletzt im Rahmen der Wertung zurückgegriffen werden.

2. Wertungsmethodik

a) Grundlagen

42   Die SektVO enthält keine Regelungen zur Wertungsmethodik.[34]

43   Aus den Grundsätzen von Transparenz und Diskriminierungsfreiheit folgt lediglich, dass der Auftraggeber die für die Auswahlentscheidung des Auftragnehmers notwendigen Wertungen nach einem einheitlichen Maßstab vorzunehmen hat.[35]

44   Als Hilfsinstrument für eine einheitliche Bewertung der Angebote bei unterschiedlichen Wertungskriterien im Rahmen einer Wertungsmatrix haben sich in der Praxis Punktebewertungsmodelle etabliert.[36] Der Auftraggeber ermittelt hierbei jeweils die bei den einzelnen Wertungskriterien erreichten Punkte und addiert diese zu einer Gesamtpunktzahl. Der Bieter mit der höchsten Gesamtpunktzahl ist der Bestbieter. Punktebewertungsmodelle ermöglichen es, unterschiedliche Wertungskriterien, wie z.B. den Preis und Leistungskriterien, miteinander vergleichen zu können.

---

33 Vgl. OLG Düsseldorf, Beschl. v. 23.01.2008 – VII-Verg 31/07, IBR 2008, 354.
34 Vgl. Opitz, in: Dreher/Motzke, Beck'scher Vergaberechtskommentar 2. Aufl. 2013, VOB/A, § 16a Rn. 29 ff.
35 Vgl. BGH, Beschl. v. 26.09.2006 – X ZB 14/06, NZBau 2006, 800.
36 Vgl. Opitz, in: Dreher/Motzke, Beck'scher Vergaberechtskommentar 2. Aufl. 2013, VOB/A, § 16a Rn. 29 ff.

Keiner Bewertung zugänglich sind »Muss-Kriterien«. Hierbei handelt es sich um zwingende Vorgaben an die Leistungserbringung, deren Nichterfüllung stets zum Angebotsausschluss führt.[37] Hingegen müssen sog. »Soll-Kriterien« also ausfüllungsbedürftige Leistungskriterien zwingend in die Angebotsbewertung einfließen.

Eine Wertungsmatrix, die keine ausreichende Differenzierung zwischen den einzelnen Angeboten zulässt und die dazu führt, dass Angebote als gleich eingestuft werden, obwohl zwischen ihnen gravierende Unterschiede bestehen, verstößt gegen das Gebot der Gleichbehandlung.

b) Wertungsmethodik und Gewichtung der Zuschlagskriterien

Nach § 52 Abs. 2 S. 1 SektVO soll die Ermittlung des wirtschaftlichsten Angebots auf   45
der Grundlage des besten Preis-Leistungs-Verhältnisses erfolgen. Hiervon ausgehend wäre ein Angebot mit einem Preis, der doppelt so hoch ist wie der niedrigste Preis (z.B. Euro 1 Mio. zu Euro 2 Mio.), stets ebenso zu bewerten wie das Angebot mit dem niedrigsten Preis und der Hälfte der Leistungspunkte (z.B. 100 zu 200 Leistungspunkten).[38] Diese Bewertungsmethode wird in der vom Beschaffungsamt des Bundesministeriums des Inneren herausgegebenen Unterlage für Ausschreibung und Bewertung von IT-Leistungen (UfAB) als sog. »einfache Richtwertmethode« bezeichnet. Bei der Einfachen Richtwertmethode ist für jedes Angebot das »Leistungs-Preis-Verhältnis« zu bilden; d.h. es wird der Quotient aus Leistung (Leistungspunkte) und Preis (Euro) errechnet.[39]

Schon aus der Bestimmungsfreiheit des Auftraggebers folgt indessen, dass auch eine Gewichtung des Preises und der sonstigen Zuschlagskriterien bei der Auswahlentscheidung möglich sein muss.

In der Praxis erfolgt die Bewertung von Preis und Qualität daher häufig durch eine Ad-   46
dition der vom jeweiligen Bieter erreichten – und vom Auftraggeber gewichteten – Preis- und Leistungspunkte. Der jeweilige Angebotspreis ist hierfür zuvor in Preispunkte umzurechnen.

Diese praxistaugliche und anerkannte Vorgehensweise wird oft kritisiert, ohne dass adäquate alternative Bewertungsmethoden aufgezeigt werden können.[40]

So muss der Auftraggeber nach Ansicht des OLG Schleswig, wenn er bei dem Zu-   47
schlagskriterium Preis eine lineare Wertung zwischen dem besten und dem schlechtes-

37 Vgl. Opitz, in: Dreher/Motzke, Beck'scher Vergaberechtskommentar, 2. Aufl. 2013, VOB/A, § 16a Rn. 29 ff.

38 Roth, Methodik und Bekanntgabe von Wertungsverfahren zur Ermittlung des wirtschaftlichsten Angebots, NZBau 2011, 75 ff.

39 Auch wenn dort auf das »Leistungs-Preis-Verhältnis« abgestellt wird, werden Preis und Leistung jeweils mit 50% gewichtet.

40 Vgl. Brackmann/Berger, Die Bewertung des Angebotspreises, VergabeR 2015, 313 ff.; Bartsch/v.Gahlen/Hirsch, NZBau 2012, 393 ff.; OLG Schleswig, Beschl. v. 02.07.2010 – 1 Verg 1/10; VK Südbayern, Beschl. v. 30.08.2016 – Z33319412807/16 – nicht bestandskräftig; Beschwerde: OLG München, Verg 10/16).

ten Angebot vornimmt, bei den übrigen Zuschlagskriterien entsprechend vorgehen.[41] Das OLG Schleswig übersieht hierbei, dass es eine nicht zu rechtfertigende Einschränkung der Bestimmungsfreiheit des öffentlichen Auftraggebers wäre, wenn in dem Fall, in dem der Auftraggeber in der Leistungsbeschreibung eine Vielzahl von Sollkriterien vorgibt, deren Erfüllung zu einer besseren Bewertung der Angebote führen soll, derjenige Bieter, der als einziger nur ein einzelnes Sollkriterium erfüllt, zwingend die Höchstpunktzahl in diesem Kriterium erhalten müsste. Dann könnte der Bieter zwar einen etwaigen Preisnachteil durch die Bewertung der »Qualität« seines Angebots ausgleichen; eine solche Wertung würde dem Anspruch und der Erwartung des öffentlichen Auftraggebers an die zu beschaffende Leistung aber diametral entgegenlaufen.

Noch weiter geht die Vergabekammer Südbayern, die »erhebliche Zweifel daran [hat], dass eine Umrechnung des Angebotspreises in Preispunkte mit den gängigen Interpolationsmethoden in vergaberechtskonformer Weise erfolgen kann«, da die Bewertung stets von zumindest einem der eingereichten Angebote abhängig sei.[42]

48 Diese Sichtweisen sind als praxisfern abzulehnen und dem Bestimmungsrecht des Auftraggebers ist insoweit der Vorrang einzuräumen.[43] Dies gilt umso mehr, da das Vergaberecht dem Sektorenauftraggeber gerade keine konkrete Bewertungsmethodik vorschreibt.

Für die Entscheidung über die Zulässigkeit einer Bewertungsmethodik muss es letztlich darauf ankommen, dass sie den Bietern bekannt ist und die Bieter sich darauf einstellen können.[44]

Unzulässig wäre allerdings eine Wertungsmethodik, wenn sie in sich widersprüchlich ist und dazu führt, dass die bekanntgemachten Zuschlagskriterien oder deren Gewichtung faktisch keine Rolle mehr spielen.[45]

c) »Alles-oder-Nichts-Prinzip«

49 Nach der Rechtsprechung ist ein Wertungssystem, das auf dem Kriterium des wirtschaftlich günstigsten Angebots beruht und beim Unterkriterium der Leistung (Qualität) trotz einer Wertungsmatrix mit Wertungspunkten vorsieht (»100 Punkte erhält das Angebot mit der höchsten Wertungspunktzahl und null Punkte erhält das Angebot mit der niedrigsten Wertungspunktzahl«), jedenfalls dann, wenn im Bieterwettbewerb lediglich zwei Angebote eingegangen sind, rechtlich ungeeignet, die Zuschlagsentscheidung zu begründen.[46]

---

41 Vgl. OLG Schleswig, Beschl. v. 02.07.2010 – 1 Verg 1/10.

42 Vgl. VK Südbayern, Beschl. v. 30.08.2016 – Z33319412807/16 (nicht bestandskräftig; Beschwerde: OLG München, Verg 10/16).

43 Vgl. im Ergebnis auch: OLG Düsseldorf, Beschl. v. 21.05.2012 – VII-Verg 48/09; Beschl. v. 13.10.2006 – VII-Verg 37/06; vgl. auch EuGH, Urt. v. 14.07.2016 C-6/15.

44 Vgl. Opitz, in: Dreher/Motzke, Beck'scher Vergaberechtskommentar 2. Aufl. 2013, VOB/A, § 16a Rn. 37.

45 EuGH, Urt. v. 14.07.2016 C-6/15; Opitz, wie vor, Rn. 37.

46 Vgl. OLG Düsseldorf, Beschl. v. 22.01.2014 – VII-Verg 26/13.

Indem die vom Angebot mit der niedrigsten Wertungspunktzahl erreichten Wertungs- 50
punkte »unter den Tisch fallen«, missachtet der Auftraggeber die Selbstbindung an das
von ihm bekannt gegebene Kriterium des wirtschaftlich günstigsten Angebots und die
Gewichtung der Unterkriterien.[47]

d) Generalisierender Bewertungsmaßstab

Nach der bislang überwiegenden Rechtsprechung konnte ein Bewertungsmaßstab ein- 51
heitlich und generalisierend für alle Wertungskriterien bestimmt werden.[48] Anerkannt
ist auch, dass der Auftraggeber für die Angebotswertung kein bis in letzte Unterkriterien und deren Gewichtung gestaffeltes Wertungssystem aufstellen muss, das im Übrigen dann auch Gefahr liefe, endlos und unpraktikabel zu werden.[49]

Vielmehr ist es im Lichte des Transparenzgrundsatzes nicht zu beanstanden, wenn sich
der Auftraggeber auf der vierten Stufe der Angebotswertung in einem Restbereich eine
freie Wertung vorbehält.

Dementsprechend wurde es für zulässig gehalten, zum Beispiel Konzepte nach dem 52
Maßstab von Schulnoten (ungenügende, mangelhafte, ausreichende, befriedigende,
gute, sehr gute Erfüllung der Anforderung) mit einer Verteilung von 0–5 Punkten zu
bewerten.

Auch ein Wertungsschlüssel mit Zahlen muss nicht unbedingt mit einer Erläuterung 53
versehen sein, wenn er objektiv ohne weiteres dahingehend zu verstehen ist, dass ein guter Beitrag eines Bieters mit einer höheren Punktzahl bewertet wird als ein durchschnitt-
licher oder schlechter.[50]

Mit Beschlüssen vom 21.10.2015, vom 16.12.2015 sowie vom 15.06.2016 hat das 54
OLG Düsseldorf diese bislang vorherrschende Rechtsprechung modifiziert.[51]

In der Entscheidung vom 21.10.2015 erfolgte die Bewertung der zugrundeliegenden 55
Leistung jeweils anhand von Schulnoten, denen ein ausdifferenzierter Bewertungsmaßstab von u.a. »Anforderung voll erfüllt« über »Anforderung mit kleinen Schwächen erfüllt, die ohne erkennbaren Einfluss auf die Nutzung sind« bis hin »Anforderungen
nicht erfüllt oder keine Angaben« zugrunde lag.

Nach Auffassung des OLG Düsseldorf waren die Bewertungsmaßstäbe im Punkt Qua- 56
lität intransparent. Sie ließen nicht zu, im Vorhinein zu bestimmen, welchen Erfüllungsgrad die Angebote auf der Grundlage des Kriterienkatalogs und konkreter Kriterien aufweisen müssen, um mit den festgelegten Punktwerten bewertet zu werden. Für die Bie-

---

47 Vgl. OLG Düsseldorf, Beschl. v. 22.01.2014 – VII-Verg 26/13.
48 Vgl. OLG Düsseldorf, Beschl. v. 30.07.2009 – VIII-Verg 10/09; VK Brandenburg, Beschl. v.
12.11.2008 – VK 35/08.
49 Vgl. OLG Düsseldorf, Beschl. v. 30.07.2009 – VIII-Verg 10/09; OLG Celle, Beschl. v.
07.11.2013 – 13 Verg 8/13.
50 Vgl. VK Brandenburg, Beschl. v. 12.11.2008 – VK 35/08.
51 Vgl. OLG Düsseldorf, Beschl. v. 21.10.2015 – VII-Verg 28/14; Beschl. v. 16.12.2015 – VII-
Verg 25/15; Beschl. v. 15.06.2016 – VII-Verg 49/15, NZBau 2016, 653.

ter sei nicht zu erkennen gewesen, unter welchen Voraussetzungen welche Kriterien als mit »kleinen Schwächen«, »geringen Einschränkungen« oder mit »deutlichen Einschränkungen« bewertet werden. Das Wertungssystem der Vergabestelle lasse objektiv Raum für Manipulationen und Willkür bei der Bewertung der Angebote.

57 Im Ergebnis würde es zukünftig schwierig sein, bei der Angebotswertung einen vor die Klammer gezogenen generalisierenden Bewertungsmaßstab zu verwenden. Der Bewertungsmaßstab müsste vielmehr für die konkret benannten und beschriebenen Unterkriterien im Einzelnen angegeben werden. Abzuwarten bleibt insoweit, wie das OLG Düsseldorf auf eine – noch zur RL 2004/18/EG ergangene – Entscheidung des EuGH vom 14.07.2016 reagieren wird. Hiernach ergebe sich aus den europäischen Vorschriften keine Pflicht des Auftraggebers, die Bewertungsmethodik zu veröffentlichen, anhand deren er die konkrete Bewertung der Angebote hinsichtlich der zuvor in den Auftragsdokumenten festgelegten Zuschlagskriterien und ihrer Gewichtung vornimmt. Insoweit müsse aus praktischen Erwägungen ein Bewertungsfreiraum verbleiben, um die Methodik an die Umstände des Einzelfalls anpassen zu können.[52]

58 Ausnahmen müssen aber jedenfalls im Bereich »innovativer Lösungen« möglich sein. Denn in diesen Fällen würde eine »Vorabkonkretisierung« von Kriterien den innovativen Spielraum der Bieter beschränken und sie von vornherein auf bestimmte Lösungen festlegen.[53]

59 Zudem möchte sich der Auftraggeber mit derartigen Vergabeverfahren extern »innovative Lösungen« beschaffen. Dieses Ziel wird ad absurdum geführt, wenn der Auftraggeber gleichsam gezwungen wird, selbst z.B. im Vorhinein ein »optimales« Konzept zu erarbeiten, um im Anschluss den höchsten Erfüllungsgrad im Einklang mit dem Transparenzgrundsatz beschreiben und bewerten zu können.

f) Wertung von Loskombinationen

60 Bislang war umstritten, ob und unter welchen Voraussetzungen sich Auftraggeber bei einer Vergabe mit mehreren Losen eine Gesamtvergabe vorbehalten oder auch losübergreifend Preisnachlässe werten dürfen.

§ 27 Abs. 3 SektVO gestattet nunmehr ausdrücklich einen Gesamtvergabevorbehalt bzw. den Vorbehalt der Vergabe von Loskombinationen. Zu Einzelheiten wird auf die Kommentierung zu § 27 SektVO verwiesen.

3. Mitteilung der Wertungsgrundlagen

61 Der Auftraggeber hat die Zuschlagskriterien klar und unmissverständlich zu formulieren, damit die Bieter keine Verständnisschwierigkeiten haben. Um allen Unternehmen bei der Erstellung der Angebote die gleichen Chancen zu bieten, müssen sie die Kriterien in gleicher Weise auslegen können. Dabei hat die Auslegung der Zuschlagskriterien

---

52 EuGH, Urt. v. 14.07.2016 – C-6/15.
53 Vgl. in diesem Sinne bereits VK Bund, Beschl. v. 26.04.2007 – VK 1-29/07.

aus der objektiven Sicht eines verständigen und mit Leistungen der ausgeschriebenen Art vertrauten Bieters zu erfolgen.[54] Ein missverständlich formuliertes Kriterium ist nicht hinreichend bekannt gemacht und darf deshalb bei der Wertung der Angebote nicht berücksichtigt werden.[55]

Wenn der öffentliche Auftraggeber neben dem Preis andere Zuschlagskriterien verwen- 62
det, muss er in den Vergabeunterlagen oder in der Bekanntmachung nicht nur die jeweiligen Zuschlagskriterien und ggf. Unterkriterien, sondern auch die Gewichtung aller Zuschlagskriterien angeben. Die Angabe der Unterkriterien und deren Gewichtung sind notwendig, wenn das benannte Oberkriterium durch die Bieter in unterschiedlicher Weise ausgelegt wird. Die Pflicht zur Angabe der Gewichtung hat zur Folge, dass der Auftraggeber sich bei der Angebotsbewertung an die bekanntgegebene Gewichtung halten muss.[56] Nach einer noch zur Richtlinie 2004/18/EG ergangenen Entscheidung des EuGH ist der Auftraggeber hingegen nicht verpflichtet, den Bietern in der Auftragsbekanntmachung oder in den Vergabeunterlagen die Bewertungsmethodik, die er zur konkreten Bewertung und Einstufung der Angebote anwenden wird, mitzuteilen. Allerdings darf diese Methode keine Veränderung der Zuschlagskriterien oder ihrer Gewichtung bewirken.[57]

Mitunter ist eine nachträgliche Änderung der bekannt gemachten Zuschlagskriterien 63
oder deren Gewichtung erforderlich. Dies kann zum Beispiel der Fall sein, wenn eine ursprünglich vorgesehene Bewertung der Betriebskosten sich nachträglich als nicht verifizierbar darstellt oder die Anpassungen erforderlich sind, um neue Bedingungen bewerten zu können, die den Beschaffungsbedürfnissen des Auftraggebers besser Rechnung tragen.[58]

Erforderlich ist insoweit, dass der Auftraggeber die Bewertungsmatrix nicht willkürlich 64
ändert, sondern hierfür einen sachlichen Grund anführen kann. In der Regel wird der Auftraggeber in diesem Fall zudem das Verfahren in den Stand vor der Angebotsabgabe zurückzuversetzen haben.

IV. Einzelne Kriterien aus § 52 Abs. 2 SektVO

1. Qualität

Das Kriterium der Qualität ist unscharf, ein Oberbegriff, der einer Ausfüllung durch 65
weitere Gesichtspunkte bedarf. Bestimmte Qualitätsmerkmale können sich bereits aus der Art der Beschaffung der ausgeschriebenen Leistung ergeben. Die Qualität beschreibt nicht nur die Beschaffung einer Ware, sondern auch die Prozesse einer Dienstleistung.

Bei der Bewertung des Zuschlagskriteriums »Qualität« sollte nicht nur die Konformität 66
mit der Leistungsbeschreibung geprüft werden, was alleine nichtsagend und ohnehin

---

54 Vgl. VK Bund, Beschl. v. 30.01.2009 – VK 3-221/08.
55 Vgl. VK Münster, Beschl. v. 12.05.2009 – VK 5/09.
56 Vgl. EuGH, Urt. v. 12.12.2002 – C-470/99, NVwZ 2003, 844.
57 Vgl. EuGH, Urt. v. 14.07.2016 – C-6/15.
58 Vgl. OLG Düsseldorf, Beschl. v. 23.12.2009 – Verg 30/09.

Voraussetzung für ein wertbares weil vergleichbares Angebot wäre. Das Angebot ist vielmehr in der vierten Wertungsstufe anhand der Zuschlagskriterien und ggf. Unterkriterien zu bewerten.[59] Andererseits darf der Auftraggeber einen Mindeststandard für die Qualität vorgeben und bei fehlender Übereinstimmung den Ausschluss des jeweiligen Angebots entscheiden. Das ist allerdings kein Wertungs-, sondern ein formales Kriterium, somit nicht in § 52 SektVO angesiedelt.

2. Technischer Wert

67   Das Kriterium »technischer Wert« sollte durch Unterkriterien wie z. B. Erweiterbarkeit des Produkts, Arbeitssicherheit oder Herstellungs- bzw. Bauverfahren und Geräteeinsatz ausgefüllt werden. Für eine Bewertung des »Technischen Wertes« ist es erforderlich, dass der Auftraggeber den Bietern mitteilt, auf welche Produkte oder Produktgruppen es ihm ankommt. Eine Nachholung dieser Produktauswahl während der Angebotswertung kommt nicht mehr in Betracht, weil diese Informationen für die Angebotserstellung der Bieter von Bedeutung waren und nachträglich nicht mehr ausgeschlossen werden kann, dass ein Bieter in Kenntnis dieser zusätzlichen Informationen über die Grundlagen der Bewertung des »Technischen Wertes« sein Angebot in veränderter Form erstellt hätte.[60]

3. Ästhetik und Zweckmäßigkeit

68   Das Kriterium des optisch Ansprechenden (Ästhetik) ist naturgemäß subjektiv und kommt besonders bei Bauaufträgen oder Aufträgen, die geistig-schöpferischen Inhalt haben, in Betracht (z. B. Architektenaufträge). Die Subjektivität der Ästhetik steht im Konflikt mit dem Grundsatz einer nachvollziehbaren und sachgerechten Bewertung, weshalb eine Verobjektivierung der Wertung zu empfehlen ist. Hierfür bieten sich Gremien an, d. h. die Pluralität an Meinungen statt eines einzigen Entscheiders erhöht die Objektivität der Entscheidung. Die Entscheidung wird auf eine tragfähigere Grundlage gestellt und wirkt zugleich befriedend auf unterlegene Bieter angesichts der sensiblen Geschmacksfragen.

69   Anhand des Kriteriums »Zweckmäßigkeit« kann der öffentliche Auftraggeber beurteilen, inwiefern die angebotene Leistung ihm zur Realisierung seiner Ziele dient. Bei der Verwendung des Begriffs Zweckmäßigkeit können häufig Überschneidungen mit anderen Zuschlagskriterien entstehen. Denkbar ist z. B. die Überschneidung mit dem Kriterium der Lebenszykluskosten. Inwieweit der Auftraggeber eine Leistung als zweckmäßig ansieht, bzw. was er darunter versteht, sollte er daher auch konkret zum Ausdruck bringen.

---

59 Vgl. VK Bund, Beschl. v. 21.08.2009 – VK 1-146/09.
60 Vgl. OLG Naumburg, Beschl. v. 13.05.2008 – 1 Verg 3/08, VergabeR 2009, 91; 3. VK Bund, Beschl. v. 10.06.2010 – VK 3 – 51/10.

4. Umweltbezogene und innovative Eigenschaften

Auch bei den Kriterien umweltbezogene und innovative Eigenschaften bedarf es eines 70
konkreten Zusammenhangs mit der nachgefragten Leistung. Der EuGH hat klargestellt, dass die Bewertung eines Angebots unter Gesichtspunkten des Umweltschutzes
zulässig ist, wenn das bevorzugte Unternehmen zu den wenigen Unternehmen zählt, die
in der Lage sind, bestimmte Umweltschutzvorgaben zu erfüllen.[61]

5. Qualität des mit der Ausführung des konkreten Auftrages betrauten Personals

Bei der Vergabe von Aufträgen für geistig-schöpferische Dienstleistungen wie Bera- 71
tungstätigkeiten oder Architektenleistungen, kann zukünftig auch die Qualität des
mit der Ausführung des konkreten Auftrages betrauten Personals der Zuschlagsentscheidung zugrunde gelegt werden. Dies gilt nach § 52 Abs. 2 Nr. 2 Hs. 2 SektVO jedoch nur, soweit die bezeichneten Eigenschaften des Personals einen Einfluss auf das
Niveau der Auftragsausführung – mithin auf den wirtschaftlichen Wert der Leistung
– haben kann.

Eignungsbezogene Zuschlagskriterien können aber bei entsprechender Relevanz der
Qualität des eingesetzten Personal grds. auch bei anderen Dienstleistungen genutzt werden.

Aus dem erforderlichen Auftragsbezug der Zuschlagskriterien resultieren folgende Maßgaben:

Bei Wahl eines eignungsbezogenen Zuschlagskriteriums muss die Qualifikation oder
Erfahrung des konkret für den Auftrag vorgesehenen Personals bewertet werden.

Es ist zudem vertraglich sicherzustellen, dass nur das bewertete Personal zum Einsatz
kommt und Austausch (bei gleicher Qualität) nur in Abstimmung mit dem Auftraggeber zulässig ist.

6. Liefer- und Ausführungsfrist

Damit die Lieferfrist taugliches Zuschlagskriterium sein kann, muss der Auftraggeber 72
bekanntgeben, welche Termine von Bedeutung sind. So muss der Auftraggeber eines
Stromlieferauftrags angeben, zu welchem Zeitpunkt welche Strommenge geliefert werden soll. Die bloße Angabe einer Zeitspanne von Jahren, für die die Lieferung erfolgen
soll, verdeutlicht dem Bieter nicht, dass es auf bestimmte Mengen zu bestimmten Zeiten innerhalb dieser Zeitspanne ankommt und ist somit nicht ausreichend transparent.[62]

Die Ausführungsfrist bestimmt den Zeitraum zwischen dem Ausführungsbeginn und 73
der Fertigstellung. Eine konkrete Ausführungsfrist muss der Auftraggeber nicht angeben. Jedoch sollte er bereits in der Bekanntmachung den zeitlichen Rahmen angeben,

---

61 Hier: geringe Stickoxidemissionen von Bussen eines ausgeschriebenen Fuhrparks, EuGH,
   Urt. v. 17.09.2002 – C-513/99, NZBau 2002, 618, 623; vgl. jetzt auch § 127 Abs. 3 GWB.
62 Vgl. EuGH, Urt. v. 04.12.2003 – C-448/01, NZBau 2004, 105, 108.

in dem die Fertigstellung erfolgen sollte, denn nur so können die Unternehmen ein seriös kalkuliertes Angebot abgeben. Sieht der Auftraggeber von der genauen Angabe der Ausführungsfrist ab, kann er die Bestimmung den Unternehmen überlassen und auf diesem Wege die Ausführungsfrist als ein mögliches Zuschlagskriterium nutzen. Die individuelle Angabe der Ausführungsfrist kann dann gewertet und entsprechend gewichtet werden.

V. Nachweisführung durch die Bieter

74 § 52 Abs. 4 und 5 SektVO gestatten dem Auftraggeber von den Bietern für die Nachweisführung, dass die angebotene Leistung den Zuschlagskriterien bzw. den Ausführungsbedingungen im Sinne des § 128 Absatz 2 GWB entspricht, Bescheinigungen von Konformitätsbewertungsstellen (nach Maßgabe des § 31) oder die Vorlage von Gütezeichen (gemäß § 32) zu verlangen.

§ 53 SektVO Berechnung von Lebenszykluskosten

(1) Der Auftraggeber kann vorgeben, dass das Zuschlagskriterium »Kosten« auf der Grundlage der Lebenszykluskosten der Leistung berechnet wird.

(2) Der Auftraggeber gibt die Methode zur Berechnung der Lebenszykluskosten und die zur Berechnung vom Unternehmen zu übermittelnden Informationen in der Auftragsbekanntmachung oder den Vergabeunterlagen an. Die Berechnungsmethode kann umfassen
1. die Anschaffungskosten,
2. die Nutzungskosten, insbesondere den Verbrauch von Energie und anderen Ressourcen,
3. die Wartungskosten,
4. Kosten am Ende der Nutzungsdauer, insbesondere die Abholungs-, Entsorgungs- oder Recyclingkosten, oder
5. Kosten, die durch die externen Effekte der Umweltbelastung entstehen, die mit der Leistung während ihres Lebenszyklus in Verbindung stehen, sofern ihr Geldwert nach Absatz 3 bestimmt und geprüft werden kann; solche Kosten können Kosten der Emission von Treibhausgasen und anderen Schadstoffen sowie sonstige Kosten für die Eindämmung des Klimawandels umfassen.

(3) Die Methode zur Berechnung der Kosten, die durch die externen Effekte der Umweltbelastung entstehen, muss folgende Bedingungen erfüllen:
1. Sie beruht auf objektiv nachprüfbaren und nichtdiskriminierenden Kriterien; ist die Methode nicht für die wiederholte oder dauerhafte Anwendung entwickelt worden, darf sie bestimmte Unternehmen weder bevorzugen noch benachteiligen,
2. sie ist für alle interessierten Beteiligten zugänglich, und
3. die zur Berechnung erforderlichen Informationen lassen sich von Unternehmen, die ihrer Sorgfaltspflicht im üblichen Maße nachkommen, einschließlich Unternehmen aus Drittstaaten, die dem Übereinkommen über das öffentliche Beschaffungswesen von 1994 (ABl. C 256 vom 3.9.1996, S. 1), geändert durch das Proto-

koll zur Änderung des Übereinkommens über das öffentliche Beschaffungswesen (ABl. L 68 vom 7.3.2014, S. 2) oder anderen, für die Europäische Union bindenden internationalen Übereinkommen beigetreten sind, mit angemessenem Aufwand bereitstellen.

(4) Sofern eine Methode zur Berechnung der Lebenszykluskosten durch einen Rechtsakt der Europäischen Union verbindlich vorgeschrieben worden ist, hat der Auftraggeber diese Methode vorzugeben.

Amtliche Begründung

»Durch § 53 wird Artikel 83 der Richtlinie 2014/25/EU umgesetzt. Ein Auftraggeber kann bei der Ermittlung der Kosten eines Angebotes sämtliche über den gesamten Lebenszyklus der Leistung anfallende Kosten nach Maßgabe dieser Vorschrift als Zuschlagskriterium berücksichtigen.

Zu Absatz 1

Im Hinblick auf Artikel 83 Absatz 1 der Richtlinie 2014/25/EU und des Erwägungsgrunds 101 dieser Richtlinie stellt Absatz 1 klar, dass ein Auftraggeber das Zuschlagskriterium der »Kosten« auch auf Grundlage der Lebenszykluskosten der Leistung berechnen kann.

Zu Absatz 2

Will der Auftraggeber die Lebenszykluskosten bei seiner Vergabeentscheidung berücksichtigen, so muss er dies zur Wahrung der Transparenz des Vergabeverfahrens bereits in der Auftragsbekanntmachung bzw. in den Vergabeunterlagen kenntlich machen und die von ihm gewählte Berechnungsmethode ebenso angeben wie die Informationen, welche Unternehmen ihm zur Berechnung zu übermitteln haben. Die Vorschrift setzt Artikel 83 Absatz 2 Unterabsatz 1 der Richtlinie 2014/25/EU um.

Die Aufzählung des Absatzes 2 Satz 2 setzt Artikel 83 Absatz 1 Buchstabe a und b der Richtlinie 2014/25/EU um und zählt exemplarisch verschiedene berücksichtigungsfähige Kostenelemente auf. In den Nummern 1 bis 4 werden interne – also auf die Leistung bezogene – Kostenpositionen, wie Kosten für Anschaffung (einschließlich der Kosten für durchzuführende Forschung, Entwicklung, Produktion und Transport), Nutzung (einschließlich des Energie- und Ressourcenverbrauchs), der Wartung sowie der Entsorgung aufgeführt. Absatz 2 Satz 2 Nummer 5 stellt klar, dass bei den Lebenszykluskosten auch externe, das heißt umweltbezogene Effekte berücksichtigt werden können, sofern ihr Geldwert bestimmbar ist und die Voraussetzungen des Absatzes 3 erfüllt sind.

Mit der Einbeziehung umweltbezogener Kostenfaktoren soll das Ziel eines intelligenten, nachhaltigen und integrativen Wachstums bei der öffentlichen Auftragsvergabe gefördert werden (Erwägungsgrund 101 der Richtlinie 2014/25/EU).

Zu Absatz 3

Absatz 3 legt fest, welche Voraussetzungen eine Methode zur Berechnung der Kosten, die durch die externen Effekte der Umweltbelastung entstehen, erfüllen muss, um den Anforderungen der Transparenz, Gleichbehandlung, Nichtdiskriminierung und Nachprüfbarkeit gerecht zu werden. Die Vorschrift setzt damit Artikel 83 Absatz 2 Unterabsatz 2 Buchstabe a bis c der Richtlinie 2014/25/EU um.

Zu Absatz 4

Absatz 4 setzt Artikel 83 Absatz 3 der Richtlinie 2014/25/EU um. Auftraggeber sind verpflichtet, eine Methode zur Berechnung von Lebenszykluskosten in der Auftragsbekanntmachung bzw. in den Vergabeunterlagen verbindlich vorzugeben, wenn diese durch einen Rechtsakt der Europäischen Union vorgeschrieben worden ist.«

A. Allgemeine Einführung

1 Ein Auftraggeber kann bei der Ermittlung des wirtschaftlichsten Angebotes die über den gesamten Lebenszyklus der nachgefragten Leistung anfallenden Kosten als Zuschlagskriterium und damit für die Auswahlentscheidung berücksichtigen (**Lebenszykluskostenrechnung** oder **Life Cycle Costing**). § 53 SektVO enthält nähere Vorgaben zur Berücksichtigung der Lebenszykluskostenrechnung als Zuschlagskriterium.

B. Europarechtliche Vorgaben

2 § 53 setzt Art. 83 der Richtlinie 2014/25/EU um.

3 Neu ist insbesondere, dass bei der Lebenszykluskostenrechnung unter den in der Richtlinie genannten Voraussetzungen nunmehr auch externe, das heißt umweltbezogene Effekte berücksichtigt werden können. Mit der Einbeziehung umweltbezogener Kostenfaktoren soll das Ziel eines intelligenten, nachhaltigen und integrativen Wachstums bei der öffentlichen Auftragsvergabe gefördert werden.[1]

---

1 Vgl. Erwägungsgründe 100 f. der Richtlinie 2014/25/EU.

C. Vergleich zur vorherigen Rechtslage

Auftraggeber konnten bei der Beschaffung von Lieferungen oder Leistungen auch bis- 4 lang schon Lebenszykluskosten berücksichtigen. Im Vordergrund standen hierbei regel- mäßig die Betriebs- und Folgekosten der zu beschaffenden Lieferung oder Leistung.

Die diesbezüglichen Regelungen betrafen entweder die Leistungsbeschreibung (z.B. 5 § 7 Abs. 4 SektVO a.F. und §§ 4 Abs. 6 und 6 Abs. 4 VgV a.F.) oder die Auswahl der Zuschlagskriterien (z.B. § 29 Abs. 2 SektVO a.F. oder § 16 EG Abs. 7 S. 1 VOB/A a.F. bzw. § 19 EG Abs. 9 VOL/A a.F., der neben den Betriebskosten und der Rentabilität ausdrücklich auch bereits Lebenszykluskosten als ein mögliches Zuschlagskriterium aufführte).

D. Kommentierung

I. Grundlagen

Bei der Lebenszykluskostenrechnung werden – kurz gesagt – alle, über den gesamten 6 Lebenszyklus der zu beschaffenden Bauleistungen, Lieferungen oder Dienstleistungen anfallenden Kosten für die Auswahlentscheidung des wirtschaftlichsten Angebots berücksichtigt. Unerheblich ist es, ob die Kosten beim Auftraggeber selbst oder bei Dritten bzw. auch in Form externer Umweltkosten bei der Allgemeinheit anfallen.

Es ist offenkundig, dass die Berücksichtigung von Lebenszykluskosten bei der Beschaf- 7 fungsentscheidung sinnvoll sein kann. Insbesondere da die Betriebs- und Folgekosten in vielen Fällen die bloßen Anschaffungskosten um ein Vielfaches übersteigen (z.B. häufig bei Druckern oder auch bei Fahrtreppen oder Aufzügen). Eine wirtschaftliche Beschaffung sollte sich in diesen Fällen nicht mit der Betrachtung der Investitionskosten begnügen, sondern auch die Lebenszykluskosten des Produkts miteinbeziehen.[2] Allerdings eigenen sich hierfür nicht alle Leistungen gleichermaßen.[3] Auftraggeber haben daher stets im Einzelfall abzuwägen, ob sich eine Lebenszykluskostenbetrachtung tatsächlich »lohnt«, da sich die Entscheidung für geringere Betriebs- und Folgekosten häufig – wenn auch nicht zwingend – in einem höheren Anschaffungspreis niederschlägt.

Auftraggeber können die Lebenszykluskosten der zu beschaffenden Lieferung oder Leis- 8 tung grundsätzlich auch außerhalb der Angebotswertung berücksichtigen. So kann es zum Beispiel sinnvoll sein, bereits in der Leistungsbeschreibung Vorgaben an den maximalen Energieverbrauch eines Produktes als ein »Musskriterium« zu stellen. Eine Bewertung des Energieverbrauchs im Rahmen einer Lebenszykluskostenrechnung käme dann aber nur noch eingeschränkt, beispielsweise in der Form eines noch niedrigeren Energieverbrauchs in Betracht.[4]

§ 53 SektVO betrifft hingegen die Verwendung der Lebenszykluskosten für die Auswahlentscheidung des wirtschaftlichsten Angebots und damit als Zuschlagskriterium.

---

2 Vgl. Wolters, in: Eschenbruch/Opitz, SektVO, 2012, § 7 Rn. 64.
3 Vgl. Gaus, Ökologische Kriterien in der Vergabeentscheidung, NZBau 2013, 401, 405.
4 Vgl. Gaus, Ökologische Kriterien in der Vergabeentscheidung, NZBau 2013, 401, 407.

9 Auftraggeber können die Auswahl des wirtschaftlichsten Angebots ausschließlich auf die Lebenszykluskostenrechnung stützen. In diesem Fall beruht die Vergabeentscheidung ausschließlich auf einem Vergleich der Lebenszykluskosten der zu beschaffenden Lieferung oder Leistung.

10 Alternativ können die Lebenszykluskosten auch anstelle des (Anschaffungs)Preises oder auch neben dem Preis im Rahmen der Ermittlung des besten Preis (bzw. »Kosten«) – Leistungs-Verhältnisses berücksichtigt werden. Wird hingegen nur der Preis als Zuschlagskriterium festgelegt, dürfen Lebenszykluskosten nicht in die Wirtschaftlichkeitsbetrachtung einbezogen werden.

11 Sinnvoll und in der Praxis weiter verbreitet sind Mischformen, bei denen einzelne Kostenelemente aus dem Lebenszyklus der Lieferung oder Leistung neben dem Anschaffungspreis und gegebenenfalls weiteren qualitativen Zuschlagskriterien verwendet werden. Anders als bei der ausschließlichen (»echten«) Lebenszykluskostenbetrachtung – bei der sämtliche Kosten der Lieferung oder Leistung über deren Lebenszyklus nebeneinandergestellt werden – ist in diesem Fall eine Gewichtung des Anschaffungspreises möglich. Dies ist bei vielen Warengruppen insbesondere deshalb sinnvoll, weil der Anschaffungspreis eine feste Größe darstellt, während die sonstigen Kostenelemente im Lebenszyklus des Produktes regelmäßig von vielen, überwiegend nur auf Annahmen beruhenden anderen Faktoren, wie z.B. der Preisentwicklung, der konkreten Nutzungsart oder auch bloßen Eintrittswahrscheinlichkeiten abhängen.

12 In der Regel stellt die Berücksichtigung von Lebenszykluskosten in Beschaffungsprozessen für die Auftraggeber keine besondere vergaberechtliche Herausforderung dar. Schwierigkeiten ergeben sich allerdings häufig bei der vertragsrechtlichen Gestaltung, insbesondere der Frage, wie Angaben der Bieter im Vergabeverfahren auch noch während der Vertragsabwicklung verifiziert und gegebenenfalls sich als unzutreffend herausstellende Angaben wirksam sanktioniert werden können.

II. Begriff der Lebenszykluskosten

13 Unter Lebenszykluskosten versteht man grundsätzlich sämtliche Kosten einer Lieferung oder einer Leistung, die im Laufe des Lebenszyklus anfallen. Unerheblich ist es hierbei, wann oder bei wem die Kosten entstehen.

Der Begriff ist weit zu verstehen. Art. 2 Nr. 16 der Richtlinie 2014/25/EU definiert den Lebenszyklus wie folgt:

> *»Lebenszyklus« [sind] alle aufeinanderfolgenden und/oder miteinander verbundenen Stadien, einschließlich der durchzuführenden Forschung und Entwicklung, der Herstellung, des Handels und der damit verbundenen Bedingungen, des Transports, der Nutzung und Wartung, während der Lebensdauer einer Ware oder eines Bauwerks oder während der Erbringung einer Dienstleistung, angefangen von der Rohmaterialbeschaffung oder Erzeugung von Ressourcen bis hin zu Entsorgung, Aufräumarbeiten und Beendigung der Dienstleistung oder Nutzung.«*

Nach § 53 Abs. 2 SektVO können zum Beispiel die folgenden Kostenelemente im Lebenszyklus eines Produktes in die Lebenszykluskostenrechnung einfließen:

1. Anschaffungskosten

Hierzu zählen neben dem Kaufpreis oder der über die Nutzungsdauer zu zahlenden   14
Miete oder Leasingrate z.b. auch etwaige erforderliche Installations- oder Einrichtungskosten, Transportkosten oder Kosten für Beistellungen des Auftraggebers. Zu den Anschaffungskosten zählen auch sog. »switching costs«, also die Kosten, die dem Auftraggeber bei der Umstellung von einem Vertragspartner zu einem neuen Auftragnehmer entstehen.[5]

2. Nutzungskosten, insbesondere den Verbrauch von Energie und anderen Ressourcen

Dies umfasst z.b. die Kosten für den Verbrauch von Energie und erforderlichen Ver-   15
brauchsmaterial (z.b. Papier und Toner bei dem Kauf von Druckern, Heizöl und
Gas für die Gebäudenutzung, Strom für elektrisch betriebene Fahrzeuge), aber auch Gebühren, Steuern und Versicherungen (z.b. Zulassungsgebühren und Kfz-Steuer und -Versicherung bei der Anschaffung von Fahrzeugen) oder auch Kosten für Leitungsmieten[6].

3. Wartungskosten

Die Wartungskosten bestehen i.d.R. aus Material- und Personalkosten.   16

4. Kosten am Ende der Nutzungsdauer, insbesondere die Abholungs-, Entsorgungs- oder Recyclingkosten

Denkbar wäre es z.b. auch, am Ende der Nutzungsdauer einen etwaigen Restwert des Produkts, wie beispielsweise einen etwaigen Wiederkaufwert, bei einer Lebenszykluskostenrechnung zu berücksichtigen.

5. Kosten der Umweltbelastung

Hierbei handelt es sich um Kosten, die nicht vom Nutzer selbst oder von bestimmbaren   17
Dritten, sondern von der Allgemeinheit zu tragen sind. Umfasst sind Kosten aus Effekten der Umweltbelastung, die mit der Ware, der Dienstleistung oder der Bauleistung während ihres Lebenszyklus in Verbindung stehen. Voraussetzung für die Berücksichtigung ist nach § 53 Abs. 2 Nr. 5 SektVO, dass der Geldwert dieser Kosten bestimmt und geprüft werden kann. Als Beispiel nennt die Regelung die Kosten für die Emission

---

5 Vgl. Opitz, in: Dreher/Motzke (Hrsg.), Beck'scher Vergaberechtskommentar, 2. Aufl. 2013,
   § 16 VOB/A Rn. 345.
6 Vgl. Opitz, in: Dreher/Motzke (Hrsg.), Beck'scher Vergaberechtskommentar, 2. Aufl. 2013,
   § 16 VOB/A Rn. 345.

von Treibhausgasen und anderen Schadstoffen sowie sonstige Kosten für den Klimaschutz.[7]

Die Aufzählung in § 53 Abs. 2 SektVO ist nicht abschließend, so dass grundsätzlich auch weitere, nicht explizit aufgeführte Kostenelemente im Rahmen der Lebenszykluskostenrechnung berücksichtigt werden können.

III. Anforderungen an die Berechnungsmethode

18 Sollen Lebenszykluskosten in die Angebotswertung einfließen, hat der Auftraggeber vorab die Berechnungsmethode und die von den Bietern zur Berechnung einzureichenden Informationen festzulegen und bekanntzumachen (§ 53 Abs. 2 S. 1 SektVO).

1. Festlegung der relevanten LCC-Parameter

19 Der Auftraggeber ist unter Beachtung der allgemeinen vergaberechtlichen Grundsätze frei, die für die Ermittlung der Lebenszykluskosten relevanten Parameter festzulegen. Grundsätzlich können hierfür alle Kosten aus dem Lebenszyklus des Produkts herangezogen werden. Entscheidend ist insoweit nur, dass der Auftraggeber für die verschiedenen Beschaffungsvarianten identische LCC-Parameter betrachtet.

20 Beeinflusst wird die Festlegung der relevanten LCC-Parameter jedoch davon, ob der Auftraggeber die Vergabeentscheidung ausschließlich aufgrund der Lebenszykluskostenrechnung als einzigem Zuschlagskriterium oder auch unter Berücksichtigung weiterer, insbesondere qualitativer Zuschlagskriterien treffen möchte. Im ersten Fall sind alle relevanten Lebenszykluskosten des Produkts zu identifizieren und in die Berechnung einzubeziehen (»echte« Lebenszykluskostenrechnung). Im anderen Fall kann der Auftraggeber auch nur die aus seiner Sicht maßgeblichen LCC-Parameter identifizieren (»Kostentreiber«) und nur diese in der Lebenszykluskostenrechnung berücksichtigen (bei der Fahrzeugbeschaffung machen z.B. regelmäßig die Energie- und Wartungskosten einen erheblichen Anteil an den Lebenszykluskosten aus, während Steuern und Gebühren eher vernachlässigbar sein werden).

21 Bei der Festlegung der LCC-Parameter hat der Auftraggeber darüber hinaus sicherzustellen, dass ihm auch die erforderlichen Informationen zu deren Bewertung vorliegen. Grundsätzlich müssen die Informationen objektiv und für alle Angebote nach gleichem Maßstab ermittelbar sein. Dies setzt idR voraus, dass der Auftraggeber die für die Bewertung der jeweiligen LCC-Parameter relevanten Betriebszustände und den (geschätzten) Anteil davon an der Lebensdauer des Produkts definiert.[8] Hierbei ist dem Auftraggeber ein Prognose- und Entscheidungsspielraum zuzugestehen.

---

7 Kritisch hierzu Summa, Die Entscheidung über die Auftragsvergabe – Ein Ausblick auf das künftige Unionsrecht, NZBau 2012, 729, 735; Gröning, Die neue Richtlinie für die öffentliche Auftragsvergabe – ein Überblick, VergabeR 2014, 339, 346.
8 Vgl. Gaus, Ökologische Kriterien in der Vergabeentscheidung, NZBau 2013, 401, 405.; vgl. auch Anlage 3 zur SektVO »Methode zur Berechnung der über die Lebensdauer von Straßenfahrzeugen anfallenden Betriebskosten«.

Die Angaben zu den LCC-Parametern werden häufig von den Bietern selbst kommen 22
müssen, da diese die Lebenszykluskosten ihres Produktes in der Regel am besten beurteilen können. Denkbar ist es zum Beispiel, von den Bietern Angebote für die Instandhaltung oder Wartung einzuholen, wenn diese durch den späteren Auftragnehmer
miterbracht werden sollen. Gleiches gilt für die Angabe von Instandhaltungszyklen,
Energieverbrauch oder Nutzungsdauer der zu beschaffenden Lieferung oder Leistung.
Bei vielen Produkten verfügen die Unternehmen mittlerweile über umfangreiche Da-
tenblätter mit relevanten LCC-Angaben.

Zulässig ist es auch, dass der Auftraggeber die Angaben zur Bewertung der LCC-Para- 23
meter auf der Grundlage eigener Erfahrungswerte oder auch auf Grundlage einer zuvor
durchgeführten Markterkundung vorab festlegt. Offen ist in diesem Fall, ob der Auftraggeber den Bietern die hierfür relevanten Kalkulationsgrundlagen mitteilen und
die Kalkulationsgrundlagen ggf. mit den Bietern abstimmen muss.[9] In der Regel
wird dem Auftraggeber eine abstrakte objektiv überprüfbare Darstellung möglich
sein (z.B. im Hinblick auf etwaig anfallende Steuern und Gebühren). Problematisch
sind solche Angaben dann, wenn sie eigene Betriebsgeheimnisse des Auftraggebers berühren.[10] Denkbar ist dies v.a. bei den sog. »switching costs«.[11]

Da sich die nach dem Wortlaut des § 53 Abs. 3 SektVO nur für die Berücksichtigung 24
von Kostenelementen externer Umweltbelastungen vorgesehenen Anforderungen aus
den allgemeinen vergaberechtlichen Grundsätze ergeben, sollten sie gleichermaßen
auch für die Abfrage von Informationen zu sonstigen LCC-Parametern gelten. Die
zur Berechnung erforderlichen Informationen müssen daher insbesondere dergestalt
sein, dass sie von allen Bietern, die ihren Sorgfaltspflichten im üblichen Maß nachkommen, mit einem angemessenen Aufwand bereitgestellt werden können.

Die Berücksichtigung der Kosten, die durch externe Effekte der Umweltbelastung ent- 25
stehen, wird der Praxis hierbei die größten Herausforderungen bereiten (§ 53 Abs. 2
Nr. 5 SektVO).[12] Am ehesten wird insoweit auf die Preise aus dem Handel mit Emis-
sionszertifikaten abzustellen sein.

2. Investitionsrechnung

Die »echte« Lebenszyklusrechnung basiert auf dynamischen Verfahren der Investitions- 26
rechnung, bei denen der Gesamt(kapital)wert der Beschaffung zum Zeitpunkt der
Zuschlagserteilung ermittelt und für die verschiedenen Beschaffungsvarianten mitei-

---

9 Vgl. z.B. VK Bund, Beschl. v. 12.12.2013 – VK 1-101/13.
10 Opitz, in: Dreher/Motzke (Hrsg.), Beck'scher Vergaberechtskommentar, 2. Aufl. 2013, § 16
VOB/A Rn. 345.
11 Opitz, in: Dreher/Motzke (Hrsg.), Beck'scher Vergaberechtskommentar, 2. Aufl. 2013, § 16
VOB/A Rn. 345.
12 Kritisch hierzu Summa, Die Entscheidung über die Auftragsvergabe – Ein Ausblick auf das
künftige Unionsrecht, NZBau 2012, 729, 735; Gröning, Die neue Richtlinie für die öffentliche Auftragsvergabe – ein Überblick, VergabeR 2014, 339, 346.

nander verglichen wird. Der Zuschlag ist in diesem Fall auf das Angebot mit dem geringsten Gesamt(kapital)wert zu erteilen.

27 Die erst während des Lebenszyklus des Produkts anfallenden Zahlungen (z.B. Energiekosten) werden mit Hilfe eines zu bestimmenden Zinsfaktors (Diskontsatz) auf den Zeitpunkt der Zuschlagserteilung als einheitlichem Vergleichszeitpunkt abgezinst (Kapitalwertmethode).

28 Alternativ kann der Gesamt(kapital)wert der Beschaffung auch gleichmäßig auf die Nutzungsdauer des Produkts verteilt und die sich daraus ergebenen jährlichen Zahlungen der jeweiligen Beschaffungsvarianten miteinander verglichen werden (Annuitätenmethode).

29 Die Annuitätenmethode ermöglicht durch die jährliche Betrachtung eine Bewertung der Langlebigkeit einzelner Produkte, z.B. bei einer längeren Gesamtnutzungsdauer. Bei der Ermittlung des zu vergleichenden Gesamt(kapital)werts wird hierbei für das Produkt mit der geringeren Nutzungsdauer eine identische Anschlussbeschaffung unterstellt.

3. Preisentwicklung

30 Im Rahmen der Lebenszykluskostenrechnung sind die gegenwärtigen und zukünftigen Preise und Kosten zu ermitteln.

31 Um einen möglichst präzisen Vergleich der Gesamt(Kapital)werte zu erhalten, kann es sinnvoll sein bei einzelnen Kostenpositionen die jährliche Preissteigerung zu berücksichtigen. Denkbar ist es hierbei auf die amtlich festgestellte Inflationsrate für die jeweilige Kostenart abzustellen (z.B. für Energiekosten der Index der Erzeugerpreise gewerblicher Produkte (Inlandsabsatz) mit der Unterkategorie Energie, herausgegeben vom Statistischen Bundesamt).[13] Soweit für die jeweilige Kostenart keine Inflationsrate errechnet wird, kann alternativ auf die Gesamtinflationsrate abgestellt werden.

4. Besondere Berechnungsmethoden

32 Nach § 53 Abs. 4 SektVO haben Auftraggeber etwaige durch einen Rechtsakt der Europäischen Union vorgeschriebenen Methoden zur Berechnung von Lebenszykluskosten verbindlich anzuwenden (vgl. Anhang XV zur Richtlinie 2014/25/EU).

33 Derzeit ist dies die Richtlinie 2009/33/EG über die Förderung sauberer und energieeffizienter Straßenfahrzeuge, deren nähere Vorgaben in § 59 SektVO umgesetzt sind. Auf die dortigen Ausführungen wird Bezug genommen.

IV. Inhalt und Umfang der Bekanntmachungspflicht

34 Die Methode zur Berechnung der Lebenszykluskosten und die zur Berechnung von den Bietern zu übermittelnden Informationen sind in der Vergabebekanntmachung oder in den Vergabeunterlagen anzugeben.

---

13 Die Auswahl des jeweiligen Preisindex wird i.d.R. von dem relevanten Markt abhängen. Denkbar ist grds. auch ein europäischer Preisindex.

V. Umsetzung in den Vertragsunterlagen

Haben Auftraggeber Lebenszykluskosten bei der Vergabeentscheidung berücksichtigt, 35
stellt sich in der Praxis die ebenso wichtige Frage, wie die LCC-Parameter während der
Lebenszeit des Produktes oder der Laufzeit des Vertrages wirksam nachgehalten werden
können. Die konkrete vertragliche Gestaltung hängt hierbei maßgeblich vom jeweiligen Wirtschaftsgut und dessen Lebenszyklus ab.

In jedem Fall müssen die in die Bewertung einbezogenen LCC-Parameter zunächst 36
auch zum Gegenstand des Vertrages gemacht werden, z.b. durch Übertragung in das
Leistungsverzeichnis oder mittels einer gesonderten Anlage mit den konkreten Angaben zu den Lebenszykluskosten.

Nur so kann die Einhaltung der Angaben später auch verbindlich eingefordert und 37
durchgesetzt werden. Als Rechtsfolge einer etwaigen späteren Nichteinhaltung der Angaben kommen abhängig von der vertraglichen Konstruktion zunächst allgemeinen Ge-
währleistungsrechte in Betracht, insbesondere Nacherfüllung, Ersatzvornahme, Schadensersatz bis hin zur Kündigung bzw. zum Rücktritt.

Da viele LCC-Parameter aber häufig erst nach Ablauf der Frist für die allgemeine Män- 38
gelhaftung relevant werden, verlangen die Auftraggeber in der Praxis von den Bietern
für die Einhaltung der LCC-Angaben – wie z.B. Angaben zur Instandhaltung oder
dem Energieverbrauch – i.d.R. selbständige Garantien. Die Nichteinhaltung der garan-
tierten Werte führt dann zu festgelegten Ausgleichszahlungen bis hin zur Beendigung
oder Rückabwicklung des Vertrages.

Um solche Garantien gerichtsfest abzubilden, ist i.d.R. ein objektives technisches Verfahren zur Überprüfung der LCC-Angaben im Vertrag zu vereinbaren.

VI. Zuwendungsrecht

Einschränkungen im Hinblick auf die Berücksichtigung von Lebenszykluskosten kön- 39
nen sich auch aus dem Zuwendungsrecht ergeben. Zuwendungsgeber fördern häufig
nur die Anschaffungskosten einer Lieferung oder Leistung. Die Folgekosten, wie z.B.
Instandhaltung trägt hingegen i.d.R. der jeweilige Nutzer bzw. Eigentümer. Durch
die Berücksichtigung von Lebenszykluskosten würde sich diese Finanzierungsstruktur
tendenziell verschieben, wenn die Folgekosten geringer und die Anschaffungskosten höher wären. Der Zuwendungsgeber würde dann gegebenenfalls einen höheren Kostenan-
teil tragen, als er eigentlich müsste. Zur Vermeidung von Rückforderungen sollte die
Berücksichtigung von Lebenszykluskosten bei geförderten Projekten daher möglichst
vorab mit dem Zuwendungsgeber abgestimmt werden.

§ 54 SektVO   Ungewöhnlich niedrige Angebote

(1) Erscheinen der Preis oder die Kosten eines Angebots im Verhältnis zu der zu erbringenden Leistung ungewöhnlich niedrig, verlangt der Auftraggeber vom Bieter Aufklärung.

(2) Der Auftraggeber prüft die Zusammensetzung des Angebots und berücksichtigt die übermittelten Unterlagen. Die Prüfung kann insbesondere betreffen:
1. die Wirtschaftlichkeit des Fertigungsverfahrens einer Lieferleistung oder der Erbringung der Dienstleistung,
2. die gewählten technischen Lösungen oder die außergewöhnlich günstigen Bedingungen, über die das Unternehmen bei der Lieferung der Waren oder bei der Erbringung der Dienstleistung verfügt,
3. die Besonderheiten der angebotenen Liefer- oder Dienstleistung,
4. die Einhaltung der Verpflichtungen nach § 128 Absatz 1 des Gesetzes gegen Wettbewerbsbeschränkungen, insbesondere der für das Unternehmen geltenden umwelt-, sozial und arbeitsrechtlichen Vorschriften, oder
5. die etwaige Gewährung einer staatlichen Beihilfe an das Unternehmen.

(3) Kann der Auftraggeber nach der Prüfung gemäß den Absätzen 1 und 2 die geringe Höhe des angebotenen Preises oder der angebotenen Kosten nicht zufriedenstellend aufklären, darf er den Zuschlag auf dieses Angebot ablehnen. Er lehnt das Angebot ab, wenn er festgestellt hat, dass der Preis oder die Kosten des Angebots ungewöhnlich niedrig sind, weil Verpflichtungen nach Absatz 2 Nummer 4 nicht eingehalten werden.

(4) Stellt der Auftraggeber fest, dass ein Angebot ungewöhnlich niedrig ist, weil der Bieter eine staatliche Beihilfe erhalten hat, so lehnt der Auftraggeber das Angebot ab, wenn der Bieter nicht fristgemäß nachweisen kann, dass die staatliche Beihilfe rechtmäßig gewährt wurde. Der Auftraggeber teilt die Ablehnung der Europäischen Kommission mit.

Amtliche Begründung:

»§ 54 setzt Artikel 84 der Richtlinie 2014/25/EU um. Regelungen mit im Wesentlichen übereinstimmendem Regelungsgehalt fanden sich bereits in § 19 EG Absatz 6 VOL/A sowie § 27 SektVO[1]. Auftraggeber können sogenannte unauskömmliche Angebote, also solche deren Preis im Verhältnis zu der zu erbringenden Leistung ungewöhnlich niedrig erscheint, nach Maßgabe dieser Vorschrift ablehnen.

Zu Absatz 1

Absatz 1 setzt Artikel 84 Absatz 1 der Richtlinie 2014/25/EU um und trägt dem Anspruch des betroffenen Unternehmens auf rechtliches Gehör Rechnung. Nur wenn das Unternehmen die bezeichneten Bedenken im Hinblick auf seine technischen, wirtschaftlichen oder rechtlichen Annahmen nicht hinreichend erklären kann, besteht die Möglichkeit, sein Angebot abzulehnen. Er ist daher vor einer Ablehnung seines Angebotes zu dessen Einzelpositionen zu hören.

---

1 Sowie in § 16 Absatz 8 (EG) VOB/A.

Zu Absatz 2

Nach Absatz 2 nehmen die Auftraggeber eine erneute Prüfung der Zusammensetzung des Angebots unter Berücksichtigung der im Zuge einer Aufklärung nach Absatz 1 übermittelten Unterlagen vor. Die nicht abschließende Aufzählung möglicher Prüfungsgegenstände in Absatz 2 Satz 2 konkretisiert in Umsetzung des Artikels 84 Absatz 2 Buchstabe a bis d der Richtlinie 2014/25/EU die Prüfungskompetenz des Auftraggebers. Die Prüfung kann darüber hinaus im Hinblick auf Artikel 84 Absatz 4 der Richtlinie 2014/25/EU (vgl. u. Absatz 5) auch die etwaige Gewährung staatlicher Beihilfen an das Unternehmen umfassen.

Zu Absatz 3

Absatz 3 setzt Artikel 84 Absatz 3 der Richtlinie 2014/25/EU um. Er gibt dem Auftraggeber die Möglichkeit, den Zuschlag auf ein Angebot abzulehnen, wenn er nach der Prüfung gemäß Absatz 1 und 2 die geringe Höhe des angebotenen Preises oder der angebotenen Kosten nicht zufriedenstellend aufklären kann. Durch den zwingenden Ausschluss von Angeboten, deren Preise oder Kosten wegen Nichteinhaltung der Verpflichtungen nach § 128 Absatz 1 GWB, insbesondere von umweltrechtlichen Verpflichtungen oder von Vorschriften über Arbeitsschutz und Arbeitsbedingungen (u.a. des Mindestlohngesetzes) ungewöhnlich niedrig sind, trägt die Vorschrift auch dem Erwägungsgrund 108 sowie Artikel 36 Absatz 2 (ggf. in Verbindung mit Artikel 88 Absatz 1) der Richtlinie 2014/25/EU Rechnung.

Zu Absatz 4

In Umsetzung von Artikel 84 Absatz 4 der Richtlinie 2014/25/EU bestimmt Absatz 4, dass ein Angebot, dessen ungewöhnlich niedriger Preis darauf beruht, dass das Unternehmen auf rechtmäßige Weise staatliche Beihilfen empfängt oder empfangen hat, nicht abgelehnt werden darf. Die Beweislast für die Rechtmäßigkeit – also für die Vereinbarkeit mit dem Binnenmarkt im Sinne des Artikels 107 AEUV – trägt dabei das Unternehmen. Die Vorschrift stellt sicher, dass der rechtmäßige Empfang von Beihilfen einem Unternehmen im Vergabeverfahren nicht zum Nachteil gereicht. Die Europäische Kommission ist als Aufsichtsorgan über die Binnenmarktkonformität staatlicher Beihilfen darüber zu informieren, wenn ein Unternehmen den Nachweis der Rechtmäßigkeit einer gewährten Beihilfe nicht erbringt und ein Angebot daraufhin abgelehnt wird.«

Inhaltsübersicht

A. Allgemeine Einführung

1 § 54 SektVO bezweckt in erster Linie den Schutz des Auftraggebers.[2] Dieser soll nicht in die Gefahr geraten, dass der Auftragnehmer in Folge wirtschaftlicher Schwierigkeiten leistungsunfähig wird, dass schlecht geleistet wird oder Nachforderungen gestellt werden, die zu ungerechtfertigten Verteuerungen führen.

2 Die Prüfung nach § 54 SektVO setzt zunächst ein ungewöhnlich niedrig erscheinendes Angebot voraus. Daran knüpft die Pflicht des Auftraggebers zur Aufklärung über eine mögliche Rechtfertigung für die geringe Höhe des angebotenen Preises oder der angebotenen Kosten an. Kann der Auftraggeber diesbezüglich keine zufriedenstellende Aufklärung herbeiführen, darf er den Zuschlag auf das in Rede stehende Angebot ablehnen und das Angebot vom weiteren Vergabeverfahren ausschließen. Im Unterschied zum Wortlaut der Vorgängervorschrift des § 27 Abs. 2 SektVO a.F. räumt § 54 Abs. 3 Satz 1 SektVO dem Auftraggeber also bei der Entscheidung über den Ausschluss des betreffenden Angebots ausdrücklich einen gewissen Spielraum ein. Der Auftraggeber ist folglich nicht per se gehindert, den Zuschlag auf ein unauskömmliches Angebot zu erteilen, sofern der betreffende Bieter mit der Preisgestaltung wettbewerbskonforme Ziele[3] verfolgt und eine belastbare Prognose vorliegt, dass der Bieter zu dem in Rede stehenden Preis zuverlässig und vertragsgerecht leisten kann[4].

3 Ein zwingender Ausschluss hat jedoch nach § 54 Abs. 3 Satz 2 SektVO zu erfolgen, wenn der Auftraggeber festgestellt hat, dass der angebotene ungewöhnlich niedrige Preis oder die angebotenen ungewöhnlich niedrigen Kosten darauf beruhen, dass Verpflichtungen nach § 128 Abs. 1 GWB, insbesondere die für das Unternehmen geltenden umwelt-, sozial- und arbeitsrechtlichen Vorschriften nicht eingehalten werden.

4 § 54 Abs. 4 SektVO behandelt den Sonderfall, dass ein Angebot ungewöhnlich niedrig ist, weil der Bieter eine staatliche Beihilfe erhalten hat.

5 Die Prüfung ungewöhnlich hoher Angebote regelt § 54 SektVO nicht.[5]

---

2 Vgl. hierzu und zum Folgenden etwa OLG Brandenburg, Beschl. v. 16.02.2012 – Verg W 1/12; VK Bund, Beschl. v. 09.12.2015 – Verg 57/14; Opitz, in: Dreher/Motzke (Hrsg.), Beck'scher Vergaberechtskommentar, 2. Aufl. 2013, § 27 SektVO Rn. 2; Röwekamp, in: Eschenbruch/Opitz (Hrsg.), SektVO, 2012, § 27 Rn. 2; Horn, in: Müller-Wrede (Hrsg.), SektVO, 2010, § 27 Rn. 4.

3 Siehe hierzu und zum Folgenden OLG Düsseldorf, Beschl. v. 30.04.2014 – VII-Verg 41/13; VK Bund, Beschl. v. 09.12.2015 – VK 2-107/15.

4 Siehe etwa OLG Düsseldorf, Beschl. v. 30.04.2014 – VII-Verg 41/13; OLG Karlsruhe, Beschl. v. 06.08.2014 – 15 Verg 7/14; OLG München, Beschl. v. 21.05.2010 – Verg 02/10; VK Bund, Beschl. v. 09.12.2015 – VK 2-107/15; VK Südbayern, Beschl. v. 14.08.2015 – Z3-3-3194-1-34-05/15.

5 Vgl. hierzu OLG Karlsruhe, Beschl. v. 27.07.2009 – 15 Verg 3/09.

B. Europarechtliche Vorgaben

§ 54 SektVO setzt Art. 84 der Richtlinie 2014/25/EU im Wesentlichen inhaltsgleich 6
um. Nach dem Wortlaut des § 54 Abs. 4 Satz 1 SektVO (»so lehnt der Auftraggeber das
Angebot ab«) ist allerdings das aufgrund einer staatlichen Beihilfe ungewöhnlich niedrige Angebot zwingend abzulehnen, wenn der Bieter nicht fristgemäß nachweisen kann,
dass die staatliche Beihilfe rechtmäßig gewährt wurde, während Art. 84 Abs. 4 der
Richtlinie 2014/25/EU den Auftraggeber lediglich zur Ablehnung eines solchen Angebotes berechtigt (»so darf er das Angebot (...) ablehnen«).[6]

C. Vergleich zur vorherigen Rechtslage

Im Unterschied zu § 27 Abs. 2 SektVO a.F. stellt § 54 Abs. 3 Satz 1 SektVO (»darf er 7
den Zuschlag auf dieses Angebot ablehnen«) nunmehr klar, dass bei Vorliegen eines ungewöhnlich niedrigen Angebots kein zwingender Angebotsausschluss zu erfolgen hat,
sondern dem Auftraggeber bei der Frage, ob das in Rede stehende Angebot vom weiteren Vergabeverfahren ausgeschlossen wird, grundsätzlich ein Spielraum zusteht. Diese
»Berechtigung« des Auftraggebers wird durch Art. 84 Abs. 3 Satz 2 der Richtlinie
2014/25/EU (»kann das Angebot nur dann ablehnen«) und den Erwägungsgrund
108 der Richtlinie 2014/25/EU (»Kann der Bieter keine hinreichende Begründung geben, so sollte der Auftraggeber berechtigt sein, das Angebot abzulehnen.«) gestützt. Ein
zwingender Ausschluss ist nur im Fall des § 54 Abs. 3 Satz 2 SektVO erforderlich, das
heißt wenn der Auftraggeber festgestellt hat, dass der angebotene ungewöhnlich niedrige Preis oder die angebotenen ungewöhnlich niedrigen Kosten darauf beruhen,
dass Verpflichtungen nach § 128 Abs. 1 GWB, insbesondere die für das Unternehmen
geltenden umwelt-, sozial- und arbeitsrechtlichen Vorschriften nicht eingehalten werden.

D. Kommentierung

I. Ungewöhnlich niedrige Angebote

a) Aufklärungspflicht bei ungewöhnlich niedrig erscheinenden Angeboten

Erscheinen der Preis oder die Kosten eines Angebots im Verhältnis zu der zu erbringen- 8
den Leistung ungewöhnlich niedrig, so hat der Auftraggeber nach § 54 Abs. 1 SektVO
vom Bieter Aufklärung zu verlangen. Die Vorschrift statuiert damit eine Aufklärungspflicht des Auftraggebers bei ungewöhnlich niedrig erscheinenden Angeboten.

Die Aufklärungspflicht setzt ein, sobald der Auftraggeber belastbare Anhaltspunkte für 9
einen ungewöhnlich niedrigen Preis bzw. ungewöhnlich niedrige Kosten hat.[7] Anhaltspunkte hierfür lassen sich auf Basis einer an Marktpreisen orientierten Schätzung des

---

6 Siehe zur alten Rechtslage auch Röwekamp, in: Eschenbruch/Opitz (Hrsg.), SektVO, 2012,
§ 27 Rn. 5.
7 Vgl. VK Bund, Beschl. v. 25.02.2005 – VK 1-08/05; Opitz, in: Dreher/Motzke (Hrsg.), Beck'-
scher Vergaberechtskommentar, 2. Aufl. 2013, § 27 SektVO Rn. 9.

Auftragswerts gewinnen.[8] Darüber hinaus können Indizien auch auf der Grundlage von Erfahrungswerten aus anderen Vergabeverfahren gewonnen werden.[9] Der in der Praxis bedeutsamste Ansatz ist jedoch der Vergleich mit den eingegangenen Angeboten von Wettbewerbern. Bei diesem Vergleich dürfen auch ausgeschlossene Angebote in die Erwägungen eingestellt werden, wenn der konkrete Ausschlussgrund keinen Einfluss auf die Angebotskalkulation gehabt haben kann.[10]

10 Der Auftraggeber kann die Aufklärung dabei an das Erreichen einer sog. Aufgreifschwelle knüpfen.[11] Mit dieser Aufgreifschwelle ist bei einem Vergleich mit Angeboten von Wettbewerbern der preisliche Abstand zum nächstniedrigen Preisangebot gemeint. Ab welcher Höhe der prozentualen Abweichung eine Aufklärung veranlasst ist, wird jedoch in Rechtsprechung und Literatur nicht einheitlich beurteilt: Während sich ein Teil der Auffassungen an einer 20 %-Schwelle[12] orientiert, scheint ein anderer Teil bereits eine Abweichung von 10 %[13] für ausreichend zu erachten.[14] Nach dem OLG Düsseldorf empfiehlt es sich in jedem Fall, keine allzu niedrige Aufgreifschwelle anzusetzen, die dem geforderten Kontrollmaß (einem Missverhältnis zwischen Preis und Leistung) möglicherweise nicht entspricht.[15] Das Gericht weist allerdings in der gleichen Entscheidung zu Recht darauf hin, dass Angebote, die das nächstniedrige Angebot um lediglich 10 % unterschreiten, im Allgemeinen noch nicht ungewöhnlich oder unangemessen niedrig sind und ein solcher Preisabstand noch nicht ohne Weiteres ein Missverhältnis zwischen Preis und Leistung zum Ausdruck bringt.[16] Vor diesem Hintergrund dürfte mit Blick auf die Praxis gleichsam im Sinne einer Faustformel konstatiert werden können, dass der Auftraggeber ab einer Differenz von 15 bis 20 % eine Preisprüfung vornehmen sollte.[17] Wie bei jeder Faustformel ist aber auch hier Vorsicht geboten. Ent-

---

8 Vgl. OLG Celle, Beschl. v. 30.09.2010 – 13 Verg 10/10; OLG Karlsruhe, Beschl. v. 27.07.2009 – 15 Verg 3/09, OLG Jena, Beschl. v. 05.06.2009 – 9 Verg 5/09; Summa, in: Heiermann/Zeiss (Hrsg.), jurisPK Vergaberecht, 4. Aufl. 2013, § 27 SektVO Rn. 12.

9 Vgl. OLG Karlsruhe, Beschl. v. 06.08.2014 – 15 Verg 7/14; OLG Celle, Beschl. v. 30.09.2010 – 13 Verg 10/10; OLG München, Beschl. v. 02.06.2006 – Verg 12/06.

10 Siehe OLG Karlsruhe, Beschl. v. 06.08.2014 – 15 Verg 7/14; Dicks, in: Kulartz/Marx/Portz/ Prieß (Hrsg.), Kommentar zur VOL/A, 3. Aufl. 2014, § 19 EG Rn. 234.

11 Siehe hierzu und zum Folgenden etwa OLG Düsseldorf, Beschl. v. 30.04.2014 – VII-Verg 41/13; VK Bund, Beschl. v. 09.12.2015 – VK 2-107/15.

12 Siehe etwa OLG Jena, Beschl. v. 26.10.1999 – 6 Verg 3/99; OLG Frankfurt am Main, Beschl. v. 30.03.2004 – 11 Verg 4/04; OLG Celle, Beschl. v. 17.11.2011 – 13 Verg 6/11; OLG Düsseldorf, Beschl. v. 23.03.2005 – VII-Verg 77/04; Beschl. v. 25.04.2012 – VII-Verg 61/11.

13 Siehe etwa OLG Brandenburg, Beschl. v. 19.10.2010 – Verg W 13/10; Beschl. v. 22.03.2011 – Verg W 18/10; OLG München, Beschl. v. 02.06.2006 – Verg 12/06; in einer späteren Entscheidung legte das OLG München, Beschluss 07.03.2013 – Verg 36/12, jedoch eine Aufgreifschwelle von 20 % zugrunde.

14 Siehe zum Ganzen auch Horn, in: Müller-Wrede (Hrsg.), SektVO, 2010, § 27 Rn. 17; Röwekamp, in: Eschenbruch/Opitz (Hrsg.), SektVO, 2012, § 27 Rn. 14.

15 OLG Düsseldorf, Beschl. v. 30.04.2014 – VII-Verg 41/13.

16 OLG Düsseldorf, Beschl. v. 30.04.2014 – VII-Verg 41/13.

17 Vgl. VK Münster, Beschl. v. 22.04.2015 – VK 1-10/15; VK Südbayern, Beschl. v. 14.08.2015 – Z3-3-3194-1-34-05/15.

scheidend ist stets der Einzelfall. So gestalten sich beispielsweise die Rahmenbedingungen auf einem etablierten statischen Markt anders als diejenige auf einem sehr dynamischen bzw. volatilen Markt mit hohen Schwankungen.[18]

Bei der Festlegung der Aufgreifschwelle ist dem Auftraggeber ein Entscheidungsspiel- 11
raum zuzugestehen.[19] Für einen solchen Spielraum spricht bereits die Verwendung des Wortes »erscheinen« in § 54 Abs. 1 SektVO. Das OLG Düsseldorf stellt zudem klar, dass die Vergabenachprüfungsinstanzen dem Auftraggeber nicht vorschreiben können, wann und aufgrund welcher Kriterien er in eine Preisprüfung eintreten darf.[20] Die Festlegung der Aufgreifschwelle kann aufgrund des Entscheidungsspielraums des Auftraggebers lediglich daraufhin überprüft werden, ob der Auftraggeber eine sachlich vertretbare Entscheidung getroffen hat, das heißt einen zutreffenden Sachverhalt zu Grunde gelegt hat, keine sachwidrigen Erwägungen angestellt und einen zutreffenden Beurteilungsmaßstab angewendet hat.[21]

Ist im Einzelfall die in vergaberechtskonformer Weise festgesetzte Aufgreifschwelle er- 12
reicht, so hat der Auftraggeber vom Bieter gemäß § 54 Abs. 1 SektVO – in einem Zwischenverfahren – eine Aufklärung des Preises zu verlangen.[22] Ein Ermessen steht ihm nicht zu. Die Aufklärungspflicht trägt dem Anspruch des betroffenen Unternehmens auf rechtliches Gehör Rechnung.[23] Ein schematischer Angebotsausschluss allein wegen Erreichens eines bestimmten Preisabstands ist ausgeschlossen.[24]

b) Aufklärung des Preises im Rahmen eines Zwischenverfahrens (Preisprüfung)

Nach § 54 Abs. 2 Satz 1 SektVO prüft der Auftraggeber im Rahmen der Preisprüfung 13
die Zusammensetzung des ungewöhnlich niedrig erscheinenden Angebots. Art. 84 Abs. 3 Satz 1 der Richtlinie 2014/25/EU schreibt vor, dass der Auftraggeber die vorgelegten Informationen mittels Rücksprache mit dem Bieter zu bewerten hat. Auf welche Weise diese Rücksprache zu erfolgen hat, lässt sich jedoch weder der Richtlinie 2014/25/EU noch der SektVO entnehmen. Auf Basis der Rechtsprechung des EuGH ist jedoch ein effektives »Verfahren der kontradiktorischen Überprüfung« zu fordern.[25] Eine solche kontradiktorische Überprüfung setzt voraus, dass dem betroffen Bieter im Wege eines klar formulierten Aufklärungsverlangens die Möglichkeit einge-

---

18 Vgl. Horn, in: Müller-Wrede (Hrsg.), SektVO, 2010, § 27 Rn. 17.
19 OLG Düsseldorf, Beschl. v. 30.04.2014 – VII-Verg 41/13; Beschl. v. 23.11.2005 – VII-Verg 66/05; OLG Brandenburg, Beschl. v. 22.3.2011 – Verg W 18/10.
20 OLG Düsseldorf, Beschl. v. 30.04.2014 – VII-Verg 41/13.
21 OLG Düsseldorf, Beschl. v. 30.04.2014 – VII-Verg 41/13; Beschl. v. 23.11.2005 – VII-Verg 66/05.
22 Vgl. OLG Düsseldorf, Beschl. v. 30.04.2014 – VII-Verg 41/13; vgl. hierzu auch VK Bund, Beschl. v. 25.02.2005 – VK 1-08/05; Opitz, in: Dreher/Motzke (Hrsg.), Beck'scher Vergaberechtskommentar, 2. Aufl. 2013, § 27 SektVO Rn. 8.
23 BT-Drs. 87/16 vom 29.02.2016, S. 272.
24 Vgl. OLG Düsseldorf, Beschl. v. 30.04.2014 – VII-Verg 41/13; VK Bund, Beschl. v. 09.12.2015 – Verg 57/14.
25 EuGH, Urteil vom 27.11.2001 – C-285/99 und 286/99.

räumt wird, den vollen Beweis über die Seriosität seiner Kalkulation zu erbringen.[26] Auf eine kontradiktorische Prüfung kann nur verzichtet werden, wenn sich der Auftraggeber aufgrund einer näheren Prüfung der ihm vorliegenden Unterlagen bereits Gewissheit über die Angemessenheit des Angebotes verschaffen konnte.[27]

14   Ferner schreiben weder die Richtlinie 2014/25/EU noch die SektVO für die Aufklärung eine bestimmte Form vor. So wurde insbesondere die Regelung des Art. 57 Abs. 1 Satz 1 der Richtlinie 2004/17/EG, nach der der Auftraggeber vor Ablehnung eines Angebotes schriftlich Aufklärung über die Bestandteile des Angebotes verlangen musste, nicht in die Richtlinie 2014/25/EU überführt. In der Praxis dürfte es sich gleichwohl zu Beweiszwecken empfehlen, die Aufklärung zumindest in Textform im Sinne des § 126b BGB – beispielsweise per E-Mail – durchzuführen. Es bleibt dem Auftraggeber jedoch – auch im Lichte des § 9 Abs. 2 SektVO (Aufklärung betrifft das Angebot nur »mittelbar«) – unbenommen, die Aufklärung im Rahmen eines Aufklärungstermins oder eines Telefongesprächs zu betreiben, sofern er dies ausreichend und in geeigneter Weise dokumentiert.

15   Sein Aufklärungsverlangen sollte der Auftraggeber mit einer Frist versehen, um einen zügigen Fortgang des Vergabeverfahrens zu gewährleisten. Diese Frist muss angemessen sein.[28] Bei der Ausgestaltung der angemessenen Frist sind nicht nur der Umfang und die Komplexität der jeweiligen aufklärungsbedürftigen Aspekte, sondern auch die Dringlichkeit der Vergabe zu berücksichtigen.[29]

16   Bei der Angebotsaufklärung muss sich der Auftraggeber nicht mit den Angaben des Bieters begnügen. Wie sich § 54 Abs. 2 Satz 1 SektVO entnehmen lässt, hat der Auftraggeber das Recht, von dem betreffenden Bieter weitere Unterlagen zu verlangen. Bei diesen Bieterunterlagen kann es sich zum Beispiel um die Urkalkulation des Angebotes oder um Unterlagen Dritter (etwa Nachunternehmerverträge) handeln.[30] Die »Nachforderung« ist selbstredend nicht auf »Unterlagen« (§ 54 Abs. 2 Satz 1 SektVO) beschränkt, sondern kann »Informationen« (Art. 84 Abs. 3 Satz 1 der Richtlinie 2014/25/EU) betreffen.

17   Hinsichtlich des Umfanges der Aufklärung ist dem Auftraggeber ein Beurteilungsspielraum zuzugestehen.[31] Er kann Aufklärung über alle Einzelpositionen des Angebotes verlangen oder sofern die Abgabe eines Pauschalangebotes verlangt wurde, Aufklärung über dessen Zusammensetzung.

---

26 EuGH, Urteil vom 29.03.2012 – C-599/10.
27 Opitz, in: Dreher/Motzke (Hrsg.), Beck'scher Vergaberechtskommentar, 2. Aufl. 2013, § 27 SektVO Rn. 11.
28 Vgl. EuGH, Urteil vom 27.11.2001 – C-285/99 und 286/99.
29 Opitz, in: Dreher/Motzke (Hrsg.), Beck'scher Vergaberechtskommentar, 2. Aufl. 2013, § 27 SektVO Rn. 11.
30 Opitz, in: Dreher/Motzke (Hrsg.), Beck'scher Vergaberechtskommentar, 2. Aufl. 2013, § 27 SektVO Rn. 13.
31 Siehe hierzu und zum Folgenden Opitz, in: Dreher/Motzke (Hrsg.), Beck'scher Vergaberechtskommentar, 2. Aufl. 2013, § 27 SektVO Rn. 10.

Zweck der Preisprüfung ist letztlich die Klärung der Frage, ob der vergleichsweise nied- 18
rige Preis – insbesondere mit bestimmten Wettbewerbsvorteilen – nachvollziehbar begründet werden kann oder ob er auf unrealistischen Prämissen beruht.[32] Dies zeigt
ein Blick in den Katalog des § 54 Abs. 2 Satz 2 SektVO, nach dem die Preisprüfung
insbesondere folgende Aspekte betreffen kann:
- die Wirtschaftlichkeit des Fertigungsverfahrens einer Lieferleistung oder der Erbringung der Dienstleistung,
- die gewählten technischen Lösungen oder die außergewöhnlich günstigen Bedingungen, über die das Unternehmen bei der Lieferung der Waren oder bei der Erbringung
  der Dienstleistung verfügt,
- die Besonderheiten der angebotenen Liefer- oder Dienstleistung,
- die Einhaltung der Verpflichtungen nach § 128 Absatz 1 des Gesetzes gegen Wettbewerbsbeschränkungen, insbesondere der für das Unternehmen geltenden umwelt-,
  sozial und arbeitsrechtlichen Vorschriften, oder
- die etwaige Gewährung einer staatlichen Beihilfe an das Unternehmen.

Der Katalog ist ausweislich des Wortlautes von § 54 Abs. 2 Satz 2 SektVO (»insbeson- 19
dere«) nicht abschließend zu verstehen. Dieser Katalog soll nach Ansicht des EuGH
nicht nur »beispielhaft« sein, sondern den Auftraggeber bei der Preisprüfung leiten
und ihm im Hinblick auf die zu berücksichtigenden Aspekte nicht »völlig freie
Hand« lassen.[33] Darüber hinaus ist mit dem EuGH davon auszugehen, dass der Auftraggeber ohnehin stets alle Argumente des Bieters in seine Erwägungen einzustellen hat.[34]

Die Preisprüfung hat sich insbesondere auf die sog. Auskömmlichkeit der Angebots- 20
preise zu erstrecken, mit anderen Worten also darauf, ob die Angebotspreise kostende-
ckend sind.[35] Hierfür ist maßgeblich auf den Gesamtpreis bzw. die Gesamtkosten des
Angebotes abzustellen.[36] Zwar spricht § 54 Abs. 1 SektVO im Gegensatz zu § 27
Abs. 1 SektVO a.F. nicht mehr ausdrücklich von »Endpreis«. Dies dürfte allerdings
nichts daran ändern, dass weiterhin auf den Gesamtpreis bzw. die Gesamtkosten abzustellen ist. Darauf deuten insbesondere auch die Formulierungen in § 54 Abs. 1
SektVO (»der Preis oder die Kosten«) und § 54 Abs. 3 Satz 1 SektVO (»die geringe
Höhe des angebotenen Preises oder die angebotenen Kosten«) hin.

32 Vgl. Summa, in: Heiermann/Zeiss (Hrsg.), jurisPK Vergaberecht, 4. Aufl. 2013, § 27
    SektVO Rn. 20.
33 EuGH, Urteil vom 29.03.2012 – C-599/10.
34 EuGH, Urteil vom 27.11.2001 – C-285/99 und C-286/99.
35 OLG Düsseldorf, Beschl. v. 30.04.2014 – VII-Verg 41/13; vgl. hierzu auch Opitz, in: Dreher/
    Motzke (Hrsg.), Beck'scher Vergaberechtskommentar, 2. Aufl. 2013, § 27 SektVO Rn. 16.
36 Vgl. OLG Düsseldorf, Beschl. v. 30.04.2014 – VII-Verg 41/13; Beschl. v. 09.02.2009 – VII-
    Verg 66/08; Opitz, in: Dreher/Motzke (Hrsg.), Beck'scher Vergaberechtskommentar, 2. Aufl.
    2013, § 27 SektVO Rn. 9; Summa, in: Heiermann/Zeiss (Hrsg.), jurisPK Vergaberecht,
    4. Aufl. 2013, § 27 SektVO Rn. 11.

c) Rechtsfolgen der Preisprüfung

21 Nach der Preisprüfung im Sinne des § 54 Abs. 2 Satz 1 SektVO hat der Auftraggeber darüber zu befinden, ob das in Rede stehende Angebot in der Wertung verbleiben kann oder ausgeschlossen werden muss.

22 Kann der Auftraggeber nach der Prüfung die geringe Höhe des angebotenen Preises oder der angebotenen Kosten nicht aufklären, darf er gemäß § 54 Abs. 3 Satz 1 SektVO den Zuschlag auf dieses Angebot ablehnen. Ausweislich der Gesetzesbegründung kann der Auftraggeber nach Maßgabe dieser Vorschrift sog. unauskömmliche Angebote, also solche deren Preis im Verhältnis zu der zu erbringenden Leistung ungewöhnlich niedrig erscheint, ausschließen.[37]

23 Diese Möglichkeit zum Angebotsausschluss ist mit Blick auf die Verteilung der Darlegungs- und Beweislast gerechtfertigt. Denn es ist Aufgabe des Bieters, ein etwaiges Missverhältnis zwischen Preis und Leistung auszuräumen.[38] Führt der Auftraggeber in zulässiger Weise eine Aufklärung durch und verlangt er die erforderlichen Angaben über die Preisbildung, muss nicht der Auftraggeber dem Bieter nachweisen, dass dessen Angebot unauskömmlich ist. Vielmehr geht die Beweislast auf den Bieter über. Will dieser den Ausschluss seines Angebotes vermeiden, hat er Gründe darzulegen, die den Anschein der Unauskömmlichkeit seines Angebotes widerlegen. Denn es ist allein der Bieter, der in der Lage ist, seine Kalkulation und deren Grundlagen zu erläutern. Die Verteilung der Darlegungs- und Beweislast ergibt sich aus dem Sinn und Zweck der dritten Wertungsstufe, wonach der Auftraggeber davor geschützt werden soll, dass der Bieter infolge wirtschaftlicher Schwierigkeiten leistungsunfähig wird oder den Auftrag nur mangelhaft ausführt. Verweigert der betroffene Bieter vor diesem Hintergrund beispielsweise die Mitwirkung an der Angebotsaufklärung, indem er keine oder lediglich unsubstanzierte Erklärungen abgibt, darf sein Angebot unberücksichtigt bleiben.

24 Bei der Entscheidung der Frage, ob das Angebot im Ergebnis im Verhältnis zu der zu erbringenden Leistung ungewöhnlich niedrig ist und somit ein Missverhältnis zwischen Preis und Leistung vorliegt, kommt dem Auftraggeber kein Beurteilungsspielraum zu.[39] Dies beruht darauf, dass es sich bei dem Begriff des »ungewöhnlich niedrigen Angebotes« um einen unbestimmten Rechtsbegriff handelt, der von den vergaberechtlichen Nachprüfungsinstanzen voll überprüfbar ist.

25 Der Auftraggeber ist jedoch nicht per se gehindert, den Zuschlag auf ein unauskömmliches Angebot zu erteilen. Ein entsprechender Zuschlag auf ein unauskömmliches Angebot setzt allerdings zunächst voraus, dass der betreffende Bieter mit der Preisgestal-

---

37 BT-Drs. 87/16 vom 29.02.2016, S. 272.

38 Siehe hierzu und zum Folgenden OLG Brandenburg, Beschl. v. 22.03.2011 – Verg W 18/10; Summa, in: Heiermann/Zeiss (Hrsg.), jurisPK Vergaberecht, 4. Aufl. 2013, § 27 SektVO Rn. 24; Opitz, in: Dreher/Motzke (Hrsg.), Beck'scher Vergaberechtskommentar, 2. Aufl. 2013, § 27 SektVO Rn. 16. Das OLG Düsseldorf, Beschl. v. 30.04.2014 – VII-Verg 41/13 spricht von einer »Mitwirkungsobliegenheit«.

39 Siehe hierzu und zum Folgenden OLG Düsseldorf, Beschl. v. 30.04.2014 – VII-Verg 41/13.

tung wettbewerbskonforme Ziele verfolgt.[40] Hierzu zählt zum Beispiel das Bestreben, auf einem bislang nicht zugänglichen Markt oder bei einem bestimmten Auftraggeber mit einem Angebot Fuß zu fassen oder in prekärer Unternehmenslage einen Deckungsbeitrag zu den Gemeinkosten zu erzielen. Keine wettbewerbskonformen Ziele werden etwa verfolgt, wenn der Bieter in Marktverdrängungsabsicht handelt.[41]

Hinzukommen muss die Prognose des Auftraggebers, dass der Bieter auch zu dem in 26 Rede stehenden Preis zuverlässig und vertragsgerecht leisten kann.[42] Denn durch die für die Preisprüfung geltenden Vorschriften soll Willkür des öffentlichen Auftraggebers verhindert und ein gesunder Wettbewerb zwischen den Unternehmen gefördert werden.[43] Insbesondere ein gesunder Wettbewerb wäre aber nicht gewährleistet, wenn von Anfang an feststünde, dass der betreffende Bieter die Leistung nicht über die gesamte Vertragslaufzeit ordnungsgemäß erbringen kann. Die Entscheidung darüber, ob der Bieter die Leistung zuverlässig und vertragsgerecht erbringen kann – nach dem OLG Düsseldorf methodisch ein Wiederaufgreifen der Eignungsprüfung wegen nachträglich hervorgetretener Bedenken –, hat der Auftraggeber aufgrund gesicherter tatsächlicher Erkenntnisse zu prognostizieren, wobei er einen dem Beurteilungsspielraum rechtsähnlichen Wertungsspielraum hat. Auf gesicherte Tatsachengrundlagen gegründete Zweifel des Auftraggebers an der Zuverlässigkeit lassen eine Eignung entfallen.[44]

Demgegenüber ist ein Angebotsausschluss zwingend, wenn der Auftraggeber im Rah- 27 men der Prüfung festgestellt hat, dass der angebotene ungewöhnlich niedrige Preis oder die angebotenen ungewöhnlich niedrigen Kosten darauf beruhen, dass Verpflichtungen nach § 128 Abs. 1 GWB, insbesondere die für das Unternehmen geltenden umwelt-, sozial- und arbeitsrechtlichen Vorschriften nicht eingehalten werden. Zu diesen Vorschriften zählt beispielsweise das Mindestlohngesetz (MiLoG).

Ein Angebotsausschluss scheidet schließlich aus, wenn der Auftraggeber nach der Prü- 28 fung zu dem Schluss gelangt, dass das betreffende Angebot tatsächlich auskömmlich ist.[45] So kann sich etwa ein wirtschaftlicher Vorteil eines Bieters bei einem Bauvorhaben daraus ergeben, dass dieser den anfallenden Erdaushub auf einer anderen nahegelegenen Baustelle verwerten kann.[46]

---

40 Siehe hierzu und zum Folgenden OLG Düsseldorf, Beschl. v. 30.04.2014 – VII-Verg 41/13; VK Bund, Beschl. v. 09.12.2015 – VK 2-107/15.
41 VK Bund, Beschl. v. 09.12.2015 – VK 2-107/15.
42 Siehe etwa OLG Düsseldorf, Beschl. v. 30.04.2014 – VII-Verg 41/13; OLG Karlsruhe, Beschl. v. 06.08.2014 – 15 Verg 7/14; OLG München, Beschl. v. 21.05.2010 – Verg 02/10; VK Bund, Beschl. v. 09.12.2015 – VK 2-107/15; VK Südbayern, Beschl. v. 14.08.2015 – Z3-3-3194-1-34-05/15.
43 EuGH, Urt. v. 29.03.2012 – C-599/10.
44 OLG Düsseldorf, Beschl. v. 30.04.2014 – VII-Verg 41/13.
45 OLG Düsseldorf, Beschl. v. 30.04.2014 – VII-Verg 41/13; VK Bund, Beschl. v. 09.12.2015 – VII-Verg 57/14.
46 Summa, in: Heiermann/Zeiss (Hrsg.), jurisPK Vergaberecht, 4. Aufl. 2013, § 27 SektVO Rn. 21.

II. Sonderfall: Ungewöhnlich niedriges Angebot aufgrund einer staatlichen Beihilfe (§ 54 Abs. 4 SektVO)

29   § 54 Abs. 4 SektVO behandelt den Sonderfall eines ungewöhnlich niedrigen Angebotes, das auf einer staatlichen Beihilfe beruht. Stellt der Auftraggeber fest, dass ein Angebot ungewöhnlich niedrig ist, weil der Bieter eine staatliche Beihilfe erhalten hat, so hat der Auftraggeber nach § 54 Abs. 4 Satz 1 SektVO das betreffende Angebot abzulehnen, wenn der Bieter nicht fristgemäß nachweisen kann, dass die staatliche Beihilfe rechtmäßig gewährt wurde. Zweck dieser Vorschrift ist jedoch nicht in erster Linie der Ausschluss von Angeboten, sondern die Gewährleistung, dass der rechtmäßige Empfang von Beihilfen einem Unternehmen im Vergabeverfahren nicht zum Nachteil gereicht.[47]

30   § 54 Abs. 4 Satz 1 SektVO voraus, dass ein »ungewöhnlich niedriges Angebot« im Sinne von § 54 Abs. 1 und 2 SektVO vorliegt. Darüber hinaus muss feststehen, dass der in Rede stehende Bieter eine staatliche Beihilfe erhalten hat. Der Begriff der Beihilfe ist dabei im Zusammenhang mit Art. 107 AEUV weit zu verstehen.[48] Er erfasst nicht nur positive Leistungen in Form von Geld und Sachleistungen (Leistungsgewährungen), sondern auch Maßnahmen, die in verschiedener Form die Belastungen verringern, welche ein Unternehmen normalerweise zu tragen hat (Belastungsverminderungen). So fällt beispielsweise auch die Verschonung vor Abgaben (»Verschonungssubventionen«) unter den Beihilfebegriff. Das Beihilfeverbot kennt jedoch auch Ausnahmen in Form von Legalausnahmen (Art. 107 Abs. 2 AEUV) und Freistellungstatbeständen (Art. 107 Abs. 3 AEUV). Zudem muss das Angebot des Bieters gerade aufgrund der staatlichen Beihilfe ungewöhnlich niedrig sein.[49] Es muss folglich eine Kausalität zwischen der Gewährung der Beihilfe und dem ungewöhnlich niedrigen Angebotspreis bestehen. Die Kausalität soll beispielsweise nicht gegeben sein, wenn sich eine in der Vergangenheit gewährte Beihilfe nicht mehr auf das in Rede stehende Angebot auswirken kann, weil sie bereits verbraucht wurde.[50] Im Hinblick auf die genannten Voraussetzungen trifft den Auftraggeber die Darlegungs- und Beweislast.[51]

31   Sind die Voraussetzungen gegeben, muss der Auftraggeber dem betreffenden Bieter die Möglichkeit einräumen, die Rechtmäßigkeit der Beihilfengewährung innerhalb einer angemessenen Frist nachzuweisen. Hinsichtlich des Nachweises der Rechtmäßigkeit trägt der Bieter die Darlegungs- und Beweislast.[52] Kann der Bieter diesen Nachweis

---

47 Vgl. BT-Drs. 87/16 vom 29.02.2016, S. 273.

48 Siehe hierzu und zum Folgenden etwa Mederer, in: von der Groeben/Schwarze/Hatje (Hrsg.), Europäisches Unionsrecht, 7. Aufl. 2015, Art. 107 AEUV Rn. 4 ff.

49 Siehe hierzu und zum Folgenden Opitz, in: Dreher/Motzke (Hrsg.), Beck'scher Vergaberechtskommentar, 2. Aufl. 2013, § 27 SektVO Rn. 21.

50 Opitz, in: Dreher/Motzke (Hrsg.), Beck'scher Vergaberechtskommentar, 2. Aufl. 2013, § 16a VOB/A Rn. 57.

51 Opitz, in: Dreher/Motzke (Hrsg.), Beck'scher Vergaberechtskommentar, 2. Aufl. 2013, § 27 SektVO Rn. 21.

52 Horn, in: Müller-Wrede (Hrsg.), SektVO, 2010, § 27 Rn. 37; Opitz, in: Dreher/Motzke (Hrsg.), Beck'scher Vergaberechtskommentar, 2. Aufl. 2013, § 27 Rn. 21.

nicht fristgemäß führen, ist sein Angebot zwingend auszuschließen. Hierüber ist die Europäische Kommission gemäß § 54 Abs. 4 Satz 2 SektVO zu informieren.

III. Bieterschützende Wirkung

Die Frage nach der bieterschützenden Wirkung von § 54 SektVO muss differenziert 32 beantwortet werden. Trägt ein ausgeschlossener oder ein vom Ausschluss bedrohter Bieter vor, der Auftraggeber habe seine Aufklärungspflicht gemäß § 54 Abs. 1 SektVO nicht oder nicht vergaberechtskonform ausgeübt, so ist eine bieterschützende Wirkung zu bejahen.[53] Die Aufklärungspflicht des Auftraggebers bezweckt in diesen Fällen auch den Schutz des Bieters, sodass eine Verletzung der Bieterrechte im Sinne des § 97 Abs. 6 GWB grundsätzlich möglich erscheint.

Demgegenüber ist es nicht Zweck von § 54 SektVO, einen Bieter vor seinem eigenen 33 zu niedrigen Angebot und damit »vor sich selbst« zu schützen.[54] Ein Bieter kann sich daher später nicht darauf berufen, dass sein Angebot nicht zum Zuschlag hätte führen dürfen.

Praxisrelevant ist darüber hinaus die Konstellation, in der ein unterlegener Bieter gel- 34 tend macht, dass der Bieter, der den Zuschlag erhalten soll, wegen eines ungewöhnlich niedrigen Angebotes gemäß § 54 Abs. 2, Abs. 3 Satz 1 SektVO vom Vergabeverfahren ausgeschlossen werden müsse. Ob die Vorschriften in dieser Konstellation eine bieterschützende Wirkung vermitteln, wird nicht einheitlich beurteilt. Nach einem Teil der Auffassungen ist die bieterschützende Wirkung zu bejahen.[55]

Ein anderer Teil der Auffassungen geht indes davon aus, dass die Vorschriften keinen 35 grundsätzlichen Bieterschutz bezwecken.[56] Denn sie sollen in erster Linie dem Schutz des Auftraggebers dienen, der bei Zuschlagserteilung auf ein Angebot mit einem ungewöhnlich niedrigen Preis Gefahr läuft, dass der Bieter entweder in eine qualitativ schlechte Leistung oder aber in unberechtigte Nachforderungen auszuweichen versucht. Keinesfalls sei es jedoch Sinn der Vorschriften, den konkurrierenden Bietern auskömmliche Preise zu garantieren.

Namentlich das OLG Düsseldorf hat ursprünglich eine vermittelnde Auffassung vertre- 36 ten.[57] Nach dieser Auffassung soll den Vorschriften ausnahmsweise dann bieterschüt-

---

53 Vgl. Horn, in: Müller-Wrede (Hrsg.), SektVO, 2010, § 27 Rn. 42; OLG Stuttgart, Beschl. v. 06.08.2014 – 15 Verg 7/14.

54 Vgl. BGH, Urt. v. 04.10.1979 – VII ZR 11/79; LG Bonn, Urt. v. 07.08.2009 – 1 O 91/09; Opitz, in: Dreher/Motzke (Hrsg.), Beck'scher Vergaberechtskommentar, 2. Aufl. 2013, § 27 SektVO Rn. 19; Horn, in: Müller-Wrede (Hrsg.), SektVO, 2010, § 27 Rn. 42.

55 Vgl. OLG Celle, Beschl. v. 18.12.2003 – Verg 22/03, OLG Jena, Beschl. v. 22.12.1999 – 6 Verg 3/99.

56 Vgl. OLG Naumburg, Beschl. v. 22.11.2004 – 1 U 56/04, OLG Düsseldorf, Beschl. v. 17.06.2002 – Verg 18/02, BayOblG, Beschl. v. 18.09.2003 – Verg 12/03; Beschl. v. 12.09.2000 – Verg 4/00.

57 Vgl. OLG Düsseldorf, Beschl. v. 09.05.2011 – VII-Verg 45/11. Der Auffassung des OLG Düsseldorf haben sich auch andere Oberlandesgerichte angeschlossen: OLG Koblenz, Beschl. v.

zende Wirkung zukommen, wenn ein ungewöhnlich niedriges Angebot den Bieter im konkreten Einzelfall in wirtschaftliche Schwierigkeiten bringt, so dass er den Auftrag nicht vertragsgerecht erfüllen kann oder wenn es in der zielgerichteten Absicht abgegeben wird oder zumindest die Gefahr begründet, dass ein oder mehrere Mitbewerber vom Markt ganz und nicht nur aus der einzelnen Auftragsvergabe verdrängt werden. In der Praxis dürften diese Ausnahmen jedoch von eher geringer Bedeutung sein. Denn die Darlegungs- und Beweislast für eine ausnahmsweise vorliegende bieterschützende Wirkung trägt derjenige, der sich zu seinen Gunsten darauf beruft.[58] Kaum ein Unternehmen wird jedoch beispielsweise imstande sein, die Marktverdrängungsabsicht eines Wettbewerbers zu beweisen.[59]

37   Im Lichte des Urteils des EuGH vom 29.03.2012 – C-599/10 – wird jedoch zunehmend die Auffassung vertreten, dass die entsprechenden Vorschriften zu ungewöhnlich niedrigen Angeboten ausnahmslos zu einer Preisprüfung (Zwischenverfahren) verpflichten, weil diese Vorschriften ansonsten unionsrechtswidrig wären.[60] Dies führt nach Ansicht des OLG Düsseldorf zu der Frage, ob das genannte Urteil dahin verstanden werden kann oder muss, dass die Vorschriften – hier § 54 Abs. 2, Abs. 3 Satz 1 SektVO – im Lichte der maßgeblichen europäischen Richtlinienvorschriften nicht nur dem vom Ausschluss bedrohten Bieter, sondern auch seinem konkurrierenden Mitbewerber subjektive Rechte in Bezug auf die Durchführung eines Zwischenverfahrens und eine sich daran anschließende Entscheidung über einen etwaigen Ausschluss des betroffenen Bieters einräumen.[61] Das OLG Düsseldorf hat diese Frage in dem genannten Beschluss offen gelassen.

38   Die VK Südbayern hat jedoch in ihrem Beschluss vom 16.04.2014 – Z3-3-3194-1-05-02/14 – darauf hingewiesen, dass sich die vom OLG Düsseldorf angedeutete Schlussfolgerung zumindest nicht unmittelbar aus der Entscheidung des EuGH herleiten lasse, weil der EuGH dort über den Fall zu entscheiden hatte, dass ein Angebot aufgrund eines ungewöhnlich niedrigen Preises ausgeschlossen werden sollte. Prüfungsmaßstab sei insoweit der Umfang der Aufklärungsmöglichkeiten hinsichtlich des ausgeschlossenen Angebots gewesen. Es sei dort also lediglich um den Schutz der Interessen des Bieters, dessen Angebot ausgeschlossen werden soll und nicht um den Schutz eines dritten Bieters gegangen.[62]

15.10.2009 – 1 Verg 9/09, OLG Naumburg, Beschl. v. 02.04.2009 – 1 Verg 10/08; KG, Beschl. v. 23.06.2011 – 2 Verg 7/10.

58   Horn, in: Müller-Wrede (Hrsg.), SektVO, 2010, § 27 Rn. 42.

59   Summa, in: Heiermann/Zeiss (Hrsg.), jurisPK Vergaberecht, 4. Aufl. 2013, § 27 SektVO Rn. 42; vgl. auch OLG München, Beschl. v. 21.05.2010 – Verg 2/10.

60   Vgl. Dicks, in Kulartz/Marx/Portz/Prieß, Kommentar zur VOL/A, 3. Aufl., § 19 EG VOL/A, Rn. 235, 246.

61   OLG Düsseldorf, Beschl. v. 31.10.2012 – VII-Verg 17/12; siehe hierzu auch VK Münster, Beschl. v. 22.04.2015 – Az. VK 1-10/15; VK Südbayern, Beschl. v. 14.08.2015 – Z3-3-3194-1-34-05/15.

62   VK Südbayern, Beschl. v. 16.04.2014 – Z3-3-3194-1-05-02/14.

Gleichwohl ist die VK Südbayern in einem weiteren Beschluss zu der Ansicht gelangt, **39** dass zumindest in dem Fall, in dem eine ausreichende Prüfung des ungewöhnlich niedrigen Angebots eines konkurrierenden Bieters vor der mündlichen Verhandlung der Vergabekammer vom Auftraggeber bewusst gar nicht und nach der mündlichen Verhandlung nur völlig rudimentär durchgeführt worden ist und der in Rede stehende Bieter zudem substantiiert ein unlauteres Verhalten des Bestbieters durch zu geringen Fachpersonaleinsatz in der Kalkulation behauptet hat, der konkurrierende Bieter durch das Vorgehen des Auftraggebers in seinen Rechten verletzt sei.[63] Es bleibt abzuwarten, ob diese Entscheidung in Rechtsprechung und Literatur auf Zustimmung stoßen wird.

Es spricht schließlich viel dafür, dass § 54 Abs. 3 Satz 2 SektVO für diejenigen Bieter **40** bieterschützend wirkt, die dadurch im Vergabeverfahren benachteiligt werden, dass sich ein anderer Bieter in rechtswidriger Weise über Verpflichtungen im Sinne von § 54 Abs. 2 Nr. 4 SektVO hinwegsetzt und auf diese Weise eine Wettbewerbsverzerrung bewirkt. Diese Erwägungen dürften auch auf § 54 Abs. 2 Nr. 5, Abs. 4 SektVO übertragbar sein, sodass auch in Bezug auf diese Vorschrift eine bieterschützende Wirkung zu bejahen ist.[64]

§ 55 SektVO Angebote, die Erzeugnisse aus Drittländern umfassen

(1) Der Auftraggeber eines Lieferauftrags kann Angebote zurückweisen, bei denen der Warenanteil zu mehr als 50 Prozent des Gesamtwertes aus Ländern stammt, die nicht Vertragsparteien des Abkommens über den Europäischen Wirtschaftsraum sind und mit denen auch keine sonstigen Vereinbarungen über gegenseitigen Marktzugang bestehen. Das Bundesministerium für Wirtschaft und Energie gibt im Bundesanzeiger bekannt, mit welchen Ländern und auf welchen Gebieten solche Vereinbarungen bestehen.

(2) Sind zwei oder mehrere Angebote nach den Zuschlagskriterien gleichwertig, so ist dasjenige Angebot zu bevorzugen, das nicht nach Absatz 1 zurückgewiesen werden kann. Die Preise sind als gleichwertig anzusehen, wenn sie nicht um mehr als 3 Prozent voneinander abweichen. Satz 1 ist nicht anzuwenden, wenn die Bevorzugung zum Erwerb von Ausrüstungen führen würde, die andere technische Merkmale als die vom Auftraggeber bereits genutzten Ausrüstungen aufweisen und dadurch bei Betrieb und Wartung zu Inkompatibilität oder technischen Schwierigkeiten oder zu unverhältnismäßigen Kosten führen würde.

(3) Software, die in der Ausstattung für Telekommunikationsnetze verwendet wird, gilt als Ware im Sinne des Absatzes 1.

---

63 VK Südbayern, Beschl. v. 14.08.2015 – Z3-3-3194-1-34-05/15.
64 Vgl. hierzu auch Summa, in: Heiermann/Zeiss (Hrsg.), jurisPK Vergaberecht, 4. Aufl. 2013, § 27 SektVO Rn. 43; Horn, in: Müller-Wrede (Hrsg.), SektVO, 2010, § 27 Rn. 43.

Amtliche Begründung

»§ 55 dient der Umsetzung des Artikels 85 der Richtlinie 2014/25/EU. Gegenüber der Vorgängerrichtlinie 2004/17/EG hat sich keine Veränderung ergeben. Daher wird der bisherige § 28 SektVO im Wortlaut übernommen.«

Inhaltsübersicht

A. Allgemeine Einführung

1   § 55 ermöglicht unter bestimmten Voraussetzungen die Bevorzugung von Angeboten, die aus Ländern stammen, die Vertragspartei des Abkommens über den Europäischen Wirtschaftsraum sind oder mit denen Vereinbarungen über den gegenseitigen Marktzugang bestehen.

2   Die Vorschrift stellt eine Sonderregel für Angebote über Lieferaufträge dar, bei denen über die Hälfte des Warenanteils aus Ländern stammt, die nicht Vertragsparteien des Abkommens über den europäischen Wirtschaftsraum sind und mit denen auch sonst kein Abkommen über gegenseitigen Marktzugang besteht. Unter bestimmten Umständen kann ein Auftraggeber derartige Angebote zurückweisen.

3   Sinn und Zweck der Norm ist die Erschwerung des Zugangs von Waren aus Staaten, die ihre Märkte nicht für Waren aus Mitgliedstaaten der EU öffnen. Eine vergleichbare, im Grunde genommen handelspolitische Regelung findet sich im »klassischen« Vergaberecht nicht.

B. Vergleich zur vorigen Rechtslage

4   Bisher fand sich die Regelung in § 28 SektVO a.F. Eine inhaltliche Änderung ist mit der Verschiebung in den neuen § 55 SektVO nicht verbunden.

C. Europarechtliche Vorgaben

5   Die bisherige Regelung des Artikels 58 RL 2004/17/EG findet sich nahezu unverändert in Artikel 85 der neugefassten Richtlinie 2014/25/EU. Sie stellt eine Ausnahme vom Diskriminierungsverbot dar.

Materieller Regelungsgehalt und Wortlaut der Richtlinienvorschrift sind im Rahmen der Reform des Sektorenvergaberechts unverändert geblieben.

Allerdings hat der Rat nicht mehr das Recht, diesen Artikel mit qualifizierter Mehrheit 6
zu ändern. Zwar hat die Kommission auch weiterhin dem Rat jährlich über die Fortschritte bei den multilateralen bzw. bilateralen Verhandlungen über den Zugang von Unternehmen der Union zu den Märkten von Drittländern in den unter die Richtlinie fallenden Bereichen zu berichten, eine Erlaubnis zur Änderung dieses Artikels je nach Fortschritt dieser Verhandlungen findet sich nicht mehr.

D. Kommentierung

I. Grundregeln

Auftraggeber eines Lieferauftrages können unter bestimmten Bedingungen ein Ange- 7
bot zurückweisen, welches aus einem Land stammt, das nicht Vertragspartei des Abkommens über den europäischen Wirtschaftsraum ist und mit dem auch keine sonstige Vereinbarung über einen gegenseitigen Marktzugang besteht.

Voraussetzung, bei Vergabeverfahren über Lieferleistungen Angebote aus bestimmten 8
Ländern auf Basis von § 55 SektVO abzulehnen ist zunächst die Kenntnis des Auftraggebers über den Kreis der betroffenen Länder. Des Weiteren muss eine bestimmte Warenkonstellation vorliegen, die dann zum Ausschluss des betroffenen Angebots eines Bieters führen kann.

II. Drittländer

Die in § 55 SektVO behandelten Drittländer dürfen weder dem Europäischen Wirt- 9
schaftsraum angehören noch mit Deutschland eine gegenseitige Vereinbarung über den Marktzugang pflegen.

Vertragsparteien des Abkommens über den Europäischen Wirtschaftsraum sind derzeit 10
(Stand: März 2010) die Staaten Belgien, Bulgarien, Dänemark, Deutschland, Estland, Finnland, Frankreich, Griechenland, Irland, Island, Italien, Lettland, Liechtenstein, Litauen, Luxemburg, Malta, Niederlande, Norwegen, Österreich, Polen, Portugal, Rumänien, Schweden, Slowakei, Slowenien, Spanien, Tschechische Republik, Ungarn, Großbritannien und Zypern.[1] In die EU aufgenommene Staaten werden nicht automatisch Mitglied des Abkommens über den Europäischen Wirtschaftsraum, sondern müssen ihm gesondert beitreten (vgl. Bulgarien und Rumänien, die seit dem 01.01.2007 EU-Mitglied, aber erst am 01.08.2007 dem Abkommen beigetreten sind).

Am 11.04.2014 unterzeichneten die Mitglieder des Europäischen Wirtschaftsraums 11
und Kroatien eine Vereinbarung über den Beitritt Kroatiens. Diese Vereinbarung wurde jedoch erst von 8 der Vertragsparteien ratifiziert (Stand: Februar 2016), sodass die Mitgliedschaft Kroatiens zum Europäischen Wirtschaftsraum noch nicht wirksam ist.[2]

---

1 Vgl. Abkommen über den Europäischen Wirtschaftsraum vom 02.05.1992 (in Kraft seit 01.01.1994, für Liechtenstein seit 01.05.1995), ABl. EU Nr. L 1 v. 03.01.1994.
2 Agreement on the participation of the Republic of Croatia in the European Economic Area;

12 Vereinbarungen über gegenseitigen Marktzugang werden in einer Zusammenfassung grundsätzlich durch das BMWi im Bundesanzeiger bekannt gemacht. Die letzte dahingehende Bekanntmachung stammt aus dem Jahr 2003 (damals noch gemäß § 12 VgV).[3] Sie gibt nicht mehr den aktuellen Stand der Abkommen wieder. Danach gab es z.b. Abkommen mit China. Deshalb ist der Auftraggeber auf eine Prüfung des Bundesanzeigers angewiesen, in dem die einzelnen Abkommen grundsätzlich zu veröffentlichen sind.

13 Zu den Abkommen gegenseitigen Marktzugangs zählt das in der sog. Uruguay-Runde von 1986 bis 1993 beschlossene Government Procurement Agreement (GPA), das zum 01.01.1996 in Kraft trat und die Marktöffnungen zwischen den Vertragsstaaten regelt.[4] Vertragsstaaten sind neben den EU-Mitgliedstaaten Kanada, China, Israel, Japan, Korea, Singapur, die Schweiz und die USA. Der Anwendungsbereich des GPA wurde zwischen den einzelnen Vertragsstaaten individualisiert, d. h. nicht aus dem GPA direkt sondern den zwischenstaatlichen Konkretisierungen ergeben sich die Waren, für welche die jeweiligen Märkte geöffnet sind. § 55 SektVO hat demnach keine Bedeutung, wenn es um die Lieferung von GPA bzw. den konkreten Vereinbarungen dessen Vertragsstaaten erfassten Waren geht. Soweit ersichtlich sind z.b. die Lieferungen von Eisenbahnen oder von Gas von keinem der Abkommen gedeckt und können damit im Rahmen von § 55 SektVO Beachtung finden.[5]

14 Bilaterale Abkommen über gegenseitigen Marktzugang bestehen zwischen Deutschland und der Schweiz,[6] mit Mexiko[7] und mit Chile.[8] Mit der Schweiz wurde der Beschaffungsmarkt komplett geöffnet, so dass § 55 SektVO im Verhältnis zur Schweiz nicht zu berücksichtigen ist. Mit Mexiko besteht ein dem GPA entsprechendes Abkommen, das sich nur auf Waren zur Stromversorgung und für den Nahverkehr bezieht. Mit Chile gilt das Abkommen hinsichtlich des Nahverkehrs und in diesem Bereich speziell nur für Häfen und Flughäfen.

15 Letztlich muss ein Auftraggeber, der Interesse an einem Ausschluss von Waren nach § 55 SektVO hat, den Bundesanzeiger bzw. das Amtsblatt der EU überprüfen, um zu erfahren, ob und über welche Waren ein Abkommen mit dem entsprechenden Lieferland besteht.

---

http://www.consilium.europa.eu/en/documents-publications/agreements-conventions/agreement/?aid=2014013.

3 Bekanntmachung nach § 12 VgV v. 08.04.2003, BAnz. Nr. 77 vom 24.04.2003, S. 8529.

4 http://www.wto.org/english/tratop_e/gproc_e/gp_gpa_e.htm.

5 Vgl. Zillmann, NZBau 2003, 480, 487.

6 ABl. EU Nr. L 114 vom 30.04.2002, S. 480.

7 ABl. EU Nr. L 276 vom 28.10.2000, S. 45.

8 ABl. EU Nr. L 352 vom 30.12.2002, S. 3.

III. Waren und Warenanteil

Eine Ware ist ein wirtschaftliches Gut, das Gegenstand des Handels ist. Software, die in 16 der Ausstattung für Telekommunikationsnetze verwendet wird, gilt als Ware (§ 55 Abs. 3 SektVO) oder auch Strom und Trinkwasser.

Der Anteil der Ware muss zu mehr als 50% aus Drittländern stammen. Das setzt voraus, 17 dass die in Frage stehende Ware nicht von einem bestimmten Abkommen betroffen ist. Es darf immer nur die Ware, die vom Abkommen erfasst ist, bei der Berechnung der 50%-Grenze außen vor bleiben. Sieht das Angebot bspw. die Lieferung von Omnibussen und Schnellzügen aus China vor, müssen die Schnellzüge mit in die Berechnung der 50%-Grenze einbezogen werden, die Busse allerdings nicht, weil insoweit das Abkommen nicht greift.

IV. Folgen einer Drittware

Sollte eine Warenkonstellation aus § 28 Abs. 1 SektVO vorliegen und der Auftraggeber 18 möchte eine Drittländerware ausschließen, so besteht bei laut Zuschlagskriterien gleichwertigen Waren die Pflicht des Auftraggebers, die Drittländerware auszuschließen (vgl. § 55 Abs. 2 S. 1 SektVO). Gleichwertigkeit liegt vor, wenn die Preise der Angebote sich um maximal 3% unterscheiden (§ 55 Abs. 2 S. 2 SektVO).

Schreibt der Auftraggeber einen Lieferauftrag für Ausrüstung aus, die er bereits verwen- 19 det, so muss er nicht um jeden Preis dem Angebot den Zuschlag erteilen, welches im Gegensatz zu einem gleichwertigen Angebot weniger als die Hälfte der Waren aus Drittländern importiert (§ 55 Abs. 2 S. 3 SektVO).

Eine Ausnahme von der Pflicht zur Bevorzugung nach § 55 Abs. 2 SektVO besteht, 20 wenn es um die Lieferung von Ausrüstung geht und das gleichwertige Angebot andere technische Merkmale aufweist, als der Auftraggeber bisher verwendet, d. h. der Auftraggeber muss bereits bestimmte Ausrüstung nutzen und aufgrund seiner Wahl mit neuer, technisch abweichender Ausrüstung versorgt werden. Weiter muss die Verwendung der neuen technisch abweichenden Ausrüstung eine der folgenden Auswirkungen haben:
- technische Schwierigkeiten,
- Inkompatibilität zwischen der alten und der neuen technischen Ausrüstung des Auftraggebers oder
- unverhältnismäßige Kosten für den Auftraggeber durch die Verwendung der technisch abweichenden Ausrüstung.

V. Rechtsschutz

Absatz 1 gewährt dem Auftraggeber ein allgemeines Zurückweisungsrecht. Will er hier- 21 von Gebrauch machen, hat er nach allgemeinen Ermessensgrundsätzen zu entscheiden. Dieses Ermessen wird jedoch eingegrenzt durch die Vorschrift des Absatzes 2. Demnach muss der Auftraggeber gegenüber zurückweisbaren Angeboten bestimmte nicht zurückweisbare Angebote bevorzugen.

22 Eine Zuwiderhandlung durch den Auftraggeber wird der Bieter des zu bevorzugenden Angebotes im Wege eines Nachprüfungsverfahrens angreifen können, da ihm die Vorschrift ein subjektives Recht, nämlich auf Bevorzugung gegenüber einem zurückzuweisenden Angebot, verleiht. Die Vorschrift gehört zu denen des Vergabeverfahrens und unterfällt seinem Anspruch auf Einhaltung der Vorschriften des Vergabeverfahrens nach § 97 Absatz 6 GWB durch den Auftraggeber.[9]

§ 56 SektVO   Unterrichtung der Bewerber oder Bieter

(1) Unbeschadet des § 134 des Gesetzes gegen Wettbewerbsbeschränkungen teilt der Auftraggeber jedem Bewerber und jedem Bieter unverzüglich seine Entscheidungen über den Abschluss einer Rahmenvereinbarung, die Zuschlagserteilung oder die Zulassung zur Teilnahme an einem dynamischen Beschaffungssystem mit. Gleiches gilt für die Entscheidung, ein Vergabeverfahren aufzuheben oder erneut einzuleiten einschließlich der Gründe dafür, sofern eine Bekanntmachung veröffentlicht wurde.

(2) Der Auftraggeber unterrichtet auf Verlangen des Bewerbers oder Bieters unverzüglich, spätestens innerhalb von 15 Tagen nach Eingang des Antrags in Textform
1. jeden nicht erfolgreichen Bewerber über die Gründe für die Ablehnung seines Teilnahmeantrags,
2. jeden nicht erfolgreichen Bieter über die Gründe für die Ablehnung seines Angebots,
3. jeden Bieter über die Merkmale und Vorteile des erfolgreichen Angebots sowie den Namen des erfolgreichen Bieters und
4. jeden Bieter über den Verlauf und die Fortschritte der Verhandlungen und des wettbewerblichen Dialogs mit den Bietern.

(3) § 38 Absatz 6 gilt entsprechend.

Amtliche Begründung

»Zu Absatz 1

Mit Absatz 1 wird Artikel 75 Absatz 1 der Richtlinie 2014/25/EU umgesetzt. Die Informationspflicht des Auftraggebers wird zudem teilweise in § 134 Absatz 1 GWB geregelt.

Zu Absatz 2

Absatz 2 Nummer 1 bis 4 setzt Artikel 75 Absatz 2 Buchstabe a bis d der Richtlinie 2014/25/EU um.

Absatz 2 Nummer 4 regelt in Umsetzung von Artikel 75 Absatz 2 Buchstabe d der Richtlinie 2014/25/EU die Information der Bieter über den Verlauf und die Fortschritte der Verhandlungen und des wettbewerblichen Dialogs auf deren Verlangen. Eine entsprechende Regelung war in Artikel 49 Absatz 2 der Richtlinie 2004/17/EG noch nicht vorgesehen.

---

9 So auch: Sturhahn, in: Pünder/Schellenberg, Vergaberecht, § 28 SektVO, Rn. 6.

Zu Absatz 3

Nach Absatz 3 sind mit Verweis auf § 38 Absatz 6 dieser Verordnung bestimmte Angaben von den Unterrichtungspflichten des Auftraggebers ausgenommen. Die Vorschrift dient der Umsetzung von Artikel 75 Absatz 3 der Richtlinie 2014/25/EU.«

A. Allgemeine Einführung

Informationspflichten des Auftraggebers stellen ein bedeutsames Instrument zur 1 Gleichbehandlung der Teilnehmer im Vergabeverfahren sowie zur Herstellung größtmöglicher Transparenz dar. Diesem Zweck dient auch die Vorschrift zur Unterrichtung der Bewerber und Bieter. Sie dient im Weiteren dem Interesse der Unternehmen, ihre bis dahin gebundenen Ressourcen anderweitig einsetzen zu können.

Die Vorschrift betrifft zum einen die Pflicht des Auftraggebers, von sich aus Informatio- 2 nen über die getroffene Zuschlagserteilung einschließlich einer evtl. Aufhebung des Verfahrens unverzüglich nach der Entscheidung über den Zuschlag jedem Bewerber und Bieter zu erteilen.

Zum anderen hat der Auftraggeber auf Antrag dem Antragsteller spätestens innerhalb von 15 Tagen Informationen über die Gründe einer Ablehnung sowie die Merkmale und Vorteile des erfolgreichen Angebots zu erteilen.

B. Vergleich zur vorigen Rechtslage

Die bisher in Art. 49 Richtlinie 2004/17EG enthaltenen Unterrichtungspflichten wa- 3 ren in der SektVO a.F. nur teilweise umgesetzt.

Nicht umgesetzt waren die Vorschriften zur unmittelbaren, auf Antrag auch schrift- 4 lichen Information über die im Vergabeverfahren getroffene Entscheidung (Art. 49 Abs. 1, 1. HS Richtlinie 2004/17/EG) sowie auf Verlangen der betroffenen Partei vorgegebene Informationen u.a. über die Gründe der Ablehnung des Teilnahmeantrages oder des Angebots mitzuteilen (Art. 49 Abs. 2, UA 1 Richtlinie 2004/17/EG). Da diese Informationen nahezu deckungsgleich mit der Informations- und Wartepflicht des § 101a GWB a.F. waren, schien dem Gesetzgeber eine »Doppelregelung« entbehrlich.

Die Regelung des Art. 49 Abs. 1, 2. HS Richtlinie 2004/17/EG fand ihren Nieder- 5 schlag in § 30 SektVO a.F. (Aufhebung und Einstellung des Vergabefahrens). Art. 49 Abs. 2 UA 2 Richtlinie 2004/17/EG regelte die Zulässigkeit, bestimmte Informationen nicht erteilen zu müssen und war umgesetzt in § 31 SektVO a.F. (Ausnahme von Informationspflichten).

Die Vorgaben der Absätze 3 bis 5 betrafen Qualifizierungssysteme und fanden sich daher in § 24 Abs. 9 und 10 SektVO a.F. wieder.

Nunmehr hat der Richtliniengeber die korrespondierende Vorschrift des Art. 75 Richtlinie 2014/25/EU vollständig umgesetzt, wobei die Qualifizierungssysteme betreffenden Vorgaben auch weiterhin an dortiger Stelle zu finden sind (s.u.).

C. Europarechtliche Vorgaben

6   Zur Gewährleistung der notwendigen Transparenz gibt Art. 75 Richtlinie 2014/25/EU dem Auftraggeber umfangreiche Informationspflichten vor. Umfasst ist die Pflicht zur unverzüglichen Information über die getroffene Vergabeentscheidung oder auf die Vergabe zu verzichten. Hierzu ist keine bestimmte Form vorgeschrieben.

Gründe u.a. für die Ablehnung des Teilnahmeantrages oder des Angebots sind auf Antrag des betroffenen Bewerbers und Bieters innerhalb von 15 Tagen in Textform durch den Auftraggeber mitzuteilen.

Die Vorgaben der Absätze 4 bis 6 betreffen Qualifizierungssysteme und sind dort entsprechend umgesetzt.[1]

D. Kommentierung

I. Unterrichtung über Entscheidungen

7   Die Pflicht des Auftraggebers zur Unterrichtung über seine Entscheidungen über den Abschluss einer Rahmenvereinbarung oder die Zuschlagserteilung ist unabhängig von der Informations- und Wartepflicht des § 134 GWB. Sie wird hierdurch nicht ersetzt. Während die Vorschrift des § 134 GWB dem effektiven Rechtsschutz dient und daher vor einer Zuschlagserteilung (ex ante) erfolgen muss, hat die Unterrichtung nach § 56 Abs. 1 VgV unverzüglich nach den jeweiligen Entscheidungen (ex post) zu erfolgen.

Die Unterrichtung hat der Auftraggeber von sich aus durchzuführen. Die Pflicht hierzu ergibt sich aus dem Wortlaut der Vorschrift ». . . teilt der Auftraggeber . . . unverzüglich . . . mit«.

8   Die verpflichtende Mitteilung an die Bewerber über die Zulassung zu einem dynamischen Beschaffungssystem wirkt schon in der Richtlinienvorschrift wie ein Fremdkörper und demnach hier nicht besser. Systematisch besser aufgehoben wäre die Vorgabe bei den Vorschriften zum dynamischen Beschaffungssystem selbst. Immerhin hat der Verordnungsgeber die Regelungen zu den Qualifizierungssystemen auch in der relevanten Vorschrift selbst geregelt.

---

1 S. § 48 SektVO.

Gemeint ist dabei nicht nur die Zulassungsentscheidung zum dynamischen Beschaffungssystem, sondern auch die Nicht-Zulassungsentscheidung.

Die Unterrichtung hat unverzüglich nach der Entscheidung zu erfolgen. Das heißt, die Beteiligten sollen schnellsten, ohne schuldhaftes Zögern des Auftraggebers über den aktuellen Stand Bescheid erhalten.

Das Gleiche gilt für die Entscheidung, ein Vergabeverfahren aufzuheben oder erneut 9 einzuleiten. Wurde ein aufgehobenes Vergabeverfahren erneut eingeleitet, sind die Gründe hierfür ebenfalls mitzuteilen, sofern eine Bekanntmachung hierfür erfolgt ist. Wird ein aufgehobenes Vergabeverfahren zulässigerweise als Verhandlungsverfahren ohne Teilnahmewettbewerb erneut durchgeführt, entfällt die Unterrichtungspflicht.

II. Art der Unterrichtung

Eine bestimmte Art der Unterrichtung ist nicht vorgegeben. Allerdings ist danach zu 10 differenzieren, ob die Unterrichtung im Falle der Rahmenvereinbarung und des Zuschlags nach Abschluss des Verfahrens oder in Bezug auf ein dynamisches Beschaffungssystem erfolgt.

Nach Abschluss des Vergabeverfahrens ist mangels eines Vergabeverfahrens der Anwen- 11 dungsbereich der verpflichtenden elektronischen Kommunikation[2] nicht mehr eröffnet. Erfolgt die Unterrichtung also in Bezug auf ein abgeschlossenes oder aufgehobenes Vergabeverfahren, kann sie nach Wahl des Auftraggebers mithilfe der im vorangegangenen Vergabeverfahren verwendeten elektronischen Kommunikationsmittel, schriftlich, per Fax oder mündlich oder auf sonstige geeignete Weise erteilt werden. In Bezug auf das dynamische Beschaffungssystem hat die Unterrichtung mit elektronischen Mitteln zu erfolgen.[3] Wurde ein aufgehobenes Vergabeverfahren erneut unter Veröffentlichung einer Bekanntmachung eingeleitet, so erfolgt die Unterrichtung gemäß §§ 9 ff. SektVO grundsätzlich mit elektronischen Mitteln.

III. Unterrichtung auf Verlangen

Ergänzend zu der Unterrichtungspflicht über bestimmte Entscheidungen hat der Auf- 12 traggeber weitere Informationspflichten, wenn der betroffene Bieter dies verlangt. Das Verlangen selbst ist an keine Form gebunden. Aus Transparenzgründen sind an das Verlangen des Bewerbers oder Bieters keine hohen Anforderungen zu stellen. Es muss aus der Kommunikation lediglich das Interesse des Bieters nach der Übermittlung der Unterrichtung erkennbar sein.

Die Unterrichtungsverpflichtung des Auftraggebers besteht gegenüber dem Bewerber 13 oder Bieter und bezieht sich auf vier Fragestellungen:
– Gründe für die Ablehnung eines Teilnahmeantrages
  Die Informationen betreffen die Frage, warum der Bewerber nicht zur Angebotsabgabe aufgefordert wurde. Der Auftraggeber kann sich bei der Bekanntgabe der

---

2 S. § 97 Abs. 5 GWB, §§ 9 ff. SektVO.
3 S. § 20 Abs. 3 SektVO.

Gründe auf die wesentlichen Ablehnungsgründe beschränken. Er bestimmt den Umfang seiner Mitteilung.

Grundsätzlich gilt jedoch, dass die Gründe so ausführlich darzustellen sind, dass der Verlangende eine klare Vorstellung über seine Nichtberücksichtigung gewinnen kann.[4]

Die Gründe können unterschiedlicher Natur sein. In Frage kommen fehlende Eignung wegen nicht nachgewiesener Fachkunde oder Leistungsfähigkeit oder das Vorliegen von Ausschlussgründen. Möglich ist aber auch, dass der Bewerber bei der Auswertung der Kriterien bezüglich der Reduzierung der Bewerberzahl,[5] die zur Angebotsabgabe aufgefordert werden soll, zu schlecht abgeschnitten hat. Weitergehende Informationsansprüche hat der Bewerber nicht.

– Gründe für die Ablehnung eines Angebotes

Auch für die Darlegung der Gründe für die Ablehnung eines Angebotes gilt, dass der Auftraggeber den Inhalt und den Umfang der Mitteilung bestimmt. Auch hier kann er sich auf die wesentlichen Gründe beschränken.

Der Auftraggeber wird jedoch seiner Unterrichtungspflicht nicht gerecht, wenn er nichtssagend und pauschal angibt, das Angebot habe nicht den an die Leistung gestellten Anforderungen entsprochen oder habe für einen vorderen Platz nicht genügend Punkte erhalten.

– Merkmale und Vorteile des erfolgreichen Angebots sowie Name des erfolgreichen Bieters

Der Bieter hat einen Anspruch auf Information über die Merkmale und Vorteile des bezuschlagten Angebots. Sinn und Zweck dieser Regelung ist, dass der abgelehnte Bieter für zukünftige Teilnahmen an Vergabeverfahren lernen kann. Demnach kann sich die Unterrichtung auf diesen Aspekt konzentrieren. Dies kann erfolgen, indem der Auftraggeber eine abstrakte Abgrenzung der Merkmale des erfolgreichen Angebotes mit denen des abgelehnten Angebots vornimmt.

Infrage kommt beispielsweise die Erläuterung, dass das erfolgreiche Angebot geforderte innovative Aspekte in größerem Umfang berücksichtigte, als das abgelehnte Angebot. Auch ein Hinweis, dass der Zeitplan der Leistungserstellung im erfolgreichen Angebot straffer und zielorientierter dargestellt war, ist denkbar. Wird der Hinweis, der Angebotspreis sei nicht konkurrenzfähig gewesen, in einen Gesamtzusammenhang eingebunden, wäre dies auch eine hinreichende Information.

Der Auftraggeber muss aus Vertraulichkeitsgründen darauf achten, dass er keine unmittelbaren Inhalte aus dem erfolgreichen Angebot, die ein Geschäftsgeheimnis darstellen könnten, in der Unterrichtung preisgibt.

– Verlauf und Fortschritte der Verhandlungen und des wettbewerblichen Dialogs.

Wie die Unterrichtungspflicht bezüglich des dynamischen Beschaffungssystems (s.o.) erscheint auch diese hier am falschen Platz.

Ein Verhandlungsverfahren wie auch ein wettbewerblicher Dialog sind vom Auftraggeber aus Transparenzgründen und der erforderlichen Gleichbehandlung ohnehin klar zu strukturieren und leben davon, dass die Bewerber/Bieter stets über ihre »Haus-

---

4 Vgl. Roth, in: Müller/Wrede, Kommentar zur VOL/A, § 22 EG VOL/A, Rn. 8 m.w.N.
5 S. § 45 Abs. 3 SektVO.

aufgaben« (u.a. Überarbeitung der indikativen Angebote, Nachbesserung der Vorschläge und Lösungen im Dialog) informiert sind. Daher wäre die Unterrichtungspflicht bei den jeweiligen Normen zum Verhandlungsverfahren und wettbewerblichen Dialog, der im Übrigen verschiedene sonstige Informationspflichten des Auftraggebers enthält,[6] besser aufgehoben.

IV. Wegfall der Unterrichtungspflichten

Der Auftraggeber ist in vier Fällen von seiner Unterrichtungspflicht entbunden: 14
– Der Gesetzesvollzug wird behindert,
– die Unterrichtung läuft öffentlichen Interessen zuwider,
– die berechtigten Interessen des Unternehmens nehmen Schaden,
– der lautere Wettbewerb zwischen den Unternehmen wird beeinträchtigt.

Im Einzelnen sei auf die Kommentierung des in Bezug genommenen § 38 Abs. 6 SektVO verwiesen.

V. Rechtsschutz

Sowohl das Transparenzgebot als auch das Gebot der Gleichbehandlung konkretisieren 15
sich in der Unterrichtungspflicht. Sie dient den Interessen nichtberücksichtigter Bewerber und Bieter. Die Norm gehört zweifelsfrei zu den Regeln des Vergabeverfahrens. Damit ist sie bieterschützend und dem vergaberechtlichen Rechtsschutz zugänglich. Erteilt der Bieter die verpflichtenden oder verlangten Informationen nicht, steht dem (nichtberücksichtigten) Bewerber oder Bieter der Weg zur Vergabekammer offen und er kann hier die vergaberechtliche Rechtmäßigkeit der Unterlassung der Unterrichtung nachprüfen lassen.

Ein Wegfall der Unterrichtungspflicht führt zunächst nicht dazu, dass der Auftraggeber 16
die Information gar nicht mehr weitergeben darf. Er wird nur von seiner Verpflichtung hierzu frei. Ob er die Information trotzdem weitergibt, entscheidet er nach pflichtgemäßem Ermessen.

Bei der Ermessensausübung wird der Auftraggeber zu berücksichtigen haben, dass er im Falle der Weitergabe möglicherweise Rechtsgüter verletzt und dieser Umstand wiederum zu einer Reduzierung seines Ermessensspielraums (ggf. auf Null) führt.

§ 57 SektVO Aufhebung und Einstellung des Verfahrens

Ein Vergabeverfahren kann ganz oder bei Losvergabe für einzelne Lose aufgehoben werden oder im Fall eines Verhandlungsverfahrens eingestellt werden. In diesen Fällen hat der Auftraggeber den am Vergabeverfahren beteiligten Unternehmen unverzüglich die Aufhebung oder Einstellung des Verfahrens und die Gründe hierfür sowie seine etwaige Absicht, ein neues Vergabeverfahren durchzuführen, in Textform mitzuteilen.

---

6 S. §§ 15, 17 Absätze 6 u. 7 SektVO.

Amtliche Begründung

»Die Aufhebung eines Vergabeverfahrens ist in Artikel 75 Absatz 1 der Richtlinie 2014/25/EU zwar erwähnt, sie enthält jedoch keine weiteren Vorgaben beispielsweise hinsichtlich möglicher Gründe für eine Aufhebung. Ungeachtet dessen sind die aus dem Primärrecht und den Richtlinien folgenden allgemeinen Grundsätze zu beachten.

Nach Satz 1 kann der Auftraggeber ein Vergabeverfahren jederzeit aufheben bzw. einstellen. Die Vorschrift ist auf alle Verfahrensarten anwendbar.

Satz 2 dient der Umsetzung von Artikel 75 Absatz 1 der Richtlinie 2014/25/EU, soweit sich die Mitteilungspflicht des Auftraggebers auf die Aufhebung des Vergabeverfahrens bezieht. Die Regelung geht über die Vorgaben aus der Richtlinie hinaus, da Artikel 75 Absatz 1 der Richtlinie 2014/25/EU nur Aufträge betrifft, für die eine Auftragsbekanntmachung erfolgt ist. Ein Bieter in einem Verhandlungsverfahren ohne vorherigen Teilnahmewettbewerb ist jedoch gleichermaßen schutzbedürftig und soll daher das Recht erhalten, die Gründe für die Aufhebung des Verfahrens zu erfahren.«

Inhaltsübersicht

A. Allgemeine Einführung

1 § 57 SektVO regelt die Möglichkeit einer Beendigung des Vergabeverfahrens durch Aufhebung oder Einstellung statt der Zuschlagserteilung. An eine konkrete Voraussetzung ist die Aufhebung nicht geknüpft. I.S.d. Transparenzgrundsatzes müssen aber alle Teilnehmer in Textform von der Entscheidung des Auftraggebers benachrichtigt werden.

B. Vergleich zur vorherigen Rechtslage

2 Die Regelung ist zur vorherigen Regelung in § 30 SektVO (alt) wortidentisch.

C. Europarechtliche Vorgaben

3 § 57 SektVO setzt Art. 75 Abs. 1 der Richtlinie 2014/25/EU um. Es sind zwar keine weiteren Vorgaben für die Gründe einer Aufhebung gemacht, jedoch gelten darüber hinaus die Regelungen des EU-Primärrechts sowie die in der Richtlinie 2014/25/EU aufgestellten allgemeinen Grundsätze.

D. Kommentierung

I. Grundregeln

Ein Vergabeverfahren kann auf drei Arten enden: Zuschlagserteilung, Aufhebung oder 4
Einstellung. Für alle drei Verfahrensabschlüsse bedarf es einer Begründung. Der Auftraggeber darf ein Vergabeverfahren nicht einfach auslaufen lassen.

Rein terminologisch wird zwischen Aufhebung (bei offenen und nicht offenen Vergabe- 5
verfahren) und Einstellung (bei Verhandlungsverfahren) unterschieden. Es hat sich der
Überbegriff der Aufhebung eingebürgert, der im Folgenden aus Vereinfachungsgründen Verwendung findet.

II. Voraussetzung für eine Aufhebung

In § 57 SektVO sind keine konkreten Voraussetzungen für die Aufhebung genannt. Es 6
darf jedenfalls nicht schlicht das Verfahren beendet werden, sondern es muss ein sachlicher Grund vorliegen, der gesetzlich nicht näher definiert wird.

Im Gegensatz zum klassischen Vergaberecht (§ 63 VergVO), wonach Bieter und Bewer- 7
ber nur dann keine Schadensersatzansprüche haben, wenn ein schwerwiegender Grund
für die Aufhebung des Vergabeverfahrens bestand, sieht § 57 GWB als Voraussetzung
für die schadlose Aufhebung eines Vergabeverfahrens keinen schwerwiegenden Grund
vor. Dies hat sich auch bereits mit der bisherigen Regelung in § 30 SektVO (alt) durchgesetzt.

Die langjährige Rechtspraxis zu den § 26 VOB/A – VOL/A 2006, nach der für eine 8
Aufhebung schwerwiegende Gründe nachzuweisen waren, ist für die Rechtmäßigkeit
einer Aufhebung in der SektVO grundsätzlich irrelevant. Zugleich ist angesichts der
Freiheiten in § 57 SektVO klar, dass ein Verfahren der SektVO ohne Weiteres aufgehoben werden kann, wenn schwerwiegende Gründe i.S.d. alten Rechtspraxis aus dem klassischen EU-Vergaberecht vorliegen. Insoweit ist die dortige Rechtspraxis wiederum
von Interesse.

Nach der überkommenen Rechtspraxis zu § 26 VOB/A – VOL/A 2006 wurden 9
schwerwiegende Gründe z.B. angenommen, wenn keines der eingegangenen Angebote
wirtschaftlich akzeptabel ist[1] oder die Vorgaben des Auftraggebers erfüllt.[2] Das gilt
auch bei unerfüllbaren Anforderungen an den Angebotsinhalt.[3] Die Aufhebung ist zudem gerechtfertigt, wenn der geplante Auftrag seinen ehemals angestrebten Zweck aus
dem Auftraggeber nicht zurechenbaren Gründen[4] gar nicht mehr erfüllen kann, z.B.
aufgrund politischer Entwicklungen.[5]

---

1 Vgl. OLG Karlsruhe, Beschl. v. 27.07.2009 – 15 Verg 3/09, VergabeR 2010, 92.
2 Vgl. BGH, Beschl. v. 26.09.2006 – X ZB 14/06, NZBau 2006, 800, 802.
3 Vgl. BGH, Urt. v. 01.08.2006 – X ZR 115/04, NZBau 2006, 797.
4 Vgl. OLG Düsseldorf, Beschl. v. 13.12.2006 – VII-Verg 54/06, NZBau 2007, 462, 464.
5 Vgl. OLG Zweibrücken, Urt. v. 01.02.1994 – 8 U 96/93, BauR 1995, 95.

10 Der EuGH hat für eine dem Sektorenvergaberecht vergleichbare Regelung entschieden, dass der Auftraggeber für die Rechtmäßigkeit einer Aufhebung nicht bestimmte Ausnahmen oder schwerwiegende Gründe anführen muss; vielmehr reiche die generelle Beachtung des Grundsatzes der Gleichbehandlung und der Transparenz.[6] Damit ist der Auftraggeber nach der SektVO relativ frei in der Begründung einer Aufhebung, solange alle Bieter gleich behandelt und die Informationspflichten nach § 57 SektVO beachtet werden.

11 Trotz der Freiheiten in der SektVO sollte der Auftraggeber ein Vergabeverfahren nicht ohne sachlichen Grund aufheben. Mit Blick auf nicht auszuschließende Schadensersatzansprüche von Bewerbern oder Bietern sind zumindest Vertrauensgesichtspunkte zu beachten. Immerhin besteht ein vorvertragliches Vertrauensverhältnis zwischen Auftraggebern und Bewerbern/Bietern ab Bekanntmachung bzw. Aufforderung zur Angebotsabgabe.[7] Deshalb könnte man erwägen, als Maßstab einer nicht das Vertrauensverhältnis verletzenden Aufhebung jene Gründe zuzulassen, die man bei rein privaten Vertragsanbahnungen für den Abbruch von Vertragsverhandlungen anführt.[8] Hierfür wird in der Rechtspraxis ein zurechenbar gewecktes Vertrauen auf einen mit Sicherheit zustande kommenden Vertrag angeführt.[9] Das kann bei einem Vergabeverfahren, in dem sich mehrere Wettbewerber befinden und keine klare Zusage an einen Bieter erfolgt ist, nicht der Fall sein. Weiter ist in der einschlägigen Rechtsprechung von »triftigen Gründen« für den Abbruch der Vertragsverhandlungen die Rede,[10] worunter man im Hinblick auf das Vergaberecht z.B. kein einziges wirtschaftliches Angebot[11] oder kein Angebot, das den Verdingungsunterlagen entspricht,[12] versteht. Das alles ist allerdings i.E. der überkommene Maßstab aus § 26 VOB/A – VOL/A 2006. Diesen Maßstab hat der Verordnungsgeber bewusst nicht für Aufhebungen in der SektVO vorgesehen. Die Wertung aus § 57 SektVO muss auch für die zivilrechtliche Einordnung einer Verletzung des Vertrauensschutzes eine Rolle spielen. Für die Vergabestelle in Verfahren nach der SektVO gelten geringere Maßstäbe für die Begründung einer Aufhebung als im klassischen EU-Vergaberecht. Deshalb bedarf es für eine rechtmäßige Aufhebung nach § 57 SektVO keines schwerwiegenden Grunde i.S.d. zivilrechtlichen Rechtsprechung zum Abbruch der Vertragsverhandlungen, wohl aber eines sachlichen Grundes.

12 Die Grenze liegt nämlich in der Ausübung von Willkür durch den Auftraggeber. Die am Verfahren teilnehmenden Unternehmen müssen zumindest darauf vertrauen können, dass ein Vergabeverfahren nach eingehender Prüfung und nicht willkürlich erfolgt. Eine Aufhebung aus tatsächlich nicht bestehenden oder von Anfang an vorhersehbaren Gründen würde gegen diese Regel verstoßen.[13] Hier liegt die Grenze rechtskon-

---

6 Vgl. EuGH, Urt. v. 16.10.2003 – C-244/02, VergabeR 2004, 592.
7 Vgl. BGH, Urt. v. 08.09.1998 – X ZR 99/96, NJW 1998, 3640.
8 Vgl. die zur VOL/A-SKR 2006 ergangene Entscheidung des OLG München, Beschl. v. 12.07.2005 – Verg 8/05, ZfBR 2005, 714, 716.
9 Vgl. OLG Brandenburg, Urt. v. 27.11.2008 – 2 U 228/07, IBR 2009, 2910.
10 W.v.
11 Vgl. OLG Karlsruhe, Beschl. v. 27.07.2009 – 15 Verg 3/09, VergabeR 2010, 92.
12 Vgl. BGH, Beschl. v. 26.09.2006 – X ZB 14/06, NZBau 2006, 800, 802.
13 Vgl. BGH, Urt. v. 25.11.1992 – VIII ZR 170/91, NJW 1993, 520, 521.

former Aufhebungen nach der SektVO. Vielmehr darf der Grund nicht vorhersehbar sein, z.b. bei der Änderung gesetzlicher Vorschriften. Nicht darunter fallen dürfte die Entscheidung des zuständigen Gremiums des Auftraggebers. Zwar sind solche Entscheidungen in der Regel nicht vorhersehbar, aber sie liegen in der Sphäre des Auftraggebers und sie zeigen vielmehr, dass noch keine Ausschreibungsreife vorlag. Der Auftraggeber muss daher erst alle internen Schritte abgeschlossen haben, um ein Vergabeverfahren in Gang zu setzen.

III. Mitteilungspflicht

Der Auftraggeber hat die am Vergabeverfahren beteiligten Unternehmen von der Entscheidung über die Aufhebung/Einstellung, den Grund der Aufhebung und eine etwaige Absicht, ein neues Vergabeverfahren durchzuführen, zu informieren. Erst mit der nachgewiesenen Absendung der Information wird die Aufhebung wirksam.   13

Die Mitteilung kann in Textform erfolgen, d.h. per Telefax wäre ausreichend. Das Telefaxprotokoll mit dem Hinweis »OK« ist dabei nicht Beweis der Kenntnisnahme durch den Adressaten. Der »OK«-Vermerk belegt lediglich das Zustandekommen der Verbindung.[14] Nach h.M. ist aufgrund mehrerer Sachverständigengutachten und der heutigen Technik davon auszugehen, dass ein entsprechender Vermerk korrekt und Beweis für die vollständige Übermittlung des Faxes ist.[15] Dagegen wird argumentiert, es fehle eine gesicherte Erkenntnis darüber, wie oft Telefaxübertragungen scheitern und Sendeberichte gleichwohl einen OK-Vermerk ausdrucken,[16] so dass es lediglich bei der Beweiskraft hinsichtlich der Verbindung zwischen Sende- und Empfangsgerät bliebe. Dem ist jedoch nicht zu folgen. Zu beachten ist auch, dass für das Erfordernis der Textform sogar ein Versand als E-Mail genügt.   14

IV. Rechtsschutz

Hat der Auftraggeber das Vergabeverfahren aufgehoben oder eingestellt, kann ein Beteiligter des Verfahrens oder ein sonst Betroffener bei einer Nachprüfungsinstanz die Aufhebung überprüfen lassen und einen Antrag auf Aufhebung der Aufhebung stellen.[17] Im Antrag muss dargelegt werden, dass der Antragsteller eine echte Chance auf Zuschlagserteilung gehabt hätte, wäre das Verfahren nicht aufgehoben worden; die Nachprüfungsinstanz kann die Aufhebung der Aufhebung jedoch nur anordnen, wenn der Auftraggeber seinen Auftrag weiterhin vergeben will.[18] Ansonsten bleibt es bei der Feststellung der Vergabekammer, dass die Aufhebung des Vergabeverfahrens rechtswidrig war.   15

---

14 Vgl. BGH, Beschl. v. 23.10.1995 – II ZB 6/95, MDR 1996, 99.
15 Vgl. AG Hagen, Urt. v. 02.07.2008 – 16 C 68/08, MMR 2008, 859.
16 Vgl. OLG Karlsruhe, Urt. v. 30.09.2008 – 12 U 65/08, OLGR Karlsruhe 2008, 897; OLG Brandenburg, Urt. v. 05.03.2008 – 4 U 132/07, IBR 2008, 379.
17 Vgl. EuGH, Urt. v. 18.06.2002 – C-92/00, NZBau 2002, 458; BGH Beschl. v. 18.02.2003 – X ZB 43/02, ZfBR 2003, 401.
18 Vgl. BGH, Beschl. v. 18.02.2003 – X ZB 43/02, ZfBR 2003, 401.

16 Daneben stehen den betroffenen Unternehmen Schadensersatzansprüche aus Verletzung des vorvertraglichen Vertrauensverhältnisses zu, wenn die Aufhebung rechtswidrig erfolgt ist und der Anspruchsteller dadurch einen Schaden erlitten hat.[19] Der Schaden wird i.d.R. in den Kosten zur Angebotserstellung bestehen (negatives Interesse). Kann der Anspruchsteller beweisen, dass bei ordnungsgemäßem Vergabeverfahren sein Angebot den Zuschlag erhalten hätte, so steht ihm Anspruch auf seinen entgangenen Gewinn (positives Interesse) zu, wenn der Auftrag an einen anderen ergangen ist.[20]

Abschnitt 3 Besondere Vorschriften für die Beschaffung energieverbrauchsrelevanter Leistungen und von Straßenfahrzeugen

§ 58 SektVO Beschaffung energieverbrauchsrelevanter Leistungen

(1) Mit der Leistungsbeschreibung sind im Rahmen der technischen Spezifikationen von den Bietern Angaben zum Energieverbrauch von technischen Geräten und Ausrüstungen zu fordern. Bei Bauleistungen sind diese Angaben dann zu fordern, wenn die Lieferung von technischen Geräten und Ausrüstungen Bestandteil dieser Bauleistungen sind. Dabei ist in geeigneten Fällen eine Analyse minimierter Lebenszykluskosten oder eine vergleichbare Methode zur Gewährleistung der Wirtschaftlichkeit vom Bieter zu fordern.

(2) Bei technischen Geräten und Ausrüstungen kann deren Energieverbrauch bei der Entscheidung über den Zuschlag berücksichtigt werden, bei Bauleistungen jedoch nur dann, wenn die Lieferung der technischen Geräte oder Ausrüstungen ein wesentlicher Bestandteil der Bauleistung ist.

Amtliche Begründung

»§ 58 enthält Sonderregelungen zur Energieeffizienz, die bei der Beschaffung energieverbrauchsrelevanter Leistungen, Waren, Geräte oder Ausrüstungen zwingend zu beachten sind. Diese Vorgaben beruhen auf europäischem Recht.

§ 58 überführt den Regelungsgehalt des bisherigen § 7 Absatz 4 der SektVO, in diese Verordnung. Die Regelung dient damit der Umsetzung von Artikel 6 Absatz 1 der Richtlinie 2012/27/EU des Europäischen Parlaments und des Rates zur Energieeffizienz, zur Änderung der Richtlinie 2009/125/EG und 2010/30/EU und zur Aufhebung der Richtlinien 2004/8/EG und 2006/32/EG.«

---

19 Vgl. BGH, Urt. v. 08.09.1998 – X ZR 99/69, NJW 1998, 3640.
20 Vgl. BGH, Urt. v. 03.04.2007 – X ZR 19/06, NZBau 2007, 523, 524.

A. Allgemeine Einführung

Die europäischen Gesamtausgaben im öffentlichen Auftragswesen machen 19% des BIP **1** der Union aus. Daher stellt der öffentliche Sektor eine treibende Kraft dar, Veränderungen zu energieeffizienteren Gebäuden, Produkten und Dienstleistungen zu fördern.[1] Energieeffizienz ist folglich ein wertvolles Instrument, um den Herausforderungen knapper Ressourcen und des Klimawandels zu begegnen.[2]

Damit der öffentliche Sektor eine Vorreiterrolle im Bereich der Energieeffizienz einnimmt, **2** wurde den Mitgliedstaaten mit der Richtlinie 2012/27/EU zur Energieeffizienz aufgegeben sicherzustellen, dass Zentralregierungen Beschaffungen an einer hohen Energieeffizienz ausrichten.

B. Vergleich zur vorigen Rechtslage

Der bisherige Regelungsgehalt der betroffenen Vorschriften aus der SektVO a.F.[3] **3** wurde unverändert übernommen.

C. Europarechtliche Vorgaben

Die Richtlinie 2006/32/EG des Europäischen Parlaments und des Rates vom 5. April **4** 2006 über Energieeffizienz und Energiedienstleistungen[4] schrieb der öffentlichen Hand bei Maßnahmen zur Steigerung der Energieeffizienz eine besondere Rolle zu.

Die Nachfolgerichtlinie 2012/27/EU hat diese Vorgaben übernommen.[5] Zweck dieser Richtlinie ist die Schaffung eines gemeinsamen Rahmens für Maßnahmen zur Förderung von Energieeffizienz in der Europäischen Union.

Die Mitgliedstaaten haben nach den Vorgaben der Richtlinie 2012/27/EU sicherzustel- **5** len, dass die Zentralregierungen nur Produkte, Dienstleistungen und Gebäude mit ho-

---

1 Erwägungsgrund 15 Richtlinie 2012/27/EU des Europäischen Parlaments und des Rates v. 25.10.2012 zur Energieeffizienz, zur Änderung der Richtlinien 2009/125/EG und 2010/30/EU und zur Aufhebung der Richtlinien 2004/18/EG und 2006/32/EG (ABl. Nr. L 315, S. 1, v. 14.11.2012).
2 Vgl. Erwägungsgrund 1 Richtlinie 2012/27/EU.
3 §§ 7 Abs. 4, 29 Abs. 2 Satz 2 SektVO a.F.
4 ABl. L 114 v. 27.04.2006, S. 64.
5 Art. 6 Richtlinie 2012/27/EU.

her Energieeffizienz beschaffen. Diese Verpflichtung gilt ab den für die Vergabe öffentlicher Aufträge geltenden Schwellenwerten.[6]

6 Demnach gilt die Verpflichtung in Deutschland für den Bund für Auftragsvergaben ab den europäischen Schwellenwerten. Auftraggeber, die nicht unmittelbar dem Bund (als Zentralregierung) angehören, werden nicht vom Anwendungsbereich der Vorgabe erfasst.

7 Jedoch sollen die Mitgliedstaaten die öffentlichen Einrichtungen, auch auf regionaler und lokaler Ebene, dazu ermuntern, unter gebührender Berücksichtigung ihrer jeweiligen Befugnisse und Verwaltungsstruktur, dem Vorbild der Zentralregierungen zu folgen.[7]

Die Möglichkeit, Umweltaspekte bei beim öffentlichen Einkauf berücksichtigen zu dürfen, ist schon lange anerkannt[8].

D. Kommentierung

I. Inhalt der Regelung

8 Die Umsetzung der europäischen Vorgaben unmittelbar in der SektVO führt aufgrund deren Geltungsbereiches zu einer flächendeckenden, bundesweiten Berücksichtigung der Vorschriften zur Beachtung der Energieeffizienz im Rahmen des öffentlichen Einkaufs.

9 Auftraggeber sind verpflichtet, in der Leistungsbeschreibung von den Bietern Angaben zum Energieverbrauch von technischen Geräten und Ausrüstungen zu fordern. Damit wird von den Sektorenauftraggebern ein Mindestmaß an Berücksichtigung energieverbrauchsrelevanter Aspekte verlangt. Die Vorgaben bleiben hinter denen der Vergabeverordnung (VgV)[9] zurück. Dies liegt daran, dass für den Bereich der öffentlichen Auftraggeber eine weitere europäische Richtlinie[10] maßgeblich ist, die strengere Anforderungen an die öffentliche Beschaffung stellt und u.a. die Beschaffung der höchsten Energieeffizienzklasse verlangt.

10 Bei Bauleistungen gilt dies nur dann, wenn die Lieferungen von technischen Geräten und Ausrüstungen Bestandteil dieser Bauleistung sind. Abzustellen ist darauf, ob die

---

6 Delegierte VO (EU) 2015/2171 der Kommission vom 24.11.2015 zur Änderung der Richtlinie 2014/25/EU des Europäischen Parlamentes und des Rates im Hinblick auf die Schwellenwerte für Auftragsvergabeverfahren (ABl. L 307 v. 25.11.2015, S. 7).

7 S. Art. l 6 Abs. 3 Satz 1 Richtlinie 2012/27/EU.

8 EuGH, Urt. v. 17.09.2002 – Rs. C-513/99 »Concordia Bus Finnland«; EuGH, Urt. v. 04.12.2003 – Rs. C-448/01 »EVN/Wienstrom«.

9 S. § 67 Vergabeverordnung (VgV).

10 Richtlinie über die Angabe des Verbrauchs 2010/30/EU des Europäischen Parlamentes und des Rates v. 19.05.2010 über die Angabe des Verbrauchs an Energie und anderen Ressourcen durch energieverbrauchsrelevante Produkte mittels einheitlicher Etiketten und Produktinformationen (ABl. L 153 v. 18.06.2010, S. 1).

technischen Geräte und Ausrüstungen »wesentlicher Bestandteil«[11] der Bauleistung werden (z.b. Beleuchtung, Rolltreppen oder Aufzüge). So auch der Wortlaut in Abs. 2. Das Fehlen des Wortes »wesentlicher« in Absatz 1 dürfte auf ein Redaktionsversehen bereits in der SektVO a.f. zurückzuführen sein, welches wohl irrtümlich in die Neufassung übertragen wurde.

Nicht erfasst werden technische Geräte und Ausrüstungen, die lediglich anlässlich der Ausführung des Bauauftrages benutzt werden.[12]

Im Sinne einer richtlinienkonformen Auslegung wird man von den Auftraggebern verlangen müssen, »hohe« Energieeffizienzanforderungen i.S.d. Art. 6 Abs. 1 Richtlinie 2012/27/EU zu stellen und die entsprechenden Angaben von den Bietern zu fordern. Soweit eine funktionale Beschreibung der Leistung möglich ist, kann der Auftraggeber dies tun und so einen möglichst weiten Spielraum zur Berücksichtigung der Energieeffizienz schaffen.[13]   11

In geeigneten Fällen, etwa bei der Beschaffung langlebiger Güter, die sich aber aufgrund ihrer niedrigeren Laufzeit-Kosten rechnen, ist ein Lebenszyklusberechnung oder andere vergleichbare Methode zur Gewährleistung der Wirtschaftlichkeit zu fordern. Die Lebenszykluskostenberechnung soll den Vergleich der Produkte unter Berücksichtigung aller relevanten Kosten auf ihre Wirtschaftlichkeit hin ermöglichen.   12

Das Gebot der eindeutigen Leistungsbeschreibung, die vergleichbare Angebote ermöglichen soll,[14] gebietet es dem Auftraggeber, die Methode der Berechnung vorzugeben. Hierzu gibt es mittlerweile verschieden Tools und Arbeitshilfen.[15]

Der Auftraggeber kommt seiner Verpflichtung zur Berücksichtigung des Energieverbrauchs bei technischen Geräten und Ausrüstungen auch dann nach, wenn er entsprechende Kriterien zur Angebotswertung als Zuschlagskriterien aufstellt. Eine Möglichkeit besteht darin, den Energieverbrauch finanziell im Rahmen der Betriebskosten zu ermitteln und entsprechend zu bewerten. Auch hier gilt für technische Geräte und Ausrüstungen, dass diese wesentlicher Bestandteil der Bauleistung ist.   13

II. Rechtsschutz

Die Regelung ist bieterschützend.[16]   14

---

11 S. BeckOK BGB/Fritzsche BGB § 94 Rn. 15 f.: Wesentliche Bestandteile eines Gebäudes sind die zur Herstellung des Gebäudes eingefügten Sachen. Zur Herstellung eines Gebäudes eingefügt sind zunächst alle Sachen, ohne die nach der Verkehrsauffassung das Gebäude als Bauwerk noch nicht fertiggestellt ist.
12 Zeiss, NZBau 2011, 658.
13 Bernhardt, in: Ziekow/Völlink, Vergaberecht, § 7 SektVO a.F., Rn. 5.
14 S. § 121 Absatz 1 GWB.
15 www.umwelbundesamt.de/themen/wirtschaft-konsum/umweltfreundliche-beschaffung/be rechnung-der-lebenszykluskosten.
16 Vgl. OLG Düsseldorf, Beschl. v. 01.08.2012 – VII-Verg 105/11.

15 Unterlässt der Auftraggeber die Berücksichtigung der Energieeffizienz im Rahmen der Beschaffung, handelt er vergaberechtswidrig. Wenn er schon keine (Mindest-)Vorgaben in der Leistungsbeschreibung macht, so hat er die Kriterien spätestens im Rahmen der Angebotswertung zu berücksichtigen. Dies bedeutet, dass er die Kriterien im Rahmen der Ausschreibung transparent und bekannt zu machen hat.

§ 59 SektVO Beschaffung von Straßenfahrzeugen

(1) Der Auftraggeber muss bei der Beschaffung von Straßenfahrzeugen Energieverbrauch und Umweltauswirkungen berücksichtigen. Zumindest müssen folgende Faktoren, jeweils bezogen auf die Gesamtkilometerleistung des Straßenfahrzeugs im Sinne der Tabelle 3 der Anlage 2, berücksichtigt werden:
1. Energieverbrauch,
2. Kohlendioxid-Emissionen,
3. Emissionen von Stickoxiden,
4. Emissionen von Nichtmethan-Kohlenwasserstoffen
und
5. partikelförmige Abgasbestandteile.

(2) Der Auftraggeber erfüllt die Verpflichtung, indem er
1. Vorgaben zu Energieverbrauch und Umweltauswirkungen in der Leistungsbeschreibung oder in den technischen Spezifikationen macht oder
2. den Energieverbrauch und die Umweltauswirkungen von Straßenfahrzeugen als Zuschlagskriterien berücksichtigt.

Sollen der Energieverbrauch und die Umweltauswirkungen von Straßenfahrzeugen finanziell bewertet werden, ist die in Anlage 3 definierte Methode anzuwenden. Soweit die Angaben in Anlage 2 dem Auftraggeber einen

Spielraum bei der Beurteilung des Energiegehaltes oder der Emissionskosten einräumen, nutzt er diesen Spielraum entsprechend den lokalen Bedingungen am Einsatzort des Fahrzeugs.

Amtliche Begründung

»§ 59 enthält spezielle Regelungen für die Beschaffung von Straßenfahrzeugen. Diese gehen den Regelungen zur Beschaffung energieverbrauchsrelevanter Liefer- oder Dienstleistungen in § 58 vor.

Zu Absatz 1

Absatz 1 überführt den Regelungsgehalt des bisherigen § 7 Absatz 5 der SektVO in diese Vergabeverordnung. Satz 1 dient der Umsetzung von Artikel 1 der Richtlinie 2009/33/EG des Europäischen Parlaments und des Rates über die Förderung sauberer und energieeffizienter Straßenfahrzeuge (sog. »Clean-Vehicles-Directive«). Satz 2 dient der Umsetzung von Artikel 5 Absatz 2 derselben Richtlinie.

Zu Absatz 2

Absatz 2 überführt den Regelungsgehalt des bisherigen § 7 Absatz 6 der SektVO in diese Verordnung.«

A. Allgemeine Einführung

Die Europäische Kommission hat schon im Jahre 2006 angekündigt, ihre Anstrengun- 1 gen fortzusetzen, durch das öffentliche Beschaffungswesen und durch Sensibilisierung der Öffentlichkeit Märkte für saubere, intelligentere und energieeffizientere Fahrzeuge zu schaffen. Dies passt in die Gesamtstrategie der Europäischen Kommission, mithilfe der öffentlichen Beschaffung das Potenzial für mehr Energieeffizienz auszuschöpfen.[1]

Die Kommission will durch zusätzliche Maßnahmen auch den Markt für Fahrzeuge mit geringem Kraftstoffverbrauch fördern.[2]

B. Vergleich zur vorigen Rechtslage

Die Regelungen der SektVO a.F.[3] wurden identisch in die Neufassung übernommen. 2

C. Europarechtliche Vorgaben

Europarechtlich ergibt sich die Vorschrift weder aus der Richtlinie 2014/25/EU noch 3 aus deren Vorgängerrichtlinie 2004/17/EG. Grundlage ist die eigenständige Richtlinie 2009/33/EG »Saubere Fahrzeuge«.

Auftraggeber, soweit sie zur Anwendung der Richtlinien 2014/24/EU und 2014/25/ 4 EU verpflichtet sind, sowie Betreiber, die öffentliche Personenverkehrsdienste im Rahmen eines öffentlichen Dienstleistungsauftrags i.S.d. Verordnung (EG) Nr. 1370/2007 über öffentliche Personenverkehrsdienste auf Schiene und Straße[4] erbringen, sind nach dieser Richtlinie verpflichtet, beim Kauf von Straßenfahrzeugen die Energie- und Umweltauswirkungen, einschließlich des Energieverbrauchs, der CO_2-Emissionen und bestimmter Schadstoffemissionen während der gesamten Lebensdauer zu berücksichtigen.

---

1 S. Mitteilung der Kommission v. 19.10.2006: »Aktionsplan für Energieeffizienz: Das Potenzial ausschöpfen«, KOM(2006)545.
2 Erwägungsgrund 7 Richtlinie 2009/33/EG des Europäischen Parlaments und des Rates v. 23.04.2009 über die Förderung sauberer und energieeffizienter Straßenfahrzeuge (ABl. L 120 v. 15.05.2009, S. 5).
3 §§ 7 Abs. 5, 29 Abs. 2 Satz 4 SektVO a.F.
4 ABl. L 315 v. 3.12.2007, S. 1.

Die über die gesamte Lebensdauer zu berücksichtigenden Umwelt- und Energieauswirkungen umfassen mindestens die Faktoren Energieverbrauch, CO_2-Emissionen und Emissionen von NOx, Nichtmethan-Kohlenwasserstoffen und Partikeln.

5 Die Berücksichtigung der geforderten Faktoren erfolgt entweder über die Festlegung technischer Spezifikationen oder bei der Kaufentscheidung als Zuschlagskriterium. Sollen die Energie- und Umweltauswirkungen finanziell bewertet werden, gibt die Richtlinie eine Methode zur Berechnung der über die gesamte Lebensdauer anfallenden Betriebskosten vor.[5]

Für den Kauf bestimmter Fahrzeuge, die nicht der Typengenehmigung unterliegen, können die Mitgliedstaaten eine Befreiung von den Anforderungen vorsehen.[6]

D. Kommentierung

6 Bei der Beschaffung von Straßenfahrzeugen müssen Auftraggeber Energieverbrauch und Umweltauswirkungen berücksichtigen. Verpflichtet hierzu sind Sektorenauftraggeber nach § 100 GWB. Die Beschaffung der Straßenfahrzeuge muss im Zusammenhang mit einer Sektorentätigkeit i.S.d. § 102 GWB stehen. Ansonsten ist der Anwendungsbereich des Sektorenvergaberechts nicht eröffnet.[7]

7 Der Begriff des Straßenfahrzeugs ist in der SektVO nicht definiert. Es geht um Fahrzeuge, die den Fahrzeugklassen Personenkraftwagen, Leichte und schwere Nutzfahrzeuge sowie Busse angehören.[8] Weder die Antriebsart noch die Art des Treibstoffes sind erheblich.[9]

Während die Richtlinie vom Kauf spricht, verpflichtet die SektVO die Auftraggeber zur Beachtung der Vorgaben bei der Beschaffung. Damit werden neben dem Kauf auch weitere Erwerbsformen wie Miete oder Leasing eingeschlossen.[10]

8 Mindestens berücksichtigen muss der Auftraggeber die Faktoren Energieverbrauch, Kohlendioxid-Emissionen (CO_2-Emissionen), Emissionen von Stickoxiden (NOx), Emissionen von Nichtmethan-Kohlenwasserstoffen und partikelförmige Abgasbestandteile. Die Aufzählung ist nicht abschließend.

9 Die Berücksichtigung der genannten Faktoren muss sich auf die gesamte Lebensdauer des Straßenfahrzeugs beziehen. Die Lebensdauer wird nach Tabelle 3 der Anlage 2 zur

---

5 Art. 6 Richtlinie 2009/33/EG.
6 S. Art. 2 i.V.m. Art. 2 Abs. 3 Richtlinie 2007/46/EG des Europäischen Parlaments und des Rates vom 5. September 2007 zur Schaffung eines Rahmens für die Genehmigung von Kraftfahrzeugen und Kraftfahrzeuganhängern sowie von Systemen, Bauteilen und selbständigen technischen Einheiten für diese Fahrzeuge (ABl. L 263 v. 9.10.2007, S. 1).
7 S. § 1 Abs. 1 SektVO.
8 S. Art. 4 Nr. 3 i.V.m. dem Anhang Tabelle 3 Richtlinie 2009/33/EG.
9 Aus Art. 6 Abs. 1 Buchstabe a) erster Spiegelstrich ergibt sich, dass auch Elektrofahrzeuge erfasst sind.
10 Vgl. Bernhardt, in: Ziekow/Völlink, Vergaberecht, § 7 SektVO a.F., Rn. 5a.

SektVO nicht nach einem Zeitraum bemessen, sondern es werden für die jeweilige Fahrzeugklasse km-Vorgaben gemacht.

Der Auftraggeber kann die Vorgaben entweder dadurch erfüllen, dass er entsprechende 10 Anforderungen in der Leistungsbeschreibung oder den technischen Spezifikationen stellt oder er berücksichtigt den Energieverbrauch und die Umweltauswirkungen bei den Zuschlagskriterien.

Bei der Festlegung der entsprechenden Anforderungen können die Auftraggeber in der 11 Leistungsbeschreibung oder den technischen Spezifikationen auch höhere Energie- oder Umweltleistungen festlegen indem sie z.b. Abgasnormen (Euro-Norm) verlangen, die zwar schon festgelegt aber noch nicht verbindlich geworden sind.[11]

Vernünftig erscheint es, einen »Erfüllungsmix« zu wählen. Denn macht der Auftragge- 12 ber ausschließlich Vorgaben in der Leistungsbeschreibung, kann er ein »Besser« nicht berücksichtigen. Dies ist nur über eine vergleichende Bewertung mittels Zuschlagskriterien möglich.

Die Bewertung kann herkömmlich (Gewichtung, Punktesystem) oder finanziell erfol- 13 gen. Die im Falle der finanziellen Bewertung anzuwendende Methode zur Berechnung der über die Lebensdauer von Straßenfahrzeugen anfallenden Betriebskosten ist in Anlage 3 zur SektVO beschrieben. Arbeitshilfen hierzu sind unter dem Portal www.cleanvehicle.eu verfügbar. Das Portal dient als Instrument für die Umsetzung der Richtlinie »Saubere Fahrzeuge«.

Abschnitt 4 Planungswettbewerbe

§ 60 SektVO Anwendungsbereich

(1) Wettbewerbe nach § 103 Absatz 6 des Gesetzes gegen Wettbewerbsbeschränkungen werden insbesondere auf den Gebieten der Raumplanung, des Städtebaus und des Bauwesens oder der Datenverarbeitung durchgeführt (Planungswettbewerbe).

(2) Bei der Durchführung eines Planungswettbewerbs wendet der Auftraggeber die §§ 5, 6, 50 und die Vorschriften dieses Abschnitts an.

Amtliche Begründung

»Abschnitt 4 (Planungswettbewerbe)

Abschnitt 4 dient der Umsetzung von Titel III Kapitel II der Richtlinie 2014/25/EU und umfasst die allgemeinen Bestimmungen zu Planungswettbewerben, die sich bisher in § 11 der SektVO fanden.

---

11 S. Erwägungsgrund 21 Richtlinie 2009/33/EG; z.B. soll die Norm Euro 6c für Emissionsgrenzwerte für PKW mit Ottomotor ab 1.09.2018 zugelassen werden.

Zu § 60 (Anwendungsbereich)

§ 60 legt den Anwendungsbereich des Abschnitts 4 fest.

Zu Absatz 1

Absatz 1 führt die praktischen Anwendungsfälle für Wettbewerbe nach § 103 Absatz 6 GWB auf.

Zu Absatz 2

Absatz 2 setzt Artikel 97 Absatz 1 der Richtlinie 2014/25/EU um. Danach hat der Auftraggeber neben den Bestimmungen in Abschnitt 4, die §§ 5 (Vertraulichkeit), 6 (Interessenkonflikte) und 50 (Rechtsform von Unternehmen, Bietergemeinschaften) bei der Durchführung eines Planungswettbewerbs anzuwenden.«

A. Allgemeine Einführung

1   Wettbewerbe haben vor allem die Funktion, Auftraggeber über die Marktverhältnisse zu informieren.[1] Sie sind effektive Instrumente, um kreative und innovative Ideen mit Marktrelevanz zu finden oder die Wirtschaftlichkeit zu erhöhen. Dem Auftraggeber kommt es darauf an, eine Vielzahl an verschiedenen und kreativen Lösungen zu erhalten, indem er im Rahmen des Wettbewerbs die Schöpfungskraft der Teilnehmer durch das Verteilen eines möglichst attraktiven Preises stimuliert und die Gestaltungsfreiheit der Teilnehmer so wenig wie möglich durch verbindliche Durchführungsregeln einschränkt.[2]

2   § 60 SektVO definiert den Anwendungsbereich des vierten Abschnitts der SektVO, welcher nahezu deckungsgleich mit Abschnitt 5 der VgV ist. Dieser Abschnitt dient der Umsetzung von Titel III Kapitel II der Richtlinie 2014/25/EU. Für Planungswettbewerbe sollen nur bestimmte Regelungen der SektVO gelten. Der vierte Abschnitt umfasst allgemeine Bestimmungen zu Planungswettbewerben und trägt den Besonderheiten der Vergabe von Liefer- und Dienstleistungsaufträgen sowie von Bauleistungen durch Sektorenauftraggeber zum Zwecke der Sektorentätigkeit Rechnung.

3   Sonderbestimmungen für die Durchführung von Wettbewerben betreffend Architektur- und Ingenieurleistungen (wie etwa im Abschnitt 6 der VgV) sind in der SektVO nicht erhalten. Dies liegt daran, dass der Anwendungsbereich der SektVO bereits zum Zeitpunkt ihrer Einführung freiberufliche Leistungen erfasste, für die eine eindeutige und erschöpfende Leistungsbeschreibung nicht möglich ist, wie z.B. Architektenwettbewerbe. So waren in § 11 SektVO a.F. die Vorgaben für Planungswettbewerbe

---

1 Vgl. BayObLG, Beschl. v. 20.04.2005 – Verg 26/04, VergabeR 2005, 532.
2 VK Sachsen, Beschl. v. 22.02.2013 – 1/SVK/047-12, ZfBR 2013, 727.

für alle Sektorenauftraggeber enthalten, ohne Einschränkungen bezüglich der Art der Leistung – ob freiberuflich, nicht freiberuflich, nicht eindeutig beschreibbar, o.ä.

B. Vergleich zur vorherigen Rechtslage

Die Begriffsbestimmung eines Wettbewerbs erfolgte bislang über § 11 Abs. 1 SektVO   4
a.f. mittels eines Verweises auf § 99 Abs. 5 GWB a.f. In ähnlicher Verweistechnik wird der Begriff nun über § 60 Abs. 1 SektVO auf § 103 Abs. 6 GWB definiert. § 99 Abs. 5 GWB a.f. und § 103 Abs. 6 GWB stimmen weitgehend überein. Im Sinne einer »1:1«-Übertragung der europäischen Vorschriften wurde der Wortlaut der Definition in Art. 2 Nr. 17 Richtlinie 2014/25/EU übernommen, der wiederum mit seinem Vorgänger Art. 1 Abs. 10 Richtlinie 2004/17/EG übereinstimmt. Im Ergebnis besteht der Unterschied zwischen der bisherigen und der jetzigen Lage nur darin, dass die vorherige Regelung nicht zu 100% vollständig, sondern »abgekürzt« die einschlägige Richtlinie umsetzte.

Nach § 11 SektVO a.f. hatte der Auftraggeber die Wahl, den Wettbewerb in Form   5
sämtlicher in § 6 SektVO a.f. genannter Verfahren durchzuführen. »*Wettbewerbe werden (...) in einem der in § 6 genannten Verfahren durchgeführt*«, mithin also in einem offenen Verfahren, in einem nicht offenen Verfahren mit Bekanntmachung, in einem Verhandlungsverfahren mit Bekanntmachung und ausnahmsweise auch ohne Bekanntmachung im Falle des § 6 Abs. 2 Nr. 12 SektVO a.f., wenn im Anschluss an einen Wettbewerb ein Dienstleistungsauftrag an den Gewinner oder an einen der Preisträger zu vergeben ist. Die Vergabe eines Dienstleistungsauftrags im Anschluss an einen Wettbewerb in einem Verhandlungsverfahren ohne Teilnahmewettbewerb ist auch in der aktuellen Fassung der SektVO vorgesehen und ergibt sich aus § 61 Abs. 2 SektVO, der mit § 13 Abs. 2 Nr. 10 SektVO zusammen zu betrachten ist. Ein konkreter Hinweis auf eine oder mehrere Verfahrensarten nach § 13 SektVO, der § 6 SektVO a.f. entspricht, ist in § 60 SektVO jedoch nicht enthalten.

C. Europarechtliche Vorgaben

Um in den Anwendungsbereich der SektVO zu fallen, muss ein Planungswettbewerb   6
begrifflich vorliegen und der einschlägige EU-Schwellenwert erreicht worden sein (Art. 95 Richtlinie 2014/25/EU). Die Höhe des Schwellenwerts folgt aus § 106 GWB, die Schätzung des Auftragswerts bei Wettbewerben nach § 2 Abs. 12 SektVO (siehe dortige Kommentierungen).

Der Wettbewerbsbegriff ergibt sich aus Art. 2 Nr. 17 Richtlinie 2014/25/EU, umge-   7
setzt in § 103 Abs. 6 GWB (siehe dortige Kommentierung). Demnach sind Wettbewerbe Auslobungsverfahren, die dazu dienen, dem Auftraggeber (insbesondere auf den Gebieten der Raumplanung, der Stadtplanung, der Architektur und des Bauwesens oder der Datenverarbeitung) einen Plan oder eine Planung zu verschaffen, deren Auswahl durch eine Jury aufgrund vergleichender Beurteilung mit oder ohne Vergabe von Preisen erfolgt. Bereits aus dem Wort »insbesondere« in Art. 2 Nr. 17 Richtlinie 2014/17/EU wird klar, dass Wettbewerbe nicht nur in den aufgezählten Gebieten möglich sind. Wie in Erwägungsgrund Nr. 126 Richtline 2014/25/EU ausgeführt, können

diese flexiblen Instrumente auch für andere Zwecke verwendet und es kann daher in Vorschriften festgelegt werden, dass die daran anschließenden Dienstleistungsaufträge »im Rahmen eines Verhandlungsverfahrens ohne vorherige Veröffentlichung« an den Gewinner oder einen der Gewinner des Wettbewerbs vergeben würden. Die europäische Definition legt ebenso bereits das Ziel der Durchführung eines Wettbewerbs fest und zwar »um einen Plan oder Planung zu verschaffen«. Kennzeichnend für einen Wettbewerb ist, dass »eine Jury«, also ein Preisgericht, darüber entscheidet.

D. Kommentierung

I. Begriff der Planungswettbewerbe (§ 60 Abs. 1 SektVO)

8   § 60 Abs. 1 SektVO verweist zur Definition des Planungswettbewerbs auf § 103 Abs. 6 GWB. Insofern können wir auf die dortige Kommentierung verweisen.

II. Durchführung des Wettbewerbs (§ 60 Abs. 2 SektVO)

9   Der Auftraggeber ist bei der Durchführung eines Planungswettbewerbs neben der Pflicht zur Anwendung der Vorschriften in Abschnitt 4 SektVO des Weiteren konkret zur Wahrung der Vertraulichkeit (§ 5 SektVO), zur Vermeidung von Interessenkonflikten (§ 6 SektVO) und zur Beachtung der Regelungen über die Rechtsform der Bieter und Bewerber (§ 50 SektVO) verpflichtet.

10   Angeblich soll damit laut Begründung des Verordnungsgebers § 97 Abs. 1 Richtlinie 2014/25/EU umgesetzt werden. Dort ist allerdings die Rede davon, dass für Wettbewerbe neben den besonderen Vorschriften in Titel III Kapitel II der gesamte Titel I der Richtlinie 2014/24/EU gelten soll, mit immerhin 42 Artikeln. Warum am Ende nur die oben beschriebenen Regelungen aus dem Rest der SektVO für Planungswettbewerbe anwendbar sein sollen, wird nicht erklärt, erschließt sich auch nicht. Es ist somit zu erwarten, dass nach Sinn und Zweck für Planungswettbewerbe weitere Artikel anderer Abschnitte der SektVO gelten werden, welche für die Durchführung eines solchen Verfahrens sachnotwendig sind, z.B. Dokumentationspflicht oder Kommunikationsgrundsätze.

§ 61 SektVO Veröffentlichung, Transparenz

(1) Der Auftraggeber teilt seine Absicht, einen Planungswettbewerb auszurichten, in einer Wettbewerbsbekanntmachung mit. Die Wettbewerbsbekanntmachung wird nach dem in Anhang IX der Durchführungsverordnung (EU) 2015/1986 enthaltenen Muster erstellt.

(2) Beabsichtigt der Auftraggeber im Anschluss an einen Planungswettbewerb einen Dienstleistungsauftrag im Verhandlungsverfahren ohne Teilnahmewettbewerb zu vergeben, hat der Auftraggeber die Eignungskriterien und die zum Nachweis der Eignung erforderlichen Unterlagen hierfür bereits in der Wettbewerbsbekanntmachung anzugeben.

(3) Die Ergebnisse des Planungswettbewerbs sind bekanntzumachen und innerhalb von 30 Tagen an das Amt für Veröffentlichungen der Europäischen Union zu übermitteln. Die Bekanntmachung wird nach dem Muster gemäß Anhang X der Durchführungsverordnung (EU) 2015/1986 erstellt.

(4) § 38 Absatz 6 gilt entsprechend.

Amtliche Begründung

»§ 61 dient der Umsetzung von Artikel 96 der Richtlinie 2014/25/EU.

Zu Absatz 1

Nach Absatz 1 ist mittels Wettbewerbsbekanntmachung zu einem Planungswettbewerb aufzurufen. Die Veröffentlichung erfolgt entsprechend § 40.

Zu Absatz 2

Absatz 2 setzt Artikel 50 und Artikel 96 Absatz 1 Unterabsatz 2 der Richtlinie 2014/25/EU um. Beabsichtigen Auftraggeber im Anschluss an einen Planungswettbewerb ein Verhandlungsverfahren ohne Teilnahmewettbewerb durchzuführen, müssen die erst im Rahmen der späteren Eignungsprüfung zu erfüllenden Eignungskriterien und die entsprechend verlangten Nachweise bereits in der Wettbewerbsbekanntmachung genannt werden. Damit bedient die Vorschrift den Transparenzgrundsatz. Sie stellt sicher, dass Unternehmen bereits vor der Teilnahme an einem Planungswettbewerb erkennen können, ob sie den späteren Dienstleistungsauftrag erbringen können. Zudem führt die Regelung dazu, dass sich Auftraggeber frühzeitig mit der Frage nach den zu fordernden Eignungskriterien und Nachweisen auseinandersetzen.

Zu Absatz 3

Nach Absatz 3 Satz 1 und 2 sind die Ergebnisse des Planungswettbewerbs innerhalb von 30 Tagen mittels Standardformular an das Amt für Veröffentlichungen der Europäischen Union zu versenden.

Zu Absatz 4

Absatz 4 bezieht sich auf die Vorschrift des § 38 Absatz 6, wonach bestimmte Mitteilungen des Auftraggebers unterlassen werden dürfen.«

A. Allgemeine Einführung

1   § 61 SektVO trägt dem Transparenzgrundsatz Rechnung. Er enthält Vorgaben zur wettbewerbseröffnenden sowie der die Ergebnisse mitteilenden Bekanntmachung von Planungswettbewerben.

B. Vergleich zur vorherigen Rechtslage

2   Die Vorgaben zur Wettbewerbsbekanntmachung und der Bekanntmachung der Wettbewerbsergebnisse folgten bislang aus Anhang XII und Anhang XIII der Durchführungsverordnung (EU) Nr. 842/2011. Der Unterschied liegt darin, dass nach neuem Recht Angaben zu einer möglichen gemeinsamen Beschaffung und zu gewünschten Kommunikationswegen[1] bzw. zu der Nichtvergabe[2] zu machen sind. Im Übrigen sind alte und neue Standardformulare deckungsgleich.

3   Die Vergabe eines Dienstleistungsauftrags im Anschluss an einen Planungswettbewerb in einem Verhandlungsverfahren ohne Teilnahmewettbewerb ist bereits aus § 6 Abs. 2 Nr. 12 SektVO a.F. bekannt. Seine Zulässigkeit nach jetzigem Recht ergibt sich aus § 13 Abs. 2 Nr. 10 SektVO, auf dessen Kommentierung verwiesen wird.

C. Europarechtliche Vorgaben

4   § 61 SektVO dient laut Verordnungsgeber der Umsetzung von Art. 96 Abs. 1 u. Abs. 2 Richtlinie 2014/25/EU sowie Art. 50 lit. j) Richtlinie 2014/25/EU. Mittels eines Verweises in § 61 Abs. 1 und Abs. 3 SektVO gelten zudem Standardformulare gemäß Anhang IX und Anhang X der Durchführungsverordnung (EU) Nr. 2015/1986.

D. Kommentierung

I. Wettbewerbsbekanntmachung (§ 61 Abs. 1 SektVO)

5   Der Aufruf zu einem Planungswettbewerb erfolgt im Wege der Bekanntmachung, welche nach dem im Anhang IX der Durchführungsverordnung (EU) Nr. 2015/ 1986 enthaltenen Muster zu erstellen ist. Es sind u.a. Angaben zum Gegenstand des Wettbewerbs, zu den Teilnahmebedingungen und Kriterien für die Bewertung der Projekte festzustellen. Art des Wettbewerbs, Preise und Fristen sind ebenso Gegenstand des Bekanntmachungsformulars. Die Veröffentlichung der Bekanntmachung erfolgt nach § 40 SektVO, indem die Wettbewerbsbekanntmachung dem Amt für Veröffentlichungen der Europäischen Union mithilfe elektronischer Mitteln übermittelt und von diesem veröffentlicht wird.

---

1   Vgl. I.2) und I.3) des Anhangs IX Durchführungsverordnung (EU) Nr. 2015/1986.
2   Vgl. V.1) des Anhangs X Durchführungsverordnung (EU) Nr. 2015/1986.

II. Bekanntmachung bei geplanter Vergabe eines Dienstleistungsauftrag (§ 61 Abs. 2 SektVO)

Sollte der Sektorenauftraggeber die Absicht haben, nach dem Wettbewerb auch einen 6
Auftrag zu vergeben, wird er regelmäßig das Verhandlungsverfahren ohne Teilnahmewettbewerb wählen. Denn es führt zu einem relativ geringen Aufwand (Wegfall des Teilnahmewettbewerbs) und ermöglicht Verhandlungen mit den Bietern. Da die Eignung
der Bieter jedoch stets überprüft werden und aus Gründen der Transparenz vor Einleitung des Wettbewerbs klar sein muss, welche Eignungsvoraussetzungen bestehen, verpflichtet § 61 Abs. 2 SektVO im Falle eines avisierten Verhandlungsverfahrens ohne
Teilnahmewettbewerb zur Mitteilung der Eignungskriterien und -nachweise in der
Wettbewerbsbekanntmachung.[3]

Mit § 61 Abs. 2 SektVO kommt der Wille des Gesetzgebers zur größtmöglichen Trans- 7
parenz zum Ausdruck. Aus den bereits in der Wettbewerbsbekanntmachung definierten Eignungsanforderungen können interessierte Unternehmen frühzeitig entnehmen,
worauf es dem Auftraggeber bei der Person des Auftragnehmers ankommt.[4] So können
potentielle Teilnehmer auf Grundlage der Eignungskriterien bereits in diesem früheren
Stadium ihre Erfolgschancen besser einschätzen und realistisch beurteilen, ob sie in der
Lage sind, den Anforderungen des Wettbewerbs zu entsprechen.[5]

III. Bekanntmachung der Wettbewerbsergebnisse (§ 61 Abs. 3 SektVO)

Nach § 61 Abs. 3 SektVO besteht die Pflicht zur Bekanntmachung der Ergebnisse des 8
Planungswettbewerb. Sie soll innerhalb von 30 Tagen an das Amt für Veröffentlichungen der EU übermittelt werden. Weder der Verordnungstext noch die Begründung sagen aus, von welchem Termin an die 30-Tage-Frist laufen soll. Art. 96 Abs. 2 u. Abs. 2
Richtlinie 2014/25/EU geben Aufschluss. Die Frist beginnt mit Abschluss der Wettbewerbe. Ein Wettbewerb ist mit dem Ergebnis abgeschlossen, welches in der Entscheidung der Jury liegt (vgl. § 8 Abs. 1 RPW 2013). Hat die Jury entschieden, läuft die
30-Tage-Frist. Die Bekanntmachung erfolgt nach dem Muster gem. Anhang X der
Durchführungsverordnung (EU) Nr. 2015/1986, der die Angabe von Informationen
voraussetzt, die weitgehend mit den Angaben zur Wettbewerbsbekanntmachung
nach § 61 Abs. 1 SektVO übereinstimmen.

IV. Ausnahme von der Bekanntmachungspflicht (§ 61 Abs. 4 SektVO)

In entsprechender Anwendung des § 38 Abs. 6 SektVO ist der Auftraggeber bei einem 9
Planungswettbewerb nicht verpflichtet, einzelne Angaben zu veröffentlichen, wenn deren Veröffentlichung den Gesetzesvollzug behindert, dem öffentlichen Interesse zuwiderläuft, den berechtigten geschäftlichen Interessen eines Unternehmens schadet oder

---

3 Hinsichtlich der Voraussetzungen des Verhandlungsverfahrens nach Wettbewerben, aber ohne
   Teilnahmewettbewerb, wird auf die Kommentierung zu § 13 Abs. 2 Nr. 10 SektVO verwiesen.
   Zur Eignungsprüfung wird auf die Kommentierung zu den §§ 45 ff. SektVO verwiesen.
4 Vgl. OLG Saarbrücken, Beschl. v. 15.10.2014 – 1 Verg 1/14, VergabeR 2015, 250.
5 Vgl. Amtl. Begründung zu § 61 SektVO.

den lauteren Wettbewerb zwischen Unternehmen beeinträchtigt.[6] Mithin soll bereits vor Beginn des Wettbewerbs vermieden werden, dass dessen Durchführung wegen Verstoß gegen Bestimmungen zum Schutz vertraulicher Informationen vereitelt wird.

§ 62 SektVO Ausrichtung

(1) Die an einem Planungswettbewerb Interessierten sind vor Wettbewerbsbeginn über die geltenden Durchführungsregeln zu informieren.

(2) Die Zulassung von Teilnehmern an einem Planungswettbewerb darf nicht beschränkt werden
1. unter Bezugnahme auf das Gebiet eines Mitgliedstaats der Europäischen Union oder einen Teil davon oder
2. auf nur natürliche oder nur juristische Personen.

(3) Bei einem Planungswettbewerb mit beschränkter Teilnehmerzahl hat der Auftraggeber eindeutige und nichtdiskriminierende Auswahlkriterien festzulegen. Die Zahl der Bewerber, die zur Teilnahme aufgefordert werden, muss ausreichen, um einen echten Wettbewerb zu gewährleisten.

Amtliche Begründung

»§ 62 setzt Artikel 97 der Richtlinie 2014/25/EU um.«

A. Allgemeine Einführung

1 § 62 SektVO regelt die für die Ausrichtung des Wettbewerbs einschlägigen Vorgaben und trifft Regelungen zu den Teilnehmer und der Teilnehmerzahl. Sinn und Zweck der Vorschrift ist, die Chancengleichheit der Teilnehmer zu gewähren.

B. Vergleich zur vorherigen Rechtslage

2 Die Ausrichtung des Wettbewerbs war bislang Teil des § 11 Abs. 2 S. 2 und Abs. 3 SektVO a.F. und erfährt durch die Neuregelung keine inhaltliche Änderung.

---

6 Vgl. hierzu die Kommentierung zu § 38 SektVO.

C. Europarechtliche Vorgaben

Mit § 62 SektVO wird Art. 97 Abs. 2 u. 3 Richtlinie 2014/25/EU umgesetzt.   3

D. Kommentierung

I. Durchführungsregeln (§ 62 Abs. 1 SektVO)

Der Sektorenauftraggeber legt die Durchführungsregeln des Wettbewerbs fest und   4
muss sie vor Wettbewerbsbeginn allen am Wettbewerb Interessierten mitteilen. Das
Gesetz teilt nicht mit, wo die Mitteilung erfolgen soll. Wenn es jedoch vor Beginn
des Wettbewerbs sein soll und formaler Beginn des Wettbewerbs die »Auslobung« –
sprich **Bekanntmachung** – ist, sollte in der Bekanntmachung entweder ein Hinweis
auf abzurufende Unterlagen erfolgen, in denen die Durchführungsregeln enthalten
sind, oder direkt u.a. in Ziffer III.1.10 des Bekanntmachungsformulars für die Wettbewerbsbekanntmachung aufgeführt werden.

Inhaltlich ist Sektorenauftraggebern zu empfehlen, sich im Rahmen ihres Beurteilungs-   5
spielraums über den Inhalt der Durchführungsregeln an die einschlägigen **Richtlinien
für den Wettbewerb** zu halten. Der Bund orientiert sich etwa an Richtlinien für
Planungswettbewerbe (RPW 2013), bestimmte Bundesländer verwenden andere Richtlinien, z.B. Regeln für Auslobung von Wettbewerben (RAW 2004) in Nordrhein-
Westfalen. Festzulegen sind damit u.a. die Art des Wettbewerbs (Realisierungs- oder
Ideenwettbewerb, offener oder nicht offener Wettbewerb), die Aufgabe, die Wettbewerbsbedingungen, die Anforderungen und Ziele sowie – ggf. – Ausschlussgründe. Insbesondere die Kriterien zur Beurteilung der Entwurfsvorschläge sind bereits aus Gründen der Transparenz zwingend in den Durchführungsregeln mitzuteilen. Idealerweise
beauftragt der Sektorenauftraggeber eine fachlich versierte Person, z.B. einen Architekten, ihn bei der Vorbereitung und Durchführung des Wettbewerbs zu beraten, denn regelmäßig besitzen Sektorenauftraggeber nicht das Know-how, um Wettbewerbe sachgerecht durchzuführen.

Eine Änderung der Regeln im Nachhinein, insbesondere im Laufe des Wettbewerbs, ist   6
grundsätzlich vergaberechtswidrig.[1] Eine nachträgliche Änderung durch den Sektorenauftraggeber kurz vor Abgabe der Wettbewerbsarbeiten ist nur ausnahmsweise zulässig,
sofern diese transparent und diskriminierungsfrei erfolgt, alle Teilnehmer umgehend
darüber informiert werden[2] und keine Manipulationsgefahr zu besorgen ist.

II. Verbot der Zulassungsbeschränkung (§ 62 Abs. 2 SektVO)

Die Durchführungsregeln müssen **diskriminierungsfrei** sein. Die Beschränkung der   7
Teilnahme an einem Planungswettbewerb unter Bezugnahme auf das Gebiet bzw. einen
Teil des Gebiets eines Mitgliedstaates (Nr. 1) oder auf nur natürliche oder juristische

---

1 Vgl. OLG Dresden, 06.06.2002 – WVerg 4/02, VPRRS 2003, 0703.
2 Vgl. nachträgliche Änderung der Regel bei einem Vergabeverfahren vor Angebotsabgabe: OLG
   Rostock, Beschl. v. 09.10.2013 – 17 Verg 6/13, VergabeR 2014, 442; OLG Düsseldorf, Beschl.
   v. 04.02.2013 – Verg 31/12, VergabeR 2014, 188.

Personen (Nr. 2) ist nicht zulässig. Das ist selbstverständlich und leicht für den Sektorenauftraggeber einzuhalten. Das Diskriminierungsverbot gilt aber unabhängig davon allgemein, d.h. es ist in jeder Phase des Verfahrens zu beachten, z.b. was den Informationsfluss an alle beteiligten Personen angeht.

III. Planungswettbewerb mit beschränkter Teilnehmerzahl (§ 62 Abs. 3 SektVO)

8 § 62 Abs. 3 SektVO regelt den Planungswettbewerb mit beschränkter Teilnehmerzahl. Zum Zwecke der Beschränkung der Teilnehmerzahl trifft den Sektorenauftraggeber die Pflicht, **eindeutige** und **nichtdiskriminierende** Auswahlkriterien festzulegen. Auf diese Weise wird dem Gebot der Gleichbehandlung und der Transparenz Rechnung getragen.

9 Eindeutige Kriterien sind solche, die klar und missverständlich gefasst sind und zu einem transparenten und überprüfbaren Auswahlverfahren führen. Denn genau diese Auswahlkriterien sind die Anhaltspunkte dafür, aus welchen Gründen später einer von mehreren Bewerber gegenüber allen anderen für mehr bzw. weniger vorzugswürdig gehalten wurde. Nicht eindeutig sind Kriterien wie »gestalterische Qualifikation« oder »gestalterisches Können.«[3]

10 Aus dem Diskriminierungsverbot folgt, dass Auswahlentscheidungen allein nach sachlichen Kriterien zu treffen sind. Als diskriminierend können daher Kriterien angesehen werden, die in keinem sachlichen Zusammenhang mit der Erbringung der angefragten Wettbewerbsplanung stehen und an sich geeignete Teilnehmer ohne nachvollziehbare Begründung ausschließen, insbesondere wenn die Teilnehmer die Planungsaufgabe auch ohne dieses Kriterium erfüllen können.[4] Es ist auch diskriminierend, die Teilnehmer an jeweils unterschiedlichen Auswahlkriterien zu messen. So darf der Sektorenauftraggeber nach § 45 Abs. 2 SektVO bei einem Vergabeverfahren Teilnehmern keine administrativen, technischen oder finanziellen Anforderungen stellen, die er anderen Teilnehmern nicht stellt. Nichts anderes kann im Wettbewerbsverfahren gelten.

11 Des Weiteren enthält § 62 Abs. 3 SektVO Anforderungen an die erforderliche Mindestzahl der zur Teilnahme aufgeforderten Teilnehmer. Die Regelung stellt sich als Ausprägung des Wettbewerbsgrundsatzes i.S.v. § 97 GWB dar. Die Teilnehmerzahl muss ausreichend sein, um einen **echten** Wettbewerb zu gewährleisten. Was das ist, wird nicht definiert. In der SektVO mangelt es ohnehin an einer mit § 51 Abs. 2 VgV vergleichbaren Vorgabe, wie viele Unternehmen im Angebotsverfahren (nach einem Teilnahmewettbewerb) mindestens teilnehmen müssen (laut VgV drei Unternehmen in einem Verhandlungsverfahren, fünf Unternehmen in einem nicht offenen Verfahren). Insofern muss für den Einzelfall je nach Bedeutung und Schwierigkeit der Wettbewerbsaufgabe entschieden werden. Es liegt aber auf der Hand, dass ein Wettbewerb mindestens zwei beteiligte Personen voraussetzt.

---

3 Vgl. VK Bund, Beschl. v. 26.01.2005 – VK 3-224/04, IBRRS 2005, 1615.
4 Vgl. LG Stuttgart, Urt. v. 02.10.2014 – 11 0 182/14, EnWZ 2015, 93.

§ 63 SektVO Preisgericht

(1) Das Preisgericht darf nur aus Preisrichtern bestehen, die von den Teilnehmern des Planungswettbewerbs unabhängig sind. Wird von den Wettbewerbsteilnehmern eine bestimmte berufliche Qualifikation verlangt, muss mindestens ein Drittel der Preisrichter über dieselbe oder eine gleichwertige Qualifikation verfügen.

(2) Das Preisgericht ist in seinen Entscheidungen und Stellungnahmen unabhängig. Es trifft seine Entscheidungen nur aufgrund von Kriterien, die in der Wettbewerbsbekanntmachung genannt sind. Die Wettbewerbsarbeiten sind ihm anonym vorzulegen. Die Anonymität ist bis zu den Stellungnahmen oder Entscheidungen des Preisgerichts zu wahren.

(3) Das Preisgericht erstellt einen Bericht über die Rangfolge der von ihm ausgewählten Wettbewerbsarbeiten, indem es auf die einzelnen Projekte eingeht und seine Bemerkungen sowie noch zu klärende Fragen aufführt. Dieser Bericht ist von den Preisrichtern zu unterzeichnen.

(4) Die Teilnehmer können zur Klärung bestimmter Aspekte der Wettbewerbsarbeiten aufgefordert werden, Fragen zu beantworten, die das Preisgericht in seinem Protokoll festzuhalten hat. Der Dialog zwischen Preisrichtern und Teilnehmern ist zu dokumentieren.

Amtliche Begründung

»§ 63 dient der Umsetzung von Artikel 97 Absatz 4 und Artikel 98 der Richtlinie 2014/25/EU.

Zu Absatz 1

Absatz 1 regelt die Zusammensetzung des Preisgerichts.

Zu Absatz 2

Nach Absatz 2 ist das Preisgericht in seinen Entscheidungen und Stellungnahmen unabhängig. Bei seinen Entscheidungen legt es nur die in der Wettbewerbsbekanntmachung genannten Kriterien zugrunde. Wettbewerbsarbeiten sind ihm anonym vorzulegen; die Anonymität ist bis zur Stellungnahme oder Entscheidung des Preisgerichts zu wahren.

Zu Absatz 3

Absatz 3 regelt die Berichtspflichten des Preisgerichts.

Zu Absatz 4

Nach Absatz 4 kann das Preisgericht den Teilnehmern am Planungswettbewerb Fragen zu den Wettbewerbsarbeiten stellen. Diese müssen ebenso wie die entsprechenden Antworten dokumentiert werden. Das Protokoll wird neben dem in Absatz 3 erwähnten Bericht geführt.«

§ 63 SektVO Preisgericht

A. Allgemeine Einführung

1 § 63 SektVO trifft Regelungen zum Preisgericht und seiner Entscheidungsfindung.

B. Vergleich zur vorherigen Rechtslage

2 Vorgänger der nunmehrigen Vorschriften ist § 11 Abs. 4 bis 7 SektVO a.F. Diese Regelungen werden nahezu wortgleich übernommen.

C. Europarechtliche Vorgaben

3 Die Vorschrift setzt Art. 97 Abs. 4 und Art. 98 Richtlinie 2014/25/EU um.

D. Kommentierung

I. Zusammensetzung (§ 63 Abs. 1 SektVO)

4 In § 63 Abs. 1 SektVO ist die Zusammensetzung des Preisgerichts geregelt. Das Preisgericht besteht nur aus Preisrichtern. Die Preisrichter müssen unabhängig von den Teilnehmern des Planungswettbewerbs sein. An dieser Stelle kommt der Neutralitätsgedanke zum Ausdruck, der auch in § 6 SektVO seinen Ausdruck findet und über § 60 Abs. 2 SektVO ausdrücklich bei Planungswettbewerben gelten soll.

5 Des Weiteren trifft § 63 Abs. 1 SektVO eine Bestimmung zu der beruflichen Qualifikation der Preisrichter. Sollte eine solche Qualifikation Voraussetzung für die Teilnahme sein (was regelmäßig der Fall ist), dann muss mindestens ein Drittel der Preisrichter über dieselbe oder eine gleichwertige Qualifikation verfügen, also »Fachpreisrichter« sein. Umgekehrt darf somit zwei Drittel des Preisgerichts nicht fachlich versiert sein, was dem Ziel dient, ein breites Spektrum an Auffassungen in die Entscheidung einfließen zu lassen (diese werden auch »Sachpreisrichter« genannt). Keine Regelung wird getroffen, ob die Richter stets persönlich an den Gremiensitzungen bzw. an der Entscheidung teilnehmen müssen. In früheren VOF-Regelungen war dies vorgeschrieben (vgl. § 25 Abs. 5 S. 2 VOF 2006), ist jedoch später – leider – weggefallen. Insofern leidet die fachliche Qualität der Beurteilungen des Preisgerichts.

II. Entscheidungsfindung (§ 63 Abs. 2 SektVO)

6 § 63 Abs. 2 S. 1 SektVO legt die Unabhängigkeit des Preisgerichts in seinen Entscheidungen und Stellungnahmen fest. Daraus folgt, dass die Entscheidung über den Aus-

gang des Wettbewerbs, anders als nach § 661 Abs. 2 BGB, ohne Einflussnahme des Auftraggebers zu treffen ist, der mit dem Wettbewerb eigene Interessen verfolgt. Wie in Abs. 1 findet sich hier der Neutralitätsgedanke, allerdings in Richtung des Auftraggebers, um eine sachliche Entscheidung zu ermöglichen.

Die Pflicht zur Wahrung der Anonymität der Wettbewerbsarbeiten in § 63 Abs. 2 S. 2 u. 3 SektVO soll einer Voreingenommenheit des Preisgerichts entgegenwirken, die z.B. auf persönlichen Erfahrungen mit einem Wettbewerbsteilnehmer beruhen. Sie ist bis zu den Stellungnahmen oder Entscheidungen des Preisgerichts zu wahren. In der Praxis wird dies umgesetzt, indem den Arbeiten bestimmte Nummern zugeordnet werden. **7**

Die Entscheidungen des Preisgerichts dürfen nur auf solchen Kriterien basieren, die in der Wettbewerbsbekanntmachung enthalten sind. Sind die Vorgaben des Auftraggebers durch die Bekanntmachung für alle Beteiligten bindend geworden, dann hat auch das Preisgericht diese bei der Entscheidungsfindung zu beachten. Nicht zugelassene oder über das geforderte Maß hinausgehende Leistungen sind von der Wertung auszuschließen.[1] **8**

Bei der Entscheidung des Preisgerichts handelt es sich naturgemäß um eine Wertung, die von den Nachprüfungsinstanzen nicht auf ihre sachliche Richtigkeit überprüft werden kann. Das ist schon insofern konsequent, als ein Gericht kaum die fachlichen Schlüsse ermessen kann, die auf Basis von entsprechenden Diskussionen in Kollegialorganen erschlossen wurden, insbesondere sind aber die preisgerichtsspezifischen Wertungsmomente kaum nachvollziehbar. Allerdings ist auch das Preisgericht in seiner Entscheidung nicht vollkommen frei, sondern muss sich an die aufgestellten Verfahrensregeln halten.[2] Der Beurteilungsspielraum des Preisgerichtes ist insoweit eingeschränkt. Überprüfbar sind die formalen Bedingungen und bindenden Vorgaben des Auslobers, die vom Preisgericht zwingend einzuhalten sind.[3] Mithin unterliegen Wettbewerbe der vergaberechtlichen Nachprüfung,[4] auch wenn sie nicht unmittelbar zur Vergabe eines Auftrages führen. Rechtswidrig wäre es z.B., wenn die Vorgaben der Auslobung bei der Entscheidungsfindung des Preisgerichts nicht ausreichend berücksichtigt worden sind, wobei es auf die Erheblichkeit des Verstoßes gegen eine bindende Vorgabe nicht ankommt.[5] **9**

Die Entscheidung des Preisgerichts ist verbindlich.[6] Ob diese Entscheidung zu weiteren Verhandlungen und schließlich zu einem Auftrag mit dem Gewinner oder einem anderen Wettbewerbsbeteiligten führt, muss der Auftraggeber vorher festlegen (vgl. § 13 Abs. 2 Nr. 10 SektVO). **10**

---

1 Vgl. VK Sachsen, Beschl. v. 22.02.2013 – 1/SVK/047-12, ZfBR 2013, 727.
2 Vgl. VK Sachsen, Beschl. v. 22.02.2013 – 1/SVK/047-12, ZfBR 2013, 727.
3 Vgl. OLG Koblenz, Beschl. v. 16.02.2011 – 1 Verg 2/19; VK Saarland, Beschl. v. 20.02.2008 – 1 VK 07/2007, IBRRS 2008, 0534.
4 Vgl. VK Sachsen, Beschl. v. 22.02.2013 – 1/SVK/047-12, ZfBR 2013, 727.
5 Vgl. Harr, in: Willenbruch/Wieddekind, Vergaberecht, 2. Aufl. 2011, § 16 VOF Rn. 37.
6 Vgl. BGH v. 23.09.1982 – III ZR 196/80, NJW 1983, 442.

III. Berichterstattungspflicht (§ 63 Abs. 3 SektVO)

11   Um dem Transparenzgebot zu entsprechen, schreibt § 63 Abs. 3 SektVO eine Berichtspflicht des Preisgerichts über die Rangfolge der ausgewählten Wettbewerbsarbeiten vor. In dem Bericht sind die einzelnen Projekte, Bemerkungen des Preisgerichts sowie noch zu klärende Fragen anzugeben. Mit der Pflicht zur Unterschrift übernimmt jedes Jury-Mitglied Verantwortung für die Richtigkeit der Entscheidung über den Ausgang des Wettbewerbs.

IV. Dialog zwischen Preisrichtern und Teilnehmern (§ 63 Abs. 4 SektVO)

12   Sollten bestimmte Aspekte der Wettbewerbsarbeiten klärungsbedürftig sein, dann darf das Preisgericht die Teilnehmer diesbezüglich befragen. Der Verlauf des Dialogs ist zu dokumentieren. Das Protokoll ist neben dem in § 63 Abs. 3 SektVO vorausgesetzten Bericht zu führen.[7] Die Dokumentation unterliegt im Streitfall der gerichtlichen Nachprüfung.

Abschnitt 5   Übergangs- und Schlussbestimmungen

§ 64 SektVO   Übergangsbestimmungen

Zentrale Beschaffungsstellen im Sinne von § 120 Absatz 4 Satz 1 des Gesetzes gegen Wettbewerbsbeschränkungen können bis zum 18. April 2017, andere Auftraggeber bis zum 18. Oktober 2018, abweichend von § 43 Absatz 1 die Übermittlung der Angebote, Teilnahmeanträge und Interessensbestätigungen auch auf dem Postweg, anderem geeigneten Weg, Fax oder durch die Kombination dieser Mittel verlangen. Dasselbe gilt für die sonstige Kommunikation im Sinne des § 9 Absatz 1, soweit sie nicht die Übermittlung von Bekanntmachungen und die Bereitstellung der Vergabeunterlagen betrifft.

Amtliche Begründung

»Diese Vorschrift greift die durch Artikel 106 Absatz 2 der Richtlinie 2014/25/EU vorgesehene Möglichkeit auf, die umfassende Verpflichtung zur Verwendung elektronischer Mittel für zentrale Beschaffungsstellen bis zum 18. April 2017, für alle anderen Auftraggeber bis zum 18. Oktober 2018 zu schieben. Bis zu diesen Zeitpunkten kann der Auftraggeber auch noch z.B. die papierbasierte Übermittlung von Angeboten vorgeben. Allerdings wird auch klargestellt, dass Auftraggeber auch schon vor Ablauf dieser Übergangsfristen die Möglichkeiten haben, die Einreichung von Teilnahmeanträgen und Angeboten ausschließlich mit elektronischen Mitteln vorzuschreiben. In diesen Fällen ist der Bewerber oder Bieter verpflichtet, die Dokumente entsprechend elektronisch (in der Regel über entsprechende Vergabeplattformen) einzureichen. Die Übermittlung in Papierform wäre in diesen Fällen ein Formfehler, der zum Ausschuss des Teilnahmeantrags oder Angebots führen würde.

---

7 Vgl. Amtl. Begründung § 63 SektVO.

Spätestens ab dem 18. April 2018 sind für die Vergabe von Aufträgen oberhalb der EU-Schwellenwerte elektronische Mittel von allen Beteiligten des Vergabeverfahrens verbindlich vorzugeben und zu verwenden.«

Inhaltsübersicht

A. Allgemeine Einführung

§ 64 SektVO trifft Übergangsbestimmungen für die Einführung der E-Vergabe. 1

B. Vergleich zur vorherigen Rechtslage

Da die E-Vergabe erst mit der Vergaberechtsreform 2016 eingeführt wurde, gibt es 2 keine vergleichbaren vorherigen Rechtsvorschriften.

C. Europarechtliche Vorgaben

Europarechtliche Vorgaben ergeben sich aus den Erwägungsgründen Nr. 63, Nr. 81 3 sowie aus Art. 106 Richtlinie 2014/25/EU. Nach Art. 40 Richtlinie 2014/25/EU haben die Mitgliedstaaten grundsätzlich bis 18.04.2016 sicherzustellen, dass die gesamte Kommunikation und der gesamte Informationsaustausch, insbesondere die elektronische Einreichung von Angeboten, unter Anwendung elektronischer Kommunikationsmittel erfolgen. Die Frist kann nach Maßgabe des Art. 106 Abs. 2 Richtlinie 2014/25/EU, dessen Umsetzung § 64 SektVO dient, verschoben werden. Dies setzt der Verordnungsgeber 1:1 um.

D. Kommentierung

Der europäische Richtliniengeber möchte mit den EU-Vergaberichtlinien nicht zuletzt 4 die E-Vergabe einführen. Trotz entsprechender Vorwarnzeit sind nicht alle Sektorenauftraggeber darauf vorbereitet. Deshalb gibt es Übergangsbestimmungen für einen Teil der E-Vergabe-Vorgaben.

Eine Übergangszeit wird gewährt für die Übermittlung von Angeboten, Teilnahmean- 5 trägen und Interessensbestätigungen sowie die sonstige Kommunikation, soweit sie nicht die Bekanntmachung sowie die Bereitstellung von Vergabeunterlagen betrifft; die elektronische Versendung der Bekanntmachung sowie die elektronische Bereitstellung der Vergabeunterlagen müssen somit mit Inkrafttreten der SektVO am 18.04.2016 beachtet werden.

Die Entscheidung, von der Verwendung elektronischer Mittel abzusehen, liegt aus- 6 schließlich im Ermessen des Sektorenauftraggebers. Selbstverständlich kann auch schon vor dem Ablauf der Übergangsfrist die E-Vergabe vollständig stattfinden. Keine Option liegt bei den Bietern. Sie müssen sich an die Vorgaben des Sektorenauftraggebers halten, d.h. sie dürfen bei vorgegebener schriftlicher Form innerhalb der Übergangsfrist nicht stattdessen ein elektronisches Angebot abgeben.

7   Den **zentralen Beschaffungsstellen** wird ein geringerer Übergangszeitraum bis zum 18.04.2017 gewährt. Eine zentrale Beschaffungsstelle ist nach Art. 2 Nr. 12, Art. 55 Richtlinie 2014/25/EU ein öffentlicher Auftraggeber, der (auch) für andere öffentliche Auftraggeber dauerhaft beschafft. Darunter kann z.b. ein Joint Venture von Sektorenauftraggebern fallen, nicht aber eine zentrale Beschaffungsstelle innerhalb eines Sektorenauftraggebers, weil dies keine andere Person ist.

8   **Anderen Sektorenauftraggebern**, d.h. mutmaßlich dem ganz überwiegenden Teil, wird Zeit bis zum 18.10.2018 gegeben.

§ 65 SektVO   Fristenberechnung

Die Berechnung der in dieser Verordnung geregelten Fristen bestimmt sich nach der Verordnung (EWG, Euratom) Nr. 1182/71 des Rates vom 3. Juni 1971 zur Festlegung der Regeln für die Fristen, Daten und Termine (ABl. L 124 vom 8.6.1971, S. 1).

Amtliche Begründung

»§ 65 stellt klar, dass bei der Berechnung aller Fristen dieser Vergabeverordnung die Verordnung (EWG) Nr. 1182/71 des Rates vom 3. Juni 1971 anzuwenden ist. Die Verordnung bestimmt, dass eine Frist grundsätzlich an dem Tag, nachdem das relevante Ereignis stattfindet, zu laufen beginnt. Da hier die EU-Vergaberichtlinien 2014/23/EU, 2014/24/EU und 2014/25/EU sprachlich unsauber sind, wird in dieser Verordnung auch bei der Regelung der einzelnen Fristen ausdrücklich festgehalten, dass der Fristlauf am Tag nach einem bestimmten Ereignis (z.B. der Absendung der Auftragsbekanntmachung) beginnt.«

A. Allgemeine Einführung

1   § 65 SektVO legt fest, dass die Berechnung der in der SektVO geregelten Fristen nach der Verordnung (EWG, Euratom) Nr. 1182/71 des Rates zur Festlegung der Regeln für die Fristen, Daten und Termine vom 03.06.1971[1] erfolgt. Da in den Anwendungsbereich der SektVO Aufträge mit einem Auftragswert oberhalb der EU-Schwellenwerte fallen, die europaweit auszuschreiben sind, hat der deutsche Gesetzgeber die Notwendigkeit einer einheitlichen Regelung erkannt und aus diesem Grund die schon mittlerweile über 45 Jahre alte europäische Fristenberechnungsverordnung herangezogen. Die Anwendung der Verordnung bereitet dem Kundigen im Ergebnis keine Probleme, weil sie im Wesentlichen den §§ 187 bis 193 BGB entspricht.

---

1 ABl. L 124 v. 08.06.1971, 1.

B. Vergleich zur vorherigen Rechtslage

Die europäische Fristenverordnung war auch zuvor maßgebend; auf ihre Anwendung   2
wurde in Erwägungsgrund Nr. 57 der alten Richtlinie 2004/17/EG ausdrücklich hingewiesen.

C. Europarechtliche Vorgaben

Die europarechtlichen Vorgaben über die Fristberechnung ergeben sich vorliegend aus   3
Erwägungsgrund Nr. 112 Richtlinie 2014/25/EU, der darauf hinweist, dass die Verordnung (EWG, Euratom) Nr. 1182/71 für die Berechnung der in der vorliegenden Richtlinie genannten Fristen gilt.

D. Kommentierung

Die Fristen umfassen alle **Kalendertage** – gleich, ob Feier- oder Ruhetage, soweit diese   4
nicht ausdrücklich ausgenommen oder die Fristen nach Arbeitstagen bemessen sind,
vgl. Art. 3 Abs. 3 Verordnung (EWG, Euratom) Nr. 1182/71. **Arbeitstage** sind wiederum alle Tage außer Feier-, Sonntagen oder Sonnabenden, vgl. Art. 2 Abs. 2 Verordnung (EWG, Euratom) Nr. 1182/71. Als **Feiertage** gelten die Feiertage, die als solche
in dem Mitgliedstaat oder in dem Organ der Gemeinschaften vorgesehen sind, bei dem
eine Handlung vorgenommen werden soll, vgl. Art. 2 Abs. 1 Verordnung (EWG, Euratom) Nr. 1182/71.

Die Mitgliedstaaten sind nach der europäischen Fristenberechnungsverordnung ver-   5
pflichtet, der Kommission eine Liste der nationalen Feiertage zu übermitteln. Die Liste
wird durch Angabe der in den Organen der Gemeinschaften als Feiertage vorgesehenen
Tage ergänzt und im Amtsblatt der Europäischen Union veröffentlicht. Um eine Benachteiligung von Bietern und Bewerbern aus anderen EU-Mitgliedstaaten zu vermeiden, sind in europakonformer Auslegung nur die mitgeteilten Feiertage anzuerkennen.
Regionale Feiertage aufgrund landesrechtlicher Bestimmungen sind demgegenüber
grundsätzlich als Arbeitstage zu werten, was jedoch in der Praxis oft verkannt wird.

Die Fristenberechnung erfolgt nach Maßgabe des Art. 3 Verordnung (EWG, Euratom)   6
Nr. 1182/71. Eine Frist kann nach Stunden, Tagen, Wochen, Monaten oder Jahren bemessen werden. Ist für den Anfang der Frist der Zeitpunkt maßgebend, in welchem ein
Ereignis eintritt oder eine Handlung vorgenommen wird, so wird entsprechend die
Stunde, der Tag, die Woche oder der Monat, in welchem das Ereignis eintritt oder
die Handlung fällt, nicht mitgerechnet. Die Frist endet mit Ablauf der letzten Stunde
des letzten Tages der Frist. Eine **Fristenverschiebung** ist nach Art. 3 Abs. 4 Verordnung
(EWG, Euratom) Nr. 1182/71 vorgesehen, wenn die Frist auf einen Sonnabend, Sonntag oder Feiertag fällt, so dass diese dementsprechend mit Ablauf der letzten Stunde des
folgenden Arbeitstags endet.

Anlage 1 Technische Anforderungen, Begriffsbestimmungen

(zu § 28 Absatz 2)

(zu § 28 Absatz 2)

1. »Technische Spezifikation« bei Liefer- oder Dienstleistungen hat eine der folgenden Bedeutungen:
   eine Spezifikation, die in einem Schriftstück enthalten ist, das Merkmale für ein Produkt oder eine Dienstleistung vorschreibt, wie Qualitätsstufen, Umwelt- und Klimaleistungsstufen, »Design für Alle« (einschließlich des Zugangs von Menschen mit Behinderungen) und Konformitätsbewertung, Leistung, Vorgaben für Gebrauchstauglichkeit, Sicherheit oder Abmessungen des Produkts, einschließlich der Vorschriften über Verkaufsbezeichnung, Terminologie, Symbole, Prüfungen und Prüfverfahren, Verpackung, Kennzeichnung und Beschriftung, Gebrauchsanleitungen, Produktionsprozesse und -methoden in jeder Phase des Lebenszyklus der Liefer- oder Dienstleistung sowie über Konformitätsbewertungsverfahren;
2. »Norm« bezeichnet eine technische Spezifikation, die von einer anerkannten Normungsorganisation zur wiederholten oder ständigen Anwendung angenommen wurde, deren Einhaltung nicht zwingend ist und die unter eine der nachstehenden Kategorien fällt:
   a) internationale Norm: Norm, die von einer internationalen Normungsorganisation angenommen wurde und der Öffentlichkeit zugänglich ist;
   b) europäische Norm: Norm, die von einer europäischen Normungsorganisation angenommen wurde und der Öffentlichkeit zugänglich ist;
   c) nationale Norm: Norm, die von einer nationalen Normungsorganisation angenommen wurde und der Öffentlichkeit zugänglich ist;
3. »Europäische Technische Bewertung« bezeichnet eine dokumentierte Bewertung der Leistung eines Bauprodukts in Bezug auf seine wesentlichen Merkmale im Einklang mit dem betreffenden Europäischen Bewertungsdokument gemäß der Begriffsbestimmung in Artikel 2 Nummer 12 der Verordnung (EU) Nr. 305/2011 des Europäischen Parlaments und des Rates vom 9. März 2011 zur Festlegung harmonisierter Bedingungen für die Vermarktung von Bauprodukten und zur Aufhebung der Richtlinie 89/106/EWG des Rates (ABl. L 88 vom 4.4.2011, S. 5);
4. »gemeinsame technische Spezifikationen« sind technische Spezifikationen im Bereich der Informations- und Kommunikationstechnologie, die gemäß den Artikeln 13 und 14 der Verordnung (EU) Nr. 1025/2012 des Europäischen Parlaments und des Rates vom 25. Oktober 2012 zur europäischen Normung, zur Änderung der Richtlinien 89/686/EWG und 93/15/EWG des Rates sowie der Richtlinien 94/9/EG, 94/25/EG, 95/16/EG, 97/23/EG, 98/34/EG, 2004/22/EG, 2007/23/EG, 2009/23/EG und 2009/105/EG des Europäischen Parlaments und des Rates und zur Aufhebung des Beschlusses 87/95/EWG des Rates und des Beschlusses Nr. 1673/2006/EG des Europäischen Parlaments und des Rates (ABl. L 316 vom 14.11.2012, S. 12) festgelegt wurden;

5. »technische Bezugsgröße« bezeichnet jeden Bezugsrahmen, der keine europäische Norm ist und von den europäischen Normungsorganisationen nach den an die Bedürfnisse des Markts angepassten Verfahren erarbeitet wurde.

Anlage 2 Daten zur Berechnung der über die Lebensdauer von Straßenfahrzeugen anfallenden externen Kosten

(zu § 59)

Tabelle 1
Energiegehalt von Kraftstoffen

Kraftstoff	Energiegehalt in Megajoule (MJ)/Liter bzw. Megajoule (MJ)/Normkubikmeter (Nm³)
Dieselkraftstoff	36 MJ/Liter
Ottokraftstoff	32 MJ/Liter
Erdgas	33 – 38 MJ/Nm³
Flüssiggas (LPG)	24 MJ/Liter
Ethanol	21 MJ/Liter
Biodiesel	33 MJ/Liter
Emulsionskraftstoff	32 MJ/Liter
Wasserstoff	11 MJ/Nm³

Tabelle 2
Emissionskosten im Straßenverkehr (Preise von 2007)

Kohlendioxid (CO_2)	Stickoxide (NO_x)	Nichtmethan-Kohlenwasserstoffe	Partikelförmige Abgasbestandteile
0,03 – 0,04 €/kg	0,0044 €/g	0,001 €/g	0,087 €/g

Tabelle 3
Gesamtkilometerleistung von Straßenfahrzeugen

Fahrzeugklasse (Kategorien M und N gemäß der Richtlinie 2007/46/EG)	Gesamtkilometerleistung
Personenkraftwagen (M_1)	200 000 km
Leichte Nutzfahrzeuge (N_1)	250 000 km
Schwere Nutzfahrzeuge (N_2, N_3)	1 000 000 km
Busse (M_2, M_3)	800 000 km

Anlage 3 Methode zur Berechnung der über die Lebensdauer von Straßenfahrzeugen anfallenden Betriebskosten

(zu § 59 Absatz 2)

1. Für die Zwecke von § 59 werden die über die Lebensdauer eines Straßenfahrzeugs durch dessen Betrieb verursachten Energieverbrauchs- und Emissionskosten (Betriebskosten) nach der im Folgenden beschriebenen Methode finanziell bewertet und berechnet:

a) Die Energieverbrauchskosten, die für den Betrieb eines Straßenfahrzeugs über dessen Lebensdauer anfallen, werden wie folgt berechnet:

aa) Der Kraftstoffverbrauch je Kilometer eines Straßenfahrzeugs gemäß Nummer 2 wird in Energieverbrauch je Kilometer (Megajoule/Kilometer, MJ/km) gerechnet. Soweit der Kraftstoffverbrauch in anderen Einheiten angegeben ist, wird er nach den Umrechnungsfaktoren in Tabelle 1 der Anlage 2 in MJ/km umgerechnet.

bb) Je Energieeinheit muss im Rahmen der Angebotswertung ein finanzieller Wert festgesetzt werden (€/MJ). Dieser finanzielle Wert wird nach einem Vergleich der Kosten je Energieeinheit von Ottokraftstoff oder Dieselkraftstoff vor Steuern bestimmt. Der jeweils günstigere Kraftstoff bestimmt den in der Angebotswertung zu berücksichtigenden finanziellen Wert je Energieeinheit (€/MJ).

cc) Zur Berechnung der Energieverbrauchskosten, die für den Betrieb eines Straßenfahrzeugs über dessen Lebensdauer anfallen, werden die Gesamtkilometerleistung gemäß Nummer 3 (gegebenenfalls unter Berücksichtigung der bereits erbrachten Kilometerleistung), der Energieverbrauch je Kilometer (MJ/km) gemäß Doppelbuchstabe aa und die Kosten in Euro je Energieeinheit (€/MJ) gemäß Doppelbuchstabe bb miteinander multipliziert.

b) Zur Berechnung der Kohlendioxid-Emissionen, die für den Betrieb eines Straßenfahrzeugs über dessen Lebensdauer anfallen, werden die Gesamtkilometerleistung gemäß Nummer 3 (gegebenenfalls unter Berücksichtigung der bereits erbrachten Kilometerleistung), die Kohlendioxid-Emissionen in Kilogramm je Kilometer (kg/km) gemäß Nummer 2 und die Emissionskosten je Kilogramm (€/kg) gemäß Tabelle 2 der Anlage 2 miteinander multipliziert.

c) Zur Berechnung der in Tabelle 2 der Anlage 2 aufgeführten Kosten für Schadstoffemissionen, die für den Betrieb eines Straßenfahrzeugs über dessen Lebensdauer anfallen, werden die Kosten für Emissionen von Stickoxiden, Nichtmethan-Kohlenwasserstoffen und partikelförmigen Abgasbestandteilen addiert. Zur Berechnung der über die Lebensdauer anfallenden Kosten für jeden einzelnen Schadstoff werden die Gesamtkilometerleistung gemäß Nummer 3 (gegebenenfalls unter Berücksichtigung der bereits erbrachten Kilometerleistung), die Emissionen in Gramm je Kilometer (g/km) gemäß Nummer 2 und die jeweiligen Kosten je Gramm (€/g) miteinander multipliziert.

d) Auftraggeber dürfen bei der Berechnung der Emissionskosten nach den Buchstaben b und c höhere Werte zugrunde legen als diejenigen, die in Tabelle 2 der Anlage 2 angegeben sind, sofern die Werte in Tabelle 2 der Anlage 2 um nicht mehr als das Doppelte überschritten werden.

2. Die Werte für den Kraftstoffverbrauch je Kilometer sowie für Kohlendioxid-Emissionen und Schadstoffemissionen je Kilometer basieren auf den genormten gemeinschaftlichen Testverfahren der Gemeinschaftsvorschriften über die Typgenehmigung. Für Straßenfahrzeuge, für die keine genormten gemeinschaftlichen Testverfahren bestehen, werden zur Gewährleistung der Vergleichbarkeit verschiedener Angebote allgemein anerkannte Testverfahren, die Ergebnisse von Prüfungen, die für den Auftraggeber durchgeführt wurden, oder die Angaben des Herstellers herangezogen.

3. Die Gesamtkilometerleistung eines Fahrzeugs ist der Tabelle 3 der Anlage 2 zu entnehmen.

Anhang
Richtlinie 2014/25/EU des Europäischen Parlaments und des Rates

vom 26. Februar 2014

über die Vergabe von Aufträgen durch Auftraggeber im Bereich der Wasser-, Energie- und Verkehrsversorgung sowie der Postdienste und zur Aufhebung der Richtlinie 2004/17/EG

(ABl L 94 v. 28.03.2014, S. 243–374)

DAS EUROPÄISCHE PARLAMENT UND DER RAT DER EUROPÄISCHEN UNION –

gestützt auf den Vertrag über die Arbeitsweise der Europäischen Union, insbesondere auf Artikel 53 Absatz 1, Artikel 62 und Artikel 114,

auf Vorschlag der Europäischen Kommission,

nach Zuleitung des Entwurfs des Gesetzgebungsakts an die nationalen Parlamente,

nach Stellungnahme des Europäischen Wirtschafts- und Sozialausschusses[1],

nach Stellungnahme des Ausschusses der Regionen[2],

gemäß dem ordentlichen Gesetzgebungsverfahren[3],

in Erwägung nachstehender Gründe:
(1)   Wie die Ergebnisse des Arbeitsdokuments der Kommissionsdienststellen vom 27. Juni 2011 »Bewertung der Auswirkungen und der Effektivität der EU-Vorschriften für die öffentliche Auftragsvergabe« ergeben haben, erscheint es sinnvoll, an spezifischen Vorschriften für die Vergabe von Aufträgen durch Auftraggeber im Bereich der Wasser-, Energie- und Verkehrsversorgung sowie der Postdienste festzuhalten, da nationale Behörden nach wie vor Einfluss auf das Verhalten dieser Auftraggeber nehmen können, unter anderem auch durch Kapitalbeteiligungen und die Vertretung in ihren Verwaltungs-, Leitungs- oder Aufsichtsgremien. Ein weiterer Grund dafür, die Auftragsvergabe in diesen Sektoren weiterhin zu regulieren, liegt in der Abschottung der Märkte in denen die Auftraggeber tätig sind, aufgrund bestehender besonderer oder ausschließlicher Rechte, die von den Mitgliedstaaten für die Versorgung, die Bereitstellung oder den Betrieb von Netzen für die Erbringung der betreffenden Dienstleistung gewährt werden.

---

(1)   Amtl. Anm.:
ABl. C 191 vom 29.6.2012, S. 84.
(2)   Amtl. Anm.:
ABl. C 391 vom 18.12.2012, S. 49.
(3)   Amtl. Anm.:
Standpunkt des Europäischen Parlaments vom 15. Januar 2014 (noch nicht im Amtsblatt veröffentlicht) und Beschluss des Rates vom 11. Februar 2014.

(2)   Um zu gewährleisten, dass die Vergabe von Aufträgen durch Auftraggeber im Bereich der Wasser-, Energie- und Verkehrsversorgung sowie der Postdienste für den Wettbewerb geöffnet wird, sollten Bestimmungen für eine Koordinierung von Aufträgen, die über einen bestimmten Wert hinausgehen, festgelegt werden. Eine solche Koordinierung ist erforderlich, um den im Vertrag über die Arbeitsweise der Europäischen Union (AEUV) niedergelegten Grundsätzen Geltung zu verschaffen, insbesondere den Grundsätzen des freien Warenverkehrs, der Niederlassungsfreiheit und der Dienstleistungsfreiheit sowie den sich daraus ableitenden Grundsätzen wie Gleichbehandlung, Nichtdiskriminierung, gegenseitige Anerkennung, Verhältnismäßigkeit und Transparenz. In Anbetracht der Art der betroffenen Sektoren sollte die Koordinierung der Zuschlagserteilung auf Unionsebene unter Wahrung der genannten Grundsätze einen Rahmen für faire Handelspraktiken schaffen und ein Höchstmaß an Flexibilität ermöglichen.

(3)   Für Aufträge, deren Wert unter dem Schwellenwert für die Anwendung der Bestimmungen zur Koordinierung auf Unionsebene liegt, sei auf die Rechtsprechung des Gerichtshofs der Europäischen Union über die ordnungsgemäße Anwendung der Vorschriften und Grundsätze des AEUV verwiesen.

(4)   Die öffentliche Auftragsvergabe spielt im Rahmen der Strategie Europa 2020, die in der Mitteilung der Kommission vom 3. März 2010: »Europa 2020 Eine Strategie für intelligentes, nachhaltiges und integratives Wachstum« (in Folgenden »Strategie »Europa 2020« für intelligentes, nachhaltiges und integratives Wachstum«) enthalten ist, eine zentrale Rolle als eines der marktwirtschaftlichen Instrumente, die zur Erzielung eines intelligenten, nachhaltigen und integrativen Wachstums bei gleichzeitiger Gewährleistung eines möglichst effizienten Einsatzes öffentlicher Gelder genutzt werden sollen. Zu diesem Zweck müssen die Vorschriften für die öffentliche Auftragsvergabe, die gemäß der Richtlinie 2004/17/EG des Europäischen Parlaments und des Rates[4] und der Richtlinie 2004/18/EG des Europäischen Parlaments und des Rates[5] erlassen wurden, überarbeitet und modernisiert werden, damit die Effizienz der öffentlichen Ausgaben gesteigert, die Teilnahme insbesondere kleiner und mittlerer Unternehmen (KMU) an öffentlichen Vergabeverfahren erleichtert und es den Beschaffern ermöglicht wird, die öffentliche Auftragsvergabe in stärkerem Maße zur Unterstützung gemeinsamer gesellschaftlicher Ziele zu nutzen. Ferner ist es notwendig, grundlegende Begriffe und Konzepte zu klären, um mehr Rechtssicherheit zu gewährleisten und bestimmten Aspekten der einschlägigen ständi-

---

(4)   Amtl. Anm.:
Richtlinie 2004/17/EG des Europäischen Parlaments und des Rates vom 31. März 2004 zur Koordinierung der Zuschlagserteilung durch Auftraggeber im Bereich der Wasser-, Energie- und Verkehrsversorgung sowie der Postdienste (ABl. L 134 vom 30.4.2004, S. 1).

(5)   Amtl. Anm.:
Richtlinie 2004/18/EG des Europäischen Parlaments und des Rates vom 31. März 2004 über die Koordinierung der Verfahren zur Vergabe öffentlicher Bauaufträge, Lieferaufträge und Dienstleistungsaufträge (ABl. L 134 vom 30.4.2004, S. 114).

gen Rechtsprechung des Gerichtshofs der Europäischen Union Rechnung zu tragen.

(5) Bei der Umsetzung dieser Richtlinie sollte dem Übereinkommen der Vereinten Nationen über die Rechte von Menschen mit Behinderungen[6] Rechnung getragen werden, insbesondere im Zusammenhang mit der Wahl der Kommunikationsmittel, den technischen Spezifikationen, den Zuschlagskriterien und den Bedingungen für die Auftragsausführung.

(6) Es ist angezeigt, den Begriff der Auftragsvergabe bei gebührender Berücksichtigung der Besonderheiten der von dieser Richtlinie erfassten Sektoren möglichst nah an jenen der Richtlinie 2014/24/EU des Europäischen Parlaments und des Rates[7] anzulehnen.

(7) Es sei darauf hingewiesen, dass die Mitgliedstaaten durch diese Richtlinie in keiner Weise dazu verpflichtet werden, die Erbringung von Dienstleistungen an Dritte oder nach außen zu vergeben, wenn sie diese Dienstleistungen selbst erbringen möchten oder die Erbringung durch andere Mittel als die Auftragsvergabe im Sinne der vorliegenden Richtlinie organisieren möchten. Die Erbringung von Dienstleistungen auf der Grundlage von Rechts- und Verwaltungsvorschriften oder von Arbeitsverträgen sollte nicht abgedeckt sein. In einigen Mitgliedstaaten könnte dies z.B. bei der Erbringung bestimmter kommunaler Dienstleistungen wie der Trinkwasserversorgung der Fall sein.

(8) Ferner sollte diese Richtlinie nicht die Rechtsvorschriften der Mitgliedstaaten über die soziale Sicherheit berühren. Sie sollte ebenso wenig die Liberalisierung von Dienstleistungen von allgemeinem wirtschaftlichem Interesse, die öffentlichen oder privaten Einrichtungen vorbehalten sind, oder die Privatisierung öffentlicher Einrichtungen, die Dienstleistungen erbringen, betreffen. Gleichermaßen sei darauf hingewiesen, dass es den Mitgliedstaaten freisteht, die Erbringung von Dienstleistungen der gesetzlichen Sozialversicherung oder andere Dienstleistungen wie Postdienste entweder als Dienstleistungen von allgemeinem wirtschaftlichem Interesse oder als nichtwirtschaftliche Dienstleistungen von allgemeinem Interesse oder als eine Mischung davon zu organisieren. Es sollte klargestellt werden, dass nichtwirtschaftliche Dienstleistungen von allgemeinem Interesse nicht in den Geltungsbereich dieser Richtlinie fallen sollten.

(9) Ferner sei darauf hingewiesen, dass diese Richtlinie nicht die Freiheit nationaler, regionaler und lokaler Gebietskörperschaften berührt, im Einklang mit dem Unionsrecht Dienste von allgemeinem wirtschaftlichem Interesse zu bestimmen, deren Umfang und Merkmale, einschließlich Bedingungen hinsichtlich der Qualität der Dienste, festzulegen, um ihre Gemeinwohlziele zu verfolgen.

---

(6) *Amtl. Anm.:*
Mit dem Beschluss 2010/48/EG des Rates vom 26. November 2009 über den Abschluss des Übereinkommens der Vereinten Nationen über die Rechte von Menschen mit Behinderungen durch die Europäische Gemeinschaft (ABl. L 23 vom 27.1.2010, S. 35) genehmigt.

(7) *Amtl. Anm.:*
Richtlinie 2014/24/EU des Europäischen Parlaments und des Rates vom 26. Februar 2014 über die öffentliche Auftragsvergabe (siehe Seite 65 dieses Amtsblatts).

Diese Richtlinie sollte auch unbeschadet der Befugnis nationaler, regionaler und lokaler Gebietskörperschaften gelten, Dienste von allgemeinem wirtschaftlichem Interesse gemäß Artikel 14 AEUV und dem dem AEUV und dem Vertrag über die Europäische Union (EUV) beigefügten Protokoll Nr. 26 über Dienste von allgemeinem Interesse zu den Verträgen zur Verfügung zu stellen, in Auftrag zu geben und zu finanzieren. Darüber hinaus betrifft diese Richtlinie weder die Finanzierung von Dienstleistungen von allgemeinem wirtschaftlichem Interesse noch Beihilfen, die – insbesondere auf sozialem Gebiet – von den Mitgliedstaaten im Einklang mit den Wettbewerbsvorschriften der Union gewährt wurden.

(10) Ein Auftrag sollte nur dann als Bauauftrag gelten, wenn er speziell die Ausführung der in Anhang I genannten Tätigkeiten zum Gegenstand hat; selbst wenn der Auftrag sich auf die Erbringung anderer Dienstleistungen erstreckt, die für die Ausführung dieser Tätigkeiten erforderlich sind. Dienstleistungsaufträge, insbesondere im Bereich der Grundstücksverwaltung, können unter bestimmten Umständen Bauleistungen umfassen. Sofern diese Bauleistungen jedoch nur Nebenarbeiten im Verhältnis zum Hauptgegenstand des Auftrags darstellen und eine mögliche Folge oder eine Ergänzung des letzteren sind, rechtfertigt die Tatsache, dass der Auftrag diese Bauleistungen umfasst, nicht eine Einstufung des Dienstleistungsauftrags als Bauauftrag. Angesichts der für Bauaufträge kennzeichnenden Vielfalt der Aufgaben sollten die Auftraggeber jedoch sowohl die getrennte als auch die gemeinsame Vergabe von Aufträgen für die Planung und das Erbringen von Bauleistungen vorsehen können. Diese Richtlinie bezweckt nicht, eine gemeinsame oder eine getrennte Auftragsvergabe vorzuschreiben.

(11) Die Errichtung eines Bauwerks gemäß den vom Auftraggeber genannten Erfordernissen setzt voraus, dass der betreffende Auftraggeber Maßnahmen zur Definition der Art des Bauwerks getroffen oder zumindest einen entscheidenden Einfluss auf dessen Planung gehabt haben muss. Ob der Auftragnehmer das Bauwerk ganz oder zum Teil aus eigenen Mitteln errichtet oder dessen Errichtung mit anderen Mitteln sicherstellt, sollte nichts an der Einstufung des Auftrags als Bauauftrag ändern, solange der Auftragnehmer eine direkte oder indirekte rechtswirksame Verpflichtung zur Gewährleistung der Erbringung der Bauleistungen übernimmt.

(12) Der Begriff »öffentliche Auftraggeber« und insbesondere der Begriff »Einrichtungen des öffentlichen Rechts« sind wiederholt im Rahmen der Rechtsprechung des Gerichtshofs der Europäischen Union überprüft worden. Um klarzustellen, dass der persönliche Geltungsbereich der Richtlinie unverändert bleiben sollte, ist es angezeigt, die Begriffsbestimmungen beizubehalten, auf die sich der Gerichtshof selbst stützt, und einige Erläuterungen, die im Rahmen dieser Rechtsprechung gegeben wurden, als Schlüssel zum Verständnis der Begriffsbestimmung selbst aufzunehmen, ohne dass damit beabsichtigt wird, das Verständnis des Begriffs, so wie es in der Rechtsprechung dargelegt wurde, zu ändern. Zu diesem Zweck sollte daher klargestellt werden, dass eine Einrichtung, die unter marktüblichen Bedingungen arbeitet, gewinnorientiert ist und die mit der

Ausübung ihrer Tätigkeit einhergehenden Verluste trägt, nicht als »Einrichtung des öffentlichen Rechts« gelten sollte, da die im Allgemeininteresse liegenden Aufgaben, zu deren Erfüllung sie eingerichtet wurde oder die sie erfüllen soll, als von gewerblicher Art anzusehen sind. Ebenso ist in der Rechtsprechung des Gerichtshofs die Voraussetzung der Herkunft der Finanzausstattung einer Einrichtung geprüft und unter anderem erkannt worden, dass »überwiegend« finanziert eine Finanzierung in Höhe von mehr als der Hälfte zu verstehen ist und dass diese Finanzierung auch Zahlungen der Nutzer umfassen kann, die nach öffentlichem Recht auferlegt, berechnet und erhoben werden.

(13) Im Falle gemischter Aufträge sollten die anwendbaren Vorschriften mit Blick auf den den Hauptgegenstand des Auftrags festgelegt werden, wenn die verschiedenen Teile, aus denen sich ein Auftrag zusammensetzt, objektiv nicht voneinander zu trennen sind. Es sollte daher klargestellt werden, wie Auftraggeber festzustellen haben, ob eine Trennung der unterschiedlichen Teile möglich ist. Eine solche Präzisierung sollte sich auf die einschlägige Rechtsprechung des Gerichtshofs der Europäischen Union stützen. Die Festlegung sollte auf der Grundlage einer Einzelfallprüfung erfolgen, bei der es allerdings nicht ausreichen sollte, dass die Absicht des Auftraggebers, die verschiedenen Teile eines gemischten Auftrags als untrennbar zu betrachten, zum Ausdruck gebracht oder vermutet wird; diese Absicht sollte sich vielmehr auf objektive Gesichtspunkte stützen, die sie rechtfertigen und die Notwendigkeit begründen können, einen einzigen Auftrag zu vergeben. Eine solche begründete Notwendigkeit, einen einzigen Auftrag zu vergeben, könnte beispielsweise im Falle der Errichtung eines einzigen Gebäudes gegeben sein, von dem ein Gebäudeteil direkt vom Auftraggeber genutzt werden soll und ein anderer Gebäudeteil auf Basis einer Konzession bewirtschaftet werden soll, zum Beispiel als öffentliches Parkhaus. Es sollte klargestellt werden, dass die Notwendigkeit, einen einzigen Auftrag zu vergeben, aus Gründen sowohl technischer als auch wirtschaftlicher Art gegeben sein kann.

(14) Im Fall gemischter Aufträge, die getrennt sein können, steht es den Auftraggebern stets frei, getrennte Aufträge für die einzelnen Teile des gemischten Auftrags zu vergeben; in diesem Fall sollten die für jeden einzelnen Teil geltenden Bestimmungen ausschließlich auf der Grundlage der Merkmale des jeweiligen spezifischen Auftrags festgelegt werden. Wenn Auftraggeber dagegen beschließen, andere Elemente in die Beschaffungsmaßnahme aufzunehmen, ungeachtet ihres Werts und der rechtlichen Regelung, der die zusätzlichen Elemente ansonsten unterliegen würden, sollte folgendes Hauptprinzip gelten: Wenn eine Auftragsvergabe gemäß den Bestimmungen dieser Richtlinie als Einzelvergabe erfolgt, dann sollte diese Richtlinie weiterhin für den gesamten gemischten Auftrag gelten.

(15) Besondere Bestimmungen sollten jedoch für gemischte Aufträge vorgesehen werden, die Verteidigungs- oder Sicherheitsaspekte beinhalten oder die Teile umfassen, die nicht in den Geltungsbereich des AEUV fallen. In diesen Fällen sollte die Nichtanwendung dieser Richtlinie möglich sein, vorausgesetzt die Vergabe eines einzelnen Auftrags ist aus objektiven Gründen gerechtfertigt und der Beschluss, einen einzelnen Auftrag zu vergeben, wurde nicht mit der Absicht getrof-

fen, den Auftrag von der Anwendung dieser Richtlinie oder der Richtlinie 2009/81/EG des Europäischen Parlaments und des Rates[8] auszuschließen. Es sollte klargestellt werden, dass Auftraggeber nicht daran gehindert sein sollten, diese Richtlinie anstelle der Richtlinie 2009/81/EG auf bestimmte gemischte Aufträge anzuwenden.

(16) Um die Erfordernisse in mehreren Tätigkeitsbereichen zu erfüllen, können außerdem Aufträge vergeben werden, die unterschiedlichen rechtlichen Regelungen unterworfen sein können. Es sollte klargestellt werden, dass für die rechtliche Regelung, die auf einen mehrere Tätigkeiten umfassenden einzigen Auftrag anzuwenden ist, die Vorschriften gelten sollten, die auf die Tätigkeit anzuwenden sind, auf die der Auftrag in erster Linie abzielt. Die Ermittlung der Tätigkeit, auf die der Auftrag in erster Linie abzielt, kann auf einer Analyse der Erfordernisse, zu deren Erfüllung der betreffende Auftrag vergeben werden soll, beruhen, die vom Auftraggeber durchgeführt wird, um den Auftragswert zu veranschlagen und die Auftragsunterlagen zu erstellen. In bestimmten Fällen, beispielsweise bei der Beschaffung eines einzelnen Geräts für die Fortsetzung von Tätigkeiten, für die keine Informationen verfügbar sind, die eine Veranschlagung des jeweiligen Auslastungsgrades ermöglichen, könnte es objektiv unmöglich sein, die Tätigkeit zu ermitteln, auf die der Auftrag in erster Linie abzielt. Es sollte festgelegt werden, welche Vorschriften in diesen Fällen anzuwenden sind.

(17) Es sollte klargestellt werden, dass der Begriff des »Wirtschaftsteilnehmers« im weiten Sinne zu verstehen ist und alle Personen und/oder Einrichtungen einschließt, die am Markt das Erbringen von Bauleistungen, die Lieferung von Waren bzw. die Erbringung von Dienstleistungen anbieten. Somit sollten Unternehmen, Zweigniederlassungen, Tochterunternehmen, Personengesellschaften, Genossenschaften, haftungsbeschränkte Gesellschaften, Universitäten, ob öffentlich oder privat, sowie andere Einrichtungen, bei denen es sich nicht um natürliche Personen handelt, unter den Begriff »Wirtschaftsteilnehmer« fallen, unabhängig davon, ob sie unter allen Umständen als »juristische Personen« gelten oder nicht.

(18) Es sollte klargestellt werden, dass Gruppen von Wirtschaftsteilnehmern – auch wenn ihr Zusammenschluss nur befristet erfolgt – an Vergabeverfahren teilnehmen können, ohne dass sie eine bestimmte Rechtsform annehmen müssen. Soweit erforderlich, etwa wenn eine gesamtschuldnerische Haftung verlangt wird, kann eine bestimmte Form vorgeschrieben werden, wenn solche Gruppen den Zuschlag erhalten.

Ferner sollte klargestellt werden, dass Auftraggeber in der Lage sein sollten, explizit festzulegen, wie Gruppen von Wirtschaftsteilnehmern die Kriterien und Anforderungen in Bezug auf Qualifizierung und Eignung nach dieser Richtli-

---

(8) *Amtl. Anm.:*
Richtlinie 2009/81/EG des Europäischen Parlaments und des Rates vom 13. Juli 2009 über die Koordinierung der Verfahren zur Vergabe bestimmter Bau-, Liefer- und Dienstleistungsaufträge in den Bereichen Verteidigung und Sicherheit und zur Änderung der Richtlinien 2004/17/EG und 2004/18/EG (ABl. L 216 vom 20.8.2009, S. 76).

nie, die von den eigenständig teilnehmenden Wirtschaftsteilnehmern verlangt werden, zu erfüllen haben.

Bei der Durchführung von Aufträgen durch Gruppen von Wirtschaftsteilnehmern kann es erforderlich sein, Bedingungen festzulegen, die für Einzelteilnehmer nicht gelten. Solche Bedingungen, die durch objektive Gründe gerechtfertigt und verhältnismäßig sein müssen, könnten beispielsweise die Ernennung eines gemeinsamen Vertreters oder eines federführenden Partners für die Zwecke des Vergabeverfahrens oder die Vorlage von Informationen über die Zusammensetzung der Gruppe sein.

(19) Um bei der Anwendung der Vergabevorschriften in den Bereichen der Wasser-, Energie- und Verkehrsversorgung sowie der Postdienste eine wirkliche Marktöffnung und ein angemessenes Gleichgewicht zu erreichen, dürfen die von der Richtlinie erfassten Auftraggeber nicht aufgrund ihrer Rechtsstellung definiert werden. Es sollte daher sichergestellt werden, dass die Gleichbehandlung von Auftraggebern, die im öffentlichen Sektor tätig sind, und Auftraggebern, die im privaten Sektor tätig sind, gewahrt bleibt. Es ist auch gemäß Artikel 345 AEUV dafür zu sorgen, dass die Eigentumsordnungen in den Mitgliedstaaten unberührt bleiben.

(20) Der Begriff der besonderen oder ausschließlichen Rechte ist ein Kernelement der Definition des Anwendungsbereichs dieser Richtlinie, da Auftraggeber, bei denen es sich weder um öffentliche Auftraggeber noch um öffentliche Unternehmen im Sinne dieser Richtlinie handelt, deren Bestimmungen nur insoweit unterliegen, als sie eine der aufgrund besonderer oder ausschließlicher Rechte erfassten Tätigkeiten ausüben. Daher ist es angezeigt klarzustellen, dass Rechte, die im Wege eines Verfahrens gewährt wurden, das auf objektiven Kriterien beruht, die sich insbesondere aus Rechtsvorschriften der Union herleiten, und bei dem eine angemessene Publizität gewährleistet wurde, keine besonderen oder ausschließlichen Rechte im Sinne dieser Richtlinie darstellen.

Zu den einschlägigen Rechtsvorschriften sollten zählen: die Richtlinie 2009/73/EG des Europäischen Parlaments und des Rates[9], die Richtlinie 2009/72/EG des Europäischen Parlament und des Rates[10], die Richtlinie 97/67/EG des Europäischen Parlament und des Rates[11], die Richtlinie 94/22/EG des Europä-

---

(9) Amtl. Anm.:
Richtlinie 2009/73/EG des Europäischen Parlaments und des Rates vom 13. Juli 2009 über gemeinsame Vorschriften für den Erdgasbinnenmarkt und zur Aufhebung der Richtlinie 2003/55/EG (ABl. L 211 vom 14.8.2009, S. 94).

(10) Amtl. Anm.:
Richtlinie 2009/72/EG des Europäischen Parlament und des Rates vom 13. Juli 2009 über gemeinsame Vorschriften für den Elektrizitätsbinnenmarkt und zur Aufhebung der Richtlinie 2003/54/EG (ABl. L 211 vom 14.8.2009, S. 55).

(11) Amtl. Anm.:
Richtlinie 97/67/EG des Europäischen Parlament und des Rates vom 15. Dezember 1997 über gemeinsame Vorschriften für die Entwicklung des Binnenmarktes der Postdienste der Gemeinschaft und die Verbesserung der Dienstequalität (ABl. L 15 vom 21.1.1998, S. 14).

ischen Parlaments und des Rates[12] und die Verordnung (EG) Nr. 1370/2007 des Europäischen Parlaments und des Rates[13].

Es sollte ferner präzisiert werden, dass diese Liste mit Rechtsvorschriften nicht erschöpfend ist und dass in beliebiger Form – auch über Konzessionen – eingeräumte Rechte, die im Wege anderer Verfahren auf der Grundlage objektiver Kriterien gewährt werden und bei denen eine angemessene Publizität gewährleistet wurde, keine besonderen oder ausschließlichen Rechte für die Zwecke der Bestimmung des Anwendungsbereichs dieser Richtlinie im Hinblick auf die erfassten Personenkreise darstellen. Der Begriff der ausschließlichen Rechte sollte auch herangezogen werden, wenn es darum geht, zu bestimmen, ob die Verwendung eines Verhandlungsverfahrens ohne vorherigen Aufruf zum Wettbewerb gerechtfertigt wäre, da die Bauleistungen, Lieferungen oder Dienstleistungen aufgrund des Schutzes bestimmter ausschließlicher Rechte nur von einem konkreten Wirtschaftsteilnehmer erbracht werden können.

Angesichts der unterschiedlichen Ratio legis dieser Bestimmungen sollte jedoch klargestellt werden, dass der Begriff der ausschließlichen Rechte in den beiden Fällen nicht notwendigerweise dieselbe Bedeutung hat. Es sollte daher klargestellt werden, dass eine Einrichtung, die das ausschließliche Recht zur Erbringung einer bestimmten Dienstleistung in einem bestimmten geografischen Gebiet anhand eines auf objektiven Kriterien beruhenden Verfahrens, bei dem eine angemessene Transparenz gewährleistet wurde, erhalten hat, nicht selbst, sofern es sich um eine private Einrichtung handelt, ein Auftraggeber wäre, aber nichtsdestoweniger die einzige Einrichtung wäre, die die betreffende Dienstleistung in diesem Gebiet erbringen kann.

(21) Bestimmte Einrichtungen sind im Bereich der Erzeugung, der Übertragung oder der Verteilung von Wärme und Kälte tätig. Es könnte ein gewisses Maß an Unklarheit darüber bestehen, welche Regeln jeweils auf Tätigkeiten im Zusammenhang mit Wärme bzw. mit Kälte anzuwenden sind. Daher sollte klargestellt werden, dass die im Wärmesektor tätigen öffentlichen Auftraggeber, öffentlichen Unternehmen und privatrechtlichen Gesellschaften dieser Richtlinie unterliegen, für private Unternehmen gilt diesbezüglich allerdings die zusätzliche Voraussetzung, dass sie auf der Grundlage besonderer oder ausschließlicher Rechte tätig sein müssen. Andererseits unterliegen im Kältesektor tätige öffentliche Auftraggeber den Vorschriften der Richtlinie 2014/24/EU, wohingegen öffentliche Unternehmen und private Unternehmen – ungeachtet dessen, ob letztere auf der Grundlage besonderer oder ausschließlicher Rechte tätig

---

(12) Amtl. Anm.:
Richtlinie 94/22/EG des Europäischen Parlaments und des Rates vom 30. Mai 1994 über die Erteilung und Nutzung von Genehmigungen zur Prospektion, Exploration und Gewinnung von Kohlenwasserstoffen (ABl. L 164 vom 30.6.1994, S. 3).

(13) Amtl. Anm.:
Verordnung (EG) Nr. 1370/2007 des Europäischen Parlaments und des Rates vom 23. Oktober 2007 über öffentliche Personenverkehrsdienste auf Schiene und Straße und zur Aufhebung der Verordnungen (EWG) Nr. 1191/69 und (EWG) Nr. 1107/70 des Rates (ABl. L 315 vom 3.12.2007, S. 1).

sind – nicht den Vorschriften für die Vergabe öffentlicher Aufträge unterliegen. Darüber hinaus sollte klargestellt werden, dass die Aufträge, die für die Erbringung von Wärme als auch von Kälte vergeben werden, nach den Bestimmungen für Verträge über die Durchführung mehrerer Tätigkeiten geprüft werden sollten, um zu bestimmen, nach welchen Beschaffungsvorschriften sich die Vergabe gegebenenfalls richtet.

(22) Bevor eine Änderung des Anwendungsbereichs dieser Richtlinie und der Richtlinie 2014/24/EU für diesen Sektor in Aussicht genommen wird, sollte die Lage im Kältesektor geprüft werden, damit genügend Informationen insbesondere über die Wettbewerbslage und den Umfang der grenzüberschreitenden Auftragsvergabe und die Standpunkte der Beteiligten eingeholt werden. Da die Anwendung der Richtlinie 2014/23/EU des Europäischen Parlaments und des Rates[14] auf diesen Sektor erhebliche Auswirkungen auf die Marktöffnung haben könnte, wäre es angebracht, diese Prüfung gleichzeitig mit der Bewertung der Folgen der Richtlinie 2014/23/EU durchzuführen.

(23) Ohne den Anwendungsbereich dieser Richtlinie in irgendeiner Weise zu erweitern, sollte klargestellt werden, dass der in dieser Richtlinie verwendete Begriff »Einspeisung von Elektrizität« die Erzeugung von Elektrizität und den Groß- und Einzelhandel damit umfasst.

(24) Auftraggeber im Trinkwassersektor können auch andere wasserwirtschaftliche Tätigkeiten in den Bereichen Wasservorhaben, Bewässerung, Entwässerung, Ableitung sowie Klärung von Abwässern ausüben. In derartigen Fällen sollten Auftraggeber in der Lage sein, die in dieser Richtlinie vorgesehenen Vergabeverfahren bei all ihren wasserwirtschaftlichen Tätigkeiten anzuwenden, unabhängig davon, um welchen Teil des »Wasserzyklus« es geht. Die Vergabevorschriften der Art, die für die Lieferaufträge vorgeschlagen wird, sind allerdings für die Beschaffung von Wasser ungeeignet angesichts der Notwendigkeit, sich aus in der Nähe des Verwendungsorts gelegenen Quellen zu versorgen.

(25) Es ist angezeigt, Beschaffungen zum Zwecke der Exploration von Erdöl- und Erdgasvorkommen auszuschließen, da dieser Sektor nach allgemeiner Einschätzung einem so starken Wettbewerbsdruck ausgesetzt ist, dass die durch die einschlägigen Unionsvergabevorschriften bewirkte Beschaffungsdisziplin nicht mehr erforderlich ist. Da die Gewinnung von Erdöl und Erdgas weiterhin in den Anwendungsbereich dieser Richtlinie fällt, könnte es erforderlich sein, zwischen Exploration und Gewinnung zu unterscheiden. Dabei sollte der Begriff »Exploration« die Tätigkeiten umfassen, die durchgeführt werden, um festzustellen, ob Erdöl und Erdgas in einem bestimmten Gebiet vorhanden ist, und wenn dies der Fall ist, ob es gewerblich nutzbar ist, während der Begriff »Gewinnung« die »Erzeugung« von Erdöl und Erdgas abdecken sollte. Gemäß der etablierten Praxis in Fusionsfällen sollte der Begriff »Erzeugung« so verstanden werden, dass er auch die »Entwicklung« umfasst, d.h. die Errichtung einer angemessenen Inf-

---

(14) *Amtl. Anm.:*
Richtlinie 2014/23/EU des Europäischen Parlaments und des Rates vom 26. Februar 2014 über die Konzessionsvergabe (siehe Seite 1 dieses Amtsblatts).

rastruktur für die künftige Erzeugung (Ölplattformen, Rohrleitungen, Terminalanlagen usw.).

(26) Öffentliche Auftraggeber sollten alle ihnen nach einzelstaatlichem Recht zur Verfügung stehenden Möglichkeiten nutzen, um aus Interessenkonflikten resultierende Verzerrungen bei den Verfahren zur Vergabe von Aufträgen zu verhindern. Dies könnte Verfahren zur Aufdeckung, Verhinderung und Behebung von Interessenkonflikten einschließen.

(27) Mit dem Beschluss 94/800/EG des Rates[15] wurde insbesondere das Übereinkommen der Welthandelsorganisation über das öffentliche Beschaffungswesen (im Folgenden »GPA«) genehmigt. Ziel des GPA ist es, einen multilateralen Rahmen ausgewogener Rechte und Pflichten in Bezug auf öffentliche Aufträge zu schaffen, um den Welthandel zu liberalisieren und auszuweiten. Bei Aufträgen, die unter die Anhänge 3, 4 und 5 sowie die Allgemeinen Anmerkungen zum Anlage I der Europäischen Union zum GPA sowie andere einschlägige, für die Union bindende internationale Übereinkommen fallen, sollten die Auftraggeber die Verpflichtungen aus den betreffenden Übereinkommen erfüllen, indem sie diese Richtlinie auf Wirtschaftsteilnehmer von Drittländern anwenden, die Unterzeichner der Übereinkommen sind.

(28) Das GPA findet Anwendung auf Aufträge oberhalb bestimmter Schwellenwerte, die im GPA festgelegt und in Sonderziehungsrechten angegeben sind. Die in dieser Richtlinie definierten Schwellenwerte sollten angepasst werden, um zu gewährleisten, dass sie den Euro-Äquivalenten der im GPA genannten Schwellenwerte entsprechen. Es sollten eine regelmäßige Überprüfung der in Euro ausgedrückten Schwellenwerte und ihre Anpassung – im Wege eines rein mathematischen Verfahrens – an mögliche Kursschwankungen des Euro gegenüber dem Sonderziehungsrecht vorgesehen werden.

Neben diesen regelmäßigen mathematischen Anpassungen sollte während der nächsten Verhandlungsrunde eine Erhöhung der in dem GPA festgelegten Schwellenwerte geprüft werden.

Um die Anzahl der Schwellenwerte nicht unnötig zu erhöhen, ist es zudem angezeigt, unbeschadet der internationalen Verpflichtungen der Union auch künftig dieselben Schwellenwerte auf alle Auftraggeber anzuwenden, unabhängig davon, in welchem Sektor sie tätig sind.

(29) Es sollte klargestellt werden, dass für die Schätzung des Werts eines Auftrags sämtliche Einnahmen berücksichtigt werden müssen, gleich ob sie vom Auftraggeber oder von Dritten stammen.

Es sollte ferner klargestellt werden, dass für den Zweck der Schätzung von Schwellenwerten unter »gleichartigen Lieferungen« Waren für gleiche oder gleichartige Verwendungszwecke zu verstehen sind, wie Lieferungen einer Reihe

---

(15) *Amtl. Anm.:*
Beschluss 94/800/EG des Rates vom 22. Dezember 1994 über den Abschluss der Übereinkünfte im Rahmen der multilateralen Verhandlungen der Uruguay-Runde (1986–1994) im Namen der Europäischen Gemeinschaft in Bezug auf die in ihre Zuständigkeiten fallenden Bereiche (ABl. L 336 vom 23.12.1994, S. 1).

von Nahrungsmitteln oder von verschiedenen Büromöbeln. Typischerweise würde ein Wirtschaftsteilnehmer, der in dem betreffenden Bereich tätig ist, solche Lieferungen wahrscheinlich als Teil seiner üblichen Produktpalette anbieten.

(30) Für die Zwecke der Schätzung des Werts eines bestimmten Auftrags sollte klargestellt werden, dass die Schätzung des Werts auf der Grundlage einer Unterteilung der Auftragsvergabe nur dann zulässig sein sollte, wenn dies durch objektive Gründe gerechtfertigt ist. So könnte es beispielsweise gerechtfertigt sein, die Auftragswerte auf der Ebene einer eigenständigen Organisationseinheit des Auftraggebers zu schätzen, sofern die betreffende Einheit selbständig für die eigenen Beschaffungsmaßnahmen verantwortlich ist. Hiervon kann ausgegangen werden, wenn die eigenständige Organisationseinheit selbständig Verfahren zur Vergabe öffentlicher Aufträge durchführt und die Kaufentscheidungen trifft, wenn sie über eine getrennte Haushaltslinie für die betreffenden Auftragsvergaben verfügt, die Aufträge unabhängig vergibt und diese der Auftraggeber ihr zur Verfügung stehenden Haushaltsmitteln finanziert. Eine Aufteilung in Unterteilungen ist nicht allein dadurch gerechtfertigt, dass der Auftraggeber eine Auftragsvergabe dezentral durchführt.

(31) Diese Richtlinie ist an die Mitgliedstaaten gerichtet und findet keine Anwendung auf Beschaffungen internationaler Organisationen in deren eigenem Namen und für eigene Rechnung. Es sollte jedoch geklärt werden, inwieweit diese Richtlinie auch auf Beschaffungen angewendet werden sollte, die spezifischen internationalen Bestimmungen unterliegen.

(32) Es sei darauf hingewiesen, dass Schiedsgerichts- und Schlichtungsdienste und andere vergleichbare Formen alternativer Streitbeilegung normalerweise von Organisationen oder Personen übernommen werden, deren Bestellung oder Auswahl in einer Art und Weise erfolgt, die sich nicht nach Vergabevorschriften für öffentliche Aufträge richten kann. Es sollte klargestellt werden, dass diese Richtlinie nicht für Aufträge zur Erbringung solcher Dienstleistungen – ungeachtet ihrer Bezeichnung in den nationalen Rechtsvorschriften – gilt.

(33) Einige Rechtsdienstleistungen werden von durch ein Gericht in einem Mitgliedstaat benannten Dienstleistern erbracht, betreffen die Vertretung von Mandanten in Gerichtsverfahren durch Rechtsanwälte, müssen durch Notare erbracht werden oder sind mit der Ausübung hoheitlicher Befugnisse verbunden. Solche Rechtsdienstleistungen werden in der Regel durch Organisationen oder Personen erbracht, deren Bestellung oder Auswahl in einer Art und Weise erfolgt, die sich nicht nach Vergabevorschriften für öffentliche Aufträge richten kann, wie z.B. die Ernennung von Staatsanwälten in einigen Mitgliedstaaten. Diese Rechtsdienstleistungen sollten daher vom Anwendungsbereich dieser Richtlinie ausgenommen werden.

(34) Es sei darauf hingewiesen, dass der Begriff »Finanzinstrumente« im Sinne dieser Richtlinie dieselbe Bedeutung hat wie in anderen Rechtsakten über den Binnenmarkt; ferner sollte mit Blick auf die kürzlich erfolgte Schaffung der Europäischen Finanzstabilisierungsfazilität und des Europäischen Stabilitätsmechanismus festgehalten werden, dass mit dieser Fazilität und diesem Mechanismus durchgeführte Transaktionen aus dem Anwendungsbereich dieser Richtlinie

ausgeschlossen werden sollten. Schließlich sollte klargestellt werden, dass Darlehen oder Kredite, gleich ob sie mit der Ausgabe von Wertpapieren oder anderen Finanzinstrumenten oder mit diesen Wertpapieren oder anderen Finanzinstrumenten betreffenden Transaktionen im Zusammenhang stehen oder nicht, aus dem Anwendungsbereich dieser Richtlinie ausgeschlossen werden sollten.

(35) Es sei daran erinnert, dass Artikel 5 Absatz 1 der Verordnung (EG) Nr. 1370/2007 des Europäischen Parlaments und des Rates[16] ausdrücklich vorsieht, dass die Richtlinien 2004/17/EG und 2004/18/EG für Dienstleistungsaufträge und für öffentliche Dienstleistungsaufträge für öffentliche Personenverkehrsdienste mit Bussen und Straßenbahnen gelten, während für Dienstleistungskonzessionen für öffentliche Personenverkehrsdienste mit Bussen und Straßenbahnen die Verordnung (EG) Nr. 1370/2007 gilt. Es sei außerdem daran erinnert, dass jene Verordnung weiterhin für öffentliche Dienstleistungsaufträge sowie für Dienstleistungskonzessionen für öffentliche Personenverkehrsdienste auf der Schiene und per Untergrundbahn gilt. Zur Präzisierung der Beziehung zwischen dieser Richtlinie und der Verordnung (EG) Nr. 1370/2007 sollte ausdrücklich vorgesehen werden, dass die vorliegende Richtlinie nicht für Dienstleistungsaufträge für die Bereitstellung von öffentlichen Personenverkehrsdiensten auf der Schiene oder mit Untergrundbahnen gelten, deren Vergabe weiterhin jener Verordnung unterliegen sollte. Soweit die Verordnung (EG) Nr. 1370/2007 die Möglichkeit einräumt, im nationalen Recht von den Vorschriften jener Verordnung abzuweichen, sollten die Mitgliedstaaten weiterhin in ihren nationalen Rechtsvorschriften bestimmen können, dass Dienstleistungsaufträge für öffentliche Personenverkehrsdienste auf der Schiene oder mit Untergrundbahnen durch ein Vergabeverfahren vergeben werden müssen, das ihren allgemeinen Vorschriften für die öffentliche Auftragsvergabe entspricht.

(36) Diese Richtlinie sollte nicht für bestimmte von gemeinnützigen Organisationen oder Vereinigungen erbrachte Notfalldienste gelten, da der spezielle Charakter dieser Organisationen nur schwer gewahrt werden könnte, wenn die Dienstleistungserbringer nach den in dieser Richtlinie festgelegten Verfahren ausgewählt werden müssten. Dieser Ausschluss sollte allerdings nicht über das notwendigste Maß hinaus ausgeweitet werden. Der Einsatz von Krankenwagen zur Patientenbeförderung sollte daher ausdrücklich nicht ausgeschlossen werden. In diesem Zusammenhang muss im Übrigen klargestellt werden, dass die CPV-Gruppe 601 »Landverkehr« nicht den Einsatz von Krankenwagen erfasst, der unter die CPV-Klasse 8514 fällt. Es sollte daher klargestellt werden, dass für unter die CPV-Code 8514 30 00-3 fallende Dienstleistungen, die ausschließlich im Einsatz von Krankenwagen zur Patientenbeförderung bestehen, die besondere

---

(16) Amtl. Anm.:
Verordnung (EG) Nr. 1370/2007 des Europäischen Parlaments und des Rates vom 23. Oktober 2007 über öffentliche Personenverkehrsdienste auf Schiene und Straße und zur Aufhebung der Verordnungen (EWG) Nr. 1191/69 und (EWG) Nr. 1107/70 des Rates (ABl. L 315 vom 3.12.2007, S. 1).

Regelung für soziale und andere besondere Dienstleistungen (im Folgenden »vereinfachte Regelung«) gelten sollte. Damit würden auch gemischte Aufträge für Dienste von Krankenwagen generell unter die vereinfachte Regelung fallen, falls der Wert des Einsatzes von Krankenwagen zur Patientenbeförderung höher wäre als der Wert anderer Krankenwagendienste.

(37) In einigen Fällen kann ein bestimmter öffentlicher Auftraggeber oder ein bestimmter Zusammenschluss von öffentlichen Auftraggebern einziger Anbieter einer Dienstleistung sein, dessen Erbringung ihm, für deren Erbringung er gemäß den Rechts- oder Verwaltungsvorschriften und gemäß den veröffentlichten Verwaltungsanweisungen, die mit dem AEUV in Einklang stehen, ein ausschließliches Recht besitzt. Es sollte klargestellt werden, dass die vorliegende Richtlinie nicht auf die Vergabe von Dienstleistungsaufträgen an diesen öffentlichen Auftraggeber oder Zusammenschluss von öffentlichen Auftraggebern angewandt werden muss.

(38) Es besteht erhebliche Rechtsunsicherheit darüber, inwieweit die Vorschriften für die öffentliche Auftragsvergabe auch für zwischen öffentlichen Auftraggebern geschlossene Aufträge gelten sollten. Die einschlägige Rechtsprechung des Gerichtshofs der Europäischen Union wird nicht nur von den einzelnen Mitgliedstaaten, sondern auch von den einzelnen öffentlichen Auftraggebern unterschiedlich ausgelegt. Da diese Rechtsprechung in gleicher Weise auf Behörden anwendbar wäre, die in den von dieser Richtlinie abgedeckten Sektoren agieren, sollte sichergestellt werden, dass im Rahmen dieser Richtlinie und der Richtlinie 2014/24/EU dieselben Vorschriften gelten und sie in derselben Weise ausgelegt werden.

(39) Viele Auftraggeber sind als eine Wirtschaftsgruppe organisiert, die aus einer Reihe getrennter Unternehmen bestehen kann; oft hat jedes dieser Unternehmen in der Wirtschaftsgruppe eine spezielle Aufgabe. Es ist daher angezeigt, bestimmte Dienstleistungs-, Liefer- und Bauaufträge auszuschließen, die an ein verbundenes Unternehmen vergeben werden, welches seine Dienstleistungen, Lieferungen und Bauleistungen nicht am Markt anbietet, sondern hauptsächlich für die eigene Unternehmensgruppe erbringt. Zudem sollten bestimmte Dienstleistungs-, Liefer- und Bauaufträge ausgeschlossen werden, die ein Auftraggeber an ein Gemeinschaftsunternehmen vergibt, das von mehreren Auftraggebern gebildet wird, um die von dieser Richtlinie erfassten Tätigkeiten durchzuführen, und dem dieser Auftraggeber angehört. Jedoch sollte sichergestellt werden, dass durch diese Ausnahmeregelung keine Wettbewerbsverzerrungen zugunsten von Unternehmen, auch Gemeinschaftsunternehmen, entstehen, die mit den Auftraggebern verbunden sind; es sollten daher geeignete Vorschriften vorgesehen werden, insbesondere hinsichtlich der Höchstgrenzen, bis zu denen die Unternehmen einen Teil ihres Umsatzes am Markt erzielen dürfen und bei deren Überschreiten ihnen ohne einen Aufruf zum Wettbewerb kein Auftrag vergeben werden darf, sowie hinsichtlich der Zusammensetzung der Gemeinschaftsunternehmen und der Stabilität der Verbindungen zwischen diesen und den ihnen angehörenden Auftraggeber.

(40) Ferner ist es angezeigt, die Wechselwirkungen zwischen den Bestimmungen über die Zusammenarbeit zwischen Behörden und den Bestimmungen über die Auftragsvergabe an verbundene Unternehmen oder im Rahmen von Gemeinschaftsunternehmen klarzustellen.

(41) Unternehmen sollten als verbunden gelten, wenn ein unmittelbarer oder mittelbarer beherrschender Einfluss zwischen dem Auftraggeber und dem betreffenden Unternehmen vorliegt oder wenn beide dem beherrschenden Einfluss eines anderen Unternehmens unterliegen; in diesem Zusammenhang sollte eine private Beteiligung als solche nicht ausschlaggebend sein. Die Überprüfung, ob ein Unternehmen mit einem bestimmten Auftraggeber verbunden ist, sollte möglichst einfach durchzuführen sein. Da bereits für die Entscheidung, ob der Jahresabschluss der betreffenden Unternehmen und Einrichtungen konsolidiert werden sollte, geprüft werden muss, ob möglicherweise ein derartiger unmittelbarer oder mittelbarer beherrschender Einfluss vorliegt, sollten deshalb Unternehmen als verbunden betrachtet werden, wenn ihr Jahresabschluss konsolidiert wird. Die Unionsvorschriften zu konsolidierten Abschlüssen gelten in bestimmten Fällen jedoch nicht, beispielsweise aufgrund der Größe der betreffenden Unternehmen oder weil bestimmte Voraussetzungen hinsichtlich ihrer Rechtsform nicht erfüllt sind. In solchen Fällen, in denen die Richtlinie 2013/34/EU des Europäischen Parlaments und des Rates[17] nicht anzuwenden ist, muss geprüft werden, ob ein unmittelbarer oder mittelbarer beherrschender Einfluss auf der Grundlage der Eigentumsverhältnisse, der finanziellen Beteiligung oder der für das Unternehmen geltenden Vorschriften ausgeübt wird.

(42) Die Kofinanzierung von Forschungs- und Entwicklungsprogrammen durch die Industrie sollte gefördert werden. Es sollte folglich klargestellt werden, dass diese Richtlinie nur anwendbar ist, wenn es keine solche Kofinanzierung gibt und wenn das Ergebnis der Forschungs- und Entwicklungstätigkeiten des betreffenden Auftraggebers zugutekommt. Damit sollte die Möglichkeit nicht ausgeschlossen werden, dass der Dienstleistungserbringer, der diese Tätigkeiten durchgeführt hat, einen Bericht darüber veröffentlichen darf, solange der Auftraggeber die alleinigen Rechte zum Gebrauch der Forschungs- und Entwicklungsergebnisse bei der Ausübung ihrer eigenen Tätigkeit behält. Ein fiktiver Austausch der Forschungs- und Entwicklungsergebnisse oder eine symbolische Beteiligung an der Vergütung des Dienstleisters sollten jedoch nicht die Anwendung dieser Richtlinie verhindern.

(43) Diese Richtlinie sollte weder für Aufträge gelten, die die Ausübung einer der von dieser Richtlinie erfassten Tätigkeiten ermöglichen sollen, noch für Wettbewerbe zur Ausübung einer solchen Tätigkeit, wenn diese Tätigkeit in dem Mit-

---

(17) Amtl. Anm.:
Richtlinie 2013/34/EU des Europäischen Parlaments und des Rates vom 26. Juni 2013 über den Jahresabschluss, den konsolidierten Abschluss und damit verbundene Berichte von Unternehmen bestimmter Rechtsformen und zur Änderung der Richtlinie 2006/43/EG des Europäischen Parlaments und des Rates und zur Aufhebung der Richtlinien 78/660/EWG und 83/349/EWG des Rates (ABl. L 182 vom 29.6.2013, S. 19).

gliedstaat, in dem sie ausgeübt wird, auf Märkten ohne Zugangsbeschränkungen dem direkten Wettbewerb ausgesetzt ist. Es sollte daher das Verfahren beibehalten werden, das auf alle unter diese Richtlinie fallenden Sektoren oder Teile davon anwendbar ist und es ermöglicht, die Auswirkungen einer aktuellen oder künftigen Liberalisierung zu berücksichtigen. Ein solches Verfahren sollte den betreffenden Einrichtungen Rechtssicherheit bieten und eine angemessene Entscheidungsfindung ermöglichen, so dass innerhalb kurzer Fristen eine einheitliche Anwendung des einschlägigen Unionsrechts gewährleistet ist. Im Interesse der Rechtssicherheit sollte klargestellt werden, dass alle Entscheidungen, die vor Inkrafttreten dieser Richtlinie bezüglich der Anwendbarkeit der entsprechenden Bestimmungen in Artikel 30 der Richtlinie 2004/17/EG getroffen wurden, weiterhin gelten.

(44) Der unmittelbare Einfluss des Wettbewerbs sollte nach objektiven Kriterien festgestellt werden, wobei die besonderen Merkmale des betreffenden Sektors oder der betreffenden Teile davon zu berücksichtigen sind. Dieser Bewertung sind jedoch gewisse Grenzen gesetzt durch die kurzen Fristen und dadurch, dass sie sich auf die der Kommission vorliegenden Informationen – die aus bereits verfügbaren Quellen stammen oder im Zuge der Anwendung von Artikel 35 beschafft wurden – stützen muss und nicht durch zeitaufwändigere Methoden, wie etwa öffentliche Anhörungen, die an die beteiligten Wirtschaftsteilnehmer gerichtet sind, ergänzt werden kann. Die volle Anwendung des Wettbewerbsrechts bleibt von der im Rahmen dieser Richtlinie vorgesehenen Möglichkeit einer Bewertung, inwieweit eine Tätigkeit dem unmittelbaren Wettbewerb ausgesetzt ist, unberührt.

(45) Die Bewertung, ob ein bestimmter Sektor oder Teile davon unmittelbar dem Wettbewerb ausgesetzt ist, sollte hinsichtlich des relevanten geografischen Markts, d.h. des spezifischen Bereichs, in dem die Tätigkeit oder die betreffenden Teile davon von den jeweiligen Wirtschaftsteilnehmern durchgeführt werden, erfolgen. Da der Begriff des relevanten geografischen Markts entscheidend für die Bewertung ist, sollte er angemessen und auf der Grundlage der im Unionsrecht bestehenden Begriffe definiert werden. Es sollte ferner klargestellt werden, dass der relevante geografische Markt nicht notwendigerweise mit dem Hoheitsgebiet des betreffenden Mitgliedstaats übereinstimmt; folglich sollten Entscheidungen über die Anwendbarkeit der Ausnahme auf Teile des Hoheitsgebiets des betreffenden Mitgliedstaats beschränkt werden können.

(46) Die Umsetzung und Anwendung geeigneter Rechtsvorschriften der Union zur Liberalisierung eines bestimmten Sektors oder Teilsektors sollten als hinreichender Anhaltspunkt für das Bestehen eines freien Zugangs zu dem betreffenden Markt gelten. Entsprechende Rechtsvorschriften sollten in einem Anhang aufgeführt werden, der von der Kommission aktualisiert werden kann. Bei der Aktualisierung des Anhangs sollte die Kommission insbesondere dem Umstand Rechnung tragen, dass eventuell Maßnahmen verabschiedet wurden, die eine echte Öffnung von Sektoren wie beispielsweise dem nationalen Schienenpersonenverkehr, für die in diesem Anhang noch keine Rechtsvorschriften genannt sind, für den Wettbewerb bewirken.

(47) Kann der freie Zugang zu einem Markt nicht aufgrund der Anwendung einschlägiger Rechtsvorschriften der Union vorausgesetzt werden, sollte dieser freie Zugang de jure und de facto nachgewiesen werden. Erweitert ein Mitgliedstaat die Anwendung eines Unionsrechtsakts über die Öffnung eines Sektors für den Wettbewerb auf Situationen, die nicht in den Anwendungsbereich dieses Rechtsakts fallen, z.B. indem die Richtlinie 94/22/EG auf den Kohlesektor oder die Richtlinie 2012/34/EU des Europäischen Parlaments und des Rates[18] auf Fahrgastdienste auf nationaler Ebene angewandt wird, so sollte diesem Umstand bei der Bewertung, ob der Zugang zum betreffenden Sektor frei ist, Rechnung getragen werden.

(48) Unabhängige nationale Behörden, wie sektorale Regulierungsbehörden oder Wettbewerbsbehörden, verfügen in der Regel über spezialisiertes Fachwissen, Informationen und Kenntnisse, die bei der Bewertung, ob eine Tätigkeit oder Teile davon unmittelbar dem Wettbewerb auf Märkten mit unbeschränktem Zugang ausgesetzt sind, sachdienlich sind. Anträge auf Ausnahmen sollten daher gegebenenfalls mit einer Stellungnahme jüngeren Datums über die Wettbewerbssituation in dem betreffenden Sektor, die von einer für die betreffende Tätigkeit zuständigen unabhängigen nationalen Behörde verfasst wurde, eingereicht werden oder eine solche beinhalten.

Bei Nichtvorlage einer mit Gründen und Belegen versehenen Stellungnahme einer für die betreffende Tätigkeit zuständigen unabhängigen nationalen Behörde wäre mehr Zeit für die Bewertung eines Antrags auf Ausnahme erforderlich. Die Fristen, innerhalb deren die Kommission die Bewertung solcher Anträge ausführen muss, sollten daher entsprechend geändert werden.

(49) Die Kommission sollte stets verpflichtet sein, Anträge zu prüfen, die den detaillierten Vorschriften für die Anwendung der Verfahren für die Feststellung, ob eine Tätigkeit oder Teile davon unmittelbar dem Wettbewerb auf Märkten mit unbeschränktem Zugang ausgesetzt ist, entsprechen. Es sollte jedoch auch klargestellt werden, dass solche Anträge derart komplex sein können, dass es eventuell nicht immer möglich ist, die Annahme von Durchführungsrechtsakten zur Feststellung, ob eine bestimmte Tätigkeit oder Teile davon unmittelbar dem Wettbewerb auf Märkten mit unbeschränktem Zugang ausgesetzt ist, innerhalb der anwendbaren Fristen zu gewährleisten.

(50) Es sollte klargestellt werden, dass die Kommission die Möglichkeit haben sollte, von den Mitgliedstaaten oder den Auftraggebern zu verlangen, Informationen vorzulegen oder zu ergänzen oder zu präzisieren. Die Kommission sollte eine angemessene Frist dafür festsetzen, wobei neben der gebührenden Berücksichtigung der Tatsache, dass die Fristen für die Annahme des Durchführungsrechtsakts durch die Kommission einzuhalten sind, auch Faktoren wie die Komplexität und die Zugänglichkeit der verlangten Informationen zu beachten sind.

---

(18) *Amtl. Anm.:*
Richtlinie 2012/34/EU des Europäischen Parlaments und des Rates vom 21. November 2012 zur Schaffung eines einheitlichen europäischen Eisenbahnraums (ABl. L 343 vom 14.12.2012, S. 32).

(51) Beschäftigung und Beruf tragen zur Integration in die Gesellschaft bei und sind zentrale Elemente für die Gewährleistung von Chancengleichheit. In diesem Zusammenhang können geschützte Werkstätten eine wichtige Rolle spielen. Das gilt auch für andere soziale Unternehmen, deren Hauptanliegen die Förderung der gesellschaftlichen und beruflichen Eingliederung oder Wiedereingliederung von Personen mit Behinderung oder von benachteiligten Personen wie Arbeitslosen, Angehörigen benachteiligter Minderheiten oder auf andere Weise an den Rand der Gesellschaft gedrängten Personen ist. Es ist jedoch möglich, dass solche Werkstätten oder Unternehmen nicht in der Lage sind, unter normalen Wettbewerbsbedingungen Aufträge zu erhalten. Es ist daher angemessen, vorzusehen, dass die Mitgliedstaaten das Recht, an Verfahren zur Vergabe von öffentlichen Aufträgen oder von bestimmten Auftragslosen teilzunehmen, derartigen Werkstätten oder Unternehmen vorbehalten können oder die Ausführung eines Auftrags geschützten Beschäftigungsprogrammen vorbehalten können.

(52) Im Hinblick auf eine angemessene Einbeziehung ökologischer, sozialer und arbeitsrechtlicher Erfordernisse in die Verfahren zur Vergabe öffentlicher Aufträge ist es besonders wichtig, dass Mitgliedstaaten und Auftraggeber geeignete Maßnahmen ergreifen, um die Einhaltung der am Ort der Ausführung der Bauleistungen oder der Erbringung der Dienstleistungen geltenden Anforderungen auf dem Gebiet des Umwelt-, Sozial- und Arbeitsrechts zu gewährleisten, die sich aus auf nationaler und auf Unionsebene geltenden Rechts- und Verwaltungsvorschriften, Verfügungen und Beschlüssen sowie aus Tarifverträgen ergeben, sofern diese Regelungen und ihre Anwendung mit dem Unionsrecht vereinbar sind. Gleichermaßen sollten während der Auftragsausführung auch die Verpflichtungen aus den von allen Mitgliedstaaten ratifizierten und in Anhang XIV aufgeführten internationalen Übereinkommen gelten. Dies sollte jedoch auf keinen Fall der Anwendung von für die Arbeitnehmer günstigeren Beschäftigungs- und Arbeitsbedingungen entgegenstehen.
Die betreffenden Maßnahmen sollten mit den Grundprinzipien des Unionsrechts im Einklang stehen, insbesondere im Hinblick auf die Gewährleistung der Gleichbehandlung. Sie sollten im Einklang mit der Richtlinie 96/71/EG des Europäischen Parlaments und des Rates[19] und in einer Art und Weise angewandt werden, dass die Gleichbehandlung gewährleistet ist und Wirtschaftsteilnehmer und Arbeitnehmer aus anderen Mitgliedstaaten weder direkt noch indirekt diskriminiert werden.

(53) Als Ort der Erbringung der Dienstleistungen sollte der Ort gelten, an dem die charakteristischen Leistungen erbracht werden. Bei aus der Ferne, zum Beispiel von Callcentern erbrachten Dienstleistungen, sollte dies der Ort der Leistungserbringung sein, ungeachtet der Orte und Mitgliedstaaten, für die die Dienstleistungen bestimmt sind.

---

(19) Amtl. Anm.:
Richtlinie 96/71/EG des Europäischen Parlaments und des Rates vom 16. Dezember 1996 über die Entsendung von Arbeitnehmern im Rahmen der Erbringung von Dienstleistungen (ABl. L 18 vom 21.1.1997, S. 1).

(54) Die diesbezüglichen Verpflichtungen könnten sich in Auftragserfüllungsklauseln widerspiegeln. Ferner sollte es möglich sein, Klauseln zur Sicherstellung der Einhaltung von Tarifverträgen im Einklang mit dem Unionsrecht in öffentliche Aufträge aufzunehmen. Die Nichteinhaltung der einschlägigen Verpflichtungen kann als schwere Verfehlung des betreffenden Wirtschaftsteilnehmers betrachtet werden, die dessen Ausschluss vom Verfahren zur Vergabe eines öffentlichen Auftrags zur Folge haben kann.

(55) Die Überprüfung der Einhaltung dieser umwelt-, sozial- und arbeitsrechtlichen Bestimmungen sollte in den relevanten Phasen des Vergabeverfahrens erfolgen, also bei der Anwendung der allgemeinen Grundsätze für die Auswahl der Teilnehmer und die Auftragsvergabe, bei der Anwendung der Ausschlusskriterien und bei der Anwendung der Bestimmungen bezüglich ungewöhnlich niedriger Angebote. Die zu diesem Zweck erforderliche Überprüfung sollte im Einklang mit den einschlägigen Bestimmungen dieser Richtlinie, insbesondere den Bestimmungen zu Nachweisen und Eigenerklärungen, durchgeführt werden.

(56) Keine Bestimmung dieser Richtlinie sollte dem Erlass oder der Durchsetzung von Maßnahmen, die zum Schutz der öffentlichen Ordnung, der öffentlichen Sittlichkeit und der öffentlichen Sicherheit, zum Schutz der Gesundheit und des Lebens von Menschen und Tieren oder zur Erhaltung pflanzlichen Lebens notwendig sind, oder von sonstigen Umweltschutzmaßnahmen, insbesondere mit Blick auf eine nachhaltige Entwicklung, entgegenstehen, sofern diese Maßnahmen mit dem AEUV im Einklang stehen.

(57) Forschung und Innovation, einschließlich Öko-Innovation und sozialer Innovation, gehören zu den Haupttriebkräften künftigen Wachstums und stehen im Mittelpunkt der Strategie Europa 2020 für intelligentes, nachhaltiges und integratives Wachstum. Auftraggeber sollten die öffentliche Auftragsvergabe strategisch optimal nutzen, um Innovationen voranzutreiben. Der Kauf innovativer Produkte, Bauleistungen und Dienstleistungen spielt eine zentrale Rolle bei der Steigerung der Effizienz und der Qualität öffentlicher Dienstleistungen und ermöglicht es gleichzeitig, großen gesellschaftlichen Herausforderungen zu begegnen. Er trägt dazu bei, ein optimales Preis-Leistungs-Verhältnis zu erzielen und einen umfassenderen wirtschaftlichen, ökologischen und gesellschaftlichen Nutzen zu generieren, indem neue Ideen hervorgebracht, diese in innovative Produkte und Dienstleistungen umgesetzt werden und damit ein nachhaltiges Wirtschaftswachstum gefördert wird.
Es sei daran erinnert, dass die Kommission in ihrer Mitteilung vom 14. Dezember 2007 »Vorkommerzielle Auftragsvergabe: Innovationsförderung zur Sicherung tragfähiger und hochwertiger öffentlicher Dienste in Europa« eine Reihe von Beschaffungsmodellen beschrieben hat, bei denen es um die Vergabe öffentlicher Aufträge für Forschungs- und Entwicklungsdienstleistungen geht, die nicht in den Geltungsbereich dieser Richtlinie fallen. Diese Modelle würden auch weiterhin wie bislang zur Verfügung stehen, doch diese Richtlinie sollte auch dazu beitragen, die Beschaffung von Innovationen zu erleichtern, und Mitgliedstaaten darin unterstützen, die Ziele der Innovationsunion zu erreichen.

(58) Aufgrund der Bedeutung von Innovation sollten die Auftraggeber ermutigt werden, so oft wie möglich Varianten zuzulassen. Die Auftraggeber sollten folglich darauf aufmerksam gemacht werden, dass die Mindestanforderungen für Varianten definiert werden müssen, bevor angegeben wird, dass Varianten eingereicht werden können.

(59) Kann der Bedarf an der Entwicklung eines innovativen Produkts bzw. einer innovativen Dienstleistung oder innovativer Bauleistungen und dem anschließenden Erwerb dieses Produkts bzw. dieser Dienstleistung oder dieser Bauleistungen nicht durch bereits auf dem Markt verfügbare Lösungen befriedigt werden, so sollten Auftraggeber in Bezug auf Aufträge, die in den Anwendungsbereich dieser Richtlinie fallen, Zugang zu einem spezifischen Beschaffungsverfahren haben. Dieses spezifische Verfahren sollte es den Auftraggebern ermöglichen, eine langfristige Innovationspartnerschaft für die Entwicklung und die anschließende Beschaffung neuer, innovativer Produkte, Dienstleistungen oder Bauleistungen zu begründen – unter der Voraussetzung, dass für solche innovativen Produkte, Dienstleistungen oder Bauleistungen die vereinbarten Leistungs- und Kostenniveaus eingehalten werden können, und ohne dass ein getrenntes Vergabeverfahren für die Beschaffung erforderlich ist. Die Innovationspartnerschaft sollte sich auf die Verfahrensregeln stützen, die für das Verhandlungsverfahren mit vorherigem Aufruf zum Wettbewerb gelten, und die Auftragsvergabe sollte einzig auf der Grundlage des besten Preis-Leistungs-Verhältnisses erfolgen, was für den Vergleich von Angeboten für innovative Lösungen am besten geeignet ist. Ganz gleich, ob es um sehr große Vorhaben oder um kleinere innovative Vorhaben geht, sollte die Innovationspartnerschaft so strukturiert sein, dass sie die erforderliche Marktnachfrage (»Market Pull«) bewirken kann, die die Entwicklung einer innovativen Lösung anstößt, ohne jedoch zu einer Marktabschottung zu führen. Die Auftraggeber sollten daher Innovationspartnerschaften nicht in einer Weise nutzen, durch die der Wettbewerb behindert, eingeschränkt oder verfälscht wird. In bestimmten Fällen könnten solche Effekte durch die Gründung von Innovationspartnerschaften mit mehreren Partnern vermieden werden.

(60) Die Erfahrung hat gezeigt, dass der in der Richtlinie 2014/24/EU vorgesehene wettbewerbliche Dialog sich in Fällen als nützlich erwiesen hat, in denen öffentliche Auftraggeber nicht in der Lage sind, die Mittel zur Befriedigung ihres Bedarfs zu definieren oder zu beurteilen, was der Markt an technischen, finanziellen oder rechtlichen Lösungen zu bieten hat. Diese Situation kann insbesondere bei innovativen Projekten, bei der Realisierung großer, integrierter Verkehrsinfrastrukturprojekte oder großer Computer-Netzwerke oder bei Projekten mit einer komplexen, strukturierten Finanzierung eintreten. Es sollte den Mitgliedstaaten daher erlaubt sein, den Auftraggebern dieses Instrument zur Verfügung zu stellen. Den öffentlichen Auftraggebern sollte gegebenenfalls empfohlen werden, einen Projektleiter zu ernennen, um eine reibungslose Zusammenarbeit zwischen den Wirtschaftsteilnehmern und dem öffentlichen Auftraggeber während des Vergabeverfahrens zu gewährleisten.

(61) Angesichts der negativen Auswirkungen auf den Wettbewerb sollten Verhand-
      lungsverfahren ohne vorherigen Aufruf zum Wettbewerb nur unter sehr außer-
      gewöhnlichen Umständen zur Anwendung kommen. Diese Ausnahme sollte
      auf Fälle beschränkt bleiben, in denen eine Veröffentlichung entweder aus Grün-
      den extremer Dringlichkeit wegen unvorhersehbarer und vom Auftraggeber
      nicht zu verantwortender Ereignisse nicht möglich ist oder in denen von Anfang
      an klar ist, dass eine Veröffentlichung nicht zu mehr Wettbewerb oder besseren
      Beschaffungsergebnissen führen würde, nicht zuletzt weil objektiv nur ein einzi-
      ger Wirtschaftsteilnehmer in der Lage ist, den Auftrag auszuführen. Dies ist der
      Fall bei Kunstwerken, bei denen der einzigartige Charakter und Wert des Kunst-
      gegenstands selbst untrennbar an die Identität des Künstlers gebunden ist.
      Ausschließlichkeit kann auch aus anderen Gründen erwachsen, doch nur Situa-
      tionen einer objektiven Ausschließlichkeit können den Rückgriff auf das Ver-
      handlungsverfahren ohne vorherigen Aufruf zum Wettbewerb rechtfertigen, so-
      fern die Ausschließlichkeitssituation nicht durch den Auftraggeber selbst mit
      Blick auf das anstehende Vergabeverfahren herbeigeführt wurde.
      Auftraggeber, die auf diese Ausnahme zurückgreifen, sollten begründen, warum
      es keine vernünftigen Alternativen oder keinen vernünftigen Ersatz gibt, wie die
      Nutzung alternativer Vertriebswege, auch außerhalb des Mitgliedstaats des Auf-
      traggebers, oder die Erwägung funktionell vergleichbarer Bauleistungen, Liefe-
      rungen und Dienstleistungen.
      Wenn die Ausschließlichkeitssituation auf technische Gründe zurückzuführen
      ist, sollten diese im Einzelfall genau beschrieben und nachgewiesen werden.
      Zu diesen Gründen könnte beispielsweise gehören, dass es für einen anderen
      Wirtschaftsteilnehmer technisch nahezu unmöglich ist, die geforderte Leistung
      zu erbringen, oder dass es nötig ist, spezielles Wissen, spezielle Werkzeuge oder
      Hilfsmittel zu verwenden, die nur einem einzigen Wirtschaftsteilnehmer zur
      Verfügung stehen. Technische Gründe können auch zurückzuführen sein auf
      konkrete Anforderungen an die Interoperabilität, die erfüllt sein müssen, um
      das Funktionieren der zu beschaffenden Bauleistungen, Lieferungen oder
      Dienstleistungen zu gewährleisten.
      Schließlich ist ein Vergabeverfahren nicht sinnvoll, wenn Waren direkt an einer
      Warenbörse gekauft werden, einschließlich Handelsplattformen für Bedarfsgü-
      ter wie landwirtschaftliche Güter und Rohstoffe und Energiebörsen, wo natur-
      gemäß aufgrund der regulierten und überwachten multilateralen Handelsstruk-
      tur Marktpreise garantiert sind.

(62) Es sollte klargestellt werden, dass die Bestimmungen zum Schutz vertraulicher
      Informationen in keiner Weise der Offenlegung der nicht vertraulichen Teile
      von abgeschlossenen Verträgen, einschließlich späterer Änderungen, entgegen-
      stehen.

(63) Elektronische Informations- und Kommunikationsmittel können die Bekannt-
      machung von Aufträgen erheblich vereinfachen und Effizienz und Transparenz
      der Vergabeverfahren steigern. Sie sollten zum Standard für Kommunikation
      und Informationsaustausch im Rahmen von Vergabeverfahren werden, da sie
      die Möglichkeiten von Wirtschaftsteilnehmern zur Teilnahme an Vergabeverfah-

ren im gesamten Binnenmarkt stark verbessern. Zu diesem Zweck sollten die Übermittlung von Bekanntmachungen in elektronischer Form, die elektronische Verfügbarkeit der Auftragsunterlagen sowie – nach einem Übergangszeitraum von 30 Monaten – eine ausschließliche elektronische Kommunikation, das heißt eine Kommunikation durch elektronische Mittel, in allen Verfahrensstufen, einschließlich der Übermittlung von Teilnahmeanträgen und insbesondere der Übermittlung der Angebote (im Folgenden »elektronische Übermittlung«), verbindlich vorgeschrieben werden. Es sollte den Mitgliedstaaten und Auftraggebern freigestellt bleiben, auf Wunsch hierüber hinauszugehen. Es sollte außerdem klargestellt werden, dass die verbindliche Verwendung elektronischer Kommunikationsmittel nach dieser Richtlinie Auftraggeber nicht zur elektronischen Verarbeitung von Angeboten verpflichten oder eine elektronische Bewertung oder automatische Verarbeitung vorschreiben sollte. Des Weiteren sollten nach dieser Richtlinie weder Bestandteile des Verfahrens der öffentlichen Auftragsvergabe, die auf die Vergabe des Auftrags folgen, noch die interne Kommunikation des Auftraggebers unter die Verpflichtung zur Verwendung elektronischer Kommunikationsmittel fallen.

(64) Die Auftraggeber sollten, von spezifischen Sonderfällen abgesehen, elektronische Kommunikationsmittel nutzen, die diskriminierungsfrei, allgemein verfügbar sowie mit den allgemein verbreiteten Erzeugnissen der Informations- und Kommunikationstechnologie (IKT) kompatibel sind und den Zugang der Wirtschaftsteilnehmer zum Vergabeverfahren nicht einschränken. Die Verwendung dieser Kommunikationsmittel sollte auch der Zugänglichkeit für Personen mit Behinderungen hinreichend Rechnung tragen. Es sollte klargestellt werden, dass die Verpflichtung zur Verwendung elektronischer Mittel in allen Phasen des Vergabeverfahrens weder angemessen wäre, wenn die Nutzung elektronischer Mittel besondere Instrumente oder Dateiformate erfordern würde, die nicht allgemein verfügbar sind, noch, wenn die betreffende Kommunikation nur mit speziellen Bürogeräten bearbeitet werden könnte. Öffentliche Auftraggeber sollten daher in bestimmten Fällen nicht verpflichtet werden, die Nutzung elektronischer Kommunikationsmittel im Einreichungsverfahren zu verlangen; diese Fälle sollten erschöpfend aufgelistet werden. Diese Richtlinie legt fest, dass hierzu Fälle gehören, in denen die Nutzung spezieller Bürogeräte erforderlich wäre, die Auftraggeber nicht generell zur Verfügung stehen, wie beispielsweise Großformatdrucker. In einigen Vergabeverfahren kann in den Auftragsunterlagen die Einreichung eines physischen oder maßstabsgetreuen Modells verlangt werden, das den Auftraggebern nicht auf elektronischem Wege vorgelegt werden kann. In solchen Fällen sollte das Modell den Auftraggebern auf dem Postweg oder einem anderen geeigneten Weg zugesandt werden.

Es sollte jedoch klargestellt werden, dass die Nutzung anderer Kommunikationsmittel auf die Bestandteile des Angebots beschränkt sein sollte, für die eine elektronische Kommunikation nicht verlangt wird.

Es ist angezeigt zu präzisieren, dass – sofern dies aus technischen Gründen erforderlich ist – die Auftraggeber in der Lage sein sollten, eine maximale Größe der einzureichenden Dateien festzulegen.

(65) In Ausnahmefällen sollte es den Auftraggebern gestattet sein, andere als elektronische Kommunikationsmittel zu nutzen, wenn es zum Schutz besonders sensibler Informationen erforderlich ist, keine elektronische Kommunikationsmittel zu nutzen. Es sollte klargestellt werden, dass in Fällen, in denen der Rückgriff auf nicht allgemein verfügbare elektronische Mittel das nötige Schutzniveau bieten kann, diese elektronischen Mittel genutzt werden sollten. Dies kann beispielsweise der Fall sein, wenn die Auftraggeber die Nutzung spezieller sicherer Kommunikationskanäle vorschreiben, zu denen sie den Zugang anbieten.

(66) Unterschiedliche technische Formate oder Verfahren und Nachrichtenstandards könnten potenzielle Hindernisse für die Interoperabilität nicht nur innerhalb des jeweiligen Mitgliedstaats, sondern auch und insbesondere zwischen den Mitgliedstaaten entstehen lassen. Beispielsweise wären Wirtschaftsteilnehmer, um an einem Vergabeverfahren teilzunehmen, bei dem die Verwendung von elektronischen Katalogen – einem Format zur Darstellung und Gestaltung von Informationen in einer Weise, die für alle teilnehmenden Bieter gleich ist und für die eine elektronische Bearbeitung sich anbietet – zulässig oder vorgeschrieben ist, bei einer fehlenden Normung verpflichtet, ihre eigenen Kataloge an jedes Vergabeverfahren anzupassen, was bedeuten würde, dass je nach den Spezifikationen des jeweiligen Auftraggebers sehr ähnliche Informationen in unterschiedlichen Formaten bereitgestellt werden müssten. Durch die Vereinheitlichung der Katalogformate würde somit das Maß an Interoperabilität verbessert, die Effizienz gesteigert und zudem der Aufwand für die Wirtschaftsteilnehmer vermindert.

(67) Hinsichtlich der Frage, ob es notwendig ist, die Nutzung spezifischer Standards verbindlich vorzuschreiben, um die Interoperabilität zwischen verschiedenen technischen Formaten oder Verfahrens- und Nachrichtenstandards sicherzustellen beziehungsweise zu verbessern, und welche Standards unter Umständen eingeführt werden sollten, sollte die Kommission die Meinungen der betreffenden Beteiligten weitestgehend berücksichtigen. Die Kommission sollte auch bedenken, in welchem Umfang ein gegebener Standard bereits von den Wirtschaftsteilnehmern und den Auftraggebern in der Praxis genutzt wird und wie gut er sich bewährt hat. Bevor ein bestimmter Standard vorgeschrieben wird, sollte die Kommission auch sorgfältig die damit gegebenenfalls verbundenen Kosten prüfen, insbesondere hinsichtlich eventuell erforderlicher Anpassungen bestehender Lösungen für das elektronische Beschaffungswesen, einschließlich Infrastrukturen, Verfahren oder Software.

Sofern die betreffenden Standards nicht von einer internationalen, europäischen oder nationalen Normungsorganisation entwickelt werden, sollten sie die Anforderungen erfüllen, die für IKT-Normen gemäß der Verordnung (EU) Nr. 1025/2012 des Europäischen Parlaments und des Rates[20].

---

(20) Amtl. Anm.:
  Verordnung (EU) Nr. 1025/2012 des Europäischen Parlaments und des Rates vom 25. Oktober 2012 zur europäischen Normung, zur Änderung der Richtlinien 89/686/EWG und 93/15/EWG des Rates sowie der Richtlinien 94/9/EG, 94/25/EG, 95/16/EG, 97/23/EG,

(68)   Vor Festlegung des erforderlichen Sicherheitsniveaus für die elektronischen
Kommunikationsmittel, die in den verschiedenen Phasen des Vergabeverfahrens genutzt werden sollen, sollten die Mitgliedstaaten und die Auftraggeber
die Verhältnismäßigkeit zwischen einerseits den Anforderungen zur Sicherstellung einer sachlich richtigen und zuverlässigen Identifizierung der Absender
der betreffenden Mitteilungen sowie der Unversehrtheit von deren Inhalt und
andererseits der Gefahr von Problemen beispielsweise in Fällen, in denen Mitteilungen durch einen anderen als den angegebenen Absender verschickt werden,
abwägen. Dies würde bei ansonsten gleichen Umständen bedeuten, dass das Sicherheitsniveau, das beispielsweise bei der per E-Mail erfolgten Anforderung
einer Bestätigung der genauen Anschrift, an der eine Informationsveranstaltung
durchgeführt werden soll, erforderlich ist, nicht so hoch sein muss wie für das
eigentliche Angebot, das für den Wirtschaftsteilnehmer ein verbindliches Angebot darstellt. In ähnlicher Weise könnte die Abwägung der Verhältnismäßigkeit
dazu führen, dass im Zusammenhang mit der erneuten Einreichung von elektronischen Katalogen oder der Einreichung von Angeboten im Rahmen von
Kleinstwettbewerben gemäß einer Rahmenvereinbarung oder dem Zugang zu
den Auftragsunterlagen niedrigere Sicherheitsniveaus verlangt werden.

(69)   Während wesentliche Bestandteile eines Vergabeverfahrens wie die Auftragsunterlagen, Teilnahmeanträge, Interessensbestätigungen und Angebote stets in
Schriftform vorgelegt werden sollten, sollte weiterhin auch die mündliche Kommunikation mit Wirtschaftsteilnehmern möglich sein, vorausgesetzt, dass ihr
Inhalt ausreichend dokumentiert wird. Dies ist nötig, um angemessene Transparenz sicherzustellen und so überprüfen zu können, ob der Grundsatz der Gleichbehandlung eingehalten wurde. Wichtig ist vor allem, dass jede mündliche Kommunikation mit Bietern, die einen Einfluss auf den Inhalt und die Bewertung
des Angebots haben könnte, in hinreichendem Umfang und in geeigneter Weise
dokumentiert wird, z.B. durch Niederschrift oder Tonaufzeichnungen oder Zusammenfassungen der wichtigsten Aspekte der Kommunikation.

(70)   Unionsweit zeichnet sich auf den öffentlichen Beschaffungsmärkten ein starker
Trend zur Zusammenführung der Nachfrage der öffentlichen Beschaffer ab, wobei das Ziel darin besteht, Größenvorteile, unter anderem eine Senkung der
Preise und der Transaktionskosten, zu erzielen und das Beschaffungsmanage-
ment zu verbessern und zu professionalisieren. Dies kann erreicht werden durch
Sammelbeschaffungen einer größeren Zahl von Auftraggebern oder durch Sammelbeschaffungen, bei denen über einen längeren Zeitraum hinweg ein bestimmtes Auftragsvolumen oder ein bestimmter Auftragswert erreicht wird.
Die Zusammenführung und Zentralisierung von Beschaffungen sollte sorgfältig überwacht werden, um eine übermäßige Konzentration der Kaufkraft und

---

98/34/EG, 2004/22/EG, 2007/23/EG, 2009/23/EG und 2009/105/EG des Europäischen
Parlaments und des Rates und zur Aufhebung des Beschlusses 87/95/EWG des Rates und
des Beschlusses Nr. 1673/2006/EG des Europäischen Parlaments und des Rates (ABl. L
316 vom 14.11.2012, S. 12).

geheime Absprachen zu verhindern und Transparenz und Wettbewerb sowie die Möglichkeiten des Marktzugangs für KMU aufrechtzuerhalten.

(71) Das Instrument der Rahmenvereinbarungen kann in der gesamten Union als effiziente Beschaffungsmethode angewandt werden; allerdings gilt es, durch eine Verbesserung der Transparenz von und des Zugang zu Beschaffungen, die im Wege von Rahmenvereinbarungen durchgeführt werden, den Wettbewerb zu stimulieren. Daher ist es angebracht, die auf solche Vereinbarungen anwendbaren Bestimmungen zu überprüfen; insbesondere sollte die Vergabe von spezifischen Aufträgen auf der Grundlage einer solchen Vereinbarung anhand von objektiven Vorschriften und Kriterien vorgesehen werden, z.B. im Anschluss an einen Kleinstwettbewerb, und die Laufzeit von Rahmenvereinbarungen sollte begrenzt werden.

(72) Ebenso sollte klargestellt werden, dass zwar auf einer Rahmenvereinbarung beruhende Aufträge vor Ablauf der Laufzeit der Rahmenvereinbarung selbst zu vergeben sind, die Laufzeit der einzelnen auf einer Rahmenvereinbarung beruhenden Aufträge jedoch nicht der Laufzeit jener Rahmenvereinbarung entsprechen muss, sondern gegebenenfalls kürzer oder länger sein kann. Insbesondere sollte es zulässig sein, bei der Festlegung der Länge einzelner auf einer Rahmenvereinbarung beruhender Aufträge Faktoren zu berücksichtigen wie beispielsweise die für ihre Durchführung erforderliche Zeit, eine vorgesehene Wartung von Ausrüstung mit einer erwarteten Nutzungsdauer von mehr als acht Jahren oder eine für die Auftragsausführung erforderliche umfassende Mitarbeiterschulung. Es sollte ferner klargestellt werden, dass es Fälle geben könnte, in denen auch bei Rahmenvereinbarungen selbst eine Laufzeit von mehr als acht Jahren zulässig sein sollte. Solche Fälle, die – insbesondere mit dem Gegenstand der Rahmenvereinbarung – hinreichend zu begründen sind, können beispielsweise auftreten, wenn Wirtschaftsteilnehmer Ausrüstung benötigen, deren Amortisierungszeitraum mehr als acht Jahre beträgt und die während der gesamten Laufzeit der Rahmenvereinbarung jederzeit verfügbar sein muss. Im spezifischen Kontext von Versorgern, die wesentliche Dienstleistungen für die Öffentlichkeit erbringen, kann es Fälle geben, in denen eine längere Laufzeit sowohl für Rahmenvereinbarungen als auch für einzelne Aufträge erforderlich ist, etwa im Fall von Rahmenvereinbarungen über laufende Wartungsmaßnahmen und außerordentliche Instandhaltungsarbeiten für Netze, wozu teure Ausrüstung benötigt werden könnte, die von eigens geschulten hochspezialisierten Fachkräften bedient werden müsste, um die Kontinuität der Dienstleistungen und eine Minimierung etwaiger Störungen zu gewährleisten.

(73) Im Lichte der bisherigen Erfahrungen gilt es ferner, die Vorschriften für dynamische Beschaffungssysteme anzupassen, um es den Auftraggebern zu erlauben, die Möglichkeiten, die dieses Instrument bietet, in vollem Umfang zu nutzen. Die betreffenden Systeme müssen vereinfacht werden, indem sie insbesondere in Form eines nichtoffenen Verfahrens betrieben werden; die Notwendigkeit der Einreichung unverbindlicher Angebote, die sich als eine der größten Belastungen bei dynamischen Beschaffungssystemen erwiesen hat, würde damit entfallen. So sollte jeder Wirtschaftsteilnehmer, der einen Teilnahmeantrag stellt

und die Auswahlkriterien erfüllt, zur Teilnahme an Vergabeverfahren zugelassen werden, die mittels des dynamischen Beschaffungssystems durchgeführt werden, befristet auf die Gültigkeitsdauer des Systems.

Diese Beschaffungsmethode ermöglicht es dem Auftraggeber, eine besonders breite Palette von Angeboten einzuholen und damit sicherzustellen, dass die Gelder im Rahmen eines breiten Wettbewerbs in Bezug auf marktübliche oder gebrauchsfertige Waren, Bauleistungen oder Dienstleistungen, die allgemein auf dem Markt verfügbar sind, optimal eingesetzt werden.

(74) Die Prüfung dieser Teilnahmeanträge sollte im Regelfall innerhalb von höchstens zehn Arbeitstagen durchgeführt werden, da die Bewertung der Auswahlkriterien aufgrund der von den Auftraggebern gegebenenfalls im Einklang mit den vereinfachten Bestimmungen der Richtlinie 2014/24/EU festgelegten Dokumentationsanforderungen erfolgt. Allerdings können sich Auftraggeber bei erstmaliger Einrichtung eines dynamischen Beschaffungssystems einer so hohen Zahl von Teilnahmeanträgen als Reaktion auf die erste Veröffentlichung der Auftragsbekanntmachung oder die Aufforderung zur Interessenbestätigung gegenübersehen, dass sie zur Prüfung der Anträge mehr Zeit benötigen. Dies sollte zulässig sein, vorausgesetzt, es wird keine einzelne Auftragsvergabe eingeleitet, bevor alle Anträge geprüft wurden.

Den Auftraggebern sollte es freigestellt sein, wie sie die Teilnahmeanträge prüfen, z.B. indem sie sich entscheiden, solche Prüfungen nur einmal pro Woche durchzuführen, sofern die Fristen für die Prüfung der einzelnen Anträge auf Zulassung eingehalten werden. Auftraggeber, die die in der Richtlinie 2014/24/EU vorgesehenen Ausschlussgründe oder Auswahlkriterien im Rahmen eines dynamischen Beschaffungssystem anwenden, sollten die entsprechenden Bestimmungen der genannten Richtlinie in der gleichen Weise anwenden wie öffentliche Auftraggeber, die ein dynamisches Beschaffungssystem gemäß der Richtlinie 2014/24/EU durchführen.

(75) Um die Möglichkeiten für KMU zur Teilnahme an großen dynamischen Beschaffungssystemen zu fördern, beispielsweise an einem System, das von einer zentralen Beschaffungsstelle betrieben wird, sollte der betreffende öffentliche Auftraggeber oder der betreffende Auftraggeber für das System objektiv definierte Kategorien von Waren, Bauleistungen oder Dienstleistungen formulieren können. Solche Kategorien sollten unter Bezugnahme auf objektive Faktoren definiert werden, wie beispielsweise den höchstens zulässigen Umfang konkreter Aufträge, die innerhalb der betreffenden Kategorie vergeben werden sollen, oder ein spezifisches geografisches Gebiet, in dem spätere konkrete Aufträge auszuführen sind. Wird ein dynamisches Beschaffungssystem in Kategorien unterteilt, so sollte der öffentliche Auftraggeber oder der Auftraggeber Auswahlkriterien anwenden, die im Verhältnis zu den wesentlichen Merkmalen der betreffenden Kategorie stehen.

(76) Es sollte klargestellt werden, dass elektronische Auktionen typischerweise nicht geeignet sind für bestimmte Bauaufträge und bestimmte Dienstleistungsaufträge, die geistige Leistungen wie beispielsweise die Planung von Bauleistungen zum Gegenstand haben, denn nur die Elemente, die sich für die automatische

Bewertung auf elektronischem Wege – ohne jegliche Intervention oder Begutachtung durch den Auftraggeber – eignen, namentlich quantifizierbare Elemente, die sich in Zahlen oder Prozentsätzen ausdrücken lassen, können Gegenstand elektronischer Auktionen sein.

Es sollte darüber hinaus jedoch verdeutlicht werden, dass elektronische Auktionen in einem Vergabeverfahren für den Kauf eines Rechts an einem bestimmten geistigen Eigentum genutzt werden können. Es sollte außerdem daran erinnert werden, dass es Auftraggebern zwar freigestellt bleibt, Auswahlkriterien anzuwenden, die es ihnen ermöglichen, die Zahl der Bewerber oder Bieter zu reduzieren, solange die Auktion noch nicht begonnen hat, dass es jedoch nicht zulässig ist, die Zahl der an einer elektronischen Auktion teilnehmenden Bieter weiter zu reduzieren, nachdem die Auktion begonnen hat.

(77)   Es werden ständig neue elektronische Beschaffungsmethoden entwickelt, wie etwa elektronische Kataloge. Elektronische Kataloge bieten ein Format zur Darstellung und Gestaltung von Informationen in einer Weise, die allen teilnehmenden Bietern gemeinsam ist und die sich für eine elektronische Bearbeitung anbietet. Ein Beispiel wären Angebote in Form einer Kalkulationstabelle. Die Auftraggeber sollten elektronische Kataloge in allen verfügbaren Verfahren verlangen können, in denen die Nutzung elektronischer Kommunikationsmittel vorgeschrieben ist. Elektronische Kataloge tragen zur Stärkung des Wettbewerbs und zur Rationalisierung der öffentlichen Beschaffung bei, vor allem durch Zeit- und Geldersparnis. Es sollten jedoch bestimmte Regeln festgelegt werden, um sicherzustellen, dass bei ihrer diese Richtlinie und die Grundsätze der Gleichbehandlung, der Nichtdiskriminierung und der Transparenz eingehalten werden. So sollte die Verwendung elektronischer Kataloge zur Einreichung von Angeboten nicht zur Folge haben, dass die Wirtschaftsteilnehmer die Möglichkeit erhalten, sich auf die Übermittlung ihres allgemeinen Katalogs zu beschränken. Die Wirtschaftsteilnehmer sollten ihre allgemeinen Kataloge vor dem Hintergrund des konkreten Vergabeverfahrens nach wie vor anpassen müssen. Damit wird sichergestellt, dass der im Rahmen eines bestimmten Vergabeverfahrens übermittelte Katalog nur Waren, Bauleistungen oder Dienstleistungen enthält, die nach Einschätzung der Wirtschaftsteilnehmer, zu der sie nach einer aktiven Prüfung gelangt sind, den Anforderungen des Auftraggebers entsprechen. Dabei sollten Wirtschaftsteilnehmer in ihrem allgemeinen Katalog enthaltene Informationen kopieren dürfen, jedoch nicht den allgemeinen Katalog als solchen einreichen dürfen. Insbesondere in Fällen, in denen auf der Grundlage einer Rahmenvereinbarung ein erneuter Aufruf zum Wettbewerb erfolgt oder in denen ein dynamisches Beschaffungssystem genutzt wird, sollte es Auftraggebern außerdem gestattet sein, Angebote für bestimmte Beschaffungen anhand früher übermittelter elektronischer Kataloge zu generieren, sofern ausreichende Garantien hinsichtlich Rückverfolgbarkeit, Gleichbehandlung und Vorhersehbarkeit geboten werden.

Wurden Angebote durch den Auftraggeber generiert, so sollte der betreffende Wirtschaftsteilnehmer die Möglichkeit erhalten, sich davon zu überzeugen, dass das dergestalt erstellte Angebot keine sachlichen Fehler enthält. Liegen sachliche Fehler vor, so sollte der Wirtschaftsteilnehmer nicht an das Angebot gebunden sein, das durch den Auftraggeber generiert wurde, es sei denn, der Fehler wird korrigiert.

Im Einklang mit den Anforderungen der Vorschriften für elektronische Kommunikationsmittel sollten Auftraggeber ungerechtfertigte Hindernisse für den Zugang von Wirtschaftsteilnehmern zu Vergabeverfahren vermeiden, bei denen die Angebote in Form elektronischer Kataloge einzureichen sind und die die Einhaltung der allgemeinen Grundsätze der Nichtdiskriminierung und Gleichbehandlung garantieren.

(78) In den meisten Mitgliedstaaten kommen zunehmend zentralisierte Beschaffungsverfahren zum Einsatz. Zentrale Beschaffungsstellen haben die Aufgabe, entgeltlich oder unentgeltlich für andere öffentliche Auftraggeber oder Auftraggeber Ankäufe zu tätigen, dynamische Beschaffungssysteme zu verwalten oder Aufträge zu vergeben beziehungsweise Rahmenvereinbarungen zu schließen. Die Auftraggeber, für die eine Rahmenvereinbarung geschlossen wird, sollten sie für einzelne oder wiederkehrende Aufträge nutzen können. In Anbetracht der großen Mengen, die beschafft werden, sollten diese Verfahren zur Verbesserung des Wettbewerbs beitragen und sollte mit ihnen das öffentliche Auftragswesen professionalisiert werden. Daher sollte eine unionsweit geltende Definition des Begriffs der für Auftraggeber tätigen zentralen Beschaffungsstellen festgelegt werden, und es sollte klargestellt werden, dass zentrale Beschaffungsstellen auf zwei unterschiedliche Arten tätig sind.

Sie sollten in der Lage sein, durch Ankauf, Lagerung und Weiterverkauf zum einen als Großhändler oder durch die Vergabe von Aufträgen, den Betrieb dynamischer Beschaffungssysteme oder den Abschluss von Rahmenvereinbarungen, die durch Auftraggeber zu verwenden sind, zum anderen als Zwischenhändler zu wirken.

Eine derartige Rolle als Zwischenhändler könnte in manchen Fällen im Wege einer autonomen, ohne detaillierte Anweisungen seitens der betreffenden Auftraggeber erfolgenden Durchführung der jeweiligen Vergabeverfahren ausgeübt werden, in anderen Fällen im Wege einer nach den Anweisungen der betreffenden Auftraggeber, in deren Auftrag und auf deren Rechnung erfolgenden Durchführung der jeweiligen Vergabeverfahren.

Außerdem sollten die jeweiligen Zuständigkeiten der zentralen Beschaffungsstelle und der Auftraggeber, die ihre Beschaffungen über die zentrale Beschaffungsstelle abwickeln, für die Einhaltung der aus dieser Richtlinie erwachsenden Verpflichtungen, auch im Falle von Rechtsmitteln, durch geeignete Vorschriften geregelt werden. Obliegt die Durchführung der Vergabeverfahren allein der zentralen Beschaffungsstelle, so sollte diese auch die alleinige und unmittelbare Verantwortung für die Rechtmäßigkeit der Verfahren tragen. Führt eine Vergabestelle bestimmte Teile des Verfahrens, beispielsweise einen erneuten Aufruf zum Wettbewerb auf der Grundlage einer Rahmenvereinbarung oder die Vergabe von Einzelaufträgen auf der Grundlage eines dynamischen Beschaffungssystems durch, so sollte sie auch für die von ihr durchgeführten Verfahrensschritte verantwortlich bleiben.

(79) Auftraggebern sollte es gestattet sein, einen Dienstleistungsauftrag über die Ausübung zentralisierter Beschaffungstätigkeiten an eine zentrale Beschaffungsstelle ohne Anwendung der in dieser Richtlinie vorgesehenen Verfahren zu vergeben. Ferner sollte es gestattet sein, dass derartige Dienstleistungsaufträge auch die Ausübung von Nebenbeschaffungstätigkeiten umfassen. Solche Dienstleistungsaufträge für die Ausübung von Nebenbeschaffungstätigkeiten sollten, wenn sie nicht durch eine zentrale Beschaffungsstelle im Zusammenhang mit deren Ausübung zentraler Beschaffungstätigkeiten für den betreffenden Auftraggeber ausgeführt werden, im Einklang mit dieser Richtlinie vergeben werden. Es sei ebenfalls daran erinnert, dass diese Richtlinie nicht gelten sollte, wenn zentrale Beschaffungstätigkeiten oder Nebenbeschaffungstätigkeiten auf andere Weise als durch einen entgeltlichen Vertrag ausgeführt werden, der eine Beschaffung im Sinne dieser Richtlinie darstellt.

(80) Eine Stärkung der Bestimmungen zu zentralen Beschaffungsstellen sollte auf keinen Fall die derzeitige Praxis einer gelegentlichen gemeinsamen Beschaffung verhindern, d.h. weniger institutionalisierte und systematische gemeinsame Beschaffungen oder die bewährte Praxis des Rückgriffs auf Dienstleister, die Vergabeverfahren im Namen und für Rechnung eines Auftraggebers und nach deren Anweisungen vorbereiten und durchführen. Vielmehr sollten wegen der wichtigen Rolle, die gemeinsame Beschaffungen nicht zuletzt im Zusammenhang mit innovativen Projekten spielen können, bestimmte Merkmale gemeinsamer Beschaffungen eindeutiger gefasst werden.

Gemeinsame Beschaffungen können viele verschiedene Formen annehmen; diese reichen von einer koordinierten Beschaffung durch die Erstellung gemeinsamer technischer Spezifikationen für Bauleistungen, Lieferungen oder Dienstleistungen, die durch mehrere Auftraggeber beschafft werden, von denen jede ein getrenntes Vergabeverfahren durchführt, bis hin zu Fällen, in denen die betreffenden Auftraggeber gemeinsam ein Vergabeverfahren durchführen und dabei entweder gemeinsam handeln oder eine Vergabestelle mit der Verwaltung des Vergabeverfahrens im Namen aller Auftraggeber beauftragen.

Führen mehrere Auftraggeber gemeinsam ein Vergabeverfahren durch, so sollten sie gemeinsam für die Erfüllung ihrer Verpflichtungen nach dieser Richtlinie verantwortlich sein. Werden jedoch nur Teile des Vergabeverfahrens von den Auftraggebern gemeinsam durchgeführt, so sollte die gemeinsame Verantwortung nur für die gemeinsam ausgeführten Teile des Verfahrens gelten. Jeder Auftraggeber sollte lediglich für Verfahren oder Teile von Verfahren verantwortlich sein, die sie selbst durchführt, wie die Vergabe eines Auftrags, den Abschluss einer Rahmenvereinbarung, den Betrieb eines dynamischen Beschaffungssystems oder die Wiedereröffnung des Wettbewerbs auf der Grundlage einer Rahmenvereinbarung.

(81) Elektronische Kommunikationsmittel sind in besonderem Maße für die Unterstützung zentralisierter Beschaffungsverfahren und -instrumente geeignet, da sie die Möglichkeit bieten, Daten weiterzuverwenden und automatisch zu verarbeiten und Informations- und Transaktionskosten möglichst gering zu halten. Die Verwendung entsprechender elektronischer Kommunikationsmittel sollte

daher – in einem ersten Schritt – für zentrale Beschaffungsstellen verpflichtend gemacht werden, was auch einer Konvergenz der Praktiken innerhalb der Union förderlich sein dürfte. Nach einer Übergangszeit von 30 Monaten sollte dann eine allgemeine Verpflichtung zur Nutzung elektronischer Kommunikationsmittel in sämtlichen Beschaffungsverfahren eingeführt werden.

(82) Einer gemeinsamen Vergabe von Aufträgen durch Auftraggeber aus verschiedenen Mitgliedstaaten stehen derzeit noch gewisse rechtliche Schwierigkeiten hinsichtlich konfligierender nationaler Rechtsvorschriften entgegen. Wenngleich die Richtlinie 2004/17/EG implizit eine grenzüberschreitende gemeinsame öffentliche Auftragsvergabe zulässt, sehen sich Auftraggeber noch immer beträchtlichen rechtlichen und praktischen Schwierigkeiten bei der Beschaffung über zentrale Beschaffungsstellen in anderen Mitgliedstaaten oder bei der gemeinsamen Vergabe von Aufträgen gegenüber. Damit Auftraggeber durch Größenvorteile und eine Risiko-Nutzen-Teilung das Potenzial des Binnenmarkts optimal ausschöpfen können, nicht zuletzt im Hinblick auf innovative Projekte, die höhere Risiken bergen, als sie nach vernünftigem Ermessen von einer einzelnen Vergabestelle getragen werden können, sollten diese Schwierigkeiten beseitigt werden. Daher sollten neue Vorschriften für die grenzüberschreitende gemeinsame Beschaffung festgelegt werden, um die Zusammenarbeit zwischen Auftraggebern zu erleichtern und die Vorteile des Binnenmarkts durch die Schaffung grenzüberschreitender Geschäftsmöglichkeiten für Lieferanten und Dienstleanbieter zu erhöhen. Mit diesen Vorschriften sollten die Bedingungen für die grenzüberschreitende Nutzung zentraler Beschaffungsstellen festgelegt und das in grenzüberschreitenden gemeinsamen Beschaffungsverfahren anwendbare Recht für die öffentliche Auftragsvergabe, einschließlich der anwendbaren Rechtsvorschriften für Rechtsmittel, bestimmt werden, ergänzend zu den Kollisionsnormen der Verordnung (EG) Nr. 593/2008 des Europäischen Parlaments und des Rates[21]. Darüber hinaus können Auftraggeber aus unterschiedlichen Mitgliedstaaten gemeinsame juristische Personen nach nationalem Recht oder Unionsrecht gründen. Für derartige Formen gemeinsamer Beschaffung sollten spezifische Regeln eingeführt werden.

Die Auftraggeber sollten jedoch die Möglichkeiten der grenzüberschreitenden gemeinsamen Beschaffung nicht dazu nutzen, im Einklang mit dem Unionsrecht stehende verbindliche Vorschriften des öffentlichen Rechts zu umgehen, die in dem Mitgliedstaat, in dem sie ansässig sind, auf sie anwendbar sind. Zu solchen Vorschriften können beispielsweise Bestimmungen über Transparenz und Zugang zu Dokumenten oder spezifische Anforderungen bezüglich der Rückverfolgbarkeit empfindlicher Lieferungen gehören.

(83) Die von Beschaffern erstellten technischen Spezifikationen müssen es erlauben, das öffentliche Auftragswesen für den Wettbewerb zu öffnen und Nachhaltig-

---

(21) Amtl. Anm.:
Verordnung (EG) Nr. 593/2008 des Europäischen Parlaments und des Rates vom 17. Juni 2008 über das auf vertragliche Schuldverhältnisse anzuwendende Recht (Rom I) (ABl. L 177 vom 4.7.2008, S. 6).

keitsziele zu erreichen. Zu diesem Zweck sollte es möglich sein, Angebote einzureichen, die die Diversität der technischen Lösungen, Normen und technischen Spezifikationen auf dem Markt widerspiegeln, einschließlich solcher, die auf der Grundlage von Leistungskriterien im Zusammenhang mit dem Lebenszyklus und der Nachhaltigkeit des Produktionsprozesses der Bauleistungen, Lieferungen und Dienstleistungen erstellt wurden.

Folglich sollten technische Spezifikationen so abgefasst sein, dass eine künstliche Einengung des Wettbewerbs vermieden wird, zu der es kommen könnte, wenn Anforderungen festgelegt würden, die einen bestimmten Wirtschaftsteilnehmer begünstigen, indem auf wesentliche Merkmale der vom betreffenden Wirtschaftsteilnehmer angebotenen Lieferungen, Dienstleistungen oder Bauleistungen abgestellt wird. Die Formulierung technischer Spezifikationen in Form von Funktions- und Leistungsanforderungen erlaubt es in der Regel, dieses Ziel bestmöglich zu erreichen. Funktions- und Leistungsanforderungen sind auch ein geeignetes Mittel, um im öffentlichen Auftragswesen Innovationen zu fördern, und sollten möglichst breite Verwendung finden. Wird auf eine europäische Norm oder in Ermangelung einer solchen auf eine nationale Norm Bezug genommen, so sollten Angebote, die auf gleichwertigen, die Anforderungen der Auftraggeber erfüllenden Regelungen basieren und auch hinsichtlich der Sicherheitsanforderungen gleichwertig sind, von den Auftraggebern berücksichtigt werden. Es sollte Sache des Wirtschaftsteilnehmers sein, den Nachweis für die Gleichwertigkeit mit dem geforderten Gütezeichen zu erbringen.

Zum Nachweis der Gleichwertigkeit sollte von den Bietern die Vorlage von Belegen verlangt werden können, deren Korrektheit von Dritten bestätigt wurde. Es sollten jedoch auch andere geeignete Nachweise, wie etwa eine technische Dokumentation des Herstellers, zugelassen sein, wenn der betreffende Wirtschaftsteilnehmer keinen Zugang zu entsprechenden Bescheinigungen oder Prüfberichten oder keine Möglichkeit hat, diese fristgerecht zu beschaffen, sofern er auf diesem Weg nachweist, dass die Bauleistungen, Lieferungen oder Dienstleistungen die in den technischen Spezifikationen, den Zuschlagskriterien oder den Bedingungen für die Auftragsausführung genannten Anforderungen und Kriterien erfüllen.

(84) Für sämtliche Beschaffungen, die für die Nutzung durch Personen – ob die Allgemeinbevölkerung oder das Personal des Auftraggebers – bestimmt sind, ist es außer in hinreichend begründeten Fällen erforderlich, dass die Auftraggeber technische Spezifikationen festlegen, um den Kriterien der Barrierefreiheit für Menschen mit Behinderungen und des »Design für alle« Rechnung zu tragen.

(85) Auftraggeber, die beabsichtigen, Bauleistungen, Lieferungen oder Dienstleistungen mit spezifischen ökologischen, sozialen oder sonstigen Merkmalen zu erwerben, sollten auf bestimmte Gütezeichen Bezug nehmen können, wie etwa das europäische Umweltzeichen, (multi)nationale Umweltzeichen oder andere Gütezeichen, sofern die Anforderungen für den Erwerb des Gütezeichens einen Bezug zum Auftragsgegenstand – wie der Beschreibung des Produkts und seiner Präsentation, einschließlich Anforderungen an die Verpackung – aufweisen. Darüber hinaus ist es von entscheidender Bedeutung, dass diese Anforderungen auf

der Grundlage objektiv überprüfbarer Kriterien und unter Anwendung eines Verfahrens, an dem sich die Akteure – wie Regierungsstellen, Verbraucher, Hersteller, Vertriebsunternehmen und Umweltorganisationen – beteiligen können, definiert und angenommen werden und dass das Gütezeichen für alle interessierten Parteien zugänglich und verfügbar ist. Es sollte klargestellt werden, dass es sich bei den Akteuren um öffentliche oder private Stellen, Unternehmen oder jede Art von Nichtregierungsorganisationen (Organisationen, die nicht Teil einer Regierung und keine konventionellen gewinnorientierten Unternehmen sind) handeln kann.

Außerdem sollte klargestellt werden, dass bestimmte nationale oder Regierungsstellen oder -organisationen in die Festlegung der Anforderungen an Gütezeichen einbezogen werden können, die im Zusammenhang mit einer Auftragsvergabe durch öffentliche Auftraggeber verwendet werden können, ohne dass diese Stellen oder Organisationen ihren Status als dritte Parteien verlieren. Bezugnahmen auf Gütezeichen sollten nicht innovationshemmend wirken.

(86) Die Auftraggeber sollten bei der Festlegung der technischen Spezifikationen den aus dem Unionsrecht auf dem Gebiet des Datenschutzes resultierenden Anforderungen Rechnung tragen, insbesondere was das Konzept der Verarbeitung personenbezogener Daten angeht (eingebauter Datenschutz).

(87) Die öffentliche Vergabe sollte an die Bedürfnisse von KMU angepasst werden. Den Auftraggebern sollte empfohlen werden, auf den Leitfaden für bewährte Verfahren zurückzugreifen, der im Arbeitsdokument der Kommissionsdienststellen vom 25. Juni 2008 mit dem Titel »Europäischer Leitfaden für bewährte Verfahren zur Erleichterung des Zugangs kleiner und mittlerer Unternehmen zu öffentlichen Aufträgen« wiedergegeben ist und Vorgaben enthält, wie sie die Vergabevorschriften so anwenden können, dass die Beteiligung von KMU erleichtert wird. Dafür sollte ausdrücklich vorgesehen sein, dass Aufträge in Lose unterteilt werden können. Eine solche Unterteilung könnte auf einer quantitativen Grundlage erfolgen, so dass die Größe der Einzelaufträge jeweils der Kapazität der kleineren oder mittleren Unternehmen besser entspricht, oder auf einer qualitativen Grundlage gemäß den verschiedenen involvierten Gewerken und Spezialisierungen, so dass der Inhalt der Einzelaufträge stärker an die Fachsektoren der KMU angepasst wird, oder gemäß den unterschiedlichen aufeinanderfolgenden Projektphasen. Die Größe und der Gegenstand der Lose sollten durch den Auftraggeber frei bestimmt werden, der es – im Einklang mit den einschlägigen Regeln zur Berechnung des Schätzwerts der Beschaffung – auch gestattet sein sollte, einige der Lose ohne Anwendung der Verfahren dieser Richtlinie zu vergeben.

Es sollte den Mitgliedstaaten überlassen bleiben, in ihren Bemühungen um Förderung der Teilnahme von KMU am öffentlichen Beschaffungsmarkt hierüber noch hinauszugehen, indem sie eine Verpflichtung zur Prüfung der Frage einführen, ob eine Aufteilung von Aufträgen in Lose sinnvoll ist, indem sie Auftraggeber verpflichten, die Entscheidung, Aufträge nicht in Lose aufzuteilen, zu begründen, oder indem sie eine Aufteilung in Lose unter bestimmten Bedingungen verbindlich vorschreiben. Zu demselben Zweck sollte es Mitgliedstaaten auch freistehen, Direktzahlungen an Unterauftragnehmer vorzusehen.

(88) Werden Aufträge in Lose unterteilt, so sollten die Auftraggeber beispielsweise zur Wahrung des Wettbewerbs oder zur Gewährleistung der Versorgungssicherheit die Zahl der Lose, für die ein Wirtschaftsteilnehmer ein Angebot unterbreiten kann, begrenzen dürfen; ebenso sollten sie die Zahl der Lose begrenzen dürfen, die an einen einzigen Bieter vergeben werden können. Wenn die Auftraggeber jedoch verpflichtet wären, den Auftrag auch dann Los für Los zu vergeben, wenn dadurch wesentlich ungünstigere Lösungen im Vergleich zu einer gemeinsamen Vergabe mehrerer oder aller Lose akzeptiert werden müssten, so könnte sich dies negativ auf das Ziel auswirken, den Zugang der KMU zu öffentlichen Aufträgen zu erleichtern. Sofern die Möglichkeit der Anwendung einer solchen Methode vorab deutlich genannt worden ist, sollten Auftraggeber daher eine vergleichende Bewertung der Angebote durchführen dürfen, um festzustellen, ob die Angebote eines bestimmten Bieters für eine bestimmte Kombination von Losen die Zuschlagskriterien dieser Richtlinie in Bezug auf diese Lose als Ganzes besser erfüllen als die Angebote für die betreffenden einzelnen Lose für sich genommen. Ist dies der Fall, so sollte es den Auftraggebern gestattet sein, dem betreffenden Bieter einen Auftrag in Kombination der betreffenden Lose zu erteilen. Es sollte klargestellt werden, dass Auftraggeber bei einer solchen vergleichenden Bewertung zunächst ermitteln sollten, welche Bieter die festgelegten Zuschlagskriterien für jedes einzelne Los am besten erfüllen, um dann einen Vergleich mit den Angeboten eines einzelnen Bieters für eine bestimmte Kombination von Losen zusammengenommen durchzuführen.

(89) Um Verfahren zu beschleunigen und effizienter zu machen, sollten die Fristen für die Teilnahme an Vergabeverfahren so kurz wie möglich gehalten werden, ohne unzulässige Hürden für den Zugang von Wirtschaftsteilnehmern im gesamten Binnenmarkt und insbesondere für KMU zu schaffen. Daher sollte beachtet werden, dass die Auftraggeber bei der Fristsetzung für den Eingang von Angeboten und Teilnahmeanträgen vor allem die Komplexität des Auftrags und die für die Angebotserstellung erforderliche Zeit berücksichtigen sollten, auch wenn dies eine Festlegung von Fristen bedeutet, die über die Mindestfristen nach dieser Richtlinie hinausgehen. Die Nutzung elektronischer Informations- und Kommunikationsmittel, insbesondere die vollständige elektronische Bereitstellung von Auftragsunterlagen an Wirtschaftsteilnehmer, Bieter und Bewerber und die elektronische Übermittlung von Bekanntmachungen führen jedoch andererseits zu mehr Transparenz und Zeitersparnis. Dementsprechend ist es angebracht, im Einklang mit den Vorschriften des GPA eine Verkürzung der für offene Verfahren geltenden Mindestfristen vorzusehen, jedoch unter der Voraussetzung, dass sie mit den auf Unionsebene vorgesehenen spezifischen Übertragungsmodalitäten vereinbar sind. Darüber hinaus sollten die Auftraggeber die Möglichkeit haben, die Fristen für den Eingang von Angeboten bei offenen Verfahren weiter zu verkürzen, wenn aufgrund der Dringlichkeit die reguläre Frist für das offene Verfahren nicht praktikabel ist, ein offenes Verfahren mit

einer verkürzten Frist aber dennoch nicht unmöglich ist. Lediglich in Ausnahmefällen, wenn aufgrund von Umständen, die für den Auftraggeber nicht vorhersehbar waren und die sie nicht zu vertreten hat, eine besondere Dringlichkeit
eingetreten ist, die ein reguläres Verfahren selbst mit verkürzten Fristen nicht zulässt, sollten die Auftraggeber, soweit unbedingt erforderlich, die Möglichkeit
haben, Aufträge im Wege des Verhandlungsverfahrens ohne vorherigen Aufruf
zum Wettbewerb zu vergeben. Dies könnte der Fall sein, wenn bei Naturkatastrophen sofortiges Handeln geboten ist.

(90)   Es sollte klargestellt werden, dass die Notwendigkeit, sicherzustellen, dass die
Wirtschaftsteilnehmer über genügend Zeit für die Erstellung entsprechender Angebote verfügen, möglicherweise dazu führen kann, dass die ursprünglich festgesetzten Fristen verlängert werden müssen. Dies wäre insbesondere dann der Fall,
wenn wesentliche Änderungen an den Auftragsunterlagen vorgenommen werden. Es sollte auch angegeben werden, dass als wesentliche Änderungen in
diesem Fall Änderungen – insbesondere der technischen Spezifikationen – zu
verstehen sind, bei denen die Wirtschaftsteilnehmer für die Erfassung und die
entsprechende Reaktion zusätzliche Zeit benötigen würden. Es sollte allerdings
klargestellt werden, dass solche Änderungen nicht so wesentlich sein dürfen,
dass andere als die ursprünglich ausgewählten Bewerber zugelassen worden wären oder dass das Interesse zusätzlicher Teilnehmer am Vergabeverfahren geweckt worden wäre. Dies könnte insbesondere dann der Fall sein, wenn die Änderungen dazu führen, dass sich der Auftrag oder die Rahmenvereinbarung von
der Art her substanziell von dem unterscheidet, was ursprünglich in den Auftragsunterlagen festgelegt war.

(91)   Es sollte klargestellt werden, dass Informationen hinsichtlich bestimmter Entscheidungen, die während eines Vergabeverfahrens getroffen werden, darunter
auch Entscheidungen, einen Auftrag nicht zu vergeben oder eine Rahmenvereinbarung nicht zu schließen, von den Auftraggebern versendet werden sollten,
ohne dass die Bewerber oder Bieter derartige Informationen anfordern müssen.
Es sei ebenfalls daran erinnert, dass Auftraggeber gemäß der Richtlinie 92/13/
EWG des Rates[22] verpflichtet sind, den betreffenden Bewerbern und Bietern
eine Zusammenfassung der einschlägigen Gründe für einige der zentralen
Entscheidungen, die im Verlauf des Vergabeverfahrens getroffen werden, zur
Verfügung zu stellen, ohne dass die Bewerber oder Bieter die Angaben anfordern
müssen. Schließlich sollte klargestellt werden, dass Bewerber und Bieter die
Möglichkeit erhalten sollten, ausführlichere Informationen zu den betreffenden
Gründen anzufordern; Auftraggeber sollten diese Informationen bereitzustellen
haben, sofern nicht ernsthafte Gründe dagegen sprechen. Diese Gründe sollten
in der Richtlinie aufgeführt werden. Zur Sicherstellung der nötigen Transparenz

---

(22) *Amtl. Anm.:*
      Richtlinie 92/13/EWG des Rates vom 25. Februar 1992 zur Koordinierung der Rechts-
      und Verwaltungsvorschriften für die Anwendung der Gemeinschaftsvorschriften über die
      Auftragsvergabe durch Auftraggeber im Bereich der Wasser-, Energie- und Verkehrsversor-
      gung sowie im Telekommunikationssektor (ABl. L 76 vom 23.3.1992, S. 14).

im Rahmen von Vergabeverfahren, die Verhandlungen und Dialoge mit Bietern umfassen, sollten Bieter, die ein ordnungsgemäßes Angebot unterbreitet haben, sofern nicht ernsthafte Gründe dagegen sprechen, ebenfalls die Möglichkeit erhalten, Informationen über die Durchführung und den Fortgang des Verfahrens anzufordern.

(92) Soweit dies mit der Notwendigkeit, eine solide Geschäftspraxis und gleichzeitig ein Maximum an Flexibilität zu gewährleisten, vereinbar ist, ist es angezeigt, in Bezug auf die Anforderungen an die wirtschaftliche und finanzielle Leistungsfähigkeit und die beizubringenden Nachweise die Anwendung der Richtlinie 2014/24/EU vorzusehen. Daher sollen die Auftraggeber die in der Richtlinie 2004/18/EG über die öffentliche Auftragsvergabe genannten Auswahlkriterien anwenden können und, wenn sie dies tun, verpflichtet sein, einige andere Bestimmungen, insbesondere zur Beschränkung der Anforderungen an einen Mindestumsatz und zur Verwendung des einheitlichen europäischen Auftragsdokuments anzuwenden.

(93) Auftraggeber sollten verlangen können, dass während der Ausführung eines Auftrags Umweltmanagementmaßnahmen oder -regelungen angewandt werden. Umweltmanagementregelungen können – unabhängig davon, ob sie im Rahmen von Unionsinstrumenten wie der Verordnung (EG) Nr. 1221/2009 des Europäischen Parlaments und des Rates[23] registriert sind oder nicht – als Nachweis dafür dienen, dass der betreffende Wirtschaftsteilnehmer über die für die Ausführung des Auftrags erforderliche technische Leistungsfähigkeit verfügt. Alternativ zu Umweltmanagement-Registrierungssystemen sollte eine Beschreibung der von dem Wirtschaftsteilnehmer durchgeführten Maßnahmen zur Gewährleistung desselben Umweltschutzniveaus als Nachweis akzeptiert werden, wenn der betreffende Wirtschaftsteilnehmer keinen Zugang zu derartigen Umweltmanagement-Registrierungssystemen oder keine Möglichkeit hat, sich fristgerecht registrieren zu lassen.

(94) Der Begriff der Zuschlagskriterien stellt einen zentralen Begriff dieser Richtlinie dar; daher ist es wichtig, dass die diesbezüglichen Bestimmungen so einfach und übersichtlich wie möglich dargestellt werden. Dies kann dadurch erreicht werden, dass als übergeordnetes Konzept der Begriff des »wirtschaftlich günstigsten Angebots« verwendet wird, da alle Angebote, die den Zuschlag erhalten, letztlich danach ausgewählt werden sollten, was der einzelne Auftraggeber für die wirtschaftlich beste Lösung unter den Angeboten hält. Da derzeit bereits in den Richtlinien 2004/17/EG und 2004/18/EG das Zuschlagskriterium des »wirtschaftlich günstigsten Angebots« verwendet wird, sollte jedoch zur Vermeidung von Unklarheiten ein anderer Begriff benutzt werden, nämlich das »beste Preis-

---

(23) *Amtl. Anm.:*
Verordnung (EG) Nr. 1221/2009 des Europäischen Parlaments und des Rates vom 25. November 2009 über die freiwillige Teilnahme von Organisationen an einem Gemeinschaftssystem für Umweltmanagement und Umweltbetriebsprüfung (EMAS) und zur Aufhebung der Verordnung (EG) Nr. 761/2001, sowie der Beschlüsse der Kommission 2001/681/EG und 2006/193/EG (ABl. L 342 vom 22.12.2009, S. 1).

Leistungs-Verhältnis«. Dieser sollte folglich im Einklang mit der einschlägigen Rechtsprechung im Zusammenhang mit den genannten Richtlinien ausgelegt werden, sofern die vorliegende Richtlinie nicht eine sachlich klar unterschiedliche Lösung bietet.

(95) Aufträge sollten auf der Grundlage objektiver Kriterien vergeben werden, die die Einhaltung der Grundsätze der Transparenz, der Nichtdiskriminierung und der Gleichbehandlung gewährleisten, um einen objektiven Vergleich des relativen Werts der Angebote sicherzustellen, damit unter den Bedingungen eines effektiven Wettbewerbs ermittelt werden kann, welches das wirtschaftlich günstigste Angebot ist. Es sollte ausdrücklich festgehalten werden, dass das wirtschaftlich günstigste Angebot auf der Grundlage des besten Preis-Leistungs-Verhältnisses ermittelt werden sollte, welches stets eine Preis- oder Kostenkomponente beinhalten sollte. Es sollte ferner klargestellt werden, dass eine solche Bewertung des wirtschaftlich günstigsten Angebots auch allein auf der Grundlage entweder des Preises oder der Kostenwirksamkeit durchgeführt werden könnte. Des Weiteren sei darauf hingewiesen, dass es Auftraggebern freisteht, angemessene Qualitätsstandards in Form von technischen Spezifikationen oder von Bedingungen für die Auftragsausführung festzulegen.

Um eine stärkere Ausrichtung der öffentlichen Auftragsvergabe auf die Qualität zu fördern, sollte es den Mitgliedstaaten gestattet sein, die Anwendung des alleinigen Preis- oder Kostenkriteriums zur Bestimmung des wirtschaftlich günstigsten Angebots zu untersagen oder einzuschränken, sofern sie dies für zweckmäßig halten.

Damit die Einhaltung des Gleichbehandlungsgrundsatzes bei der Vergabe von Aufträgen sichergestellt wird, sollten Auftraggeber verpflichtet werden, für die nötige Transparenz zu sorgen, so dass sich jeder Bieter angemessen über die Kriterien und Vereinbarungen, die der Zuschlagsentscheidung zugrunde gelegt werden, unterrichten kann. Auftraggeber sollten daher verpflichtet werden, die Zuschlagskriterien und deren jeweilige relative Gewichtung anzugeben. Es sollte Auftraggebern jedoch gestattet werden, von der Verpflichtung zur Auskunft über die Gewichtung der einzelnen Zuschlagskriterien in ordnungsgemäß begründeten Fällen abzuweichen, wenn die Gewichtung insbesondere wegen der Komplexität des Auftrags nicht im Voraus festgelegt werden kann. In derartigen Fällen sollten sie die Kriterien in absteigender Reihenfolge ihrer Bedeutung angeben.

(96) Artikel 11 AEUV müssen die Erfordernisse des Umweltschutzes bei der Festlegung und Durchführung der Unionspolitiken und -maßnahmen insbesondere zur Förderung einer nachhaltigen Entwicklung einbezogen werden. Diese Richtlinie stellt klar, auf welche Weise die Auftraggeber zum Umweltschutz und zur Förderung einer nachhaltigen Entwicklung beitragen können, und gewährleistet gleichzeitig, dass sie bei der Auftragsvergabe ein optimales Preis-Leistungs-Verhältnis erzielen können.

(97) Zur Bewertung des besten Preis-Leistungs-Verhältnisses sollten Auftraggeber die mit dem Gegenstand des Auftrags verbundenen wirtschaftlichen und qualitativen Vergabekriterien festlegen, auf deren Grundlage sie die Angebote beurtei-

len, um das wirtschaftlich günstigste Angebot aus der Sicht der Auftraggeber zu bestimmen. Diese Kriterien sollten damit eine vergleichende Beurteilung des Leistungsniveaus jedes einzelnen Bieters gemessen am Gegenstand des Auftrags, wie in den technischen Spezifikationen festgelegt, ermöglichen. Hinsichtlich des besten Preis-Leistungs-Verhältnisses wird in dieser Richtlinie eine nicht abschließende Liste möglicher Zuschlagskriterien festgelegt. Auftraggeber sollten zur Wahl von Zuschlagskriterien ermutigt werden, mit denen sie qualitativ hochwertige Bauleistungen, Lieferungen und Dienstleistungen erhalten können, die ihren Bedürfnissen optimal entsprechen.

Die gewählten Zuschlagskriterien sollten dem Auftraggeber keine unbegrenzte Wahlfreiheit einräumen und sollten einen wirksamen und fairen Wettbewerb ermöglichen und mit Anforderungen verknüpft werden, die eine effektive Überprüfung der von den Bietern beigebrachten Informationen erlauben.

Um das wirtschaftlich günstigste Angebot zu ermitteln, sollten der Entscheidung über den Zuschlag nicht ausschließlich kostenfremde Kriterien zugrunde gelegt werden. Den qualitativen Kriterien sollte deshalb ein Kostenkriterium an die Seite gestellt werden, das – je nach Wahl des Auftraggebers – entweder der Preis oder ein Kosten-Wirksamkeits-Ansatz wie der Lebenszyklus-Kostenansatz sein könnte. Die Zuschlagskriterien sollten jedoch keinerlei Auswirkungen auf die Anwendung von nationalen Bestimmungen zur Festlegung der Vergütung für bestimmte Dienstleistungen oder zu Festpreisen für bestimmte Lieferungen haben.

(98) Es sollte klargestellt werden, dass es in den Fällen, in denen die Vergütung für bestimmte Dienstleistungen oder Festpreise für bestimmte Lieferungen durch nationale Vorschriften festgelegt sind, auch weiterhin möglich ist, das Preis-Leistungs-Verhältnis auf der Grundlage anderer Faktoren als ausschließlich des Preises oder der Vergütung zu bewerten. Je nach Dienstleistung oder Produkt könnten solche Faktoren beispielsweise die Liefer- und Zahlungsbedingungen, Kundendienstaspekte (z.b. den Umfang von Beratungs- und Ersatzteilleistungen) oder ökologische oder soziale Aspekte (z.b. den Druck von Büchern auf Recyclingpapier oder Papier aus nachhaltigem Holz, die externen Umwelteffekten zugeschriebenen Kosten oder die Förderung der sozialen Integration von benachteiligten Personen oder Angehörigen sozial schwacher Gruppen unter den für die Ausführung des Auftrags eingesetzten Personen) einschließen. Angesichts der zahlreichen Möglichkeiten der Bewertung des Preis-Leistungs-Verhältnisses anhand sachlicher Kriterien sollte der Rückgriff auf eine Unterteilung in Lose als einziges Mittel der Auftragsvergabe vermieden werden.

(99) Wenn die Qualität des eingesetzten Personals für das Niveau der Auftragsausführung relevant ist, sollte es Auftraggebern ferner gestattet sein, die Organisation, Qualifikation und Erfahrung der Mitarbeiter, die für die Ausführung des betreffenden Auftrags eingesetzt werden, als Zuschlagskriterien zugrunde zu legen, da sich dies auf die Qualität der Vertragserfüllung und damit auf den wirtschaftlichen Wert des Angebots auswirken kann. Dies kann beispielsweise bei Aufträgen für geistig-schöpferische Dienstleistungen, wie Beratungstätigkeiten oder Architektenleistungen, der Fall sein. Auftraggeber, die von dieser Möglichkeit Gebrauch machen, sollten mit Hilfe geeigneter vertraglicher Mittel sicherstellen, dass die zur Auftragsausführung eingesetzten Mitarbeiter die angegebenen Qualitätsnormen effektiv erfüllen und dass diese Mitarbeiter nur mit Zustimmung des Auftraggebers ersetzt werden können, wenn diese sich davon überzeugt hat, dass das Ersatzpersonal ein gleichwertiges Qualitätsniveau hat.

(100) Es ist außerordentlich wichtig, das Potenzial der öffentlichen Auftragsvergabe in vollem Umfang für die Verwirklichung der Ziele der Strategie »Europa 2020« für intelligentes, nachhaltiges und integratives Wachstum auszuschöpfen. In diesem Zusammenhang sei daran erinnert, dass öffentliche Aufträge insbesondere als Motor für Innovationen eine entscheidende Rolle spielen, was für das künftige Wachstum in Europa von großer Bedeutung ist. Angesichts der zwischen einzelnen Sektoren und einzelnen Märkten bestehenden großen Unterschiede wäre es jedoch nicht sinnvoll, allgemein verbindliche Anforderungen an eine umweltfreundliche, soziale und innovative Beschaffung zu definieren.

Der Unionsgesetzgeber hat bereits verbindliche Beschaffungsanforderungen zur Erreichung spezifischer Ziele in den Sektoren Straßenfahrzeuge (Richtlinie 2009/33/EG des Europäischen Parlaments und des Rates[24]) und Bürogeräte (Verordnung (EG) Nr. 106/2008 des Europäischen Parlaments und des Rates[25]) festgelegt. Im Übrigen wurden bei der Festlegung gemeinsamer Methoden für die Lebenszykluskostenrechnung erhebliche Fortschritte gemacht.

Es erscheint daher angezeigt, diesen Weg weiterzuverfolgen und es der sektorspezifischen Rechtsetzung zu überlassen, in Abhängigkeit von der spezifischen Politik und den spezifischen Rahmenbedingungen im betreffenden Sektor verbindliche Ziele zu definieren, und die Entwicklung und Anwendung europäischer Konzepte für die Lebenszykluskostenrechnung zu fördern, um die Nutzung der öffentlichen Auftragsvergabe zur Erzielung nachhaltigen Wachstums zu untermauern.

---

(24) Amtl. Anm.:
Richtlinie 2009/33/EG des Europäischen Parlaments und des Rates vom 23. April 2009 über die Förderung sauberer und energieeffizienter Straßenfahrzeuge (ABl. L 120 vom 15.5.2009, S. 5).

(25) Amtl. Anm.:
Verordnung (EG) Nr. 106/2008 des Europäischen Parlaments und des Rates vom 15. Januar 2008 über ein gemeinschaftliches Kennzeichnungsprogramm für Strom sparende Bürogeräte (ABl. L 39 vom 13.2.2008, S. 1).

(101) Die sektorspezifischen Maßnahmen sollten ergänzt werden durch eine Anpassung der Richtlinien 2004/17/EG und 2004/18/EG, durch die die Auftraggeber in die Lage versetzt werden, im Rahmen ihrer Beschaffungsstrategien die Ziele der Strategie »Europa 2020« für intelligentes, nachhaltiges und integratives Wachstum zu verfolgen. Es sollte somit klargestellt werden, dass Auftraggeber – außer wenn die Bewertung allein auf Grundlage des Preises erfolgt – das wirtschaftlich günstigste Angebot und den niedrigsten Preis unter Zugrundelegung einer Lebenszykluskostenrechnung bestimmen können. Bei der Lebenszykluskostenrechnung werden sämtliche über den gesamten Lebenszyklus von Bauleistungen, Lieferungen oder Dienstleistungen anfallenden Kosten berücksichtigt.

Das umfasst interne Kosten wie Kosten für durchzuführende Forschung, Entwicklung, Herstellung, Transport, Nutzung, Wartung und Entsorgung, kann aber auch Kosten umfassen, die externen Umwelteffekten zugeschrieben werden, wie einer durch die Gewinnung der im Produkt verwendeten Rohstoffe oder das Produkt selbst oder dessen Herstellung hervorgerufenen Umweltverschmutzung, sofern sie sich finanziell bewerten und überwachen lassen. Die Methoden, die von den Auftraggebern für die Bewertung der externen Umwelteffekten zugeschriebenen Kosten verwendet werden, sollten in einer objektiven und diskriminierungsfreien Weise im Voraus festgelegt und allen interessierten Parteien zugänglich gemacht werden. Solche Methoden können auf nationaler, regionaler oder lokaler Ebene festgelegt werden; um jedoch Wettbewerbsverzerrungen durch speziell zugeschnittene Methoden zu vermeiden, sollten sie allgemein in dem Sinne gehalten werden, dass sie nicht speziell für ein bestimmtes öffentliches Vergabeverfahren festgelegt werden sollten. Es sollten gemeinsame Methoden auf der Ebene der Union für die Berechnung der Lebenszykluskosten für bestimmte Kategorien von Lieferungen oder Dienstleistungen entwickelt werden. Wann immer solche gemeinsamen Methoden entwickelt werden, sollte ihre Anwendung verbindlich vorgeschrieben werden.

Des Weiteren sollte geprüft werden, ob eine gemeinsame Methode zur Ermittlung der Sozialkosten entlang des Lebenszyklus festgelegt werden kann, bei der bereits bestehende Methoden wie etwa die im Rahmen des Umweltprogramms der Vereinten Nationen festgelegten Leitlinien für die soziale Produktbewertung entlang des Lebenszyklus (Guidelines for Social Life Cycle Assessment of Products) berücksichtigt werden.

(102) Im Hinblick auf eine bessere Einbeziehung sozialer und ökologischer Überlegungen in die Vergabeverfahren sollte es den Auftraggebern darüber hinaus gestattet sein, von Zuschlagskriterien oder Bedingungen für die Auftragsausführung betreffend die gemäß öffentlichem Auftrag zu erbringenden Bauleistungen, Lieferungen oder Dienstleistungen in jeder Hinsicht und in jedem Lebenszyklus-Stadium von der Gewinnung der Rohstoffe für das Produkt bis zur Entsorgung des Produkts Gebrauch zu machen, einschließlich von Faktoren, die mit dem spezifischen Prozess der Herstellung oder Bereitstellung solcher Bauleistungen, Lieferungen oder Dienstleistungen oder dem Handel mit ihnen und den damit verbundenen Bedingungen oder einem spezifischen Prozess in einem späteren

Lebenszyklus-Stadium zusammenhängen, auch wenn derartige Faktoren nicht Teil von deren stofflicher Beschaffenheit sind. Kriterien und Bedingungen bezüglich eines derartigen Herstellungs- oder Bereitstellungsprozesses sind beispielsweise, dass zur Herstellung der beschafften Waren keine giftigen Chemikalien verwendet wurden oder dass die erworbenen Dienstleistungen unter Zuhilfenahme energieeffizienter Maschinen bereitgestellt wurden. Gemäß der Rechtsprechung des Gerichtshofs der Europäischen Union gehören dazu auch Zuschlagskriterien oder Bedingungen für die Auftragsausführung, die sich auf die Lieferung oder die Verwendung von fair gehandelten Produkten während der Ausführung des zu vergebenden Auftrags beziehen. Bedingungen für die Ausführung eines Auftrags, die sich auf ökologische Aspekte beziehen, könnten beispielsweise auch die Anlieferung, Verpackung und Entsorgung von Produkten und im Falle von Bau- und Dienstleistungsaufträgen auch die Abfallminimierung oder die Ressourceneffizienz betreffen.

Die Bedingung eines Bezugs zum Auftragsgegenstand schließt allerdings Kriterien und Bedingungen bezüglich der allgemeinen Unternehmenspolitik aus, da es sich dabei nicht um einen Faktor handelt, der den konkreten Prozess der Herstellung oder Bereitstellung der beauftragten Bauleistungen, Lieferungen oder Dienstleistungen charakterisiert. Daher sollte es Auftraggebern nicht gestattet sein, von Bietern eine bestimmte Politik der sozialen oder ökologischen Verantwortung zu verlangen.

(103) Es ist von entscheidender Bedeutung, dass sich Zuschlagskriterien oder Bedingungen für die Auftragsausführung, die soziale Aspekte des Produktionsprozesses betreffen, auf die gemäß dem Auftrag zu erbringenden Bauleistungen, Lieferungen oder Dienstleistungen beziehen. Ferner sollten sie gemäß der Richtlinie 96/71/EG in der Auslegung des Gerichtshofs der Europäischen Union angewandt werden und sollten nicht in einer Weise ausgewählt oder angewandt werden, durch die Wirtschaftsteilnehmer aus anderen Mitgliedstaaten oder aus Drittstaaten, die Vertragspartei des GPA oder der Freihandelsübereinkommen sind, denen die Union angehört, unmittelbar oder mittelbar diskriminiert werden. Demnach sollten Anforderungen hinsichtlich der in der Richtlinie 96/71/EG geregelten grundlegenden Arbeitsbedingungen, wie Mindestlöhne, auf dem Niveau bleiben, das durch nationale Rechtsvorschriften oder durch Tarifverträge, die im Einklang mit dem Unionsrecht im Kontext der genannten Richtlinie angewandt werden, festgelegt wurde.

Hinter Bedingungen für die Auftragsausführung könnte auch die Absicht stehen, die Förderung der Gleichstellung von Frauen und Männern am Arbeitsplatz, die verstärkte Beteiligung der Frauen am Erwerbsleben und die Vereinbarkeit von Arbeit und Privatleben oder den Umwelt- oder Tierschutz zu begünstigen und im Kern die grundlegenden Übereinkommen der Internationalen Arbeitsorganisation (ILO) zu erfüllen und mehr benachteiligte Personen als nach einzelstaatlichem Recht gefordert einzustellen.

(104) Maßnahmen zum Schutz der Gesundheit der am Herstellungsprozess beteiligten Arbeitskräfte, zur Förderung der sozialen Integration von benachteiligten Personen oder Angehörigen sozial schwacher Gruppen unter den für die Ausfüh-

rung des Auftrags eingesetzten Personen oder zur Schulung im Hinblick auf die für den betreffenden Auftrag benötigten Fähigkeiten können ebenfalls Gegenstand von Zuschlagskriterien oder von Bedingungen für die Auftragsausführung sein, sofern sie mit den im Rahmen des Auftrags zu erbringenden Bauleistungen, Lieferungen oder Dienstleistungen im Zusammenhang stehen. Derartige Kriterien oder Bedingungen können sich unter anderem auf die Beschäftigung von Langzeitarbeitslosen oder die Umsetzung von Ausbildungsmaßnahmen für Arbeitslose oder Jugendliche im Zuge der Ausführung des zu vergebenden Auftrags beziehen. In technischen Spezifikationen können Auftraggeber solche sozialen Anforderungen vorsehen, die das betreffende Ware oder die betreffende Dienstleistung unmittelbar charakterisieren, wie das Kriterium der Zugänglichkeit für Personen mit einer Behinderung oder das Kriterium »Design für alle«.

(105) Öffentliche Aufträge sollten nicht an Wirtschaftsteilnehmer vergeben werden, die sich an einer kriminellen Vereinigung beteiligt haben oder sich der Bestechung, des Betrugs zum Nachteil der finanziellen Interessen der Union, terroristischer Straftaten, der Geldwäsche oder der Terrorismusfinanzierung schuldig gemacht haben. Die Nichtzahlung von Steuern oder Sozialversicherungsbeiträgen sollte ebenfalls zum obligatorischen Ausschluss auf Unionsebene führen. Die Mitgliedstaaten sollten jedoch Abweichungen von jenen zwingenden Ausschlüssen in Ausnahmesituationen vorsehen können, wenn unabdingbare Gründe des Allgemeininteresses eine Auftragsvergabe unumgänglich machen. Dies könnte beispielsweise der Fall sein, wenn dringend benötigte Impfstoffe oder Notfallausrüstungen nur von einem Wirtschaftsteilnehmer käuflich erworben werden können, auf den sonst einer der Gründe für den zwingenden Ausschluss zutrifft. Da Auftraggeber, die keine öffentlichen Auftraggeber sind, möglicherweise keinen Zugang zu sicheren Beweisen für derartige Sachverhalte haben, sollte es diesen Auftraggebern überlassen bleiben, die Ausschlusskriterien gemäß Richtlinie 2014/24/EU anzuwenden oder nicht. Infolgedessen sollten zur Anwendung von Artikel 57 Absätze 1 und 2 der Richtlinie 2014/24/EU nur Auftraggeber verpflichtet sein, bei denen es sich um öffentliche Auftraggeber handelt.

(106) Auftraggeber sollten ferner die Möglichkeit erhalten, Wirtschaftsteilnehmer auszuschließen, die sich als unzuverlässig erwiesen haben, beispielsweise wegen Verstoßes gegen umwelt- oder sozialrechtliche Verpflichtungen, einschließlich Vorschriften zur Barrierefreiheit für Menschen mit Behinderungen, oder wegen anderer Formen schwerwiegenden beruflichen Fehlverhaltens wie der Verletzung von Wettbewerbsregeln oder Rechten des geistigen Eigentums. Es sollte klargestellt werden, dass schwerwiegendes berufliches Fehlverhalten die Integrität eines Wirtschaftsteilnehmers in Frage stellen und dazu führen kann, dass er – auch wenn er ansonsten über die technische und wirtschaftliche Leistungsfähigkeit zur Auftragsausführung verfügen würde – als für die Vergabe eines öffentlichen Auftrags ungeeignet betrachtet wird.

Da der Auftraggeber für die Folgen ihrer möglicherweise falschen Entscheidung verantwortlich ist, sollte es ihr auch freistehen, – sofern die nationalen Rechtsvorschriften nichts anderes vorsehen – ein schwerwiegendes berufliches Fehlverhalten zu konstatieren, wenn sie vor einer endgültigen und verbindlichen Entscheidung über das Vorliegen zwingender Ausschlussgründe gleich auf welche geeignete Weise nachweisen kann, dass der Wirtschaftsteilnehmer gegen seine Pflichten, unter anderem diejenigen im Zusammenhang mit der Zahlung von Steuern oder Sozialversicherungsbeiträgen, verstoßen hat. Es sollte ihnen auch möglich sein, Bewerber oder Bieter auszuschließen, deren Leistung bei früheren öffentlichen Aufträgen oder Aufträgen für andere Auftraggeber im Hinblick auf wesentliche Anforderungen erhebliche Mängel aufwies, z.B. Lieferungsausfall oder Leistungsausfall, erhebliche Defizite der gelieferten Waren oder Dienstleistungen, die sie für den beabsichtigten Zweck unbrauchbar machen, oder Fehlverhalten, das ernste Zweifel an der Zuverlässigkeit des Wirtschaftsteilnehmers aufkommen lässt. In den nationalen Rechtsvorschriften sollte eine Höchstdauer für solche Ausschlüsse vorgesehen sein.

Bei der Anwendung fakultativer Ausschlussgründe sollte insbesondere dem Grundsatz der Verhältnismäßigkeit Rechnung getragen werden. Kleinere Unregelmäßigkeiten sollten nur in Ausnahmefällen zum Ausschluss eines Wirtschaftsteilnehmers führen. Wiederholte Fälle kleinerer Unregelmäßigkeiten können allerdings Zweifel an der Zuverlässigkeit eines Wirtschaftsteilnehmers wecken, die seinen Ausschluss rechtfertigen könnten.

(107) Sind die Auftraggeber dazu verpflichtet oder entscheiden sie sich dafür, solche Ausschlusskriterien anzuwenden, so sollten sie die Richtlinie 2014/24/EU in Bezug auf die Möglichkeit anwenden, dass Wirtschaftsteilnehmer Compliance-Maßnahmen treffen können, um die Folgen etwaiger strafrechtlicher Verstöße oder eines Fehlverhaltens zu beheben und weiteres Fehlverhalten wirksam zu verhindern.

(108) Angebote, deren Preis im Verhältnis zu den angebotenen Bauleistungen, Lieferungen oder Dienstleistungen ungewöhnlich niedrig erscheint, können auf technisch, wirtschaftlich oder rechtlich fragwürdigen Annahmen oder Praktiken basieren. Kann der Bieter keine hinreichende Begründung geben, so sollte der Auftraggeber berechtigt sein, das Angebot abzulehnen. Eine Ablehnung sollte obligatorisch sein in Fällen, in denen der Auftraggeber festgestellt hat, dass die vorgeschlagenen ungewöhnlich niedrigen Preise oder Kosten daraus resultieren, dass verbindliche sozial-, arbeits- oder umweltrechtliche Unionsvorschriften oder mit dem Unionsrecht in Einklang stehende nationale Rechtsvorschriften oder internationale arbeitsrechtliche Vorschriften nicht eingehalten werden.

(109) In den Bedingungen für die Auftragsausführung sind konkrete Anforderungen bezüglich der Ausführung des Auftrags festgelegt. Anders als Zuschlagskriterien, die die Grundlage für eine vergleichende Bewertung der Qualität von Angeboten bilden, sind Bedingungen für die Auftragsausführung festgelegte, objektive Anforderungen, von denen die Bewertung von Angeboten unberührt bleibt. Die Bedingungen für die Auftragsausführung sollten mit dieser Richtlinie vereinbar sein, sofern sie nicht unmittelbar oder mittelbar eine Diskriminierung bewirken und mit dem Auftragsgegenstand in Zusammenhang stehen; dazu gehören alle Faktoren, die mit dem konkreten Prozess der Herstellung, Bereitstellung oder Vermarktung zusammenhängen. Dies schließt die Bedingungen in Bezug auf

die Ausführung des Auftrags mit ein, jedoch nicht die Anforderungen in Bezug auf eine allgemeine Unternehmenspolitik.

(110) Es ist wichtig, die Einhaltung der geltenden Anforderungen des Unionsrechts, der nationalen Rechtsvorschriften und von Tarifverträgen auf dem Gebiet des Umwelt-, Sozial- und Arbeitsrechts und der internationalen umwelt-, sozial- und arbeitsrechtlichen Vorschriften dieser Richtlinie – vorausgesetzt, die betreffenden Vorschriften und ihre Anwendung sind mit dem Unionsrecht vereinbar – durch Unterauftragnehmer mittels geeigneter Maßnahmen der zuständigen nationalen Behörden, wie etwa Gewerbeaufsichtsämter oder Umweltschutzagenturen, im Rahmen ihrer Zuständigkeiten und Befugnisse sicherzustellen.

Auch muss in der Kette der Unterauftragsvergabe eine gewisse Transparenz gewährleistet sein, da die Auftraggeber dadurch über Informationen darüber verfügen, wer an Baustellen tätig ist, auf denen Bauleistungen für sie erbracht werden, oder welche Unternehmen Dienstleistungen in oder an Gebäuden, Infrastruktur oder Arealen wie Rathäusern, städtischen Schulen, Sporteinrichtungen, Häfen oder Straßen erbringen, für die die Auftraggeber zuständig sind oder die unter ihrer unmittelbaren Aufsicht stehen. Es sollte klargestellt werden, dass die Verpflichtung zur Bereitstellung der erforderlichen Informationen in jedem Fall dem Hauptauftragnehmer obliegt, und zwar entweder auf der Grundlage spezieller Klauseln, die jeder Auftraggeber in sämtliche Vergabeverfahren aufzunehmen hätte, oder indem die Mitgliedstaaten die Hauptauftragnehmer durch generell geltende Bestimmungen hierzu verpflichten würden.

Es sollte ferner klargestellt werden, dass die Bedingungen für die Durchsetzung der Einhaltung der geltenden Anforderungen des Unionsrechts, der nationalen Rechtsvorschriften und von Tarifverträgen auf dem Gebiet des Umwelt-, Sozial- und Arbeitsrechts und der internationalen umwelt-, sozial- und arbeitsrechtlichen Vorschriften dieser Richtlinie – vorausgesetzt, die betreffenden Vorschriften und ihre Anwendung sind mit dem Unionsrecht vereinbar – immer dann angewandt werden sollten, wenn die nationalen Rechtsvorschriften eines Mitgliedstaats einen Mechanismus der gemeinsamen Haftung der Unterauftragnehmer und des Hauptauftragnehmers vorsehen. Des Weiteren sollte ausdrücklich angegeben werden, dass die Mitgliedstaaten auch die Möglichkeit haben sollten, über die entsprechenden Bestimmungen hinauszugehen, beispielsweise durch Erweiterung der Transparenzanforderungen, indem sie Direktzahlungen an Unterauftragnehmer erlauben oder indem sie es den öffentlichen Auftraggebern erlauben oder vorschreiben, zu überprüfen, dass auf Unterauftragnehmer keine der Situationen zutrifft, die den Ausschluss von Wirtschaftsteilnehmern rechtfertigen würden. Werden solche Maßnahmen auf Unterauftragnehmer angewandt, so sollte die Kohärenz mit den für die Hauptauftragnehmer geltenden Bestimmungen sichergestellt werden, so dass das Vorliegen zwingender Ausschlussgründe zur Folge hätte, dass der Hauptauftragnehmer den betreffenden Unterauftragnehmer ersetzen muss. Zeigt sich bei einer solchen Überprüfung, dass nicht zwingende Gründe für einen Ausschluss vorliegen, so sollte klargestellt werden, dass öffentliche Auftraggeber die Ersetzung verlangen können. Allerdings sollte ausdrücklich auch dargelegt werden, dass öffentliche Auftraggeber verpflichtet sein können, die Ersetzung des betreffenden Unterauftragnehmers zu verlangen, wenn der Ausschluss von Hauptauftragnehmer in denselben Fällen verpflichtend wäre.

Zudem sollte ausdrücklich angegeben werden, dass es den Mitgliedstaaten nach wie vor freisteht, in den nationalen Rechtsvorschriften strengere Haftungsregelungen oder erweiterte Regelungen für Direktzahlungen an Unterauftragnehmer vorzusehen.

(111) Angesichts der derzeitigen Diskussionen über horizontale Bestimmungen zur Regelung der Beziehungen zu Drittländern im Kontext des öffentlichen Auftragswesens ist es angezeigt, während einer Übergangsfrist die bestehende Regelung beizubehalten, die gemäß den Artikeln 58 und 59 der Richtlinie 2004/17/EG für den Versorgungssektor gilt. Folglich sollten diese Bestimmungen unverändert bleiben; dies gilt auch für die Bestimmung über die Annahme von Durchführungsrechtsakten, wenn Unternehmen der Union auf Schwierigkeiten beim Marktzugang in Drittländern stoßen. Unter diesen Umständen sollten diese Durchführungsrechtsakte weiterhin vom Rat erlassen werden.

(112) Es sei darauf hingewiesen, dass die Verordnung (EWG, Euratom) Nr. 1182/71 [26] für die Berechnung der in der vorliegenden Richtlinie genannten Fristen gilt.

(113) Es ist erforderlich klarzustellen, unter welchen Voraussetzungen Änderungen eines Auftrags während des Ausführungszeitraums ein neues Vergabeverfahren erfordern; dabei ist der einschlägigen Rechtsprechung des Gerichtshofs der Europäischen Union Rechnung zu tragen. Ein neues Vergabeverfahren ist erforderlich bei wesentlichen Änderungen des ursprünglichen Auftrags, insbesondere des Umfangs und der inhaltlichen Ausgestaltung der gegenseitigen Rechte und Pflichten der Parteien, einschließlich der Zuweisung der Rechte des geistigen Eigentums. Derartige Änderungen sind Ausdruck der Absicht der Parteien, wesentliche Bedingungen des betreffenden Auftrags neu zu verhandeln. Dies ist insbesondere dann der Fall, wenn die geänderten Bedingungen, hätten sie bereits für das ursprüngliche Verfahren gegolten, dessen Ergebnis beeinflusst hätten.

Änderungen des Auftrags, die zu einer geringfügigen Änderung des Auftragswerts bis zu einer bestimmten Höhe führen, sollten jederzeit möglich sein, ohne dass ein neues Vergabeverfahren durchgeführt werden muss. Zu diesem Zweck und um Rechtssicherheit zu gewährleisten, sollten in dieser Richtlinie Geringfügigkeitsgrenzen vorgesehen werden, unterhalb deren kein neues Vergabeverfahren erforderlich ist. Änderungen des Auftrags, die diese Schwellenwerte überschreiten, sollten ohne erneutes Vergabeverfahren möglich sein, sofern die in dieser Richtlinie festgelegten einschlägigen Bedingungen erfüllt sind.

(114) Auftraggeber können sich damit konfrontiert sehen, dass zusätzliche Bauleistungen, Lieferungen oder Dienstleistungen nötig werden; in solchen Fällen kann

---

(26) Amtl. Anm.:
Verordnung (EWG, Euratom) Nr. 1182/71 des Rates vom 3. Juni 1971 zur Festlegung der Regeln für die Fristen, Daten und Termine (ABl. L 124 vom 8.6.1971, S. 1).

eine Änderung des ursprünglichen Auftrags ohne neues Vergabeverfahren gerechtfertigt sein, insbesondere wenn die zusätzlichen Lieferungen entweder als Teilersatz oder zur Erweiterung bestehender Dienstleistungen, Lieferungen oder Einrichtungen bestimmt sind und ein Wechsel des Lieferanten dazu führen würde, dass der Auftraggeber Material, Bau- oder Dienstleistungen mit unterschiedlichen technischen Merkmalen erwerben müsste und dies eine Unvereinbarkeit oder unverhältnismäßige technische Schwierigkeiten bei Gebrauch und Instandhaltung mit sich bringen würde.

(115) Auftraggeber können sich mit externen Rahmenbedingungen konfrontiert sehen, die sie zum Zeitpunkt der Zuschlagserteilung nicht absehen konnten, insbesondere wenn sich die Ausführung des Auftrags über einen langen Zeitraum erstreckt. In einem solchen Fall ist ein gewisses Maß an Flexibilität erforderlich, um den Auftrag an diese Gegebenheiten anzupassen, ohne ein neues Vergabeverfahren einleiten zu müssen. Der Begriff »unvorhersehbare Umstände« bezeichnet Umstände, die auch bei einer nach vernünftigem Ermessen sorgfältigen Vorbereitung der ursprünglichen Zuschlagserteilung durch der Auftraggeber den Auftraggeber unter Berücksichtigung der dieser zur Verfügung stehenden Mittel, der Art und Merkmale des spezifischen Projekts, der bewährten Praxis im betreffenden Bereich und der Notwendigkeit, ein angemessenes Verhältnis zwischen den bei der Vorbereitung der Zuschlagserteilung eingesetzten Mitteln und dem absehbaren Nutzen zu gewährleisten, nicht hätten vorausgesagt werden können.

Dies kann jedoch nicht für Fälle gelten, in denen sich mit einer Änderung das Wesen des gesamten Auftrags verändert – indem beispielsweise die zu beschaffenden Bauleistungen, Lieferungen oder Dienstleistungen durch andersartige Leistungen ersetzt werden oder indem sich die Art der Beschaffung grundlegend ändert –, da in einer derartigen Situation ein hypothetischer Einfluss auf das Ergebnis unterstellt werden kann.

(116) Im Einklang mit den Grundsätzen der Gleichbehandlung und Transparenz sollte der erfolgreiche Bieter, zum Beispiel wenn ein Auftrag aufgrund von Mängeln bei der Ausführung gekündigt wird, nicht durch einen anderen Wirtschaftsteilnehmer ersetzt werden, ohne dass der Auftrag erneut ausgeschrieben wird. Der erfolgreiche Bieter, der den Auftrag ausführt, sollte jedoch – insbesondere wenn der Auftrag an mehr als ein Unternehmen vergeben wurde – während des Zeitraums der Auftragsausführung gewisse strukturelle Veränderungen durchlaufen können, wie etwa eine rein interne Umstrukturierung, eine Übernahme, einen Zusammenschluss oder Unternehmenskauf oder eine Insolvenz. Derartige strukturelle Veränderungen sollten nicht automatisch neue Vergabeverfahren für sämtliche vom betreffenden Bieter ausgeführten Aufträge erfordern.

(117) Auftraggeber sollten über die Möglichkeit verfügen, im einzelnen Vertrag in Form von Überprüfungs- oder Optionsklauseln Änderungen vorzusehen, doch sollten derartige Klauseln ihnen keinen unbegrenzten Ermessensspielraum einräumen. Daher sollte in dieser Richtlinie festgelegt werden, inwieweit im ursprünglichen Vertrag die Möglichkeit von Änderungen vorgesehen werden

kann. Es sollte daher klargestellt werden, dass mit hinlänglich klar formulierten Überprüfungs- oder Optionsklauseln etwa Preisindexierungen vorgesehen werden können oder beispielsweise sichergestellt werden kann, dass Kommunikationsgeräte, die während eines bestimmten Zeitraums zu liefern sind, auch im Fall veränderter Kommunikationsprotokolle oder anderer technologischer Änderungen weiter funktionsfähig sind. Ferner sollte es möglich sein, mittels hinlänglich klarer Klauseln Anpassungen des Auftrags vorzusehen, die aufgrund technischer Schwierigkeiten, die während des Betriebs oder der Instandhaltung auftreten, erforderlich werden. Es sollte auch darauf hingewiesen werden, dass Aufträge beispielsweise sowohl laufende Wartungsmaßnahmen beinhalten als auch außerordentliche Instandhaltungsarbeiten vorsehen können, die erforderlich werden können, um die Kontinuität einer öffentlichen Dienstleistung zu gewährleisten.

(118) Auftraggeber werden mitunter mit Umständen konfrontiert, die eine vorzeitige Kündigung öffentlicher Aufträge erfordern, damit aus dem Unionsrecht erwachsende Verpflichtungen im Bereich der öffentlichen Auftragsvergabe eingehalten werden. Die Mitgliedstaaten sollten daher sicherstellen, dass Auftraggeber unter bestimmten Bedingungen, die im nationalen Recht festgelegt sind, über die Möglichkeit verfügen, einen öffentlichen Auftrag während seiner Laufzeit zu kündigen, wenn dies aufgrund des Unionsrechts erforderlich ist.

(119) Die Ergebnisse des Arbeitspapiers der Kommissionsdienststellen vom 27. Juni 2011 »Bewertungsbericht der Auswirkungen und der Effektivität der EU-Vorschriften für die öffentliche Auftragsvergabe« haben nahegelegt, dass der Ausschluss bestimmter Dienstleistungen von der vollständigen Anwendung der Richtlinie 2004/17/EG überprüft werden sollte. Infolgedessen sollte die vollständige Anwendung der vorliegenden Richtlinie auf eine Reihe von Dienstleistungen ausgedehnt werden.

(120) Bestimmte Dienstleistungskategorien haben aufgrund ihrer Natur nach wie vor lediglich eine begrenzte grenzüberschreitende Dimension, insbesondere die sogenannten personenbezogenen Dienstleistungen, wie etwa bestimmte Dienstleistungen im Sozial-, im Gesundheits- und im Bildungsbereich. Diese Dienstleistungen werden in einem spezifischen Kontext erbracht, der sich, bedingt durch unterschiedliche kulturelle Traditionen, in den einzelnen Mitgliedstaaten höchst unterschiedlich darstellt. Daher sollten für Aufträge, die derartige Dienstleistungen zum Gegenstand haben, eine besondere Regelung und ein höherer Schwellenwert gelten als der, der für andere Dienstleistungen gilt.

Im spezifischen Kontext der Auftragsvergabe in diesen Sektoren dürfte bei einem darunter liegenden Auftragswert in der Regel davon auszugehen sein, dass die Erbringung personenbezogener Dienstleistungen für Dienstleister aus anderen Mitgliedstaaten nicht von Interesse ist, sofern nicht konkrete Anhaltspunkte vorliegen, die das Gegenteil vermuten lassen, wie etwa eine Finanzierung grenzüberschreitender Projekte durch die Union.

Aufträge zur Erbringung personenbezogener Dienstleistungen oberhalb dieses Schwellenwerts sollten unionsweiten Transparenzvorschriften unterliegen. Angesichts der Bedeutung des kulturellen Kontexts und angesichts des sensiblen

Charakters dieser Dienstleistungen sollte den Mitgliedstaaten ein weiter Ermessensspielraum eingeräumt werden, damit sie die Auswahl der Dienstleister in einer Weise organisieren können, die sie für am besten geeignet erachten. Die Vorschriften dieser Richtlinie tragen diesem Erfordernis Rechnung, indem sie lediglich die Einhaltung von Grundprinzipien der Transparenz und der Gleichbehandlung verlangen und sicherstellen, dass die Auftraggeber spezifische Qualitätskriterien für die Auswahl von Dienstleistern anwenden können, wie etwa die Kriterien, die in dem vom Ausschuss für Sozialschutz der Europäischen Union veröffentlichten Europäischen Qualitätsrahmen für Sozialdienstleistungen festgelegt wurden. Bei der Festlegung der Verfahren, die für die Auftragsvergabe bei personenbezogenen Dienstleistungen anzuwenden sind, sollten die Mitgliedstaaten Artikel 14 AEUV und das Protokoll Nr. 26 mit berücksichtigen. Dabei sollten sie sich auch die Vereinfachung und die Reduzierung des Verwaltungsaufwands für die Auftraggeber und die Wirtschaftsteilnehmer zum Ziel setzen; es sollte klargestellt werden, dass hierfür auch Bestimmungen für Dienstleistungsaufträge herangezogen werden können, die nicht unter die Sonderregelung fallen.

Den Mitgliedstaaten und Auftraggebern steht es auch künftig frei, diese Dienstleistungen selbst zu erbringen oder soziale Dienstleistungen in einer Weise zu organisieren, die nicht mit der Vergabe öffentlicher Aufträge verbunden ist, beispielsweise durch die bloße Finanzierung solcher Dienstleistungen oder durch Erteilung von Lizenzen oder Genehmigungen – ohne Beschränkungen oder Festsetzung von Quoten – für alle Wirtschaftsteilnehmer, die die von dem Auftraggeber vorab festgelegten Kriterien erfüllen; Voraussetzung ist, dass ein solches System eine ausreichende Bekanntmachung gewährleistet und den Grundsätzen der Transparenz und Nichtdiskriminierung genügt.

(121) Ebenso werden Beherbergungs- und Gaststättendienstleistungen typischerweise nur von Wirtschaftsteilnehmern angeboten, die an dem konkreten Ort der Erbringung dieser Dienstleistungen angesiedelt sind, und haben daher ebenfalls eine begrenzte grenzüberschreitende Dimension. Sie sollten daher nur durch die vereinfachte Regelung abgedeckt werden, die ab einem Schwellenwert von 1 000 000 EUR gilt. Großaufträge im Beherbergungs- und Gaststättengewerbe über diesem Schwellenwert können für verschiedene Wirtschaftsteilnehmer, wie Reiseagenturen und andere Zwischenhändler, auch auf grenzüberschreitender Grundlage interessant sein.

(122) Ebenso betreffen bestimmte Rechtsdienstleistungen ausschließlich Fragen des nationalen Rechts und werden daher in der Regel nur von Wirtschaftsteilnehmern in dem betreffenden Mitgliedstaat angeboten; sie haben folglich ebenfalls eine begrenzte grenzüberschreitende Dimension. Sie sollten daher nur durch die vereinfachte Regelung abgedeckt werden, die ab einem Schwellenwert von 1 000 000 EUR gilt. Großaufträge für Rechtsdienstleistungen über diesem Schwellenwert können für verschiedene Wirtschaftsteilnehmer, wie internationale Anwaltskanzleien, auch auf grenzüberschreitender Grundlage interessant sein, insbesondere wenn es dabei um rechtliche Fragen geht, die auf Unionsrecht

oder sonstigen internationalen Rechtsvorschriften beruhen oder darin ihren Hintergrund haben oder die mehr als ein Land betreffen.

(123) Die Erfahrung hat gezeigt, dass einige andere Dienstleistungen, wie Rettungsdienste, Feuerwehrdienste und Strafvollzugsdienste, in der Regel nur dann ein gewisses grenzüberschreitendes Interesse bieten, wenn sie aufgrund eines relativ hohen Auftragswerts eine ausreichend große kritische Masse erreichen. Soweit sie nicht aus dem Anwendungsbereich der Richtlinie ausgeschlossen sind, sollten sie daher in die vereinfachte Regelung aufgenommen werden. Insofern ihre Erbringung tatsächlich auf Verträgen beruht, würden andere Kategorien von Dienstleistungen, wie Detekteien- und Schutzdienstleistungen, in der Regel wahrscheinlich erst ab einem Schwellenwert von 1 000 000 EUR ein grenzüberschreitendes Interesse bieten; sie sollten daher nur der vereinfachten Regelung unterliegen.

(124) Um die Kontinuität der öffentlichen Dienstleistungen zu gewährleisten, sollte es im Rahmen dieser Richtlinie gestattet sein, die Teilnahme an Vergabeverfahren für bestimmte Dienstleistungen im Gesundheits-, Sozial- und kulturellen Bereich Organisationen, die nach dem Prinzip der Mitarbeiterbeteiligung oder der aktiven Mitbestimmung der Belegschaft an der Führung der Organisation arbeiten, oder bestehenden Organisationen wie Genossenschaften zur Erbringung dieser Dienstleistungen an die Endverbraucher vorzubehalten. Diese Bestimmung gilt ausschließlich für bestimmte Dienstleistungen im Gesundheits- und Sozialbereich und damit verbundene Dienstleistungen, bestimmte Dienstleistungen im Bereich der allgemeinen und beruflichen Bildung, bestimmte Bibliotheks-, Archiv-, Museums- und sonstige kulturelle Dienstleistungen, Sportdienstleistungen und Dienstleistungen für private Haushalte; ihr Ziel ist es nicht, die ansonsten durch diese Richtlinie vorgesehenen Ausnahmen abzudecken. Für diese Dienstleistungen sollte daher nur die vereinfachte Regelung gelten.

(125) Es ist angezeigt, diese Dienstleistungen durch Bezugnahme auf spezifische Posten des mit der Verordnung (EG) Nr. 2195/2002 des Europäischen Parlaments und des Rates[27] angenommenen »Gemeinsamen Vokabulars für öffentliche Aufträge« (CPV) zu identifizieren; es handelt sich dabei um eine hierarchisch strukturierte Nomenklatur, die in Abteilungen, Gruppen, Klassen, Kategorien und Unterkategorien eingeteilt ist. Zur Vermeidung von Rechtsunsicherheit sollte klargestellt werden, dass eine Bezugnahme auf eine Abteilung nicht automatisch eine Bezugnahme auf untergeordnete Unterteilungen bedeutet. Bei einer solchen umfassenden Abdeckung sollten vielmehr ausdrücklich alle einschlägigen Posten, erforderlichenfalls als Abfolge von Codes, angegeben werden.

---

(27) Amtl. Anm.:
Verordnung (EG) Nr. 2195/2002 des Europäischen Parlaments und des Rates vom 5. November 2002 über das Gemeinsame Vokabular für öffentliche Aufträge (CPV) (ABl. L 340 vom 16.12.2002, S. 1).

(126) Wettbewerbe sind seit jeher überwiegend im Bereich der Stadt- und Raumplanung, der Architektur und des Bauwesens oder der Datenverarbeitung durchgeführt worden. Es sollte jedoch darauf hingewiesen werden, dass diese flexiblen Instrumente auch für andere Zwecke verwendet werden könnten und dass auch festgelegt werden kann, dass die daran anschließenden Dienstleistungsaufträge im Rahmen eines Verhandlungsverfahrens ohne vorherige Veröffentlichung an den Gewinner oder einen der Gewinner des Wettbewerbs vergeben würden.

(127) Wie die Bewertung gezeigt hat, gibt es noch erhebliche Verbesserungsmöglichkeiten bei der Anwendung der Vergabevorschriften der Union. Für eine effizientere und einheitlichere Anwendung der Vorschriften ist es unerlässlich, sich einen guten Überblick über mögliche strukturelle Probleme und allgemeine Muster des Auftragswesens in den einzelnen Mitgliedstaaten zu verschaffen, um gezielter auf mögliche Probleme eingehen zu können. Dieser Überblick sollte durch eine geeignete Überwachung gewonnen werden, deren Ergebnisse regelmäßig veröffentlicht werden sollten, um eine sachkundige Debatte darüber zu ermöglichen, wie Beschaffungsvorschriften und -verfahren verbessert werden könnten. Ein solcher guter Überblick könnte auch Einblicke in die Anwendung der Vergabevorschriften im Zusammenhang mit der Durchführung von durch die Union kofinanzierten Projekten ermöglichen. Es sollte den Mitgliedstaaten überlassen bleiben, zu entscheiden, wie und durch wen diese Überwachung praktisch durchgeführt werden soll; dabei sollte es ihnen ferner überlassen bleiben, zu entscheiden, ob die Überwachung auf der Basis einer stichprobenartigen Ex-post-Kontrolle oder einer systematischen Ex-ante-Kontrolle von öffentlichen Beschaffungsverfahren, die in den Anwendungsbereich dieser Richtlinie fallen, erfolgen sollte. Es sollte möglich sein, potenzielle Probleme den geeigneten Instanzen zur Kenntnis zu bringen; dazu sollte es nicht notwendigerweise erforderlich sein, dass diejenigen, die die Überwachung durchgeführt haben, ein Klagerecht vor Gericht haben.

(128) Die Richtlinie 92/13/EW
Bessere Orientierungshilfen, Information und Unterstützung für Auftraggeber und Wirtschaftsteilnehmer könnten ebenfalls in hohem Maße dazu beitragen, die Effizienz des öffentlichen Auftragswesens durch umfangreicheres Wissen, stärkere Rechtssicherheit und professionellere verfahren zu steigern. Die Orientierungshilfen sollten den Auftraggebern und Wirtschaftsteilnehmern bei Bedarf jederzeit zur Verfügung gestellt werden, um die korrekte Anwendung der Vorschriften zu verbessern. Die bereitzustellenden Orientierungshilfen könnten alle Sachverhalte abdecken, die für das öffentliche Auftragswesen relevant sind, wie die Beschaffungsplanung, die Verfahren, die Wahl von Methoden und Instrumenten und vorbildliche Vorgehensweisen bei der Durchführung der Verfahren. Im Hinblick auf rechtliche Fragen sollte die Orientierungshilfe nicht notwendigerweise den Umfang einer vollständigen rechtlichen Analyse des betreffenden Problems annehmen; sie könnte begrenzt sein auf allgemeine Hinweise auf die Elemente, die bei einer späteren Detailanalyse der Fragen berücksichtigt werden sollten, beispielsweise Hinweise auf einschlägige Rechtspre-

chung oder auf Leitfäden oder sonstige Quellen, in denen die konkrete Frage bereits untersucht wurde.

G sieht vor, dass bestimmte Nachprüfungsverfahren zumindest jedem zur Verfügung stehen, der ein Interesse an einem bestimmten Auftrag hat oder hatte und dem durch einen behaupteten Verstoß gegen das Unionsrecht im Bereich des öffentlichen Auftragswesens oder gegen die nationalen Vorschriften zur Umsetzung dieses Rechts ein Schaden entstanden ist beziehungsweise zu entstehen droht. Diese Nachprüfungsverfahren sollten von dieser Richtlinie unberührt bleiben. Jedoch haben Bürger, organisierte oder nicht organisierte Interessengruppen und andere Personen oder Stellen, die keinen Zugang zu Nachprüfungsverfahren gemäß der Richtlinie 92/13/EWG haben, als Steuerzahler dennoch ein begründetes Interesse an soliden verfahren. Ihnen sollte daher die Möglichkeit gegeben werden, auf anderem Wege als dem des Nachprüfungssystems gemäß der Richtlinie 92/13/EWG und ohne dass sie zwingend vor Gericht klagen können müssten, mögliche Verstöße gegen diese Richtlinie gegenüber einer zuständigen Behörde oder Stelle anzuzeigen. Um Überschneidungen mit bestehenden Behörden oder Strukturen zu vermeiden, sollte es den Mitgliedstaaten möglich sein, auf allgemeine Überwachungsbehörden oder -strukturen, branchenspezifische Aufsichtsstellen, kommunale Aufsichtsbehörden, Wettbewerbsbehörden, den Bürgerbeauftragten oder nationale Prüfbehörden zurückzugreifen.

(129) Um das Potenzial des öffentlichen Auftragswesens voll auszunutzen und so die Ziele der Strategie »Europa 2020« für intelligentes, nachhaltiges und integratives Wachstum zu erreichen, werden Aspekte des Umweltschutzes, soziale Aspekte und Innovationsaspekte eine wichtige Rolle bei der Beschaffung spielen müssen. Es ist daher wichtig, einen Überblick über die Entwicklungen im Bereich der strategischen Beschaffung zu gewinnen, um sich über allgemeine Trends auf übergeordneter Ebene in diesem Bereich eine fundierte Meinung bilden zu können. Jeder bereits vorliegende, geeignete Bericht kann in diesem Zusammenhang natürlich ebenfalls herangezogen werden.

(130) Angesichts des Potenzials von KMU bei der Schaffung von Arbeitsplätzen, bei Wachstum und Innovation ist es wichtig, sie zur Beteiligung an öffentlichen Beschaffungsvorhaben zu ermutigen, sowohl durch geeignete Bestimmungen in dieser Richtlinie als auch durch Initiativen auf nationaler Ebene. Die neuen Bestimmungen in dieser Richtlinie sollten dazu beitragen, das Erfolgsniveau zu heben, worunter der Anteil von KMU am Gesamtwert der vergebenen Aufträge zu verstehen ist. Es ist nicht angebracht, obligatorische Erfolgsquoten vorzuschreiben; jedoch sollten die nationalen Initiativen zur Verbesserung der Teilnahme von KMU angesichts ihrer Bedeutung aufmerksam überwacht werden.

(131) In Bezug auf die Mitteilungen der Kommission an die Mitgliedstaaten und ihre Kontakte zu ihnen, wie die Mitteilungen und Kontakte bezüglich der Verfahren gemäß Artikel 258 und 260 AEUV, das Problemlösungsnetz für den Binnenmarkt (SOLVIT) und EU Pilot, die durch diese Richtlinie nicht geändert werden, wurde bereits eine Reihe von Verfahren und Arbeitsmethoden festgelegt.

Sie sollten jedoch durch die Benennung jeweils einer einzigen Kontaktstelle in jedem Mitgliedstaat für die Zusammenarbeit mit der Kommission ergänzt werden, die als alleinige Anlaufstelle für Fragen hinsichtlich der öffentlichen Beschaffung in dem betreffenden Mitgliedstaat fungieren sollte. Diese Funktion könnte von Personen oder Strukturen übernommen werden, die zu Fragen im Zusammenhang mit dem öffentlichen Auftragswesen bereits in regelmäßigem Kontakt mit der Kommission stehen, wie die nationalen Kontaktstellen, die Mitglieder des Beratenden Ausschusses für öffentliche Aufträge, die Mitglieder des Netzes für das Auftragswesen (Procurement Network) oder nationale Koordinierungsstellen.

(132) Rückverfolgbarkeit und Transparenz von Entscheidungen in Vergabeverfahren sind entscheidend, um solide Verfahren, einschließlich einer effizienten Bekämpfung von Korruption und Betrug, zu gewährleisten. Öffentliche Auftraggeber sollten daher Kopien von geschlossenen Verträgen mit hohem Wert aufbewahren, um interessierten Parteien den Zugang zu diesen Dokumenten im Einklang mit den geltenden Bestimmungen über den Zugang zu Dokumenten gewähren zu können. Außerdem sollten die wesentlichen Elemente und Entscheidungen einzelner Vergabeverfahren in einem Vergabebericht von den Auftraggebern dokumentiert werden. Um Verwaltungsaufwand weitestgehend zu vermeiden, sollte es erlaubt sein, dass der Vergabebericht auf Informationen verweist, die bereits in der entsprechenden Vergabebekanntmachung enthalten sind. Die von der Kommission verwalteten elektronischen Systeme zur Veröffentlichung dieser Bekanntmachungen sollten auch verbessert werden, um die Eingabe von Daten zu erleichtern sowie das Extrahieren umfassender Berichte und den Datenaustausch zwischen Systemen einfacher zu gestalten.

(133) Im Interesse der Verwaltungsvereinfachung und um die Belastung der Mitgliedstaaten zu verringern, sollte die Kommission in regelmäßigen Abständen untersuchen, ob die in den Bekanntmachungen, die im Zusammenhang mit den Verfahren zur Vergabe öffentlicher Aufträge veröffentlicht werden, enthaltenen Informationen qualitativ ausreichend und umfangreich genug sind, damit die Kommission die statistischen Angaben, die ansonsten von den Mitgliedstaaten übermittelt werden müssten, daraus entnehmen kann.

(134) Für den Austausch der zur Durchführung von Vergabeverfahren in grenzüberschreitenden Situationen nötigen Informationen ist eine effektive Zusammenarbeit auf Verwaltungsebene unerlässlich, insbesondere hinsichtlich der Überprüfung der Ausschlussgründe und Zuschlagskriterien und der Anwendung von Qualitätsstandards und Umweltstandards. Das durch die Verordnung (EU) Nr. 1024/2012 des Europäischen Parlaments und des Rates[28] geschaffene IMI-System könnte ein nützliches elektronisches Hilfsmittel sein, um die Ver-

---

(28) Amtl. Anm.:
Verordnung (EU) Nr. 1024/2012 des Europäischen Parlaments und des Rates vom 25. Oktober 2012 über die Verwaltungszusammenarbeit mit Hilfe des Binnenmarkt-Informationssystems und zur Aufhebung der Entscheidung 2008/49/EG der Kommission (»IMI-Verordnung«) (ABl. L 316 vom 14.11.2012, S. 1).

waltungszusammenarbeit beim Informationsmanagement auf der Grundlage einfacher und einheitlicher Verfahren, mit deren Hilfe sprachliche Barrieren überwunden werden können, zu erleichtern und zu verbessern. Daher sollte so rasch wie möglich ein Pilotprojekt eingeleitet werden, um zu testen, ob eine Ausdehnung des Binnenmarkt-Informationssystems ein geeigneter Schritt wäre, um den nach dieser Richtlinie vorgesehenen Informationsaustausch zu bewältigen.

(135) Zur Anpassung an rasche technische, wirtschaftliche und rechtliche Entwicklungen sollte der Kommission gemäß Artikel 290 AEUV die Befugnis übertragen werden, Rechtsakte zu verschiedenen nicht wesentlichen Elementen dieser Richtlinie zu erlassen. Da es internationale Übereinkommen einzuhalten gilt, sollte die Kommission ermächtigt werden, die den Methoden zur Berechnung der Schwellenwerte zugrunde liegenden technischen Verfahren zu ändern sowie die Schwellenwerte selbst in regelmäßigen Abständen zu überprüfen; Bezugnahmen auf die CPV-Nomenklatur können rechtlichen Änderungen auf Unionsebene unterworfen sein; diesen Änderungen ist im Text dieser Richtlinie Rechnung zu tragen; die technischen Einzelheiten und Merkmale der Vorrichtungen für eine elektronische Entgegennahme sollten mit den technologischen Entwicklungen Schritt halten; auch ist es erforderlich, die Kommission zu ermächtigen, unter Berücksichtigung der technologischen Entwicklungen bestimmte verbindliche technische Normen für die elektronische Kommunikation vorzugeben, um die Interoperabilität der technischen Formate, Prozesse und Mitteilungssysteme bei Vergabeverfahren sicherzustellen, die mithilfe elektronischer Kommunikationsmittel abgewickelt werden; die Kommission sollte ferner ermächtigt werden, das Verzeichnis der Rechtsakte der Union zur Festlegung gemeinsamer Methoden für die Berechnung der Lebenszykluskosten anzupassen; das Verzeichnis internationaler Übereinkommen im Sozial- und Umweltrecht und das Verzeichnis der Rechtsakte der Union, bei dessen Durchführung von der Annahme ausgegangen wird, dass ein freier Marktzugang gegeben ist, sowie Anhang II mit dem Verzeichnis der Rechtsakte der Union, die heranzuziehen sind, um zu bestimmen, ob besondere oder ausschließliche Rechte bestehen, sollten zeitnah angepasst werden, um den auf sektoraler Ebene eingeführten Maßnahmen Rechnung zu tragen. Um diesem Bedarf zu entsprechen, sollte der Kommission die Befugnis übertragen werden, die Verzeichnisse auf dem aktuellen Stand zu halten. Besonders wichtig ist, dass die Kommission bei ihren vorbereitenden Arbeiten – auch auf Sachverständigenebene – angemessene Konsultationen durchführt. Bei der Vorbereitung und Ausarbeitung delegierter Rechtsakte sollte die Kommission dafür sorgen, dass relevante Dokumente dem Europäischen Parlament und dem Rat zeitgleich, rechtzeitig und ordnungsgemäß übermittelt werden.

(136) Die Kommission sollte sich bei der Anwendung dieser Richtlinie mit den einschlägigen Expertengruppen auf dem Gebiet des elektronischen Beschaffungswesens beraten; dabei ist auf eine ausgewogene Vertretung der wichtigsten interessierten Kreise zu achten.

(137) Zur Gewährleistung einheitlicher Bedingungen für die Durchführung dieser Richtlinie in Bezug auf das Verfahren für die Übermittlung und Veröffentlichung der in Anhang IX genannten Angaben und die Verfahren für die Form und Übermittlung von Bekanntmachungen und auf die Standardformulare für die Veröffentlichung von Bekanntmachungen sollten der Kommission entsprechende Durchführungsbefugnisse übertragen werden. Diese Befugnisse sollten gemäß der Verordnung (EU) Nr. 182/2011 des Europäischen Parlaments und des Rates[29], ausgeübt werden.

(138) Die Durchführungsrechtsakte zu den Standardformularen für die Veröffentlichung von Bekanntmachungen, die sich weder finanziell noch auf Art und Umfang der aus dieser Richtlinie erwachsenden Verpflichtungen auswirken, sollten im Wege des Beratungsverfahrens verabschiedet werden. Diese Rechtsakte erfüllen im Gegenteil einen rein administrativen Zweck und dienen dazu, die Anwendung der in dieser Richtlinie niedergelegten Vorschriften zu vereinfachen.

Außerdem sollten Entscheidungen darüber, ob eine bestimmte Tätigkeit unmittelbar dem Wettbewerb auf frei zugänglichen Märkten ausgesetzt ist, unter Voraussetzungen getroffen werden, die einheitliche Bedingungen für die Durchführung dieser Bestimmung gewährleisten. Der Kommission sollten daher Durchführungsbefugnisse übertragen werden, auch in Bezug auf die detaillierten Bestimmungen für die Durchführung des Verfahrens gemäß Artikel 35, um zu bestimmen, ob Artikel 34 und die Durchführungsrechtsakte selbst anwendbar sind. Diese Befugnisse sollten gemäß der Verordnung (EU) Nr. 182/2011 ausgeübt werden. Für den Erlass dieser Durchführungsrechtsakte sollte das Beratungsverfahren angewandt werden.

(139) Die Kommission sollte die Auswirkungen überprüfen, die die Anwendung der Schwellenwerte auf den Binnenmarkt hat, und dem Europäischen Parlament und dem Rat darüber Bericht erstatten. Dabei sollte sie Faktoren wie den Umfang der grenzüberschreitenden Beschaffung, die Beteiligung von KMU, Transaktionskosten und das Kosten-Nutzen-Verhältnis berücksichtigen.
Gemäß Artikel XXII Absatz 7 ist das GPA drei Jahre nach seinem Inkrafttreten und danach in regelmäßigen Abständen Gegenstand weiterer Verhandlungen. In diesem Zusammenhang sollte auch geprüft werden, ob das Niveau der Schwellenwerte angemessen ist, wobei die Auswirkungen der Inflation mit berücksichtigt werden sollten, da die in dem GPA festgelegten Schwellenwerte über einen langen Zeitraum nicht geändert worden sind; sollte sich daraus eine Änderung der Schwellenwerte ergeben, so sollte die Kommission gegebenenfalls einen Vorschlag für einen Rechtsakt zur Änderung der in dieser Richtlinie festgelegten Schwellenwerte annehmen.

---

(29) Amtl. Anm.:
Verordnung (EU) Nr. 182/2011 des Europäischen Parlaments und des Rates vom 16. Februar 2011 zur Festlegung der allgemeinen Regeln und Grundsätze, nach denen die Mitgliedstaaten die Wahrnehmung der Durchführungsbefugnisse durch die Kommission kontrollieren (ABl. L 55 vom 28.2.2011, S. 13).

(140) Da das Ziel dieser Richtlinie, nämlich die Koordinierung der für bestimmte öffentliche Vergabeverfahren geltenden Rechts- und Verwaltungsvorschriften der Mitgliedstaaten, von den Mitgliedstaaten nicht ausreichend verwirklicht werden kann, sondern vielmehr wegen seines Umfangs und seiner Wirkungen auf Unionsebene besser zu verwirklichen ist, kann die Union im Einklang mit dem in Artikel 5 des Vertrags über die Europäische Union verankerten Subsidiaritätsprinzip tätig werden. Entsprechend dem in demselben Artikel genannten Grundsatz der Verhältnismäßigkeit geht diese Richtlinie nicht über das für die Erreichung dieses Ziels erforderliche Maß hinaus.

(141) Die Richtlinie 2004/17/EG sollte aufgehoben werden.

(142) Gemäß der Gemeinsamen Politischen Erklärung der Mitgliedstaaten und der Kommission zu erläuternden Dokumenten vom 28. September 2011 haben sich die Mitgliedstaaten verpflichtet, in begründeten Fällen zusätzlich zur Mitteilung ihrer Umsetzungsmaßnahmen ein oder mehrere Dokumente zu übermitteln, in dem beziehungsweise denen der Zusammenhang zwischen den Bestandteilen einer Richtlinie und den entsprechenden Teilen einzelstaatlicher Umsetzungsinstrumente erläutert wird. In Bezug auf diese Richtlinie hält der Gesetzgeber die Übermittlung derartiger Dokumente für gerechtfertigt –

haben folgende Richtlinie erlassen:

Titel I: Anwendungsbereich, Begriffsbestimmungen und allgemeine Grundsätze

ANHÄNGE

Anhang I:	Verzeichnis der Tätigkeiten nach Artikel 2 Nummer 2 Buchstabe a
Anhang II:	Verzeichnis der Rechtsakte der Union nach Artikel 4 Absatz 3
Anhang III:	Verzeichnis der Rechtsakte der Union nach Artikel 34 Absatz 3
Anhang IV:	Fristen für den Erlass der in Artikel 35 genannten Durchführungsrechtsakte
Anhang V:	Anforderungen an Instrumente und Vorrichtungen für die elektronische Entgegennahme von Angeboten, Teilnahme- oder Qualifizierungsanträgen oder von Plänen und Entwürfen für Wettbewerbe
Anhang VI Teil A:	In regelmäßigen nicht verbindlichen Bekanntmachungen aufzuführende Angaben (siehe Artikel 67)
Anhang VI Teil B:	In Bekanntmachungen über die Veröffentlichung regelmäßiger nicht verbindlicher Bekanntmachungen in einem Beschafferprofil, die nicht als Aufruf zum Wettbewerb dienen, aufzuführende Angaben (siehe Artikel 67 Absatz 1)
Anhang VII:	In den Auftragsunterlagen bei elektronischen Auktionen aufzuführende Angaben (Artikel 53 Absatz 4)
Anhang VIII:	Technische Spezifikationen – Begriffsbestimmungen
Anhang IX:	Vorgaben für die Veröffentlichung
Anhang X:	In der Bekanntmachung über das Bestehen eines Qualifizierungssystems aufzuführende Angaben (siehe Artikel 44 Absatz 4 Buchstabe b und Artikel 68)
Anhang XI:	In Auftragsbekanntmachungen aufzuführende Angaben (siehe Artikel 69)
Anhang XII:	In Vergabebekanntmachungen aufzuführende Angaben (siehe Artikel 70)
Anhang XIII:	Inhalt der Aufforderung zur Angebotsabgabe, zu Verhandlungen oder zur Interessensbestätigung nach Artikel 74
Anhang XIV:	Verzeichnis internationaler Übereinkommen im Sozial- und Umweltrecht nach den Artikeln 76 und 84
Anhang XV:	Verzeichnis der Rechtsakte der Union nach Artikel 83 Absatz 3

Kapitel I Gegenstand und Begriffsbestimmungen

Art. 1 Gegenstand und Anwendungsbereich

(1) Mit dieser Richtlinie werden die Regeln für die Verfahren von Auftraggebern zur Vergabe von Aufträgen und der Durchführung von Wettbewerben festgelegt, deren geschätzter Wert nicht unter den in Artikel 15 festgelegten Schwellenwerten liegt.

(2) Auftragsvergabe im Sinne dieser Richtlinie bezeichnet den Erwerb von Bauleistungen, Lieferungen oder Dienstleistungen mittels eines Liefer-, Bauleistungs- oder Dienstleistungsauftrags durch einen oder mehrere Auftraggeber von Wirtschaftsteilnehmern, die von diesen Auftraggebern ausgewählt werden, sofern die Bauleistungen, Lieferungen oder Dienstleistungen für einen der in Artikel 8 bis 14 genannten Zwecke bestimmt sind.

(3) Die Anwendung dieser Richtlinie unterliegt Artikel 346 AEUV.

(4) Diese Richtlinie berührt nicht die Freiheit der Mitgliedstaaten, im Einklang mit dem Unionsrecht festzulegen, welche Dienstleistungen sie als von allgemeinem wirtschaftlichem Interesse erachten, wie diese Dienstleistungen unter Beachtung der Vorschriften über staatliche Beihilfen organisiert und finanziert werden sollen und welchen spezifischen Verpflichtungen sie unterliegen sollen. Gleichermaßen berührt diese Richtlinie nicht die Entscheidung öffentlicher Stellen darüber, ob, wie und in welchem Umfang sie öffentliche Aufgaben gemäß Artikel 14 AEUV und gemäß dem Protokoll Nr. 26 selbst wahrnehmen wollen.

(5) Diese Richtlinie berührt nicht die Art und Weise, in der die Mitgliedstaaten ihre Systeme der sozialen Sicherheit gestalten.

(6) Der Anwendungsbereich dieser Richtlinie umfasst keine nichtwirtschaftlichen Dienstleistungen von allgemeinem Interesse.

Art. 2 Begriffsbestimmungen

Im Sinne dieser Richtlinie bezeichnet der Ausdruck

1. »Liefer-, Bau- und Dienstleistungsaufträge« zwischen einem oder mehreren in Artikel 4 Absatz 1 genannten Auftraggebern und einem oder mehreren Wirtschaftsteilnehmern schriftlich geschlossene entgeltliche Verträge über das Erbringen von Bauleistungen, die Lieferung von Waren oder die Erbringung von Dienstleistungen;

2. »Bauaufträge« Aufträge mit einem der folgenden Ziele:
   a) Ausführung oder sowohl die Planung als auch die Ausführung von Bauleistungen im Zusammenhang mit einer der in Anhang I genannten Tätigkeiten;
   b) Ausführung oder sowohl die Planung als auch die Errichtung eines Bauwerks;
   c) Erbringung einer Bauleistung durch Dritte – gleichgültig mit welchen Mitteln – gemäß den vom Auftraggeber, der einen entscheidenden Einfluss auf die Art und die Planung des Bauwerks hat, genannten Erfordernissen;

3. »Bauwerk« das Ergebnis einer Gesamtheit von Hoch- oder Tiefbauarbeiten, das seinem Wesen nach eine wirtschaftliche oder technische Funktion erfüllen soll;

4. »Lieferaufträge« Aufträge mit dem Ziel des Kaufs, des Leasings, der Miete, der Pacht oder des Ratenkaufs, mit oder ohne Kaufoption, von Waren. Ein Lieferauftrag kann als Nebenarbeiten Verlege- und Installationsarbeiten umfassen;

5. »Dienstleistungsaufträge« Aufträge über die Erbringung von Dienstleistungen, bei denen es sich nicht um in Nummer 2 genannten handelt;

6. »Wirtschaftsteilnehmer« eine natürliche oder juristische Person oder eine Vergabestelle oder eine Gruppe solcher Personen und/oder Einrichtungen, einschließlich jedes vorübergehenden Zusammenschlusses von Unternehmen, die auf dem Markt die Ausführung von Bauleistungen, die Errichtung von Bauwerken, die Lieferung von Waren beziehungsweise die Erbringung von Dienstleistungen anbietet;

7. »Bieter« einen Wirtschaftsteilnehmer, der ein Angebot abgegeben hat;

8. »Bewerber« einen Wirtschaftsteilnehmer, der sich um eine Aufforderung zur Teilnahme an einem nichtoffenen Verfahren, einem Verhandlungsverfahren, einem wettbewerblichen Dialog oder einer Innovationspartnerschaft beworben oder eine solche Aufforderung erhalten hat;

9. »Auftragsunterlagen« sämtliche Unterlagen, die von dem Auftraggeber erstellt werden oder auf die er sich bezieht, um Bestandteile der Auftragsvergabe oder des Verfahrens zu beschreiben oder festzulegen; dazu zählen die Vergabebekanntmachung, die regelmäßige nicht verbindliche Bekanntmachung oder die Informationen über ein bestehendes Qualifizierungssystem, sofern sie als Aufruf zum Wettbewerb dienen, die technischen Spezifikationen, die Beschreibung, die vorgeschlagenen Vertragsbedingungen, Formate für die Einreichung von Unterlagen durch Bewerber und Bieter, Informationen über allgemeingültige Verpflichtungen sowie etwaige zusätzliche Unterlagen;

10. »zentrale Beschaffungstätigkeiten« auf Dauer durchgeführte Tätigkeiten in einer der folgenden Formen:
    a) Erwerb von Waren und/oder Dienstleistungen für Auftraggeber;

b) Vergabe von Aufträgen oder Abschluss von Rahmenvereinbarungen über Bauleistungen, Lieferungen oder Dienstleistungen für Auftraggeber;

11. »Nebenbeschaffungstätigkeiten« Tätigkeiten zur Unterstützung von Beschaffungstätigkeiten, insbesondere in einer der folgenden Formen:

a) Bereitstellung technischer Infrastruktur, die es Auftraggebern ermöglicht, öffentliche Aufträge zu vergeben oder Rahmenvereinbarungen über Bauleistungen, Lieferungen oder Dienstleistungen abzuschließen;

b) Beratung zur Ausführung oder Planung von Verfahren zur Vergabe von Aufträgen;

c) Vorbereitung und Verwaltung von Verfahren zur Vergabe von Aufträgen im Namen und für Rechnung des betreffenden Auftraggebers;

12. »zentrale Beschaffungsstelle« einen Auftraggeber im Sinne von Artikel 4 Absatz 1 der vorliegenden Richtlinie oder einen öffentlichen Auftraggeber im Sinne von Artikel 2 Absatz 1 Nummer 1 der Richtlinie 2014/24/EU, der zentrale Beschaffungstätigkeiten und eventuell Nebenbeschaffungstätigkeiten ausübt.

Beschaffungen, die von einer zentralen Beschaffungsstelle zum Zweck zentraler Beschaffungstätigkeiten vorgenommen werden, gelten als Beschaffungen zur Ausübung einer Tätigkeit gemäß den Artikeln 8 bis 14. Artikel 18 gilt nicht für Beschaffungen, die von einer zentralen Beschaffungsstelle zum Zweck zentraler Beschaffungstätigkeiten vorgenommen werden;

13. »Beschaffungsdienstleister« eine öffentliche oder privatrechtliche Stelle, die auf dem Markt Nebenbeschaffungstätigkeiten anbietet;

14. »schriftlich« eine aus Wörtern oder Ziffern bestehende Darstellung, die gelesen, reproduziert und mitgeteilt werden kann, einschließlich anhand elektronischer Mittel übermittelter und gespeicherter Informationen;

15. »elektronische Mittel« elektronische Vorrichtungen für die Verarbeitung (einschließlich digitaler Kompression) und Speicherung von Daten, die über Kabel, per Funk oder auf optischem oder einem anderen elektromagnetischen Weg übertragen, weitergeleitet und empfangen werden;

16. »Lebenszyklus« alle aufeinanderfolgenden und/oder miteinander verbundenen Stadien, einschließlich der durchzuführenden Forschung und Entwicklung, der Herstellung, des Handels und der damit verbundenen Bedingungen, des Transports, der Nutzung und Wartung, während der Lebensdauer einer Ware oder eines Bauwerks oder während der Erbringung einer Dienstleistung, angefangen von der Rohmaterialbeschaffung oder Erzeugung von Ressourcen bis hin zu Entsorgung, Aufräumarbeiten und Beendigung der Dienstleistung oder Nutzung;

17. »Wettbewerbe« Verfahren, die dazu dienen, dem Auftraggeber insbesondere auf den Gebieten der Raumplanung, der Stadtplanung, der Architektur und des Bauwesens oder der Datenverarbeitung einen Plan oder eine Planung zu verschaffen, deren Auswahl durch eine Jury aufgrund vergleichender Beurteilung mit oder ohne Vergabe von Preisen erfolgt;

18. »Innovation« die Einführung von neuen oder deutlich verbesserten Produkten, Dienstleistungen oder Verfahren, einschließlich – aber nicht beschränkt auf – Produktions-, Bau- oder Konstruktionsverfahren, einer neuen Vermarktungsmethode oder eines neuen Organisationsverfahrens in Bezug auf Geschäftspraxis, Abläufe

am Arbeitsplatz oder externe Beziehungen, u.a. mit dem Zweck, zur Bewältigung gesellschaftlicher Herausforderungen beizutragen oder die Strategie Europa 2020 für intelligentes, nachhaltiges und integratives Wachstum zu unterstützen;

19. »Gütezeichen« ein Dokument, ein Zeugnis oder eine Bescheinigung, mit dem beziehungsweise der bestätigt wird, dass ein bestimmtes Bauwerk, eine bestimmte Ware, eine bestimmte Dienstleistung, ein bestimmter Prozess oder ein bestimmtes Verfahren bestimmte Anforderungen erfüllt;

20. »Gütezeichen-Anforderung(en)« die Anforderungen, die ein bestimmtes Bauwerk, eine bestimmte Ware, eine bestimmte Dienstleistung, ein bestimmter Prozess oder ein bestimmtes Verfahren erfüllen muss, um das betreffende Gütezeichen zu erhalten.

Art. 3 Öffentliche Auftraggeber

1. Im Sinne dieser Richtlinie bezeichnet der Ausdruck »öffentliche Auftraggeber« den Staat, die Gebietskörperschaften, die Einrichtungen des öffentlichen Rechts oder die Verbände, die aus einer oder mehrerer dieser Körperschaften oder Einrichtungen des öffentlichen Rechts bestehen.

2. »Gebietskörperschaften« umfasst alle Behörden der Verwaltungseinheiten die nicht erschöpfend gemäß der Bezugnahme der Verordnung (EG) Nr. 1059/2003 des Europäischen Parlaments und des Rates[1] unter NUTS 1 und 2 aufgeführt sind und

3. unter anderem sämtliche Behörden der Verwaltungseinheiten, die unter NUTS 3 fallen, sowie kleinere Verwaltungseinheiten im Sinne der Verordnung (EG) Nr. 1059/2003;

4. »Einrichtungen des öffentlichen Rechts« Einrichtungen mit sämtlichen der folgenden Merkmale:
   a) Sie wurden zu dem besonderen Zweck gegründet, im Allgemeininteresse liegende Aufgaben nicht gewerblicher Art zu erfüllen;
   b) sie besitzen Rechtspersönlichkeit und
   c) sie werden überwiegend vom Staat, von Gebietskörperschaften oder von anderen Einrichtungen des öffentlichen Rechts finanziert oder unterstehen hinsichtlich ihrer Leitung der Aufsicht dieser Körperschaften oder Einrichtungen, oder verfügen über ein Verwaltungs-, Leitungs- beziehungsweise Aufsichtsorgan, das mehrheitlich aus Mitgliedern besteht, die vom Staat, von Gebietskörperschaften oder von anderen Einrichtungen des öffentlichen Rechts ernannt worden sind;

(1) Amtl. Anm.:
Verordnung (EG) Nr. 1059/2003 des Europäischen Parlaments und des Rates vom 26. Mai 2003 über die Schaffung einer gemeinsamen Klassifikation der Gebietseinheiten für die Statistik (NUTS) (ABl. L 154 vom 21.6.2003, S. 1).

Art. 4 Auftraggeber

(1) Im Sinne dieser Richtlinie sind Auftraggeber Stellen, die
a) öffentliche Auftraggeber oder öffentliche Unternehmen sind und eine Tätigkeit im Sinne der Artikel 8 bis 14 ausüben;

b) wenn sie keine öffentlichen Auftraggeber oder keine öffentlichen Unternehmen sind, eine Tätigkeit im Sinne der Artikel 8 bis 14 oder mehrere dieser Tätigkeiten auf der Grundlage von besonderen oder ausschließlichen Rechten ausüben, die von einer zuständigen Behörde eines Mitgliedstaats gewährt wurden.

(2) »öffentliches Unternehmen« ein Unternehmen, auf das die öffentlichen Auftraggeber aufgrund der Eigentumsverhältnisse, der finanziellen Beteiligung oder der für das Unternehmen geltenden Bestimmungen unmittelbar oder mittelbar einen beherrschenden Einfluss ausüben können;

Es wird vermutet, dass der öffentliche Auftraggeber einen beherrschenden Einfluss, wenn er unmittelbar oder mittelbar
a) die Mehrheit des gezeichneten Kapitals des Unternehmens hält,
b) über die Mehrheit der mit den Anteilen am Unternehmen verbundenen Stimmrechte verfügt oder
c) mehr als die Hälfte der Mitglieder des Verwaltungs-, Leitungs- oder Aufsichtsorgans eines anderen Unternehmens ernennen kann.

(3) Im Sinne dieses Artikels sind »besondere oder ausschließliche Rechte« Rechte, die eine zuständige Behörde eines Mitgliedstaats im Wege einer Rechts- oder Verwaltungsvorschrift gewährt hat, um die Ausübung von in den Artikeln 8 bis 14 aufgeführten Tätigkeiten auf eine oder mehrere Stellen zu beschränken, wodurch die Möglichkeit anderer Stellen zur Ausübung dieser Tätigkeit wesentlich eingeschränkt wird.

Rechte, die in einem angemessen bekanntgegebenen und auf objektiven Kriterien beruhenden Verfahren gewährt wurden, sind keine »besonderen oder ausschließlichen Rechte« im Sinne des Unterabsatzes 1.

Zu diesen Verfahren zählen:
a) Vergabeverfahren mit einem vorherigen Aufruf zum Wettbewerb gemäß der Richtlinie 2014/24/EU, der Richtlinie 2009/81/EG, der Richtlinie 2014/23/EU oder der vorliegenden Richtlinie;
b) Verfahren gemäß anderen in Anhang II aufgeführten Rechtsakten der Union, die im Hinblick auf eine auf objektiven Kriterien beruhende Erteilung von Genehmigungen vorab eine angemessene Transparenz sicherstellen.

(4) Die Kommission wird ermächtigt, delegierte Rechtsakte gemäß Artikel 103 zur Änderung des Verzeichnisses der in Anhang II aufgeführten Rechtsakten der Union zu erlassen, wenn aufgrund der Annahme neuer Rechtsvorschriften oder der Aufhebung oder Änderung von Rechtsakten Änderungen erforderlich werden.

Art. 5 Vergabe gemischter Aufträge für ein und dieselbe Tätigkeit

(1) Absatz 2 betrifft gemischte Aufträge, die die Vergabe verschiedener Arten Aufträge zum Gegenstand haben, die alle unter diese Richtlinie fallen.

Die Absätze 3 bis 5 betreffen gemischte Aufträge, die die Vergabe von Aufträgen, die unter diese Richtlinie fallen, sowie die Vergabe von Aufträgen, die unter andere rechtliche Regelungen fallen, zum Gegenstand haben.

(2) Aufträge, die zwei oder mehr Auftragsarten zum Gegenstand haben (Bauleistungen, Lieferungen oder Dienstleistungen), werden gemäß den Bestimmungen für die Art von Beschaffungen vergeben, die dem Hauptgegenstand des betreffenden Auftrags zuzuordnen ist.

Im Fall gemischter Aufträge, die teilweise aus Dienstleistungen im Sinne von Titel III Kapitel I und teilweise aus anderen Dienstleistungen bestehen, oder im Fall gemischter Aufträge, die teilweise aus Dienstleistungen und teilweise aus Lieferungen bestehen, wird der Hauptgegenstand danach bestimmt, welcher der geschätzten Werte der jeweiligen Dienstleistungen oder Lieferungen am höchsten ist.

(3) Sind die verschiedenen Teile eines bestimmten Auftrags objektiv trennbar, so findet Absatz 4 Anwendung. Sind die verschiedenen Teile eines bestimmten Auftrags objektiv nicht trennbar, so findet Absatz 5 Anwendung.

Fällt ein Teil eines bestimmten Auftrags unter die Richtlinie 2009/81/EG oder unter Artikel 346 AEUV, so findet Artikel 25 dieser Richtlinie Anwendung.

(4) Im Fall von Aufträgen, die eine von dieser Richtlinie erfasste Beschaffung sowie eine nicht von ihr erfasste Beschaffung zum Gegenstand haben, können die Auftraggeber beschließen, getrennte Aufträge für die einzelnen Teile oder einen einzigen Auftrag zu vergeben. Beschließen die Auftraggeber, getrennte Aufträge für einzelne Teile zu vergeben, so wird die Entscheidung darüber, welche rechtliche Regelung jeweils für die getrennten Aufträge gelten, auf der Grundlage der Merkmale der betreffenden einzelnen Teile getroffen.

Beschließen die Auftraggeber, einen einzigen Auftrag zu vergeben, so gilt diese Richtlinie, sofern in Artikel 25 nichts anderes vorgesehen ist, für den daraus hervorgehenden gemischten Auftrag, ungeachtet des Werts der Teile, die ansonsten einer anderen rechtlichen Regelung unterliegen würden, und ungeachtet der rechtlichen Regelung, der diese Teile ansonsten unterliegen würden.

Somit wird im Fall gemischter Aufträge, die Elemente von Liefer-, Bauleistungs- und Dienstleistungsaufträgen und von Konzessionen enthalten, der gemischte Auftrag gemäß dieser Richtlinie vergeben, sofern der in Einklang mit Artikel 16 geschätzte Wert des Teils des Auftrags, der einen unter diese Richtlinie fallenden Auftrag darstellt, dem in Artikel 15 angegebenen Schwellenwert entspricht oder diesen übersteigt.

(5) Sind die einzelnen Teile eines bestimmten Auftrags objektiv nicht trennbar, so wird die anwendbare rechtliche Regelung anhand des Hauptgegenstands des Auftrags bestimmt.

Art. 6 Vergabe von verschiedene Tätigkeiten umfassenden Aufträgen

(1) Bei Aufträgen, die mehrere Tätigkeiten betreffen, können die Auftraggeber beschließen, einen getrennten Auftrag für die Zwecke jeder einzelnen Tätigkeit oder einen einzigen Auftrag zu vergeben. Beschließen die Auftraggeber, getrennte Aufträge zu vergeben, so richtet sich die Entscheidung, welche Vorschriften auf jeden der einzelnen Teile anzuwenden sind, nach den Merkmalen der jeweiligen Tätigkeit.

Beschließen die Auftraggeber, einen einzigen Auftrag zu vergeben, so gelten ungeachtet des Artikels 5 die Absätze 2 und 3 des vorliegenden Artikels. Fällt jedoch eine der betreffenden Tätigkeiten unter die Richtlinie 2009/81/EG oder unter Artikel 346 AEUV, so kommt Artikel 26 der vorliegenden Richtlinie zur Anwendung.

Die Wahl zwischen Vergabe eines einzigen Auftrags oder der Vergabe einer Reihe getrennter Aufträge darf nicht in der Absicht erfolgen, den Vertrag oder die Verträge vom Anwendungsbereich dieser Richtlinie oder gegebenenfalls der Richtlinie 2014/24/EU oder der Richtlinie 2014/23/EU auszunehmen.

(2) Ein Auftrag, der sich auf verschiedene Tätigkeiten erstrecken soll, unterliegt den Bestimmungen, die für die Tätigkeit gelten, für die er hauptsächlich vorgesehen ist.

(3) Bei Aufträgen, bei denen es objektiv unmöglich ist, festzustellen, für welche Tätigkeit sie in erster Linie bestimmt sind, wird anhand der Buchstaben a, b und c ermittelt, welche Vorschriften anzuwenden sind:
a) Die Auftragsvergabe erfolgt gemäß der Richtlinie 2014/24/EU, wenn eine der Tätigkeiten, für die der Auftrag bestimmt ist, der vorliegenden Richtlinie unterliegt und die andere Tätigkeit der Richtlinie 2014/24/EU unterliegt.
b) Die Auftragsvergabe erfolgt gemäß der vorliegenden Richtlinie, wenn eine der Tätigkeiten, für die der Auftrag bestimmt ist, der vorliegenden Richtlinie unterliegt und die andere Tätigkeit der Richtlinie 2014/23/EU unterliegt.
c) Die Auftragsvergabe erfolgt gemäß der vorliegenden Richtlinie, wenn eine der Tätigkeiten, für die der Auftrag bestimmt ist, der vorliegenden Richtlinie unterliegt und die andere Tätigkeit weder der vorliegenden Richtlinie noch der Richtlinie 2014/24/EU noch der Richtlinie 2014/23/EU unterliegt.

Kapitel II Tätigkeiten

Art. 7 Gemeinsame Bestimmungen

Für die Zwecke der Artikel 8, 9 und 10 umfasst »Einspeisung« die Erzeugung/Produktion sowie den Groß- und den Einzelhandel.

Die Erzeugung von Gas in Form der Förderung von Gas fällt jedoch unter Artikel 14.

Art. 8 Gas und Wärme

(1) Im Bereich von Gas und Wärme fallen unter diese Richtlinie:
a) die Bereitstellung und das Betreiben fester Netze zur Versorgung der Allgemeinheit im Zusammenhang mit der Erzeugung, der Fortleitung und der Abgabe von Gas und Wärme,
b) die Einspeisung von Gas oder Wärme in diese Netze.

(2) Die Einspeisung von Gas oder Wärme in Netze zur Versorgung der Allgemeinheit durch einen Auftraggeber, der kein öffentlicher Auftraggeber ist, gilt nicht als Tätigkeit im Sinne des Absatzes 1, wenn alle folgenden Bedingungen erfüllt sind:

a) Die Erzeugung von Gas oder Wärme durch diesen Auftraggeber ergibt sich zwangsläufig aus der Ausübung einer Tätigkeit, die nicht in Absatz 1 des vorliegenden Artikels oder in den Artikeln 9 bis 11 genannt ist;

b) die Einspeisung in das öffentliche Netz zielt nur darauf ab, diese Erzeugung wirtschaftlich zu nutzen, und macht bei Zugrundelegung des Durchschnitts der letzten drei Jahre einschließlich des laufenden Jahres nicht mehr als 20% des Umsatzes des Auftraggebers aus.

Art. 9 Elektrizität

(1) Im Bereich der Elektrizität fallen unter diese Richtlinie:

a) die Bereitstellung und das Betreiben fester Netze zur Versorgung der Allgemeinheit im Zusammenhang mit der Erzeugung, der Fortleitung und der Abgabe von Elektrizität,

b) die Einspeisung von Elektrizität in diese Netze.

(2) Die Einspeisung von Elektrizität in feste Netze zur Versorgung der Allgemeinheit durch einen Auftraggeber, der kein öffentlicher Auftraggeber ist, gilt nicht als Tätigkeit im Sinne des Absatzes 1, sofern alle folgenden Bedingungen erfüllt sind:

a) Die Erzeugung von Elektrizität durch den betreffenden Auftraggeber erfolgt, weil ihr Verbrauch für die Ausübung einer Tätigkeit erforderlich ist, die nicht in Absatz 1 des vorliegenden Artikels oder in den Artikeln 8, 10 und 11 genannt ist.

b) Die Einspeisung in das öffentliche Netz hängt nur von dem Eigenverbrauch dieses Auftraggebers ab und macht bei Zugrundelegung des Durchschnitts der letzten drei Jahre einschließlich des laufenden Jahres nicht mehr als 30% der gesamten Energieerzeugung dieses Auftraggebers aus.

Art. 10 Wasser

(1) In Bezug auf Wasser gilt diese Richtlinie für folgende Tätigkeiten:

a) die Bereitstellung und das Betreiben fester Netze zur Versorgung der Allgemeinheit im Zusammenhang mit der Gewinnung, der Fortleitung und der Abgabe von Trinkwasser,

b) die Einspeisung von Trinkwasser in diese Netze.

(2) Diese Richtlinie gilt auch für Aufträge oder Wettbewerbe, die von Auftraggebern vergeben oder ausgerichtet werden, die eine der in Absatz 1 genannten Tätigkeiten ausüben und mit Folgendem im Zusammenhang stehen:

a) mit Wasserbauvorhaben sowie Bewässerungs- und Entwässerungsvorhaben, sofern die zur Trinkwasserversorgung bestimmte Wassermenge mehr als 20% der mit den entsprechenden Vorhaben beziehungsweise Bewässerungs- oder Entwässerungsanlagen zur Verfügung gestellten Gesamtwassermenge ausmacht;

b) mit der Abwasserbeseitigung oder -behandlung.

(3) Die Einspeisung von Trinkwasser in feste Netze zur Versorgung der Allgemeinheit durch einen Auftraggeber, der kein öffentlicher Auftraggeber ist, gilt nicht als Tätigkeit im Sinne des Absatzes 1, sofern alle folgenden Bedingungen erfüllt sind:

a) die Erzeugung von Trinkwasser durch den betreffenden Auftraggeber erfolgt, weil dessen Verbrauch für die Ausübung einer Tätigkeit erforderlich ist, die nicht in den Artikeln 8 bis 11 genannt ist;

b) die Einspeisung in das öffentliche Netz hängt nur von dem Eigenverbrauch des Auftraggebers ab und macht bei Zugrundelegung des Durchschnitts der letzten drei Jahre einschließlich des laufenden Jahres nicht mehr als 30% der gesamten Trinkwassererzeugung des Auftraggebers aus.

Art. 11 Verkehrsleistungen

Unter diese Richtlinie fallen die Bereitstellung oder das Betreiben von Netzen zur Versorgung der Allgemeinheit mit Verkehrsleistungen per Eisenbahn, automatischen Systemen, Straßenbahn, Trolleybus, Bus oder Seilbahn.

Im Verkehrsbereich gilt ein Netz als vorhanden, wenn die Verkehrsleistung gemäß den von einer zuständigen Behörde eines Mitgliedstaats festgelegten Bedingungen erbracht wird; dazu gehören die Festlegung der Strecken, die Transportkapazitäten und die Fahrpläne.

Art. 12 Häfen und Flughäfen

Unter diese Richtlinie fallen Tätigkeiten im Zusammenhang mit der Nutzung eines geografisch abgegrenzten Gebiets mit dem Zweck, für Luft-, See- oder Binnenschiffahrts-Verkehrsunternehmen Flughäfen, See- oder Binnenhäfen oder andere Terminaleinrichtungen bereitzustellen.

Art. 13 Postdienste

(1) Unter diese Richtlinie fallen Tätigkeiten im Zusammenhang mit der Erbringung von

a) Postdiensten;

b) anderen Diensten als Postdiensten, vorausgesetzt, dass diese Dienstleistungen von einer Stelle erbracht werden, die auch Postdienste im Sinne von Absatz 2 Buchstabe b des vorliegenden Artikels erbringt, und dass die in Artikel 34 Absatz 1 genannten Bedingungen hinsichtlich der unter Absatz 2 Buchstabe b des vorliegenden Artikels fallenden Dienstleistungen nicht erfüllt sind.

(2) Für die Zwecke dieses Artikels und unbeschadet der Richtlinie 97/67/EG des Europäischen Parlaments und der Rates[1] gelten folgende Definitionen:

a) »Postsendung« ist eine adressierte Sendung in der endgültigen Form, in der sie befördert wird, ungeachtet ihres Gewichts. Neben Briefsendungen handelt es sich dabei z.B. um Bücher, Kataloge, Zeitungen und Zeitschriften sowie um Postpakete, die Waren mit oder ohne Handelswert enthalten, ungeachtet ihres Gewichts;

b) »Postdienste« sind Dienste, die die Abholung, das Sortieren, den Transport und die Zustellung von Postsendungen betreffen. Dies umfasst sowohl Dienstleistungen, die Universaldienstleistungen im Sinne der Richtlinie 97/67/EG darstellen, als auch Dienstleistungen, die nicht darunter fallen;

c) »andere Dienste als Postdienste« sind in den folgenden Bereichen erbrachte Dienstleistungen:
   i) Managementdienste für Postversandstellen (Dienste vor dem Versand und nach dem Versand, wie beispielsweise »Mailroom Management«);
   ii) Dienste, die nicht unter Buchstabe a erfasste Sendungen wie etwa nicht adressierte Postwurfsendungen betreffen.

(Amtl. Anm.:
Richtlinie 97/67/EG des Europäischen Parlaments und des Rates vom 15. Dezember 1997 über gemeinsame Vorschriften für die Entwicklung des Binnenmarktes der Postdienste der Gemeinschaft und die Verbesserung der Dienstequalität (ABl. L 15 vom 21.1.1998, S. 14).

Art. 14 Förderung von Öl und Gas und Exploration oder Förderung von Kohle oder anderen festen Brennstoffen

Unter diese Richtlinie fallen Tätigkeiten zur Nutzung eines geografisch abgegrenzten Gebiets zum Zwecke
a) der Förderung von Öl oder Gas,
b) der Exploration oder Förderung von Kohle oder anderen festen Brennstoffen.

Kapitel III Sachlicher Anwendungsbereich

Abschnitt 1 Schwellenwerte

Art. 15 Höhe der Schwellenwerte

Mit Ausnahme von Aufträgen, für die die Ausnahmen der Artikel 18 bis 23 gelten oder die gemäß Artikel 34 ausgeschlossen sind, gilt diese Richtlinie in Bezug auf die Ausübung der betreffenden Tätigkeit für Aufträge, deren geschätzter Wert ohne Mehrwertsteuer (MwSt.) die folgenden Schwellenwerte nicht unterschreitet:
a) 418000 EUR[*] bei Liefer- und Dienstleistungsaufträgen sowie Wettbewerben;
b) 5225000 EUR[*] bei Bauaufträgen;
c) 1000000 EUR bei Dienstleistungsaufträgen betreffend soziale und andere besondere Dienstleistungen, die in Anhang XVII aufgeführt sind.

Red. Anm.:
Werte geändert durch Deligierte VO (EU) 2015/2171 vom 24.11.2015.

Art. 16 Methoden zur Berechnung des geschätzten Auftragswerts

(1) Grundlage für die Berechnung des geschätzten Auftragswerts ist der vom Auftraggeber geschätzte zahlbare Gesamtbetrag ohne MwSt., einschließlich aller Optionen und etwaigen Verlängerungen der Aufträge, die in den Auftragsunterlagen ausdrücklich geregelt sind.

Wenn der Auftraggeber Prämien oder Zahlungen an Bewerber oder Bieter vorsieht, hat er diese bei der Berechnung des geschätzten Auftragswerts zu berücksichtigen.

(2) Besteht ein Auftraggeber aus mehreren eigenständigen Organisationseinheiten, so wird der geschätzte Gesamtwert für alle einzelnen Organisationseinheiten berücksichtigt.

Ungeachtet des Unterabsatzes 1 können die Werte auf der Ebene der betreffenden Einheit geschätzt werden, wenn eine eigenständige Organisationseinheit selbständig für ihre Auftragsvergabe oder bestimmte Kategorien der Auftragsvergabe zuständig ist.

(3) Die Wahl der Methode zur Berechnung des geschätzten Auftragswerts darf nicht in der Absicht erfolgen, die Anwendung dieser Richtlinie zu umgehen. Eine Auftragsvergabe darf nicht so unterteilt werden, dass sie nicht in den Anwendungsbereich der Richtlinie fällt, es sei denn, es liegen objektive Gründe dafür vor.

(4) Für den geschätzten Auftragswert ist der Wert zum Zeitpunkt der Absendung des Aufrufs zum Wettbewerb maßgeblich oder, falls ein Aufruf zum Wettbewerb nicht vorgesehen ist, zum Zeitpunkt der Einleitung des Vergabeverfahrens durch den Auftraggeber, beispielsweise gegebenenfalls durch Kontaktaufnahme mit Wirtschaftsteilnehmern im Zusammenhang mit der Auftragsvergabe.

(5) Der zu berücksichtigende Wert einer Rahmenvereinbarung oder eines dynamischen Beschaffungssystems ist gleich dem geschätzten Gesamtwert ohne MwSt. aller für die gesamte Laufzeit der Vereinbarung oder des Systems geplanten Aufträge.

(6) Im Falle von Innovationspartnerschaften entspricht der zu berücksichtigende Wert dem geschätzten Höchstwert ohne MwSt. der Forschungs- und Entwicklungstätigkeiten, die während sämtlicher Phasen der geplanten Partnerschaft stattfinden sollen, sowie der Lieferungen, Dienstleistungen oder Bauleistungen, die zu entwickeln und am Ende der geplanten Partnerschaft zu beschaffen sind.

(7) Für die Zwecke von Artikel 15 berücksichtigen die Auftraggeber bei der Berechnung des geschätzten Auftragswerts von Bauaufträgen außer den Kosten der Bauleistungen auch den geschätzten Gesamtwert der dem Auftragnehmer vom Auftraggeber zur Verfügung gestellten Lieferungen und Dienstleistungen, sofern diese für das Erbringen der Bauleistungen erforderlich sind.

(8) Kann ein Bauvorhaben oder die vorgesehene Erbringung von Dienstleistungen zu Aufträgen führen, die in mehreren Losen vergeben werden, so ist der geschätzte Gesamtwert aller dieser Lose zu berücksichtigen.

Erreicht oder übersteigt der kumulierte Wert der Lose den in Artikel 15 genannten Schwellenwert, so gilt die Richtlinie für die Vergabe jedes Loses.

(9) Kann ein Vorhaben zum Zweck des Erwerbs gleichartiger Waren zu Aufträgen führen, die in mehreren Losen vergeben werden, so wird bei der Anwendung von Artikel 15 Buchstaben b und c der geschätzte Gesamtwert aller dieser Lose berücksichtigt.

Erreicht oder übersteigt der kumulierte Wert der Lose den in Artikel 15 genannten Schwellenwert, so gilt die Richtlinie für die Vergabe jedes Loses.

(10) Ungeachtet der Absätze 8 und 9 können Auftraggeber bei der Vergabe einzelner Lose von den Bestimmungen dieser Richtlinie abweichen, wenn der geschätzte Gesamtwert des betreffenden Loses ohne MwSt. bei Lieferungen oder Dienstleistungen unter 80000 EUR und bei Bauleistungen unter 1000000 EUR liegt. Der Gesamtwert der in Abweichung von dieser Richtlinie vergebenen Lose darf jedoch 20% des Gesamtwerts sämtlicher Lose, in die das Bauvorhaben, der vorgesehene Erwerb gleichartiger Lieferungen oder die vorgesehene Erbringung von Dienstleistungen unterteilt wurde, nicht überschreiten.

(11) Bei regelmäßig wiederkehrenden Liefer- oder Dienstleistungsaufträgen sowie bei Liefer- oder Dienstleistungsaufträgen, die innerhalb eines bestimmten Zeitraums verlängert werden sollen, wird der geschätzte Auftragswert wie folgt berechnet:
a) entweder auf der Basis des tatsächlichen Gesamtwerts entsprechender aufeinander folgender Aufträge derselben Art aus den vorangegangenen zwölf Monaten oder dem vorangegangenen Haushaltsjahr; dabei sind voraussichtliche Änderungen bei Mengen oder Kosten während der auf den ursprünglichen Auftrag folgenden zwölf Monate nach Möglichkeit zu berücksichtigen;
b) oder auf der Basis des geschätzten Gesamtwerts aufeinander folgender Aufträge, die während der auf die erste Lieferung folgenden zwölf Monate beziehungsweise während des Haushaltsjahres, soweit dieses länger als zwölf Monate ist, vergeben werden.

(12) Bei Lieferaufträgen für Leasing, Miete, Pacht oder Ratenkauf von Waren wird der geschätzte Auftragswert wie folgt berechnet:
a) bei zeitlich begrenzten Aufträgen mit höchstens zwölf Monaten Laufzeit auf der Basis des geschätzten Gesamtwerts für die Laufzeit des Auftrags oder, bei einer Laufzeit von mehr als zwölf Monaten, auf der Basis des Gesamtwerts einschließlich des geschätzten Restwerts;
b) bei Aufträgen mit unbestimmter Laufzeit oder bei Aufträgen, deren Laufzeit nicht bestimmt werden kann, auf der Basis des Monatswerts, multipliziert mit 48.

(13) Bei Dienstleistungsaufträgen erfolgt die Berechnung des geschätzten Auftragswerts gegebenenfalls wie folgt:
a) bei Versicherungsleistungen: auf der Basis der Versicherungsprämie und sonstiger Entgelte;
b) bei Bank- und anderen Finanzdienstleistungen: auf der Basis der Gebühren, Provisionen und Zinsen sowie sonstiger Entgelte;
c) bei Aufträgen über Planungsarbeiten: auf der Basis der Gebühren, Provisionen sowie sonstiger Entgelte.

(14) Bei Dienstleistungsaufträgen, bei denen kein Gesamtpreis angegeben ist, ist die Berechnungsgrundlage für den geschätzten Auftragswert
a) bei zeitlich begrenzten Aufträgen mit einer Laufzeit von bis zu 48 Monaten: der Gesamtwert während der gesamten Laufzeit des Auftrags;
b) bei Aufträgen mit unbestimmter Laufzeit oder mit einer Laufzeit von mehr als 48 Monaten: der Monatswert, multipliziert mit 48.

Art. 17 Neufestsetzung der Schwellenwerte

(1) Die Kommission überprüft die in Artikel 15 Buchstaben a und b genannten Schwellenwerte alle zwei Jahre ab dem 30. Juni 2013 auf Übereinstimmung mit dem Übereinkommen über das öffentliche Beschaffungswesen (Government Procurement Agreement, im Folgenden »GPA«) der Welthandelsorganisation und setzt sie erforderlichenfalls gemäß dem vorliegenden Artikel neu fest.

Gemäß der im GPA dargelegten Berechnungsmethode berechnet die Kommission den Wert dieser Schwellenwerte anhand des durchschnittlichen Tageskurses des Euro, ausgedrückt in Sonderziehungsrechten (SZR), während der 24 Monate, die am 31. August enden, der der Neufestsetzung zum 1. Januar vorausgeht. Der so neu festgesetzte Schwellenwert wird, sofern erforderlich, auf volle Tausend Euro abgerundet, um die Einhaltung der geltenden Schwellenwerte zu gewährleisten, die in dem GPA vorgesehen sind und in SZR ausgedrückt werden.

(2) Die Kommission legt ab dem 1. Januar 2014 alle zwei Jahre den Wert der in Artikel 15 Buchstaben a und b genannten und gemäß Absatz 1 dieses Artikels neu festgesetzten Schwellenwerte in den nationalen Währungen der Mitgliedstaaten fest deren Währung nicht der Euro ist.

Gleichzeitig legt die Kommission den Wert des in Artikel 15 Buchstabe c genannten Schwellenwerts in den nationalen Währungen der Mitgliedstaaten fest, deren Währung nicht der Euro ist.

In Übereinstimmung mit der im GPA dargelegten Berechnungsmethode werden solche Werte im Hinblick auf den anwendbaren Schwellenwert in Euro anhand der durchschnittlichen Tageskurse dieser Währungen in den 24 Monaten, die am 31. August enden, der der Neufestsetzung zum 1. Januar vorausgeht, berechnet.

(3) Die Kommission veröffentlicht die in Absatz 1 genannten neu festgesetzten Schwellenwerte, ihres in Absatz 2 Unterabsatz 1 genannten Gegenwerts in den nationalen Währungen der Mitgliedstaaten und der gemäß Absatz 2 Unterabsatz 2 festgelegten Werte im *Amtsblatt der Europäischen Union* zu Beginn des Monats November, der auf die Neufestsetzung folgt.

(4) Der Kommission wird die Befugnis übertragen, delegierte Rechtsakte gemäß Artikel 103 zu erlassen, um die in Absatz 1 zweiter Unterabsatz genannte Methode an jede Änderung der im GPA vorgesehenen Methode anzupassen und so die in Artikel 15 Buchstaben a und b genannten entsprechenden Schwellenwerte neu festzusetzen und die Gegenwerte gemäß Absatz 2 in den nationalen Währungen der Mitgliedstaaten festzulegen, deren Währung nicht der Euro ist.

Der Kommission wird die Befugnis übertragen, delegierte Rechtsakte gemäß Artikel 103 zu erlassen, um die in Artikel 15 Buchstaben a und b genannten Schwellenwerte wenn erforderlich neu festzusetzen.

(5) Sollte eine Neufestsetzung der in Artikel 15 Buchstaben a und b genannten Schwellenwerte erforderlich werden und zeitliche Zwänge den Rückgriff auf das in Arti-

kel 103 genannte Verfahren verhindern, so dass vordringliche Gründe vorliegen, wird das Verfahren gemäß Artikel 104 auf gemäß Absatz 4 zweiter Unterabsatz dieses Artikels erlassene delegierte Rechtsakte angewandt.

Abschnitt 2 Ausgeschlossene Aufträge und Wettbewerbe; Sonderbestimmungen für die Vergabe, wenn Verteidigungs- und Sicherheitsaspekte berührt werden

Unterabschnitt 1 Für alle Auftraggeber geltende Ausnahmen und besondere Ausnahmen für Bereiche Wasser und Energie

Art. 18 Zum Zwecke der Weiterveräußerung oder der Vermietung an Dritte vergebene Aufträge

(1) Diese Richtlinie gilt nicht für Aufträge, die zum Zwecke der Weiterveräußerung oder der Vermietung an Dritte vergeben werden, vorausgesetzt, dass dem Auftraggeber kein besonderes oder ausschließliches Recht zum Verkauf oder zur Vermietung des Auftragsgegenstands zusteht und dass andere Stellen die Möglichkeit haben, ihn unter gleichen Bedingungen wie der Auftraggeber zu verkaufen oder zu vermieten.

(2) Die Auftraggeber teilen der Kommission auf Verlangen alle Kategorien von Waren und Tätigkeiten mit, die ihres Erachtens unter die Ausnahmeregelung nach Absatz 1 fallen. Die Kommission kann in regelmäßigen Abständen Listen der Kategorien von Waren und Tätigkeiten im *Amtsblatt der Europäischen Union* zur Information veröffentlichen, die ihres Erachtens unter die Ausnahmeregelung fallen. Hierbei wahrt sie die Vertraulichkeit der sensiblen geschäftlichen Angaben, soweit die Auftraggeber dies bei der Übermittlung der Informationen geltend machen.

Art. 19 Zu anderen Zwecken als der Ausübung einer unter die Richtlinie fallenden Tätigkeit oder der Ausübung einer solchen Tätigkeit in einem Drittland vergebene Aufträge oder ausgerichtete Wettbewerbe

(1) Diese Richtlinie gilt nicht für Aufträge, die die Auftraggeber zu anderen Zwecken als der Ausübung ihrer in den Artikeln 8 bis 14 beschriebenen Tätigkeiten oder zur Ausübung derartiger Tätigkeiten in einem Drittland in einer Weise vergeben, die nicht mit der physischen Nutzung eines Netzes oder geografischen Gebiets in der Union verbunden ist, noch gilt sie für Wettbewerbe, die zu solchen Zwecken ausgerichtet werden.

(2) Die Auftraggeber teilen der Kommission auf Verlangen alle Tätigkeiten mit, die ihres Erachtens unter die Ausschlussregelung nach Absatz 1 fallen. Die Kommission kann in regelmäßigen Abständen Listen der Tätigkeitskategorien im *Amtsblatt der Europäischen Union* zur Information veröffentlichen, die ihres Erachtens unter diese Ausnahmeregelung fallen. Hierbei wahrt sie die Vertraulichkeit der sensiblen geschäftlichen Angaben, soweit die Auftraggeber dies bei der Übermittlung der Informationen geltend machen.

Art. 20 Nach internationalen Regeln vergebene Aufträge und ausgerichtete Wettbewerbe

(1) Diese Richtlinie findet keine Anwendung auf Aufträge oder Wettbewerbe, bei denen der Auftraggeber verpflichtet ist, die Vergabe oder Ausrichtung im Einklang mit anderen als den Beschaffungsverfahren dieser Richtlinie vorzunehmen, die wie folgt festgelegt sind:

a) in einem Rechtsinstrument, das völkerrechtliche Verpflichtungen begründet – wie etwa eine im Einklang mit den Verträgen geschlossene internationale Übereinkunft zwischen einem Mitgliedstaat und einem oder mehreren Drittstaaten beziehungsweise ihren Untereinheiten –, das Bauleistungen, Lieferungen oder Dienstleistungen für ein von den Unterzeichnern gemeinsam zu verwirklichendes oder zu nutzendes Projekt betrifft;

b) durch eine internationale Organisation.

Die Mitgliedstaaten übermitteln der Kommission alle Rechtsinstrumente nach Unterabsatz 1 Buchstabe a des vorliegenden Absatzes, die hierzu den in Artikel 105 genannten Beratenden Ausschuss für öffentliche Aufträge hören kann.

(2) Diese Richtlinie gilt nicht für Aufträge und Wettbewerbe, die der Auftraggeber gemäß den Vergaberegeln einer internationalen Organisation oder internationalen Finanzierungseinrichtung bei vollständiger Finanzierung der betreffenden Aufträge und Wettbewerbe durch diese Organisation oder Einrichtung vergibt oder durchführt; im Falle einer überwiegenden Kofinanzierung von Aufträgen und Wettbewerben durch eine internationale Organisation oder eine internationale Finanzierungseinrichtung einigen sich die Parteien auf die anwendbaren Vergabeverfahren.

(3) Artikel 27 gilt für Aufträge und Wettbewerbe mit Verteidigungs- oder Sicherheitsaspekten, die nach internationalen Regeln vergeben beziehungsweise ausgerichtet werden. Die Absätze 1 und 2 des vorliegenden Artikels gelten nicht für diese Aufträge und Wettbewerbe.

Art. 21 Besondere Ausnahmen für Dienstleistungsaufträge

Diese Richtlinie gilt nicht für Dienstleistungsaufträge, die Folgendes zum Gegenstand haben:

a) den Erwerb oder die Miete von Grundstücken oder vorhandenen Gebäuden oder anderem unbeweglichen Vermögen oder über Rechte daran, ungeachtet der Finanzmodalitäten;

b) Schiedsgerichts- und Schlichtungsleistungen;

c) eine der folgenden Rechtsdienstleistungen:

    i) Vertretung eines Mandanten durch einen Rechtsanwalt im Sinne des Artikels 1 der Richtlinie 77/249/EWG des Rates[1] in

       – einem Schiedsgerichts- oder Schlichtungsverfahren in einem Mitgliedstaat, in einem Drittstaat oder vor einer internationalen Schiedsgerichts- oder Schlichtungsinstanz oder

     – Gerichtsverfahren vor Gerichten oder Behörden eines Mitgliedstaats oder eines Drittstaats oder vor internationalen Gerichten oder Einrichtungen;

  ii) Rechtsberatung zur Vorbereitung eines der unter Ziffer i des vorliegenden Buchstaben genannten Verfahren oder Rechtsberatung, wenn konkrete Anhaltspunkte dafür vorliegen und eine hohe Wahrscheinlichkeit besteht, dass die Angelegenheit, auf die die Beratung sich bezieht, Gegenstand eines solchen Verfahrens werden wird, sofern die Beratung durch einen Rechtsanwalt im Sinne des Artikels 1 der Richtlinie 77/249/EWG erfolgt;

 iii) Beglaubigungs- und Beurkundungsdienstleistungen, die von Notaren zu erbringen sind;

 iv) von Treuhändern oder bestellten Vormunden erbrachte Rechtsdienstleistungen oder sonstige Rechtsdienstleistungen, deren Erbringer durch ein Gericht in dem betreffenden Mitgliedstaat bestellt oder per Gesetz dazu bestimmt werden, um bestimmte Aufgaben unter der Aufsicht dieser Gerichte wahrzunehmen;

  v) sonstige Rechtsdienstleistungen, die in dem betreffenden Mitgliedstaat – wenn auch nur gelegentlich – mit der Ausübung von hoheitlichen Befugnissen verbunden sind;

d) Finanzdienstleistungen im Zusammenhang mit der Ausgabe, dem Verkauf, dem Kauf oder der Übertragung von Wertpapieren oder anderen Finanzinstrumenten im Sinne der Richtlinie 2004/39/EG des Europäischen Parlaments und des Rates[(2)] und mit der Europäischen Finanzstabilisierungsfazilität und dem Europäischen Stabilitätsmechanismus durchgeführte Tätigkeiten;

e) Kredite und Darlehen, unabhängig davon, ob im Zusammenhang mit der Ausgabe, dem Verkauf, dem Kauf oder der Übertragung von Wertpapieren oder anderen Finanzinstrumenten oder nicht;

f) Arbeitsverträge;

g) öffentliche Personenverkehrsdienste auf Schiene oder per Untergrundbahn;

h) Dienstleistungen des Katastrophenschutzes, des Zivilschutzes und der Gefahrenabwehr, die von gemeinnützigen Organisationen oder Vereinigungen erbracht werden und die unter die folgenden CPV-Codes fallen: 752500003, 75251000-0, 75251100-1, 75251110-4, 75251120-7, 75252000-7, 752220008 und 98113100-9, 85143000-3 mit Ausnahme des Einsatzes von Krankenwagen zur Patientenbeförderung;

i) Verträge über Ausstrahlungszeit oder die Bereitstellung von Programmen, die an Anbieter von audiovisuellen oder Hörfunkmediendiensten vergeben werden. Für die Zwecke dieses Buchstabens hat der Begriff »Anbieter von Mediendiensten« dieselbe Bedeutung wie in Artikel 1 Absatz 1 Buchstabe d der Richtlinie 2010/13/EU des Europäischen Parlaments und des Rates[(3)]. Der Begriff »Programm« hat dieselbe Bedeutung wie in Artikel 1 Absatz 1 Buchstabe b der Richtlinie 2010/13/EU, umfasst jedoch zusätzlich Hörfunkprogramme und Material für Hörfunkprogramme. Ferner hat der Begriff »Sendematerial« für die Zwecke dieser Bestimmung dieselbe Bedeutung wie »Programm«.

(1) Amtl. Anm.:
Richtlinie 77/249/EWG des Rates vom 22. März 1977 zur Erleichterung der tatsächlichen Ausübung des freien Dienstleistungsverkehrs der Rechtsanwälte (ABl. L 78 vom 26.3.1977, S. 17).

(2) Amtl. Anm.:
Richtlinie 2004/39/EG des Europäischen Parlaments und des Rates vom 21. April 2004 über Märkte für Finanzinstrumente, zur Änderung der Richtlinien 85/611/EWG und 93/6/EWG des Rates und der Richtlinie 2000/12/EG des Europäischen Parlaments und des Rates und zur Aufhebung der Richtlinie 93/22/EWG des Rates (ABl. L 145 vom 30.4.2004, S. 1).

(3) Amtl. Anm.:
Richtlinie 2010/13/EU des Europäischen Parlaments und des Rates vom 10. März 2010 zur Koordinierung bestimmter Rechts- und Verwaltungsvorschriften der Mitgliedstaaten über die Bereitstellung audiovisueller Mediendienste (Richtlinie über audiovisuelle Mediendienste) (ABl. L 95 vom 15.4.2010, S. 1).

Art. 22 Dienstleistungsaufträge, die aufgrund eines ausschließlichen Rechts vergeben werden

Diese Richtlinie gilt nicht für Dienstleistungsaufträge, die an eine Stelle, die selbst ein öffentlicher Auftraggeber ist, oder an einen Verband öffentlicher Auftraggeber aufgrund eines ausschließlichen Rechts vergeben werden, das diese Stelle oder dieser Verband aufgrund entsprechender Rechtsvorschriften und veröffentlichter Verwaltungsvorschriften innehat.

Art. 23 Von bestimmten Auftraggebern vergebene Aufträge für den Kauf von Wasser und für die Lieferung von Energie oder von Brennstoffen für die Energieerzeugung

Diese Richtlinie findet keine Anwendung auf
a) Aufträge für den Kauf von Wasser, wenn sie von Auftraggebern vergeben werden, die eine oder beide der in Artikel 10 Absatz 1 genannten Tätigkeiten bezüglich Trinkwasser ausüben;
b) Aufträge, die von Auftraggebern vergeben werden, die selbst im Energiesektor tätig sind, indem sie eine in Artikel 8 Absatz 1, Artikel 9 Absatz 1 oder Artikel 14 genannte Tätigkeit ausüben für die Lieferung von
   i) Energie;
   ii) Brennstoffen für die Energieerzeugung.

Unterabschnitt 2 Vergabe von Aufträgen, die Verteidigungs- und Sicherheitsaspekte beinhalten

Art. 24 Verteidigung und Sicherheit

(1) In Bezug auf die Vergabe von Aufträgen und die Ausrichtung von Wettbewerben im Bereich Verteidigung und Sicherheit findet diese Richtlinie keine Anwendung auf
a) Aufträge, die in den Anwendungsbereich der Richtlinie 2009/81/EG fallen;
b) Aufträge, auf die die Richtlinie 2009/81/EG nach deren Artikeln 8, 12 und 13 nicht anwendbar ist.

(2) Soweit nicht bereits eine der in Absatz 1 genannten Ausnahmen vorliegt, findet diese Richtlinie keine Anwendung, wenn der Schutz wesentlicher Sicherheitsinteressen eines Mitgliedstaats nicht durch weniger einschneidende Maßnahmen garantiert werden kann, zum Beispiel durch Anforderungen, die auf den Schutz der Vertraulichkeit der Informationen abzielen, die der Auftraggeber im Rahmen eines Vergabeverfahrens gemäß dieser Richtlinie zur Verfügung stellt.

Ferner gilt diese Richtlinie im Einklang mit Artikel 346 Absatz 1 Buchstabe a AEUV nicht für Aufträge und Wettbewerbe, die nicht gemäß Absatz 1 des vorliegenden Artikels anderweitig ausgenommen sind, wenn ein Mitgliedstaat mit der Anwendung dieser Richtlinie verpflichtet würde, Informationen zu übermitteln, deren Offenlegung nach seiner Auffassung seinen wesentlichen Sicherheitsinteressen zuwiderlaufen würde.

(3) Werden die Auftragsvergabe und die Ausführung des Auftrags oder Wettbewerbs für geheim erklärt oder erfordern sie nach den in einem Mitgliedstaat geltenden Rechts- oder Verwaltungsvorschriften besondere Sicherheitsmaßnahmen, so findet diese Richtlinie keine Anwendung, sofern der Mitgliedstaat festgestellt hat, dass die betreffenden wesentlichen Interessen nicht durch weniger einschneidende Maßnahmen, wie jene gemäß Absatz 2 Unterabsatz 1, gewährleistet werden können.

Art. 25 Vergabe gemischter Aufträge für ein und dieselbe Tätigkeit, die Verteidigungs- oder Sicherheitsaspekte umfassen

(1) Im Fall gemischter Aufträge für ein und dieselbe Tätigkeit, die eine unter diese Richtlinie fallende Beschaffung sowie eine Beschaffung oder andere Elemente, die unter Artikel 346 AEUV oder unter die Richtlinie 2009/81/EG fallen, zum Gegenstand haben, kommt dieser Artikel zur Anwendung.

(2) Sind die einzelnen Teile eines bestimmten Auftrags objektiv trennbar, so können die Auftraggeber beschließen, getrennte Aufträge für die einzelnen Teile oder einen einzigen Auftrag zu vergeben.

Beschließen die Auftraggeber, für einzelne Teile getrennte Aufträge zu vergeben, so richtet sich die Entscheidung, welche rechtliche Regelung auf jeden der getrennten Aufträge anzuwenden ist, nach den Merkmalen des jeweiligen Teils.

Beschließen die Auftraggeber, einen einzigen Auftrag zu vergeben, so gelten die folgenden Kriterien für die Bestimmung der anwendbaren rechtlichen Regelung:
a) Unterliegt ein Teil eines bestimmten Auftrags Artikel 346 AEUV, so kann der Auftrag ohne Anwendung dieser Richtlinie vergeben werden, sofern die Vergabe eines einzigen Auftrags aus objektiven Gründen gerechtfertigt ist;
b) unterliegt ein Teil eines bestimmten Auftrags der Richtlinie 2009/81/EG, so kann der Auftrag gemäß jener Richtlinie vergeben werden, sofern die Vergabe eines einzigen Auftrags aus objektiven Gründen gerechtfertigt ist. Dieser Buchstabe berührt nicht die in jener Richtlinie vorgesehenen Schwellenwerte und Ausnahmen.

Die Entscheidung für die Vergabe eines einzigen Auftrags darf jedoch nicht zu dem Zweck getroffen werden, Aufträge von der Anwendung dieser Richtlinie oder der Richtlinie 2009/81/EG auszuschließen.

(3) Absatz 2 Unterabsatz 3 Buchstabe a gilt für gemischte Aufträge, für die ansonsten sowohl Buchstabe a als auch Buchstabe b jenes Unterabsatzes gelten könnten.

(4) Sind die einzelnen Teile eines bestimmten Auftrags objektiv nicht trennbar, so kann der Auftrag ohne Anwendung dieser Richtlinie vergeben werden, wenn er Elemente enthält, auf die Artikel 346 AEUV Anwendung findet; ansonsten kann er gemäß der Richtlinie 2009/81/EG vergeben werden.

Art. 26 Vergabe von Aufträgen, die verschiedene Tätigkeiten und Verteidigungs- oder Sicherheitsaspekte umfassen

(1) Im Fall von Aufträgen, die mehrere Tätigkeiten betreffen, können die Auftraggeber beschließen, getrennte Aufträge für jede gesonderte Tätigkeit zu vergeben oder aber einen einzigen Auftrag zu vergeben. Falls die Auftraggeber beschließen, für einzelne Teile getrennte Aufträge zu vergeben, so richtet sich die Entscheidung, welche rechtliche Regelung auf jeden der einzelnen Aufträge anzuwenden ist, nach den Merkmalen der jeweiligen Tätigkeit.

Falls die Auftraggeber beschließen, einen einzigen Auftrag zu vergeben, so kommt Absatz 2 des vorliegenden Artikels zur Anwendung. Die Entscheidung, einen einzigen Auftrag oder aber eine Reihe getrennter Aufträge zu vergeben, darf nicht zu dem Zweck getroffen werden, den Auftrag oder die Aufträge von der Anwendung dieser Richtlinie oder der Richtlinie 2009/81/EG auszuschließen.

(2) Bei Aufträgen, die eine dieser Richtlinie unterliegende Tätigkeit sowie eine andere Tätigkeit betreffen, die
a) der Richtlinie 2009/81/EG oder
b) Artikel 346 AEUV unterliegt,

kann der Auftrag in den unter Buchstabe a des Unterabsatzes 1 genannten Fällen im Einklang mit der Richtlinie 2009/81/EG und in den unter Buchstabe b genannten Fällen ohne Anwendung dieser Richtlinie vergeben werden. Dieser Unterabsatz berührt nicht die in der Richtlinie 2009/81/EG vorgesehenen Schwellenwerte und Ausnahmen.

Die unter Buchstabe a des Unterabsatzes 1 genannten Aufträge, die zusätzlich eine Beschaffung oder andere Elemente umfassen, die unter Artikel 346 AEUV fallen, können ohne Anwendung dieser Richtlinie vergeben werden.

Allerdings dürfen die Unterabsätze 1 und 2 nur angewandt werden, wenn die Vergabe eines einzigen Auftrags aus objektiven Gründen gerechtfertigt ist und die Entscheidung, nur einen einzigen Auftrag zu vergeben, nicht zu dem Zweck getroffen wird, Aufträge von der Anwendung dieser Richtlinie auszuschließen.

Art. 27 Aufträge und Wettbewerbe mit Verteidigungs- oder Sicherheitsaspekten, die nach internationalen Regeln vergeben beziehungsweise ausgerichtet werden

(1) Diese Richtlinie gilt nicht für Aufträge oder Wettbewerbe mit Verteidigungs- oder Sicherheitsaspekten, bei denen der Auftraggeber verpflichtet ist, die Vergabe beziehungsweise Ausrichtung nach anderen als den Vergabeverfahren nach dieser Richtlinie vorzunehmen, die wie folgt festgelegt sind:

a) durch eine im Einklang mit den Verträgen geschlossene internationale Übereinkunft oder Vereinbarung zwischen einem Mitgliedstaat und einem oder mehreren Drittstaaten beziehungsweise ihren Untereinheiten über Bauleistungen, Lieferungen oder Dienstleistungen für ein von den Unterzeichnern gemeinsam zu verwirklichendes oder zu nutzendes Projekt;

b) durch eine internationale Übereinkunft oder Vereinbarung im Zusammenhang mit der Stationierung von Truppen, die Unternehmen eines Mitgliedstaats oder eines Drittlands betrifft;

c) durch eine internationale Organisation.

Alle Übereinkünfte oder Vereinbarungen nach Unterabsatz 1 Buchstabe a des vorliegenden Absatzes werden der Kommission mitgeteilt, die hierzu den in Artikel 105 genannten Beratenden Ausschuss für öffentliche Aufträge anhören kann.

(2) Diese Richtlinie gilt nicht für Aufträge und Wettbewerbe mit Verteidigungs- oder Sicherheitsaspekten, die der Auftraggeber gemäß den Vergaberegeln einer internationalen Organisation oder internationalen Finanzierungseinrichtung bei vollständiger Finanzierung der betreffenden Aufträge und Wettbewerbe durch diese Organisation oder Einrichtung vergibt. Im Falle einer überwiegenden Kofinanzierung von Aufträgen und Wettbewerben durch eine internationale Organisation oder eine internationale Finanzierungseinrichtung einigen sich die Parteien auf die anwendbaren Vergabeverfahren.

Unterabschnitt 3 Besondere Beziehungen (Zusammenarbeit, verbundene Unternehmen und Gemeinschaftsunternehmen)

Art. 28 Zwischen öffentlichen Auftraggebern vergebene Aufträge

(1) Ein von einem öffentlichen Auftraggeber an eine juristische Person des privaten oder öffentlichen Rechts vergebener Auftrag fällt nicht in den Anwendungsbereich dieser Richtlinie, wenn alle der folgenden Bedingungen erfüllt sind:

a) der öffentliche Auftraggeber übt über die betreffende juristische Person eine ähnliche Kontrolle aus, wie über seine eigenen Dienststellen;

b) mehr als 80% der Tätigkeiten der kontrollierten juristischen Person dienen der Ausführung der Aufgaben, mit denen sie von dem die Kontrolle ausübenden öffentlichen Auftraggeber oder von anderen von diesem kontrollierten juristischen Personen betraut wurden und

c) es besteht keine direkte private Kapitalbeteiligung an der kontrollierten juristischen Person, mit Ausnahme nicht beherrschender Formen der privaten Kapitalbeteiligung und Formen der privaten Kapitalbeteiligung ohne Sperrminorität, die in

Übereinstimmung mit den Verträgen durch nationale gesetzliche Bestimmungen vorgeschrieben sind und die keinen ausschlaggebenden Einfluss auf die kontrollierte juristische Person vermitteln.

Bei einem öffentlichen Auftraggeber wird davon ausgegangen, dass er über die betreffende juristische Person eine ähnliche Kontrolle im Sinne von Unterabsatz 1 Buchstabe a ausübt wie über seine eigenen Dienststellen, wenn er einen ausschlaggebenden Einfluss sowohl auf die strategischen Ziele als auch auf die wichtigen Entscheidungen der kontrollierten juristischen Person hat. Solche Kontrolle kann auch durch eine andere juristische Person ausgeübt werden, die vom öffentlichen Auftraggeber auf gleiche Weise kontrolliert wird.

(2) Absatz 1 gilt auch, wenn eine kontrollierte Person, bei der es sich um einen öffentlichen Auftraggeber handelt, einen Auftrag an ihren kontrollierenden öffentlichen Auftraggeber oder eine andere von demselben öffentlichen Auftraggeber kontrollierte juristische Person vergibt, sofern keine direkte private Kapitalbeteiligung an der juristischen Person besteht, die den öffentlichen Auftrag erhalten soll, mit Ausnahme nicht beherrschender Formen der privaten Kapitalbeteiligung und Formen der privaten Kapitalbeteiligung ohne Sperrminorität, die in Übereinstimmung mit den Verträgen durch nationale gesetzliche Bestimmungen vorgeschrieben sind und die keinen ausschlaggebenden Einfluss auf die kontrollierte juristische Person vermitteln.

(3) Ein öffentlicher Auftraggeber, der keine Kontrolle über eine juristische Person des privaten oder öffentlichen Rechts im Sinne des Absatzes 1 ausübt, kann einen Auftrag dennoch ohne Anwendung dieser Richtlinie an diese juristische Person vergeben, wenn alle der folgenden Bedingungen erfüllt sind:
a) der öffentliche Auftraggeber übt gemeinsam mit anderen öffentlichen Auftraggebern über diese juristische Person eine ähnliche Kontrolle aus wie über ihre eigenen Dienststellen;
b) mehr als 80% der Tätigkeiten dieser juristischen Person dienen der Ausführung der Aufgaben, mit denen sie von den die Kontrolle ausübenden öffentlichen Auftraggebern oder von anderen von denselben öffentlichen Auftraggebern kontrollierten juristischen Personen betraut wurden und
c) es besteht keine direkte private Kapitalbeteiligung an der kontrollierten juristischen Person, mit Ausnahme nicht beherrschender Formen privater Kapitalbeteiligung und Formen privater Kapitalbeteiligung ohne Sperrminorität, die in Übereinstimmung mit den Verträgen durch nationale gesetzliche Bestimmungen vorgeschrieben sind und die keinen ausschlaggebenden Einfluss auf die kontrollierte juristische Person vermitteln.

Für die Zwecke von Unterabsatz 1 Buchstabe a wird davon ausgegangen, dass öffentliche Auftraggeber gemeinsam die Kontrolle über eine juristische Person ausüben, wenn alle folgenden Bedingungen erfüllt sind:
i) Die beschlussfassenden Organe der kontrollierten juristischen Person setzen sich aus Vertretern sämtlicher teilnehmender öffentlicher Auftraggeber zusammen. Einzelne Vertreter können mehrere oder alle teilnehmenden öffentlichen Auftraggeber vertreten;

ii) diese öffentlichen Auftraggeber können gemeinsam einen ausschlaggebenden Einfluss auf die strategischen Ziele und wesentlichen Entscheidungen der kontrollierten juristischen Person ausüben und

iii) die kontrollierte juristische Person verfolgt keine Interessen, die denen der kontrollierenden öffentlichen Auftraggeber zuwiderlaufen;

(4) Ein ausschließlich zwischen zwei oder mehr öffentlichen Auftraggebern geschlossener Vertrag fällt nicht in den Anwendungsbereich dieser Richtlinie, wenn alle nachfolgend genannten Bedingungen erfüllt sind:

a) Der Vertrag begründet eine Zusammenarbeit zwischen den beteiligten öffentlichen Auftraggebern oder setzt diese mit dem Ziel um« sicherzustellen, dass von ihnen zu erbringende öffentliche Dienstleistungen im Hinblick auf die Erreichung gemeinsamer Ziele ausgeführt werden;

b) die Durchführung dieser Zusammenarbeit wird ausschließlich durch Überlegungen im Zusammenhang mit dem öffentlichen Interesse bestimmt und

c) die beteiligten öffentlichen Auftraggeber erbringen auf dem offenen Markt weniger als 20% der durch die Zusammenarbeit erfassten Tätigkeiten.

(5) Zur Bestimmung des prozentualen Anteils der Tätigkeiten gemäß Absatz 1 Unterabsatz 1 Buchstabe b, Absatz 3 Unterabsatz 1 Buchstabe b und Absatz 4 Buchstabe c wird der durchschnittliche Gesamtumsatz, oder ein geeigneter alternativer tätigkeitsgestützter Wert wie z.B. Kosten, die der betreffenden juristischen Person während der letzten drei Jahre vor Vergabe des Auftrags in Bezug auf Dienstleistungen, Lieferungen und Bauleistungen entstanden sind, herangezogen.

Liegen für die vorausgegangenen drei Jahre keine Angaben über den Umsatz oder einen geeigneten alternativen tätigkeitsgestützten Wert wie z.B. Kosten vor oder sind sie nicht mehr relevant, weil die betreffende juristische Person gerade gegründet wurde oder erst vor kurzem ihre Tätigkeit aufgenommen hat oder weil sie ihre Tätigkeiten umstrukturiert hat, genügt es, wenn sie – vor allem durch Prognosen über die Geschäftsentwicklung – den tätigkeitsgestützten Wert glaubhaft macht.

Art. 29 Auftragsvergabe an ein verbundenes Unternehmen

(1) Ein »verbundenes Unternehmen« im Sinne dieses Artikels ist jedes Unternehmen, dessen Jahresabschlüsse gemäß den Bestimmungen der Richtlinie 2013/34/EU mit denen des Auftraggebers konsolidiert werden.

(2) Im Falle von Einrichtungen, die nicht unter die Richtlinie 2013/34/EU fallen, bezeichnet

»verbundenes Unternehmen« jedes Unternehmen, das

a) mittelbar oder unmittelbar einem beherrschenden Einfluss des Auftraggebers unterliegen kann,

b) einen beherrschenden Einfluss auf den Auftraggeber ausüben kann oder

c) gemeinsam mit dem Auftraggeber aufgrund der Eigentumsverhältnisse, der finanziellen Beteiligung oder der für das Unternehmen geltenden Bestimmungen dem beherrschenden Einfluss eines anderen Unternehmens unterliegt.

Im Sinne dieses Absatzes hat der Begriff »beherrschender Einfluss« dieselbe Bedeutung wie in Artikel 4 Absatz 2 Unterabsatz 2.

(3) Ungeachtet des Artikels 28 und sofern die Bedingungen von Absatz 4 des vorliegenden Artikels erfüllt sind, findet diese Richtlinie keine Anwendung auf die Auftragsvergabe

a) durch einen Auftraggeber an ein verbundenes Unternehmen oder

b) durch ein Gemeinschaftsunternehmen, das ausschließlich von einer Anzahl von Auftraggebern für den Zweck gebildet wird, Tätigkeiten im Sinne der Artikel 8 bis 14 auszuüben, an ein Unternehmen, das mit einem dieser Auftraggeber verbunden ist.

(4) Absatz 3 gilt

a) für Dienstleistungsaufträge, sofern unter Berücksichtigung aller Dienstleistungen, die von dem verbundenen Unternehmen während der letzten drei Jahre erbracht wurden, mindestens 80% des insgesamt erzielten durchschnittlichen Umsatzes dieses Unternehmens aus der Erbringung von Dienstleistungen für den Auftraggeber oder andere mit ihm verbundene Unternehmen stammen;

b) für Lieferaufträge, sofern unter Berücksichtigung aller Lieferungen, die von dem verbundenen Unternehmen während der letzten drei Jahre erbracht wurden, mindestens 80% des insgesamt erzielten durchschnittlichen Umsatzes dieses Unternehmens aus der Erbringung von Lieferungen für den Auftraggeber oder andere mit ihm verbundene Unternehmen stammen;

c) für Bauaufträge, sofern unter Berücksichtigung aller Bauleistungen, die von dem verbundenen Unternehmen während der letzten drei Jahre erbracht wurden, mindestens 80% des insgesamt erzielten durchschnittlichen Umsatzes dieses Unternehmens aus der Erbringung von Bauleistungen für den Auftraggeber oder andere mit ihm verbundene Unternehmen stammen.

(5) Liegen für die letzten drei Jahre keine Umsatzzahlen vor, weil das verbundene Unternehmen gerade gegründet wurde oder erst vor kurzem seine Tätigkeit aufgenommen hat, so genügt es, wenn das Unternehmen – vor allem durch Prognosen über die Tätigkeitsentwicklung – glaubhaft macht, dass die Erreichung des unter Absatz 4 Buchstabe a, b oder c genannten Umsatzziels wahrscheinlich ist.

(6) Werden gleiche oder gleichartige Dienstleistungen, Lieferungen oder Bauleistungen von mehr als einem mit dem Auftraggeber verbundenen und mit ihr wirtschaftlich zusammengeschlossenen Unternehmen erbracht, so werden die Prozentsätze unter Berücksichtigung des Gesamtumsatzes errechnet, den diese verbundenen Unternehmen mit der Erbringung von Dienstleistungen, Lieferungen beziehungsweise Bauleistungen erzielen.

Art. 30 Auftragsvergabe an ein Gemeinschaftsunternehmen oder an einen Auftraggeber, der an einem Gemeinschaftsunternehmen beteiligt ist

Wenn ein Gemeinschaftsunternehmen errichtet wurde, um die betreffende Tätigkeit während eines Zeitraums von mindestens drei Jahren durchzuführen, und in dem Rechtsakt zur Gründung des Gemeinschaftsunternehmens festgelegt wird, dass die dieses Unternehmen bildenden Auftraggeber dem Unternehmen zumindest während des gleichen Zeitraums angehören werden, gilt diese Richtlinie ungeachtet des Artikels 28 nicht für Aufträge,

a) die ein Gemeinschaftsunternehmen, das mehrere Auftraggeber ausschließlich zur Durchführung von Tätigkeiten im Sinne der Artikel 8 bis 14 gebildet haben, an einen dieser Auftraggeber vergibt oder

b) die ein Auftraggeber an ein solches Gemeinschaftsunternehmen, dem er angehört, vergibt.

Art. 31 Unterrichtung

Die Auftraggeber melden der Kommission falls gefordert folgende Angaben in Bezug auf die Anwendung des Artikels 29 Absätze 2 und 3 sowie des Artikels 30:

a) die Namen der betreffenden Unternehmen oder Gemeinschaftsunternehmen,

b) Art und Wert der jeweiligen Aufträge,

c) die Angaben, die nach Auffassung der Kommission erforderlich sind, um zu belegen, dass die Beziehungen zwischen dem Unternehmen oder Gemeinschaftsunternehmen, an das die Aufträge vergeben werden, und dem Auftraggeber den Anforderungen der Artikel 29 beziehungsweise 30 genügen.

Unterabschnitt 4 Besondere Sachverhalte

Art. 32 Forschung und Entwicklung

Diese Richtlinie gilt nur für Dienstleistungsaufträge auf dem Gebiet der Forschung und Entwicklung, die unter die CPV-Codes 7300 00 00-2 bis 73120000-9, 73300000-5, 73420000-2 und 73430000-5 fallen vorausgesetzt, dass beide der nachfolgenden Bedingungen erfüllt sind:

a) die Ergebnisse stehen ausschließlich dem Auftraggeber für die Verwendung in seinem eigenen Geschäftsbetrieb zu und

b) die Dienstleistung wird vollständig durch den Auftraggeber vergütet.

Art. 33 Besonderen Vorschriften unterliegende Aufträge

(1) Unbeschadet des Artikels 34 der vorliegenden Richtlinie gewährleisten die Republik Österreich und die Bundesrepublik Deutschland im Wege von Genehmigungsauflagen oder anderer geeigneter Maßnahmen, dass alle Stellen, die in den in den Entscheidungen 2002/205/EG der Kommission[(1)] und 2004/73/EG[(2)] der Kommission genannten Bereichen tätig sind,

a) die Grundsätze der Nichtdiskriminierung und der wettbewerblichen Beschaffung hinsichtlich der Vergabe von Liefer-, Bau- und Dienstleistungsaufträgen beachten, insbesondere hinsichtlich der Informationen, die die Stellen den Wirtschaftsteilnehmern bezüglich ihrer Beschaffungsabsichten zur Verfügung stellen;

b) der Kommission unter den in der Entscheidung 93/327/EWG der Kommission[(3)] festgelegten Bedingungen Auskunft über die von ihnen vergebenen Aufträge erteilen.

(2) Unbeschadet des Artikels 34 gewährleistet das Vereinigte Königreich im Wege von Genehmigungsauflagen oder anderer geeigneter Maßnahmen, dass alle Stellen, die in den in der Entscheidung 97/367/EWG genannten Bereichen tätig sind, Absatz 1 Buchstaben a und b des vorliegenden Artikels in Bezug auf Aufträge anwendet, die zur Ausübung dieser Tätigkeit in Nordirland vergeben werden.

(3) Die Absätze 1 und 2 finden keine Anwendung auf Aufträge, die zum Zweck der Erdöl- oder Gasexploration vergeben werden.

(1) Amtl. Anm.:
Entscheidung 2002/205/EG der Kommission vom 4. März 2002 über einen Antrag Österreichs, das spezielle Regime in Artikel 3 der Richtlinie 93/38/EWG anzuwenden (ABl. L 68 vom 12.3.2002, S. 31).

(2) Amtl. Anm.:
Entscheidung 2004/73/EG der Kommission vom 15. Januar 2004 über einen Antrag Deutschlands das spezielle Regime in Artikel 3 der Richtlinie 93/38/EWG anzuwenden (ABl. L 16 vom 23.1.2004, S. 57).

(3) Amtl. Anm.:
Entscheidung 93/327/EWG der Kommission vom 13. Mai 1993 zur Festlegung der Voraussetzungen, unter denen die öffentlichen Auftraggeber, die geographisch abgegrenzte Gebiete zum Zwecke der Suche oder Förderung von Erdöl, Gas, Kohle oder anderen Festbrennstoffen nutzen, der Kommission Auskunft über die von ihnen vergebenen Aufträge zu erteilen haben (ABl. L 129 vom 27.5.1993, S. 25).

Unterabschnitt 5 Unmittelbar dem Wettbewerb ausgesetzte Tätigkeiten und diesbezügliche Verfahrensbestimmungen

Art. 34 Unmittelbar dem Wettbewerb ausgesetzte Tätigkeiten

(1) Aufträge, mit denen die Ausübung einer in Artikel 8 bis 14 genannten Tätigkeit ermöglicht werden soll, unterliegen dieser Richtlinie nicht, wenn der Mitgliedstaat oder die Auftraggeber, die den Antrag gemäß Artikel 35 gestellt haben, nachweisen können, dass die Tätigkeit in dem Mitgliedstaat, in dem sie ausgeübt wird, unmittelbar dem Wettbewerb auf Märkten ausgesetzt ist, die keiner Zugangsbeschränkung unterliegen; Wettbewerbe, die zur Ausübung einer solchen Tätigkeit in diesem geografisch abgegrenzten Gebiet ausgerichtet werden, unterliegen dieser Richtlinie ebenfalls nicht. Die betreffende Tätigkeit kann Teil eines größeren Sektors sein oder nur in bestimmten Teilen des betreffenden Mitgliedstaats ausgeübt werden. Die im ersten Satz dieses Absatzes genannte wettbewerbliche Bewertung, die im Lichte der der Kommission vorliegenden Informationen und für die Zwecke dieser Richtlinie vorgenommen wird, erfolgt unbeschadet der Anwendung des Wettbewerbsrechts. Diese Bewertung erfolgt unter Berücksichtigung des Marktes für die fraglichen Tätigkeiten und des geographisch abgegrenzten Bezugsmarktes im Sinne des Absatzes 2.

(2) Für die Zwecke von Absatz 1 des vorliegenden Artikels wird die Frage, ob eine Tätigkeit unmittelbar dem Wettbewerb ausgesetzt ist, auf der Grundlage von Kriterien entschieden, die mit den Wettbewerbsbestimmungen des AEUV in Einklang stehen. Dazu

können die Merkmale der betreffenden Waren oder Dienstleistungen, das Vorhandensein alternativer Waren oder Dienstleistungen, die auf der Angebots- oder der Nachfrageseite als austauschbar gelten, die Preise und die tatsächliche oder potenzielle Präsenz
von mehr als einem Anbieter der betreffenden Waren oder mehr als einem Erbringer der
betreffenden Dienstleistungen gehören.

Der geographisch abgegrenzte Bezugsmarkt, auf dessen Grundlage die Wettbewerbssituation bewertet wird, umfasst das Gebiet, in dem die betreffenden Unternehmen an
Angebot und Nachfrage der Waren oder Dienstleistungen beteiligt sind, in dem die
Wettbewerbsbedingungen ausreichend homogen sind und das von benachbarten Gebieten unterschieden werden kann, da insbesondere die Wettbewerbsbedingungen in jenen Gebieten deutlich andere sind. Bei der Bewertung wird insbesondere der Art
und den Merkmalen der betreffenden Waren oder Dienstleistungen, dem Vorhandensein von Eintrittsbarrieren oder Verbraucherpräferenzen, deutlichen Unterschieden
bei den Marktanteilen der Unternehmen zwischen dem betreffenden Gebiet und benachbarten Gebieten sowie substanziellen Preisunterschieden Rechnung getragen.

(3) Für die Zwecke von Absatz 1 des vorliegenden Artikels gilt der Zugang zu einem
Markt als nicht beschränkt, wenn der Mitgliedstaat die in Anhang III aufgeführten
Rechtsvorschriften der Union umgesetzt und angewendet hat.

Kann ein freier Marktzugang nicht auf der Grundlage des ersten Unterabsatzes als gegeben angesehen werden, ist nachzuweisen, dass der freie Marktzugang faktisch und
rechtlich gegeben ist.

Art. 35 Verfahren zur Bestimmung der Anwendbarkeit von Artikel 34

(1) Ist ein Mitgliedstaat oder, falls die Rechtsvorschriften des betreffenden Mitgliedstaats diese Möglichkeit vorsehen, ein Auftraggeber der Ansicht, dass auf der Grundlage
der Kriterien nach Artikel 34 Absätze 2 und 3 eine Tätigkeit unmittelbar dem Wettbewerb auf Märkten ausgesetzt ist, die keiner Zugangsbeschränkung unterliegen, kann er
bei der Kommission beantragen festzustellen, dass diese Richtlinie auf die Auftragsvergabe oder Ausrichtung von Wettbewerben für die Ausübung dieser Tätigkeit keine Anwendung findet; gegebenenfalls wird dem Antrag eine Stellungnahme einer für die betreffende Tätigkeit zuständigen unabhängigen nationalen Behörde beigefügt. Solche
Anträge können Tätigkeiten betreffen, die Teil eines größeren Sektors sind oder nur
in bestimmten Teilen des betreffenden Mitgliedstaats ausgeübt werden.

In dem Antrag übermittelt der betreffende Mitgliedstaat oder der betreffende Auftrag-
geber der Kommission alle sachdienlichen Informationen, insbesondere über Gesetze,
Verordnungen, Verwaltungsvorschriften oder Vereinbarungen, die die Einhaltung der
Bedingungen nach Artikel 34 Absatz 1 betreffen.

(2) Ist einem von einem Auftraggeber ausgehenden Antrag keine mit Gründen und Belegen versehene Stellungnahme einer für die betreffende Tätigkeit zuständigen unabhängigen nationalen Behörde beigefügt, in der die Bedingungen für die mögliche Anwendbarkeit von Artikel 34 Absatz 1 auf die betreffende Tätigkeit gemäß Artikel 27
Absätze 2 und 3 gründlich geprüft werden, unterrichtet die Kommission unverzüglich

den betreffenden Mitgliedstaat. Dieser betreffende Mitgliedstaat übermittelt der Kommission daraufhin alle sachdienlichen Informationen, insbesondere über Gesetze, Verordnungen, Verwaltungsvorschriften oder Vereinbarungen, die die Einhaltung der Bedingungen nach Artikel 34 Absatz 1 betreffen.

(3) Auf der Grundlage des gemäß Absatz 1 eingereichten Antrags kann die Kommission mit innerhalb der Fristen nach Anhang IV erlassenen Durchführungsrechtsakten auf der Grundlage der Kriterien nach Artikel 34 feststellen, ob eine der in Artikel 8 bis 14 genannten Tätigkeiten unmittelbar dem Wettbewerb ausgesetzt ist. Diese Durchführungsrechtsakte werden nach dem in Artikel 105 Absatz 2 genannten Beratungsverfahren angenommen.

Aufträge, mit denen die Ausübung der betreffenden Tätigkeit ermöglicht werden soll, sowie Wettbewerbe, die zur Ausübung einer solchen Tätigkeit ausgerichtet werden, unterliegen in folgenden Fällen nicht mehr dieser Richtlinie:
a) Die Kommission hat innerhalb der Frist nach Anhang IV den Durchführungsrechtsakt erlassen, mit dem die Anwendbarkeit von Artikel 34 Absatz 1 festgestellt wird.
b) Die Kommission hat den Durchführungsrechtsakt nicht innerhalb der Frist nach Anhang IV erlassen.

(4) Nach Antragstellung können der betreffende Mitgliedstaat oder der betreffende Auftraggeber mit Zustimmung der Kommission den Antrag in wesentlichen Punkten, insbesondere hinsichtlich der betreffenden Tätigkeiten oder des betreffenden geographischen Gebiets ändern. In diesem Fall gilt für die Annahme des Durchführungsrechtsakts eine neue Frist, die gemäß Anhang IV Nummer 1 berechnet wird, es sei denn, zwischen der Kommission und dem Mitgliedstaat oder dem Auftraggeber, der den Antrag gestellt hat, wird eine kürzere Frist vereinbart.

(5) Läuft für eine Tätigkeit in einem Mitgliedstaat bereits ein Verfahren gemäß den Absätzen 1, 2 und 4, so gelten Anträge betreffend dieselbe Tätigkeit in demselben Mitgliedstaat, die zu einem späteren Zeitpunkt, jedoch vor Ablauf der durch den ersten Antrag eröffneten Frist eingehen, nicht als Neuanträge und werden im Rahmen des ersten Antrags bearbeitet.

(6) Die Kommission erlässt einen Durchführungsrechtsakt zur Festlegung der Einzelbestimmungen für die Anwendung der Absätze 1 bis 5. Der Durchführungsrechtsakt umfasst mindestens Regeln für folgende Aspekte:
a) zur Information erfolgende Veröffentlichung des Datums, an dem die in Anhang IV Nummer 1 genannte Frist beginnt und endet, gegebenenfalls einschließlich Verlängerungen oder Unterbrechungen dieser Fristen gemäß dem genannten Anhang, im *Amtsblatt der Europäischen Union*;
b) Veröffentlichung der möglichen Anwendbarkeit von Artikel 34 Absatz 1 gemäß Absatz 3 Unterabsatz 2 Buchstabe b dieses Artikels;
c) Durchführungsbestimmungen über Form, Inhalt und andere Einzelheiten der Anträge nach Absatz 1.

Diese Durchführungsrechtsakte werden gemäß dem Beratungsverfahren nach Artikel 105 Absatz 2 erlassen.

Kapitel IV Allgemeine Grundsätze

Art. 36 Grundsätze der Auftragsvergabe

(1) Die Auftraggeber behandeln alle Wirtschaftsteilnehmer in gleicher und nichtdiskriminierender Weise und handeln transparent und verhältnismäßig.

Das Vergabeverfahren darf nicht mit der Absicht konzipiert werden, es vom Anwendungsbereich dieser Richtlinie auszunehmen oder den Wettbewerb künstlich einzuengen. Eine künstliche Einengung des Wettbewerbs gilt als gegeben, wenn das Vergabeverfahren mit der Absicht konzipiert wurde, bestimmte Wirtschaftsteilnehmer auf unzulässige Weise zu bevorzugen oder zu benachteiligen.

(2) Die Mitgliedstaaten treffen geeignete Maßnahmen, um sicherzustellen, dass Wirtschaftsteilnehmer bei der Durchführung öffentlicher Aufträge die geltenden umwelt-, sozial- und arbeitsrechtlichen Verpflichtungen einhalten, die durch Rechtsvorschriften der Union, nationale Rechtsvorschriften, Tarifverträge oder die internationalen umwelt-, sozial- und arbeitsrechtlichen Vorschriften des Anhangs XIV festgelegt sind.

Art. 37 Wirtschaftsteilnehmer

(1) Wirtschaftsteilnehmer, die gemäß den Rechtsvorschriften des Mitgliedstaats, in dem sie niedergelassen sind, zur Erbringung der betreffenden Dienstleistung berechtigt sind, dürfen nicht allein deshalb zurückgewiesen werden, weil sie gemäß den Rechtsvorschriften des Mitgliedstaats, in dem der Auftrag vergeben wird, eine natürliche oder juristische Person sein müssten.

Bei Dienstleistungs- und Bauaufträgen sowie bei Lieferaufträgen, die zusätzliche Dienstleistungen oder Arbeiten wie Verlegen und Anbringen umfassen, können juristische Personen jedoch verpflichtet werden, in ihrem Angebot oder ihrem Antrag auf Teilnahme die Namen und die beruflichen Qualifikationen der Personen anzugeben, die für die Durchführung des betreffenden Auftrags verantwortlich sind.

(2) Gruppen von Wirtschaftsteilnehmern, einschließlich befristeter Zusammenschlüsse, können an Vergabeverfahren teilnehmen. Die Auftraggeber dürfen ihnen keine bestimmte Rechtsform vorschreiben, um ein Angebot oder einen Antrag auf Teilnahme einzureichen.

Falls erforderlich, können die Auftraggeber in den Auftragsunterlagen präzisieren, wie Gruppen von Wirtschaftsteilnehmern die Anforderungen für die Qualifizierung und die Eignung gemäß den Artikeln 77 bis 81 zu erfüllen haben, sofern dies durch objektive Gründe gerechtfertigt und verhältnismäßig ist. Die Mitgliedstaaten können Standardbedingungen dafür festlegen, in welcher Form Gruppen von Wirtschaftsteilnehmern diese Anforderungen zu erfüllen haben.

Die Bedingungen in Bezug auf die Durchführung eines Auftrags durch diese Gruppen von Wirtschaftsteilnehmern, die von den für einzelne Teilnehmer geltenden Bedingungen abweichen, müssen auch durch objektive Gründe gerechtfertigt und verhältnismäßig sein.

(3) Ungeachtet des Absatzes 2 können Auftraggeber von Gruppen von Wirtschaftsteilnehmern allerdings verlangen, dass sie eine bestimmte Rechtsform annehmen, wenn ihnen der Zuschlag erteilt worden ist, soweit dies für die ordnungsgemäße Durchführung des Auftrags erforderlich ist.

Art. 38 Vorbehaltene Aufträge

(1) Die Mitgliedstaaten können das Recht zur Teilnahme an einem Vergabeverfahren geschützten Werkstätten und Wirtschaftsteilnehmern vorbehalten, deren Hauptzweck die gesellschaftliche und berufliche Integration von Menschen mit Behinderungen oder Personen aus benachteiligten Gruppen ist, oder vorsehen, dass solche Aufträge im Rahmen von Programmen für geschützte Beschäftigungsverhältnisse durchgeführt werden, wenn mindestens 30% der Arbeitskräfte dieser Werkstätten, Wirtschaftsteilnehmer oder Programme Menschen mit Behinderungen oder Personen aus benachteiligten Gruppen sind.

(2) Im Aufruf zum Wettbewerb wird auf diesen Artikel Bezug genommen.

Art. 39 Vertraulichkeit

(1) Sofern in dieser Richtlinie oder im nationalen Recht, dem der Auftraggeber unterliegt, insbesondere in den Rechtsvorschriften betreffend den Zugang zu Informationen, nichts anderes vorgesehen ist, und unbeschadet der Verpflichtungen zur Bekanntmachung vergebener Aufträge und der Unterrichtung der Bewerber und Bieter gemäß den Artikeln 70 und 75 gibt ein Auftraggeber keine ihr von den Wirtschaftsteilnehmern übermittelten und von diesen als vertraulich eingestuften Informationen weiter, wozu insbesondere technische und handelsbezogene Geschäftsgeheimnisse sowie die vertraulichen Aspekte der Angebote selbst gehören.

(2) Auftraggeber können Wirtschaftsteilnehmern Anforderungen vorschreiben, die auf den Schutz der Vertraulichkeit der Informationen abzielen, die diese Auftraggeber im Rahmen des Auftragsvergabeverfahrens zur Verfügung stellen, einschließlich Informationen, die in Verbindung mit der Verwendung eines Qualifizierungssystems zur Verfügung gestellt werden, unabhängig davon, ob dies Gegenstand einer als Aufruf zum Wettbewerb dienenden Bekanntmachung über das Bestehen eines Qualifizierungssystems war oder nicht.

Art. 40 Vorschriften über die Kommunikation

(1) Die Mitgliedstaaten gewährleisten, dass die gesamte Kommunikation und der gesamte Informationsaustausch nach dieser Richtlinie, insbesondere die elektronische Einreichung von Angeboten, unter Anwendung elektronischer Kommunikationsmittel gemäß den Anforderungen dieses Artikels erfolgen. Die für die elektronische Übermittlung zu verwendenden Instrumente und Vorrichtungen und ihre technischen Merkmale müssen diskriminierungsfrei und allgemein zugänglich sowie mit den allgemein verbreiteten Erzeugnissen der IKT kompatibel sein und dürfen den Zugang der Wirtschaftsteilnehmer zum Vergabeverfahren nicht einschränken.

Ungeachtet des Unterabsatzes 1 sind die Auftraggeber in folgenden Fällen nicht verpflichtet, elektronische Kommunikationsmittel bei der Einreichung von Angeboten zu verlangen:

a) Aufgrund der besonderen Art der Auftragsvergabe würde die Nutzung elektronischer Kommunikationsmittel spezifische Instrumente, Vorrichtungen oder Dateiformate erfordern, die nicht allgemein verfügbar sind oder nicht von allgemein verfügbaren Anwendungen unterstützt werden.

b) Die Anwendungen, die Dateiformate unterstützen, die sich für die Beschreibung der Angebote eignen, verwenden Dateiformate, die nicht mittels anderer offener oder allgemein verfügbarer Anwendungen gehandhabt werden können, oder sind durch Lizenzen geschützt und können vom Auftraggeber nicht für das Herunterladen oder einen Fernzugang zur Verfügung gestellt werden.

c) Die Nutzung elektronischer Kommunikationsmittel würde spezielle Bürogeräte erfordern, die Auftraggebern nicht generell zur Verfügung stehen.

d) In den Auftragsunterlagen wird die Einreichung von physischen oder maßstabsgetreuen Modellen verlangt, die nicht auf elektronischem Wege übermittelt werden können.

Bei Kommunikationsvorgängen, bei denen nach Unterabsatz 2 elektronische Kommunikationsmittel nicht genutzt werden, erfolgt die Kommunikation per Post oder einem anderen geeigneten Weg oder durch eine Kombination aus Post oder einem anderen geeigneten Weg und elektronischen Mitteln.

Ungeachtet des Unterabsatzes 1 des vorliegenden Absatzes sind Auftraggeber nicht verpflichtet, die Nutzung elektronischer Kommunikationsmittel im Einreichungsverfahren zu verlangen, insofern die Verwendung anderer als elektronischer Kommunikationsmittel entweder aufgrund einer Verletzung der Sicherheit dieser Kommunikationsmittel oder zum Schutz der besonderen Empfindlichkeit von Informationen erforderlich ist, die ein derart hohes Schutzniveau verlangen, dass dieser nicht angemessen durch die Nutzung elektronischer Instrumente und Vorrichtungen gewährleistet werden kann, die entweder den Wirtschaftsteilnehmern allgemein zur Verfügung stehen oder ihnen durch alternative Zugangsmittel im Sinne des Absatzes 5 zur Verfügung gestellt werden können.

Es obliegt den Auftraggebern, die gemäß Unterabsatz 2 des vorliegenden Absatzes andere als elektronische Kommunikationsmittel im Einreichungsverfahren verlangen, in dem Einzelbericht gemäß Artikel 100 die Gründe für diese Verpflichtung anzugeben. Gegebenenfalls müssen die Auftraggeber in dem Einzelbericht die Gründe dafür angeben, dass die Verwendung anderer als elektronischer Kommunikationsmittel in Anwendung des Unterabsatzes 4 des vorliegenden Absatzes für erforderlich erachtet wurde.

(2) Ungeachtet des Absatzes 1 kann die Verständigung auch mündlich erfolgen, wenn dies ausreichend dokumentiert wird und keine wesentlichen Bestandteile eines Vergabeverfahrens betroffen sind. Zu diesem Zweck umfassen die wesentlichen Bestandteile eines Vergabeverfahrens die Auftragsunterlagen, Teilnahmeanträge, Interessensbestätigungen und Angebote. Insbesondere muss die mündliche Verständigung mit Bietern, die einen wesentlichen Einfluss auf den Inhalt und die Bewertung des Angebots haben

könnte, in hinreichendem Umfang und in geeigneter Weise dokumentiert werden, z.b. durch Niederschrift oder Tonaufzeichnungen oder Zusammenfassungen der wichtigsten Elemente der Verständigung.

(3) Bei der gesamten Kommunikation sowie beim Austausch und der Speicherung von Informationen stellen die Auftraggeber die Integrität der Daten und die Vertraulichkeit der Angebote und der Anträge auf Teilnahme sicher. Sie überprüfen den Inhalt der Angebote und der Anträge auf Teilnahme erst nach Ablauf der Frist für ihre Einreichung.

(4) Für Bauaufträge und Wettbewerbe können die Mitgliedstaaten die Nutzung spezifischer elektronischer Instrumente, wie z.b. elektronischer Instrumente für die Gebäudedatenmodellierung oder dergleichen, verlangen. In diesem Fall bieten die öffentlichen Auftraggeber alternative Zugänge gemäß Absatz 5 bis zu dem Zeitpunkt, von dem an diese Instrumente im Sinne von Absatz 1 Unterabsatz 1 Satz 2 allgemein zur Verfügung stehen.

(5) Auftraggeber können erforderlichenfalls die Verwendung von Instrumenten vorschreiben, die nicht allgemein verfügbar sind, sofern die Auftraggeber alternative Zugangsmittel anbieten.

In allen nachfolgend genannten Situationen wird davon ausgegangen, dass Auftraggeber geeignete alternative Zugänge anbieten, wenn sie
a) ab dem Datum der Veröffentlichung der Bekanntmachung gemäß Anhang IX oder ab dem Versanddatum der Aufforderung zur Interessensbestätigung unentgeltlich einen uneingeschränkten und vollständigen Zugang anhand elektronischer Mittel zu diesen Instrumenten und Vorrichtungen anbieten. Der Text der Bekanntmachung oder der Aufforderung zur Interessensbestätigung muss die Internet-Adresse, über die diese Instrumente und Vorrichtungen abrufbar sind, enthalten;
b) gewährleisten, dass Bieter ohne Zugang zu den betreffenden Instrumenten und Vorrichtungen und ohne Möglichkeit, diese innerhalb der einschlägigen Fristen zu beschaffen, sofern das Fehlen des Zugangs nicht dem betreffenden Bieter zuzuschreiben ist, Zugang zum Vergabeverfahren mittels provisorischer Token haben, die online unentgeltlich zur Verfügung gestellt werden; oder
c) einen alternativen Kanal für die elektronische Einreichung von Angeboten unterstützen.

(6) Zusätzlich zu den Anforderungen des Anhangs V gelten für die Instrumente und Vorrichtungen zur elektronischen Übermittlung und für den elektronischen Eingang von Angeboten sowie für die Instrumente und Vorrichtungen für den elektronischen Eingang der Teilnahmeanträge die folgenden Vorschriften:
a) Die Informationen über die technischen Spezifikationen für die elektronische Einreichung der Angebote und Teilnahmeanträge, einschließlich Verschlüsselung und Zeitstempelung, müssen den Interessenten zugänglich sein.
b) Die Mitgliedstaaten oder die Auftraggeber, die innerhalb eines von dem betreffenden Mitgliedstaat festgelegten Rahmenkonzepts handeln, legen das für die elektronischen Kommunikationsmittel in den verschiedenen Phasen des jeweiligen Verga-

beverfahrens erforderliche Sicherheitsniveau fest; dieses Niveau muss im Verhältnis zu den verbundenen Risiken stehen.

c) Für den Fall, dass Mitgliedstaaten oder Auftraggeber, die in einem von dem betreffenden Mitgliedstaat festgelegten Gesamtrahmen handeln, zu dem Schluss gelangen, dass das gemäß Buchstabe b des vorliegenden Absatzes eingeschätzte Risikoniveau dergestalt ist, dass fortgeschrittene elektronische Signaturen im Sinne der Richtlinie 1999/93/EG des Europäischen Parlaments und des Rates[1] erforderlich sind, akzeptieren die Auftraggeber elektronische Signaturen, die sich auf ein qualifiziertes Zertifikat stützen, wobei berücksichtigt wird, ob diese Zertifikate von einem Zertifizierungsdiensteanbieter angeboten werden, der auf einer Vertrauensliste gemäß dem Beschluss 2009/767/EG[2] der Kommission geführt wird, die und mit oder ohne sichere Signaturerstellungseinheit erstellt werden, sofern die folgenden Bedingungen eingehalten werden:

i) Die Auftraggeber müssen das geforderte Format der fortgeschrittenen Signatur auf der Grundlage der im Beschluss 2011/130/EU[3] der Kommission festgelegten Formate erstellen und die erforderlichen Maßnahmen treffen, um diese Formate technisch bearbeiten zu können; wird eine elektronische Signatur in einem anderen Format verwendet, muss die elektronische Signatur oder der elektronische Dokumententräger Informationen über die bestehenden Validierungsmöglichkeiten enthalten; zuständig hierfür ist der Mitgliedstaat. Die Validierungsmöglichkeiten müssen es dem Auftraggeber erlauben, die erhaltene elektronische Signatur online, kostenlos und in einer für Nichtmuttersprachler verständlichen Weise als fortgeschrittene elektronische Signatur, die durch ein qualifiziertes Zertifikat unterstützt ist, zu validieren. Die Mitgliedstaaten übermitteln der Kommission Informationen über den Erbringer der Validierungsdienste; die Kommission macht die von den Mitgliedstaaten erhaltenen Informationen dann im Internet öffentlich zugänglich.

ii) Wird ein Angebot mit einem auf einer Vertrauensliste registrierten qualifizierten Zertifikat unterzeichnet, so schreiben die Auftraggeber keine zusätzlichen Anforderungen fest, die die Bieter an der Verwendung dieser Signaturen hindern.

In Bezug auf im Rahmen eines Vergabeverfahrens verwendete Dokumente, die durch eine zuständige Behörde eines Mitgliedstaats oder durch eine andere ausstellende Stelle unterzeichnet sind, kann die zuständige ausstellende Behörde oder Stelle das geforderte Format der fortgeschrittenen Signatur gemäß den Anforderungen in Artikel 1 Absatz 2 des Beschlusses 2011/130/EU festlegen. Sie ergreift die Maßnahmen, die erforderlich sind damit diese Formate technisch verarbeitet werden können, indem sie die für die Bearbeitung der Signatur erforderlichen Informationen in das betreffende Dokument aufnimmt. Diese Dokumente müssen in der elektronischen Signatur oder im elektronischen Dokumententräger Informationen über die bestehenden Validierungsmöglichkeiten enthalten, die es erlauben, die erhaltene elektronische Signatur online, kostenlos und in einer für Nichtmuttersprachler verständlichen Weise zu validieren.

(7) Der Kommission wird die Befugnis übertragen, gemäß Artikel 103 delegierte Rechtsakte im Hinblick auf die Änderung der technischen Einzelheiten und Merkmale des Anhangs V zu erlassen, um technischen Entwicklungen Rechnung zu tragen.

Der Kommission wird die Befugnis übertragen, gemäß Artikel 103 delegierte Rechtsakte im Hinblick auf die Änderung der Liste in Absatz 1 Unterabsatz 2 Buchstaben a bis d des vorliegenden Artikels zu erlassen, wenn technische Entwicklungen weiter bestehende Ausnahmen von der Nutzung elektronischer Kommunikationsmittel unangemessen erscheinen lassen oder – in Ausnahmefällen – wenn aufgrund technischer Entwicklungen neue Ausnahmen vorgesehen werden müssen.

Um die Interoperabilität technischer Formate sowie der Standards für die Verfahren und Mitteilungen vor allem auch im grenzüberschreitenden Zusammenhang zu gewährleisten, wird der Kommission die Befugnis übertragen, gemäß Artikel 103 delegierte Rechtsakte im Hinblick auf die zwingende Anwendung solcher technischen Standards zu erlassen; dies gilt insbesondere hinsichtlich der elektronischen Einreichung von Unterlagen, der elektronischen Kataloge und der Mittel für die elektronische Authentifizierung, jedoch nur dann, wenn die technischen Standards gründlich erprobt wurden und ihre Praxistauglichkeit unter Beweis gestellt wurde. Bevor ein technischer Standard vorgeschrieben wird, prüft die Kommission auch sorgfältig die damit gegebenenfalls verbundenen Kosten, insbesondere hinsichtlich eventuell erforderlicher Anpassungen bestehender Lösungen für das elektronische Beschaffungswesen, einschließlich Infrastrukturen, Verfahren oder Software.

(1) Amtl. Anm.:
Richtlinie 1999/93/EG des Europäischen Parlaments und des Rates vom 13. Dezember 1999 über gemeinschaftliche Rahmenbedingungen für elektronische Signaturen (ABl. L 13 vom 19.1.2000, S. 12).

(2) Amtl. Anm.:
Entscheidung 2009/767/EG der Kommission vom 16. Oktober 2009 über Maßnahmen zur Erleichterung der Nutzung elektronischer Verfahren über »einheitliche Ansprechpartner« gemäß der Richtlinie 2006/123/EG des Europäischen Parlaments und des Rates über Dienstleistungen im Binnenmarkt (ABl. L 274 vom 20.10.2009, S. 36).

(3) Amtl. Anm.:
Beschluss 2011/130/EU der Kommission vom 25. Februar 2011 über Mindestanforderungen für die grenzüberschreitende Verarbeitung von Dokumenten, die gemäß der Richtlinie 2006/123/EG des Europäischen Parlaments und des Rates über Dienstleistungen im Binnenmarkt (ABl. L 53 vom 26.2.2011, S. 66).

Art. 41 Nomenklaturen

(1) Etwaige Verweise auf Nomenklaturen im Zusammenhang mit der öffentlichen Auftragsvergabe erfolgen unter Zugrundelegung des »Gemeinsamen Vokabulars für öffentliche Aufträge« (CPV), das mit der Verordnung (EG) Nr. 2195/2002 angenommen wurde.

(2) Der Kommission wird die Befugnis übertragen, gemäß Artikel 103 delegierte Rechtsakte im Hinblick auf die in dieser Richtlinie genannten CPV-Codes zu ändern, wenn Änderungen in der CPV-Nomenklatur in diese Richtlinie aufzunehmen sind und sie keine Änderung des Anwendungsbereichs dieser Richtlinie bewirken.

Art. 42 Interessenkonflikte

Die Mitgliedstaaten sorgen dafür, dass die öffentlichen Auftraggeber geeignete Maßnahmen zur wirksamen Verhinderung, Aufdeckung und Behebung von Interessenkonflikten, die bei der Durch-führung von Vergabeverfahren auftreten, treffen, um Wettbewerbsverzerrungen zu vermeiden und eine Gleichbehandlung aller Wirtschaftsteilnehmer zu gewährleisten.

Der Begriff »Interessenkonflikt« deckt zumindest alle Situationen ab, in denen Mitarbeiter des öffentlichen Auftraggebers oder eines im Namen des öffentlichen Auftraggebers handelnden Beschaffungsdienstleisters, die an der Durchführung des Vergabeverfahrens beteiligt sind oder Einfluss auf den Ausgang des Verfahrens nehmen können, direkt oder indirekt ein finanzielles, wirtschaftliches oder sonstiges persönliches Interesse haben, das als Beeinträchtigung ihrer Unparteilichkeit und Unabhängigkeit im Rahmen des Vergabeverfahrens wahrgenommen werden könnte.

Titel II Vorschriften über Aufträge

Kapitel 1 Verfahren

Art. 43 Bedingungen betreffend das GPA und andere internationale Übereinkommen

Soweit sie durch die Anhänge 3, 4 und 5 sowie die Allgemeinen Anmerkungen zum Anlage I der Europäischen Union zum GPA sowie die anderen internationalen für die Union rechtsverbindlichen Übereinkommen erfasst sind, wenden die Auftraggeber im Sinne des Artikels 4 Absatz 1 Buchstabe a auf Bauleistungen, Lieferungen, Dienstleistungen und Wirtschaftsteilnehmer aus den Unterzeichnerstaaten dieser Übereinkommen keine ungünstigeren Bedingungen an als auf Bauleistungen, Lieferungen, Dienstleistungen und Wirtschaftsteilnehmer aus der Europäischen Union.

Art. 44 Wahl der Verfahren

(1) Bei der Vergabe von Bau-, Liefer- oder Dienstleistungsaufträgen wenden die Auftraggeber die an diese Richtlinie angepassten Verfahren an, sofern unbeschadet des Artikels 47 ein Aufruf zum Wettbewerb im Einklang mit dieser Richtlinie veröffentlicht wurde.

(2) Die Mitgliedstaaten schreiben vor, dass Auftraggeber offene oder nichtoffene Verfahren sowie Verhandlungsverfahren mit vorherigem Aufruf zum Wettbewerb nach Maßgabe dieser Richtlinie anwenden können.

(3) Die Mitgliedstaaten schreiben vor, dass die Auftraggeber wettbewerbliche Dialoge und Innovationspartnerschaften im Sinne dieser Richtlinie anwenden können.

(4) Der Aufruf zum Wettbewerb kann wie folgt erfolgen:
a) mittels einer regelmäßigen nicht verbindlichen Bekanntmachung gemäß Artikel 67, sofern der Auftrag in einem nichtoffenen Verfahren oder im Verhandlungsverfahren vergeben wird;

b) mittels einer Bekanntmachung in Bezug auf das Bestehen eines Qualifizierungssystems im Sinne des Artikels 68, sofern der Auftrag in einem nichtoffenen Verfahren oder im Verhandlungsverfahren oder durch einen wettbewerblichen Dialog oder eine Innovationspartnerschaft vergeben wird;

c) mittels einer Auftragsbekanntmachung gemäß Artikel 69.

In dem in Buchstabe a des vorliegenden Absatzes genannten Fall werden Wirtschaftsteilnehmer, die ihr Interesse infolge der Veröffentlichung der regelmäßigen nicht verbindlichen Bekanntmachung bekundet haben, aufgefordert, ihr Interesse schriftlich mittels einer Aufforderung zur Interessensbestätigung gemäß Artikel 74 zu bestätigen.

(5) In den konkreten Fällen und unter den konkreten Umständen, die in Artikel 50 ausdrücklich genannt sind, können die Mitgliedstaaten vorschreiben, dass die Auftraggeber auf ein Verhandlungsverfahren ohne vorherigen Aufruf zum Wettbewerb zurückgreifen können. Die Mitgliedstaaten dürfen die Nutzung dieses Verfahrens nicht in anderen als den in Artikel 50 genannten Fällen gestatten.

Art. 45 Offenes Verfahren

(1) Bei einem offenen Verfahren können alle interessierten Wirtschaftsteilnehmer auf einen Aufruf zum Wettbewerb hin ein Angebot abgeben.

Die Frist für den Eingang der Angebote beträgt mindestens 35 Tage, gerechnet ab dem Tag der Absendung der Auftragsbekanntmachung.

Dem Angebot beizufügen sind die vom Auftraggeber verlangten Informationen im Hinblick auf die Eignung.

(2) Haben die Auftraggeber eine regelmäßige nicht verbindliche Bekanntmachung veröffentlicht, die selbst nicht als Aufruf zum Wettbewerb verwendet wurde, kann die Mindestfrist für den Eingang der Angebote nach Absatz 1 Unterabsatz 2 auf 15 Tage verkürzt werden, sofern sämtliche nachfolgend genannten Bedingungen erfüllt sind:

a) Die regelmäßige nicht verbindliche Bekanntmachung enthielt zusätzlich zu den in Anhang VI Teil A Abschnitt I geforderten Informationen alle nach Anhang VI Teil A Abschnitt II geforderten Informationen, soweit letztere zum Zeitpunkt der Veröffentlichung der regelmäßigen nicht verbindlichen Bekanntmachung vorlagen;

b) die regelmäßige nicht verbindliche Bekanntmachung wurde zwischen 35 Tagen und 12 Monaten vor dem Tag der Absendung der Auftragsbekanntmachung zur Veröffentlichung übermittelt.

(3) Für den Fall, dass eine von dem Auftraggeber hinreichend begründete Dringlichkeit die Einhaltung der Frist gemäß Absatz 1 Unterabsatz 2 unmöglich macht, kann er eine Frist festlegen, die 15 Tage nach dem Tag der Absendung der Auftragsbekanntmachung nicht unterschreiten darf.

(4) Der Auftraggeber kann die Frist für den Eingang der Angebote gemäß Absatz 1 Unterabsatz 2 um fünf Tage verkürzen, wenn er die elektronische Übermittlung der Angebote gemäß Artikel 40 Absatz 4 Unterabsatz 1 sowie Artikel 40 Absätze 5 und 6 akzeptiert.

Art. 46 Nichtoffenes Verfahren

(1) Bei nichtoffenen Verfahren kann jeder Wirtschaftsteilnehmer auf einen Aufruf zum Wettbewerb hin einen Antrag auf Teilnahme übermitteln, indem er die vom Auftraggeber verlangten Informationen im Hinblick auf die Eignung vorlegt.

Die Mindestfrist für den Erhalt der Teilnahmeanträge wird grundsätzlich auf nicht weniger als 30 Tage ab dem Tag der Absendung der Auftragsbekanntmachung oder der Aufforderung zur Interessensbestätigung festgelegt und darf auf keinen Fall weniger als 15 Tage betragen.

(2) Lediglich jene Wirtschaftsteilnehmer, die vom Auftraggeber infolge seiner Bewertung der bereitgestellten Informationen dazu aufgefordert werden, können ein Angebot übermitteln. Die Auftraggeber können die Zahl geeigneter Bewerber, die zur Teilnahme am Verfahren aufgefordert werden, gemäß Artikel 78 Absatz 2 begrenzen.

Die Frist für den Eingang von Angeboten kann im gegenseitigen Einvernehmen zwischen dem Auftraggeber und den ausgewählten Bewerbern festgelegt werden, vorausgesetzt, dass allen ausgewählten Bewerbern dieselbe Frist für die Erstellung und Einreichung der Angebote eingeräumt wird.

Erfolgt keine einvernehmliche Festlegung der Frist für den Eingang der Angebote, beträgt die Frist mindestens 10 Tage ab dem Tag der Absendung der Aufforderung zur Angebotsabgabe.

Art. 47 Verhandlungsverfahren mit vorherigem Aufruf zum Wettbewerb

(1) Bei Verhandlungsverfahren mit vorherigem Aufruf zum Wettbewerb kann jeder Wirtschaftsteilnehmer auf einen Aufruf zum Wettbewerb hin einen Antrag auf Teilnahme übermitteln, indem er die vom Auftraggeber verlangten Informationen im Hinblick auf die Eignung vorlegt.

Die Mindestfrist für den Erhalt der Teilnahmeanträge wird grundsätzlich auf nicht weniger als 30 Tage ab dem Tag der Absendung der Auftragsbekanntmachung oder – für den Fall, dass eine regelmäßige nicht verbindliche Bekanntmachung als Mittel für den Aufruf zum Wettbewerb verwendet wird – der Aufforderung zur Interessensbestätigung festgelegt und darf auf keinen Fall weniger als 15 Tage betragen.

(2) Lediglich jene Wirtschaftsteilnehmer, die vom Auftraggeber infolge seiner Bewertung der bereitgestellten Informationen dazu aufgefordert werden, können an den Verhandlungen teilnehmen. Die Auftraggeber können die Zahl geeigneter Bewerber, die zur Teilnahme am Verfahren aufgefordert werden, gemäß Artikel 78 Absatz 2 begrenzen.

Die Frist für den Eingang von Angeboten kann im gegenseitigen Einvernehmen zwischen dem Auftraggeber und den ausgewählten Bewerbern festgelegt werden, vorausgesetzt, dass allen Bewerbern dieselbe Frist für die Erstellung und Einreichung der Angebote eingeräumt wird.

Erfolgt keine einvernehmliche Festlegung der Frist für den Eingang der Angebote, beträgt die Frist mindestens 10 Tage ab dem Tag der Absendung der Aufforderung zur Angebotsabgabe.

Art. 48 Wettbewerblicher Dialog

(1) Bei wettbewerblichen Dialogen kann jeder Wirtschaftsteilnehmer auf einen Aufruf zum Wettbewerb gemäß Artikel 44 Absatz 4 Buchstaben b und c hin einen Teilnahmeantrag einreichen, indem er die vom Auftraggeber verlangten Informationen im Hinblick auf die Eignung vorlegt.

Die Mindestfrist für den Erhalt der Teilnahmeanträge wird grundsätzlich auf nicht weniger als 30 Tage ab dem Tag der Absendung der Auftragsbekanntmachung oder – für den Fall, dass eine regelmäßige nicht verbindliche Bekanntmachung als Mittel für den Aufruf zum Wettbewerb verwendet wird – der Aufforderung zur Interessensbestätigung festgelegt und darf auf keinen Fall weniger als 15 Tage betragen.

Lediglich jene Wirtschaftsteilnehmer, die vom Auftraggeber infolge der Bewertung der bereitgestellten Informationen dazu aufgefordert werden, können am Dialog teilnehmen. Die Auftraggeber können die Zahl geeigneter Bewerber, die zur Teilnahme am Verfahren aufgefordert werden, gemäß Artikel 78 Absatz 2 begrenzen. Der Zuschlag erfolgt allein nach dem Kriterium des besten Preis-Leistungs-Verhältnisses im Sinne von Artikel 82 Absatz 2.

(2) Die Auftraggeber erläutern und definieren im Aufruf zum Wettbewerb und/oder in der Beschreibung ihre Bedürfnisse und Anforderungen. Gleichzeitig erläutern und definieren sie in denselben Unterlagen die zugrunde gelegten Zuschlagskriterien und legen einen indikativen Zeitrahmen fest.

(3) Die Auftraggeber eröffnen mit den nach den einschlägigen Bestimmungen der Artikel 76 bis 81 ausgewählten Teilnehmern einen Dialog, dessen Ziel es ist, die Mittel, mit denen ihre Bedürfnisse am besten erfüllt werden können, zu ermitteln und festzulegen. Bei diesem Dialog können sie mit den ausgewählten Teilnehmern alle Aspekte der Auftragsvergabe erörtern.

Die Auftraggeber stellen sicher, dass alle Teilnehmer bei dem Dialog gleich behandelt werden. Insbesondere enthalten sie sich jeder diskriminierenden Weitergabe von Informationen, durch die bestimmte Teilnehmer gegenüber anderen begünstigt werden könnten.

In Übereinstimmung mit Artikel 39 dürfen die Auftraggeber Lösungsvorschläge oder vertrauliche Informationen eines am Dialog teilnehmenden Bewerbers oder Bieters nicht ohne dessen Zustimmung an die anderen Teilnehmer weitergeben. Eine solche Zustimmung hat keine allgemeine Gültigkeit, sondern wird nur in Bezug auf die beabsichtigte Mitteilung bestimmter Informationen erteilt.

(4) Der wettbewerbliche Dialog kann in verschiedene aufeinander folgende Phasen unterteilt werden, um die Zahl der in der Dialogphase zu erörternden Lösungen anhand der im Aufruf zum Wettbewerb oder in der Beschreibung festgelegten Zuschlagskrite-

rien zu verringern. Im Aufruf zum Wettbewerb oder in der Beschreibung gibt der Auftraggeber an, ob sie von dieser Option Gebrauch machen wird.

(5) Der Auftraggeber setzt den Dialog fort, bis er die Lösung beziehungsweise die Lösungen ermitteln kann, mit denen seine Bedürfnisse erfüllt werden können.

(6) Nachdem die Auftraggeber den Dialog für abgeschlossen erklärt und die verbleibenden Teilnehmer entsprechend informiert haben, fordern sie diese auf, auf der Grundlage der eingereichten und in der Dialogphase näher ausgeführten Lösung beziehungsweise Lösungen ihr endgültiges Angebot einzureichen. Diese Angebote müssen alle zur Ausführung des Projekts erforderlichen Einzelheiten enthalten.

Diese Angebote können auf Verlangen des Auftraggebers klargestellt, konkretisiert und optimiert werden. Nicht zulässig im Rahmen dieser Klarstellung, Konkretisierung, Optimierung oder der Bereitstellung zusätzlicher Informationen sind Änderungen an den wesentlichen Bestandteilen des Angebots oder des Auftrags, einschließlich der im Aufruf zum Wettbewerb oder in der Beschreibung dargelegten Bedürfnisse und Anforderungen, wenn Abweichungen bei diesen Bestandteilen, Bedürfnissen und Anforderungen den Wettbewerb verzerren oder eine diskriminierende Wirkung haben können.

(7) Die Auftraggeber beurteilen die eingereichten Angebote anhand der im Aufruf zum Wettbewerb oder in der Beschreibung festgelegten Zuschlagskriterien.

Auf Verlangen des Auftraggebers können mit dem Bieter, dessen Angebot als dasjenige mit dem besten Preis-Leistungs-Verhältnis im Sinne von Artikel 82 Absatz 2 ermittelt wurde, Verhandlungen geführt werden, um im Angebot enthaltene finanzielle Zusagen oder andere Bedingungen zu bestätigen, indem die Auftragsbedingungen abschließend festgelegt werden, sofern diese Verhandlungen nicht dazu führen, dass wesentliche Bestandteile des Angebots oder der Auftragsvergabe geändert werden, einschließlich der im Aufruf zum Wettbewerb oder der Beschreibung dargelegten Bedürfnisse und Anforderungen, und sofern dies nicht die Gefahr von Wettbewerbsverzerrungen oder Diskriminierungen mit sich bringt.

(8) Die Auftraggeber können Prämien oder Zahlungen an die Teilnehmer am Dialog vorsehen.

Art. 49 Innovationspartnerschaften

(1) Bei Innovationspartnerschaften kann jeder Wirtschaftsteilnehmer auf einen Aufruf zum Wettbewerb gemäß Artikel 44 Absatz 4 Buchstaben b und c hin einen Teilnahmeantrag einreichen, indem er die vom Auftraggeber verlangten Informationen im Hinblick auf die Eignung vorlegt.

Der Auftraggeber muss in den Auftragsunterlagen die Nachfrage nach einem innovativen Produkt beziehungsweise innovativen Dienstleistungen oder Bauleistungen angeben, die nicht durch den Erwerb von bereits auf dem Markt verfügbaren Produkten, Dienstleistungen oder Bauleistungen befriedigt werden kann. Ferner gibt sie an, welche Elemente dieser Beschreibung die von allen Angeboten einzuhaltenden Mindestanforderungen darstellen. Diese Hinweise müssen so präzise sein, dass die Wirtschaftsteilnehmer Art und Umfang der geforderten Lösung erkennen und entscheiden können, ob sie eine Teilnahme an dem Verfahren beantragen.

Der Auftraggeber kann beschließen, die Innovationspartnerschaft mit einem Partner oder mit mehreren Partnern, die getrennte Forschungs- und Entwicklungstätigkeiten durchführen, zu bilden.

Die Mindestfrist für den Erhalt der Teilnahmeanträge wird grundsätzlich auf nicht weniger als 30 Tage ab dem Tag der Absendung der Auftragsbekanntmachung festgelegt und darf auf keinen Fall weniger als 15 Tage betragen. Lediglich jene Wirtschaftsteilnehmer, die vom Auftraggeber infolge der Bewertung der bereitgestellten Informationen dazu aufgefordert werden, können am Verfahren teilnehmen. Die Auftraggeber können die Zahl geeigneter Bewerber, die zur Teilnahme am Verfahren aufgefordert werden, gemäß Artikel 78 Absatz 2 begrenzen. Der Zuschlag erfolgt allein nach dem Kriterium des besten Preis-Leistungs-Verhältnisses gemäß Artikel 82 Absatz 2.

(2) Ziel der Innovationspartnerschaft muss die Entwicklung eines innovativen Produkts beziehungsweise einer innovativen Dienstleistung oder Bauleistung und der anschließende Erwerb der daraus hervorgehenden Lieferungen, Dienstleistungen oder Bauleistungen sein, sofern das Leistungsniveau und die vereinbarte Kostenobergrenze eingehalten werden, die zwischen den Auftraggebern und den Teilnehmern vereinbart worden sind.

Die Innovationspartnerschaft wird entsprechend dem Forschungs- und Innovationsprozess in aufeinander folgenden Phasen strukturiert und kann die Herstellung der zu liefernden Produkte, die Erbringung der Dienstleistungen oder die Fertigstellung der Bauleistung umfassen. Die Innovationspartnerschaft legt die von den Partnern zu erreichenden Zwischenziele sowie die Zahlung der Vergütung in angemessenen Tranchen fest.

Auf der Grundlage dieser Ziele kann der Auftraggeber am Ende jeder Phase darüber befinden, ob er die Innovationspartnerschaft beendet oder – im Fall einer Innovationspartnerschaft mit mehreren Partnern – die Zahl der Partner durch die Kündigung einzelner Verträge reduziert, sofern der Auftraggeber in den Auftragsunterlagen darauf hingewiesen hat, dass diese Möglichkeiten bestehen und unter welchen Umständen davon Gebrauch gemacht werden kann.

(3) Sofern in diesem Artikel nicht anders vorgesehen, verhandeln die Auftraggeber mit den Bietern über die von ihnen eingereichten Erstangebote und alle Folgeangebote, mit Ausnahme der endgültigen Angebote, um die Angebote inhaltlich zu verbessern.

Die Mindestanforderungen und die Zuschlagskriterien sind nicht Gegenstand von Verhandlungen.

(4) Die Auftraggeber tragen dafür Sorge, dass alle Bieter bei den Verhandlungen gleich behandelt werden. Insbesondere enthalten sie sich jeder diskriminierenden Weitergabe von Informationen, durch die bestimmte Teilnehmer gegenüber anderen begünstigt werden könnten. Sie unterrichten alle Bieter, deren Angebote gemäß Absatz 5 nicht eliminiert wurden, schriftlich über etwaige Änderungen der technischen Spezifikationen

oder anderer Auftragsunterlagen, die nicht die Festlegung der Mindestanforderungen betreffen. Im Anschluss an solche Änderungen gewähren die Auftraggeber den Bietern ausreichend Zeit, um ihre Angebote zu ändern und gegebenenfalls modifizierte Angebote einzureichen.

In Übereinstimmung mit Artikel 39 dürfen die Auftraggeber vertrauliche Informationen eines an den Verhandlungen teilnehmenden Bewerbers oder Bieters nicht ohne dessen Zustimmung an die anderen Teilnehmer weitergeben. Eine solche Zustimmung hat keine allgemeine Gültigkeit, sondern wird nur in Bezug auf die beabsichtigte Mitteilung bestimmter Informationen erteilt.

(5) Die Verhandlungen während Verfahren der Innovationspartnerschaft können in aufeinander folgende Phasen unterteilt werden, um die Zahl der Angebote, über die verhandelt wird, anhand der in der Auftragsbekanntmachung, der Aufforderung zur Interessensbestätigung oder in den Auftragsunterlagen angegebenen Zuschlagskriterien zu verringern. In der Auftragsbekanntmachung, der Aufforderung zur Interessensbestätigung oder den Auftragsunterlagen gibt der Auftraggeber an, ob er von dieser Option Gebrauch machen wird.

(6) Bei der Auswahl der Bewerber wenden die Auftraggeber insbesondere die Kriterien an, die die Fähigkeiten der Bewerber auf dem Gebiet der Forschung und Entwicklung sowie die Ausarbeitung und Umsetzung innovativer Lösungen betreffen.

Lediglich jene Wirtschaftsteilnehmer, die vom Auftraggeber infolge seiner Bewertung der angeforderten Informationen eine Aufforderung erhalten haben, können Forschungs- und Innovationsprojekte einreichen, die auf die Abdeckung der vom Auftraggeber genannten Bedürfnisse abzielen, die von den bereits vorhandenen Lösungen nicht erfüllt werden können.

Der Auftraggeber muss in den Auftragsunterlagen die für die Rechte des geistigen Eigentums geltenden Vorkehrungen festlegen. Im Fall einer Innovationspartnerschaft mit mehreren Partnern darf der Auftraggeber gemäß Artikel 39 den anderen Partnern keine vorgeschlagene Lösung oder andere von einem Partner im Rahmen der Partnerschaft mitgeteilten vertraulichen Informationen ohne die Zustimmung dieses Partners offenlegen. Eine solche Zustimmung hat keine allgemeine Gültigkeit, sondern wird nur in Bezug auf die beabsichtigte Mitteilung bestimmter Informationen erteilt.

(7) Der Auftraggeber stellt sicher, dass die Struktur der Partnerschaft und insbesondere die Dauer und der Wert der einzelnen Phasen den Innovationsgrad der vorgeschlagenen Lösung und die Abfolge der Forschungs- und Innovationstätigkeiten, die für die Entwicklung einer auf dem Markt noch nicht vorhandenen innovativen Lösung erforderlich sind, widerspiegeln. Der Schätzwert der beschafften Lieferungen, Dienstleistungen oder Bauleistungen darf gegenüber der Investition in ihre Entwicklung nicht unverhältnismäßig sein.

Art. 50 Anwendung des Verhandlungsverfahrens ohne vorherigen Aufruf zum Wettbewerb

Die Auftraggeber können ein Verhandlungsverfahren ohne vorherigen Aufruf zum Wettbewerb in den folgenden Fällen anwenden:
a) wenn im Rahmen eines Verhandlungsverfahrens mit vorherigem Aufruf zum Wettbewerb keine oder keine geeigneten Angebote oder keine oder keine geeigneten Teilnahmeanträge abgegeben worden sind, sofern die ursprünglichen Auftragsbedingungen nicht grundlegend geändert werden; ein Angebot gilt als ungeeignet, wenn es irrelevant für den Auftrag ist und ohne wesentliche Abänderung den in den Auftragsunterlagen genannten Bedürfnissen und Anforderungen des Auftraggebers offensichtlich nicht entsprechen kann. Ein Teilnahmeantrag gilt als ungeeignet, wenn der Wirtschaftsteilnehmer gemäß Artikel 78 Absatz 1 oder Artikel 80 Absatz 1 ausgeschlossen wird oder ausgeschlossen werden kann, oder wenn er die vom Auftraggeber in den Artikeln 78 oder 80 festgelegten Auswahlkriterien nicht erfüllt;
b) wenn ein Auftrag rein den Zwecken von Forschung, Experimenten, Studien oder Entwicklung dient und nicht den Zwecken von Gewinnsicherung oder Abdeckung von Forschungs- und Entwicklungskosten und sofern der Zuschlag dem Zuschlag für Folgeaufträge nicht abträglich ist, die insbesondere diesen Zwecken dienen;
c) wenn die Bauleistungen, Lieferungen oder Dienstleistungen aus einem der folgenden Gründe nur von einem bestimmten Wirtschaftsteilnehmer erbracht beziehungsweise bereitgestellt werden können:
   i) Ziel der Beschaffung ist die Erschaffung oder der Erwerb eines einzigartigen Kunstwerks oder einer einzigartigen künstlerischen Leistung;
   ii) nicht vorhandener Wettbewerb aus technischen Gründen;
   iii) Schutz von ausschließlichen Rechten, einschließlich der Rechte des geistigen Eigentums.
   Die Ausnahmen gemäß den Ziffern ii und iii finden nur Anwendung, wenn es keine sinnvolle Alternative oder Ersatzlösung gibt und der fehlende Wettbewerb nicht das Ergebnis einer künstlichen Einengung der Auftragsvergabeparameter ist;
d) soweit dies unbedingt erforderlich ist, wenn äußerst dringende Gründe im Zusammenhang mit für den Auftraggeber unvorhersehbaren Ereignissen es nicht zulassen, die Fristen einzuhalten, die für die offenen und die nichtoffenen Verfahren sowie für die Verhandlungsverfahren mit vorherigem Aufruf zum Wettbewerb vorgeschrieben sind. Die angeführten Umstände zur Begründung der äußersten Dringlichkeit dürfen auf keinen Fall dem Auftraggeber zuzuschreiben sein;
e) im Fall von Lieferaufträgen bei zusätzlichen Lieferungen des ursprünglichen Unternehmers, die entweder zur teilweisen Erneuerung von Lieferungen oder Einrichtungen oder zur Erweiterung von bestehenden Lieferungen oder Einrichtungen bestimmt sind, wenn ein Wechsel des Unternehmers dazu führen würde, dass der Auftraggeber Lieferungen mit unterschiedlichen technischen Merkmalen kaufen müsste und dies eine technische Unvereinbarkeit oder unverhältnismäßige technische Schwierigkeiten bei Gebrauch und Wartung mit sich bringen würde;

f) bei neuen Bau- oder Dienstleistungen, die in der Wiederholung ähnlicher Bau- oder Dienstleistungen bestehen, die von denselben Auftraggebern an den Wirtschaftsteilnehmer vergeben werden, der den ursprünglichen Auftrag erhalten hat, sofern sie einem Grundprojekt entsprechen und dieses Projekt Gegenstand des ursprünglichen Auftrags war, der nach einem Verfahren im Einklang mit Artikel 44 Absatz 1 vergeben wurde;

Im Grundprojekt sind der Umfang möglicher zusätzlicher Bau- oder Dienstleistungen sowie die Bedingungen, unter denen sie vergeben werden, anzugeben. Die Möglichkeit der Anwendung dieses Verfahrens wird bereits beim Aufruf zum Wettbewerb für das erste Projekt angegeben; der für die Fortführung der Bau- oder Dienstleistungen in Aussicht genommene Gesamtauftragswert wird vom Auftraggeber bei der Anwendung der Artikel 15 und 16 berücksichtigt;

g) bei auf einer Warenbörse notierten und gekauften Lieferungen;

h) bei Gelegenheitsbeschaffungen, bei denen es möglich ist, Lieferungen zu beschaffen, indem eine besonders vorteilhafte Gelegenheit genutzt wird, die nur kurzfristig besteht und bei der ein Preis erheblich unter den üblichen Marktpreisen liegt;

i) wenn Lieferungen oder Dienstleistungen zu besonders günstigen Bedingungen bei Lieferanten, die ihre Geschäftstätigkeit endgültig einstellen, oder bei Insolvenzverwaltern im Rahmen eines Insolvenzverfahrens oder eines in den Rechts- oder Verwaltungsvorschriften eines Mitgliedstaats vorgesehenen gleichartigen Verfahrens erworben werden;

j) wenn der Dienstleistungsauftrag im Anschluss an einen gemäß dieser Richtlinie durchgeführten Wettbewerb nach den in diesem Wettbewerb vorgesehenen Bestimmungen an den Gewinner oder einen der Gewinner dieses Verfahrens vergeben wird; im letzteren Fall müssen alle Gewinner des Wettbewerbs zur Teilnahme an den Verhandlungen aufgefordert werden.

Kapitel II Methoden und Instrumente für die elektronische Auftragsvergabe und für Sammelbeschaffungen

Art. 51 Rahmenvereinbarungen

(1) Die Auftraggeber können Rahmenvereinbarungen schließen, sofern sie die in dieser Richtlinie genannten Verfahren anwenden.

Bei einer Rahmenvereinbarung handelt es sich um eine Vereinbarung zwischen einem oder mehreren Auftraggebern und einem oder mehreren Wirtschaftsteilnehmern, die dazu dient, die Bedingungen für die Aufträge, die im Laufe eines bestimmten Zeitraums vergeben werden sollen, festzulegen, insbesondere in Bezug auf den Preis und gegebenenfalls die in Aussicht genommenen Mengen.

Mit Ausnahme angemessen begründeter Sonderfälle, in denen dies insbesondere aufgrund des Gegenstands der Rahmenvereinbarung gerechtfertigt werden kann, beträgt die Laufzeit der Rahmenvereinbarung maximal acht Jahre.

(2) Auf einer Rahmenvereinbarung beruhende Aufträge werden nach objektiven Regeln und Kriterien vergeben, wozu auch die Neueröffnung des Wettbewerbs zwischen

denjenigen Wirtschaftsteilnehmern gehören kann, die zum Zeitpunkt des Abschlusses Vertragspartei der Rahmenvereinbarung waren. Diese Regeln und Kriterien sind in den Auftragsunterlagen für die Rahmenvereinbarung festgelegt.

Die in Unterabsatz 1 genannten objektiven Regeln und Kriterien gewährleisten die Gleichbehandlung der Wirtschaftsteilnehmer, die Vertragspartei der Vereinbarung sind. Ist eine Neueröffnung des Wettbewerbs einbegriffen, so setzen die Auftraggeber eine hinreichend lang bemessene Frist fest, damit für jeden einzelnen Auftrag Angebote eingereicht werden können, und vergeben jeden Auftrag an den Bieter, der nach den in den Spezifikationen der Rahmenvereinbarung festgelegten Zuschlagskriterien das beste Angebot eingereicht hat.

Die Auftraggeber wenden das Instrument der Rahmenvereinbarung nicht missbräuchlich oder in einer Weise an, durch die der Wettbewerb behindert, eingeschränkt oder verfälscht wird.

Art. 52 Dynamische Beschaffungssysteme

(1) Für Beschaffungen von marktüblichen Leistungen, bei denen die allgemein auf dem Markt verfügbaren Merkmale den Anforderungen der Auftraggeber genügen, können letztere auf ein dynamisches Beschaffungssystem zurückgreifen. Beim dynamischen Beschaffungssystem handelt es sich um ein vollelektronisches Verfahren, das während seiner Laufzeit jedem Wirtschaftsteilnehmer offensteht, der die Auswahlkriterien erfüllt. Es kann in Kategorien von Waren, Bauleistungen oder Dienstleistungen untergliedert werden, die anhand von Merkmalen der vorgesehenen Vergabe in der betreffenden Kategorie objektiv definiert werden. Diese Merkmale können eine Bezugnahme auf den höchstzulässigen Umfang späterer konkreter Aufträge oder auf ein spezifisches geografisches Gebiet, in dem spätere konkrete Aufträge auszuführen sind, enthalten.

(2) Bei der Beschaffung über ein dynamisches Beschaffungssystem befolgen die Auftraggeber die Vorschriften für das nichtoffene Verfahren. Alle Bewerber, die die Auswahlkriterien erfüllen, werden zum System zugelassen; die Zahl der zum System zugelassenen Bewerber darf nicht nach Artikel 78 Absatz 2 begrenzt werden. Haben Auftraggeber das System in Einklang mit Absatz 1 in Kategorien von Bauleistungen, Waren oder, Dienstleistungen untergliedert, so legen sie die geltenden Auswahlkriterien für jede Kategorie fest.

Ungeachtet des Artikels 46 gelten folgende Fristen:
a) Die Mindestfrist für den Erhalt der Teilnahmeanträge wird grundsätzlich auf nicht weniger als 30 Tage ab dem Tag der Absendung der Auftragsbekanntmachung oder – für den Fall, dass eine regelmäßige nicht verbindliche Bekanntmachung als Mittel für den Aufruf zum Wettbewerb verwendet wird – der Aufforderung zur Interessenbestätigung festgelegt und darf auf keinen Fall weniger als 15 Tage betragen. Sobald die Aufforderung zur Angebotsabgabe für die erste einzelne Auftragsvergabe im Rahmen eines dynamischen Beschaffungssystems versandt worden ist, gelten keine weiteren Fristen für den Erhalt der Teilnahmeanträge.

b) Die Mindestfrist für den Eingang der Angebote beträgt 10 Tage, gerechnet ab dem Tag der Absendung der Aufforderung zur Angebotsabgabe. Artikel 46 Absatz 2 Unterabsätze 2 und 3 kommen zur Anwendung.

(3) Die gesamte Kommunikation im Zusammenhang mit dem dynamischen Beschaffungssystem erfolgt ausschließlich elektronisch im Einklang mit Artikel 40 Absätze 1, 3, 5 und 6.

(4) Für die Zwecke der Auftragsvergabe über ein dynamisches Beschaffungssystem verfahren die Auftraggeber wie folgt:
a) Sie veröffentlichen einen Aufruf zum Wettbewerb, in dem sie präzisieren, dass es sich um ein dynamisches Beschaffungssystem handelt;
b) in den Auftragsunterlagen geben sie mindestens die Art und geschätzte Quantität der geplanten Beschaffungen an sowie alle erforderlichen Informationen über das dynamische Beschaffungssystem, einschließlich seiner Funktionsweise, die verwendete elektronische Ausrüstung und die technischen Vorkehrungen und Spezifikationen der Verbindung;
c) sie geben eine mögliche Einteilung in Kategorien von Waren, Bauleistungen oder Dienstleistungen sowie die entsprechenden Merkmale an;
d) sie bieten gemäß Artikel 73 einen uneingeschränkten und vollständigen direkten Zugang zu den Auftragsunterlagen, solange das System Gültigkeit hat.

(5) Die Auftraggeber räumen während der gesamten Gültigkeitsdauer des dynamischen Beschaffungssystems jedem Wirtschaftsteilnehmer die Möglichkeit ein, die Teilnahme am System unter den in Absatz 2 genannten Bedingungen zu beantragen. Die Auftraggeber bringen ihre Bewertung derartiger Anträge auf der Grundlage der Auswahlkriterien innerhalb von 10 Arbeitstagen nach deren Eingang zum Abschluss. Diese Frist kann in begründeten Einzelfällen auf 15 Arbeitstage verlängert werden, insbesondere wenn zusätzliche Unterlagen geprüft werden müssen oder um auf sonstige Art und Weise zu überprüfen, ob die Auswahlkriterien erfüllt sind.

Unbeschadet des Unterabsatzes 1 können Auftraggeber, solange die Aufforderung zur Angebotsabgabe für die erste einzelne Auftragsvergabe im Rahmen des dynamischen Beschaffungssystems noch nicht versandt wurde, die Bewertungsfrist verlängern, sofern während der verlängerten Bewertungsfrist keine Aufforderung zur Angebotsabgabe herausgegeben wird. In den Auftragsunterlagen geben die Auftraggeber die Dauer der Fristverlängerung an, die sie anzuwenden gedenken.

Die Auftraggeber unterrichten den betroffenen Wirtschaftsteilnehmer zum frühestmöglichen Zeitpunkt darüber, ob er zur Teilnahme am dynamischen Beschaffungssystem zugelassen wurde.

(6) Die Auftraggeber fordern alle zugelassenen Teilnehmer auf, gemäß Artikel 74 ein Angebot für jede einzelne Auftragsvergabe über das dynamische Beschaffungssystem zu unterbreiten. Wurde das dynamische Beschaffungssystem in Kategorien von Bauleistungen, Waren oder Dienstleistungen untergliedert, so fordern die Auftraggeber alle Teilnehmer, die für die dem betreffenden konkreten Auftrag entsprechende Kategorie zugelassen wurden, auf, ein Angebot zu unterbreiten.

Sie erteilen dem Bieter mit dem besten Angebot den Zuschlag auf der Grundlage der Zuschlagskriterien, die in der Bekanntmachung für das dynamische Beschaffungssystem, in der Aufforderung zur Interessenbestätigung oder – wenn eine Bekanntmachung in Bezug auf das Bestehen eines Qualifizierungssystems als Aufruf zum Wettbewerb dient – in der Aufforderung zur Angebotsabgabe genannt wurden. Diese Kriterien können gegebenenfalls in der Aufforderung zur Angebotsabgabe genauer formuliert werden.

(7) Die Auftraggeber, die im Einklang mit Artikel 80 die in der Richtlinie 2014/24/EU vorgesehenen Ausschlussgründe und Auswahlkriterien anwenden, können zugelassene Teilnehmer während der Laufzeit des dynamischen Beschaffungssystems jederzeit auffordern, innerhalb von fünf Arbeitstagen nach Übermittlung der Aufforderung eine erneute und aktualisierte Eigenerklärung gemäß Artikel 59 Absatz 1 jener Richtlinie einzureichen.

Artikel 59 Absätze 2 bis 4 gelten während der gesamten Gültigkeitsdauer des dynamischen Beschaffungssystems.

(8) Die Auftraggeber geben im Aufruf zum Wettbewerb die Gültigkeitsdauer des dynamischen Beschaffungssystems an. Unter Verwendung folgender Standardformulare unterrichten sie die Kommission über eine etwaige Änderung dieser Gültigkeitsdauer:
a) Wird die Gültigkeitsdauer ohne Einstellung des Systems geändert, so ist das ursprünglich für den Aufruf zum Wettbewerb für das dynamische Beschaffungssystem verwendete Formular zu verwenden;
b) wird das System eingestellt, so ist eine Vergabebekanntmachung im Sinne von Artikel 70 zu verwenden.

(9) Den am dynamischen Beschaffungssystem interessierten oder teilnehmenden Wirtschaftsteilnehmern dürfen vor oder während der Gültigkeitsdauer des dynamischen Beschaffungssystems keine Bearbeitungsgebühren in Rechnung gestellt werden.

Art. 53 Elektronische Auktionen

(1) Die Auftraggeber können auf elektronische Auktionen zurückgreifen, bei denen neue, nach unten revidierte Preise und/oder neue, auf bestimmte Komponenten der Angebote abstellende Werte vorgelegt werden.

Zu diesem Zweck gestalten die Auftraggeber die elektronische Auktion als ein iteratives elektronisches Verfahren, das nach einer vollständigen ersten Bewertung der Angebote eingesetzt wird, denen anhand automatischer Bewertungsmethoden eine Rangfolge zugewiesen wird.

Bestimmte Dienstleistungsaufträge und bestimmte Bauaufträge, die intellektuelle Leistungen, z.B. die Gestaltung von Bauwerken, zum Inhalt haben, die nicht mithilfe automatischer Bewertungsmethoden eingestuft werden können, sind von elektronischen Auktionen ausgenommen.

(2) Bei der Anwendung des offenen oder des nichtoffenen Verfahrens oder des Verhandlungsverfahrens mit vorherigem Aufruf zum Wettbewerb können die Auftraggeber be-

schließen, dass der Vergabe eines Auftrags eine elektronische Auktion vorangeht, sofern der Inhalt der Auftragsunterlagen und insbesondere die technischen Spezifikationen hinreichend präzise beschrieben werden kann.

Eine elektronische Auktion kann unter den gleichen Bedingungen bei einem erneuten Aufruf zum Wettbewerb der Parteien einer Rahmenvereinbarung nach Artikel 51 Absatz 2 und bei einem Aufruf zum Wettbewerb hinsichtlich der Aufträge, die im Rahmen des in Artikel 52 genannten dynamischen Beschaffungssystems zu vergeben sind, durchgeführt werden.

(3) Die elektronische Auktion beruht auf einem der nachfolgend genannten Angebotselemente:
a) allein auf dem Preis, wenn das Angebot ausschließlich auf der Basis des Preises den Zuschlag erhält;
b) auf dem Preis und/oder auf den neuen Werten der in den Auftragsunterlagen genannten Angebotskomponenten, wenn das Angebot mit dem besten Preis-Leistungs-Verhältnis oder – mittels eines Kosten-Wirksamkeits-Ansatzes – das Angebot mit den geringsten Kosten den Zuschlag für den Auftrag erhält.

(4) Die Auftraggeber, die beschließen, eine elektronische Auktion durchzuführen, machen darauf in der Auftragsbekanntmachung, der Aufforderung zur Interessenbestätigung oder – für den Fall, dass eine Bekanntmachung in Bezug auf das Bestehen eines Qualifizierungssystems als Aufruf zum Wettbewerb verwendet wird – in der Aufforderung zur Angebotsabgabe aufmerksam. Die Auftragsunterlagen müssen zumindest die in Anhang VII vorgesehenen Angaben enthalten.

(5) Vor der Durchführung der elektronischen Auktion nehmen die Auftraggeber anhand des Zuschlagskriteriums beziehungsweise der Zuschlagskriterien und der dafür festgelegten Gewichtung eine erste vollständige Evaluierung der Angebote vor.

Ein Angebot gilt als zulässig, wenn es von einem Bieter eingereicht wurde, der nicht nach Artikel 78 Absatz 1 oder Artikel 80 Absatz 1 ausgeschlossen wurde und der die gemäß den Artikeln 78 und 80 festgelegten Auswahlkriterien erfüllt und dessen Angebot in Übereinstimmung mit den technischen Spezifikationen eingereicht wurde, ohne unregelmäßig oder inakzeptabel oder ungeeignet zu sein.

Insbesondere Angebote, die nicht den Auftragsunterlagen entsprechen, die nicht fristgerecht eingegangen sind, die nachweislich auf kollusiven Absprachen oder Korruption beruhen oder die nach Einschätzung des öffentlichen Auftraggebers ungewöhnlich niedrig sind, werden als nicht ordnungsgemäß angesehen. Insbesondere Angebote von Bietern, die nicht über die erforderlichen Qualifikationen verfügen, und Angebote, deren Preis das vor Einleitung des Vergabeverfahrens festgelegte und schriftlich dokumentierte Budget des öffentlichen Auftraggebers übersteigt, werden als unannehmbar angesehen.

Ein Angebot gilt als ungeeignet, wenn es irrelevant für den Auftrag ist und ohne wesentliche Abänderung den in den Auftragsunterlagen genannten Bedürfnissen und Anforderungen des Auftraggebers offensichtlich nicht entsprechen kann. Ein Teilnahmeantrag gilt als ungeeignet, wenn der Wirtschaftsteilnehmer gemäß Artikel 78 Absatz 1 oder Artikel 80 Absatz 1 ausgeschlossen wird oder ausgeschlossen werden kann, oder wenn er die vom Auftraggeber in den Artikeln 78 oder 80 festgelegten Auswahlkriterien nicht erfüllt;

Alle Bieter, die zulässige Angebote unterbreitet haben, werden gleichzeitig auf elektronischem Wege zur Teilnahme an der elektronischen Auktion aufgefordert, wobei ab dem genannten Tag und Zeitpunkt die Verbindungen gemäß der in der Aufforderung genannten Anweisungen zu nutzen sind. Die elektronische Auktion kann mehrere aufeinanderfolgende Phasen umfassen. Sie darf frühestens zwei Arbeitstage nach der Versendung der Aufforderungen beginnen.

(6) Der Aufforderung wird das Ergebnis einer vollständigen Evaluierung des Angebots des betreffenden Bieters, die entsprechend der Gewichtung nach Artikel 82 Absatz 5 Unterabsatz 1 durchgeführt wurde, beigefügt.

In der Aufforderung ist ebenfalls die mathematische Formel vermerkt, nach der bei der elektronischen Auktion die automatische Neureihung entsprechend den vorgelegten neuen Preisen und/oder neuen Werten vorgenommen wird. Sofern nicht das wirtschaftlich günstigste Angebot allein aufgrund des Preises ermittelt wird, müssen aus dieser Formel auch die Gewichtung aller Kriterien für die Ermittlung des wirtschaftlich günstigsten Angebots hervorgehen, so wie sie in der Bekanntmachung, die als Aufruf zum Wettbewerb dient, oder in anderen Auftragsunterlagen angegeben ist. Zu diesem Zweck sind etwaige Margen durch einen im Voraus festgelegten Wert auszudrücken.

Sind Varianten zulässig, so wird für jede einzelne Variante eine gesonderte Formel angegeben.

(7) Die Auftraggeber übermitteln allen Bietern im Laufe einer jeden Phase der elektronischen Auktion unverzüglich die Informationen, die erforderlich sind, damit den Bietern jederzeit ihr jeweiliger Rang bekannt ist. Sie können ferner zusätzliche Informationen zu anderen vorgelegten Preisen oder Werten übermitteln, sofern dies in den Spezifikationen angegeben ist. Darüber hinaus können sie jederzeit die Zahl der Teilnehmer an der jeweiligen Phase der Auktion bekannt geben. Sie dürfen jedoch keinesfalls während der Phasen der elektronischen Auktion die Identität der Bieter offenlegen.

(8) Die Auftraggeber schließen die elektronische Auktion nach einem oder mehreren der folgenden Verfahren ab:
a) zum zuvor angegebenen Tag und Zeitpunkt;
b) wenn sie keine neuen Preise oder neuen Werte mehr erhalten, die die Anforderungen für die Mindestunterschiede erfüllen, sofern sie zuvor den Zeitpunkt genannt haben, der nach Eingang der letzten Einreichung vergangen sein muss, bevor sie die elektronische Auktion abschließen, oder
c) wenn die zuvor genannte Zahl der Auktionsphasen erfüllt ist.

Wenn die Auftraggeber beabsichtigen, die elektronische Auktion gemäß Unterabsatz 1 Buchstabe c – gegebenenfalls kombiniert mit dem Verfahren nach Unterabsatz 1 Buchstabe b – abzuschließen, wird in der Aufforderung zur Teilnahme an der Auktion der Zeitplan für jede Auktionsphase angegeben.

(9) Nach Abschluss der elektronischen Auktion vergeben die Auftraggeber den Auftrag gemäß Artikel 82 entsprechend den Ergebnissen der elektronischen Auktion.

Art. 54 Elektronische Kataloge

(1) Ist der Rückgriff auf elektronische Kommunikationsmittel vorgeschrieben, so können die Auftraggeber festlegen, dass die Angebote in Form eines elektronischen Katalogs übermittelt werden oder einen elektronischen Katalog beinhalten müssen.

Die Mitgliedstaaten können die Verwendung elektronischer Kataloge im Zusammenhang mit bestimmten Formen der Auftragsvergabe verbindlich vorschreiben.

In Form eines elektronischen Katalogs übermittelten Angeboten können weitere, das Angebot ergänzende Unterlagen beigefügt werden.

(2) Bewerber oder Bieter erstellen elektronische Kataloge, um an einer bestimmten Auftragsvergabe gemäß den vom Auftraggeber festgelegten technischen Spezifikationen und dem von ihr vorgeschriebenen Format teilzunehmen.

Zudem müssen elektronische Kataloge den Anforderungen für elektronische Kommunikationsmittel sowie etwaigen zusätzlichen vom Auftraggeber gemäß Artikel 40 festgelegten Bestimmungen genügen.

(3) Wird die Vorlage von Angeboten in Form elektronischer Kataloge akzeptiert oder vorgeschrieben, so
a) machen die Auftraggeber darauf in der Auftragsbekanntmachung, der Aufforderung zur Interessenbestätigung oder – für den Fall, dass eine Bekanntmachung in Bezug auf das Bestehen eines Qualifizierungssystems als Aufruf zum Wettbewerb verwendet wird – in der Aufforderung zur Angebotsabgabe oder zu Verhandlungen aufmerksam;
b) nennen die Auftraggeber in den Auftragsunterlagen alle erforderlichen Informationen gemäß Artikel 40 Absatz 6 betreffend das Format, die verwendete elektronische Ausrüstung und die technischen Vorkehrungen der Verbindung und die Spezifikationen für den Katalog.

(4) Wurde mit einem oder mehreren Wirtschaftsteilnehmern eine Rahmenvereinbarung im Anschluss an die Einreichung der Angebote in Form elektronischer Kataloge geschlossen, so können die Auftraggeber vorschreiben, dass der erneute Aufruf zum Wettbewerb für Einzelaufträge auf der Grundlage aktualisierter Kataloge erfolgt. In einem solchen Fall greifen die Auftraggeber auf eine der folgenden Methoden zurück:
a) Aufforderung an die Bieter, ihre elektronischen Kataloge an die Anforderungen des betreffenden Auftrags anzupassen und erneut einzureichen oder
b) Unterrichtung der Bieter darüber, dass sie den bereits eingereichten elektronischen Katalogen die Informationen entnehmen werden, die erforderlich sind, um Angebote zu erstellen, die den Anforderungen des Einzelauftrags angepasst sind, sofern

der Rückgriff auf diese Methode in den Auftragsunterlagen für die Rahmenvereinbarung angekündigt wurde.

(5) Nehmen die Auftraggeber gemäß Absatz 4 Buchstabe b eine Neueröffnung des
Wettbewerbs für bestimmte Aufträge vor, so teilen sie den Bietern Tag und Zeitpunkt
mit, zu denen sie die Informationen erheben werden, die zur Erstellung der Angebote,
die den Anforderungen des genannten konkreten Auftrags entsprechen, notwendig
sind, und geben den Bietern die Möglichkeit, eine derartige Informationserhebung abzulehnen.

Die Auftraggeber sehen einen angemessenen Zeitraum zwischen der Mitteilung und
der tatsächlichen Erhebung der Informationen vor.

Vor dem Zuschlag legen die Auftraggeber dem jeweiligen Bieter die erhobenen Informationen vor, so dass er Gelegenheit erhält, zu widersprechen oder zu bestätigen, dass das
dergestalt erstellte Angebot keine materiellen Fehler enthält.

(6) Die Auftraggeber können Aufträge auf der Basis eines dynamischen Beschaffungssystems vergeben, indem sie vorschreiben, dass die Angebote zu einem bestimmten Auftrag in Form eines elektronischen Katalogs übermittelt werden.

Die Auftraggeber können Aufträge auch auf der Grundlage des dynamischen Beschaffungssystems gemäß Absatz 4 Buchstabe b und Absatz 5 vergeben, sofern dem Antrag
auf Teilnahme an diesem System ein den vom Auftraggeber festgelegten technischen
Spezifikationen und dem von ihr vorgeschriebenen Format entsprechender elektronischer Katalog beigefügt ist. Dieser Katalog ist von den Bewerbern auszufüllen, sobald
der Auftraggeber sie von ihrer Absicht in Kenntnis setzt, Angebote mittels des Verfahrens nach Absatz 4 Buchstabe b zu erstellen.

Art. 55 Zentrale Beschaffungstätigkeiten und zentrale Beschaffungsstellen

(1) Die Mitgliedstaaten können festlegen, dass die Auftraggeber Bauleistungen, Lieferungen und/oder Dienstleistungen von zentralen Beschaffungsstellen erwerben dürfen,
die die zentralisierte Beschaffungstätigkeit im Sinne des Artikels 2 Nummer 10 Buchstabe a anbieten.

Die Mitgliedstaaten können ebenfalls festlegen, dass die Auftraggeber Bauleistungen,
Lieferungen und Dienstleistungen anhand von Aufträgen, die durch eine zentrale Beschaffungsstelle vergeben werden, anhand von dynamischen Beschaffungssystemen,
die durch eine zentrale Beschaffungsstelle betrieben werden, oder anhand einer
Rahmenvereinbarung erwerben dürfen, die von einer zentralen Beschaffungsstelle geschlossen wurde, die die zentralisierte Beschaffungstätigkeit im Sinne des Artikels 2
Nummer 10 Buchstabe b anbietet. Kann ein von einer zentralen Beschaffungsstelle be-
triebenes dynamisches Beschaffungssystem durch andere Auftraggeber genutzt werden,
so ist dies im Aufruf zum Wettbewerb, mit dem das dynamische Beschaffungssystem
eingerichtet wird, anzugeben.

In Bezug auf die Unterabsätze 1 und 2 können die Mitgliedstaaten festlegen, dass bestimmte Beschaffungen durch Rückgriff auf zentrale Beschaffungsstellen oder eine oder mehrere bestimmte zentrale Beschaffungsstellen durchzuführen sind.

(2) Ein Auftraggeber kommt seinen Verpflichtungen gemäß dieser Richtlinie nach, wenn er Lieferungen oder Dienstleistungen von einer zentralen Beschaffungsstelle erwirbt, welche die zentralisierte Beschaffungstätigkeit im Sinne des Artikels 2 Nummer 10 Buchstabe a anbietet.

Des Weiteren kommt ein Auftraggeber seinen Verpflichtungen gemäß dieser Richtlinie ebenfalls dann nach, wenn er Bauleistungen, Lieferungen oder Dienstleistungen anhand von Aufträgen, die durch die zentrale Beschaffungsstelle vergeben werden, anhand von dynamischen Beschaffungssystemen, die durch die zentrale Beschaffungsstelle betrieben werden, oder anhand einer Rahmenvereinbarung erwirbt, die von der zentralen Beschaffungsstelle geschlossen wurde, die die zentralisierte Beschaffungstätigkeit im Sinne des Artikels 2 Nummer 10 Buchstabe b anbietet.

Allerdings bleibt der betreffende Auftraggeber für die Erfüllung der Verpflichtungen gemäß dieser Richtlinie für die von ihr selbst durchgeführten Teile verantwortlich, beispielsweise in folgenden Fällen:
a) Vergabe eines Auftrags im Rahmen eines dynamischen Beschaffungssystems, das durch eine zentrale Beschaffungsstelle betrieben wird, oder
b) Durchführung eines erneuten Aufrufs zum Wettbewerb gemäß einer Rahmenvereinbarung, die durch eine zentrale Beschaffungsstelle geschlossen wurde.

(3) Alle von der zentralen Beschaffungsstelle durchgeführten Vergabeverfahren sind entsprechend den Anforderungen des Artikels 40 mit elektronischen Kommunikationsmitteln abzuwickeln.

(4) Die Auftraggeber können, ohne die in dieser Richtlinie vorgesehenen Verfahren anzuwenden, einen Dienstleistungsauftrag zur Ausübung zentraler Beschaffungstätigkeiten an eine zentrale Beschaffungsstelle vergeben.

Derartige Dienstleistungsaufträge können auch die Ausübung von Nebenbeschaffungstätigkeiten umfassen.

Art. 56 Gelegentliche gemeinsame Auftragsvergabe

(1) Zwei oder mehr Auftraggeber können sich darauf verständigen, eine bestimmte Auftragsvergabe gemeinsam durchzuführen.

(2) Wird ein Vergabeverfahren im Namen und im Auftrag aller betreffenden Auftraggeber zur Gänze gemeinsam durchgeführt, so sind sie für die Erfüllung ihrer Verpflichtungen gemäß dieser Richtlinie gemeinsam verantwortlich. Dies gilt auch, wenn ein Auftraggeber das Vergabeverfahren in seinem eigenen Namen und im Auftrag der anderen betreffenden Auftraggeber allein ausführt.

Wird ein Vergabeverfahren nicht in Gänze im Namen und im Auftrag aller betreffenden Auftraggeber gemeinsam durchgeführt, so sind sie nur für jene Teile gemeinsam verantwortlich, die gemeinsam durchgeführt wurden. Jeder Auftraggeber ist allein für die Erfüllung ihrer Pflichten gemäß dieser Richtlinie in Bezug auf diejenigen Teile verantwortlich, die er in eigenem Namen und Auftrag durchführt.

Art. 57 Auftragsvergabe durch Auftraggeber aus verschiedenen Mitgliedstaaten

(1) Unbeschadet der Artikel 28 bis 31 können Auftraggeber aus verschiedenen Mitgliedstaaten bei der Vergabe von Aufträgen gemeinsam vorgehen, indem sie auf eines der in diesem Artikel vorgesehenen Mittel zurückgreifen.

Die Auftraggeber dürfen die in diesem Artikel vorgesehenen Mittel nicht dazu verwenden, die Anwendung von im Einklang mit dem Unionsrecht stehenden verbindlichen Bestimmungen des öffentlichen Rechts zu umgehen, denen sie in ihrem Mitgliedstaat unterliegen.

(2) Ein Mitgliedstaat untersagt seinen Auftraggebern nicht, zentrale Beschaffungstätigkeiten in Anspruch zu nehmen, die von zentralen Beschaffungsstellen mit Sitz in einem anderen Mitgliedstaat angeboten werden.

In Bezug auf zentrale Beschaffungstätigkeiten, die durch eine zentrale Beschaffungsstelle angeboten werden, die ihren Sitz in einem anderen Mitgliedstaat als der Auftraggeber hat, haben die Mitgliedstaaten jedoch die Möglichkeit, festzulegen, dass ihre Auftraggeber nur von den zentralen Beschaffungstätigkeiten im Sinne des Artikels 2 Nummer 10 Buchstabe a oder b Gebrauch machen dürfen.

(3) Die zentrale Beschaffung durch eine zentrale Beschaffungsstelle mit Sitz in einem anderen Mitgliedstaat gemäß den nationalen Bestimmungen des Mitgliedstaats, in dem die zentrale Beschaffungsstelle ihren Sitz hat.

Die nationalen Vorschriften des Mitgliedstaats, in dem die zentrale Beschaffungsstelle ihren Sitz hat, gelten auch für Folgendes:
a) Vergabe eines Auftrags im Rahmen eines dynamischen Beschaffungssystems;
b) Durchführung einer Neueröffnung des Wettbewerbs gemäß einer Rahmenvereinbarung.

(4) Mehrere Auftraggeber aus verschiedenen Mitgliedstaaten können gemeinsam einen Auftrag vergeben, eine Rahmenvereinbarung schließen oder ein dynamisches Beschaffungssystem betreiben. Auch können sie Aufträge auf der Basis der Rahmenvereinbarung oder des dynamischen Beschaffungssystems vergeben. Sofern die notwendigen Einzelheiten nicht in einem internationalen Übereinkommen geregelt sind, das zwischen den betreffenden Mitgliedstaaten geschlossen wurde, schließen die teilnehmenden Auftraggeber eine Vereinbarung, worin Folgendes festgelegt ist:
a) die Zuständigkeiten der Parteien und die einschlägigen anwendbaren nationalen Bestimmungen;
b) die interne Organisation des Vergabeverfahrens, einschließlich der Handhabung des Verfahrens, der Verteilung der zu beschaffenden Bauleistungen, Lieferungen oder Dienstleistungen und des Abschlusses der Verträge.

Ein teilnehmender Auftraggeber erfüllt seine Verpflichtungen nach dieser Richtlinie, wenn er Bauleistungen, Lieferungen oder Dienstleistungen von einem Auftraggeber erwirbt, der für das Vergabeverfahren zuständig ist. Bei der Festlegung der Zuständigkeiten und des anwendbaren nationalen Rechts gemäß Buchstabe a können die Auftraggeber bestimmte Zuständigkeiten untereinander aufteilen und die anwendbaren nationalen Bestimmungen der nationalen Gesetze jedes ihres jeweiligen Mitgliedstaats bestimmen. Die Zuweisung der Zuständigkeiten und die anwendbaren nationalen Rechtsvorschriften müssen in den Auftragsunterlagen für gemeinsam vergebene Aufträge angegeben werden.

(5) Haben mehrere Auftraggeber aus verschiedenen Mitgliedstaaten eine gemeinsame Einrichtung einschließlich eines Europäischen Verbunds für territoriale Zusammenarbeit im Sinne der Verordnung (EG) Nr. 1082/2006 des Europäischen Parlaments und des Rates[1]

oder andere Einrichtungen nach Unionsrecht gegründet, so einigen sich die teilnehmenden Auftraggeber per Beschluss des zuständigen Organs der gemeinsamen Einrichtung auf die anwendbaren nationalen Vergaberegeln eines der folgenden Mitgliedstaaten:
a) die nationalen Bestimmungen des Mitgliedstaats, in dem die gemeinsame Einrichtung ihren eingetragenen Sitz hat;
b) die nationalen Bestimmungen des Mitgliedstaats, in dem die gemeinsame Einrichtung ihre Tätigkeiten ausübt.

Die Einigung nach Unterabsatz 1 gilt entweder für eine unbestimmte Frist, wenn dies im Gründungsrechtsakt der gemeinsamen Einrichtung festgelegt wurde, oder kann auf einen bestimmten Zeitraum, bestimmte Arten von Aufträgen oder einen oder mehrere Auftragszuschläge beschränkt werden.

Amtl. Anm.:
(1) Verordnung (EG) Nr. 1082/2006 des Europäischen Parlaments und des Rates vom 5. Juli 2006 über den Europäischen Verbund für territoriale Zusammenarbeit (EVTZ) (ABl. L 210 vom 31.7.2006, S. 19).

Kapitel III Ablauf des Verfahrens

Abschnitt 1 Vorbereitung

Art. 58 Vorherige Marktkonsultationen

Vor der Einleitung eines Vergabeverfahrens können die Auftraggeber Marktkonsultationen zur Vorbereitung der Auftragsvergabe und zur Unterrichtung der Wirtschaftsteilnehmer über ihre Auftragsvergabepläne und -anforderungen durchführen.

Hierzu können die Auftraggeber beispielsweise eine Empfehlung von unabhängigen Experten oder Behörden beziehungsweise von Marktteilnehmern einholen oder annehmen. Diese Empfehlung kann für die Planung und Durchführung des Vergabeverfahrens genutzt werden, sofern sie nicht wettbewerbsverzerrend ist und nicht zu einem Verstoß gegen die Grundsätze der Nichtdiskriminierung und der Transparenz führt.

Art. 59 Vorherige Einbeziehung von Bewerbern oder Bietern

Hat ein Bewerber oder Bieter oder ein mit ihm in Verbindung stehendes Unternehmen den Auftraggeber – gleich ob im Zusammenhang mit Artikel 58 oder nicht – beraten oder war auf andere Art und Weise an der Vorbereitung des Vergabeverfahrens beteiligt, so ergreift der Auftraggeber angemessene Maßnahmen, um sicherzustellen, dass der Wettbewerb durch die Teilnahme dieses Bewerbers oder Bieters nicht verzerrt wird.

Diese Maßnahmen umfassen die Unterrichtung anderer Bewerber und Bieter in Bezug auf alle einschlägigen Informationen, die im Zusammenhang mit der Einbeziehung des Bewerbers oder Bieters in die Vorbereitung des Vergabeverfahrens ausgetauscht wurden oder daraus resultieren und die Festlegung angemessener Fristen für den Eingang der Angebote. Der betreffende Bewerber oder Bieter wird vom Verfahren nur dann ausgeschlossen, wenn keine andere Möglichkeit besteht, die Einhaltung der Pflicht zur Wahrung des Grundsatzes der Gleichbehandlung zu gewährleisten.

Vor einem solchen Ausschluss wird den Bewerbern oder Bietern die Möglichkeit gegeben, nachzuweisen, dass ihre Einbeziehung in die Vorbereitung des Vergabeverfahrens den Wettbewerb nicht verzerren kann. Die ergriffenen Maßnahmen werden in dem nach Artikel 100 vorgeschriebenen Einzelbericht dokumentiert.

Art. 60 Technische Spezifikationen

(1) Die technischen Spezifikationen im Sinne von Anhang VIII Nummer 1 sind in den Auftragsunterlagen darzulegen. In den technischen Spezifikationen werden die für die Bauleistungen, Dienstleistungen oder Lieferungen geforderten Merkmale festgelegt.

Diese Merkmale können sich auch auf den spezifischen Prozess oder die spezifische Methode zur Herstellung beziehungsweise Erbringung der angeforderten Bauleistungen, Waren oder Dienstleistungen oder auf einen spezifischen Prozess eines anderen Lebenszyklus-Stadiums davon beziehen, auch wenn derartige Faktoren nicht materielle Bestandteile von ihnen sind, sofern sie in Verbindung mit dem Auftragsgegenstand stehen und zu dessen Wert und Zielen verhältnismäßig sind.

In den technischen Spezifikationen kann ferner angegeben werden, ob Rechte des geistigen Eigentums übertragen werden müssen.

Bei jeglicher Auftragsvergabe, deren Gegenstand von natürlichen Personen – ganz gleich, ob durch die Allgemeinheit oder das Personal des Auftraggebers – genutzt werden soll, werden diese technischen Spezifikationen außer in ordnungsgemäß begründeten Fällen so erstellt, dass die Zugänglichkeitskriterien für Menschen mit Behinderungen oder das Konzept des »Design für alle« berücksichtigt werden.

Werden verpflichtende Zugänglichkeitserfordernisse mit einem Rechtsakt der Union erlassen, so müssen die technischen Spezifikationen hinsichtlich der Zugänglichkeitskriterien für Menschen mit Behinderungen oder des Konzepts des »Design für alle« darauf Bezug nehmen.

(2) Die technischen Spezifikationen müssen allen Wirtschaftsteilnehmern den gleichen Zugang zum Vergabeverfahren garantieren und dürfen die Öffnung der öffentlichen Beschaffungsmärkte für den Wettbewerb nicht in ungerechtfertigter Weise behindern.

(3) Unbeschadet zwingender nationaler Vorschriften, soweit diese mit dem Unionsrecht vereinbar sind, sind die technischen Spezifikationen auf eine der nachfolgend genannten Arten zu formulieren:

a) in Form von Leistungs- oder Funktionsanforderungen, einschließlich Umweltmerkmalen, sofern die Parameter hinreichend genau sind, um den Bietern ein klares Bild vom Auftragsgegenstand zu vermitteln und den Auftraggebern die Erteilung des Zuschlags zu ermöglichen;

b) unter Bezugnahme auf technische Spezifikationen und – in dieser Rangfolge – auf nationale Normen, mit denen europäische Normen umgesetzt werden, europäische technische Bewertungen, gemeinsame technische Spezifikationen, internationale Normen und andere technische Bezugssysteme, die von den europäischen Normungsgremien erarbeitet wurden oder – falls solche Normen und Spezifikationen fehlen – unter Bezugnahme auf nationale Normen, nationale technische Zulassungen oder nationale technische Spezifikationen für die Planung, Berechnung und Ausführung von Bauleistungen und den Einsatz von Lieferungen; jede Bezugnahme ist mit dem Zusatz »oder gleichwertig« zu versehen;

c) in Form von Leistungs- oder Funktionsanforderungen gemäß Buchstabe a unter Bezugnahme auf die technischen Spezifikationen gemäß Buchstabe b als Mittel zur Vermutung der Konformität mit diesen Leistungs- und Funktionsanforderungen;

d) unter Bezugnahme auf die technischen Spezifikationen gemäß Buchstabe b hinsichtlich bestimmter Merkmale und unter Bezugnahme auf die Leistungs- oder Funktionsanforderungen gemäß Buchstabe a hinsichtlich anderer Merkmale.

(4) Soweit es nicht durch den Auftragsgegenstand gerechtfertigt ist, darf in technischen Spezifikationen nicht auf eine bestimmte Herstellung oder Herkunft oder ein besonderes Verfahren, das die von einem bestimmten Wirtschaftsteilnehmer bereitgestellten Waren oder Dienstleistungen charakterisiert, oder auf Marken, Patente, Typen, einen bestimmten Ursprung oder eine bestimmte Herstellung verwiesen werden, wenn dadurch bestimmte Unternehmen oder bestimmte Produkte begünstigt oder ausgeschlossen werden. Solche Verweise sind jedoch ausnahmsweise zulässig, wenn der Auftragsgegenstand nach Absatz 3 nicht hinreichend genau und allgemein verständlich beschrieben werden kann. Ein derartiger Verweis ist mit dem Zusatz »oder gleichwertig« zu versehen.

(5) Macht der Auftraggeber von der Möglichkeit Gebrauch, auf die in Absatz 3 Buchstabe b genannten technischen Spezifikationen zu verweisen, so kann sie ein Angebot nicht mit der Begründung ablehnen, die angebotenen Bauleistungen, Lieferungen oder Dienstleistungen entsprächen nicht den von ihr herangezogenen technischen Spezifikationen, sofern der Bieter in seinem Angebot des Auftraggebers mit geeigneten Mitteln – einschließlich der in Artikel 62 genannten – nachweist, dass die von ihm vorgeschlage-

nen Lösungen den Anforderungen der technischen Spezifikation, auf die Bezug genommen wurde, gleichermaßen entsprechen.

(6) Macht der Auftraggeber von der Möglichkeit nach Absatz 3 Buchstabe a Gebrauch, die technischen Spezifikationen in Form von Leistungs- oder Funktionsanforderungen zu formulieren, so darf sie ein Angebot über Lieferungen, Dienstleistungen oder Bauleistungen, die einer nationalen Norm, mit der eine europäische Norm umgesetzt wird, oder einer europäischen technischen Zulassung, einer gemeinsamen technischen Spezifikation, einer internationalen Norm oder einem technischen Bezugssystem, das von den europäischen Normungsgremien erarbeitet wurde, entsprechen, nicht zurückweisen, wenn diese Spezifikationen die von ihr geforderten Leistungs- oder Funktionsanforderungen betreffen.

Der Bieter muss in seinem Angebot mit allen geeigneten Mitteln – einschließlich der in Artikel 62 genannten – nachweisen, dass die der Norm entsprechende jeweilige Lieferung, Dienstleistung oder Bauleistung den Leistungs- oder Funktionsanforderungen des Auftraggebers entspricht.

Art. 61 Gütezeichen

(1) Beabsichtigen Auftraggeber die Beschaffung von Bauleistungen, Lieferungen oder Dienstleistungen mit spezifischen umweltbezogenen, sozialen oder sonstigen Anforderungen, so können sie in den technischen Spezifikationen, den Zuschlagskriterien oder den Auftragsausführungsbedingungen ein bestimmtes Gütezeichen als Nachweis dafür verlangen, dass die Bauleistungen, Lieferungen und Dienstleistungen derartigen Anforderungen oder Kriterien entsprechen, sofern alle nachfolgend genannten Bedingungen erfüllt sind:
a) die Gütezeichen-Anforderungen betreffen lediglich Kriterien, die mit dem Auftragsgegenstand in Verbindung stehen und für die Bestimmung der Merkmale der Bauleistungen, Lieferungen oder Dienstleistungen geeignet sind, die Gegenstand des Auftrags sind;
b) die Gütezeichen-Anforderungen basieren auf objektiv nachprüfbaren und nichtdiskriminierenden Kriterien;
c) die Gütezeichen werden im Rahmen eines offenen und transparenten Verfahrens erteilt, an dem alle relevanten interessierten Kreise – wie z.B. staatliche Stellen, Verbraucher, Sozialpartner, Hersteller, Händler und Nichtregierungsorganisationen – teilnehmen können;
d) die Gütezeichen sind für alle Betroffenen zugänglich;
e) die Gütezeichen-Anforderungen werden von einem Dritten festgelegt, auf den der Wirtschaftsteilnehmer, der das Gütezeichen beantragt, keinen ausschlaggebenden Einfluss ausüben kann.

Verlangen die Auftraggeber nicht, dass die Bauleistungen, Lieferungen oder Dienstleistungen alle Gütezeichen-Anforderungen erfüllen, so müssen sie angeben, welche Gütezeichen-Anforderungen gemeint sind.

Die Auftraggeber, die ein spezifisches Gütezeichen fordern, akzeptieren alle Gütezeichen, die bestätigen, dass die Bauleistungen, Lieferungen oder Dienstleistungen gleichwertige Gütezeichen-Anforderungen erfüllen.

Hatte ein Wirtschaftsteilnehmer aus Gründen, die ihm nicht angelastet werden können, nachweislich keine Möglichkeit, das vom Auftraggeber angegebene spezifische oder ein gleichwertiges Gütezeichen innerhalb der einschlägigen Fristen zu erlangen, so muss der Auftraggeber andere geeignete Nachweise akzeptieren, zu denen auch ein technisches Dossier des Herstellers gehören kann, sofern der betreffende Wirtschaftsteilnehmer nachweist, dass die von ihm zu erbringenden Bauleistungen, Lieferungen oder Dienstleistungen die Anforderungen des spezifischen Gütezeichens oder die vom Auftraggeber angegebenen spezifischen Anforderungen erfüllen.

(2) Erfüllt ein Gütezeichen die Bedingungen gemäß Absatz 1 Buchstaben b, c, d und e, schreibt aber gleichzeitig Anforderungen vor, die mit dem Auftragsgegenstand nicht in Verbindung stehen, so verlangen die Auftraggeber nicht das Gütezeichen als solches, können aber technische Spezifikationen unter Verweis auf die detaillierten Spezifikationen dieses Gütezeichens oder gegebenenfalls Teile davon festlegen, die mit dem Auftragsgegenstand in Verbindung stehen und geeignet sind, die Merkmale dieses Auftragsgegenstands zu definieren.

Art. 62 Testberichte, Zertifizierung und sonstige Nachweise

(1) Die Auftraggeber können den Wirtschaftsteilnehmern vorschreiben, einen Testbericht einer Konformitätsbewertungsstelle oder eine von dieser ausgegebene Zertifizierung als Nachweis für die Konformität mit den Anforderungen oder Kriterien gemäß den technischen Spezifikationen, den Zuschlagskriterien oder den Bedingungen für die Auftragsausführung beizubringen.

In Fällen, in denen die Auftraggeber die Vorlage von Bescheinigungen einer bestimmten Konformitätsbewertungsstelle verlangen, akzeptieren sie auch Zertifikate anderer Konformitätsbewertungsstellen.

Im Sinne dieses Absatzes ist eine Konformitätsbewertungsstelle eine Stelle, die Konformitätsbewertungstätigkeiten durchführt, wie z.B. Kalibrierung, Versuche, Zertifizierung und Inspektion, und die gemäß der Verordnung (EG) Nr. 765/2008 des Europäischen Parlaments und des Rates[1] akkreditiert ist.

(2) Die Auftraggeber akzeptieren auch andere geeignete Nachweise als die in Absatz 1 genannten, wie z.B. ein technisches Dossier des Herstellers, wenn der betreffende Wirtschaftsteilnehmer keinen Zugang zu den in Absatz 1 genannten Zertifikaten oder Testberichten oder keine Möglichkeit hatte, diese innerhalb der einschlägigen Fristen einzuholen, sofern der betreffende Wirtschaftsteilnehmer den fehlenden Zugang nicht zu verantworten hat und sofern er anhand dieser Nachweise belegt, dass die von ihm erbrachten Bauleistungen, Lieferungen oder Dienstleistungen die in den technischen Spezifikationen, den Zuschlagskriterien oder den Bedingungen für die Auftragsausführung festgelegten Anforderungen oder Kriterien erfüllen.

(3) Die Mitgliedstaaten stellen anderen Mitgliedstaaten auf Anfrage jegliche Informationen im Zusammenhang mit den Nachweisen und Unterlagen zur Verfügung, die gemäß Artikel 60 Absatz 6, Artikel 61 und den Absätzen 1 und 2 des vorliegenden Artikels beizubringen sind. Die zuständigen Behörden des Niederlassungsmitgliedstaats des Wirtschaftsteilnehmers übermitteln diese Informationen gemäß Artikel 102.

(1) Amtl. Anm.:
Verordnung (EG) Nr. 765/2008 des Europäischen Parlaments und des Rates vom 9. Juli 2008 über die Vorschriften für die Akkreditierung und Marktüberwachung im Zusammenhang mit der Vermarktung von Produkten und zur Aufhebung der Verordnung (EWG) Nr. 339/93 des Rates (ABl. L 218 vom 13.8.2008, S. 30).

Art. 63 Bekanntgabe technischer Spezifikationen

(1) Die Auftraggeber stellen den Wirtschaftsteilnehmern, die an einem Auftrag interessiert sind, auf Anfrage die technischen Spezifikationen zur Verfügung, auf die sie sich in ihren Liefer-, Bauleistungs- oder Dienstleistungsaufträgen regelmäßig beziehen, oder die technischen Spezifikationen, deren Anwendung sie für Aufträge beabsichtigen, für die Aufrufe zum Wettbewerb in einer regelmäßigen nicht verbindlichen Bekanntmachung veröffentlicht werden. Diese Spezifikationen werden elektronisch, uneingeschränkt, vollständig, unentgeltlich und unmittelbar zugänglich gemacht.

Die technischen Spezifikationen werden jedoch auf anderem Wege als elektronisch zugänglich gemacht, sofern der uneingeschränkte, vollständige, unentgeltliche und unmittelbare elektronische Zugang zu bestimmten Auftragsunterlagen entweder aus einem der in Artikel 40 Absatz 1 Unterabsatz 2 genannten Gründe oder aber deshalb nicht angeboten werden kann, weil die Auftraggeber Artikel 39 Absatz 2 anzuwenden gedenken.

(2) Stützen sich die technischen Spezifikationen auf Dokumente, die interessierten Wirtschaftsteilnehmern elektronisch, uneingeschränkt, vollständig, unentgeltlich und unmittelbar zugänglich gemacht werden, so reicht ein Verweis auf diese Dokumente aus.

Art. 64 Varianten

(1) Die Auftraggeber können den Bietern die Möglichkeit einräumen oder von ihnen verlangen, Varianten vorzulegen, welche die Mindestanforderungen der Auftraggeber erfüllen.

Die Auftraggeber geben in den Auftragsunterlagen an, ob sie Varianten zulassen oder verlangen und welche Mindestanforderungen die Varianten gegebenenfalls erfüllen müssen und in welcher Art und Weise sie einzureichen sind – insbesondere ob Varianten nur eingereicht werden dürfen, wenn auch ein Angebot, das keine Variante ist, eingereicht wurde. Sind Varianten zugelassen oder vorgeschrieben, so sorgen sie dafür, dass die gewählten Zuschlagskriterien auf die Varianten angewandt werden können, die diese Mindestanforderungen erfüllen, sowie auf übereinstimmende Angebote, die keine Varianten sind.

(2) Bei den Verfahren zur Vergabe von Liefer- oder Dienstleistungsaufträgen dürfen Auftraggeber, die Varianten zugelassen oder vorgeschrieben haben, eine Variante nicht allein deshalb zurückweisen, weil sie, wenn sie den Zuschlag erhalten sollte, entweder zu einem Dienstleistungsauftrag anstatt zu einem Lieferauftrag beziehungsweise zu einem Lieferauftrag anstatt zu einem Dienstleistungsauftrag führen würde.

Art. 65 Unterteilung von Aufträgen in Lose

(1) Die Auftraggeber können beschließen, einen Auftrag in Form mehrerer Lose zu vergeben, und sie können Größe und Gegenstand der Lose bestimmen.

Die Auftraggeber geben in der Auftragsbekanntmachung, in der Aufforderung zur Interessenbestätigung oder – sofern der Aufruf zum Wettbewerb durch eine Bekanntmachung über das Bestehen eines Qualifizierungssystems erfolgt – in der Aufforderung zur Angebotsabgabe oder zu Verhandlungen an, ob die Angebote nur für ein Los, für mehrere oder für alle Lose eingereicht werden dürfen.

(2) Die Auftraggeber können, auch wenn Angebote für mehrere oder alle Lose eingereicht werden dürfen, die Zahl der Lose beschränken, für die ein einzelner Bieter einen Zuschlag erhalten kann, sofern die Höchstzahl der Lose pro Bieter in der Auftragsbekanntmachung oder in der Aufforderung zur Interessenbestätigung, zur Angebotsabgabe oder zur Verhandlung angegeben wurde. Die Auftraggeber geben die objektiven und nichtdiskriminierenden Kriterien oder Regeln für die Vergabe verschiedener Lose in den Auftragsunterlagen an, die sie bei der Vergabe von Losen anzuwenden gedenken, wenn die Anwendung der Zuschlagskriterien dazu führen würde, dass ein einzelner Bieter den Zuschlag für eine größere Zahl von Losen als die Höchstzahl erhält.

(3) Die Mitgliedstaaten können bestimmen, dass in Fällen, in denen ein einziger Bieter den Zuschlag für mehr als ein Los erhalten kann, die Auftraggeber einen Auftrag über mehrere oder alle Lose vergeben können, wenn sie in der Auftragsbekanntmachung oder in der Aufforderung zur Interessenbestätigung, zur Angebotsabgabe oder zur Verhandlung angegeben haben, dass sie sich diese Möglichkeit vorbehalten und die Lose oder Losgruppen angeben, die kombiniert werden können.

(4) Die Mitgliedstaaten können die Vergabe von Aufträgen in Form von getrennten Losen unter Bedingungen vorschreiben, die gemäß ihren nationalen Rechtsvorschriften und unter Achtung des Unionsrechts anzugeben sind. Absatz 1 Unterabsatz 2 und – gegebenenfalls – Absatz 3 finden Anwendung.

Art. 66 Fristsetzung

(1) Bei der Festsetzung der Fristen für den Eingang der Anträge auf Teilnahme und der Angebote berücksichtigen die Auftraggeber unbeschadet der in den Artikeln 45 bis 49 festgelegten Mindestfristen insbesondere die Komplexität des Auftrags und die Zeit, die für die Ausarbeitung der Angebote erforderlich ist.

(2) Können die Angebote nur nach einer Ortsbesichtigung oder Einsichtnahme in die Anlagen zu den Auftragsunterlagen vor Ort erstellt werden, so sind die Fristen für den

Eingang der Angebote, die länger als die in den Artikeln 45 bis 49 genannten Mindestfristen sein müssen, so festzulegen, dass alle betroffenen Wirtschaftsteilnehmer im Besitz aller Informationen sind, die sie für die Erstellung von Angeboten benötigen.

(3) In den folgenden Fällen verlängern die Auftraggeber die Fristen für den Eingang der Angebote, so dass alle betroffenen Wirtschaftsteilnehmer Kenntnis aller Informationen haben, die sie für die Erstellung von Angeboten benötigen:

a) wenn vom Wirtschaftsteilnehmer rechtzeitig angeforderte Zusatzinformationen aus irgendeinem Grund nicht spätestens sechs Tage vor der für den Eingang der Angebote festgesetzten Frist zur Verfügung gestellt werden. Bei beschleunigten offenen Verfahren im Sinne des Artikels 45 Absatz 3 beträgt dieser Zeitraum vier Tage;

b) wenn an den Auftragsunterlagen wesentliche Änderungen vorgenommen werden.

Die Fristverlängerung muss in einem angemessenen Verhältnis zur Bedeutung der Informationen oder Änderungen stehen.

Wurden die Zusatzinformationen entweder nicht rechtzeitig angefordert oder ist ihre Bedeutung für die Erstellung zulässiger Angebote unerheblich, so sind die Auftraggeber nicht verpflichtet, die Fristen zu verlängern.

Abschnitt 2 Veröffentlichung und Transparenz

Art. 67 Regelmäßige nicht verbindliche Bekanntmachungen

(1) Die Auftraggeber können ihre Absicht einer geplanten Auftragsvergabe mittels der Veröffentlichung einer regelmäßigen nicht verbindlichen Bekanntmachung bekanntgeben. Diese Bekanntmachungen müssen die in Anhang VI Teil A Abschnitt I genannten Angaben enthalten. Sie werden entweder vom Amt für Veröffentlichungen der Europäischen Union oder von den Auftraggebern in ihrem Beschafferprofil gemäß Anhang IX Nummer 2 Buchstabe b veröffentlicht. Veröffentlichen die Auftraggeber die regelmäßige nicht verbindliche Bekanntmachung in ihrem Beschafferprofil, so übermitteln sie dem Amt für Veröffentlichungen der Europäischen Union die Veröffentlichung der regelmäßigen nicht verbindlichen Bekanntmachung in einem Beschafferprofil gemäß Anhang IX Nummer 3. Diese Bekanntmachungen müssen die in Anhang VI Teil B genannten Angaben enthalten.

(2) Erfolgt ein Aufruf zum Wettbewerb mittels einer regelmäßigen nicht verbindlichen Bekanntmachung in Bezug auf nichtoffene Verfahren und Verhandlungsverfahren mit vorherigem Aufruf zum Wettbewerb, so muss die Bekanntmachung alle nachstehenden Anforderungen erfüllen:

a) Sie bezieht sich insbesondere auf Lieferungen, Bauleistungen oder Dienstleistungen, die Gegenstand des zu vergebenden Auftrags sein werden;

b) sie muss den Hinweis enthalten, dass der Auftrag im nichtoffenen Verfahren oder im Verhandlungsverfahren ohne spätere Veröffentlichung eines Aufrufs zum Wettbewerb vergeben wird, sowie die Aufforderung an die interessierten Wirtschaftsteilnehmer, ihr Interesse zu bekunden;

c) sie muss darüber hinaus die Informationen nach Anhang VI Teil A Abschnitt I und die Informationen nach Anhang VI Teil A Abschnitt II enthalten;

d) sie muss spätestens 35 Tage und frühestens 12 Monate vor dem Zeitpunkt der Absendung der Aufforderung zur Interessenbestätigung zur Veröffentlichung versendet werden.

Solche Bekanntmachungen werden nicht in einem Beschafferprofil veröffentlicht. Allerdings kann gegebenenfalls die zusätzliche Veröffentlichung auf nationaler Ebene gemäß Artikel 72 in einem Beschafferprofil erfolgen.

Der von der regelmäßigen nicht verbindlichen Bekanntmachung abgedeckte Zeitraum beträgt höchstens 12 Monate ab dem Tag der Freigabe der Bekanntmachung für die Veröffentlichung. Bei Aufträgen, die soziale und andere spezifische Dienstleistungen betreffen, kann die regelmäßige nicht verbindliche Bekanntmachung gemäß Artikel 92 Absatz 1 Buchstabe b jedoch einen Zeitraum von mehr als 12 Monaten umfassen.

Art. 68 Bekanntmachung über das Bestehen eines Qualifizierungssystems

(1) Entscheiden sich die Auftraggeber für die Einrichtung eines Qualifizierungssystems gemäß Artikel 77, so müssen sie dieses System gemäß Anhang X bekanntgeben und dabei darlegen, welchem Zweck das Qualifizierungssystem dient und wie die Regeln dieses Systems abgerufen werden können.

(2) Die Auftraggeber geben in der Bekanntmachung über das Bestehen eines Qualifizierungssystems die Gültigkeitsdauer dieses Systems an. Unter Verwendung folgender Standardformulare unterrichten sie das Amt für Veröffentlichungen der Europäischen Union über eine etwaige Änderung dieser Gültigkeitsdauer:
a) Wird die Gültigkeitsdauer geändert, ohne das System zu ändern, so wird das Formular für Bekanntmachungen über das Bestehen eines Qualifizierungssystems verwendet;
b) wird das System beendet, so wird eine Vergabebekanntmachung im Sinne des Artikels 70 verwendet.

Art. 69 Auftragsbekanntmachungen

Auftragsbekanntmachungen können als Mittel für den Aufruf zum Wettbewerb für alle Verfahren verwendet werden. Sie müssen die Informationen nach Anhang XI enthalten und werden gemäß Artikel 71 veröffentlicht.

Art. 70 Vergabebekanntmachung

(1) Ein Auftraggeber übermittelt spätestens 30 Tage, nachdem er einen Auftrag vergeben hat oder eine Rahmenvereinbarung abgeschlossen hat eine Vergabebekanntmachung mit den Ergebnissen des Vergabeverfahrens.

Diese Vergabebekanntmachung muss die Informationen nach Anhang XII enthalten und wird gemäß Artikel 71 veröffentlicht.

(2) Wurde der Aufruf zum Wettbewerb für den entsprechenden Auftrag in Form einer regelmäßigen nicht verbindlichen Bekanntmachung lanciert und hat der Auftraggeber

beschlossen, keine weitere Auftragsvergabe während des Zeitraums vorzunehmen, der von der regelmäßigen nicht verbindlichen Bekanntmachung abgedeckt ist, so enthält die Vergabebekanntmachung einen entsprechenden Hinweis.

Bei Rahmenvereinbarungen im Sinne des Artikels 51 brauchen die Auftraggeber nicht für jeden Einzelauftrag, der aufgrund dieser Vereinbarung vergeben wird, eine Bekanntmachung mit den Ergebnissen des jeweiligen Vergabeverfahrens zu übermitteln. Die Mitgliedstaaten können vorsehen, dass die Auftraggeber Vergabebekanntmachungen mit den Ergebnissen des Vergabeverfahrens vierteljährlich auf der Grundlage der Rahmenvereinbarung gebündelt veröffentlichen. In diesem Fall versenden die Auftraggeber die Zusammenstellung jeweils spätestens 30 Tage nach Quartalsende.

Die Auftraggeber verschicken spätestens 30 Tage nach jeder Zuschlagserteilung eine Bekanntmachung über die Aufträge, die im Rahmen eines dynamischen Beschaffungssystems vergeben wurden. Sie können diese Bekanntmachungen jedoch auf Quartalsbasis zusammenfassen. In diesem Fall versenden sie die Zusammenstellung spätestens 30 Tage nach Quartalsende.

(3) Die gemäß Anhang XII übermittelten, zur Veröffentlichung bestimmten Angaben sind gemäß Anhang IX zu veröffentlichen. Bestimmte Angaben über die Auftragsvergabe oder den Abschluss der Rahmenvereinbarungen müssen jedoch nicht veröffentlicht werden, wenn die Offenlegung dieser Angaben den Gesetzesvollzug behindern, in sonstiger Weise dem öffentlichen Interesse zuwiderlaufen, die berechtigten geschäftlichen Interessen eines bestimmten öffentlichen oder privaten Wirtschaftsteilnehmers schädigen oder den lauteren Wettbewerb zwischen Wirtschaftsteilnehmern beeinträchtigen würde.

Bei Dienstleistungsaufträgen auf dem Gebiet der Forschung und Entwicklung (»FuE-Dienstleistungen«) können die Angaben zur Art und Menge der Dienstleistungen auf Folgendes beschränkt werden:
a) auf die Angabe »FuE-Dienstleistungen«, sofern der Auftrag im Zuge eines Verhandlungsverfahrens ohne Aufruf zum Wettbewerb gemäß Artikel 50 Buchstabe b vergeben wurde;
b) auf Angaben in der Bekanntmachung, die mindestens so detailliert sind wie im Aufruf zum Wettbewerb.

(4) Angaben gemäß Anhang XII, die als nicht zur Veröffentlichung bestimmt gekennzeichnet sind, werden nur in vereinfachter Form gemäß Anhang IX für statistische Zwecke veröffentlicht.

Art. 71 Form und Modalitäten der Veröffentlichung von Bekanntmachungen

(1) Die Bekanntmachungen gemäß den Artikeln 67 bis 70 enthalten die enthalten die Angaben nach Anhängen VI Teil A, VI Teil B, X, XI und XII im Format von Standardformularen, einschließlich der Standardformulare für Berichtigungen.

Diese Standardformulare werden von der Kommission im Wege von Durchführungsrechtsakten festgelegt. Entsprechende Durchführungsrechtsakte werden nach dem Beratungsverfahren gemäß Artikel 105 erlassen.

(2) Die Bekanntmachungen nach den Artikeln 67 bis 70 werden erstellt, dem Amt für Veröffentlichungen der Europäischen Union elektronisch übermittelt und gemäß Anhang IX veröffentlicht. Sie werden spätestens fünf Tage nach ihrer Übermittlung veröffentlicht. Die Kosten für die Veröffentlichung der Bekanntmachungen durch das Amt für Veröffentlichungen der Europäischen Union gehen zulasten der Union.

(3) Bekanntmachungen nach den Artikeln 67 bis 70 werden vollständig in der oder den vom Auftraggeber gewählten Amtssprache(n) der Organe der Union veröffentlicht. Einzig diese Sprachfassung(en) ist beziehungsweise sind verbindlich. Eine Zusammenfassung der wichtigsten Bestandteile einer jeden Bekanntmachung wird in den anderen Amtssprachen der Organe der Union veröffentlicht.

(4) Das Amt für Veröffentlichungen der Europäischen Union stellt sicher, dass der vollständige Wortlaut und die Zusammenfassung der regelmäßigen nicht verbindlichen Bekanntmachungen gemäß Artikel 67 Absatz 2, Aufrufe zum Wettbewerb für die Einrichtung eines dynamischen Beschaffungssystems gemäß Artikel 52 Absatz 4 Buchstabe a und Bekanntmachungen über das Bestehen eines Qualifizierungssystems als Mittel für Aufrufe zum Wettbewerb gemäß Artikel 44 Absatz 4 Buchstabe b weiterhin veröffentlicht werden:

a) im Falle von regelmäßigen nicht verbindlichen Bekanntmachungen für die Dauer von 12 Monaten oder bis zum Eingang einer Vergabebekanntmachung im Sinne von Artikel 70 Absatz 2 mit dem Hinweis, dass keine weitere Auftragsvergabe in den 12 Monaten geplant ist, die vom Aufruf zum Wettbewerb abgedeckt sind. Bei öffentlichen Aufträgen, die soziale und andere besondere Dienstleistungen betreffen, bleibt die regelmäßige nicht verbindliche Bekanntmachung gemäß Artikel 92 Absatz 1 Buchstabe b jedoch bis zum Ende ihrer ursprünglichen Gültigkeitsdauer oder bis zum Empfang einer Vergabebekanntmachung gemäß Artikel 70 fortgesetzt, mit der Angabe, dass in dem vom Aufruf zum Wettbewerb abgedeckten Zeitraum keine weiteren Aufträge mehr vergeben werden;

b) im Falle von Aufrufen zum Wettbewerb in Bezug auf die Einrichtung eines dynamischen Beschaffungssystems für den Gültigkeitszeitraum dieses Systems;

c) im Falle von Bekanntmachungen über das Bestehen eines Qualifizierungssystems für den Gültigkeitszeitraum dieses Systems.

(5) Die Auftraggeber müssen in der Lage sein, den Tag der Absendung der Bekanntmachungen nachzuweisen.

Das Amt für Veröffentlichungen der Europäischen Union stellt dem Auftraggeber eine Bestätigung über den Erhalt der Bekanntmachung und die Veröffentlichung der übermittelten Informationen aus, in denen das Datum dieser Veröffentlichung angegeben ist. Diese Bestätigung dient als Nachweis der Veröffentlichung.

(6) Die Auftraggeber können Bekanntmachungen für Bauleistungs-, Liefer- oder Dienstleistungsaufträge veröffentlichen, die nicht den Veröffentlichungsanforderun-

gen im Sinne dieser Richtlinie unterliegen, wenn diese Bekanntmachungen Das Amt für Veröffentlichungen der Europäischen Union auf elektronischem Wege in dem in Anhang IX genannten Format und im Wege der dort vorgesehenen Verfahren übermittelt werden.

Art. 72 Veröffentlichung auf nationaler Ebene

(1) Die in den Artikeln 67 bis 70 genannten Bekanntmachungen sowie die darin enthaltenen Informationen werden auf nationaler Ebene nicht vor der Veröffentlichung nach Artikel 71 veröffentlicht. Die Veröffentlichung auf nationaler Ebene kann jedoch in jedem Fall erfolgen, wenn die Auftraggeber nicht innerhalb von 48 Stunden nach der Bestätigung des Eingangs der Bekanntmachung gemäß Artikel 71 über die Veröffentlichung unterrichtet wurden.

(2) Die auf nationaler Ebene veröffentlichten Bekanntmachungen dürfen nur die Angaben enthalten, die in den an das Amt für Veröffentlichungen der Europäischen Union abgesendeten Bekanntmachungen enthalten sind oder in einem Beschafferprofil veröffentlicht wurden, und müssen auf das Datum der Übermittlung an das Amt für Veröffentlichungen der Europäischen Union beziehungsweise der Veröffentlichung im Beschafferprofil hinweisen.

(3) Die regelmäßigen nicht verbindlichen Bekanntmachungen dürfen nicht in einem Beschafferprofil veröffentlicht werden, bevor die Bekanntmachung ihrer Veröffentlichung an das Amt für Veröffentlichungen der Europäischen Union abgesendet wurde; dabei ist der Tag der Absendung anzugeben.

Art. 73 Elektronische Verfügbarkeit der Auftragsunterlagen

(1) Die Auftraggeber bieten ab dem Tag der Veröffentlichung der Bekanntmachung gemäß Artikel 71 oder dem Tag der Absendung der Aufforderung zur Interessenbestätigung unentgeltlich einen uneingeschränkten und vollständigen elektronischen Zugang zu den Auftragsunterlagen an.

Handelt es sich bei dem Aufruf zum Wettbewerb um die Bekanntmachung über das Bestehen eines Qualifizierungssystems, so ist dieser Zugang so schnell wie möglich und spätestens zum Zeitpunkt der Absendung der Aufforderung zur Angebotsabgabe oder zu Verhandlungen anzubieten. Der Text der Bekanntmachung oder dieser Aufforderungen muss die Internet-Adresse, über die diese Auftragsunterlagen abrufbar sind, enthalten.

Kann aus einem der in Artikel 40 Absatz 1 Unterabsatz 2 genannten Gründe ein unentgeltlicher, uneingeschränkter und vollständiger direkter elektronischer Zugang zu bestimmten Auftragsunterlagen nicht angeboten werden, so können die Auftraggeber in der Bekanntmachung oder der Aufforderung zur Interessenbestätigung angeben, dass die betreffenden Auftragsunterlagen im Einklang mit Absatz 2 nicht elektronisch, sondern durch andere Mittel übermittelt werden. In einem derartigen Fall wird die Frist für die Einreichung von Angeboten um fünf Tage verlängert, außer im Fall einer gebührlich belegten Dringlichkeit gemäß Artikel 45 Absatz 3 und wenn die Frist nach Artikel 46 Absatz 2 Unterabsatz 2 oder Artikel 47 Absatz 2 Unterabsatz 2 in gegenseitigem Einvernehmen festgelegt wird.

Kann ein unentgeltlicher, uneingeschränkter und vollständiger direkter elektronischer Zugang zu bestimmten Auftragsunterlagen nicht angeboten werden, weil die Auftraggeber beabsichtigen, Artikel 39 Absatz 2 anzuwenden, so geben sie in der Bekanntmachung oder der Aufforderung zur Interessenbestätigung oder – sofern der Aufruf zum Wettbewerb durch eine Bekanntmachung über das Bestehen eines Qualifizierungssystems erfolgt – in den Auftragsunterlagen an, welche Maßnahmen zum Schutz der Vertraulichkeit der Informationen sie fordern und wie auf die betreffenden Dokumente zugegriffen werden kann. In einem derartigen Fall wird die Frist für die Einreichung von Angeboten um fünf Tage verlängert, außer im Fall einer gebührlich belegten Dringlichkeit gemäß Artikel 45 Absatz 3 und wenn die Frist nach Artikel 46 Absatz 2 Unterabsatz 2 oder Artikel 47 Absatz 2 Unterabsatz 2 in gegenseitigem Einvernehmen festgelegt wird.

(2) Zusätzliche Auskünfte zu den Spezifikationen und etwaige unterstützende Unterlagen übermitteln die Auftraggeber allen am Vergabeverfahren teilnehmenden Bietern, sofern sie rechtzeitig angefordert worden sind, spätestens sechs Tage vor dem Schlusstermin für den Eingang der Angebote. Bei beschleunigten offenen Verfahren im Sinne von Artikel 45 Absatz 3 beträgt diese Frist vier Tage.

Art. 74 Aufforderungen an die Bewerber

(1) Bei nichtoffenen Verfahren, Verfahren des wettbewerblichen Dialogs, Innovationspartnerschaften und Verhandlungsverfahren mit vorherigem Aufruf zum Wettbewerb fordern die Auftraggeber die ausgewählten Bewerber gleichzeitig und schriftlich zur Abgabe von Angeboten, zur Teilnahme am Dialog oder zur Verhandlung auf.

Bei einem Aufruf zum Wettbewerb in Form einer regelmäßigen nicht verbindlichen Bekanntmachung gemäß Artikel 44 Absatz 4 Buchstabe a fordern die Auftraggeber die Wirtschaftsteilnehmer, die ihr Interesse bekundet haben, gleichzeitig und schriftlich auf, dieses weiter bestehende Interesse zu bekunden.

(2) Die in Absatz 1 des vorliegenden Artikels genannten Aufforderungen enthalten einen Verweis auf die elektronische Adresse, über die die Auftragsunterlagen direkt elektronisch zur Verfügung gestellt wurden. Den Aufforderungen sind die Auftragsunterlagen beizufügen, wenn ein unentgeltlicher, uneingeschränkter und vollständiger direkter Zugang zu diesen Unterlagen aus den in Artikel 73 Absatz 1 Unterabsätze 3 oder 4 genannten Gründen nicht angeboten wurde und sie nicht bereits auf andere Art und Weise zur Verfügung gestellt wurden. Darüber hinaus müssen die in Absatz 1 des vorliegenden Artikels genannten Aufforderungen die in Anhang XIII vorgesehenen Angaben enthalten.

Art. 75 Unterrichtung von Wirtschaftsteilnehmern, die eine Qualifizierung beantragen, sowie von Bewerbern und Bietern

(1) Die Auftraggeber teilen den Bewerbern und Bietern so bald wie möglich ihre Entscheidungen über den Abschluss einer Rahmenvereinbarung, die Zuschlagserteilung oder die Zulassung zur Teilnahme an einem dynamischen Beschaffungssystem mit, einschließlich der Gründe, aus denen beschlossen wurde, auf den Abschluss einer Rahmenvereinbarung oder die Vergabe eines Auftrags, für den ein Aufruf zum Wettbewerb stattgefunden hat, zu verzichten und das Verfahren erneut einzuleiten beziehungsweise kein dynamisches Beschaffungssystem einzurichten.

(2) Auf Antrag des betroffenen Bewerbers und Bieters unterrichten die Auftraggeber folgende Personen so bald wie möglich, auf jeden Fall aber innerhalb von 15 Tagen nach Erhalt eines schriftlichen Antrags:
a) jeden nicht berücksichtigten Bewerber über die Gründe für die Ablehnung seines Antrags;
b) jeden nicht berücksichtigten Bieter über die Gründe für die Ablehnung seines Angebots; dazu gehört in den Fällen nach Artikel 60 Absätze 5 und 6 auch eine Unterrichtung über die Gründe für ihre Entscheidung, dass keine Gleichwertigkeit vorliegt oder dass die Bauleistungen, Lieferungen oder Dienstleistungen nicht den Leistungs- oder Funktionsanforderungen entsprechen;
c) jeden Bieter, der ein ordnungsgemäßes Angebot eingereicht hat, über die Merkmale und Vorteile des ausgewählten Angebots sowie über den Namen des Zuschlagsempfängers oder der Parteien der Rahmenvereinbarung;
d) jeden Bieter, der ein ordnungsgemäßes Angebot eingereicht hat, über die Durchführung und die Fortschritte bei den Verhandlungen und dem Dialog mit den Bietern.

(3) Die Auftraggeber können beschließen, bestimmte in den Absätzen 1 und 2 genannte Angaben über die Zuschlagserteilung, den Abschluss von Rahmenvereinbarungen oder die Zulassung zu einem dynamischen Beschaffungssystem nicht mitzuteilen, wenn die Offenlegung dieser Angaben den Gesetzesvollzug behindern oder sonst dem öffentlichen Interesse zuwiderlaufen, die berechtigten geschäftlichen Interessen eines bestimmten öffentlichen oder privaten Wirtschaftsteilnehmers schädigen oder den lauteren Wettbewerb zwischen Wirtschaftsteilnehmern beeinträchtigen würde.

(4) Die Auftraggeber, die ein Qualifizierungssystem einrichten und betreiben, teilen den Antragstellern ihre Entscheidung hinsichtlich ihrer Qualifizierung innerhalb einer Frist von sechs Monaten mit.

Kann eine Entscheidung nicht innerhalb von vier Monaten ab Eingang eines Antrags getroffen werden, so teilt der Auftraggeber dem Antragsteller innerhalb von zwei Monaten nach Eingang des Antrags die Gründe für die längere Frist sowie den Zeitpunkt mit, zu dem der Antrag angenommen oder abgelehnt wird.

(5) Negative Entscheidungen über die Qualifikation werden den Antragstellern schnellstmöglich, jedoch spätestens fünfzehn Tagen nach der negativen Entscheidung, unter Angabe von Gründen für diese Entscheidung mitgeteilt. Die Gründe müssen sich auf die in Artikel 77 Absatz 2 genannten Qualifizierungskriterien beziehen.

(6) Die Auftraggeber, die ein Qualifizierungssystem einrichten und betreiben, können die Qualifizierung eines Wirtschaftsteilnehmers nur aus Gründen beenden, die sich auf den in Artikel 77 Absatz 2 genannten Qualifizierungskriterien stützen. Die Absicht, eine Qualifizierung zu beenden, ist dem Wirtschaftsteilnehmer mindestens 15 Tage vor der beabsichtigten Beendigung der Qualifizierung unter Angabe der Rechtfertigungsgründe für die geplante Maßnahme mitzuteilen.

Abschnitt 3 Auswahl der Teilnehmer und Auftragsvergabe

Art. 76 Allgemeine Grundsätze

(1) Für den Zweck der Auswahl der Teilnehmer an Vergabeverfahren gelten alle folgenden Vorschriften:
a) Auftraggeber, die für den Ausschluss von Bietern oder Bewerbern Vorschriften und Kriterien gemäß Artikel 78 Absatz 1 oder Artikel 80 Absatz 1 festgelegt haben, beachten beim Ausschluss von Wirtschaftsteilnehmern diese Vorschriften und Kriterien;
b) die Auswahl von Bietern und Bewerbern erfolgt im Einklang mit den gemäß den Artikeln 78 und 80 festgelegten objektiven Vorschriften und Kriterien;
c) bei nichtoffenen Verfahren, bei Verhandlungsverfahren mit einem Aufruf zum Wettbewerb, bei wettbewerblichen Dialogen und bei Innovationspartnerschaften begrenzen sie gemäß Artikel 78 Absatz 2 gegebenenfalls die Zahl der gemäß den Buchstaben a und b ausgewählten Bewerber.

(2) Erfolgt ein Aufruf zum Wettbewerb durch eine Bekanntmachung über das Bestehen eines Qualifizierungssystems und zum Zwecke der Auswahl von Teilnehmern an Vergabeverfahren für die Aufträge, die Gegenstand des Aufrufs zum Wettbewerb sind, verfahren die Auftraggeber wie folgt:
a) sie prüfen die Wirtschaftsteilnehmer gemäß Artikel 77 im Hinblick auf ihre Qualifizierung;
b) sie wenden auf die qualifizierten Wirtschaftsteilnehmer die Bestimmungen des Absatzes 1 an, die für nichtoffene Verfahren, Verhandlungsverfahren, wettbewerbliche Dialoge oder Innovationspartnerschaften gelten.

(3) Bei der Auswahl von Teilnehmern für ein nichtoffenes Verfahren, für ein Verhandlungsverfahren, einen wettbewerblichen Dialog oder eine Innovationspartnerschaft dürfen die Auftraggeber bei ihrer Entscheidung über die Qualifizierung oder bei der Aktualisierung der Kriterien und Vorschriften
a) Wirtschaftsteilnehmern keine administrativen, technischen oder finanziellen Auflagen machen, die anderen Wirtschaftsteilnehmern nicht auferlegt werden;
b) keine Tests oder Nachweise anfordern, die sich mit bereits vorliegenden objektiven Nachweisen überschneiden.

(4) Sind von Wirtschaftsteilnehmern zu übermittelnde Informationen oder Unterlagen unvollständig oder fehlerhaft oder scheinen diese unvollständig oder fehlerhaft zu sein oder sind spezifische Unterlagen nicht vorhanden, so können die Auftraggeber, sofern in den nationalen Rechtsvorschriften zur Umsetzung dieser Richtlinie nicht anders vor-

gesehen, die betreffenden Wirtschaftsteilnehmer auffordern, die jeweiligen Informationen oder Unterlagen innerhalb einer angemessenen Frist zu übermitteln, zu ergänzen, zu erläutern oder zu vervollständigen, sofern diese Aufforderungen unter voller Einhaltung der Grundsätze der Transparenz und der Gleichbehandlung erfolgen.

(5) Die Auftraggeber überprüfen anhand der in den Artikeln 82 und 84 festgelegten Kriterien und unter Berücksichtigung von Artikel 64, dass die von den ausgewählten Bewerbern eingereichten Angebote den für Angebote und die Vergabe von Aufträgen geltenden Vorschriften und Anforderungen genügen.

(6) Die Auftraggeber können entscheiden, einen Auftrag nicht an den Bieter mit dem besten Angebot zu vergeben, wenn sie festgestellt haben, dass das Angebot nicht den einzuhaltenden Verpflichtungen gemäß Artikel 36 Absatz 2 genügt.

(7) Bei offenen Verfahren können die Auftraggeber entscheiden, Angebote vor der Überprüfung der Eignung des Bieters zu prüfen, sofern die einschlägigen Bestimmungen der Artikel 76 bis 84 eingehalten wurden, einschließlich der Vorschrift, dass der Auftrag nicht an einen Bieter vergeben wird, der gemäß Artikel 80 hätte ausgeschlossen werden müssen beziehungsweise der die Auswahlkriterien der Auftraggeber gemäß Artikel 78 Absatz 1 und Artikel 80 nicht erfüllt.

Die Mitgliedstaaten können die Anwendung des Verfahrens gemäß Unterabsatz 1 für bestimmte Formen der Beschaffung oder bestimmte Umstände ausschließen oder sie darauf beschränken.

(8) Der Kommission wird die Befugnis übertragen, gemäß Artikel 103 delegierte Rechtsakte zur Änderung des Verzeichnisses in Anhang XIV zu erlassen, wenn dies erforderlich ist, um neue internationale Übereinkommen hinzuzufügen, die von allen Mitgliedstaaten ratifiziert wurden, oder wenn die bestehenden internationalen Übereinkommen nicht mehr von allen Mitgliedstaaten ratifiziert sind oder in anderer Weise – z.B. in Bezug auf ihren Geltungsbereich, ihren Inhalt oder ihre Bezeichnung – geändert wurden.

Unterabschnitt 1 Qualifizierung und Eignung

Art. 77 Qualifizierungssystem

(1) Die Auftraggeber, die dies wünschen, können ein Qualifizierungssystem für Wirtschaftsteilnehmer einrichten und betreiben.

Die Auftraggeber, die ein Qualifizierungssystem einrichten und betreiben, sorgen dafür, dass Wirtschaftsteilnehmer die Qualifizierung zu jedem Zeitpunkt beantragen können.

(2) Das in Absatz 1 genannte System kann verschiedene Qualifizierungsstufen umfassen.

Die Auftraggeber legen objektive Vorschriften und Kriterien für den Ausschluss und die Auswahl von Wirtschaftsteilnehmern, die die Qualifizierung beantragen, sowie objektive Kriterien und Vorschriften für die Funktionsweise des Qualifizierungssystems fest, wie beispielsweise die Aufnahme in das System, die regelmäßige Aktualisierung etwaiger Qualifizierungen und die Dauer der Aufrechterhaltung des Systems. Beinhalten diese Kriterien technische Spezifikationen, so gelten die Artikel 60 und 62. Die Kriterien und Vorschriften können nach Bedarf aktualisiert werden.

(3) Die Kriterien und Vorschriften, auf die in Absatz 2 verwiesen wird, sind den Wirtschaftsteilnehmern auf Antrag zur Verfügung zu stellen. Die Aktualisierungen der Kriterien und Vorschriften sind den interessierten Wirtschaftsteilnehmern mitzuteilen.

Stellt ein Auftraggeber fest, dass das Qualifizierungssystem anderer Stellen oder Einrichtungen ihren Anforderungen genügt, so teilt sie den interessierten Wirtschaftsteilnehmern die Namen dieser anderen Stellen oder Einrichtungen mit.

(4) Es wird ein Verzeichnis der qualifizierten Wirtschaftsteilnehmer geführt, das in zwei Kategorien entsprechend der Art des Auftrags, für den die Qualifizierung gilt, aufgeteilt werden kann.

(5) Erfolgt ein Aufruf zum Wettbewerb in Form einer Bekanntmachung über das Bestehen eines Qualifizierungssystems, werden Aufträge über Bauleistungen, Lieferungen oder Dienstleistungen, die unter das Qualifizierungssystem fallen, im Zuge nichtoffener Verfahren oder von Verhandlungsverfahren vergeben, bei denen alle Bieter und Teilnehmer unter den bereits gemäß diesem System qualifizierten Bewerbern ausgewählt werden.

(6) Etwaige Gebühren, die im Zusammenhang mit Anträgen auf Qualifizierung, der Aktualisierung oder der Aufrechterhaltung einer bereits bestehenden Qualifizierung für das System erhoben werden, müssen im Verhältnis zu den angefallenen Kosten stehen.

Art. 78 Eignungskriterien

(1) Die Auftraggeber können objektive Vorschriften und Kriterien für den Ausschluss und die Auswahl von Bietern oder Bewerbern festlegen, wobei diese Vorschriften und Kriterien den interessierten Wirtschaftsteilnehmern zur Verfügung stehen müssen.

(2) In Fällen, in denen die Auftraggeber ein angemessenes Gleichgewicht zwischen bestimmten Merkmalen des Vergabeverfahrens und den notwendigen Ressourcen für dessen Durchführung sicherstellen müssen, können sie – bei nichtoffenen Verfahren, Verhandlungsverfahren, wettbewerblichen Dialogen oder Innovationspartnerschaften – entsprechend dieser Notwendigkeit objektive Vorschriften und Kriterien festlegen, die es dem Auftraggeber ermöglichen, die Zahl der Bewerber, die zur Angebotsabgabe oder zur Aufnahme von Verhandlungen aufgefordert werden, zu begrenzen. Die Zahl der ausgewählten Bewerber muss jedoch der Notwendigkeit Rechnung tragen, dass ein angemessener Wettbewerb gewährleistet sein muss.

Art. 79 Inanspruchnahme der Kapazitäten anderer Unternehmen

(1) Beinhalten die objektiven Vorschriften und Kriterien für den Ausschluss und die Auswahl von Wirtschaftsteilnehmern, die eine Qualifizierung im Rahmen eines Qualifizierungssystems beantragen, Anforderungen an die wirtschaftliche und finanzielle Leistungsfähigkeit oder die fachliche oder berufliche Befähigung der Wirtschaftsteilnehmer, kann der Wirtschaftsteilnehmer gegebenenfalls die Kapazitäten anderer Unternehmen in Anspruch nehmen, unabhängig von dem Rechtsverhältnis, in dem er zu diesen Unternehmen steht. In Bezug auf die Kriterien für Ausbildungsnachweise und Bescheinigungen über die berufliche Befähigung des Dienstleistungserbringers oder Unternehmers und/oder der Führungskräfte des Unternehmens oder für die einschlägige berufliche Erfahrung können die Wirtschaftsteilnehmer jedoch nur die Kapazitäten anderer Unternehmen in Anspruch nehmen, wenn diese die Arbeiten ausführen beziehungsweise die Dienstleistungen erbringen, für die diese Kapazitäten benötigt werden. Beabsichtigt ein Wirtschaftsteilnehmer, die Kapazitäten anderer Unternehmen in Anspruch zu nehmen, so weist er dem Auftraggeber nach, dass ihm diese Mittel während der gesamten Gültigkeit des Qualifizierungssystems zur Verfügung stehen werden, beispielsweise durch eine entsprechende Verpflichtungserklärung dieser Unternehmen.

Haben die Auftraggeber gemäß Artikel 80 der vorliegenden Richtlinie die in der Richtlinie 2014/24/EU vorgesehenen Ausschlussgründe oder Auswahlkriterien angegeben, so überprüfen sie gemäß Artikel 80 Absatz 3 der vorliegenden Richtlinie, ob die anderen Unternehmen, deren Kapazitäten der Wirtschaftsteilnehmer in Anspruch nehmen will, die einschlägigen Eignungskriterien erfüllen oder ob von ihnen genannte Ausschlussgründe gemäß Artikel 57 der Richtlinie 2014/24/EU vorliegen. Der Auftraggeber muss vorschreiben, dass der Wirtschaftsteilnehmer ein Unternehmen ersetzt, bei dem zwingende Ausschlussgründe vorliegen, auf die der Auftraggeber Bezug genommen hat. Der Auftraggeber kann vorschreiben, oder ihm kann durch den Mitgliedstaat vorgeschrieben werden, vorzuschreiben, dass der Wirtschaftsteilnehmer ein Unternehmen ersetzt, bei dem nicht-zwingende Ausschlussgründe vorliegen, auf die der Auftraggeber Bezug genommen hat.

Nimmt ein Wirtschaftsteilnehmer im Hinblick auf Kriterien für die wirtschaftliche und finanzielle Leistungsfähigkeit die Kapazitäten anderer Unternehmen in Anspruch, so kann der Auftraggeber vorschreiben, dass der Wirtschaftsteilnehmer und diese Unternehmen gemeinsam für die Auftragsausführung haften.

Unter denselben Voraussetzungen können Gruppen von Wirtschaftsteilnehmern nach Artikel 37 Absatz 2 die Kapazitäten der Mitglieder der Gruppe oder anderer Unternehmen in Anspruch nehmen.

(2) Beinhalten die objektiven Vorschriften und Kriterien für den Ausschluss und die Auswahl von Bewerbern und Bietern in offenen Verfahren, nichtoffenen Verfahren, Verhandlungsverfahren, wettbewerblichen Dialogen oder Innovationspartnerschaften Anforderungen an die wirtschaftliche und finanzielle Leistungsfähigkeit oder die fachliche oder professionelle Befähigung der Wirtschaftsteilnehmer, so kann der Wirt-

schaftsteilnehmer gegebenenfalls und für einen bestimmten Auftrag die Kapazitäten anderer Unternehmen in Anspruch nehmen, unabhängig von dem Rechtsverhältnis, in dem er zu diesen Unternehmen steht. In Bezug auf die Kriterien für Ausbildungsnachweise und Bescheinigungen über die berufliche Befähigung des Dienstleistungserbringers oder Unternehmers und/oder der Führungskräfte des Unternehmens oder für die einschlägige berufliche Erfahrung können die Wirtschaftsteilnehmer jedoch nur die Kapazitäten anderer Unternehmen in Anspruch nehmen, wenn diese die Arbeiten ausführen beziehungsweise die Dienstleistungen erbringen, für die diese Kapazitäten benötigt werden. Beabsichtigt ein Wirtschaftsteilnehmer, die Kapazitäten anderer Unternehmen in Anspruch zu nehmen, so weist er dem Auftraggeber nach, dass ihm die erforderlichen Mittel zur Verfügung stehen werden, beispielsweise durch eine entsprechende Verpflichtungserklärung dieser Unternehmen.

Haben die Auftraggeber gemäß Artikel 80 der vorliegenden Richtlinie die in der Richtlinie 2014/24/EU vorgesehenen Ausschlussgründe oder Auswahlkriterien angegeben, so überprüfen sie gemäß Artikel 80 Absatz 3 der vorliegenden Richtlinie, ob die anderen Unternehmen, deren Kapazitäten der Wirtschaftsteilnehmer in Anspruch nehmen will, die einschlägigen Auswahlkriterien erfüllen oder ob von ihnen genannte Ausschlussgründe gemäß Artikel 57 der Richtlinie 2014/24/EU vorliegen. Der Auftraggeber muss vorschreiben, dass der Wirtschaftsteilnehmer ein Unternehmen ersetzt, das ein einschlägiges Auswahlkriterium nicht erfüllt oder bei dem zwingende Ausschlussgründe vorliegen, auf die der Auftraggeber Bezug genommen hat. Der Auftraggeber kann vorschreiben, oder ihm kann durch den Mitgliedstaat vorgeschrieben werden, vorzuschreiben, dass der Wirtschaftsteilnehmer ein Unternehmen ersetzt, bei dem nichtzwingende Ausschlussgründe vorliegen, auf die der Auftraggeber Bezug genommen hat.

Nimmt ein Wirtschaftsteilnehmer im Hinblick auf Kriterien für die wirtschaftliche und finanzielle Leistungsfähigkeit die Kapazitäten anderer Unternehmen in Anspruch, so kann der Auftraggeber vorschreiben, dass der Wirtschaftsteilnehmer und diese Unternehmen gemeinsam für die Auftragsausführung haften.

Unter denselben Voraussetzungen können Gruppen von Wirtschaftsteilnehmern nach Artikel 37 Absatz 2 die Kapazitäten der Mitglieder der Gruppe oder anderer Unternehmen in Anspruch nehmen.

(3) Die Auftraggeber können im Falle von Bauleistungsaufträgen, Dienstleistungsaufträgen sowie Verlege- oder Installationsarbeiten im Zusammenhang mit einem Lieferauftrag vorschreiben, dass bestimmte kritische Aufgaben direkt vom Bieter selbst oder – wenn der Bieter einer Gruppe von Wirtschaftsteilnehmern gemäß Artikel 37 Absatz 2 angehört – von einem Gruppenteilnehmer ausgeführt werden.

Art. 80 In der Richtlinie 2014/24/EU festgelegte Ausschlussgründe und Auswahlkriterien

(1) Die objektiven Vorschriften und Kriterien für den Ausschluss und die Auswahl von Wirtschaftsteilnehmern, die eine Qualifizierung im Rahmen eines Qualifizierungssystems beantragen, und die objektiven Vorschriften und Kriterien für den Ausschluss und

die Auswahl von Bewerbern und Bietern in offenen Verfahren, nichtoffenen Verfahren, Verhandlungsverfahren, wettbewerblichen Dialogen oder Innovationspartnerschaften können die in Artikel 57 der Richtlinie 2014/24/EU genannten Ausschlussgründe zu den dort festgelegten Bedingungen beinhalten.

Handelt es sich beim Auftraggeber um einen öffentlichen Auftraggeber, beinhalten diese Kriterien und Vorschriften die in Artikel 57 Absätze 1 und 2 der Richtlinie 2014/24/EU genannten Ausschlussgründe zu den dort festgelegten Bedingungen.

Wenn die Mitgliedstaaten dies vorschreiben, beinhalten diese Kriterien und Vorschriften überdies die in Artikel 57 Absatz 4 der Richtlinie 2014/24/EU genannten Ausschlussgründe zu den dort festgelegten Bedingungen.

(2) Die Kriterien und Vorschriften, auf die in Absatz 1 des vorliegenden Artikels verwiesen wird, können die in Artikel 58 der Richtlinie 2014/24/EU festgelegten Auswahlkriterien zu den dort festgelegten Bedingungen beinhalten, insbesondere hinsichtlich der Einschränkungen der Anforderungen an die Jahresumsätze gemäß Absatz 3 Unterabsatz 2 jenes Artikels.

(3) Für die Zwecke der Absätze 1 und 2 gelten die Artikel 59 bis 61 der Richtlinie 2014/24/EU

Art. 81 Normen für Qualitätssicherung und Umweltmanagement

(1) Verlangen die Auftraggeber zum Nachweis dafür, dass der Wirtschaftsteilnehmer bestimmte Qualitätssicherungsnormen – einschließlich des Zugangs für Menschen mit Behinderungen – erfüllt, die Vorlage von Bescheinigungen unabhängiger Stellen, so nehmen sie auf Qualitätssicherungssysteme Bezug, die den einschlägigen europäischen Normreihen genügen und von akkreditierten Stellen zertifiziert sind. Die Auftraggeber erkennen gleichwertige Bescheinigungen von Stellen in anderen Mitgliedstaaten an. Sie erkennen auch andere Nachweise über gleichwertige Qualitätssicherungsmaßnahmen an, wenn der betreffende Wirtschaftsteilnehmer die betreffenden Bescheinigungen aus Gründen, die ihm nicht angelastet werden können, nicht innerhalb der einschlägigen Fristen beschaffen kann, sofern der Wirtschaftsteilnehmer nachweist, dass die vorgeschlagenen Qualitätssicherungsmaßnahmen den vorgeschriebenen Qualitätssicherungsnormen entsprechen.

(2) Verlangen die Auftraggeber zum Nachweis dafür, dass der Wirtschaftsteilnehmer bestimmte Systeme oder Normen für das Umweltmanagement erfüllt, die Vorlage von Bescheinigungen unabhängiger Stellen, so nehmen sie auf das System für das Umweltmanagement und die Umweltbetriebsprüfung (EMAS) der Union oder auf andere Systeme für das Umweltmanagement, die gemäß Artikel 45 der Verordnung (EG) Nr. 1221/2009 anerkannt sind, oder andere Normen für das Umweltmanagement Bezug, die auf den einschlägigen europäischen oder internationalen Normen beruhen und von entsprechenden Stellen zertifiziert sind. Die Auftraggeber erkennen gleichwertige Bescheinigungen von Stellen in anderen Mitgliedstaaten an.

Hatte ein Wirtschaftsteilnehmer aus Gründen, die ihm nicht angelastet werden können, nachweislich keinen Zugang zu diesen Bescheinigungen oder keine Möglichkeit, sie innerhalb der einschlägigen Fristen zu beschaffen, so akzeptiert der Auftraggeber auch andere Umweltmanagementmaßnahmen, sofern der Wirtschaftsteilnehmer nachweist, dass diese Maßnahmen den nach dem geltenden Umweltmanagementsystem oder Normen für das Umweltmanagement vorgeschriebenen Maßnahmen entsprechen.

(3) Die Mitgliedstaaten stellen den anderen Mitgliedstaaten auf Anfrage alle Informationen über die Unterlagen zur Verfügung, die als Nachweis für die Einhaltung der in den Absätzen 1 und 2 genannten Qualitäts- und Umweltnormen beizubringen sind.

Unterabschnitt 2 Zuschlagserteilung

Art. 82 Zuschlagskriterien

(1) Die Auftraggeber erteilen unbeschadet der für den Preis bestimmter Lieferungen oder die Vergütung bestimmter Dienstleistungen geltenden nationalen Rechts- und Verwaltungsvorschriften den Zuschlag auf der Grundlage des wirtschaftlich günstigsten Angebots.

(2) Die Bestimmung des aus der Sicht des Auftraggebers wirtschaftlich günstigsten Angebots erfolgt anhand einer Bewertung auf der Grundlage des Preises oder der Kosten, mittels eines Kosten-Wirksamkeits-Ansatzes, wie der Lebenszykluskostenrechnung gemäß Artikel 83, und kann das beste Preis-Leistungs-Verhältnis beinhalten, das auf der Grundlage von Kriterien unter Einbeziehung qualitativer, umweltbezogener und/oder sozialer Aspekte bewertet wird, die mit dem Auftragsgegenstand des betreffenden Auftrags in Verbindung stehen. Zu diesen Kriterien kann unter anderem Folgendes gehören:
a) Qualität, einschließlich technischer Wert, Ästhetik, Zweckmäßigkeit, Zugänglichkeit, »Design für alle«, soziale, ökologische und innovative Eigenschaften und Handel und die damit verbundenen Bedingungen;
b) Organisation, Qualifikation und Erfahrung des mit der Durchführung des Auftrags betrauten Personals, wenn die Qualität des eingesetzten Personals erheblichen Einfluss auf das Niveau der Auftragsausführung haben kann oder
c) Kundendienst und technische Hilfe, Lieferbedingungen wie Lieferfrist, Lieferverfahren und Lieferzeitraum oder Ausführungsfrist, Zusicherungen in Bezug auf Ersatzteile und Versorgungssicherheit. Das Kostenelement kann auch die Form von Festpreisen oder Festkosten annehmen, je nachdem, welche Wirtschaftsteilnehmer ausschließlich im Hinblick auf Qualitätskriterien miteinander konkurrieren.

Die Mitgliedstaaten können vorsehen, dass die Auftraggeber nicht den Preis oder die Kosten allein als einziges Zuschlagskriterium verwenden dürfen, oder sie können deren Verwendung auf bestimmte Kategorien von Auftraggebern oder bestimmte Arten von Aufträgen beschränken.

(3) Zuschlagskriterien stehen mit dem Auftragsgegenstand des öffentlichen Auftrags in Verbindung, wenn sie sich in irgendeiner Weise und in irgendeiner Phase ihres Lebens-

zyklus auf die gemäß dem Auftrag zu erbringenden Bauleistungen, Lieferungen oder Dienstleistungen beziehen, einschließlich Faktoren, die zusammenhängen mit
a) dem konkreten Prozess der Herstellung oder der Bereitstellung solcher Bauleistungen, Lieferungen oder Dienstleistungen oder des Handels damit oder
b) einem bestimmten Prozess in Bezug auf eine andere Phase des Lebenszyklus,

auch wenn derartige Faktoren nicht materielle Bestandteile von ihnen sind.

(4) Die Zuschlagskriterien haben nicht zur Folge, dass den Auftraggebern uneingeschränkte Wahlfreiheit übertragen wird. Sie müssen die Möglichkeit eines wirksamen Wettbewerbs gewährleisten und mit Spezifikationen einhergehen, die eine effektive Überprüfung der von den Bietern übermittelten Informationen gestatten, damit bewertet werden kann, wie gut die Angebote die Zuschlagskriterien erfüllen. Im Zweifelsfall nehmen die Auftraggeber eine effektive Überprüfung der Richtigkeit der von den Bietern beigebrachten Informationen und Nachweise vor.

(5) Der Auftraggeber gibt in den Auftragsunterlagen an, wie er die einzelnen Kriterien gewichtet, um das wirtschaftlich günstigste Angebot zu ermitteln, es sei denn, dieses wird allein auf der Grundlage des Preises ermittelt.

Diese Gewichtung kann mittels einer Marge angegeben werden, deren größte Bandbreite angemessen sein muss.

Ist die Gewichtung aus objektiven Gründen nicht möglich, so gibt der Auftraggeber die Kriterien in absteigender Reihenfolge ihrer Bedeutung an.

Art. 83 Lebenszykluskostenrechnung

(1) Soweit relevant, fließen in die Lebenszykluskostenrechnung die folgenden Kosten während des Lebenszyklus eines Produkts, einer Dienstleistung oder Bauleistung ganz oder teilweise ein:
a) vom Auftraggeber oder anderen Nutzern getragene Kosten, wie
   i)   Anschaffungskosten,
   ii) Nutzungskosten, z.B. für den Verbrauch von Energie und anderen Ressourcen,
   iii) Wartungskosten,
   iv) Lebensendekosten, z.B. Sammlungs- und Recyclingkosten;
b) Kosten, die externen Umwelteffekten zugeschrieben werden, die mit der Ware, der Dienstleistung oder der Bauleistung während ihres Lebenszyklus in Verbindung stehen, sofern ihr Geldwert bestimmt und geprüft werden kann; diese Kosten können die Kosten für die Emission von Treibhausgasen und anderen Schadstoffen sowie sonstige Kosten für den Klimaschutz umfassen.

(2) Bewerten die Auftraggeber die Kosten nach dem Lebenszykluskosten-Ansatz, so geben sie in den Auftragsunterlagen an, welche Daten von den Bietern bereitzustellen sind und welche Methode sie bei der Berechnung der Lebenszykluskosten auf Grundlage dieser Daten anwenden werden.

Die Methode, die zur Bewertung der externen Umwelteffekten zugeschriebenen Kosten angewandt wird, muss alle folgenden Bedingungen erfüllen:

a) Sie beruht auf objektiv nachprüfbaren und nichtdiskriminierenden Kriterien. Sie darf insbesondere nicht bestimmte Wirtschaftsteilnehmer auf unzulässige Weise bevorzugen oder benachteiligen, wenn sie nicht für eine wiederholte oder kontinuierliche Anwendung konzipiert wurde;
b) sie ist allen interessierten Parteien zugänglich;
c) die geforderten Daten lassen sich von Wirtschaftsteilnehmern, die ihrer Sorgfaltspflicht in normalem Maße nachkommen, einschließlich Wirtschaftsteilnehmern aus Drittstaaten, die dem GPA oder anderen, für die Union bindenden internationalen Übereinkommen beigetreten sind, mit vertretbarem Aufwand bereitstellen.

(3) Ist eine gemeinsame Methode zur Berechnung der Lebenszyklus-Kosten durch einen Rechtsakt der Union verbindlich vorgeschrieben, so findet diese gemeinsame Methode bei der Bewertung der Lebenszyklus-Kosten Anwendung.

Ein Verzeichnis dieser Rechtsakte und erforderlichenfalls der sie ergänzenden delegierten Rechtsakte ist in Anhang XV enthalten.

Der Kommission wird die Befugnis übertragen, gemäß Artikel 103 delegierte Rechtsakte zur Aktualisierung dieses Verzeichnisses zu erlassen, wenn aufgrund der Annahme neuer Rechtsvorschriften, die eine gemeinsame Methode verbindlich vorschreiben, oder der Aufhebung oder Änderung bestehender Rechtsvorschriften eine Aktualisierung erforderlich ist.

Art. 84 Ungewöhnlich niedrige Angebote

(1) Die Auftraggeber schreiben den Wirtschaftsteilnehmern vor, die im Angebot vorgeschlagenen Preise oder Kosten zu erläutern, wenn diese im Verhältnis zu den angebotenen Bauleistungen, Lieferungen oder Dienstleistungen ungewöhnlich niedrig erscheinen.

(2) Die Erläuterungen nach Absatz 1 können sich insbesondere auf Folgendes beziehen:
a) die Wirtschaftlichkeit des Fertigungsverfahrens, der Erbringung der Dienstleistung oder des Bauverfahrens;
b) die gewählten technischen Lösungen oder alle außergewöhnlich günstigen Bedingungen, über die der Bieter bei der Lieferung der Waren beziehungsweise der Erbringung der Dienstleistung oder bei der Durchführung der Bauleistungen verfügt;
c) die Originalität der vom Bieter angebotenen Lieferungen, Dienstleistungen oder Bauleistungen;
d) die Einhaltung der in Artikel 36 Absatz 2 genannten Verpflichtungen;
e) die Einhaltung der in Artikel 88 genannten Verpflichtungen;
f) die etwaige Gewährung einer staatlichen Beihilfe an den Bieter.

(3) Der Auftraggeber bewertet die vorgelegten Informationen mittels Rücksprache mit dem Bieter. Er kann das Angebot nur dann ablehnen, wenn die beigebrachten Nachweise das niedrige Niveau des vorgeschlagenen Preises beziehungsweise der vorgeschlagenen Kosten unter Berücksichtigung der in Absatz 2 genannten Faktoren nicht zufriedenstellend begründen.

Die Auftraggeber lehnen das Angebot ab, wenn sie festgestellt haben, dass das Angebot ungewöhnlich niedrig ist, weil es den geltenden Anforderungen gemäß Artikel 36 Absatz 2 nicht genügt.

(4) Stellt der Auftraggeber fest, dass ein Angebot ungewöhnlich niedrig ist, weil der Bieter eine staatliche Beihilfe erhalten hat, so darf er das Angebot allein aus diesem Grund nur nach Rücksprache mit dem Bieter ablehnen, sofern dieser binnen einer vom Auftraggeber festzulegenden ausreichenden Frist nicht nachweisen kann, dass die betreffende Beihilfe mit dem Binnenmarkt im Sinne des Artikels 107 AEUV vereinbar war. Lehnt der Auftraggeber ein Angebot unter diesen Umständen ab, so teilt er dies der Kommission mit.

(5) Die Mitgliedstaaten übermitteln den anderen Mitgliedstaaten im Wege der Verwaltungszusammenarbeit auf Anfrage alle ihnen zur Verfügung stehenden Informationen, wie Gesetze, Vorschriften, allgemein verbindliche Tarifverträge oder nationale technische Normen, über die Nachweise und Unterlagen, die im Hinblick auf in Absatz 2 genannte Einzelheiten beigebracht wurden.

Abschnitt 4 Angebote, die Erzeugnisse aus Drittländern und Beziehungen mit diesen umfassen

Art. 85 Angebote, die Erzeugnisse aus Drittländern umfassen

(1) Dieser Artikel gilt für Angebote, die Erzeugnisse mit Ursprung in Drittländern umfassen, mit denen die Union keine Übereinkunft in einem multilateralen oder bilateralen Rahmen geschlossen hat, durch die ein tatsächlicher Zugang der Unternehmen der Union zu den Märkten dieser Drittländer unter vergleichbaren Bedingungen gewährleistet wird. Er gilt unbeschadet der Verpflichtungen der Union oder ihrer Mitgliedstaaten gegenüber Drittländern.

(2) Ein im Hinblick auf die Vergabe eines Lieferauftrages eingereichtes Angebot kann zurückgewiesen werden, wenn der gemäß der Verordnung (EU) Nr. 952/2013 des Europäischen Parlaments und des Rates[(1)] bestimmte Anteil der Erzeugnisse mit Ursprung in Drittländern mehr als 50% des Gesamtwertes der in dem Angebot enthaltenen Erzeugnisse beträgt.

Im Sinne dieses Artikels gilt Software, die in der Ausstattung für Telekommunikationsnetze verwendet wird, als Erzeugnis.

(3) Sind zwei oder mehrere Angebote gemäß den in Artikel 82 aufgestellten Zuschlagskriterien gleichwertig, so ist vorbehaltlich des Unterabsatzes 2 des vorliegenden Absatzes das Angebot zu bevorzugen, das gemäß Absatz 2 des vorliegenden Artikels nicht zurückgewiesen werden kann. Die Preise solcher Angebote gelten im Sinne dieses Artikels als gleichwertig, sofern sie um nicht mehr als 3% voneinander abweichen.

Ein Angebot ist jedoch dann nicht gemäß Unterabsatz 1 zu bevorzugen, wenn seine Annahme den Auftraggeber zum Erwerb von Ausrüstungen zwingen würde, die andere technische Merkmale als bereits genutzte Ausrüstungen haben und dies zu Inkompatibilität oder technischen Schwierigkeiten bei Betrieb und Wartung oder zu unverhältnismäßigen Kosten führen würde.

(4) Im Sinne dieses Artikels werden bei der Bestimmung des Anteils der aus Drittländern stammenden Erzeugnisse gemäß Absatz 2 diejenigen Drittländer nicht berücksichtigt, auf die der Geltungsbereich dieser Richtlinie durch einen Beschluss des Rates gemäß Absatz 1 ausgedehnt worden ist.

(5) Die Kommission unterbreitet dem Rat bis 31. Dezember 2015 und danach jedes Jahr einen Bericht über die Fortschritte bei den multilateralen beziehungsweise bilateralen Verhandlungen über den Zugang von Unternehmen der Union zu den Märkten von Drittländern in den unter diese Richtlinie fallenden Bereichen, über alle durch diese Verhandlungen erzielten Ergebnisse sowie über die tatsächliche Anwendung aller geschlossenen Übereinkünfte.

(1) Amtl. Anm.:
Verordnung (EU) Nr. 952/2013 des Europäischen Parlaments und des Rates vom 9. Oktober 2013 zur Festlegung des Zollkodex der Union (ABl. L 269 vom 10.10.2013, S. 1).

Art. 86 Beziehungen zu Drittländern im Bereich der Bau-, Liefer- und Dienstleistungsaufträge

(1) Die Mitgliedstaaten informieren die Kommission über alle allgemeinen Schwierigkeiten rechtlicher oder faktischer Art, auf die ihre Unternehmen bei der Bewerbung um Dienstleistungsaufträge in Drittländern stoßen und die ihnen von ihren Unternehmen gemeldet werden.

(2) Die Kommission legt dem Rat bis zum 18. April 2019 und anschließend in regelmäßigen Abständen einen Bericht über den Zugang zu Dienstleistungsaufträgen in Drittländern vor; dieser Bericht umfasst auch den Stand der Verhandlungen mit den betreffenden Drittländern, insbesondere im Rahmen der Welthandelsorganisation (WTO).

(3) Die Kommission versucht Probleme durch Intervention in einem Drittland zu bereinigen, wenn sie aufgrund der in Absatz 2 genannten Berichte oder aufgrund anderer Informationen feststellt, dass das betreffende Drittland bei der Vergabe von Dienstleistungsaufträgen

a) Unternehmen aus der Union keinen effektiven Zugang bietet, der mit dem in der Union gewährten Zugang für Unternehmen aus dem betreffenden Drittland vergleichbar ist,

b) Unternehmen aus der Union keine Inländerbehandlung oder nicht die gleichen Wettbewerbsmöglichkeiten wie inländischen Unternehmen bietet oder

c) Unternehmen aus anderen Drittländern gegenüber Unternehmen aus der Union bevorzugt.

(4) Die Mitgliedstaaten informieren die Kommission über alle Schwierigkeiten rechtlicher oder faktischer Art, auf die ihre Unternehmen stoßen beziehungsweise die ihre Unternehmen ihnen melden und die auf die Nichteinhaltung der in Anhang XIV ge-

nannten Vorschriften des internationalen Arbeitsrechts zurückzuführen sind, wenn diese Unternehmen sich um Aufträge in Drittländern beworben haben.

(5) Die Kommission kann unter den in den Absätzen 3 und 4 genannten Bedingungen dem Rat jederzeit vorschlagen, einen Durchführungsrechtsakt zu erlassen, um für einen in diesem Durchführungsrechtsakt festzulegenden Zeitraum die Vergabe von Dienstleistungsaufträgen an folgende Unternehmen einzuschränken oder auszusetzen:

a) Unternehmen, die dem Recht des betreffenden Drittlandes unterliegen;

b) mit den unter Buchstabe a genannten Unternehmen verbundene Unternehmen, die ihren Sitz in der Union haben, die jedoch nicht in unmittelbarer und tatsächlicher Verbindung mit der Wirtschaft eines Mitgliedstaats stehen;

c) Unternehmen, die Angebote für Dienstleistungen mit Ursprung in dem betreffenden Drittland einreichen.

Der Rat entscheidet so bald wie möglich mit qualifizierter Mehrheit.

Die Kommission kann diese Maßnahmen entweder aus eigener Veranlassung oder auf Antrag eines Mitgliedstaats vorschlagen.

(6) Dieser Artikel lässt die Verpflichtungen der Union gegenüber Drittländern unberührt, die sich aus internationalen Übereinkommen über das öffentliche Beschaffungswesen – insbesondere aus von im Rahmen der WTO geschlossenen Übereinkommen – ergeben.

Kapitel IV Auftragsausführung

Art. 87 Bedingungen für die Auftragsausführung

Auftraggeber können besondere Bedingungen für die Ausführung eines Auftrags festlegen, sofern diese gemäß Artikel 82 Absatz 3 mit dem Auftragsgegenstand in Verbindung stehen und im Aufruf zum Wettbewerb oder in den Auftragsunterlagen angegeben werden. Diese Bedingungen können wirtschaftliche, innovationsbezogene, umweltbezogene, soziale oder beschäftigungspolitische Belange umfassen.

Art. 88 Vergabe von Unteraufträgen

(1) Die Einhaltung der Verpflichtungen nach Artikel 36 Absatz 2 durch Unterauftragnehmer wird durch geeignete Maßnahmen der zuständigen nationalen Behörden gewährleistet, die im Rahmen ihrer Zuständigkeit und ihrer Aufgaben handeln.

(2) Der Auftraggeber kann den Bieter in den Auftragsunterlagen auffordern oder von einem Mitgliedstaat verpflichtet werden, den Bieter in den Auftragsunterlagen aufzufordern, in seinem Angebot den Teil des Auftrags, den er gegebenenfalls im Wege von Unteraufträgen an Dritte zu vergeben gedenkt, sowie die gegebenenfalls vorgeschlagenen Unterauftragnehmer anzugeben.

(3) Die Mitgliedstaaten können vorsehen, dass der Auftraggeber auf Wunsch des Unterauftragnehmers – und sofern die Art des Auftrags es erlaubt – fällige Zahlungen im Zusammenhang mit den Dienstleistungen, Lieferungen oder Bauleistungen, die für den

Wirtschaftsteilnehmer, an den der Auftrag vergeben worden ist (Hauptauftragnehmer), erbracht wurden, direkt an den Unterauftragnehmer leistet. Zu diesen Maßnahmen können geeignete Mechanismen gehören, die es dem Hauptauftragnehmer ermöglichen, Einwände gegen ungerechtfertigte Zahlungen zu erheben. Die Modalitäten dieser Zahlungsregelung werden in den Auftragsunterlagen dargelegt.

(4) Die Frage der Haftung des Hauptauftragnehmers bleibt von den Absätzen 1 bis 3 unberührt.

(5) Im Fall von Bauleistungsaufträgen und in Bezug auf Dienstleistungen, die in einer Einrichtung unter direkter Aufsicht des Auftraggebers zu erbringen sind, schreibt der Auftraggeber vor, dass der Hauptauftragnehmer ihm nach der Vergabe des Auftrags und spätestens bei Beginn der Auftragsausführung den Namen, die Kontaktdaten und die gesetzlichen Vertreter seiner Unterauftragnehmer, die an diesen Bau- oder Dienstleistungen beteiligt sind, mitteilt, soweit sie zu diesem Zeitpunkt bekannt sind. Der Auftraggeber schreibt vor, dass der Hauptauftragnehmer ihm alle Änderungen dieser Angaben während der Dauer des Auftrags sowie die erforderlichen Informationen in Bezug auf alle neuen Unterauftragnehmer, die in der Folge an diesen Bau- oder Dienstleistungen beteiligt werden, mitteilt.

Ungeachtet des Unterabsatzes 1 können die Mitgliedstaaten dem Hauptauftragnehmer die Pflicht zur Bereitstellung der erforderlichen Informationen direkt vorschreiben.

Falls dies für die Zwecke von Absatz 6 Buchstabe b des vorliegenden Artikels erforderlich ist, werden den erforderlichen Informationen die Eigenerklärungen der Unterauftragnehmer gemäß Artikel 80 Absatz 3 beigefügt. In den Durchführungsbestimmungen nach Absatz 8 des vorliegenden Artikels kann vorgesehen werden, dass Unterauftragnehmer, die nach der Vergabe des Auftrags präsentiert werden, statt der Eigenerklärung die entsprechenden Bescheinigungen und andere unterstützende Unterlagen vorlegen.

Unterabsatz 1 gilt nicht für Lieferanten.

Auftraggeber können oder müssen – falls von Mitgliedstaaten verlangt – die in Unterabsatz 1 vorgesehenen Verpflichtungen u.a. ausweiten:
a) auf Lieferaufträge, auf Dienstleistungsaufträge, die nicht in den Einrichtungen des Auftraggebers unter deren direkter Aufsicht zu erbringende Dienstleistungen betreffen, oder auf Lieferanten, die an Bau- oder Dienstleistungsaufträgen beteiligt sind;
b) auf Unterauftragnehmer der Unterauftragnehmer des Hauptauftragnehmers oder weitere Stufen in der Kette der Unterauftragsvergabe.

(6) Zur Vermeidung von Verstößen gegen die Verpflichtungen nach Artikel 36 Absatz 2 können u.a. folgende geeignete Maßnahmen getroffen werden:
a) Ist im nationalen Recht eines Mitgliedstaats ein Mechanismus der gemeinsamen Haftung von Unterauftragnehmern und Hauptauftragnehmer vorgesehen, so sorgt der betreffende Mitgliedstaat dafür, dass die einschlägigen Vorschriften unter Einhaltung der Bedingungen des Artikels 36 Absatz 2 angewandt werden.

b) Öffentliche Auftraggeber können oder – falls von einem Mitgliedstaat verlangt – müssen im Einklang mit Artikel 80 Absatz 3 der vorliegenden Richtlinie überprüfen, ob Gründe für den Ausschluss von Unterauftragnehmern nach Artikel 57 der Richtlinie 2014/24/EU vorliegen. Ist dies der Fall, so verlangt der öffentliche Auftraggeber vom Wirtschaftsteilnehmer, dass er einen Unterauftragnehmer, für den die Überprüfung zwingende Ausschlussgründe ergeben hat, ersetzt. Der öffentliche Auftraggeber kann oder muss – falls von einem Mitgliedstaat verlangt – verlangen, dass der Wirtschaftsteilnehmer einen Unterauftragnehmer, für den die Überprüfung nicht-zwingende Ausschlussgründe ergeben hat, ersetzt.

(7) Die Mitgliedstaaten können in ihrem nationalen Recht strengere Haftungsregeln vorsehen oder in Bezug auf Direktzahlungen an Unterauftragnehmer weiter gehen, z.B. indem sie Direktzahlungen an Unterauftragnehmer vorsehen, ohne dass diese die Direktzahlungen beantragen müssen.

(8) Mitgliedstaaten, die Maßnahmen gemäß den Absätzen 3, 5 oder 6 vorsehen, legen die Durchführungsbestimmungen für diese Maßnahmen in Rechts- oder Verwaltungsvorschriften unter Beachtung des Unionsrechts fest. Dabei können sie deren Anwendbarkeit z.B. in Bezug auf bestimmte Arten von Aufträgen, bestimmte Kategorien von Auftraggebern oder Wirtschaftsteilnehmern oder bestimmte Mindestbeträge beschränken.

Art. 89 Auftragsänderungen während der Vertragslaufzeit

(1) Aufträge und Rahmenvereinbarungen können in den folgenden Fällen ohne Durchführung eines neuen Vergabeverfahrens im Einklang mit dieser Richtlinie geändert werden,

a) wenn die Änderungen, unabhängig von ihrem Geldwert, in den ursprünglichen Auftragsunterlagen in Form von klar, präzise und eindeutig formulierten Überprüfungsklauseln, die auch Preisüberprüfungsklauseln beinhalten können, oder Optionen vorgesehen sind. Entsprechende Klauseln müssen Angaben zu Umfang und Art möglicher Änderungen oder Optionen sowie zu den Bedingungen enthalten, unter denen sie zur Anwendung gelangen können. Sie dürfen keine Änderungen oder Optionen vorsehen, die den Gesamtcharakter des Auftrags oder der Rahmenvereinbarung verändern würden;

b) bei zusätzlichen Bau- oder Dienstleistungen oder Lieferungen durch den ursprünglichen Auftragnehmer, die erforderlich geworden sind und – unabhängig von ihrem Wert – im ursprünglichen Auftrag nicht enthalten waren, wenn ein Wechsel des Auftragnehmers

i) aus wirtschaftlichen oder technischen Gründen wie der Austauschbarkeit oder Kompatibilität mit im Rahmen des ursprünglichen Vergabeverfahrens beschafften Ausrüstungsgegenständen, Softwares, Dienstleistungen oder Anlagen nicht erfolgen kann und

ii) mit erheblichen Schwierigkeiten oder beträchtlichen Zusatzkosten für den öffentlichen Auftraggeber verbunden wäre;

c) wenn alle der folgenden Bedingungen erfüllt sind:

    i) Die Änderung wurde aufgrund von Umständen erforderlich, die ein seiner Sorg-
faltspflicht nachkommender Auftraggeber nicht vorhersehen konnte;
    ii) der Gesamtcharakter des Auftrags verändert sich aufgrund der Änderung nicht.
d) wenn ein neuer Auftragnehmer den Auftragnehmer ersetzt, an den der Auftraggeber
den Auftrag ursprünglich vergeben hatte, aufgrund entweder
    i) einer eindeutig formulierten Überprüfungsklausel oder Option gemäß Buch-
stabe a,
    ii) der Tatsache, dass ein anderer Wirtschaftsteilnehmer, der die ursprünglich fest-
gelegten qualitativen Eignungskriterien erfüllt, im Zuge einer Unternehmensumstrukturierung – einschließlich Übernahme, Fusion, Erwerb oder Insolvenz
– ganz oder teilweise an die Stelle des ursprünglichen Auftragnehmers tritt, sofern dies keine weiteren wesentlichen Änderungen des Auftrags zur Folge hat
und nicht dazu dient, die Anwendung dieser Richtlinie zu umgehen, oder
    iii) der Tatsache, dass der Auftraggeber selbst die Verpflichtungen des Hauptauftrag-
nehmers gegenüber seinen Unterauftragnehmern übernimmt, wenn diese Möglichkeit in den nationalen Rechtsvorschriften gemäß Artikel 88 vorgesehen ist;
e) wenn die Änderungen, unabhängig von ihrem Wert, nicht wesentlich im Sinne des
Absatzes 4 sind.

Die Auftraggeber, die einen Auftrag in den Fällen gemäß den Buchstaben b und c des
vorliegenden Absatzes geändert haben, veröffentlichen eine diesbezügliche Bekanntmachung im *Amtsblatt der Europäischen Union.* Diese Bekanntmachung enthält die in Anhang XVI genannten Angaben und wird gemäß Artikel 71 veröffentlicht;

(2) Darüber hinaus können Aufträge auch ohne Durchführung eines neuen Vergabeverfahrens im Einklang mit dieser Richtlinie geändert werden, ohne dass überprüft werden
muss, ob die in Absatz 4 Buchstaben a bis d genannten Bedingungen erfüllt sind, wenn
der Wert der Änderung die beiden folgenden Werte nicht übersteigt:
i) die in Artikel 15 genannten Schwellenwerte und
ii) 10% des ursprünglichen Auftragswerts bei Liefer- und Dienstleistungsaufträgen
und 15% des ursprünglichen Auftragswerts bei Bauleistungsaufträgen.

Der Gesamtcharakter des Auftrags oder der Rahmenvereinbarung darf sich allerdings
aufgrund der Änderung nicht verändern. Im Falle mehrerer aufeinander folgender Änderungen wird deren Wert auf der Grundlage des kumulierten Nettowerts der aufeinander folgenden Änderungen bestimmt.

(3) Enthält der Vertrag eine Indexierungsklausel, so wird für die Berechnung des Werts
in Absatz 2 genannten Preises der angepasste Preis als Referenzwert herangezogen.

(4) Eine Änderung eines Auftrags oder einer Rahmenvereinbarung während seiner beziehungsweise ihrer Laufzeit gilt als wesentlich im Sinne des Absatzes 1 Buchstabe e,
wenn sie dazu führt, dass sich der Auftrag oder die Rahmenvereinbarung erheblich
von dem ursprünglich vergebenen Auftrag unterscheidet. Unbeschadet der Absätze 1
und 2 ist eine Änderung in jedem Fall als wesentlich anzusehen, wenn eine oder mehrere eine der folgenden Voraussetzungen erfüllt ist:

a) Mit der Änderung werden Bedingungen eingeführt, die, wenn sie für das ursprüngliche Vergabeverfahren gegolten hätten, die Zulassung anderer als der ursprünglich ausgewählten Bewerber oder die Annahme eines anderen als des ursprünglich angenommenen Angebots ermöglicht hätten oder das Interesse weiterer Teilnehmer am Vergabeverfahren geweckt hätten;

b) mit der Änderung wird das wirtschaftliche Gleichgewicht des Auftrags oder der Rahmenvereinbarung zugunsten des Auftragnehmers in einer Weise verschoben, die im ursprünglichen Auftrag beziehungsweise der ursprünglichen Rahmenvereinbarung nicht vorgesehen war;

c) mit der Änderung wird der Umfang des Auftrags oder der Rahmenvereinbarung erheblich ausgeweitet;

d) ein neuer Auftragnehmer ersetzt den Auftragnehmer, an den der Auftraggeber den Auftrag ursprünglich vergeben hatte, in anderen als den in Absatz 1 Buchstabe d vorgesehenen Fällen.

(5) Ein neues Vergabeverfahren im Einklang mit dieser Richtlinie ist erforderlich bei anderen als den in den Absätzen 1 und 2 vorgesehenen Änderungen der Bestimmungen eines Bauleistungs-, Liefer- oder Dienstleistungsauftrags oder einer Rahmenvereinbarung während seiner beziehungsweise ihrer Laufzeit.

Art. 90 Kündigung von Aufträgen

Die Mitgliedstaaten stellen sicher, dass Auftraggeber zumindest unter den folgenden Umständen und unter bestimmten Bedingungen, die im anwendbaren nationalen Recht festgelegt sind, über die Möglichkeit verfügen, einen Bauleistungs-, Liefer- oder Dienstleistungsauftrag während seiner Laufzeit zu kündigen, wenn:

a) am Auftrag eine wesentliche Änderung vorgenommen wurde, die ein neues Vergabeverfahren gemäß Artikel 89 erforderlich gemacht hätte;

b) der Auftragnehmer zum Zeitpunkt der Zuschlagserteilung einen der in Artikel 57 Absatz 1 der Richtlinie 2014/24/EU genannten Tatbestände erfüllte und daher gemäß Artikel 80 Absatz 1 Unterabsatz 2 der vorliegenden Richtlinie vom Vergabeverfahren hätte ausgeschlossen werden müssen;

c) der Auftrag aufgrund einer schweren Verletzung der Verpflichtungen aus den Verträgen und dieser Richtlinie, die der Gerichtshof der Europäischen Union in einem Verfahren nach Artikel 258 AEUV festgestellt hat, nicht an den Auftragnehmer hätte vergeben werden dürfen.

Titel III Besondere Beschaffungsregelungen

Kapitel 1 Soziale und andere besondere Dienstleistungen

Art. 91 Vergabe von Aufträgen für soziale oder andere besondere Dienstleistungen

Aufträge, die soziale oder andere in Anhang XVII aufgeführte besondere Dienstleistungen betreffen, werden im Einklang mit den Bestimmungen dieses Kapitels vergeben, sofern ihr Wert dem in Artikel 15 Buchstabe c angegebenen Schwellenwert entspricht oder diesen übersteigt.

Art. 92 Veröffentlichung der Bekanntmachungen

(1) Auftraggeber, die einen Auftrag zur Erbringung von in Artikel 91 aufgeführten Dienstleistungen planen, teilen ihre Absicht auf eine der im Folgenden genannten Arten mit:

a) mittels einer Auftragsbekanntmachung;

b) mittels einer regelmäßigen nicht verbindlichen Bekanntmachung, die auf kontinuierlicher Basis veröffentlicht wird. Die regelmäßige nicht verbindliche Bekanntmachung bezieht sich speziell auf die Arten von Dienstleistungen, die Gegenstand der zu vergebenden Aufträge sind. Sie muss den Hinweis enthalten, dass diese Aufträge ohne weitere Veröffentlichung vergeben werden, sowie die Aufforderung an die interessierten Wirtschaftsteilnehmer, ihr Interesse schriftlich mitzuteilen;

c) mittels einer Bekanntmachung über das Bestehen eines Prüfungssystems, die auf kontinuierlicher Basis veröffentlicht wird.

Unterabsatz 1 gilt jedoch nicht, wenn ein Verhandlungsverfahren ohne vorherigen Aufruf zum Wettbewerb gemäß Artikel 50 für die Vergabe eines Dienstleistungsauftrags hätte verwendet werden können.

(2) Auftraggeber, die einen Auftrag zur Erbringung von in Artikel 91 aufgeführten Dienstleistungen vergeben haben, teilen das Ergebnis in einer Vergabebekanntmachung mit. Sie können diese Bekanntmachungen jedoch auf Quartalsbasis zusammenfassen. In diesem Fall werden die zusammengefassten Bekanntmachungen innerhalb von 30 Tagen nach Ende des Quartals versandt.

(3) Bekanntmachungen nach den Absätzen 1 und 2 des vorliegenden Artikels enthalten im Einklang mit den Standardformularen für Bekanntmachungen die in Anhang XVIII Teile A, B, C oder D genannten Angaben. Diese Standardformulare werden von der Kommission durch Durchführungsrechtsakte festgelegt. Entsprechende Durchführungsrechtsakte werden nach dem Beratungsverfahren gemäß Artikel 105 erlassen.

(4) Bekanntmachungen nach diesem Artikel werden im Einklang mit Artikel 71 veröffentlicht.

Art. 93 Grundsätze für die Vergabe von Aufträgen

(1) Die Mitgliedstaaten führen nationale Bestimmungen für die Vergabe von unter dieses Kapitel fallenden Aufträgen ein, um sicherzustellen, dass die Auftraggeber die Grundsätze der Transparenz und der Gleichbehandlung der Wirtschaftsteilnehmer einhalten. Es steht den Mitgliedstaaten frei, die anwendbaren Verfahrensregeln festzulegen, sofern derartige Regeln es den Auftraggebern ermöglichen, den Besonderheiten der jeweiligen Dienstleistungen Rechnung zu tragen.

(2) Die Mitgliedstaaten gewährleisten, dass die Auftraggeber der Notwendigkeit der Sicherstellung von Qualität, Kontinuität, Zugänglichkeit, Bezahlbarkeit, Verfügbarkeit und Vollständigkeit der Dienstleistungen sowie den spezifischen Bedürfnissen verschiedener Nutzerkategorien, einschließlich benachteiligter und schutzbedürftiger Gruppen, der Einbeziehung und Ermächtigung der Nutzer und dem Aspekt der Innovation

Rechnung tragen können. Die Mitgliedstaaten können auch vorsehen, dass die Auswahl der Dienstleister auf der Grundlage des mit dem besten Preis-Leistungs-Verhältnis unter Berücksichtigung von Qualitäts- und Nachhaltigkeitskriterien für soziale Dienstleistungen getroffen wird.

Art. 94 Bestimmten Dienstleistungen vorbehaltene Aufträge

(1) Die Mitgliedstaaten können vorsehen, dass Auftraggeber, die öffentliche Auftraggeber sind, Organisationen das Recht zur Teilnahme an Verfahren für die Vergabe öffentlicher Aufträge ausschließlich für jene Dienstleistungen im Gesundheits-, Sozial- und Kulturbereich nach Artikel 91 vorbehalten, die unter die CPV-Codes 7512 10 00-0, 75122000-7, 75123000-4, 79622000-0, 79624000-4, 79625000-1, 80110000-8, 80300000-7, 80420000-4, 80430000-7, 80511000-9, 80520000-5, 80590000-6, 85000000-9 bis 85323000-9, 92500000-6, 92600000-7, 98133000-4 und 98133110-8 fallen.

(2) Eine Organisation nach Absatz 1 muss alle nachfolgenden Bedingungen erfüllen:
a) ihr Ziel ist die Erfüllung einer Gemeinwohlaufgabe, die an die Erbringung der in Absatz 1 genannten Dienstleistungen geknüpft ist,
b) die Gewinne werden reinvestiert, um das Ziel der Organisation zu erreichen. Etwaige Gewinnausschüttungen oder -zuweisungen sollten auf partizipatorischen Überlegungen beruhen,
c) die Management- oder Eigentümerstruktur der Organisation, die den Auftrag ausführt, beruht auf der Eigenverantwortung der Arbeitnehmer oder auf partizipatorischen Grundsätzen oder erfordert die aktive Mitwirkung der Arbeitnehmer, Nutzer oder Interessenträger, und
d) die Organisation hat von dem betreffenden öffentlichen Auftraggeber nach diesem Artikel in den letzten drei Jahren keinen Auftrag für die betreffenden Dienstleistungen erhalten.

(3) Die Laufzeit des Vertrags darf drei Jahre nicht überschreiten.

(4) Im Aufruf zum Wettbewerb wird auf diesen Artikel Bezug genommen.

(5) Ungeachtet des Artikels 108 bewertet die Kommission die Auswirkungen dieses Artikels und erstattet dem Europäischen Parlament und dem Rat bis zum 18. April 2019 Bericht.

Kapitel II Vorschriften für Wettbewerbe

Art. 95 Anwendungsbereich

(1) Dieses Kapitel bezieht sich auf Wettbewerbe, die im Rahmen eines Vergabeverfahrens für einen Dienstleistungsauftrag organisiert werden, sofern der Netto-Auftragswert ohne Mehrwertsteuer und einschließlich aller Preisgelder oder Zahlungen an Teilnehmer dem in Artikel 15 Buchstabe a genannten Betrag entspricht oder darüber liegt.

(2) Dieses Kapitel gilt für alle Wettbewerbe, bei denen die Gesamthöhe der Preisgelder und Zahlungen an Teilnehmer, einschließlich des veranschlagten Werts des Dienstleis-

tungsauftrags ohne Mehrwertsteuer, der möglicherweise gemäß Artikel 50 Buchstabe j in der Folge erteilt wird, sofern der Auftraggeber diesen Zuschlag in der Bekanntmachung nicht ausschließt, dem in Artikel 15 Buchstabe a genannten Betrag entspricht oder darüber liegt.

Art. 96 Bekanntmachungen

(1) Auftraggeber, die die Ausrichtung von Wettbewerben planen, rufen mittels einer Bekanntmachung zum Wettbewerb auf.

Beabsichtigen sie, einen anschließenden Dienstleistungsauftrag nach Artikel 50 Buchstabe j zu vergeben, so ist dies in der Bekanntmachung der Wettbewerbe anzugeben.

Auftraggeber, die Wettbewerbe durchgeführt haben, veröffentlichen die Ergebnisse in einer Bekanntmachung.

(2) Der Aufruf zum Wettbewerb beinhaltet die in Anhang XIX genannten Angaben, und die Bekanntmachung der Ergebnisse eines Wettbewerbs enthält die in Anhang XX genannten Angaben im Format der Standardformulare. Diese Standardformulare werden von der Kommission durch Durchführungsrechtsakte festgelegt. Entsprechende Durchführungsrechtsakte werden nach dem Beratungsverfahren gemäß Artikel 105 erlassen.

Die Bekanntmachung der Ergebnisse der Wettbewerbe wird dem Amt für Veröffentlichungen der Europäischen Union innerhalb von 30 Tagen nach Abschluss der Wettbewerbe übermittelt.

Würde die Offenlegung von Angaben über das Ergebnis der Wettbewerbe den Gesetzesvollzug behindern, dem öffentlichen Interesse zuwiderlaufen, die berechtigten geschäftlichen Interessen eines bestimmten öffentlichen oder privaten Wirtschaftsteilnehmers schädigen oder den lauteren Wettbewerb zwischen Wirtschaftsteilnehmern beeinträchtigen, brauchen diese Angaben nicht veröffentlicht werden.

3. Artikel 71 Absätze 2 bis 6 gelten auch für Bekanntmachungen im Zusammenhang mit Wettbewerben.

Art. 97 Vorschriften für die Ausrichtung von Wettbewerben sowie die Auswahl der Teilnehmer und der Preisrichter

(1) Bei der Durchführung von Wettbewerben wenden die Auftraggeber Verfahren an, die Titel I und diesem Kapitel entsprechen.

(2) Die Zulassung zur Teilnahme an Wettbewerben darf nicht beschränkt werden
a) auf das Gebiet eines Mitgliedstaats oder einen Teil davon;
b) aufgrund der Tatsache, dass nach dem Recht des Mitgliedstaats, in dem der Wettbewerb ausgerichtet wird, nur natürliche oder nur juristische Personen teilnehmen dürften.

(3) Bei Wettbewerben mit beschränkter Teilnehmerzahl legen die Auftraggeber eindeutige und nichtdiskriminierende Auswahlkriterien fest. In jedem Fall muss die Zahl der

Bewerber, die zur Teilnahme aufgefordert werden, ausreichen, um einen echten Wettbewerb zu gewährleisten.

(4) Das Preisgericht darf nur aus natürlichen Personen bestehen, die von den Teilnehmern des Wettbewerbs unabhängig sind. Wird von den Wettbewerbsteilnehmern eine bestimmte berufliche Qualifikation verlangt, muss mindestens ein Drittel der Preisrichter über diese oder eine gleichwertige Qualifikation verfügen.

Art. 98 Entscheidungen des Preisgerichts

(1) Das Preisgericht ist in seinen Entscheidungen und Stellungnahmen unabhängig.

(2) Die von den Bewerbern vorgelegten Pläne und Entwürfe werden vom Preisgericht unter Wahrung der Anonymität und nur aufgrund der Kriterien, die in der Wettbewerbsbekanntmachung genannt sind, geprüft.

(3) Das Preisgericht erstellt über die Rangfolge der von ihm ausgewählten Projekte einen von den Preisrichtern zu unterzeichnenden Bericht, in dem auf die einzelnen Wettbewerbsarbeiten eingegangen wird und die Bemerkungen des Preisgerichts sowie gegebenenfalls noch zu klärende Fragen aufgeführt sind.

(4) Die Anonymität ist bis zur Stellungnahme oder zur Entscheidung des Preisgerichts zu wahren.

(5) Die Bewerber können bei Bedarf aufgefordert werden, zur Klärung bestimmter Aspekte der Wettbewerbsarbeiten Fragen zu beantworten, die das Preisgericht in seinem Protokoll festgehalten hat.

(6) Über den Dialog zwischen den Preisrichtern und den Bewerbern ist ein umfassendes Protokoll zu erstellen.

Titel IV Governance

Art. 99 Durchsetzung

(1) Um wirksam eine korrekte und effiziente Umsetzung zu gewährleisten, stellen die Mitgliedstaaten sicher, dass zumindest die in diesem Artikel genannten Aufgaben von einer oder mehreren Behörden, Stellen oder Strukturen ausgeführt werden. Sie nennen der Kommission alle Behörden und Strukturen, die für diese Aufgaben zuständig sind.

(2) Die Mitgliedstaaten stellen sicher, dass die Anwendung der Vorschriften für die öffentliche Auftragsvergabe überwacht wird.

Decken Überwachungsbehörden oder -strukturen auf eigene Initiative oder nach Erhalt von Informationen bestimmte Verstöße oder systematische Probleme auf, so sind sie befugt, nationale Prüfbehörden, Gerichte oder andere geeignete Behörden oder Strukturen, z.B. den Ombudsmann, nationale Parlamente oder parlamentarische Ausschüsse, auf diese Probleme hinzuweisen.

(3) Die Ergebnisse der Überwachungstätigkeiten gemäß Absatz 2 werden der Öffentlichkeit mithilfe geeigneter Informationsmittel zur Verfügung gestellt. Sie werden

auch der Kommission zugänglich gemacht. Sie können beispielsweise in die in Unterabsatz 2 genannten Überwachungsberichte integriert werden.

Bis 18. April 2017 und alle drei Jahre danach übermitteln die Mitgliedstaaten der Kommission einen Überwachungsbericht mit – gegebenenfalls – Informationen über die häufigsten Ursachen einer falschen Anwendung oder Rechtsunsicherheit, einschließlich möglicher struktureller oder wiederkehrender Probleme bei der Anwendung der Vorschriften, über das Ausmaß der Beteiligung von KMU an der öffentlichen Auftragsvergabe und über Vorbeugung, Aufdeckung und angemessene Berichterstattung über Fälle von Betrug, Bestechung, Interessenkonflikten und sonstigen schwerwiegenden Unregelmäßigkeiten im Bereich des öffentlichen Auftragswesens.

Die Kommission kann die Mitgliedstaaten höchstens alle drei Jahre auffordern, Informationen über die praktische Umsetzung ihrer nationalen strategischen Beschaffungsmaßnahmen bereitzustellen.

Für die Zwecke dieses Absatzes ist für »KMU« die Definition der Empfehlung 2003/361/EG der Kommission[(1)] maßgebend.

Auf der Grundlage der nach diesem Absatz vorgelegten Daten veröffentlicht die Kommission regelmäßig einen Bericht über die Umsetzung der nationalen Beschaffungsmaßnahmen und diesbezügliche bewährte Verfahren im Binnenmarkt.

(4) Die Mitgliedstaaten stellen sicher, dass
a) Informationen und Anleitungen für die Auslegung und Anwendung der Rechtsvorschriften der Union über öffentliche Aufträge kostenfrei zur Verfügung stehen, um öffentliche Auftraggeber und Wirtschaftsteilnehmer, insbesondere KMU, dabei zu unterstützen, die Bestimmungen des EU-Vergaberechts korrekt anzuwenden, und
b) öffentliche Auftraggeber bei der Planung und Durchführung von Vergabeverfahren Unterstützung erhalten können.

(5) Unbeschadet der von der Kommission für die Kommunikation und die Kontakte mit den Mitgliedstaaten festgelegten allgemeinen Verfahren und Arbeitsmethoden benennen die Mitgliedstaaten eine Kontaktstelle für die Zusammenarbeit mit der Kommission im Kontext der Anwendung der Rechtsvorschriften für die öffentliche Auftragsvergabe.

(6) Die öffentlichen Auftraggeber bewahren mindestens für die Dauer des Auftrags Kopien aller vergebenen Aufträge auf, die mindestens den folgenden Auftragswert haben:
a) 1 000 000 EUR im Falle von Liefer- oder Dienstleistungsaufträgen;
b) 10 000 000 EUR im Falle von Bauleistungsaufträgen.

Die öffentlichen Auftraggeber gewähren den Zugang zu diesen Aufträgen; der Zugang zu bestimmten Unterlagen oder Einzelinformationen kann jedoch in dem Umfang und unter den Bedingungen verwehrt werden, wie in den geltenden Vorschriften der Union oder der Mitgliedstaaten über den Zugang zu Dokumenten und Datenschutz festgelegt ist.

(1) Amtl. Anm.:
Empfehlung der Kommission vom 6. Mai 2003 betreffend die Definition der Kleinstunternehmen sowie der kleinen und mittleren Unternehmen (ABl. L 124 vom 20.5.2003, S. 36).

Art. 100 Vermerke über Vergabeverfahren

(1) Die Auftraggeber bewahren die einschlägigen Unterlagen zu jedem Auftrag oder jeder Rahmenvereinbarung gemäß dieser Richtlinie und jeder Einrichtung eines dynamischen Beschaffungssystems auf. Diese Unterlagen müssen hinreichend ausführlich sein, damit zu einem späteren Zeitpunkt Entscheidungen folgender Art gerechtfertigt werden können:

a) Qualifizierung und Auswahl der Wirtschaftsteilnehmer sowie Zuschlagserteilung;

b) Rückgriff auf Verhandlungsverfahren ohne Aufruf zum Wettbewerb auf der Grundlage von Artikel 50;

c) Nichtanwendung von Titel II Kapitel II bis IV auf der Grundlage der Ausnahmebestimmungen von Titel I Kapitel II und III;

d) gegebenenfalls die Gründe, aus denen andere als elektronische Kommunikationsmittel für die elektronische Einreichung von Angeboten verwendet wurden.

In dem Maße, wie die Vergabebekanntmachung gemäß Artikel 70 oder gemäß Artikel 92 Absatz 2 die in diesem Absatz geforderten Informationen enthält, können sich Auftraggeber auf diese Bekanntmachung beziehen.

(2) Die Auftraggeber dokumentieren den Fortgang aller Vergabeverfahren, unabhängig davon, ob sie auf elektronischem Wege durchgeführt werden oder nicht. Zu diesem Zweck stellen sie sicher, dass sie über ausreichend Dokumentation verfügen, um Entscheidungen in allen Stufen des Vergabeverfahrens zu begründen, z.B. Dokumentation der gesamten Kommunikation mit Wirtschaftsteilnehmern und sämtlicher interner Beratungen, der Vorbereitung der Auftragsunterlagen, des Dialogs oder etwaiger Verhandlungen, der Auswahl und der Zuschlagserteilung. Die Dokumentation wird während mindestens drei Jahren ab dem Tag der Vergabe des Auftrags aufbewahrt.

(3) Die Informationen oder die Dokumentation beziehungsweise die Hauptelemente davon sind der Kommission oder den in Artikel 99 genannten nationalen Behörden, Einrichtungen oder Strukturen auf deren Anforderung hin zu übermitteln.

Art. 101 Nationale Berichterstattung und statistische Informationen

(1) Die Kommission überprüft die Qualität und Vollständigkeit der Daten aus den Bekanntmachungen gemäß den Artikeln 67 bis 71, 92 und 96, die in Einklang mit Anhang IX veröffentlicht werden.

Entsprechen die Qualität und Vollständigkeit der in Unterabsatz 1 des vorliegenden Absatzes genannten Daten nicht den Verpflichtungen gemäß Artikel 67 Absatz 1, Artikel 68 Absatz 1, Artikel 69 und Artikel 70 Absatz 1, Artikel 92 Absatz 3 und Artikel 96 Absatz 2, so fordert die Kommission von dem betreffenden Mitgliedstaat zusätzliche Informationen an. Der betreffende Mitgliedstaat stellt die von der Kommission angeforderten fehlenden statistischen Informationen innerhalb einer angemessenen Frist zur Verfügung.

(2) Die Mitgliedstaaten übermitteln der Kommission bis zum 18. April 2017 und danach alle drei Jahre einen statistischen Bericht für Beschaffungen, die – wenn ihr Wert den geltenden Schwellenwert gemäß Artikel 15 überschritten hätte – unter die Richtlinie gefallen wären, mit Angabe des geschätzten Gesamtwerts solcher Beschaffungen im betreffenden Zeit-raum. Diese Schätzung kann sich insbesondere auf Daten stützen, die gemäß nationalen Veröffentlichungsvorschriften verfügbar sind, oder auf stichprobenartige Schätzungen.

Dieser Bericht kann in den Bericht gemäß Artikel 99 Absatz 3 aufgenommen werden.

Art. 102 Verwaltungszusammenarbeit

(1) Die Mitgliedstaaten leisten sich gegenseitig Amtshilfe und treffen Maßnahmen zur Begründung einer effektiven Zusammenarbeit mit dem Ziel, den Informationsaustausch zu den in den Artikeln 62, 81, und 84 genannten Aspekten zu gewährleisten. Sie stellen die vertrauliche Behandlung der ausgetauschten Informationen sicher.

(2) Die zuständigen Behörden aller betroffenen Mitgliedstaaten halten beim Informationsaustausch die Vorschriften zum Schutz personenbezogener Daten ein, die in der Richtlinie 95/46/EG des Europäischen Parlaments und des Rates[1] und in der Richtlinie 2002/58/EG des Europäischen Parlaments und des Rates[2] niedergelegt sind.

(3) Um zu testen, ob das Binnenmarkt-Informationssystem (IMI), das mit der Verordnung (EU) Nr. 1024/2012 errichtet wurde, für die Zwecke des Informationsaustausches im Rahmen dieser Richtlinie geeignet ist, wird bis zum 18. April 2015 ein Pilotprojekt ins Leben gerufen.

(1) Amtl. Anm.:
Richtlinie 95/46/EG des Europäischen Parlaments und des Rates vom 24. Oktober 1995 zum Schutz natürlicher Personen bei der Verarbeitung personenbezogener Daten und zum freien Datenverkehr (ABl. L 281 vom 23.11.1995, S. 31).

(2) Amtl. Anm.:
Richtlinie 2002/58/EG des Europäischen Parlaments und des Rates vom 12. Juli 2002 über die Verarbeitung personenbezogener Daten und den Schutz der Privatsphäre in der elektronischen Kommunikation (Datenschutzrichtlinie für elektronische Kommunikation) (ABl. L 201 vom 31.7.2002, S. 37).

Titel V Befugnisübertragung, Durchführungsbefugnisse und Schlussbestimmungen

Art. 103 Ausübung der Befugnisübertragung

(1) Die Befugnis zum Erlass delegierter Rechtsakte wird der Kommission unter den in diesem Artikel festgelegten Bedingungen übertragen.

(2) Die Befugnis zum Erlass delegierter Rechtsakte gemäß den Artikeln 4, 17, 40, 41, 76 und 83 wird der Kommission auf unbestimmte Zeit ab dem 17. April 2014 übertragen.

(3) Die Befugnisübertragung gemäß den Artikeln 4, 17, 40, 41, 76 und 83 kann vom Europäischen Parlament oder vom Rat jederzeit widerrufen werden. Der Beschluss über den Widerruf beendet die Übertragung der in diesem Beschluss angegebenen Befugnisse. Er wird am Tag nach seiner Veröffentlichung im *Amtsblatt der Europäischen Union* oder zu einem im Beschluss über den Widerruf angegebenen späteren Zeitpunkt wirksam. Die Gültigkeit von delegierten Rechtsakten, die bereits in Kraft sind, wird von dem Beschluss über den Widerruf nicht berührt.

(4) Sobald die Kommission einen delegierten Rechtsakt erlässt, übermittelt sie ihn gleichzeitig dem Europäischen Parlament und dem Rat.

(5) Ein delegierter Rechtsakt, der gemäß den Artikeln 4, 17, 40, 41, 76 und 83 erlassen wurde, tritt nur in Kraft, wenn weder das Europäische Parlament noch der Rat innerhalb einer Frist von zwei Monaten nach Übermittlung dieses Rechtakts an das Europäische Parlament und den Rat Einwände erhoben haben oder wenn vor Ablauf dieser Frist das Europäische Parlament und der Rat beide der Kommission mitgeteilt haben, dass sie keine Einwände erheben werden. Auf Initiative des Europäischen Parlaments oder des Rates wird diese Frist um zwei Monate verlängert.

Art. 104 Dringlichkeitsverfahren

(1) Delegierte Rechtsakte, die nach diesem Artikel erlassen werden, treten umgehend in Kraft und sind anwendbar, solange keine Einwände gemäß Absatz 2 erhoben werden. Bei der Übermittlung eines delegierten Rechtsakts an das Europäische Parlament und den Rat werden die Gründe für die Anwendung des Dringlichkeitsverfahrens angegeben.

(2) Das Europäische Parlament oder der Rat können gemäß dem Verfahren des Artikels 103 Absatz 5 Einwände gegen einen delegierten Rechtsakt erheben. In diesem Fall hebt die Kommission den Rechtsakt umgehend nach der Übermittlung des Beschlusses des Europäischen Parlaments oder des Rates, Einwände zu erheben, auf.

Art. 105 Ausschussverfahren

(1) Die Kommission wird von dem Beratenden Ausschuss für das öffentliche Auftragswesen, der durch den Beschluss 71/306/EWG des Rates[1] eingesetzt wurde, unterstützt. Dieser Ausschuss ist ein Ausschuss im Sinne der Verordnung (EU) Nr. 182/2011.

(2) Wird auf diesen Absatz Bezug genommen, so gilt Artikel 4 der Verordnung (EU) Nr. 182/2011.

(3) Wird auf diesen Absatz Bezug genommen, so gilt Artikel 5 der Verordnung (EU) Nr. 182/2011.

(1) Amtl. Anm.:
Beschluss des Rates 71/306/EWG vom 26. Juli 1971 zur Einsetzung eines Beratenden Ausschusses für öffentliche Bauaufträge (ABl. L 185 vom 16.8.1971, S. 15).

Art. 106 Umsetzung und Übergangsbestimmungen

(1) Die Mitgliedstaaten setzen die Rechts- und Verwaltungsvorschriften in Kraft, die erforderlich sind, um dieser Richtlinie bis zum 18. April 2016 nachzukommen. Sie teilen der Kommission unverzüglich den Wortlaut dieser Vorschriften mit.

(2) Ungeachtet des Absatzes 1 dieses Artikels können die Mitgliedstaaten die Anwendung von Artikel 40 Absatz 1 bis zum 18. Oktober 2018 aufschieben, außer für den Fall, dass die Verwendung elektronischer Mittel gemäß Artikel 52, Artikel 53, Artikel 54, Artikel 55 Absatz 3, Artikel 71 Absatz 2 oder Artikel 73 vorgeschrieben ist.

Ungeachtet des Absatzes 1 dieses Artikels können die Mitgliedstaaten die Anwendung von Artikel 40 Absatz 1 für zentrale Beschaffungsstellen gemäß Artikel 55 Absatz 3 bis zum 18. April 2017 aufschieben.

Beschließt ein Mitgliedstaat, die Anwendung von Artikel 40 Absatz 1 aufzuschieben, so sieht dieser Mitgliedstaat vor, dass die Auftraggeber für alle Mitteilungen und für den gesamten Informationsaustausch zwischen folgenden Kommunikationsmitteln wählen können:
a) elektronische Mittel gemäß Artikel 40;
b) Postweg oder anderer geeigneter Weg;
c) Fax;
d) eine Kombination dieser Mittel.

(3) Bei Erlass der in den Absätzen 1 und 2 genannten Vorschriften nehmen die Mitgliedstaaten in den Vorschriften selbst oder durch einen Hinweis bei der amtlichen Veröffentlichung auf die vorliegende Richtlinie Bezug. Die Mitgliedstaaten regeln die Einzelheiten dieser Bezugnahme.

Die Mitgliedstaaten teilen der Kommission den Wortlaut der wichtigsten nationalen Rechtsvorschriften mit, die sie auf dem unter diese Richtlinie fallenden Gebiet erlassen.

Art. 107 Aufhebung

Die Richtlinie 2004/17/EG wird am 18. April 2016 aufgehoben.

Verweisungen auf die aufgehobene Richtlinie gelten als Verweisungen auf die vorliegende Richtlinie und sind nach Maßgabe der Entsprechungstabelle in Anhang XXI zu lesen.

Art. 108 Überprüfung

Die Kommission überprüft die wirtschaftlichen Auswirkungen der Anwendung der Schwellenwerte des Artikels 15 auf den Binnenmarkt, insbesondere auf Faktoren wie die grenzüberschreitende Zuschlagserteilung und Transaktionskosten, und erstattet dem Europäischen Parlament und dem Rat bis zum 18. April 2019 darüber Bericht.

Wenn dies möglich und angemessen ist, zieht die Kommission in Erwägung, im Rahmen der nächsten Verhandlungsrunde eine Erhöhung der Schwellenwerte des GPA vorzuschlagen. Im Falle einer Änderung der Schwellenwerte des GPA wird im Anschluss an den Bericht gegebenenfalls ein Gesetzgebungsvorschlag zur Änderung der Schwellenwerte dieser Richtlinie vorgelegt.

Art. 109 Inkrafttreten

Diese Richtlinie tritt am zwanzigsten Tag nach ihrer Veröffentlichung im *Amtsblatt der Europäischen Union*[1] in Kraft.

Red. Anm.:
Veröffentlicht im ABl. EU 28.3.2014

Art. 110 Adressaten

Diese Richtlinie ist an die Mitgliedstaaten gerichtet.

Anhang I

VERZEICHNIS DER TÄTIGKEITEN NACH ARTIKEL 2 NUMMER 2 BUCH-STABE A

Bei Unterschieden in der Auslegung zwischen CPV und NACE gilt die CPV-Nomenklatur.

NACE					CPV-Code
ABSCHNITT F			BAUGEWERBE		
Abteilung	Gruppe	Klasse	Bezeichnung	Anmerkungen	
45			Baugewerbe	Diese Abteilung umfasst: Neubau, Renovierung und gewöhnliche Instandsetzung.	45000000
	45.1		Vorbereitende Baustellenarbeiten		45100000
		45.11	Abbruch-, Spreng- und Enttrümmerungsgewerbe, Erdbewegungsarbeiten	Diese Klasse umfasst: – Abbruch von Gebäuden und anderen Bauwerken – Aufräumen von Baustellen Erdbewegungen: Ausschachtung, Erdauffüllung, Einebnung und Planierung von Baugelände, Grabenaushub, Felsabbau, Sprengen usw. – Erschließung von Lagerstätten: – Auffahren von Grubenbauen, Abräumen des Deckgebirges und andere Aus- und Vorrichtungsarbeiten. Diese Klasse umfasst ferner: – Baustellenentwässerung – Entwässerung von landund forstwirtschaftlichen Flächen	45110000
		45.12	Test- und Suchbohrungen	Diese Klasse umfasst: – Test-, Such- und Kernbohrungen für bauliche, geophysikalische, geologische oder ähnliche Zwecke. Diese Klasse umfasst nicht: – Erdöl- und Erdgasbohrungen zu Förderzwecken (s. 11.20) – Brunnenbau (s. 45.25) – Schachtbau (s. 45.25) – Exploration von Erdöl- und Erdgasfeldern, geophysikalische, geologische und seismische Messungen (s. 74.20)	45120000

NACE					
ABSCHNITT F			BAUGEWERBE		CPV-Code
Abteilung	Gruppe	Klasse	Bezeichnung	Anmerkungen	
	45.2		Hoch- und Tiefbau		45200000
		45.21	Hochbau, Brücken- und Tunnelbau u.Ä.	Diese Klasse umfasst: – Errichtung von Gebäuden aller Art, Errichtung von Brücken, Tunneln u.Ä. – Brücken (einschließlich für Hochstraßen), Viadukte, Tunnel und Unterführungen – Rohrfernleitungen, Fernmelde- und Energieübertragungsleitungen – städtische Rohrleitungsund Kabelnetze – dazugehörige Arbeiten – Herstellung von Fertigteilbauten aus Beton auf der Baustelle. Diese Klasse umfasst nicht: – Erbringung von Dienstleistungen bei der Erdöl- und Erdgasförderung (s. 11.20) – Errichtung vollständiger Fertigteilbauten aus selbst gefertigten Teilen, soweit nicht aus Beton (s. Abteilungen 20, 26 und 28) – Bau von Sportplätzen, Stadien, Schwimmbädern, Sporthallen und anderen Sportanlagen (ohne Gebäude) (s. 45.23) – Bauinstallation (s. 45.3) – sonstiges Baugewerbe (s. 45.4) – Tätigkeiten von Architektur- und Ingenieurbüros (s. 74.20) – Projektleitung (s. 74.20)	45210000 außer: – 45213316 45220000 45231000 45232000
		45.22	Dachdeckerei, Abdichtung und Zimmerei	Diese Klasse umfasst: – Errichtung von Dächern – Dachdeckung Abdichtung gegen Wasser und Feuchtigkeit.	45261000
		45.23	Straßenbau und Eisenbahnoberbau	Diese Klasse umfasst: – Bau von Autobahnen, Straßen und Wegen – Bau von Bahnverkehrsstrecken – Bau von Rollbahnen – Bau von Sportplätzen, Stadien, Schwimmbädern, Tennis- und Golfplätzen (ohne Gebäude) – Markierung von Fahrbahnen und Parkplätzen. Diese Klasse umfasst nicht: – Vorbereitende Erdbewegungen (s. 45.11).	45212212 und DA03 45230000 außer: – 45231000 – 45232000 – 45234115

NACE					
ABSCHNITT F			BAUGEWERBE		CPV-Code
Abteilung	Gruppe	Klasse	Bezeichnung	Anmerkungen	
		45.24	Wasserbau	Diese Klasse umfasst: – Bau von: – Wasserstraßen, Häfen (einschließlich Jachthäfen), Flussbauten, Schleusen usw. – Talsperren und Deichen – Nassbaggerei – Unterwasserarbeiten	45240000
		45.25	Spezialbau und sonstiger Tiefbau	Diese Klasse umfasst: – spezielle Tätigkeiten im Hoch- und Tiefbau, die besondere Fachkenntnisse bzw. Ausrüstungen erfordern – Herstellen von Fundamenten einschließlich Pfahlgründung – Brunnen- und Schachtbau – Montage von fremdbezogenen Stahlelementen – Eisenbiegerei – Mauer- und Pflasterarbeiten – Auf- und Abbau von Gerüsten und beweglichen Arbeitsbühnen einschließlich deren Vermietung – Schornstein-, Feuerungs- und Industrieofenbau. Diese Klasse umfasst nicht: – Vermietung von Gerüsten ohne Auf- und Abbau (s. 71.32).	45250000 45262000
	45.3		Bauinstallation		45300000
		45.31	Elektroinstallation	Diese Klasse umfasst: Installation oder Einbau von: – elektrischen Leitungen und Armaturen – Kommunikationssystemen – Elektroheizungen · Rundfunk- und Fernsehantennen (für Wohngebäude) – Feuermeldeanlagen – Einbruchsicherungen – Aufzügen und Rolltreppen – Blitzableitern usw. in Gebäuden und anderen Bauwerken.	45213316 45310000 außer: -45316000
		45.32	Dämmung gegen Kälte, Wärme, Schall und Erschütterung	Diese Klasse umfasst: – Dämmung gegen Kälte, Wärme, Schall und Erschütterung in Gebäuden und anderen Bauwerken. Diese Klasse umfasst nicht: – Abdichtung gegen Wasser und Feuchtigkeit (s. 45.22).	45320000

NACE					CPV-Code
ABSCHNITT F			BAUGEWERBE		
Abteilung	Gruppe	Klasse	Bezeichnung	Anmerkungen	
		45.33	Klempnerei, Gas-, Wasser-, Heizungs- und Lüftungsinstallation	Diese Klasse umfasst: – Installation oder Einbau von: – Sanitäranlagen sowie Ausführung von Klempnerarbeiten – Gasarmaturen – Geräten und Leitungen für Heizungs-, Lüftungs-, Kühl- und Klimaanlagen – Sprinkleranlagen. Diese Klasse umfasst nicht: – Installation von Elektroheizungen (s. 45.31).	45330000
		45.34	Sonstige Bauinstallation	Diese Klasse umfasst: – Installation von Beleuchtungs- und Signalanlagen für Straßen, Eisenbahnen, Flughäfen und Häfen – Installation von Ausrüstungen und Befestigungselementen a.n.g. in Gebäuden und anderen Bauwerken.	45234115 45316000 45340000
	45.4		Sonstiger Ausbau		45400000
		45.41	Anbringen von Stuckaturen, Gipserei und Verputzerei	Diese Klasse umfasst: – Stuck-, Gips- und Verputzarbeiten einschließlich damit verbundener Lattenschalung in und an Gebäuden und anderen Bauwerken.	45410000
		45.42	Bautischlerei und -schlosserei	Diese Klasse umfasst: – Einbau von fremdbezogenen Türen, Toren, Fenstern, Rahmen und Zargen, Einbauküchen, Treppen, Ladeneinrichtungen u.Ä. aus Holz oder anderem Material – Einbau von Decken, Wandvertäfelungen, beweglichen Trennwänden u.Ä. Innenausbauarbeiten. Diese Klasse umfasst nicht: – Verlegen von Parkett- und anderen Holzböden (s. 45.43).	45420000
		45.43	Fußboden-, Fliesen- und Plattenlegerei, Raumausstattung	Diese Klasse umfasst: – Verlegen von: – Fußboden- und Wandfliesen oder -platten aus Keramik, Beton oder Stein, – Parkett- und anderen Holzböden, Teppichen und Bodenbelägen aus Linoleum, – auch aus Kautschuk oder Kunststoff – Terrazzo-, Marmor-, Granit- oder Schiefer-Boden- oder Wandbelägen, – Tapeten.	45430000

NACE					CPV-Code
ABSCHNITT F			**BAUGEWERBE**		
Abteilung	Gruppe	Klasse	Bezeichnung	Anmerkungen	
		45.44	Maler- und Glasergewerbe	Diese Klasse umfasst: – Innen- und Außenanstrich von Gebäuden – Anstrich von Hoch- und Tiefbauten Ausführung von Glaserarbeiten einschließlich Einbau von Glasverkleidungen, Spiegeln usw. Diese Klasse umfasst nicht: – Fenstereinbau (s. 45.42).	45440000
		45.45	Sonstiger Ausbau a.n.g.	Diese Klasse umfasst: – Einbau von Swimmingpools – Fassadenreinigung – sonstige Baufertigstellung und Ausbauarbeiten a.n.g. Diese Klasse umfasst nicht: – Innenreinigung von Gebäuden und anderen Bauwerken (s. 74.70).	45212212 und DA04 45450000
	45.5		Vermietung von Baumaschinen und -geräten mit Bedienungspersonal		45500000
		45.50	Vermietung von Baumaschinen und -geräten mit Bedienungspersonal	Diese Klasse umfasst nicht: – Vermietung von Baumaschinen und -geräten ohne Bedienungspersonal (s. 71.32).	45500000

Anhang II

Verzeichnis der Rechtsakte der Union nach Artikel 4 Absatz 3

Rechte, die in einem angemessen bekanntgegebenen und auf objektiven Kriterien beruhenden Verfahren gewährt wurden, sind keine »besonderen oder ausschließlichen Rechte« im Sinne des Artikels 4 dieser Richtlinie. Im Folgenden werden Verfahren für die Erteilung von Genehmigungen auf der Grundlage anderer Rechtsakte der Union aufgeführt, die eine angemessene Transparenz gewährleisten und nicht zur Gewährung »besonderer oder ausschließlicher Rechte« im Sinne des Artikels 4 dieser Richtlinie führen:

a) Erteilung einer Genehmigung für den Betrieb von Erdgasanlagen nach den in Artikel 4 der Richtlinie 2009/73/EG festgelegten Verfahren;

b) Genehmigung oder Aufforderung zur Angebotsabgabe für den Bau neuer Stromerzeugungsanlagen gemäß der Richtlinie 2009/72/EG;

c) Erteilung von Genehmigungen in Bezug auf Postdienste, die nicht reserviert sind oder nicht reserviert werden dürfen, nach den in Artikel 9 der Richtlinie 97/67/EG festgelegten Verfahren;

d) Verfahren zur Genehmigung von Tätigkeiten, die mit der Nutzung von Kohlenwasserstoffen verbunden sind, gemäß der Richtlinie 94/22/EG;

e) öffentliche Dienstleistungsaufträge im Sinne der Verordnung (EG) Nr. 1370/2007 für die Bereitstellung von Personenverkehrsdiensten mit Bussen, Straßenbahnen, Eisenbahnen oder Untergrundbahnen, die auf der Grundlage eines wettbewerblichen Vergabeverfahrens gemäß Artikel 5 Absatz 3 der genannten Verordnung vergeben wurden, vorausgesetzt, dass deren Laufzeit mit Artikel 4 Absatz 3 oder Artikel 4 Absatz 4 der genannten Verordnung übereinstimmt.

Anhang III

Verzeichnis der Rechtsakte der Union nach Artikel 34 Absatz 3

A. Fortleitung oder Abgabe von Gas und Wärme
Richtlinie 2009/73/EG

B. Erzeugung, Fortleitung oder Abgabe von Elektrizität
Richtlinie 2009/72/EG

C. Gewinnung, Fortleitung oder Abgabe von Trinkwasser
[Kein Eintrag]

D. Auftraggeber im Bereich der Eisenbahndienste
 – Schienengüterverkehr
 – Richtlinie 2012/34/EU
 – Grenzüberschreitender Schienenpersonenverkehr
 – Richtlinie 2012/34/EU
 – Nationaler Schienenpersonenverkehr
 – [Kein Eintrag]

E. Auftraggeber im Bereich der städtischen Eisenbahn-, Strassenbahn-, Oberleitungsbus- oder Busdienste
[Kein Eintrag]

F. Auftraggeber im Bereich der Postdienste
Richtlinie 97/67/EG

G Gewinnung von Öl oder Gas
Richtlinie 94/22/EG

H. Aufsuchung und Gewinnung von Kohle und anderen festen Brennstoffen
[Kein Eintrag]

I. Auftraggeber im Bereich der Seehafen- oder Binnenhafen- oder sonstigen Terminaleinrichtungen
[Kein Eintrag]

J. Auftraggeber im Bereich der Flughafendienste
[Kein Eintrag]

Anhang IV

Fristen für den Erlass der In Artikel 35 genannten Durchführungsrechtsakte

1. Die in Artikel 35 genannten Durchführungsrechtsakte werden innerhalb der folgenden Fristen erlassen:
   a) innerhalb von 90 Arbeitstagen, wenn der freie Zugang zu einem bestimmten Markt auf der Grundlage von Artikel 34 Absatz 3 Unterabsatz 1 als gegeben angesehen wird;
   b) innerhalb von 130 Arbeitstagen in anderen als den unter Buchstabe a genannten Fällen.

   Die Fristen gemäß den Buchstaben a und b werden um 15 Arbeitstage verlängert, wenn dem Antrag keine mit Gründen und Belegen versehene Stellungnahme einer für die betreffende Tätigkeit zuständigen unabhängigen nationalen Behörde beigefügt ist, in der die Bedingungen für die mögliche Anwendbarkeit von Artikel 34 Absatz 1 auf die betreffende Tätigkeit gemäß Artikel 34 Absätze 2 und 3 gründlich geprüft werden.

   Die Fristen beginnen am ersten Arbeitstag nach dem Tag des Eingangs des in Artikel 35 Absatz 1 genannten Antrags bei der Kommission oder, bei Unvollständigkeit der mit dem Antrag übermittelten Informationen, am Arbeitstag nach Eingang der vollständigen Informationen.

   Die in Unterabsatz 1 genannten Fristen können von der Kommission mit Zustimmung des antragstellenden Mitgliedstaats oder des antragstellenden Auftraggebers verlängert werden.

2. Die Kommission kann verlangen, dass der betreffende Mitgliedstaat oder der betreffende Auftraggeber oder die unter Nummer 1 genannte unabhängige nationale Behörde oder eine andere zuständige nationale Behörde innerhalb einer angemessenen Frist alle erforderlichen Informationen bereitstellt oder übermittelte Informationen ergänzt oder erläutert. Im Fall verspäteter oder unvollständiger Antworten werden die unter Nummer 1 Unterabsatz 1 genannten Fristen für die Dauer zwischen dem Ende der im Informationsverlangen festgesetzten Frist und dem Eingang der vollständigen und korrekten Informationen unterbrochen.

Anhang V

Anforderungen an Instrumente und Vorrichtungen für die Elektronische Entgegennahme von Angeboten, Teilnahme – oder Qualifizierungsanträgen oder von Plänen und Entwürfen für Wettbewerbe

Die Instrumente und Vorrichtungen für die elektronische Entgegennahme von Angeboten beziehungsweise Teilnahme- und Qualifizierungsanträgen sowie von Plänen und Entwürfen bei Wettbewerben müssen mittels geeigneter technischer Mittel und entsprechender Verfahren mindestens gewährleisten, dass

a) die Uhrzeit und der Tag der Entgegennahme der Angebote, der Teilnahme- und der Qualifizierungsanträge sowie der Vorlage von Plänen und Entwürfen genau bestimmt werden können;

b) es als sicher gelten kann, dass niemand vor den festgesetzten Terminen Zugang zu den gemäß diesen Anforderungen übermittelten Daten haben kann;

c) die Zeitpunkte der Öffnung der eingegangenen Daten ausschließlich von den ermächtigten Personen festgelegt oder geändert werden können;

d) in den verschiedenen Phasen des Qualifizierungsverfahrens, des Vergabeverfahrens beziehungsweise der Wettbewerbe der Zugang zu allen vorgelegten Daten – beziehungsweise zu einem Teil dieser Daten – nur für ermächtigte Personen möglich ist;

e) der Zugang zu den übermittelten Daten nur ermächtigten Personen und erst nach dem festgesetzten Zeitpunkt möglich ist;

f) die eingegangenen und gemäß den vorliegenden Anforderungen geöffneten Angaben ausschließlich den zur Kenntnisnahme ermächtigten Personen zugänglich bleiben und

g) es bei einem Verstoß oder versuchten Verstoß gegen die Zugangsverbote oder -bedingungen gemäß den Buchstaben b bis g als sicher gelten kann, dass der Verstoß oder versuchte Verstoß sich eindeutig aufdecken lässt.

Anhang VI

Teil A

In regelmäßigen nicht verbindlichen Bekanntmachungen aufzuführende Angaben

(gemäß Artikel 67)

I. Obligatorische Angaben
   1. Name, Identifikationsnummer (soweit nach nationalem Recht vorgesehen), Anschrift einschließlich NUTS-Code, Telefon- und Fax-Nummer, E-Mail- und Internet-Adresse des Auftraggebers und, falls abweichend, der Dienststelle, bei der weitere Informationen erhältlich sind.
   2. Ausgeübte Haupttätigkeit.
   3. a) Bei Lieferaufträgen: Art und Umfang oder Wert der zu erbringenden Leistungen beziehungsweise zu liefernden Waren (CPV-Code(s)).
      b) Bei Bauaufträgen: Art und Umfang der Leistungen, allgemeine Merkmale des Bauwerks oder der Baulose (CPV-Code(s)).
      c) Bei Bauaufträgen: Art und Umfang der Leistungen, allgemeine Merkmale des Bauwerks oder der Baulose (CPV-Code(s)). Bei Dienstleistungsaufträgen: Voraussichtliches Gesamtvolumen der Aufträge in den einzelnen Dienstleistungskategorien (CPV-Code(s)).
   4. Tag der Absendung der Bekanntmachung oder der Ankündigung der Veröffentlichung dieser Bekanntmachung über das Beschafferprofil.
   5. Sonstige einschlägige Auskünfte.
II. Zusätzlich aufzuführende Angaben, wenn die Bekanntmachung als Aufruf zum Wettbewerb dient oder eine Verkürzung der Fristen für die Einreichung der Angebote beinhaltet (Artikel 67 Absatz 2)
   6. Hinweis darauf, dass interessierte Wirtschaftsteilnehmer des Auftraggebers ihr Interesse an dem Auftrag beziehungsweise den Aufträgen bekunden sollten.
   7. E-Mail- oder Internet-Adresse, über die die Auftragsunterlagen mit den Spezifikationen unentgeltlich, uneingeschränkt, vollständig und unmittelbar abgerufen werden können.
      Ist ein unentgeltlicher, uneingeschränkter, vollständiger und unmittelbarer Zugang aus den in Artikel 73 Absatz 1 Unterabsätze 3 und 4 genannten Gründen nicht möglich, so ist anzugeben, wie die Auftragsunterlagen abgerufen werden können.
   8. Gegebenenfalls Angabe darüber, ob der Auftrag für geschützte Werkstätten reserviert oder ob seine Ausführung Programmen für geschützte Beschäftigungsverhältnisse vorbehalten ist.
   9. Frist für den Eingang der Anträge auf Aufforderung zur Angebotsabgabe oder zur Verhandlung.
   10. Art und Umfang der zu liefernden Waren oder allgemeine Merkmale der Bauleistung oder Dienstleistungskategorie und entsprechende Bezeichnung, sowie die Angabe, ob eine oder mehrere Rahmenvereinbarung/en geplant ist/sind. Insbesondere Angaben über Optionen auf zusätzliche Aufträge und die veranschlagte Frist für die Ausübung dieser Optionen sowie gegebenenfalls Angaben

zu der Anzahl der Verlängerungen. Bei wiederkehrenden Aufträgen auch Angaben zu der veranschlagten Frist für spätere Aufrufe zum Wettbewerb. Angaben darüber, ob es sich um Kauf, Leasing, Miete oder Mietkauf oder eine Kombination davon handelt.

11. NUTS-Code für den Haupterfüllungsort der Bauarbeiten bei Bauarbeiten beziehungsweise NUTS-Code für den Haupterfüllungsort der Lieferungen oder Dienstleistungen bei Lieferungen und Dienstleistungen; bei Aufteilung des Auftrags in mehrere Lose sind diese Informationen für jedes Los anzugeben.

12. Liefer- oder Ausführungsfrist oder Dauer des Auftrags und, soweit möglich, Tag des Fristbeginns.

13. Anschrift der Stelle, bei der die interessierten Unternehmen ihre Interessenbekundung schriftlich einreichen müssen.

14. Frist für den Eingang der Interessenbekundungen.

15. Sprache oder Sprachen, in denen die Bewerbungen beziehungsweise Angebote abzugeben sind.

16. Wirtschaftliche und technische Anforderungen, finanzielle und technische Sicherheiten, die von den Lieferanten verlangt werden.

17. a) Sofern bekannt, voraussichtliches Datum der Einleitung der Vergabeverfahren;

b) Art des Vergabeverfahrens (nichtoffenes Verfahren, gleich ob mit dynamischem oder ohne dynamisches Beschaffungssystem, oder Verhandlungsverfahren).

18. Gegebenenfalls besondere Bedingungen für die Ausführung des Auftrags.

19. Gegebenenfalls Angaben, ob

a) eine elektronische Einreichung der Angebote oder Anträge auf Teilnahme gefordert beziehungsweise akzeptiert wird;

b) Aufträge elektronisch erteilt werden;

c) die Rechnungstellung elektronisch erfolgt;

d) die elektronische Zahlung akzeptiert wird.

20. Name und Anschrift des für Rechtsbehelfsverfahren und gegebenenfalls für Mediationsverfahren zuständigen Organs. Genaue Hinweise auf die Fristen für die Einlegung von Rechtsbehelfen oder erforderlichenfalls Name, Anschrift, Telefonnummer, Faxnummer und E-Mail-Adresse des Dienstes, bei dem diese Informationen erhältlich sind.

21. Sofern bekannt, die Zuschlagskriterien nach Artikel 82: Sofern nicht das wirtschaftlich günstigste Angebot allein aufgrund des Preises ermittelt wird, müssen die Kriterien für die Bestimmung des wirtschaftlich günstigsten Angebots sowie ihre Gewichtung oder gegebenenfalls die nach ihrer Bedeutung eingestufte Reihenfolge dieser Kriterien genannt werden, falls sie nicht in den Spezifikationen enthalten oder in der Aufforderung zur Interessensbestätigung gemäß Artikel 67 Absatz 2 Buchstabe b oder in der Aufforderung zur Angebotsabgabe oder zur Verhandlung angegeben sind.

TEIL B

In Bekanntmachungen über die Veröffentlichung regelmäßiger nicht verbindlicher Bekanntmachungen in einem Beschafferprofil, die nicht als Aufruf zum Wettbewerb Dienen, aufzuführende Angaben

(gemäß Artikel 67 Absatz 1)

1. Name, Identifikationsnummer (soweit nach nationalem Recht vorgesehen), Anschrift einschließlich NUTS-Code, Telefon- und Fax-Nummer, E-Mail- und Internet-Adresse des Auftraggebers und, falls abweichend, der Dienststelle, bei der weitere Informationen erhältlich sind.
2. Ausgeübte Haupttätigkeit.
3. CPV-Codes.
4. Internet-Adresse (URL) des Beschafferprofils.
5. Datum der Absendung der Bekanntmachung der Vorabinformation zum Beschafferprofil.

Anhang VII

In den Auftragsunterlagen bei elektronischen Auktionen aufzuführende Angaben (Artikel 53 Absatz 4)

Haben Auftraggeber beschlossen, eine elektronische Auktion abzuhalten, so müssen die Auftragsunterlagen mindestens die folgenden Angaben enthalten:

a) die Komponenten, deren Auftragswerte Gegenstand der elektronischen Auktion sein werden, sofern diese Komponenten in der Weise quantifizierbar sind, dass sie in Ziffern oder in Prozentangaben ausgedrückt werden können;

b) gegebenenfalls die Grenzen der Werte, die eingereicht werden können, wie sie sich aus den Spezifikationen des Auftragsgegenstandes ergeben;

c) die Informationen, die den Bietern im Laufe der elektronischen Auktion zur Verfügung gestellt werden, sowie den Termin, an dem sie ihnen gegebenenfalls zur Verfügung gestellt werden;

d) die relevanten Angaben zum Ablauf der elektronischen Auktion;

e) die Bedingungen, unter denen die Bieter Gebote tätigen können, und insbesondere die Mindestabstände, die bei diesen Geboten gegebenenfalls einzuhalten sind;

f) die relevanten Angaben zur verwendeten elektronischen Vorrichtung und zu den technischen Modalitäten und Merkmalen der Anschlussverbindung.

Anhang VIII

Technische Spezifikationen – Begriffsbestimmungen

Für die Zwecke dieser Richtlinie gelten die folgenden Begriffsbestimmungen:

1. »Technische Spezifikation« hat eine der folgenden Bedeutungen:

   a) bei Dienstleistungs- oder Lieferaufträgen eine Spezifikation, die in einem Schriftstück enthalten ist, das Merkmale für ein Erzeugnis oder eine Dienstleistung vorschreibt, wie Qualitätsstufen, Umwelt- und Klimaleistungsstufen, »Design für alle« (einschließlich des Zugangs von Menschen mit Behinderungen) und Konformitätsbewertung, Leistung, Vorgaben für Gebrauchstauglichkeit, Sicherheit oder Abmessungen des Erzeugnisses, einschließlich der Vorschriften über Verkaufsbezeichnung, Terminologie, Symbole, Prüfungen und Prüfverfahren, Verpackung, Kennzeichnung und Beschriftung, Gebrauchsanleitungen, Produktionsprozesse und -methoden in jeder Phase des Lebenszyklus der Lieferung oder der Dienstleistung sowie über Konformitätsbewertungsverfahren;

   b) bei Bauaufträgen sämtliche, insbesondere die in den Auftragsunterlagen enthaltenen technischen Anforderungen an die Eigenschaften eines Materials, eines Erzeugnisses oder einer Lieferung, mit deren Hilfe das Material, das Erzeugnis oder die Lieferung so bezeichnet werden können, dass sie ihren durch den Auftraggeber festgelegten Verwendungszweck erfüllen. Zu diesen Eigenschaften gehören Umwelt- und Klimaleistung, »Design für alle« (einschließlich des Zugangs von Menschen mit Behinderungen) und Konformitätsbewertung, Vorgaben für Gebrauchstauglichkeit, Sicherheit oder Abmessungen, einschließlich der Qualitätssicherungsverfahren, der Terminologie, der Symbole, der Versuchs- und Prüfmethoden, der Verpackung, der Kennzeichnung und Beschriftung, der Gebrauchsanleitungen sowie der Produktionsprozesse und -methoden in jeder Phase des Lebenszyklus der Bauarbeiten; außerdem gehören dazu auch die Vorschriften für die Planung und die Preiskalkulation von Bauwerken, die Bedingungen für die Prüfung, Inspektion und Abnahme von Bauwerken, die Konstruktionsmethoden oder -verfahren und alle anderen technischen Anforderungen, die der Auftraggeber für fertige Bauwerke oder die dazu notwendigen Materialien oder Teile durch allgemeine und spezielle Vorschriften anzugeben in der Lage ist.

2. Eine »Norm« ist eine technische Spezifikation, die von einer anerkannten Normungsorganisation zur wiederholten oder ständigen Anwendung zugelassen wurde, deren Einhaltung jedoch

   a) »Internationale Norm«: Norm, die von einer internationalen Normungsorganisation angenommen wurde und der Öffentlichkeit zugänglich ist;

   b) »Europäische Norm«: Norm, die von einer internationalen Normungsorganisation angenommen wird wurde und der Öffentlichkeit zugänglich ist;

   c) »Nationale Norm«: Norm, die von einer europäischen Normungsorganisation angenommen wurde und der Öffentlichkeit zugänglich ist.

3. »Europäische technische Bewertung« ist eine dokumentierte Bewertung der Leistung eines Bauprodukts in Bezug auf seine wesentlichen Merkmale im Einklang

mit dem betreffenden Europäischen Bewertungsdokument gemäß der Begriffsbestimmung in Artikel 2 Nummer 12 der Verordnung (EU) Nr. 305/2011 des Europäischen Parlaments und des Rates[1].

4. »gemeinsame technische Spezifikation« ist eine technische Spezifikation auf dem Gebiet der Informations- und Kommunikationstechnologien (IKT), die nach einem von den Mitgliedstaaten anerkannten Verfahren [oder gemäß den Artikeln 13 und 14 der Verordnung (EU) Nr. 1025/2012 festgelegt wurde.

5. »technische Bezugsgröße« bezeichnet jeden Bezugsrahmen, der keine offizielle Norm ist und von den europäischen Normungsgremien nach den an die Entwicklung der Bedürfnisse des Marktes angepassten Verfahren erarbeitet wurde.

(1) Amtl. Anm.:
Verordnung (EU) Nr. 305/2011 des Europäischen Parlaments und des Rates vom 9. März 2011 zur Festlegung harmonisierter Bedingungen für die Vermarktung von Bauprodukten und zur Aufhebung der Richtlinie 89/106/EWG des Rates (ABl. L 88 vom 4.4.2011, S. 5).

Anhang IX

Vorgaben für die Veröffentlichung

1. **Veröffentlichung der Bekanntmachungen**

   Die in den Artikeln 67, 68, 69, 70, 92, und 96 genannten Bekanntmachungen sind vom Auftraggeber an das Amt für Veröffentlichungen der Europäischen Union zu senden und gemäß den folgenden Vorschriften zu veröffentlichen:

   a) Die in den Artikeln 67, 68, 69, 70, 92, und 96 genannten Bekanntmachungen werden vom Amt für amtliche Veröffentlichungen der Europäischen Union oder im Fall der regelmäßigen nicht verbindlichen Bekanntmachungen mittels eines Beschafferprofils nach Artikel 67 Absatz 1 vom Auftraggeber veröffentlicht.

   Auftraggeber können außerdem diese Angaben im Internet in einem »Beschafferprofil« gemäß Nummer 2 Buchstabe b veröffentlichen.

   b) Das Amt für Veröffentlichungen der Europäischen Union stellt dem Auftraggeber die Bescheinigung über die Veröffentlichung nach Artikel 71 Absatz 5 aus.

2. **Veröffentlichung zusätzlicher beziehungsweise ergänzender Informationen**

   a) Die Auftraggeber veröffentlichen die Auftragsunterlagen vollständig im Internet, es sei denn, in Artikel 73 Absatz 1 Unterabsätze 3 und 4 ist etwas anderes vorgesehen.

   b) Das Beschafferprofil kann regelmäßige nicht verbindliche Bekanntmachungen nach Artikel 67 Absatz 1, Angaben über laufende Ausschreibungen, geplante Aufträge, vergebene Aufträge, annullierte Verfahren sowie alle sonstigen Informationen von allgemeinem Interesse wie Kontaktstelle, Telefon- und Faxnummer, Postanschrift und E-Mail-Adresse enthalten. Das Beschafferprofil kann ferner als Aufruf zum Wettbewerb dienende regelmäßige nicht verbindliche Bekanntmachungen enthalten, die gemäß Artikel 72 auf nationaler Ebene veröffentlicht werden.

3. **Format und Modalitäten für die Übermittlung der Bekanntmachungen auf elektronischem Weg**

   Das von der Kommission festgelegte Muster und die Modalitäten für die elektronische Übermittlung der Bekanntmachungen sind unter der Internetadresse »http://simap.europa.eu« abrufbar.

Anhang X

In der Bekanntmachung über das Bestehen eines Qualifizierungssystems aufzuführende Angaben

(gemäß Artikel 44 Absatz 4 Buchstabe b und Artikel 68)

1. Name, Identifikationsnummer (soweit nach nationalem Recht vorgesehen), Anschrift einschließlich NUTS-Code, Telefon- und Fax-Nummer, E-Mail- und Internet-Adresse des Auftraggebers und, falls abweichend, der Dienststelle, bei der weitere Informationen erhältlich sind.
2. Ausgeübte Haupttätigkeit.
3. Gegebenenfalls Angabe darüber, ob der Auftrag für geschützte Werkstätten reserviert oder ob seine Ausführung Programmen für geschützte Beschäftigungsverhältnisse vorbehalten ist.
4. Zweck des Qualifizierungssystems (Beschreibung der Waren, Dienstleistungen oder Bauleistungen oder der entsprechenden Kategorien, die unter Anwendung dieses Systems beschafft werden sollen – CPV-Codes). NUTS-Code für den Haupterfüllungsort der Bauarbeiten bei Bauarbeiten beziehungsweise NUTS-Code für den Haupterfüllungsort der Lieferungen oder Dienstleistungen bei Lieferungen und Dienstleistungen.
5. Anforderungen, die die Wirtschaftsteilnehmer im Hinblick auf ihre Qualifikation entsprechend dem System erfüllen müssen, sowie Methoden, mit denen die Erfüllung der einzelnen Anforderungen überprüft wird. Ist die Beschreibung dieser Anforderungen und Prüfmethoden sehr ausführlich und basiert sie auf Unterlagen, die für die interessierten Wirtschaftsteilnehmer zugänglich sind, reichen eine Zusammenfassung der wichtigsten Bedingungen und Methoden und ein Verweis auf diese Unterlagen aus.
6. Dauer der Gültigkeit des Qualifizierungssystems und Formalitäten für seine Verlängerung.
7. Angabe darüber, ob die Bekanntmachung als Aufruf zum Wettbewerb dient.
8. Anschrift der Stelle, bei der zusätzliche Auskünfte und Unterlagen über das Qualifizierungssystem verfügbar sind (wenn es sich um eine andere als die unter Nummer 1 genannten Anschriften handelt).
9. Name und Anschrift des für Rechtsbehelfsverfahren und gegebenenfalls für Mediationsverfahren zuständigen Organs. Genaue Angaben zu den Fristen für die Einlegung von Rechtsbehelfen beziehungsweise erforderlichenfalls Name, Anschrift, Telefonnummer, Faxnummer und E-Mail-Adresse der Stelle, bei der diese Informationen erhältlich sind.
10. Sofern bekannt, die Zuschlagskriterien nach Artikel 82. Sofern nicht das wirtschaftlich günstigste Angebot allein aufgrund des Preises ermittelt wird, müssen die Kriterien für die Bestimmung des wirtschaftlich günstigsten Angebots sowie ihre Gewichtung oder gegebenenfalls die nach ihrer Bedeutung eingestufte Reihenfolge dieser Kriterien genannt werden, wenn sie nicht in den Spezifikationen oder in der Aufforderung zur Angebotsabgabe oder zur Verhandlung enthalten sind.
11. Gegebenenfalls Angaben, ob

a) eine elektronische Einreichung der Angebote oder Anträge auf Teilnahme gefordert beziehungsweise akzeptiert wird;
b) Aufträge elektronisch erteilt werden;
c) die Rechnungstellung elektronisch erfolgt;
d) die elektronische Zahlung akzeptiert wird.
12. Sonstige einschlägige Auskünfte.

Anhang XI

In Auftragsbekanntmachungen aufzuführende Angaben

(gemäß Artikel 69)

A. **Offene Verfahren**

1. Name, Identifikationsnummer (soweit nach nationalem Recht vorgesehen), Anschrift einschließlich NUTS-Code, Telefon- und Fax-Nummer, E-Mail- und Internet-Adresse des Auftraggebers und, falls abweichend, der Dienststelle, bei der weitere Informationen erhältlich sind.
2. Ausgeübte Haupttätigkeit.
3. Ggf. Angabe darüber, ob der Auftrag für geschützte Werkstätten reserviert oder ob seine Ausführung Programmen für geschützte Beschäftigungsverhältnisse vorbehalten ist.
4. Art des Auftrags (Liefer-, Bau- oder Dienstleistungsauftrag; gegebenenfalls ist anzugeben, ob es sich um eine Rahmenvereinbarung oder ein dynamisches Beschaffungssystem handelt), Beschreibung (CPV-Codes). Gegebenenfalls Angaben dazu, ob die Angebote im Hinblick auf Kauf, Leasing, Miete oder Mietkauf oder eine Kombination davon eingeholt werden.
5. NUTS-Code für den Haupterfüllungsort der Bauarbeiten bei Bauarbeiten beziehungsweise NUTS-Code für den Haupterfüllungsort der Lieferungen oder Dienstleistungen bei Lieferungen und Dienstleistungen.
6. Bei Liefer- und Bauaufträgen:
   a) Art und Menge der zu liefernden Waren (CPV-Codes), einschließlich der Optionen auf zusätzliche Aufträge und, sofern möglich, der veranschlagten Frist für die Ausübung dieser Optionen sowie gegebenenfalls der Anzahl der Verlängerungen. Bei wiederkehrenden Aufträgen, wenn möglich, auch Angaben zu der veranschlagten Frist für die Veröffentlichung der Bekanntmachungen späterer Ausschreibungen für die benötigten Waren beziehungsweise Angaben zu Art und Umfang der Leistungen und zu den allgemeinen Merkmalen des Bauwerks (CPV-Codes).
   b) Angaben zu der Möglichkeit der Lieferanten, Angebote für Teile und/oder die Gesamtheit der gewünschten Waren abzugeben.
   Werden das Bauvorhaben oder der Bauauftrag in mehrere Lose aufgeteilt, Angabe der Größenordnung der verschiedenen Lose und der Möglichkeit, für ein Los, für mehrere oder sämtliche Lose Angebote zu unterbreiten.
   c) Bei Bauaufträgen: Angaben zum Zweck des Bauwerks oder des Bauauftrags, wenn dieser außerdem die Erstellung von Entwürfen vorsieht.
7. Bei Dienstleistungsaufträgen:
   a) Art und Menge der zu liefernden Waren, einschließlich der Optionen auf zusätzliche Aufträge und, sofern möglich, der veranschlagten Frist für die Ausübung dieser Optionen sowie gegebenenfalls zu der Anzahl der Verlängerungen. Bei wiederkehrenden Aufträgen, wenn möglich, auch Angaben zu der veranschlagten Frist für die Veröffentlichung der Bekanntmachungen späterer Ausschreibungen für die benötigten Dienstleistungen.

b) Angabe darüber, ob die Erbringung der Dienstleistung aufgrund von Rechts-
und Verwaltungsvorschriften einem besonderen Berufsstand vorbehalten ist.

c) Hinweis auf die Rechts- und Verwaltungsvorschriften.

d) Angabe darüber, ob juristische Personen die Namen und die berufliche Qualifikation der Personen angeben müssen, die für die Ausführung der betreffenden
Dienstleistungen verantwortlich sein sollen.

e) Angabe darüber, ob Dienstleister Angebote für einen Teil der Dienstleistungen
unterbreiten können.

8. Falls bekannt, Angabe darüber, ob die Vorlage von Varianten zulässig ist oder nicht.

9. Liefer- oder Ausführungsfrist oder Dauer des Dienstleistungsauftrags und, soweit
möglich, Tag des Fristbeginns.

10. E-Mail- oder Internet-Adresse, über die die Auftragsunterlagen unentgeltlich, uneingeschränkt, vollständig und unmittelbar abgerufen werden können.

Ist ein unentgeltlicher, uneingeschränkter, vollständiger und unmittelbarer Zugang aus den in Artikel 73 Absatz 1 Unterabsätze 3 und 4 genannten Gründen
nicht möglich, so ist anzugeben, wie die Auftragsunterlagen abgerufen werden können.

11. a) Frist für den Eingang der Angebote oder – bei Einrichtung eines dynamischen
Beschaffungssystems – der indikativen Angebote.

a) Frist für den Eingang der Angebote oder – bei Einrichtung eines dynamischen
Beschaffungssystems – der indikativen Angebote.

b) Anschrift, an die sie zu richten sind.

c) Sprache(n), in der(denen) sie abzufassen sind.

12. a) Gegebenenfalls Personen, die bei der Öffnung der Angebote anwesend sein dürfen.

b) Tag, Uhrzeit und Ort der Öffnung der Angebote.

13. Gegebenenfalls geforderte Kautionen oder Sicherheiten.

14. Wesentliche Finanzierungs- und Zahlungsbedingungen und/oder Hinweise auf
Vorschriften, in denen sie enthalten sind.

15. Gegebenenfalls Rechtsform, die die Unternehmensgruppe, der der Auftrag erteilt
wird, haben muss.

16. Wirtschaftliche und technische Mindestanforderungen, die der Wirtschaftsteilnehmer, an den der Auftrag vergeben wird, erfüllen muss.

17. Zeitraum, während dessen der Bieter sein Angebot aufrechterhalten muss (Bindefrist).

18. Gegebenenfalls besondere Bedingungen für die Ausführung des Auftrags.

19. Zuschlagskriterien nach Artikel 82: Sofern nicht das wirtschaftlich günstigste Angebot allein aufgrund des Preises ermittelt wird, müssen die Kriterien für die Bestimmung des wirtschaftlich günstigsten Angebots sowie ihre Gewichtung oder
gegebenenfalls die nach ihrer Bedeutung eingestufte Reihenfolge dieser Kriterien
genannt werden, wenn sie nicht in den Spezifikationen enthalten sind.

20. Gegebenenfalls Zeitpunkt(e) und Hinweis(e) im Hinblick auf die Veröffentlichung der regelmäßigen Bekanntmachung im *Amtsblatt der Europäischen Union*
oder die Veröffentlichung dieser Bekanntmachung mittels eines Beschafferprofils,
auf die sich der Auftrag bezieht.

21. Name und Anschrift des für Rechtsbehelfsverfahren und gegebenenfalls für Mediationsverfahren zuständigen Organs. Genaue Hinweise auf die Fristen für die Einlegung von Rechtsbehelfen oder erforderlichenfalls Name, Anschrift, Telefonnummer, Faxnummer und E-Mail-Adresse der Stelle, bei der diese Informationen erhältlich sind.
22. Tag der Absendung der Bekanntmachung durch den Auftraggeber.
23. Sonstige einschlägige Auskünfte.

B. Nichtoffene Verfahren

1. Name, Identifikationsnummer (soweit nach nationalem Recht vorgesehen), Anschrift einschließlich NUTS-Code, Telefon- und Fax-Nummer, E-Mail- und Internet-Adresse des Auftraggebers und, falls abweichend, der Dienststelle, bei der weitere Informationen erhältlich sind.
2. Ausgeübte Haupttätigkeit.
3. Ggf. Angabe darüber, ob der Auftrag für geschützte Werkstätten reserviert oder ob seine Ausführung Programmen für geschützte Beschäftigungsverhältnisse vorbehalten ist.
4. Art des Auftrags (Liefer-, Bau- oder Dienstleistungsauftrag; gegebenenfalls ist anzugeben, ob es sich um eine Rahmenvereinbarung handelt). Beschreibung (CPV-Codes). Gegebenenfalls Angaben dazu, ob die Angebote im Hinblick auf Kauf, Leasing, Miete oder Mietkauf oder eine Kombination davon eingeholt werden.
5. NUTS-Code für den Haupterfüllungsort der Bauarbeiten bei Bauarbeiten beziehungsweise NUTS-Code für den Haupterfüllungsort der Lieferungen oder Dienstleistungen bei Lieferungen und Dienstleistungen.
6. Bei Liefer- und Bauaufträgen:
   a) Art und Menge der zu liefernden Waren (CPV-Codes), einschließlich der Optionen auf zusätzliche Aufträge und, sofern möglich, der veranschlagten Frist für die Ausübung dieser Optionen sowie gegebenenfalls zu der Anzahl der Verlängerungen. Bei wiederkehrenden Aufträgen, wenn möglich, auch Angaben zu der veranschlagten Frist für die Veröffentlichung der Bekanntmachungen späterer Ausschreibungen für die benötigten Waren beziehungsweise Angaben zu Art und Umfang der Leistungen und zu den allgemeinen Merkmalen des Bauwerks (CPV-Codes).
   b) Angaben zu der Möglichkeit der Lieferanten, Angebote für Teile und/oder die Gesamtheit der gewünschten Waren abzugeben.
   Werden das Bauvorhaben oder der Bauauftrag in mehrere Lose aufgeteilt, Angabe der Größenordnung der verschiedenen Lose und der Möglichkeit, für ein Los, für mehrere oder sämtliche Lose Angebote zu unterbreiten.
   c) Angaben zum Zweck des Bauwerks oder des Bauauftrags, wenn dieser außerdem die Erstellung von Entwürfen vorsieht.
7. Bei Dienstleistungsaufträgen:
   a) Art und Menge der zu liefernden Waren, einschließlich der Optionen auf zusätzliche Aufträge und, sofern möglich, der veranschlagten Frist für die Ausübung dieser Optionen sowie gegebenenfalls zu der Anzahl der Verlängerungen. Bei wiederkehrenden Aufträgen, wenn möglich, auch Angaben zu der veranschlag-

ten Frist für die Veröffentlichung der Bekanntmachungen späterer Ausschreibungen für die benötigten Dienstleistungen.

b) Angabe darüber, ob die Erbringung der Dienstleistung aufgrund von Rechts- und Verwaltungsvorschriften einem besonderen Berufsstand vorbehalten ist.

c) Hinweis auf die Rechts- oder Verwaltungsvorschriften.

d) Angabe darüber, ob juristische Personen die Namen und die berufliche Qualifikation der Personen angeben müssen, die für die Ausführung der betreffenden Dienstleistungen verantwortlich sein sollen.

e) Angabe darüber, ob Dienstleister Angebote für einen Teil der Dienstleistungen unterbreiten können.

8. Falls bekannt, Angabe darüber, ob die Vorlage von Varianten zulässig ist oder nicht.

9. Liefer- oder Ausführungsfrist oder Dauer des Auftrags und, soweit möglich, Tag des Fristbeginns.

10. Gegebenenfalls Rechtsform, die die Unternehmensgruppe, der der Auftrag erteilt wird, haben muss.

11. a) Frist für den Eingang der Teilnahmeanträge.

b) Anschrift, an die sie zu richten sind.

c) Sprache(n), in der(denen) sie abzufassen sind.

12. Frist für die Absendung der Aufforderungen zur Angebotsabgabe.

13. Gegebenenfalls geforderte Kautionen oder Sicherheiten.

14. Wesentliche Finanzierungs- und Zahlungsbedingungen und/oder Hinweise auf Vorschriften, in denen sie enthalten sind.

15. Angaben über die besondere Lage des Wirtschaftsteilnehmers sowie wirtschaftliche oder technische Mindestanforderungen, die er erfüllen muss.

16. Zuschlagskriterien nach Artikel 82: Sofern nicht das wirtschaftlich günstigste Angebot allein aufgrund des Preises ermittelt wird, müssen die Kriterien für die Bestimmung des wirtschaftlich günstigsten Angebots sowie ihre Gewichtung oder gegebenenfalls die nach ihrer Bedeutung eingestufte Reihenfolge dieser Kriterien genannt werden, wenn sie nicht in den Spezifikationen oder in der Aufforderung zur Angebotsabgabe enthalten sind.

17. Gegebenenfalls besondere Bedingungen für die Ausführung des Auftrags.

18. Gegebenenfalls Zeitpunkt(e) und Hinweis(e) im Hinblick auf die Veröffentlichung der regelmäßigen Bekanntmachung im *Amtsblatt der Europäischen Union* oder die Veröffentlichung dieser Bekanntmachung mittels eines Beschafferprofils, auf die sich der Auftrag bezieht.

19. Name und Anschrift des für Rechtsbehelfsverfahren und gegebenenfalls für Mediationsverfahren zuständigen Organs. Genaue Hinweise auf die Fristen für die Einlegung von Rechtsbehelfen oder erforderlichenfalls Name, Anschrift, Telefonnummer, Faxnummer und E-Mail-Adresse des Dienstes, bei dem diese Informationen erhältlich sind.

20. Tag der Absendung der Bekanntmachung durch den Auftraggeber.

21. Sonstige einschlägige Auskünfte.

C. Verhandlungsverfahren

1. Name, Identifikationsnummer (soweit nach nationalem Recht vorgesehen), Anschrift einschließlich NUTS-Code, Telefon- und Fax-Nummer, E-Mail- und Internet-Adresse des Auftraggebers und, falls abweichend, der Dienststelle, bei der weitere Informationen erhältlich sind.
2. Ausgeübte Haupttätigkeit.
3. Ggf. Angabe darüber, ob der Auftrag für geschützte Werkstätten reserviert oder ob seine Ausführung Programmen für geschützte Beschäftigungsverhältnisse vorbehalten ist.
4. Art des Auftrags (Liefer-, Bau- oder Dienstleistungsauftrag; gegebenenfalls ist anzugeben, ob es sich um eine Rahmenvereinbarung handelt). Beschreibung (CPV-Codes). Gegebenenfalls Angaben dazu, ob die Angebote im Hinblick auf Kauf, Leasing, Miete oder Mietkauf oder eine Kombination davon eingeholt werden.
5. NUTS-Code für den Haupterfüllungsort der Bauarbeiten bei Bauarbeiten bzw. NUTS-Code für den Haupterfüllungsort der Lieferungen oder Dienstleistungen bei Lieferungen und Dienstleistungen.
6. Bei Liefer- und Bauaufträgen:
   a) Art und Menge der zu liefernden Waren (CPV-Codes), einschließlich der Optionen auf zusätzliche Aufträge und, sofern möglich, der veranschlagten Frist für die Ausübung dieser Optionen sowie gegebenenfalls zu der Anzahl der Verlängerungen. Bei wiederkehrenden Aufträgen, wenn möglich, auch Angaben zu der veranschlagten Frist für die Veröffentlichung der Bekanntmachungen späterer Ausschreibungen für die benötigten Waren bzw. Angaben zu Art und Umfang der Leistungen und zu den allgemeinen Merkmalen des Bauwerks (CPV-Codes).
   b) Angaben zu der Möglichkeit der Lieferanten, Angebote für Teile und/oder die Gesamtheit der gewünschten Waren abzugeben.
   Werden das Bauvorhaben oder der Bauauftrag in mehrere Lose aufgeteilt, Angabe der Größenordnung der verschiedenen Lose und der Möglichkeit, für ein Los, für mehrere oder sämtliche Lose Angebote zu unterbreiten.
   c) Bei Bauaufträgen: Angaben zum Zweck des Bauwerks oder des Bauauftrags, wenn dieser außerdem die Erstellung von Entwürfen vorsieht.
7. Bei Dienstleistungsaufträgen:
   a) Art und Menge der zu erbringenden Dienstleistungen einschließlich der Optionen auf zusätzliche Aufträge und, sofern möglich, der veranschlagten Frist für die Ausübung dieser Optionen sowie gegebenenfalls zu der Anzahl der Verlängerungen. Bei wiederkehrenden Aufträgen, wenn möglich, auch Angaben zu der veranschlagten Frist für die Veröffentlichung der Bekanntmachungen späterer Ausschreibungen für die benötigten Dienstleistungen.
   b) Angabe darüber, ob die Erbringung der Dienstleistung aufgrund von Rechts- und Verwaltungsvorschriften einem besonderen Berufsstand vorbehalten ist.
   c) Hinweis auf die Rechts- und Verwaltungsvorschriften.
   d) Angabe darüber, ob juristische Personen die Namen und die berufliche Qualifikation der Personen angeben müssen, die für die Ausführung der betreffenden Dienstleistungen verantwortlich sein sollen.

e) Angabe darüber, ob Dienstleister Angebote für einen Teil der Dienstleistungen unterbreiten können.

8. Falls bekannt, Angabe darüber, ob die Vorlage von Varianten zulässig ist oder nicht.

9. Liefer- oder Ausführungsfrist oder Dauer des Auftrags und, soweit möglich, Tag des Fristbeginns.

10. Gegebenenfalls Rechtsform, die die Unternehmensgruppe, der der Auftrag erteilt wird, haben muss.

11. a) Frist für den Eingang der Teilnahmeanträge.
    b) Anschrift, an die sie zu richten sind;
    c) Sprache(n), in der(denen) sie abzufassen sind.

12. Gegebenenfalls geforderte Kautionen oder Sicherheiten.

13. Wesentliche Finanzierungs- und Zahlungsbedingungen und/oder Hinweise auf Vorschriften, in denen sie enthalten sind.

14. Angaben über die besondere Lage des Wirtschaftsteilnehmers sowie wirtschaftliche oder technische Mindestanforderungen, die er erfüllen muss.

15. Zuschlagskriterien nach Artikel 82: Sofern nicht das wirtschaftlich günstigste Angebot allein aufgrund des Preises ermittelt wird, müssen Die Kriterien für die Bestimmung des wirtschaftlich günstigsten Angebots sowie ihre Gewichtung oder gegebenenfalls die nach ihrer Bedeutung eingestufte Reihenfolge dieser Kriterien genannt werden, wenn sie nicht in den Spezifikationen oder in der Aufforderung zur Verhandlung enthalten sind.

16. Gegebenenfalls Name und Anschrift der vom Auftraggeber bereits ausgewählten Wirtschaftsteilnehmer.

17. Gegebenenfalls besondere Bedingungen für die Ausführung des Auftrags.

18. Gegebenenfalls Zeitpunkt(e) und Hinweis(e) im Hinblick auf die Veröffentlichung der regelmäßigen Bekanntmachung im *Amtsblatt der Europäischen Union* oder die Veröffentlichung dieser Bekanntmachung mittels eines Beschafferprofils, auf die sich der Auftrag bezieht.

19. Name und Anschrift des für Rechtsbehelfsverfahren und gegebenenfalls für Mediationsverfahren zuständigen Organs. Genaue Hinweise auf die Fristen für die Einlegung von Rechtsbehelfen oder erforderlichenfalls Name, Anschrift, Telefonnummer, Faxnummer und E-Mail-Adresse des Dienstes, bei dem diese Informationen erhältlich sind.

20. Tag der Absendung der Bekanntmachung durch den Auftraggeber.

21. Sonstige einschlägige Auskünfte.

Anhang 12 32014L0025

ANHANG XII

IN DER VERGABEBEKANNTMACHUNG AUFZUFÜHRENDE ANGABEN

(gemäß Artikel 70)

I. Informationen zur Veröffentlichung im Amtsblatt der Europäischen Union [1]

1. Name, Identifikationsnummer (soweit nach nationalem Recht vorgesehen), Anschrift einschließlich NUTS-Code, Telefon- und Fax-Nummer, E-Mail- und Internet-Adresse des Auftraggebers und, falls abweichend, der Dienststelle, bei der weitere Informationen erhältlich sind.

2. Ausgeübte Haupttätigkeit.

3. Art des Auftrags (Liefer-, Bau- oder Dienstleistungsauftrag; CPV-Codes; gegebenenfalls ist anzugeben, ob es sich um eine Rahmenvereinbarung handelt).

4. Zumindest eine Zusammenfassung der Art und des Umfangs bzw. der Menge der Erzeugnisse, Bauarbeiten oder Dienstleistungen.

5. a) Art des Aufrufs zum Wettbewerb (Bekanntmachung über das Bestehen eines Prüfungssystems, regelmäßige Bekanntmachung, Aufruf zur Angebotsabgabe),

   b) Zeitpunkt(e) und Hinweis(e) im Hinblick auf die Veröffentlichung der Bekanntmachung im *Amtsblatt der Europäischen Union,*

   c) Bei ohne vorherigen Aufruf zum Wettbewerb vergebenen Aufträgen Angabe der anzuwendenden Bestimmung gemäß Artikel 50.

6. Vergabeverfahren (offenes oder nichtoffenes Verfahren oder Verhandlungsverfahren).

7. Anzahl der eingegangenen Angebote unter Angabe

   a) der Anzahl der Angebote der KMU,

   b) der Anzahl der Angebote aus dem Ausland,

   c) der Anzahl der elektronisch übermittelten Angebote.

   Bei der Vergabe mehrerer Aufträge (Lose, mehrere Rahmenvereinbarungen) sind diese Angaben für jede Zuschlagserteilung zu machen.

8. Datum des Abschlusses des Auftrags (der Aufträge) im Anschluss an dessen (deren) Vergabe bzw. Datum der Rahmenvereinbarung(en) im Anschluss an die Entscheidung über deren Abschluss.

9. Für Gelegenheitskäufe nach Artikel 50 Ziffer h gezahlter Preis.

10. Für jede Zuschlagserteilung Name, Anschrift einschließlich NUTS-Code, Telefon- und Faxnummer, E-Mail- und Internet-Adresse des/der erfolgreichen Bieter(s), darunter

    a) Angabe, ob der erfolgreiche Bieter ein KMU ist,

    b) Angabe, ob der Auftrag an ein Konsortium vergeben wurde.

11. Gegebenenfalls Angabe, ob der Auftrag als Unterauftrag vergeben wurde bzw. vergeben werden könnte.

12. Gezahlter Preis oder niedrigster und höchster Preis der bei der Zuschlagserteilung berücksichtigten Angebote.

13. Name und Anschrift des für Rechtsbehelfsverfahren und gegebenenfalls für Vermittlungsverfahren zuständigen Organs. Genaue Hinweise auf die Fristen für die Einlegung von Rechtsbehelfen oder erforderlichenfalls Name, Anschrift, Telefonnummer, Faxnummer und E-Mail-Adresse des Dienstes, bei dem diese Informationen erhältlich sind.

14. Fakultative Angaben:
    – Wert und Teil des Auftrags, der als Unterauftrag an Dritte vergeben wurde oder vergeben werden könnte.
    – Zuschlagskriterien.

II. Nicht zur Veröffentlichung bestimmte Angaben

15. Zahl der vergebenen Aufträge (wenn ein Auftrag zwischen mehreren Auftragnehmern aufgeteilt wurde).

16. Wert jedes vergebenen Auftrags.

17. Ursprungsland der Ware oder der Dienstleistung (Gemeinschaftsursprung oder Nichtgemeinschaftsursprung; im letzten Fall nach Drittländern aufgeschlüsselt).

18. Welche Zuschlagskriterien wurden angewandt?

19. Wurde der Auftrag an einen Bieter vergeben, der einen Änderungsvorschlag gemäß Artikel 64 Absatz 1 angeboten hat?

20. Wurden Angebote gemäß Artikel 84 nicht gewählt, weil sie außergewöhnlich niedrig waren?

21. Tag der Absendung der Bekanntmachung durch den Auftraggeber.

(1) Amtl. Anm.:
Die Informationen der Ziffern 6, 9 und 11 werden als nicht zur Veröffentlichung gedacht eingestuft, wenn der Auftraggeber der Meinung ist, dass ihre Veröffentlichung wirtschaftliche Interessen beeinträchtigen könnte.

ANHANG XIII

INHALT DER AUFFORDERUNG ZUR ANGEBOTSABGABE, ZUR TEILNAHME AM DIALOG, ZU VERHANDLUNGEN ODER ZUR INTERESSENSBESTÄTIGUNG GEMÄSS ARTIKEL 74

1. Die Aufforderung zur Angebotsabgabe, zur Teilnahme am Dialog oder zu Verhandlungen gemäß Artikel 74 enthält mindestens Folgendes:
   a) den Schlusstermin für die Einreichung der Angebote, die Anschrift der Stelle, bei der sie einzureichen sind, sowie die Sprache/Sprachen, in der/denen sie abzufassen sind;

   Bei Aufträgen, die in einem wettbewerblichen Dialog oder im Rahmen einer Innovationspartnerschaft vergeben werden, sind diese Angaben jedoch nicht in der Aufforderung zu Verhandlungen, sondern in der Aufforderung zur Angebotsabgabe aufzuführen.
   b) beim wettbewerblichen Dialog den Termin und den Ort des Beginns der Konsultationsphase sowie die verwendete(n) Sprache(n);
   c) einen Hinweis auf jegliche veröffentlichten Aufrufe zum Wettbewerb;
   d) gegebenenfalls die Bezeichnung der beizufügenden Unterlagen;
   e) die Kriterien für die Zuschlagserteilung, wenn sie nicht in der als Aufruf zum Wettbewerb verwendeten Bekanntmachung über das Bestehen eines Qualifizierungssystems enthalten sind;
   f) die relative Gewichtung der Zuschlagskriterien oder gegebenenfalls die nach ihrer Bedeutung eingestufte Reihenfolge dieser Kriterien, wenn diese Angaben nicht in der Bekanntmachung, der Bekanntmachung über das Bestehen eines Qualifizierungssystems oder in den Spezifikationen enthalten sind.

2. Erfolgt ein Aufruf zum Wettbewerb mittels einer regelmäßigen nicht verbindlichen Bekanntmachung, so fordern die Auftraggeber später alle Bewerber auf, ihr Interesse auf der Grundlage von genauen Angaben über den betreffenden Auftrag zu bestätigen, bevor mit der Auswahl der Bieter oder der Teilnehmer an einer Verhandlung begonnen wird.

   Diese Aufforderung muss mindestens folgende Angaben enthalten:
   a) Art und Umfang, einschließlich aller Optionen auf zusätzliche Aufträge, und, sofern möglich, eine Einschätzung der Frist für die Ausübung dieser Optionen; bei wiederkehrenden Aufträgen Art und Umfang und, sofern möglich, das voraussichtliche Datum der Veröffentlichung der Bekanntmachungen zukünftiger Aufrufe zum Wettbewerb für die Bauarbeiten, Lieferungen oder Dienstleistungen, die Gegenstand des Auftrags sein sollen;
   b) Art des Verfahrens: nichtoffenes Verfahren oder Verhandlungsverfahren;
   c) gegebenenfalls Zeitpunkt, zu dem die Lieferung bzw. die Bauarbeiten oder Dienstleistungen beginnen bzw. abgeschlossen werden;

d) falls kein elektronischer Zugang bereitgestellt werden kann, Anschrift und Schlusstermin für die Anforderung der Auftragsunterlagen sowie Sprache(n), in der (denen) diese abzufassen sind;

e) Anschrift des Auftraggebers;

f) alle wirtschaftlichen und technischen Anforderungen, finanziellen Sicherheiten und Angaben, die von den Wirtschaftsteilnehmern verlangt werden;

g) Art des Auftrags, der Gegenstand der Aufforderung zur Angebotsabgabe ist: Kauf, Leasing, Miete oder Mietkauf oder eine Kombination dieser Arten und

h) die Zuschlagskriterien sowie deren relative Gewichtung oder gegebenenfalls die nach ihrer Bedeutung eingestufte Reihenfolge dieser Kriterien, wenn diese Angaben nicht in der nicht verbindlichen Bekanntmachung oder in den Spezifikationen oder in der Aufforderung zur Abgabe eines Angebots oder zu Verhandlungen enthalten sind.

ANHANG XIV

VERZEICHNIS INTERNATIONALER ÜBEREINKOMMEN IM SOZIAL- UND UMWELTRECHT NACH ARTIKEL 36 ABSATZ 2

- IAO Übereinkommen Nr. 87 über die Vereinigungsfreiheit und den Schutz des Vereinigungsrechtes
- IAO Übereinkommen Nr. 98 über die Anwendung der Grundsätze des Vereinigungsrechtes und des Rechtes zu Kollektivverhandlungen
- IAO Übereinkommen Nr. 29 über Zwangs- oder Pflichtarbeit
- IAO Übereinkommen Nr. 105 über die Abschaffung der Zwangsarbeit
- IAO Übereinkommen Nr. 138 über das Mindestalter für die Zulassung zur Beschäftigung
- IAO Übereinkommen Nr. 111 über die Diskriminierung in Beschäftigung und Beruf
- IAO Übereinkommen Nr. 100 über die Gleichheit des Entgelts männlicher und weiblicher Arbeitskräfte für gleichwertige Arbeit
- IAO Übereinkommen Nr. 182 über das Verbot und unverzügliche Maßnahmen zur Beseitigung der schlimmsten Formen der Kinderarbeit
- Wiener Übereinkommen zum Schutz der Ozonschicht und des im Rahmen dieses Übereinkommens geschlossenen Montrealer Protokolls über Stoffe, die zum Abbau der Ozonschicht führen
- Basler Übereinkommen über die Kontrolle der grenzüberschreitenden Verbringung gefährlicher Abfälle und ihrer Entsorgung
- Stockholmer Übereinkommens über persistente organische Schadstoffe
- UNEP/FAO-Übereinkommen vom 10.9.1998 über das Verfahren der vorherigen Zustimmung nach Inkenntnissetzung für bestimmte gefährliche Chemikalien sowie Pflanzenschutz- und Schädlingsbekämpfungsmittel im internationalen Handel (PIC-Übereinkommen) und seine drei regionalen Protokolle.

Anhang 15 32014L0025

ANHANG XV

VERZEICHNIS DER RECHTSAKTE DER UNION NACH ARTIKEL 83 AB-
SATZ 3

Richtlinie 2009/33/EG des Europäischen Parlaments und des Rates.

ANHANG XVI

IN BEKANNTMACHUNGEN VON ÄNDERUNGEN EINES AUFTRAGS WÄHREND SEINER LAUFZEIT AUFZUFÜHRENDE ANGABEN

(gemäß Artikel 89 Absatz 1)

1. Name, Identifikationsnummer (soweit nach nationalem Recht vorgesehen), Anschrift einschließlich NUTS-Code, Telefon- und Fax-Nummer, E-Mail- und Internet-Adresse des Auftraggebers und, falls abweichend, der Dienststelle, bei der weitere Informationen erhältlich sind.
2. Ausgeübte Haupttätigkeit.
3. CPV-Codes.
4. NUTS-Code für den Haupterfüllungsort der Bauarbeiten bei Bauarbeiten bzw. NUTS-Code für den Haupterfüllungsort der Lieferungen oder Dienstleistungen bei Lieferungen und Dienstleistungen.
5. Beschreibung des Auftrags vor und nach der Änderung: Art und Umfang der Bauarbeiten, Art und Menge bzw. Wert der Lieferungen, Art und Umfang der Dienstleistungen.
6. Die etwaige durch die Änderung bedingte Preiserhöhung.
7. Beschreibung der Umstände, die die Änderung erforderlich gemacht haben.
8. Tag der Entscheidung über die Auftragsvergabe.
9. Gegebenenfalls Name, Anschrift einschließlich NUTS-Code, Telefon- und Faxnummer, E-Mail- und Internet-Adresse des/der neuen Wirtschaftseilnehmer(s).
10. Angaben darüber, ob der Auftrag mit einem aus Mitteln der Union finanzierten Vorhaben bzw. Programm im Zusammenhang steht.
11. Name und Anschrift der für Rechtsbehelfsverfahren und gegebenenfalls für Mediationsverfahren zuständigen Stelle. Genaue Angaben zu den Fristen für die Nachprüfungsverfahren bzw. gegebenenfalls Name, Anschrift, Telefonnummer, Faxnummer und E-Mail-Adresse der Stelle, bei der diese Informationen erhältlich sind.

Anhang 17 32014L0025

ANHANG XVII

CPV-Code	Beschreibung
75200000-8; 75231200-6; 75231240-8; 79611000-0;79622000-0 [Überlassung von Haushaltshilfen]; 79624000-4 [Überlassung von Pflegepersonal] und 79625000-1 [Überlassung von medizinischem Personal] von 85000000-9 bis 85323000-9; 98133100-5, 98133000-4, 98200000-5 und 98500000-8 [Privathaushalte mit Hausangestellten] und 98513000-2 bis 98514000-9 [Bereitstellung von Arbeitskräften für private Haushalte, Vermittlung von Arbeitskräften für private Haushalte, Bereitstellung von Bürokräften für private Haushalte, Bereitstellung von Zeitarbeitskräften für private Haushalte, Dienstleistungen von Haushaltshilfen und Haushaltungsdienste]	Dienstleistungen des Gesundheits- und Sozialwesens und zugehörige Dienstleistungen
85321000-5 und 85322000-2, 75000000-6 [Dienstleistungen der öffentlichen Verwaltung, Verteidigung und Sozialversicherung], 75121000-0, 75122000-7, 75124000-1; von 79995000-5 bis 79995200-7; von 80000000-4 [Allgemeine und berufliche Bildung] bis 80660000-8; von 92000000-1 bis 92700000-8; 79950000-8 [Veranstaltung von Ausstellungen, Messen und Kongressen], 79951000-5 [Veranstaltung von Seminaren], 79952000-2 [Event-Organisation], 79952100-3 [Organisation von Kulturveranstaltungen], 79953000-9 [Organisation von Festivals], 79954000-6 [Organisation von Parties], 79955000-3 [Organisation von Modenschauen], 79956000-0 [Organisation von Messen und Ausstellungen]	Administrative Dienstleistungen im Sozial-, Bildungs-, Gesundheits- und kulturellen Bereich
75300000-9	Dienstleistungen im Rahmen der gesetzlichen Sozialversicherung
75310000-2, 75311000-9, 75312000-6, 75313000-3, 75313100-4, 75314000-0, 75320000-5, 75330000-8, 75340000-1	Beihilfen, Unterstützungsleistungen und Zuwendungen

CPV-Code	Beschreibung
98000000-3, 98120000-0; 98132000-7; 98133110-8 und 98130000-3	Sonstige gemeinschaftliche, soziale und persönliche Dienste, einschließlich Dienstleistungen von Gewerkschaften, von politischen Organisationen, von Jugendverbänden und von sonstigen Organisationen und Vereinen
98131000-0	Dienstleistungen von religiösen Vereinigungen
55100000-1 bis 55410000-7; 55521000-8 bis 55521200-0 [55521000-8 Verpflegungsdienste für Privathaushalte, 55521100-9 Essen auf Rädern, 55521200-0 Auslieferung von Mahlzeiten] 55510000-8 Dienstleistungen von Kantinen, 55511000-5 Dienstleistungen von Kantinen und anderen nicht öffentlichen Cafeterias, 55512000-2 Betrieb von Kantinen, 55523100-3 Auslieferung von Schulmahlzeiten 55520000-1 [Verpflegungsdienste], 55522000-5 [Verpflegungsdienste für Transportunternehmen], 55523000-2 [Verpflegungsdienste für sonstige Unternehmen oder andere Einrichtungen], 55524000-9 [Verpflegungsdienste für Schulen]	Gaststätten- und Beherbergungsgewerbe
79100000-5 bis 79140000-7; 75231100-5;	Dienstleistungen im juristischen Bereich, sofern sie nicht nach Artikel 21 Buchstabe c ausgeschlossen sind
75100000-7 bis 75120000-3; 75123000-4; 75125000-8 bis 75131000-3	Sonstige Dienstleistungen der Verwaltung und für die öffentliche Verwaltung
75200000-8 bis 75231000-4	Kommunale Dienstleistungen
75231210-9 bis 75231230-5; 75240000-0 bis 75252000-7; 794300000-7; 98113100-9	Dienstleistungen für den Strafvollzug, Dienstleistungen im Bereich öffentliche Sicherheit, Rettungsdienste, soweit nicht nach Artikel 21 Buchstabe h ausgeschlossen sind
79700000-1 bis 79721000-4 [Dienstleistungen von Detekteien und Sicherheitsdiensten, Dienstleistungen von Sicherheitsdiensten, Überwachung von Alarmanlagen, Bewachungsdienste, Überwachungsdienste, Dienstleistungen in Verbindung mit Suchsystemen, Fahndung nach Flüchtigen, Streifendienste, Ausgabe von Mitarbeiterausweisen, Ermittlungsdienste und Dienstleistungen von Detekteien] 79722000-1 [Dienstleistungen von Grafologen], 79723000-8 [Abfallanalyse]	Dienstleistungen von Detekteien und Sicherheitsdiensten

CPV-Code	Beschreibung
98900000-2 [Von extraterritorialen Organisationen und Körperschaften erbrachte Leistungen] und 98910000-5 [Dienstleistungen von internationalen Organisationen und Körperschaften]	Internationale Dienstleistungen
64000000-6 [Post- und Fernmeldedienste], 64100000-7 [Post- und Kurierdienste], 64110000-0 [Postdienste], 64111000-7 [Postdienste im Zusammenhang mit Zeitungen und Zeitschriften], 64112000-4 [Briefpostdienste], 64113000-1 [Paketpostdienste], 64114000-8 [Post-Schalterdienste], 64115000-5 [Vermietung von Postfächern], 64116000-2 [Dienste im Zusammenhang mit postlagernden Sendungen], 64122000-7 [Interne Bürobotendienste]	Postdienste
50116510-9 [Reifenrunderneuerung], 71550000-8 [Schmiedearbeiten]	Verschiedene Dienstleistungen

ANHANG XVIII

IN BEKANNTMACHUNGEN VON AUFTRÄGEN ÜBER SOZIALE UND ANDERE BESONDERE DIENSTLEISTUNGEN AUFZUFÜHRENDE ANGABEN

(SIEHE ARTIKEL 92)

Teil A **Auftragsbekanntmachung**

1. Name, Identifikationsnummer (soweit nach nationalem Recht vorgesehen), Anschrift einschließlich NUTS-Code, Telefon- und Fax-Nummer, E-Mail- und Internet-Adresse des Auftraggebers und, falls abweichend, der Dienststelle, bei der weitere Informationen erhältlich sind.
2. Ausgeübte Haupttätigkeit.
3. Beschreibung der Dienstleistungen oder ihrer Kategorien und gegebenenfalls im Rahmen der Dienstleistung zu beschaffende Bauarbeiten und Lieferungen unter Angabe der betreffenden Mengen und Werte und der CPV-Codes.
4. NUTS-Code für den Haupterfüllungsort der Dienstleistungen.
5. Ggf. Angabe darüber, ob der Auftrag für geschützte Werkstätten reserviert oder ob seine Ausführung Programmen für geschützte Beschäftigungsverhältnisse vorbehalten ist.
6. Die wichtigsten, von den Wirtschaftsteilnehmern zu erfüllenden Teilnahmebedingungen oder gegebenenfalls die elektronische Anschrift, unter der genaue Informationen abgerufen werden können.
7. Frist(en) für die Kontaktierung des Auftraggebers im Hinblick auf die Teilnahme.
8. Sonstige einschlägige Auskünfte.

Teil B **Regelmäßige nicht verbindliche Bekanntmachung**

1. Name, Identifikationsnummer (soweit nach nationalem Recht vorgesehen), Anschrift einschließlich NUTS-Code, E-Mail- und Internet-Adresse des Auftraggebers.
2. Kurzbeschreibung des betreffenden Auftrags einschließlich der CPV-Codes.
3. Soweit bereits bekannt:
   a) NUTS-Code für den Haupterfüllungsort der Bauarbeiten bei Bauarbeiten bzw. NUTS-Code für den Haupterfüllungsort der Lieferungen oder Dienstleistungen bei Lieferungen und Dienstleistungen,
   b) Zeitrahmen für die Bereitstellung der Lieferungen bzw. die Ausführung der Bauarbeiten oder Dienstleistungen und, soweit möglich, Laufzeit des Auftrags,
   c) Teilnahmebedingungen, darunter
      gegebenenfalls Angabe, ob es sich um einen Auftrag handelt, der geschützten Werkstätten vorbehalten ist oder bei dem die Ausführung nur im Rahmen von Programmen für geschützte Beschäftigungsverhältnisse erfolgen darf,
      gegebenenfalls der Angabe, ob die Erbringung der Dienstleistung aufgrund von Rechts- und Verwaltungsvorschriften einem besonderen Berufsstand vorbehalten ist,
   d) Kurzbeschreibung der wichtigsten Merkmale des Vergabeverfahrens.

4. Hinweis darauf, dass interessierte Wirtschaftsteilnehmer dem Auftraggeber ihr Interesse an dem Auftrag (den Aufträgen) mitteilen müssen, sowie Angabe der Frist für den Eingang der Interessenbekundungen sowie der Anschrift, an die die Interessenbekundungen zu richten sind.

Teil C Bekanntmachung über das Bestehen eines Qualifizierungssystems

1. Name, Identifikationsnummer (soweit nach nationalem Recht vorgesehen), Anschrift einschließlich NUTS-Code, E-Mail- und Internet-Adresse des Auftraggebers.
2. Kurzbeschreibung des betreffenden Auftrags einschließlich der CPV-Codes.
3. Soweit bereits bekannt:
   a) NUTS-Code für den Haupterfüllungsort der Bauarbeiten bei Bauarbeiten bzw. NUTS-Code für den Haupterfüllungsort der Lieferungen oder Dienstleistungen bei Lieferungen und Dienstleistungen,
   b) Zeitrahmen für die Bereitstellung der Lieferungen bzw. die Ausführung der Bauarbeiten oder Dienstleistungen und, soweit möglich, Laufzeit des Auftrags,
   c) Teilnahmebedingungen, darunter
      gegebenenfalls Angabe, ob es sich um einen Auftrag handelt, der geschützten Werkstätten vorbehalten ist oder bei dem die Ausführung nur im Rahmen von Programmen für geschützte Beschäftigungsverhältnisse erfolgen darf,
      gegebenenfalls der Angabe, ob die Erbringung der Dienstleistung aufgrund von Rechts- und Verwaltungsvorschriften einem besonderen Berufsstand vorbehalten ist,
   d) Kurzbeschreibung der wichtigsten Merkmale des Vergabeverfahrens.
4. Hinweis darauf, dass interessierte Wirtschaftsteilnehmer dem Auftraggeber ihr Interesse an dem Auftrag (den Aufträgen) mitteilen müssen, sowie Angabe der Frist für den Eingang der Interessenbekundungen sowie der Anschrift, an die die Interessenbekundungen zu richten sind.
5. Dauer der Gültigkeit des Qualifizierungssystems und Formalitäten für seine Verlängerung.

Teil D Vergabebekanntmachung

1. Name, Identifikationsnummer (soweit nach nationalem Recht vorgesehen), Anschrift einschließlich NUTS-Code, Telefon- und Fax-Nummer, E-Mail- und Internet-Adresse dem Auftraggeber und, falls abweichend, der Dienststelle, bei der weitere Informationen erhältlich sind.
2. Ausgeübte Haupttätigkeit.
3. Zumindest eine Zusammenfassung der Art und des Umfangs der Dienstleistungen und gegebenenfalls der im Rahmen dieser Dienstleistungen anfallenden Bauarbeiten und Lieferungen.
4. Hinweis auf die Veröffentlichung der Bekanntmachung im *Amtsblatt der Europäischen Union.*
5. Anzahl der eingegangenen Angebote.
6. Name und Anschrift der/des Wirtschaftsteilnehmer(s).
7. Sonstige einschlägige Auskünfte.

ANHANG XIX

IN WETTBEWERBSBEKANNTMACHUNGEN AUFZUFÜHRENDE ANGABEN

(gemäß Artikel 96 Absatz 1)

1. Name, Identifikationsnummer (soweit nach nationalem Recht vorgesehen), Anschrift einschließlich NUTS-Code, Telefon- und Fax-Nummer, E-Mail- und Internet-Adresse des Auftraggebers und, falls abweichend, der Dienststelle, bei der weitere Informationen erhältlich sind.
2. Ausgeübte Haupttätigkeit.
3. Beschreibung des Projekts (CPV-Codes).
4. Art der Wettbewerbe: offen oder nichtoffen.
5. Bei offenen Wettbewerben: Schlusstermin für den Eingang der Projektvorschläge.
6. Bei nichtoffenen Wettbewerben:
   a) voraussichtliche Zahl der Teilnehmer oder Marge
   b) gegebenenfalls Namen der bereits ausgewählten Teilnehmer
   c) Kriterien für die Auswahl der Teilnehmer
   d) Schlusstermin für den Eingang der Teilnahmeanträge.
7. Gegebenenfalls Angabe, ob die Teilnahme einem bestimmten Berufsstand vorbehalten ist.
8. Kriterien für die Bewertung der Projekte.
9. Gegebenenfalls Namen der Mitglieder des Preisgerichts.
10. Angabe darüber, ob die Entscheidung des Preisgerichts für die Behörde verbindlich ist.
11. Gegebenenfalls Anzahl und Wert der Preise.
12. Gegebenenfalls Angabe der Zahlungen an alle Teilnehmer.
13. Angabe, ob die Preisgewinner zu Folgeaufträgen zugelassen sind.
14. Name und Anschrift des für Rechtsbehelfsverfahren und gegebenenfalls für Vermittlungsverfahren zuständigen Organs. Genaue Hinweise auf die Fristen für die Einlegung von Rechtsbehelfen oder erforderlichenfalls Name, Anschrift, Telefonnummer, Faxnummer und E-Mail-Adresse des Dienstes, bei dem diese Informationen erhältlich sind.
15. Tag der Absendung der Bekanntmachung.
16. Sonstige einschlägige Angaben.

Anhang 20 32014L0025

ANHANG XX

IN BEKANNTMACHUNGEN ÜBER DIE ERGEBNISSE VON WETTBEWERBEN AUFZUFÜHRENDE ANGABEN

(gemäß Artikel 96 Absatz 1)

1. Name, Identifikationsnummer (soweit nach nationalem Recht vorgesehen), Anschrift einschließlich NUTS-Code, Telefon- und Fax-Nummer, E-Mail- und Internet-Adresse des Auftraggebers und, falls abweichend, der Dienststelle, bei der weitere Informationen erhältlich sind.
2. Ausgeübte Haupttätigkeit.
3. Beschreibung des Projekts (CPV-Codes).
4. Gesamtzahl der Teilnehmer.
5. Zahl ausländischer Teilnehmer.
6. Gewinner des Wettbewerbs.
7. Gegebenenfalls Preis/e.
8. Sonstige Auskünfte.
9. Referenz der Bekanntmachung der Wettbewerbe.
10. Name und Anschrift des für Rechtsbehelfsverfahren und gegebenenfalls für Vermittlungsverfahren zuständigen Organs. Genaue Hinweise auf die Fristen für die Einlegung von Rechtsbehelfen oder erforderlichenfalls Name, Anschrift, Telefonnummer, Faxnummer und E-Mail-Adresse des Dienstes, bei dem diese Informationen erhältlich sind.
11. Tag der Absendung der Bekanntmachung.

ANHANG XXI

Diese Richtlinie	Richtlinie 2004/17/EG
Art. 1	–
Art. 2 erster Satz	Art. 1 Abs. 1
Art. 2 Nr. 1	Art. 1 Nr. 2 Buchst. a
Art. 2 Nr. 2	Art. 1 Nr. 2 Buchst. b Unterabs. 1
Art. 2 Nr. 3	Art. 1 Nr. 2 Buchst. b Unterabs. 2
Art. 2 Nr. 4	Art. 1 Nr. 2 Buchst. c
Art. 2 Nr. 5	Art. 1 Nr. 2 Buchst. d Unterabs. 1
Art. 2 Nr. 6	Art. 1 Nr. 7 Unterabs. 1 und 2
Art. 2 Nr. 7	Art. 1 Nr. 7 Unterabs. 3
Art. 2 Nr. 8	Art. 1 Nr. 7 Unterabs. 3
Art. 2 Nr. 9	Art. 34 Abs. 1
Art. 2 Nr. 10	Art. 1 Nr. 8
Art. 2 Nr. 11	–
Art. 2 Nr. 12	Art. 1 Nr. 8
Art. 2 Nr. 13	–
Art. 2 Nr. 14	Art. 1 Nr. 11
Art. 2 Nr. 15	Art. 1 Nr. 12
Art. 2 Nr. 16	–
Art. 2 Nr. 17	Art. 1 Nr. 10
Art. 2 Nr. 18	–
Art. 2 Nr. 19	–
Art. 2 Nr. 20	–
Art. 3 Abs. 1	Art. 2 Abs. 1 Buchst. a Unterabs. 1
Art. 3 Abs. 2	–
Art. 3 Abs. 3	–
Art. 3 Abs. 4	Art. 2 Abs. 1 Buchst. a Unterabs. 2

Diese Richtlinie	Richtlinie 2004/17/EG
Art. 4 Abs. 1	Art. 2 Abs. 2
Art. 4 Abs. 2	Art. 2 Abs. 1 Buchst. b
Art. 4 Abs. 3 Unterabs. 1	Art. 2 Abs. 3
Art. 4 Abs. 3, Unterabs. 2 und 3	–
Art. 4, Abs. 4	–
Art. 5. Abs. 1	–
Art. 5, Abs. 2, Unterabs. 1	–
Art. 5, Abs. 2, Unterabs. 2	Art. 1, Abs. 2, Buchst. d, Unterabs. 2 und 3
Art. 5, Abs. 3	–
Art. 5, Abs. 4, Unterabs. 1 und 2	–
Art. 5, Abs. 4, Unterabs. 3	–
Art. 5, Abs. 5	–
Art. 6, Abs. 1, Unterabs. 1 und 2	–
Art. 6, Abs. 1, Unterabs. 3	Art. 9, Abs. 1, Unterabs. 2
Art. 6, Abs. 2	Art. 9, Abs. 1, Unterabs. 1
Art. 6, Abs. 3, Buchst. a	Art. 9, Abs. 2
Art. 6, Abs. 3, Buchst. b	–
Art. 6, Abs. 3, Buchst. c	Art. 9, Abs. 3
Art. 7	Art. 3, Abs. 1 und 3; Art. 4, Abs. 4; Art. 7, Buchst. a
Art. 8	Art. 3 Abs. 1 und 2
Art. 9 Abs. 1	Art. 3 Abs. 3
Art. 9 Abs. 2	Art. 3 Abs. 4
Art. 10	Art. 4
Art. 11	Art. 5 Abs. 1
–	Art. 5 Abs. 2
Art. 12	Art. 7 Buchst. b
Art. 13 Abs. 1	Art. 6 Abs. 1 und 2c am Ende
Art. 13 Abs. 2 Buchst. a	Art. 6 Abs. 2 Buchst. a
Art. 13 Abs. 2 Buchst. b	Art. 6 Abs. 2 Buchst. b

Diese Richtlinie	Richtlinie 2004/17/EG
Art. 13 Abs. 2 Buchst. c, Ziffern i und ii	Art. 6 Abs. 2 Buchst. c, Spiegelstr. 1 und 3
–	Art. 6 Abs. 2 Buchst. c, Spiegelstr. 2, 4, 5 und 6
Art. 14 Buchst. a	Art. 7 Buchst. a
Art. 14 Buchst. b	Art. 7 Buchst. a
–	Art. 8
–	Anhang I-X
Art. 15	Art. 16 und 61
Art. 16 Abs. 1	Art. 17 Abs. 1; Art. 17 Abs. 8
Art. 16 Abs. 2	–
Art. 16 Abs. 3	Art. 17 Abs. 2; Art. 17 Abs. 8
Art. 16 Abs. 4	–
Art. 16 Abs. 5	Art. 17 Abs. 3
Art. 16 Abs. 6	–
Art. 16 Abs. 7	Art. 17 Abs. 4 und 5
Art. 16 Abs. 8	Art. 17 Abs. 6 Buchst. a Unterabs. 1 und 2
Art. 16 Abs. 9	Art. 17 Abs. 6 Buchst. b Unterabs. 1 und 2
Art. 16 Abs. 10	Art. 17 Abs. 6 Buchst. a Unterabs. 3 und Abs. 6 Buchst. b Unterabs. 3
Art. 16 Abs. 11	Art. 17 Abs. 7
Art. 16 Abs. 12	Art. 17 Abs. 9
Art. 16 Abs. 13	Art. 17 Abs. 10
Art. 16 Abs. 14	Art. 17 Abs. 11
Art. 17	Art. 69
Art. 18 Abs. 1	Art. 19 Abs. 1
Art. 18 Abs. 2	Art. 19 Abs. 2
Art. 19 Abs. 1	Art. 20 Abs. 1; Art. 62 Abs. 1
Art. 19 Abs. 2	Art. 20 Abs. 2
Art. 20	Art. 22; Art. 62 Abs. 1
Art. 21 Buchst. a	Art. 24 Buchst. a

Diese Richtlinie	Richtlinie 2004/17/EG
Art. 21 Buchst. b	Art. 24 Buchst. b
Art. 21 Buchst. c	–
Art. 21 Buchst. d	Art. 24 Buchst. c
Art. 21 Buchst. e	–
Art. 21 Buchst. f	Art. 24 Buchst. d
Art. 21 Buchst. g	–
Art. 21 Buchst. h	–
Art. 21 Buchst. i	–
Art. 22	Art. 25
Art. 23	Art. 26
Art. 24 Abs. 1	Art. 22a
Art 24, Abs. 2	Art. 21; Art 62 Buchst. 1
Art. 24, Abs. 3	Art 21; Art. 62 Buchst. 1
Art 25	–
Art. 26	–
Art. 27 Abs. 1	Art. 22a am Ende; Art 12 der Richtlinie 2009/81/EG
Art 27 Abs. 2	–
Art. 28	–
Art. 29 Abs. 1	Art. 23 Abs. 1
Art. 29 Abs. 2	Art. 23 Abs. 1
Art. 29 Abs. 3	Art. 23 Abs. 2
Art. 29 Abs. 4	Art. 23 Abs. 3 Buchst. a bis c
Art. 29 Abs. 5	Art. 23 Abs. 3 Unterabs. 2
Art. 29 Abs. 6	Art. 23 Abs. 3 Unterabs. 3
Art. 30	Art. 23 Abs. 4
Art. 31	Art. 23 Abs. 5
Art. 32	Art. 24 Buchst. e
Art. 33 Abs. 1 und 2	Art. 27
Art. 33 Abs. 3	–

Diese Richtlinie	Richtlinie 2004/17/EG
Art. 34 Abs. 1 erster und zweiter Satz	Art. 30 Abs. 1; Art. 62 Abs. 2
Art. 34 Abs. 1 dritter Satz	–
Art. 34 Abs. 1 vierter Satz	Art. 30 Abs. 2 Erwägungsgrund 41
Art. 34 Abs. 2 Unterabs. 1	Art 30 Abs. 2
Art 34 Abs. 2 Unterabs. 2	–
Art. 34 Abs. 3	Art. 30 Abs. 3
Art. 35 Abs. 1	Art. 30 Abs. 4 Unterabs. 1; Abs. 5 Unterabs. 1 und 2
Abs. 35 Abs. 2	Art. 30 Abs. 5 Unterabs. 1 und 2
Art. 35 Abs. 3	Art. 30 Abs. 4 Unterabs. 2; Abs. 5 Unterabs. 4; Art. 62 Abs. 2
–	Art. 30 Abs. 4 Unterabs. 3
Art. 35 Abs. 4	–
Art. 35 Abs. 5	Art. 30 Abs. 6 Unterabs. 2
Art. 35 Abs. 6	Art. 30 Abs. 6 Unterabs. 3 und 4
Art. 36 Abs. 1	Art. 10
Art. 36 Abs. 2	–
Art. 37	Art. 11
Art. 38 Abs. 1	Art. 28 Unterabs. 1
Art. 38 Abs. 2	Art. 28 Unterabs. 2
Art. 39	Art. 13
Art. 40 Abs. 1	Art. 48 Abs. 1, 2 und 4; Art. 64 Abs. 1
Art. 40 Abs. 2	–
Art. 40 Abs. 3	Art. 48 Abs. 3; Art. 64 Abs. 2
Art. 40 Abs. 4	–
Art. 40 Abs. 5	–
Art. 40 Abs. 6	Art. 48 Abs. 5 und 6; Art. 64 Abs. 3
Art. 40 Abs. 7 Unterabs. 1	Art. 70 Abs. 2 Buchst. f und Unterabs. 2
Art. 40 Abs. 7 Unterabs. 2 und 3	
Art. 41 Abs. 1	Art. 1 Abs. 13

Diese Richtlinie	Richtlinie 2004/17/EG
Art. 41 Abs. 2	Art. 70 Abs. 2 Buchst. c und d; Art. 70 Abs. 2 Unterabs. 2
Art. 42	–
Art. 43	Art. 12
Art. 44 Abs. 1	Art. 40 Abs. 1 und 2
Art. 44 Abs. 2	Art 40 Abs. 2
Art. 44 Abs. 3	–
Art. 44 Abs. 4	Art. 42 Abs. 1 und 3 Buchst. b
Art. 44 Abs. 5	Beginn des Art. 40 Abs. 3
Art. 45 Abs. 1 Unterabs. 1	Art. 9 Abs. 9 Buchst. a
Art. 45 Abs. 1 Unterabs. 2 und 3	Art. 45 Abs. 2
Art. 45 Abs. 2	Art. 45 Abs. 4
Art. 45 Abs. 3	–
Art. 45 Abs. 4	–
Art. 46	Art. 1 Abs. 9 Buchst. b; Art. 45 Abs. 3
Art. 47	Art. 1 Abs. 9 Buchst. c; Art. 45 Abs. 3
Art. 48	–
Art. 49	–
Art. 50 Buchst. a	Art. 40 Abs. 3 Buchst. a
Art. 50 Buchst. b	Art. 40 Abs. 3 Buchst. b
Art. 50 Buchst. c	Art. 40 Abs. 3 Buchst. c
Art. 50 Buchst. d	Art. 40 Abs. 3 Buchst. d
Art. 50 Buchst. e	Art. 40 Abs. 3 Buchst. e
Art. 50 Buchst. f	Art. 40 Abs. 3 Buchst. g
Art. 50 Buchst. g	Art. 40 Abs. 3 Buchst. h
Art. 50 Buchst. h	Art. 40 Abs. 3 Buchst. j
Art. 50 Buchst. i	Art. 40 Abs. 3 Buchst. k
Art. 50 Buchst. j	Art. 3 Abs. 3 Buchst. l
Art. 51 Abs. 1 Unterabs. 1 und 2	Art. 14 Abs. 1; Art. 1 Abs. 4
Art. 51 Abs. 1 Unterabs. 3	–

Diese Richtlinie	Richtlinie 2004/17/EG
Art. 51 Abs. 2 Unterabs. 1 und 2	–
Art. 51 Abs. 2 Unterabs. 3	Art. 14 Abs. 4
Art. 52 Abs. 1	Art. 1 Abs. 5; Art. 15 Abs. 1
Art. 52 Abs. 2	Art. 15 Abs. 2
Art. 52 Abs. 3	Art. 15 Abs. letzter Satz
Art 52 Abs. 4	Art 15 Abs. 3
Art. 52 Abs. 5	Art. 15 Abs. 4
Art. 52 Abs. 6	Art. 15 Abs. 6
Art. 52 Abs. 7	–
Art. 52 Abs. 8	–
Art. 52Abs. 9	Art. 15 Abs. 7 Unterabs. 3
Art. 53 Abs. 1 Unterabs. 1	Art. 1 Abs. 6; Art. 56 Abs. 1
Art. 53 Abs. 1 Unterabs. 2und 3	Art. 1 Abs. 6
Art. 53 Abs. 2	Art. 56 Abs. 2
Art. 53 Abs. 3	Art. 56 Abs. 2 Unterabs. 3
Art. 53 Abs. 4	Art. 56 Abs. 3
Art. 53 Abs. 5	Art. 56 Abs. 4
Art. 53 Abs. 6	Art. 56 Abs. 5
Art. 53 Abs. 7	Art. 56 Abs. 6
Art. 53 Abs. 8	Art. 56 Abs. 7
Art. 53 Abs. 9	Art. 56 Abs. 8
Art. 54	–
Art. 55 Abs. 1	Art. 29 Abs. 1
Art. 55 Abs. 2	Art. 29 Abs. 2
Art. 55 Abs. 3	–
Art. 55 Abs. 4	Art. 29 Abs. 2
Art. 56	–
Art. 57	–
Art. 58	Erwägungsgrund 15

Diese Richtlinie	Richtlinie 2004/17/EG
Art. 59	–
Art. 60 Abs. 1	Art. 34 Abs. 1
Art. 60 Abs. 2	Art. 34 Abs. 2
Art. 60 Abs. 3	Art. 34 Abs. 3
Art. 60 Abs. 4	Art. 34 Abs. 8
Art. 60 Abs. 5	Art. 34 Abs. 4
Art. 60 Abs. 6	Art. 34 Abs. 5
Art. 61 Abs. 1	Art. 34 Abs. 6
Art. 61 Abs. 2	Art. 34 Abs. 6
Art. 62 Abs. 1	Art. 34 Abs. 4 Unterabs. 2; Abs. 5 Unterabs. 2 und 3; Abs. 6 Unterabs. 2; Abs. 7
Art. 62 Abs. 2	Art. 34 Abs. 4 Unterabs. 1 Absatz 5 Unterabs. 1 und Abs. 6 Unterabs. 1
Art. 62 Abs. 3	–
Art. 63	Art. 35
Art. 64 Abs. 1	Art. 36 Abs. 1
Art. 64 Abs. 2	Art. 36 Abs. 2
Art. 65	–
Art. 66 Abs. 1	Art. 45 Abs. 1
Art. 66 Abs. 2	Art. 45 Abs. 9
–	Art. 45 Abs. 10
Art. 66 Abs. 3	Art. 45 Abs. 9
Art. 67 Abs. 1	Art. 41 Abs. 1 und 2
Art. 67 Abs. 2	Art. 42 Abs. 3; Art. 44 Abs. 1
Art. 68	Art. 41 Abs. 3
Art. 69	Art. 42 Abs. 1 Buchst. c; Art. 44 Abs. 1
Art. 70 Abs. 1	Art. 43 Abs. 1 Unterabs. 1; Art. 44 Abs. 1
Art. 70 Abs. 2	Art. 43 Abs. 1 Unterabs. 1, 2 und 3
Art. 70 Abs. 3	Art. 43 Abs. 2 und 3
Art. 70 Abs. 4	Art. 43 Abs. 5

Diese Richtlinie	Richtlinie 2004/17/EG
Art. 71 Abs. 1	Art. 44 Abs. 1;Art. 70 Abs. 1 Buchst. b
Art. 71 Abs. 2 erster Satz	Art. 44 Abs. 2 und 3
Art. 71 Abs. 2 erster und zweiter Satz	Art. 44 Abs. 4 Unterabs. 2
Art 71Abs. 3	Art. 44 Abs. 4 Unterabs. 1
Art. 71 Abs. 4	–
Art. 71 Abs. 5 Unterabs. 1	Art. 44 Abs. 6
Art. 71 Abs. 5 Unterabs. 2	Art. 44 Abs. 7
Art. 71 Abs. 6	Art. 44 Abs. 8
Art. 72 Abs. 1	Art. 44 Abs. 5 Unterabs. 1
Art. 72 Abs. 2 und 3	Art. 44 Abs. 5 Unterabs. 2 und 3
Art. 73 Abs. 1	Art. 45 Abs. 6
Art. 73 Abs. 2	Art. 46 Abs. 2
Art. 74 Abs. 1	Art. 47 Abs. 1 erster Satz und Abs. 5 Unterabs. 1
Art. 74 Abs. 2	Art. 47 Abs. 1 zweiter Satz und Abs. 5 Unterabs. 2
Art. 75 Abs. 1	Art. 49 Abs. 1
Art. 75 Abs. 2	Art. 49 Abs. 2 Unterabs. 1und 2
Art. 75 Abs. 3	Art. 49 Abs. 2 Unterabs. 3
Art. 75 Abs. 4, 5, und 6	Art. 49 Abs. 3, 4 und 5
Art. 76 Abs. 1	Art. 51 Abs. 1
Art. 76 Abs. 2	Art. 51 Abs. 2
Art. 76 Abs. 3	Art. 52 Abs. 1
Art. 76 Abs. 4	–
Art. 76 Abs. 5	Art. 51 Abs. 3
Art. 76 Abs. 6	–
Art. 76 Abs. 7	–
Art. 76 Abs. 8	–
Art. 77 Abs. 1	Art. 53 Abs. 1
Art. 77 Abs. 2	Art. 53 Abs. 2

Diese Richtlinie	Richtlinie 2004/17/EG
Art. 77 Abs. 3	Art. 53 Abs. 6
Art. 77 Abs. 4	Art. 53 Abs. 7
Art. 77 Abs. 5	Art. 53 Abs. 9
Art. 77 Abs. 6	–
Art. 78 Abs. 1	Art. 54 Abs. 1 und 2
Art. 78 Abs. 2	Art. 54 Abs. 3
Art. 79 Abs. 1	Art. 53 Abs. 4 und 5
Art. 79 Abs. 2	Art. 54 Abs. 5 und 6
Art. 79 Abs. 3	–
Art. 80 Abs. 1	Art. 53 Abs. 3; Art. 54 Abs. 4
Art. 80 Abs. 2	–
Art. 80 Abs. 3	Art. 53 Abs. 3; Art. 54 Abs. 4
Art. 81 Abs. 1	Art. 52 Abs. 2
Art. 81 Abs. 2	Art. 52 Abs. 3
Art. 81 Abs. 3	–
Art. 82 Abs. 1	Art. 55 Abs. 1
Art. 82 Abs. 2	Art. 55 Abs. 1
Art. 82 Abs. 3	–
Art. 82 Abs. 4	Erwägungsgrund 1; Erwägungsgrund 55 Unterabs. 3
Art. 82 Abs. 5	Art. 55 Abs. 2
Art. 83	–
Art. 84 Abs. 1	Art. 57 Abs. 1 Unterabs. 1
Art. 84 Abs. 2 Buchstabe a	Art. 57 Abs. 1 Unterabs. 2 Buchst. a
Art. 84 Abs. 2 Buchst. b	Art. 57 Abs. 1 Unterabs. 2 Buchst. b
Art. 84 Abs. 2 Buchst. c	Art. 57 Abs. 1 Unterabs. 2 Buchst. c
Art. 84 Abs. 2 Buchst. d	Art. 57 Abs. 1 Unterabs. 2 Buchst. d
Art. 84 Abs. 2 Buchst. e	–
Art. 84 Abs. 2 Buchst. f	Art. 57 Abs. 1 Unterabs. 2 Buchst. e
Art. 84 Abs. 3 Unterabs. 1	Art. 57 Abs. 2

Diese Richtlinie	Richtlinie 2004/17/EG
Art. 84 Abs. 3 Unterabs. 2	–
Art. 84 Abs. 4	Art. 57 Abs. 3
Art. 84 Abs. 5	–
Art. 85 Abs. 1, 2, 3 und 4; Art. 86	Art. 58 Abs. 1 bis 4; Art. 59
Art 85 Abs. 5	Art. 58 Abs. 5
Art. 87	Art. 38
Art. 88 Abs. 1	–
Art. 88 Abs. 2	Art. 37 erster Satz
Art. 88 Abs. 3	–
Art. 88 Abs. 4	Art. 37 zweiter Satz
Art. 88 Abs. 5 bis 8	–
Art. 89	–
Art. 90	–
Art. 91	–
Art. 92	–
Art. 93	–
Art. 94	–
Art. 95	Art. 61
Art. 96 Abs. 1	Art. 63 Abs. 1 Unterabs. 1
Art. 96 Abs. 2 Unterabs. 1	Art. 63 Abs. 1 Unterabs. 1
Art. 96 Abs. 2 Unterabs. 2 und 3	Art. 63 Abs. 1 Unterabs. 2 erster und zweiter Satz
Art. 96 Abs. 3	Art. 63 Abs. 2
Art. 97 Abs. 1	Art. 65 Abs. 1
Art. 97 Abs. 2	Art. 60 Abs. 2
Art. 97 Abs. 3 und 4	Art. 65 Abs. 2 und 3
Art. 98	Art. 66
Art. 99 Abs. 1	Art. 72 Unterabsatz 1
Art. 99 Abs. 2 bis 6	–
Art. 100	Art. 50

Diese Richtlinie	Richtlinie 2004/17/EG
Art 101	–
Art. 102	–
Art. 103	Art. 68 Abs. 3 und 4
Art. 104	Art. 68 Abs. 5
Art. 105 Abs. 1 und 2	Art. 68 Abs. 1 und 2
Art. 105 Abs. 3	–
Art. 106 Abs. 1	Art. 71 Abs. 1 Unterabs. 1
Art. 106 Abs. 2	–
Art. 106 Abs. 3	Art. 71 Abs. 1 Unterabs. 3
Art. 107	Art. 73
Art. 108	–
Art. 109	Art. 74
Art. 110	Art. 75
–	Anhang I-X
Anhang I (außer erster Satz)	Anhang XII (außer Fußnote 1)
Anhang I erster Satz	Anhang XII Fußnote 1
ANHANG II	–
Anhang III Abschn. A, B, C, E, F, G, H, I und J	Anhang XI
Anhang III Abschn. D	–
Anhang IV Nummer 1 Unterabs. 1 bis 3	Art. 30 Abs. 6 Unterabs. 1
Anhang IV Nummer 1 Unterabs. 4	–
Anhang IV Nummer 2	Art. 30 Abs. 6 Unterabs. 1 erster Satz
Anhang V Buchst. a bis f	Anhang XXIV Buchst. b bis h
Anhang V Buchst. g	–
Anhang VI	Anhang XV
Anhang VII	Art. 56 Abs. 3 Unterabs. 2 Buchst. a bis f
Anhang VIII außer Nummer 4	Anhang XXI außer Nummer 4
Anhang VIII Nummer 4	Anhang XXI Nummer 4
Anhang IX	Anhang XX

Diese Richtlinie	Richtlinie 2004/17/EG
Anhang X	Anhang XIV
Anhang XI	Anhang XIII
Anhang XII	Anhang XVI
Anhang XIII Nummer 1	Art. 47 Abs. 4
Anhang XIII Nummer 2	Art. 47 Abs. 5
Anhang XIV	Anhang XXIII
Anhang XV	–
Anhang XVI	Anhang XVI
Anhang XVII	Anhang XVII
Anhang XVIII	–
Anhang XIX	Anhang XVIII
Anhang XX	Anhang XIX
Anhang XXI	Anhang XXVI
–	Anhang XXII
–	Anhang XXV

Stichwortverzeichnis

Die fett gedruckten Zahlen beziehen sich auf die jeweiligen Paragraphen, die normal gedruckten auf die entsprechenden Randnummern.

Stichwortverzeichnis